萧山赋

浙东首邑，扼宁绍之咽喉；於越名邦，荟人文之渊薮。山水揽潇湘美景，莼鲈起季鹰归欤。沃野膏田，连阡陌至海涂；棹歌菱唱，叠回旋于渔浦。控三江合汇，为天堑要津，立伍相潮头，展宏图壮举。卧薪尝胆，城山纪句践之雄心；雪耻沼吴，浣溪流西施之美誉。人间天堂在望，仙境天台有路。古运河过境通波，直达海陬；铁道线纵横交亘，九州无阻。空港不夜，畅天下之物流；银鹰远来，载环球之商旅。融入大杭州，为长三角东南健翼；开发潜优势，成新一方经济热土。

美哉萧山！集湖山之胜概，挹江海之回澜。锁罗刹鼋波，飞桥跨九；拥翠峦屏障，峙鼎呈三。赏花四季，听潮朝夕，气象万千，俊彩斑斓。进化十里梅海，气压邓尉，杜家万树珍果，名重江南。乘改革之东风，焕萧然以新颜。错落层楼林立，高摩星月，多处八景锦簇，胜出尘寰。开天然图画，湘湖水光潋滟；抒逸趣豪情，诗篇流韵阑干。桃源本非世外，灵妃慕降此间。画舫悠游，听帝子之清瑟；云屐登眺，赏美人之烟鬟。近年建设飞进，着意打造，与西子争比秀姿，拓烟波更见浩渺。建蓬山之瑶台，移瀛海之仙岛。平添诗情画意，彰显清域佳妙。纳万国之名区，集一园之堂奥。成世界休闲博览会之圣地，膺国际旅游风情园之雅号。目眩神迷，观列国衣冠济济，心诚谊切，迎往来嘉宾扰扰。花径柳堤，佳人拾翠相问；藕汀荷港，仙侣同舟回棹。美哉湘湖，实天地菁华之所萃；盛矣萧山，洵河岳英灵之感名。

萧山之胜也，天地山川而外，更在人文。溯历史之悠长，识蕴积之雄浑。跨湖桥遗址惊现，考古界引为珍闻。独木舟骇然乎出土，八千载文明史存真。更有茅湾印纹陶窑，证中国瓷业之策源；蜀山史前遗址，与良渚文化相引伸。由石器而彩陶弓镞，念勤劳而智慧先民。泊现代承前继武，百万儿女围海造田，不辞艰辛。广袤荒滩变成良田，奇迹惊新。

肇西汉置县以降，曰余暨曰永兴，沿易三名；或宁绍或省垣，隶属数更。而历代俊贤辈出，豪杰迭兴。越王生聚教训，赞古人强邦复国之壮志；士女敢为人先，多当代乘风破浪之精英。奇谋救越，大夫访倾国于苎萝；临水祖道，夫人发乌鸢之浩歌。岳元帅饮战马于欢潭，芳留胜迹；钱武肃戮董昌于西江，血溅沧波。名医楼英，折肱精技，仁术口碑传久；贤守杨时，筑湖治水，树德立功何多！至近现代更英雄峰起，人物星罗。守土保疆，葛云飞浴血抗英，显名将殉国之壮烈；维权革命，李成虎揭竿陇亩，开中国农运之先河。衙前志士，擎旗鼎革，试东乡自治，向专制政治倒戈。凡此济济铁路金融，作浙江经济首领；

印象萧山

萧山，有八千年的文明史／是西施故里／贺知章的故乡／浙东唐诗之路的起点

萧山，连续五年名列全国县域社会经济指数第七位／是全国十大财神县（市）之一／中国纺织基地／中国羽绒之都／中国钢结构之乡／中国伞乡／中国花木之乡／中国制造业十佳投资城市之一／亚洲制造业示范基地／全国环境综合整治优秀城市／国家卫生城市／杭州萧山国际机场名列全国十大机场

『奔竞不息』『勇立潮头』是萧山精神的集中体现

萧山市志

第四册 索引

杭州市萧山区人民政府地方志办公室 编著

浙江人民出版社

谨以此书献给

　　脚下这片可爱的土地——萧山，和"奔竞不息　勇立潮头"的萧山人！

目 录

目、子目索引（编序） —————————— 001

目、子目索引（音序） —————————— 055

目、子目索引（笔序） —————————— 118

人名索引（音序） —————————————— 177

人名索引（笔序） —————————————— 237

地名索引（音序） —————————————— 294

地名索引（笔序） —————————————— 413

图照索引 ——————————————————— 530

表格索引 ——————————————————— 563

附、附录索引 ———————————————— 578

目、子目索引（编序）

说 明

一、目、子目名称分册分编排列，编内则以页码先后为序排列。

二、为便于读者查阅，部分孙子目亦收入。

三、附、附录中的目、子目不收。

第一册

第一编 跨湖桥文化

发现（跨湖桥遗址） 043

发掘（跨湖桥遗址） 043

第一次发掘（跨湖桥遗址） 043

第二次发掘（跨湖桥遗址） 044

第三次发掘（跨湖桥遗址） 044

发现（下孙遗址） 044

发掘（下孙遗址） 045

考古试掘（下孙遗址） 045

考古发掘（下孙遗址） 045

共同点 045

年代 045

器物面貌 045

经济形态 046

不同点 046

独木舟遗迹 047

相关遗迹 047

灰坑 050

柱坑 050

生活用具（陶器） 051

陶釜 051

陶罐 051

陶钵 052

陶圈足盘与豆 052

生产工具（陶器） 053

纺轮 053

线轮 053

其他陶器 053

甑 053

器盖 053

支座 053

生活用具（石器） 054

璜 054

生产工具（石器） 054

锛 054

斧 054

凿 054

锤 054

磨石 054

砂轮 054

狩猎器具（石器） 054

镞 054

生活用具（木器） 055

锥 055

盘 055

勺 055

铲 055

生产工具（木器） 055

器柄 055

砣形器 055

渔猎器具（木器） 055

弓 055

镖 055

尖形器 055

其他（木器） 055

编织物 055

独木梯 055

桨 056

叉形器 056

生活用具（骨器、角器） 056

骨针 056

笄（或钉形器） 056

生产工具（骨器、角器） 056

耜 056

匕 056

锥 057

复合器 057

叉形器 057

锯齿形器 057

渔猎器具（骨器、角器） 057
镖 057
镞 057
哨 057
动物遗骨 057
猪 058
狗 058
牛 058
植物遗存 059
水稻 059
其他植物 059
命名经过 060
命名意义 061
学术意义 061
社会意义 061
器物特征 062
独木舟 062
陶器 062
骨、木、石器 062
工艺特征 062
生产工艺特征 062
陶器的慢轮修整技术 062
陶器残破面上的层理现象 063
陶器内壁加工与分段拼接成型工艺 063
装饰工艺特征 063
陶衣 063
彩陶 063
绳纹 064
建筑特征 064
经济特征 064
稻作农业 064
采集经济 064
渔猎经济 064
家畜饲养 064
原始纺织 064
艺术与宗教特征 065
彩陶中的太阳纹火焰纹图案 065
陶木器上的原始符号 065
建筑B宗教性质的推测 065
研究专著 067
研究论文 067
跨湖桥遗址临时陈列馆 069
独木舟保护措施 069
临时保护措施 069
临时保护棚 069
独木舟就地保护方案论证 069
独木舟保护方案实施 070
遗址保护和展示 070

第二编　政　区

长三角重镇 073
两浙要冲 073
杭州门户 073
余暨县 074
余衍县 075
永兴县 075
萧山县 075
撤县设市 075
撤市设区 075
宋元明 076
清至中华民国 076
中华人民共和国（县境） 077
区域调整 077
东接绍兴县 078
西界富阳市和杭州市区 078
南与诸暨市分界 078
西北连杭州市滨江区 078
北界杭州市区、余杭市和海宁市 078
勘界 078
东邻绍兴县 078
南接诸暨市 079
西界西湖区、富阳市 079
西北连滨江区 079
北濒钱塘江 080
唐宋 081
元明清 082
中华民国 082
中华人民共和国（区划） 084
撤区扩镇并乡 089
"三镇"析出 090
"三乡"复设 090
办事处变更 091
村、居民区调整 091
2000年全市村、居民区名录 092
城厢镇 092
临浦镇 092
瓜沥镇 093
坎山镇 093
闻堰镇 093
义桥镇 093
河上镇 093
义盛镇 093
靖江镇 093
衙前镇 093
戴村镇 093
党山镇 094

所前镇　094
楼塔镇　094
南阳镇　094
头蓬镇　094
浦阳镇　094
新湾镇　094
新街镇　094
党湾镇　094
河庄镇　095
宁围镇　095
进化镇　095
益农镇　095
许贤乡　095
来苏乡　095
欢潭乡　095
新塘乡　095
云石乡　095
石岩乡　095
前进乡　095
城垣　097
县署　097
坊里　098
街市　099
老城区　100
新区　101

第三编　自然环境

中元古界　105
双溪坞群　105
上元古界　105
河上群　105
震旦系　105
古生界　106
寒武系　106
奥陶系　106
志留系　106
泥盆系　106
中生界　106
新生界　107
全新统（Q4）　107
更新统（Q$_{2-3}$）　107
沉积岩　108
碎屑沉积岩类　108
硅质岩类　108
碳酸盐岩类　108
火山岩　108
火山喷发岩　108

沉凝灰岩　108
潜火山岩　109
侵入岩　109
晚元古代晋宁期侵入岩　109
中生代燕山期侵入岩　109
变质岩　109
绢云石英千枚岩　109
绢云石英片岩　109
褶皱构造　110
双溪坞背斜　110
楼塔镇—河上镇背斜　110
湘湖向斜　110
华眉山背斜　110
石门王向斜　111
直立岩层带　111
断裂构造　111
北东向断裂　111
北西向断裂　111
东西向断裂　112
南北向断裂　112
小型构造　112
节理　112
劈理　112
片理　千枚理　112
燃料矿　113
天然气　113
泥炭　113
金属矿　113
磁铁矿　113
锰矿　113
金矿　113
铜矿　113
辉钼矿　113
非金属矿　114
石灰岩　114
白云岩　114
石英砂岩　114
磷矿　114
叶蜡石　114
瓷石　114
高岭土　114
伊利石　114
长石　114
明矾石　114
红黏土　114
海相沉积平原　116
中部海湾沉积平原　116
北部三角湾沉积平原　116

佛法僧目 151

鸳形目 151

雀形目 151

爬行纲 155

龟鳖目 155

蜥蜴目 155

蛇目 155

两栖纲 156

蝾螈目（有尾目） 156

蛙形目（无尾目） 156

鱼纲 157

鲟形目 157

鲟形目 157

鲱形目 157

鳗鲡目 158

鲤形目 158

鲶形目 160

鳉形目 160

颌针鱼目 160

鲻形目 161

弓鲅目 161

合鳃目 161

鲈形目 161

鲉形目 162

鲽形目 162

鲀形目 162

昆虫纲 162

藻类 168

蓝藻门 168

绿藻门 168

硅藻门 168

甲藻门 169

裸藻门 169

苔藓类 169

蕨类 169

紫萁目 169

水龙骨目 169

蘋目 169

槐叶蘋目 169

裸子植物类 170

银杏纲 170

松柏纲（球果纲） 170

红豆杉纲（紫杉纲） 170

被子植物类 170

双子叶植物纲 170

单子叶植物纲 180

洪涝 183

干旱 184

大风 184

冰雹 185

大雪 186

地震 186

泥石流 186

第四编 环境保护

江河水 191

饮用水 193

空气 195

酸雨 197

区域环境噪声 198

功能区噪声 198

道路交通噪声 200

高空噪声 200

废水 202

废气 203

固体废弃物 205

麻水 206

化肥 农药 206

化肥 206

农药 206

秸秆 农用塑料薄膜 206

秸秆 206

农用塑料薄膜 207

畜禽水产养殖 207

畜禽养殖 207

水产养殖 207

生活污水 208

生活废气 208

生活垃圾 208

工业废水治理 212

印染行业废水处理 213

电镀行业废水处理 213

造纸行业废水处理 213

医药行业废水处理 213

化工行业废水处理 213

饮料食品行业废水处理 213

重点污水治理工程建设 214

城区污水治理工程建设 214

东片污水治理工程建设 214

饮用水水源保护区建设 215

河道疏浚与综合整治 215

工业废气治理 216

锅炉废气治理 217

窑炉废气治理 217

水泥粉尘治理 217

砖瓦氟气治理 218
机动车尾气污染防治 218
餐饮业油烟排放控制 218
城市烟尘控制区建设 218
工业服务业噪声治理 219
建筑施工噪声治理 219
城市噪声达标区建设 219
工业固体废弃物综合利用 220
生活垃圾处理 221
其他废弃物处理 221
环境保护规划 222
环境功能区划 222
环境影响评价制度 224
"三同时"制度 225
许可证制度 225
目标责任 226
执法检查 227
限期治理 227
信访调处 227
教育培训 228
清洁生产 228
质量认证 228
环境保护产业 229

环境功能分区 248
一级地产市场 254
二级地产市场 256
土地补偿 258
青苗补偿 258
地面附着物补偿 258
安置补助 259
土地利用总体规划 260
农业综合开发规划 260
项目开发 261
杭州钱江外商台商投资区 261
萧山市新区 261
萧山商业城 261
浙江南阳经济开发区 261
萧山现代农业开发区 262
浙江湘湖旅游度假区 262
萧山高新技术产业园区 262
浙江省农业高科技示范园区 262
浙江（中国）花木城 262
综合开发 262
保护区建立 263
保护区管理 263
江河治理 264
水库修建 265
植树造林 265
园田化建设 265
造田造地 266
低产田改造 267
土地复耕 267
勘界 269
土地权属 269
土地使用权登记 269
农村宅基地确权发证 270
国家建设用地管理 270
集体建设用地管理 272
私人建房用地管理 272
采矿用地管理 273
节约用地管理 274
土地税费 274
土地使用税 274
造地费 274
土地管理费 275
土地登记费 275
新菜地建设基金 275
水利集资基金 275
地租 275
地价 276
日常监察 277

第五编 土 地

调查面积 237
土地概查 237
土地详查 237
土地变更调查 238
统计面积 239
耕地 240
园地 240
林地 242
居民点及工矿用地 242
交通用地 242
水域 242
未利用土地 243
大面积宜农荒地 244
待开发滩涂 244
闲散地、废弃地 244
构成（土地） 245
分布（土地） 245
类型（土地） 247
利用（土地） 247
农业地质状况 248
农业地貌 248
突发性地质灾害 248

专项监察 277
违法占地建房清理 277
党政干部建造私房清理 278
企业违法占地清理 278
土地闲置抛荒清理 278
毁林开垦和乱占林地清理 278

第六编　人　口

城乡分布 282
市内分布 284
市外分布 286
省内其他地区分布 286
国内其他省、市、自治区分布 286
港澳台分布 286
国外分布 286
结构状况 290
负担系数 291
再生产类型 292
特殊年龄组 292
老年人口 293
围垦移民 298
机场拆迁安置 298
行政区域调整、变动 298
正常的人口迁入迁出每年均有变动 299
外出人口 299
外来常住人口 301
外来暂住人口 302
青少年生长发育 304
心理健康 304
残疾人口 305
婴儿死亡率 305
孕产妇死亡率 306
平均预期寿命 306
社会公德 309
职业道德 310
家庭美德 312
形成原因（萧山精神） 320
钱江涌潮的孕育 320
历史人文精神的熏陶 320
商品经济大潮的锤炼 321
萧山精神内涵 321
围垦精神 321
四千精神 321
四抢精神 322
四敢精神 322
萧山精神特征 323
紧跟时代，与时俱进 323

解放思想，敢为人先 323
大气开放，兼收并蓄 323
择偶 324
结婚 325
离婚再婚 326
离婚 326
再婚 327
生育 327
家庭构成 329
家庭规模 329
家庭类别 330
家庭功能 330
"开小口"政策 331
"双轨控制"政策 332
计划生育审批 332
计划生育宣传 333
宣传网络（计划生育） 333
宣传活动（计划生育） 333
计划生育宣传月活动（1985年1~2月） 333
人口日宣传活动（1987年7~9月） 333
人口与计划生育基础知识教育活动（1989~
　1994年） 334
人口教育"五个化"活动（1995年11月~
　1997年12月） 334
婚育新风教育（1998年~2001年3月） 334
计划生育奖励 335
计划外生育处罚 336
破坏计划生育行为查处 337
流动人口计划生育管理 337
计划生育村民自治 337
全程服务 338
计划生育技术指导站 339
镇（村）服务站（室） 339

第七编　居民生活

收入水平 343
收入形态 343
收入结构 344
工资性收入 344
家庭经营收入 344
财产性收入 344
转移性收入 345
收入水平 346
收入结构 347
工资性收入 347
经营性收入 348
财产性收入 348

转移性收入　348
地域差距　349
城乡差距　350
基尼系数　350
农村居民消费水平　351
城镇居民消费水平　352
实物消费与现金消费　352
恩格尔系数　352
食品消费　357
主食、副食与其他食品支出　357
在外饮食　357
主要食品消费　358
衣着消费　364
衣着支出　364
成衣消费　364
布料消费　365
毛线衣消费　365
皮衣消费　365
鞋类消费　366
帽子消费　366
围巾消费　366
手套消费　366
居住消费　366
农村住房　367
城镇住房　367
卫生设施　367
家庭用品及服务消费　369
家用电器　369
日常用品　370
水、电、燃料　371
物业管理　372
家政服务　372
维修服务　372
医疗保健消费　372
医疗消费　372
保健消费　372
交通通信消费　373
交通消费　373
通信消费　374
教育消费　378
保险消费　379
生产性消费　379
个体工商户资本金积累　379
私营企业资本金积累　379
文化娱乐消费　380
休闲旅游消费　381
美容美发和首饰消费　383
美容美发消费　383

首饰消费　384
化妆品消费　386
消费支出差距　386
消费投向差异　386
手存现金　387
储蓄　387
有价证券　387
生产性固定资产积累　388
住房积累　388
农村居民住房积累　388
城镇居民住房积累　388

第八编　水　利

裁弯取直　391
茅潭汇裁弯工程　392
碛堰山段拓宽工程　392
眠犬山段拓宽工程　392
尖山段拓宽工程　392
永兴河丁家庄段裁弯工程　392
凰桐江茅家山段拓宽工程　392
切滩整治　392
分洪改道　393
东河改道和南河分洪工程　393
凰桐江改道工程　393
姚鲍渠改道工程　393
江道清障　394
临浦段江道　394
义桥段江道　394
富春江北塘　394
永兴河、进化溪、凰桐江河（溪）道　394
其他措施　394
退堤增加排洪面　394
阻水桥梁扩建　394
拆迁（江河整治）　395
蜀山平原河网治理　395
开河疏河　395
加高加固西小江围堤和建节制闸　395
钱塘江灌区河网治理　396
砌石护岸　396
河道疏浚　397
西江塘　398
麻溪坝至半爿山为西江塘南段　398
半爿山至西兴为西江塘北段　398
北海塘　398
南沙大堤　399
围垦大堤　400
屏水密实土堤　400

抛石磴护坡　400

标准堤塘建设　400

浦阳江流域堤塘　400

培修固堤　400

渗漏治理　401

塘面保护　401

钱塘江标准堤塘　403

防洪标准　404

堤塘轴线　404

断面结构　404

塘顶（包括防浪墙）　404

内坡　404

浦阳江流域标准堤塘　405

防洪标准　405

堤塘轴线　405

堤塘断面　405

特殊地段施工处理　405

实施规范　405

项目法人制　405

设计会审制　406

施工招标制　406

工程监理制　406

质量监督制　406

管理合同制　406

财务审计制　406

沿江排涝灌溉闸　411

茅山闸　411

峙山闸　411

萧山船闸　412

新坝闸　412

五堡闸　412

大治河闸　412

赭山闸　412

一工段闸　412

四工段闸　413

外六工段闸　413

外八工段闸　413

十六工段闸　413

外十工段闸　413

十五工段闸　413

二十工段闸　413

南沙大堤节制闸　413

九号坝闸　413

立新闸　413

光明闸　413

永丰闸　413

蜀南闸　413

头蓬闸　413

新湾闸　414

十二埭闸　414

北海塘节制闸　414

济民闸　414

长山闸　414

浦阳江流域排灌节（控）制闸　414

芦家闸　414

湘湖及小砾山输水河节制闸　414

下湘湖南闸　414

东汪二孔闸　414

西小江围堤节制闸　414

张龙桥闸　414

里士湖闸　414

南片排灌站　423

泥桥头排涝站　423

上盈湖排灌站　424

杨家浜排灌站　424

鲁家坞排灌站　424

猫头山机埠　424

钱塘江排灌总站　424

浦沿电力排灌站　424

江边电力排灌站　424

七甲电力排灌站　424

钱江电力排灌站　424

排、灌、降配套　427

旱涝兼治　427

水文网点　428

重点水文站　429

闻堰水文站　429

仓前水文站　429

临浦水文站　429

萧山水文站　429

方迁溇水文站　429

水情传递设施　429

拍报标准　430

降水量标准　430

水位标准　430

友邻地区联络　430

浦阳江流域防洪预案　432

防御重点　433

抢险方案　433

排涝标准　434

防御措施　434

钱塘江堤塘防御台风暴潮预案　435

防御重点　435

预测险情　435

抢险方案　436

抢险措施　436

第九编　交　通

萧钱线　469

塘新线　469

三益线　470

观十五线　470

伟老线　470

青外线　470

八柯线　470

白曹线　470

桥戴线　470

赭十四线　471

乡道　471

公路特大桥　474

钱塘江第三大桥　474

钱塘江第六大桥　475

钱塘江第五大桥　475

公路大桥　475

公路中桥　475

公路小桥　475

公路隧道　475

藏山岭隧道　475

长山隧道　475

公路建设　481

建设体制（公路）　482

建设资金（公路）　482

公路工程技术　483

桥梁建设　483

公路养护　484

管理体制（公路）　484

养护作业（公路）　484

创建活动（公路）　485

客运车站（公路）　488

萧山汽车站　488

萧山汽车东站　489

萧山汽车西站　489

客运线路（公路）　489

长途客运（公路）　489

短途客运（公路）　489

客运企业（公路）　490

普通货运（公路）　491

特种货运（公路）　492

危险货物运输　492

集装箱运输　492

大型物件运输　492

联托运与运输服务　492

搬运装卸　493

货运企业（公路）　493

萧山市运输有限公司　494

萧山市国际货运有限公司　494

路政管理　494

运输管理（公路）　495

旅客运输管理（公路）　495

货物运输管理（公路）　495

货物联（托）运管理（公路）　495

搬运装卸管理（公路）　496

运价管理（公路）　496

客运运价（公路）　496

货物运价（公路）　497

联（托）运价格（公路）　497

搬运装卸运价（公路）　497

规费征收（公路）　497

公路养路费　497

公路建设专用基金　498

公路运输管理费　498

站场建设基金（公路）　498

车辆通行费　498

地方公路建设基金　498

车辆购置税　498

机动车维修行业管理　498

钱塘江水系航道　500

钱塘江　500

浦阳江　501

永兴河　501

凰桐江　501

内河水系航道　501

杭甬运河　501

进化溪　501

萧临甲线　501

萧余线　502

长大线　502

盛陵湾　502

长山直河　502

白洋川　502

方迁溇直河　502

萧转线　502

衙瓜线　502

港区　502

萧山港　502

临浦港　502

瓜沥港　503

码头　503

客运码头　503

货运码头　504

萧山电厂煤码头　504

杭州闻堰货运码头　504

富春玻璃中转码头　504

义桥油库码头　504

第十编　城市建设

市心北路 539
建设一路 540
建设二路 540
建设三路 540
建设四路 540
金城路 540
风情大道 540
金惠路 540
鸿达路 540
桥梁 540
路灯 540
商贸用房 543
住宅用房 543
土地使用制度 544
户籍制度 545
社会保障制度 545
财政体制与投融资机制 545
交通、通信、电力用房 546
商业用房 546
金融业用房 546
文教、卫生、体育用房 547
其他用房 547
住宅小区 547
崇化住宅区 547
高桥住宅区 548
南市花园 548
潘水苑 548
萧山老年颐乐园 548
明华花园 548
银河小区 549
泰和花园 549
国泰花园 549
绿都世贸广场 549
高层住宅 549
市区公交 552
至杭州市区公交 554
315路 515路 554
322路 554
320路 554
客运人力车、机动车 555
客运人力三轮车 555
客运出租汽车 555
城区排水 555
城区污水处理系统 556
管网 556
泵站 556
污水处理收费 557
供水 557

水源 557
源水管线工程 558
水厂 558
源水泵站 558
增压泵站 559
管网 559
区域供水 559
节水 559
规范管理（节水） 560
设施改造（节水） 560
地下水管理 560
电网 561
低压电网 561
10千伏电网 561
35千伏电网 562
110千伏电网 563
220千伏电网 563
供电 564
供电质量 564
电网调度 564
线路运行检修 564
变电所运行 565
设备检修试验 565
配电变压器运行检修 565
用电 565
用电水平 565
用电调度 566
用电安全管理 566
用电监察 567
燃气供应 567
瓶装液化气 567
管道液化气 568
燃气管理 568
热能供应 568
站前广场 569
新世纪广场 569
人民广场 569
文化广场 569
五环广场 569
公园 570
西山公园 570
西河公园 570
梦笔公园 570
儿童公园 571
北山公园 571
城河公园 571
南江公园 571
绿地 571

道路绿地 571
专用绿地 571
居住区绿地 572
生产绿地 572
防护绿地 572
风景林地 572
日常养护 573
义务植树 573
山林防火 573
日常治理 574
街道清扫与保洁 574
垃圾清运与处理 574
粪便清运与处理 575
环卫设施 575
公共厕所 575
沿街卫生设施 576
环境综合整治 576
户外广告管理 577
设施养护 578
创建卫生先进单位 578
创建卫生镇乡 578
创建国家卫生城市 579

第十一编　农村　农民　农业

大田联产承包 591
山林联产承包 592
水面联产承包 592
扶持集体经济 593
强化服务体系 593
建立投入机制 593
推进规模经营 593
土地使用权流转 594
延长承包期 597
指令性种植 598
指导性种植 598
市场调节种植 599
定购（派购）定销 599
粮油（农产品购销） 599
棉麻（农产品购销） 599
生猪　水产品（农产品购销） 599
双轨制 600
粮油（双轨制） 600
棉麻（双轨制） 601
生猪　水产品（双轨制） 601
市场调节 601
合同订购 601
农民营销 602

专业市场 602
种植业产业结构调整 605
养殖业品种结构调整 605
畜禽养殖品种结构 605
水产养殖品种结构 605
村经济合作社 607
专业生产合作社 608
集体资产管理 608
农业发展基金管理 609
农村合作基金管理 609
农民劳动积累管理 609
农业承包金管理 610
村务、财务公开 610
扶持集体经济薄弱村 611
政策扶持 611
机关干部下村任职 611
结对扶持 612
下山脱贫 612
帮扶市外贫困地区 614
帮扶四川宣汉县 614
帮扶甘肃、宁夏等省、自治区6个县 614
帮扶泰顺县 614
帮扶淳安县 614
帮扶四川涪陵市敦仁街道 614
帮扶四川南充市嘉陵区 615
服务网络（农村） 615
统一服务（农村） 615
统一排灌 616
统一机耕 616
统一用电 616
统一植保 616
一条龙服务（农村） 616
产前服务（农村） 616
产中服务（农村） 616
产后服务（农村） 616
村镇规划 619
镇乡规划 619
村庄规划 619
规划实施（农村） 619
村镇道路 620
村镇供水 620
挖井　建水站 620
镇级水厂 620
村镇建筑 621
公共建筑 621
商贸建筑 621
工业建筑 621
小康村 622

新农村 622

红旗村 标兵村 622

节柴（煤）灶改造 626

太阳能利用 627

沼气利用 627

生物净化池 627

农村改革政策 628

农业投入政策 628

农业产业化政策 628

区域扶持政策 629

城乡一体化政策 629

减轻农民负担政策 629

农村社会保障政策 629

其他扶农政策 629

集体资产管理问题 630

农民负担问题 630

计划生育问题 630

土地管理问题 630

土地征用问题 630

农民工待遇和欠薪问题 630

环境污染问题 631

社会治安问题 631

交通安全问题 631

封建落后陋习问题 631

贫富差距问题 631

数量（农民） 632

变化（农民） 632

稳定增长期（农民） 632

增长低谷期（农民） 632

增长高峰期（农民） 632

增长加速期（农民） 633

稳定下降期（农民） 633

下降加速期（农民） 633

从业流向（农民） 633

居住分布（农民） 634

规模（农村劳动力） 636

就业结构（农村劳动力） 637

劳动力转移（农村劳动力） 637

转移方向（农村劳动力） 637

转移特征（农村劳动力） 637

文化程度（农民技术人员） 638

农民技术培训 639

农民专业技术职称 639

农业科技示范户 640

成长历程（农民企业家） 641

共同特征（农民企业家） 641

有胆有识 敢于创新（农民企业家） 641

来自农民 服务农民（农民企业家） 641

招贤纳才 提高自身（农民企业家） 642

创新制度 完善管理（农民企业家） 642

播（插）种 644

耕作 645

施肥 645

除草 645

清沟 646

松土 646

收割 646

脱粒（田间劳作） 646

灌溉 647

病虫防治 647

运输 647

农民增收 647

增收因素 648

农副产品提价 648

结构优化 648

二、三产业发展 648

收入差距 648

区域性收入差距 648

居民内部收入差距 648

粮食收支 649

粮食收入 649

粮食支出 649

粮食结存 649

生产消费 649

家庭经营生产费用 649

购置生产性固定资产 650

生活消费 650

住房消费 650

燃能消费 651

第一代住宅 653

第二代住宅 653

第三代住宅 653

第四代住宅 654

第五代住宅 654

第六代住宅 654

社会福利 655

养老保险 655

灾害保险 655

合作医疗 655

负担项目 655

经济负担 656

减轻负担 656

监督管理 657

饮食观 659

服饰观 659

婚姻观 660

红麻地膜覆盖　745
早生良种茶设施栽培　745
蔬菜新技术　745
营养钵育苗　745
遮阳网覆盖　746
防虫网覆盖　746
二氧化碳气肥　746
无公害综合配套技术　746
夏菜秋栽　746
畜禽养殖技术　746
瘦肉型猪饲养　746
规模养猪配套饲养　747
肉用仔鸡笼养　747
美国王鸽笼养　747
美国尼古拉火鸡配套饲养　747
肉鸭配套饲养　747
美国七彩山鸡舍内饲养　748
鹌鹑配套饲养　748
野鸭平地饲养　748
水产养殖技术　748
鱼种套养　748
鳜蟹混养　748 .
大规格蟹养殖　748
鳜鱼种培育　748
仿生态鳖养殖　748
优质珍珠蚌养殖　749
预测预报　749
病虫草鼠害防治　749
粮油作物病、虫、草防治　749
棉麻作物病、虫、草防治　750
蚕桑病虫害防治　750
果树病虫害防治　750
鼠害防治　750
畜禽疫病防治　751
猪病防治　751
牛病防治　751
羊病防治　751
犬病防治　751
禽病防治　751
蜂病防治　751
鱼病防治　752
草鱼出血病防治　752
暴发性出血病防治　752
烂鳃病防治　752
赤皮病防治　752
肠炎病防治　752
打印病防治　752
水霉病防治　752

中华鳋病防治　752
锚头鳋病防治　752
车轮虫病防治　752
孢子虫病防治　752
河蟹颤抖病防治　752
河蟹纤毛虫病防治　752
河蟹水肿病防治　752
农业科研校、所　752
农、林、牧、渔场　752
萧山市良种场　753
萧山市林场　753
萧山市种畜场（种鸡场）　753
萧山市火鸡良种场　753
萧山市棉花原种场　754
萧山湘湖渔场　754
耕锄农具　755
翻耕　755
中耕除草　755
灌溉农具　755
收获农具　756
割稻　割麦　756
脱粒（农具）　756
加工农具　756
稻谷加工　756
运输农具　756
渔业农具　756
耕作机械　756
拖拉机　756
犁、开沟机　756
种植机械　757
插秧机　757
水稻直播机　757
排灌机械　757
疏浚机械　757
植保机械　757
收获机械　758
脱粒机　758
联合收割机　758
剥麻机　758
茶叶采制机　758
加工机械　759
粮食加工机械　759
饲料加工机械　759
茶叶加工机械　759
油料加工机械　759
棉花加工机械　759
蔬菜加工机械　759
林业特产加工机械　760

第十二编　垦区开发

科技兴区 809
南美白对虾引繁推广 809
无公害有机稻米试验示范 809
棉花高产技术应用示范 809
贡枣试种 810
新围海涂综合开发项目 810
粮食生产基地 811
春粮、水稻 811
大豆 811
油料生产基地 812
棉花生产基地 812
络麻生产基地 812
蔬菜生产基地 813
萝卜 813
辣椒 813
芥菜 814
胡瓜 814
瓜果生产基地 814
西瓜 814
水果 814
供港供沪猪养殖基地 815
奶牛养殖基地 816
蜜蜂养殖基地 816
獭兔养殖基地 816
河蟹养殖基地 817
鳖养殖基地 817
鳜鱼养殖基地 817
黑鱼养殖基地 817
花卉苗木基地 817
蚕桑基地 817
农业产业化基地选介 820
生猪产业化基地 820
水产良种产业化基地 820
优质商品蟹产业化基地 820
中华鳖原种产业化基地 820
农业龙头企业选介 820
萧山钱江出口养殖实业有限公司 820
杭州晓阳农业开发有限公司 820
杭州吉天农业有限公司 820
杭州金达水产养殖有限公司 821
杭州萧山舒兰农业有限公司 821
食品工业 823
纺织工业 824
建材工业 824
化学工业 825
机械工业 825
其他工业 826
杭州红申电器有限公司 827

浙江金首水泥有限公司 828
浙江钱江啤酒集团股份有限公司 828
杭州永磁集团有限公司 829
浙江萧山速冻厂（浙江银河食品有限公司） 830
杭州吉华化工有限公司 830
钱江印染化工有限公司 831
萧山富丽达纺织有限公司 831
杭州红山化纤有限公司 831
萧山荣盛纺织有限公司 832
萧山红山热电有限公司 832
浙江红山协和陶瓷有限公司 832
商业、供销部门收购 835
农产品加工企业收购 836
农民营销大户收购 836

第二册

第十三编　工　业

部门管理 841
行业管理 842
政府指导 842
行业自律 843
扩大自主权 844
经济责任制 844
厂长负责制 845
承包经营责任制 845
乡镇集体工业企业承包经营责任制 845
国有、城镇集体工业企业承包经营责任制 846
"三项制度"改革 848
国有、城镇集体工业企业职工劳动报酬 859
乡镇集体工业企业职工劳动报酬 861
私营工业企业职工劳动报酬 862
外商和港澳台商投资工业企业职工劳动报酬 863
纺织 875
印染 876
纤维原料初步加工 877
汽车零部件及配件制造 877
船舶、自行车、摩托车制造 878
交通运输设备修理 879
化学制品制造 882
有机化学产品制造 882
化学肥料制造 883
化学农药制造 883
其他化学产品制造 883
基本化学原料制造 884
皮革、毛皮及其制品 884

羽毛（绒）及其制品　885
服装制造　887
制鞋　888
其他纤维制品　888
造纸　889
手工纸制造　889
机制纸及纸板制造　891
纸制品　891
火力发电　893
自备油机发电　893
自备电厂发电　893
公用电厂发电　893
水力发电　894
恢复阶段（1979~1988年）（私有工业）　902
整顿阶段（1989~1991年）（私有工业）　903
推进阶段（1992~2000年）（私有工业）　903
股份有限公司　922
有限责任公司　923
衙前镇轻纺工业　935
河上镇造纸及纸箱包装制品业　937
新塘乡羽毛（绒）及其制品业　937
南阳镇制伞业　938
楼塔镇纱艺制造业　940
浙江东南网架集团有限公司　949
万向集团公司　950
浙江爱迪尔包装集团公司　951
浙江航民实业集团有限公司　952
浙江胜达集团有限公司　954
浙江永翔电缆集团有限公司　954
浙江传化化学集团有限公司　956
萧山柳桥羽绒有限公司　957
钱潮牌万向节十字轴总成　964
湘湖牌汽车制动元器件　964
金首牌425#水泥　964
钱江牌中华啤酒　964
东南牌钢结构网架　965
传化牌洗衣粉　965
雅妮娜牌卫生巾　965
百合牌颜料　965
钱潮牌油浸式、干式电力变压器　965
东南牌聚氨酯/岩棉复合夹芯板　966
富可达牌皮革服装　966
浙江传化化学集团有限公司"传化"商标　968
万向集团公司"钱潮"商标　968
浙江钱啤集团股份有限公司"钱江"商标　968
杭州前进齿轮箱集团有限公司"前进"商标　969
中服浙江北天鹅服饰股份有限公司"北天鹅"商标　969
浙江金首水泥有限公司"金首"商标　969

萧山钱江蔬菜食品总厂"钱江"商标　970
杭州浪潮实业公司"浪潮"商标　970
浙江东南网架集团有限公司"东南"商标　970
浙江万达集团公司"万达"商标　970
杭州万杰减速机有限公司"杰"商标　971
浙江钱啤集团股份有限公司"钱江中华"商标　971
杭州潘山集团有限公司"雅妮娜"商标　971
杭州山水实业有限公司"山水"商标　971
杭州德意电气实业有限公司"德意"商标　971
浙江包装材料实业总公司　972
浙江建筑材料总厂　973
萧山发电厂　973
杭州发电设备厂　974
杭州中汇棉纺织有限公司　975
杭州前进齿轮箱集团有限公司　975

第十四编　萧山经济技术开发区

投资区江南区块总体规划　981
萧山经济技术开发区（市北区）规划　981
之江区规划　982
桥南区规划　982
土地征用　982
预征　982
征用　982
拆迁补偿　983
土地出让　983
建设基础设施　984
道路　984
桥梁　985
河（江）道整治　985
排水　排污　985
园林绿化　986
亮灯照明　986
道路保洁　986
完善配套设施　986
供热　986
供水　986
供电　987
公交　987
信息传媒　987
医疗卫生　988
教育娱乐　988
商贸服务　988
房屋建筑　988
会议招商　990
洽谈会　990
投资说明会　990

第十五编 建筑业 房地产业

预制构件施工队伍　1034

预制构件　1034

商品砼　1034

市政工程施工队伍　1034

园林绿化工程施工队伍　1035

机桩施工队伍　1036

设备安装队伍　1036

浙江萧山建工集团有限公司　1036

杭州萧山第二建筑工程有限公司　1037

浙江中强建工集团有限公司　1037

浙江华成建设实业有限公司　1037

浙江伟达建设工程有限公司　1037

浙江东南网架集团有限公司　1037

杭州大地网架制造有限公司　1037

岗位培训　1038

业余培训　1038

学校培养　1038

墙体砌筑　1043

屋面工程　1043

混凝土浇灌　1044

混凝土构件　1044

土石方机械　1046

桩机　1046

混凝土搅拌机　1046

钢筋加工机械　1046

起重机械　1047

脚手架　1047

模板　1047

装饰工程机械　1047

金属材料　1048

砖瓦（实心黏土）　1048

水泥　1050

黄砂　1051

石料　1051

石质板材　1052

竹木板材　1052

建筑陶瓷　1053

金属制品　1053

玻璃　1053

石灰　1053

油漆、涂料　1053

市场准入管理　1055

招标投标管理　1055

资质管理　1056

设计单位资质管理　1056

施工企业资质管理　1056

预制构件企业资质管理　1057

建筑工程检测试验室资质管理　1057

项目经理资质管理　1057

建筑市场拓展　1057

设计质量管理　1058

材料质量管理　1058

施工质量管理　1058

管理体系　1058

管理制度（建筑）　1059

管理规章（建筑）　1059

标准化工地　1060

资质管理（房地产）　1065

市场管理（房地产）　1066

项目管理（房地产）　1066

售房管理　1067

住宅建设　1068

常规建设（房地产）　1068

住宅区建设　1068

非住宅建设　1070

浙江汇宇营建集团有限公司　1070

浙江萧峰实业集团有限公司　1071

杭州萧山城建房产开发有限公司　1071

杭州泰和房地产开发有限公司　1071

萧山银河房地产开发有限公司　1071

浙江莱茵达房地产开发有限公司　1071

浙江众安房地产开发有限公司　1071

浙江绿都房地产开发有限公司　1071

房产典当　1074

房产抵押　1074

房产中介　1075

物业管理　1076

管理用房　1076

管理队伍　1076

物业维修基金　1076

房源　1077

直管公房　1077

自管公房　1078

公房调配　1078

单位拨用　1078

住房分配　1078

公房经租　1078

公房住宅租金　1078

直管公房租金　1078

机关宿舍租金　1079

非住宅租金　1079

企事业单位宿舍租金　1080

公房转让　1080

公房维修　1080

直管公房　1080

单位自管房　1080

租赁经营 1081
私房租金 1081
私房管理 1081
私房改造 1081
落实房产政策 1082
购房对象 1082
经营形式 1083
预售管理 1083
价格走势 1084
登记发证 1085
集中登记发证 1085
日常登记发证 1086
房地产测绘 1086
档案管理 1086
拆迁政策 1089
拆迁许可证制度 1090
拆迁补偿安置 1090
拆迁纠纷处理 1091
公积金制度 1094
公积金归集 1095
公积金使用与管理 1095
公积金贷款管理 1095
公积金支取管理 1095
按揭贷款 1095

第十六编　国内贸易

经营责任制 1102
承包经营责任制 1103
"四放开"改革试点 1104
工程建设（商业城） 1120
第一期工程（商业城） 1120
第二期工程（商业城） 1121
配套建设（商业城） 1121
改建工程（商业城） 1121
经营（商业城） 1121
管理（商业城） 1122
登记注册（商业城） 1122
市场监管（商业城） 1122
物业管理（商业城） 1122
中国石油化工股份有限公司浙江杭州萧山石油分公司 1131
浙江省烟草公司萧山市公司 1131
浙江萧山开元旅业集团有限公司 1132
浙江中大集团萧山商贸有限公司 1132
农副产品 1135
棉麻 1135
肉猪 1136
禽蛋 1137

水产品 1138
蔬菜 1139
副食品 1141
食糖 1141
黄白酒 1141
工业生产资料 1143
化工商品 1143
机电商品 1143
金属材料 1144
建筑材料 1144
农业生产资料 1145
化学肥料 1145
化学农药 1146
农用薄膜 1146
棉布百货 1147
文化用品 1148
五金交电 1149
中西药品 1150
食盐专营 1152
烟花爆竹专营 1152
烟草专卖 1152
批发零售（烟草） 1152
监督管理（烟草） 1153
违法违规卷烟查处 1154
许可证发放（烟草） 1154
卷烟交易市场整顿 1154
专卖户籍管理（烟草） 1155
粮食管理体制 1157
粮食收购体制 1158
粮食供应体制 1158
城镇粮食供应体制 1158
农村粮食供应体制 1159
粮油收购 1159
粮食收购 1159
油脂收购 1160
粮油销售 1161
粮食销售 1161
油脂销售 1162
调运储存 1165
粮食仓库 1165
地面粮库 1165
地下粮库 1166
仓储管理 1166
仓储安全 1166
库存清查 1167
地方储备 1167
浙江金马饭店 1170
杭州萧山国际酒店 1171

理发及美容保健服务　1172
　理发　1172
　美容美发　1173
　洗头　1173
　按摩　1174
　足浴　1174
　沐浴服务　1174
　洗烫服务　1174
　摄影扩印服务　1175
　家庭服务　1175
　婚姻服务　1176
　上网服务　1176
　娱乐服务　1177
　歌舞娱乐　1177
　电子游戏　1177
　休闲健身　1177
　保龄球　1177
　棋牌　1177
　健身　1177
　刻字　1179
　打字　1179
　清洁　1179
　修理　1180

第十七编　对外和对港澳台经济贸易

出口企业　1186
出口方式　1188
　收购出口（间接出口）　1188
　自营出口（直接出口）　1189
出口商品　1189
出口市场　1190
加工贸易　1201
补偿贸易　1202
对外借款　1202
　淡水养鱼项目　1202
　美制螺丝项目　1203
　养鳗场项目　1203
　农村供水项目　1203
　酒糟颗粒饲料制造项目　1204
　杭金线萧山至诸暨市次坞段改建工程　1204
　杭甬高速公路萧山段建设工程　1204
　城市污水处理改造工程　1204
　集装箱多式联运系统项目　1204
通关作业　1209
　转关运输监管　1209
　关税和进口环节税代征　1210
　关税减免审批　1210

　外商及港澳台商投资项目进口货物减免税　1210
　技术改造及基本建设进口货物减免税　1210
　科教用品进口免税　1210
　出口商品检验　1212
　进口商品检验　1213
　汽车　摩托车　1213
　皮革　1213
　集装箱货物　1214
　纺织品　1214

第十八编　金　融

中国人民银行萧山市支行　1218
中国建设银行萧山市支行　1218
中国农业银行萧山市支行　1218
中国工商银行萧山市支行　1219
中国银行萧山支行　1219
交通银行杭州分行萧山支行　1219
中国农业发展银行萧山市支行　1219
萧山市农村信用合作社联合社　1220
留成外汇调剂管理体制　1223
外汇额度留成制度　1223
商业银行存款准备金　1224
农村信用社存款准备金　1224
承兑汇票再贴现　1225
季节性贷款　1225
日拆性贷款　1225
年度性贷款　1225
政策性贷款　1225
企业性存款　1227
居民储蓄存款　1228
财政性存款　1229
短期贷款　1230
中长期贷款　1231
承兑汇票贴现　1231
结算方式　1233
资金汇划　1233
金融机构资金汇划　1233
央行资金汇划　1234
票据交换　1234
外汇存款　1237
外汇贷款　1237
侨汇解付　1237
国际结算　1238
国库管理　1240
货币管理　1241
货币发行　1241
现金管理　1242

假币收缴 1243
金银管理 1243
金银计划配售 1244
金银饰品零售 1244
金银饰品加工 1244
金银门市收兑 1244
国债（国库券） 1250
金融债券 1252
企业债券（集资） 1253

第十九编　财政　税务

市级财政管理体制 1261
镇乡级财政管理体制 1262
预算内收入 1269
预算内支出 1271
市级财政收支平衡 1274
镇乡级财政收支平衡 1275
会计知识培训 1277
会计资格管理 1278
任职资格 1278
从业资格 1279
企业财务管理 1279
行政事业单位财务管理 1280
社会集团购买力控制 1281
政府采购 1282
政府投资审价 1282
税收财务大检查 1283
财政信用贷款 1283
设备租赁贷款 1285
清产核资 1286
资产评估 1287
授权经营 1287
产权登记年检 1289
统计年报 1289
地方税收入 1291
地方税收管理 1293
企业税收管理 1293
个体集贸税收管理 1294
地方税务稽查 1296
国家税收入 1297
国家税收管理 1298
个体集贸税收管理 1298
增值税一般纳税人资格认定 1299
增值税专用发票使用管理 1299
出口货物退（免）税管理 1300
国家税务稽查 1301
农业税 1304

农业特产税 1304
契税 1305
耕地占用税 1305

第二十编　经济管理

五年计划 1310
"七五"计划（1986～1990年） 1311
"八五"计划（1991～1995年） 1311
"九五"计划（1996～2000年） 1311
年度计划 1312
专项规划 1313
农业生产计划 1315
工业生产计划 1315
商品购销计划 1316
企业登记 1323
国有、集体企业登记 1323
外商和港澳台商投资企业登记 1324
私营企业登记 1324
企业管理 1325
年度检验 1325
专项清理 1326
个体工商户登记 1327
个体工商户管理 1329
验照换照 1329
专项监督 1329
商标注册 1330
商标管理 1331
商标侵权查处 1331
商标印制管理 1331
市场登记 1333
市场管理 1333
集贸市场管理 1333
汽车交易市场管理 1334
房地产市场工商管理 1334
拍卖市场管理 1335
经营单位 1336
户外广告 1336
印刷品广告 1337
媒体广告 1337
经济合同鉴证 1338
经济合同管理 1338
经济合同检查 1338
违法合同查处 1339
经济合同仲裁 1339
合同争议行政调解 1340
打击投机倒把 1340
取缔制售假冒伪劣商品 1341

第二十一编　信息传媒

邮政汇兑 1402
特快专递 1402
农村电话 1405
长途电话 1406
市内电话 1407
光缆 1411
电信通信光缆 1411
广播电视光缆 1412
移动通信光缆 1412
数字数据网 1412
一线通 1412
政府网络 1413
政府政务（网络） 1413
财政税务管理（网络） 1413
公安管理（网络） 1413
档案检索（网络） 1414
统计信息（网络） 1414
教育网络 1414
金融网络 1415
银行业（网络） 1415
证券业（网络） 1415
企业网络 1416
萧然在线 1416
中国化纤信息网 1417
中国汽车网 1417
萧山信息港 1417
萧山日报 1419
采编队伍 1420
版面设置 1421
报纸印刷 1424
其他报纸 1424
《萧山日报》发行 1426
邮政报刊发行 1426
发行站发行 1427
播音时间 1429
播音员（广播） 1429
自办节目 1430
新闻采编 1431
广播网络 1432
广播节目 1433
业余节目主持人 1435
电视节目 1438
新闻采制 1438
播音员（主持人） 1440
自制节目 1441
电视频道 1442
有线电视网 1442
户外广告制作 1445

路牌广告 1445
灯箱广告 1445
条幅广告 1445
立柱广告 1446
印刷品广告制作 1446
媒体广告制作 1446
广播广告 1446
电视广告 1447
网络广告 1447
户外广告经营 1447
萧山日报社广告经营 1448
广播电视广告经营 1449
邮送广告经营 1450

第二十二编　中国共产党

出席上级党代会代表选举 1453
出席市（县）党代会代表选举 1453
出席杭州市党代会代表构成 1453
杭州市第六次党代会代表 1453
杭州市第七次党代会代表 1453
杭州市第八次党代会代表 1453
出席萧山市党代会代表构成 1453
第八次代表大会代表 1454
第九次代表大会代表 1454
第十次代表大会代表 1454
第十一次代表大会代表 1454
第八次代表大会 1456
第九次代表大会 1456
第十次代表大会 1457
第十一次代表大会 1457
党代表会议 1457
第七届县委全体会议 1458
第八届市(县)委全体会议 1458
第九届市委全体会议 1458
第十届市委全体会议 1458
第十一届市委全体会议 1459
第八届市委常委会议 1459
第九届市委常委会议 1460
第十届市委常委会议 1460
第十一届市委常委会议 1461
第七届县委组成人员 1462
第八届市(县)委组成人员 1462
第九届市委组成人员 1462
第十届市委组成人员 1462
第十一届市委组成人员 1463
支持改革创业 1466
制定精神文明建设纲要 1466

加强非公有制企业党的组织建设　1467

围垦滩涂5万亩　1467

确立经济发展第二步目标　1467

创建萧山经济技术开发区　1467

加快改革开放与经济建设　1468

实施科技兴市战略　1468

发展第三产业　1468

确定经济社会发展远景目标　1468

完善农业生产责任制　1469

鼓励个体私营工业发展　1469

完善二轮土地承包责任制　1469

争取机场选址萧山　1469

建设湘湖旅游度假区　1470

加快城市化进程　1470

推进养老保险全覆盖　1470

理论学习中心组　1471

党员、干部理论学习　1471

党员理论学习　1471

干部理论学习　1471

理想道德教育　1472

改革形势教育　1472

爱国爱乡教育　1473

外宣组织　1473

外宣活动　1473

文明单位　1474

文明机关　1475

党员发展　1476

党员构成　1477

党组织设置　1481

村级党组织　1481

村级党组织换届　1481

后进村党组织整顿　1481

企业党组织　1481

教育整顿　1482

"双争"、"双评"活动　1482

领导班子　1485

后备干部　1486

市管后备干部　1486

村级后备干部　1486

下村任职　1486

公开选拔　1486

公开选拔副局级领导　1486

公开选拔村主任助理　1486

制度建设（党风）　1487

廉政监督　1488

专项治理（党风）　1489

廉政账户　1489

维护社会稳定　1493

打击刑事犯罪　1494

综治防控　1494

综合治理责任制　1495

民族工作　1497

宗教工作　1498

对台联谊　1498

侨务联络　1498

主体教学（党校）　1499

学历教学（党校）　1499

短期培训（党校）　1500

社会讲学（党校）　1500

思想教育（党建）　1500

党建活动　1501

目标管理（党建）　1501

工作机制（老干部）　1502

政治待遇（老干部）　1502

组织学习（老干部）　1502

参加会议（老干部）　1502

节日慰问（老干部）　1503

参观考察（老干部）　1503

生活待遇（老干部）　1503

工资福利（老干部）　1503

住房安排（老干部）　1503

医疗保健（老干部）　1503

四费补贴（老干部）　1503

遗属补助（老干部）　1504

疗（休）养（老干部）　1504

供应服务（老干部）　1504

老有所为（老干部）　1504

第二十三编　人民代表大会

代表选举　1507

代表构成　1507

全国人大代表　1508

浙江省人大代表　1508

杭州市人大代表　1509

第八届人民代表大会　1510

第九届人民代表大会　1511

第十届人民代表大会　1511

第十一届人民代表大会　1512

第十二届人民代表大会　1513

第八届人大常委会　1514

第九届人大常委会　1514

第十届人大常委会　1515

第十一届人大常委会　1516

第十二届人大常委会　1516

第八届人大常委会主任会议　1517

第九届人大常委会主任会议 1517
第十届人大常委会主任会议 1518
第十一届人大常委会主任会议 1518
第十二届人大常委会主任会议 1518
第八届人大期间 1522
第九届人大期间 1522
第十届人大期间 1523
第十一届人大期间 1523
第十二届人大期间 1523
第八届人大代表议案建议 1527
第九届人大代表议案建议 1527
第十届人大代表议案建议 1527
第十一届人大代表议案建议 1527
第十二届人大代表议案建议 1527

第二十四编 人民政府

市（县）人民政府组成人员 1533
正副市（县）长 1533
政府序列机构负责人 1534
镇乡人民政府组成人员 1535
市（县）第九届政府常务会议 1538
市第十届政府常务会议 1539
市第十一届政府常务会议 1539
市第十二届政府常务会议 1539
县第八届政府县长办公会议 1540
市第十届政府市长办公会议 1540
市第十一届政府市长办公会议 1540
市第十二届政府市长办公会议 1540
乡镇企业改革 1541
九年制义务教育 1541
经济薄弱村扶持 1542
推行承包经营责任制 1542
"西水东调"工程 1542
兴建萧山商业城 1542
企业产权制度改革 1543
萧山经济技术开发区建设 1543
工业结构调整 1543
南部区域发展 1544
信访制度 1545
工作责任制度（信访） 1545
会议制度（信访） 1546
领导接待日制度 1546
定期排查信访热点难点制度 1546
重大信访领导包案制度 1546
信息报送制度（信访） 1547
培训制度（信访） 1547
信访办理 1547

企业集资 1551
就业与保障 1552
环境污染 1552
重复信访 1552
无证车辆营运 1553
企业军转干部待遇 1553
落实清退政策 1553
复查纠错 1553
落实城迁人员政策 1553
解决农婚知识青年生活保障 1554
外事机构 1554
萧山市人民政府外事办公室 1554
萧山市对外经济文化交流协会 1554
萧山市人民对外友好协会 1554
外事出访 1554
市级领导出访 1554
公民因公出国（境） 1554
外事接待 1555
友好城市 1556
市政府机构改革 1557
镇乡政府机构改革 1557
简化审批手续 1560
便民服务 1561

第二十五编 人民政协

界别和人数 1565
第六届委员会委员（1984.11～1987.4） 1565
第七届委员会委员（1987.4～1990.4） 1565
第八届委员会委员（1990.4～1993.4） 1566
第九届委员会委员（1993.4～1998.3） 1566
第十届委员会委员（1998.3～2001.3） 1566
全国、浙江省、杭州市政协委员 1566
全国政协委员 1566
浙江省政协委员 1566
杭州市政协委员 1566
组成人数 1567
政协主席、副主席、秘书长 1567
政协办公室 1569
专门委员会 工作组 1569
第六届委员会全体会议 1570
第一次全体会议（第六届） 1570
第二次全体会议（第六届） 1571
第三次全体会议（第六届） 1571
第七届委员会全体会议 1571
第一次全体会议（第七届） 1571
第二次全体会议（第七届） 1571
第三次全体会议（第七届） 1571

第八届委员会全体会议　1572
第一次全体会议（第八届）　1572
第二次全体会议（第八届）　1572
第三次全体会议（第八届）　1572
第九届委员会全体会议　1572
第一次全体会议（第九届）　1572
第二次全体会议（第九届）　1573
第三次全体会议（第九届）　1573
第四次全体会议（第九届）　1573
第五次全体会议（第九届）　1573
第十届委员会全体会议　1573
第一次全体会议（第十届）　1573
第二次全体会议（第十届）　1574
第三次全体会议（第十届）　1574
第四次全体会议（第十届）　1574
第六届常务委员会会议　1574
第七届常务委员会会议　1574
第八届常务委员会会议　1575
第九届常务委员会会议　1575
第十届常务委员会会议　1575
第七届主席会议　1576
第八届主席会议　1576
第九届主席会议　1576
第十届主席会议　1576
外向型经济发展协商　1578
经济规划区发展协商　1578
工业经济发展协商　1578
农业农村工作协商　1579
城市建设协商　1579
科技兴市发展战略协商　1580
廉政建设协商　1580
精神文明建设协商　1580
社会治安问题协商　1581
"一府两院"与政协人事安排协商　1581
国民经济和社会发展计划及财政预算执行情况协商　1581
"七五"、"八五"、"九五"计划及2010年远景规
　　划协商　1582
"七五"计划　1582
"八五"计划　1582
"九五"计划及2010年远景规划　1582
治理整顿和深化改革措施协商　1582
深化公有住房改革方案协商　1582
会议视察　1583
委组视察　1583
工业企业视察　1583
农业农村工作视察　1584
城市建设视察　1584
科教文卫视察　1584

政法工作视察　1584
市场贸易工作视察　1584
专项视察　1584
信息网络建设　1585
重要信息反映　1585
常务委员会建议案　1588
主席会议建议案　1588
委员提案　1589
第六届政协委员提案　1589
第七届政协委员提案　1589
第八届政协委员提案　1590
第九届政协委员提案　1590
第十届政协委员提案　1590
办理制度　1593
对口联系　1595
大会发言　1596
例会学习　1597
全体会议学习　1597
常务委员会学习　1597
主席会议学习　1597
专题辅导报告会　1597
常务委员读书班　1597
其他学习形式　1597
团结联谊　1598
横向联谊　1598
参加杭州市七县（市）政协工作横向联系会议　1598
参加全国十二县（市、区）政协工作研讨会　1599
政协之友联谊会　1599
镇乡（片）委员小组　1599
史料征集　1602
编印出版　1602
《萧山文史资料选辑》　1602
《汤寿潜研究》　1602
《任伯年史料专辑》　1602
其他书籍　1602

第二十六编　民主党派　工商联

盟员大会（民盟）　1605
下辖支部（民盟）　1605
发展盟员（民盟）　1606
担任政府、政协领导职务（民盟）　1607
担任人大代表、政协委员（民盟）　1607
建言献策（民盟）　1608
技术服务（民盟）　1611
社会办学（民盟）　1611
联谊引商（民盟）　1611
会员大会（民进）　1612

下辖支部（民进）　1613
发展会员（民进）　1613
担任政府、政协领导职务（民进）　1615
担任人大代表、政协委员（民进）　1615
建言献策（民进）　1615
医疗义诊（民进）　1618
社会办学（民进）　1618
党员大会（农工党）　1619
下辖支部（农工党）　1619
发展党员（农工党）　1620
担任人大代表、政协委员（农工党）　1620
建言献策（农工党）　1620
医疗义诊（农工党）　1622
培训助学（农工党）　1623
社员大会（九三学社）　1624
下辖支社（九三学社）　1624
发展社员（九三学社）　1624
担任人大代表、政协委员（九三学社）　1624
建言献策（九三学社）　1625
人才培养（九三学社）　1627
科技咨询（九三学社）　1627
医疗义诊（九三学社）　1627
代表大会（工商联）　1628
基层组织（工商联）　1629
发展会员（工商联）　1629
担任政协领导职务（工商联）　1630
担任人大代表、政协委员（工商联）　1630
建言献策（工商联）　1630
服务与维权（工商联）　1635
会办企业（工商联）　1635
经济联络（工商联）　1636

第二十七编　社会团体

萧山市（县）级劳动模范　1643
杭州市级劳动模范　1643
浙江省级劳动模范　1643
全国劳动模范（五一劳动奖章）　1643
劳动模范管理　1643
民主监督（工会）　1644
集体合同（工会）　1645
权利保障（工会）　1645
帮困救急（工会）　1646
宣传教育（工会）　1647
文体活动（工会）　1648
职工之家（工会）　1648
青年文明号　1652
青年林（路）　1652

青年志愿者　1652
青年突击队　1653
主题教育（共青团）　1653
成年仪式教育　1654
十佳青年评选　1654
青年职工学技术　1655
青年农民学技术　1655
代表大会（妇联）　1656
主要活动（妇联）　1656
区妇女联合会　1659
镇乡妇女联合会　1659
市级机关妇女委员会　1659
村（居委会）妇女代表会　1659
企业妇女代表会　1660
个体工商户（市场）妇女委员会　1660
文明家庭创建　1660
双学双比　1660
妇字号工程　1661
三八绿色工程　1661
三八银花赛　1662
生产示范基地　1662
"手拉手、共致富"姐妹扶贫结对　1662
四个十佳工程　1662
巾帼建功　1662
三八红旗竞赛　1663
维权措施（妇联）　1663
女工保护　1664
外来妇女管理　1664
妇女干部培训　1665
农村妇女培训　1665
关爱儿童少年　1666
创办家长学校　1666
镇乡科协　1668
企事业单位科协　1668
学术团体　1668
科学知识普及　1669
农函大萧山分校　1669
科技工作者之家　1670
创作活动　1672
《湘湖》杂志　1672
《学生文艺》报　1672
《苎萝山》诗社　1672
创作与展览　1672
文艺奖评选　1673
文艺成果奖　1673
创作鼓励奖　1673
各类残疾人调查　1675
残疾人儿童少年入学调查　1675

助残政策　1675

无障碍设施　1676

先进表彰　1677

残疾人就业　1677

残疾人康复　1678

残疾人扶助　1678

敬老助老政策　1681

走访慰问（老龄委）　1681

生活补贴（老龄委）　1681

老年基金　1681

老年优待　1682

敬老服务　1682

老年服务设施　1682

敬老先进表彰　1683

学校教育（老龄委）　1684

文体活动（老龄委）　1684

个体劳动者协会　1692

私营企业协会　1692

自我服务（个协、私协）　1693

技能培训服务（个协、私协）　1693

商品购销服务（个协、私协）　1693

生产生活服务（个协、私协）　1693

自我管理（个协、私协）　1694

自我教育（个协、私协）　1694

法律法规教育（个协、私协）　1694

职业道德教育（个协、私协）　1695

监督站（个协、私协）　1698

联络站（个协、私协）　1698

投诉处理（个协、私协）　1699

监督检查（个协、私协）　1700

第二十八编　公安　司法行政

刑事案件侦查　1705

专项斗争　1707

经济案件侦查　1707

刑侦技术　1708

特种行业管理　1710

危险物品管理　1711

民用爆炸物品管理　1711

枪支弹药管理　1711

赌博查禁　1712

毒品查禁　1712

卖淫嫖娼查禁　1713

基层治保　1715

110接处警　1715

居民身份证管理　1715

常住户口管理　1716

外来人口及出租私房管理　1716

农村户口城市化管理　1716

交通秩序管理　1717

驾驶员及车辆管理　1717

出入境人员管理　1719

涉外企业（人员）管理　1719

涉外案（事）件管理　1720

消防宣传　1720

自防自救　1721

消防监督　1721

建筑防火审核　1721

日常监督（消防）　1721

基础设施（监所）　1722

安全监管（监所）　1722

监所教育　1723

经济文化保卫　1723

大型活动保卫　1724

内外宾警卫　1724

"一五"普法　1725

"二五"普法　1726

"三五"普法与"依法治市"　1726

调解组织　1727

民间纠纷调解　1727

法律服务所　1728

法律服务热线　1729

律师事务所　1729

律师业务　1730

律师管理　1730

第二十九编　检察　审判

审查批捕　1736

审查起诉　1736

出庭支持公诉　1737

侦查监督与审判监督　1737

反贪污贿赂　1738

预防职务犯罪　1739

第三十编　军　事

宣传教育　1757

学生军训　1758

预备军人学校（班）　1759

人民防空知识普及　1759

预备役军事演练　1759

人民防空演练　1760

市（县）人民武装部　1761

基层人民武装部　1761

杭州边防站 1761
武警杭州支队萧山市中队 1761
武警萧山市消防大队 1761
武警杭州支队第四中队 1761
义务兵役制 1762
志愿兵役制 1762
退役 1762
志愿兵复员 1762
义务兵退伍 1762
民兵应急分队 1764
专业技术分队 1765
军事训练 1766
装备管理 1767
结建工程 1771
坑（地）道工程 1772
防空警报 1772
指挥通信 1772

第三十一编　人事　劳动

推行国家公务员制度 1775
竞争上岗与交流 1775
公开招考（聘） 1776
事业单位人事制度改革 1776
合同用工 1776
机关事业单位工资制度改革 1777
八五工改 1777
九三工改 1777
企业职工工资改革 1777
工资与经济效益挂钩 1778
最低工资保障制度 1778
工资集体协商制度 1779
事业单位调整 1786
登记管理制度 1789
主要依靠计划分配阶段 1793
双向选择为主，计划调配为辅阶段 1793
市场化阶段 1794
考核 1795
奖励 1796
惩戒 1797
干部离休 1797
干部退休 1798
干部退职 1799
人才引进政策 1800
人才引进成效 1801
企业博士后科研工作站 1801
人才市场 1801
人事代理 1802

企事业单位专业技术人员职称评聘 1802
政工人员职称评聘 1803
农民技术人员职称评聘 1803
公务员与专业技术人员培训 1804
职业资格培训 1805
就业前培训 1806
初级技术培训 1806
中级技术培训 1807
高级技术培训 1807
社会培训 1808
技能竞赛 1808
技师考评 1809
职业技能鉴定 1809
鉴定范围、对象 1809
鉴定颁证 1810
工资 1811
福利 1812
偏低工资调整 1813
工资类区调整 1813
"八六"工资调整 1813
"八九"工资调整 1813
"九〇"工资普调 1814
"九四"工资调整 1814
"九九"工资调整 1814
计件工资 1814
浮动工资 1814
加班工资 1815
津贴 1815
书报费 1815
生活补贴 1815
工龄津贴 1815
夜餐费补贴 1815
清凉饮料费 1816
其他津贴 1816
调动人员工资 1817
学徒期工资 1817
合同制工人工资 1817
新参加工作人员工资指导标准 1817
工资总额控制 1817
工资手册 1819
弹性工资制 1819
工资指导线 1820
全民和县级集体企业就业 1821
劳动服务公司就业 1823
其他企业就业 1824
自谋职业 1824
征地劳动力安置 1825
政策性安置就业 1826

第三十二编　民　政

第三十三编　社会保障

第三册
第三十四编　教　育

教学改革活动　1927

教学调查与交流　1927

教学常规与评估活动　1927

编写乡土教材　1927

课堂教学改革　1928

创办《萧山教育》　1928

重点教学改革项目　1928

省编义务教育教材的实施　1928

"减负提质"教学研究　1928

电化教育研究　1929

计算机辅助教学研究　1929

小学写字教学研究　1929

课题研究　1929

教学改革成果　1930

综合理科课程实验　1932

综合素质测评　1932

考试方法改革　1932

规范办学行为　1933

规模办学　1935

政策倾斜　1935

加强薄弱学校建设　1936

发展高中段教育　1936

办学形式　1936

学前教育　1936

非学历教育　1937

学历教育　1937

办学管理　1937

教师聘用制度　1938

选拔校级干部　1938

竞争上岗制度　1938

幼儿园　1949

城厢镇高桥幼儿园　1949

红山农场幼儿园　1949

笑笑幼儿园　1950

小学　1950

城厢镇劲松小学　1950

城厢镇裘江中心小学　1950

瓜沥镇第二小学　1950

义盛镇中心小学　1951

新湾镇中心小学　1951

初级中学　1951

靖江镇初级中学　1951

临浦镇第一初级中学　1951

城厢镇城东初级中学　1952

明德中学　1952

高级中学　1952

浙江省萧山中学　1952

萧山市第九高级中学　1952

中等专业学校　1955

浙江省湘湖师范学校　1955

萧山市教师进修学校　1956

萧山市卫生进修学校　1956

职业高级中学　1957

萧山第一中等职业学校　1957

萧山市农业技术学校　1957

技工学校　1957

萧山市技工学校　1957

扫盲教育　1961

技术培训　1962

学历教育　1962

岗位培训　1964

技术培训　1964

初级技工　1964

中级技工　1964

高级技工　1964

技师　1965

学历教育　1965

中等教育　1965

高等教育　1965

思想政治教育　1965

文化教育　1965

专业培训　1966

中等职业教育自学考试　1966

高等教育自学考试　1967

对象（老年大学）　1967

学制（老年大学）　1967

专业（老年大学）　1967

教学（老年大学）　1967

师资（老年大学）　1968

宁围镇成人文化技术学校　1968

坎山镇成人文化技术学校　1968

靖江模式　1969

农村小学"留课不留级"课程分流教学模式　1969

以"四会"目标为导向的"智障"儿童教学模式　1969

以发展先导的活动式教学模式　1969

"弱智"儿童劳动技能三教合一模式　1970

资源整合型的早期干预教学模式　1970

教师资格制度　1974

专业合格证书　1974

资格认定　1974

教师职务评聘制度　1974

学历达标教育　1975

第三十五编　科学技术

第三十六编　文　化

第三十七编　文物　胜迹　旅游

追远堂 2163
孝义堂 2163
读书堂 2163
水木堂 2164
思成堂 2164
奉思堂 2164
全璧堂 2164
永思堂 2164
荆茂堂 2164
琴书堂 2164
继序堂 2164
聚敬堂 2165
永思堂 2165
孝思堂 2165
崇礼堂 2165
务本堂 2165
思本堂 2165
爱莲堂 2165
文在堂 2166
永思堂 2166
善继堂 2166
承裕堂 2166
余庆堂 2166
敬诚堂 2167
怀德堂 2167
贻榖堂 2167
戏台 2167
王村戏台 2167
平阳戏台 2167
华家垫戏台 2167
吉山戏台 2168
紫东戏台 2168
安山戏台 2168
沈家渡戏台 2168
涂川戏台 2168
白鹿塘戏台 2168
西施庙戏台 2169
前坛庙戏台 2169
关帝庙戏台 2169
碑表 2169
"萧山县学重建大成殿记"碑 2169
城山怀古坊 2169
待诏桥茶汤会碑记 2169
独超法师塔铭碑 2169
汤寿潜纪念碑 2170
葛壮节公故里表 2170
节孝承恩石牌楼 2170
中山林表 2170

"松柏坚贞"碑· 2170
墓葬 2170
葛云飞墓 2171
朱凤标墓 2171
蔡东藩墓 2171
李成虎烈士墓 2171
钟阿马烈士墓 2171
郑振庭烈士墓 2171
蒋英武烈士墓 2172
抗日阵亡将士之墓 2172
岩将老太墓 2172
王佐墓及石雕 2172
明懿夫人墓 2172
楼英墓 2172
张岚墓及石雕群 2172
魏骥墓 2173
韩惟论墓 2173
朱氏始祖墓 2173
杨秀清衣冠冢 2173
黄伯夫墓 2173
盛练心墓 2173
井泉 2173
丹砂井 2173
陆家泉 2173
大井 2173
三泉井 2173
祖师净水盂 2173
御史井 2173
井泉井 2173
旸雨井 2174
欢潭 2174
洛思泉 2174
龙泉 2174
狮虎涎泉 2174
石器 2174
石锛 2174
石凿 2174
石钺 2174
陶瓷器 2174
原始瓷豆 2175
原始瓷双系带环罐 2175
黑釉五管瓶 2175
越窑青瓷鸡首壶 2175
越窑青瓷武士俑 2175
越窑青瓷仕女俑 2175
越窑青瓷双系盘口壶 2175
越窑青瓷猪圈 2176
越窑青瓷大洗、耳杯、勺 2176

越窑青瓷唾壶　2176

越窑秘色瓷粉盒　2176

龙泉窑青瓷折沿盘　2176

龙凤纹珊瑚红釉鼻烟壶　2176

玉杂器　2176

玉璧　2176

玉琮　2176

有孔玉斧　2176

玉璜　2176

玛瑙耳塞、鼻塞　2177

木雕钟馗摆件　2177

琥珀桃形摆件　2177

翡翠三阳开泰摆件　2177

翡翠双鱼挂件　2177

金属器　2177

云雷纹青铜矛　2177

青铜矛　2177

青铜弩机　2177

大泉五十叠铸铜母范　2177

龙柄镭斗　2178

祇园寺舍利铜塔　2178

花口银盒　2178

钟形铜镜　2178

青铜提梁盉　2178

青铜象耳瓶　2178

银元宝　2178

铜嵌金铺首三足炉　2178

蟠螭纹镏金铜带钩　2179

海兽葡萄纹铜镜　2179

书画　2179

文徵明 行书扇面　2179

吴观 墨竹图轴　2179

史颜节 山水图轴　2179

章声 仿王摩诘笔意山水图轴　2179

俞龄 文姬归汉图轴　2179

林则徐 行书七言联　2179

汤金钊 楷书六言联　2180

赵之琛 成佛图轴　2180

任熊 晚妆初卸图轴　2180

赵之谦 篆书七言联　2180

任薰 人物图轴　2180

任颐 花鸟扇面　2180

翁同龢 仿青藤道人风鸢图卷　2180

陶浚宣 隶书轴　2180

蒲华、吴俊卿、高邕 合作竹石菊花图轴　2180

梁启超 楷书七言联　2181

朱文钧 行书七言联　2181

弘一 行书札　2181

于右任 行书轴　2181

何香凝 仿宋人牡丹图轴　2181

朱家济 行书横披　2181

历史文化保护区　2181

省级历史文化名镇——衙前　2181

浙江省历史文化保护区——进化　2182

文物保护单位（点）　2182

浙江省文物保护单位　2182

萧山市文物保护单位　2182

乡镇文物保护点　2182

考古发掘与清理　2186

城南古墓葬群考古发掘　2186

西山东麓等地考古发掘与清理　2186

瓜沥航坞山古墓葬考古清理　2187

昭东长巷古墓葬考古清理　2187

城南西山隧道古墓葬考古发掘　2187

田螺山考古发掘　2187

金山考古发掘　2187

长山商周石室土墩墓考古发掘　2187

文物保护利用　2187

文物保护队伍　2188

文物保护经费　2188

文物保护单位维修　2188

文物普查　2189

文物发现、征集与收缴　2190

展览宣传（文物）　2190

博物馆　纪念馆　2191

萧山博物馆　2191

衙前农民运动纪念馆　2191

革命烈士纪念馆　2191

青年运动纪念馆　2191

自然遗迹　2192

苎萝山与红粉石　2192

浣纱溪　2192

苎萝湖、洗脚潭　2192

田螺山　2192

西施里　2192

人文古迹　2192

西施庙与苎萝亭　2192

后江庙　2193

范蠡庵　2193

浴美施闸和西施亭　2193

妆亭　2193

自然景观　2194

人文景观　2194

寺庙（湘湖）　2194

句践祠　2195

隆兴寺　2195

德惠祠　2195

净土寺　2195

曹林庵　2195

湘云寺　2195

后王寺　2196

宗祠　2196

戚氏宗祠　2196

孙氏宗祠　2196

墓丘　2196

张称逊墓　2196

王丝墓　2196

郑文甫墓　2196

汤尔恭墓　2196

杨齐王、杨冀王墓　2197

宋徽宗衣冠冢　2197

魏骥墓　2197

砖窑　2197

书院　学校　2197

道南书院　2197

石淙书院　2198

湘湖师范学校　2198

亭子　2198

江湖一览亭　2198

一览亭及遗址　2198

憩息亭　2198

湖山第一亭　2198

跨湖亭　2198

蒙山茶亭　2198

牌坊　2198

甲科济美石牌楼　2198

陈氏牌坊　2198

湖中双凤坊　2199

井泉（湘湖）　2199

香泉　2199

佛眼泉　2199

乾姜泉　2199

金泉井　2199

白龟井　2199

龙井　2199

赵婆井　2199

洗马池　2199

湘溪　2199

湖桥　2199

跨湖桥　2199

三善桥　2199

仙人桥　2199

涵闸　2199

湘湖八景　2200

孙氏宗谱所载"湘湖八景"　2200

龙井双涌　2200

跨湖春涨　2200

水漾鸣蛙　2200

湘湖秋月　2200

尖峰积雪　2200

越城晚钟　2200

柴岭樵歌　2200

湖中落雁　2200

《萧山城厢镇志》所载"湘湖八景"　2200

城山怀古　2200

览亭眺远　2201

光照晨曦　2201

跨湖夜月　2201

杨岐钟声　2201

横塘棹歌　2201

湖心云影　2201

山脚窑烟　2201

湘湖"辛庐八景"　2201

跨湖桥泛棹　2201

寨岭庵闻钟　2201

越王城玩月　2202

缸窑湾听涛　2202

至湖岭踏雪　2202

水漾坞采莼　2202

九里墩戏鹭　2202

三善桥观鱼　2202

保护开发（湘湖）　2202

驿站（运河）　2204

堰闸（运河）　2204

官塘（运河）　2205

桥梁（运河）　2205

水港（运河）　2205

旧址（衙前农运）　2206

东岳庙　2206

衙前农村小学　2207

李成虎故居　2207

成虎桥　2207

墓葬　2207

李成虎墓　2207

陈晋生墓　2207

沈定一墓　2207

表坊　2207

成虎坊　2207

"精神不死"碑　2208

"沈定一先生被难处"纪念碑　2208

"妇女解放万岁"坊　2208

钱江观潮度假村　2209

第三十八编　卫　生

方便门诊 2258

家庭病床 2259

120急救中心 2259

孕产妇抢救中心 2259

中心血库 2259

医德医风建设 2259

医患纠纷与医疗事故处理 2261

免疫疫苗 2263

四苗 2263

流行性脑脊髓膜炎菌苗 2263

流行性乙型脑炎疫苗 2263

乙型肝炎疫苗 2263

狂犬病疫苗 2266

甲型肝炎疫苗 2266

风疹疫苗 2266

麻腮风三联疫苗 2266

接种管理 2266

接种率考核 2266

计划免疫保偿制度 2266

凭证入托入学 2266

外来流动儿童管理 2266

接种室规范化建设 2267

计免智能卡网络管理 2267

冷链装备 2267

霍乱 2268

病毒性肝炎 2268

痢疾 2269

伤寒 2269

性病 艾滋病 2269

脊髓灰质炎 2269

麻疹 2270

流行性脑脊髓膜炎 2270

流行性出血热 2270

狂犬病 2271

钩端螺旋体病 2271

流行性乙型脑炎 2271

肺结核病 2271

麻风病 2272

新生儿破伤风 2272

血吸虫病 2273

丝虫病 2273

疟疾 2273

钩虫病 2274

肺吸虫病 2274

碘缺乏病（地方性甲状腺肿大病） 2274

精神病调查 2275

精神病人管治 2276

产科质量管理 2278

孕产妇系统管理 2279

高危妊娠管理 2279

妇女病查治 2280

妇幼保健保偿 2280

婚姻保健 2281

婴幼儿系统管理 2281

托幼园所保健管理 2282

全国农村初级卫生保健示范县建设 2283

农村初级卫生保健达标管理 2283

农村初级卫生保健巩固与发展 2285

医院放射卫生 2290

工厂放射卫生 2291

卫生监督检测 2292

眼病防治 2292

服药驱虫 2292

灭虱爱牙 2292

居民区（村）健康教育 2297

医院健康教育 2297

学校健康教育 2297

资源普查 2299

萧山中草药名录 2300

植物类 2300

动物类（中草药） 2301

其他药材 2302

医院管理 2303

个体医、村医和社会办医管理 2303

医疗质量管理 2304

第三十九编 体 育

全民健身组织 2309

全民健身网络 2309

社会体育指导员 2309

公民体质监测 2309

全民健身运动 2309

日常体育活动 2311

镇乡全民运动会 2311

球类 2313

棋类（桥牌） 2313

武术 2313

冬泳 2314

其他（职工体育） 2314

日常体育活动 2315

"木兰系列"健身活动 2315

太极系列健身活动 2315

球类活动 2316

登山活动 2316

其他活动 2316

第四十编　民　俗

嫁娶婚 2357	犁 2372
招赘婚 2357	耙 2372
童养媳婚 2357	耖 2372
等郎配 2357	铁耙 2372
表亲婚 2357	锄头 2372
调换婚 2358	泥锹 2372
转房 2358	洋锹 2372
抢亲 2358	洋镐 2372
冲喜 2358	田丝绳 2372
冥婚 2358	拔秧凳 2372
外来婚 2358	水车 2373
婚嫁礼仪 2358	吊桶 2373
托媒 2358	粪勺粪桶 2373
合肖 2359	割子 2373
定亲 2359	谷箩 2373
择吉 2359	畚斗 2373
接妆 2360	摊谷板 2373
迎亲 2360	谷筛 2373
拜堂 2361	摘草耙 2373
闹房 2361	竹簟 2373
喜宴 2361	箩络 2373
回门 2362	畚斗连枷 2373
送终 2362	稻桶 2373
报丧 2363	耕作环节 2374
守灵 2363	水稻耕作 2374
入殓 2363	大小麦 2375
出丧 2364	棉花做番 2375
安葬 2364	剥洗络麻 2375
做七 2364	捕鱼 2376
生育 2365	撒（拉）网 2376
满月 2365	放罾 2376
得周 2365	船罾 2376
上学 2366	扳罾 2376
上梁 2366	手罾 2376
乔迁 2366	鸬鹚船 2376
寿诞 2367	车塘鱼 2377
乳名 2368	捉蟹 2377
学名 2368	打鳖 2377
社会称谓 2369	叉鱼 2377
沙地江师（司） 2369	狩猎 2377
族戚称谓 2370	挑 2380
日常禁忌 2370	抬 2380
婚姻生育禁忌 2370	背 2380
丧事禁忌 2370	推（拉）车 2380
节令禁忌 2370	撑船 2381
耕制 2371	埠船 2381
肥料 2371	航船 2381
农具 2372	别竿船 2381

第四十一编　宗　教

圣果寺 2433
里庵坞庙 2433
莲华寺 2434
延庆寺 2434
福庆寺 2434
天瑞庵 2434
地藏寺 2435
极乐寺 2435
接龙寺 2436
化成禅寺 2436
白龙寺 2436
观音殿 2436
甘露庵 2436
禅机禅院 2437
甘露禅院 2437
灵岩寺 2437
清净庵 2438
白马庙 2438
大义 2438
高昙和尚 2439
静邈 2439
元长 2439
性鉴祖师 2439
无为心禅师 2439
镜凡禅师 2439
蛤庵 2440
季奴禅师 2440
独超法师 2440
永春和尚 2440
释祥贤 2440
老岳庙 2444
小城隍庙 2444
老龙土塘庙 2445
社坛庙 2445
王坞庙 2445
管村庙 2445
惜谷庙 2446
祖师庙 2446
三清殿 2446
泥马庙 2446
大山庙 2446
下水仙庙 2447
关帝庙 2447
前坛庙 2447
东岳庙 2447
黄山西殿 2448
仙姑庙 2448
山址庙 2448

天医殿 2449
三昧殿 2449
长巷庙 2449
陛下庙 2449
靖海殿 2449
元帅殿 2450
三官殿 2450
城隍庙 2450
蜀山庙 2450
娘娘庙 2450
黄山庙 2450
圣帝殿 2451
镇海殿 2451
萧山天主堂 2453
靖江天主堂 2453
临浦天主堂 2454
城厢基督教堂（属公会与地方教会联合礼拜场所） 2458
新湾基督教堂（属地方教会活动场所） 2458
临浦基督教堂（属公会活动场所） 2459
冯家淰基督教堂（属地方教会活动场所） 2459
义桥基督教堂（属公会活动场所） 2459

第四十二编　方　言

音韵特点 2463
内部差异 2463
年龄差异 2463
区域差异 2463
声母 2464
韵母 2465
声调 2465
天时 2484
地理 2485
动物 2487
植物 2488
食物 2489
器物 2489
衣物 2490
宅居 2491
人身 2492
百业 2493
称谓 2494
习俗 2495
群相 2496
人际 2497
副词 2504
介词　连词 2505
助词　叹词 2505

第四十三编 镇 乡

茶果之乡（所前） 2572
山水名镇（所前） 2573
镇情综述（楼塔） 2574
山乡古镇（楼塔） 2575
纱艺花边基地（楼塔） 2575
民间艺术之乡（楼塔） 2576
镇情综述（南阳） 2576
江海门户（南阳） 2578
新兴南阳 2578
观潮胜地（南阳） 2579
镇情综述（义蓬） 2580
东沙大镇（义蓬） 2581
围垦前沿（义蓬） 2581
镇情综述（浦阳） 2582
萧诸津要（浦阳） 2583
萧南"粮仓"（浦阳） 2584
桃源风情（浦阳） 2584
镇情综述（新湾） 2585
东沙闹市（新湾） 2586
特色农业基地（新湾） 2586
镇情综述（新街） 2587
新兴街市（新街） 2588
花木之乡（新街） 2588
工业强镇（新街） 2588
镇情综述（党湾） 2589
东沙新镇（党湾） 2590
建筑名镇（党湾） 2591
镇情综述（河庄） 2592
新围之地（河庄） 2593
江东新镇（河庄） 2594
镇情综述（宁围） 2594
工业重镇（宁围） 2595
萧山首富镇（宁围） 2596
镇情综述（进化） 2597
青梅之乡（进化） 2598
历史文化名镇（进化） 2599
镇情综述（益农） 2599
农业强镇（益农） 2600
新兴工业重镇（益农） 2601
乡情综述（许贤） 2602
装饰布之乡（许贤） 2604
古籍印刷地（许贤） 2605
乡情综述（来苏） 2605
锡箔加工地（来苏） 2607
"青运"纪念地（来苏） 2607
乡情综述（欢潭） 2608
林特基地（欢潭） 2609
古代陶瓷产地（欢潭） 2610
乡情综述（新塘） 2610
城郊水乡（新塘） 2611
羽绒基地（新塘） 2612
乡情综述（云石） 2613
生态之乡（云石） 2614
"三清茶"产地（云石） 2614
乡情综述（石岩） 2615
花卉苗木基地（石岩） 2616
汽车制动器产地（石岩） 2616
乡情综述（前进） 2617
农业科技示范园区（前进） 2618
蔬菜生产基地（前进） 2619

第四十四编　人　物

西施 2623
夏统 2623
孙处 2623
郭世道　郭原平 2624
戴僧静 2624
贺知章 2624
王丝 2625
张夏 2625
杨时 2625
赵纶 2626
静暹 2626
单道 2626
华克勤 2627
楼英 2627
魏骥 2627
何舜宾 2628
张嵲 2628
施尧臣 2628
来斯行 2629
来宗道 2629
沈云英 2629
来集之 2630
蔡仲光 2630
任辰旦 2630
毛奇龄 2631
朱筼 2631
朱珪 2632
汪辉祖 2632
王宗炎 2632
王绍兰 2633
葛云飞 2633
汤金钊 2634
任熊　任薰　任预 2635

朱凤标　2636

郁崑　2636

韩佩金　2636

丁文蔚　2637

任伯年　2637

陈光颖　2638

胡燏棻　2638

高其金　2639

汪珪　2639

汤寿潜　2640

朱执信　2641

李成虎　陈晋生　2641

沈定一　2642

曹阿堂　2643

单不庵　2644

钟阿马　2644

曹素民　2645

曹顺标　2646

宋梦岐　2646

周易藻　2646

张弧　2647

朱文钧　2647

王纪昌　2648

单士厘　2648

蔡东藩　2649

葛理庸　2649

盛练心　2650

楼曼文　2650

郑振庭　蔡琳　2650

赵汉卿　2651

朱怙生　2651

许廑父　2651

金润泉　2652

沈佩兰　2653

王烈　2653

陈朵如　2653

来裕恂　2654

瞿缦云　2655

沈志远　2655

楼雪娟　楼成木　2656

邱关兴　2657

冯永川　陈宝土　2657

施今墨　2658

朱家济　2659

盛澄华　2659

金海观　2659

杨之华　2660

来楚生　2661

韩登安　2661

田曾垲　2662

傅彬然　2662

沈霁春　2663

田曾基　2664

陈佩永　2664

傅永先　2665

陆士嘉　2665

朱新予　2666

汤笔花　2666

许鉴　2667

任大霖　2668

徐行之　2668

汪洋　2669

高小霞　2669

傅周海　2670

魏风江　2671

金宝祥　2671

朱家潜　2672

陈铭珊　2672

张素诚　2673

郭汉城　2673

高帆　2674

张桂凤　2674

来新夏　2675

王家宠　2676

任大星　2676

徐英含　2677

汤匡时　2677

来汉宣　2677

韩济生　2678

吴克明　2678

王凤贤　2679

韩祯祥　2679

邵燕祥　2680

陈之骅　2680

王荫长　2681

楼仲南　2681

陈之骝　2681

汪忠镐　2682

金吾伦　2682

蒋宝娣　2682

张钧澄　2683

蒋展鹏　2683

邵焱　2683

龚心瀚　2684

沈忙作　2684

张柏根　2685

目、子目索引（音序）

说　明

一、本索引收录目和子目两种名称。少数目名、子目名因语言环境需要，在名称前或名称后酌加修饰词，并用括号括出。

二、索引条目按目名、子目名所在册、编、页依次编排。如"书法　3-36-2069"表示"书法"一目在第三册、第三十六编、第2069页。

三、目名、子目名按汉语拼音音节顺序排列。先看首字，若首字声母韵母及声调相同，则看第二字的音节。余类推。

四、音节排序从习惯，采用商务印书馆出版的《现代汉语词典》（第5版）排序方法处理。

标　点

"A勿A"式缩略："AA"式　3-42-2516

"A兮兮式"　3-42-2515

"V记V记"式　3-42-2516

"V歇V歇"式　3-42-2516

"八九"工资调整　2-31-1813

"八六"工资调整　2-31-1813

"八五"计划　2-25-1582

"八五"计划（1991~1995年）　2-20-1311

"百日安全无事故"活动　2-31-1834

"春花作物—双季稻"为主的三熟制　1-11-731

"达标"活动　3-39-2321

"咚"的祈使性、即时评断性和泛指化　3-42-2517

"二五"普法　2-28-1726

"妇女解放万岁"坊　3-37-2208

"花园式"单位　1-11-727

"减负提质"教学研究　3-34-1928

"金桥"工程　3-35-2026

"精神不死"碑　3-37-2208

"九〇"工资普调　2-31-1814

"九九"工资调整　2-31-1814

"九四"工资调整　2-31-1814

"九五"计划（1996~2000年）　2-20-1311

"九五"计划及2010年远景规划　2-25-1582

"开小口"政策　1-6-331

"两旱一水"新三熟制　1-11-731

"木兰系列"健身活动　3-39-2315

"农运"圣地（衢前）　3-43-2563

"七五"、"八五"、"九五"计划及2010年远景规划协商　2-25-1582

"七五"计划　2-25-1582

"七五"计划（1986~1990年）　2-20-1311

"钳王"之乡（闻堰）　3-43-2549

"青运"纪念地（来苏）　3-43-2607

"弱智"儿童劳动技能三教合一模式　3-34-1970

"三清茶"产地（云石）　3-43-2614

"三同时"审查　2-31-1835

"三同时"制度　1-4-225

"三五"普法与"依法治市"　2-28-1726

"三乡"复设　1-2-090

"三项制度"改革　2-13-848

"三镇"析出　1-2-090

"沈定一先生被难处"纪念碑　3-37-2208

"手拉手、共致富"姐妹扶贫结对　2-27-1662

"双轨控制"政策　1-6-332

"双争"、"双评"活动　2-22-1482

"四放开"改革试点　2-16-1104

"四旁"植树　1-11-726

"松柏坚贞"碑　3-37-2170

"围城"现象　3-40-2420

"西水东调"工程　2-24-1542

"萧山县学重建大成殿记"碑　3-37-2169

"洋节"兴起　3-40-2420

"一府两院"与政协人事安排协商　2-25-1581

"一五"普法　2-28-1725

"一幢楼办公，一条龙、全程式服务"　2-14-1027

《红山农场志》　3-36-2093

《尖山下村志》　3-36-2093

《教材教法考试合格证书》和《专业合格证书》 3—34—1975

《任伯年史料专辑》 2—25—1602

《汤寿潜研究》 2—25—1602

《湘湖》杂志 2—27—1672

《萧山城厢镇志》 3—36—2092

《萧山城厢镇志》所载"湘湖八景" 3—37—2200

《萧山临浦镇志》 3—36—2092

《萧山年鉴》 3—36—2091

《萧山日报》发行 2—21—1426

《萧山围垦志》 3—36—2092

《萧山文史资料选辑》 2—25—1602

《萧山县农业志》 3—36—2092

《萧山县志》 3—36—2090

《学生文艺》报 2—27—1672

《苎萝山》诗社 2—27—1672

数 字

03省道萧山东复线 1—9—469

10千伏电网 1—10—561

110接处警 2—28—1715

110千伏电网 1—10—563

120急救中心 3—38—2259

2000年全市村、居民区名录 1—2—092

220千伏电网 1—10—563

315路 515路 1—10—554

320路 1—10—554

322路 1—10—554

35千伏电网 1—10—562

字 母

AABB式 3—42—2515

AA较式 3—42—2515

ABAC式 3—42—2515

ABB式 3—42—2515

BBA式 3—42—2515

CA7180（捷达王）轿车盘式制动器总成 3—35—2041

CAD技术应用 3—35—2018

HFJ1010减震器总成 3—35—2041

A

〔ai〕

爱国爱乡教育 2—22—1473

爱莲堂 3—37—2165

〔an〕

安全管理（民航） 1—9—453

安全管理（水路） 1—9—514

安全管理（铁路） 1—9—463

安全监管（监所） 2—28—1722

安全生产周 2—31—1833

安山戏台 3—37—2168

安山印纹硬陶窑址 3—37—2149

安葬 3—40—2364

安志云 3—44—2689

安置补助 1—5—259

鹌鹑配套饲养 1—11—748

鹌鹑 1—11—713

岸线整治 1—10—535

按揭贷款 2—15—1095

按摩 2—16—1174

〔ao〕

奥陶系 1—3—106

B

〔ba〕

八柯线 1—9—470

八五工改 2—31—1777

八字桥 3—37—2158

拔秧凳 3—40—2372

〔bai〕

白菜 1—11—735

白曹线 1—9—470

白龟井 3—37—2199

白花菜 1—11—735

白龙寺 3—37—2161，3—41—2436

白鹿塘戏台 3—37—2168

白马湖 1—3—132

白马庙 3—41—2438

白洋川 1—3—130，1—9—502

白云岩　1-3-114
百步寺　3-41-2428
百合牌颜料　2-13-965
百业类　3-42-2522
百业　3-42-2493
柏类　1-11-729
拜堂　3-40-2361

〔ban〕

扳罾　3-40-2376
颁布（开发区条例）　2-14-1022
颁发荣誉证书　3-34-1977
搬运装卸　1-9-493
搬运装卸管理（公路）　1-9-496
搬运装卸运价（公路）　1-9-497
版面设置　2-21-1421
办理制度　2-25-1593
办事处变更　1-2-091
办学管理　3-34-1937
办学形式　3-34-1936
半年节　3-40-2351
半爿山至西兴为西江塘北段　1-8-398

〔bang〕

帮扶淳安县　1-11-614
帮扶甘肃、宁夏等省、自治区6个县　1-11-614
帮扶市外贫困地区　1-11-614
帮扶四川涪陵市敦仁街道　1-11-614
帮扶四川南充市嘉陵区　1-11-615
帮扶四川宣汉县　1-11-614
帮扶泰顺县　1-11-614
帮困救急（工会）　2-27-1646
蚌珠　1-11-721

〔bao〕

包裹投递　2-21-1401
包件　2-21-1402
孢子虫病防治　1-11-752
宝寿寺　3-41-2430
保护开发（湘湖）　3-37-2202
保护区管理　1-5-263
保护区建立　1-5-263
保健消费　1-7-372
保龄球　2-16-1177，3-39-2343
保险消费　1-7-379

报丧　3-40-2363
报纸印刷　2-21-1424
暴发性出血病防治　1-11-752

〔bei〕

背（生产习俗）　3-40-2380
背炉子　3-36-2077
碑表　3-37-2169
北濒钱塘江　1-2-080
北部河流　1-3-129
北部三角湾沉积平原　1-3-116
北东向断裂　1-3-111
北干山隧道　1-10-538
北海塘　1-8-398
北海塘及湘湖节制闸　1-8-440
北海塘节制闸　1-8-414
北界杭州市区、余杭市和海宁市　1-2-078
北山公园　1-10-571
北山通览　1-10-538
北宋（进士）　3-44-2700
北塘河　1-3-130
北西向断裂　1-3-111
备炒货　3-40-2355
被子植物类　1-3-170

〔ben〕

锛　1-1-054
本科学历　3-34-1976
本地学生　3-34-1980
畚斗　3-40-2373
畚斗连枷　3-40-2373

〔beng〕

泵站　1-10-556

〔bi〕

匕　1-1-056
陛下庙　3-41-2449

〔bian〕

编写乡土教材　3-34-1927
编印出版　2-25-1602
编织物　1-1-055

变电所运行　1—10—565
变化（农民）　1—11—632
变质岩　1—3—109
便民服务　2—24—1561

〔biao〕

标志普查　1—10—529
标准堤塘建设　1—8—400
标准化工地　2—15—1060
标准化整顿验收、评估、确认　2—20—1362
标准农田建设　1—12—803
标准塘建设　1—12—792
镖　1—1—057
表坊　3—37—2207
表亲婚　3—40—2357

〔bie〕

鳖　1—11—719
鳖养殖基地　1—12—817
别竿船　3—40—2381

〔bin〕

宾馆办酒　3—40—2418
滨海平原土区　1—3—141
滨海滩涂植被　1—3—143

〔bing〕

冰雹　1—3—185
并列复句　3—42—2518
病虫草鼠害防治　1—11—749
病虫测报站（棉麻病虫测报站和粮食病虫测报站）　3—35—2032
病虫防治　1—11—647
病虫害防治　1—11—727
病毒性肝炎　3—38—2268
病害　1—11—690
病理科　3—38—2245

〔bo〕

拨小棒　3—40—2406
玻璃　2—15—1053
剥麻机　1—11—758
剥洗络麻　3—40—2375
播（插）种　1—11—644

播音时间　2—21—1429
播音员（广播）　2—21—1429
播音员（主持人）　2—21—1440
博物馆　纪念馆　3—37—2191

〔bu〕

补偿贸易　2—17—1202
捕鱼　3—40—2376
哺乳纲　1—3—145
不同点（下孙遗址与跨湖桥遗址的关系）　1—1—046
不正当竞争行为查处　2—20—1343
布料消费　1—7—365
部门管理　2—13—841
部门内部审计　2—20—1390
部门信息化网络　3—35—2019
埠船　3—40—2381

C

〔cai〕

材料质量管理　2—15—1058
财产性收入　1—7—344、348
财务审计制　1—8—406
财政收支审计　2—20—1387
财政税务管理（网络）　2—21—1413
财政体制　2—14—1021
财政体制与投融资机制　1—10—545
财政信用贷款　2—19—1283
财政性存款　2—18—1229
财政专项基建补助款　3—34—1992
财政资金投入　1—11—670
裁判员培养　3—39—2341
裁弯取直　1—8—391
采编队伍　2—21—1420
采标　2—20—1361
采集经济　1—1—064
采矿用地管理　1—5—273
彩陶　1—1—063
彩陶中的太阳纹火焰纹图案　1—1—065
菜豆　1—11—736
菜肴　3—40—2394
蔡东藩　3—44—2649
蔡东藩故居　3—37—2153
蔡东藩墓　3—37—2171
蔡仲光　3—44—2630

〔can〕

参观考察（老干部）　2-22-1503
参加杭州市七县（市）政协工作横向联系会议　2-25-1598
参加会议（老干部）　2-22-1502
参加全国十二县（市、区）政协工作研讨会　2-25-1599
参政议政　3-34-1978
餐饮具　3-40-2402
餐饮业油烟排放控制　1-4-218
残疾人儿童少年入学调查　2-27-1675
残疾人扶助　2-27-1678
残疾人就业　2-27-1677
残疾人康复　2-27-1678
残疾人口　1-6-305
蚕、豌豆　1-11-676、734
蚕病害　1-11-691
蚕花会　3-40-2413
蚕桑病虫害防治　1-11-750
蚕桑基地　1-12-817

〔cang〕

仓储安全　2-16-1166
仓储管理　2-16-1166
仓前水文站　1-8-429
仓桥　3-37-2155

〔cao〕

曹阿堂　3-44-2643
曹林庵　3-37-2195
曹山寺　3-41-2430
曹顺标　3-44-2646
曹素民　3-44-2645
草害　1-11-693
草舍　3-40-2400
草鱼出血病防治　1-11-752

〔cha〕

叉形器　1-1-056、057
叉鱼　3-40-2377
插秧机　1-11-757
茶店　3-40-2387
茶果之乡（所前）　3-43-2572
茶叶采制机　1-11-758
茶叶加工机械　1-11-759

茶园病害　1-11-691
茶园虫害　1-11-692
查处非法团体　2-32-1864

〔chai〕

拆迁（江河整治）　1-8-395
拆迁补偿安置　2-15-1090
拆迁补偿　2-14-983
拆迁纠纷处理　2-15-1091
拆迁许可证制度　2-15-1090
拆迁政策　2-15-1089
柴岭樵歌　3-37-2200

〔chan〕

禅机禅院　3-41-2437
产后服务（农村）　1-11-616
产科质量管理　3-38-2278
产品标签检查　2-20-1362
产品标准制定　2-20-1360
产品营销　1-11-730
产品展销会　2-20-1394
产品质量监督　2-20-1366
产前服务（农村）　1-11-616
产权登记年检　2-19-1289
产业链招商　2-14-994
产中服务（农村）　1-11-616
铲　1-1-055

〔chang〕

长大线　1-9-502
长三角重镇　1-2-073
长沙拗龙　3-36-2078
长山商周石室土墩墓考古发掘　3-37-2187
长山隧道　1-9-475
长山闸　1-8-414
长山直河　1-3-130，1-9-502
长石　1-3-114
长途电话　2-21-1406
长途客运（公路）　1-9-489
长巷庙　3-41-2449
肠炎病防治　1-11-752
常规财务审计　2-20-1381
常规建设（房地产）　2-15-1068
常年性捕捞　1-11-722
常务委员读书班　2-25-1597

常务委员会建议案　2—25—1588
常务委员会学习　2—25—1597
常住户口管理　2—28—1716
厂办民办科研机构　3—35—2029
厂长负责制　2—13—845

〔chao〕

超市购物　3—40—2420
潮神会　3—40—2413
秒　3—40—2372

〔che〕

车队迎亲　3—40—2418
车辆购置税　1—9—498
车辆通行费　1—9—498
车轮虫病防治　1—11—752
车塘鱼　3—40—2377
撤区扩镇并乡　1—2—089
撤市设区　1—2—075
撤县设市　1—2—075

〔chen〕

沉积岩　1—3—108
沉凝灰岩　1—3—108
陈朵如　3—44—2653
陈光颖　3—44—2638
陈欢林　3—44—2691
陈家墙门群　3—37—2153
陈晋生墓　3—37—2207
陈妙法　3—44—2688
陈铭珊　3—44—2672
陈佩永　3—44—2664
陈氏牌坊　3—37—2198
陈之骅　3—44—2680
陈之骝　3—44—2681
晨跑夜走　3—40—2418

〔cheng〕

称谓　3—42—2494
撑船　3—40—2381
成虎坊　3—37—2207
成虎桥　3—37—2207
成立退休教师协会　3—34—1978
成年仪式教育　2—27—1654

成品油价格　2—20—1353
成人高中、职业高中学历培训　3—34—1975
成人娱乐　3—40—2404
成衣消费　1—7—364
成长历程（农民企业家）　1—11—641
承包经营责任制　2—13—845，2—16—1103
承兑汇票贴现　2—18—1231
承兑汇票再贴现　2—18—1225
承裕堂　3—37—2166
城河公园　1—10—571
城隍庙　3—41—2450
城隍山印纹硬陶窑址　3—37—2148
城郊水乡（新塘）　3—43—2611
城南古墓葬群考古发掘　3—37—2186
城南西山隧道古墓葬考古发掘　3—37—2187
城迁人员救济　2—33—1903
城区排水　1—10—555
城区隧道　1—10—538
城区污水处理系统　1—10—556
城区污水治理工程建设　1—4—214
城山怀古坊　3—37—2169
城山怀古　3—37—2200
城市建设视察　2—25—1584
城市建设协商　2—25—1579
城市污水处理改造工程　2—17—1204
城市烟尘控制区建设　1—4—218
城市噪声达标区建设　1—4—219
城市住户抽样调查　2—20—1377
城乡差距　1—7—350
城乡分布　1—6—282
城乡建设科技档案室　3—36—2102
城乡一体化政策　1—11—629
城厢基督教堂（属公会与地方教会联合礼拜场所）　3—41—2458
城厢镇　1—2—092
城厢镇城东初级中学　3—34—1952
城厢镇高桥幼儿园　3—34—1949
城厢镇劲松小学　3—34—1950
城厢镇裘江中心小学　3—34—1950
城厢镇文化站　3—36—2046
城垣　1—2—097
城镇救济　2—33—1901
城镇居民消费水平　1—7—352
城镇居民住房积累　1—7—388
城镇粮食供应体制　2—16—1158
城镇体系规划　1—10—523
城镇住房　1—7—367
程度副词　3—42—2519
惩戒　2—31—1797

〔chi〕

持证上岗　2—20—1380
赤皮病防治　1—11—752

〔chong〕

冲积平原　1—3—116
冲喜　3—40—2358
舂年糕　3—40—2354
虫害　1—11—691
重叠式（构词法）　3—42—2514
重复信访　2—24—1552
崇化住宅区　1—10—547
崇礼堂　3—37—2165
重阳节　3—40—2353

〔chou〕

抽屉高照　3—36—2077
抽陀螺　3—40—2405

〔chu〕

出国考察访问　3—35—2035
出海货运　1—9—510
出口产品　2—14—1006
出口方式　2—17—1188
出口货物退（免）税管理　2—19—1300
出口检疫　1—11—763
出口企业　2—17—1186
出口商品　2—17—1189
出口商品检验　2—17—1212
出口实绩　2—14—1006
出口市场　2—17—1190
出入境人员管理　2—28—1719
出丧　3—40—2364
出庭支持公诉　2—29—1737
出席杭州市党代会代表构成　2—22—1453
出席上级党代会代表选举　2—22—1453
出席市（县）党代会代表选举　2—22—1453
出席萧山市党代会代表构成　2—22—1453
初、终霜期　1—3—123
初步推广　3—42—2528
初级技工　3—34—1964
初级技术培训　2—31—1806
初级中学　3—34—1951、1981
初中教育　1—12—799

除草　1—11—645
厨具　3—40—2402
锄头　3—40—2372
储蓄　1—7—387
畜禽水产养殖　1—4—207
畜禽养殖　1—4—207
畜禽养殖机械　1—11—760
畜禽养殖技术　1—11—746
畜禽养殖品种结构　1—11—605
畜禽疫病防治　1—11—751

〔chuan〕

传化牌洗衣粉　2—13—965
船舶、自行车、摩托车制造　2—13—878
船舶港务费　1—9—518
船舶检验和管理　1—9—515
船店　3—40—2388
船员管理　1—9—515
船罾　3—40—2376

〔chuang〕

窗户防盗　3—40—2420
创办《萧山教育》　3—34—1928
创办家长学校　2—27—1666
创建国家卫生城市　1—10—579
创建活动（公路）　1—9—485
创建卫生先进单位　1—10—578
创建卫生镇乡　1—10—578
创建萧山经济技术开发区　2—22—1467
创新制度　完善管理（农民企业家）　1—11—642
创作鼓励奖　2—27—1673
创作活动　2—27—1672
创作与展览　2—27—1672

〔chui〕

锤　1—1—054

〔chun〕

春节　3—40—2347
春粮、水稻　1—12—811
春粮　1—11—676
莼、茶产地（闻堰）　3—43—2549

〔ci〕

瓷石 1-3-114
磁铁矿 1-3-113

〔cong〕

从业流向（农民） 1-11-633
从业资格 2-19-1279

〔cun〕

村（居委会）妇女代表会 2-27-1659
村、居民区调整 1-2-091
村级档案室 3-36-2103
村级党组织 2-22-1481
村级党组织换届 2-22-1481
村级后备干部 2-22-1486
村经济合作社 1-11-607
村落格局 3-40-2399
村民自治示范活动 2-32-1851
村委会改居委会 2-32-1852
村委会换届选举 2-32-1849
村委会调整 2-32-1849
村文化室（中心） 3-36-2046
村务、财务公开 1-11-610
村医培训 3-38-2254
村镇道路 1-11-620
村镇供水 1-11-620
村镇规划 1-11-619
村镇建筑 1-11-621
村庄规划 1-11-619

〔cuo〕

搓绳 3-40-2384

D

〔da〕

达标活动（档案） 3-36-2103
打鳖 3-40-2377
打弹子 3-40-2405
打击投机倒把 2-20-1340
打击刑事犯罪 2-22-1494
打印病防治 1-11-752

打字 2-16-1179
大、中型拖拉机驾驶员培训 1-11-761
大葱 1-11-735
大地牌钢结构、网架 2-14-1007
大豆 1-11-676，1-12-811
大豆（毛豆） 1-11-734
大风 1-3-184
大规格蟹养殖 1-11-748
大会发言 2-25-1596
大脚布 3-40-2393
大井 3-37-2173
大麦 1-11-676、733
大面积宜农荒地 1-5-244
大气开放，兼收并蓄 1-6-323
大泉五十叠铸铜母范 3-37-2177
大山庙 3-41-2446
大田联产承包 1-11-591
大小麦 3-40-2375
大型活动保卫 2-28-1724
大型物件运输 1-9-492
大雪 1-3-186
大义 3-41-2438
大治河 1-3-130
大治河闸 1-8-412

〔dai〕

代表大会（妇联） 2-27-1656
代表大会（工商联） 2-26-1628
代表构成（人大） 2-23-1507
代表选举（人大） 2-23-1507
代管费 3-34-1993
待开发滩涂 1-5-244
待诏桥 3-37-2160
待诏桥茶汤会碑记 3-37-2169
戴村茶亭伤科 3-38-2234
戴村老街 3-37-2151
戴村镇 1-2-093
戴僧静 3-44-2624

〔dan〕

丹砂井 3-37-2173
担任人大代表、政协委员（工商联） 2-26-1630
担任人大代表、政协委员（九三学社） 2-26-1624
担任人大代表、政协委员（民进） 2-26-1615
担任人大代表、政协委员（民盟） 2-26-1607
担任人大代表、政协委员（农工党） 2-26-1620

担任政府、政协领导职务（民进） 2-26-1615
担任政府、政协领导职务（民盟） 2-26-1607
担任政协领导职务（工商联） 2-26-1630
单位拨用 2-15-1078
单位自管房 2-15-1080
单子叶植物纲 1-3-180
掸尘 3-40-2355
淡水养鱼项目 2-17-1202
氮肥 1-11-740
氮素 1-3-142

〔dang〕

档案编研 3-36-2104
档案管理 2-15-1086
档案检索（网络） 2-21-1414
档案开放 3-36-2105
档案利用 3-36-2105
党代表会议 2-22-1457
党建活动 2-22-1501
党山老街 3-37-2152
党山镇 1-2-094
党湾镇 1-2-094
党员、干部理论学习 2-22-1471
党员大会（农工党） 2-26-1619
党员发展 2-22-1476
党员构成 2-22-1477
党员理论学习 2-22-1471
党政干部建造私房清理 1-5-278
党组织 2-14-1019
党组织设置 2-22-1481
当铺 3-40-2388

〔dao〕

捣臼 3-40-2404
倒药渣 3-40-2416
道口 1-9-460
道路 1-10-539，1-12-793，2-14-984
道路保洁 2-14-986
道路交通噪声 1-4-200
道路绿地 1-10-571
道南书院 3-37-2197
道源禅院 3-41-2426
道源路 1-10-531
道源桥 3-37-2158
稻谷加工 1-11-756
稻桶 3-40-2373

稻作农业 1-1-064

〔de〕

得周 3-40-2365
德惠祠 3-37-2195
德意牌燃气灶具 2-14-1007
德由桥 3-37-2160

〔deng〕

灯箱广告 2-21-1445
登记发证 2-15-1085
登记管理制度 2-31-1789
登记注册（商业城） 2-16-1122
登门招商 2-14-991
登山活动 3-39-2316
等郎配 3-40-2357

〔di〕

低产田改造 1-5-267，1-12-802
低丘 1-3-118
低山 1-3-117
低山丘陵土区 1-3-142
低山丘陵植被 1-3-143
低压电网 1-10-561
堤防工程管理 1-8-438
堤塘保护 1-12-782
堤塘断面 1-8-405
堤塘抢险 1-12-782
堤塘轴线 1-8-404、405
地方储备 2-16-1167
地方公路建设基金 1-9-498
地方税收管理 2-19-1293
地方税收入 2-19-1291
地方税务稽查 2-19-1296
地价 1-5-276
地理 3-42-2485
地面附着物补偿 1-5-258
地面粮库 2-16-1165
地名标志设置 2-32-1860
地名标准化 2-32-1859
地名档案管理 2-32-1861
地下粮库 2-16-1166
地下水管理 1-10-560
地形测绘 1-10-529
地域差距 1-7-349

地藏寺　3-41-2435
地震　1-3-186
地震测报站　3-35-2032
地租　1-5-275
第八次代表大会　2-22-1456
第八次代表大会代表　2-22-1454
第八届常务委员会会议　2-25-1575
第八届人大常委会　2-23-1514
第八届人大常委会主任会议　2-23-1517
第八届人大代表议案建议　2-23-1527
第八届人大期间　2-23-1522
第八届人民代表大会　2-23-1510
第八届市(县)委全体会议　2-22-1458
第八届市(县)委组成人员　2-22-1462
第八届市委常委会会议　2-22-1459
第八届委员会全体会议　2-25-1572
第八届委员会委员（1990.4～1993.4）　2-25-1566
第八届政协委员提案　2-25-1590
第八届主席会议　2-25-1576
第二次发掘（跨湖桥遗址）　1-1-044
第二次全国工业普查　2-20-1372
第二次全体会议（第八届）　2-25-1572
第二次全体会议（第九届）　2-25-1573
第二次全体会议（第六届）　2-25-1571
第二次全体会议（第七届）　2-25-1571
第二次全体会议（第十届）　2-25-1574
第二代住宅　1-11-653
第二轮总体规划（城建）　1-10-521
第二农垦场　1-12-805
第二期工程（商业城）　2-16-1121
第九次代表大会　2-22-1456
第九次代表大会代表　2-22-1454
第九届常务委员会会议　2-25-1575
第九届人大常委会　2-23-1514
第九届人大常委会主任会议　2-23-1517
第九届人大代表议案建议　2-23-1527
第九届人大期间　2-23-1522
第九届人民代表大会　2-23-1511
第九届市委常委会会议　2-22-1460
第九届市委全体会议　2-22-1458
第九届市委组成人员　2-22-1462
第九届委员会全体会议　2-25-1572
第九届委员会委员（1993.4～1998.3）　2-25-1566
第九届政协委员提案　2-25-1590
第九届主席会议　2-25-1576
第六代住宅　1-11-654
第六届常务委员会会议　2-25-1574
第六届委员会全体会议　2-25-1570
第六届委员会委员（1984.11～1987.4）　2-25-1565

第六届政协委员提案　2-25-1589
第七届常务委员会会议　2-25-1574
第七届委员会全体会议　2-25-1571
第七届委员会委员（1987.4～1990.4）　2-25-1565
第七届政协委员提案　2-25-1589
第七届主席会议　2-25-1576
第三产业普查　2-20-1375
第三次发掘（跨湖桥遗址）　1-1-044
第三次全国工业普查　2-20-1373
第三次全国人口普查　2-20-1370
第三次全体会议（第八届）　2-25-1572
第三次全体会议（第九届）　2-25-1573
第三次全体会议（第六届）　2-25-1571
第三次全体会议（第七届）　2-25-1571
第三次全体会议（第十届）　2-25-1574
第三代住宅　1-11-653
第三轮总体规划（城建）　1-10-522
第十次代表大会　2-22-1457
第十次代表大会代表　2-22-1454
第十二届人大常委会　2-23-1516
第十二届人大常委会主任会议　2-23-1514
第十二届人大代表议案建议　2-23-1527
第十二届人大期间　2-23-1523
第十二届人民代表大会　2-23-1513
第十届常务委员会会议　2-25-1575
第十届人大常委会　2-23-1515
第十届人大常委会主任会议　2-23-1518
第十届人大代表议案建议　2-23-1527
第十届人大期间　2-23-1523
第十届人民代表大会　2-23-1511
第十届市委常委会会议　2-22-1460
第十届市委全体会议　2-22-1458
第十届市委组成人员　2-22-1462
第十届委员会全体会议　2-25-1573
第十届委员会委员（1998.3～2001.3）　2-25-1566
第十届政协委员提案　2-25-1590
第十届主席会议　2-25-1576
第十一次代表大会　2-22-1457
第十一次代表大会代表　2-22-1454
第十一届人大常委会　2-23-1516
第十一届人大常委会主任会议　2-23-1518
第十一届人大代表议案建议　2-23-1527
第十一届人大期间　2-23-1523
第十一届人民代表大会　2-23-1512
第十一届市委常委会会议　2-22-1461
第十一届市委全体会议　2-22-1459
第十一届市委组成人员　2-22-1463
第四次全国人口普查　2-20-1370
第四次全体会议（第九届）　2-25-1573

第四次全体会议（第十届）　2—25—1574
第四代住宅　1—11—654
第四轮总体规划（城建）　1—10—522
第五次全国人口普查　2—20—1370
第五次全体会议（第九届）　2—25—1573
第五代住宅　1—11—654
第一次发掘（跨湖桥遗址）　1—1—043
第一次全体会议（第八届）　2—25—1572
第一次全体会议（第九届）　2—25—1572
第一次全体会议（第六届）　2—25—1570
第一次全体会议（第七届）　2—25—1571
第一次全体会议（第十届）　2—25—1573
第一代住宅　1—11—653
第一轮总体规划（城建）　1—10—521
第一农垦场　1—12—804
第一期工程（商业城）　2—16—1120

〔dian〕

点罗罗　3—40—2406
点心　3—40—2395
碘缺乏病（地方性甲状腺肿大病）　3—38—2274
电磁环境保护区管理　1—9—454
电镀行业废水处理　1—4—213
电化教育研究　3—34—1929
电话拜年　3—40—2419
电价　2—20—1351
电力设施　1—12—797
电脑福利彩票　2—33—1913
电视　1—12—800
电视广告　2—21—1447
电视节目　2—21—1438
电视频道　2—21—1442
电网　1—10—561
电网调度　1—10—564
电信　1—12—797
电信通信光缆　2—21—1411
电影　1—12—800
电影发行与放映　3—36—2059
电子电器业　2—14—999
电子游戏　2—16—1177
店名　3—40—2385
店肆　3—40—2385

〔diao〕

雕瓷印章（钮）　3—36—2080
调查面积　1—5—237
调动人员工资　2—31—1817
调换婚　3—40—2358
调运储存　2—16—1165
吊桶　3—40—2373

〔die〕

鲽形目　1—3—162

〔ding〕

丁文蔚　3—44—2637
丁有根　3—44—2695
定点训练"三棋"项目的学校　3—39—2340
定点训练举重项目的学校　3—39—2340
定点训练篮球项目的学校　3—39—2340
定点训练排球项目的学校　3—39—2340
定点训练乒乓球项目的学校　3—39—2340
定点训练田径项目的学校　3—39—2340
定点训练足球项目的学校　3—39—2341
定购（派购）定销　1—11—599
定量包装商品计量　2—20—1360
定期补助　2—33—1917
定期排查信访热点难点制度　2—24—1546
定亲　3—40—2359

〔dong〕

东北副城（义盛）　3—43—2557
东部副城（瓜沥）　3—43—2542
东河改道和南河分洪工程　1—8—393
东郊公墓　2—32—1875
东接绍兴县　1—2—078
东邻绍兴县　1—2—078
东南牌钢结构网架　2—13—965
东南牌聚氨酯/岩棉复合夹芯板　2—13—966
东片污水治理工程建设　1—4—214
东沙大镇（义蓬）　3—43—2581
东沙闹市（新湾）　3—43—2586
东沙新镇（党湾）　3—43—2590
东山陈马灯　3—36—2077
东汪二孔闸　1—8—414
东西向断裂　1—3—112
东旸桥　3—37—2156
东岳庙　3—37—2206，3—41—2447
东岳庙会　3—40—2410
冬福二圣帝　3—40—2415
冬泳　3—39—2314

冬至麻团 3-40-2395
冬至 3-40-2353
动词、形容词的特殊表达形式 3-42-2513
动词后缀"带"、"咚"、"夯" 3-42-2517
动物 3-42-2487
动物检疫 1-11-763
动物类（中草药） 3-38-2301
动物遗骨 1-1-057

〔dou〕

斗牌 3-40-2405
豆瓣糕 3-40-2395
豆秆黑潜蝇发生规律及防治技术 3-35-2042

〔du〕

毒害监察 2-31-1838
毒品查禁 2-28-1712
独超法师 3-41-2440
独超法师塔铭碑 3-37-2169
独木梯 1-1-055
独木舟 1-1-062
独木舟保护措施 1-1-069
独木舟保护方案实施 1-1-070
独木舟就地保护方案论证 1-1-069
独木舟遗迹 1-1-047
读书接送 3-40-2417
读书堂 3-37-2163
读者服务 3-36-2098
赌博查禁 2-28-1712
杜家杨梅节 3-37-2212
渡口 1-9-505
渡口管理 1-9-516

〔duan〕

端午 3-40-2350
短期贷款 2-18-1230
短期培训（党校） 2-22-1500
短途客运（公路） 1-9-489
断裂构造 1-3-111
断面结构 1-8-404

〔dui〕

对不同固定方式治疗颈椎骨折或脱位的生物力学实验研究
3-35-2042
对口联系 2-25-1595
对台联谊 2-22-1498
对外借款 2-17-1202
对外招商引资 1-11-671
对象（老年大学） 3-34-1967

〔dun〕

敦睦堂 3-37-2163

〔duo〕

多种熟制 1-11-732

E

〔e〕

鹅 1-11-712

〔en〕

恩格尔系数 1-7-352
恩希爱（杭州）化工有限公司 2-14-1010

〔er〕

儿科 3-38-2242
儿童公园 1 10-571
儿童哮喘专科 3-38-2251
儿童游戏 3-40-2405
二、三产业发展 1-11-648
二级地产市场 1-5-256
二年制中等师范教育 3-34-1975
二期围涂土方筑堤 1-12-781
二十工段闸 1-8-413
二氧化碳气肥 1-11-746

F

〔fa〕

发行站发行 2-21-1427
发掘（跨湖桥遗址） 1-1-043

发掘（下孙遗址）　1—1—045
发现（跨湖桥遗址）　1—1—043
发现（下孙遗址）　1—1—044
发展党员（农工党）　2—26—1620
发展第三产业　2—22—1468
发展高中段教育　3—34—1936
发展会员（工商联）　2—26—1629
发展会员（民进）　2—26—1613
发展盟员（民盟）　2—26—1606
发展社员（九三学社）　2—26—1624
法定计量单位　2—20—1356
法律法规教育（个协、私协）　2—27—1694
法律服务热线　2—28—1729
法律服务所　2—28—1728
法制计量　2—20—1356
发型　3—40—2393

〔fan〕

番茄　1—11—736
番薯　1—11—734
翻耕　1—11—755
翻九楼　3—36—2078
繁华市区（城厢）　3—43—2536
繁育　1—11—738
反贪污贿赂　2—29—1738
饭架　3—40—2402
范蠡　3—40—2414
范蠡庵　3—37—2193

〔fang〕

方便门诊　3—38—2258
方迁水文站　1—8—429
方迁溇直河　1—9—502
方迁溇直湾　1—3—130
坊里　1—2—098
防虫网覆盖　1—11—746
防洪标准　1—8—404、405
防护绿地　1—10—572
防空警报　2—30—1772
防御措施　1—8—434
防御重点　1—8—433、435
房产抵押　2—15—1074
房产典当　2—15—1074
房产中介　2—15—1075
房地产测绘　2—15—1086
房地产市场工商管理　2—20—1334

房屋建筑　2—14—988
房源　2—15—1077
仿南宋官窑瓷　3—36—2081
仿生态鳖养殖　1—11—748
纺轮　1—1—053
纺织　2—13—875
纺织工业　1—12—824
纺织品　2—17—1214
放射科　3—38—2246
放罾　3—40—2376

〔fei〕

飞行区场地管理　1—9—454
飞腾桥　3—37—2159
非金属矿　1—3—114
非学历教育　3—34—1937
非住宅建设　2—15—1070
非住宅租金　2—15—1079
鲱形目　1—3—157
肥料　3—40—2371
翡翠三阳开泰摆件　3—37—2177
翡翠双鱼挂件　3—37—2177
肺结核病　3—38—2271
肺吸虫病　3—38—2274
废气　1—4—203
废水　1—4—202

〔fen〕

分布（土地）　1—5—245
分洪改道　1—8—393
分配制度改革　3—38—2221
坟祭　3—40—2409
粉尘监察　2—31—1837
粪便清运与处理　1—10—575
粪勺粪桶　3—40—2373
鲼形目　1—3—157

〔feng〕

风景林地　1—10—572
风情大道　1—10—540
风箱　3—40—2404
风疹疫苗　3—38—2266
枫林文学沙龙　3—36—2053
封建落后陋习问题　1—11—631
封山育林　1—11—726

蜂病防治 1-11-751
冯家溇基督教堂（属地方教会活动场所） 3-41-2459
冯永川 陈宝土 3-44-2657
奉思堂 3-37-2164

〔fo〕

佛法僧目 1-3-151
佛眼泉 3-37-2199

〔fu〕

孵坊 1-11-713
孵化器 1-11-760
扶持集体经济薄弱村 1-11-611
扶持集体经济 1-11-593
服饰观 1-11-659
服务机制 2-14-1026
服务网络（农村） 1-11-615
服务与维权（工商联） 2-26-1635
服务与营销（航空） 1-9-452
服药驱虫 3-38-2292
服装之乡（河上） 3-43-2555
服装制造 2-13-887
浮动工资 2-31-1814
浮桥 1-9-507
福利 2-31-1812
福利企业管理 2-33-1909
福庆寺 3-41-2434
斧 1-1-054
负担系数 1-6-291
负担项目 1-11-655
妇产科 3-38-2241
妇女病查治 3-38-2280
妇女干部培训 2-27-1665
妇幼保健保偿 3-38-2280
妇字号工程 2-27-1661
赴澳大利亚招商 2-14-992
赴北京、上海等地招商 2-14-993
赴德国、意大利招商 2-14-992
赴韩国招商 2-14-992
赴日本招商 2-14-992
赴台湾招商 2-14-992
赴香港招商 2-14-992
复查纠错 2-24-1553
复查清理 2-32-1863
复合肥 1-11-741
复合器 1-1-057

复员退伍军人安置 2-31-1826
副词 3-42-2504、2518
副食品 2-16-1141
傅彬然 3-44-2662
傅家山遗址 3-37-2147
傅永先 3-44-2665
傅周海 3-44-2670
傅竹西 3-44-2688
富春玻璃中转码头 1-9-504
富春江北塘 1-8-394
富可达牌皮革服装 2-13-966

G

〔gai〕

改队建村 2-32-1849
改队建村与村委会调整 2-32-1849
改革形势教育 2-22-1472
改建工程（商业城） 2-16-1121

〔gan〕

甘蓝（包心菜） 1-11-735
甘露庵 3-41-2436
甘露禅院 3-41-2437
甘蔗 1-11-687
柑橘 1-11-686
干部离休 2-31-1797
干部理论学习 2-22-1471
干部退休 2-31-1798
干部退职 2-31-1799
干旱 1-3-184

〔gang〕

肛肠科 3-38-2252
钢结构施工队伍 2-15-1033
钢结构网架设计队伍 2-15-1031
钢筋加工机械 2-15-1046
缸窑湾听涛 3-37-2202
岗位培训 2-15-1038，3-34-1964
港澳台分布 1-6-286
港航监督 1-9-514
港区 1-9-502
港务管理 1-9-514

〔gao〕

高层住宅　1-10-549
高产工程　1-11-743
高产模式栽培　1-11-743
高等教育　3-34-1965
高等教育自学考试　3-34-1967
高等师范本、专科自学考试　3-34-1976
高等师范专科函授教育　3-34-1976
高帆　3-44-2674
高级技工　3-34-1964
高级技术培训　2-31-1807
高级中学　3-34-1952
高空噪声　1-4-200
高岭土　1-3-114
高其金　3-44-2639
高桥住宅区　1-10-548
高丘　1-3-117
高速公路　1-9-465
高昙和尚　3-41-2439
高危妊娠管理　3-38-2279
高小霞　3-44-2669
高新技术企业　2-14-1013，3-35-2009
高新技术园区　3-35-2009
高学历进修　3-34-1976

〔ge〕

鸽形目　1-3-150
割稻　割麦　1-11-756
割子　3-40-2373
歌舞娱乐　2-16-1177
革命烈士纪念馆　3-37-2191
隔堤节制闸　1-8-440
葛理庸　3-44-2649
葛云飞　3-44-2633
葛云飞故居　3-37-2154
葛云飞墓　3-37-2171
葛壮节公故里表　3-37-2170
个体工商户（市场）妇女委员会　2-27-1660
个体工商户登记　2-20-1327
个体工商户管理　2-20-1329
个体工商户资本金积累　1-7-379
个体集贸税收管理　2-19-1294，1298
个体劳动者协会　2-27-1692
个体医、村医和社会办医管理　3-38-2303
各类残疾人调查　2-27-1675

〔gei〕

给中高级知识分子家属及子女"农转非"　3-34-1978

〔geng〕

耕锄农具　1-11-755
耕德堂　3-37-2154
耕地　1-5-240
耕地占用税　2-19-1305
耕牛　1-11-711
耕制　3-40-2371
耕作　1-11-645
耕作环节　3-40-2374
耕作机械　1-11-756
更新统（Q_{2-3}）　1-3-107

〔gong〕

工厂放射卫生　3-38-2291
工厂体育设施　3-39-2338
工程测量　1-10-529
工程地质勘察队伍　2-15-1032
工程监理制　1-8-406
工程建设（商业城）　2-16-1120
工程竣工决算审计　2-20-1386
工龄津贴　2-31-1815
工民建设计队伍　2-15-1031
工伤保险待遇　2-33-1894
工商企业财务审计　2-20-1384
工业标准化　2-20-1360
工业废气治理　1-4-216
工业废水治理　1-4-212
工业服务业噪声治理　1-4-219
工业固体废弃物综合利用　1-4-220
工业技改　3-35-2018
工业建筑　1-11-621
工业结构调整　2-24-1543
工业经济发展协商　2-25-1578
工业普查　2-20-1371
工业企业财务审计　2-20-1384
工业企业视察　2-25-1583
工业强镇（新街）　3-43-2588
工业生产计划　2-20-1315
工业生产资料　2-16-1143
工业重镇（宁围）　3-43-2595
工艺特征　1-1-062
工资　2-31-1811，3-34-1978

工资福利（老干部） 2—22—1503
工资集体协商制度 2—31—1779
工资类区调整 2—31—1813
工资手册 2—31—1819
工资性收入 1—7—344、347
工资与经济效益挂钩 2—31—1778
工资指导线 2—31—1820
工资总额控制 2—31—1817
工作机制（老干部） 2—22—1502
工作责任制度（信访） 2—24—1545
弓 1—1—055
弓鲅目 1—3—161
公安管理（网络） 2—21—1413
公安局综合档案室 3—36—2103
公房经租 2—15—1078
公房调配 2—15—1078
公房维修 2—15—1080
公房住宅租金 2—15—1078
公房转让 2—15—1080
公费医疗 3—38—2223
公共厕所 1—10—575
公共建筑 1—11—621
公积金贷款管理 2—15—1095
公积金归集 2—15—1095
公积金使用与管理 2—15—1095
公积金支取管理 2—15—1095
公积金制度 2—15—1094
公交 2—14—987
公开选拔 2—22—1486
公开选拔村主任助理 2—22—1486
公开选拔副局级领导 2—22—1486
公开招考（聘） 2—31—1776
公路大桥 1—9—475
公路渡口 1—9—507
公路工程技术 1—9—483
公路建设 1—9—481
公路建设专用基金 1—9—498
公路隧道 1—9—475
公路特大桥 1—9—474
公路小桥 1—9—475
公路养护 1—9—484
公路养路费 1—9—497
公路运输管理费 1—9—498
公路中桥 1—9—475
公民体质监测 3—39—2309
公民因公出国（境） 2—24—1554
公务员与专业技术人员培训 2—31—1804
公用电厂发电 2—13—893
公用经费 3—34—1993

公园 1—10—570
功能区噪声 1—4—198
供电 1—10—564，2—14—987
供电质量 1—10—564
供港供沪猪养殖基地 1—12—815
供港沪规模猪场OWD防治技术工程研究 3—35—2042
供热 2—14—986
供水 1—10—557，2—14—986
供应服务（老干部） 2—22—1504
供油设施管理 1—9—454
龚心瀚 3—44—2684
拱秀路 1—10—531
共同点（下孙遗址与跨湖桥遗址的关系） 1—1—045
共同特征（农民企业家） 1—11—641
贡枣试种 1—12—810

〔gou〕

钩虫病 3—38—2274
钩端螺旋体病 3—38—2271
句践 3—40—2414
句践祠 3—37—2195
狗 1—1—058，1—11—711
构成（土地） 1—5—245
购房对象 2—15—1082
购买股票 3—40—2420
购买吉祥 3—40—2417
购置生产性固定资产 1—11—650

〔gu〕

估量性副词 3—42—2518
古毕公桥 3—37—2157
古潮候 1—3—134
古代陶瓷产地（欢潭） 3—43—2610
古戴家桥 3—37—2161
古等慈寺 3—41—2430
古凤仪桥 3—37—2160
古籍印刷地（许贤） 3—43—2605
古生界 1—3—106
古树 名木 1—11—724
谷箩 3—40—2373
谷筛 3—40—2373
股份有限公司 2—13—922
骨、木、石器 1—1—062
骨伤科 3—38—2251
骨针 1—1—056
鼓励个体私营工业发展 2—22—1469

固定设班培训　1—11—761
固定资产投资审计　2—20—1385
固体废弃物　1—4—205

〔gua〕

瓜果生产基地　1—12—814
瓜沥港　1—9—503
瓜沥航坞山古墓葬考古清理　3—37—2187
瓜沥老街　3—37—2152
瓜沥液碱码头　1—9—504
瓜沥镇　1—2—093
瓜沥镇第二小学　3—34—1950
瓜沥镇体育馆　3—39—2339

〔guan〕

关爱儿童少年　2—27—1666
关帝会　3—40—2412
关帝庙　3—41—2447
关帝庙戏台　3—37—2169
关节科　3—38—2251
关税和进口环节税代征　2—17—1210
关税减免审批　2—17—1210
观潮节　3—40—2352
观潮节文化活动　3—36—2055
观潮胜地（南阳）　3—43—2579
观十五线　1—9—470
观音殿　3—41—2436
官塘（运河）　3—37—2205
管村庙　3—41—2445
管道液化气　1—10—568
管理（商业城）　2—16—1122
管理队伍　2—15—1076
管理规章（建筑）　2—15—1059
管理合同制　1—8—406
管理机构　2—14—1019
管理机构和制度　3—34—1994
管理体系　2—15—1058
管理体制　1—9—484，2—14—1020
管理体制改革　3—38—2223
管理用房　2—15—1076
管理制度（建筑）　2—15—1059
管网　1—10—556、559
灌溉　1—11—647
灌溉农具　1—11—755
灌溉设施　1—12—791
鹳形目　1—3—147

〔guang〕

光缆　2—21—1411
光明闸　1—8—413
光照晨曦　3—37—2201
广播　1—12—800
广播电视光缆　2—21—1412
广播电视广告经营　2—21—1449
广播广告　2—21—1446
广播节目　2—21—1433
广播网络　2—21—1432
广告征婚　3—40—2417

〔gui〕

龟鳖目　1—3—155
规范办学行为　3—34—1933
规范管理（节水）　1—10—560
规费收缴管理　1—8—443
规费征收（公路）　1—9—497
规费征收（水路）　1—9—518
规划实施（农村）　1—11—619
规模（农村劳动力）　1—11—636
规模办学　3—34—1935
规模构成　2—14—999
规模养猪配套饲养　1—11—747
规模养猪　1—11—710
硅藻门　1—3—168
硅质岩类　1—3—108
鳜蟹混养　1—11—748
鳜鱼　1—11—721
鳜鱼养殖基地　1—12—817
鳜鱼种培育　1—11—748

〔gun〕

滚铁环　3—40—2405

〔guo〕

郭汉城　3—44—2673
郭世道　郭原平　3—44—2624
锅炉废气治理　1—4—217
锅炉压力容器安全监察　2—31—1839
国道　1—9—467
国际结算　2—18—1238
国际酒店游泳池　3—39—2338
国际象棋比赛　3—39—2335

国家建设用地管理　1-5-270
国家税收管理　2-19-1298
国家税收入　2-19-1297
国家税务稽查　2-19-1301
国库管理　2-18-1240
国民经济和社会发展计划及财政预算执行情况协商
　　2-25-1581
国内考察交流　3-35-2035
国内其他省、市、自治区分布　1-6-286
国泰花园　1-10-549
国外分布　1-6-286
国有、城镇集体工业企业承包经营责任制　2-13-846
国有、城镇集体工业企业职工劳动报酬　2-13-859
国有、集体企业登记　2-20-1323
国有资产管理　2-14-1023
国债（国库券）　2-18-1250
果树病虫害防治　1-11-750
果用瓜　1-11-685
果园病害　1-11-691
果园虫害　1-11-693
过境木竹管理　1-11-765
过年　3-40-2353

H

〔ha〕

蛤庵　3-41-2440

〔hai〕

海兽葡萄纹铜镜　3-37-2179
海相沉积平原　1-3-116
害虫天敌　1-11-694

〔han〕

含盐量　1-3-142
函件　2-21-1401
涵闸　3-37-2199
涵闸工程管理　1-8-440
韩丹夫　3-44-2697
韩登安　3-44-2661
韩济生　3-44-2678
韩佩金　3-44-2636
韩泉欣　3-44-2686
韩氏儿科　3-38-2235

韩惟论墓　3-37-2173
韩祯祥　3-44-2679
寒武系　1-3-106
喊魂灵　3-40-2416
旱冰场　3-39-2343
旱涝兼治　1-8-427

〔hang〕

行业管理　2-13-842
行业质量整顿　2-20-1364
行业自律　2-13-843
杭齿隧道　1-10-538
杭金衢高速公路萧山段　1-9-466
杭金线萧山至诸暨市次坞段改建工程　2-17-1204
杭金线　1-9-468
杭沈线　1-9-468
杭甬高速公路萧山段　1-9-465
杭甬高速公路萧山段建设工程　2-17-1204
杭甬运河　1-9-501
杭州边防站　2-30-1761
杭州大地网架制造有限公司　2-14-1008，2-15-1037
杭州大地网架制造有限公司企业技术中心　2-14-1014
杭州德意电气实业有限公司"德意"商标　2-13-971
杭州德意电气有限公司企业技术中心　2-14-1013
杭州东方文化园　3-37-2209
杭州二棉职工医院　3-38-2230
杭州发电设备厂　2-13-974
杭州粉末冶金研究所　3-35-2031
杭州杭发集团公司职工医院　3-38-2230
杭州恒天面粉有限公司企业技术中心　2-14-1014
杭州红山化纤有限公司　1-12-831
杭州红申电器有限公司　1-12-827
杭州环境保护研究所　3-35-2030
杭州汇丽绣花制衣有限公司　2-14-1008
杭州吉华化工有限公司　1-12-830
杭州吉天农业有限公司　1-12-820
杭州减速机厂企业技术中心　2-14-1014
杭州金达水产养殖有限公司　1-12-821
杭州科利化工有限公司企业技术中心　2-14-1014
杭州浪潮实业公司"浪潮"商标　2-13-970
杭州乐园　3-37-2210
杭州门户　1-2-073
杭州潘山集团有限公司"雅妮娜"商标　2-13-971
杭州前进齿轮箱集团有限公司　2-13-975
杭州前进齿轮箱集团有限公司"前进"商标　2-13-969
杭州前进齿轮箱集团有限公司职工医院　3-38-2230
杭州钱江外商台商投资区　1-5-261

杭州绕城公路南线萧山段　1—9—466
杭州山里人家　3—37—2210
杭州山水实业有限公司"山水"商标　2—13—971
杭州生态园　3—37—2210
杭州市第八次党代会代表　2—22—1453
杭州市第六次党代会代表　2—22—1453
杭州市第七次党代会代表　2—22—1453
杭州市级劳动模范　2—27—1643
杭州市级名牌产品　2—14—1007
杭州市人大代表　2—23—1509
杭州市政协委员　2—25—1566
杭州手心医药化学品有限公司企业技术中心　2—14—1014
杭州泰和房地产开发有限公司　2—15—1071
杭州娃哈哈永盛饮料有限公司　2—14—1009
杭州万杰减速机有限公司"杰"商标　2—13—971
杭州伟成印刷有限公司　2—14—1010
杭州闻堰货运码头　1—9—504
杭州萧山城建房产开发有限公司　2—15—1071
杭州萧山第二建筑工程有限公司　2—15—1037
杭州萧山国际酒店　2—16—1171
杭州萧山机场专用公路　1—9—467
杭州萧山票务中心　3—37—2214
杭州萧山舒兰农业有限公司　1—12—821
杭州晓阳农业开发有限公司　1—12—820
杭州欣美成套电器制造有限公司企业技术中心　2—14—1013
杭州易舒特药业有限公司企业技术中心　2—14—1014
杭州永磁集团有限公司　1—12—829
杭州中汇棉纺织有限公司　2—13—975
航船　3—40—2381
航民村文化中心游泳馆　3—39—2339
航坞胜境（瓜沥）　3—43—2542
航线与运量　1—9—452
航运　1—12—795
航政管理　1—9—513

〔he〕

合莫堂　3—37—2162
合鳃目　1—3—161
合同订购　1—11—601
合同用工　2—31—1776
合同争议行政调解　2—20—1340
合同制工人工资　2—31—1817
合肖　3—40—2359
合作医疗　1—11—655
何家桥伤科　3—38—2234
何舜宾　3—44—2628
何香凝　仿宋人牡丹图轴　3—37—2181

河（江）道整治　2—14—985
河道工程管理　1—8—439
河道疏浚　1—8—397，1—10—534
河道疏浚费　1—8—443
河道疏浚与综合整治　1—4—215
河谷平原土区　1—3—141
河上板龙　3—36—2076
河上老街　3—37—2151
河上群　1—3—105
河上镇　1—2—093
河上镇造纸及纸箱包装制品业　2—13—937
河蟹颤抖病防治　1—11—752
河蟹水肿病防治　1—11—752
河蟹纤毛虫病防治　1—11—752
河蟹养殖基地　1—12—817
河庄镇　1—2—095
颌针鱼目　1—3—160
贺知章　3—44—2624
鹤形目　1—3—149

〔hei〕

黑釉五管瓶　3—37—2175
黑鱼养殖基地　1—12—817

〔heng〕

恒星牌涡轮减速机　2—14—1007
横塘棹歌　3—37—2201
横向联谊　2—25—1598
横樟线　1—9—469
鸻形目　1—3—149

〔hong〕

弘一　行书札　3—37—2181
红豆杉纲（紫杉纲）　1—3—170
红垦农场　1—12—805
红麻　1—11—734
红麻、棉花高产模式　1—11—743
红麻地膜覆盖　1—11—745
红黏土　1—3—114
红旗村　标兵村　1—11—622
红壤类　1—3—140
红山农场幼儿园　3—34—1949
红石雕刻　3—36—2082
洪积、洪—冲积平原　1—3—117
洪积、坡—洪积平原　1—3—117

洪涝 1-3-183
鸿达路 1-10-540

〔hou〕

后备干部 2-22-1486
后江庙 3-37-2193
后解放河 1-3-130
后进村党组织整顿 2-22-1481
后山印纹硬陶窑址 3-37-2149
后王寺 3-37-2196
后缀 3-42-2511

〔hu〕

胡公大帝 3-40-2415
胡瓜 1-12-814
胡燏棻 3-44-2638
胡永洲 3-44-2691
湖桥 3-37-2199
湖山第一亭 3-37-2198
湖心云影 3-37-2201
湖中落雁 3-37-2200
湖中双凤坊 3-37-2199
琥珀桃形摆件 3-37-2177
户籍制度 1-10-545
户外广告 2-20-1336
户外广告管理 1-10-577
户外广告经营 2-21-1447
户外广告制作 2-21-1445
屏水密实土堤 1-8-400

〔hua〕

花朝 3-40-2349
花卉苗木基地 1-12-817，3-43-2616
花口银盒 3-37-2178
花木之乡（新街） 3-43-2588
花生 1-11-681、735
花坛草花 1-11-729
华能储运有限公司码头 1-9-505
华家垫戏台 3-37-2167
华克勤 3-44-2627
华眉山背斜 1-3-110
华氏内科 3-38-2234
化成禅寺 3-41-2436
化肥 1-4-206
化肥 农药 1-4-206

化肥农药管理 1-11-764
化肥施用 1-11-740
化工行业废水处理 1-4-213
化工商品 2-16-1143
化纤织造名镇（党山） 3-43-2570
化学肥料 2-16-1145
化学肥料制造 2-13-883
化学工业 1-12-825
化学农药 2-16-1146
化学农药制造 2-13-883
化学调控 1-11-744
化学制品制造 2-13-882
化妆品消费 1-7-386

〔huai〕

怀德堂 3-37-2167
槐叶蘋目 1-3-169

〔huan〕

欢潭 3-37-2174
欢潭兰头角村亚林码头 1-9-504
欢潭老街 3-37-2151
欢潭乡 1-2-095
环保型全息防伪真空镀铝纸 3-35-2041
环境保护产业 1-4-229
环境保护规划 1-4-222
环境功能分区 1-5-248
环境功能区划 1-4-222
环境管理（民航） 1-9-454
环境污染 2-24-1552
环境污染问题 1-11-631
环境影响评价制度 1-4-224
环境综合整治 1-10-576
环卫设施 1-10-575
幻灯宣传 3-36-2060
换糖担 3-40-2388
浣纱溪 3-37-2192

〔huang〕

黄、红麻 1-11-682
黄白酒 2-16-1141
黄伯夫墓 3-37-2173
黄瓜 1-11-736
黄家大桥 3-37-2157
黄酒 白酒 2-20-1364

黄泥桥　3－37－2160
黄埔军校同学救济　2－33－1902
黄壤类　1－3－141
黄砂　2－15－1051
黄山庙　3－41－2450
黄山西殿　3－41－2448
黄韦艮　3－44－2694
黄杨类　1－11－729
凰桐江　1－3－128，1－9－501
凰桐江改道工程　1－8－393
凰桐江茅家山段拓宽工程　1－8－392
璜　1－1－054

〔hui〕

灰坑　1－1－050
恢复阶段（1979～1988年）（私有工业）　2－13－902
辉钼矿　1－3－113
回澜桥　3－37－2156
回门　3－40－2362
毁林开垦和乱占林地清理　1－5－278
会办企业（工商联）　2－26－1635
会议视察　2－25－1583
会议招商　2－14－990
会议制度（信访）　2－24－1546
会员大会（民进）　2－26－1612
惠济桥　3－37－2155

〔hun〕

婚嫁礼仪　3－40－2358
婚纱留影　3－40－2418
婚姻保健　3－38－2281
婚姻登记处　2－32－1868
婚姻服务　2－16－1176
婚姻观　1－11－660
婚姻类别　3－40－2357
婚姻生育禁忌　3－40－2370
婚育新风教育（1998年～2001年3月）　1－6－334
混凝土构件　2－15－1044
混凝土浇灌　2－15－1044
混凝土搅拌机　2－15－1046

〔huo〕

活动实施（双拥）　2－32－1854
活水码头（临浦）　3－43－2538
火车站　1－9－459

火鸡　1－11－713
火力发电　2－13－893
火山喷发岩　1－3－108
火山岩　1－3－108
火捺　3－40－2402
货币管理　2－18－1241
货币发行　2－18－1241
货场　1－9－460
货物港务费　1－9－518
货物联（托）运管理（公路）　1－9－495
货物运价（公路）　1－9－497
货物运输管理（公路）　1－9－495
货运管理（水路）　1－9－517
货运码头　1－9－504
货运企业（公路）　1－9－493
货运运价（水路）　1－9－517
获奖产品　1－11－674
霍乱　3－38－2268
镬　3－40－2402
镬坩　3－40－2402

J

〔ji〕

机场规模　1－9－450
机电排灌水费　1－8－444
机电商品　2－16－1143
机动车维修行业管理　1－9－498
机动车尾气污染防治　1－4－218
机关干部下村任职　1－11－611
机关事业单位工资制度改革　2－31－1777
机关事业单位社会养老保险　2－33－1889
机关宿舍租金　2－15－1079
机械工业　1－12－825
机械制造业　2－14－1000
机制纸及纸板制造　2－13－891
机桩施工队伍　2－15－1036
鸡　1－11－712
鸡形目　1－3－149
笄（或钉形器）　1－1－056
基本化学原料制造　2－13－884
基层档案室　3－36－2102
基层人民武装部　2－30－1761
基层治保　2－28－1715
基层组织（工商联）　2－26－1629
基础设施（监所）　2－28－1722
基尼系数　1－7－350

吉庆点歌　3-40-2417
吉庆桥　3-37-2158
吉山戏台　3-37-2168
极端气温　1-3-122
极乐寺　3-41-2435
集贸市场　3-40-2385
集贸市场管理　2-20-1333
集市　3-40-2385
集市商品价格　2-20-1348
集体合同（工会）　2-27-1645
集体建设用地管理　1-5-272
集体资产管理　1-11-608
集体资产管理问题　1-11-630
集体资金投入　1-11-670
集中登记发证　2-15-1085
集装箱多式联运系统项目　2-17-1204
集装箱货物　2-17-1214
集装箱运输　1-9-492
挤奶器　1-11-760
脊髓灰质炎　3-38-2269
脊椎外科　3-38-2252
计划免疫保偿制度　3-38-2266
计划生育村民自治　1-6-337
计划生育技术指导站　1-6-339
计划生育奖励　1-6-335
计划生育审批　1-6-332
计划生育问题　1-11-630
计划生育宣传　1-6-333
计划生育宣传月活动（1985年1～2月）　1-6-333
计划外生育处罚　1-6-336
计件工资　2-31-1814
计量监督　2-20-1359
计量检定　测试授权　2-20-1357
计量器具　2-20-1358
计量器具标准考核　2-20-1358
计量器具强制检定　2-20-1358
计量器具制造（修理）监管　2-20-1358
计免智能卡网络管理　3-38-2267
计算机辅助教学研究　3-34-1929
技工学校　3-34-1957
技能竞赛　2-31-1808
技能培训服务（个协、私协）　2-27-1693
技师　3-34-1965
技师考评　2-31-1809
技术服务（民盟）　2-26-1611
技术改造及基本建设进口货物减免税　2-17-1210
技术培训　3-34-1962、1964
技术市场　3-35-2012

季节性捕捞　1-11-723
季节性贷款　2-18-1225
季奴禅师　3-41-2440
济民闸　1-8-414
济远桥　3-37-2157
继序堂　3-37-2164
继续医学教育（医生）　3-38-2255
祭祖　3-40-2408
寄拜　3-40-2416
寄名　3-40-2416

〔jia〕

加班工资　2-31-1815
加高加固西小江围堤和建节制闸　1-8-395
加工机械　1-11-759
加工贸易　2-17-1201
加工农具　1-11-756
加工用具　3-40-2404
加快城市化进程　2-22-1470
加快改革开放与经济建设　2-22-1468
加强薄弱学校建设　3-34-1936
加强非公有制企业党的组织建设　2-22-1467
佳品滋补　3-40-2419
家畜饲养　1-1-064
家祭　3-40-2408
家禽　1-11-712
家庭病床　3-38-2259
家庭服务　2-16-1175
家庭功能　1-6-330
家庭构成　1-6-329
家庭规模　1-6-329
家庭经营生产费用　1-11-649
家庭经营收入　1-7-344
家庭类别　1-6-330
家庭美德　1-6-312
家庭用品及服务消费　1-7-369
家用电器　1-7-369
家政服务　1-7-372
夹克走俏　3-40-2419
甲科济美石牌楼　3-37-2198
甲型肝炎疫苗　3-38-2266
甲藻门　1-3-169
钾肥　1-11-741
假币收缴　2-18-1243
假日出游　3-40-2418
价格抽样调查　2-20-1378
价格走势　2-15-1084

驾驶员及车辆管理　2—28—1717
嫁娶婚　3—40—2357

〔jian〕

尖峰积雪　3—37—2200
尖山段拓宽工程　1—8—392
尖山浮桥　1—9—507
尖山桥　1—9—458
尖形器　1—1—055
间作套种　1—11—732
监督管理（农民负担）　1—11—657
监督管理（烟草）　2—16—1153
监督检查（个协、私协）　2—27—1700
监督站（个协、私协）　2—27—1698
监所教育　2—28—1723
检验科　3—38—2245
减轻负担　1—11—656
减轻农民负担政策　1—11—629
剪纸　3—36—2080
简化审批手续　2—24—1560
建材工业　1—12—824
建材家具业　2—14—1003
建房　3—40—2401
建立市外生产基地　1—11—672
建立投入机制　1—11—593
建设二路　1—10—540
建设基础设施　2—14—984
建设三路　1—10—540
建设四路　1—10—540
建设体制（公路）　1—9—482
建设湘湖旅游度假区　2—22—1470
建设一路　1—10—540
建设资金（公路）　1—9—482
建言献策（工商联）　2—26—1630
建言献策（九三学社）　2—26—1625
建言献策（民进）　2—26—1615
建言献策（民盟）　2—26—1608
建言献策（农工党）　2—26—1620
建筑B宗教性质的推测　1—1—065
建筑安全监察　2—31—1836
建筑材料　2—16—1144
建筑防火审核　2—28—1721
建筑工程检测试验室资质管理　2—15—1057
建筑名镇（党湾）　3—43—2591
建筑施工噪声治理　1—4—219
建筑市场拓展　2—15—1057
建筑陶瓷　2—15—1053

建筑特征　1—1—064
建筑装饰工程队伍　2—15—1034
建筑装饰工程设计队伍　2—15—1032
健身　2—16—1177
鉴定颁证　2—31—1810
鉴定范围、对象　2—31—1809

〔jiang〕

江边电力排灌站　1—8—424
江道清障　1—8—394
江东新镇（河庄）　3—43—2594
江海门户（南阳）　3—43—2578
江河水　1—4—191
江河治理　1—5—264
江湖一览亭　3—37—2198
江寺　3—37—2161
豇豆　1—11—736
鳉形目　1—3—160
奖励　2—31—1796
桨　1—1—056
蒋宝娣　3—44—2682
蒋英武烈士墓　3—37—2172
蒋展鹏　3—44—2683
匠作　3—40—2389
降水量标准　1—8—430
降水日数、强度　1—3—124

〔jiao〕

交通、通信、电力用房　1—10—546
交通安全问题　1—11—631
交通渡口　1—9—506
交通设施　1—12—793
交通通信消费　1—7—373
交通消费　1—7—373
交通银行杭州分行萧山支行　2—18—1219
交通用地　1—5—242
交通运输设备修理　2—13—879
交通秩序管理　2—28—1717
交往观　1—11—662
脚手架　2—15—1047
教师定期疗休养、体检制度　3—34—1977
教师聘用制度　3—34—1938
教师职务评聘制度　3—34—1974
教师资格制度　3—34—1974
教学（老年大学）　3—34—1967
教学常规与评估活动　3—34—1927

教学改革成果 3-34-1930
教学改革活动 3-34-1927
教学调查与交流 3-34-1927
教育观 1-11-661
教育局档案室 3-36-2103
教育培训 1-4-228
教育设施 1-12-799
教育事业费附加 3-34-1993
教育网络 2-21-1414
教育消费 1-7-378
教育娱乐 2-14-988
教育整顿 2-22-1482
教职工代表大会制度 3-34-1977
教职工住房建设 3-34-1978

〔jie〕

接龙寺 3-41-2436
接收、征集与整理 3-36-2103
接种管理 3-38-2266
接种率考核 3-38-2266
接种室规范化建设 3-38-2267
接妆 3-40-2360
秸秆 1-4-206
秸秆 农用塑料薄膜 1-4-206
秸秆还田 1-11-742，1-12-801
街道清扫与保洁 1-10-574
街道拓展 1-10-530
街市 1-2-099
节柴（煤）灶改造 1-11-626
节理 1-3-112
节令禁忌 3-40-2370
节庆文化活动 3-36-2055
节庆文化下乡 3-36-2057
节日慰问（老干部） 2-22-1503
节水 1-10-559
节孝承恩石牌楼 3-37-2170
节约用地管理 1-5-274
节制闸 1-12-791
结对扶持 1-11-612
结构优化 1-11-648
结构状况 1-6-290
结婚 1-6-325
结婚登记状况 2-32-1868
结建工程 2-30-1771
结算方式 2-18-1233
截污治理 1-10-535
解放思想，敢为人先 1-6-323

解决农婚知识青年生活保障 2-24-1554
介词 连词 3-42-2505
芥菜 1-12-814
界别和人数 2-25-1565
界限温度及积温 1-3-123
借读生费 3-34-1993

〔jin〕

巾帼建功 2-27-1662
今潮候 1-3-136
金宝祥 3-44-2671
金城路 1-10-540
金代（进士） 3-44-2703
金海观 3-44-2659
金惠路 1-10-540
金矿 1-3-113
金马饭店游泳池 3-39-2338
金秋合唱团 3-36-2053
金泉井 3-37-2199
金融机构资金汇划 2-18-1233
金融企业财务审计 2-20-1384
金融设施 1-12-800
金融网络 2-21-1415
金融业用房 1-10-546
金融债券 2-18-1252
金润泉 3-44-2652
金山考古发掘 3-37-2187
金首牌425#水泥 2-13-964
金属材料 2-15-1048，2-16-1144
金属矿 1-3-113
金属器 3-37-2177
金属制品 2-15-1053
金吾伦 3-44-2682
金银管理 2-18-1243
金银计划配售 2-18-1244
金银门市收兑 2-18-1244
金银饰品加工 2-18-1244
金银饰品零售 2-18-1244
金元陶瓷（中国）有限公司 2-14-1008
津贴 2-31-1815，3-34-1979
紧跟时代，与时俱进 1-6-323
进化溪 1-3-129，1-9-501
进化镇 1-2-095
进口商品检验 2-17-1213
进区服务机构 2-14-1028
禁止使用童工监察 2-31-1845

〔jing〕

京福线　1-9-467
经费管理　3-34-1994
经费来源　3-34-1992
经费使用　3-34-1993
经济案件侦查　2-28-1707
经济薄弱村扶持　2-24-1542
经济待遇　3-34-1978
经济负担　1-11-656
经济规划区发展协商　2-25-1578
经济合同管理　2-20-1338
经济合同检查　2-20-1338
经济合同鉴证　2-20-1338
经济合同仲裁　2-20-1339
经济联络（工商联）　2-26-1636
经济特征　1-1-064
经济文化保卫　2-28-1723
经济信息网络　2-20-1395
经济形态　1-1-046
经济责任审计　2-20-1388
经济责任制　2-13-844
经贸博览会　2-14-991
经贸洽谈会　2-20-1395
经营（商业城）　2-16-1121
经营单位　2-20-1336
经营形式　2-15-1083
经营性收入　1-7-348
经营责任制　2-16-1102
荆茂堂　3-37-2164
精减职工救济　2-33-1902
精神病人管治　3-38-2276
精神病调查　3-38-2275
精神科　3-38-2244
精神文明建设协商　2-25-1580
精细化工业　2-14-1001
鲸目　1-3-146
井泉　3-37-2173、2199
井泉井　3-37-2173
径游江　1-3-128
径游老街　3-37-2151
净空管理　1-9-454
净土寺　3-37-2195
竞争上岗与交流　2-31-1775
竞争上岗制度　3-34-1938
敬诚堂　3-37-2167
敬老服务　2-27-1682
敬老先进表彰　2-27-1683

敬老助老政策　2-27-1681
靖海殿　3-41-2449
靖江模式　3-34-1969
靖江天主堂　3-41-2453
靖江镇　1-2-093
靖江镇初级中学　3-34-1951
静冈工业团地招商　2-14-994
静暹　3-41-2439，3-44-2626
镜凡禅师　3-41-2439

〔jiu〕

九号坝闸　1-8-413
九号坝直河　1-3-130
九里墩戏鹭　3-37-2202
九年制义务教育　2-24-1541
九三工改　2-31-1777
韭菜　1-11-736
酒店　3-40-2388
酒糟颗粒饲料制造项目　2-17-1204
旧址（衙前农运）　3-37-2206
就业观　1-11-661
就业结构（农村劳动力）　1-11-637
就业前培训　2-31-1806
就业与保障　2-24-1552
就业证制度　2-31-1831

〔ju〕

居民储蓄存款　2-18-1228
居民点及工矿用地　1-5-242
居民内部收入差距　1-11-648
居民区（村）健康教育　3-38-2297
居民身份证管理　2-28-1715
居民委员会换届选举　2-32-1853
居民委员会调整　2-32-1852
居民自治示范活动　2-32-1853
居室装潢　3-40-2420
居委会调整　2-32-1852
居住分布（农民）　1-11-634
居住区绿地　1-10-572
居住消费　1-7-366
锯齿形器　1-1-057
聚敬堂　3-37-2165

〔juan〕

捐资助学　3-34-1993
鹃形目　1-3-150
卷烟交易市场整顿　2-16-1154
绢云石英片岩　1-3-109
绢云石英千枚岩　1-3-109

〔jue〕

蕨类　1-3-169

〔jun〕

军垦农场　1-12-808
军事训练　2-30-1766

K

〔ka〕

卡拉OK　3-40-2418

〔kai〕

开工前资金审计　2-20-1386
开沟排盐　1-12-801
开河疏河　1-8-395
开元保龄球中心　3-39-2339
开张　3-40-2386

〔kan〕

勘界　1-2-078，1-5-269
坎山老街　3-37-2152
坎山镇　1-2-093
坎山镇成人文化技术学校　3-34-1968
看戏文　3-40-2404

〔kang〕

抗日阵亡将士之墓　3-37-2172

〔kao〕

考察与进修　3-35-2035

考古发掘（下孙遗址）　1-1-045
考古发掘与清理　3-37-2186
考古试掘（下孙遗址）　1-1-045
考核　2-31-1795
考试方法改革　3-34-1932

〔ke〕

科技"星火"计划　3-35-2008
科技成果　2-14-1017
科技工作者之家　2-27-1670
科技合作　3-35-2013
科技开发中心　3-35-2026
科技项目　2-14-1014
科技兴区　1-12-809
科技兴市发展战略协商　2-25-1580
科技咨询（九三学社）　2-26-1627
科技咨询服务公司　3-35-2025
科教电影放映　3-35-2022
科教文卫视察　2-25-1584
科教用品进口免税　2-17-1210
科普读物编写　3-35-2022
科普示范基地　3-35-2016
科普宣传周　3-35-2021
科学知识普及　2-27-1669
科研计划　3-35-2008
刻字　2-16-1179
客运车站（公路）　1-9-488
客运出租汽车　1-10-555
客运管理（水路）　1-9-516
客运码头　1-9-503
客运企业（公路）　1-9-490
客运人力车、机动车　1-10-555
客运人力三轮车　1-10-555
客运线路（公路）　1-9-489
客运运价（公路）　1-9-496
客运运价（水路）　1-9-517
课堂教学改革　3-34-1928
课题研究　3-34-1929
课业负担　3-34-1983

〔ken〕

恳谈会　2-14-991

〔keng〕

坑（地）道工程　2-30-1772

〔kong〕

空港新城（靖江）　3-43-2560
空气　1-4-195
空中交通管制　1-9-454
孔湖窑址　3-37-2149
孔氏儿科　3-38-2236

〔ko〕

柯年鱼　3-40-2354

〔kou〕

口腔科　3-38-2243

〔ku〕

库存清查　2-16-1167

〔kua〕

跨湖春涨　3-37-2200
跨湖桥　3-37-2158、2199
跨湖桥泛棹　3-37-2201
跨湖桥遗址临时陈列馆　1-1-069
跨湖亭　3-37-2198
跨湖夜月　3-37-2201
跨市客运（水路）　1-9-509

〔kuai〕

会计知识培训　2-19-1277
会计资格管理　2-19-1278

〔kuang〕

狂犬病　3-38-2271
狂犬病疫苗　3-38-2266
矿山安全监察　2-31-1836

〔kun〕

昆虫纲　1-3-162

〔kuo〕

扩大自主权　2-13-844

L

〔la〕

垃圾清运与处理　1-10-574
蜡烛　3-40-2403
辣椒　1-11-736，1-12-813

〔lai〕

来楚生　3-44-2661
来汉宣　3-44-2677
来集之　3-44-2630
来茂德　3-44-2696
来斯行　3-44-2629
来苏乡　1-2-095
来新夏　3-44-2675
来裕恂　3-44-2654
来自农民　服务农民（农民企业家）　1-11-641
来宗道　3-44-2629

〔lan〕

蓝天宾馆游泳池　3-39-2339
蓝藻门　1-3-168
篮球比赛　3-39-2330
览亭眺远　3-37-2201
烂鳃病防治　1-11-752

〔lao〕

劳动防护用品　2-31-1838
劳动服务公司就业　2-31-1823
劳动关系协调委员会　2-31-1842
劳动管理　2-14-1024
劳动合同监察　2-31-1844
劳动合同鉴证　2-31-1843
劳动力市场　2-31-1829
劳动力转移（农村劳动力）　1-11-637
劳动模范管理　2-27-1643
劳动能力鉴定　2-33-1893
劳动时间监察　2-31-1846
劳动用工年检　2-31-1846
劳动争议处理　2-31-1843
劳动争议调解委员会　2-31-1842

劳动争议仲裁组织 2-31-1842
老城区 1-2-100
老街 3-37-2150
老龙王塘庙 3-41-2445
老年服务设施 2-27-1682
老年基金 2-27-1681
老年人口 1-6-293
老年优待 2-27-1682
老年运动会 3-39-2316
老有所为（老干部） 2-22-1504
老岳庙 3-41-2444

〔le〕

乐善桥 3-37-2158

〔lei〕

雷公庙会 3-40-2411
类型（土地） 1-5-247
类型（土壤） 1-3-140

〔leng〕

冷链装备 3-38-2267

〔li〕

离婚 1-6-326
离婚再婚 1-6-326
离退休人员待遇 3-34-1979
梨 1-11-686，3-40-2372
犁、开沟机 1-11-756
李成虎 陈晋生 3-44-2641
李成虎故居 3-37-2207
李成虎墓 3-37-2171、2207
李一峰家庭文化室 3-36-2097
里庵坞庙 3-41-2433
里士湖闸 1-8-414
理发 2-16-1172
理发及美容保健服务 2-16-1172
理疗科 3-38-2248
理论学习中心组 2-22-1471
理想道德教育 2-22-1472
鲤形目 1-3-158
历史人文精神的熏陶 1-6-320
历史文化保护区 3-37-2181

历史文化名镇（进化） 3-43-2599
立夏 3-40-2349
立新闸 1-8-413
立柱广告 2-21-1446
励建书 3-44-2696
利用（土地） 1-5-247
例会学习 2-25-1597
痢疾 3-38-2269

〔lian〕

莲花落 3-36-2074
莲华寺 3-41-2434
联（托）运价格（公路） 1-9-497
联合收割机 1-11-758
联络线 1-9-456
联络站（个协、私协） 2-27-1698
联托运与运输服务 1-9-492
联谊引商（民盟） 2-26-1611
廉政监督 2-22-1488
廉政建设协商 2-25-1580
廉政账户 2-22-1489

〔liang〕

梁启超 楷书七言联 3-37-2181
粮、油作物化学调控 1-11-744
粮食仓库 2-16-1165
粮食供应体制 2-16-1158
粮食管理体制 2-16-1157
粮食加工机械 1-11-759
粮食结存 1-11-649
粮食生产基地 1-12-811
粮食收购 2-16-1159
粮食收购体制 2-16-1158
粮食收入 1-11-649
粮食收支 1-11-649
粮食销售 2-16-1161
粮食支出 1-11-649
粮田耕作制度 1-11-731
粮油 1-11-599、600
粮油高产模式 1-11-743
粮油棉麻作物病害 1-11-690
粮油棉麻作物虫害 1-11-691
粮油收购 2-16-1159
粮油销售 2-16-1161
粮油作物病、虫、草防治 1-11-749
两栖纲 1-3-156

两浙要冲　1-2-073
亮灯照明　2-14-986
量词重叠＋相似　3-42-2516

〔liao〕

疗（休）养（老干部）　2-22-1504

〔lie〕

烈士陵园　2-32-1857
烈士墓　2-32-1857
鸳形目　1-3-151

〔lin〕

林产品　1-11-725
林地　1-5-242
林地面积　1-11-724
林木采伐管理　1-11-765
林木蓄积　1-11-724
林特基地（欢潭）　3-43-2609
林业特产加工机械　1-11-760
林则徐 行书七言联　3-37-2179
临床进修（医生）　3-38-2254
临江书舍　3-37-2153
临浦段江道　1-8-394
临浦港　1-9-502
临浦基督教堂（属公会活动场所）　3-41-2459
临浦老街　3-37-2150
临浦石塔村黄沙码头　1-9-504
临浦水文站　1-8-429
临浦天主堂　3-41-2454
临浦站　1-9-460
临浦镇　1-2-092
临浦镇第一初级中学　3-34-1951
临浦镇文化站　3-36-2046
临浦至欢潭　1-9-509
临浦至凰桐　1-9-508
临时保护措施　1-1-069
临时保护棚　1-1-069
磷肥　1-11-740
磷矿　1-3-114
鳞甲目　1-3-146

〔ling〕

灵山寺　3-41-2430
灵岩寺　3-41-2437
灵长目　1-3-146
领导班子　2-22-1485
领导接待日制度　2-24-1546
领导联系企业制度　2-14-1027
领导体制　2-14-1020

〔liu〕

刘猛将军　3-40-2415
留成外汇调剂管理体制　2-18-1223
流动服务　3-40-2389
流动人口计划生育管理　1-6-337
流动生意　3-40-2388
流行性出血热　3-38-2270
流行性脑脊髓膜炎　3-38-2270
流行性脑脊髓膜炎菌苗　3-38-2263
流行性乙型脑炎　3-38-2271
流行性乙型脑炎疫苗　3-38-2263

〔long〕

龙柄镳斗　3-37-2178
龙凤纹珊瑚红釉鼻烟壶　3-37-2176
龙井　3-37-2199
龙井双涌　3-37-2200
龙泉　3-37-2174
龙泉寺　3-41-2431
龙泉窑青瓷折沿盘　3-37-2176
砻　3-40-2404
隆兴寺　3-37-2195
弄巷改造　1-10-533

〔lou〕

娄家墙门　3-37-2153
楼曼文　3-44-2650
楼塔老街　3-37-2151
楼塔镇　1-2-094
楼塔镇—河上镇背斜　1-3-110
楼塔镇纱艺制造业　2-13-940
楼雪娟 楼成木　3-44-2656
楼英　3-44-2627
楼英墓　3-37-2172
楼仲南　3-44-2681

〔lu〕

芦家闸　1-8-414
鸬鹚船　3-40-2376
鲈形目　1-3-161
鲁冠球　3-44-2689
鲁家坞排灌站　1-8-424
陆家泉　3-37-2173
陆士嘉　3-44-2665
陆相沉积平原　1-3-116
陆屿　1-3-118
录像发行放映　3-36-2061
路灯　1-10-540
路牌广告　2-21-1445
路政管理　1-9-494
露天舞会　3-40-2419

〔lun〕

论文选编　3-35-2024

〔luo〕

罗波桥　3-37-2157
萝卜　1-11-735，1-12-813
箩络　3-40-2373
螺山大桥　3-37-2157
螺山寺　3-41-2429
螺纹钢　2-20-1365
裸藻门　1-3-169
裸子植物类　1-3-170
洛思泉　3-37-2174
络麻生产基地　1-12-812
落实城迁人员政策　2-24-1553
落实房产政策　2-15-1082
落实清退政策　2-24-1553

〔lü〕

吕薇　3-44-2699
旅客运输管理（公路）　1-9-495
旅游宾馆　3-37-2214
旅游购物　3-37-2215
旅游交通　3-37-2215
旅游名镇（义桥）　3-43-2552
旅游娱乐业体育设施　3-39-2338
旅游中介　3-37-2214

律师管理　2-28-1730
律师事务所　2-28-1729
律师业务　2-28-1730
绿地　1-10-571
绿都世贸广场　1-10-549
绿肥　1-11-742
绿藻门　1-3-168

M

〔ma〕

麻风病　3-38-2272
麻风病人救济　2-33-1902
麻片　3-40-2396
麻腮风三联疫苗　3-38-2266
麻水　1-4-206
麻溪坝至半爿山为西江塘南段　1-8-398
麻溪桥　3-37-2157
麻疹　3-38-2270
麻醉科　3-38-2250
马面山印纹硬陶窑址　3-37-2148
马氏妇科　3-38-2235
玛瑙耳塞、鼻塞　3-37-2177
码头　1-9-503

〔mai〕

麦糊烧　3-40-2396
卖淫嫖娼查禁　2-28-1713

〔man〕

馒头山印纹硬陶窑址　3-37-2149
鳗鲡目　1-3-158
满月　3-40-2365

〔mao〕

猫　1-11-712
猫头山机埠　1-8-424
毛奇龄　3-44-2631
毛线衣消费　1-7-365
茅草山遗址　3-37-2147
茅草山印纹硬陶窑址　3-37-2149
茅山庙　3-41-2431

茅山闸 1-8-411

茅潭汇裁弯工程 1-8-392

茅湾里印纹硬陶窑址 3-37-2148

锚头鳋病防治 1-11-752

贸易展览会 2-14-991

帽 3-40-2392

帽子消费 1-7-366

〔mei〕

梅里庙 3-41-2432

媒体广告 2-20-1337

媒体广告制作 2-21-1446

煤油灯 3-40-2403

美国尼古拉火鸡配套饲养 1-11-747

美国七彩山鸡舍内饲养 1-11-748

美国王鸽笼养 1-11-747

美容美发 2-16-1173，3-40-2419

美容美发和首饰消费 1-7-383

美容美发消费 1-7-383

美术 3-36-2068

美制螺丝项目 2-17-1203

〔men〕

门球场 3-39-2337

门诊病人 3-38-2256

〔meng〕

蒙山茶亭 3-37-2198

盟员大会（民盟） 2-26-1605

锰矿 1-3-113

梦笔公园 1-10-570

梦笔桥 3-37-2155

〔mi〕

蜜蜂养殖基地 1-12-816

〔mian〕

眠犬山段拓宽工程 1-8-392

眠犬山遗址 3-37-2147

棉布百货 2-16-1147

棉花 1-11-681、734

棉花"密、矮、早"栽培 1-11-745

棉花高产技术应用示范 1-12-809

棉花化学调控 1-11-745

棉花画 3-36-2079

棉花加工机械 1-11-759

棉花生产基地 1-12-812

棉花做番 3-40-2375

棉麻 1-11-599、601，2-16-1135

棉麻试验场 1-12-807

棉麻田耕作制度 1-11-732

棉麻作物病、虫、草防治 1-11-750

免疫疫苗 3-38-2263

〔miao〕

苗禽交易 1-11-714

庙会 3-40-2410

庙祭 3-40-2409

〔mie〕

灭虱爱牙 3-38-2292

篾罩 3-40-2402

〔min〕

民兵应急分队 2-30-1764

民间纠纷调解 2-28-1727

民间文学 3-36-2076

民间艺术 3-36-2076

民间艺术之乡（楼塔） 3-43-2576

民俗类 3-42-2522

民营医院 3-38-2231

民用爆炸物品管理 2-28-1711

民主监督（工会） 2-27-1644

民主评议干部 3-34-1977

民族工作 2-22-1497

〔ming〕

名牌产品 1-11-674

明代（进士） 3-44-2703

明代（武进士） 3-44-2712

明德中学 3-34-1952

明矾石 1-3-114

明华花园 1-10-548

明懿夫人墓 3-37-2172

冥婚 3-40-2358

〔niang〕

娘娘庙　3-41-2450
娘娘庙会　3-40-2410

〔niao〕

鸟纲　1-3-147
鸟害与野生动物防治　1-9-454

〔nie〕

啮齿目　1-3-146

〔ning〕

宁围镇　1-2-095
宁围镇成人文化技术学校　3-34-1968

〔niu〕

牛　1-1-058，1-11-711
牛病防治　1-11-751
牛面山印纹硬陶窑址　3-37-2148

〔nong〕

农、林、牧、渔场　1-11-752
农产品加工企业收购　1-12-836
农村初级卫生保健达标管理　3-38-2283
农村初级卫生保健巩固与发展　3-38-2285
农村电话　2-21-1405
农村妇女培训　2-27-1665
农村改革政策　1-11-628
农村供水项目　2-17-1203
农村合作基金管理　1-11-609
农村合作医疗　3-38-2224
农村户口城市化管理　2-28-1716
农村敬老院　2-33-1907
农村救济　2-33-1901
农村居民消费水平　1-7-351
农村居民住房积累　1-7-388
农村粮食供应体制　2-16-1159
农村社会保障政策　1-11-629
农村社会养老保险　2-33-1889
农村体育设施　3-39-2339
农村小学"留课不留级"课程分流教学模式　3-34-1969

农村信用社存款准备金　2-18-1224
农村宅基地确权发证　1-5-270
农村住房　1-7-367
农村住户抽样调查　2-20-1376
农副产品　2-16-1135
农副产品商标注册　1-11-674
农副产品提价　1-11-648
农函大萧山分校　2-27-1669
农户资金投入　1-11-671
农机　1-11-761
农机（具）供应　1-11-761
农技下乡服务　3-35-2024
农具　1-11-761，3-40-2372
农民负担问题　1-11-630
农民工待遇和欠薪问题　1-11-630
农民技术培训　1-11-639
农民技术人员职称评聘　2-31-1803
农民劳动积累管理　1-11-609
农民营销　1-11-602
农民营销大户收购　1-12-836
农民增收　1-11-647
农民专业技术职称　1-11-639
农田草害　1-11-693
农药　1-4-206
农业标准化　2-20-1362
农业标准化建设　1-11-674
农业产业化基地选介　1-12-820
农业产业化政策　1-11-628
农业产业结构调整　1-12-809
农业承包金管理　1-11-610
农业地貌　1-5-248
农业地质状况　1-5-248
农业发展基金管理　1-11-609
农业发展基金投入　1-11-671
农业技术推广站　3-35-2031
农业技术推广中心　3-35-2031
农业开发示范地（义盛）　3-43-2558
农业科技示范户　1-11-640，3-35-2016
农业科技示范园区（前进）　3-43-2618
农业科技园区　3-35-2015
农业科研校、所　1-11-752
农业龙头企业选介　1-12-820
农业农村工作视察　2-25-1584
农业农村工作协商　2-25-1579
农业普查　2-20-1374
农业强镇（益农）　3-43-2600
农业生产计划　2-20-1315
农业生产资料　2-16-1145

农业税　2-19-1304
农业特产税　2-19-1304
农业投入政策　1-11-628
农业植物检疫　1-11-763
农业综合开发规划　1-5-260
农用薄膜　2-16-1146
农用塑料薄膜　1-4-207

〔nü〕

女工保护　2-27-1664
女工及未成年工保护　2-31-1838

〔nüe〕

疟疾　3-38-2273

〔nuo〕

糯稻　1-11-733

O

〔ou〕

鸥形目　1-3-150
偶蹄目　1-3-147

P

〔pa〕

爬行纲　1-3-155
耙　3-40-2372

〔pai〕

拍报标准　1-8-430
拍卖市场管理　2-20-1335
拍洋片　3-40-2405
排、灌、降配套　1-8-427
排灌机埠管理　1-8-441
排灌机械　1-11-757
排灌用水管理　1-8-442
排灌站用水　1-8-442

排涝标准　1-8-434
排涝设施　1-12-791
排涝闸　1-12-791
排球比赛　3-39-2334
排水　排污　2-14-985
牌坊　3-37-2198

〔pan〕

潘氏儿科　3-38-2235
潘水路　1-10-531
潘水苑　1-10-548
盘　1-1-055
蟠螭纹镏金铜带钩　3-37-2179

〔pao〕

抛坝促淤　1-12-781
抛石碴护坡　1-8-400

〔pei〕

培修固堤　1-8-400
培训制度（信访）　2-24-1547
培训助学（农工党）　2-26-1623
配电变压器运行检修　1-10-565
配套建设（商业城）　2-16-1121
配套设施投资体制　2-14-1022

〔pen〕

盆花　1-11-728
盆景　1-11-729

〔pi〕

批发零售（烟草）　2-16-1152
劈理　1-3-112
劈水漂　3-40-2406
皮肤科　3-38-2244
皮革　2-17-1213
皮革、毛皮及其制品　2-13-884
皮衣消费　1-7-365
啤酒狂欢节　3-37-2212
鹏鹨目　1-3-147

〔pian〕

偏低工资调整 2-31-1813
片理 千枚理 1-3-112

〔piao〕

票据交换 2-18-1234

〔pin〕

贫富差距问题 1-11-631
品种 1-11-710
品种面积 1-11-729
聘请家教 3-40-2417

〔ping〕

乒乓球比赛 3-39-2333
平均气温 1-3-122
平均预期寿命 1-6-306
平阳戏台 3-37-2167
平原河谷植被 1-3-143
评选教育世家、教师之家 3-34-1977
评选先进工作者制度 3-34-1977
凭证入托入学 3-38-2266
瓶装液化气 1-10-567
蘋目 1-3-169

〔po〕

破坏计划生育行为查处 1-6-337

〔pu〕

蒲华、吴俊卿、高邕 合作竹石菊花图轴 3-37-2180
浦发女子管乐队 3-36-2053
浦沿电力排灌站 1-8-424
浦阳江 1-3-128，1-9-501
浦阳江灌区13座大机埠排灌河道 1-8-440
浦阳江及其主要支流 1-8-439
浦阳江及其主要支流堤防 1-8-438
浦阳江及主要支流一线堤防控制闸 1-8-440
浦阳江流域标准堤塘 1-8-405
浦阳江流域堤塘 1-8-400
浦阳江流域防洪预案 1-8-432
浦阳江流域排灌节（控）制闸 1-8-414

浦阳江码头经营公司码头 1-9-505
浦阳江水利工程管理所 1-8-441
浦阳镇 1-2-094
普通高中 3-34-1981
普通话比赛 3-42-2529
普通话测试 3-42-2529
普通话培训 3-42-2528
普通货运（公路） 1-9-491

Q

〔qi〕

七彩山鸡 1-11-713
七都溪 1-3-128
七甲电力排灌站 1-8-424
七甲直河 1-3-130
七届县委全体会议 2-22-1458
七届县委组成人员 2-22-1462
七千亩围垦 1-12-781
戚氏宗祠 3-37-2196
其他（职工体育） 3-39-2314
其他（瓜果） 1-11-686
其他（家禽） 1-11-711
其他（苗木） 1-11-729
其他（木器） 1-1-055
其他安置 2-31-1826
其他报纸 2-21-1424
其他比赛（地、市级） 3-39-2328
其他比赛（市、县级） 3-39-2335
其他措施（江河整治） 1-8-394
其他废弃物处理 1-4-221
其他扶农政策 1-11-629
其他各类培训 3-34-1976
其他工业 1-12-826
其他管理（民航） 1-9-454
其他行业 2-14-1003
其他化学产品制造 2-13-883
其他活动 3-39-2316
其他津贴 2-31-1816
其他科（西医） 3-38-2249
其他企业就业 2-31-1824
其他收费项目 3-34-1993
其他书籍 2-25-1602
其他陶器 1-1-053
其他图书馆（室） 3-36-2097
其他违法违章行为查处 2-20-1343

其他纤维制品 2-13-888
其他形式招商 2-14-993
其他学习形式 2-25-1597
其他药材 3-38-2302
其他用房 1-10-547
其他用具 3-40-2404
其他植物 1-1-059
其他志书 3-36-2092
祇园寺 3-37-2161
祇园寺舍利铜塔 3-37-2178
棋类（桥牌） 3-39-2313
棋类比赛 3-39-2328、2334
棋牌 2-16-1177
棋牌室 3-39-2343
棋牌消闲 3-40-2418
乞巧节 3-40-2351
企事业单位科协 2-27-1668
企事业单位宿舍租金 2-15-1080
企事业单位专业技术人员职称评聘 2-31-1802
企业博士后科研工作站 2-31-1801
企业财务管理 2-19-1279
企业产权制度改革 2-24-1543
企业承包经营责任审计 2-20-1388
企业单位财务审计 2-20-1384
企业党组织 2-22-1481
企业登记 2-20-1323
企业妇女代表会 2-27-1660
企业管理 2-14-1023，2-20-1325
企业集资 2-24-1551
企业技术中心 2-14-1013
企业军转干部待遇 2-24-1553
企业内部审计 2-20-1390
企业税收管理 2-19-1293
企业网络 2-21-1416
企业违法占地清理 1-5-278
企业性存款 2-18-1227
企业养老保险 2-33-1885
企业债券（集资） 2-18-1253
企业职工工资改革 2-31-1777
起重机械 2-15-1047
起重机械安全监察 2-31-1839
气象测报站 3-35-2032
汽车 摩托车 2-17-1213
汽车防抱死制动系统 3-35-2041
汽车交易市场管理 2-20-1334
汽车零部件及配件制造 2-13-877
汽车制动器产地（石岩） 3-43-2616
汽灯 3-40-2403

契税 2-19-1305
砌石护岸 1-8-396
碛堰山段拓宽工程 1-8-392
器柄 1-1-055
器盖 1-1-053
器物 3-42-2489
器物面貌 1-1-045
器物特征 1-1-062
憩息亭 3-37-2198

〔qia〕

洽谈会 2-14-990
洽谈会招商 1-11-671

〔qian〕

千年古镇（河上） 3-43-2554
千年县城（城厢） 3-43-2535
牵捕机 1-11-761
前解放河 1-3-130
前进乡 1-2-095
前山印纹硬陶窑址 3-37-2149
前坛庙 3-41-2447
前坛庙戏台 3-37-2169
前缀 3-42-2510
钱潮牌LZ110B传动轴 2-14-1007
钱潮牌万向节十字轴总成 2-13-964
钱潮牌油浸式、干式电力变压器 2-13-965
钱江电力排灌站 1-8-424
钱江观潮度假村 3-37-2209，3-39-2339
钱江农场 1-12-806
钱江牌中华啤酒 2-13-964
钱江印染化工有限公司 1-12-831
钱江涌潮的孕育 1-6-320
钱塘江 1-3-127，1-9-500
钱塘江标准堤塘 1-8-403
钱塘江捕捞 1-11-722
钱塘江城北片一线堤防 1-8-438
钱塘江大桥 1-9-457
钱塘江大型排灌站 1-8-441
钱塘江堤塘防御台风暴潮预案 1-8-435
钱塘江第二大桥 1-9-457
钱塘江第六大桥 1-9-475
钱塘江第三大桥 1-9-474
钱塘江第五大桥 1-9-475
钱塘江灌区河道 1-8-439
钱塘江灌区河网治理 1-8-396

钱塘江涵闸管理所　1-8-442
钱塘江轮渡　1-9-507
钱塘江排灌总站　1-8-424、442
钱塘江水系航道　1-9-500
钱塘江萧山围垦一线堤防　1-8-439
乾姜泉　3-37-2199
潜火山岩　1-3-109

〔qiang〕

枪支弹药管理　2-28-1711
强化服务体系　1-11-593
墙体砌筑　2-15-1043
抢亲　3-40-2358
抢险措施　1-8-436
抢险方案　1-8-433、436

〔qiao〕

敲铜板　3-40-2406
乔迁　3-40-2366
侨汇解付　2-18-1237
侨务联络　2-22-1498
桥戴线　1-9-470
桥梁　1-10-540，1-12-794，2-14-985，3-37-2155、
　　2205
桥梁建设　1-9-483
桥南区规划　2-14-982
巧果　3-40-2395

〔qie〕

切滩整治　1-8-392
茄子　1-11-736

〔qin〕

侵入岩　1-3-109
琴书堂　3-37-2164
禽病防治　1-11-751
禽蛋　2-16-1137
勤工俭学收入　3-34-1993

〔qing〕

青花菜（西蓝花）　1-11-735
青梅　1-11-686

青梅之乡（进化）　3-43-2598
青苗补偿　1-5-258
青苗会　3-40-2413
青年林（路）　2-27-1652
青年农民学技术　2-27-1655
青年突击队　2-27-1653
青年文明号　2-27-1652
青年文学沙龙　3-36-2053
青年运动纪念馆　3-37-2191
青年职工学技术　2-27-1655
青年志愿者　2-27-1652
青少年科技活动　3-35-2023
青少年生长发育　1-6-304
青铜矛　3-37-2177
青铜弩机　3-37-2177
青铜提梁盉　3-37-2178
青铜象耳瓶　3-37-2178
青外线　1-9-470
轻纺服装业　2-14-1002
轻型栽培　1-11-743
清产核资　2-19-1286
清代（进士）　3-44-2705
清代（武进士）　3-44-2713
清沟　1-11-646
清洁　2-16-1179
清洁生产　1-4-228
清净庵　3-41-2438
清凉饮料费　2-31-1816
清明　3-40-2349
清明饺　3-40-2395
清至中华民国（境域）　1-2-076

〔qiu〕

邱关兴　3-44-2657
球类　3-39-2313
球类比赛　3-39-2328、2330
球类活动　3-39-2316
裘江龙船　3-36-2078
裘江寺　3-41-2427

〔qu〕

区妇女联合会　2-27-1659
区域差异　3-42-2463
区域扶持政策　1-11-629
区域供水　1-10-559
区域环境噪声　1-4-198

区域调整 1-2-077
区域文化交流 3-36-2058
区域性收入差距 1-11-648
瞿缦云 3-44-2655
瞿缦云故居 3-37-2154
取缔制售假冒伪劣商品 2-20-1341
取水管理 1-8-443
取水许可证制度 1-8-443

〔quan〕

权利保障（工会） 2-27-1645
全璧堂 3-37-2164
全程服务 1-6-338
全国、浙江省、杭州市政协委员 2-25-1566
全国工业企业普查登记 2-20-1371
全国科技工作先进县（市）创建 3-35-2027
全国科普示范县（市）创建 3-35-2027
全国劳动模范（五一劳动奖章） 2-27-1643
全国农村初级卫生保健示范县建设 3-38-2283
全国人大代表 2-23-1514
全国政协委员 2-25-1566
全面推广 3-42-2528
全面质量管理 2-20-1363
全民和县级集体企业就业 2-31-1821
全民健身网络 3-39-2309
全民健身运动 3-39-2309
全民健身组织 3-39-2309
全民运动会 3-39-2329
全体会议学习 2-25-1597
全新统（Q4） 1-3-107
犬病防治 1-11-751

〔qüe〕

雀形目 1-3-151
确定经济社会发展远景目标 2-22-1468
确立经济发展第二步目标 2-22-1467

〔qun〕

群相 3-42-2496
群众性科研活动 3-35-2023

R

〔ran〕

燃料矿 1-3-113
燃能消费 1-11-651
燃气供应 1-10-567
燃气管理 1-10-568
燃油供应 1-11-761

〔re〕

热能供应 1-10-568

〔ren〕

人才培养（九三学社） 2-26-1627
人才市场 2-31-1801
人才引进成效 2-31-1801
人才引进政策 2-31-1800
人称代词 3-42-2507
人民防空知识普及 2-30-1759
人际 3-42-2497
人际类 3-42-2524
人口教育"五个化"活动（1995年11月~1997年12月）
　　1-6-334
人口普查 2-20-1370
人口日宣传活动（1987年7~9月） 1-6-333
人口与计划生育基础知识教育活动（1989~1994年）
　　1-6-334
人民防空演练 2-30-1760
人民广场 1-10-569
人民教育基金 3-34-1994
人民路 1-10-531
人身 3-42-2492
人事代理 2-31-1802
人事制度改革 3-38-2221
人文古迹 3-37-2192
人文景观 3-37-2194
人员经费 3-34-1993
人兆 3-40-2416
任宝凯 3-44-2688
任伯年 3-44-2637
任辰旦 3-44-2630
任大霖 3-44-2668
任大星 3-44-2676
任熊 任薰 任预 3-44-2635
任熊 晚妆初卸图轴 3-37-2180
任薰 人物图轴 3-37-2180
任颐 花鸟扇面 3-37-2180

任职资格　2-19-1278

〔ri〕

日拆性贷款　2-18-1225
日常登记发证　2-15-1086
日常监察　1-5-277
日常监督（消防）　2-28-1721
日常禁忌　3-40-2370
日常体育活动　3-39-2311、2315
日常文化活动　3-36-2053
日常养护　1-10-573
日常用品　1-7-370
日常治理　1-10-574

〔rong〕

蝾螈目（有尾目）　1-3-156

〔rou〕

肉鸭配套饲养　1-11-747
肉用仔鸡笼养　1-11-747
肉猪　2-16-1136

〔ru〕

乳名　3-40-2368
入殓　3-40-2363

〔rui〕

瑞丰寺　3-41-2426

S

〔sa〕

撒（拉）网　3-40-2376

〔san〕

三八红旗竞赛　2-27-1663
三八绿色工程　2-27-1661
三八银花赛　2-27-1662
三官埠直湾　1-3-131

三官殿　3-41-2450
三合院　3-40-2400
三江名镇（闻堰）　3-43-2547
三江要津（义桥）　3-43-2551
三昧殿　3-41-2449
三清殿　3-41-2446
三泉井　3-37-2173
三善桥　3-37-2199
三善桥观鱼　3-37-2202
三益线　1-9-470
三祝桥　3-37-2157
散文　3-36-2067

〔sang〕

桑树病害　1-11-691
桑树虫害　1-11-692
桑园草害　1-11-693
丧事禁忌　3-40-2370
丧葬、抚恤、遗属生活困难补助费　3-34-1979

〔sao〕

缫丝之乡（坎山）　3-43-2545
扫盲教育　3-34-1961

〔sen〕

森林防火　1-11-727
森林公园　1-11-725
森林植物检疫　1-11-764

〔sha〕

杀年猪　3-40-2354
沙地江师（司）　3-40-2369
纱帽山印纹硬陶窑址　3-37-2148
纱艺花边基地（楼塔）　3-43-2575
砂轮　1-1-054

〔shan〕

山地造林　1-11-726
山脚窑烟　3-37-2201
山林防火　1-10-573
山林联产承包　1-11-592
山南陵园　2-32-1875

山水名镇（所前）　3－43－2573
山塘、水库养殖　1－11－719
山头埠老街　3－37－2151
山乡古镇（楼塔）　3－43－2575
山址庙　3－41－2448
单不庵　3－44－2644
单道　3－44－2626
单士厘　3－44－2648
善继堂　3－37－2166

〔shang〕

伤残抚恤　2－33－1915
伤寒　3－38－2269
商标管理　2－20－1331
商标侵权查处　2－20－1331
商标印制管理　2－20－1331
商标注册　2－20－1330
商贸服务　2－14－988
商贸建筑　1－11－621
商贸企业财务审计　2－20－1384
商贸用房　1－10－543
商品购销服务（个协、私协）　2－27－1693
商品购销计划　2－20－1316
商品交易会　2－20－1394
商品经济大潮的锤炼　1－6－321
商品条形码　2－20－1363
商品砼　2－15－1034
商业、供销部门收购　1－12－835
商业银行存款准备金　2－18－1224
商业用房　1－10－546
上董庙　3－41－2429
上董越窑青瓷窑址　3－37－2149
上梁　3－40－2366
上巳　3－40－2349
上网服务　2－16－1176
上学　3－40－2366
上盈湖排灌站　1－8－424
上元古界　1－3－105
上元桥　3－37－2158
尚舒兰　3－44－2699

〔shao〕

勺　1－1－055
少体校培养　3－39－2340
邵焱　3－44－2683
邵燕祥　3－44－2680

绍剧　3－36－2073
哨　1－1－057

〔she〕

蛇目　1－3－155
设备　3－34－1997
设备安装队伍　2－15－1036
设备检修试验　1－10－565
设备租赁贷款　2－19－1285
设计单位资质管理　2－15－1056
设计会审制　1－8－406
设计施工（航空）　1－9－448
设计质量管理　2－15－1058
设施改造（节水）　1－10－560
设施养护　1－10－578
设施栽培　1－11－745
社会办学（民进）　2－26－1618
社会办学（民盟）　2－26－1611
社会保险监察　2－31－1845
社会保障制度　1－10－545
社会称谓　3－40－2369
社会地位　3－34－1977
社会福利　1－11－655
社会福利彩票　2－33－1912
社会福利奖券　2－33－1912
社会公德　1－6－309
社会活动　3－34－1989
社会集团购买力控制　2－19－1281
社会讲学（党校）　2－22－1500
社会培训　2－31－1808
社会体育指导员　3－39－2309
社会意义　1－1－061
社会治安问题　1－11－631
社会治安问题协商　2－25－1581
社坛庙　3－41－2445
社员大会（九三学社）　2－26－1624
涉外案（事）件管理　2－28－1720
涉外企业（人员）管理　2－28－1719
摄影扩印服务　2－16－1175

〔shen〕

深化公有住房改革方案协商　2－25－1582
沈定一　3－44－2642
沈定一墓　3－37－2207
沈霁春　3－44－2663
沈家渡戏台　3－37－2168

沈忙作　3-44-2684
沈佩兰　3-44-2653
沈有根　3-44-2690
沈云英　3-44-2629
沈志远　3-44-2655
审查批捕　2-29-1736
审查起诉　2-29-1736
审批管理　1-10-527
渗漏治理　1-8-401

〔sheng〕

生产工具　1-1-053、054、055、056
生产工艺特征　1-1-062
生产绿地　1-10-572
生产生活服务（个协、私协）　2-27-1693
生产示范基地　2-27-1662
生产湾　1-3-131
生产消费　1-11-649
生产性固定资产积累　1-7-388
生产性消费　1-7-379
生活补贴　2-27-1681，2-31-1815
生活待遇（老干部）　2-22-1503
生活废气　1-4-208
生活垃圾　1-4-208
生活垃圾处理　1-4-221
生活类　3-42-2521
生活污水　1-4-208
生活消费　1-11-650
生活用具　1-1-051、054、055、056
生态之乡（云石）　3-43-2614
生物净化池　1-11-627
生育　1-6-327，3-40-2365
生育观　1-11-660
生猪　水产品　1-11-599、601
生猪产业化基地　1-12-820
声母　3-42-2464
声调　3-42-2465
绳纹　1-1-064
省编义务教育教材的实施　3-34-1928
省道　1-9-468
省级工业卫星镇（义盛）　3-43-2557
省级历史文化名镇——衢前　3-37-2181
省内其他地区分布　1-6-286
省农业高科技示范园区　3-37-2210
圣帝殿　3-41-2451
圣果寺　3-41-2433
盛澄华　3-44-2659

盛继芳　3-44-2694
盛练心　3-44-2650
盛练心墓　3-37-2173
盛陵湾　1-3-130，1-9-502

〔shi〕

失业保险待遇　2-33-1891
失业保险制度　2-33-1890
师资（老年大学）　3-34-1968
诗歌　3-36-2066
狮虎涎泉　3-37-2174
狮子灯　3-36-2077
施肥　1-11-645
施肥技术　1-11-740
施工企业资质管理　2-15-1056
施工招标制　1-8-406
施工质量管理　2-15-1058
施今墨　3-44-2658
施尧臣　3-44-2628
十八里经济长廊（衙前）　3-43-2563
十二埭闸　1-8-414
十佳青年评选　2-27-1654
十六工段闸　1-8-413
十五工段闸　1-8-413
石锛　3-37-2174
石淙书院　3-37-2198
石灰　2-15-1053
石灰岩　1-3-114
石料　2-15-1051
石门王向斜　1-3-111
石磨　3-40-2404
石器　3-37-2174
石岩乡　1-2-095
石英砂岩　1-3-114
石钺　3-37-2174
石凿　3-37-2174
石质板材　2-15-1052
时政类　3-42-2524
实施（开发区条例）　2-14-1023
实施规范　1-8-405
实施科技兴市战略　2-22-1468
实物消费与现金消费　1-7-352
实验室与教学仪器　3-34-1997
食虫目　1-3-145
食品工业　1-12-823
食品消费　1-7-357
食肉目　1-3-146

食糖 2-16-1141

食物 3-42-2489

食盐中转地（所前） 3-43-2572

食盐专营 2-16-1152

史料征集 2-25-1602

史颜节 山水图轴 3-37-2179

使用林地管理 1-11-766

世进士第（遗址） 3-37-2153

市（县）第九届政府常务会议 2-24-1538

市（县）人民武装部 2-30-1761

市（县）人民政府组成人员 2-24-1533

市（县）仲裁委员会 2-31-1842

市场登记 2-20-1333

市场管理 2-15-1066，2-20-1333

市场化阶段 2-31-1794

市场监管（商业城） 2-16-1122

市场检疫 1-11-763

市场贸易工作视察 2-25-1584

市场调节 1-11-601

市场调节种植 1-11-599

市场准入管理 2-15-1055

市第十二届政府常务会议 2-24-1539

市第十二届政府市长办公会议 2-24-1540

市第十届政府常务会议 2-24-1539

市第十届政府市长办公会议 2-24-1540

市第十一届政府常务会议 2-24-1539

市第十一届政府市长办公会议 2-24-1540

市管后备干部 2-22-1486

市管领导干部经济责任审计 2-20-1388

市级财政管理体制 2-19-1261

市级财政收支平衡 2-19-1274

市级机关妇女委员会 2-27-1659

市级领导出访 2-24-1554

市级文化设施 3-36-2047

市内电话 2-21-1407

市内分布 1-6-284

市内客运 1-9-508

市区公交 1-10-552

市属科研机构 3-35-2028

市属体育设施 3-39-2336

市体育中心东南部环境改造 3-39-2337

市外分布 1-6-286

市心北路 1-10-539

市心南路 1-10-531

市心中路 1-10-539

市政府机构改革 2-24-1557

市政工程施工队伍 2-15-1034

市政园林工程设计队伍 2-15-1032

事理类 3-42-2523

事业单位人事制度改革 2-31-1776

事业单位调整 2-31-1786

饰物 3-40-2393

试航与验收 1-9-451

释祥贤 3-41-2440

〔shou〕

收割 1-11-646

收购出口（间接出口） 2-17-1188

收获机械 1-11-758

收获农具 1-11-756

收入差距 1-11-648

收入结构 1-7-344、347

收入水平 1-7-343、346

收入形态 1-7-343

手存现金 1-7-387

手工纸制造 2-13-889

手套消费 1-7-366

手外科 3-38-2251

手罾 3-40-2376

守灵 3-40-2363

守岁 3-40-2356

首饰消费 1-7-384

寿诞 3-40-2367

狩猎 3-40-2377

狩猎器具（石器） 1-1-054

授权经营 2-19-1287

售房管理 2-15-1067

兽药饲料管理 1-11-765

瘦肉型猪饲养 1-11-746

〔shu〕

书报费 2-31-1815

书法 3-36-2069

书画 3-37-2179

书院 学校 3-37-2197

疏浚机械 1-11-757

蔬菜 2-16-1139

蔬菜大中棚覆盖 1-11-745

蔬菜地膜覆盖 1-11-745

蔬菜加工机械 1-11-759

蔬菜生产基地 1-12-813

蔬菜生产基地（前进） 3-43-2619

蔬菜新技术 1-11-745

蜀南闸 1-8-413

蜀山庙　3-41-2427、2450

蜀山平原河网治理　1-8-395

蜀山平原水网地区河道　1-8-439

蜀山平原水位控制　1-8-443

蜀山遗址　3-37-2147

鼠害　1-11-694

鼠害防治　1-11-750

戍城遗址　3-37-2150

数量（农民）　1-11-632

数量与分布（医生）　3-38-2253

数字数据网　2-21-1412

〔shuang〕

双轨制　1-11-600

双溪坞背斜　1-3-110

双溪坞群　1-3-105

双向选择为主，计划调配为辅阶段　2-31-1793

双学双比　2-27-1660

双音节后缀　3-42-2513

双子叶植物纲　1-3-170

〔shui〕

水（干）果　1-11-685

水（踏）碓　3-40-2404

水、电、燃料　1-7-371

水产良种产业化基地　1-12-820

水产品　2-16-1138

水产品种　1-11-717

水产项目管理　1-11-722

水产养殖　1-4-207

水产养殖技术　1-11-748

水产养殖品种结构　1-11-605

水厂　1-10-558

水车　3-40-2373

水稻　1-1-059，1-11-675

水稻耕作　3-40-2374

水稻土类　1-3-141

水稻直播机　1-11-757

水缸　3-40-2402

水港（运河）　3-37-2205

水果　1-12-814

水旱轮作　1-11-732，1-12-801

水库工程管理　1-8-441

水库修建　1-5-265

水库用水　1-8-442

水力发电　2-13-894

水利集资基金　1-5-275

水利开发场　1-12-808

水量　1-3-132

水龙骨目　1-3-169

水路交通建设费　1-9-518

水路运输管理费　1-9-518

水霉病防治　1-11-752

水面联产承包　1-11-592

水木堂　3-37-2164

水泥　2-15-1050

水泥粉尘治理　1-4-217

水情传递设施　1-8-429

水上交通事故处理　1-9-515

水网平原土区　1-3-141

水位标准　1-8-430

水文测报站　3-35-2032

水文网点　1-8-428

水乡古递铺（衙前）　3-43-2562

水性PU织物涂层剂　3-35-2042

水烟管　3-40-2403

水漾鸣蛙　3-37-2200

水漾坞采莼　3-37-2202

水域　1-5-242

水域分布　1-11-716

水源　1-10-557

水质　1-3-132

水质饵料　1-11-716

水资源保护　1-8-443

税收财务大检查　2-19-1283

〔shun〕

顺坝四千亩围垦　1-12-777

顺坝围垦指挥部　1-12-783

顺坝一千二百亩围垦　1-12-779

顺昌当门楼　3-37-2153

〔si〕

丝虫病　3-38-2273

私房改造　2-15-1081

私房管理　2-15-1081

私房租金　2-15-1081

私人建房用地管理　1-5-272

私人诊所　3-38-2231

私营工业企业职工劳动报酬　2-13-862

私营企业登记　2-20-1324

私营企业协会　2-27-1692

私营企业资本金积累 1—7—379
思本堂 3—37—2165
思成堂 3—37—2164
思家桥 3—37—2158
思想教育（党建） 2—22—1500
思想政治教育 3—34—1965
四费补贴（老干部） 2—22—1503
四敢精神 1—6—322
四个十佳工程 2—27—1662
四工段闸 1—8—413
四合院 3—40—2400
四季变化 1—3—123
四苗 3—38—2263
四千精神 1—6—321
四抢精神 1—6—322
寺庙 3—37—2161、2194
祀神 3—40—2408
饲料加工机械 1—11—759
饲禽 3—40—2383
耜 1—1—056

〔song〕

松柏纲（球果纲） 1—3—170
松土 1—11—646
宋徽宗衣冠冢 3—37—2197
宋梦岐 3—44—2646
宋元明（境域） 1—2—076
送灶 3—40—2355
送终 3—40—2362

〔su〕

速效钾 1—3—142
速效磷 1—3—142

〔suan〕

酸碱度 1—3—142
酸雨 1—4—197

〔sui〕

碎屑沉积岩类 1—3—108

〔sun〕

孙处 3—44—2623
孙氏宗祠 3—37—2196
孙氏宗谱所载"湘湖八景" 3—37—2200
损害消费者权益行为查处 2—20—1343
隼形目 1—3—148

〔suo〕

所前老街 3—37—2151
所前镇 1—2—094
所前至萧山 1—9—509
锁秀桥 3—37—2157

T

〔ta〕

獭兔养殖基地 1—12—816

〔tai〕

台球 3—39—2343
台湾机械工业城招商 2—14—994
抬（生产习俗） 3—40—2380
苔藓类 1—3—169
太公堂印纹硬陶窑址 3—37—2149
太极系列健身活动 3—39—2315
太平寺 3—41—2431
太阳能利用 1—11—627
泰安桥 3—37—2158
泰和花园 1—10—549

〔tan〕

摊谷板 3—40—2373
弹性工资制 2—31—1819
碳酸盐岩类 1—3—108

〔tang〕

汤笔花 3—44—2666
汤尔恭墓 3—37—2196
汤罐 3—40—2402
汤金钊 3—44—2634
汤金钊 楷书六言联 3—37—2180
汤匡时 3—44—2677

099

汤林美　3-44-2695
汤寿潜　3-44-2640
汤寿潜故居　3-37-2154
汤寿潜纪念碑　3-37-2170
汤秀庭　3-44-2687
唐代（进士）　3-44-2700
唐宋（区划）　1-2-081
唐子山印纹硬陶窑址　3-37-2149
塘顶（包括防浪墙）　1-8-404
塘面保护　1-8-401
塘新线　1-9-469

〔tao〕

桃　1-11-686
桃源风情（浦阳）　3-43-2584
陶钵　1-1-052
陶瓷器　3-37-2174
陶釜　1-1-051
陶罐　1-1-051
陶浚宣 隶书轴　3-37-2180
陶木器上的原始符号　1-1-065
陶器　1-1-062
陶器残破面上的层理现象　1-1-063
陶器的慢轮修整技术　1-1-062
陶器内壁加工与分段拼接成型工艺　1-1-063
陶圈足盘与豆　1-1-052
陶衣　1-1-063
套养混养　1-11-718

〔te〕

特检科　3-38-2247
特快专递　2-21-1402
特禽　1-11-713
特色农产品基地（靖江）　3-43-2561
特色农业基地（新湾）　3-43-2586
特色专科　3-38-2251
特殊地段施工处理　1-8-405
特殊年龄组　1-6-292
特种行业管理　2-28-1710
特种货运（公路）　1-9-492
特种水产养殖　1-11-719
特种作业人员培训　2-31-1834

〔ti〕

鹈形目　1-3-147
体育场地经营　3-39-2343
体育传统项目　3-39-2321
体育人才输送　3-39-2341
体育项目辅导培训　3-39-2343
体育消费市场　3-39-2344
体育用品销售　3-39-2344

〔tian〕

天贶节　3-40-2351
天龙会　3-40-2412
天然气　1-3-113
天瑞庵　3-41-2434
天时　3-42-2484
天医殿　3-41-2449
天兆　3-40-2416
田曾基　3-44-2664
田曾垲　3-44-2662
田村桥　3-37-2159
田间工程管理　1-8-441
田径比赛　3-39-2328
田径赛纪录　3-39-2322
田径运动会　3-39-2330
田螺山　3-37-2192
田螺山考古发掘　3-37-2187
田丝绳　3-40-2372

〔tiao〕

挑（生产习俗）　3-40-2380
挑担立卖　3-40-2388
挑花边　3-40-2384
挑花线绷　3-40-2406
条幅广告　2-21-1445
调解组织　2-28-1727

〔tie〕

铁佛寺　3-41-2427
铁路桥梁　1-9-457
铁路隧道　1-9-459
铁耙　3-40-2372

〔ting〕

亭子　3-37-2198

〔tong〕

通关作业　2-17-1209
通航与启用　1-9-451
通惠北路　1-10-539
通惠南路　1-10-531
通惠中路　1-10-539
通济桥　3-37-2157
通信设施　1-12-795
通信消费　1-7-374
同级财政预算执行审计　2-20-1387
同泰当　3-37-2154
同学聚会　3-40-2417
铜矿　1-3-113
铜嵌金铺首三足炉　3-37-2178
铜勺　3-40-2402
童养媳婚　3-40-2357
统计分析　2-20-1378
统计公报　2-20-1378
统计面积　1-5-239
统计年报　2-19-1289
统计信息（网络）　2-21-1414
统计信息交流　2-20-1380
统一服务（农村）　1-11-615
统一机耕　1-11-616
统一排灌　1-11-616
统一用电　1-11-616
统一植保　1-11-616

〔tou〕

头蓬老街　3-37-2152
头蓬闸　1-8-413
头蓬镇　1-2-094
投递方式　2-21-1401
投递频次　2-21-1400
投诉处理（个协、私协）　2-27-1699
投资构成　2-14-998
投资区江南区块总体规划　2-14-981
投资说明会　2-14-990

〔tu〕

突发性地质灾害　1-5-248
图书资料、图书馆（室）　3-34-1999
涂川戏台　3-37-2168

屠宰检疫　1-11-763
土地变更调查　1-5-238
土地补偿　1-5-258
土地出让　2-14-983
土地登记费　1-5-275
土地复耕　1-5-267
土地概查　1-5-237
土地管理　2-14-1023
土地管理费　1-5-275
土地管理问题　1-11-630
土地经营权招标承包　1-12-809
土地利用总体规划　1-5-260
土地权属　1-5-269
土地使用权登记　1-5-269
土地使用权流转　1-11-594
土地使用税　1-5-274
土地使用制度　1-10-544
土地税费　1-5-274
土地闲置抛荒清理　1-5-278
土地详查　1-5-237
土地征用　2-14-982
土地征用问题　1-11-630
土地整理　1-12-802
土木建筑队伍　2-15-1032
土壤肥力　1-11-739
土壤改良　1-11-740，1-12-801
土石方机械　2-15-1046
土杂肥　1-11-742
兔　1-11-711
兔形目　1-3-146

〔tuan〕

团结联谊　2-25-1598

〔tui〕

推（拉）车　3-40-2380
推行承包经营责任制　2-24-1542
推行国家公务员制度　2-31-1775
推介会　2-14-991
推进规模经营　1-11-593
推进阶段（1992～2000年）（私有工业）　2-13-903
推进养老保险全覆盖　2-22-1470
推拿　3-38-2233
退堤增加排洪面　1-8-394
退役　2-30-1762

网络广告　2-21-1447
网球、羽毛球馆　3-39-2337
网站　3-35-2020

〔wei〕

危险货物运输　1-9-492
危险物品管理　2-28-1711
微雕　3-36-2080
微肥及其他　1-11-741
微量元素　1-3-142
违法合同查处　2-20-1339
违法违规卷烟查处　2-16-1154
违法占地建房清理　1-5-277
违章查处　1-10-527
围巾消费　1-7-366
围垦大堤　1-8-400
围垦精神　1-6-321
围垦前沿（义蓬）　3-43-2581
围垦水利工程费　1-8-443
围垦滩涂5万亩　2-22-1467
围垦指挥部　1-8-442
围棋比赛　3-39-2335
维护社会稳定　2-22-1493
维权措施（妇联）　2-27-1663
维修服务　1-7-372
伟老线　1-9-470
委托招商　2-14-993
委员提案　2-25-1589
委组视察　2-25-1583
卫生监督检测　3-38-2292
卫生设施　1-7-367
卫生学校培训　3-38-2255
未利用土地　1-5-243
慰问特困教工　3-34-1979
魏超然　3-44-2688
魏凤江　3-44-2671
魏骥　3-44-2627
魏骥墓　3-37-2173、2197

〔wen〕

温元帅　3-40-2415
文化程度（农民技术人员）　1-11-638
文化馆群众文化艺术档案室　3-36-2103
文化广场　1-10-569
文化教育　3-34-1965
文化设施　1-12-800

文化用品　2-16-1148
文化娱乐消费　1-7-380
文教、卫生、体育用房　1-10-547
文明单位　2-22-1474
文明机关　2-22-1475
文明家庭创建　2-27-1660
文体活动　2-27-1648、1684
文物保护单位（点）　3-37-2182
文物保护单位维修　3-37-2188
文物保护队伍　3-37-2188
文物保护经费　3-37-2188
文物保护利用　3-37-2187
文物发现、征集与收缴　3-37-2190
文物普查　3-37-2189
文艺成果奖　2-27-1673
文艺奖评选　2-27-1673
文艺沙龙　3-36-2052
文艺协会　3-36-2051
文在堂　3-37-2166
文徵明 行书扇面　3-37-2179
闻堰水文站　1-8-429
闻堰镇　1-2-093
稳定下降期（农民）　1-11-633
稳定增长期（农民）　1-11-632

〔weng〕

翁同龢 仿青藤道人风鸢图卷　3-37-2180

〔wo〕

卧室用具　3-40-2403

〔wu〕

乌鳢（黑鱼）　1-11-721
污水处理收费　1-10-557
屋面工程　2-15-1043
无标生产治理　2-20-1361
无公害有机稻米试验示范　1-12-809
无公害综合配套技术　1-11-746
无为心禅师　3-41-2439
无营业执照经营查处　2-20-1343
无障碍设施　2-27-1676
无证车辆营运　2-24-1553
吴观 墨竹图轴　3-37-2179
吴克明　3-44-2678
五保供养　2-33-1905

五堡闸　1-8-412

五堡直河　1-3-130

五代十国·后晋（进士）　3-44-2700

五官科（耳鼻喉科）　3-38-2243

五环广场　1-10-569

五金交电　2-16-1149

五年计划　2-20-1310

五万二千亩围垦　1-12-777

伍子胥　文种　3-40-2414

武警杭州支队第四中队　2-30-1761

武警杭州支队萧山市中队　2-30-1761

武警萧山市消防大队　2-30-1761

武术　3-39-2313

舞蹈　3-36-2072

务本堂　3-37-2154、2165

物业管理　1-7-372，2-15-1076，2-16-1122

物业维修基金　2-15-1076

物兆　3-40-2416

物资交流会　3-40-2385

X

〔xi〕

西北连滨江区　1-2-079

西北连杭州市滨江区　1-2-078

西瓜　1-11-735，1-12-814

西河公园　1-10-570

西河路　1-10-532

西江塘　1-8-398

西界富阳市和杭州市区　1-2-078

西界西湖区、富阳市　1-2-079

西山东麓等地考古发掘与清理　3-37-2186

西山公园　1-10-570

西山隧道　1-10-538

西山印纹硬陶窑址　3-37-2148

西施　3-40-2414，3-44-2623

西施故里（临浦）　3-43-2539

西施里　3-37-2192

西施庙戏台　3-37-2169

西施庙与苎萝亭　3-37-2192

西水东调　1-12-792

西小江　1-3-129

西小江围堤节制闸　1-8-414

西小江沿岸节制闸　1-8-440

西兴灯笼　3-36-2079

吸纳市内工商资本　1-11-671

牺牲病故抚恤　2-33-1914

惜谷庙　3-41-2446

锡箔加工地（来苏）　3-43-2607

溪河桥　3-37-2160

蜥蜴目　1-3-155

习俗　3-42-2495

洗脚蔽背　3-40-2419

洗马池　3-37-2199

洗烫服务　2-16-1174

洗头　2-16-1173

喜宴　3-40-2361

戏台　3-37-2167

细十番　3-36-2078

〔xia〕

虾　1-11-720

下村任职　2-22-1486

下岗失业人员安置　2-31-1828

下岗职工基本生活保障　2-31-1827

下降加速期（农民）　1-11-633

下山脱贫　1-11-612

下水仙庙　3-41-2447

下辖支部（民进）　2-26-1613

下辖支部（民盟）　2-26-1605

下辖支部（农工党）　2-26-1619

下辖支社（九三学社）　2-26-1624

下湘湖南闸　1-8-414

夏菜秋栽　1-11-746

夏强　3-44-2697

夏统　3-44-2623

夏至　3-40-2351

〔xian〕

仙姑庙　3-41-2448

仙人桥　3-37-2199

先进表彰　2-27-1677，2-32-1856

先昭寺　3-41-2427

纤维原料初步加工　2-13-877

鲜花传情　3-40-2417

鲜切花　1-11-728

闲散地、废弃地　1-5-244

县城城址　3-37-2150

县道　1-9-469

县第八届政府县长办公会议　2-24-1540

县署　1-2-097

现代化教育设施　3-34-1998

现金管理 2-18-1242
限期治理 1-4-227
线路运行检修 1-10-564
线轮 1-1-053

〔xiang〕

乡道 1-9-471
乡情综述（欢潭） 3-43-2608
乡情综述（来苏） 3-43-2605
乡情综述（前进） 3-43-2617
乡情综述（石岩） 3-43-2615
乡情综述（新塘） 3-43-2610
乡情综述（许贤） 3-43-2602
乡情综述（云石） 3-43-2613
乡镇渡口 1-9-505
乡镇福利企业 2-33-1911
乡镇集体工业企业承包经营责任制 2-13-845
乡镇集体工业企业职工劳动报酬 2-13-861
乡镇企业改革 2-24-1541
乡镇文物保护点 3-37-2182
相关遗迹 1-1-047
香泉 3-37-2199
香市 3-40-2410
湘湖 1-3-131
湘湖"辛庐八景" 3-37-2201
湘湖八景 3-37-2200
湘湖及小砾山输水河节制闸 1-8-414
湘湖旅游区规划 1-10-526
湘湖农场 1-12-807
湘湖牌汽车制动元器件 2-13-964
湘湖秋月 3-37-2200
湘湖师范学校 3-37-2198
湘湖师范学校附属小学体育场 3-39-2338
湘湖书画研究会 3-36-2052
湘湖向斜 1-3-110
湘溪 3-37-2199
湘云寺 3-37-2195
响石桥 3-37-2160
项目法人制 1-8-405
项目服务三中心 2-14-1027
项目管理（房地产） 2-15-1066
项目经理资质管理 2-15-1057
项目开发 1-5-261

〔xiao〕

消除危房和改造破旧校舍 3-34-1996

消防监督 2-28-1721
消防宣传 2-28-1720
消费投向差异 1-7-386
消费支出差距 1-7-386
消灾 3-40-2416
萧临甲线 1-9-501
萧南"粮仓"（浦阳） 3-43-2584
萧钱线 1-9-469
萧然灯会 3-36-2055
萧然在线 2-21-1416
萧山博物馆 3-37-2191
萧山城西初中运动场 3-39-2338
萧山船闸 1-8-412
萧山档案馆 3-36-2102
萧山登峰医院 3-38-2231
萧山第五中学体育场、馆 3-39-2338
萧山第一中等职业学校 3-34-1957
萧山电厂煤码头 1-9-504
萧山电影院 3-36-2047
萧山发电厂 2-13-973
萧山富丽达纺织有限公司 1-12-831
萧山港 1-9-502
萧山高新技术产业园区 1-5-262，2-14-1012
萧山红山热电有限公司 1-12-832
萧山花边 3-36-2081
萧山花边发祥地（坎山） 3-43-2545
萧山经济技术开发区（市北区）规划 2-14-981
萧山经济技术开发区建设 2-24-1543
萧山经济技术开发区医院 3-38-2231
萧山精神内涵 1-6-321
萧山精神特征 1-6-323
萧山开元旅行社 3-37-2214
萧山老年颐乐园 1-10-548
萧山柳桥羽绒有限公司 2-13-957
萧山汽车东站 1-9-489
萧山汽车西站 1-9-489
萧山汽车站 1-9-488
萧山钱江出口养殖实业有限公司 1-12-820
萧山钱江蔬菜食品总厂"钱江"商标 2-13-970
萧山曲艺团 3-36-2051
萧山人民剧院 3-36-2048
萧山日报 2-21-1419
萧山日报社广告经营 2-21-1448
萧山荣盛纺织有限公司 1-12-832
萧山商业城 1-5-261
萧山绍剧团 3-36-2050
萧山市（县）级劳动模范 2-27-1643
萧山市（县）科技情报研究所 3-35-2029

小型排灌机埠 1-8-441
小型拖拉机驾驶员培训 1-11-761
小学 3-34-1950、1981
小学教育 1-12-799
小学写字教学研究 3-34-1929
孝女 3-40-2414
孝女庙会 3-40-2411
孝思堂 3-37-2162、2165
孝义堂 3-37-2163
校内活动 3-34-1987
校舍 3-34-1996
校外活动 3-34-1988
笑笑幼儿园 3-34-1950

〔xie〕

鞋 3-40-2392
鞋类消费 1-7-366
蟹 1-11-720

〔xin〕

心理健康 1-6-304
新坝闸 1-8-412
新菜地建设基金 1-5-275
新参加工作人员工资指导标准 2-31-1817
新产品开发 2-14-1015
新故事 3-36-2074
新建扩建校舍 3-34-1996
新街镇 1-2-094
新农村 1-11-622
新区 1-2-101
新区规划 1-10-524
新生儿破伤风 3-38-2272
新生界 1-3-107
新石器文化遗址 3-37-2147
新世纪广场 1-10-569
新塘特大桥 1-9-458
新塘乡 1-2-095
新塘乡羽毛（绒）及其制品业 2-13-937
新湾基督教堂（属地方教会活动场所） 3-41-2458
新湾闸 1-8-414
新湾镇 1-2-094
新湾镇中心小学 3-34-1951
新围海涂综合开发项目 1-12-810
新围之地（河庄） 3-43-2593
新闻采编 2-21-1431
新闻采制 2-21-1438

新兴工业重镇（益农） 3-43-2601
新兴街市（新街） 3-43-2588
新兴南阳 3-43-2578
信报投递 2-21-1401
信贷资金投入 1-11-670
信访办理 2-24-1547
信访调处 1-4-227
信访制度 2-24-1545
信息报送制度（信访） 2-24-1547
信息标准化 2-20-1363
信息传媒 2-14-987
信息化建设（档案） 3-36-2104
信息网络建设 2-25-1585

〔xing〕

星拱桥 3-37-2159
刑事案件侦查 2-28-1705
刑侦技术 2-28-1708
形成原因（萧山精神） 1-6-320
形容词后缀"带"、"咚"、"夯" 3-42-2517
兴建萧山商业城 2-24-1542
行宜桥 3-37-2160
行政管理体制 2-14-1020
行政机构 2-14-1019
行政事业单位财务管理 2-19-1280
行政事业单位财务审计 2-20-1381
性病 艾滋病 3-38-2269
性鉴祖师 3-41-2439
性状 1-3-141
姓加职务（职称） 3-40-2369

〔xiong〕

雄鸡庵桥 3-37-2158

〔xiu〕

休闲观 1-11-663
休闲健身 2-16-1177
休闲旅游消费 1-7-381
休闲胜地（城厢） 3-43-2537
修理 2-16-1180，3-40-2390
修养类 3-42-2523

〔xu〕

虚词"带"、"咚"、"夯"的特有语法功能 3-42-2516

徐冠巨　3-44-2697
徐行之　3-44-2668
徐英含　3-44-2677
徐源盛　3-37-2154
许家南大房　3-37-2152
许鉴　3-44-2667
许廑父　3-44-2651
许可证发放（烟草）　2-16-1154
许可证制度　1-4-225
许贤乡　1-2-095
许正平　3-44-2698

〔xuan〕

宣传活动（计划生育）　1-6-333
宣传教育　2-27-1647，2-30-1757
宣传网络（计划生育）　1-6-333
选拔校级干部　3-34-1938
选派科技人员出国进修　3-35-2036
选址立项（航空）　1-9-447

〔xue〕

学开汽车　3-40-2419
学历达标教育　3-34-1975
学历教学（党校）　2-22-1499
学历教育　3-34-1937、1962、1965
学名　3-40-2368
学前教育　3-34-1936
学生会　3-34-1986
学生军训　2-30-1758
学术交流　3-35-2035
学术团体　2-27-1668
学术研究（图书馆）　3-36-2098
学术意义　1-1-061
学徒期工资　2-31-1817
学校健康教育　3-38-2297
学校教育（老龄委）　2-27-1684
学校培养　2-15-1038
学校体育设施　3-39-2337
学校图书馆（室）　3-36-2096
学校政务公开　3-34-1978
学艺　3-40-2389
学杂费　3-34-1993
学制（老年大学）　3-34-1967
学制与课程　3-34-1981
血吸虫病　3-38-2273

〔xun〕

鲟形目　1-3-157

Y

〔ya〕

鸭　1-11-712
衙瓜线　1-9-502
衙前老街　3-37-2152
衙前农村小学　3-37-2207
衙前农民运动纪念馆　3-37-2191
衙前镇　1-2-093
衙前镇轻纺工业　2-13-935
雅妮娜牌卫生巾　2-13-965

〔yan〕

烟草专卖　2-16-1152
烟管　3-40-2403
烟花爆竹专营　2-16-1152
烟具　3-40-2403
腌腊货　3-40-2355
延庆寺　3-41-2434
延长承包期　1-11-597
岩将老太　3-40-2414
岩将老太墓　3-37-2172
岩性土类　1-3-141
沿池山印纹硬陶窑址　3-37-2148
沿江排涝灌溉闸　1-8-411
沿街卫生设施　1-10-576
沿钱塘江一线涵闸　1-8-440
研究论文　1-1-067
研究生主干课程进修班　3-34-1976
研究专著　1-1-067
盐土类　1-3-140
眼病防治　3-38-2292
眼镜　2-20-1365
眼科　3-38-2243
演出团体　3-36-2050
验照换照　2-20-1329
堰闸（运河）　3-37-2204
雁形目　1-3-148

〔yang〕

央行资金汇划　2-18-1234
羊　1-11-711
羊病防治　1-11-751
杨家浜排灌站　1-8-424
杨梅　1-11-686
杨齐王、杨冀王墓　3-37-2197
杨岐寺　3-41-2433
杨岐钟声　3-37-2201
杨时　3-40-2415，3-44-2625
杨霄桥　3-37-2160
杨秀清衣冠冢　3-37-2173
杨之华　3-44-2660
旸雨井　3-37-2174
洋镐　3-40-2372
洋锹　3-40-2372
养蚕　1-11-689，3-40-2382
养分　1-3-142
养狗种花　3-40-2419
养护作业（公路）　1-9-484
养老保险　1-11-655
养鳗场项目　2-17-1203
养殖方式　1-11-718
养殖机械　1-11-760
养殖业品种结构调整　1-11-605
养猪　3-40-2382

〔yao〕

姚鲍渠改道工程　1-8-393
姚志文　3-44-2696
窑炉废气治理　1-4-217
窑址　3-37-2147
药店　3-40-2387

〔ye〕

野生动物管理　1-11-766
野鸭　1-11-713
野鸭平地饲养　1-11-748
业务培训（医生）　3-38-2254
业务学习（医生）　3-38-2254
业余节目主持人　2-21-1435
业余培训　2-15-1038
叶国珍　3-44-2693
叶蜡石　1-3-114
夜餐费补贴　2-31-1815

夜鹰目　1-3-151
液化石油气计量　2-20-1359

〔yi〕

一工段闸　1-8-412
一级地产市场　1-5-254
一览亭及遗址　3-37-2198
一期围涂土方筑堤　1-12-781
一千亩围垦　1-12-781
一条龙服务（农村）　1-11-616
一万九千亩围垦　1-12-780
一万三千亩围垦　1-12-779
一线通　2-21-1412
伊利石　1-3-114
衣　3-40-2391
衣物　3-42-2490
衣着消费　1-7-364
衣着支出　1-7-364
医德医风建设　3-38-2259
医护便民措施　3-38-2258
医患纠纷与医疗事故处理　3-38-2261
医疗保健（老干部）　2-22-1503
医疗保健消费　1-7-372
医疗护理　3-38-2249
医疗技术　3-38-2232、2236
医疗卫生　2-14-988
医疗消费　1-7-372
医疗义诊（九三学社）　2-26-1627
医疗义诊（民进）　2-26-1618
医疗义诊（农工党）　2-26-1622
医疗质量管理　3-38-2304
医药行业废水处理　1-4-213
医药食品业　2-14-1001
医院放射卫生　3-38-2290
医院管理　3-38-2303
医院健康教育　3-38-2297
依河兴市（戴村）　3-43-2565
贻縠堂　3-37-2167
移动通信光缆　2-21-1412
遗属补助（老干部）　2-22-1504
遗址保护和展示　1-1-070
疑问代词　3-42-2509
乙型肝炎疫苗　3-38-2263
以"四会"目标为导向的"智障"儿童教学模式　3-34-1969
以发展先导的活动式教学模式　3-34-1969
以商招商　2-14-993
倚塘为市（瓜沥）　3-43-2542
义南横河　1-3-130

义桥段江道　1-8-394
义桥浮桥　1-9-508
义桥基督教堂（属公会活动场所）　3-41-2459
义桥老街　3-37-2151
义桥油库码头　1-9-504
义桥镇　1-2-093
义盛镇　1-2-093
义盛镇中心小学　3-34-1951
义务兵退伍　2-30-1762
义务兵役制　2-30-1762
义务植树　1-10-573
艺术与宗教特征　1-1-065
驿站（运河）　3-37-2204
弈棋　3-40-2405
益农围垦指挥部　1-12-783
益农镇　1-2-095
益秀桥　3-37-2159
翼手目　1-3-145

〔yin〕

音乐　3-36-2071
音乐、体育、美术、劳技教育设施　3-34-1998
音韵特点　3-42-2463
银行业（网络）　2-21-1415
银河小区　1-10-549
银杏纲　1-3-170
银元宝　3-37-2178
引淡洗咸　1-12-801
引种　1-11-733
饮料　2-20-1364，3-40-2396
饮料食品行业废水处理　1-4-213
饮食观　1-11-659
饮用水　1-4-193，3-40-2396
饮用水水源保护区建设　1-4-215
印染　2-13-876
印染行业废水处理　1-4-213
印刷品广告　2-20-1337
印刷品广告制作　2-21-1446

〔ying〕

婴儿死亡率　1-6-305
婴幼儿系统管理　3-38-2281
迎亲　3-40-2360
荧光灯支架　镇流器　2-20-1365
盈丰至十三工段　1-9-509
营养钵育苗　1-11-745

营业　3-40-2386
营造防护林　1-11-726

〔yong〕

永春和尚　3-41-2440
永丰闸　1-8-413
永丰直河　1-3-130
永禄桥　3-37-2159
永思堂　3-37-2164、2165、2166
永兴河　1-3-128，1-9-501
永兴河、进化溪、凰桐江河（溪）道　1-8-394
永兴河丁家庄段裁弯工程　1-8-392
永兴桥　3-37-2155
永兴县　1-2-075
用电　1-10-565
用电安全管理　1-10-566
用电监察　1-10-567
用电水平　1-10-565
用电调度　1-10-566
用人单位招工监察　2-31-1844

〔you〕

优质商品蟹产业化基地　1-12-820
优质珍珠蚌养殖　1-11-749
邮送广告经营　2-21-1450
邮政　1-12-795
邮政报刊发行　2-21-1426
邮政汇兑　2-21-1402
油菜　1-11-681、734
油菜秋发栽培　1-11-745
油灯　3-40-2402
油料加工机械　1-11-759
油料生产基地　1-12-812
油漆、涂料　2-15-1053
油脂收购　2-16-1160
油脂销售　2-16-1162
鲉形目　1-3-162
友好城市　2-24-1556
友邻地区联络　1-8-430
有胆有识　敢于创新（农民企业家）　1-11-641
有机肥施用　1-11-742
有机化学产品制造　2-13-882
有机质　1-3-142
有价证券　1-7-387
有孔玉斧　3-37-2176
有限责任公司　2-13-923

有线电视网 2—21—1442
幼儿教育 1—12—799
幼儿园 3—34—1949

〔yu〕

于右任 行书轴 3—37—2181
余海 3—44—2690
余暨县 1—2—074
余庆堂 3—37—2166
余衍县 1—2—075
鱼病防治 1—11—752
鱼纲 1—3—157
鱼塘精养 1—11—718
鱼种套养 1—11—748
俞国良 3—44—2698
俞家潭至十四工段 1—9—509
俞龄 文姬归汉图轴 3—37—2179
俞吾金 3—44—2691
娱乐服务 2—16—1177
渔船检验 1—11—767
渔猎经济 1—1—064
渔猎器具 1—1—055、057
渔临关桥 3—37—2159
渔浦古渡（义桥） 3—43—2551
渔业机械 1—11—760
渔业农具 1—11—756
渔政监督 1—11—767
渔庄第壹桥 3—37—2158
虞荣仁 3—44—2689
羽毛（绒）及其制品 2—13—885
羽毛球比赛 3—39—2334
羽绒基地（新塘） 3—43—2612
禹 3—40—2414
玉璧 3—37—2176
玉琮 3—37—2176
玉米 1—11—734
玉泉堂 3—37—2163
玉璜 3—37—2176
玉杂器 3—37—2176
郁崑 3—44—2636
育才北路 1—10—539
育才路 1—10—531
浴美施闸和西施亭 3—37—2193
预备军人学校（班） 2—30—1759
预备役军事演练 2—30—1759
预测险情 1—8—435
预测预报 1—11—749

预防职务犯罪 2—29—1739
预售管理 2—15—1083
预算内教育经费 3—34—1992
预算内收入 2—19—1269
预算内支出 2—19—1271
预征 2—14—982
预制构件 2—15—1034
预制构件企业资质管理 2—15—1057
预制构件施工队伍 2—15—1034
御史井 3—37—2173
毓秀桥 3—37—2156

〔yuan〕

元代（进士） 3—44—2703
元明清（区划） 1—2—082
元帅殿 3—41—2450
元帅会 3—40—2413
元宵节 3—40—2348
元长 3—41—2439
园地 1—5—240
园林绿化 2—14—986
园林绿化工程施工队伍 2—15—1035
园田化建设 1—5—265
原国民党特赦等人员救济 2—33—1902
原始瓷豆 3—37—2175
原始瓷双系带环罐 3—37—2175
原始纺织 1—1—064
源水泵站 1—10—558
源水管线工程 1—10—558

〔yue〕

越城晚钟 3—37—2200
越剧之友联谊会 3—36—2052
越王城玩月 3—37—2202
越王城遗址 3—37—2150
越窑秘色瓷粉盒 3—37—2176
越窑青瓷大洗、耳杯、勺 3—37—2176
越窑青瓷鸡首壶 3—37—2175
越窑青瓷仕女俑 3—37—2175
越窑青瓷双系盘口壶 3—37—2175
越窑青瓷唾壶 3—37—2176
越窑青瓷武士俑 3—37—2175
越窑青瓷猪圈 3—37—2176

〔yun〕

云雷纹青铜矛 3-37-2177
云门寺 3-41-2429
云石生态旅游景区 3-37-2210
云石乡 1-2-095
孕产妇抢救中心 3-38-2259
孕产妇死亡率 1-6-306
孕产妇系统管理 3-38-2279
运动员培养 3-39-2339
运价管理（公路） 1-9-496
运价管理（水路） 1-9-517
运输 1-11-647
运输管理（公路） 1-9-495
运输管理（水路） 1-9-516
运输管理（铁路） 1-9-464
运输机械 1-11-760
运输农具 1-11-756
韵母 3-42-2465

Z

〔za〕

杂交稻 1-11-733
杂粮 1-11-676

〔zai〕

灾害保险 1-11-655
栽桑 1-11-688
再婚 1-6-327
再就业服务中心 2-31-1828
再就业培训 2-31-1831
再就业政策 2-31-1826
再就业专项资金 2-31-1827
再生产类型 1-6-292
在建工程财务审计 2-20-1386
在外饮食 1-7-357

〔zang〕

藏山岭隧道 1-9-475

〔zao〕

凿 1-1-054
早稻 1-11-675、733
早生良种茶设施栽培 1-11-745
藻类 1-3-168
灶具 3-40-2401
造地费 1-5-274
造房子 3-40-2406
造田造地 1-5-266
造纸 2-13-889
造纸行业废水处理 1-4-213
噪声保护区管理 1-9-454

〔ze〕

择吉 3-40-2359
择偶 1-6-324

〔zeng〕

增收因素 1-11-648
增压泵站 1-10-559
增氧机 1-11-760
增长低谷期（农民） 1-11-632
增长高峰期（农民） 1-11-632
增长加速期（农民） 1-11-633
增值税一般纳税人资格认定 2-19-1299
增值税专用发票使用管理 2-19-1299
甑 1-1-053
甑山庙 3-41-2429

〔zha〕

扎扫帚 3-40-2383
榨菜 1-11-735

〔zhai〕

摘草耙 3-40-2373
宅第 3-37-2152
宅居 3-42-2491
寨岭庵闻钟 3-37-2201

〔zhan〕

展览宣传（文物） 3-37-2190
站场建设基金（公路） 1-9-498
站前广场 1-10-569

〔zhang〕

张柏根　3-44-2685
张称逊墓　3-37-2196
张赟　3-44-2628
张赟墓及石雕群　3-37-2172
张桂凤　3-44-2674
张鸿铭　3-44-2694
张弧　3-44-2647
张钧澄　3-44-2683
张老相公　3-40-2414
张龙桥闸　1-8-414
张神庙会　3-40-2412
张素诚　3-44-2673
张夏　3-44-2625
章柏青　3-44-2686
章力建　3-44-2693
章声　仿王摩诘笔意山水图轴　3-37-2179
章氏眼科　3-38-2235
章梓茂　3-44-2695

〔zhao〕

招标投标管理　2-15-1055
招牌与幌子　3-40-2386
招贤纳才　提高自身（农民企业家）　1-11-642
招赘婚　3-40-2357
昭东长巷古墓葬考古清理　3-37-2187
沼气利用　1-11-627
赵汉卿　3-44-2651
赵家坞庙　3-41-2432
赵纶　3-44-2626
赵婆井　3-37-2199
赵之琛　成佛图轴　3-37-2180
赵之谦　篆书七言联　3-37-2180
照明灯具　3-40-2402

〔zhe〕

遮阳网覆盖　1-11-746
赭山老街　3-37-2152
赭山闸　1-8-412
赭十四线　1-9-471
褶皱构造　1-3-110
浙东盐厫（党山）　3-43-2568
浙赣绕行线　1-9-456
浙赣线　1-9-455
浙江（中国）花木城　1-5-262

浙江爱迪尔包装集团公司　2-13-951
浙江包装材料实业总公司　2-13-972
浙江传化化学集团有限公司　2-13-956
浙江传化化学集团有限公司"传化"商标　2-13-968
浙江传化艺术团　3-36-2053
浙江东南网架集团有限公司　2-13-949，2-15-1037
浙江东南网架集团有限公司"东南"商标　2-13-970
浙江航民实业集团有限公司　2-13-952
浙江红山协和陶瓷有限公司　1-12-832
浙江华成建设实业有限公司　2-15-1037
浙江华越家具工业有限公司　2-14-1011
浙江汇宇营建集团有限公司　2-15-1070
浙江建筑材料总厂　2-13-973
浙江金马饭店　2-16-1170
浙江金首水泥有限公司　1-12-828
浙江金首水泥有限公司"金首"商标　2-13-969
浙江莱茵达房地产开发有限公司　2-15-1071
浙江绿都房地产开发有限公司　2-15-1071
浙江南阳经济开发区　1-5-261
浙江钱江啤酒集团股份有限公司　1-12-828
浙江钱啤集团股份有限公司"钱江"商标　2-13-968
浙江钱啤集团股份有限公司"钱江中华"商标　2-13-971
浙江庆丰纺织印染有限公司　2-14-1009
浙江省地质调查院　3-35-2030
浙江省级劳动模范　2-27-1643
浙江省级名牌产品　2-14-1007
浙江省历史文化保护区——进化　3-37-2182
浙江省农业高科技示范园区　1-5-262
浙江省人大代表　2-23-1514
浙江省文物保护单位　3-37-2182
浙江省湘湖师范学校　3-34-1955
浙江省萧山棉麻研究所　3-35-2028
浙江省萧山中学　3-34-1952
浙江省烟草公司萧山市公司　2-16-1131
浙江省政协委员　2-25-1566
浙江胜达集团有限公司　2-13-954
浙江万达集团公司"万达"商标　2-13-970
浙江伟达建设工程有限公司　2-15-1037
浙江湘湖旅游度假区　1-5-262
浙江湘湖师范学校图书馆　3-36-2097
浙江萧峰实业集团有限公司　2-15-1071
浙江萧山建工集团有限公司　2-15-1036
浙江萧山开元旅业集团有限公司　2-16-1132
浙江萧山速冻厂（浙江银河食品有限公司）　1-12-830
浙江永翔电缆集团有限公司　2-13-954
浙江中大集团萧山商贸有限公司　2-16-1132
浙江中强建工集团有限公司　2-15-1037
浙江中穗省级粮食储备库码头　1-9-504
浙江众安房地产开发有限公司　2-15-1071

浙萧联络线 1—9—457

〔zhen〕

针灸 3—38—2233
侦查监督与审判监督 2—29—1737
真济桥 3—37—2155
震旦系 1—3—105
镇（村）服务站（室） 1—6—339
镇东桥 3—37—2160
镇海殿 3—41—2451
镇级水厂 1—11—620
镇情综述（城厢） 3—43—2533
镇情综述（戴村） 3—43—2564
镇情综述（党山） 3—43—2567
镇情综述（党湾） 3—43—2589
镇情综述（瓜沥） 3—43—2540
镇情综述（河上） 3—43—2553
镇情综述（河庄） 3—43—2592
镇情综述（进化） 3—43—2597
镇情总述（靖江） 3—43—2558
镇情综述（坎山） 3—43—2543
镇情综述（临浦） 3—43—2537
镇情综述（楼塔） 3—43—2574
镇情综述（南阳） 3—43—2576
镇情综述（宁围） 3—43—2594
镇情综述（浦阳） 3—43—2582
镇情综述（所前） 3—43—2571
镇情综述（闻堰） 3—43—2546
镇情综述（新街） 3—43—2587
镇情综述（新湾） 3—43—2585
镇情综述（衙前） 3—43—2561
镇情综述（义蓬） 3—43—2580
镇情综述（义桥） 3—43—2549
镇情综述（义盛） 3—43—2555
镇情综述（益农） 3—43—2599
镇乡（场）文化站 3—36—2045
镇乡（片）委员小组 2—25—1599
镇乡财政决算审计 2—20—1387
镇乡船舶管理费 1—9—518
镇乡范围内小型涵闸 1—8—440
镇乡妇女联合会 2—27—1659
镇乡规划 1—11—619
镇乡级财政管理体制 2—19—1262
镇乡级财政收支平衡 2—19—1275
镇乡科协 2—27—1668
镇乡内部审计 2—20—1390
镇乡农技推广站 3—35—2031
镇乡企业统筹医疗 3—38—2224

镇乡全民运动会 3—39—2311
镇乡人民政府组成人员 2—24—1535
镇乡图书馆（室） 3—36—2096
镇乡文化设施 3—36—2049
镇乡文化站、文化中心 3—36—2049
镇乡艺术节 3—36—2056
镇乡影剧院 3—36—2049
镇乡政府机构改革 2—24—1557

〔zheng〕

争取机场选址萧山 2—22—1469
征地拆迁（航空） 1—9—447
征地劳动力安置 2—31—1825
征地人员养老保险 2—33—1890
征用 2—14—982
征兆 3—40—2415
蒸汽流量计量 2—20—1360
整顿阶段（1989~1991年）（私有工业） 2—13—903
正副市（县）长 2—24—1533
证券业（网络） 2—21—1415
郑文甫墓 3—37—2196
郑振庭 蔡琳 3—44—2650
郑振庭烈士墓 3—37—2171
政策扶持 1—11—611
政策倾斜 3—34—1935
政策性安置就业 2—31—1826
政策性贷款 2—18—1225
政法工作视察 2—25—1584
政府办公自动化网络 3—35—2019
政府采购 2—19—1282
政府投资审价 2—19—1282
政府网络 2—21—1413
政府序列机构负责人 2—24—1534
政府政务（网络） 2—21—1413
政府指导 2—13—842
政工人员职称评聘 2—31—1803
政协办公室 2—25—1569
政协之友联谊会 2—25—1599
政协主席、副主席、秘书长 2—25—1567
政治待遇（老干部） 2—22—1502

〔zhi〕

之江汽车轮渡 1—9—507
之江区规划 2—14—982
支持改革创业 2—22—1466
支座 1—1—053

织蒲包　3-40-2385

执法检查　1-4-227，2-20-1380

直管公房　2-15-1077、1080

直管公房租金　2-15-1078

直立岩层带　1-3-111

直属服务公司　2-14-1027

直属福利企业　2-33-1910

职工工资监察　2-31-1845

职工之家（工会）　2-27-1648

职能部门人才培养　3-39-2340

职业道德　1-6-310

职业道德教育（个协、私协）　2-27-1695

职业高级中学　3-34-1957

职业高中　3-34-1981

职业技能鉴定　2-31-1809

职业介绍　2-31-1830

职业资格培训　2-31-1805

植保机械　1-11-757

植树造林　1-5-265

植物　3-42-2488

植物检疫　1-11-763

植物类　3-38-2300

植物遗存　1-1-059

纸包装开发生产基地（河上）　3-43-2555

纸制品　2-13-891

指导性种植　1-11-598

指挥通信　2-30-1772

指令性种植　1-11-598

指示代词　3-42-2508

至杭州市区公交　1-10-554

至湖岭庙　3-41-2426

至湖岭踏雪　3-37-2202

志留系　1-3-106

志愿兵复员　2-30-1762

志愿兵役制　2-30-1762

制定精神文明建设纲要　2-22-1466

制度建设（党风）　2-22-1487

制鞋　2-13-888

质量监督制　1-8-406

质量认证　1-4-228

质量体系认证　1-11-674

治理整顿和深化改革措施协商　2-25-1582

治伤接骨名镇（戴村）　3-43-2566

峙山寺　3-41-2432

峙山闸　1-8-411

〔zhong〕

中部海湾沉积平原　1-3-116

中部河流　1-3-129

中等教育　3-34-1965

中等师范函授教育　3-34-1975

中等师范自学考试　3-34-1975

中等职业教育自学考试　3-34-1966

中等专业学校　3-34-1955、1981

中服浙江北天鹅服饰股份有限公司"北天鹅"商标　2-13-969

中耕除草　1-11-755

中国工商银行萧山市支行　2-18-1219

中国共产主义青年团　3-34-1986

中国国际（萧山）钱江观潮节　3-37-2211

中国化纤信息网　2-21-1417

中国建设银行萧山市支行　2-18-1218

中国农业发展银行萧山市支行　2-18-1219

中国农业银行萧山市支行　2-18-1218

中国汽车网　2-21-1417

中国人民银行萧山市支行　2-18-1218

中国少年先锋队　3-34-1986

中国石油化工股份有限公司浙江杭州萧山石油分公司　2-16-1131

中国象棋比赛　3-39-2334

中国银行萧山支行　2-18-1219

中华鳖原种产业化基地　1-12-820

中华民国（区划）　1-2-082

中华人民共和国（区划）　1-2-084

中华人民共和国（境域）　1-2-077

中华鳖病防治　1-11-752

中级技工　3-34-1964

中级技术培训　2-31-1807

中秋节　3-40-2352

中山林表　3-37-2170

中生代燕山期侵入岩　1-3-109

中生界　1-3-106

中外合资项目　2-14-998

中外文化交流　3-36-2058

中西药品　2-16-1150

中小学校收费管理　3-34-1994

中心血库　3-38-2259

中型排灌站　1-8-441

中医骨伤科　3-38-2233

中医内科　3-38-2232

中医世家　3-38-2233

中元古界　1-3-105

中元节　3-40-2352

中长期贷款　2-18-1231

中缀　3-42-2511

钟阿马　3-44-2644

钟阿马烈士墓　3-37-2171

钟形铜镜　3-37-2178

种植机械　1-11-757

种植业产业结构调整　1-11-605

种子管理　1-11-764

重大信访领导包案制度　2-24-1546

重点教学改革项目　3-34-1928

重点普及　3-42-2529

重点水文站　1-8-429

重点污水治理工程建设　1-4-214

重点学科　3-38-2251

重要信息反映　2-25-1585

〔zhou〕

周汉荣　3-44-2687

周易藻　3-44-2646

洲口桥　3-37-2159

昼锦堂　3-37-2162

〔zhu〕

朱村桥　3-37-2160

朱凤标　3-44-2636

朱凤标故居　3-37-2153

朱凤标墓　3-37-2171

朱珪　3-44-2632

朱怙生　3-44-2651

朱家济　3-44-2659

朱家济　行书横披　3-37-2181

朱家潘　3-44-2672

朱筠　3-44-2631

朱康杰　3-44-2685

朱妙章　3-44-2685

朱人敏　3-44-2692

朱氏洞桥　3-37-2156

朱氏始祖墓　3-37-2173

朱文钧　3-44-2647

朱文钧　行书七言联　3-37-2181

朱新予　3-44-2666

朱执信　3-44-2641

朱重庆　3-44-2693

猪　1-1-058，1-11-709

猪病防治　1-11-751

竹簟　3-40-2373

竹林寺妇科　3-38-2233

竹木板材　2-15-1052

竹笋　1-11-725

竹制品　1-11-726

主食　3-40-2394

主食、副食与其他食品支出　1-7-357

主题教育（共青团）　2-27-1653

主体教学（党校）　2-22-1499

主席会议建议案　2-25-1588

主席会议学习　2-25-1597

主要活动（妇联）　2-27-1656

主要商品价格　2-20-1351

主要食品消费　1-7-358

主要水工程管理单位　1-8-441

主要依靠计划分配阶段　2-31-1793

苎萝湖、洗脚潭　3-37-2192

苎萝山与红粉石　3-37-2192

苎麻、亚麻　1-11-682

助残政策　2-27-1675

助词　3-42-2519

助词　叹词　3-42-2505

住房安排（老干部）　2-22-1503

住房分配　2-15-1078

住房积累　1-7-388

住房消费　1-11-650

住房样式　3-40-2400

住院病人　3-38-2257

住宅建设　2-15-1068

住宅区建设　2-15-1068

住宅小区　1-10-547

住宅用房　1-10-543

贮藏加工　1-11-739

驻外办事处　2-14-1027

驻外办事机构　2-20-1396

驻外办事机构设立　2-20-1396

驻外办事机构作用　2-20-1396

驻萧科研机构　3-35-2030

柱坑　1-1-050

祝福　3-40-2355

祝介平　3-44-2698

箸夹头　3-40-2396

〔zhuan〕

专科学历　3-34-1976

专利　3-35-2011

专利技术　2-14-1016

专卖户籍管理（烟草）　2-16-1155

专门委员会　工作组　2-25-1569

专题辅导报告会　2-25-1597

专题文化活动　3-36-2056

专题研究（史志） 3—36—2089
专项斗争 2—28—1707
专项规划 1—10—524，2—20—1313
专项监察 1—5—277
专项监督 2—20—1329
专项清理 2—20—1326
专项视察 2—25—1584
专项治理（党风） 2—22—1489
专项资金审计 2—20—1382
专项资金调查 2—20—1383
专业（老年大学） 3—34—1967
专业合格证书 3—34—1974
专业技术分队 2—30—1765
专业培训 1—11—761，3—34—1966
专业生产合作社 1—11—608
专业市场 1—11—602，3—40—2385
专业学校培训 1—11—761
专用绿地 1—10—571
专用线 1—9—457
砖瓦（实心黏土） 2—15—1048
砖瓦氟气治理 1—4—218
砖窑 3—37—2197
转房 3—40—2358
转关运输监管 2—17—1209
转移方向（农村劳动力） 1—11—637
转移特征（农村劳动力） 1—11—637
转移性收入 1—7—345、348

〔zhuang〕

妆亭 3—37—2193
桩机 2—15—1046
装备管理 2—30—1767
装饰布之乡（许贤） 3—43—2604
装饰工程机械 2—15—1047
装饰工艺特征 1—1—063
状语后置 3—42—2517

〔zhui〕

追远堂 3—37—2163
锥 1—1—055、057

〔zhuo〕

捉石子 3—40—2406
捉蟹 3—40—2377

卓鹤君 3—44—2687

〔zi〕

咨询服务 3—35—2026
咨询机构 3—35—2025
资产评估 2—19—1287
资格认定 3—34—1974
资格任用（医生） 3—38—2255
资金汇划 2—18—1233
资料汇编 2—20—1378
资料征集（史志） 3—36—2088
资源保护 1—11—767
资源普查 3—38—2299
资源整合型的早期干预教学模式 3—34—1970
资质管理（房地产） 2—15—1065
资质管理（建筑市场） 2—15—1056
鲻形目 1—3—161
紫东戏台 3—37—2168
紫其目 1—3—169
自办节目 2—21—1430
自备电厂发电 2—13—893
自备油机发电 2—13—893
自防自救 2—28—1721
自管公房 2—15—1078
自来水价格 2—20—1351
自谋职业 2—31—1824
自然景观 3—37—2194
自然类（乡谚） 3—42—2521
自然遗迹 3—37—2192
自我服务（个协、私协） 2—27—1693
自我管理（个协、私协） 2—27—1694
自我教育（个协、私协） 2—27—1694
自营出口（直接出口） 2—17—1189
自制节目 2—21—1441

〔zong〕

宗祠 3—37—2162、2196
宗教工作 2—22—1498
综合健身馆 3—39—2337
综合开发 1—5—262
综合理科课程实验 3—34—1932
综合素质测评 3—34—1932
综合性安全检查 2—31—1834
综合整治 1—12—802
综合治理责任制 2—22—1495
综治防控 2—22—1494

总体规划（城建）　1-10-521

〔zou〕

走访慰问（老龄委）　2-27-1681

〔zu〕

租赁经营　2-15-1081
足球比赛　3-39-2334
足浴　2-16-1174
族戚称谓　3-40-2370
镞　1-1-054、055、057
阻水桥梁扩建　1-8-394
组成人数　2-25-1567
组织和参加会展　1-11-671
组织机构代码　2-20-1363

组织史编写　3-36-2089
组织学习（老干部）　2-22-1502
祖师净水盅　3-37-2173
祖师庙　3-41-2446

〔zui〕

最低工资保障制度　2-31-1778

〔zuo〕

作息时间　3-34-1981
作业与考试　3-34-1983
做草鞋　3-40-2384
做火柴盒　3-40-2384
做年酒　3-40-2354
做七　3-40-2364

目、子目索引（笔序）

说　明

一、本索引收录目和子目两种名称。少数目名、子目名因语言环境需要，在名称前或名称后酌加修饰词，并用括号括出。

二、索引条目按目名、子目名所在册、编、页依次编排。如"书法　3-36-2069"表示"书法"一目在第三册、第三十六编、第2069页。

三、目名、子目名按笔画数由少到多排列。笔画数相同的，按起笔笔形横（一）、竖（丨）、撇（丿）、点（丶）、折（乛）顺序排列，第一笔起笔笔形相同的，按第二笔笔形顺序排列，依次类推。首字笔画数相同且起笔笔形相同，则按第二字笔画数和起笔笔形顺序排列。余类推。

四、起笔部位从习惯，采用上海辞书出版社出版的《辞海》（1999年版）排序方法处理。

标　点

"A兮兮式"　3-42-2515

"A勿A"式缩略："AA"式　3-42-2516

"V记V记"式　3-42-2516

"V歇V歇"式　3-42-2516

"一五"普法　2-28-1725

"一府两院"与政协人事安排协商　2-25-1581

"一幢楼办公，一条龙、全程式服务"　2-14-1027

"二五"普法　2-28-1726

"七五"、"八五"、"九五"计划及2010年远景规划协
　商　2-25-1582

"七五"计划　2-25-1582

"七五"计划（1986~1990年）　2-20-1311

"八九"工资调整　2-31-1813

"八五"计划　2-25-1582

"八五"计划（1991~1995年）　2-20-1311

"八六"工资调整　2-31-1813

"九〇"工资普调　2-31-1814

"九九"工资调整　2-31-1814

"九五"计划（1996~2000年）　2-20-1311

"九五"计划及2010年远景规划　2-25-1582

"九四"工资调整　2-31-1814

"三乡"复设　1-2-090

"三五"普法与"依法治市"　2-28-1726

"三同时"制度　1-4-225

"三同时"审查　2-31-1835

"三项制度"改革　2-13-848

"三清茶"产地（云石）　3-43-2614

"三镇"析出　1-2-090

"开小口"政策　1-6-331

"木兰系列"健身活动　3-39-2315

"手拉手、共致富"姐妹扶贫结对　2-27-1662

"双轨控制"政策　1-6-332

"双争"、"双评"活动　2-22-1482

"四放开"改革试点　2-16-1104

"四旁"植树　1-11-726

"西水东调"工程　2-24-1542

"百日安全无事故"活动　2-31-1834

"达标"活动　3-39-2321

"农运"圣地（衙前）　3-43-2563

"妇女解放万岁"坊　3-37-2208

"花园式"单位　1-11-727

"两旱一水"新三熟制　1-11-731

"围城"现象　3-40-2420

"沈定一先生被难处"纪念碑　3-37-2208

"青运"纪念地（来苏）　3-43-2607

"松柏坚贞"碑　3-37-2170

"咚"的祈使性、即时评断性和泛指化　3-42-2517

"金桥"工程　3-35-2026

"春花作物—双季稻"为主的三熟制　1-11-731

"洋节"兴起　3-40-2420

"钳王"之乡（闻堰）　3-43-2549

"弱智"儿童劳动技能三教合一模式　3-34-1970

"萧山县学重建大成殿记"碑　3-37-2169

"减负提质"教学研究　3-34-1928

"精神不死"碑　3-37-2208

《尖山下村志》 3—36—2093
《任伯年史料专辑》 2—25—1602
《汤寿潜研究》 2—25—1602
《红山农场志》 3—36—2093
《苎萝山》诗社 2—27—1672
《学生文艺》报 2—27—1672
《教材教法考试合格证书》和《专业合格证书》 3—34—1975
《萧山日报》发行 2—21—1426
《萧山文史资料选辑》 2—25—1602
《萧山年鉴》 3—36—2091
《萧山县农业志》 3—36—2092
《萧山县志》 3—36—2090
《萧山围垦志》 3—36—2092
《萧山城厢镇志》 3—36—2092
《萧山城厢镇志》所载"湘湖八景" 3—37—2200
《萧山临浦镇志》 3—36—2092
《湘湖》杂志 2—27—1672

数 字

03省道萧山东复线 1—9—469
10千伏电网 1—10—561
110千伏电网 1—10—563
110接处警 2—28—1715
120急救中心 3—38—2259
2000年全市村、居民区名录 1—2—092
220千伏电网 1—10—563
315路 515路 1—10—554
320路 1—10—554
322路 1—10—554
35千伏电网 1—10—562

字 母

AABB式 3—42—2515
AA较式 3—42—2515
ABAC式 3—42—2515
ABB式 3—42—2515
BBA式 3—42—2515
CA7180（捷达王）轿车盘式制动器总成 3—35—2041
CAD技术应用 3—35—2018
HFJ1010减震器总成 3—35—2041

一 画

〔一〕

一工段闸 1—8—412
一万九千亩围垦 1—12—780
一万三千亩围垦 1—12—779
一千亩围垦 1—12—781
一级地产市场 1—5—254
一条龙服务（农村） 1—11—616
一线通 2—21—1412
一览亭及遗址 3—37—2198
一期围涂土方筑堤 1—12—781
乙型肝炎疫苗 3—38—2263

二 画

〔一〕

二、三产业发展 1—11—648
二十工段闸 1—8—413
二年制中等师范教育 3—34—1975
二级地产市场 1—5—256
二氧化碳气肥 1—11—746
二期围涂土方筑堤 1—12—781
十二埭闸 1—8—414
十八里经济长廊（衙前） 3—43—2563
十五工段闸 1—8—413
十六工段闸 1—8—413
十佳青年评选 2—27—1654
厂长负责制 2—13—845
厂办民办科研机构 3—35—2029
丁文蔚 3—44—2637
丁有根 3—44—2695
七千亩围垦 1—12—781
七甲电力排灌站 1—8—424
七甲直河 1—3—130
七届县委全体会议 2—22—1458
七届县委组成人员 2—22—1462
七都溪 1—3—128
七彩山鸡 1—11—713

〔丿〕

八五工改 2—31—1777
八字桥 3—37—2158
八柯线 1—9—470

人才引进成效 2—31—1801
人才引进政策 2—31—1800
人才市场 2—31—1801
人才培养（九三学社） 2—26—1627
人口与计划生育基础知识教育活动（1989～1994年）
　　1—6—334
人口日宣传活动（1987年7～9月） 1—6—333
人口教育"五个化"活动（1995年11月～1997年12月）
　　1—6—334
人口普查 2—20—1370
人文古迹 3—37—2192
人文景观 3—37—2194
人民广场 1—10—569
人民防空演练 2—30—1760
人民教育基金 3—34—1994
人民路 1—10—531
人兆 3—40—2416
人民防空知识普及 2—30—1759
人员经费 3—34—1993
人身 3—42—2492
人际 3—42—2497
人际类 3—42—2524
人事代理 2—31—1802
人事制度改革 3—38—2221
人称代词 3—42—2507
入殓 3—40—2363
匕 1—1—056
儿科 3—38—2242
儿童公园 1—10—571
儿童哮喘专科 3—38—2251
儿童游戏 3—40—2405
九三工改 2—31—1777
九号坝直河 1—3—130
九号坝闸 1—8—413
九年制义务教育 2—24—1541
九里墩戏鹭 3—37—2202

三　画

〔一〕

三八红旗竞赛 2—27—1663
三八银花赛 2—27—1662
三八绿色工程 2—27—1661
三合院 3—40—2400
三江名镇（闻堰） 3—43—2547
三江要津（义桥） 3—43—2551

三官埠直湾 1—3—131
三官殿 3—41—2450
三昧殿 3—41—2449
三泉井 3—37—2173
三祝桥 3—37—2157
三益线 1—9—470
三清殿 3—41—2446
三善桥 3—37—2199
三善桥观鱼 3—37—2202
干旱 1—3—184
干部退休 2—31—1798
干部退职 2—31—1799
干部离休 2—31—1797
干部理论学习 2—22—1471
于右任 行书轴 3—37—2181
工厂体育设施 3—39—2338
工厂放射卫生 3—38—2291
工艺特征 1—1—062
工业生产计划 2—20—1315
工业生产资料 2—16—1143
工业企业财务审计 2—20—1384
工业企业视察 2—25—1583
工业技改 3—35—2018
工业固体废弃物综合利用 1—4—220
工业服务业噪声治理 1—4—219
工业废水治理 1—4—212
工业废气治理 1—4—216
工业建筑 1—11—621
工业经济发展协商 2—25—1578
工业标准化 2—20—1360
工业重镇（宁围） 3—43—2595
工业结构调整 2—24—1543
工业普查 2—20—1371
工业强镇（新街） 3—43—2588
工民建设计队伍 2—15—1031
工伤保险待遇 2—33—1894
工作机制（老干部） 2—22—1502
工作责任制度（信访） 2—24—1545
工资 2—31—1811，3—34—1978
工资与经济效益挂钩 2—31—1778
工资手册 2—31—1819
工资性收入 1—7—344、347
工资指导线 2—31—1820
工资类区调整 2—31—1813
工资总额控制 2—31—1817
工资集体协商制度 2—31—1779
工资福利（老干部） 2—22—1503
工商企业财务审计 2—20—1384

工程地质勘察队伍　2-15-1032
工程建设（商业城）　2-16-1120
工程测量　1-10-529
工程监理制　1-8-406
工程竣工决算审计　2-20-1386
工龄津贴　2-31-1815
土木建筑队伍　2-15-1032
土石方机械　2-15-1046
土地出让　2-14-983
土地权属　1-5-269
土地利用总体规划　1-5-260
土地闲置抛荒清理　1-5-278
土地补偿　1-5-258
土地使用权流转　1-11-594
土地使用权登记　1-5-269
土地使用制度　1-10-544
土地使用税　1-5-274
土地征用　2-14-982
土地征用问题　1-11-630
土地变更调查　1-5-238
土地详查　1-5-237
土地经营权招标承包　1-12-809
土地复耕　1-5-267
土地税费　1-5-274
土地登记费　1-5-275
土地概查　1-5-237
土地管理　2-14-1023
土地管理问题　1-11-630
土地管理费　1-5-275
土地整理　1-12-802
土杂肥　1-11-742
土壤改良　1-11-740，1-12-801
土壤肥力　1-11-739
下山脱贫　1-11-612
下水仙庙　3-41-2447
下村任职　2-22-1486
下岗失业人员安置　2-31-1828
下岗职工基本生活保障　2-31-1827
下降加速期（农民）　1-11-633
下湘湖南闸　1-8-414
下辖支社（九三学社）　2-26-1624
下辖支部（民进）　2-26-1613
下辖支部（民盟）　2-26-1605
下辖支部（农工党）　2-26-1619
大、中型拖拉机驾驶员培训　1-11-761
大小麦　3-40-2375
大山庙　3-41-2446
大义　3-41-2438

大井　3-37-2173
大气开放，兼收并蓄　1-6-323
大风　1-3-184
大田联产承包　1-11-591
大地牌钢结构、网架　2-14-1007
大会发言　2-25-1596
大麦　1-11-676、733
大豆　1-11-676，1-12-811
大豆（毛豆）　1-11-734
大规格蟹养殖　1-11-748
大治河　1-3-130
大治河闸　1-8-412
大型物件运输　1-9-492
大型活动保卫　2-28-1724
大面积宜农荒地　1-5-244
大泉五十叠铸铜母范　3-37-2177
大雪　1-3-186
大脚布　3-40-2393
大葱　1-11-735
万向集团公司　2-13-950
万向集团公司"钱潮"商标　2-13-968
万安桥　3-37-2160
万寿桥　3-37-2156
万寿庵　3-37-2162
万济桥　3-37-2156
万缘桥　3-37-2156

〔丨〕

上巳　3-40-2349
上元古界　1-3-105
上元桥　3-37-2158
上网服务　2-16-1176
上学　3-40-2366
上盈湖排灌站　1-8-424
上梁　3-40-2366
上董庙　3-41-2429
上董越窑青瓷窑址　3-37-2149
口腔科　3-38-2243
山乡古镇（楼塔）　3-43-2575
山水名镇（所前）　3-43-2573
山头埠老街　3-37-2151
山地造林　1-11-726
山址庙　3-41-2448
山林防火　1-10-573
山林联产承包　1-11-592
山南陵园　2-32-1875
山脚窑烟　3-37-2201

山塘、水库养殖　1—11—719
巾帼建功　2—27—1662

〔丿〕

千年古镇（河上）　3—43—2554
千年县城（城厢）　3—43—2535
乞巧节　3—40—2351
个体工商户（市场）妇女委员会　2—27—1660
个体工商户资本金积累　1—7—379
个体工商户登记　2—20—1327
个体工商户管理　2—20—1329
个体劳动者协会　2—27—1692
个体医、村医和社会办医管理　3—38—2303
个体集贸税收管理　2—19—1294、1298
勺　1—1—055

〔丶〕

广告征婚　3—40—2417
广播　1—12—800
广播广告　2—21—1446
广播节目　2—21—1433
广播电视广告经营　2—21—1449
广播电视光缆　2—21—1412
广播网络　2—21—1432
门诊病人　3—38—2256
门球场　3—39—2337
义务兵役制　2—30—1762
义务兵退伍　2—30—1762
义务植树　1—10—573
义南横河　1—3—130
义桥老街　3—37—2151
义桥油库码头　1—9—504
义桥段江道　1—8—394
义桥浮桥　1—9—508
义桥基督教堂（属公会活动场所）　3—41—2459
义桥镇　1—2—093
义盛镇　1—2—093
义盛镇中心小学　3—34—1951
之江区规划　2—14—982
之江汽车轮渡　1—9—507

〔乛〕

弓　1—1—055
弓鲛目　1—3—161
卫生设施　1—7—367

卫生学校培训　3—38—2255
卫生监督检测　3—38—2292
女工及未成年工保护　2—31—1838
女工保护　2—27—1664
小戏　3—36—2073
小麦　1—11—676、733
小学　3—34—1950、1981
小学写字教学研究　3—34—1929
小学教育　1—12—799
小型拖拉机驾驶员培训　1—11—761
小型构造　1—3—112
小型排灌机埠　1—8—441
小城隍庙　3—41—2444
小说　3—36—2065
小调　3—36—2079
小康村　1—11—622
小满　3—40—2350
飞行区场地管理　1—9—454
飞腾桥　3—37—2159
习俗　3—42—2495
叉形器　1—1—056、057
叉鱼　3—40—2377
马氏妇科　3—38—2235
马面山印纹硬陶窑址　3—37—2148
乡情综述（云石）　3—43—2613
乡情综述（石岩）　3—43—2615
乡情综述（许贤）　3—43—2602
乡情综述（欢潭）　3—43—2608
乡情综述（来苏）　3—43—2605
乡情综述（前进）　3—43—2617
乡情综述（新塘）　3—43—2610
乡道　1—9—471
乡镇文物保护点　3—37—2182
乡镇企业改革　2—24—1541
乡镇集体工业企业承包经营责任制　2—13—845
乡镇集体工业企业职工劳动报酬　2—13—861
乡镇渡口　1—9—505
乡镇福利企业　2—33—1911

四　画

〔一〕

王凤贤　3—44—2679
王丝　3—44—2625
王丝墓　3—37—2196
王纪昌　3—44—2648

王坞庙 3—41—2445

王村戏台 3—37—2167

王佐墓及石雕 3—37—2172

王国桢故居 3—37—2153

王宗炎 3—44—2632

王绍兰 3—44—2633

王荫长 3—44—2681

王烈 3—44—2653

王家吊桥 3—37—2160

王家宠 3—44—2676

王鑫炎 3—44—2692

开工前资金审计 2—20—1386

开元保龄球中心 3—39—2339

开沟排盐 1—12—801

开张 3—40—2386

开河疏河 1—8—395

井泉 3—37—2173、2199

井泉井 3—37—2173

天龙会 3—40—2412

天兆 3—40—2416

天医殿 3—41—2449

天时 3—42—2484

天贶节 3—40—2351

天然气 1—3—113

天瑞庵 3—41—2434

元长 3—41—2439

元帅会 3—40—2413

元帅殿 3—41—2450

元代（进士） 3—44—2703

元明清（区划） 1—2—082

元宵节 3—40—2348

无公害有机稻米试验示范 1—12—809

无公害综合配套技术 1—11—746

无为心禅师 3—41—2439

无证车辆营运 2—24—1553

无标生产治理 2—20—1361

无营业执照经营查处 2—20—1343

无障碍设施 2—27—1676

云门寺 3—41—2429

云石乡 1—2—095

云石生态旅游景区 3—37—2210

云雷纹青铜矛 3—37—2177

专门委员会 工作组 2—25—1569

专业（老年大学） 3—34—1967

专业生产合作社 1—11—608

专业市场 1—11—602，3—40—2385

专业合格证书 3—34—1974

专业技术分队 2—30—1765

专业学校培训 1—11—761

专业培训 1—11—761，3—34—1966

专用线 1—9—457

专用绿地 1—10—571

专利 3—35—2011

专利技术 2—14—1016

专卖户籍管理（烟草） 2—16—1155

专项斗争 2—28—1707

专项规划 1—10—524，2—20—1313

专项治理（党风） 2—22—1489

专项视察 2—25—1584

专项监督 2—20—1329

专项监察 1—5—277

专项资金审计 2—20—1382

专项资金调查 2—20—1383

专项清理 2—20—1326

专科学历 3—34—1976

专题文化活动 3—36—2056

专题研究（史志） 3—36—2089

专题辅导报告会 2—25—1597

艺术与宗教特征 1—1—065

木纹拼嵌画 3—36—2080

木杵 3—40—2404

木雕钟馗摆件 3—37—2177

五万二千亩围垦 1—12—777

五代十国·后晋（进士） 3—44—2700

五年计划 2—20—1310

五环广场 1—10—569

五金交电 2—16—1149

五官科（耳鼻喉科） 3—38—2243

五保供养 2—33—1905

五堡直河 1—3—130

五堡闸 1—8—412

支持改革创业 2—22—1466

支座 1—1—053

不正当竞争行为查处 2—20—1343

不同点（下孙遗址与跨湖桥遗址的关系） 1—1—046

太公堂印纹硬陶窑址 3—37—2149

太平寺 3—41—2431

太阳能利用 1—11—627

太极系列健身活动 3—39—2315

犬病防治 1—11—751

区妇女联合会 2—27—1659

区域文化交流 3—36—2058

区域扶持政策 1—11—629

区域环境噪声 1—4—198

区域供水 1—10—559

区域性收入差距 1—11—648

区域差异 3-42-2463
区域调整 1-2-077
历史人文精神的熏陶 1-6-320
历史文化名镇（进化） 3-43-2599
历史文化保护区 3-37-2181
友好城市 2-24-1556
友邻地区联络 1-8-430
车队迎亲 3-40-2418
车轮虫病防治 1-11-752
车辆购置税 1-9-498
车辆通行费 1-9-498
车塘鱼 3-40-2377
扎扫帚 3-40-2383
切滩整治 1-8-392
瓦楞纸箱 2-20-1365

〔丨〕

少体校培养 3-39-2340
日拆性贷款 2-18-1225
日常文化活动 3-36-2053
日常用品 1-7-370
日常体育活动 3-39-2311、2315
日常治理 1-10-574
日常养护 1-10-573
日常监督（消防） 2-28-1721
日常监察 1-5-277
日常登记发证 2-15-1086
日常禁忌 3-40-2370
中小学校收费管理 3-34-1994
中山林表 3-37-2170
中元古界 1-3-105
中元节 3-40-2352
中长期贷款 2-18-1231
中心血库 3-38-2259
中生代燕山期侵入岩 1-3-109
中生界 1-3-106
中外文化交流 3-36-2058
中外合资项目 2-14-998
中西药品 2-16-1150
中华人民共和国（区划） 1-2-084
中华人民共和国（境域） 1-2-077
中华民国（区划） 1-2-082
中华鳋病防治 1-11-752
中华鳖原种产业化基地 1-12-820
中级技工 3-34-1964
中级技术培训 2-31-1807
中医内科 3-38-2232

中医世家 3-38-2233
中医骨伤科 3-38-2233
中国人民银行萧山市支行 2-18-1218
中国工商银行萧山市支行 2-18-1219
中国少年先锋队 3-34-1986
中国化纤信息网 2-21-1417
中国石油化工股份有限公司浙江杭州萧山石油分公司
    2-16-1131
中国共产主义青年团 3-34-1986
中国农业发展银行萧山市支行 2-18-1219
中国农业银行萧山市支行 2-18-1218
中国汽车网 2-21-1417
中国国际（萧山）钱江观潮节 3-37-2211
中国建设银行萧山市支行 2-18-1218
中国银行萧山支行 2-18-1219
中国象棋比赛 3-39-2334
中服浙江北天鹅服饰股份有限公司"北天鹅"商标
    2-13-969
中型排灌站 1-8-441
中秋节 3-40-2352
中耕除草 1-11-755
中部河流 1-3-129
中部海湾沉积平原 1-3-116
中缀 3-42-2511
中等专业学校 3-34-1955、1981
中等师范自学考试 3-34-1975
中等师范函授教育 3-34-1975
中等教育 3-34-1965
中等职业教育自学考试 3-34-1966
内外宾警卫 2-28-1724
内坡 1-8-404
内河水系航道 1-9-501
内河货运 1-9-511
内河捕捞 1-11-723
内河航道护岸费 1-9-518
内河航道养护费 1-9-518
内科 3-38-2237
内资项目 2-14-998
内部差异 3-42-2463

〔丿〕

牛 1-1-058，1-11-711
牛面山印纹硬陶窑址 3-37-2148
牛病防治 1-11-751
手工纸制造 2-13-889
手外科 3-38-2251
手存现金 1-7-387

手套消费 1-7-366
手罍 3-40-2376
毛奇龄 3-44-2631
毛线衣消费 1-7-365
气象测报站 3-35-2032
长三角重镇 1-2-073
长大线 1-9-502
长山直河 1-3-130，1-9-502
长山闸 1-8-414
长山商周石室土墩墓考古发掘 3-37-2187
长山隧道 1-9-475
长石 1-3-114
长沙拗龙 3-36-2078
长巷庙 3-41-2449
长途电话 2-21-1406
长途客运（公路） 1-9-489
片理 千枚理 1-3-112
化工行业废水处理 1-4-213
化工商品 2-16-1143
化成禅寺 3-41-2436
化妆品消费 1-7-386
化纤织造名镇（党山） 3-43-2570
化肥 1-4-206
化肥 农药 1-4-206
化肥农药管理 1-11-764
化肥施用 1-11-740
化学工业 1-12-825
化学农药 2-16-1146
化学农药制造 2-13-883
化学制品制造 2-13-882
化学肥料 2-16-1145
化学肥料制造 2-13-883
化学调控 1-11-744
反贪污贿赂 2-29-1738
介词 连词 3-42-2505
从业资格 2-19-1279
从业流向（农民） 1-11-633
今潮候 1-3-136
分布（土地） 1-5-245
分洪改道 1-8-393
分配制度改革 3-38-2221
公开招考（聘） 2-31-1776
公开选拔 2-22-1486
公开选拔村主任助理 2-22-1486
公开选拔副局级领导 2-22-1486
公用电厂发电 2-13-893
公用经费 3-34-1993
公务员与专业技术人员培训 2-31-1804

公民因公出国（境） 2-24-1554
公民体质监测 3-39-2309
公共厕所 1-10-575
公共建筑 1-11-621
公交 2-14-987
公安局综合档案室 3-36-2103
公安管理（网络） 2-21-1413
公园 1-10-570
公房住宅租金 2-15-1078
公房转让 2-15-1080
公房经租 2-15-1078
公房调配 2-15-1078
公房维修 2-15-1080
公费医疗 3-38-2223
公积金支取管理 2-15-1095
公积金归集 2-15-1095
公积金制度 2-15-1094
公积金使用与管理 2-15-1095
公积金贷款管理 2-15-1095
公路工程技术 1-9-483
公路大桥 1-9-475
公路小桥 1-9-475
公路中桥 1-9-475
公路运输管理费 1-9-498
公路建设 1-9-481
公路建设专用基金 1-9-498
公路养护 1-9-484
公路养路费 1-9-497
公路特大桥 1-9-474
公路渡口 1-9-507
公路隧道 1-9-475
仓前水文站 1-8-429
仓桥 3-37-2155
仓储安全 2-16-1166
仓储管理 2-16-1166
风疹疫苗 3-38-2266
风情大道 1-10-540
风景林地 1-10-572
风箱 3-40-2404
丹砂井 3-37-2173
乌鳢（黑鱼） 1-11-721

〔、〕

文艺协会 3-36-2051
文艺成果奖 2-27-1673
文艺沙龙 3-36-2052
文艺奖评选 2-27-1673

文化广场 1—10—569
文化用品 2—16—1148
文化设施 1—12—800
文化娱乐消费 1—7—380
文化教育 3—34—1965
文化馆群众文化艺术档案室 3—36—2103
文化程度（农民技术人员） 1—11—638
文在堂 3—37—2166
文体活动 2—27—1648、1684
文明机关 2—22—1475
文明单位 2—22—1474
文明家庭创建 2—27—1660
文物发现、征集与收缴 3—37—2190
文物保护队伍 3—37—2188
文物保护利用 3—37—2187
文物保护单位（点） 3—37—2182
文物保护单位维修 3—37—2188
文物保护经费 3—37—2188
文物普查 3—37—2189
文教、卫生、体育用房 1—10—547
文徵明 行书扇面 3—37—2179
方迁水文站 1—8—429
方迁溇直河 1—9—502
方迁溇直湾 1—3—130
方便门诊 3—38—2258
火力发电 2—13—893
火山岩 1—3—108
火山喷发岩 1—3—108
火车站 1—9—459
火鸡 1—11—713
火捺 3—40—2402
斗牌 3—40—2405
计划生育问题 1—11—630
计划生育技术指导站 1—6—339
计划生育村民自治 1—6—337
计划生育审批 1—6—332
计划生育奖励 1—6—335
计划生育宣传 1—6—333
计划生育宣传月活动（1985年1～2月） 1—6—333
计划外生育处罚 1—6—336
计划免疫保偿制度 3—38—2266
计件工资 2—31—1814
计免智能卡网络管理 3—38—2267
计量监督 2—20—1359
计量检定 测试授权 2—20—1357
计量器具 2—20—1358
计量器具制造（修理）监管 2—20—1358
计量器具标准考核 2—20—1358
计量器具强制检定 2—20—1358

计算机辅助教学研究 3—34—1929
户外广告 2—20—1336
户外广告制作 2—21—1445
户外广告经营 2—21—1447
户外广告管理 1—10—577
户籍制度 1—10—545
心理健康 1—6—304

〔一〕

引种 1—11—733
引淡洗咸 1—12—801
办事处变更 1—2—091
办学形式 3—34—1936
办学管理 3—34—1937
办理制度 2—25—1593
以"四会"目标为导向的"智障"儿童教学模式 3—34—1969
以发展先导的活动式教学模式 3—34—1969
以商招商 2—14—993
双子叶植物纲 1—3—170
双轨制 1—11—600
双向选择为主，计划调配为辅阶段 2—31—1793
双学双比 2—27—1660
双音节后缀 3—42—2513
双溪坞背斜 1—3—110
双溪坞群 1—3—105
孔氏儿科 3—38—2236
孔湖窑址 3—37—2149
书报费 2—31—1815
书画 3—37—2179
书法 3—36—2069
书院 学校 3—37—2197
水（干）果 1—11—685
水（踏）碓 3—40—2404
水、电、燃料 1—7—371
水厂 1—10—558
水力发电 2—13—894
水上交通事故处理 1—9—515
水乡古递铺（衙前） 3—43—2562
水木堂 3—37—2164
水车 3—40—2373
水文网点 1—8—428
水文测报站 3—35—2032
水龙骨目 1—3—169
水网平原土区 1—3—141
水产良种产业化基地 1—12—820
水产项目管理 1—11—722
水产品 2—16—1138
水产品种 1—11—717

水产养殖　1—4—207

水产养殖技术　1—11—748

水产养殖品种结构　1—11—605

水旱轮作　1—11—732，1—12—801

水利开发场　1—12—808

水利集资基金　1—5—275

水位标准　1—8—430

水库工程管理　1—8—441

水库用水　1—8—442

水库修建　1—5—265

水果　1—12—814

水质　1—3—132

水质饵料　1—11—716

水泥　2—15—1050

水泥粉尘治理　1—4—217

水性PU织物涂层剂　3—35—2042

水面联产承包　1—11—592

水缸　3—40—2402

水资源保护　1—8—443

水烟管　3—40—2403

水域　1—5—242

水域分布　1—11—716

水情传递设施　1—8—429

水量　1—3—132

水港（运河）　3—37—2205

水路交通建设费　1—9—518

水路运输管理费　1—9—518

水源　1—10—557

水漾坞采莼　3—37—2202

水漾鸣蛙　3—37—2200

水霉病防治　1—11—752

水稻　1—1—059，1—11—675

水稻土类　1—3—141

水稻直播机　1—11—757

水稻耕作　3—40—2374

幻灯宣传　3—36—2060

五　画

〔一〕

玉杂器　3—37—2176

玉米　1—11—734

玉泉堂　3—37—2163

玉琮　3—37—2176

玉璜　3—37—2176

玉璧　3—37—2176

未利用土地　1—5—243

巧果　3—40—2395

正副市（县）长　2—24—1533

功能区噪声　1—4—198

甘蓝（包心菜）　1—11—735

甘蔗　1—11—687

甘露庵　3—41—2436

甘露禅院　3—41—2437

世进士第（遗址）　3—37—2153

古凤仪桥　3—37—2160

古生界　1—3—106

古代陶瓷产地（欢潭）　3—43—2610

古毕公桥　3—37—2157

古树　名木　1—11—724

古等慈寺　3—41—2430

古潮候　1—3—134

古戴家桥　3—37—2161

古籍印刷地（许贤）　3—43—2605

节日慰问（老干部）　2—22—1503

节水　1—10—559

节令禁忌　3—40—2370

节庆文化下乡　3—36—2057

节庆文化活动　3—36—2055

节约用地管理　1—5—274

节孝承恩石牌楼　3—37—2170

节制闸　1—12—791

节柴（煤）灶改造　1—11—626

节理　1—3—112

本地学生　3—34—1980

本科学历　3—34—1976

石门王向斜　1—3—111

石灰　2—15—1053

石灰岩　1—3—114

石英砂岩　1—3—114

石岩乡　1—2—095

石质板材　2—15—1052

石钺　3—37—2174

石料　2—15—1051

石淙书院　3—37—2198

石凿　3—37—2174

石锛　3—37—2174

石器　3—37—2174

石磨　3—40—2404

布料消费　1—7—365

龙井　3—37—2199

龙井双涌　3—37—2200

龙凤纹珊瑚红釉鼻烟壶　3—37—2176

龙柄镳斗　3—37—2178

龙泉　3—37—2174

龙泉寺　3—41—2431

龙泉窑青瓷折沿盘　3-37-2176
平阳戏台　3-37-2167
平均气温　1-3-122
平均预期寿命　1-6-306
平原河谷植被　1-3-143
灭虱爱牙　3-38-2292
打击刑事犯罪　2-22-1494
打击投机倒把　2-20-1340
打印病防治　1-11-752
打字　2-16-1179
打弹子　3-40-2405
打鳖　3-40-2377
东山陈马灯　3-36-2077
东片污水治理工程建设　1-4-214
东北副城（义盛）　3-43-2557
东西向断裂　1-3-112
东邻绍兴县　1-2-078
东汪二孔闸　1-8-414
东沙大镇（义蓬）　3-43-2581
东沙闹市（新湾）　3-43-2586
东沙新镇（党湾）　3-43-2590
东岳庙　3-37-2206，3-41-2447
东岳庙会　3-40-2410
东郊公墓　2-32-1875
东河改道和南河分洪工程　1-8-393
东南牌钢结构网架　2-13-965
东南牌聚氨酯/岩棉复合夹芯板　2-13-966
东旸桥　3-37-2156
东部副城（瓜沥）　3-43-2542
东接绍兴县　1-2-078

〔丨〕

卡拉OK　3-40-2418
北干山隧道　1-10-538
北山公园　1-10-571
北山通览　1-10-538
北东向断裂　1-3-111
北西向断裂　1-3-111
北宋（进士）　3-44-2700
北界杭州市区、余杭市和海宁市　1-2-078
北部三角湾沉积平原　1-3-116
北部河流　1-3-129
北海塘　1-8-398
北海塘及湘湖节制闸　1-8-440
北海塘节制闸　1-8-414
北塘河　1-3-130
北濒钱塘江　1-2-080

业务学习（医生）　3-38-2254
业务培训（医生）　3-38-2254
业余节目主持人　2-21-1435
业余培训　2-15-1038
旧址（衙前农运）　3-37-2206
目标责任　1-4-226
目标管理（党建）　2-22-1501
叶国珍　3-44-2693
叶蜡石　1-3-114
甲型肝炎疫苗　3-38-2266
甲科济美石牌楼　3-37-2198
甲藻门　1-3-169
电力设施　1-12-797
电子电器业　2-14-999
电子游戏　2-16-1177
电化教育研究　3-34-1929
电网　1-10-561
电网调度　1-10-564
电价　2-20-1351
电视　1-12-800
电视广告　2-21-1447
电视节目　2-21-1438
电视频道　2-21-1442
电话拜年　3-40-2419
电信　1-12-797
电信通信光缆　2-21-1411
电脑福利彩票　2-33-1913
电磁环境保护区管理　1-9-454
电镀行业废水处理　1-4-213
电影　1-12-800
电影发行与放映　3-36-2059
田丝绳　3-40-2372
田村桥　3-37-2159
田间工程管理　1-8-441
田径比赛　3-39-2328
田径运动会　3-39-2330
田径赛纪录　3-39-2322
田曾垲　3-44-2662
田曾基　3-44-2664
田螺山　3-37-2192
田螺山考古发掘　3-37-2187
央行资金汇划　2-18-1234
史料征集　2-25-1602
史颜节 山水图轴　3-37-2179
四工段闸　1-8-413
四千精神　1-6-321
四个十佳工程　2-27-1662
四合院　3-40-2400
四抢精神　1-6-322

四苗　3－38－2263
四季变化　1－3－123
四费补贴（老干部）　2－22－1503
四敢精神　1－6－322

〔J〕

生产工艺特征　1－1－062
生产工具　1－1－053、054、055、056
生产示范基地　2－27－1662
生产生活服务（个协、私协）　2－27－1693
生产性固定资产积累　1－7－388
生产性消费　1－7－379
生产消费　1－11－649
生产绿地　1－10－572
生产湾　1－3－131
生态之乡（云石）　3－43－2614
生物净化池　1－11－627
生育　1－6－327，3－40－2365
生育观　1－11－660
生活用具　1－1－051、054、055、056
生活污水　1－4－208
生活补贴　2－27－1681，2－31－1815
生活垃圾　1－4－208
生活垃圾处理　1－4－221
生活废气　1－4－208
生活待遇（老干部）　2－22－1503
生活类　3－42－2521
生活消费　1－11－650
生猪　水产品（双轨制）　1－11－601
生猪　水产品（农产品购销）　1－11－599
生猪产业化基地　1－12－820
失业保险制度　2－33－1890
失业保险待遇　2－33－1891
代表大会（工商联）　2－26－1628
代表大会（妇联）　2－27－1656
代表构成（人大）　2－23－1507
代表选举（人大）　2－23－1507
代管费　3－34－1993
仙人桥　3－37－2199
仙姑庙　3－41－2448
白马庙　3－41－2438
白马湖　1－3－132
白云岩　1－3－114
白龙寺　3－37－2161，3－41－2436
白花菜　1－11－735
白龟井　3－37－2199
白洋川　1－3－130，1－9－502
白菜　1－11－735

白曹线　1－9－470
白鹿塘戏台　3－37－2168
瓜沥老街　3－37－2152
瓜沥航坞山古墓葬考古清理　3－37－2187
瓜沥液碱码头　1－9－504
瓜沥港　1－9－503
瓜沥镇　1－2－093
瓜沥镇体育馆　3－39－2339
瓜沥镇第二小学　3－34－1950
瓜果生产基地　1－12－814
用人单位招工监察　2－31－1844
用电　1－10－565
用电水平　1－10－565
用电安全管理　1－10－566
用电监察　1－10－567
用电调度　1－10－566
印刷品广告　2－20－1337
印刷品广告制作　2－21－1446
印染　2－13－876
印染行业废水处理　1－4－213
句践　3－40－2414
句践祠　3－37－2195
外十工段闸　1－8－413
外八工段闸　1－8－413
外六工段闸　1－8－413
外汇存款　2－18－1237
外汇贷款　2－18－1237
外汇额度留成制度　2－18－1223
外出人口　1－6－299
外地学生　3－34－1980
外向型经济发展协商　2－25－1578
外来人口及出租私房管理　2－28－1716
外来妇女管理　2－27－1664
外来劳动力来源　2－31－1831
外来劳动力流动　2－31－1832
外来流动儿童管理　3－38－2266
外来常住人口　1－6－301
外来婚　3－40－2358
外来暂住人口　1－6－302
外事出访　2－24－1554
外事机构　2－24－1554
外事接待　2－24－1555
外荡（网箱）养殖　1－11－719
外科　3－38－2238
外宣组织　2－22－1473
外宣活动　2－22－1473
外资项目　2－14－998
外商及港澳台商投资项目进口货物减免税　2－17－1210
外商和港澳台商投资工业企业职工劳动报酬　2－13－863

外商和港澳台商投资企业登记 2—20—1324
外商独资项目 2—14—998
冬至 3—40—2353
冬至麻团 3—40—2395
冬泳 3—39—2314
冬福二圣帝 3—40—2415
鸟纲 1—3—147
鸟害与野生动物防治 1—9—454
务本堂 3—37—2154、2165
包件 2—21—1402
包裹投递 2—21—1401
乐善桥 3—37—2158

〔、〕

主体教学（党校） 2—22—1499
主要水工程管理单位 1—8—441
主要依靠计划分配阶段 2—31—1793
主要食品消费 1—7—358
主要活动（妇联） 2—27—1656
主要商品价格 2—20—1351
主食 3—40—2394
主食、副食与其他食品支出 1—7—357
主席会议学习 2—25—1597
主席会议建议案 2—25—1588
主题教育（共青团） 2—27—1653
市（县）人民武装部 2—30—1761
市（县）人民政府组成人员 2—24—1533
市（县）仲裁委员会 2—31—1842
市（县）第九届政府常务会议 2—24—1538
市区公交 1—10—552
市内分布 1—6—284
市内电话 2—21—1407
市内客运 1—9—508
市心中路 1—10—539
市心北路 1—10—539
市心南路 1—10—531
市外分布 1—6—286
市场化阶段 2—31—1794
市场贸易工作视察 2—25—1584
市场监管（商业城） 2—16—1122
市场准入管理 2—15—1055
市场调节 1—11—601
市场调节种植 1—11—599
市场检疫 1—11—763
市场登记 2—20—1333
市场管理 2—15—1066，2—20—1333
市级文化设施 3—36—2047

市级机关妇女委员会 2—27—1659
市级财政收支平衡 2—19—1274
市级财政管理体制 2—19—1261
市级领导出访 2—24—1554
市体育中心东南部环境改造 3—39—2337
市政工程施工队伍 2—15—1034
市政园林工程设计队伍 2—15—1032
市政府机构改革 2—24—1557
市第十一届政府市长办公会议 2—24—1540
市第十一届政府常务会议 2—24—1539
市第十二届政府市长办公会议 2—24—1540
市第十二届政府常务会议 2—24—1539
市第十届政府市长办公会议 2—24—1540
市第十届政府常务会议 2—24—1539
市属体育设施 3—39—2336
市属科研机构 3—35—2028
市管后备干部 2—22—1486
市管领导干部经济责任审计 2—20—1388
立柱广告 2—21—1446
立夏 3—40—2349
立新闸 1—8—413
冯永川 陈宝土 3—44—2657
冯家溇基督教堂（属地方教会活动场所） 3—41—2459
半爿山至西兴为西江塘北段 1—8—398
半年节 3—40—2351
头蓬老街 3—37—2152
头蓬闸 1—8—413
头蓬镇 1—2—094
宁围镇 1—2—095
宁围镇成人文化技术学校 3—34—1968
永丰直河 1—3—130
永丰闸 1—8—413
永兴县 1—2—075
永兴河、进化溪、凰桐江河（溪）道 1—8—394
永兴河 1—3—128，1—9—501
永兴河丁家庄段裁弯工程 1—8—392
永兴桥 3—37—2155
永春和尚 3—41—2440
永思堂 3—37—2164、2165、2166
永禄桥 3—37—2159

〔一〕

民用爆炸物品管理 2—28—1711
民主评议干部 3—34—1977
民主监督（工会） 2—27—1644
民兵应急分队 2—30—1764
民间艺术 3—36—2076

民间艺术之乡（楼塔） 3—43—2576
民间文学 3—36—2076
民间纠纷调解 2—28—1727
民俗类 3—42—2522
民营医院 3—38—2231
民族工作 2—22—1497
弘一 行书札 3—37—2181
出入境人员管理 2—28—1719
出口方式 2—17—1188
出口市场 2—17—1190
出口企业 2—17—1186
出口产品 2—14—1006
出口货物退（免）税管理 2—19—1300
出口实绩 2—14—1006
出口检疫 1—11—763
出口商品 2—17—1189
出口商品检验 2—17—1212
出丧 3—40—2364
出国考察访问 3—35—2035
出庭支持公诉 2—29—1737
出席上级党代会代表选举 2—22—1453
出席市（县）党代会代表选举 2—22—1453
出席杭州市党代会代表构成 2—22—1453
出席萧山市党代会代表构成 2—22—1453
出海货运 1—9—510
奶牛 1—11—711
奶牛养殖基地 1—12—816
加工用具 3—40—2404
加工机械 1—11—759
加工农具 1—11—756
加工贸易 2—17—1201
加快改革开放与经济建设 2—22—1468
加快城市化进程 2—22—1470
加班工资 2—31—1815
加高加固西小江围堤和建节制闸 1—8—395
加强非公有制企业党的组织建设 2—22—1467
加强薄弱学校建设 3—34—1936
皮衣消费 1—7—365
皮肤科 3—38—2244
皮革 2—17—1213
皮革、毛皮及其制品 2—13—884
发行站发行 2—21—1427
发现（下孙遗址） 1—1—044
发现（跨湖桥遗址） 1—1—043
发型 3—40—2393
发展会员（工商联） 2—26—1629
发展会员（民进） 2—26—1613
发展社员（九三学社） 2—26—1624
发展党员（农工党） 2—26—1620

发展高中段教育 3—34—1936
发展第三产业 2—22—1468
发展盟员（民盟） 2—26—1606
发掘（下孙遗址） 1—1—045
发掘（跨湖桥遗址） 1—1—043
孕产妇死亡率 1—6—306
孕产妇抢救中心 3—38—2259
孕产妇系统管理 3—38—2279
圣果寺 3—41—2433
圣帝殿 3—41—2451
对口联系 2—25—1595
对不同固定方式治疗颈椎骨折或脱位的生物力学实验研究
　　3—35—2042
对外招商引资 1—11—671
对外借款 2—17—1202
对台联谊 2—22—1498
对象（老年大学） 3—34—1967
台球 3—39—2343
台湾机械工业城招商 2—14—994
幼儿园 3—34—1949
幼儿教育 1—12—799
丝虫病 3—38—2273

六 画

〔一一〕

刑事案件侦查 2—28—1705
刑侦技术 2—28—1708
动词、形容词的特殊表达形式 3—42—2513
动词后缀"带"、"咚"、"夯" 3—42—2517
动物 3—42—2487
动物类（中草药） 3—38—2301
动物检疫 1—11—763
动物遗骨 1—1—057

〔一丨〕

地下水管理 1—10—560
地下粮库 2—16—1166
地方公路建设基金 1—9—498
地方税务稽查 2—19—1296
地方税收入 2—19—1291
地方税收管理 2—19—1293
地方储备 2—16—1167
地价 1—5—276
地名标志设置 2—32—1860

地名标准化　2-32-1859
地名档案管理　2-32-1861
地形测绘　1-10-529
地面附着物补偿　1-5-258
地面粮库　2-16-1165
地租　1-5-275
地理　3-42-2485
地域差距　1-7-349
地震　1-3-186
地震测报站　3-35-2032
地藏寺　3-41-2435
机电排灌水费　1-8-444
机电商品　2-16-1143
机动车尾气污染防治　1-4-218
机动车维修行业管理　1-9-498
机场规模　1-9-450
机关干部下村任职　1-11-611
机关事业单位工资制度改革　2-31-1777
机关事业单位社会养老保险　2-33-1889
机关宿舍租金　2-15-1079
机制纸及纸板制造　2-13-891
机桩施工队伍　2-15-1036
机械工业　1-12-825
机械制造业　2-14-1000
权利保障（工会）　2-27-1645
寺庙　3-37-2161、2194
吉山戏台　3-37-2168
吉庆点歌　3-40-2417
吉庆桥　3-37-2158
共同点（下孙遗址与跨湖桥遗址的关系）　1-1-045
共同特征（农民企业家）　1-11-641
考古发掘（下孙遗址）　1-1-045
考古发掘与清理　3-37-2186
考古试掘（下孙遗址）　1-1-045
考试方法改革　3-34-1932
考核　2-31-1795
考察与进修　3-35-2035
老龙王塘庙　3-41-2445
老有所为（老干部）　2-22-1504
老年人口　1-6-293
老年优待　2-27-1682
老年运动会　3-39-2316
老年服务设施　2-27-1682
老年基金　2-27-1681
老岳庙　3-41-2444
老城区　1-2-100
老街　3-37-2150
再生产类型　1-6-292

再婚　1-6-327
再就业专项资金　2-31-1827
再就业服务中心　2-31-1828
再就业政策　2-31-1826
再就业培训　2-31-1831
西小江　1-3-129
西小江围堤节制闸　1-8-414
西小江沿岸节制闸　1-8-440
西山公园　1-10-570
西山东麓等地考古发掘与清理　3-37-2186
西山印纹硬陶窑址　3-37-2148
西山隧道　1-10-538
西水东调　1-12-792
西北连杭州市滨江区　1-2-078
西北连滨江区　1-2-079
西瓜　1-11-735，1-12-814
西江塘　1-8-398
西兴灯笼　3-36-2079
西河公园　1-10-570
西河路　1-10-532
西界西湖区、富阳市　1-2-079
西界富阳市和杭州市区　1-2-078
西施　3-40-2414，3-44-2623
西施里　3-37-2192
西施庙与苎萝亭　3-37-2192
西施庙戏台　3-37-2169
西施故里（临浦）　3-43-2539

〔一丿〕

在外饮食　1-7-357
在建工程财务审计　2-20-1386
有孔玉斧　3-37-2176
有机化学产品制造　2-13-882
有机质　1-3-142
有机肥施用　1-11-742
有价证券　1-7-387
有限责任公司　2-13-923
有线电视网　2-21-1442
有胆有识　敢于创新（农民企业家）　1-11-641
灰坑　1-1-050
匠作　3-40-2389
达标活动（档案）　3-36-2103
戌城遗址　3-37-2150
成人高中、职业高中学历培训　3-34-1975
成人娱乐　3-40-2404
成长历程（农民企业家）　1-11-641
成立退休教师协会　3-34-1978

成年仪式教育 2—27—1654
成衣消费 1—7—364
成虎坊 3—37—2207
成虎桥 3—37—2207
成品油价格 2—20—1353
百业 3—42—2493
百业类 3—42—2522
百合牌颜料 2—13—965
百步寺 3—41—2428

〔一、〕

夹克走俏 3—40—2419

〔一→〕

托幼园所保健管理 3—38—2282
托媒 3—40—2358
执法检查 1—4—227，2—20—1380
扩大自主权 2—13—844
扫盲教育 3—34—1961
过年 3—40—2353
过境木竹管理 1—11—765
至杭州市区公交 1—10—554
至湖岭庙 3—41—2426
至湖岭踏雪 3—37—2202

〔｜丿〕

师资（老年大学） 3—34—1968
尖山段拓宽工程 1—8—392
尖山桥 1—9—458
尖山浮桥 1—9—507
尖形器 1—1—055
尖峰积雪 3—37—2200

〔｜、〕

光明闸 1—8—413
光缆 2—21—1411
光照晨曦 3—37—2201
当铺 3—40—2388

〔｜→〕

吸纳市内工商资本 1—11—671
吕薇 3—44—2699

吊桶 3—40—2373
早生良种茶设施栽培 1—11—745
早稻 1—11—675、733
同级财政预算执行审计 2—20—1387
同学聚会 3—40—2417
同泰当 3—37—2154
网络广告 2—21—1447
网站 3—35—2020
网球、羽毛球馆 3—39—2337
团结联谊 2—25—1598
回门 3—40—2362
回澜桥 3—37—2156
虫害 1—11—691
肉用仔鸡笼养 1—11—747
肉鸭配套饲养 1—11—747
肉猪 2—16—1136

〔丿一〕

竹木板材 2—15—1052
竹林寺妇科 3—38—2233
竹制品 1—11—726
竹笋 1—11—725
竹簟 3—40—2373
先进表彰 2—27—1677，2—32—1856
先昭寺 3—41—2427
乔迁 3—40—2366
年代 1—1—045
年产10000吨HCFC141b/HCFC—142b 3—35—2041
年降水量 1—3—123
年度计划 2—20—1312
年度性贷款 2—18—1225
年度检验 2—20—1325
年蒸发量 1—3—124
年龄差异 3—42—2463
朱人敏 3—44—2692
朱氏始祖墓 3—37—2173
朱氏洞桥 3—37—2156
朱凤标 3—44—2636
朱凤标故居 3—37—2153
朱凤标墓 3—37—2171
朱文钧 行书七言联 3—37—2181
朱文钧 3—44—2647
朱执信 3—44—2641
朱村桥 3—37—2160
朱妙章 3—44—2685
朱怙生 3—44—2651
朱重庆 3—44—2693

朱珪　3-44-2632
朱家潽　3-44-2672
朱家济　行书横披　3-37-2181
朱家济　3-44-2659
朱康杰　3-44-2685
朱筠　3-44-2631
朱新予　3-44-2666

〔丿丨〕

伟老线　1-9-470
传化牌洗衣粉　2-13-965
休闲观　1-11-663
休闲胜地（城厢）　3-43-2537
休闲健身　2-16-1177
休闲旅游消费　1-7-381
伍子胥　文种　3-40-2414
优质珍珠蚌养殖　1-11-749
优质商品蟹产业化基地　1-12-820
任大星　3-44-2676
任大霖　3-44-2668
任辰旦　3-44-2630
任伯年　3-44-2637
任宝凯　3-44-2688
任职资格　2-19-1278
任颐　花鸟扇面　3-37-2180
任熊　任薰　任预　3-44-2635
任熊　晚妆初卸图轴　3-37-2180
任薰　人物图轴　3-37-2180
伤残抚恤　2-33-1915
伤寒　3-38-2269
价格走势　2-15-1084
价格抽样调查　2-20-1378
仿生态鳖养殖　1-11-748
仿南宋官窑瓷　3-36-2081
伊利石　1-3-114
华氏内科　3-38-2234
华克勤　3-44-2627
华眉山背斜　1-3-110
华家垫戏台　3-37-2167
华能储运有限公司码头　1-9-505
乒乓球比赛　3-39-2333
延长承包期　1-11-597
延庆寺　3-41-2434
自办节目　2-21-1430
自防自救　2-28-1721
自来水价格　2-20-1351
自我服务（个协、私协）　2-27-1693

自我教育（个协、私协）　2-27-1694
自我管理（个协、私协）　2-27-1694
自制节目　2-21-1441
自备电厂发电　2-13-893
自备油机发电　2-13-893
自营出口（直接出口）　2-17-1189
自谋职业　2-31-1824
自然类（乡谚）　3-42-2521
自然景观　3-37-2194
自然遗迹　3-37-2192
自管公房　2-15-1078
血吸虫病　3-38-2273

〔丿丿〕

行业自律　2-13-843
行业质量整顿　2-20-1364
行业管理　2-13-842
行宜桥　3-37-2160
行政机构　2-14-1019
行政事业单位财务审计　2-20-1381
行政事业单位财务管理　2-19-1280
行政管理体制　2-14-1020
后山印纹硬陶窑址　3-37-2149
后王寺　3-37-2196
后江庙　3-37-2193
后进村党组织整顿　2-22-1481
后备干部　2-22-1486
后缀　3-42-2511
后解放河　1-3-130

〔丿、〕

创办《萧山教育》　3-34-1928
创办家长学校　2-27-1666
创作与展览　2-27-1672
创作活动　2-27-1672
创作鼓励奖　2-27-1673
创建卫生先进单位　1-10-578
创建卫生镇乡　1-10-578
创建国家卫生城市　1-10-579
创建活动（公路）　1-9-485
创建萧山经济技术开发区　2-22-1467
创新制度　完善管理（农民企业家）　1-11-642
全民运动会　3-39-2329
全民和县级集体企业就业　2-31-1821
全民健身网络　3-39-2309
全民健身运动　3-39-2309

全民健身组织　3-39-2309
全体会议学习　2-25-1597
全国、浙江省、杭州市政协委员　2-25-1566
全国人大代表　2-23-1508
全国工业企业普查登记　2-20-1371
全国农村初级卫生保健示范县建设　3-38-2283
全国劳动模范（五一劳动奖章）　2-27-1643
全国政协委员　2-25-1566
全国科技工作先进县（市）创建　3-35-2027
全国科普示范县（市）创建　3-35-2027
全面质量管理　2-20-1363
全面推广　3-42-2528
全程服务　1-6-338
全新统（Q4）　1-3-107
全璧堂　3-37-2164
会计知识培训　2-19-1277
会计资格管理　2-19-1278
会办企业（工商联）　2-26-1635
会议招商　2-14-990
会议制度（信访）　2-24-1546
会议视察　2-25-1583
会员大会（民进）　2-26-1612
合同订购　1-11-601
合同用工　2-31-1776
合同争议行政调解　2-20-1340
合同制工人工资　2-31-1817
合肖　3-40-2359
合作医疗　1-11-655
合莫堂　3-37-2162
合鳃目　1-3-161
企业内部审计　2-20-1390
企业网络　2-21-1416
企业产权制度改革　2-24-1543
企业军转干部待遇　2-24-1553
企业妇女代表会　2-27-1660
企业违法占地清理　1-5-278
企业技术中心　2-14-1013
企业财务管理　2-19-1279
企业单位财务审计　2-20-1384
企业性存款　2-18-1227
企业承包经营责任审计　2-20-1388
企业养老保险　2-33-1885
企业党组织　2-22-1481
企业债券（集资）　2-18-1253
企业职工工资改革　2-31-1777
企业博士后科研工作站　2-31-1801
企业税收管理　2-19-1293
企业集资　2-24-1551

企业登记　2-20-1323
企业管理　2-14-1023，2-20-1325
企事业单位专业技术人员职称评聘　2-31-1802
企事业单位科协　2-27-1668
企事业单位宿舍租金　2-15-1080
杀年猪　3-40-2354

〔丿→〕

杂交稻　1-11-733
杂粮　1-11-676
危险物品管理　2-28-1711
危险货物运输　1-9-492
负担系数　1-6-291
负担项目　1-11-655
各类残疾人调查　2-27-1675
名牌产品　1-11-674
多种熟制　1-11-732
争取机场选址萧山　2-22-1469

〔、一〕

冲积平原　1-3-116
冲喜　3-40-2358
冰雹　1-3-185
妆亭　3-37-2193
刘猛将军　3-40-2415
交往观　1-11-662
交通、通信、电力用房　1-10-546
交通用地　1-5-242
交通安全问题　1-11-631
交通设施　1-12-793
交通运输设备修理　2-13-879
交通秩序管理　2-28-1717
交通消费　1-7-373
交通通信消费　1-7-373
交通银行杭州分行萧山支行　2-18-1219
交通渡口　1-9-506
衣　3-40-2391
衣物　3-42-2490
衣着支出　1-7-364
衣着消费　1-7-364
产中服务（农村）　1-11-616
产业链招商　2-14-994
产权登记年检　2-19-1289
产后服务（农村）　1-11-616
产品质量监督　2-20-1366
产品标准制定　2-20-1360

农业技术推广中心　3—35—2031
农业技术推广站　3—35—2031
农业投入政策　1—11—628
农业承包金管理　1—11—610
农业标准化　2—20—1362
农业标准化建设　1—11—674
农业科技示范户　1—11—640，3—35—2016
农业科技示范园区（前进）　3—43—2618
农业科技园区　3—35—2015
农业科研校、所　1—11—752
农业特产税　2—19—1304
农业综合开发规划　1—5—260
农业植物检疫　1—11—763
农业税　2—19—1304
农业普查　2—20—1374
农业强镇（益农）　3—43—2600
农田草害　1—11—693
农用塑料薄膜　1—4—207
农用薄膜　2—16—1146
农民工待遇和欠薪问题　1—11—630
农民专业技术职称　1—11—639
农民负担问题　1—11—630
农民技术人员职称评聘　2—31—1803
农民技术培训　1—11—639
农民劳动积累管理　1—11—609
农民营销　1—11—602
农民营销大户收购　1—12—836
农民增收　1—11—647
农机　1—11—761
农机（具）供应　1—11—761
农产品加工企业收购　1—12—836
农技下乡服务　3—35—2024
农村小学"留课不留级"课程分流教学模式　3—34—1969
农村户口城市化管理　2—28—1716
农村电话　2—21—1405
农村合作医疗　3—38—2224
农村合作基金管理　1—11—609
农村宅基地确权发证　1—5—270
农村妇女培训　2—27—1665
农村体育设施　3—39—2339
农村住户抽样调查　2—20—1376
农村住房　1—7—367
农村初级卫生保健巩固与发展　3—38—2285
农村初级卫生保健达标管理　3—38—2283
农村社会保障政策　1—11—629
农村社会养老保险　2—33—1889
农村改革政策　1—11—628
农村供水项目　2—17—1203

农村居民住房积累　1—7—388
农村居民消费水平　1—7—351
农村信用社存款准备金　2—18—1224
农村救济　2—33—1901
农村敬老院　2—33—1907
农村粮食供应体制　2—16—1159
农具　1—11—761，3—40—2372
农函大萧山分校　2—27—1669
农药　1—4—206
农副产品　2—16—1135
农副产品商标注册　1—11—674
农副产品提价　1—11—648

〔一丨〕

收入水平　1—7—343、346
收入形态　1—7—343
收入差距　1—11—648
收入结构　1—7—344、347
收购出口（间接出口）　2—17—1188
收获机械　1—11—758
收获农具　1—11—756
收割　1—11—646
防虫网覆盖　1—11—746
防护绿地　1—10—572
防空警报　2—30—1772
防洪标准　1—8—404、405
防御重点　1—8—433、435
防御措施　1—8—434

〔一丿〕

妇女干部培训　2—27—1665
妇女病查治　3—38—2280
妇幼保健保偿　3—38—2280
妇产科　3—38—2241
妇字号工程　2—27—1661

〔一丶〕

戏台　3—37—2167
观十五线　1—9—470
观音殿　3—41—2436
观潮节　3—40—2352
观潮节文化活动　3—36—2055
观潮胜地（南阳）　3—43—2579
欢潭　3—37—2174
欢潭乡　1—2—095

欢潭兰头角村亚林码头 1-9-504
欢潭老街 3-37-2151
羽毛（绒）及其制品 2-13-885
羽毛球比赛 3-39-2334
羽绒基地（新塘） 3-43-2612

〔一一〕

孙氏宗祠 3-37-2196
孙氏宗谱所载"湘湖八景" 3-37-2200
孙处 3-44-2623
红山农场幼儿园 3-34-1949
红石雕刻 3-36-2082
红豆杉纲（紫杉纲） 1-3-170
红垦农场 1-12-805
红麻 1-11-734
红麻、棉花高产模式 1-11-743
红麻地膜覆盖 1-11-745
红旗村 标兵村 1-11-622
红黏土 1-3-114
红壤类 1-3-140
纤维原料初步加工 2-13-877

七 画

〔一一〕

玛瑙耳塞、鼻塞 3-37-2177
形成原因（萧山精神） 1-6-320
形容词后缀"带"、"咚"、"夯" 3-42-2517
弄巷改造 1-10-533
麦糊烧 3-40-2396
进口商品检验 2-17-1213
进区服务机构 2-14-1028
进化溪 1-3-129，1-9-501
进化镇 1-2-095
违法占地建房清理 1-5-277
违法合同查处 2-20-1339
违法违规卷烟查处 2-16-1154
违章查处 1-10-527
运动员培养 3-39-2339
运价管理（水路） 1-9-517
运价管理（公路） 1-9-496
运输 1-11-647
运输机械 1-11-760
运输农具 1-11-756
运输管理（水路） 1-9-516

运输管理（公路） 1-9-495
运输管理（铁路） 1-9-464
寿诞 3-40-2367

〔一丨〕

坎山老街 3-37-2152
坎山镇 1-2-093
坎山镇成人文化技术学校 3-34-1968
坟祭 3-40-2409
坑（地）道工程 2-30-1772
坊里 1-2-098
杜家杨梅节 3-37-2212
材料质量管理 2-15-1058
村（居委会）妇女代表会 2-27-1659
村、居民区调整 1-2-091
村文化室（中心） 3-36-2046
村务、财务公开 1-11-610
村民自治示范活动 2-32-1851
村庄规划 1-11-619
村级后备干部 2-22-1486
村级档案室 3-36-2103
村级党组织 2-22-1481
村级党组织换届 2-22-1481
村医培训 3-38-2254
村委会改居委会 2-32-1852
村委会换届选举 2-32-1849
村委会调整 2-32-1849
村经济合作社 1-11-607
村落格局 3-40-2399
村镇规划 1-11-619
村镇供水 1-11-620
村镇建筑 1-11-621
村镇道路 1-11-620
极乐寺 3-41-2435
极端气温 1-3-122
杨之华 3-44-2660
杨齐王、杨冀王墓 3-37-2197
杨时 3-40-2415，3-44-2625
杨岐寺 3-41-2433
杨岐钟声 3-37-2201
杨秀清衣冠冢 3-37-2173
杨家浜排灌站 1-8-424
杨梅 1-11-686
杨霄桥 3-37-2160
豆秆黑潜蝇发生规律及防治技术 3-35-2042
豆瓣糕 3-40-2395
贡枣试种 1-12-810
走访慰问（老龄委） 2-27-1681

赤皮病防治　1-11-752
志留系　1-3-106
志愿兵役制　2-30-1762
志愿兵复员　2-30-1762
声母　3-42-2464
声调　3-42-2465
花口银盒　3-37-2178
花木之乡（新街）　3-43-2588
花卉苗木基地　1-12-817，3-43-2616
花生　1-11-681、735
花坛草花　1-11-729
花朝　3-40-2349
芥菜　1-12-814
苎萝山与红粉石　3-37-2192
苎萝湖、洗脚潭　3-37-2192
苎麻、亚麻　1-11-682
芦家闸　1-8-414
孝义堂　3-37-2163
孝女　3-40-2414
孝女庙会　3-40-2411
孝思堂　3-37-2162、2165
李一峰家庭文化室　3-36-2097
李成虎　陈晋生　3-44-2641
李成虎故居　3-37-2207
李成虎墓　3-37-2171、2207
劳动力市场　2-31-1829
劳动力转移（农村劳动力）　1-11-637
劳动用工年检　2-31-1846
劳动合同监察　2-31-1844
劳动合同鉴证　2-31-1843
劳动争议处理　2-31-1843
劳动争议仲裁组织　2-31-1842
劳动争议调解委员会　2-31-1842
劳动关系协调委员会　2-31-1842
劳动防护用品　2-31-1838
劳动时间监察　2-31-1846
劳动服务公司就业　2-31-1823
劳动能力鉴定　2-33-1893
劳动模范管理　2-27-1643
劳动管理　2-14-1024
更新统（Q$_{2-3}$）　1-3-107
两栖纲　1-3-156
两浙要冲　1-2-073

〔一丿〕

励建书　3-44-2696
医护便民措施　3-38-2258

医疗义诊（九三学社）　2-26-1627
医疗义诊（民进）　2-26-1618
医疗义诊（农工党）　2-26-1622
医疗卫生　2-14-988
医疗技术　3-38-2232、2236
医疗护理　3-38-2249
医疗质量管理　3-38-2304
医疗保健（老干部）　2-22-1503
医疗保健消费　1-7-372
医疗消费　1-7-372
医药行业废水处理　1-4-213
医药食品业　2-14-1001
医院放射卫生　3-38-2290
医院健康教育　3-38-2297
医院管理　3-38-2303
医患纠纷与医疗事故处理　3-38-2261
医德医风建设　3-38-2259

〔一、〕

来汉宣　3-44-2677
来自农民　服务农民（农民企业家）　1-11-641
来苏乡　1-2-095
来茂德　3-44-2696
来宗道　3-44-2629
来斯行　3-44-2629
来集之　3-44-2630
来裕恂　3-44-2654
来楚生　3-44-2661
来新夏　3-44-2675

〔一→〕

扶持集体经济　1-11-593
扶持集体经济薄弱村　1-11-611
技工学校　3-34-1957
技术市场　3-35-2012
技术改造及基本建设进口货物减免税　2-17-1210
技术服务（民盟）　2-26-1611
技术培训　3-34-1962、1964
技师　3-34-1965
技师考评　2-31-1809
技能竞赛　2-31-1808
技能培训服务（个协、私协）　2-27-1693
批发零售（烟草）　2-16-1152
扳罾　3-40-2376
抢亲　3-40-2358
抢险方案　1-8-433、436

抢险措施　1—8—436
抛石碴护坡　1—8—400
抛坝促淤　1—12—781
投诉处理（个协、私协）　2—27—1699
投资区江南区块总体规划　2—14—981
投资构成　2—14—998
投资说明会　2—14—990
投递方式　2—21—1401
投递频次　2—21—1400
抗日阵亡将士之墓　3—37—2172
报纸印刷　2—21—1424
报表　3—40—2363
拟声词　3—42—2506

〔丨一〕

时政类　3—42—2524
财务审计制　1—8—406
财产性收入　1—7—344、348
财政专项基建补助款　3—34—1992
财政收支审计　2—20—1387
财政体制　2—14—1021
财政体制与投融资机制　1—10—545
财政性存款　2—18—1229
财政信用贷款　2—19—1283
财政资金投入　1—11—670
财政税务管理（网络）　2—21—1413
助词　3—42—2519
助词　叹词　3—42—2505
助残政策　2—27—1675
邮政　1—12—795
邮政汇兑　2—21—1402
邮政报刊发行　2—21—1426
邮送广告经营　2—21—1450
别竿船　3—40—2381
吴观　墨竹图轴　3—37—2179
吴克明　3—44—2678
足浴　2—16—1174
足球比赛　3—39—2334
岗位培训　2—15—1038，3—34—1964
旱冰场　3—39—2343
旱涝兼治　1—8—427
县城城址　3—37—2150
县第八届政府县长办公会议　2—24—1540
县道　1—9—469
县署　1—2—097
男性科　3—38—2245
园田化建设　1—5—265
园地　1—5—240

园林绿化　2—14—986
园林绿化工程施工队伍　2—15—1035
围巾消费　1—7—366
围垦大堤　1—8—400
围垦水利工程费　1—8—443
围垦指挥部　1—8—442
围垦前沿（义蓬）　3—43—2581
围垦滩涂5万亩　2—22—1467
围垦精神　1—6—321
围棋比赛　3—39—2335
里士湖闸　1—8—414
里庵坞庙　3—41—2433

〔丿一〕

针灸　3—38—2233
利用（土地）　1—5—247
私人诊所　3—38—2231
私人建房用地管理　1—5—272
私房改造　2—15—1081
私房租金　2—15—1081
私房管理　2—15—1081
私营工业企业职工劳动报酬　2—13—862
私营企业协会　2—27—1692
私营企业资本金积累　1—7—379
私营企业登记　2—20—1324

〔丿丨〕

估量性副词　3—42—2518
体育人才输送　3—39—2341
体育用品销售　3—39—2344
体育场地经营　3—39—2343
体育传统项目　3—39—2321
体育项目辅导培训　3—39—2343
体育消费市场　3—39—2344
何香凝　仿宋人牡丹图轴　3—37—2181
何家桥伤科　3—38—2234
何舜宾　3—44—2628
作业与考试　3—34—1983
作息时间　3—34—1981
低山　1—3—117
低山丘陵土区　1—3—142
低山丘陵植被　1—3—143
低丘　1—3—118
低压电网　1—10—561
低产田改造　1—5—267，1—12—802
住宅小区　1—10—547

住宅区建设　2—15—1068
住宅用房　1—10—543
住宅建设　2—15—1068
住房分配　2—15—1078
住房安排（老干部）　2—22—1503
住房样式　3—40—2400
住房积累　1—7—388
住房消费　1—11—650
住院病人　3—38—2257
佛法僧目　1—3—151
佛眼泉　3—37—2199
邱关兴　3—44—2657

〔丿、〕

余庆堂　3—37—2166
余衍县　1—2—075
余海　3—44—2690
余暨县　1—2—074
含盐量　1—3—142
谷筛　3—40—2373
谷箩　3—40—2373

〔丿→〕

狂犬病　3—38—2271
狂犬病疫苗　3—38—2266
饭架　3—40—2402
饮用水　1—4—193，3—40—2396
饮用水水源保护区建设　1—4—215
饮食观　1—11—659
饮料　2—20—1364，3—40—2396
饮料食品行业废水处理　1—4—213
肛肠科　3—38—2252
肠炎病防治　1—11—752
龟鳖目　1—3—155
免疫疫苗　3—38—2263
条幅广告　2—21—1445
迎亲　3—40—2360

〔、一〕

冷链装备　3—38—2267
状语后置　3—42—2517
库存清查　2—16—1167
疗（休）养（老干部）　2—22—1504

〔、丨〕

闲散地、废弃地　1—5—244
间作套种　1—11—732

〔、丿〕

灶具　3—40—2401

〔、、〕

汪忠镐　3—44—2682
汪洋　3—44—2669
汪珪　3—44—2639
汪辉祖　3—44—2632
沐浴服务　2—16—1174
沙地江师（司）　3—40—2369
汽车　摩托车　2—17—1213
汽车交易市场管理　2—20—1334
汽车防抱死制动系统　3—35—2041
汽车制动器产地（石岩）　3—43—2616
汽车零部件及配件制造　2—13—877
汽灯　3—40—2403
沉积岩　1—3—108
沉凝灰岩　1—3—108
沈云英　3—44—2629
沈有根　3—44—2690
沈忙作　3—44—2684
沈志远　3—44—2655
沈佩兰　3—44—2653
沈定一　3—44—2642
沈定一墓　3—37—2207
沈家渡戏台　3—37—2168
沈霁春　3—44—2663
怀德堂　3—37—2167
完善二轮土地承包责任制　2—22—1469
完善农业生产责任制　2—22—1469
完善配套设施　2—14—986
宋元明（境域）　1—2—076
宋梦岐　3—44—2646
宋徽宗衣冠冢　3—37—2197
灾害保险　1—11—655

〔、→〕

证券业（网络）　2—21—1415
评选先进工作者制度　3—34—1977
评选教育世家、教师之家　3—34—1977

八　画

〔→一〕

环卫设施　1-10-575

环保型全息防伪真空镀铝纸　3-35-2041

环境功能区划　1-4-222

环境功能分区　1-5-248

环境污染　2-24-1552

环境污染问题　1-11-631

环境保护产业　1-4-229

环境保护规划　1-4-222

环境综合整治　1-10-576

环境管理（民航）　1-9-454

环境影响评价制度　1-4-224

现代化教育设施　3-34-1998

现金管理　2-18-1242

规划实施（农村）　1-11-619

规范办学行为　3-34-1933

规范管理（节水）　1-10-560

规费收缴管理　1-8-443

规费征收（水路）　1-9-518

规费征收（公路）　1-9-497

规模（农村劳动力）　1-11-636

规模办学　3-34-1935

规模构成　2-14-999

规模养猪　1-11-710

规模养猪配套饲养　1-11-747

青少年生长发育　1-6-304

青少年科技活动　3-35-2023

青外线　1-9-470

青年文明号　2-27-1652

青年文学沙龙　3-36-2053

青年农民学技术　2-27-1655

青年运动纪念馆　3-37-2191

青年志愿者　2-27-1652

青年林（路）　2-27-1652

青年突击队　2-27-1653

青年职工学技术　2-27-1655

青花菜（西蓝花）　1-11-735

青苗会　3-40-2413

青苗补偿　1-5-258

青梅　1-11-686

青梅之乡（进化）　3-43-2598

青铜矛　3-37-2177

青铜弩机　3-37-2177

青铜象耳瓶　3-37-2178

青铜提梁盉　3-37-2178

表坊　3-37-2207

表亲婚　3-40-2357

奉思堂　3-37-2164

武术　3-39-2313

武警杭州支队萧山市中队　2-30-1761

武警杭州支队第四中队　2-30-1761

武警萧山市消防大队　2-30-1761

〔一丨〕

垃圾清运与处理　1-10-574

林木采伐管理　1-11-765

林木蓄积　1-11-724

林业特产加工机械　1-11-760

林地　1-5-242

林地面积　1-11-724

林则徐　行书七言联　3-37-2179

林产品　1-11-725

林特基地（欢潭）　3-43-2609

松土　1-11-646

松柏纲（球果纲）　1-3-170

枪支弹药管理　2-28-1711

枫林文学沙龙　3-36-2053

构成（土地）　1-5-245

杭州二棉职工医院　3-38-2230

杭州大地网架制造有限公司　2-14-1008，2-15-1037

杭州大地网架制造有限公司企业技术中心　2-14-1014

杭州万杰减速机有限公司"杰"商标　2-13-971

杭州山水实业有限公司"山水"商标　2-13-971

杭州山里人家　3-37-2210

杭州门户　1-2-073

杭州中汇棉纺织有限公司　2-13-975

杭州手心医药化学品有限公司企业技术中心　2-14-1014

杭州东方文化园　3-37-2209

杭州生态园　3-37-2210

杭州乐园　3-37-2210

杭州市人大代表　2-23-1515

杭州市级名牌产品　2-14-1007

杭州市级劳动模范　2-27-1643

杭州市政协委员　2-25-1566

杭州市第七次党代会代表　2-22-1453

杭州市第八次党代会代表　2-22-1453

杭州市第六次党代会代表　2-22-1453

杭州汇丽绣花制衣有限公司　2-14-1008

杭州永磁集团有限公司　1-12-829

杭州边防站　2-30-1761

杭州发电设备厂　2-13-974

杭州吉天农业有限公司　1-12-820

杭州吉华化工有限公司　1-12-830

杭州伟成印刷有限公司　2-14-1010

杭州红山化纤有限公司　1-12-831

杭州红申电器有限公司　1-12-827

杭州环境保护研究所　3-35-2030

杭州杭发集团公司职工医院　3-38-2230

杭州易舒特药业有限公司企业技术中心　2-14-1014
杭州欣美成套电器制造有限公司企业技术中心　2-14-1013
杭州金达水产养殖有限公司　1-12-821
杭州科利化工有限公司企业技术中心　2-14-1014
杭州闻堰货运码头　1-9-504
杭州前进齿轮箱集团有限公司　2-13-975
杭州前进齿轮箱集团有限公司"前进"商标　2-13-969
杭州前进齿轮箱集团有限公司职工医院　3-38-2230
杭州恒天面粉有限公司企业技术中心　2-14-1014
杭州娃哈哈永盛饮料有限公司　2-14-1009
杭州绕城公路南线萧山段　1-9-466
杭州泰和房地产开发有限公司　2-15-1071
杭州晓阳农业开发有限公司　1-12-820
杭州钱江外商台商投资区　1-5-261
杭州粉末冶金研究所　3-35-2031
杭州浪潮实业公司"浪潮"商标　2-13-970
杭州萧山机场专用公路　1-9-467
杭州萧山国际酒店　2-16-1171
杭州萧山城建房产开发有限公司　2-15-1071
杭州萧山票务中心　3-37-2214
杭州萧山第二建筑工程有限公司　2-15-1037
杭州萧山舒兰农业有限公司　1-12-821
杭州减速机厂企业技术中心　2-14-1014
杭州德意电气有限公司企业技术中心　2-14-1013
杭州德意电气实业有限公司"德意"商标　2-13-971
杭州潘山集团有限公司"雅妮娜"商标　2-13-971
杭沈线　1-9-468
杭甬运河　1-9-501
杭甬高速公路萧山段　1-9-465
杭甬高速公路萧山段建设工程　2-17-1204
杭齿隧道　1-10-538
杭金线　1-9-468
杭金线萧山至诸暨市次坞段改建工程　2-17-1204
杭金衢高速公路萧山段　1-9-466
取水许可证制度　1-8-443
取水管理　1-8-443
取缔制售假冒伪劣商品　2-20-1341
卧室用具　3-40-2403
直立岩层带　1-3-111
直属服务公司　2-14-1027
直属福利企业　2-33-1910
直管公房　2-15-1077、1080
直管公房租金　2-15-1078
卖淫嫖娼查禁　2-28-1713
苗禽交易　1-11-714
范蠡　3-40-2414
范蠡庵　3-37-2193
茄子　1-11-736
苔藓类　1-3-169

茅山庙　3-41-2431
茅山闸　1-8-411
茅草山印纹硬陶窑址　3-37-2149
茅草山遗址　3-37-2147
茅湾里印纹硬陶窑址　3-37-2148
茅潭汇裁弯工程　1-8-392
其他（木器）　1-1-055
其他（瓜果）　1-11-686
其他（苗木）　1-11-729
其他（家禽）　1-11-711
其他（职工体育）　3-39-2314
其他工业　1-12-826
其他比赛（地、市级）　3-39-2328
其他比赛（市、县级）　3-39-2335
其他化学产品制造　2-13-883
其他书籍　2-25-1602
其他用具　3-40-2404
其他用房　1-10-547
其他行业　2-14-1003
其他企业就业　2-31-1824
其他各类培训　3-34-1976
其他安置　2-31-1826
其他收费项目　3-34-1993
其他纤维制品　2-13-888
其他形式招商　2-14-993
其他违法违章行为查处　2-20-1343
其他扶农政策　1-11-629
其他志书　3-36-2092
其他报纸　2-21-1424
其他图书馆（室）　3-36-2097
其他废弃物处理　1-4-221
其他学习形式　2-25-1597
其他药材　3-38-2302
其他科（西医）　3-38-2249
其他活动　3-39-2316
其他津贴　2-31-1816
其他陶器　1-1-053
其他措施（江河整治）　1-8-394
其他植物　1-1-059
其他管理（民航）　1-9-454
丧事禁忌　3-40-2370
丧葬、抚恤、遗属生活困难补助费　3-34-1979
事业单位人事制度改革　2-31-1776
事业单位调整　2-31-1786
事理类　3-42-2523

〔一丿〕

矿山安全监察 2—31—1836
码头 1—9—503
郁崑 3—44—2636

〔一→〕

柯年鱼 3—40—2354
拔秧凳 3—40—2372
担任人大代表、政协委员（九三学社） 2—26—1624
担任人大代表、政协委员（工商联） 2—26—1630
担任人大代表、政协委员（民进） 2—26—1615
担任人大代表、政协委员（民盟） 2—26—1607
担任人大代表、政协委员（农工党） 2—26—1620
担任政协领导职务（工商联） 2—26—1630
担任政府、政协领导职务（民进） 2—26—1615
担任政府、政协领导职务（民盟） 2—26—1607
抽陀螺 3—40—2405
抽屉高照 3—36—2077
拖拉机 1—11—756
拍报标准 1—8—430
拍卖市场管理 2—20—1335
拍洋片 3—40—2405
拆迁（江河整治） 1—8—395
拆迁纠纷处理 2—15—1091
拆迁许可证制度 2—15—1090
拆迁补偿 2—14—983
拆迁补偿安置 2—15—1090
拆迁政策 2—15—1089
招贤纳才 提高自身（农民企业家） 1—11—642
招标投标管理 2—15—1055
招牌与幌子 3—40—2386
招赘婚 3—40—2357
拨小棒 3—40—2406
择吉 3—40—2359
择偶 1—6—324
抬（生产习俗） 3—40—2380
转关运输监管 2—17—1209
转房 3—40—2358
转移方向（农村劳动力） 1—11—637
转移性收入 1—7—345、348
转移特征（农村劳动力） 1—11—637

〔丨一〕

非住宅建设 2—15—1070
非住宅租金 2—15—1079

非金属矿 1—3—114
非学历教育 3—34—1937
卓鹤君 3—44—2687

〔丨、〕

尚舒兰 3—44—2699

〔丨→〕

明代（进士） 3—44—2703
明代（武进士） 3—44—2712
明华花园 1—10—548
明矾石 1—3—114
明德中学 3—34—1952
明懿夫人墓 3—37—2172
购买吉祥 3—40—2417
购买股票 3—40—2420
购房对象 2—15—1082
购置生产性固定资产 1—11—650
贮藏加工 1—11—739
岸线整治 1—10—535
岩性土类 1—3—141
岩将老太 3—40—2414
岩将老太墓 3—37—2172
昆虫纲 1—3—162
罗波桥 3—37—2157
国内考察交流 3—35—2035
国内其他省、市、自治区分布 1—6—286
国外分布 1—6—286
国民经济和社会发展计划及财政预算执行情况协商 2—25—1581
国有、城镇集体工业企业承包经营责任制 2—13—846
国有、城镇集体工业企业职工劳动报酬 2—13—859
国有、集体企业登记 2—20—1323
国有资产管理 2—14—1023
国库管理 2—18—1240
国际结算 2—18—1238
国际酒店游泳池 3—39—2338
国际象棋比赛 3—39—2335
国泰花园 1—10—549
国债（国库券） 2—18—1250
国家建设用地管理 1—5—270
国家税务稽查 2—19—1301
国家税收入 2—19—1297
国家税收管理 2—19—1298
国道 1—9—467
旸雨井 3—37—2174

固体废弃物　1-4-205
固定设班培训　1-11-761
固定资产投资审计　2-20-1385
图书资料、图书馆（室）　3-34-1999
果用瓜　1-11-685
果园虫害　1-11-693
果园病害　1-11-691
果树病虫害防治　1-11-750

〔Ｊ一〕

物业维修基金　2-15-1076
物业管理　1-7-372，2-15-1076，2-16-1122
物兆　3-40-2416
物资交流会　3-40-2385
制定精神文明建设纲要　2-22-1466
制度建设（党风）　2-22-1487
制鞋　2-13-888
委托招商　2-14-993
委员提案　2-25-1589
委组视察　2-25-1583
季节性贷款　2-18-1225
季节性捕捞　1-11-723
季奴禅师　3-41-2440

〔Ｊ丨〕

佳品滋补　3-40-2419
供水　1-10-557，2-14-986
供电　1-10-564，2-14-987
供电质量　1-10-564
供应服务（老干部）　2-22-1504
供油设施管理　1-9-454
供热　2-14-986
供港沪规模猪场OWD防治技术工程研究　3-35-2042
供港供沪猪养殖基地　1-12-815
使用林地管理　1-11-766
例会学习　2-25-1597
侦查监督与审判监督　2-29-1737
侨务联络　2-22-1498
侨汇解付　2-18-1237
依河兴市（戴村）　3-43-2565
版面设置　2-21-1421
货币管理　2-18-1241
货币发行　2-18-1241
货场　1-9-460
货运企业（公路）　1-9-493
货运运价（水路）　1-9-517

货运码头　1-9-504
货运管理（水路）　1-9-517
货物运价（公路）　1-9-497
货物运输管理（公路）　1-9-495
货物联（托）运管理（公路）　1-9-495
货物港务费　1-9-518
凭证入托入学　3-38-2266

〔ＪＪ〕

征用　2-14-982
征地人员养老保险　2-33-1890
征地劳动力安置　2-31-1825
征地拆迁（航空）　1-9-447
征兆　3-40-2415
径游老街　3-37-2151
径游江　1-3-128
所前老街　3-37-2151
所前至萧山　1-9-509
所前镇　1-2-094
质量认证　1-4-228
质量体系认证　1-11-674
质量监督制　1-8-406
爬行纲　1-3-155

〔Ｊ、〕

乳名　3-40-2368
贫富差距问题　1-11-631
金山考古发掘　3-37-2187
金马饭店游泳池　3-39-2338
金元陶瓷（中国）有限公司　2-14-1008
金代（进士）　3-44-2703
金吾伦　3-44-2682
金矿　1-3-113
金宝祥　3-44-2671
金城路　1-10-540
金秋合唱团　3-36-2053
金泉井　3-37-2199
金首牌425#水泥　2-13-964
金海观　3-44-2659
金润泉　3-44-2652
金银门市收兑　2-18-1244
金银计划配售　2-18-1244
金银饰品加工　2-18-1244
金银饰品零售　2-18-1244
金银管理　2-18-1243
金惠路　1-10-540

金属材料　2-15-1048，2-16-1144
金属矿　1-3-113
金属制品　2-15-1053
金属器　3-37-2177
金融业用房　1-10-546
金融机构资金汇划　2-18-1233
金融网络　2-21-1415
金融企业财务审计　2-20-1384
金融设施　1-12-800
金融债券　2-18-1252
命名经过　1-1-060
命名意义　1-1-061
斧　1-1-054
采矿用地管理　1-5-273
采标　2-20-1361
采集经济　1-1-064
采编队伍　2-21-1420

〔丿→〕

狗　1-1-058，1-11-711
饰物　3-40-2393
饲料加工机械　1-11-759
饲禽　3-40-2383
肺吸虫病　3-38-2274
肺结核病　3-38-2271
股份有限公司　2-13-922
肥料　3-40-2371
服务与营销（航空）　1-9-452
服务与维权（工商联）　2-26-1635
服务机制　2-14-1026
服务网络（农村）　1-11-615
服饰观　1-11-659
服药驱虫　3-38-2292
服装之乡（河上）　3-43-2555
服装制造　2-13-887
鱼纲　1-3-157
鱼种套养　1-11-748
鱼病防治　1-11-752
鱼塘精养　1-11-718
兔　1-11-711
兔形目　1-3-146
备炒货　3-40-2355
周汉荣　3-44-2687
周易藻　3-44-2646

〔、一〕

净土寺　3-37-2195

净空管理　1-9-454
放射科　3-38-2246
放罾　3-40-2376
刻字　2-16-1179
京福线　1-9-467
夜餐费补贴　2-31-1815
夜鹰目　1-3-151
育才北路　1-10-539
育才路　1-10-531
变化（农民）　1-11-632
变电所运行　1-10-565
变质岩　1-3-109
店名　3-40-2385
店肆　3-40-2385
庙会　3-40-2410
庙祭　3-40-2409
废水　1-4-202
废气　1-4-203
疟疾　3-38-2273

〔、｜〕

闹房　3-40-2361

〔、丿〕

郑文甫墓　3-37-2196
郑振庭　蔡琳　3-44-2650
郑振庭烈士墓　3-37-2171
单士厘　3-44-2648
单子叶植物纲　1-3-180
单不庵　3-44-2644
单位自管房　2-15-1080
单位拨用　2-15-1078
单道　3-44-2626
卷烟交易市场整顿　2-16-1154

〔、、〕

法制计量　2-20-1356
法定计量单位　2-20-1356
法律服务所　2-28-1728
法律服务热线　2-28-1729
法律法规教育（个协、私协）　2-27-1694
河（江）道整治　2-14-985
河上老街　3-37-2151
河上板龙　3-36-2076
河上群　1-3-105

河上镇　1-2-093
河上镇造纸及纸箱包装制品业　2-13-937
河庄镇　1-2-095
河谷平原土区　1-3-141
河道工程管理　1-8-439
河道疏浚　1-8-397，1-10-534
河道疏浚与综合整治　1-4-215
河道疏浚费　1-8-443
河蟹水肿病防治　1-11-752
河蟹纤毛虫病防治　1-11-752
河蟹养殖基地　1-12-817
河蟹颤抖病防治　1-11-752
油灯　3-40-2402
油脂收购　2-16-1160
油脂销售　2-16-1162
油料生产基地　1-12-812
油料加工机械　1-11-759
油菜　1-11-681，734
油菜秋发栽培　1-11-745
油漆、涂料　2-15-1053
沿江排涝灌溉闸　1-8-411
沿池山印纹硬陶窑址　3-37-2148
沿钱塘江一线涵闸　1-8-440
沿街卫生设施　1-10-576
泥马庙　3-41-2446
泥石流　1-3-186
泥炭　1-3-113
泥盆系　1-3-106
泥桥头排涝站　1-8-423
泥锹　3-40-2372
泥鳅龙船　3-36-2078
沼气利用　1-11-627
治伤接骨名镇（戴村）　3-43-2566
治理整顿和深化改革措施协商　2-25-1582
性状　1-3-141
性病　艾滋病　3-38-2269
性鉴祖师　3-41-2439
宝寿寺　3-41-2430
宗祠　3-37-2162、2196
宗教工作　2-22-1498
定购（派购）定销　1-11-599
定点训练"三棋"项目的学校　3-39-2340
定点训练田径项目的学校　3-39-2340
定点训练乒乓球项目的学校　3-39-2340
定点训练足球项目的学校　3-39-2341
定点训练举重项目的学校　3-39-2340
定点训练排球项目的学校　3-39-2340
定点训练篮球项目的学校　3-39-2340

定亲　3-40-2359
定期补助　2-33-1917
定期排查信访热点难点制度　2-24-1546
定量包装商品计量　2-20-1360
审批管理　1-10-527
审查批捕　2-29-1736
审查起诉　2-29-1736
官塘（运河）　3-37-2205
实物消费与现金消费　1-7-352
实施（开发区条例）　2-14-1023
实施规范　1-8-405
实施科技兴市战略　2-22-1468
实验室与教学仪器　3-34-1997
学开汽车　3-40-2419
学艺　3-40-2389
学历达标教育　3-34-1975
学历教育　3-34-1937、1962、1965
学历教学（党校）　2-22-1499
学术团体　2-27-1668
学术交流　3-35-2035
学术研究（图书馆）　3-36-2098
学术意义　1-1-061
学生会　3-34-1986
学生军训　2-30-1758
学杂费　3-34-1993
学名　3-40-2368
学制（老年大学）　3-34-1967
学制与课程　3-34-1981
学前教育　3-34-1936
学校体育设施　3-39-2337
学校图书馆（室）　3-36-2096
学校政务公开　3-34-1978
学校健康教育　3-38-2297
学校教育（老龄委）　2-27-1684
学校培养　2-15-1038
学徒期工资　2-31-1817
空中交通管制　1-9-454
空气　1-4-195
空港新城（靖江）　3-43-2560

〔、→〕

试航与验收　1-9-451
诗歌　3-36-2066
房地产市场工商管理　2-20-1334
房地产测绘　2-15-1086
房产中介　2-15-1075
房产抵押　2-15-1074

房产典当　2—15—1074
房屋建筑　2—14—988
房源　2—15—1077
屝水密实土堤　1—8—400
祇园寺　3—37—2161
祇园寺舍利铜塔　3—37—2178

〔→一〕

录像发行放映　3—36—2061
建立市外生产基地　1—11—672
建立投入机制　1—11—593
建设一路　1—10—540
建设二路　1—10—540
建设三路　1—10—540
建设四路　1—10—540
建设体制（公路）　1—9—482
建设资金（公路）　1—9—482
建设基础设施　2—14—984
建设湘湖旅游度假区　2—22—1470
建材工业　1—12—824
建材家具业　2—14—1003
建言献策（九三学社）　2—26—1625
建言献策（工商联）　2—26—1630
建言献策（民进）　2—26—1615
建言献策（民盟）　2—26—1608
建言献策（农工党）　2—26—1620
建房　3—40—2401
建筑B宗教性质的推测　1—1—065
建筑工程检测试验室资质管理　2—15—1057
建筑市场拓展　2—15—1057
建筑名镇（党湾）　3—43—2591
建筑安全监察　2—31—1836
建筑防火审核　2—28—1721
建筑材料　2—16—1144
建筑施工噪声治理　1—4—219
建筑特征　1—1—064
建筑陶瓷　2—15—1053
建筑装饰工程队伍　2—15—1034
建筑装饰工程设计队伍　2—15—1032
居民区（村）健康教育　3—38—2297
居民内部收入差距　1—11—648
居民自治示范活动　2—32—1853
居民身份证管理　2—28—1715
居民委员会换届选举　2—32—1853
居民委员会调整　2—32—1852
居民点及工矿用地　1—5—242
居民储蓄存款　2—18—1228

居住区绿地　1—10—572
居住分布（农民）　1—11—634
居住消费　1—7—366
居委会调整　2—32—1852
居室装潢　3—40—2420

〔→丨〕

降水日数、强度　1—3—124
降水量标准　1—8—430
限期治理　1—4—227

〔→丿〕

姓加职务（职称）　3—40—2369
驾驶员及车辆管理　2—28—1717

〔→、〕

参加全国十二县（市、区）政协工作研讨会　2—25—1599
参加会议（老干部）　2—22—1502
参加杭州市七县（市）政协工作横向联系会议　2—25—1598
参观考察（老干部）　2—22—1503
参政议政　3—34—1978

〔→→〕

孢子虫病防治　1—11—752
驻外办事处　2—14—1027
驻外办事机构　2—20—1396
驻外办事机构设立　2—20—1396
驻外办事机构作用　2—20—1396
驻萧科研机构　3—35—2030
驿站（运河）　3—37—2204
线轮　1—1—053
线路运行检修　1—10—564
组成人数　2—25—1567
组织史编写　3—36—2089
组织机构代码　2—20—1363
组织和参加会展　1—11—671
组织学习（老干部）　2—22—1502
细十番　3—36—2078
织蒲包　3—40—2385
绍剧　3—36—2073
经贸洽谈会　2—20—1395
经贸博览会　2—14—991
经济文化保卫　2—28—1723
经济合同仲裁　2—20—1339

经济合同检查 2-20-1338
经济合同鉴证 2-20-1338
经济合同管理 2-20-1338
经济负担 1-11-656
经济形态 1-1-046
经济责任制 2-13-844
经济责任审计 2-20-1388
经济规划区发展协商 2-25-1578
经济信息网络 2-20-1395
经济待遇 3-34-1978
经济特征 1-1-064
经济案件侦查 2-28-1707
经济联络（工商联） 2-26-1636
经济薄弱村扶持 2-24-1542
经费来源 3-34-1992
经费使用 3-34-1993
经费管理 3-34-1994
经营（商业城） 2-16-1121
经营形式 2-15-1083
经营责任制 2-16-1102
经营单位 2-20-1336
经营性收入 1-7-348
承包经营责任制 2-13-845，2-16-1103
承兑汇票再贴现 2-18-1225
承兑汇票贴现 2-18-1231
承裕堂 3-37-2166
函件 2-21-1401

九 画

〔一一〕

玻璃 2-15-1053
毒品查禁 2-28-1712
毒害监察 2-31-1838
春节 3-40-2347
春粮、水稻 1-12-811
春粮 1-11-676
契税 2-19-1305
帮扶甘肃、宁夏等省、自治区6个县 1-11-614
帮扶四川南充市嘉陵区 1-11-615
帮扶四川宣汉县 1-11-614
帮扶四川涪陵市敦仁街道 1-11-614
帮扶市外贫困地区 1-11-614
帮扶泰顺县 1-11-614
帮扶淳安县 1-11-614
帮困救急（工会） 2-27-1646

〔一丨〕

项目开发 1-5-261
项目服务三中心 2-14-1027
项目法人制 1-8-405
项目经理资质管理 2-15-1057
项目管理（房地产） 2-15-1066
城山怀古 3-37-2200
城山怀古坊 3-37-2169
城乡一体化政策 1-11-629
城乡分布 1-6-282
城乡建设科技档案室 3-36-2102
城乡差距 1-7-350
城区污水处理系统 1-10-556
城区污水治理工程建设 1-4-214
城区排水 1-10-555
城区隧道 1-10-538
城市污水处理改造工程 2-17-1204
城市住户抽样调查 2-20-1377
城市建设协商 2-25-1579
城市建设视察 2-25-1584
城市烟尘控制区建设 1-4-218
城市噪声达标区建设 1-4-219
城迁人员救济 2-33-1903
城郊水乡（新塘） 3-43-2611
城河公园 1-10-571
城垣 1-2-097
城南古墓葬群考古发掘 3-37-2186
城南西山隧道古墓葬考古发掘 3-37-2187
城厢基督教堂（属公会与地方教会联合礼拜场所）
        3-41-2458
城厢镇 1-2-092
城厢镇文化站 3-36-2046
城厢镇劲松小学 3-34-1950
城厢镇城东初级中学 3-34-1952
城厢镇高桥幼儿园 3-34-1949
城厢镇裘江中心小学 3-34-1950
城隍山印纹硬陶窑址 3-37-2148
城隍庙 3-41-2450
城镇体系规划 1-10-523
城镇住房 1-7-367
城镇居民住房积累 1-7-388
城镇居民消费水平 1-7-352
城镇救济 2-33-1901
城镇粮食供应体制 2-16-1158
标志普查 1-10-529
标准化工地 2-15-1060
标准化整顿验收、评估、确认 2-20-1362
标准农田建设 1-12-803

标准堤塘建设　1－8－400

标准塘建设　1－12－792

柑橘　1－11－686

相关遗迹　1－1－047

柏类　1－11－729

柱坑　1－1－050

政工人员职称评聘　2－31－1803

政协之友联谊会　2－25－1599

政协办公室　2－25－1569

政协主席、副主席、秘书长　2－25－1567

政府办公自动化网络　3－35－2019

政府网络　2－21－1413

政府投资审价　2－19－1282

政府序列机构负责人　2－24－1534

政府采购　2－19－1282

政府政务（网络）　2－21－1413

政府指导　2－13－842

政法工作视察　2－25－1584

政治待遇（老干部）　2－22－1502

政策扶持　1－11－611

政策性安置就业　2－31－1826

政策性贷款　2－18－1225

政策倾斜　3－34－1935

胡公大帝　3－40－2415

胡瓜　1－12－814

胡永洲　3－44－2691

胡橘棻　3－44－2638

封山育林　1－11－726

封建落后陋习问题　1－11－631

荆茂堂　3－37－2164

南与诸暨市分界　1－2－078

南门江　1－3－129

南门江桥　1－9－458

南片排灌站　1－8－423

南北向断裂　1－3－112

南瓜　1－11－736

南市花园　1－10－548

南江公园　1－10－571

南阳镇　1－2－094

南阳镇制伞业　2－13－938

南沙大堤　1－8－399

南沙大堤节制闸　1－8－413

南沙大镇（坎山）　3－43－2544

南沙重镇（靖江）　3－43－2559

南宋（进士）　3－44－2701

南美白对虾引繁推广　1－12－809

南部区域发展　2－24－1544

南部河流　1－3－128

南部副城（临浦）　3－43－2539

南接诸暨市　1－2－079

草舍　3－40－2400

草鱼出血病防治　1－11－752

草害　1－11－693

茶叶加工机械　1－11－759

茶叶采制机　1－11－758

茶园虫害　1－11－692

茶园病害　1－11－691

茶果之乡（所前）　3－43－2572

茶店　3－40－2387

药店　3－40－2387

革命烈士纪念馆　3－37－2191

查处非法团体　2－32－1864

荧光灯支架　镇流器　2－20－1365

赴日本招商　2－14－992

赴北京、上海等地招商　2－14－993

赴台湾招商　2－14－992

赴香港招商　2－14－992

赴韩国招商　2－14－992

赴德国、意大利招商　2－14－992

赴澳大利亚招商　2－14－992

赵之琛　成佛图轴　3－37－2180

赵之谦　篆书七言联　3－37－2180

赵文璧　3－36－2129，3－44－2713

赵汉卿　3－44－2651

赵纶　3－44－2626

赵家坞庙　3－41－2432

赵婆井　3－37－2199

〔丿〕

鸥形目　1－3－150

残疾人儿童少年入学调查　2－27－1675

残疾人口　1－6－305

残疾人扶助　2－27－1678

残疾人康复　2－27－1678

残疾人就业　2－27－1677

研究专著　1－1－067

研究生主干课程进修班　3－34－1976

研究论文　1－1－067

砖瓦（实心黏土）　2－15－1048

砖瓦氟气治理　1－4－218

砖窑　3－37－2197

砌石护岸　1－8－396

砂轮　1－1－054

泵站　1－10－556

牵捕机　1－11－761

〔一→〕

持证上岗　2-20-1380
拱秀路　1-10-531
挑（生产习俗）　3-40-2380
挑花边　3-40-2384
挑花线绷　3-40-2406
挑担立卖　3-40-2388
指示代词　3-42-2508
指令性种植　1-11-598
指导性种植　1-11-598
指挥通信　2-30-1772
挤奶器　1-11-760
挖井　建水站　1-11-620
挖塘机　1-11-761
挖塘抬地　1-12-801
按揭贷款　2-15-1095
按摩　2-16-1174
轻纺服装业　2-14-1002
轻型栽培　1-11-743

〔丨一〕

点心　3-40-2395
点罗罗　3-40-2406
背（生产习俗）　3-40-2380
背炉子　3-36-2077
韭菜　1-11-736

〔丨丨〕

临江书舍　3-37-2153
临时保护措施　1-1-069
临时保护棚　1-1-069
临床进修（医生）　3-38-2254
临浦天主堂　3-41-2454
临浦水文站　1-8-429
临浦石塔村黄沙码头　1-9-504
临浦老街　3-37-2150
临浦至欢潭　1-9-509
临浦至凰桐　1-9-508
临浦段江道　1-8-394
临浦站　1-9-460
临浦基督教堂（属公会活动场所）　3-41-2459
临浦港　1-9-502
临浦镇　1-2-092
临浦镇文化站　3-36-2046
临浦镇第一初级中学　3-34-1951

览亭眺远　3-37-2201

〔丨丿〕

省内其他地区分布　1-6-286
省农业高科技示范园区　3-37-2210
省级工业卫星镇（义盛）　3-43-2557
省级历史文化名镇——衙前　3-37-2181
省道　1-9-468
省编义务教育教材的实施　3-34-1928

〔丨一〕

响石桥　3-37-2160
峙山寺　3-41-2432
峙山闸　1-8-411
昭东长巷古墓葬考古清理　3-37-2187
贻穀堂　3-37-2167
虾　1-11-720
品种　1-11-710
品种面积　1-11-729
星拱桥　3-37-2159
界别和人数　2-25-1565
界限温度及积温　1-3-123
思本堂　3-37-2165
思成堂　3-37-2164
思家桥　3-37-2158
思想政治教育　3-34-1965
思想教育（党建）　2-22-1500
骨、木、石器　1-1-062
骨伤科　3-38-2251
骨针　1-1-056

〔丿一〕

拜堂　3-40-2361
钟形铜镜　3-37-2178
钟阿马　3-44-2644
钟阿马烈士墓　3-37-2171
钢结构网架设计队伍　2-15-1031
钢结构施工队伍　2-15-1033
钢筋加工机械　2-15-1046
钩虫病　3-38-2274
钩端螺旋体病　3-38-2271
种子管理　1-11-764
种植业产业结构调整　1-11-605
种植机械　1-11-757
科技"星火"计划　3-35-2008

科技工作者之家　2—27—1670
科技开发中心　3—35—2026
科技成果　2—14—1017
科技合作　3—35—2013
科技兴区　1—12—809
科技兴市发展战略协商　2—25—1580
科技项目　2—14—1014
科技咨询（九三学社）　2—26—1627
科技咨询服务公司　3—35—2025
科学知识普及　2—27—1669
科研计划　3—35—2008
科教文卫视察　2—25—1584
科教电影放映　3—35—2022
科教用品进口免税　2—17—1210
科普示范基地　3—35—2016
科普宣传周　3—35—2021
科普读物编写　3—35—2022
缸窑湾听涛　3—37—2202
复合肥　1—11—741
复合器　1—1—057
复员退伍军人安置　2—31—1826
复查纠错　2—24—1553
复查清理　2—32—1863
看戏文　3—40—2404
香市　3—40—2410
香泉　3—37—2199
选址立项（航空）　1—9—447
选拔校级干部　3—34—1938
选派科技人员出国进修　3—35—2036
重大信访领导包案制度　2—24—1546
重阳节　3—40—2353
重要信息反映　2—25—1585
重点水文站　1—8—429
重点污水治理工程建设　1—4—214
重点学科　3—38—2251
重点教学改革项目　3—34—1928
重点普及　3—42—2529
重复信访　2—24—1552
重叠式（构词法）　3—42—2514

〔丿丨〕

便民服务　2—24—1561
修养类　3—42—2523
修理　2—16—1180，3—40—2390
保护开发（湘湖）　3—37—2202
保护区建立　1—5—263
保护区管理　1—5—263

保险消费　1—7—379
保健消费　1—7—372
保龄球　2—16—1177，3—39—2343
信访办理　2—24—1547
信访制度　2—24—1545
信访调处　1—4—227
信报投递　2—21—1401
信贷资金投入　1—11—670
信息化建设（档案）　3—36—2104
信息网络建设　2—25—1585
信息传媒　2—14—987
信息报送制度（信访）　2—24—1547
信息标准化　2—20—1363
侵入岩　1—3—109
顺坝一千二百亩围垦　1—12—779
顺坝四千亩围垦　1—12—777
顺坝围垦指挥部　1—12—783
顺昌当门楼　3—37—2153
追远堂　3—37—2163
禹　3—40—2414

〔丿丿〕

待开发滩涂　1—5—244
待诏桥　3—37—2160
待诏桥茶汤会碑记　3—37—2169
律师业务　2—28—1730
律师事务所　2—28—1729
律师管理　2—28—1730

〔丿、〕

俞吾金　3—44—2691
俞国良　3—44—2698
俞家潭至十四工段　1—9—509
俞龄 文姬归汉图轴　3—37—2179
食虫目　1—3—145
食肉目　1—3—146
食物　3—42—2489
食品工业　1—12—823
食品消费　1—7—357
食盐专营　2—16—1152
食盐中转地（所前）　3—43—2572
食糖　2—16—1141
盆花　1—11—728
盆景　1—11—729

〔丿一〕

狮子灯 3-36-2077
狮虎涎泉 3-37-2174
独木舟 1-1-062
独木舟保护方案实施 1-1-070
独木舟保护措施 1-1-069
独木舟遗迹 1-1-047
独木舟就地保护方案论证 1-1-069
独木梯 1-1-055
独超法师 3-41-2440
独超法师塔铭碑 3-37-2169
狩猎 3-40-2377
狩猎器具（石器） 1-1-054
贸易展览会 2-14-991

〔、一〕

施工企业资质管理 2-15-1056
施工招标制 1-8-406
施工质量管理 2-15-1058
施今墨 3-44-2658
施尧臣 3-44-2628
施肥 1-11-645
施肥技术 1-11-740
亭子 3-37-2198
亮灯照明 2-14-986
音乐 3-36-2071
音乐、体育、美术、劳技教育设施 3-34-1998
音韵特点 3-42-2463
奖励 2-31-1796
咨询机构 3-35-2025
咨询服务 3-35-2026
弈棋 3-40-2405

〔、丨〕

闻堰水文站 1-8-429
闻堰镇 1-2-093

〔、丿〕

烂鳃病防治 1-11-752
前山印纹硬陶窑址 3-37-2149
前进乡 1-2-095
前坛庙 3-41-2447
前坛庙戏台 3-37-2169
前缀 3-42-2510

前解放河 1-3-130
首饰消费 1-7-384
总体规划（城建） 1-10-521
美术 3-36-2068
美国七彩山鸡舍内饲养 1-11-748
美国王鸽笼养 1-11-747
美国尼古拉火鸡配套饲养 1-11-747
美制螺丝项目 2-17-1203
美容美发 2-16-1173, 3-40-2419
美容美发和首饰消费 1-7-383
美容美发消费 1-7-383
类型（土地） 1-5-247
类型（土壤） 1-3-140
娄家墙门 3-37-2153
送灶 3-40-2355
送终 3-40-2362
养分 1-3-142
养老保险 1-11-655
养护作业（公路） 1-9-484
养狗种花 3-40-2419
养蚕 1-11-689, 3-40-2382
养猪 3-40-2382
养殖方式 1-11-718
养殖业品种结构调整 1-11-605
养殖机械 1-11-760
养鳗场项目 2-17-1203

〔、、、〕

洪积、坡—洪积平原 1-3-117
洪积、洪—冲积平原 1-3-117
洪涝 1-3-183
洗马池 3-37-2199
洗头 2-16-1173
洗烫服务 2-16-1174
洗脚敲背 3-40-2419
活水码头（临浦） 3-43-2538
活动实施（双拥） 2-32-1854
洽谈会 2-14-990
洽谈会招商 1-11-671
洛思泉 3-37-2174
济民闸 1-8-414
济远桥 3-37-2157
洋锹 3-40-2372
洋镐 3-40-2372
洲口桥 3-37-2159
津贴 2-31-1815, 3-34-1979
恒星牌涡轮减速机 2-14-1007
恢复阶段（1979～1988年）（私有工业） 2-13-902

宣传网络（计划生育） 1—6—333
宣传活动（计划生育） 1—6—333
宣传教育 2—27—1647，2—30—1757
客运人力三轮车 1—10—555
客运人力车、机动车 1—10—555
客运车站（公路） 1—9—488
客运出租汽车 1—10—555
客运企业（公路） 1—9—490
客运运价（水路） 1—9—517
客运运价（公路） 1—9—496
客运码头 1—9—503
客运线路（公路） 1—9—489
客运管理（水路） 1—9—516
突发性地质灾害 1—5—248

〔、一〕

祖师庙 3—41—2446
祖师净水盅 3—37—2173
祝介平 3—44—2698
祝福 3—40—2355

〔一一〕

昼锦堂 3—37—2162
屋面工程 2—15—1043
退役 2—30—1762
退堤增加排洪面 1—8—394

〔一丨〕

陛下庙 3—41—2449
除草 1—11—645

〔一丿〕

娃哈哈牌非常可乐碳酸饮料 2—14—1007
姚志文 3—44—2696
姚鲍渠改道工程 1—8—393
盈丰至十三工段 1—9—509
贺知章 3—44—2624

〔一→〕

结对扶持 1—11—612
结构优化 1—11—648
结构状况 1—6—290

结建工程 2—30—1771
结婚 1—6—325
结婚登记状况 2—32—1868
结算方式 2—18—1233
给中高级知识分子家属及子女“农转非” 3—34—1978
络麻生产基地 1—12—812
统一用电 1—11—616
统一机耕 1—11—616
统一服务（农村） 1—11—615
统一排灌 1—11—616
统一植保 1—11—616
统计分析 2—20—1378
统计公报 2—20—1378
统计年报 2—19—1289
统计面积 1—5—239
统计信息（网络） 2—21—1414
统计信息交流 2—20—1380

十 画

〔一一〕

耕牛 1—11—711
耕地 1—5—240
耕地占用税 2—19—1305
耕作 1—11—645
耕作机械 1—11—756
耕作环节 3—40—2374
耕制 3—40—2371
耕锄农具 1—11—755
耕德堂 3—37—2154
耖 3—40—2372
耙 3—40—2372
蚕、豌豆 1—11—676
蚕花会 3—40—2413
蚕豆、豌豆 1—11—734
蚕病害 1—11—691
蚕桑病虫害防治 1—11—750
蚕桑基地 1—12—817
泰安桥 3—37—2158
泰和花园 1—10—549

〔一丨〕

档案开放 3—36—2105
档案利用 3—36—2105
档案检索（网络） 2—21—1414

档案编研 3-36-2104
档案管理 2-15-1086
桥南区规划 2-14-982
桥梁 1-10-540，1-12-794，2-14-985，3-37-2155、2205
桥梁建设 1-9-483
桥戴线 1-9-470
桃 1-11-686
桃源风情（浦阳） 3-43-2584
桩机 2-15-1046
校内活动 3-34-1987
校外活动 3-34-1988
校舍 3-34-1996
豇豆 1-11-736
配电变压器运行检修 1-10-565
配套设施投资体制 2-14-1022
配套建设（商业城） 2-16-1121
真济桥 3-37-2155
莲华寺 3-41-2434
莲花落 3-36-2074
莫家桥 3-37-2156
获奖产品 1-11-674
莼、茶产地（闻堰） 3-43-2549
盐土类 1-3-140
速效钾 1-3-142
速效磷 1-3-142
起重机械 2-15-1047
起重机械安全监察 2-31-1839
栽桑 1-11-688

〔一丿〕

砣形器 1-1-055
破坏计划生育行为查处 1-6-337
夏至 3-40-2351
夏统 3-44-2623
夏菜秋栽 1-11-746
夏强 3-44-2697
套养混养 1-11-718
奓 3-40-2404
烈士陵园 2-32-1857
烈士墓 2-32-1857
原国民党特赦等人员救济 2-33-1902
原始纺织 1-1-064
原始瓷双系带环罐 3-37-2175
原始瓷豆 3-37-2175

〔一→〕

捕鱼 3-40-2376

捉石子 3-40-2406
捉蟹 3-40-2377
捐资助学 3-34-1993
损害消费者权益行为查处 2-20-1343
换糖担 3-40-2388
捣白 3-40-2404
热能供应 1-10-568

〔丨一〕

鸬鹚船 3-40-2376
柴岭樵歌 3-37-2200

〔丨丨〕

监所教育 2-28-1723
监督站（个协、私协） 2-27-1698
监督检查（个协、私协） 2-27-1700
监督管理（烟草） 2-16-1153
监督管理（农民负担） 1-11-657
紧跟时代，与时俱进 1-6-323

〔丨、〕

党山老街 3-37-2152
党山镇 1-2-094
党代表会议 2-22-1457
党员、干部理论学习 2-22-1471
党员大会（农工党） 2-26-1619
党员发展 2-22-1476
党员构成 2-22-1477
党员理论学习 2-22-1471
党建活动 2-22-1501
党组织 2-14-1019
党组织设置 2-22-1481
党政干部建造私房清理 1-5-278
党湾镇 1-2-094

〔丨→〕

哺乳纲 1-3-145
哨 1-1-057
眠犬山段拓宽工程 1-8-392
眠犬山遗址 3-37-2147
鸭 1-11-712
鸦形目 1-3-150
蚌珠 1-11-721
恩希爱（杭州）化工有限公司 2-14-1010

恩格尔系数　1-7-352

〔丿一〕

特色专科　3-38-2251
特色农业基地（新湾）　3-43-2586
特色农产品基地（靖江）　3-43-2561
特快专递　2-21-1402
特种水产养殖　1-11-719
特种行业管理　2-28-1710
特种作业人员培训　2-31-1834
特种货运（公路）　1-9-492
特殊地段施工处理　1-8-405
特殊年龄组　1-6-292
特检科　3-38-2247
特禽　1-11-713
牺牲病故抚恤　2-33-1914
钱江电力排灌站　1-8-424
钱江印染化工有限公司　1-12-831
钱江农场　1-12-806
钱江观潮度假村　3-37-2209，3-39-2339
钱江涌潮的孕育　1-6-320
钱江牌中华啤酒　2-13-964
钱塘江　1-3-127，1-9-500
钱塘江大型排灌站　1-8-441
钱塘江大桥　1-9-457
钱塘江水系航道　1-9-500
钱塘江轮渡　1-9-507
钱塘江城北片一线堤防　1-8-438
钱塘江标准堤塘　1-8-403
钱塘江捕捞　1-11-722
钱塘江排灌总站　1-8-424、442
钱塘江萧山围垦一线堤防　1-8-439
钱塘江第二大桥　1-9-457
钱塘江第三大桥　1-9-474
钱塘江第五大桥　1-9-475
钱塘江第六大桥　1-9-475
钱塘江涵闸管理所　1-8-442
钱塘江堤塘防御台风暴潮预案　1-8-435
钱塘江灌区河网治理　1-8-396
钱塘江灌区河道　1-8-439
钱潮牌LZ110B传动轴　2-14-1007
钱潮牌万向节十字轴总成　2-13-964
钱潮牌油浸式、干式电力变压器　2-13-965
钾肥　1-11-741
铁佛寺　3-41-2427
铁耙　3-40-2372
铁路桥梁　1-9-457
铁路隧道　1-9-459

租赁经营　2-15-1081
称谓　3-42-2494
笄（或钉形器）　1-1-056
笑笑幼儿园　3-34-1950
造田造地　1-5-266
造地费　1-5-274
造纸　2-13-889
造纸行业废水处理　1-4-213
造房子　3-40-2406

〔丿丨〕

借读生费　3-34-1993
倚塘为市（瓜沥）　3-43-2542
倒药渣　3-40-2416
健身　2-16-1177
隼形目　1-3-148

〔丿丿〕

徐行之　3-44-2668
徐英含　3-44-2677
徐冠巨　3-44-2697
徐源盛　3-37-2154
航民村文化中心游泳馆　3-39-2339
航运　1-12-795
航坞胜境（瓜沥）　3-43-2542
航线与运量　1-9-452
航政管理　1-9-513
航船　3-40-2381

〔丿、〕

颁布（开发区条例）　2-14-1022
颁发荣誉证书　3-34-1977
翁同龢 仿青藤道人风鸢图卷　3-37-2180
爱国爱乡教育　2-22-1473
爱莲堂　3-37-2165

〔丿→〕

脑血管病专科　3-38-2252
留成外汇调剂管理体制　2-18-1223

〔、一〕

旅客运输管理（公路）　1-9-495

旅游中介　3－37－2214
旅游名镇（义桥）　3－43－2552
旅游交通　3－37－2215
旅游购物　3－37－2215
旅游宾馆　3－37－2214
旅游娱乐业体育设施　3－39－2338
站场建设基金（公路）　1－9－498
站前广场　1－10－569
郭世道　郭原平　3－44－2624
郭汉城　3－44－2673
部门内部审计　2－20－1390
部门信息化网络　3－35－2019
部门管理　2－13－841
高小霞　3－44－2669
高丘　1－3－117
高帆　3－44－2674
高危妊娠管理　3－38－2279
高产工程　1－11－743
高产模式栽培　1－11－743
高级中学　3－34－1952
高级技工　3－34－1964
高级技术培训　2－31－1807
高层住宅　1－10－549
高其金　3－44－2639
高昙和尚　3－41－2439
高岭土　1－3－114
高学历进修　3－34－1976
高空噪声　1－4－200
高桥住宅区　1－10－548
高速公路　1－9－465
高等师范专科函授教育　3－34－1976
高等师范本、专科自学考试　3－34－1976
高等教育　3－34－1965
高等教育自学考试　3－34－1967
高新技术企业　2－14－1013，3－35－2009
高新技术园区　3－35－2009
离退休人员待遇　3－34－1979
离婚　1－6－326
离婚再婚　1－6－326
竞争上岗与交流　2－31－1775
竞争上岗制度　3－34－1938
畜禽水产养殖　1－4－207
畜禽疫病防治　1－11－751
畜禽养殖　1－4－207
畜禽养殖机械　1－11－760
畜禽养殖技术　1－11－746
畜禽养殖品种结构　1－11－605
桨　1－1－056
脊椎外科　3－38－2252

脊髓灰质炎　3－38－2269
瓷石　1－3－114
资产评估　2－19－1287
资质管理（房地产）　2－15－1065
资质管理（建筑市场）　2－15－1056
资金汇划　2－18－1233
资格认定　3－34－1974
资格任用（医生）　3－38－2255
资料汇编　2－20－1378
资料征集（史志）　3－36－2088
资源保护　1－11－767
资源普查　3－38－2299
资源整合型的早期干预教学模式　3－34－1970
唐子山印纹硬陶窑址　3－37－2149
唐代（进士）　3－44－2700
唐宋（区划）　1－2－081
病虫防治　1－11－647
病虫草鼠害防治　1－11－749
病虫测报站（棉麻病虫测报站和粮食病虫测报站）
　　3－35－2032
病虫害防治　1－11－727
病毒性肝炎　3－38－2268
病害　1－11－690
病理科　3－38－2245

〔丶丿〕

烟花爆竹专营　2－16－1152
烟具　3－40－2403
烟草专卖　2－16－1152
烟管　3－40－2403
瓶装液化气　1－10－567
粉尘监察　2－31－1837
益农围垦指挥部　1－12－783
益农镇　1－2－095
益秀桥　3－37－2159

〔丶丶丶〕

浦发女子管乐队　3－36－2053
浦阳江　1－3－128，1－9－501
浦阳江及主要支流一线堤防控制闸　1－8－440
浦阳江及其主要支流　1－8－439
浦阳江及其主要支流堤防　1－8－438
浦阳江水利工程管理所　1－8－441
浦阳江码头经营公司码头　1－9－505
浦阳江流域防洪预案　1－8－432
浦阳江流域标准堤塘　1－8－405
浦阳江流域排灌节（控）制闸　1－8－414

浦阳江流域堤塘　1-8-400

浦阳江灌区13座大机埠排灌河道　1-8-440

浦阳镇　1-2-094

浦沿电力排灌站　1-8-424

酒店　3-40-2388

酒糟颗粒饲料制造项目　2-17-1204

浙东盐厂（党山）　3-43-2568

浙江（中国）花木城　1-5-262

浙江万达集团公司"万达"商标　2-13-970

浙江中大集团萧山商贸有限公司　2-16-1132

浙江中强建工集团有限公司　2-15-1037

浙江中穗省级粮食储备库码头　1-9-504

浙江东南网架集团有限公司　2-13-949，2-15-1037

浙江东南网架集团有限公司"东南"商标　2-13-970

浙江包装材料实业总公司　2-13-972

浙江汇宇营建集团有限公司　2-15-1070

浙江永翔电缆集团有限公司　2-13-954

浙江伟达建设工程有限公司　2-15-1037

浙江传化艺术团　3-36-2053

浙江传化化学集团有限公司　2-13-956

浙江传化化学集团有限公司"传化"商标　2-13-968

浙江华成建设实业有限公司　2-15-1037

浙江华越家具工业有限公司　2-14-1011

浙江众安房地产开发有限公司　2-15-1071

浙江庆丰纺织印染有限公司　2-14-1009

浙江红山协和陶瓷有限公司　1-12-832

浙江金马饭店　2-16-1170

浙江金首水泥有限公司　1-12-828

浙江金首水泥有限公司"金首"商标　2-13-969

浙江建筑材料总厂　2-13-973

浙江南阳经济开发区　1-5-261

浙江省人大代表　2-23-1518

浙江省历史文化保护区——进化　3-37-2182

浙江省文物保护单位　3-37-2182

浙江省地质调查院　3-35-2030

浙江省农业高科技示范园区　1-5-262

浙江省级名牌产品　2-14-1007

浙江省级劳动模范　2-27-1643

浙江省政协委员　2-25-1566

浙江省烟草公司萧山市公司　2-16-1131

浙江省萧山中学　3-34-1952

浙江省萧山棉麻研究所　3-35-2028

浙江省湘湖师范学校　3-34-1955

浙江胜达集团有限公司　2-13-954

浙江莱茵达房地产开发有限公司　2-15-1071

浙江钱江啤酒集团股份有限公司　1-12-828

浙江钱啤集团股份有限公司"钱江中华"商标　2-13-971

浙江钱啤集团股份有限公司"钱江"商标　2-13-968

浙江航民实业集团有限公司　2-13-952

浙江爱迪尔包装集团公司　2-13-951

浙江萧山开元旅业集团有限公司　2-16-1132

浙江萧山建工集团有限公司　2-15-1036

浙江萧山速冻厂（浙江银河食品有限公司）　1-12-830

浙江萧峰实业集团有限公司　2-15-1071

浙江绿都房地产开发有限公司　2-15-1071

浙江湘湖师范学校图书馆　3-36-2097

浙江湘湖旅游度假区　1-5-262

浙萧联络线　1-9-457

浙赣线　1-9-455

浙赣绕行线　1-9-456

涉外企业（人员）管理　2-28-1719

涉外案（事）件管理　2-28-1720

消防宣传　2-28-1720

消防监督　2-28-1721

消灾　3-40-2416

消费支出差距　1-7-386

消费投向差异　1-7-386

消除危房和改造破旧校舍　3-34-1996

海相沉积平原　1-3-116

海兽葡萄纹铜镜　3-37-2179

涂川戏台　3-37-2168

浴美施闸和西施亭　3-37-2193

浮动工资　2-31-1814

浮桥　1-9-507

流动人口计划生育管理　1-6-337

流动生意　3-40-2388

流动服务　3-40-2389

流行性乙型脑炎　3-38-2271

流行性乙型脑炎疫苗　3-38-2263

流行性出血热　3-38-2270

流行性脑脊髓膜炎　3-38-2270

流行性脑脊髓膜炎菌苗　3-38-2263

浣纱溪　3-37-2192

害虫天敌　1-11-694

家用电器　1-7-369

家政服务　1-7-372

家庭功能　1-6-330

家庭用品及服务消费　1-7-369

家庭规模　1-6-329

家庭构成　1-6-329

家庭服务　2-16-1175

家庭经营生产费用　1-11-649

家庭经营收入　1-7-344

家庭美德　1-6-312

家庭类别　1-6-330

家庭病床　3-38-2259

家畜饲养　1-1-064

家祭　3-40-2408

家禽　1-11-712
宾馆办酒　3-40-2418

〔、一〕

读书接送　3-40-2417
读书堂　3-37-2163
读者服务　3-36-2098
课业负担　3-34-1983
课堂教学改革　3-34-1928
课题研究　3-34-1929
调动人员工资　2-31-1817
调运储存　2-16-1165
调查面积　1-5-237
调换婚　3-40-2358
调解组织　2-28-1727
被子植物类　1-3-170
冥婚　3-40-2358

〔一一〕

剥洗络麻　3-40-2375
剥麻机　1-11-758
恳谈会　2-14-991
展览宣传（文物）　3-37-2190

〔一丨〕

陶木器上的原始符号　1-1-065
陶衣　1-1-063
陶钵　1-1-052
陶釜　1-1-051
陶瓷器　3-37-2174
陶浚宣 隶书轴　3-37-2180
陶圈足盘与豆　1-1-052
陶器　1-1-062
陶器内壁加工与分段拼接成型工艺　1-1-063
陶器的慢轮修整技术　1-1-062
陶器残破面上的层理现象　1-1-063
陶罐　1-1-051

〔一丿〕

娱乐服务　2-16-1177
娘娘庙　3-41-2450
娘娘庙会　3-40-2410

〔一、〕

预防职务犯罪　2-29-1739
预制构件　2-15-1034
预制构件企业资质管理　2-15-1057
预制构件施工队伍　2-15-1034
预征　2-14-982
预备军人学校（班）　2-30-1759
预备役军事演练　2-30-1759
预测险情　1-8-435
预测预报　1-11-749
预售管理　2-15-1083
预算内支出　2-19-1271
预算内收入　2-19-1269
预算内教育经费　3-34-1992
畚斗　3-40-2373
畚斗连枷　3-40-2373
桑园草害　1-11-693
桑树虫害　1-11-692
桑树病害　1-11-691
通关作业　2-17-1209
通信设施　1-12-795
通信消费　1-7-374
通济桥　3-37-2157
通航与启用　1-9-451
通惠中路　1-10-539
通惠北路　1-10-539
通惠南路　1-10-531

〔一一〕

验照换照　2-20-1329
绢云石英千枚岩　1-3-109
绢云石英片岩　1-3-109
继序堂　3-37-2164
继续医学教育（医生）　3-38-2255

十一画

〔一一〕

球类　3-39-2313
球类比赛　3-39-2328、2330
球类活动　3-39-2316
理发　2-16-1172
理发及美容保健服务　2-16-1172
理论学习中心组　2-22-1471

理疗科 3—38—2248

理想道德教育 2—22—1472

耖 1—1—056

春年糕 3—40—2354

〔一丨〕

埠船 3—40—2381

培训助学（农工党） 2—26—1623

培训制度（信访） 2—24—1547

培修固堤 1—8—400

梅里庙 3—41—2432

检验科 3—38—2245

职工工资监察 2—31—1845

职工之家（工会） 2—27—1648

职业介绍 2—31—1830

职业技能鉴定 2—31—1809

职业高中 3—34—1981

职业高级中学 3—34—1957

职业资格培训 2—31—1805

职业道德 1—6—310

职业道德教育（个协、私协） 2—27—1695

职能部门人才培养 3—39—2340

教师定期疗休养、体检制度 3—34—1977

教师资格制度 3—34—1974

教师职务评聘制度 3—34—1974

教师聘用制度 3—34—1938

教育网络 2—21—1414

教育设施 1—12—799

教育观 1—11—661

教育局档案室 3—36—2103

教育事业费附加 3—34—1993

教育消费 1—7—378

教育娱乐 2—14—988

教育培训 1—4—228

教育整顿 2—22—1482

教学（老年大学） 3—34—1967

教学改革成果 3—34—1930

教学改革活动 3—34—1927

教学调查与交流 3—34—1927

教学常规与评估活动 3—34—1927

教职工代表大会制度 3—34—1977

教职工住房建设 3—34—1978

乾姜泉 3—37—2199

勘界 1—2—078，1—5—269

副词 3—42—2504、2518

副食品 2—16—1141

萝卜 1—11—735，1—12—813

菜豆 1—11—736

菜肴 3—40—2394

萧山人民剧院 3—36—2048

萧山开元旅行社 3—37—2214

萧山天主堂 3—41—2453

萧山日报 2—21—1419

萧山日报社广告经营 2—21—1448

萧山中学体育场、馆 3—39—2337

萧山中草药名录 3—38—2300

萧山水文站 1—8—429

萧山文化馆 3—36—2045

萧山文化馆京剧沙龙 3—36—2053

萧山电厂煤码头 1—9—504

萧山电影院 3—36—2047

萧山市（县）农业科学研究所 3—35—2028

萧山市（县）级劳动模范 2—27—1643

萧山市（县）科技情报研究所 3—35—2029

萧山市人民对外友好协会 2—24—1554

萧山市人民政府外事办公室 2—24—1554

萧山市工人文化宫 3—36—2048

萧山市工人文化宫图书馆 3—36—2097

萧山市卫生进修学校 3—34—1956

萧山市区排污规划（1998～2010年） 1—10—525

萧山市中医骨伤科医院 3—38—2228

萧山市中医院 3—38—2227

萧山市文化艺术团 3—36—2053

萧山市文物保护单位 3—37—2182

萧山市火鸡良种场 1—11—753

萧山市电影电视家协会 3—36—2052

萧山市民间文艺家协会 3—36—2052

萧山市皮肤病防治院 3—38—2228

萧山市对外经济文化交流协会 2—24—1554

萧山市老年宫（萧山市退休干部活动中心） 3—36—2048

萧山市曲艺家协会 3—36—2052

萧山市农业技术学校 3—34—1957

萧山市农村信用合作社联合社 2—18—1220

萧山市妇幼保健院 3—38—2227

萧山市戏剧家协会 3—36—2052

萧山市运输有限公司 1—9—494

萧山市技工学校 3—34—1957

萧山市声乐专业委员会 3—36—2053

萧山市围垦指挥部 1—12—783

萧山市作家协会 3—36—2051

萧山市良种场 1—11—753

萧山市青少年宫 3—36—2048

萧山市青少年宫图书馆 3—36—2097

萧山市林场 1—11—753

萧山市国际货运有限公司 1—9—494

萧山市城区河道规划（1998～2010年） 1—10—526

萧山市城市防洪规划（1996～2010年） 1—10—525

萧山市城市供水规划（1995～2010年） 1—10—524

萧山市城市消防规划（1998～2010年） 1—10—526

萧山市城市绿地系统规划（1997～2010年） 1—10—525

萧山市种畜场（种鸡场） 1—11—753

萧山市音乐舞蹈家协会 3—36—2052

萧山市美术书法家协会 3—36—2051

萧山市教师进修学校 3—34—1956

萧山市职工旅游公司 3—37—2214

萧山市第一人民医院 3—38—2225

萧山市第一人民医院图书室 3—36—2097

萧山市第二人民医院 3—38—2226

萧山市第九高级中学 3—34—1952

萧山市第三人民医院 3—38—2226

萧山市第五人民医院 3—38—2228

萧山市第四人民医院 3—38—2226

萧山市棉花原种场 1—11—754

萧山市道路交通规划（1998～2010年） 1—10—525

萧山市摄影家协会 3—36—2052

萧山市新区 1—5—261

萧山市燃气规划（1998～2020年） 1—10—525

萧山发电厂 2—13—973

萧山老年颐乐园 1—10—548

萧山西站 1—9—459

萧山至临浦 1—9—508

萧山曲艺团 3—36—2051

萧山红山热电有限公司 1—12—832

萧山花边 3—36—2081

萧山花边发祥地（坎山） 3—43—2545

萧山县 1—2—075

萧山体育场 3—39—2336

萧山体育馆 3—39—2336

萧山汽车东站 1—9—489

萧山汽车西站 1—9—489

萧山汽车站 1—9—488

萧山现代农业开发区 1—5—262

萧山图书馆 3—36—2096

萧山绍剧团 3—36—2050

萧山经济技术开发区（市北区）规划 2—14—981

萧山经济技术开发区医院 3—38—2231

萧山经济技术开发区建设 2—24—1543

萧山城西初中运动场 3—39—2338

萧山荣盛纺织有限公司 1—12—832

萧山柳桥羽绒有限公司 2—13—957

萧山信息港 2—21—1417

萧山首富镇（宁围） 3—43—2596

萧山档案馆 3—36—2102

萧山钱江出口养殖实业有限公司 1—12—820

萧山钱江蔬菜食品总厂"钱江"商标 2—13—970

萧山高新技术产业园区 1—5—262，2—14—1012

萧山站 1—9—459

萧山银河房地产开发有限公司 2—15—1071

萧山第一中等职业学校 3—34—1957

萧山第五中学体育场、馆 3—39—2338

萧山船闸 1—8—412

萧山商业城 1—5—261

萧山越剧团 3—36—2051

萧山博物馆 3—37—2191

萧山雅马哈乐器有限公司 2—14—1010

萧山港 1—9—502

萧山湘湖旅游有限责任公司 3—37—2214

萧山湘湖渔场 1—11—754

萧山游泳池 3—39—2337

萧山富丽达纺织有限公司 1—12—831

萧山登峰医院 3—38—2231

萧山精神内涵 1—6—321

萧山精神特征 1—6—323

萧山演出组织中心 3—36—2051

萧余线 1—9—502

萧甬线 1—9—455

萧转线 1—9—502

萧绍运河 1—3—129

萧绍海塘及南沙大堤 1—8—438

萧绍商贸重镇（党山） 3—43—2569

萧绍路（城区段） 1—10—532

萧南"粮仓"（浦阳） 3—43—2584

萧临甲线 1—9—501

萧夏联络线 1—9—456

萧钱线 1—9—469

萧诸津要（浦阳） 3—43—2583

萧萧联络线 1—9—456

萧然在线 2—21—1416

萧然灯会 3—36—2055

黄、红麻 1—11—682

黄山西殿 3—41—2448

黄山庙 3—41—2450

黄韦艮 3—44—2694

黄白酒 2—16—1141

黄瓜 1—11—736

黄杨类 1—11—729

黄伯夫墓 3—37—2173

黄泥桥 3—37—2160

黄砂 2—15—1051

黄埔军校同学救济 2—33—1902

黄酒 白酒 2—20—1364

黄家大桥 3—37—2157

黄壤类 1—3—141

营业 3—40—2386

营养钵育苗 1—11—745

营造防护林　1－11－726

票据交换　2－18－1234

曹山寺　3－41－2430

曹阿堂　3－44－2643

曹林庵　3－37－2195

曹顺标　3－44－2646

曹素民　3－44－2645

基本化学原料制造　2－13－884

基尼系数　1－7－350

基层人民武装部　2－30－1761

基层治保　2－28－1715

基层组织（工商联）　2－26－1629

基层档案室　3－36－2102

基础设施（监所）　2－28－1722

梦笔公园　1－10－570

梦笔桥　3－37－2155

〔一丿〕

硅质岩类　1－3－108

硅藻门　1－3－168

龚心瀚　3－44－2684

盛练心　3－44－2650

盛练心墓　3－37－2173

盛陵湾　1－3－130，1－9－502

盛继芳　3－44－2694

盛澄华　3－44－2659

戚氏宗祠　3－37－2196

鸳形目　1－3－151

〔一→〕

排水　排污　2－14－985

排涝设施　1－12－791

排涝闸　1－12－791

排涝标准　1－8－434

排球比赛　3－39－2334

排灌用水管理　1－8－442

排灌机埠管理　1－8－441

排、灌、降配套　1－8－427

排灌机械　1－11－757

排灌站用水　1－8－442

推（拉）车　3－40－2380

推介会　2－14－991

推行国家公务员制度　2－31－1775

推行承包经营责任制　2－24－1542

推进阶段（1992～2000年）（私有工业）　2－13－903

推进规模经营　1－11－593

推进养老保险全覆盖　2－22－1470

推拿　3－38－2233

授权经营　2－19－1287

接龙寺　3－41－2436

接妆　3－40－2360

接收、征集与整理　3－36－2103

接种室规范化建设　3－38－2267

接种率考核　3－38－2266

接种管理　3－38－2266

掸尘　3－40－2355

〔丨一〕

虚词"带"、"咚"、"夯"的特有语法功能　3－42－2516

〔丨丿〕

雀形目　1－3－151

〔丨、〕

常务委员会学习　2－25－1597

常务委员会建议案　2－25－1588

常务委员读书班　2－25－1597

常年性捕捞　1－11－722

常住户口管理　2－28－1716

常规财务审计　2－20－1381

常规建设（房地产）　2－15－1068

〔丨→〕

啮齿目　1－3－146

啤酒狂欢节　3－37－2212

晚元古代晋宁期侵入岩　1－3－109

晚粳稻　1－11－733

晚稻　1－11－676

晚霞艺术团　3－36－2052

眼科　3－38－2243

眼病防治　3－38－2292

眼镜　2－20－1365

蛇目　1－3－155

野生动物管理　1－11－766

野鸭　1－11－713

野鸭平地饲养　1－11－748

崇化住宅区　1－10－547

崇礼堂　3－37－2165

晨跑夜走　3－40－2418

婴儿死亡率　1－6－305

婴幼儿系统管理 3－38－2281

〔丿一〕

铜勺 3－40－2402

铜矿 1－3－113

铜嵌金铺首三足炉 3－37－2178

铲 1－1－055

银元宝 3－37－2178

银行业（网络） 2－21－1415

银杏纲 1－3－170

银河小区 1－10－549

秸秆 1－4－206

秸秆 农用塑料薄膜 1－4－206

秸秆还田 1－11－742，1－12－801

移动通信光缆 2－21－1412

第一代住宅 1－11－653

第一次发掘（跨湖桥遗址） 1－1－043

第一次全体会议（第十届） 2－25－1573

第一次全体会议（第七届） 2－25－1571

第一次全体会议（第八届） 2－25－1572

第一次全体会议（第九届） 2－25－1572

第一次全体会议（第六届） 2－25－1570

第一农垦场 1－12－804

第一轮总体规划（城建） 1－10－521

第一期工程（商业城） 2－16－1120

第二代住宅 1－11－653

第二次发掘（跨湖桥遗址） 1－1－044

第二次全体会议（第十届） 2－25－1574

第二次全体会议（第七届） 2－25－1571

第二次全体会议（第八届） 2－25－1572

第二次全体会议（第九届） 2－25－1573

第二次全体会议（第六届） 2－25－1571

第二次全国工业普查 2－20－1372

第二农垦场 1－12－805

第二轮总体规划（城建） 1－10－521

第二期工程（商业城） 2－16－1121

第十一次代表大会 2－22－1457

第十一次代表大会代表 2－22－1454

第十一届人大常委会 2－23－1516

第十一届人大代表议案建议 2－23－1527

第十一届人大常委会主任会议 2－23－1518

第十一届人大期间 2－23－1523

第十一届人民代表大会 2－23－1512

第十一届市委全体会议 2－22－1459

第十一届市委组成人员 2－22－1463

第十一届市委常委会会议 2－22－1461

第十二届人大常委会 2－23－1516

第十二届人大代表议案建议 2－23－1527

第十二届人大常委会主任会议 2－23－1518

第十二届人大期间 2－23－1523

第十二届人民代表大会 2－23－1513

第十次代表大会 2－22－1457

第十次代表大会代表 2－22－1454

第十届人大常委会 2－23－1515

第十届人大代表议案建议 2－23－1527

第十届人大常委会主任会议 2－23－1518

第十届人大期间 2－23－1523

第十届人民代表大会 2－23－1511

第十届主席会议 2－25－1576

第十届市委全体会议 2－22－1458

第十届市委组成人员 2－22－1462

第十届市委常委会会议 2－22－1460

第十届委员会全体会议 2－25－1573

第十届委员会委员（1998.3～2001.3） 2－25－1566

第十届政协委员提案 2－25－1590

第十届常务委员会会议 2－25－1575

第七届主席会议 2－25－1576

第七届委员会全体会议 2－25－1571

第七届委员会委员（1987.4～1990.4） 2－25－1565

第七届政协委员提案 2－25－1589

第七届常务委员会会议 2－25－1574

第八次代表大会 2－22－1456

第八次代表大会代表 2－22－1454

第八届人大常委会 2－23－1514

第八届人大代表议案建议 2－23－1527

第八届人大常委会主任会议 2－23－1517

第八届人大期间 2－23－1522

第八届人民代表大会 2－23－1510

第八届主席会议 2－25－1576

第八届市（县）委全体会议 2－22－1458

第八届市（县）委组成人员 2－22－1462

第八届市委常委会会议 2－22－1459

第八届委员会全体会议 2－25－1572

第八届委员会委员（1990.4～1993.4） 2－25－1566

第八届政协委员提案 2－25－1590

第八届常务委员会会议 2－25－1575

第九次代表大会 2－22－1456

第九次代表大会代表 2－22－1454

第九届人大常委会 2－23－1514

第九届人大代表议案建议 2－23－1527

第九届人大常委会主任会议 2－23－1517

第九届人大期间 2－23－1522

第九届人民代表大会 2－23－1511

第九届主席会议 2－25－1576

第九届市委全体会议 2－22－1458

第九届市委组成人员 2－22－1462

第九届市委常委会会议　2—22—1460
第九届委员会全体会议　2—25—1572
第九届委员会委员（1993.4~1998.3）　2—25—1566
第九届政协委员提案　2—25—1590
第九届常务委员会会议　2—25—1575
第三代住宅　1—11—653
第三次发掘（跨湖桥遗址）　1—1—044
第三次全体会议（第十届）　2—25—1574
第三次全体会议（第七届）　2—25—1571
第三次全体会议（第八届）　2—25—1572
第三次全体会议（第九届）　2—25—1573
第三次全体会议（第六届）　2—25—1571
第三次全国人口普查　2—20—1370
第三次全国工业普查　2—20—1373
第三产业普查　2—20—1375
第三轮总体规划（城建）　1—10—522
第五代住宅　1—11—654
第五次全体会议（第九届）　2—25—1573
第五次全国人口普查　2—20—1370
第六代住宅　1—11—654
第六届委员会全体会议　2—25—1570
第六届委员会委员（1984.11~1987.4）　2—25—1565
第六届政协委员提案　2—25—1589
第六届常务委员会会议　2—25—1574
第四代住宅　1—11—654
第四次全体会议（第十届）　2—25—1574
第四次全体会议（第九届）　2—25—1573
第四次全国人口普查　2—20—1370
第四轮总体规划（城建）　1—10—522
梨　1—11—686，3—40—2372
犁、开沟机　1—11—756

〔丿丨〕

做七　3—40—2364
做火柴盒　3—40—2384
做年酒　3—40—2354
做草鞋　3—40—2384
偶蹄目　1—3—147
偏低工资调整　2—31—1813
假日出游　3—40—2418
假币收缴　2—18—1243
售房管理　2—15—1067

〔丿丿〕

得周　3—40—2365
鸻形目　1—3—149

船员管理　1—9—515
船店　3—40—2388
船舶、自行车、摩托车制造　2—13—878
船舶检验和管理　1—9—515
船舶港务费　1—9—518
船罾　3—40—2376
盘　1—1—055

〔丿、〕

领导体制　2—14—1020
领导班子　2—22—1485
领导接待日制度　2—24—1546
领导联系企业制度　2—14—1027
鸽形目　1—3—150
彩陶　1—1—063
彩陶中的太阳纹火焰纹图案　1—1—065

〔丿→〕

猪　1—1—058，1—11—709
猪病防治　1—11—751
猫　1—11—712
猫头山机埠　1—8—424
脚手架　2—15—1047
脱粒　1—11—646、756
脱粒机　1—11—758
祭祖　3—40—2408
凰桐江　1—3—128，1—9—501
凰桐江改道工程　1—8—393
凰桐江茅家山段拓宽工程　1—8—392

〔、一〕

减轻负担　1—11—656
减轻农民负担政策　1—11—629
族戚称谓　3—40—2370
商业、供销部门收购　1—12—835
商业用房　1—10—546
商业银行存款准备金　2—18—1224
商标印制管理　2—20—1331
商标注册　2—20—1330
商标侵权查处　2—20—1331
商标管理　2—20—1331
商品交易会　2—20—1394
商品条形码　2—20—1363
商品购销计划　2—20—1316
商品购销服务（个协、私协）　2—27—1693

商品经济大潮的锤炼　1-6-321
商品砼　2-15-1034
商贸用房　1-10-543
商贸企业财务审计　2-20-1384
商贸服务　2-14-988
商贸建筑　1-11-621
章力建　3-44-2693
章氏眼科　3-38-2235
章声 仿王摩诘笔意山水图轴　3-37-2179
章柏青　3-44-2686
章梓茂　3-44-2695
麻水　1-4-206
麻片　3-40-2396
麻风病　3-38-2272
麻风病人救济　2-33-1902
麻疹　3-38-2270
麻腮风三联疫苗　3-38-2266
麻溪坝至半爿山为西江塘南段　1-8-398
麻溪桥　3-37-2157
麻醉科　3-38-2250

〔、丿〕

断面结构　1-8-404
断裂构造　1-3-111
剪纸　3-36-2080
兽药饲料管理　1-11-765

〔、、〕

清代（进士）　3-44-2705
清代（武进士）　3-44-2713
清至中华民国（境域）　1-2-076
清产核资　2-19-1286
清沟　1-11-646
清明　3-40-2349
清明饺　3-40-2395
清净庵　3-41-2438
清洁　2-16-1179
清洁生产　1-4-228
清凉饮料费　2-31-1816
鸿达路　1-10-540
混凝土构件　2-15-1044
混凝土浇灌　2-15-1044
混凝土搅拌机　2-15-1046
渔业机械　1-11-760
渔业农具　1-11-756
渔庄第壹桥　3-37-2158

渔政监督　1-11-767
渔临关桥　3-37-2159
渔浦古渡（义桥）　3-43-2551
渔船检验　1-11-767
渔猎经济　1-1-064
渔猎器具　1-1-055、057
液化石油气计量　2-20-1359
淡水养鱼项目　2-17-1202
深化公有住房改革方案协商　2-25-1582
渗漏治理　1-8-401
涵闸　3-37-2199
涵闸工程管理　1-8-440
惜谷庙　3-41-2446
寄名　3-40-2416
寄拜　3-40-2416
窑址　3-37-2147
窑炉废气治理　1-4-217
梁启超 楷书七言联　3-37-2181

〔→一〕

弹性工资制　2-31-1819
屠宰检疫　1-11-763

〔→丨〕

隆兴寺　3-37-2195

〔→丿〕

婚纱留影　3-40-2418
婚育新风教育（1998年～2001年3月）　1-6-334
婚姻生育禁忌　3-40-2370
婚姻观　1-11-660
婚姻服务　2-16-1176
婚姻保健　3-38-2281
婚姻类别　3-40-2357
婚姻登记处　2-32-1868
婚嫁礼仪　3-40-2358

〔→一〕

绳纹　1-1-064
维权措施（妇联）　2-27-1663
维护社会稳定　2-22-1493
维修服务　1-7-372
综合开发　1-5-262
综合治理责任制　2-22-1495

十二画

〔一一〕

〔一丨〕

越窑青瓷武士俑 3-37-2175
越窑青瓷唾壶 3-37-2176
越窑青瓷猪圈 3-37-2176
越窑秘色瓷粉盒 3-37-2176
超市购物 3-40-2420

〔一丿〕

雄鸡庵桥 3-37-2158
确立经济发展第二步目标 2-22-1467
确定经济社会发展远景目标 2-22-1468
厨具 3-40-2402
雁形目 1-3-148

〔一→〕

插秧机 1-11-757
搓绳 3-40-2384
雅妮娜牌卫生巾 2-13-965

〔丨一〕

紫东戏台 3-37-2168
紫其目 1-3-169

〔丨丨〕

凿 1-1-054

〔丨、〕

辉钼矿 1-3-113

〔丨→〕

喊魂灵 3-40-2416
帽 3-40-2392
帽子消费 1-7-366
赌博查禁 2-28-1712
蛙形目（无尾目） 1-3-156
蛤庵 3-41-2440
鹃形目 1-3-150
最低工资保障制度 2-31-1778
量词重叠＋相似 3-42-2516
黑鱼养殖基地 1-12-817
黑釉五管瓶 3-37-2175
遗址保护和展示 1-1-070

遗属补助（老干部） 2-22-1504

〔丿一〕

锁秀桥 3-37-2157
锄头 3-40-2372
锅炉压力容器安全监察 2-31-1839
锅炉废气治理 1-4-217
短途客运（公路） 1-9-489
短期贷款 2-18-1230
短期培训（党校） 2-22-1500
程度副词 3-42-2519
税收财务大检查 2-19-1283
鹅 1-11-712
等郎配 3-40-2357
氮肥 1-11-740
氮素 1-3-142

〔丿丨〕

傅永先 3-44-2665
傅竹西 3-44-2688
傅周海 3-44-2670
傅家山遗址 3-37-2147
傅彬然 3-44-2662
储蓄 1-7-387
牌坊 3-37-2198
集中登记发证 2-15-1085
集市 3-40-2385
集市商品价格 2-20-1348
集体合同（工会） 2-27-1645
集体建设用地管理 1-5-272
集体资产管理 1-11-608
集体资产管理问题 1-11-630
集体资金投入 1-11-670
集贸市场 3-40-2385
集贸市场管理 2-20-1333
集装箱多式联运系统项目 2-17-1204
集装箱运输 1-9-492
集装箱货物 2-17-1214
奥陶系 1-3-106

〔丿丿〕

街市 1-2-099
街道拓展 1-10-530
街道清扫与保洁 1-10-574
御史井 3-37-2173

惩戒 2—31—1797

〔丿丶〕

颌针鱼目 1—3—160
释祥贤 3—41—2440
禽病防治 1—11—751
禽蛋 2—16—1137
番茄 1—11—736
番薯 1—11—734

〔丿→〕

腌腊货 3—40—2355
鲁冠球 3—44—2689
鲁家坞排灌站 1—8—424
鲀形目 1—3—162

〔丶一〕

就业与保障 2—24—1552
就业观 1—11—661
就业证制度 2—31—1831
就业前培训 2—31—1806
就业结构（农村劳动力） 1—11—637
敦睦堂 3—37—2163
童养媳婚 3—40—2357
装备管理 2—30—1767
装饰工艺特征 1—1—063
装饰工程机械 2—15—1047
装饰布之乡（许贤） 3—43—2604
痢疾 3—38—2269

〔丶丿〕

鹈形目 1—3—147
普通货运（公路） 1—9—491
普通话比赛 3—42—2529
普通话测试 3—42—2529
普通话培训 3—42—2528
普通高中 3—34—1981
善继堂 3—37—2166
粪勺粪桶 3—40—2373
粪便清运与处理 1—10—575
道口 1—9—460
道南书院 3—37—2197
道路 1—10—539，1—12—793，2—14—984

道路交通噪声 1—4—200
道路保洁 2—14—986
道路绿地 1—10—571
道源桥 3—37—2158
道源禅院 3—41—2426
道源路 1—10—531

〔丶丶〕

港区 1—9—502
港务管理 1—9—514
港航监督 1—9—514
港澳台分布 1—6—286
湖山第一亭 3—37—2198
湖中双凤坊 3—37—2199
湖中落雁 3—37—2200
湖心云影 3—37—2201
湖桥 3—37—2199
湘云寺 3—37—2195
湘湖 1—3—131
湘湖"辛庐八景" 3—37—2201
湘湖八景 3—37—2200
湘湖及小砾山输水河节制闸 1—8—414
湘湖书画研究会 3—36—2052
湘湖师范学校 3—37—2198
湘湖师范学校附属小学体育场 3—39—2338
湘湖向斜 1—3—110
湘湖农场 1—12—807
湘湖秋月 3—37—2200
湘湖旅游区规划 1—10—526
湘湖牌汽车制动元器件 2—13—964
湘溪 3—37—2199
温元帅 3—40—2415
渡口 1—9—505
渡口管理 1—9—516
割子 3—40—2373
割稻 割麦 1—11—756
寒武系 1—3—106
富可达牌皮革服装 2—13—966
富春江北塘 1—8—394
富春玻璃中转码头 1—9—504
窗户防盗 3—40—2420

〔丶→〕

禅机禅院 3—41—2437

〔→一〕

强化服务体系 1-11-593

〔→丨〕

隔堤节制闸 1-8-440
疏浚机械 1-11-757

〔→丿〕

媒体广告 2-20-1337
媒体广告制作 2-21-1446

〔→、〕

登山活动 3-39-2316
登门招商 2-14-991
登记发证 2-15-1085
登记注册（商业城） 2-16-1122
登记管理制度 2-31-1789

〔→→〕

编印出版 2-25-1602
编写乡土教材 3-34-1927
编织物 1-1-055

十三画

〔一一〕

瑞丰寺 3-41-2426

〔一丨〕

塘顶（包括防浪墙） 1-8-404
塘面保护 1-8-401
塘新线 1-9-469
槐叶藓目 1-3-169
楼仲南 3-44-2681
楼英 3-44-2627
楼英墓 3-37-2172
楼雪娟 楼成木 3-44-2656
楼曼文 3-44-2650
楼塔老街 3-37-2151

楼塔镇 1-2-094
楼塔镇纱艺制造业 2-13-940
楼塔镇—河上镇背斜 1-3-110
聘请家教 3-40-2417
鼓励个体私营工业发展 2-22-1469
勤工俭学收入 3-34-1993
蓝天宾馆游泳池 3-39-2339
蓝藻门 1-3-168
墓丘 3-37-2196
墓葬 3-37-2170、2207
蒲华、吴俊卿、高邕 合作竹石菊花图轴 3-37-2180
蒸汽流量计量 2-20-1360
蒙山茶亭 3-37-2198
禁止使用童工监察 2-31-1845

〔一丿〕

碛堰山段拓宽工程 1-8-392
碘缺乏病（地方性甲状腺肿大病） 3-38-2274
碑表 3-37-2169
碎屑沉积岩类 1-3-108
鹌鹑 1-11-713
鹌鹑配套饲养 1-11-748

〔一、〕

雷公庙会 3-40-2411

〔一→〕

摄影扩印服务 2-16-1175
搬运装卸 1-9-493
搬运装卸运价（公路） 1-9-497
搬运装卸管理（公路） 1-9-496
摊谷板 3-40-2373
裘江龙船 3-36-2078
裘江寺 3-41-2427

〔丨一〕

虞荣仁 3-44-2689

〔丨丨〕

鉴定范围、对象 2-31-1809
鉴定颁证 2-31-1810

〔丨→〕

蜂病防治　1-11-751
跨市客运（水路）　1-9-509
跨湖夜月　3-37-2201
跨湖春涨　3-37-2200
跨湖亭　3-37-2198
跨湖桥　3-37-2158、2199
跨湖桥泛棹　3-37-2201
跨湖桥遗址临时陈列馆　1-1-069
路灯　1-10-540
路政管理　1-9-494
路牌广告　2-21-1445
蜀山平原水网地区河道　1-8-439
蜀山平原水位控制　1-8-443
蜀山平原河网治理　1-8-395
蜀山庙　3-41-2427、2450
蜀山遗址　3-37-2147
蜀南闸　1-8-413
盟员大会（民盟）　2-26-1605
照明灯具　3-40-2402

〔丿一〕

锚头鳋病防治　1-11-752
锛　1-1-054
锡箔加工地（来苏）　3-43-2607
锤　1-1-054
锥　1-1-055、057
锯齿形器　1-1-057
锰矿　1-3-113
简化审批手续　2-24-1560

〔丿丨〕

毁林开垦和乱占林地清理　1-5-278
鼠害　1-11-694
鼠害防治　1-11-750

〔丿丿〕

衙瓜线　1-9-502
衙前老街　3-37-2152
衙前农民运动纪念馆　3-37-2191
衙前农村小学　3-37-2207
衙前镇　1-2-093
衙前镇轻纺工业　2-13-935

微肥及其他　1-11-741
微量元素　1-3-142
微雕　3-36-2080

〔丿→〕

解决农婚知识青年生活保障　2-24-1554
解放思想，敢为人先　1-6-323
鲈形目　1-3-161
鲉形目　1-3-162

〔、一〕

靖江天主堂　3-41-2453
靖江模式　3-34-1969
靖江镇　1-2-093
靖江镇初级中学　3-34-1951
靖海殿　3-41-2449
新区　1-2-101
新区规划　1-10-524
新世纪广场　1-10-569
新石器文化遗址　3-37-2147
新生儿破伤风　3-38-2272
新生界　1-3-107
新产品开发　2-14-1015
新兴工业重镇（益农）　3-43-2601
新兴南阳　3-43-2578
新兴街市（新街）　3-43-2588
新农村　1-11-622
新坝闸　1-8-412
新围之地（河庄）　3-43-2593
新围海涂综合开发项目　1-12-810
新建扩建校舍　3-34-1996
新参加工作人员工资指导标准　2-31-1817
新故事　3-36-2074
新闻采制　2-21-1438
新闻采编　2-21-1431
新菜地建设基金　1-5-275
新街镇　1-2-094
新湾闸　1-8-414
新湾基督教堂（属地方教会活动场所）　3-41-2458
新湾镇　1-2-094
新湾镇中心小学　3-34-1951
新塘乡　1-2-095
新塘乡羽毛（绒）及其制品业　2-13-937
新塘特大桥　1-9-458
韵母　3-42-2465
廉政账户　2-22-1489

廉政建设协商　2-25-1580
廉政监督　2-22-1488

〔、丿〕

煤油灯　3-40-2403
粮、油作物化学调控　1-11-744
粮田耕作制度　1-11-731
粮油　1-11-599、600
粮油收购　2-16-1159
粮油作物病、虫、草防治　1-11-749
粮油高产模式　1-11-743
粮油棉麻作物虫害　1-11-691
粮油棉麻作物病害　1-11-690
粮油销售　2-16-1161
粮食支出　1-11-649
粮食仓库　2-16-1165
粮食生产基地　1-12-811
粮食加工机械　1-11-759
粮食收入　1-11-649
粮食收支　1-11-649
粮食收购　2-16-1159
粮食收购体制　2-16-1158
粮食供应体制　2-16-1158
粮食结存　1-11-649
粮食销售　2-16-1161
粮食管理体制　2-16-1157
数字数据网　2-21-1412
数量（农民）　1-11-632
数量与分布（医生）　3-38-2253

〔、、〕

满月　3-40-2365
源水泵站　1-10-558
源水管线工程　1-10-558
溪河桥　3-37-2160
滚铁环　3-40-2405
滨海平原土区　1-3-141
滨海滩涂植被　1-3-143

〔、→〕

福庆寺　3-41-2434
福利　2-31-1812
福利企业管理　2-33-1909
裸子植物类　1-3-170
裸藻门　1-3-169

〔→一〕

群众性科研活动　3-35-2023
群相　3-42-2496

〔→丿〕

嫁娶婚　3-40-2357

十四画

〔一一〕

静冈工业团地招商　2-14-994
静遏　3-41-2439，3-44-2626

〔一丨〕

墙体砌筑　2-15-1043
模板　2-15-1047
榨菜　1-11-735
酸雨　1-4-197
酸碱度　1-3-142
歌舞娱乐　2-16-1177
蔡东藩　3-44-2649
蔡东藩故居　3-37-2153
蔡东藩墓　3-37-2171
蔡仲光　3-44-2630
聚敬堂　3-37-2165
截污治理　1-10-535

〔一丿〕

碳酸盐岩类　1-3-108
磁铁矿　1-3-113

〔一→〕

摘草耙　3-40-2373

〔丨一〕

翡翠三阳开泰摆件　3-37-2177
翡翠双鱼挂件　3-37-2177

〔丨→〕

蜡烛　3-40-2403
蜥蜴目　1-3-155

〔丿一〕

稳定下降期（农民）　1-11-633
稳定增长期（农民）　1-11-632
毓秀桥　3-37-2156
舞蹈　3-36-2072
箸夹头　3-40-2396
箬络　3-40-2373
管网　1-10-556、559
管村庙　3-41-2445
管理（商业城）　2-16-1122
管理队伍　2-15-1076
管理用房　2-15-1076
管理机构　2-14-1019
管理机构和制度　3-34-1994
管理合同制　1-8-406
管理体系　2-15-1058
管理体制　1-9-484，2-14-1020
管理体制改革　3-38-2223
管理规章（建筑）　2-15-1059
管理制度（建筑）　2-15-1059
管道液化气　1-10-568

〔丿→〕

馒头山印纹硬陶窑址　3-37-2149
孵化器　1-11-760
孵坊　1-11-713
疑问代词　3-42-2509
鲜切花　1-11-728
鲜花传情　3-40-2417
鲟形目　1-3-157

〔丶一〕

端午　3-40-2350
辣椒　1-11-736，1-12-813
敲铜板　3-40-2406
瘦肉型猪饲养　1-11-746
遮阳网覆盖　1-11-746

〔丶丿〕

精细化工业　2-14-1001
精神文明建设协商　2-25-1580
精神科　3-38-2244
精神病人管治　3-38-2276
精神病调查　3-38-2275
精减职工救济　2-33-1902

〔丶丶〕

演出团体　3-36-2050
寨岭庵闻钟　3-37-2201
蜜蜂养殖基地　1-12-816

〔→→〕

缫丝之乡（坎山）　3-43-2545

十五画

〔一〕

璜　1-1-054

〔一丨〕

增长加速期（农民）　1-11-633
增长低谷期（农民）　1-11-632
增长高峰期（农民）　1-11-632
增压泵站　1-10-559
增收因素　1-11-648
增氧机　1-11-760
增值税一般纳税人资格认定　2-19-1299
增值税专用发票使用管理　2-19-1299
横向联谊　2-25-1598
横塘棹歌　3-37-2201
横樟线　1-9-469
赭十四线　1-9-471
赭山老街　3-37-2152
赭山闸　1-8-412
鞋　3-40-2392
鞋类消费　1-7-366
蕨类　1-3-169
蔬菜　2-16-1139
蔬菜大中棚覆盖　1-11-745
蔬菜生产基地（前进）　3-43-2619
蔬菜生产基地　1-12-813

蔬菜加工机械　1—11—759
蔬菜地膜覆盖　1—11—745
蔬菜新技术　1—11—745

〔一、〕

震旦系　1—3—105

〔一→〕

撒（拉）网　3—40—2376
撑船　3—40—2381
播（插）种　1—11—644
播音时间　2—21—1429
播音员（广播）　2—21—1429
播音员（主持人）　2—21—1440
撤区扩镇并乡　1—2—089
撤市设区　1—2—075
撤县设市　1—2—075

〔丨→〕

蝾螈目（有尾目）　1—3—156
暴发性出血病防治　1—11—752

〔丿一〕

镇（村）服务站（室）　1—6—339
镇乡（片）委员小组　2—25—1599
镇乡（场）文化站　3—36—2045
镇乡人民政府组成人员　2—24—1535
镇乡艺术节　3—36—2056
镇乡内部审计　2—20—1390
镇乡文化设施　3—36—2049
镇乡文化站、文化中心　3—36—2049
镇乡全民运动会　3—39—2311
镇乡企业统筹医疗　3—38—2224
镇乡农技推广站　3—35—2031
镇乡妇女联合会　2—27—1659
镇乡级财政收支平衡　2—19—1275
镇乡级财政管理体制　2—19—1262
镇乡财政决算审计　2—20—1387
镇乡规划　1—11—619
镇乡范围内小型涵闸　1—8—440
镇乡图书馆（室）　3—36—2096
镇乡政府机构改革　2—24—1557
镇乡科协　2—27—1668
镇乡船舶管理费　1—9—518

镇乡影剧院　3—36—2049
镇东桥　3—37—2160
镇级水厂　1—11—620
镇海殿　3—41—2451
镇情总述（靖江）　3—43—2558
镇情综述（义桥）　3—43—2549
镇情综述（义盛）　3—43—2555
镇情综述（义蓬）　3—43—2580
镇情综述（瓜沥）　3—43—2540
镇情综述（宁围）　3—43—2594
镇情综述（进化）　3—43—2597
镇情综述（坎山）　3—43—2543
镇情综述（所前）　3—43—2571
镇情综述（河上）　3—43—2553
镇情综述（河庄）　3—43—2592
镇情综述（南阳）　3—43—2576
镇情综述（临浦）　3—43—2537
镇情综述（闻堰）　3—43—2546
镇情综述（党山）　3—43—2567
镇情综述（党湾）　3—43—2589
镇情综述（益农）　3—43—2599
镇情综述（浦阳）　3—43—2582
镇情综述（楼塔）　3—43—2574
镇情综述（衙前）　3—43—2561
镇情综述（新街）　3—43—2587
镇情综述（新湾）　3—43—2585
镇情综述（戴村）　3—43—2564
镇情综述（城厢）　3—43—2533
稻作农业　1—1—064
稻谷加工　1—11—756
稻桶　3—40—2373

〔丿丿〕

德由桥　3—37—2160
德惠祠　3—37—2195
德意牌燃气灶具　2—14—1007

〔丿→〕

鲤形目　1—3—158

〔、、〕

潜火山岩　1—3—109
潮神会　3—40—2413
潘水苑　1—10—548
潘水路　1—10—531
潘氏儿科　3—38—2235

〔、→〕

鹤形目　1—3—149

〔→一〕

慰问特困教工　3—34—1979
劈水漂　3—40—2406
劈理　1—3—112

十六画

〔一丨〕

整顿阶段（1989～1991年）（私有工业）　2—13—903

〔一、〕

霍乱　3—38—2268
蓣目　1—3—169

〔丨一〕

餐饮业油烟排放控制　1—4—218
餐饮具　3—40—2402

〔丨→〕

器物　3—42—2489
器物面貌　1—1—045
器物特征　1—1—062
器柄　1—1—055
器盖　1—1—053
噪声保护区管理　1—9—454

〔丿一〕

镖　1—1—057
镜凡禅师　3—41—2439
镞　1—1—054、055、057
篮球比赛　3—39—2330
憩息亭　3—37—2198

〔丿→〕

獭兔养殖基地　1—12—816
雕瓷印章（钮）　3—36—2080
鲱形目　1—3—157
鲶形目　1—3—160
鲸目　1—3—146
鲻形目　1—3—161

〔、一〕

磨石　1—1—054

〔、丿〕

燃气供应　1—10—567
燃气管理　1—10—568
燃油供应　1—11—761
燃料矿　1—3—113
燃能消费　1—11—651
甑　1—1—053
甑山庙　3—41—2429

〔、→〕

褶皱构造　1—3—110

十七画

〔一丨〕

藏山岭隧道　1—9—475
戴村老街　3—37—2151
戴村茶亭伤科　3—38—2234
戴村镇　1—2—093
戴僧静　3—44—2624

〔一丿〕

磷矿　1—3—114
磷肥　1—11—740

〔一→〕

螺山大桥　3—37—2157
螺山寺　3—41—2429
螺纹钢　2—20—1365

〔丿一〕

魏风江　3-44-2671
魏超然　3-44-2688
魏骥　3-44-2627
魏骥墓　3-37-2173、2197
篾罩　3-40-2402
繁华市区（城厢）　3-43-2536
繁育　1-11-738

〔丿→〕

鳍形目　1-3-157
鲽形目　1-3-162
鲶形目　1-3-160

〔→、〕

翼手目　1-3-145

十八画

〔丨→〕

蟠螭纹镏金铜带钩　3-37-2179
瞿缦云　3-44-2655
瞿缦云故居　3-37-2154

〔丿一〕

镊　3-40-2402
镊柑　3-40-2402

〔丿、〕

翻九楼　3-36-2078
翻耕　1-11-755

〔→一〕

鹛鹛目　1-3-147

十九画

〔一丨〕

藻类　1-3-168

〔丿→〕

鳗鲡目　1-3-158
蟹　1-11-720

〔、丿〕

鳖　1-11-719
鳖养殖基地　1-12-817

二十画

〔丿〕

鳜鱼　1-11-721
鳜鱼种培育　1-11-748
鳜鱼养殖基地　1-12-817
鳜蟹混养　1-11-748
鳞甲目　1-3-146

〔、〕

糯稻　1-11-733
灌溉　1-11-647
灌溉农具　1-11-755
灌溉设施　1-12-791

二十一画

〔一〕

露天舞会　3-40-2419

二十二画

〔一〕

鹳形目　1-3-147

人名索引（音序）

说　明

一、本索引主要收录以事系人和传、表、录中出现的人名（含外国人名），不含政治术语中作定语用的人名，以人名命名的地名、单位、纪念场所，人物传行文中重复出现的传主名，帝王纪年和照片说明词中出现的人名。

二、一人有两个以上称谓的，一般以本名或通行的别名作正条，其他称谓括注见正条。外国人名以中文译名作正条。

三、索引条目按人名所在册、编、页依次编排。如"华克勤　3-41-2434"表示"华克勤"在第三册、第四十一编、第2434页。《总述》用"总"表示，《大事记》用"记"表示。

四、同一人名出现在同一页正文中只收一次。同一人名在同页注释栏中再次出现，页码后加"注"字，如"贺知章　3-44-2625注"。

五、同一人名在同编中出现两次以上的，除第一次详细标明册、编、页外，其余只标页码或注释栏。

六、人名按汉语拼音音节顺序排列。先看首字，若首字声母韵母及声调相同，则看第二字的音节。余类推。

七、音节排序从习惯，采用商务印书馆出版的《现代汉语词典》（第5版）排序方法处理。

A

〔a〕

阿宝　3-37-2212注
阿布杜勒·贾巴尔　1-记-038
阿达姆（L.Adam）　1-11-714
阿沛·阿旺晋美　1-记-030
阿赛夫　2-17-1214

〔ai〕

埃德加·庞塞　1-记-037
埃贡·克伦茨　1-记-036

〔an〕

安东尼·吕弗纳克　1-记-038
安志文　1-记-028
安志云　2-22-1455，3-44-2689

B

〔ba〕

八大山人　3-44-2661
巴桑石确　3-38-2306

〔bai〕

白居易　1-总-004，3-37-2193、2204、2206
白敏　3-41-2423
白阳（陈淳）　3-44-2637
柏仁　3-40-2404

〔bao〕

包秉德　3-44-2630
包大本　3-44-2703
包公　3-40-2408，3-41-2441
包启祯　3-37-2202

包世臣　3-37-2179
包晓民　3-35-2035
包云海　1-9-447、448
保尔·柯察金　3-34-1971
保罗·科雷亚　1-记-035
鲍陈魁　3-44-2713
鲍钢　3-36-2138
鲍弘　3-36-2138
鲍继德　3-36-2138
鲍建荣　3-44-2715
鲍敬叔　3-36-2138
鲍良善　3-36-2138
鲍全道　3-36-2138
鲍仁德　3-36-2138
鲍仁菊　2-23-1508
鲍仕华　3-36-2138
鲍叔牙　3-36-2138
鲍文显　3-36-2138
鲍仙木　3-36-2068注
鲍一飞　1-7-363
鲍懿宗　3-36-2138
鲍永甫　2-22-1455
鲍元祖　3-36-2138

〔bei〕

北辰　1-1-068
贝梅尔　1-记-039

〔bian〕

边华苗　3-39-2322

〔bing〕

冰心　2-27-1672

〔bo〕

薄一波　3-37-2191，3-43-2564
伯颜　3-36-2134
伯益　3-36-2132
卜金春　3-44-2719
卜伸　3-44-2700
卜伟莉　3-44-2722
卜芸　3-44-2701

〔bu〕

布雷松　1-记-039
布什　2-13-951

C

〔cai〕

蔡畅　3-44-2650
蔡大绩　3-45-2730
蔡大敬　3-36-2101
蔡东藩（郕、椿寿、东藩）　1-总-005，2-25-1602，
　　3-36-2065、2126，3-37-2153、2170、2171，
　　3-43-2538、2572，3-44-2623、2649、2649注、
　　2652、2671，3-45-2747
蔡福源　2-25-1567
蔡官林　3-36-2092
蔡含生　3-36-2094
蔡惠明　1-9-451
蔡惠泉　2-26-1612注、1613
蔡继　3-41-2443
蔡继高　3-44-2712
蔡琳　3-44-2651
蔡龙骧　3-44-2713
蔡履平　3-36-2080
蔡妙友　2-22-1455
蔡攀龙　3-37-2198
蔡齐　3-44-2700
蔡启傅　3-44-2706
蔡时敏　3-36-2094
蔡叔厚　3-44-2650
蔡焘　3-44-2713
蔡万里　3-44-2705
蔡惟慧　3-37-2197
蔡文姬　3-37-2179
蔡吾贤　2-23-1520，2-29-1742
蔡五辰　3-44-2710
蔡孝先　3-44-2723
蔡兴宗　3-44-2624
蔡雄　3-44-2707
蔡秀文　3-44-2718
蔡以瑞　3-36-2138，3-44-2711
蔡以台　3-44-2707
蔡怿（直夫）　3-36-2138
蔡应鳌　3-44-2709
蔡元培　3-37-2163，3-44-2650、2651、2654、2671

蔡璋　3-44-2709

蔡召南　3-44-2710

蔡仲光（士京、大敬、子伯）　3-36-2100，3-41-
　　2428，3-44-2630

蔡周村　3-39-2324，2325

蔡周时　3-39-2325

〔cao〕

操震球　3-34-1955注、1956

曹烝　3-36-2134

曹阿堂（瑞堂）　3-44-2643、2644

曹彬　3-36-2134

曹炳祥　2-22-1455

曹博　3-39-2323、2324

曹得　3-44-2703

曹丁桥　2-23-1509

曹东阜　3-36-2134

曹娥　3-36-2071注、2078注，3-40-2411、2411注、
　　2414，3-43-2612，3-44-2623

曹光庭　3-36-2134

曹国政　3-41-2442

曹鸿勋　3-44-2711

曹继红　2-27-1664

曹建华　2-27-1653

曹锦炎　1-1-060

曹聚仁　3-44-2644

曹夒　3-36-2134

曹锟　3-44-2650

曹立人　3-34-1933

曹美康　3-39-2322

曹美韶　3-36-2134

曹目毅　2-13-938

曹庆泽　1-记-031

曹顺标（仁标、仁飚）　3-44-2646

曹素民（子明、一平、兰芬）　3-44-2645、2646

曹廷芳　3-44-2713

曹卫　3-44-2714

曹湘德　3-41-2453、2454

曹杏花　2-23-1508注，2-25-1566

曹旴　3-40-2411注

曹幼樵　2-23-1519，2-29-1742

曹长水　1-11-719

曹正姑　1-6-294

曹之升　3-36-2134，3-44-2707

曹祖佺　3-36-2134

曹祖诚　3-36-2134

〔chai〕

柴国民　3-44-2651

柴慕福　3-37-2163

柴日昶　3-41-2453、2454

柴水兴　2-22-1464、1465

柴松岳　1-记-030、031、032，1-8-431，1-9-447、
　　451，2-24-1562，2-33-1900

柴云茂　3-41-2437注

〔chan〕

禅珍　3-41-2430注

〔chang〕

常德存　3-44-2649

常建　1-总-004、004注，3-37-2206，3-43-2552

〔chao〕

超律师　3-41-2438

朝阳慧　3-41-2437

〔che〕

车马炮　3-36-2065注

〔chen〕

陈阿丰　2-23-1519

陈阿花　1-6-294

陈阿兰　1-6-295

陈阿林　1-6-294

陈蔼如　3-37-2153

陈郊　3-44-2703

陈邦柱　1-记-030

陈宝才　3-44-2720

陈宝清　2-25-1590

陈宝土　3-44-2657、2658

陈伯吹　3-44-2668

陈伯龙　3-44-2705

陈辰　3-36-2073

陈晨　2-22-1464

陈成惠　2-25-1567，3-35-2035，3-44-2724

陈崇学　3-36-2126

陈传忠　3-36-2094

陈锤（克权） 3—36—2126

陈春 3—36—2101，3—37—2156注

陈春水 3—39—2313

陈淳 1—1—060

陈苔 3—36—2126

陈大贵 2—23—1520

陈道瑾 3—36—2144

陈得明 3—36—2126，3—43—2599

陈德信 3—35—2017

陈德雄 2—23—1508注

陈德谊 3—38—2234

陈迪昌 3—38—2235，3—43—2567

陈东灿 2—13—938

陈独秀 3—44—2642、2663、2668

陈敦朴（惠清） 3—36—2126

陈朵如（选珍） 3—37—2153，3—44—2653、2654

陈芳 3—39—2322

陈凤和 2—22—1455

陈凤琴 3—44—2721

陈凤英 2—22—1455

陈福潮 3—34—1976注

陈福根 1—记—026，2—14—1020，2—22—1455、1456、1462、1464，2—24—1534，2—25—1567、1568、1573

陈刚 1—1—068

陈呆仁 3—40—2415，3—41—2429、2448

陈根华 2—23—1509

陈根儒 3—38—2232注

陈更美 2—22—1455，2—23—1520，2—27—1659，3—44—2724

陈光淞（根儒、藻芬） 3—36—2126

陈光煦 3—44—2711

陈光颖（伯蕴、光仁、元蕴） 2—13—875注，3—44—2638

陈光裕 3—44—2716，2719

陈国良 3—34—1977

陈国笑 3—39—2323

陈国忠 3—37—2209

陈海明 2—13—938

陈浩春 2—23—1508注

陈红儿 3—39—2322

陈红燕 3—44—2719

陈洪绶 3—37—2180，3—44—2635、2637

陈鸿懋 2—25—1566，2—27—1688

陈鸿寿 3—37—2179

陈华龙 1—11—680

陈欢林 3—44—2691

陈晖 3—36—2087

陈惠芳 2—22—1455

陈惠娟 3—34—1936

陈吉林 3—35—2005，3—44—2720、2721

陈继昌 3—44—2709

陈继光 3—36—2144

陈继祥 3—35—2038

陈佳兵 2—22—1455，2—23—1520

陈家骙 3—44—2708

陈家贤 1—6—294

陈坚 2—22—1455

陈简文 3—44—2661

陈建军 1—记—023，3—44—2721

陈建强 2—23—1509

陈建生 1—7—356

陈建祥 2—23—1509

陈剑利 3—39—2340注

陈节恩 3—36—2126

陈节则 3—36—2126

陈金水 2—14—993

陈锦昌 3—38—2235，3—43—2567

陈谨 3—44—2705

陈瑾 2—22—1455，2—27—1650、1656

陈晋生 3—37—2207，3—44—2641、2642

陈静斋 3—44—2652

陈菊仙 3—39—2314

陈军 3—39—2324

陈俊生 1—记—029

陈俊镛 1—记—026，2—14—1011，2—23—1523

陈立荣 2—22—1455，3—44—2722、2724

陈丽娜 3—45—2748

陈亮 2—13—938

陈玲珠 2—23—1509

陈陆林 1—11—643，3—44—2718

陈马康 1—3—144注

陈懋川 3—34—1977注

陈妙法 3—44—2688

陈妙林 2—16—1132，2—23—1509，3—44—2723

陈敏 3—39—2323

陈明 3—44—2723

陈铭珊 3—44—2671、2672

陈默 3—36—2067

陈木根 1—11—744

陈慕华 1—记—027、029，2—14—981

陈念畴 3—43—2547注

陈念祖 2—26—1604注

陈臬 3—37—2195注

陈南 3—43—2536注

陈培坤 2—13—908

陈佩永 3—37—2152、2160，3—38—2232注，3—44—2622、2664、2665

陈之骅　3-44-2680、2681

陈之骝　3-44-2681

陈至言　3-44-2706

陈志诚　3-41-2426

陈志放　3-36-2073注、2092，3-45-2747、2748、
　　2749、2750

陈志富　3-36-2142，3-45-2748

陈志根　1-1-043注，1-6-298，1-8-399注，1-12-776
　　注、777注、790、834、835，3-36-2099注、2142、
　　2143、2144，3-37-2205注，3-45-2748、2749、
　　2750、2751

陈志相　3-34-1973，3-39-2321、2322，3-44-2717

陈志忠　2-27-1692、1692注、1698注

陈中民　2-25-1567

陈中箴　1-1-043注

陈忠友　3-41-2456

陈珠　3-36-2072注

陈子良　3-38-2232注

陈祖尧　3-38-2232注

陈作霖　1-记-029

宸濠　3-44-2628

〔cheng〕

成慧祖禅师　3-41-2430注

成克杰　2-22-1489

程步高　3-44-2667注

程德全　3-44-2640

程颢　3-37-2197、2217，3-44-2625、2625注

程湘虹　1-11-684

程绪川　2-22-1455，2-23-1509，2-25-1567

程颐　3-37-2197、2217，3-44-2625、2625注

〔chi〕

池钟庆　3-37-2198注

迟浩田　2-32-1857

〔chong〕

崇绮　3-44-2711

〔chu〕

储光羲　3-37-2206

褚木根　2-23-1509、1552，3-35-2038

褚遂良　3-44-2635、2659

褚益民　3-35-2038

褚云皎　1-7-357，3-36-2143，3-43-2578、2578注

〔chuan〕

川口久一　1-记-039

川崎嘉重　1-记-025

传甲　3-38-2236

传襄　3-38-2236

传熊　3-38-2236

〔chun〕

春溪　3-37-2196、2199

纯一法师　3-41-2430、2438

〔ci〕

慈禧　3-36-2124，3-43-2547注

〔cong〕

丛涤夷　2-25-1576

〔cui〕

崔栋　3-37-2198注

崔国辅　3-37-2216

崔健　2-13-934

崔乃夫　1-记-028

崔少文　3-44-2650

崔宗之　3-44-2624

〔cun〕

村越启介　1-记-026，2-23-1523

D

〔da〕

达柯　3-38-2233注

达努　1-记-035

达乌达·凯拉巴·贾瓦拉　1-记-035

大恩　3-40-2404

大济　3-41-2444

大井良章　1-记-039

大葵　3-40-2404

大琪　3-40-2404

大容　3-40-2404

大西博子　3-36-2099，3-42-2462，3-45-2751

大西良匡　3-36-2058

大雅　3-40-2404

大义（徐元贞）　3-41-2438、2439

大有　3-38-2233注

大禹（夏禹、姒文命）　3-36-2071注、2078注、2131、2132、2137、2138，3-40-2414、2415，3-41-2441，3-44-2623

大源　3-40-2404

〔dai〕

戴安德　3-41-2452

戴成之　1-8-411，3-37-2158

戴诚之　3-41-2426

戴德生　3-41-2455

戴冬英　1-6-294

戴二彪　3-44-2715

戴纲　3-36-2139

戴琥　1-8-411，3-37-2157注

戴集　3-37-2158

戴季陶　3-37-2208，3-44-2642、2643

戴嘉漠　3-44-2713

戴鲸　3-44-2702

戴兰芬　3-44-2709

戴美华　2-23-1509

戴衢亨　3-44-2707

戴汝东　3-45-2727

戴僧静　3-36-2139，3-44-2624

戴世成　3-36-2070

戴叔伦　3-37-2206

戴思恭　3-44-2627

戴维师　3-44-2704

戴文明　3-45-2730

戴熙　3-36-2101

戴晓雪　3-36-2142

戴杏琪　2-13-881注

戴永伦　1-6-295

戴有祺　3-44-2706

戴志江　3-36-2139

戴志轩　3-36-2139

〔dao〕

道本　3-38-2232注

道光皇帝　3-44-2633、2634

道拳　3-37-2161注

道山　3-41-2431

道因　3-41-2430

道印　3-38-2233注

〔de〕

德宝　3-38-2233注

德麟　3-37-2198

德曼·纳特·东加纳　1-记-037

德清　3-41-2439

德瑞克　1-记-040

〔deng〕

邓国荣　3-36-2099

邓钧　3-44-2641

邓石如　3-44-2662

邓小平　1-记-016，1-6-323，2-13-840、867、900、903、915、944，2-17-1196，2-18-1227，2-20-1311，2-21-1422、1430、1452注、1457、1458、1460、1471、1472、1473、1499，3-34-1965，3-35-2004

邓颖超　2-25-1570、1571

〔di〕

迪奥　1-记-036

翟炳芳　2-22-1455

翟灏　3-42-2462、2494、2496、2501

翟雅仙　2-23-1509

狄獬　3-41-2448注

蒂尔迈久洛　1-记-037

〔ding〕

丁百川　3-44-2707

丁宝臣　3-41-2447

丁伯耕　3-36-2100

丁蝉声　3-36-2065注

丁俦嵩　3-44-2707

丁德云　2-26-1618

丁福保　3-44-2667

丁福南　2-23-1514，2-24-1533

丁关根　1-记-027

丁关泉　3-45-2739

丁关田　3-44-2645，3-45-2739

丁国庆　3-39-2323

丁洪　3-45-2729

丁建根　3-39-2341注

丁久征　3-44-2713

丁可珍　2-22-1455

丁克扬　3-44-2706

丁堃　3-44-2709

丁莉丽　2-23-1520

丁列平　3-44-2722

丁培植　3-38-2242

丁璞（良玉）　3-36-2116，3-37-2218注

丁人龙　3-44-2713

丁日昌　3-36-2124

丁上珪（廷献）　3-36-2116，3-44-2700

丁守安　2-22-1502，2-23-1519

丁松青　2-23-1509

丁天则　3-44-2701

丁图　1-记-039

丁文靖　1-11-725

丁文揆　3-44-2713

丁文龙　3-44-2713

丁文蔚（豹卿、韵琴、蓝叔）　3-37-2179、2180，
　3-44-2637

丁羲元　3-44-2637注

丁显　3-44-2703

丁亚芳　1-记-034

丁有根　1-记-015，2-23-1508、1541，3-36-2093，
　3-44-2695

丁元　3-44-2700

丁云鹏　3-44-2637

丁张凤　2-14-1020

丁志传　3-35-2035

丁重器（敬之）　3-36-2116，3-44-2700

丁子尤　2-22-1455，2-25-1590

定法　3-41-2430注

〔dong〕

东莞　3-37-2199

董昌　1-总-005，3-37-2193

董长江　2-27-1639注

董纯才　3-34-1956

董德宁　3-41-2443

董冬姑　1-6-294

董诰　3-36-2101

董戈　3-37-2172，3-40-2414，3-41-2441

董光中　3-36-2070、2070注

董国良　1-6-324

董华恩　2-25-1567，2-26-1624、1624注

董惠铭　2-22-1455，2-25-1590，3-36-2066、2082

董建国　3-39-2313

董建华　1-1-069，2-27-1689

董建明　2-22-1455

董洁心　3-36-2144

董金瑞　3-44-2717、2718

董利水　2-23-1530

董明　2-22-1471

董明菊　2-22-1455，2-25-1568

董培兴　3-41-2430

董思明　3-44-2626

董学毛　2-22-1455、1462，2-25-1568，2-27-1674注

董聿茂　1-3-144注

董月琴　2-23-1509

董悦　2-27-1650、1656

董珠明　2-23-1509

董祝芹　2-23-1509

董卓　3-36-2121

〔dou〕

窦长富　2-23-1508、1508注，2-24-1533注，2-29-
　1742，3-34-1965注

窦叔蒙　1-3-134、134注

窦昱　3-37-2197、2217

〔du〕

独超法师　3-37-2170，3-41-2430、2438、2440

独孤峻　3-41-2439

杜宝辰　3-44-2710

杜成成　2-23-1509

杜甫　1-总-004，3-37-2204、2206

杜鸿渐　3-41-2439

杜觉民　3-36-2069

杜金法　2-23-1509，2-31-1809，3-44-2721

杜坑兴　3-44-2717

杜尼　1-记-035，3-38-2283

杜守一　3-37-2216

杜天林　2-22-1464，2-23-1520，2-26-1629

杜衍　3-36-2122

杜永毅　1-3-134注，3-37-2213注

杜有亮　3-36-2122

杜拯　3-37-2198注

渡边新作　1-记-039

〔duan〕

段祺瑞　3—44—2647

〔duo〕

多吉才让　1—记—030

E

〔en〕

恩格斯　3—44—2641
恩塞涅·海耐　1—记—038
恩通　3—41—2440

F

〔fa〕

法本　3—41—2435
法禅　3—38—2232注
法定　3—41—2431
法属　3—41—2430注
法馨　3—41—2430注
法忠　3—41—2435

〔fan〕

范大林　3—36—2126
范蠡（少伯、范伯）　3—36—2130、3—37—2150注、
　　2193、2195、3—40—2414、3—43—2540、3—44—
　　2623、2623注
范履冰　3—36—2126
范瑞娟　3—44—2675
范摅　3—37—2192注
范天木　3—36—2126
范庭富　3—36—2126
范文澜　3—44—2671、2675
范寅　3—40—2347注、2348注、2350注、2351注、2354
　　注、2355注、2356注、2408注、2411注、3—42—2513
范增　3—37—2194
范直愚　3—36—2126
范仲淹　1—3—104、3—36—2126、3—37—2196注、2217、
　　3—40—2415、3—41—2441注、3—44—2625

范宙虹　2—26—1605
范宗尧　3—36—2126

〔fang〕

方秉成　3—44—2702
方秉杰　3—36—2117
方秉文　3—44—2701
方秉哲　3—44—2702
方晨光　1—1—044、068、3—36—2057注、2099注、2143、
　　2144、3—37—2203、2208、2213
方都谟　3—41—2452、2454
方度　3—36—2117
方法全　3—41—2453
方干　3—36—2117、3—37—2206
方和龄　2—26—1607
方赫　3—44—2701
方纮　3—36—2117
方槐　2—22—1455
方继红　1—6—313
方嘉泰　1—5—276
方教　3—36—2117
方筠卿　3—36—2117
方克　2—23—1509
方魁　3—36—2117
方腊　1—总—005
方妙仁　2—23—1529
方木春　1—12—838
方平　3—36—2067
方琦德　2—23—1508注
方荣根　3—36—2093
方生姑　1—6—295
方顺泉　2—21—1423、3—36—2093
方伟　2—23—1520
方文仙　3—41—2434
方吾校　1—11—643、2—13—954、2—23—1509、3—44—
　　2719、2720、2723
方向明　1—1—067
方小筠　3—36—2117
方兴富　2—23—1509
方以规　3—41—2428
方友根　1—11—743
方与严　3—34—1956
方岳义　2—22—1455、1462、1463、2—23—1517、2—24—
　　1534、2—27—1674、2—30—1757
方喆　3—44—2701
方正　2—29—1735注
方芝明　1—5—276

方志炼　2—14—1017
方竹轩　3—36—2117
房玄龄　3—36—2133

〔fei〕

费根楠　1—记—013，2—22—1462、1462注、1463，2—23—
　　1508注、1509，2—25—1570
费黑　1—6—298，1—8—399注，1—12—776注、777注、
　　790、834、835，2—22—1455，2—25—1567、1568、
　　1571，2—27—1674注、1680，3—36—2091、2093，
　　3—44—2724，3—45—2734、2734注、2735
费宏　3—44—2704
费联信　3—41—2456
费司提反　3—41—2459
费晓楼　3—44—2637
费孝通　1—记—027
费玉琴　3—41—2452、2453
费远帆　1—记—023
费长化　3—41—2458

〔feng〕

丰坊　3—44—2631
丰子恺　3—37—2170，3—44—2667
封观珍　2—23—1509
封明志　2—23—1509
冯彩英　1—6—294
冯春富　2—23—1519、1520
冯大山　3—36—2119
冯大受　3—44—2702
冯旦　3—36—2119
冯福堂　2—23—1509
冯观海　3—44—2717
冯海荣　2—22—1455
冯汉姆累克　2—14—990
冯和海　3—41—2458
冯和睦　3—35—2024
冯和浦　3—41—2458
冯和仁　3—41—2459
冯吉苏　2—29—1735注
冯简子　3—36—2119
冯觐　3—36—2119
冯京　3—44—2700
冯锴　3—44—2700
冯沛荣　2—23—1509
冯耀忠　1—记—023，2—21—1440，3—36—2058、2080
冯逸民　3—39—2314

冯永川　3—44—2657、2658
冯有翼　3—36—2119
冯玉祥　3—44—2651、2658
冯元式　3—36—2136
冯月珍　1—6—294
冯云山　1—2—075
冯允功　1—11—740注
冯章灶　3—44—2719、2720
冯志健　2—13—934
冯滋林　3—37—2178注

〔fu〕

夫差　1—总—004、005，1—2—075注，3—36—2123，
　　3—40—2414，3—44—2623，3—45—2745
夫概　1—2—074、074注
福田　3—41—2426
福云　3—41—2427、2429
傅阿仙　1—6—294
傅葆龙　2—22—1455，2—27—1668，3—35—2038
傅彬然（冰然、秉仁、炎如、逸君、逸文、冰弦、镜常）
　　3—36—2137，3—44—2655、2662、2663、2663注
傅崇璞　3—44—2722
傅鼎颐　3—41—2428
傅淦　3—44—2708
傅珪（廷信）　3—36—2136
傅国蓉　3—35—2038
傅国兴　3—36—2136
傅行简　3—44—2702
傅华东　2—13—955
傅华生　3—34—1931、1935，3—36—2064
傅焕先　2—23—1509
傅畿　3—36—2136
傅金法　2—22—1455
傅进　1—6—314，3—34—1973，3—44—2718
傅君　3—39—2324
傅克中　3—34—1973
傅妙奎　2—13—957
傅妙兴　2—13—957
傅培基　3—44—2711
傅全香　3—44—2675
傅全有　1—记—033
傅舍　3—36—2136
傅士成　3—34—1973
傅世海　3—43—2554
傅仕　3—36—2136
傅淑芳　2—23—1508注
傅水林　1—11—640，2—31—1803

傅说　3-36-2136

傅崧卿（子骏）　3-36-2136

傅调梅　3-37-2169注

傅廷瑞　2-29-1742

傅巍　3-36-2136

傅吾录　2-27-1677、1677注

傅熹　3-36-2136

傅学灏　3-44-2708

傅衍（六翁）　3-36-2136

傅毅　3-36-2092

傅永先　1-记-013，2-22-1472、1473，2-30-1769，
　　2-32-1858，3-37-2190，3-44-2665

傅裕仁　1-11-643，2-23-1509，3-44-2719、2720、
　　2723

傅月樵　3-44-2719

傅张同　3-35-2038

傅正伟　3-44-2715

傅志芳　2-31-1809，3-44-2723

傅仲樵　3-44-2719

傅周海　3-43-2554，3-44-2622、2623、2670、2670注

傅竹西　3-44-2688

富吾水　2-16-1175

富玹　3-44-2704

富裕兴　2-26-1628、1629

G

〔gai〕

盖博尔·瑞卡　1-记-038

〔gan〕

甘比治　3-41-2455

甘地　3-44-2671

甘惠德　3-41-2455、2458

甘永法　2-27-1677，3-39-2318

〔gao〕

高承　3-43-2532

高道隆　3-44-2702

高德法　3-44-2639

高德棻　3-43-2578注

高德梁　3-43-2578注

高德仁　2-23-1509

高德一　3-43-2578注

高德占　1-记-031

高鼎茂　3-44-2639

高恩泽　2-23-1509

高尔昌　2-22-1455

高尔焕　2-23-1509

高帆（冯声亮）　3-36-2070、2119，3-44-2674

高福英　1-6-295

高关悟　3-36-2082、2087

高光兰　3-41-2456

高汉民　2-23-1509

高惠南　3-43-2578

高惠阳　3-43-2578

高建夫　2-27-1656

高剑富　1-11-713、748

高锦富　3-41-2455、2456

高锦耀　2-23-1530

高敬德　1-记-038

高来军　3-44-2720

高立民　2-23-1509

高利伟　2-25-1591

高玲　3-39-2324、2325

高枚　3-44-2709

高明陆　3-41-2437

高明通　3-41-2437

高其公（位南）　3-43-2578注

高其金（阿金）　3-44-2639

高乞　3-44-2626

高琼　3-36-2133

高三山　3-36-2090，3-37-2208

高生良　2-22-1455

高世英　3-36-2133

高似孙　3-41-2441注

高松泉　2-23-1509

高昙禅师　3-38-2233，3-41-2438、2439

高田清一　1-记-025、037，2-24-1556，3-36-2058

高伟丽　2-23-1509

高渭泳　2-13-938注

高翔　3-39-2327、2340注

高小霞　3-44-2623、2669、2670、2670注

高兴木　3-34-1937

高秀员　3-44-2718

高延祐　3-44-2710

高仰止　1-记-037

高永康　3-41-2459

高元法　2-13-940，3-40-2379，3-43-2578注

高月昌　3-44-2717

高云腾　3-44-2669

高振芳　2-13-938、938注

高振坤 2-23-1509
高志方 3-44-2715
高志康 3-36-2144
高志友 2-23-1509
高中山 3-44-2723
高翥 3-36-2133
高子成 2-23-1509
高自楠 2-26-1628
镐生 3-40-2404

〔ge〕

葛洪（抱朴子） 3-37-2173，3-41-2441、2441注
葛洪升 1-记-028、029、030、032
葛惠萍 2-16-1177
葛建红 3-39-2324、2325
葛金潮 3-44-2718
葛锦潮 1-12-818
葛理庸（棣荣、祖燕） 3-44-2649
葛圣平 2-23-1516
葛素（张素） 3-36-2135、2136
葛小珍 1-11-642、643，2-22-1455，2-23-1508，3-44-2717、2720、2724
葛孝甫 2-23-1530
葛云飞（鹏起、凌台、雨田） 1-总-005，1-6-321，2-21-1439，2-22-1473，2-25-1602，3-36-2136，3-37-2154、2160、2163、2170、2171、2182、2190、2191，3-39-2313注，3-43-2572、2597、2598、2599，3-44-2623、2633、2634、2713，3-45-2746、2749
葛钊 2-15-1030注

〔geng〕

耿旭东 2-27-1639注

〔gong〕

龚阿花 1-6-295
龚炳熙 2-26-1628注
龚金泉 1-11-672
龚士廉 2-23-1520
龚松其 2-23-1509，3-44-2719
龚为芳 1-记-033
龚心瀚（龚苏） 1-记-029，3-44-2684
龚秀中 2-27-1656
龚育之 3-44-2682
龚增尧 3-44-2721

〔gou〕

句践 1-总-004、005，1-2-075注，1-3-120、121、133，1-6-320，1-9-446注，3-36-2130，3-37-2150注、2193、2195、2195注、2199、2200、2202、2213、2218注，3-40-2413、2414、2414注，3-41-2434、2441，3-43-2542，3-44-2623、2623注，3-45-2745

〔gu〕

谷川吉弘 1-记-040
谷耕 3-36-2067
谷叶 3-36-2065注
顾炳 3-36-2131
顾冲 3-45-2742
顾鼎臣 3-44-2704
顾皋 3-44-2708
顾观 3-36-2132，3-44-2703
顾鸿逵 3-36-2132，3-44-2710
顾欢（景怡） 3-36-2131
顾焕 3-36-2131
顾丽英 2-23-1509
顾林定 3-38-2231
顾临 3-36-2131
顾杉 3-36-2131
顾士江 1-12-776注，3-43-2543注、2544注、2577注、2581、2590
顾廷美 3-36-2131
顾通 3-36-2121
顾宣 3-44-2701
顾炎武 3-36-2065注
顾沂 3-44-2700
顾溢芳 2-25-1567
顾雍 3-36-2131
顾又多 2-23-1509
顾煜 3-36-2131
顾长春 3-44-2722
顾正光 2-23-1519、1520，2-25-1568
顾忠贤 3-35-2038
顾子法 2-23-1520

〔guan〕

关公 3-40-2408
管家昶 3-44-2722
管庆伟 3-36-2069
管思耿 3-36-2066、2066注、2067、2067注

管仲 3-36-2138

〔guang〕

光绪帝 3-44-2638
光志和尚 3-41-2430注
广宾 3-38-2236
广老 3-41-2445
广严 3-38-2233注

〔guo〕

郭成仕 3-44-2717、2722
郭芬联 3-34-1973
郭关松 1-6-295
郭桂英 1-6-295
郭汉城 3-36-2133、2142，3-44-2673、2674
郭鹤鸣 3-34-1935、1987注，3-36-2143
郭洪祥 2-26-1628注
郭俊 2-23-1519
郭骏 3-36-2073
郭亮 3-36-2068，3-44-2720
郭伦 3-36-2133
郭绵 3-36-2133
郭明明 1-11-643，2-13-949，2-23-1508，3-44-2721、2723
郭秋水 3-36-2133
郭珊红 3-39-2322
郭世道 3-44-2624
郭世亨 3-44-2710
郭完 3-36-2133
郭亚祥 1-记-022，3-44-2717、2720
郭一龙 2-26-1619注
郭原平（长泰） 3-44-2624
郭振声 3-36-2133
郭志良 3-44-2718
郭仲选 3-37-2169
虢叔 3-36-2133

H

〔ha〕

蛤庵（本圊、湘溪道人） 3-41-2440

〔hai〕

海德 2-17-1214
海灯法师 3-41-2433
海曼斯（C.Heymans） 3-44-2663
海瑞 3-37-2173注
海智 3-41-2435

〔han〕

涵碧 3-38-2233注
韩柏青 2-22-1455、1462，2-27-1639、1640
韩拜旒 3-36-2136
韩宝洪 2-13-937
韩丙昭 3-37-2173注
韩彩娟 3-36-2052
韩灿 3-44-2630
韩昌先 1-2-097注
韩持僵 3-37-2173
韩春耕 3-38-2235
韩次卿 3-44-2702
韩达洲 2-23-1520
韩丹夫 3-44-2697、2698
韩德元 3-36-2136
韩登安（竞、仲铮、耿斋、印农、小章、本翁、无待居士） 3-36-2136，3-44-2623、2661、2662、2662注
韩鼎祚 3-38-2235
韩恩美 3-37-2173注
韩芬琴 2-22-1455
韩凤鸣 3-36-2099、2100
韩凤修 3-44-2709
韩贯中 3-36-2074、2075、2086
韩桂花 1-6-294
韩济生 3-44-2678
韩建中 2-22-1462，2-23-1520，2-27-1650
韩静美 3-37-2173注
韩竣（曼英） 3-36-2136
韩丽美 3-37-2173注
韩利峰 3-39-2325
韩利锋 3-39-2323
韩螺山 3-36-2101
韩美香 1-6-294
韩敏春 3-44-2720
韩慕嵘 3-36-2136
韩佩金（亚琴） 3-44-2636、2636注、2637
韩琪 3-36-2071
韩琦 3-36-2136
韩祺 3-44-2703
韩谦 2-22-1455，2-23-1520，2-27-1685
韩强士 3-45-2744

韩钦　3-44-2711

韩泉欣　3-36-2136，3-44-2686

韩日昌　3-44-2630

韩日将　3-44-2705

韩瑞英　1-6-294

韩绍湘　3-37-2162注

韩守正　3-44-2703

韩水堂　1-6-294

韩玘　3-44-2702

韩松坤　1-记-022，2-27-1656，3-35-2017、2038，
　　3-44-2721

韩泰青　3-36-2101

韩天潮　3-37-2173注

韩天恩　3-37-2173注

韩天浩　3-37-2173注

韩天宏　3-37-2173注

韩天锡　3-37-2173注

韩天雄　3-37-2173注

韩侂胄　3-36-2118

韩葵　3-44-2706

韩惟论（仲文、玉吾）　3-37-2173、2173注

韩文饶　3-44-2703

韩吾松　2-22-1455，3-36-2090，3-45-2749

韩贤林　3-44-2714

韩逊之　3-36-2136

韩亚美　3-37-2173注

韩雁门　3-45-2744

韩寅三　3-38-2235

韩膺胄　3-36-2136，3-37-2162

韩应龙　3-44-2704

韩永标　3-37-2190

韩幼卿　3-44-2702

韩岳忠　3-38-2235

韩赞中　3-36-2071

韩祯祥　3-36-2136，3-44-2679

韩仲　3-36-2101

韩祖耀　3-36-2058、2070、2083

韩祖贻　2-26-1612注

汉纳根（Hanneken）　3-44-2638

〔hao〕

郝瑞　3-36-2099

〔he〕

何阿坑　2-26-1632

何阿三　1-6-294

何丙咸　3-44-2708

何昌龄　3-36-2123

何昌言　3-44-2701

何方年　3-39-2325

何公超　3-44-2667注

何海鸣　3-44-2652

何建波　3-39-2325

何竞　3-37-2195注

何静之　3-36-2100

何君毅　1-记-039

何康　1-记-028

何可炤　3-36-2123

何栗　3-44-2701

何良五（文业、德基）　3-36-2123

何名媚　3-40-2349注

何乃敏　2-27-1639注

何群　2-14-1020，2-22-1455，2-23-1519，2-27-
　　1658、1659

何日暄　2-29-1735注

何汝尹　3-36-2100

何善　3-36-2123，3-44-2703

何绍基　3-36-2101

何圣兆　3-44-2713

何世学　3-44-2705

何舜宾（穆之、醒庵）　3-36-2100，3-37-2195注，
　　3-44-2628、2703

何嗣江　2-13-840注

何天行　1-1-043注

何土林　3-37-2169注

何文炳　3-44-2713

何文澜　3-44-2712

何锡仁　3-35-2038

何香凝　3-37-2179、2181

何祥妹　3-38-2233注

何筱雷　3-35-2038

何宣　2-26-1605

何煊　3-44-2708

何异兰（周木、锦山）　3-36-2123，3-44-2713

何幼红　3-38-2250

何垣　3-44-2706

何增筠　3-44-2710

何樟兴　1-11-720

何招耿　3-39-2313注、2314

何兆圣　3-44-2713

何执中　3-44-2702

何志球　3-44-2643

何志荣　1-11-748，3-35-2017

何准　3-36-2123

何自明　3-44-2702

何宗道　3—44—2702

何宗继　3—36—2123

何宗矩　3—36—2123

何宗可　3—44—2702

何宗文　3—36—2123

和光厚一郎　1—记—026，2—23—1533

和合正治　1—记—036

阖闾　1—2—074注

贺家弼　1—8—431

贺金贵　3—41—2445

贺近民　3—41—2452、2453

贺天健　3—44—2661

贺田　1—记—038

贺循　1—9—501注，3—37—2204注

贺知章（季真、四明狂客）　1—总—004、005，1—6—
　　321，1—10—571、572，3—36—2069，3—37—2206，
　　3—44—2622、2623、2624、2624注、2625注、2700

赫华德　3—41—2455、2459

〔hei〕

黑肱　3—36—2123

〔heng〕

横山弘　2—14—991

〔hong〕

弘济　3—37—2181

弘一（李叔同）　3—37—2179、2181

宏参　3—41—2432

洪斌卿　3—36—2131

洪琛　3—44—2706

洪德兴　1—11—640、714，2—14—1017，3—35—2038

洪光雄　1—记—040

洪虎　1—记—031

洪佳士　2—17—1192、1194

洪佳璇　3—38—2251

洪钧　3—44—2711

洪恪　3—36—2131

洪亮吉　3—44—2632注

洪攀龙（秋江、晋斋）　3—36—2131，3—44—2703

洪如本（至大）　3—36—2131

洪献耕　2—27—1671，3—36—2144，3—37—2203，3—45—
　　2748

洪晓明　2—22—1463，2—30—1763

洪秀兰　2—22—1465

洪雅英　3—36—2093，3—45—2749

洪莹　3—44—2708、2709

洪远徹和尚　3—41—2430注

洪长锦　2—23—1509

洪钟　3—37—2195注

洪珠　3—37—2198、2199注

〔hu〕

胡安国　3—44—2629

胡柏夫　1—11—602

胡柏贤　3—41—2459

胡彩娟　2—23—1519

胡彩琴　1—6—294

胡长清　2—22—1489

胡长孺　3—37—2169注

胡传根　1—11—593

胡大海　3—43—2578

胡大隆　2—23—1520

胡大泉　3—36—2129

胡大韶　3—36—2129

胡蝶　3—44—2667、2667注

胡昉　3—44—2704

胡广　3—44—2703

胡珪（时佩）　3—36—2129

胡国荣　3—36—2068注、2069、2084

胡宏我　3—36—2129

胡吉棠　3—41—2455

胡继光（守元）　3—36—2129

胡继先　3—44—2701

胡建龙　3—36—2069

胡解民　3—36—2099注

胡金和　3—44—2719

胡金龙　3—44—2720、2721

胡锦涛　1—记—025、029，1—12—808，2—22—1461、
　　1482、1485，3—44—2695

胡九中　1—记—014，3—39—2327、2340注

胡奎　3—37—2213

胡林森　2—23—1520

胡沛霖　3—43—2535注

胡平　1—记—030

胡乔木　1—记—027

胡荣生　2—25—1567

胡少军　3—39—2325

胡适　3—44—2644注、2671

胡舜臣　3—37—2161注

胡嗣宗　3—44—2703

胡松　3—37—2198注

胡谈　3-36-2129

胡铁军　3-36-2070

胡文　3-36-2129

胡文均　3-37-2169注

胡文俨　3-36-2129

胡仙锄　3-36-2101

胡先锦　3-44-2717

胡暹　3-43-2579

胡学　3-36-2129

胡艳　3-36-2072

胡尧臣　3-37-2198注

胡隐圃　3-36-2129

胡应麟　3-44-2623注

胡永洲　3-44-2691、2692

胡豫　3-44-2638

胡燏棻（芸楣）　3-44-2638、2639、2711

胡元灯　3-36-2129

胡源海　3-36-2129

胡源澧　3-36-2129

胡则　3-36-2129，3-40-2415，3-41-2441

胡兆金　2-25-1590

胡志光　2-26-1636

胡志荣　2-26-1613

胡中庭　3-44-2715

胡宗南　3-44-2650

胡宗宪　3-37-2198注

胡祖浩　2-29-1742

〔hua〕

华陛　3-37-2160

华绰　3-36-2121

华初平　3-44-2701

华凤炎　3-38-2234

华钢　3-34-1929

华庚珊　3-38-2234

华关鑫　3-41-2457

华国仪　3-38-2234

华海西　3-37-2199

华海霞　3-39-2325

华洪卿　3-44-2702

华静媛　2-26-1632

华钧珊　3-38-2232注、2234

华克勤（无逸）　3-36-2120，3-41-2434，3-44-2627

华琏　3-36-2121

华良　3-36-2121

华留青　3-38-2232注、2234

华美石　2-13-934

华善　3-41-2436

华实　3-37-2160

华水夫　2-27-1643，3-44-2716

华佗　3-40-2408，3-41-2441、2448

华永姑　1-6-314

华玉　3-38-2233注

华振吾　3-36-2120

华镇（元仁）　3-36-2120，3-37-2155、2155注，3-44-2701

华之藩　2-22-1455

华旨大　3-41-2432

华子扬　2-26-1614

〔huai〕

怀莲　3-41-2444

〔huang〕

皇甫冉　1-总-004，3-37-2206

黄柏卿　3-41-2428

黄本　3-36-2134

黄伯夫　3-37-2170、2173

黄巢　1-总-005，1-3-119，3-36-2116、2135

黄传鼎　3-44-2712

黄春寅　3-41-2428

黄琮　3-37-2198注

黄道周　3-44-2670

黄德贤　3-37-2198注

黄鼎卿　3-37-2198注

黄鼎铉　3-44-2705

黄定　3-44-2701

黄东灿　3-44-2717

黄东海　3-36-2071

黄镐京　3-36-2134，3-38-2232注

黄革伟　3-39-2314

黄观　3-44-2703

黄光升　1-8-398注

黄槻　3-36-2133

黄际泰　3-37-2157

黄季冕　2-23-1508注

黄建文　1-记-022、023，2-32-1858

黄健全　2-23-1517，2-24-1534

黄金龙　3-43-2547注

黄九皋　3-36-2134，3-37-2157、2158注、2198、2198注，2201，3-41-2428，3-44-2704

黄菊　1-记-031

黄菊仙　2-23-1508

黄可师　3-37-2198注，3-44-2705

黄来兴　1-11-643、644，2-13-931，2-23-1519、1520，3-44-2717

黄立武　2-27-1674

黄美潮　2-25-1571、1572、1580，2-27-1667、1668，3-35-2038

黄妙根　2-22-1455

黄牧甫　3-44-2662

黄朴　3-44-2702

黄庆珍　3-44-2711

黄荣青　3-44-2716

黄瑞卿　2-23-1509

黄邵士　3-44-2705

黄士俊　3-44-2705

黄世厚　3-37-2198注

黄世科　3-37-2198注，3-44-2704

黄世培　1-11-643，3-44-2719

黄世贤　3-37-2198注

黄世显　3-37-2198注

黄世雍　3-37-2198注

黄寿康　3-37-2158注

黄水庆　3-44-2719

黄韦艮　3-44-2694

黄维熊　3-36-2134

黄伟成　1-记-023，2-25-1566、1567、1568，2-26-1630，3-44-2717、2719、2721

黄希元　3-37-2198注

黄宪荣　3-36-2087

黄香　3-36-2133

黄兴　3-44-2639、2658

黄轩　3-44-2707

黄亚洲　3-36-2134

黄燕君　2-13-840注

黄怿　3-37-2198注

黄懿　3-37-2198注，3-44-2704，3-45-2729

黄银霞　1-11-643，2-22-1455，2-23-1509，3-44-2717、2718、2721、2722、2724

黄应奎　3-37-2198注

黄勇男　2-14-993

黄由　3-44-2702

黄钰　3-36-2094，3-45-2731、2731注、2732

黄元寿　3-36-2134，3-37-2194、2195注、2197、2201、2202、2217

黄云　3-41-2444，3-44-2706

黄瓒　3-36-2134

黄泽明　1-记-025

黄镇　1-记-027

黄中理　3-44-2711

黄祖诚　2-23-1519，2-26-1624、1624注

〔hui〕

惠灵　3-41-2428

惠木　3-41-2444

慧空　3-41-2425

慧南　3-41-2435

〔huo〕

霍端友　3-44-2701

J

〔ji〕

姬昌　3-36-2133

姬发　3-36-2117、2122、2123、2130

姬静　3-36-2127

姬鹏飞　1-记-028

姬诵　3-36-2137

姬汪　3-36-2123

姬友　3-36-2127

稽　3-36-2133

吉庆　3-44-2632

计倪　1-3-133

纪传义　3-36-2071、2085

纪德　3-44-2659

纪昀　3-44-2631

济公　3-37-2159注

济文　3-37-2162注

继林　3-38-2236

继儒　3-38-2236

继庸　3-38-2236

寂照　3-41-2435

〔jia〕

佳城　3-40-2404

嘉庆皇帝　3-36-2120，3-44-2632

贾安宅　3-44-2701

贾黯　3-44-2700

贾充　3-44-2623

贾德美　3-41-2455、2456、2459

贾仁　3-37-2169注

贾盛源　2—27—1649注
贾似道　3—36—2125
贾万策　3—44—2630
贾献国　3—34—1973
贾异玺　3—41—2455、2459
贾志杰　1—记—031

〔jian〕

简·戈特曼(Jean Gottman)　1—总—003注
简瑞·汉纳尔　1—记—039
剑持邦昭　1—记—039

〔jiang〕

江红　1—7—355
江民繁　3—45—2749
江青　2—22—1476注、1497注
江守干男　1—记—040
江水　3—36—2065注
江淹　1—2—099，3—37—2161注，3—41—2423，3—45—2729
江英　3—44—2722
江云发　3—44—2665
江泽民　1—记—028、030、032、033、034，2—14—1009，2—21—1440，2—22—1457，2—25—1598，2—26—1624，2—27—1659，2—28—1713，3—36—2103
江昭玄　3—41—2423
姜安三　3—36—2131
姜承燕　3—44—2706
姜春云　1—记—030，1—12—808，3—44—2695
姜皓（光弼）　3—36—2131
姜和椿　2—29—1742
姜金云　2—13—889
姜聚六　3—36—2131
姜维　3—36—2131
姜偰　3—36—2117
姜晓玮　1—1—068
姜元仁　2—23—1508注，3—35—2038
姜子牙　3—36—2117
蒋宝娣　3—44—2682、2683
蒋潮根　3—41—2445
蒋大为　3—36—2056，3—37—2211，3—43—2565
蒋蕃　3—36—2136
蒋凤桥　2—22—1455
蒋佛二　3—36—2136
蒋佛三　3—36—2136
蒋国恩　1—8—411

蒋和仁　2—21—1423
蒋红庆　3—39—2323
蒋惠康　3—34—1977注
蒋建国　2—22—1455，2—23—1508
蒋剑飞　3—36—2071、2084
蒋介石　3—44—2643
蒋金潮　1—6—295
蒋金娥　2—23—1509
蒋金梁　2—24—1534
蒋乐平　1—1—044、045、067、068
蒋莉萍　1—11—672
蒋茂四　3—36—2136
蒋梦麟　3—38—2234
蒋妙伟　3—39—2325
蒋民宽　1—记—029、030
蒋明炬　3—45—2750
蒋明旗　3—39—2313
蒋旻娜　3—39—2322、2340注
蒋松卿　3—37—2160
蒋小英　1—6—295
蒋诩　3—36—2136
蒋俨　3—36—2136
蒋耀祖　3—44—2717
蒋毅　3—36—2073注
蒋荫炎　3—36—2066注
蒋英武　3—37—2171、2172
蒋永海　2—23—1509
蒋再鸣　3—36—2070
蒋增平　3—36—2143
蒋增权　3—36—2092
蒋展鹏　3—44—2683
蒋重珍　3—44—2702
蒋祝平　1—记—031

〔jiao〕

焦遂　3—44—2624
焦裕禄　2—23—1512
教仁　3—40—2404注

〔jie〕

界彬　3—41—2427
戒镡　3—37—2198
戒忒　3—41—2430

〔jin〕

金阿根　3-36-2065、2067、2067注
金阿姑　1-6-294
金邦立　3-36-2127
金榜　3-44-2707
金宝祥　3-37-2153，3-44-2671、2672
金贲亨　3-37-2203
金昌魁　3-39-2342
金常书　2-25-1567
金德　2-27-1641
金德庆　2-13-934
金德瑛　3-44-2706
金恩忠　3-35-2017
金芳　3-39-2324
金福泉　2-23-1516，2-29-1735
金福英　1-6-294
金关木　2-13-889注、890
金观林　2-23-1509
金国安　3-43-2605
金海观（晓晚）　2-23-1508注，2-25-1566，2-26-
　　1612，1612注、1613、1614、1615、1618，2-27-
　　1641，3-34-1956，3-36-2144，3-37-2181，
　　3-44-2623、2659、2660，3-45-2750
金缄　3-34-1997注
金鉴三　2-25-1590，2-26-1624、1624注、1625、1627
金杰　3-38-2234
金涓　3-43-2552
金俊汉　3-36-2058注
金凯平　1-记-038
金老虎　2-22-1455，2-24-1555，2-25-1567、1568、
　　1573、1574，3-45-2750
金利权　1-1-068
金连根　2-23-1509，3-44-2717、2720
金凌芳　3-34-1977
金茂　3-36-2127
金鸣珠　2-22-1455、1462注，2-23-1509、1519
金乃华　2-23-1520
金其法　1-记-014，2-22-1455、1462、1463，2-23-
　　1508、1509、1519、1520，2-24-1556，2-27-
　　1680，3-36-2090、2091
金仁甫　2-23-1509
金日成　3-36-2082注
金润泉（百顺、润泉）　3-43-2616，3-44-2652
金胜荣　2-22-1462，2-23-1509、1514、1515，2-24-1533
金胜山　2-23-1509
金石声　3-36-2127，3-44-2709
金世恩　3-44-2652

金水炳　3-34-1962
金水氏　1-6-294
金伟相　1-11-644
金文藻　3-44-2709
金吾伦　3-36-2141、2142，3-44-2682
金兀术　3-41-2451注
金祥荣　2-13-840注
金小萍　3-36-2070
金兴根　2-13-889
金杏花　1-6-295
金雄波　2-13-908
金秀泉　2-23-1509
金训华　3-44-2684
金亚娥　1-6-295
金亚民　2-27-1641
金晔　3-42-2529
金一平　3-39-2322
金以森　3-38-2255
金永泉　2-23-1509
金永顺　3-44-2718
金玉毛　3-36-2073
金玉英　1-记-023，2-23-1509，3-44-2724
金郑沛　1-9-447
金志桥　2-14-1019，3-35-2035
晋勤　3-41-2430注
靳海斌　1-1-068

〔jing〕

经叔平　1-记-032
井上光一　1-记-039
净僧　3-41-2436
净生起祖和尚　3-41-2430、2430注、2438
净暹　3-38-2233注
敬敏　3-44-2634
敬斋　3-37-2172
静　3-41-2431
静暹（净暹、晓庵）　3-38-2233，3-41-2439，3-44-2626
静一　3-41-2445

〔ju〕

菊生　3-40-2404
聚宗明禅师　3-41-2430注

〔jue〕

觉道　3-41-2426

觉亮　3-41-2426
觉上人　3-37-2216

K

〔ka〕

卡尔逊　3-44-2669
卡米塞塞·马拉　1-记-035
卡诺·拉迪尔　1-记-038

〔kan〕

阚玑　2-29-1742

〔kang〕

康景丽　3-36-2068
康连鹤　1-记-039

〔ke〕

柯元甫　3-37-2199注
克林顿　2-17-1208

〔kong〕

孔阿坑　2-32-1881
孔柏忠　3-39-2341注
孔斌　3-44-2704
孔伯华　3-44-2658
孔传曾　3-44-2708
孔迪明　3-35-2017
孔端思　3-36-2117
孔端友　3-36-2117
孔尔熠（子明）　3-36-2117
孔凡田　3-41-2454
孔芬娟　2-23-1509
孔福林　3-36-2100
孔广宾　3-38-2232注
孔广泉　3-44-2710
孔继中　3-43-2535注，3-44-2710
孔洁飞　3-44-2721
孔克创　3-36-2117
孔克启　3-36-2117
孔千里　2-23-1520

孔沁（心一）　3-36-2117
孔庆标　3-39-2322
孔庆澄　2-23-1509，2-25-1567、1568，2-26-1612
　　注、1614、1615
孔赏斋　3-38-2232注
孔松标　3-35-2038
孔万杭　3-36-2071
孔伟　3-39-2327
孔玮　3-39-2340注
孔鑫祥　2-22-1455
孔雪雄　3-34-1955注
孔仰恩　2-27-1641
孔逸　3-40-2415，3-41-2448
孔昭文　2-23-1508注
孔照富　2-32-1858
孔仲良　3-43-2547注
孔子　1-7-378注，3-34-1977注，3-36-2117，3-37-
　　2180，3-38-2232注、2236，3-41-2426
孔子明　3-38-2232注、2236
孔子贤　2-23-1508注

〔kuang〕

旷雄白　3-36-2070、2083、2084

L

〔la〕

拉尔斯曼·巴哈杜尔·巴斯内特　1-记-039
拉路　3-41-2455

〔lai〕

来宝坤　2-32-1882
来楚生（稷勋、初生、初升、安处、木人、然犀、贫翁、
　　非叶、楚凫、怀旦）　3-36-2068、2069，3-44-
　　2623、2661、2661注
来春秀　3-39-2340注
来旦　3-37-2203
来迪权　3-36-2142
来端操　1-8-411
来法根　1-记-022
来方炜　3-44-2705
来凤郊　3-44-2711
来复　3-44-2705
来关明　3-44-2714

来桂芳 3—44—2643

来国良 2—22—1455

来国祥 3—44—2722

来海鸿 3—36—2070、2083、2084

来汉宣 3—44—2677、2678

来珩 3—44—2708

来集之（伟才、镕、绾、元成、倘湖） 3—36—2101，
　　3—37—2190、2192注、2193，3—41—2434，3—44—
　　2630、2705

来楫 3—44—2706

来坚巨 2—23—1516，2—24—1534

来坚中 2—27—1643，3—44—2716、2719

来经济 3—44—2705

来珏 3—44—2706

来康顺 3—37—2196

来可泓 3—36—2142

来黎明 2—23—1509，3—36—2073

来励 3—37—2197，3—41—2439

来茂德 3—44—2696、2714

来聘 3—44—2704

来起峻 3—44—2707

来谦鸣 3—41—2444，3—44—2706

来日升 3—41—2428

来如庆 2—32—1882

来汝贤 3—44—2704

来三聘 3—41—2428，3—44—2705

来生 3—40—2404

来师安 3—36—2123

来师周 3—36—2123

来寿昌 3—44—2708

来斯行（道之、马湖） 3—37—2199，3—44—2629、
　　2705，3—45—2745

来天球 3—44—2704

来廷绍 3—36—2123

来挺豪 3—38—2304

来希贵 3—44—2703

来献臣 3—44—2703

来小钦 3—36—2065注

来新夏 3—36—2140，3—44—2655注、2675、2676、
　　3—45—2734、2736、2736注

来兴源 2—23—1509

来熊 3—44—2712

来秀春 3—39—2327

来煦 3—44—2710

来学醇 3—44—2709

来俨然 3—44—2705

来燕雯 3—44—2706

来尧林 3—34—1935、1987注

来耀先 2—32—1882

来一萍 3—39—2323

来仪 3—44—2705

来益清 3—44—2707

来颖诚 3—44—2714

来又山 3—40—2411

来玉宝 3—41—2456、2457

来裕恂（雨生、匏园老人） 1—2—074，1—8—399注、
　　3—36—2090注、2092，3—37—2162，3—40—2353注、
　　2382注、2407注、2410注，3—41—2427、2430、
　　2445，3—43—2543注，3—44—2654、2655、2655注、
　　3—45—2734、2734注、2735、2736、2746

来煜坤 3—34—1989

来垣 3—44—2706

来云泉 3—41—2456、2457、2458、2459

来载璋 3—36—2068、2142、2143，3—45—2747

来曾奕 3—37—2201

来之焜 3—44—2713

来之灿 3—44—2713

来柱臣 2—32—1882

来宗道（子由、路然） 3—44—2629、2705

来宗敏 3—44—2708

来祖德 3—36—2073注

莱昂·肯戈·瓦东多 1—记—035

赖宁 2—23—1512，3—34—1989

〔lan〕

蓝瑛 3—44—2637

〔lang〕

郎费伯 3—36—2128

郎奉泉 3—36—2128

郎中鼎 3—36—2128

郎中岳 3—36—2128

〔lao〕

劳尔 1—记—037

老童 3—36—2137

〔le〕

乐靖宜 3—39—2327

乐滢 3—39—2327

〔lei〕

雷锋 2—23—1512，2—27—1652、1654、1697，2—30—

1769, 3-34-1971、1988注、1989、1989注、1990

雷洁琼 2-26-1618

雷鸣远 3-41-2454

〔li〕

黎淳 3-44-2703

黎桂芳 2-23-1509、1519, 2-27-1688

黎仲时 3-37-2198注

李白 1-总-004、004注, 3-37-2193、2206, 3-44-2624、2625注

李璧笃 2-20-1345注, 2-22-1502, 2-23-1509, 2-25-1567, 2-27-1667注

李彬 3-44-2713

李炳淑 3-36-2056

李伯恩 2-23-1519

李才法 1-6-295

李常宁 3-44-2701

李成昌 3-44-2714

李成虎 1-总-005, 1-11-624, 2-22-1473, 3-34-1986, 3-36-2066注, 3-37-2170、2181、2190、2191、2207、2208, 3-43-2564, 3-44-2623、2641、2642

李成蛟 3-37-2207

李成新 1-11-644, 2-23-1509, 3-44-2723

李承霖 3-44-2710

李楚才 3-34-1956

李春芳 3-44-2704

李慈铭 3-36-2101

李达 3-44-2642

李大钊 3-44-2644注

李道平 3-37-2178

李定 1-记-029

李尊 3-37-2216注

李耳 3-41-2446

李方乾 2-26-1628注

李丰平 1-记-027

李福海 2-22-1455

李馥荪 3-44-2654

李赓芸 3-44-2633

李冠华 2-23-1509

李冠瀛 2-26-1628注

李光地 3-36-2065注

李光耀 1-记-037

李贵鲜 1-记-029、031

李国刚 3-39-2324

李国祥 2-31-1809

李国珍 2-23-1519, 2-27-1650

李汉俊 3-44-2660

李宏昌 1-记-029

李鸿章 3-44-2638

李慧斐 2-20-1345注

李慧雯 2-27-1658注

李吉 3-36-2123, 3-44-2701

李纪祥 2-29-1742

李继宗 3-36-2123

李建芬 3-39-2323

李金明 1-8-431, 2-22-1485, 2-33-1900

李金寿 2-15-1030注

李琎 3-36-2123, 3-41-2431注、2439、2446, 3-44-2624

李景 3-40-2349注

李迥秀 3-44-2624注

李菊香 3-44-2723

李钜华 2-22-1464

李可亭 3-44-2658

李克农 1-9-451

李来根 2-23-1508注

李岚清 3-44-2695

李乐英 2-23-1509

李力安 1-记-027

李麟 3-36-2072、2074、2085、2086

李茂才 2-23-1519、1510, 3-38-2221

李茂财 3-43-2559

李明法 2-26-1605

李蟠 3-44-2706

李佩礼 3-42-2529

李鹏 1-记-029、032, 3-36-2103

李其炎 1-记-030

李骐 3-44-2703

李启财 2-26-1629

李侨 3-37-2198注

李钦堂 3-38-2234

李仁洁 3-41-2427

李荣祥 3-44-2718

李汝安 3-38-2232注、2233注、2234, 3-43-2567

李瑞环 1-记-028、032

李绍明 1-记-026, 2-23-1523

李绅 3-37-2206

李时珍 3-44-2627注

李世民 3-36-2076注

李适之 3-44-2624

李寿生 3-41-2431注

李庶 3-36-2123, 3-41-2439

李水法 1-6-293、294

李水英 2-23-1519

李水珍 2-23-1509

李四光　1-3-111
李婉娟　2-23-1509
李维汉　2-26-1614
李维松　3-36-2068、2099注，3-37-2205注、2218，3-40-2379、2397、2398
李伟　3-34-1977注
李希霍芬　3-44-2653
李锡彬　3-44-2712
李锡铭　1-记-031
李显忠　3-36-2123
李萧帆　3-38-2232注
李欣　2-13-973
李信姑　1-6-294
李雪华　3-44-2721
李雪珍　1-6-314
李雅梅　1-6-315
李延平　3-45-2729
李燕玲　3-36-2069
李叶金　2-23-1509
李一峰　2-27-1677注，3-36-2075、2097
李一强　2-27-1652、1677、1677注，3-36-2075、2097、2098、2099
李永德　1-记-036
李永芳　1-11-713
李永嘉　1-1-067
李有全　3-41-2432
李遇春　3-45-2728、2729
李云伟　2-13-913
李乍虹　3-36-2068、2143
李张保　3-37-2207
李张高　3-41-2457
李张友　3-41-2458
李兆洛　1-2-096注
李兆焯　1-记-032
李泽民　1-记-028、029、030、031、032、033，1-8-431，2-33-1900
李振钧　3-44-2709
李志潮　1-6-294
李志良　2-31-1809
李志兴　1-9-509注
李仲芳　3-36-2084、2143、2144，3-45-2750
李洲　2-23-1509
李子方　1-记-037
李宗晓　3-39-2327
理安·温沃特　1-记-040
理查德·考特　1-记-038
厉德馨　2-23-1509
厉狄　3-37-2216
厉叶荣　3-44-2721

励建书　3-44-2696、2714
励敬轩　2-26-1632
郦道元　3-37-2194

〔lian〕

连升　3-37-2178注
莲溪　3-36-2101，3-37-2195

〔liang〕

梁传经　2-23-1519
梁方　1-8-411
梁国昌　3-39-2313
梁国治　3-44-2707
梁冀　3-36-2131
梁克家　3-44-2701
梁启超　3-37-2179、2181，3-44-2631注、2644注
梁世际　3-41-2444
梁思成　3-44-2668
梁耀枢　3-44-2636、2711

〔liao〕

廖仲恺　3-37-2181，3-44-2641

〔lin〕

林彪　2-29-1754注
林策　3-45-2729、2729注、2730
林崇德　3-44-2698
林大钦　3-44-2704
林当来　1-记-026，2-23-1523
林道聪　2-25-1590
林凤辉　3-44-2711
林公朝　3-37-2159
林国柱　3-36-2101，3-43-2536注，3-44-2711
林海　2-15-1052
林鸿年　3-44-2710
林环　3-44-2703
林佳慧　3-44-2716
林久贵　3-36-2065注
林鲁伊　2-17-1206
林卿卿　3-36-2085
林天钦　1-记-040
林渭塘　3-41-2458
林煊　3-44-2711

林耀光　3-36-2082注
林一娘　3-37-2178注
林月华　2-27-1679
林则徐　3-36-2101，3-37-2179，3-44-2634
林召棠　3-44-2709
林振国　1-记-022，1-9-448，2-14-990、992、1019、1020，2-22-1455、1463、1464，2-23-1508、1509、1516，2-24-1534、1555、1561，2-27-1689，2-30-1757、1763，2-33-1899

〔ling〕

凌锦江　3-44-2710
凌吾峰　1-11-728
凌杏姑　1-6-294
凌杏花　1-6-294
令狐安　1-记-032

〔liu〕

刘邦　3-36-2127
刘保　3-36-2130
刘备　3-36-2074注
刘伯温　3-37-2174、2217注
刘承忠　3-40-2415
刘春霖　3-44-2712
刘大白　3-36-2066注，3-37-2191、2207，3-43-2564，3-44-2642、2650
刘德才　2-23-1509、1519
刘蜇雄　3-43-2608
刘枫　1-记-029
刘福姚　3-44-2712
刘观昌　1-9-448、451
刘还瑞　3-41-2432
刘汉宏　1-总-005，3-43-2575
刘红斌　3-44-2715
刘会　1-8-411，3-37-2157注、2205，3-45-2730、2732
刘基　1-总-004注，3-36-2100，3-37-2217注，3-41-2428
刘继红　2-27-1664
刘瑾　3-36-2127，3-44-2628
刘俊民　2-29-1735注
刘坤一　3-44-2640
刘理顺　3-44-2705
刘玲英　2-22-1472
刘路平　2-23-1519
刘梅青　2-23-1519，2-27-1658注

刘猛　3-41-2432、2441
刘明祖　1-记-031
刘胜　3-36-2127
刘奭　3-36-2135
刘同升　3-44-2705
刘宪康　3-36-2143、2144，3-37-2205注
刘俨　3-36-2120，3-45-2731、2731注、2732
刘义庆　3-42-2507
刘绎　3-44-2710
刘墉　3-37-2179
刘佑荣　1-1-068
刘禹锡　1-总-004，3-37-2206、2217
刘遇　3-44-2703
刘裕　3-44-2623、2624
刘蕴　3-35-2038
刘长卿　3-37-2206
刘昭　3-45-2745、2746
刘志民　2-23-1508注，3-38-2295注
刘中一　1-记-028
刘宗周（蕺山）　3-36-2051注，3-41-2431、2431注、2434，3-43-2547注
留伯成　3-36-2118
留封人　3-36-2118
留贵和　3-36-2118
留岳川　3-36-2082注
留正　3-36-2118
镏涣　1-总-004注
柳本利幸　1-记-039
柳名溪　3-38-2234，3-43-2566
柳翔　1-1-068
柳亚子　3-37-2208
柳志青　1-1-068

〔long〕

龙光法师　3-37-2161，3-41-2438
龙行天　1-7-355
龙汝言　3-44-2709
隆吉　3-37-2195，3-41-2423

〔lou〕

娄世幹　3-41-2429
娄云衢　3-36-2137
楼爱平　3-44-2656、2657
楼邦源　3-36-2137
楼宝根　2-13-940
楼炳夫　2-30-1768

楼波　3-44-2714

楼才定　2-22-1455，2-23-1509

楼成木　3-44-2656、2657

楼初衡　3-36-2080

楼公明　2-13-940

楼观　3-45-2727

楼海月　3-36-2077注

楼浩白　3-36-2068注、2069

楼焕根　3-39-2321、2322

楼洁生　3-36-2080

楼晋（彦孚、指城）　3-36-2137，3-43-2574、2575

楼景晖　2-13-875注，3-44-2638

楼巨波　2-32-1858

楼乐兴　3-36-2144

楼立可　3-41-2428

楼良弼（秀卿）　3-36-2137

楼良骥（德卿）　3-36-2137

楼履蛟　3-37-2159

楼曼庆　1-11-702，2-23-1520

楼曼文（方娘、梅园）　3-44-2623、2650

楼南山　3-36-2092

楼淇霆　3-36-2137

楼清河　2-26-1619、1619注

楼全　3-36-2137

楼日乞（重玉、雄樵）　3-36-2137

楼善涛　2-13-940

楼绍宗　2-26-1632

楼守忠　3-36-2099、2100

楼叔云　3-34-1973

楼水聪　1-6-294

楼天立　3-34-1976

楼天育　3-36-2093

楼渭士　2-23-1519

楼文隽　3-44-2627

楼仙成　1-11-712

楼晓锋　3-39-2322

楼性成　2-32-1858

楼秀梅　2-23-1509，3-44-2724

楼雪娟　3-44-2656、2657

楼训培　2-26-1611，2-27-1690

楼燕红　3-39-2324

楼耶捷　2-21-1416注

楼英（楼全善、公爽、全善、全斋）　1-总-005，1-6-321，3-36-2078注、2137，3-37-2165、2170、2172，3-38-2232注，3-41-2429，3-43-2574、2576，3-44-2623、2627、2627注

楼永奎　3-44-2716

楼永祥　2-23-1519，2-27-1643，3-36-2143，3-44-2716

楼有刚　3-36-2069

楼月芹　1-6-295

楼岳堂　3-36-2078注

楼云和　3-36-2065

楼正康　2-32-1856

楼仲南　3-44-2681

楼宗鹤　3-37-2159

楼宗望　3-36-2137，3-38-2232注

漏金华　3-36-2067

漏立根　2-14-1017

〔lu〕

卢敖　3-36-2117

卢传华　3-39-2314

卢观　3-44-2639

卢衡　1-1-068

卢鸿　3-36-2117

卢基盛　1-记-039，2-14-994

卢进益　1-记-025，2-14-998

卢钧　3-36-2117

卢珽　3-36-2117

卢邈　3-36-2117

卢群　3-36-2117

卢实　3-36-2117

卢顺三　3-36-2117

卢思启　3-36-2118

卢伟康　2-22-1464、1465

卢文舸　1-记-032，1-9-451

卢吾金　3-44-2722

卢循　3-44-2624

卢盈燕　3-39-2323

卢照邻　3-36-2117

卢螽栖　3-44-2714

卢宗十　3-36-2118

卢宗五　3-36-2118

卢宗一　3-36-2118

鲁班　1-9-458，2-14-1009，2-15-1030、1059，3-40-2366注

鲁琛　3-44-2703

鲁冠球　1-记-013、014、023、033，1-11-640、640注、641、642、643，2-13-927、928、946、950，2-21-1431，2-22-1454、1455、1460、1472，2-23-1508、1509，2-24-1554，2-25-1566，2-27-1643，3-36-2103，3-43-2594、2595，3-44-2671、2689、2690、2716、2717、2724，3-45-2747、2748

鲁国民　3-35-2017

鲁继芳　3-44-2712

鲁庆元　3-44-2709

鲁仁根　3-44-2718

鲁生　3-40-2404

鲁松庭　1-8-431，2-33-1900

鲁田文　3-34-1975

鲁燮光　1-2-073注、096注

鲁迅　3-44-2649、2651

鲁懿公　3-36-2128

鲁玉珍　2-17-1194

陆承宗　3-44-2712

陆凤林　3-44-2723

陆皋胜　3-41-2455、2458

陆光熙　3-44-2712

陆海峰　3-44-2718

陆红燕　3-36-2067、2068

陆建春　2-14-1017

陆建岗　3-39-2314

陆军　2-23-1509，3-44-2716

陆凯　1-2-075

陆肯堂　3-44-2706

陆递　3-39-2322

陆玲锋　3-39-2322

陆泌　3-44-2708

陆庆　3-39-2323

陆润庠　3-36-2101，3-44-2711

陆尚质　3-43-2568

陆士嘉　3-44-2623、2665、2666、2666注

陆顺德　1-总-005

陆维钊　3-44-2659

陆伟岗　3-36-2087

陆炜杰　3-44-2715

陆小土　3-44-2719

陆燮祁　3-44-2709

陆秀竞　3-36-2068注

陆秀英　1-6-294

陆亚芳　3-36-2063、2066、2083、2143，3-43-2559

陆炎明　2-14-1020，2-22-1455

陆俨少　3-36-2052，3-44-2670、2687

陆一中　3-43-2568

陆以庄　3-44-2633、2708

陆永富　3-35-2017

陆游　1-11-773，3-37-2181、2195、2202、2216，
　　3-40-2352注，3-43-2549、2552，3-45-2743

陆有信　2-13-912、913

陆裕肖　3-44-2719

陆云宪　2-22-1455，3-44-2716

陆增祥　3-44-2710

陆芝荣　3-36-2101

陆终　3-36-2135

陆钟岱　3-44-2712

陆钟琦　3-44-2712

路甬祥　1-记-032

〔lun〕

伦纳斯　1-记-036

〔luo〕

罗戈登　3-41-2455

罗纳德·奥林尼克　2-17-1192

罗廷雄　2-25-1567

罗万化　3-44-2705，3-45-2730、2730注

罗卫东　2-13-840注

罗隐　1-总-004、004注，3-37-2206、2213注

罗豫章　3-45-2729

骆宾王　3-36-2131

骆伯英　2-23-1509

骆存诚　3-36-2131

骆奎祺（莲桥）　3-36-2131，3-44-2710

骆明　3-39-2322

骆廷元　3-36-2131

骆卫淇　3-36-2131

骆文明　3-36-2131

骆献跃　3-36-2058、2069、2083、2084、2100

骆雍临　3-36-2131

〔lü〕

吕彬　3-39-2327

吕昌明　1-3-134

吕纯阳（吕洞宾）　3-41-2441、2446

吕宫　3-44-2705

吕海　3-36-2119

吕建华　3-39-2328

吕金富　2-23-1509

吕凌娟　2-26-1612、1612注、1615

吕枏　3-44-2704

吕士才　3-38-2259注

吕薇　3-36-2072、2085，3-44-2699

吕耀明　3-36-2071

吕亿　3-36-2119

吕永祥　3-45-2747

吕由诚　3-36-2119

吕玉卿　2-23-1519

吕正操　1-记-028

吕祖谦　3-36-2065注
吕祖善　1-8-431，2-24-1562，2-33-1900

M

〔ma〕

妈祖（林默）　3-41-2450注
马阿祖　3-44-2720
马保山　2-21-1423，2-29-1735
马纯友　3-45-2747
马从龙（呈河、勉斋）　3-36-2116
马蒂内蒂　3-39-2342
马尔钦科夫斯基（J.Marcinkowski）　1-11-714
马飞　3-39-2323
马凤珍　1-6-314
马夫阳　3-38-2236
马光武　2-23-1509
马哈茂德·祖阿叱　1-记-038
马衡　3-44-2662
马建华　3-44-2699
马建辉　3-45-2749
马金花　3-44-2719
马锦祥　3-38-2235
马骏　2-22-1455、1462、1463
马克思　2-22-1499、1500，3-44-2641
马仁　3-40-2404
马世俊　3-44-2706
马叔平　3-44-2662注
马骕　2-23-1519、1520、1528
马锡泉　3-38-2232、2236
马晓才　3-36-2082、2144
马修·马格莱斯　2-17-1192
马叙伦　3-44-2654、2655
马亚根　1-11-593
马亚囡　3-36-2085
马一浮　3-37-2170
马寅初　3-44-2656
马友法　3-44-2718
马友梓　1-记-014、016，2-22-1455、1458、1462、1463，2-23-1508、1509、1514、1515，2-24-1533、1555
马毓敏　3-36-2144
马赞达　1-记-036，3-38-2295、2298
马臻筑　3-37-2157注
马支才　2-23-1509、1519，2-29-1735注
马忠祥　1-11-593

玛格丽特·梅蒂　1-记-038
玛哈·哇集拉隆功　1-记-035，3-34-1950

〔mai〕

迈克尔·布鲁诺　1-记-038
迈克尔·沃尔顿　1-记-038

〔man〕

曼斯菲尔德　1-记-036，1-4-233
漫生　3-40-2404

〔mao〕

毛阿菊　1-6-295
毛阿敏　3-37-2212注
毛澄　3-44-2704
毛大纬　2-23-1509，2-25-1568，2-27-1667，3-38-2304
毛度　3-36-2117
毛玠（孝先）　3-36-2117
毛晶晶　3-39-2323
毛品磊　3-36-2067
毛奇龄（大可、齐于、甡、初晴、西河先生），1-总-005，1-2-074、075注，1-6-321，3-36-2065、2065注、2069、2071注、2076注、2094、2099、2101、2117，3-37-2190、2193、2194、2195、2195注、2199、2203、2205，3-41-2445、2447注，3-42-2462，3-43-2535、2540注，3-44-2623、2630、2631、2631注，3-45-2732、2745
毛惟瞻　3-36-2117
毛远宗　3-44-2706
毛泽东　1-5-236注，1-10-572，2-21-1432注，2-22-1452注、1499、1503，2-27-1684，3-34-1941注，3-37-2190、2191，3-44-2650、2655、2657、2661、2669、2675，3-45-2738
毛昭晰　1-1-060，2-26-1618
毛贞　3-36-2117
茅盾　3-44-2656
茅福根　2-23-1519
茅焕　3-44-2702
茅瓒　3-44-2704

〔mei〕

梅鼎祚　3-36-2065注

梅仙菊 3-39-2315
美爱伦 3-41-2455

〔men〕

门格斯图·海尔·马里亚姆 1-记-036

〔meng〕

孟阿增 2-23-1509
孟国平 1-1-067
孟浩然 1-总-004，3-37-2195注、2206，3-43-2552
孟简 3-37-2204、2205
孟剑秋 3-36-2074注
孟庆林 2-23-1508注，2-24-1533注
孟宪斋 2-22-1462注
孟志军 2-32-1858
孟梓贤 2-23-1509

〔mi〕

弥鉴 3-41-2426
宓道生 3-41-2455
宓红娟 3-39-2322

〔miao〕

苗得雨 3-36-2067
苗裕华 2-27-1648、1697
缪大军 3-41-2456
缪厚安 3-39-2313注
缪簧 3-36-2138
缪迈 3-36-2138
缪彤 3-44-2706
缪五祥 2-23-1509
缪永青 2-23-1509

〔ming〕

明本 3-41-2439
明然 3-41-2440
明太祖 （见朱元璋）
明宪宗 3-44-2628
明懿夫人 3-36-2128，3-37-2170、2182、2218注
明珍 3-41-2437

〔mo〕

莫济 1-2-096
莫令德 3-41-2448
莫妙荣 1-记-019、022，2-14-1019、1020，2-22-1455、1460、1462、1463，2-23-1508、1516，2-24-1533、1534、1555
莫努 1-记-036
莫荣新 3-44-2652
莫沙连 2-26-1636
莫维金 3-37-2156
莫寅元 3-44-2714

〔mou〕

谋嘉 3-37-2196

〔mu〕

木待问 3-44-2701
慕珥 3-34-1941注、1950注
穆罕默德·祖海尔·穆沙拉卡 1-记-036
穆斯塔法·哈里勒 1-记-037

N

〔nai〕

奈通 1-记-035，1-4-233

〔nan〕

南田（恽寿平） 3-44-2637

〔ni〕

尼赫鲁 3-44-2671
尼克松 3-36-2081注、2082注
倪秉章 1-1-043
倪炳煌 3-37-2169注
倪朝宾（初潭、翼元） 3-36-2132，3-37-2216注，3-41-2430，3-44-2705
倪春山 2-27-1701注
倪大姑 1-6-295
倪凤治 3-44-2718、2719
倪傅 3-36-2132
倪冠常 2-23-1509，2-26-1619、1619注、1620
倪桂英 1-6-294

倪航祥　1-1-044
倪华民　3-39-2325
倪既勤　3-44-2715
倪锦　3-44-2713
倪宽（仲文）　3-36-2132
倪李松　3-34-1977
倪良　3-41-2432、2447注
倪梦麟　3-44-2710
倪频　2-17-1208
倪求　3-36-2132，3-41-2447注
倪荣富　2-22-1455、1462
倪容佐　3-37-2169注
倪时　3-36-2132
倪士荣　2-26-1632
倪世忠　3-41-2435
倪仕（子祥）　3-36-2132
倪树根　3-36-2065注
倪涛　3-44-2710
倪田　3-44-2635
倪土金　3-37-2169注
倪柝声　3-41-2455
倪吾兴　2-23-1509
倪祥　3-36-2132
倪小凤　2-23-1509、1519
倪校根　3-44-2721
倪杏美　2-27-1661
倪义来　3-41-2455
倪盈　3-36-2132
倪永民　3-38-2234
倪渊　1-2-073注
倪源（碧山、来峰）　3-36-2132
倪章　3-41-2447、2447注
倪祯　3-36-2132
倪志福　1-记-030
倪中平　3-39-2322
倪宗德　3-36-2132

〔nie〕

聂莉萍　2-23-1509
聂世棠　3-45-2732

〔niu〕

牛得春　2-29-1742
牛树桢　2-22-1462注
钮福保　3-44-2710
钮茂生　1-记-030

〔nuo〕

诺兰·奇波·马孔贝　1-记-037
诺罗敦·西哈努克　1-记-036

O

〔ou〕

欧阳忞　3-45-2745
欧阳询　3-45-2746
欧阳一敬　3-37-2198、2198注
欧阳哲生　3-44-2644注

P

〔pan〕

潘阿毛　1-6-294
潘柏钦　3-38-2235
潘柏堂　3-38-2226、2235
潘长江　3-37-2212注
潘垂统　3-36-2065注
潘镀　3-44-2704
潘国佐　2-26-1619注
潘季林　2-29-1742
潘峻　3-39-2322
潘阆　3-43-2552
潘民光　2-23-1519、1520，2-25-1568，2-27-1688
潘世亳（世毛）　3-38-2235
潘世恩　3-41-2446注，3-44-2708
潘天寿　3-44-2651、2659、2661、2670
潘田姑　1-6-294
潘文标　1-11-644
潘先恩　3-35-2017
潘心如　3-38-2232注
潘永森（传松）　3-38-2235
潘兆珪　3-44-2706
潘志盈　3-38-2235
潘祖芳　3-36-2142，3-45-2748

〔pang〕

庞炳记　2-13-892注
庞渔艇　3-36-2068注

〔pei〕

裴浩明 2-15-1050
佩红 3-40-2398

〔peng〕

彭孚 3-36-2135
彭玗 3-36-2135
彭构云 3-36-2135
彭景直 3-36-2135
彭浚 3-44-2708
彭开源 3-36-2135
彭珮云 1-记-028、031
彭仁厚 3-36-2135
彭仁义 3-36-2135
彭肃志 3-36-2135
彭延庆 3-45-2732
彭谊 3-37-2157注、2195
彭真 1-记-027,1-12-808,3-34-1949,3-44-2695
彭祖(篯铿) 3-36-2135

〔pi〕

披实·赫马布 1-记-036

〔piao〕

朴永根 2-14-992

〔pu〕

蒲华 3-37-2181
蒲作英 3-36-2101
普朗特(L.Prandtl) 3-44-2665、2666
普勒 3-36-2101
普雷斯科特·布什 2-13-951

Q

〔qi〕

戚继光 3-43-2578
戚建尔 3-44-2722
戚骏升 3-36-2134,3-37-2196

戚纶 3-36-2134
戚鸣岐 3-36-2134
戚日方 3-36-2134
戚顺庆 3-38-2231
戚思孝 3-36-2134
戚炜如 3-36-2134
戚文皎 3-41-2456、2458
戚雯雯 1-11-653注、654注
戚亚凤 3-39-2325
戚亚卿 3-36-2134
戚扬 3-36-2134,3-43-2568,3-44-2712
齐白石 3-36-2068,3-44-2661
齐桓公 3-36-2138
齐武帝 3-44-2624
琦善 3-44-2634
綦毋潜 3-37-2195注、2206
启元 3-41-2430
起光 3-41-2432

〔qian〕

钱炳富 2-23-1509
钱伯增 2-23-1509
钱法成 2-26-1613,3-41-2448
钱峰光 3-36-2066、2083
钱耕莘 2-27-1638注
钱谷 3-45-2729
钱国标 3-36-2132
钱国祥 3-36-2132
钱国桢 3-36-2132
钱浩 3-36-2132
钱弘俶 3-37-2177,3-40-2415,3-41-2448
钱江瑶 2-27-1677、1677注、1678,3-34-1936,
    3-36-2075
钱金根 1-11-643、644,3-44-2719
钱金利 3-36-2068
钱金水 3-41-2426
钱君匋 3-44-2661注
钱来兴 1-11-644
钱立高 3-36-2132
钱丽琴 2-22-1455
钱镠 1-总-005,3-36-2129、2132、2137,3-37-
    2193、2218注,3-40-2415,3-41-2429、2442、
    2448,3-43-2542、2547注、2551、2575
钱满香 2-23-1509
钱毛姑 1-6-294
钱毛毛 1-9-510注
钱名元 3-37-2178注

钱木庆　2-23-1509

钱穆　3-44-2671

钱起　1-总-004，3-37-2206

钱棨　3-44-2707、2708

钱士谷　3-44-2713

钱士升　3-44-2705

钱桐生　3-34-1973

钱伟长　1-记-031

钱小占　3-36-2078

钱笑吾　3-36-2051注

钱玹　3-44-2704

钱恂　3-44-2648

钱亚芳　3-34-1973

钱义璋　2-27-1638注

钱亦波　3-44-2714

钱永明　2-15-1057

钱元瓘　3-36-2132

钱运茜　3-34-1977注

钱宰　1-3-131注

钱兆修　3-43-2578注

钱志均　2-23-1509

钱志祥　1-10-588，1-11-636、668、673、680、704、730

〔qiao〕

乔安娜·柯尔　1-记-037

乔石　1-记-027、029、030，1-12-808，2-14-981，3-34-1949，3-44-2695

〔qin〕

秦大士　3-44-2707

秦桧　3-36-2116、2125、2127、2130

秦鸣雷　3-44-2704

秦其寿　3-36-2067注

秦始皇　1-总-004，3-37-2193、2194

秦叔宝　3-37-2164

秦熺　3-36-2125

秦系　1-2-081注、099

〔qing〕

清觉　3-41-2426

清锦　3-41-2425、2435

庆福（士元）　3-38-2236

庆均　3-38-2236

庆余　3-38-2236

〔qiu〕

丘迟　1-9-505注，3-43-2551注、2552

丘丹　3-37-2216注

丘渭南　3-44-2641

邱阿根　2-13-935注

邱关兴（阿兴）　1-5-276，2-23-1508注，2-25-1566，3-44-2657

邱建林　1-11-644

邱鲁德　3-39-2313注、2314

邱吾仁　2-22-1455，2-23-1509

邱欣夫　1-6-315

邱兴宝　3-36-2065注

裘古怀　2-27-1649，3-37-2191，3-43-2607

裘贵（肇宗）　3-36-2137、2138

裘国祥　3-36-2143

裘国兴　1-11-636

裘家钜　2-23-1508注

裘永炜　2-31-1809

裘志钦　2-22-1455

裘仲甫　3-36-2080

仇牧　3-36-2137

仇远　1-3-134注

〔qu〕

屈原　3-43-2612

瞿昂　3-36-2139，3-44-2708

瞿迪夫　3-38-2234

瞿独伊　3-44-2660

瞿红飞　1-记-021，2-23-1509，3-39-2318

瞿绩凝　3-36-2139，3-44-2710

瞿缦云（宪文）　2-27-1701注，2-32-1880，3-38-2236注、2249注，3-43-2554，3-44-2644、2655

瞿萍　2-23-1509

瞿启华　3-41-2430

瞿乾一　3-41-2430

瞿秋白　3-43-2564，3-44-2660、2661

瞿善　3-36-2139

瞿同贵　3-41-2430

瞿元　3-36-2139

曲渊　3-36-2142

〔quan〕

全安仁　3-36-2121

全大忠　3-36-2121

全鼎　3-36-2121

全份 3-36-2121
全建洪 3-44-2723
全权 3-36-2121
全柔 3-36-2121
全兴 3-36-2121
全俎 3-36-2121
全祖望 1-2-074

〔que〕

阙沛霖 2-25-1567

R

〔ran〕

冉从福 2-14-990

〔ren〕

仁国辉 2-13-933
仁宗 3-44-2625
任阿明 3-44-2643
任帮瑞 1-8-411
任宝 3-36-2120
任宝凯 1-记-025，2-21-1440，3-44-2688、2689
任本晋 2-23-1516，2-24-1534
任弼时 3-44-2650
任碧潭 3-36-2100
任伯年（润、小楼、颐、伯年）　1-总-005，2-25-
　　1602，3-36-2059、2065、2068、2068注、2069、
　　2144，3-43-2541，3-44-2635、2636、2637、2637
　　注、2638，3-45-2748、2751
任昌垓 3-36-2059
任辰旦（千之、待庵）　3-36-2120，3-44-2630、
　　2631、2706
任澂 3-36-2120，3-37-2216注
任大霖 3-44-2623、2668
任大星 3-36-2143，3-44-2676
任定翁 3-36-2120
任关荣 2-23-1509
任国辉 2-13-908
任鹤声（淞云）　3-36-2059，3-44-2637、2637注
任己任 3-37-2198、2199注
任建国 3-39-2324
任鉴 3-36-2120
任堇叔 3-44-2637注

任克陆 3-36-2059
任茂英 1-6-295
任铭先 2-23-1519
任洼 3-36-2120，3-44-2709
任渭长 3-45-2747
任熊（渭长、湘浦）　1-总-005，1-6-321，3-36-2068
　　注、2101、2120，3-37-2179、2180、2217，3-43-
　　2535，3-44-2635、2635注、2636、2637
任绪衡 3-36-2120
任薰（阜长、舜琴）　1-总-005，1-6-321，3-36-2068
　　注、2120，3-37-2179、2180，3-43-2535，3-44-
　　2635、2636、2637
任亚飞 3-44-2723
任钥 3-36-2120
任颐（伯年）　1-6-321，3-37-2179、2180，3-43-
　　2535
任预（立凡、潇潇庵主人）　3-36-2068注、2120，
　　3-37-2180，3-44-2635、2636注
任元文 3-44-2707
任源（原礼）　3-36-2120
任沄 3-44-2706
任芝卿 3-41-2455

〔rong〕

戎伯寿 3-35-2017

〔ru〕

如本 3-41-2426
如林 3-41-2437
如晓（萍纵）　3-41-2442
如愿 3-41-2437

〔ruan〕

阮未青 3-36-2065注、2066注

〔rui〕

芮国耀 1-1-043、067
瑞生 3-40-2404

〔ruo〕

若木 3-36-2132

S

〔sa〕

萨都剌 3-37-2161

〔sai〕

塞斯 1-记-036
赛福鼎·艾则孜 1-记-029

〔san〕

三宏 3-41-2432

〔sang〕

桑炳炯 3-44-2718
桑送青 2-25-1566，3-34-1956
桑叶菁 3-34-1977注，3-36-2072

〔sha〕

沙孟海 3-37-2169，3-44-2659、2662注

〔shan〕

山本一元 1-记-040
善建 3-41-2436
善堂 3-41-2437
善祥 3-41-2436
善缘 3-37-2155
单不庵（不厂、丕、诒孙、伯宽） 3-44-2644、2644注
单才华 2-26-1619注
单大周 2-23-1509
单道（俊良） 3-43-2535，3-44-2626
单霁翔 1-1-069
单锦珩 3-44-2648注
单开芬 3-41-2456
单隆周 3-37-2192注，3-43-2539注
单士厘（受兹） 3-43-2535，3-44-2623、2648
单顺昌 1-11-644
单夏兰 3-37-2207
单银木 2-22-1455
单莺 1-记-021，3-39-2327
单有三 3-37-2169注
单裕元 3-39-2313

单月琴 3-36-2073

〔shang〕

商怀远 2-30-1763
商景才 1-记-028
商浪权 2-23-1519、1520
商辂 3-44-2703
商荣基 2-27-1639注
上静下月禅师 3-41-2430注
尚舒兰 1-记-021、023，1-6-313，1-11-641，1-12-821，2-23-1508，2-27-1643，3-36-2075，3-44-2699、2716、2717、2720、2721、2724

〔shao〕

邵阿四 1-6-294
邵百七（寿六） 3-36-2126
邵宝才 3-39-2311
邵伯棠（希雍） 3-36-2126，3-44-2649
邵大受 3-36-2126
邵刚亮 3-36-2066
邵观松 3-36-2069、2070、2083
邵建明 2-14-989
邵锦春 2-13-933
邵龄 3-37-2198注
邵宁一 3-36-2126
邵清南 2-25-1567、1568
邵士珂 2-26-1612、1612注、1614，3-34-1937
邵寿春 2-31-1809，3-44-2720
邵嗣 3-36-2126
邵庭梅 2-32-1881
邵伟成 2-13-932、933
邵吾珍 2-23-1509、1514
邵希雍 3-44-2649
邵焱（邵燕祯、一燕、娜拉） 3-36-2142，3-44-2683
邵燕祥 3-36-2126、2140、2141，3-44-2680
邵月飞 3-44-2715
绍钟 3-38-2232注、2272注

〔shen〕

申屠勇剑 3-36-2099注、2110、2111
深律师 3-41-2438
深泽利定 1-记-036
沈阿大 1-6-294
沈阿芬 1-6-294

沈阿三　1—6—295

沈阿水　3—44—2717

沈阿堂　3—34—1951注

沈柏祥　2—13—908、908注、920

沈邦通　3—37—2159注

沈宝庆　3—44—2723

沈堡　3—37—2202

沈奔新　1—记—026，2—22—1455、1457、1462、1463、
　　1464，2—24—1555，2—25—1585注，2—26—1619，
　　2—30—1757

沈璧　1—7—366、378注，3—36—2066注、2073注、2092、
　　2093

沈斌　3—42—2529

沈彩凤　2—23—1508注

沈彩仙　2—23—1520

沈昌增　3—37—2169注

沈成烈　3—37—2161，3—44—2711

沈德佑　3—37—2159注

沈迪云　3—36—2094、2143

沈定一（宗传、叔言、剑侯、玄庐、三先生），1—
　　总—005，1—11—725，2—22—1452注，3—34—2000
　　注，3—36—2065注、2066注、2089、2096注，3—37—
　　2158、2167、2181、2191、2207、2208，3—41—2435
　　注，3—43—2564，3—44—2642、2643、2651，3—45—
　　2749、2750

沈东　3—39—2323、2324

沈芬　3—39—2324

沈凤飞　2—22—1455，2—23—1509，3—44—2723

沈关土　3—44—2716

沈观兴　3—44—2724

沈国灿　2—14—1019、1020，2—22—1455

沈国明　3—39—2322

沈海尧　3—36—2144

沈衡（公持）　3—36—2124，3—44—2700

沈鸿烈　3—44—2655

沈鸿章　3—35—2038

沈华庆　3—39—2324

沈华忠　3—39—2323

沈环　3—41—2428

沈惠斋　3—36—2125

沈霁春　3—44—2623、2663、2663注、2664

沈笺　3—44—2700

沈建刚　3—35—2017

沈街　3—44—2700

沈金海　3—44—2719、2724

沈金华　3—39—2322

沈锦煜　3—36—2063

沈静良　3—35—2017，3—44—2719、2721

沈菊庆　2—23—1509

沈巨桥　2—23—1509

沈聚兴　3—34—1951注

沈钧儒　3—44—2655

沈煋光　3—44—2705

沈坤　3—44—2704

沈炼（纯夫、青霞）　3—36—2124

沈辽　3—37—2161注

沈龙光　3—37—2159注

沈忙作　3—44—2684

沈懋学　3—44—2705

沈蒙恩　3—39—2323

沈蒙思　3—39—2324

沈敏　3—44—2714

沈敏丽　2—26—1605注

沈明德　3—34—1952

沈培仙　3—41—2454

沈沛福　3—41—2446

沈佩兰　3—44—2623、2653

沈七金　3—41—2458

沈奇勋　3—44—2713

沈青松　3—36—2068、2094、2144，3—40—2369、2382、
　　2399

沈庆南　2—23—1520，2—26—1628、1629

沈仁泉　1—11—643、644，2—14—1017

沈荣虎　3—44—2724

沈如懋　3—44—2713

沈睿达　3—37—2161注

沈三清　3—41—2446注

沈士本　3—44—2706

沈似爜　3—44—2712

沈受谦　3—44—2711

沈廷杰（翔郛、云石山樵）　3—36—2125

沈望原　3—36—2125

沈卫明　3—44—2715

沈蔚琴　2—25—1566

沈文炳　3—44—2707

沈文龙　2—22—1455

沈文锡　3—36—2125

沈文仙　3—44—2714

沈文秀　3—44—2624

沈文炎　3—41—2432

沈吾泉　2—23—1519

沈锡禹　3—44—2630

沈仙云　2—23—1509

沈襄　3—44—2712

沈小平　3—39—2323

沈小萍　3—39—2325

沈鑫杰　3—39—2323

沈信贤　1—11—593

沈兴芳　3—44—2720、2721

沈玄庐　2—27—1638注

沈亚萍　3—44—2720

沈雁冰　3—44—2642、2647

沈一飞　2—25—1589

沈义　3—44—2701

沈益平　3—39—2322

沈毅臣　3—41—2454

沈饮甫　2—26—1604注

沈英杰　3—39—2325

沈盈涛　3—43—2556注

沈永齐　3—41—2457

沈攸　3—44—2624

沈有根　3—44—2690

沈有金　2—23—1508注

沈元铭　3—44—2706

沈月辉　3—35—2038

沈跃跃　2—22—1485

沈云龙　2—23—1520，2—25—1590

沈云先　3—41—2446

沈云英　3—36—2124，3—37—2166，3—43—2541，3—44—
　　2623、2629、2630

沈芸　2—29—1742

沈泽　3—44—2703

沈张俊　2—22—1455

沈张先　2—26—1629

沈钊根　2—23—1509

沈钊水　2—23—1509

沈镇东　3—44—2713

沈正贤　2—23—1508

沈之先　3—36—2101

沈枝根　2—22—1455，2—27—1671，3—36—2093

沈埴　3—37—2159注

沈至绪　3—36—2124，3—44—2629、2630、2713

沈志明　1—11—704

沈志远（沈会春、沈观澜、沈任重、王剑秋）　3—36—
　　2124，3—43—2541，3—44—2655、2656

沈忠贵　2—13—934

沈忠久　3—35—2017

沈忠悦　1—1—068

沈周　3—44—2637

沈祖伦　1—记—028

沈祖燕　3—44—2712

〔sheng〕

圣禅　3—41—2432

盛昌黎　1—10—579，2—23—1514，2—24—1533、1534，
　　2—26—1612、1612注、1615，2—27—1674、1701注，
　　2—30—1757

盛澄华　3—44—2659

盛华铨　2—20—1345注，2—26—1628注

盛华仁　1—记—032

盛继芳　3—44—2694

盛练心（邦彦）　3—37—2173，3—43—2544，3—44—2650

盛泷　3—36—2135，3—44—2704

盛仁昌　3—36—2071

盛绍儿　2—22—1455

盛世才　3—44—2660

盛唐　3—44—2708

盛小龙　2—22—1455

盛宣怀　3—44—2640

盛彝　3—36—2135

盛勇武　3—36—2074、2086

盛友根　2—23—1509

盛玉占　2—22—1455

盛增虎　2—23—1520

盛章　3—36—2135

盛子充　3—36—2100

〔shi〕

师逵　3—44—2627

施爱珍　2—23—1508注

施宝春　3—44—2721

施伯　3—36—2130

施存统　3—44—2644、2662、2663

施东曙（福成）　3—36—2130

施发光（耿光、觐徽、显卿）　3—37—2166注

施父　3—36—2130

施刚毅　2—25—1567，3—34—1937、1973

施关松　2—22—1455

施国强　3—44—2714

施国英　3—38—2262

施加农　1—1—043、067、067注、068，3—36—2099注，
　　3—37—2178注

施加勇　3—34—1976，3—36—2065

施肩吾　1—9—505注

施今墨（奖生、毓黔）　2—25—1602，3—43—2544，
　　3—44—2623、2658、2659、2659注

施满英　1—6—314

施美琴　2—23—1509

施培云　2—27—1658注

施平城　2—19—1303

施秋姑　1—6—295

施锐　3-36-2130
施瑞兴　2-16-1179注
施闰章　3-44-2630、2631
施少敏　3-39-2313
施生根　2-21-1439，3-44-2717、2719、2721
施松青　1-记-024，2-22-1455、1462，2-23-1509、
　　1517、1520
施坦（维蕃）　3-36-2130
施庭筠　3-44-2707
施霆（伯震）　3-36-2130
施尾　3-36-2130
施文根　3-35-2017
施文莱　3-44-2722
施文周（锡岐）　3-37-2166注
施武衡（寿山、镇南）　3-37-2166注
施兴娟　2-25-1567，3-36-2073
施秀珍　2-13-934
施延（子君）　3-36-2130
施尧臣（钦甫、华江）　1-2-096、097，3-37-2150，
　　3-44-2628、2629
施颐（希文）　3-36-2130
施有志　3-36-2130
施芝钦　3-41-2459
施志根　1-11-712、747
石川嘉延　1-记-037
石川武　2-24-1556
石仕元　3-38-2251
石涛　3-44-2637
石侠　3-36-2143，3-45-2751
石云　3-37-2162注
时彦　3-44-2701
史崇　3-36-2118
史公亨　3-36-2118
史浩　3-36-2118
史济仁　3-41-2452
史济烜　2-22-1455，2-23-1509
史晋川　2-13-840注
史久武　1-记-024、034，2-22-1455、1463、1464，
　　2-24-1555
史莱克　3-36-2058注
史兰根　1-记-035
史弥远　3-36-2118
史佩斯　1-4-233
史惟则　3-36-2118
史颜节　3-37-2179
释本一　3-41-2435
释昌仙　3-41-2435
释光化　3-41-2432

释如兰　3-37-2202
释祥贤　3-41-2440
释泽方　3-41-2438

〔shou〕

寿国梁　3-44-2714
寿国忠　3-44-2715
寿健　3-36-2071、2085
寿牛姑　1-6-295
寿萍萍　2-27-1668
寿伟勤　2-22-1462
寿霞芳　2-25-1566，2-26-1620、1620注
寿小卫　2-13-934
寿月英　2-23-1508注

〔shu〕

叔虞　3-36-2122
舒芬　3-44-2704

〔si〕

司马光　3-36-2065注
司马睿　3-36-2122
司马绍　3-36-2122
司马炎　3-36-2127
司马义·艾买提　1-记-027
斯波义信　3-37-2203
斯子林　2-16-1121

〔song〕

松尾好治　1-记-038
宋成仁　1-9-451
宋达甫　3-41-2458
宋达贤　3-41-2458
宋大松　3-44-2720
宋德福　1-记-029
宋高宗　3-44-2626
宋化春　2-29-1742
宋徽宗　3-37-2197
宋稷辰　3-37-2171
宋建　1-1-060
宋健　1-记-028
宋教仁　3-44-2639
宋理宗（赵昀）　3-37-2218注

宋孟荣 3-44-2718
宋梦岐（长生） 2-22-1452注，3-44-2646、2655、2663
宋平 1-记-027
宋仁宗 3-45-2730
宋神宗 3-45-2742
宋庠 3-44-2700
宋一慧 3-41-2456、2458
宋有生 3-34-1951注
宋照肃 1-记-032
宋真宗 3-41-2429，3-44-2625
宋之问 1-总-004、004注，3-37-2201、2206，3-44-2623注
宋祖英 3-37-2212注

〔su〕

苏步青 3-44-2673
苏晋 3-44-2624
苏克曼 1-记-038
苏轼 3-37-2213注，3-43-2572
苏叔阳 3-36-2143，3-45-2751
苏舜钦 3-37-2213注
苏彦 3-37-2213注

〔sun〕

孙阿耀 2-23-1509
孙阿早 1-6-294
孙保 3-37-2203
孙弼 3-44-2701
孙表（伯田） 3-36-2122
孙斌 3-44-2713
孙策 1-总-005，3-36-2121，3-37-2193
孙成一 2-27-1639注
孙承恩 3-44-2705
孙处（季高） 3-44-2623、2624
孙传芳 3-44-2646
孙春芳 1-6-294
孙从三 3-36-2122
孙定方 2-27-1690
孙恩 3-36-2136，3-44-2623
孙孚凌 1-记-031
孙福年 2-33-1921
孙国铭 3-36-2143，3-38-2298
孙华梅 3-39-2324
孙继皋 3-44-2705
孙继民 3-37-2207

孙继生 2-23-1519
孙家萧 3-44-2711
孙家正 1-记-031
孙鉴信 2-25-1567
孙解民 1-11-643、644
孙锦龙 2-13-913、914
孙锦美 2-13-913
孙锦伟 2-13-913
孙恪懋 2-22-1462，2-25-1567、1568、1571、1572，2-27-1649注、1667注
孙镶 1-2-074注
孙岚 2-22-1455，3-34-1975
孙茂潮 2-23-1529
孙梅舫 3-43-2547注
孙沔 3-44-2702
孙茗茗 3-39-2325
孙沛然 3-36-2142
孙晴义 2-14-989
孙权 1-2-075，3-36-2121，3-45-2745
孙群 3-44-2715
孙如仪 3-44-2711
孙树笙 3-37-2203
孙水娟 3-39-2327、2340注
孙思萧 3-43-2547注
孙统墀 2-25-1567、1568，2-26-1605、1605注、1607、1611，2-27-1690
孙完 3-36-2122，3-44-2703
孙卫根 2-16-1129
孙慰耆 2-27-1689，3-36-2069、2070、2143
孙文标 3-39-2325
孙先传 2-27-1701注
孙晓东 3-44-2714
孙孝明 2-22-1463，2-23-1516，2-24-1534，2-30-1757
孙忻 3-44-2701
孙信佳 3-44-2722
孙秀东 3-44-2715
孙秀娟 3-44-2724
孙学古 3-36-2122，3-37-2199，3-44-2704
孙学思 3-36-2122，3-37-2198注、2199、2199注、2201，3-41-2426，3-45-2743
孙雪逵 3-44-2715
孙一夔 3-44-2702
孙一中 3-44-2702
孙应鹮 3-36-2122
孙毓桂 3-44-2710
孙元祥 1-11-644
孙跃庆 3-36-2067

孙云球　3-44-2723

孙曾五　3-37-2196

孙志耿　2-22-1455

孙中山　3-37-2170、2181，3-44-2639、2640、2641、2650、2658

孙忠涛　3-44-2716

孙祝香　1-6-294

孙庄甫　2-26-1628注

孙子仁　1-11-642、644，2-13-908、908注、912

孙子渊　3-44-2701

孙祖绵　2-26-1628注

孙祖培　2-24-1533、1534、1555，2-25-1579，2-27-1667注

孙作佳　3-36-2093

〔suo〕

梭尔格　3-44-2653

T

〔tai〕

泰戈尔　2-25-1602，3-36-2139，3-44-2671

〔tan〕

谭爱娥　1-6-294

谭伯华　3-44-2722

谭洪波　3-35-2017

谭慧秋　2-13-952

谭其骧　1-2-074

谭勤奋　2-22-1464，2-24-1534、1555，2-25-1585注

谭仁贤　2-26-1632、1633

谭吾源　2-26-1619

谭养然　3-34-1973

谭云山　3-44-2671

〔tang〕

汤本　3-36-2121

汤本名　3-36-2121

汤笔花（汤福源）　3-44-2666、2667、2667注

汤斌　3-44-2630

汤鼎熹　1-2-098注

汤鼎烜　3-37-2168，3-44-2711

汤伯良　3-44-2717

汤定熙　3-38-2232注

汤尔恭　3-37-2196

汤膰（适仪）　3-36-2121

汤关木　3-34-1973

汤贵　3-36-2121

汤红　2-31-1809

汤化龙　3-44-2640

汤欢炯　3-39-2323、2324

汤鉴澄　3-34-1973，3-36-2143、2144

汤杰　3-36-2121，3-44-2667

汤金土　2-22-1455

汤金友　2-25-1568、1574，2-26-1612、1612注、1615、1618

汤金钊（敦甫、勖兹）　1-总-005，3-36-2069、2101、2121、2124，3-37-2179、2180、2216，3-41-2428、2428注，3-43-2535、2572，3-44-2623、2633、2634、2635、2708

汤京（嘉卿）　3-36-2121

汤匡时（汤真、苏朴）　3-44-2677

汤林美　3-44-2695

汤农先　3-36-2051注

汤鹏举（汤举、万里、致远）　3-36-2121

汤绍恩　3-37-2159注

汤守云　3-37-2173、2182、2218注

汤寿潜（震、蛰先、蛰仙）　2-22-1473，2-25-1602，3-36-2121、2125，3-37-2154、2157、2164、2170、2182、2190，3-43-2597、2599，3-44-2640、2652、2712，3-45-2748、2750

汤书晶　3-38-2242

汤思退　3-36-2121

汤渭法　1-11-749

汤修　3-36-2124

汤秀庭　3-44-2687

汤叙　3-43-2599

汤彦文　2-25-1590

汤尧英　2-23-1509

汤怡林　3-38-2234

汤亿（盛卿）　3-36-2121

汤寅初　3-38-2234

汤永裕　3-35-2017

汤元炳　1-记-027

汤长芳　2-16-1179注

汤兆（至卿、思谦）　3-36-2121

汤蛰先　3-37-2170

汤志明　2-23-1509

汤志章　3-44-2717

汤中　3-36-2121

唐宝琴　3-41-2454
唐福庆　3-41-2453
唐公宪　3-37-2191，3-44-2642
唐功成　2-22-1502、1504，2-27-1685
唐海祥　3-36-2075、2087
唐立　3-37-2178注
唐梅臣　3-45-2746
唐秋珍　3-44-2723
唐叔虞　3-36-2123
唐戍中　3-36-2065注、2067注、2068注
唐肃宗　3-44-2624
唐太宗　3-45-2730
唐廷仁　2-26-1612注、1614、1615
唐星樵　1-记-040
唐玄宗　3-44-2624
唐仰圣　3-36-2069

〔tao〕

陶成章　3-44-2639、2651
陶恩培　3-44-2710
陶公望　3-45-2743
陶翰　3-43-2552
陶行知　2-26-1614，3-34-1955注、1956、1961注、
　　2000注，3-44-2660
陶华耕　3-44-2715
陶浚宣　1-11-688注，3-37-2179、2180，3-43-2545
陶田荣　2-13-892注
陶条凤　3-35-2038
陶廷璈　3-44-2708
陶杏秀　3-44-2707
陶永新　2-27-1698注
陶幼林　2-23-1529
陶渊明　3-37-2181
陶元藻　3-37-2195注

〔te〕

特奥多罗·奥比昂·恩圭马·姆巴索戈　1-记-038

〔teng〕

滕爱花　1-6-295
滕大庆　3-38-2234
滕玉良　2-23-1509，3-38-2226
滕云　2-23-1509，2-26-1612、1612注

〔ti〕

体辉鹤禅师　3-41-2429注
体性情禅师　3-41-2429注

〔tian〕

天成　3-37-2178注
田遨　3-45-2747
田伯成　3-36-2118
田灿祥　3-35-2017
田曾基　3-44-2664
田曾垲（泽民）　3-44-2662
田成平　1-记-032
田更　2-23-1517，2-24-1534
田关仁　1-11-636
田国刚　2-27-1677
田和　3-37-2192
田纪云　1-记-027，2-14-981
田家洪　2-22-1455
田麟　3-36-2118
田陆华　2-17-1205
田庆　3-39-2323
田汝成　3-40-2352注
田晟　3-36-2118，3-37-2164注
田士贤　3-36-2118
田思信　3-36-2118
田思忠　3-36-2118
田惟祐　3-36-2118，3-37-2160，3-43-2607，3-44-
　　2704，3-45-2727、2728、2729、2732
田锡　3-36-2118
田祥　3-44-2710
田轩来　3-36-2118，3-44-2706
田益民　2-23-1520
田益文　3-44-2719
田增凯　3-44-2623
田志忠　3-43-2609
田秩　3-36-2118，3-37-2164注
田祚　3-37-2154，3-43-2609

〔tie〕

铁瑛　2-13-934，3-43-2557

〔ting〕

廷焕　3-36-2101

〔tong〕

佟佳莉　2-23-1509
佟志广　2-17-1192
童继伟　2-22-1455、1463
童理璋　3-44-2642
童勤耕　3-36-2137
童勤善　3-36-2137
童去波　3-39-2325
童维祚　3-44-2713
童文枢（观德）　3-45-2746
童显章　3-44-2628
童祥苓　3-36-2056
童薪　3-36-2137
童雪松　1-3-144注
童一峰　2-23-1520
童颐（元养）　3-36-2137
童永榕　3-34-1936、1950
童云波　3-39-2324
童宗说（南城先生）　3-36-2137

〔tu〕

屠晨昕　1-1-047注
屠德林　3-37-2173注
屠缉　3-36-2135
屠佩环　3-36-2135，3-44-2712
屠育心　2-22-1455
屠子茂　3-36-2135

〔tuo〕

托尔斯泰　3-44-2648

W

〔wan〕

万进东　2-22-1455
万来姑　1-6-294
万里　1-记-029
万学远　1-记-029、030

万祖章　3-36-2116

〔wang〕

汪阿木　3-35-2017，3-44-2722
汪柏遂　1-2-073注，2-22-1463，3-36-2144，3-45-2749
汪邦清　2-23-1508注
汪宝水　1-11-640，2-31-1803
汪长志　3-41-2432注
汪成阳　3-41-2456、2458
汪大辨　3-36-2124
汪大伦　3-36-2124
汪道涵　3-44-2667
汪福成　3-41-2436
汪黼文　3-36-2124
汪纲　3-37-2204注
汪根年　3-44-2648注
汪珪（璋甫、旦庵、尧生）　3-43-2535，3-44-2639、2640
汪桂葆　3-44-2708
汪海　2-23-1508注
汪鸿钧　3-36-2124
汪华（茂昭）　3-36-2123
汪焕章　2-27-1677
汪辉祖（焕曾、龙庄、归庐）　1-总-005，3-36-2101、2124，3-43-2541，3-44-2623、2632、2632注、2707
汪继德　3-44-2639
汪继壕　3-36-2101
汪继培　2-15-1049，3-37-2197，3-44-2708
汪金安　3-35-2017
汪金根　2-23-1509
汪楷　3-36-2124，3-44-2632
汪魁（斯禄）　3-36-2124
汪坤厚（坤元、渔坨）　3-36-2124
汪烈　3-36-2124
汪泌　3-44-2700
汪鸣相　3-44-2710
汪蓬龙　3-44-2669
汪谦（益寿、天南游子）　3-36-2124，3-43-2547注
汪仁初　2-22-1455
汪如海　3-41-2454
汪如洋　3-44-2707
汪弱　3-34-1973，3-44-2716
汪寿高　2-23-1520
汪树基　3-36-2124
汪水娟　3-39-2327

汪顺（延皓） 3—36—2124

汪文炳 3—36—2124

汪锡舫 2—26—1628

汪信康 3—44—2714

汪雄虎 3—44—2720

汪琇甫 2—21—1407注

汪煦（日初、柏山） 3—36—2124

汪洋 3—44—2623、2669，3—45—2751

汪绎 3—44—2706

汪寅 3—36—2124

汪莹 2—26—1604注

汪由敦 3—36—2101

汪友姑 1—6—295

汪镇雄 3—36—2124

汪志华 1—7—358注、364注

汪志琴 3—44—2720

汪志荣 3—44—2721

汪志伊 3—44—2633

汪忠镐 3—44—2682

汪忠勋 3—44—2722

王爱凤 2—22—1455，2—27—1640

王爱民 3—45—2747

王安如 3—44—2718

王柏炎 3—44—2722

王宝庆 3—36—2074注

王炳炯 3—44—2719

王炳奎 2—23—1508注

王炳铨 3—36—2075

王勃 1—总—004，3—37—2206

王不瑕 3—34—1977注

王昌龄 3—37—2206

王超佳 3—39—2324

王朝聘（蓉城外史） 3—41—2441

王承纬 3—44—2645

王初定 3—35—2038，3—44—2719

王丹华 1—1—070

王丹宇 3—36—2099

王德坤 3—35—2017

王德明 3—34—1976

王冬夫 3—39—2322

王端履（泰伯、福将、礼堂、小谷） 1—3—157注，3—36—2101、2116，3—37—2153注，3—43—2536注，3—44—2633注、2709

王端蒙 3—36—2101

王发萍 3—35—2017

王芳 1—记—027、029，3—39—2323、2325

王飞龙 1—11—680

王凤贤 3—44—2679

王福厂 3—44—2661、2662

王福仁 3—38—2232，3—44—2717

王刚 3—39—2323

王篙 3—37—2167、2167注

王关忠 2—23—1509

王观 3—44—2703

王贯三 2—27—1638注

王桂卿 3—38—2249注

王桂英 2—23—1508注

王国昌 3—35—2017

王国良 3—34—1950注

王国平 3—36—2067

王国维 3—44—2644注

王国相 3—44—2713

王国桢 3—37—2153注，3—44—2704

王海明 1—1—067

王海珠 2—23—1509

王和吉 3—36—2071

王洪元 3—36—2100

王祐 3—36—2116

王华 3—44—2704

王华芬 2—27—1638注

王华炎 3—36—2099注

王会龙 3—44—2702

王惠林 3—36—2066

王纪昌 1—6—293注，3—44—2648

王霁 3—44—2700

王家安 2—22—1455

王家宠 3—44—2676

王嘉会 3—45—2732

王建 2—27—1689，3—45—2748

王建满 2—22—1464，2—25—1585注

王建平 2—23—1509，3—44—2721、2723

王建仁 2—23—1509

王建祥 3—35—2017

王剑云 2—31—1809

王娇吟 2—23—1508注

王杰 3—44—2707

王金发 3—44—2639

王金法 2—23—1509

王金花 1—记—034，2—22—1455，3—44—2722、2723、2724

王金山 2—33—1900

王锦林 3—44—2721

王锦荣 3—36—2071

王近诗 3—37—2198注

王景星 3—44—2705

王敬铭 3—44—2706

王靖宪　3-45-2748

王静虚　3-45-2743

王久达　3-36-2100

王聚兴　3-34-1951注

王珏良　3-39-2314

王俊民　3-44-2700

王开文　3-36-2071注

王朗　1-总-005，3-37-2193

王磊　3-34-1989

王力鸣　3-39-2322

王立加　2-13-886注，2-21-1416注

王莲凤　2-22-1455，2-23-1509

王良仟　1-记-015、017、018、032，2-14-1019，
　　2-22-1455、1456、1462、1463，2-25-1571、1572

王烈（霖之）　3-44-2623、2653

王履咸　3-44-2712

王莽　3-36-2117、2130、2136，3-37-2177

王毛姑　1-6-294

王梅芬　3-44-2721

王美芬　2-23-1520

王萌　3-44-2714

王蒙　3-44-2637

王勉　3-37-2201

王冕　3-43-2552

王明　3-44-2650

王铭恩　3-37-2199注，3-40-2382注

王命伊　3-36-2116

王命禹　3-36-2116，3-44-2705

王浜松　2-22-1455，2-25-1596注

王苹　2-22-1455

王萍　3-39-2313，3-42-2529

王倩　1-1-067

王强　3-36-2072、2085

王庆庚　3-44-2637

王庆姑　1-6-295

王泉元　3-36-2082

王人骐（王人麒）　3-37-2195注，3-44-2707

王仁德　2-22-1455，3-38-2255，3-44-2718、2719

王仁堪　3-44-2711、2712

王仁庆　1-11-636、680，2-23-1509、1516、1520，
　　2-24-1534、1555

王忍之　1-记-027

王日新　3-44-2701

王日永　3-44-2701

王容　3-44-2702

王汝楫　3-36-2116

王若山　2-22-1462注

王三才　3-36-2116，3-44-2705

王三俊　3-44-2705

王少华　3-35-2038

王绍兰（畹馨、南陔、思惟居士）　2-25-1602，3-36-
　　2101、2116，3-44-2633、2708

王绳武　2-23-1509

王士斌　2-17-1192

王士祯　3-36-2101

王世则　3-44-2700

王式丹　3-44-2706

王守仁　3-41-2451

王守思　3-39-2324

王寿谞　2-29-1742

王舒　3-36-2067

王丝（敦素）　3-37-2196注，3-44-2625、2700

王斯莘　3-36-2065注

王素君　3-42-2529

王廷彩　3-44-2713

王同　3-41-2450注

王维（摩诘）　1-总-004，3-37-2179、2206

王伟民　2-22-1455、1463、1464，2-24-1555

王炜常　3-36-2093，3-37-2203、2218

王文英　2-23-1509，2-26-1632

王文治　3-36-2101

王闻毅　3-36-2065注

王五兴　2-23-1508注

王武焕　2-23-1509

王锡奉　3-43-2578注

王锡朋　3-44-2633、2634

王羲之　3-36-2122，3-44-2625注，3-45-2746

王仙泉　2-23-1509

王先吉　3-36-2116，3-44-2630、2706

王向前　1-3-144注

王象晋　3-37-2212

王晓中　3-44-2714

王协灿　3-44-2706

王心喜　1-1-043注、068

王炘　2-29-1735注

王新霞　3-38-2255

王鑫炎　1-记-024，1-11-624、643、644，2-22-
　　1455，2-27-1643，3-44-2692、2716、2717、2724

王兴珑　3-36-2099注

王杏花　1-6-295

王性　3-36-2116

王虚白　3-34-1950注

王许鉴　3-44-2722

王煦　3-37-2203

王轩　3-37-2192注

王选　3-44-2713

王彦昌　3-44-2701

王燕君　3-38-2304

王阳明　3-37-2195注

王一范　3-36-2069、2070

王贻桂　3-44-2709

王以衔　3-44-2708

王屺峰　1-1-067

王驿长　3-44-2639

王荫长　3-44-2681

王英萍　3-39-2324、2325、2327、2340注

王应麟　3-36-2065注

王雍　3-44-2700

王永江　1-1-068

王永锦　3-44-2718

王永康　3-36-2117

王永明　1-记-033，1-8-431，2-33-1900

王永祥　3-36-2143

王永兴　3-39-2322、2325、2327，3-44-2722

王永元　3-44-2718

王有根　3-41-2456

王右军　3-45-2746

王俣　3-36-2117

王玉明　2-22-1455、1462、1463，2-26-1613，2-30-
　　1757

王玉涛　3-39-2322

王元德　3-44-2700

王元康　2-22-1455

王跃明　2-27-1643，3-44-2716

王云锦　3-44-2706

王云坤　1-记-030、031

王载　3-41-2455

王赞卿　3-36-2116

王长生　3-36-2067注

王昭菊　2-29-1735注

王兆国　1-记-029

王哲夫　2-26-1628注、1630

王贞夫　2-23-1529

王震江　1-9-451

王志邦　1-7-358注、364注，3-36-2093

王志杰　1-11-643，2-23-1509，3-44-2717

王质　3-44-2702

王致柔　3-44-2701

王中恩　2-22-1455，2-25-1567、1568，2-26-1619

王中立（道立）　3-36-2117

王忠民　3-41-2459

王忠禹　1-记-033

王钟麓　2-14-979

王仲仪　3-36-2116

王重民　3-44-2629

王珠瑛　2-22-1455、1463，2-24-1534

王竹祖　3-36-2116

王宗彬　3-44-2708

王宗炎（以除、谷塍、晚闻居士）　3-36-2101、2116，
　　3-37-2153注、2198，3-40-2415，3-41-2428，
　　3-43-2536注，3-44-2632、2633、2707

王尊美　3-34-1977注

王佐　3-37-2172

王作仁　3-36-2142，3-45-2748

〔wei〕

韦昌辉　3-37-2173注

韦东红　3-44-2723

卫泾　3-44-2702

卫其昌　2-13-934

卫恕　3-44-2703

尉健行　1-记-028

魏伯雅　3-36-2139

魏超然　3-44-2688

魏传关　3-38-2229

魏德平　3-36-2066注、2067

魏东海　3-36-2070、2083、2084

魏风江　2-25-1602，3-36-2139，3-43-2554，3-44-
　　2671，3-45-2748

魏唤兰　2-27-1701注

魏骥（仲房、南斋）　1-2-099，3-36-2139，3-37-
　　2170、2195、2195注、2201、2217注，3-43-2535、
　　2535注，3-44-2627、2628

魏金海　1-9-447，2-14-1020，2-22-1462，2-23-
　　1516，2-24-1533、1534，3-45-2749

魏骐　3-36-2139，3-44-2703

魏堂　3-36-2094，3-37-2156、2156注

魏天钦　1-记-015、025，2-22-1498，3-38-2229

魏完　3-37-2195，3-44-2628

魏文昌　3-36-2139

魏文靖　3-45-2729

魏希哲　3-36-2139

魏一姑　1-6-294

魏毅　3-36-2139

魏应元　3-36-2139

魏有声　3-36-2139

魏源初（绪川）　3-36-2139

魏藻德　3-44-2705

魏直　3-38-2232注

〔wen〕

温家宝　1–记–033
文良生　1–记–037
文书阿牛　3–36–2074注
文徵明　3–37–2179
文种　3–37–2150注、2195，3–40–2414
闻家盈　2–23–1520，3–36–2093

〔weng〕

翁国刚　2–25–1567，3–44–2716
翁仁康　2–27–1672，3–36–2054、2074、2074注、2086
翁同龢　3–36–2101，3–37–2179、2180，3–44–2711
翁五伦　3–44–2704
翁张汉　3–44–2717、2718

〔wo〕

沃亲臣　3–44–2713
沃岳兴　2–22–1465

〔wu〕

乌尔恭额　3–44–2633
邬观水　3–45–2748
巫凌霄　2–25–1568、1572、1573，2–26–1612、1612注、1615
无能和尚　3–41–2435、2438
吴邦国　1–记–032
吴伯宗　3–44–2703
吴才根　3–35–2017
吴茶花　1–6–294
吴昌硕　3–36–2068、2101，3–37–2162、2162注、2179，3–44–2637注、2661
吴成明　3–36–2123
吴澄　3–36–2065注
吴德法　2–23–1508注
吴斐　3–44–2707
吴莆之　3–44–2670
吴刚　3–44–2714
吴纲　3–44–2704
吴关根　2–22–1455、1462，2–23–1520
吴关林　2–27–1640
吴关尧　2–15–1089
吴观　3–37–2179
吴鸿　3–44–2707

吴回　3–36–2135
吴建荣　3–44–2720
吴键　1–记–022、023、024，2–22–1454、1455、1457、1463、1464，2–23–1509、1517、1520，2–30–1757
吴均礼（慎直）　3–36–2123
吴康　2–21–1441、1443
吴康年　3–44–2701
吴克明　3–39–2340注，3–44–2678、2679
吴立恭　3–44–2723
吴鲁　3–44–2712
吴茂法　2–23–1509
吴枭　3–37–2198注
吴平　1–3–133注，3–45–2745
吴其濬　3–44–2709
吴锵鸣　3–45–2746
吴庆余　3–39–2329
吴让之　3–44–2661、2662
吴融　3–37–2206
吴汝方　3–45–2727、2728
吴汝祚　1–1–043注、060、068
吴桑梓　3–36–2076、2087、2142，3–40–2388
吴叔告　3–44–2702
吴淑贞　2–25–1566
吴树铭　2–23–1509
吴水潮　2–23–1509
吴土良　1–11–640，3–35–2016、2017
吴伟根　2–26–1619
吴锡龄　3–44–2707
吴锡培　2–26–1624注
吴仙标　1–记–035
吴贤　2–31–1803
吴信中　3–44–2708
吴学谦　1–记–028
吴延琛　3–44–2708
吴一立　3–36–2099
吴仪　1–记–031
吴玉辉　3–34–1988
吴聿洪　2–26–1619注
吴元礼　1–2–073
吴云　3–44–2702
吴张友　3–35–2038，3–44–2717、2720
吴珍（鼎全）　3–36–2123
吴镇　3–44–2637
吴征吉　3–37–2217
吴志霓　3–36–2092
吴中复　3–44–2700
吴忠富　3–36–2076
吴钟骏　3–44–2709

吴仲贤　1—11—640
吴孜　3—44—2701
吴子中　2—13—934
吴自硅　2—14—1008
吴自牧　3—40—2351注
伍廷芳　3—44—2648
伍子胥　3—36—2071注，3—40—2411注、2414、2415，
　　3—44—2623

X

〔xi〕

西蒂维尼·兰布卡　1—记—037
西哈努克　3—34—1949
西米奇　3—39—2342
西施（施夷光、夷光、先施、西子）　1—总—004，1—6—
　　320，3—36—2091、2130，3—37—2192、2193，3—40—
　　2408、2410、2414，3—41—2441，3—43—2538、
　　2539、2540，3—44—2622、2623、2623注，3—45—
　　2732、2741、2745、2746
西吴悔堂老人　3—45—2745
西子　3—45—2745、2746
奚三彩　1—1—069
悉达多·乔答摩　3—41—2423注
习近平　1—1—069

〔xia〕

夏灿生　1—6—294
夏承厚　3—37—2178注
夏芬花　2—23—1509
夏国良　3—34—1973
夏杰　2—13—876注
夏孟斌　3—36—2131
夏丏尊　3—44—2663
夏强　3—44—2697
夏铨衡　3—36—2131
夏辣　3—36—2131
夏苏　3—44—2707
夏同龢　3—44—2712
夏统（仲御）　1—总—005，3—44—2623
夏锡玑　3—37—2169注
夏兴　3—36—2131
夏雪勤　3—36—2066、2067、2068、2075、2099注
夏衍　3—44—2663
夏有奇　3—44—2705

夏张海　2—22—1455
夏正清　3—36—2131
夏仲衔　3—36—2071注

〔xian〕

先睹　3—41—2439
先施　3—45—2745
鲜于枢　3—37—2169注
咸丰帝　3—44—2635
显梅　3—41—2435

〔xiang〕

向建峰　3—39—2325
向警予　3—44—2660
项阿大　1—6—295
项宝泉　3—36—2099、2100
项关贤　1—7—362
项桦　2—13—934
项怀诚　1—记—031
项荣泉　2—23—1509
项维清　1—记—019，1—11—642、643，2—17—1192、
　　1193、1194
项仙珍　2—23—1519
项雪菲　3—39—2323
项羽　3—37—2194、2216
项志华　3—44—2715
项忠孝　1—11—644，2—22—1455，3—44—2721、2722

〔xiao〕

肖江　1—7—354
肖菁　1—1—067
萧邦齐　3—37—2208，3—45—2747、2750
萧督　3—37—2161注
萧朝贵　1—2—075
萧道成　3—44—2624
萧辅　2—23—1508注
萧国梁　3—44—2701
萧锦忠　3—44—2710
萧濂　3—44—2707
萧良榦　1—2—074注，1—8—411
萧龙友　3—44—2658
萧然　3—36—2144
萧时中　3—44—2703
萧天相　2—22—1455
萧心　2—23—1508注

萧云从　3-44-2637
小川广海　2-14-994
小林荣司　1-记-026，2-23-1523
筱芳锦　3-44-2675
孝先戒和尚　3-41-2430注

〔xie〕

谢宝树　3-44-2711
谢持　3-44-2643
谢道清　3-38-2233，3-44-2626
谢官兴　2-23-1508注
谢国华　2-21-1418
谢红萍　3-34-1971
谢华珠　2-14-1017
谢丽娟　2-25-1566
谢连松　3-44-2721
谢灵运　3-43-2551注、2552
谢杞　3-37-2169注
谢迁　3-44-2703、2704
谢让德　2-27-1639注
谢少苍　2-23-1508
谢深甫　3-36-2137
谢寿民　3-38-2255注
谢诵穆　3-38-2273注
谢汪氏　1-6-294
谢伟国　3-36-2099注
谢绪贤　2-29-1735注
谢贞甫　3-36-2137
谢之光　3-44-2661
谢仲斌　3-36-2137
解长春　2-29-1742

〔xin〕

信来永　3-37-2178注

〔xing〕

刑世才　3-44-2702
邢胜奎　3-44-2675
兴枢　3-38-2236
兴仪　3-38-2236
性道　3-41-2444
性坚　3-38-2233注
性鉴（李寿生）　3-37-2173，3-41-2431、2431注、2439

〔xiong〕

熊德利　3-36-2090、2143，3-37-2208，3-45-2750、2751
熊兴法　1-11-710

〔xiu〕

秀房　3-41-2432
秀生　3-40-2404

〔xu〕

虚谷　3-44-2637注
徐阿大　1-6-294
徐阿花　1-6-295
徐白民　3-36-2051注，3-37-2207，3-43-2564，3-44-2642、2663
徐柏龄　1-9-451
徐邦杰　3-44-2702
徐宝文　2-20-1345注
徐本一　3-36-2133
徐步青　2-23-1519
徐成根　2-23-1509
徐成友　2-16-1140
徐传根　2-23-1509
徐传化　1-记-034，1-6-322，1-11-623、642，2-13-919、956，2-26-1632，3-36-2053
徐传友　1-6-314，2-27-1677
徐春建　3-34-1929
徐大卫　1-记-038
徐方卿　2-13-948注，3-36-2081注，3-40-2384，3-43-2545
徐敷奏　3-44-2712
徐福（张焘）　3-36-2135
徐郇　3-44-2711
徐关兴　3-44-2723
徐官　3-44-2704
徐冠巨　1-记-022、023、034，1-6-314，1-11-642、643、644，2-13-908、908注、914，2-22-1484，2-25-1566、1567、1568，2-26-1628、1629、1630，2-27-1697，3-43-2594、2595，3-44-2697、2717、2722
徐光第　3-44-2710
徐光宪　3-44-2670注
徐贵根　3-41-2452
徐国楠（让木、古梅）　3-36-2133，3-44-2708
徐国相　2-22-1463

徐国兴 2-23-1509

徐行之（梅坤） 3-44-2668、2669，3-45-2747

徐和平 3-34-1973、1977，3-44-2723

徐荷花 1-6-294

徐洪 3-37-2195注，3-44-2703

徐鸿儒 3-44-2629

徐华山 3-44-2721

徐基盛 2-23-1520

徐建桥 3-34-1977

徐建勇 3-39-2313

徐金宝 1-11-718，3-35-2017

徐金荣 3-44-2717、2722

徐晋禄 2-23-1519

徐礼（彦迪、肃庵） 3-36-2132

徐丽丽 1-11-659

徐利敏 3-39-2324

徐良 3-36-2132

徐灵明 3-39-2325

徐凌 3-36-2087，3-41-2437

徐龙渊 3-36-2066、2068、2082、2143

徐绵 3-36-2132

徐袍 3-36-2132

徐平仙 2-27-1664

徐萍苏 3-36-2073、2073注、2085

徐溥 3-41-2427

徐青照 3-44-2709

徐庆华 2-14-1020

徐全学 2-25-1590

徐仁海 3-41-2456

徐仁贤 1-6-294

徐如根 3-45-2739

徐三英 3-44-2662

徐士龙 3-36-2073、2074、2075、2076、2083、2086、
2143

徐奭 3-36-2132、2133

徐树根 2-22-1464，3-45-2739

徐树林 1-7-366、378注，3-36-2092、2093

徐水宝 2-22-1455

徐水定 2-22-1455

徐水连 2-22-1455，3-44-2722

徐水盈 2-26-1604注

徐天祐 3-45-2741

徐天才 2-22-1455

徐铁岚 3-36-2069

徐廷槐 3-44-2706

徐通 2-23-1509

徐同楠 3-45-2746

徐位姑 1-6-294

徐渭（文长） 3-37-2195、2213，3-44-2637、2661

徐吾成 2-23-1509

徐希干 3-38-2304

徐锡祉（星舫、小斋） 3-36-2133，3-44-2711

徐小海 3-44-2720

徐晓明 3-36-2066

徐笑狂 3-38-2304

徐燮尧 2-23-1508注

徐栩羚 2-23-1520

徐亚民 3-39-2325

徐亚平 3-36-2067、2068、2083、2142、2143、2144，
3-39-2317

徐燕锋 1-7-358注、364注

徐仪 3-41-2437

徐忆中 2-27-1690

徐亦庆 2-17-1206

徐英含 3-44-2677

徐永良 1-6-294

徐友良 2-23-1509、1528

徐元文 3-44-2706

徐云纪 3-35-2038

徐云泉 3-36-2087

徐则敏 1-5-237注

徐张庆 1-6-295

徐珍 3-36-2132

徐真葆 3-36-2135

徐志炳 3-36-2082

徐志宏 2-22-1463、1464

徐志焕 3-44-2718

徐钟豪 1-9-488注

徐朱氏 1-6-294

徐子熙 3-37-2195注

许爱珍 2-23-1509

许宝荣 2-13-881注

许炳 3-44-2709

许伯会 3-36-2122

许晨阳 3-43-2583

许承一 3-36-2122

许法升 2-29-1735注

许归 3-36-2122，3-41-2441注

许海涛 2-31-1809

许华均 1-7-381

许纪成 1-11-743

许嘉璐 3-42-2530，3-43-2614

许鉴 3-44-2667、2667注、2668、2668注

许鉴川 3-36-2122

许金芳 3-44-2716

许廑父（与澂、弃疾、一厂、忏情室主、清风明月楼主、

颜五郎） 3—36—2122，3—44—2651、2652

许京怀 3—34—1986，3—44—2715

许菊花 1—6—294

许军 2—31—1809

许俊魁 3—44—2711

许林江 3—44—2722

许迈永 2—14—1020，2—22—1462，2—23—1516，2—24—1534、1555，3—36—2090、2142

许勉（继纲） 3—36—2051注

许仁良 3—43—2570

许绍雄 3—36—2100

许申敏 1—10—579，2—23—1520，2—24—1534、1555，2—25—1568，2—27—1701注，2—30—1757

许申裕 2—27—1692、1692注

许水根 3—44—2721

许顺昌 3—44—2718

许铁姑 1—6—294

许望秋 2—26—1624注

许望增 2—23—1508注

许秀姑 1—6—294

许询（玄度） 1—2—075注、099，3—36—2122，3—37—2161注、2206、2216、2218注，3—38—2232注，3—41—2423、2441、2441注，3—43—2574

许也平 3—36—2067

许胤丰 3—45—2747

许勇 3—35—2036，3—39—2314

许岳荣 2—24—1534、1555

许云香 2—23—1519

许在衡（笈云、寿平） 3—36—2122，3—43—2568，3—44—2712

许正平 3—44—2698、2699、2715

许智法 3—38—2232注、2238

旭峰 3—37—2208

〔xuan〕

轩辕氏 3—36—2135、2137

宣立萍 2—14—1017

宣美利 2—23—1509

宣统皇帝 3—44—2648

宣中华 2—22—1452注，3—37—2191、2207，3—43—2564，3—44—2642、2643、2660、2663

宣卓丹 3—39—2324、2325

宣子 3—37—2172

玄朗 3—41—2439

玄俨 3—41—2438

〔xue〕

薛伯辉 1—记—025

薛福成 3—36—2126

薛兼训 3—41—2439

薛驹 1—记—027

学明 3—41—2445

学修 3—41—2445

〔xun〕

洵芳 3—41—2440

Y

〔yan〕

严谷军 2—13—840注

严济慈 3—44—2666注

严嵩 3—36—2125

严文明 1—1—060

岩将老太 3—37—2170

阎若璩 3—45—2745

颜常根 1—11—643，2—23—1509，3—44—2718、2724

颜回（子渊） 3—36—2138

颜莉娅 3—36—2072、2085

颜荣富 3—34—1962

颜师古 1—2—074

颜体备（用周、四八秀才） 3—36—2138

颜真卿 3—44—2635

衍斌 3—38—2236

衍左 3—38—2236

〔yang〕

杨爱萍 2—23—1508

杨爱武 1—记—023

杨炳耀 3—34—1977

杨采妹 2—23—1508、1541、1551，2—27—1649注

杨春霞 3—36—2056

杨德盛 3—36—2092

杨铎 3—37—2205

杨福茂 3—36—2090，3—37—2208

杨刚 2—22—1455

杨官海 3—44—2723

杨龟山 3—45—2729

杨洪才 3—44—2631

杨虎城 3—44—2658

杨华 3—41—2433

杨皇后 3—37—2197

杨冀王（次山） 3—36—2122，3—37—2197、2197注，
　　3—43—2536、2536注

杨建华 1—7—358注、364注

杨健 3—44—2653

杨觉凡 3—36—2092

杨觉农 3—36—2092

杨丽玲 3—44—2718

杨莉莉 3—34—1977注

杨敏生 3—36—2066注、2067、2068、2142

杨明法 3—35—2017

杨凝式 3—44—2670

杨齐王（杨忠、杨藩） 3—37—2197、2197注

杨荣鑫 3—36—2071

杨汝岱 1—记—029

杨善林 2—13—908、908注、917

杨慎 3—36—2065注，3—44—2704

杨绳祖 3—37—2216注

杨时（杨文靖公、中立、龟山） 1—3—131，1—6—321，
　　3—37—2193、2193注、2194、2195、2195注、2197、
　　2199、2204、2217，3—40—2415，3—41—2441，
　　3—44—2623、2625、2625注、2626，3—45—2742

杨湜 2—29—1735注

杨士龙 3—36—2094，3—45—2727、2733、2733注、2736

杨世昌 3—41—2454

杨守勤 3—44—2705

杨水清 1—6—294

杨悌 2—29—1742

杨廷鉴 3—44—2705

杨卫 1—1—068

杨贤兴 1—10—588，1—11—668、704、730

杨宪 3—36—2122

杨晓灵 3—36—2086

杨秀清 3—37—2173、2173注

杨许尧 2—22—1455，3—44—2719

杨尧祥 3—39—2325、2327、2340注

杨一强 3—39—2314、2327

杨益芳 3—41—2457

杨应奎 3—36—2134

杨应元 3—44—2704

杨永和 2—25—1567

杨震亚 2—22—1455

杨之华（杏花、文君、杜宁） 1—总—005，3—36—2065
　　注、2089，3—37—2191、2207、2208，3—43—2544、
　　2564，3—44—2642、2660、2661，3—45—2747

杨寘 3—44—2700

杨忠（杨藩） 3—36—2122

杨仲彦 1—记—016、018、019、022，2—14—991、1019、
　　1020，2—22—1455、1457、1462、1463，2—23—
　　1509、1515、1516、1519，2—24—1533、1534、
　　1556，2—25—1577、1582，3—35—2038

杨重卫 1—11—684

杨子游 3—37—2158

杨祖根 3—44—2723

〔yao〕

姚阿芬 1—6—294

姚宝灿 3—43—2556注

姚合 3—37—2213注

姚剑良 3—43—2556注

姚军 3—34—1937

姚俊 3—36—2100，3—39—2313注

姚涞 3—44—2704

姚连义 2—23—1509

姚林根 3—44—2717

姚龙君 3—41—2448注

姚梅生 3—43—2556注

姚佩英 2—18—1216注

姚启圣 3—37—2157注

姚启忠 3—44—2643

姚庆元 3—44—2709

姚瑞芳 3—43—2556注

姚丝怡 3—36—2072

姚文田 3—44—2708

姚文熊 3—44—2630

姚小毛 1—6—294

姚燮 3—44—2635

姚修仁 3—44—2670

姚依林 2—13—929

姚莹俊 3—36—2094

姚颖 3—44—2702

姚友直 3—44—2703

姚月樵 2—26—1628

姚岳林 3—43—2556注

姚云祥 1—11—685，3—44—2720

姚泽民 3—41—2452、2454

姚正祥 3—35—2017

姚志文 3—44—2696

姚子康 2—23—1508

〔ye〕

叶蕡 3—44—2713

叶斌 3—39—2322

叶国珍 1—记—022，3—35—2038，3—36—2081，3—44—

2693

叶锦奎　2－26－1604注
叶撲初　3－44－2654
叶林　3－44－2703
叶茂勋　3－44－2708
叶清　3－44－2704
叶瑞堂　3－36－2082
叶圣陶　3－44－2668
叶小祥　3－44－2723
叶燕跳　2－23－1508、1508注
叶玉兰　1－记－038
叶照德　2－32－1882
叶志强　3－36－2099注
叶舟　3－44－2715
叶子　3－36－2073
叶梓明　2－23－1509
叶祖洽　3－44－2700

〔yi〕

一贯和尚　3－41－2430注
伊凡·佩赫里万诺夫　1－记－036
伊斯拉姆　1－记－036
奕譞　3－44－2636
奕𬀪　3－44－2634

〔yin〕

音圆　3－41－2438
殷旦　3－44－2703
殷度　3－45－2742
殷福庆　3－41－2453、2454
殷庆　3－45－2742
尹继善　3－44－2632
尹日昌　2－23－1508注
隐松　3－41－2431

〔ying〕

英和　3－44－2634
应乐善　3－41－2452、2453、2454
应律　3－36－2101
应劭　1－2－074、075注
应文枚　1－11－717注

〔yong〕

永常　3－41－2428
永春和尚（柳溪）　3－38－2234，3－41－2440，3－43－
　　2566、2567
永根　3－41－2426
永康　3－37－2178注

〔you〕

游定夫　3－45－2729
游酢　3－44－2625注

〔yu〕

於灿文　3－36－2128，3－44－2709
於春明　3－44－2720
於海康　3－35－2017
於善（世魁、国平）　3－36－2128
於士达　3－36－2128，3－37－2203
於垣（民怀）　3－36－2128
於岳　3－36－2128
於则　3－36－2128
於志明　3－35－2017，3－44－2720
於仲生　3－41－2447
于阿大　1－6－295
于光远　3－44－2682
于国荣　2－22－1455
于右任　3－37－2179、2181，3－44－2651、2653
于振　3－44－2706
于祖铨　2－26－1605
余大慈　3－41－2425
余复　3－44－2702
余冠松　1－11－643
余海　3－44－2690
余煌　3－37－2157注，3－44－2705
余金良　3－38－2234
余琳　3－39－2323
余咪娜　3－36－2086
余绍宋　3－45－2733
余声清　1－记－040
余铁波　3－36－2074注
余晓明　3－44－2716
余兴贤　3－44－2715
余炎光　3－45－2747
余中　3－44－2700、2701
俞柏明　2－13－934
俞柏祥　2－22－1465

俞保林　2-13-934，2-22-1455，2-23-1520

俞炳法　2-13-934

俞炳林　2-22-1463、1464，2-23-1517，2-24-1534，
　　2-27-1674，2-30-1763

俞灿和　1-11-644

俞长源　2-22-1504

俞成荣　3-44-2715

俞诚　3-36-2130

俞德琪　3-36-2086

俞帝臣　3-44-2701

俞定焕　2-23-1508

俞二民　2-13-887

俞刚　3-36-2130

俞桂花　2-27-1677

俞国良　3-44-2698

俞国亮　3-36-2130

俞国平　3-36-2130

俞加春　3-36-2082

俞佳丽　3-39-2327、2341注

俞剑　3-39-2323

俞敬　3-36-2130

俞侃侃　3-39-2323

俞力培　1-1-047注

俞立峰　3-39-2322

俞丽华　2-23-1509

俞梁波　3-36-2066

俞琳　3-39-2340注

俞龄　3-37-2179

俞懋元　3-37-2159

俞培桥　2-13-889

俞卿　3-37-2157注

俞荣　3-43-2607

俞省三　3-44-2712

俞水杨　3-35-2017

俞松根　1-11-680

俞天林　2-22-1455

俞廷辅　3-44-2703

俞文起　3-38-2232注

俞文雅　2-27-1697

俞汶溪（文起）　3-36-2117

俞吾金　3-44-2691

俞先富　1-11-643

俞香花　1-6-294

俞襄周　1-9-510注

俞祥花　1-6-293、294

俞小兴　1-11-644，2-23-1509

俞晓东　3-34-1977，3-36-2143

俞秀松　3-37-2207，3-44-2644、2660

俞尧泉　3-44-2720

俞永江　2-23-1509

俞永民　2-30-1763

俞友田　2-23-1509

俞有勋　3-44-2713

俞幼生　3-36-2075

俞月祥　3-36-2092

俞樾　3-44-2654

俞樟春　2-22-1464

俞兆林　1-9-509、509注

俞振孙　3-44-2702

俞正声　1-记-031

俞之球　3-37-2159

俞直茂　3-44-2723

俞志仁　2-22-1455

俞志荣　1-11-636

俞志耀　3-36-2079注

俞仲华　3-44-2715

俞子夷　3-34-1956

虞克勤　2-26-1604注

虞敏华　3-36-2066、2068、2082

虞荣仁　1-记-013、015，2-22-1455、1456、1462、
　　1463，2-23-1509、1514，2-24-1533，2-25-
　　1571，3-44-2689，3-45-2735、2735注

虞诵南　3-36-2144

虞芽（承裕、龙山、隆山）　3-36-2138

虞元亨　3-36-2138

虞元贞　3-36-2138

虞樟敏　2-14-1017

虞祖恩　3-43-2547注

雨丰　3-38-2236

雨宫唯信　1-记-037，2-24-1556

雨宫义和　1-记-038

禹达镐　1-记-036

郁崑（漱山）　3-36-2101、2127，3-43-2535注，
　　3-44-2636、2711

郁达夫　3-34-1955注，3-36-2127，3-44-2623注

郁贡（郁黄）　3-36-2126

郁景　3-36-2127

郁龙旺　2-22-1463，2-30-1757

郁绵　3-36-2126、2127

郁明笙　3-36-2127

郁仁花　1-6-294

郁维美　2-23-1508、1509

郁歆　3-36-2126

郁仰　3-36-2127

郁义安　3-36-2127

郁玉恩　2-23-1509

郁毓　3-36-2127
郁振民　3-44-2719
尉迟恭　3-37-2164
毓怀　3-38-2236
毓潜　3-38-2236

〔yuan〕

元长（无明、千岩）　3-41-2439
元稹　1-总-004，3-37-2206
袁曾灿　3-44-2675
袁超明　3-45-2748
袁淳　3-37-2198注
袁海　3-44-2626
袁宏道　3-45-2743
袁靖　1-1-058、059
袁康　1-3-133注，3-45-2745
袁兰生　2-27-1641
袁立夫　3-44-2643
袁世凯　3-44-2638、2639、2640、2641、2642、2651、2652
袁校生　2-22-1455，2-23-1509，2-25-1568
袁兴华　1-8-431，2-30-1757
袁雪芬　3-44-2675
圆律师　3-41-2438
圆通　3-41-2435
圆彰观禅师　3-41-2430注

〔yue〕

岳飞　3-40-2408，3-43-2608，3-44-2633
乐史　1-2-081注
乐祖谋　1-3-133注，3-43-2542注

〔yun〕

云鹤　3-41-2431
云龙　3-40-2404
云茂　3-41-2437
恽南田　3-36-2101
恽逸群　3-34-1956

Z

〔zai〕

载恩　3-41-2438

〔zeng〕

增瑞　3-41-2435
曾鹤龄　3-44-2703
曾棨　3-44-2703
庆红　2-14-1009
曾水甫　2-23-1508注

〔zhan〕

詹纯　3-36-2138
詹济远　3-44-2722
詹凯君　3-44-2715
詹骙（晋卿）　3-36-2138，3-44-2701
詹天佑　1-9-458
詹漪君　2-22-1455
詹张林　2-22-1455

〔zhang〕

张阿满　1-6-294
张爱莲　2-26-1613注
张百揆（吟舫）　3-36-2125，3-44-2710
张柏根　3-44-2685
张宝根　3-41-2436
张彪　1-总-005
张炳　3-44-2702
张炳浩　3-36-2069
张炳琪　3-34-1973
张伯淳　3-37-2169注
张才姑　1-6-294
张朝琮　3-36-2125
张称逊（秋岩）　3-36-2125，3-37-2196注
张成林　2-23-1508，2-26-1605
张成龙　3-36-2066注
张承汉　3-36-2063、2069、2143，3-43-2559
张崇　3-45-2727、2729、2732、2733、2736
张春浩　2-27-1638注
张岱　3-37-2194，3-40-2352注，3-41-2446注
张迨　3-44-2713
张道伦　3-41-2436
张道荣　3-41-2436
张道兴　3-41-2436
张德江　1-记-025、031、032、034，2-14-1009、2-22-1461、1482、1485

张德涯　2—26—1628、1629，2—27—1692、1692注
张迪　2—23—1509
张嵋（张舰、时俊、枫邱、风囚）　3—36—2125，3—37—
　　2170、2172，3—44—2628、2704
张恩夫　3—41—2442
张飞卿　3—44—2702
张凤翔　2—21—1423
张辅　3—36—2125
张复初　3—36—2125，3—37—2196注，3—43—2536注
张庚　3—44—2674
张官富　1—11—643，3—44—2720
张冠明　3—36—2143，3—45—2750
张桂凤　3—43—2544，3—44—2671、2674、2675
张桂江　3—44—2723
张国俊　2—22—1455
张国明　3—34—1973
张海迪　3—34—1971
张汉根　3—44—2716
张浩峰　3—34—1977
张鸿铭　3—44—2694
张弧（毓源、岱杉）　3—44—2647
张祜　3—37—2193
张火炼　2—13—885
张即之　3—37—2161注
张集　3—44—2713
张际鹏　3—44—2706
张继庆　2—23—1509
张家和　3—36—2087
张家业　2—23—1509
张嘉本　1—5—276
张坚民　1—11—672
张睿　3—37—2179，3—44—2640、2712
张建娟　1—6—294
张建民　2—27—1649注
张建桥　1—6—324
张建人　1—11—669，2—14—1017，3—44—2720
张建勋　3—44—2712
张剑秋　3—36—2068
张介立　3—45—2748
张锦帆　3—43—2554注
张劲夫　1—记—027
张静江　3—37—2207
张静三　3—44—2663
张九成　3—36—2125，3—44—2701
张九斤　2—27—1677
张菊仙　1—记—022
张炬　3—36—2099
张钧澄　3—44—2683

张浚　3—36—2118
张恺之　3—44—2718
张侃　3—39—2340注
张克明　2—22—1462注
张克群　3—44—2666注
张奎　3—37—2198注
张来甫　3—44—2720
张力　3—36—2087
张莲英　1—6—295
张谅　3—36—2125，3—43—2535注，3—45—2730
张龙生　1—记—023，2—24—1534
张禄　3—44—2628
张懋　3—37—2203
张宁　3—41—2437、2437注
张岐　2—22—1455、1463
张启楣　1—9—447
张起岩　3—44—2703
张清　3—34—1973
张泉根　2—23—1519、1520，2—25—1567，2—26—1628
张蓉芳　3—39—2342
张善伯（文业）　3—36—2125
张善土　3—36—2125
张升　3—44—2703
张士诚　3—37—2193
张士良　2—26—1612注
张士佩　3—37—2198注
张士寿　3—36—2125
张士信　1—总—005
张世源　1—11—774
张试　3—36—2125，3—43—2535注，3—44—2705
张寿　3—36—2135
张叔椿　3—44—2702
张叔阳　3—44—2702
张树泓　2—23—1509
张思道　3—36—2125
张思古　3—36—2125
张思卿　1—记—030
张思贤　3—36—2125
张思正　3—36—2125
张素诚　3—43—2554，3—44—2671、2673
张唐卿　3—44—2700
张天乐　2—26—1614
张天云　3—41—2456、2458
张廷相　3—41—2436
张同延　3—34—1933
张维　3—44—2666注
张维恒　2—14—1017
张伟成　2—23—1530

张文蘣　1—2—074，3—36—2099，3—42—2462
张文达　3—44—2713
张文浩　2—23—1509
张文瑞　3—36—2125
张吾美　3—44—2718、2724
张希本　2—23—1508注
张夏（十一郎官）　3—40—2408、2414、2415，3—41—
　　2441、2441注、2451，3—44—2625
张献忠　3—44—2629
张肖明　3—44—2715
张孝伯　3—44—2701，3—45—2729
张信　3—44—2703
张兴甫（起隆）　3—36—2125
张兴龙　1—11—747
张旭　3—44—2624
张学理　2—22—1455
张雪珍　2—22—1455，3—44—2724
张勋　3—44—2647
张亚涛　3—44—2714
张燕　2—21—1416注
张曜　3—44—2640
张以诚　3—44—2705
张义　2—23—1519
张亦帆　3—44—2715
张谊　3—36—2125，3—43—2535注，3—44—2705
张逸民　2—29—1735注
张瑛　3—45—2748
张应椿　3—36—2101
张应曾　3—44—2707
张祐　3—44—2628
张宇才　3—36—2072、2085
张玉琴　2—23—1509
张玉庆　1—5—276
张玉祥　1—5—276
张元忤　1—2—074注
张元济　3—44—2640、2667
张元龙　1—11—774
张月　1—1—067注，3—36—2087
张云襄　2—29—1735注，3—34—1997注
张芸　1—记—022
张运青　3—43—2578注
张长贵　2—23—1519
张招（宗定、竹窗）　3—36—2135，3—37—2204
张贞　3—44—2703
张震　3—44—2701
张之洞　3—44—2640
张之万　3—44—2710
张志彦　3—44—2709

张忠培　1—1—060
张朱贵　3—36—2080
张诸武　1—记—031
张烛　3—36—2094，3—44—2704，3—45—2729
张柱承　2—27—1649注
张子俊　3—45—2727
张宗祥　3—36—2101，3—45—2746
章安妮　3—41—2445
章柏青　3—43—2554，3—44—2686
章潮福　3—34—1973
章达庵　3—36—2051注
章丹　3—36—2072注
章方祥　1—记—023，3—44—2721
章根祥　3—39—2312
章公一　3—36—2135
章关法　3—36—2071、2084、2085
章关贤　2—23—1520
章观凤　3—35—2017，3—44—2722
章海灿　2—23—1509
章浩水　3—38—2235
章衡　3—36—2135
章鸿涛　3—41—2445
章华灿　1—记—023
章及　3—36—2135
章建华　2—14—1017
章景楠　2—23—1509
章君彩　3—41—2445
章鋆　3—44—2710
章览　3—36—2135
章力建　3—44—2693
章六一　3—44—2714
章猛进　2—24—1562
章乃器　3—44—2654
章沛　2—23—1509
章平　2—31—1809
章其炎　3—37—2163
章强华　3—44—2723
章荣生　3—41—2445
章声　3—37—2179
章实斋　3—45—2733
章守默　3—36—2135
章水泉　3—44—2720
章水祥　3—36—2099、2100
章太炎　3—44—2640
章望云　2—26—1604注
章辛一　3—36—2135
章雪花　1—6—294
章雪珍　2—22—1455

章养生　3-38-2235

章耀海　3-36-2143

章也男　3-39-2327、2340注

章禹　3-36-2132

章钰　3-36-2135

章毓水　2-22-1462

章允文　3-36-2135

章蕴　3-45-2747

章仔钧　3-36-2135

章正四　3-36-2135

章志贤　3-44-2719

章梓茂　3-44-2695

章宗范　2-23-1509

章宗华　2-16-1129注

〔zhao〕

昭玄　3-37-2161注

召奭　3-36-2135

赵阿大　1-6-294

赵爱根　3-44-2714

赵柏静　1-11-602

赵柏松　2-23-1509

赵保禄　3-41-2453

赵秉忠　3-44-2705

赵并欢　2-27-1638注

赵伯鹿　2-26-1605、1605注、1607

赵不衰　3-37-2197

赵诚　3-36-2129

赵翠梅　2-22-1455、1456、1462、1464

赵东方　3-36-2075、2087

赵福庆　2-23-1516，2-24-1534

赵罡　3-36-2134

赵构　3-36-2125、2134，3-37-2193、2196，3-41-
　　2432注、2444注、2451注

赵汉卿（建藩、叔屏、汉卿）　3-44-2651

赵辉　1-1-068

赵佶　3-41-2444注

赵纪来　1-2-073注，2-22-1455、1462、1463、1464，
　　2-24-1555，2-27-1649注，2-30-1757，3-45-
　　2749

赵建国　3-44-2722

赵建杨　3-36-2098

赵剑胤　3-36-2070

赵缙　3-37-2217

赵钜　3-36-2129

赵匡胤　3-36-2128、2133、2134，3-41-2448注

赵扩　3-36-2118，3-37-2197

赵纶（君任）　3-44-2626

赵茂康　3-35-2017

赵孟頫　3-37-2169注，3-44-2635

赵孟冶（梅泉）　3-36-2128

赵明章　3-44-2718、2721

赵铭　3-36-2129

赵朴初　3-41-2433

赵琴姑　1-6-295

赵汝愚　3-36-2118

赵善济　3-45-2742

赵申行　2-14-990，2-22-1455、1462、1463，2-23-
　　1516，2-24-1534，2-30-1757

赵眘　3-37-2173

赵婉文　3-41-2452、2453、2454

赵伟　2-13-840注，3-45-2748

赵文璧　3-36-2129，3-44-2713

赵文楷　3-44-2708

赵文清　3-36-2129

赵文荣　3-44-2723

赵文勋　3-36-2129

赵文耀　1-11-602，1-12-837，3-44-2723

赵文永　3-36-2129

赵锡祥　2-23-1509、1519

赵侠卿　2-27-1638注

赵新高　2-27-1672，3-36-2073

赵晔　3-45-2745

赵一凡　3-35-2038

赵英艳　3-34-1934

赵永前　1-记-017，2-22-1455、1462、1463，2-23-
　　1508、1509、1520，2-24-1555，2-25-1567、
　　1568、1571，2-27-1685注，2-30-1757

赵永万　2-22-1455

赵与涨（深渊）　3-36-2128

赵元顺　3-36-2095注

赵岳松　3-36-2087

赵昀　3-36-2125、2128，3-37-2172、2182，3-38-
　　2233，3-43-2536注

赵詹奇　1-9-448、451

赵之琛　3-37-2179、2180

赵之鼎　3-36-2129

赵之谦　3-37-2179、2180，3-44-2636、2637、2661

赵仲睦（旺益）　3-36-2128

赵仲穆　3-45-2741

赵子渐　1-2-096注，1-9-446注

赵子龙　3-39-2340注

赵紫阳　2-25-1571

赵祖尧　3-35-2017

〔zhen〕

真忠 3—41—2426
振生 3—41—2444

〔zheng〕

郑伯利 3—39—2340注
郑成还 1—记—037
郑初勤 2—29—1735
郑旦 3—44—2623，3—45—2746
郑道之 3—36—2128
郑禘（以诚） 3—36—2128
郑福泉 2—33—1921
郑公麟 3—36—2128
郑公麒 3—36—2128
郑国鸿 3—44—2633、2634
郑国洲 2—25—1567
郑海龙 2—20—1392注
郑继中 2—29—1735
郑嘉言 3—36—2128
郑建明 1—1—067、068
郑皆唐 3—37—2169注
郑梁 3—36—2100
郑林兔 2—23—1520
郑苗 1—1—043
郑巧形 2—26—1619、1619注，3—38—2304，3—44—2721
郑庆均 3—44—2718
郑水娟 1—记—023
郑天生 2—23—1509，3—44—2719、2722、2723
郑铁飞 3—44—2720、2721
郑廷玉 3—42—2512
郑通之（知微） 3—36—2128
郑维萍 2—23—1509
郑文甫 3—37—2196
郑文娟 3—34—1973
郑文珍 3—36—2099
郑吾法 2—22—1455，2—27—1671
郑吾珍 2—23—1508、1508注、1519，2—25—1590
郑锡淳 3—44—2711
郑锡瀛 3—44—2710
郑孝胥 3—37—2179，3—44—2640
郑欣森 1—1—069
郑兴江 3—44—2719
郑应简 3—44—2707
郑聿 3—36—2128
郑云飞 1—1—067、068
郑哲新 2—29—1735注

郑振庭 3—37—2171，3—44—2650、2651
郑知微 3—44—2701
郑仲良 2—23—1509
郑佐国 3—44—2723

〔zhi〕

支遁 3—36—2122
志坚 3—38—2233注
志清 3—41—2438
智坤 3—41—2432
智浦 3—41—2432
智祖下 3—41—2431、2438

〔zhong〕

钟阿马 2—22—1473，2—32—1880、1881，3—36—2130，
　　3—37—2170、2171、2190，3—44—2644、2645
钟宝华 3—36—2129，3—37—2164，3—44—2711
钟朝节 3—44—2702
钟臣英 3—36—2130
钟大道 3—37—2198注
钟傅（世荥、弱翁） 3—36—2129
钟华成 3—44—2723
钟江（永定） 3—36—2129
钟襟 3—36—2129
钟骏声 3—44—2711
钟馗 3—37—2176、2177
钟老虎 2—23—1509
钟离牧 3—45—2729
钟礼仁 2—32—1880、1881，3—44—2644
钟麟俦 2—32—1881，3—44—2644
钟马潮 3—44—2645
钟迈 3—44—2702
钟名隆 3—44—2702
钟明德 3—44—2702
钟儒 2—27—1649注
钟世绥 3—36—2129
钟水平 3—39—2322
钟廷珪 3—36—2129
钟廷瑞 3—36—2129
钟廷瓒 3—44—2703
钟廷璋 3—36—2129
钟吾熙 1—11—640，2—31—1803
钟锡瑞 3—44—2709
钟小芳 3—39—2324
钟学颖 3—39—2325
钟雪铨 1—6—294

钟延珏 3-44-2701
钟延瑞 3-44-2701
钟鏐 3-44-2670
钟瀛 3-44-2710
钟子期 3-36-2129
仲雍 3-36-2123
仲至 3-36-2118

〔zhou〕

舟月宗宾禅师 3-41-2430注
周柏棣 3-44-2644
周滨 3-36-2127，3-44-2707
周伯棣 3-44-2662
周长兴 3-44-2721
周成 3-41-2431
周承德 3-44-2661
周从远 3-36-2127
周得坦 3-45-2744
周德耿 3-36-2060
周敦颐（茂叔、濂溪） 3-36-2127，3-37-2165
周谔 3-44-2700
周恩来 2-22-1503，2-26-1614，2-27-1686，3-40-2398，3-44-2645、2657、2661，3-45-2738
周丰 3-39-2322
周凤英 3-44-2717、2718
周副（元赞） 3-36-2127
周刚 2-14-989
周更春 3-44-2719
周光祖 3-44-2711
周国庆 3-45-2749
周海辉 1-1-068
周汉 2-26-1614
周汉荣 3-44-2687
周和顺 3-41-2434
周红英 1-1-044，2-23-1509，2-24-1534，2-26-1605、1607，2-27-1701注
周焕君 2-22-1502，2-23-1509、1519
周慧英 1-6-294
周骥 3-36-2127
周锦发 2-22-1455
周荆山 3-36-2100
周凯 3-45-2748
周凯波 3-36-2099、2100
周凯旋 2-22-1455，2-23-1520
周匡物 1-9-505注
周来明 2-22-1455、1457、1462、1463、1464
周来新 2-22-1455

周来兴 2-33-1919
周磊义 3-45-2748
周丽珍 1-1-068
周连 3-36-2127
周亮工 3-45-2746
周马法 2-23-1508注
周茂昌 2-14-1020，2-22-1455
周梅芳 3-44-2715
周密 3-40-2352注
周明道 2-26-1619注，3-37-2203
周牧（崇谦） 3-36-2127
周培源 1-9-489，3-44-2668
周岐彦 3-36-2127
周起莘 3-36-2127
周秋英 1-6-294
周仁水 2-23-1519，3-36-2090、2091，3-37-2208
周如泉 1-6-294
周少伟 1-1-067注
周绳烈 3-44-2705
周盛渤 3-44-2638
周盛昆 3-44-2638
周世仁 3-41-2445
周世勋 3-44-2667注
周霨 3-44-2706
周水荣 2-23-1520
周思荣 3-41-2437
周颂华 2-23-1508、1509，2-25-1567、1568、1570、1571、1572，2-26-1628、1628注、1629、1630
周素娥 3-44-2722
周铁农 1-记-031
周土林 2-22-1455、1462，2-25-1568、1573、1574
周望森 3-44-2648注
周文乔 3-36-2127
周文实 3-36-2127
周文郁 3-45-2746
周无江 3-36-2066
周吾芸 2-25-1590
周锡林 2-23-1519
周先木 2-22-1463、1464、1465
周闲 3-44-2635
周宪 3-44-2704
周信芳 3-44-2667
周兴法 2-23-1519，2-27-1692、1692注
周易藻（芹生、璐琴、遁叟） 1-3-131注，3-36-2094、2127、2128，3-37-2162、2162注、2194、2195、2197注、2198、2199注、2200、2201、2203，3-40-2415，3-41-2426、2441，3-44-2646、2646注、2647，3-45-2743
周玉玲 2-22-1455

周元浤　3—36—2127
周再庆　2—25—1596注，3—41—2456、2457、2458
周之麟　3—36—2127，3—44—2706
周壮秋　3—38—2234
周作梅　3—36—2127
周作人　3—44—2671

〔zhu〕

朱阿大　1—6—294
朱柏乔　1—12—837
朱柏松　3—41—2452
朱宝根　3—39—2315
朱曹全　1—6—295
朱涔　3—36—2120
朱昌颐　3—44—2709
朱长木　2—23—1509
朱成基　3—45—2744
朱城　3—44—2710
朱澄　3—44—2708
朱重庆　1—记—015、032，1—6—322，1—11—641、642、
　　643、644，2—13—876注，2—22—1455，2—23—1508、
　　1509，2—25—1566，2—27—1643，3—44—2693、
　　2694、2716、2717、2720、2724
朱纯之　3—36—2120
朱牟　3—44—2637
朱党其　2—22—1455，2—27—1650，3—36—2144
朱德　2—26—1614
朱德水　1—记—033
朱方定　3—44—2718
朱方载　3—37—2162注
朱棻元　3—44—2707
朱凤标（桐轩、建霞）　1—总—005，3—36—2119，3—37—
　　2153注、2156、2161、2162、2162注、2170、2171、
　　2189，3—41—2431，3—43—2572，3—44—2623、
　　2636、2636注、2709
朱浮　3—36—2119、2120
朱高忠　3—44—2715
朱关泉　2—22—1463、1464
朱关友　1—记—033
朱冠右　3—40—2388
朱广原　3—41—2442
朱瑰　3—36—2119
朱珪（石君、南崖）　1—总—005，3—36—2120，3—37—
　　2167，3—44—2623、2631、2632、2707
朱国铭　2—22—1455
朱国强　2—33—1907
朱国祚　3—44—2705

朱恒璧　2—23—1508注
朱宏　3—44—2714
朱厚立　2—20—1345注，2—22—1455，2—25—1567、
　　2—27—1639注、1685注
朱怗生（慰堂、越叟）　3—44—2651
朱华贤　3—36—2068、2099注、2144
朱纪祥　2—22—1455
朱家恩　3—39—2315
朱家惠　3—39—2315
朱家济（豫卿、虞清、余清）　3—36—2119，3—37—
　　2179、2181，3—44—2659
朱家潛（季黄）　3—36—2119、2143，3—37—2171、
　　2181、2189，3—44—2672
朱家濂　3—36—2119
朱家息　3—39—2315
朱家源　3—36—2119
朱家志　3—39—2315、2341注
朱家忠　3—39—2315、2341注
朱嘉琳　2—26—1604注
朱建庆　1—记—033
朱金标　3—34—1962
朱锦海　2—23—1519
朱锦伟　3—34—1973
朱菁　2—27—1656
朱九松　2—22—1455、1462
朱居正　3—45—2728、2729
朱筠（美叔、竹君、笥河先生）　3—36—2120，3—44—
　　2623、2631、2632、2707
朱隽　3—36—2119
朱儁　3—41—2435注
朱康杰　3—44—2685、2686
朱克信　3—36—2120
朱孔毓　3—45—2729
朱力俊　3—39—2315
朱丽兰　1—记—031
朱良骥　3—34—1973
朱列民　2—23—1509
朱禄　3—44—2712
朱毛姑　1—6—294
朱美琴　3—34—1973
朱美英　2—23—1509
朱淼水（森水）　1—7—362，3—36—2088、2090、2099、
　　2100、2143，3—37—2208，3—40—2397，3—45—
　　2748、2749、2750、2751
朱妙章　3—44—2685
朱敏　3—36—2093，3—44—2714
朱其煌　3—36—2119
朱倩　1—1—068

朱人敏　3-44-2692

朱仁香　3-38-2262

朱荣一　3-36-2120

朱镕基　1-记-032，3-43-2595

朱瑞焕　2-23-1509

朱瑞珍　3-39-2315

朱绍红　3-39-2323

朱时典　2-23-1509、1519

朱寿　3-36-2119

朱叔池　3-34-1951注

朱淑明　3-34-1973

朱堂　3-36-2120

朱威　3-39-2315

朱维万　3-43-2578注

朱伟民　3-36-2087

朱温　3-36-2123

朱文炳　3-36-2120

朱文钧（幼平、翼厂、甄父）　2-25-1602，3-36-
　　2119，3-37-2179、2181，3-44-2647、2648、
　　2659，3-45-2748

朱文瑞　3-44-2632

朱锡田　3-44-2708

朱锡瑜　2-29-1742

朱熹　3-36-2065注、2118、2119，3-42-2502，3-44-
　　2631注

朱先远　1-9-491

朱祥焕　3-41-2445

朱晓南　3-44-2638

朱新予（心畬、学助）　3-44-2666

朱杏花　1-6-294

朱诩　3-36-2120

朱学范　1-记-028

朱雪华　1-11-608、713、760

朱衍文　2-23-1519，2-26-1628注

朱尧平　3-36-2082

朱叶衡　3-36-2120

朱叶华　3-36-2120

朱寅传　2-22-1462，2-23-1516，2-24-1533、1534、
　　2-25-1577

朱瀛　3-44-2709

朱由检　3-44-2629

朱有基　3-36-2119

朱俞翀　3-39-2323

朱玉龙　3-36-2071

朱元璋　1-总-005，3-37-2193，3-43-2578，3-44-
　　2626、2627

朱垣　3-36-2120，3-44-2707

朱越兴　2-27-1649注

朱云秋　3-36-2092

朱张松　2-22-1463，2-23-1520，2-30-1757

朱镇邦　3-44-2713

朱之蕃　3-44-2705

朱执信（大符、执信、秋谷、蛰伸、县解、去非、前进）　3-36-
　　2119，3-44-2623、2641，3-45-2747、2748

朱仲安　3-36-2119

朱祖良　3-36-2082

诸阿大　1-6-294

诸柏锦　2-23-1509

诸伯芬　3-39-2340注

诸成培　3-41-2457

诸成水　2-23-1520，2-27-1649注

诸钱江　3-39-2325、2328

诸训　3-36-2133

竹川辉繁　1-记-037

竺江波　3-39-2314

竺万华　2-13-934

祝彬桂　2-22-1464

祝灿章　3-36-2076，3-40-2411注

祝谌　3-36-2131

祝翰　3-36-2131，3-44-2704

祝谏　3-36-2131

祝介平　3-44-2698、2714

祝清臣　3-36-2131

祝庆祥　2-27-1639注

祝遂之　3-37-2155

祝湘　3-36-2131

祝杏芳　2-31-1809

祝以中　3-45-2727

〔zhuan〕

颛顼　3-36-2135、2137

〔zhuang〕

庄纶仪　3-44-2642

庄培因　3-44-2707

庄有恭　3-44-2707

〔zhuo〕

卓鹤君　3-44-2687

人名索引（笔序）

说　明

一、本索引主要收录以事系人和传、表、录中出现的人名（含外国人名），不含政治术语中作定语用的人名，以人名命名的地名、单位、纪念场所，人物传行文中重复出现的传主名，帝王纪年和照片说明词中出现的人名。

二、一人有两个以上称谓的，一般以本名或通行的别名作正条，其他称谓括注见正条。外国人名以中文译名作正条。

三、索引条目按人名所在册、编、页依次编排。如"华克勤　3-41-2434"表示"华克勤"在第三册、第四十一编、第2434页。《总述》用"总"表示，《大事记》用"记"表示。

四、同一人名出现在同一页正文中只收一次。同一人名在同页注释栏中再次出现，页码后加"注"字，如"贺知章　3-44-2625注"。

五、同一人名在同编中出现两次以上的，除第一次详细标明册、编、页外，其余只标页码或注释栏。

六、人名按笔画数由少到多排列。笔画数相同的，按起笔笔形横（一）、竖（丨）、撇（丿）、点（丶）、折（乛）顺序排列，第一笔起笔笔形相同的，按第二笔笔形顺序排列，依次类推。首字笔画数相同且起笔笔形相同，则按第二字笔画数和起笔笔形顺序排列。余类推。

七、起笔部位从习惯，采用上海辞书出版社出版的《辞海》（1999年版）排序方法处理。

一　画

一贯和尚　3-41-2430注

二　画

〔一〕

丁人龙　3-44-2713
丁上珪（廷献）　3-36-2116，3-44-2700
丁久征　3-44-2713
丁子尤　2-22-1455，2-25-1590
丁天则　3-44-2701
丁元　3-44-2700
丁云鹏　3-44-2637
丁日昌　3-36-2124
丁文龙　3-44-2713

丁文揆　3-44-2713
丁文靖　1-11-725
丁文蔚（豹卿、韵琴、蓝叔）　3-37-2179、2180，3-44-2637
丁可珍　2-22-1455
丁亚芳　1-记-034
丁有根　1-记-015，2-23-1508、1509，3-36-2093，3-44-2695
丁百川　3-44-2707
丁列平　3-44-2722
丁关田　3-44-2645，3-45-2739
丁关泉　3-45-2739
丁关根　1-记-027
丁守安　2-22-1502，2-23-1519
丁志传　3-35-2035
丁克扬　3-44-2706
丁伯耕　3-36-2100
丁张凤　2-14-1020
丁松青　2-23-1509

丁国庆 3-39-2323
丁图 1-记-039
丁宝臣 3-41-2447
丁建根 3-39-2341注
丁显 3-44-2703
丁重器（敬之） 3-36-2116，3-44-2700
丁俦嵩 3-44-2707
丁洪 3-45-2729
丁莉丽 2-23-1520
丁培植 3-38-2242
丁堃 3-44-2709
丁福南 2-23-1514，2-24-1533
丁福保 3-44-2667
丁蝉声 3-36-2065注
丁德云 2-26-1618
丁璞（良玉） 3-36-2116，3-37-2218注
丁羲元 3-44-2637注
卜伟莉 3-44-2722
卜芸 3-44-2701
卜伸 3-44-2700
卜金春 3-44-2719
八大山人 3-44-2661

三 画

〔一〕

三宏 3-41-2432
于右任 3-37-2179、2181，3-44-2651、2653
于光远 3-44-2682
于阿大 1-6-295
于国荣 2-22-1455
于祖铨 2-26-1605
于振 3-44-2706
大义（徐元贞） 3-41-2438、2439
大井良章 1-记-039
大西良匡 3-36-2058
大西博子 3-36-2099，3-42-2462，3-45-2751
大有 3-38-2233注
大禹（夏禹、姒文命） 3-36-2071注、2078注、2131、
    2132、2137、2138，3-40-2414、2415，3-41-
    2441，3-44-2623
大济 3-41-2444
大恩 3-40-2404
大容 3-40-2404
大琪 3-40-2404
大葵 3-40-2404

大雅 3-40-2404
大源 3-40-2404
万进东 2-22-1455
万来姑 1-6-294
万里 1-记-029
万学远 1-记-029、030
万祖章 3-36-2116

〔丨〕

上静下月禅师 3-41-2430注
山本一元 1-记-040
川口久一 1-记-039
川崎嘉重 1-记-025

〔丶〕

广老 3-41-2445
广严 3-38-2233注
广宾 3-38-2236
门格斯图·海尔·马里亚姆 1-记-036

〔一〕

卫其昌 2-13-934
卫泾 3-44-2702
卫恕 3-44-2703
小川广海 2-14-994
小林荣司 1-记-026，2-23-1523
习近平 1-1-069
子传 3-38-2233注
子胥 3-40-2414注
马一浮 3-37-2170
马飞 3-39-2323
马夫阳 3-38-2236
马支才 2-23-1509、1519，2-29-1735注
马友法 3-44-2718
马友梓 1-记-014、016，2-22-1455、1458、1462、
    1463，2-23-1508、1509、1514、1515，2-24-
    1533、1555
马仁 3-40-2404
马从龙（呈河、勉斋） 3-36-2116
马凤珍 1-6-314
马世俊 3-44-2706
马尔钦科夫斯基（J.Marcinkowski） 1-11-714
马亚图 3-36-2085
马亚根 1-11-593
马光武 2-23-1509

马克思　2－22－1499、1500，3－44－2641
马阿祖　3－44－2720
马纯友　3－45－2747
马叔平　3－44－2662注
马忠祥　1－11－593
马金花　3－44－2719
马建华　3－44－2699
马建辉　3－45－2749
马哈茂德·祖阿叱　1－记－038
马修·马格莱斯　2－17－1192
马保山　2－21－1423，2－29－1735
马叙伦　3－44－2654、2655
马晓才　3－36－2082、2144
马骏　2－22－1455、1462、1463
马寅初　3－44－2656
马骕　2－23－1519、1520、1528
马蒂内蒂　3－39－2342
马锡泉　3－38－2232、2236
马锦祥　3－38－2235
马毓敏　3－36－2144
马臻筑　3－37－2157注
马赞达　1－记－036，3－38－2295、2298
马衡　3－44－2662

四　画

〔一〕

丰子恺　3－37－2170，3－44－2667
丰坊　3－44－2631
王一范　3－36－2069、2070
王人骐（王人麒）　3－37－2195注，3－44－2707
王力鸣　3－39－2322
王三才　3－36－2116，3－44－2705
王三俊　3－44－2705
王士祯　3－36－2101
王士斌　2－17－1192
王久达　3－36－2100
王飞龙　1－11－680
王开文　3－36－2071注
王元康　2－22－1455
王元德　3－44－2700
王云坤　1－记－030、031
王云锦　3－44－2706
王五兴　2－23－1508注
王不瑕　3－34－1977注
王少华　3－35－2038

王日永　3－44－2701
王日新　3－44－2701
王中立（道立）　3－36－2117
王中恩　2－22－1455，2－25－1567、1568，2－26－1619
王毛姑　1－6－294
王长生　3－36－2067注
王仁庆　1－11－636、680，2－23－1509、1516、1520，2－24－1534、1555
王仁堪　3－44－2711、2712
王仁德　2－22－1455，3－38－2255，3－44－2718、2719
王丹华　1－1－070
王丹宇　3－36－2099
王凤贤　3－44－2679
王文英　2－23－1509，2－26－1632
王文治　3－36－2101
王心喜　1－1－068、043注
王以衔　3－44－2708
王玉明　2－22－1455、1462、1463，2－26－1613，2－30－1757
王玉涛　3－39－2322
王世则　3－44－2700
王右军　3－45－2746
王仙泉　2－23－1509
王冬夫　3－39－2322
王立加　2－13－886注，2－21－1416注
王永元　3－44－2718
王永江　1－1－068
王永兴　3－39－2322、2325、2327，3－44－2722
王永明　1－记－033，1－8－431，2－33－1900
王永祥　3－36－2143
王永康　3－36－2117
王永锦　3－44－2718
王发萍　3－35－2017
王丝（敦素）　3－37－2196注，3－44－2625、2700
王式丹　3－44－2706
王协灿　3－44－2706
王有根　3－41－2456
王贞夫　2－23－1529
王同　3－41－2450注
王屹峰　1－1－067
王刚　3－39－2323
王先吉　3－36－2116，3－44－2630、2706
王廷彩　3－44－2713
王竹祖　3－36－2116
王伟民　2－22－1455、1463、1464，2－24－1555
王仲仪　3－36－2116
王华　3－44－2704
王华芬　2－27－1638注
王华炎　3－36－2099注

王向前　1-3-144注
王会龙　3-44-2702
王兆国　1-记-029
王庆庚　3-44-2637
王庆姑　1-6-295
王关忠　2-23-1509
王汝楫　3-36-2116
王兴珑　3-36-2099注
王守仁　3-41-2451
王守思　3-39-2324
王安如　3-44-2718
王许鑑　3-44-2722
王阳明　3-37-2195注
王观　3-44-2703
王纪昌　1-6-293注，3-44-2648
王寿谞　2-29-1742
王志邦　1-7-358注、364注，3-36-2093
王志杰　1-11-643，2-23-1509，3-44-2717
王芳　1-记-027、029，3-39-2323、2325
王杏花　1-6-295
王轩　3-37-2192注
王佐　3-37-2172
王作仁　3-36-2142，3-45-2748
王近诗　3-37-2198注
王应麟　3-36-2065注
王良仟　1-记-015、017、018、032，2-14-1019，
　　2-22-1455、1456、1462、1463，2-25-1571、1572
王初定　3-35-2038，3-44-2719
王忍之　1-记-027
王武焕　2-23-1509
王若山　2-22-1462注
王苹　2-22-1455
王英萍　3-39-2324、2325、2327、2340注
王杰　3-44-2707
王国平　3-36-2067
王国良　3-34-1950注
王国昌　3-35-2017
王国相　3-44-2713
王国桢　3-37-2153注，3-44-2704
王国维　3-44-2644注
王昌龄　3-37-2206
王明　3-44-2650
王忠民　3-41-2459
王忠禹　1-记-033
王和吉　3-36-2071
王质　3-44-2702
王金山　2-33-1900
王金发　3-44-2639
王金花　1-记-034，2-22-1455，3-44-2722、2723、

2724
王金法　2-23-1509
王命伊　3-36-2116
王命禹　3-36-2116，3-44-2705
王炜常　3-36-2093，3-37-2203、2218
王炘　2-29-1735注
王性　3-36-2116
王宝庆　3-36-2074注
王宗炎（以除、谷塍、晚闻居士）　3-36-2101、2116，
　　3-37-2153注、2198，3-40-2415，3-41-2428，
　　3-43-2536注，3-44-2632、2633、2707
王宗彬　3-44-2708
王建　2-27-1689，3-45-2748
王建仁　2-23-1509
王建平　2-23-1509，3-44-2721、2723
王建祥　3-35-2017
王建满　2-22-1464，2-25-1585注
王承纬　3-44-2645
王绍兰（畹馨、南陔、思惟居士）　2-25-1602，3-36-
　　2101、2116，3-44-2633、2708
王驿长　3-44-2639
王贯三　2-27-1638注
王珏良　3-39-2314
王荫长　3-44-2681
王柏炎　3-44-2722
王勃　1-总-004，3-37-2206
王昭菊　2-29-1735注
王贻桂　3-44-2709
王钟麓　2-14-979
王选　3-44-2713
王重民　3-44-2629
王俣　3-36-2117
王泉元　3-36-2082
王俊民　3-44-2700
王剑云　2-31-1809
王勉　3-37-2201
王彦昌　3-44-2701
王闻毅　3-36-2065注
王美芬　2-23-1520
王炳奎　2-23-1508注
王炳炯　3-44-2719
王炳铨　3-36-2075
王洪元　3-36-2100
王祜　3-36-2116
王娇吟　2-23-1508注
王珠瑛　2-22-1455、1463，2-24-1534
王素君　3-42-2529
王载　3-41-2455
王哲夫　2-26-1628注、1630

王莽　3—36—2117、2130、2136，3—37—2177

王莲凤　2—22—1455，2—23—1509

王桂英　2—23—1508注

王桂卿　3—38—2249注

王烈（霖之）　3—44—2623、2653

王致柔　3—44—2701

王晓中　3—44—2714

王倩　1—1—067

王爱凤　2—22—1455，2—27—1640

王爱民　3—45—2747

王海明　1—1—067

王海珠　2—23—1509

王家安　2—22—1455

王家宠　3—44—2676

王容　3—44—2702

王朗　1—总—005，3—37—2193

王萌　3—44—2714

王萍　3—39—2313，3—42—2529

王梅芬　3—44—2721

王虚白　3—34—1950注

王冕　3—43—2552

王跃明　2—27—1643，3—44—2716

王铭恩　3—37—2199注，3—40—2382注

王象晋　3—37—2212

王绳武　2—23—1509

王维（摩诘）　1—总—004，3—37—2179、2206

王超佳　3—39—2324

王斯苇　3—36—2065注

王敬铭　3—44—2706

王朝聘（蓉城外史）　3—41—2441

王惠林　3—36—2066

王景星　3—44—2705

王舒　3—36—2067

王尊美　3—34—1977注

王湃松　2—22—1455，2—25—1596注

王强　3—36—2072、2085

王蒙　3—44—2637

王煦　3—37—2203

王锡奉　3—43—2578注

王锡朋　3—44—2633、2634

王锦林　3—44—2721

王锦荣　3—36—2071

王靖宪　3—45—2748

王新霞　3—38—2255

王雍　3—44—2700

王福厂　3—44—2661、2662

王福仁　3—38—2232，3—44—2717

王静虚　3—45—2743

王嘉会　3—45—2732

王聚兴　3—34—1951注

王霁　3—44—2700

王端蒙　3—36—2101

王端履（泰伯、福将、礼堂、小谷）　1—3—157注，3—36—2101、2116，3—37—2153注，3—43—2536注，3—44—2633注、2709

王磊　3—34—1989

王震江　1—9—451

王德坤　3—35—2017

王德明　3—34—1976

王履咸　3—44—2712

王燕君　3—38—2304

王赞卿　3—36—2116

王篙　3—37—2167、2167注

王羲之　3—36—2122，3—44—2625注，3—45—2746

王鑫炎　1—记—024，1—11—624、643、644，2—22—1455，2—27—1643，3—44—2692、2716、2717、2724

井上光一　1—记—039

天成　3—37—2178注

夫差　1—总—004、005，1—2—075注，3—36—2123，3—40—2414，3—44—2623，3—45—2745

夫概　1—2—074、074注

元长（无明、千岩）　3—41—2439

元积　1—总—004，3—37—2206

无能和尚　3—41—2435、2438

韦东红　3—44—2723

韦昌辉　3—37—2173注

云龙　3—40—2404

云茂　3—41—2437

云鹤　3—41—2431

木待问　3—44—2701

支遁　3—36—2122

车马炮　3—36—2065注

〔Ｉ〕

贝梅尔　1—记—039

〔Ｊ〕

牛树桢　2—22—1462注

牛得春　2—29—1742

毛玠（孝先）　3—36—2117

毛大纬　2—23—1509，2—25—1568，2—27—1667，3—38—2304

毛贞　3—36—2117

毛远宗　3—44—2706

毛阿菊　1—6—295

毛阿敏　3-37-2212注

毛奇龄（大可、齐于、甡、初晴、西河先生）　1-总-005，1-2-074、075注，1-6-321，3-36-2065、2065注、2069、2071注、2076注、2094、2099、2101、2117，3-37-2190、2193、2194、2195、2195注、2199、2203、2205，3-41-2445、2447注，3-42-2462，3-43-2535、2540注，3-44-2623、2630、2631、2631注，3-45-2732、2745

毛泽东　1-5-236注，1-10-572，2-21-1432注，2-22-1452注、1499、1503，2-27-1684，3-34-1941注，3-37-2190、2191，3-44-2650、2655、2657、2661、2669、2675，3-45-2738

毛昭晰　1-1-060，2-26-1618

毛品磊　3-36-2067

毛度　3-36-2117

毛惟瞻　3-36-2117

毛晶晶　3-39-2323

毛澄　3-44-2704

仁国辉　2-13-933

仁宗　3-44-2625

仇远　1-3-134注

仇牧　3-36-2137

乌尔恭额　3-44-2633

〔、〕

文书阿牛　3-36-2074注

文良生　1-记-037

文种　3-37-2150注、2195，3-40-2414

文徵明　3-37-2179

方干　3-36-2117，3-37-2206

方与严　3-34-1956

方小筠　3-36-2117

方木春　1-12-838

方友根　1-11-743

方文仙　3-41-2434

方以规　3-41-2428

方正　2-29-1735注

方平　3-36-2067

方生姑　1-6-295

方芝明　1-5-276

方竹轩　3-36-2117

方伟　2-23-1520

方向明　1-1-067

方兴富　2-23-1509

方志炼　2-14-1017

方克　2-23-1509

方吾校　1-11-643，2-13-954，2-23-1509，3-44-2719、2720、2723

方妙仁　2-23-1529

方纮　3-36-2117

方和龄　2-26-1607

方秉文　3-44-2701

方秉成　3-44-2702

方秉杰　3-36-2117

方秉哲　3-44-2702

方岳义　2-22-1455、1462、1463，2-23-1517，2-24-1534，2-27-1674，2-30-1757

方法全　3-41-2453

方荣根　3-36-2093

方顺泉　2-21-1423，3-36-2093

方度　3-36-2117

方都谟　3-41-2452、2454

方继红　1-6-313

方教　3-36-2117

方晨光　1-1-044、068，3-36-2057注、2099注、2143、2144，3-37-2203、2208、2213

方琦德　2-23-1508注

方喆　3-44-2701

方腊　1-总-005

方槐　2-22-1455

方筠卿　3-36-2117

方魁　3-36-2117

方嘉泰　1-5-276

方赫　3-44-2701

计倪　1-3-133

〔一〕

尹日昌　2-23-1508注

尹继善　3-44-2632

巴桑石确　3-38-2306

邓小平　1-记-016，1-6-323，2-13-840、867、900、903、915、944，2-17-1196，2-18-1227，2-20-1311，2-21-1422、1430、1452注、1457、1458、1460、1471、1472、1473、1499，3-34-1965，3-35-2004

邓石如　3-44-2662

邓国荣　3-36-2099

邓钧　3-44-2641

邓颖超　2-25-1570、1571

孔万杭　3-36-2071

孔千里　2-23-1520

孔凡田　3-41-2454

孔广泉　3-44-2710

孔广宾　3-38-2232注

孔子　1-7-378注，3-34-1977注，3-36-2117，3-37-2180，3-38-2232注、2236，3-41-2426

孔子贤　2—23—1508注

孔子明　3—38—2232注、2236

孔尔熠（子明）　3—36—2117

孔伟　3—39—2327

孔传曾　3—44—2708

孔仲良　3—43—2547注

孔仰恩　2—27—1641

孔庆标　3—39—2322

孔庆澄　2—23—1509，2—25—1567、1568，2—26—1612
　　注、1614、1615

孔芬娟　2—23—1509

孔克创　3—36—2117

孔克启　3—36—2117

孔伯华　3—44—2658

孔沁（心一）　3—36—2117

孔阿坑　2—32—1881

孔玮　3—39—2340注

孔松标　3—35—2038

孔迪明　3—35—2017

孔柏忠　3—39—2341注

孔昭文　2—23—1508注

孔洁飞　3—44—2721

孔继中　3—43—2535注，3—44—2710

孔雪雄　3—34—1955注

孔逸　3—40—2415，3—41—2448

孔赏斋　3—38—2232注

孔斌　3—44—2704

孔照富　2—32—1858

孔福林　3—36—2100

孔端友　3—36—2117

孔端思　3—36—2117

孔鑫祥　2—22—1455

五　画

〔一〕

甘比治　3—41—2455

甘永法　2—27—1677，3—39—2318

甘地　3—44—2671

甘惠德　3—41—2455、2458

左汉奎　2—23—1509、1520，2—27—1685注

左辛民　2—29—1735注

左宗棠　3—36—2124

厉叶荣　3—44—2721

厉狄　3—37—2216

厉德馨　2—23—1509

石川武　2—24—1556

石川嘉延　1—记—037

石云　3—37—2162注

石仕元　3—38—2251

石侠　3—36—2143，3—45—2751

石涛　3—44—2637

布什　2—13—951

布雷松　1—记—039

龙光法师　3—37—2161，3—41—2438

龙行天　1—7—355

龙汝言　3—44—2709

东莞　3—37—2199

〔丨〕

卡尔逊　3—44—2669

卡米塞塞·马拉　1—记—035

卡诺·拉迪尔　1—记—038

北辰　1—1—068

卢文舸　1—记—032，1—9—451

卢伟康　2—22—1464、1465

卢传华　3—39—2314

卢观　3—44—2639

卢进益　1—记—025，2—14—998

卢吾金　3—44—2722

卢宗一　3—36—2118

卢宗十　3—36—2118

卢宗五　3—36—2118

卢实　3—36—2117

卢思启　3—36—2118

卢钧　3—36—2117

卢顺三　3—36—2117

卢盈燕　3—39—2323

卢敖　3—36—2117

卢琏　3—36—2117

卢基盛　1—记—039，2—14—994

卢鸿　3—36—2117

卢循　3—44—2624

卢照邻　3—36—2117

卢群　3—36—2117

卢衡　1—1—068

卢邈　3—36—2117

卢蟲橚　3—44—2714

叶小祥　3—44—2723

叶子　3—36—2073

叶玉兰　1—记—038

叶圣陶　3—44—2668

叶舟　3—44—2715

叶志强　3—36—2099注

叶茂勋　3—44—2708

叶林　3-44-2703

叶国珍　1-记-022，3-35-2038，3-36-2081，3-44-2693

叶祖洽　3-44-2700

叶梓明　2-23-1509

叶清　3-44-2704

叶揆初　3-44-2654

叶斌　3-39-2322

叶瑞堂　3-36-2082

叶照德　2-32-1882

叶锦奎　2-26-1604注

叶蕡　3-44-2713

叶燕跳　2-23-1508、1508注

申屠勇剑　3-36-2099注、2110、2111

田遨　3-45-2747

田士贤　3-36-2118

田成平　1-记-032

田庆　3-39-2323

田关仁　1-11-636

田汝成　3-40-2352注

田纪云　1-记-027，2-14-981

田志忠　3-43-2609

田更　2-23-1517，2-24-1534

田轩来　3-36-2118，3-44-2706

田伯成　3-36-2118

田灿祥　3-35-2017

田陆华　2-17-1205

田国刚　2-27-1677

田和　3-37-2192

田思忠　3-36-2118

田思信　3-36-2118

田祚　3-37-2154，3-43-2609

田晟　3-36-2118，3-37-2164注

田秩　3-36-2118，3-37-2164注

田益文　3-44-2719

田益民　2-23-1520

田家洪　2-22-1455

田祥　3-44-2710

田惟祐　3-36-2118，3-37-2160，3-43-2607，3-44-2704，3-45-2727、2728、2729、2732

田曾垲（泽民）　3-44-2662

田曾基　3-44-2664

田锡　3-36-2118

田增凯　3-44-2623

田麟　3-36-2118

史久武　1-记-024、034，2-22-1455、1463、1464，2-24-1555

吏公亨　3-36-2118

史兰根　1-记-035

史佩斯　1-4-233

史弥远　3-36-2118

史济烜　2-22-1455，2-23-1509

史济仁　3-41-2452

史莱克　3-36-2058注

史晋川　2-13-840注

史浩　3-36-2118

史崇　3-36-2118

史惟则　3-36-2118

史颜节　3-37-2179

冉从福　2-14-990

〔丿〕

丘丹　3-37-2216注

丘迟　1-9-505注，3-43-2551注、2552

丘渭南　3-44-2641

白阳（陈淳）　3-44-2637

白居易　1-总-004，3-37-2193、2204、2206

白敏　3-41-2423

丛涤夷　2-25-1576

令狐安　1-记-032

句践　1-总-004、005，1-2-075注，1-3-120、121、133，1-6-320，1-9-446注，3-36-2130，3-37-2150注、2193、2195、2195注、2199、2200、2202、2213、2218注，3-40-2413、2414、2414注，3-41-2434、2441，3-43-2542，3-44-2623、2623注，3-45-2745

包大本　3-44-2703

包云海　1-9-447、448

包公　3-40-2408，3-41-2441

包世臣　3-37-2179

包启祯　3-37-2202

包秉德　3-44-2630

包晓民　3-35-2035

乐史　1-2-081注

乐祖谋　1-3-133注，3-43-2542注

乐靖宜　3-39-2327

乐滢　3-39-2327

〔丶〕

冯大山　3-36-2119

冯大受　3-44-2702

冯元式　3-36-2136

冯云山　1-2-075

冯月珍　1-6-294

冯允功　1-11-740注

冯玉祥　3-44-2651、2658

冯旦　3-36-2119

冯汉姆累克　2-14-990

冯永川　3-44-2657、2658

冯吉苏　2-29-1735注

冯有翼　3-36-2119

冯观海　3-44-2717

冯志健　2-13-934

冯沛荣　2-23-1509

冯和仁　3-41-2459

冯和浦　3-41-2458

冯和海　3-41-2458

冯和睦　3-35-2024

冯京　3-44-2700

冯春富　2-23-1519、1520

冯海荣　2-22-1455

冯彩英　1-6-294

冯逸民　3-39-2314

冯章灶　3-44-2719、2720

冯滋林　3-37-2178注

冯简子　3-36-2119

冯福堂　2-23-1509

冯锴　3-44-2700

冯觐　3-36-2119

冯耀忠　1-记-023，2-21-1440，3-36-2058、2080

玄俨　3-41-2438

玄朗　3-41-2439

汉纳根（Hanneken）　3-44-2638

永春和尚（柳溪）　3-38-2234，3-41-2440，3-43-
　　2566、2567

永根　3-41-2426

永常　3-41-2428

永康　3-37-2178注

〔→〕

司马义·艾买提　1-记-027

司马光　3-36-2065注

司马炎　3-36-2127

司马绍　3-36-2122

司马睿　3-36-2122

尼克松　3-36-2081注、2082注

尼赫鲁　3-44-2671

弘一（李叔同）　3-37-2179、2181

弘济　3-37-2181

召奭　3-36-2135

边华苗　3-39-2322

圣禅　3-41-2432

六　画

〔一一〕

刑世才　3-44-2702

邢胜奎　3-44-2675

戎伯寿　3-35-2017

〔一｜〕

吉庆　3-44-2632

老童　3-36-2137

朴永根　2-14-992

西子　3-45-2745、2746

西米奇　3-39-2342

西吴悔堂老人　3-45-2745

西哈努克　3-34-1949

西施（施夷光、夷光、先施、西子）　1-总-004，1-6-
　　320，3-36-2091、2130，3-37-2192、2193，3-40-
　　2408、2410、2414，3-41-2441，3-43-2538、
　　2539、2540，3-44-2622、2623、2623注，3-45-
　　2732、2741、2745、2746

西蒂维尼·兰布卡　1-记-037

〔一丿〕

达乌达·凯拉巴·贾瓦拉　1-记-035

达努　1-记-035

达柯　3-38-2233注

迈克尔·布鲁诺　1-记-038

迈克尔·沃尔顿　1-记-038

成克杰　2-22-1489

成慧祖禅师　3-41-2430注

〔一→〕

托尔斯泰　3-44-2648

〔｜丿〕

师逵　3-44-2627

〔｜、〕

光志和尚　3-41-2430注

光绪帝　3-44-2638

〔丨一〕

吕士才　3—38—2259注
吕亿　3—36—2119
吕玉卿　2—23—1519
吕正操　1—记—028
吕由诚　3—36—2119
吕永祥　3—45—2747
吕纯阳（吕洞宾）　3—41—2441、2446
吕昌明　1—3—134
吕金富　2—23—1509
吕建华　3—39—2328
吕枏　3—44—2704
吕宫　3—44—2705
吕祖善　1—8—431，2—24—1562，2—33—1900
吕祖谦　3—36—2065注
吕凌娟　2—26—1612、1612注、1615
吕海　3—36—2119
吕彬　3—39—2327
吕薇　3—36—2072、2085，3—44—2699
吕耀明　3—36—2071
曲渊　3—36—2142

〔丿一〕

竹川辉繁　1—记—037
先施　3—45—2745
先睹　3—41—2439
廷焕　3—36—2101
乔石　1—记—027、029、030，1—12—808，2—14—981，3—34—1949，3—44—2695
乔安娜·柯尔　1—记—037
朱人敏　3—44—2692
朱九松　2—22—1455、1462
朱力俊　3—39—2315
朱广原　3—41—2442
朱之蕃　3—44—2705
朱元璋　1—总—005，3—37—2193，3—43—2578，3—44—2627
朱云秋　3—36—2092
朱毛姑　1—6—294
朱长木　2—23—1509
朱仁香　3—38—2262
朱凤标（桐轩、建霞）　1—总—005，3—36—2119，3—37—2153注、2156、2161、2162、2162注、2170、2171、2189，3—41—2431，3—43—2572，3—44—2623、2636、2636注、2709
朱文钧（幼平、翼厂、甄父）　2—25—1602，3—36—

2119，3—37—2179、2181，3—44—2647、2648、2659，3—45—2748
朱文炳　3—36—2120
朱文瑞　3—44—2632
朱方定　3—44—2718
朱方载　3—37—2162注
朱孔毓　3—45—2729
朱玉龙　3—36—2071
朱叶华　3—36—2120
朱叶衡　3—36—2120
朱由检　3—44—2629
朱执信（大符、执信、秋谷、蛰伸、县解、去非、前进）　3—36—2119，3—44—2623、2641，3—45—2747、2748
朱有基　3—36—2119
朱列民　2—23—1509
朱成基　3—45—2744
朱尧平　3—36—2082
朱先远　1—9—491
朱伟民　3—36—2087
朱仲安　3—36—2119
朱华贤　3—36—2068、2099注、2144
朱关友　1—记—033
朱关泉　2—22—1463、1464
朱纪祥　2—22—1455
朱寿　3—36—2119
朱克信　3—36—2120
朱杏花　1—6—294
朱丽兰　1—记—031
朱时典　2—23—1509、1519
朱宏　3—44—2714
朱良骥　3—34—1973
朱张松　2—22—1463，2—23—1520，2—30—1757
朱阿大　1—6—294
朱妙章　3—44—2685
朱纯之　3—36—2120
朱其煌　3—36—2119
朱叔池　3—34—1951注
朱国祚　3—44—2705
朱国铭　2—22—1455
朱国强　2—33—1907
朱昌颐　3—44—2709
朱金标　3—34—1962
朱怙生（慰堂、越叟）　3—44—2651
朱学范　1—记—028
朱宝根　3—39—2315
朱诩　3—36—2120
朱建庆　1—记—033
朱居正　3—45—2728、2729
朱绍红　3—39—2323

朱垣　3−36−2120，3−44−2707

朱城　3−44−2710

朱荣一　3−36−2120

朱柏乔　1−12−837

朱柏松　3−41−2452

朱威　3−39−2315

朱厚立　2−20−1345注，2−22−1455，2−25−1567，
　2−27−1639注、1685注

朱牟　3−44−2637

朱重庆　1−记−015、032，1−6−322，1−11−641、642、
　643、644，2−13−876注，2−22−1455，2−23−1508、
　1509，2−25−1566，2−27−1643，3−44−2693、
　2694、2716、2717、2720、2724

朱衍文　2−23−1519，2−26−1628注

朱俞翀　3−39−2323

朱美英　2−23−1509

朱美琴　3−34−1973

朱恒璧　2−23−1508注

朱冠右　3−40−2388

朱祖良　3−36−2082

朱珪（石君、南崖）　1−总−005，3−36−2120，3−37−
　2167，3−44−2623、2631、2632、2707

朱党其　2−22−1455，2−27−1650，3−36−2144

朱晓南　3−44−2638

朱倩　1−1−068

朱隽　3−36−2119

朱高忠　3−44−2715

朱涔　3−36−2120

朱浮　3−36−2119、2120

朱家潜（季黄）　3−36−2119、2143，3−37−2171、
　2181、2189，3−44−2672

朱家志　3−39−2315、2341注

朱家忠　3−39−2315、2341注

朱家济（豫卿、虞清、余清）　3−36−2119，3−37−
　2179、2181，3−44−2659

朱家恩　3−39−2315

朱家息　3−39−2315

朱家惠　3−39−2315

朱家源　3−36−2119

朱家濂　3−36−2119

朱祥焕　3−41−2445

朱镕基　1−记−032，3−43−2595

朱菁　2−27−1656

朱曹全　1−6−295

朱棨元　3−44−2707

朱雪华　1−11−608、713、760

朱堂　3−36−2120

朱敏　3−36−2093，3−44−2714

朱康杰　3−44−2685、2686

朱淑明　3−34−1973

朱寅传　2−22−1462，2−23−1516，2−24−1533、1534、
　2−25−1577

朱维万　3−43−2578注

朱越兴　2−27−1649注

朱淼水（淼水）　1−7−362，3−36−2088、2090、2099、
　2100、2143，3−37−2208，3−40−2397，3−45−
　2748、2749、2750、2751

朱儁　3−41−2435注

朱温　3−36−2123

朱禄　3−44−2712

朱瑞珍　3−39−2315

朱瑞焕　2−23−1509

朱瑰　3−36−2119

朱锡田　3−44−2708

朱锡瑜　2−29−1742

朱锦伟　3−34−1973

朱锦海　2−23−1519

朱筠（美叔、竹君、笥河先生）　3−36−2120，3−44−
　2623、2631、2632、2707

朱新予（心畬、学助）　3−44−2666

朱嘉琳　2−26−1604注

朱镇邦　3−44−2713

朱德　2−26−1614

朱德水　1−记−033

朱澄　3−44−2708

朱熹　3−36−2065注、2118、2119，3−42−2502，3−44−
　2631注

朱彝尊　3−45−2745

朱瀛　3−44−2709

〔丿丨〕

传甲　3−38−2236

传熊　3−38−2236

传襄　3−38−2236

伍子胥　3−36−2071注，3−40−2411注、2414、2415，
　3−44−2623

伍廷芳　3−44−2648

仲至　3−36−2118

仲雍　3−36−2123

任大星　3−36−2143，3−44−2676

任大霖　3−44−2623、2668

任己任　3−37−2198、2199注

任元文　3−44−2707

任本晋　2−23−1516，2−24−1534

任亚飞　3−44−2723

任芝卿　3−41−2455

任关荣　2-23-1509

任克陆　3-36-2059

任辰旦（千之、待庵）　3-36-2120，3-44-2630、2631、2706

任伯年（润、小楼、颐、伯年）　1-总-005，2-25-1602，3-36-2059、2065、2068、2068注、2069、2144，3-43-2541，3-44-2635、2636、2637、2637注、2638，3-45-2748、2751

任沄　3-44-2706

任阿明　3-44-2643

任茂英　1-6-295

任国辉　2-13-908

任昌垓　3-36-2059

任淓　3-36-2120，3-44-2709

任宝　3-36-2120

任宝凯　1-记-025，2-21-1440，3-44-2688、2689

任定翁　3-36-2120

任建国　3-39-2324

任帮瑞　1-8-411

任钥　3-36-2120

任预（立凡、潇潇庵主人）　3-36-2068注、2120，3-37-2180，3-44-2635、2636注

任堇叔　3-44-2637注

任铭先　2-23-1519

任绪衡　3-36-2120

任渭长　3-45-2747

任弼时　3-44-2650

任颐（伯年）　1-6-321，3-37-2179、2180，3-43-2535

任鉴　3-36-2120

任源（原礼）　3-36-2120

任碧潭　3-36-2100

任熊（渭长、湘浦）　1-总-005，1-6-321，3-36-2068注、2101、2120，3-37-2179、2180、2217，3-43-2535，3-44-2635、2635注、2636、2637

任澂　3-36-2120，3-37-2216注

任鹤声（淞云）　3-36-2059，3-44-2637、2637注

任薰（阜长、舜琴）　1-总-005，1-6-321，3-36-2068注、2120，3-37-2179、2180，3-43-2535，3-44-2635、2636、2637

伦纳斯　1-记-036

伊凡·佩赫里万诺夫　1-记-036

伊斯拉姆　1-记-036

华之藩　2-22-1455

华子扬　2-26-1614

华水夫　2-27-1643，3-44-2716

华凤炎　3-38-2234

华玉　3-38-2233注

华永姑　1-6-314

华旨大　3-41-2432

华关鑫　3-41-2457

华克勤（无逸）　3-36-2120，3-41-2434，3-44-2627

华佗　3-40-2408，3-41-2441、2448

华良　3-36-2121

华初平　3-44-2701

华国仪　3-38-2234

华庚珊　3-38-2234

华实　3-37-2160

华钢　3-34-1929

华钧珊　3-38-2232注、2234

华美石　2-13-934

华洪卿　3-44-2702

华陛　3-37-2160

华振吾　3-36-2120

华留青　3-38-2232注、2234

华海西　3-37-2199

华海霞　3-39-2325

华琏　3-36-2121

华绰　3-36-2121

华善　3-41-2436

华静媛　2-26-1632

华镇（元仁）　3-36-2120，3-37-2155、2155注，3-44-2701

向建峰　3-39-2325

向警予　3-44-2660

〔丿丿〕

舟月宗宾禅师　3-41-2430注

〔丿、〕

全大忠　3-36-2121

全权　3-36-2121

全份　3-36-2121

全兴　3-36-2121

全安仁　3-36-2121

全建洪　3-44-2723

全俎　3-36-2121

全祖望　1-2-074

全柔　3-36-2121

全鼎　3-36-2121

〔丿→〕

邬观水　3-45-2748

多吉才让　1-记-030

旭峰　3-37-2208

〔、一〕

冰心　2-27-1672
刘大白　3-36-2066注，3-37-2191、2207，3-43-2564，3-44-2642、2650
刘义庆　3-42-2507
刘中一　1-记-028
刘长卿　3-37-2206
刘汉宏　1-总-005，3-43-2575
刘邦　3-36-2127
刘同升　3-44-2705
刘会　1-8-411，3-37-2157注、2205，3-45-2730、2732
刘观昌　1-9-448、451
刘红斌　3-44-2715
刘志民　2-23-1508注，3-38-2295注
刘还瑞　3-41-2432
刘佑荣　1-1-068
刘伯温　3-37-2174、2217注
刘坤一　3-44-2640
刘枫　1-记-029
刘明祖　1-记-031
刘备　3-36-2074注
刘宗周（蕺山）　3-36-2051注，3-41-2431、2431注、2434，3-43-2547注
刘承忠　3-40-2415
刘绎　3-44-2710
刘春霖　3-44-2712
刘玲英　2-22-1472
刘昭　3-45-2745、2746
刘俨　3-36-2120，3-45-2731、2731注、2732
刘保　3-36-2130
刘禹锡　1-总-004，3-37-2206、2217
刘俊民　2-29-1735注
刘胜　3-36-2127
刘宪康　3-36-2143、2144，3-37-2205注
刘继红　2-27-1664
刘理顺　3-44-2705
刘基　1-总-004注，3-36-2100，3-37-2217注，3-41-2428
刘梅青　2-23-1519，2-27-1658注
刘猛　3-41-2432、2441
刘遇　3-44-2703
刘裕　3-44-2623、2624
刘路平　2-23-1519
刘福姚　3-44-2712

刘墉　3-37-2179
刘蜚雄　3-43-2608
刘瑾　3-36-2127，3-44-2628
刘蕴　3-35-2038
刘奭　3-36-2135
刘德才　2-23-1509、1519
齐白石　3-36-2068，3-44-2661
齐武帝　3-44-2624
齐桓公　3-36-2138
庄有恭　3-44-2707
庄纶仪　3-44-2642
庄培因　3-44-2707
庆均　3-38-2236
庆余　3-38-2236
庆福（士元）　3-38-2236

〔、丿〕

关公　3-40-2408

〔、、〕

江云发　3-44-2665
江水　3-36-2065注
江民繁　3-45-2749
江守干男　1-记-040
江红　1-7-355
江青　2-22-1476注、1497注
江英　3-44-2722
江泽民　1-记-028、030、032、033、034，2-14-1009，2-21-1440，2-22-1457，2-25-1598，2-26-1624，2-27-1659，2-28-1713，3-36-2103
江昭玄　3-41-2423
江淹　1-2-099，3-37-2161注，3-41-2423，3-45-2729
池钟庆　3-37-2198注
汤亿（盛卿）　3-36-2121
汤元炳　1-记-027
汤中　3-36-2121
汤长芳　2-16-1179注
汤化龙　3-44-2640
汤书晶　3-38-2242
汤本　3-36-2121
汤本名　3-36-2121
汤尔恭　3-37-2196
汤永裕　3-35-2017
汤匡时（汤真、苏朴）　3-44-2677
汤尧英　2-23-1509

汤兆（至卿、思谦）　3-36-2121

汤关木　3-34-1973

汤守云　3-37-2173、2182、2218注

汤农先　3-36-2051注

汤欢炯　3-39-2323、2324

汤红　2-31-1809

汤寿潜（震、蛰先、蛰仙）　2-22-1473，2-25-1602，
　　3-36-2121、2125，3-37-2154、2157、2164、
　　2170、2182、2190，3-43-2597、2599，3-44-
　　2640、2652、2712，3-45-2748、2750

汤志明　2-23-1509

汤志章　3-44-2717

汤秀庭　3-44-2687

汤伯良　3-44-2717

汤林美　3-44-2695

汤杰　3-36-2121，3-44-2667

汤金土　2-22-1455

汤金友　2-25-1568、1574
　　2-26-1612、1612注、1615、1618

汤金钊（敦甫、勖兹）　1-总-005，3-36-2069、2101、
　　2121、2124，3-37-2179、2180、2216，3-41-
　　2428、2428注，3-43-2535、2572，3-44-2623、
　　2633、2634、2635、2708

汤京（嘉卿）　3-36-2121

汤怡林　3-38-2234

汤定熙　3-38-2232注

汤绍恩　3-37-2159注

汤贵　3-36-2121

汤思退　3-36-2121

汤修　3-36-2124

汤叙　3-43-2599

汤彦文　2-25-1590

汤笔花（汤福源）　3-44-2666、2667、2667注

汤寅初　3-38-2234

汤蛰先　3-37-2170

汤鼎烜　3-37-2168，3-44-2711

汤鼎熹　1-2-098注

汤斌　3-44-2630

汤渭法　1-11-749

汤鉴澄　3-34-1973，3-36-2143、2144

汤鹏举（汤举、万里、致远）　3-36-2121

汤璠（适仪）　3-36-2121

安东尼·吕弗纳克　1-记-038

安志云　2-22-1455，3-44-2689

安志文　1-记-028

兴仪　3-38-2236

兴枢　3-38-2236

〔、→〕

许也平　3-36-2067

许云香　2-23-1519

许水根　3-44-2721

许仁良　3-43-2570

许正平　3-44-2698、2699、2715

许归　3-36-2122，3-41-2441注

许申敏　1-10-579，2-23-1520，2-24-1534、1555，
　　2-25-1568，2-27-1701注，2-30-1757

许申裕　2-27-1692、1692注

许在衡（笈云、寿平）　3-36-2122，3-43-2568，
　　3-44-2712

许迈永　2-14-1020，2-22-1462，2-23-1516，2-24-
　　1534、1555，3-36-2090、2142

许华均　1-7-381

许军　2-31-1809

许纪成　1-11-743

许秀姑　1-6-294

许伯会　3-36-2122

许林江　3-44-2722

许岳荣　2-24-1534、1555

许金芳　3-44-2716

许京怀　3-34-1986，3-44-2715

许法升　2-29-1735注

许宝荣　2-13-881注

许询（玄度）　1-2-075注、099，3-36-2122，3-37-
　　2161注、2206、2216、2218注，3-38-2232注，
　　3-41-2423、2441、2441注，3-43-2574

许承一　3-36-2122

许绍雄　3-36-2100

许顺昌　3-44-2718

许俊魁　3-44-2711

许勉（继纲）　3-36-2051注

许胤丰　3-45-2747

许炳　3-44-2709

许勇　3-35-2036，3-39-2314

许铁姑　1-6-294

许爱珍　2-23-1509

许海涛　2-31-1809

许菊花　1-6-294

许晨阳　3-43-2583

许望秋　2-26-1624注

许望增　2-23-1508注

许智法　3-38-2232注、2238

许鉴　3-44-2667、2667注、2668、2668注

许鉴川　3-36-2122

许嘉璐　3-42-2530，3-43-2614

许廑父（与澂、弃疾、一厂、忏情室主、清风明月楼主、
　　颜五郎）　3-36-2122，3-44-2651、2652

〔→｜〕

阮未青　3-36-2065注、2066注

〔→丿〕

如本　3-41-2426
如林　3-41-2437
如晓（萍纵）　3-41-2442
如愿　3-41-2437
妈祖（林默）　3-41-2450注

〔→→〕

孙一中　3-44-2702
孙一夔　3-44-2702
孙卫根　2-16-1129
孙子仁　1-11-642、644，2-13-908、908注、912
孙子渊　3-44-2701
孙元祥　1-11-644
孙云球　3-44-2723
孙中山　3-37-2170、2181，3-44-2639、2640、2641、
　　2650、2658
孙水娟　3-39-2327、2340注
孙从三　3-36-2122
孙文标　3-39-2325
孙处（季高）　3-44-2623、2624
孙权　1-2-075，3-36-2121，3-45-2745
孙成一　2-27-1639注
孙先传　2-27-1701注
孙传芳　3-44-2646
孙华梅　3-39-2324
孙庄甫　2-26-1628注
孙如仅　3-44-2711
孙孝明　2-22-1463，2-23-1516，2-24-1534，2-30-
　　1757
孙志耿　2-22-1455
孙岚　2-22-1455，3-34-1975
孙秀东　3-44-2715
孙秀娟　3-44-2724
孙作佳　3-36-2093
孙孚凌　1-记-031
孙应鹮　3-36-2122
孙沛然　3-36-2142
孙沔　3-44-2702

孙忻　3-44-2701
孙完　3-36-2122，3-44-2703
孙阿早　1-6-294
孙阿耀　2-23-1509
孙表（伯田）　3-36-2122
孙茂潮　2-23-1529
孙国铭　3-36-2143，3-38-2298
孙忠涛　3-44-2716
孙学古　3-36-2122，3-37-2199，3-44-2704
孙学思　3-36-2122，3-37-2198注、2199、2199注、
　　2201，3-41-2426，3-45-2743
孙定方　2-27-1690
孙承恩　3-44-2705
孙春芳　1-6-294
孙茗茗　3-39-2325
孙树笙　3-37-2203
孙思蕭　3-43-2547注
孙保　3-37-2203
孙信佳　3-44-2722
孙恪懋　2-22-1462，2-25-1567、1568、1571、1572，
　　2-27-1649注、1667注
孙祖培　2-24-1533、1534、1555，2-25-1579，2-27-
　　1667注
孙祖绵　2-26-1628注
孙祝香　1-6-294
孙统墀　2-25-1567、1568，2-26-1605、1605注、
　　1607、1611，2-27-1690
孙晓东　3-44-2714
孙恩　3-36-2136，3-44-2623
孙家正　1-记-031
孙家蕭　3-44-2711
孙继生　2-23-1519
孙继民　3-37-2207
孙继皋　3-44-2705
孙梅舫　3-43-2547注
孙雪逵　3-44-2715
孙跃庆　3-36-2067
孙晴义　2-14-989
孙策　1-总-005，3-36-2121，3-37-2193
孙斌　3-44-2713
孙曾五　3-37-2196
孙弼　3-44-2701
孙鉴信　2-25-1567
孙锦龙　2-13-913、914
孙锦伟　2-13-913
孙锦美　2-13-913
孙解民　1-11-643、644
孙福年　2-33-1921

孙群 3—44—2715
孙毓桂 3—44—2710
孙慰耆 2—27—1689，3—36—2069、2070、2143
孙镶 1—2—074注
纪传义 3—36—2071、2085
纪昀 3—44—2631
纪德 3—44—2659

七 画

〔一一〕

玛哈·哇集拉隆功 1—记—035，3—34—1950
玛格丽特·梅蒂 1—记—038
寿小卫 2—13—934
寿牛姑 1—6—295
寿月英 2—23—1508注
寿伟勤 2—22—1462
寿国忠 3—44—2715
寿国梁 3—44—2714
寿健 3—36—2071、2085
寿萍萍 2—27—1668
寿霞芳 2—25—1566，2—26—1620、1620注
戒忒 3—41—2430
戒鏸 3—37—2198

〔一丨〕

杜天林 2—22—1464，2—23—1520，2—26—1629
杜永毅 1—3—134注，3—37—2213注
杜尼 1—记—035，3—38—2283
杜有亮 3—36—2122
杜成成 2—23—1509
杜守一 3—37—2216
杜坑兴 3—44—2717
杜甫 1—总—004，3—37—2204、2206
杜金法 2—23—1509，2—31—1809，3—44—2721
杜宝辰 3—44—2710
杜拯 3—37—2198注
杜衍 3—36—2122
杜觉民 3—36—2069
杜鸿渐 3—41—2439
村越启介 1—记—026，2—23—1523
杨一强 3—39—2314、2327
杨士龙 3—36—2094，3—45—2727、2733、2733注、2736
杨之华（杏花、文君、杜宁） 1—总—005，3—36—2065注、2089，3—37—2191、2207、2208，3—43—2544、

2564，3—44—2642、2660、2661，3—45—2747
杨卫 1—1—068
杨子游 3—37—2158
杨水清 1—6—294
杨世昌 3—41—2454
杨永和 2—25—1567
杨尧祥 3—39—2325、2327、2340注
杨刚 2—22—1455
杨廷鉴 3—44—2705
杨仲彦 1—记—016、018、019、022，2—14—991、1019、1020，2—22—1455、1457、1462、1463，2—23—1509、1515、1516、1519，2—24—1533、1534、1556，2—25—1577、1582，3—35—2038
杨华 3—41—2433
杨齐王（杨忠、杨藩） 3—37—2197、2197注
杨汝岱 1—记—029
杨守勤 3—44—2705.
杨许尧 2—22—1455，3—44—2719
杨丽玲 3—44—2718
杨时（杨文靖公、中立、龟山） 1—3—131，1—6—321，3—37—2193、2193注、2194、2195、2195注、2197、2199、2204、2217，3—40—2415，3—41—2441，3—44—2623、2625、2625注、2626，3—45—2742
杨秀清 3—37—2173、2173注
杨龟山 3—45—2729
杨应元 3—44—2704
杨应奎 3—36—2134
杨虎城 3—44—2658
杨贤兴 1—10—588，1—11—668、704、730
杨明法 3—35—2017
杨忠（杨藩） 3—36—2122
杨采妹 2—23—1508、1509、1519，2—27—1649注
杨官海 3—44—2723
杨建华 1—7—358注、364注
杨春霞 3—36—2056
杨荣鑫 3—36—2071
杨重卫 1—11—684
杨皇后 3—37—2197
杨炳耀 3—34—1977
杨洪才 3—44—2631
杨觉凡 3—36—2092
杨觉农 3—36—2092
杨宪 3—36—2122
杨祖根 3—44—2723
杨莉莉 3—34—1977注
杨晓灵 3—36—2086
杨铎 3—37—2205
杨健 3—44—2653
杨爱武 1—记—023

杨爱萍　2-23-1508

杨益芳　3-41-2457

杨悌　2-29-1742

杨敏生　3-36-2066注、2067、2068、2142

杨绳祖　3-37-2216注

杨湜　2-29-1735注

杨善林　2-13-908、908注、917

杨慎　3-36-2065注，3-44-2704

杨寅　3-44-2700

杨福茂　3-36-2090，3-37-2208

杨震亚　2-22-1455

杨德盛　3-36-2092

杨冀王（次山）　3-36-2122，3-37-2197、2197注，3-43-2536、2536注

杨凝式　3-44-2670

克林顿　2-17-1208

志坚　3-38-2233注

志清　3-41-2438

芮国耀　1-1-043、067

苏克曼　1-记-038

苏步青　3-44-2673

苏叔阳　3-36-2143，3-45-2751

苏彦　3-37-2213注

苏晋　3-44-2624

苏轼　3-37-2213注，3-43-2572

苏舜钦　3-37-2213注

孝先戒和尚　3-41-2430注

李一峰　2-27-1677注，3-36-2075、2097

李一强　2-27-1652、1677、1677注，3-36-2075、2097、2098、2099

李力安　1-记-027

李才法　1-6-295

李大钊　3-44-2644注

李子方　1-记-037

李丰平　1-记-027

李云伟　2-13-913

李水英　2-23-1519

李水法　1-6-293、294

李水珍　2-23-1509

李仁洁　3-41-2427

李方乾　2-26-1628注

李世民　3-36-2076注

李可亭　3-44-2658

李叶金　2-23-1509

李四光　1-3-111

李乍虹　3-36-2068、2143

李白　1-总-004、004注，3-37-2193、2206，3-44-2624、2625注

李乐英　2-23-1509

李汉俊　3-44-2660

李永芳　1-11-713

李永嘉　1-1-067

李永德　1-记-036

李吉　3-36-2123，3-44-2701

李耳　3-41-2446

李有全　3-41-2432

李达　3-44-2642

李成虎　1-总-005，1-11-624，2-22-1473，3-34-1986，3-36-2066注，3-37-2170、2181、2190、2191、2207、2208，3-43-2564，3-44-2623、2641、2642

李成昌　3-44-2714

李成蛟　3-37-2207

李成新　1-11-644，2-23-1509，3-44-2723

李光地　3-36-2065注

李光耀　1-记-037

李伟　3-34-1977注

李延平　3-45-2729

李仲芳　3-36-2084、2143、2144，3-45-2750

李兆洛　1-2-096注

李兆焯　1-记-032

李汝安　3-38-2232注、2233注、2234，3-43-2567

李纪祥　2-29-1742

李寿生　3-41-2431注

李志兴　1-9-509注

李志良　2-31-1809

李志潮　1-6-294

李克农　1-9-451

李来根　2-23-1508注

李时珍　3-44-2627注

李岚清　3-44-2695

李伯恩　2-23-1519

李希霍芬　3-44-2653

李宏昌　1-记-029

李启财　2-26-1629

李张友　3-41-2458

李张保　3-37-2207

李张高　3-41-2457

李其炎　1-记-030

李茂才　2-23-1519、1520，3-38-2221

李茂财　3-43-2559

李国刚　3-39-2324

李国珍　2-23-1519，2-27-1650

李国祥　2-31-1809

李明法　2-26-1605

李迥秀　3-44-2624注

李侨　3-37-2198注

李佩礼　3-42-2529

李欣　2-13-973

李金寿　2-15-1030注

李金明　1-8-431，2-22-1485，2-33-1900

李泽民　1-记-028、029、030、031、032、033，1-8-431，2-33-1900

李宗晓　3-39-2327

李定　1-记-029

李建芬　3-39-2323

李承霖　3-44-2710

李绅　3-37-2206

李绍明　1-记-026，2-23-1523

李春芳　3-44-2704

李荣祥　3-44-2718

李显忠　3-36-2123

李贵鲜　1-记-029、031

李钜华　2-22-1464

李钦堂　3-38-2234

李适之　3-44-2624

李信姑　1-6-294

李炳淑　3-36-2056

李洲　2-23-1509

李冠华　2-23-1541

李冠瀛　2-26-1628注

李振钧　3-44-2709

李继宗　3-36-2123

李琎　3-36-2123，3-41-2431注、2439、2446，3-44-2624

李菊香　3-44-2723

李萧帆　3-38-2232注

李彬　3-44-2713

李雪华　3-44-2721

李雪珍　1-6-314

李常宁　3-44-2701

李庶　3-36-2123，3-41-2439

李鸿章　3-44-2638

李婉娟　2-23-1509

李骐　3-44-2703

李维汉　2-26-1614

李维松　3-36-2068、2099注，3-37-2205注、2218，3-40-2379、2397、2398

李尊　3-37-2216注

李雅梅　1-6-315

李遇春　3-45-2728、2729

李景　3-40-2349注

李赓芸　3-44-2633

李道平　3-37-2178

李瑞环　1-记-028、032

李楚才　3-34-1956

李锡彬　3-44-2712

李锡铭　1-记-031

李鹏　1-记-029、032，3-36-2103

李慈铭　3-36-2101

李福海　2-22-1455

李慧雯　2-27-1658注

李慧斐　2-20-1345注

李燕玲　3-36-2069

李蟠　3-44-2706

李馥荪　3-44-2654

李璧笃　2-20-1345注，2-22-1502，2-23-1509，2-25-1567，2-27-1667注

李麟　3-36-2072、2074、2085、2086

劳尔　1-记-037

严文明　1-1-060

严谷军　2-13-840注

严济慈　3-44-2666注

严嵩　3-36-2125

巫凌霄　2-25-1568、1572、1573，2-26-1612、1612注、1615

〔一丿〕

励建书　3-44-2696、2714

励敬轩　2-26-1632

〔一、〕

来一萍　3-39-2323

来又山　3-40-2411

来三聘　3-41-2428，3-44-2705

来小钦　3-36-2065注

来之焜　3-44-2713

来之灿　3-44-2713

来天球　3-44-2704

来云泉　3-41-2456、2457、2458、2459

来日升　3-41-2428

来凤郊　3-44-2711

来方炜　3-44-2705

来玉宝　3-41-2456、2457

来可泓　3-36-2142

来旦　3-37-2203

来生　3-40-2404

来仪　3-44-2705

来汉宣　3-44-2677、2678

来尧林　3-34-1935、1987注

来师安　3-36-2123

来师周　3-36-2123

来廷绍　3-36-2123

来关明 3-44-2714

来汝贤 3-44-2704

来兴源 2-23-1509

来如庆 2-32-1882

来寿昌 3-44-2708

来励 3-37-2197, 3-41-2439

来坚巨 2-23-1516, 2-24-1534

来坚中 2-27-1643, 3-44-2716、2719

来秀春 3-39-2327

来希贵 3-44-2703

来茂德 3-44-2696、2714

来国良 2-22-1455

来国祥 3-44-2722

来迪权 3-36-2142

来法根 1-记-022

来学醇 3-44-2709

来宝坤 2-32-1882

来宗敏 3-44-2708

来宗道（子由、路然） 3-44-2629、2705

来经济 3-44-2705

来春秀 3-39-2340注

来珏 3-44-2706

来垣 3-44-2706

来挺豪 3-38-2304

来柱臣 2-32-1882

来复 3-44-2705

来俨然 3-44-2705

来祖德 3-36-2073注

来珩 3-44-2708

来载璋 3-36-2068、2142、2143, 3-45-2747

来起峻 3-44-2707

来桂芳 3-44-2643

来益清 3-44-2707

来海鸿 3-36-2070、2083、2084

来康顺 3-37-2196

来斯行（道之、马湖） 3-37-2199, 3-44-2629、2705, 3-45-2745

来集之（伟才、镕、绾、元成、倘湖） 3-36-2101、3-37-2190、2192注、2193, 3-41-2434, 3-44-2630、2705

来曾奕 3-37-2201

来裕恂（雨生、匏园老人） 1-2-074, 1-8-399注, 3-36-2090注、2092, 3-37-2162, 3-40-2353注、2382注、2407注、2410注, 3-41-2427、2430、2445, 3-43-2543注, 3-44-2654、2655、2655注, 3-45-2734、2734注、2735、2736、2746

来谦鸣 3-41-2444, 3-44-2706

来聘 3-44-2704

来献臣 3-44-2703

来楚生（稷勋、初生、初升、安处、木人、然犀、贫翁、非叶、楚凫、怀旦） 3-36-2068、2069, 3-44-2623、2661、2661注

来楫 3-44-2706

来煦 3-44-2710

来颖诚 3-44-2714

来新夏 3-36-2140, 3-44-2655注、2675、2676, 3-45-2734、2736、2736注

来煜坤 3-34-1989

来端操 1-8-411

来熊 3-44-2712

来黎明 2-23-1509, 3-36-2073

来燕雯 3-44-2706

来耀先 2-32-1882

〔一→〕

轩辕氏 3-36-2135、2137

连升 3-37-2178注

〔丨、〕

肖江 1-7-354

肖菁 1-1-067

〔丨→〕

时彦 3-44-2701

旷雄白 3-36-2070、2083、2084

吴一立 3-36-2099

吴土良 1-11-640, 3-35-2016、2017

吴才根 3-35-2017

吴子中 2-13-934

吴元礼 1-2-073

吴云 3-44-2702

吴中复 3-44-2700

吴水潮 2-23-1509

吴玉辉 3-34-1988

吴平 1-3-133注, 3-45-2745

吴仙标 1-记-035

吴仪 1-记-031

吴立恭 3-44-2723

吴让之 3-44-2661、2662

吴邦国 1-记-032

吴成明 3-36-2123

吴回 3-36-2135

吴刚 3-44-2714

吴伟根 2-26-1619

吴延琛　3-44-2708
吴仲贤　1-11-640
吴自牧　3-40-2351注
吴自硅　2-14-1008
吴庆余　3-39-2329
吴关尧　2-15-1089
吴关林　2-27-1640
吴关根　2-22-1455、1462，2-23-1520
吴汝方　3-45-2727、2728
吴汝祚　1-1-043注、060、068
吴聿洪　2-26-1619注
吴观　3-37-2179
吴均礼（慎直）　3-36-2123
吴志霓　3-36-2092
吴克明　3-39-2340注，3-44-2678、2679
吴伯宗　3-44-2703
吴张友　3-35-2038，3-44-2717、2720
吴孜　3-44-2701
吴纲　3-44-2704
吴其濬　3-44-2709
吴茂法　2-23-1509
吴茀之　3-44-2670
吴叔告　3-44-2702
吴贤　2-31-1803
吴昌硕　3-36-2068、2101，3-37-2162、2162注、
　　2179，3-44-2637注、2661
吴忠富　3-36-2076
吴征吉　3-37-2217
吴学谦　1-记-028
吴建荣　3-44-2720
吴珍（鼎全）　3-36-2123
吴茶花　1-6-294
吴树铭　2-23-1509
吴钟骏　3-44-2709
吴信中　3-44-2708
吴臬　3-37-2198注
吴桑梓　3-36-2076、2087、2142，3-40-2388
吴康　2-21-1441、1443
吴康年　3-44-2701
吴鸿　3-44-2707
吴淑贞　2-25-1566
吴斐　3-44-2707
吴鲁　3-44-2712
吴锡培　2-26-1624注
吴锡龄　3-44-2707
吴键　1-记-022、023、024，2-22-1454、1455、1457、
　　1463、1464，2-23-1509、1517、1520，2-30-1757
吴锵鸣　3-45-2746
吴镇　3-44-2637

吴德法　2-23-1508注
吴澄　3-36-2065注
吴融　3-37-2206

〔丿一〕

秀生　3-40-2404
秀房　3-41-2432

〔丿丨〕

体性情禅师　3-41-2429注
体辉鹤禅师　3-41-2429注
何乃敏　2-27-1639注
何土林　3-37-2169注
何天行　1-1-043注
何日暄　2-29-1735注
何公超　3-44-2667注
何文炳　3-44-2713
何文澜　3-44-2712
何方年　3-39-2325
何世学　3-44-2705
何可焰　3-36-2123
何丙咸　3-44-2708
何圣兆　3-44-2713
何幼红　3-38-2250
何执中　3-44-2702
何自明　3-44-2702
何兆圣　3-44-2713
何名媚　3-40-2349注
何汝尹　3-36-2100
何异兰（周木、锦山）　3-36-2123，3-44-2713
何志荣　1-11-748，3-35-2017
何志球　3-44-2643
何良五（文业、德基）　3-36-2123
何君毅　1-记-039
何阿三　1-6-294
何阿坑　2-26-1632
何招耿　3-39-2313注、2314
何昌言　3-44-2701
何昌龄　3-36-2123
何宗文　3-36-2123
何宗可　3-44-2702
何宗矩　3-36-2123
何宗继　3-36-2123
何宗道　3-44-2702
何建波　3-39-2325
何绍基　3-36-2101

何垣　3-44-2706
何香凝　3-37-2179、2181
何宣　2-26-1605
何栗　3-44-2701
何准　3-36-2123
何竞　3-37-2195注
何海鸣　3-44-2652
何祥妹　3-38-2233注
何康　1-记-028
何舜宾（穆之、醒庵）　3-36-2100，3-37-2195注，
　　3-44-2628、2703
何善　3-36-2123，3-44-2703
何嗣江　2-13-840注
何锡仁　3-35-2038
何筱雷　3-35-2038
何煊　3-44-2708
何群　2-14-1020，2-22-1455，2-23-1519，2-27-
　　1658、1659
何静之　3-36-2100
何增筠　3-44-2710
何樟兴　1-11-720
佐久间　2-14-992
佐久间恒幸　2-24-1556
佐藤　2-14-992
伯益　3-36-2132
伯颜　3-36-2134
佟志广　2-17-1192
佟佳莉　2-23-1509
邱关兴（阿兴）　1-5-276，2-23-1508注，2-25-
　　1566，3-44-2657
邱兴宝　3-36-2065注
邱吾仁　2-22-1455，2-23-1509
邱阿根　2-13-935注
邱欣夫　1-6-315
邱建林　1-11-644
邱鲁德　3-39-2313注、2314

〔丿、〕

余大慈　3-41-2425
余中　3-44-2700、2701
余兴贤　3-44-2715
余声清　1-记-040
余金良　3-38-2234
余炎光　3-45-2747
余绍宋　3-45-2733
余咪娜　3-36-2086
余复　3-44-2702
余冠松　1-11-643

余晓明　3-44-2716
余铁波　3-36-2074注
余海　3-44-2690
余琳　3-39-2323
余煌　3-37-2157注，3-44-2705
谷川吉弘　1-记-040
谷叶　3-36-2065注
谷耕　3-36-2067

〔丿→〕

狄獬　3-41-2448注
邹训瑞　2-29-1735注
邹志方　3-37-2206
邹应龙　3-44-2702
邹鲁　3-37-2193，3-44-2628、2643
邹福安　3-38-2304
邹韬奋　3-44-2656
邹勷　3-45-2730、2730注、2731、2732

〔、一〕

应文枚　1-11-717注
应乐善　3-41-2452、2453、2454
应劭　1-2-074、075注
应律　3-36-2101

〔、、〕

汪大伦　3-36-2124
汪大辨　3-36-2124
汪友姑　1-6-295
汪水娟　3-39-2327
汪长志　3-41-2432注
汪仁初　2-22-1455
汪文炳　3-36-2124
汪由敦　3-36-2101
汪邦清　2-23-1508注
汪成阳　3-41-2456、2458
汪华（茂昭）　3-36-2123
汪如洋　3-44-2707
汪如海　3-41-2454
汪寿高　2-23-1520
汪志华　1-7-358注、364注
汪志伊　3-44-2633
汪志荣　3-44-2721
汪志琴　3-44-2720

汪阿木　3-35-2017，3-44-2722

汪纲　3-37-2204注

汪坤厚（坤元、渔垞）　3-36-2124

汪忠勋　3-44-2722

汪忠镐　3-44-2682

汪鸣相　3-44-2710

汪金安　3-35-2017

汪金根　2-23-1509

汪泌　3-44-2700

汪宝水　1-11-640，2-31-1803

汪绎　3-44-2706

汪柏遂　1-2-073注，2-22-1463，3-36-2144，3-45-2749

汪树基　3-36-2124

汪顺（延皓）　3-36-2124

汪信康　3-44-2714

汪洋　3-44-2623、2669，3-45-2751

汪珪（璋甫、旦庵、尧生）　3-43-2535，3-44-2639、2640

汪琇甫　2-21-1407注

汪莹　2-26-1604注

汪桂葆　3-44-2708

汪根年　3-44-2648注

汪烈　3-36-2124

汪海　2-23-1508注

汪弱　3-34-1973，3-44-2716

汪继培　2-15-1049，3-37-2197，3-44-2708

汪继德　3-44-2639

汪继壕　3-36-2101

汪焕章　2-27-1677

汪鸿钧　3-36-2124

汪寅　3-36-2124

汪雄虎　3-44-2720

汪辉祖（焕曾、龙庄、归庐）　1-总-005，3-36-2101、2124，3-43-2541，3-44-2623、2632、2632注、2707

汪道涵　3-44-2667

汪谦（益寿、天南游子）　3-36-2124，3-43-2547注

汪蓬龙　3-44-2669

汪楷　3-36-2124，3-44-2632

汪煦（日初、柏山）　3-36-2124

汪锡舫　2-26-1628

汪魁（斯禄）　3-36-2124

汪福成　3-41-2436

汪镇雄　3-36-2124

汪黼文　3-36-2124

沙孟海　3-37-2169，3-44-2659、2662注

沃岳兴　2-22-1465

沃亲臣　3-44-2713

沈一飞　2-25-1589

沈七金　3-41-2458

沈三清　3-41-2446注

沈士本　3-44-2706

沈小平　3-39-2323

沈小萍　3-39-2325

沈义　3-44-2701

沈之先　3-36-2101

沈卫明　3-44-2715

沈元铭　3-44-2706

沈云龙　2-23-1520，2-25-1590

沈云先　3-41-2446

沈云英　3-36-2124，3-37-2166，3-43-2541，3-44-2623、2629、2630

沈巨桥　2-23-1509

沈仁泉　1-11-643、644，2-14-1017

沈月辉　3-35-2038

沈凤飞　2-22-1455，2-23-1509，3-44-2723

沈文龙　2-22-1455

沈文仙　3-44-2714

沈文秀　3-44-2624

沈文炎　3-41-2432

沈文炳　3-44-2707

沈文锡　3-36-2125

沈正贤　2-23-1508

沈龙光　3-37-2159注

沈东　3-39-2323、2324

沈仙云　2-23-1509

沈玄庐　2-27-1638注

沈永齐　3-41-2457

沈辽　3-37-2161注

沈邦通　3-37-2159注

沈亚萍　3-44-2720

沈有金　2-23-1508注

沈有根　3-44-2690

沈成烈　3-37-2161，3-44-2711

沈至绪　3-36-2124，3-44-2629、2630、2713

沈廷杰（翔郛、云石山樵）　3-36-2125

沈华庆　3-39-2324

沈华忠　3-39-2323

沈似爇　3-44-2712

沈庆南　2-23-1520，2-26-1628、1629

沈关土　3-44-2716

沈忙作　3-44-2684

沈兴芳　3-44-2720、2721

沈如懋　3-44-2713

沈观兴　3-44-2724

沈志远（沈会春、沈观澜、沈任重、王剑秋）　3-36-2124，3-43-2541，3-44-2655、2656

沈志明 1—11—704

沈芸 2—29—1742

沈芬 3—39—2324

沈吾泉 2—23—1519

沈钊水 2—23—1509

沈钊根 2—23—1509

沈攸 3—44—2624

沈饮甫 2—26—1604注

沈沛福 3—41—2446

沈张先 2—26—1629

沈张俊 2—22—1455

沈阿三 1—6—295

沈阿大 1—6—294

沈阿水 3—44—2717

沈阿芬 1—6—294

沈阿堂 3—34—1951注

沈环 3—41—2428

沈青松 3—36—2068、2094、2144,3—40—2369、2382、
2399

沈坤 3—44—2704

沈英杰 3—39—2325

沈枝根 2—22—1455,2—27—1671,3—36—2093

沈奔新 1—记—026,2—22—1455、1457、1462、1463、
1464,2—24—1555,2—25—1585注,2—26—1619,
2—30—1757

沈奇勋 3—44—2713

沈国灿 2—14—1019、1020,2—22—1455

沈国明 3—39—2322

沈昌增 3—37—2169注

沈明德 3—34—1952

沈迪云 3—36—2094、2143

沈忠久 3—35—2017

沈忠贵 2—13—934

沈忠悦 1—1—068

沈佩兰 3—44—2623、2653

沈金华 3—39—2322

沈金海 3—44—2719、2724

沈受谦 3—44—2711

沈周 3—44—2637

沈泽 3—44—2703

沈宝庆 3—44—2723

沈定一（宗传、叔言、剑侯、玄庐、三先生） 1—
总—005,1—11—725,2—22—1452注,3—34—2000
注,3—36—2065注、2066注、2089、2096注,3—37—
2158、2167、2181、2191、2207、2208,3—41—2435
注,3—43—2564,3—44—2642、2643、2651,3—45—
2749、2750

沈建刚 3—35—2017

沈荣虎 3—44—2724

沈柏祥 2—13—908、908注、920

沈钧儒 3—44—2655

沈信贤 1—11—593

沈炼（纯夫、青霞） 3—36—2124

沈祖伦 1—记—028

沈祖燕 3—44—2712

沈盈涛 3—43—2556注

沈益平 3—39—2322

沈海尧 3—36—2144

沈埴 3—37—2159注

沈培仙 3—41—2454

沈菊庆 2—23—1509

沈跃跃 2—22—1485

沈笺 3—44—2700

沈敏 3—44—2714

沈敏丽 2—26—1605注

沈彩凤 2—23—1508注

沈彩仙 2—23—1520

沈望原 3—36—2125

沈鸿烈 3—44—2655

沈鸿章 3—35—2038

沈惠斋 3—36—2125

沈雁冰 3—44—2642、2647

沈堡 3—37—2202

沈街 3—44—2700

沈斌 3—42—2529

沈蒙思 3—39—2324

沈蒙恩 3—39—2323

沈锡禹 3—44—2630

沈锦煜 3—36—2063

沈烽光 3—44—2705

沈静良 3—35—2017,3—44—2719、2721

沈聚兴 3—34—1951注

沈蔚琴 2—25—1566

沈霁春 3—44—2623、2663、2663注、2664

沈睿达 3—37—2161注

沈镇东 3—44—2713

沈德佑 3—37—2159注

沈毅臣 3—41—2454

沈衡（公持） 3—36—2124,3—44—2700

沈懋学 3—44—2705

沈襄 3—44—2712

沈璧 1—7—366、378注,3—36—2066注、2073注、2092、
2093

沈鑫杰 3—39—2323

怀莲 3—41—2444

宋一慧 3—41—2456、2458

宋大松 3—44—2720

宋之问 1—总—004、004注,3—37—2201、2206,3—44—

2623注

宋仁宗　3-45-2730

宋化春　2-29-1742

宋平　1-记-027

宋有生　3-34-1951注

宋达甫　3-41-2458

宋达贤　3-41-2458

宋成仁　1-9-451

宋建　1-1-060

宋孟荣　3-44-2718

宋庠　3-44-2700

宋祖英　3-37-2212注

宋神宗　3-45-2742

宋真宗　3-41-2429，3-44-2625

宋健　1-记-028

宋高宗　3-44-2626

宋理宗（赵昀）　3-37-2218注

宋教仁　3-44-2639

宋梦岐（长生）　2-22-1452注，3-44-2646、2655、2663

宋照肃　1-记-032

宋稷辰　3-37-2171

宋德福　1-记-029

宋徽宗　3-37-2197

宏参　3-41-2432

〔丶一〕

启元　3-41-2430

〔一一〕

张九斤　2-27-1677

张九成　3-36-2125，3-44-2701

张力　3-36-2087

张士寿　3-36-2125

张士良　2-26-1612注

张士佩　3-37-2198注

张士诚　3-37-2193

张士信　1-总-005

张才姑　1-6-294

张义　2-23-1519

张之万　3-44-2710

张之洞　3-44-2640

张子俊　3-45-2727

张飞卿　3-44-2702

张天云　3-41-2456、2458

张天乐　2-26-1614

张元龙　1-11-774

张元忭　1-2-074注

张元济　3-44-2640、2667

张云襄　2-29-1735注，3-34-1997注

张升　3-44-2703

张长贵　2-23-1519

张介立　3-45-2748

张月　1-1-067注，3-36-2087

张凤翔　2-21-1423

张文达　3-44-2713

张文浩　2-23-1509

张文瑞　3-36-2125

张文蘫　1-2-074，3-36-2099，3-42-2462

张火炼　2-13-885

张以诚　3-44-2705

张玉庆　1-5-276

张玉祥　1-5-276

张玉琴　2-23-1509

张世源　1-11-774

张龙生　1-记-023，2-24-1534

张汉根　3-44-2716

张宁　3-41-2437、2437注

张亚涛　3-44-2714

张百揆（吟舫）　3-36-2125，3-44-2710

张成龙　3-36-2066注

张成林　2-23-1508，2-26-1605

张贞　3-44-2703

张同延　3-34-1933

张朱贵　3-36-2080

张廷相　3-41-2436

张伟成　2-23-1530

张旭　3-44-2624

张亦帆　3-44-2715

张兴龙　1-11-747

张兴甫（起隆）　3-36-2125

张宇才　3-36-2072、2085

张寿　3-36-2135

张运青　3-43-2578注

张孝伯　3-44-2701，3-45-2729

张志彦　3-44-2709

张芸　1-记-022

张克明　2-22-1462注

张克群　3-44-2666注

张吾美　3-44-2718、2724

张来甫　3-44-2720

张坚民　1-11-672

张肖明　3-44-2715

张岐　2-22-1455、1463

张伯淳　3-37-2169注

张希本　2-23-1508注

张应曾　3-44-2707

张应椿　3-36-2101

张启楣　1-9-447

张即之　3-37-2161注

张际鹏　3-44-2706

张阿满　1-6-294

张劲夫　1-记-027

张招（宗定、竹窗）　3-36-2135，3-37-2204

张叔阳　3-44-2702

张叔椿　3-44-2702

张国明　3-34-1973

张国俊　2-22-1455

张迪　2-23-1509

张忠培　1-1-060

张岱　3-37-2194，3-40-2352注，3-41-2446注

张侃　3-39-2340注

张庚　3-44-2674

张炬　3-36-2099

张学理　2-22-1455

张宝根　3-41-2436

张宗祥　3-36-2101，3-45-2746

张官富　1-11-643，3-44-2720

张试　3-36-2125，3-43-2535注，3-44-2705

张建人　1-11-669，2-14-1017，3-44-2720

张建民　2-27-1649注

张建勋　3-44-2712

张建桥　1-6-324

张建娟　1-6-294

张弧（毓源、岱杉）　3-44-2647

张承汉　3-36-2063、2069、2143，3-43-2559

张迨　3-44-2713

张春浩　2-27-1638注

张柏根　3-44-2685

张柱承　2-27-1649注

张树泓　2-23-1509

张奎　3-37-2198注

张思正　3-36-2125

张思古　3-36-2125

张思贤　3-36-2125

张思卿　1-记-030

张思道　3-36-2125

张勋　3-44-2647

张钧澄　3-44-2683

张复初　3-36-2125，3-37-2196注，3-43-2536注

张信　3-44-2703

张泉根　2-23-1519、1520，2-25-1567，2-26-1628

张剑秋　3-36-2068

张炳　3-44-2702

张炳浩　3-36-2069

张炳琪　3-34-1973

张恺之　3-44-2718

张祐　3-44-2628

张冠明　3-36-2143，3-45-2750

张祜　3-37-2193

张素诚　3-43-2554，3-44-2671、2673

张起岩　3-44-2703

张莲英　1-6-295

张桂凤　3-43-2544，3-44-2671、2674、2675

张桂江　3-44-2723

张夏（十一郎官）　3-40-2408、2414、2415，3-41-2441、2441注、2451，3-44-2625

张恩夫　3-41-2442

张称逊（秋岩）　3-36-2125，3-37-2196注

张爱莲　2-26-1613注

张唐卿　3-44-2700

张烛　3-36-2094，3-44-2704，3-45-2729

张浩峰　3-34-1977

张海迪　3-34-1971

张浚　3-36-2118

张家业　2-23-1509

张家和　3-36-2087

张诸武　1-记-031

张谅　3-36-2125，3-43-2535注，3-45-2730

张谊　3-36-2125，3-43-2535注，3-44-2705

张继庆　2-23-1509

张菊仙　1-记-022

张雪珍　2-22-1455，3-44-2724

张辅　3-36-2125

张彪　1-总-005

张崇　3-45-2727、2729、2732、2733、2736

张赟（张舰、时俊、枫邱、风囚）　3-36-2125，3-37-2170、2172，3-44-2628、2704

张逸民　2-29-1735注

张清　3-34-1973

张鸿铭　3-44-2694

张维　3-44-2666注

张维恒　2-14-1017

张瑛　3-45-2748

张朝琮　3-36-2125

张集　3-44-2713

张善士　3-36-2125

张善伯（文业）　3-36-2125

张道伦　3-41-2436

张道兴　3-41-2436

张道荣　3-41-2436

张禄　3-44-2628

张蓉芳　3-39-2342

〔一丨〕

陈永泰　2—23—1509

陈永根　2—23—1519

陈邦柱　1—记—030

陈吉林　3—35—2005，3—44—2720、2721

陈有遵　3—44—2713

陈成惠　2—25—1567，3—35—2035，3—44—2724

陈尧仁　3—44—2706

陈至言　3—44—2706

陈光淞（根儒、藻芬）　3—36—2126

陈光颖（伯蕴、光仁、元蕴）　2—13—875注，3—44—2638

陈光裕　3—44—2716、2719

陈光煦　3—44—2711

陈刚　1—1—068

陈先信　3—36—2093、2094

陈廷铮　2—22—1455

陈伟良　2—27—1656

陈传忠　3—36—2094

陈华龙　1—11—680

陈仰定　2—14—1017

陈朵如（选珍）　3—37—2153，3—44—2653、2654

陈汝衡　3—44—2629

陈兴浩　3—43—2577注

陈守一　1—6—315

陈守迎（宾之）　3—36—2126

陈军　3—39—2324

陈如昉　1—2—073注，2—22—1464，2—24—1534，2—25—1585注

陈如江　3—38—2234

陈如坤　1—11—712

陈欢林　3—44—2691

陈红儿　3—39—2322

陈红燕　3—44—2719

陈寿　3—45—2729

陈寿椿　3—38—2232、2232注、2233

陈志忠　2—27—1692、1692注、1698注

陈志放　3—36—2073注、2092，3—45—2747、2748、2749、2750

陈志诚　3—41—2426

陈志相　3—34—1973，3—39—2321、2322，3—44—2717

陈志根　1—1—043注，1—6—298，1—8—399注，1—12—776注、777注、790、834、835，3—36—2099注、2142、2143、2144，3—37—2205注，3—45—2748、2749、2750、2751

陈志富　3—36—2142，3—45—2748

陈声扬　3—37—2153

陈芳　3—39—2322

陈苏凤　2—22—1455，2—23—1520

陈杏姑　1—6—294

陈更美　2—22—1455，2—23—1520，2—27—1659，3—44—2724

陈丽娜　3—45—2748

陈辰　3—36—2073

陈坚　2—22—1455

陈秀卿　2—22—1464，2—23—1519

陈秀清　3—41—2458

陈作霖　1—记—029

陈伯龙　3—44—2705

陈伯吹　3—44—2668

陈希同　1—记—029

陈张达　2—22—1455，2—25—1568

陈张海　1—记—018，1—11—642、643，2—22—1455，2—23—1508，3—44—2716、2718

陈张焕　2—23—1509

陈陆林　1—11—643，3—44—2718

陈阿丰　2—23—1519

陈阿兰　1—6—295

陈阿花　1—6—294

陈阿林　1—6—294

陈妙林　2—16—1132，2—23—1509，3—44—2723

陈妙法　3—44—2688

陈幸乔　3—34—1976

陈招贤　1—11—643、644，2—13—938，3—44—2720

陈招娣　3—39—2342

陈其美　3—44—2640

陈叔通　3—44—2654

陈尚君　3—44—2625注

陈呆仁　3—40—2415，3—41—2429、2448

陈国良　3—34—1977

陈国忠　3—37—2209

陈国笑　3—39—2323

陈明　3—44—2723

陈迪昌　3—38—2235，3—43—2567

陈忠友　3—41—2456

陈佳兵　2—22—1455，2—23—1520

陈佩永　3—37—2152、2160，3—38—2232注，3—44—2622、2664、2665

陈金水　2—14—993

陈念祖　2—26—1604注

陈念畴　3—43—2547注

陈宝土　3—44—2657、2658

陈宝才　3—44—2720

陈宝清　2—25—1590

陈宜中　3—36—2126、2134

陈郊　3—44—2703

陈建生　1—7—356

陈建军　1—记—023，3—44—2721

陈建祥　2—23—1509

陈建强　2—23—1509

陈绍宝　2—26—1605

陈绍型　3—44—2709

陈春　3—36—2101，3—37—2156注

陈春水　3—39—2313

陈玲珠　2—23—1509

陈苔　3—36—2126

陈南　3—43—2536注

陈拯民　3—38—2233

陈修堂　3—41—2458

陈俊生　1—记—029

陈俊镛　1—记—026，2—14—1011，2—23—1523

陈剑利　3—39—2340注

陈胜良　3—34—1934、1973、1977，3—36—2143，3—44—2722

陈独秀　3—44—2642、2663、2668

陈亮　2—13—938

陈洪绶　3—37—2180，3—44—2635、2637

陈祖尧　3—38—2232注

陈勇　3—36—2099注，3—37—2211注

陈珠　3—36—2072注

陈晋生　3—37—2207，3—44—2641、2642

陈桥驿　1—3—186，3—37—2203

陈根华　2—23—1509

陈根儒　3—38—2232注

陈晓旺　3—36—2067

陈晖　3—36—2087

陈枲　3—37—2195注

陈俲　3—44—2706

陈涛　2—27—1671，3—36—2066、2067、2142、2143、2144

陈浩春　2—23—1508注

陈家骐　3—44—2708

陈海明　2—13—938

陈家贤　1—6—294

陈容　3—44—2721

陈祥云　3—36—2071

陈继光　3—36—2144

陈继昌　3—44—2709

陈继祥　3—35—2038

陈培坤　2—13—908

陈菊仙　3—39—2314

陈雪　2—23—1509

陈雪年　3—36—2111

陈雪敏　3—36—2066

陈晨　2—22—1464

陈崇学　3—36—2126

陈铭珊　3—44—2671、2672

陈敏　3—39—2323

陈得明　3—36—2126，3—43—2599

陈商　3—36—2093

陈望云　2—22—1455

陈望道　3—44—2642、2660

陈鸿寿　3—37—2179

陈鸿懋　2—25—1566，2—27—1688

陈淳　1—1—060

陈寅恪　3—44—2671

陈绪辉　3—41—2453

陈越泉　3—37—2160

陈惠芳　2—22—1455

陈惠娟　3—34—1936

陈雄伟　3—41—2454

陈雅珍　1—6—295

陈雅馥　3—41—2454

陈简　3—36—2126

陈循　3—44—2703

陈敦朴（惠清）　3—36—2126

陈善家　2—23—1509

陈道瑾　3—36—2144

陈曾荫　3—45—2732、2732注、2733

陈湘帆　2—26—1604注

陈强　2—16—1173

陈瑞良　3—34—1950注

陈瑗（伯玉）　3—36—2126

陈蓉纪　3—37—2169注

陈锤（克权）　3—36—2126

陈锦昌　3—38—2235，3—43—2567

陈简文　3—44—2661

陈新　2—14—1017

陈新耀　2—22—1455，2—23—1509

陈意如　2—25—1567

陈谨　3—44—2705

陈福根　1—记—026，2—14—1020，2—22—1455、1456、1462、1464，2—24—1534，2—25—1567、1568、1573

陈福潮　3—34—1976注

陈静斋　3—44—2652

陈慕华　1—记—027、029，2—14—981

陈蔼如　3—37—2153

陈僖　3—37—2198注

陈瑾　2—22—1455，2—27—1650、1656

陈镇祥　3—41—2452、2453

陈德信　3—35—2017

陈德谊　3—38—2234

陈德雄　2—23—1508注

陈潼源　3—37—2158

陈璞　3—37—2180

陈默　3—36—2067

〔一丿〕

欧阳一敬　3—37—2198、2198注
欧阳恋　3—45—2745
欧阳询　3—45—2746
欧阳哲生　3—44—2644注
郁义安　3—36—2127
郁仁花　1—6—294
郁玉恩　2—23—1509
郁龙旺　2—22—1463，2—30—1757
郁达夫　3—34—1955注，3—36—2127，3—44—2623注
郁仰　3—36—2127
郁贡（郁黄）　3—36—2126
郁明笙　3—36—2127
郁振民　3—44—2719
郁崑（漱山）　3—36—2101、2127，3—43—2535注，3—44—2636、2711
郁维美　2—23—1508、1509
郁绵　3—36—2126、2127
郁景　3—36—2127
郁歆　3—36—2126
郁毓　3—36—2127
奈通　1—记—035，1—4—233

〔一→〕

拉尔斯曼·巴哈杜尔·巴斯内特　1—记—039
拉路　3—41—2455
披实·赫马布　1—记—036

〔丨一〕

叔虞　3—36—2122
卓鹤君　3—44—2687

〔丨、〕

尚舒兰　1—记—021、023，1—6—313，1—11—641，1—12—821，2—23—1508，2—27—1643，3—36—2075，3—44—2699、2716、2717、2720、2721、2724

〔丨→〕

明太祖　（见朱元璋）
明本　3—41—2439
明珍　3—41—2437
明宪宗　3—44—2628

明然　3—41—2440
明懿夫人　3—36—2128，3—37—2170、2182、2218注
岩将老太　3—37—2170
罗万化　3—44—2705，3—45—2730、2730注
罗卫东　2—13—840注
罗戈登　3—41—2455
罗廷雄　2—25—1567
罗纳德·奥林尼克　2—17—1192
罗隐　1—总—004、004注，3—37—2206、2213注
罗豫章　3—45—2729
迪奥　1—记—036

〔丿一〕

和光厚一郎　1—记—026，2—23—1523
和合正治　1—记—036
竺万华　2—13—934
竺江波　3—39—2314

〔丿丨〕

佳城　3—40—2404
佩红　3—40—2398
岳飞　3—40—2408，3—43—2608，3—44—2633

〔丿、〕

金一平　3—39—2322
金乃华　2—23—1520
金兀术　3—41—2451注
金小萍　3—36—2070
金日成　3—36—2082注
金水氏　1—6—294
金水炳　3—34—1962
金仁甫　2—23—1509
金文藻　3—44—2709
金以森　3—38—2255
金玉毛　3—36—2073
金玉英　1—记—023，2—23—1509，3—44—2724
金世恩　3—44—2652
金石声　3—36—2127，3—44—2709
金训华　3—44—2684
金永顺　3—44—2718
金永泉　2—23—1509
金邦立　3—36—2127
金老虎　2—22—1455，2—24—1555，2—25—1567、1568、1573、1574，3—45—2750
金亚民　2—27—1641

金亚娥　1—6—295

金伟相　1—11—644

金关木　2—13—889注、890

金兴根　2—13—889

金观林　2—23—1509

金志桥　2—14—1019，3—35—2035

金芳　3—39—2324

金杏花　1—6—295

金吾伦　3—36—2141、2142，3—44—2682

金连根　2—23—1509，3—44—2717、2720

金利权　1—1—068

金秀泉　2—23—1509

金阿姑　1—6—294

金阿根　3—36—2065、2067、2067注

金其法　1—记—014，2—22—1455、1462、1463，2—23—
　　1508、1509、1519、1520，2—24—1556，2—27—
　　1680，3—36—2090、2091

金茂　3—36—2127

金杰　3—38—2234

金国安　3—43—2605

金昌魁　3—39—2342

金鸣珠　2—22—1455、1462注，2—23—1509、1519

金凯平　1—记—038

金郑沛　1—9—447

金宝祥　3—37—2153，3—44—2671、2672

金贲亨　3—37—2203

金俊汉　3—36—2058注

金胜山　2—23—1509

金胜荣　2—22—1462，2—23—1509、1514、1515，2—24—
　　1533

金晔　3—42—2529

金恩忠　3—35—2017

金凌芳　3—34—1977

金涓　3—43—2552

金海观（晓晚）　2—23—1508注，2—25—1566，2—26—
　　1612、1612注、1613、1614、1615、1618，2—27—
　　1641，3—34—1956，3—36—2144，3—37—2181，
　　3—44—2623、2659、2660，3—45—2750

金润泉（百顺、润泉）　3—43—2616，3—44—2652

金祥荣　2—13—840注

金常书　2—25—1567

金雄波　2—13—908

金绒　3—34—1997注

金鉴三　2—25—1590，2—26—1624、1624注、1625、1627

金福英　1—6—294

金福泉　2—23—1516，2—29—1735

金榜　3—44—2707

金德　2—27—1641

金德庆　2—13—934

金德瑛　3—44—2706

周土林　2—22—1455、1462，2—25—1568、1573、1574

周之麟　3—36—2127，3—44—2706

周马法　2—23—1508注

周丰　3—39—2322

周元浤　3—36—2127

周无江　3—36—2066

周少伟　1—1—067注

周水荣　2—23—1520

周长兴　3—44—2721

周仁水　2—23—1519，3—36—2090、2091，3—37—2208

周从远　3—36—2127

周凤英　3—44—2717、2718

周文乔　3—36—2127

周文郁　3—45—2746

周文实　3—36—2127

周玉玲　2—22—1455

周世仁　3—41—2445

周世勋　3—44—2667注

周汉　2—26—1614

周汉荣　3—44—2687

周匡物　1—9—505注

周再庆　2—25—1596注，3—41—2456、2457、2458

周成　3—41—2431

周光祖　3—44—2711

周刚　2—14—989

周先木　2—22—1463、1464、1465

周壮秋　3—38—2234

周兴法　2—23—1519，2—27—1692、1692注

周如泉　1—6—294

周红英　1—1—044，2—23—1509，2—24—1534，2—26—
　　1605、1607，2—27—1701注

周更春　3—44—2719

周吾芸　2—25—1590

周丽珍　1—1—068

周来兴　2—33—1919

周来明　2—22—1455、1457、1462、1463、1464

周来新　2—22—1455

周连　3—36—2127

周岐彦　3—36—2127

周作人　3—44—2671

周作梅　3—36—2127

周伯棣　3—44—2662

周闲　3—44—2635

周茂昌　2—14—1020，2—22—1455

周国庆　3—45—2749

周明道　2—26—1619注，3—37—2203

周易藻（芹生、璐琴、遁叟）　1—3—131注，3—36—
　　2094、2127、2128，3—37—2162、2162注、2194、

2195、2197注、2198、2199注、2200、2201、2203、
3-40-2415，3-41-2426、2441，3-44-2646、2646
注、2647，3-45-2743

周凯　3-45-2748

周凯波　3-36-2099、2100

周凯旋　2-22-1455，2-23-1520

周牧（崇谦）　3-36-2127

周和顺　3-41-2434

周承德　3-44-2661

周荆山　3-36-2100

周柏棣　3-44-2644

周思荣　3-41-2437

周秋英　1-6-294

周信芳　3-44-2667

周亮工　3-45-2746

周宪　3-44-2704

周素娥　3-44-2722

周起莘　3-36-2127

周恩来　2-22-1503，2-26-1614，2-27-1686，3-40-
2398，3-44-2645、2657、2661，3-45-2738

周铁农　1-记-031

周颂华　2-23-1508、1509，2-25-1567、1568、1570、
1571、1572，2-26-1628、1628注、1629、1630

周海辉　1-1-068

周培源　1-9-489，3-44-2668

周梅芳　3-44-2715

周副（元赞）　3-36-2127

周盛昆　3-44-2638

周盛渤　3-44-2638

周得坦　3-45-2744

周望森　3-44-2648注

周焕君　2-22-1502，2-23-1509、1519

周密　3-40-2352注

周谔　3-44-2700

周绳烈　3-44-2705

周敦颐（茂叔、濂溪）　3-36-2127，3-37-2165

周锡林　2-23-1519

周锦发　2-22-1455

周滨　3-36-2127，3-44-2707

周慧英　1-6-294

周磊义　3-45-2748

周德耿　3-36-2060

周骥　3-36-2127

周霭　3-44-2706

净遑　3-38-2233注

於士达　3-36-2128，3-37-2203

於则　3-36-2128

於仲生　3-41-2447

於志明　3-35-2017，3-44-2720

於灿文　3-36-2128，3-44-2709

於岳　3-36-2128

於春明　3-44-2720

於垣（民怀）　3-36-2128

於海康　3-35-2017

於善（世魁、国平）　3-36-2128

庞炳记　2-13-892注

庞渔艇　3-36-2068注

〔、一〕

净生起祖和尚　3-41-2430、2430注、2438

净僧　3-41-2436

〔、丿〕

郑天生　2-23-1509，3-44-2719、2722、2723

郑云飞　1-1-067、068

郑水娟　1-记-023

郑公麒　3-36-2128

郑公麟　3-36-2128

郑文甫　3-37-2196

郑文珍　3-36-2099

郑文娟　3-34-1973

郑巧形　2-26-1619、1619注，3-38-2304，3-44-2721

郑旦　3-44-2623，3-45-2746

郑成还　1-记-037

郑廷玉　3-42-2512

郑仲良　2-23-1509

郑庆均　3-44-2718

郑兴江　3-44-2719

郑聿　3-36-2128

郑孝胥　3-37-2179，3-44-2640

郑吾法　2-22-1455，2-27-1671

郑吾珍　2-23-1508、1508注、1519，2-25-1590

郑佐国　3-44-2723

郑伯利　3-39-2340注

郑应简　3-44-2707

郑初勤　2-29-1735

郑苗　1-1-043

郑林兔　2-23-1520

郑国洲　2-25-1567

郑国鸿　3-44-2633、2634

郑知微　3-44-2701

郑欣森　1-1-069

郑建明　1-1-067、068

郑皆唐　3-37-2169注

郑振庭　3-37-2171，3-44-2650、2651

郑哲新　2-29-1735注

郑铁飞　3-44-2720、2721

郑海龙　2-20-1392注

郑通之（知微）　3-36-2128

郑继中　2-29-1735

郑梁　3-36-2100

郑维萍　2-23-1509

郑道之　3-36-2128

郑锡淳　3-44-2711

郑锡瀛　3-44-2710

郑福泉　2-33-1921

郑祢（以诚）　3-36-2128

郑嘉言　3-36-2128

单士厘（受兹）　3-43-2535，3-44-2623、2648

单才华　2-26-1619注

单大周　2-23-1509

单开芬　3-41-2456

单不庵（不厂、丕、诒孙、伯宽）　3-44-2644、2644注

单月琴　3-36-2073

单有三　3-37-2169注

单顺昌　1-11-644

单莺　1-记-021，3-39-2327

单夏兰　3-37-2207

单银木　2-22-1455

单隆周　3-37-2192注，3-43-2539注

单道（俊良）　3-43-2535，3-44-2626

单裕元　3-39-2313

单锦珩　3-44-2648注

单霁翔　1-1-069

〔、、、〕

法本　3-41-2435

法忠　3-41-2435

法定　3-41-2431

法禅　3-38-2232注

法属　3-41-2430注

法馨　3-41-2430注

性坚　3-38-2233注

性道　3-41-2444

性鉴（李寿生）　3-37-2173，3-41-2431、2431注、2439

宗　3-36-2132

宗槐　3-40-2404

定法　3-41-2430注

宓红娟　3-39-2322

宓道生　3-41-2455

学明　3-41-2445

学修　3-41-2445

〔、→〕

郎中岳　3-36-2128

郎中鼎　3-36-2128

郎奉泉　3-36-2128

郎费伯　3-36-2128

房玄龄　3-36-2133

〔→—〕

弥鉴　3-41-2426

屈原　3-43-2612

〔→→〕

绍钟　3-38-2232注、2272注

经叔平　1-记-032

孟庆林　2-23-1508注，2-24-1533注

孟志军　2-32-1858

孟阿增　2-23-1509

孟国平　1-1-067

孟剑秋　3-36-2074注

孟宪斋　2-22-1462注

孟浩然　1-总-004，3-37-2195注、2206，3-43-2552

孟梓贤　2-23-1509

孟简　3-37-2204、2205

九　画

〔——〕

春溪　3-37-2196、2199

〔一丨〕

项仙珍　2-23-1519

项关贤　1-7-362

项羽　3-37-2194、2216

项志华　3-44-2715

项怀诚　1-记-031

项阿大　1-6-295

项忠孝　1-11-644，2-22-1455，3-44-2721、2722

项宝泉　3-36-2099、2100

项荣泉　2-23-1509

项桦　2-13-934

项雪菲　3-39-2323

项维清　1-记-019，1-11-642、643，2-17-1192、

　　1193、1194
柯元甫　3—37—2199注
柏仁　3—40—2404
柳本利幸　1—记—039
柳亚子　3—37—2208
柳名溪　3—38—2234，3—43—2566
柳志青　1—1—068
柳翔　1—1—068
胡九中　1—记—014，3—39—2327、2340注
胡大泉　3—36—2129
胡大海　3—43—2578
胡大隆　2—23—1520
胡大韶　3—36—2129
胡广　3—44—2703
胡元灯　3—36—2129
胡少军　3—39—2325
胡中庭　3—44—2715
胡长清　2—22—1489
胡长孺　3—37—2169注
胡文　3—36—2129
胡文均　3—37—2169注
胡文俨　3—36—2129
胡平　1—记—030
胡仙锄　3—36—2101
胡永洲　3—44—2691、2692
胡吉棠　3—41—2455
胡尧臣　3—37—2198注
胡则　3—36—2129，3—40—2415，3—41—2441
胡先锦　3—44—2717
胡乔木　1—记—027
胡传根　1—11—593
胡兆金　2—25—1590
胡安国　3—44—2629
胡志光　2—26—1636
胡志荣　2—26—1613
胡应麟　3—44—2623注
胡沛霖　3—43—2535注
胡宏我　3—36—2129
胡林森　2—23—1520
胡松　3—37—2198注
胡国荣　3—36—2068注、2069、2084
胡昉　3—44—2704
胡金龙　3—44—2720、2721
胡金和　3—44—2719
胡学　3—36—2129
胡宗南　3—44—2650
胡宗宪　3—37—2198注
胡建龙　3—36—2069
胡荣生　2—25—1567

胡柏夫　1—11—602
胡柏贤　3—41—2459
胡奎　3—37—2213
胡适　3—44—2644注、2671
胡祖浩　2—29—1742
胡珪（时佩）　3—36—2129
胡艳　3—36—2072
胡铁军　3—36—2070
胡谈　3—36—2129
胡继光（守元）　3—36—2129
胡继先　3—44—2701
胡彩娟　2—23—1519
胡彩琴　1—6—294
胡隐圃　3—36—2129
胡舜臣　3—37—2161注
胡嗣宗　3—44—2703
胡锦涛　1—记—025、029，1—12—808，2—22—1461、
　　　1482、1485，3—44—2695
胡解民　3—36—2099注
胡源海　3—36—2129
胡源澧　3—36—2129
胡暹　3—43—2579
胡蝶　3—44—2667、2667注
胡燏棻（芸楣）　3—44—2638、2639、2711
胡豫　3—44—2638
封观珍　2—23—1509
封明志　2—23—1509
郝瑞　3—36—2099
郦道元　3—37—2194
南田（恽寿平）　3—44—2637
赵一凡　3—35—2038
赵与涨（深渊）　3—36—2128
赵之琛　3—37—2179、2180
赵之鼎　3—36—2129
赵之谦　3—37—2179、2180，3—44—2636、2637、2661
赵子龙　3—39—2340注
赵子渐　1—2—096注，1—9—446注
赵元顺　3—36—2095注
赵不衰　3—37—2197
赵文永　3—36—2129
赵文荣　3—44—2723
赵文勋　3—36—2129
赵文清　3—36—2129
赵文楷　3—44—2708
赵文璧　3—36—2129，3—44—2713
赵文耀　1—11—602，1—12—837，3—44—2723
赵东方　3—36—2075、2087
赵申行　2—14—990，2—22—1455、1462、1463，2—23—
　　　1548，2—24—1508，2—30—1757

赵汉卿（建藩、叔屏、汉卿）　3－44－2651

赵永万　2－22－1455

赵永前　1－记－017，2－22－1455、1462、1463，2－23－
　　1508、1509、1520，2－24－1555，2－25－1567、
　　1568、1571，2－27－1685注，2－30－1757

赵匡胤　3－36－2128、2133、2134，3－41－2448注

赵扩　3－36－2118，3－37－2197

赵朴初　3－41－2433

赵伟　2－13－840注，3－45－2748

赵仲睦（旺益）　3－36－2128

赵仲穆　3－45－2741

赵并欢　2－27－1638注

赵汝愚　3－36－2118

赵纪来　1－2－073注，2－22－1455、1462、1463、1464，
　　2－24－1555，2－27－1649注，2－30－1757，3－45－
　　2749

赵伯鹿　2－26－1605、1605注，2－26－1607

赵阿大　1－6－294

赵纶（君任）　3－44－2626

赵茂康　3－35－2017

赵英艳　3－34－1934

赵构　3－36－2125、2134，3－37－2193、2196，3－41－
　　2432注、2444注、2451注

赵明章　3－44－2718、2721

赵昀　3－36－2125、2128，3－37－2172、2182，3－38－
　　2233，3－43－2536注

赵秉忠　3－44－2705

赵估　3－41－2444注

赵岳松　3－36－2087

赵侠卿　2－27－1638注

赵诚　3－36－2129

赵建杨　3－36－2098

赵建国　3－44－2722

赵孟冶（梅泉）　3－36－2128

赵孟頫　3－37－2169注，3－44－2635

赵柏松　2－23－1509

赵柏静　1－11－602

赵钜　3－36－2129

赵保禄　3－41－2453

赵剑胤　3－36－2070

赵祖尧　3－35－2017

赵晔　3－45－2745

赵罡　3－36－2134

赵睿　3－37－2173

赵爱根　3－44－2714

赵铭　3－36－2129

赵婉文　3－41－2452、2453、2454

赵琴姑　1－6－295

赵紫阳　2－25－1571

赵辉　1－1－068

赵善济　3－45－2742

赵锡祥　2－23－1509、1519

赵詹奇　1－9－448、451

赵新高　2－27－1672，3－36－2073

赵福庆　2－23－1516，2－24－1534

赵缙　3－37－2217

赵翠梅　2－22－1455、1456、1462、1464

〔一丿〕

咸丰帝　3－44－2635

〔丨→〕

昭玄　3－37－2161注

显梅　3－41－2435

界彬　3－41－2427

〔丿一〕

钟大道　3－37－2198注

钟小芳　3－39－2324

钟子期　3－36－2129

钟马潮　3－44－2645

钟水平　3－39－2322

钟世绥　3－36－2129

钟礼仁　2－32－1880、1881，3－44－2644

钟老虎　2－23－1509

钟臣英　3－36－2130

钟迈　3－44－2702

钟廷珏　3－36－2129

钟廷瑞　3－36－2129

钟廷璋　3－36－2129

钟廷瓒　3－44－2703

钟延珏　3－44－2701

钟延瑞　3－44－2701

钟华成　3－44－2723

钟名隆　3－44－2702

钟江（永定）　3－36－2129

钟吾熙　1－11－640，2－31－1803

钟阿马　2－22－1473，2－32－1880、1881，3－36－2130，
　　3－37－2170、2171、2190，3－44－2644、2645

钟明德　3－44－2702

钟学颖　3－39－2325

钟宝华　3－36－2129，3－37－2164，3－44－2711

钟离牧　3－45－2729

钟骏声　3－44－2711

钟雪铨　1—6—294
钟馗　3—37—2176、2177
钟朝节　3—44—2702
钟傅（世荣、弱翁）　3—36—2129
钟锡瑞　3—44—2709
钟儒　2—27—1649注
钟繇　3—44—2670
钟襟　3—36—2129
钟瀛　3—44—2710
钟麟侪　2—32—1881，3—44—2644
钮茂生　1—记—030
钮福保　3—44—2710

〔丿丨〕

保尔·柯察金　3—34—1971
保罗·科雷亚　1—记—035
信来永　3—37—2178注
段祺瑞　3—44—2647
皇甫冉　1—总—004，3—37—2206
禹达镐　1—记—036

〔丿丿〕

衍左　3—38—2236
衍斌　3—38—2236

〔丿、〕

剑持邦昭　1—记—039
俞二民　2—13—887
俞力培　1—1—047注
俞小兴　1—11—644，2—23—1509
俞之球　3—37—2159
俞子夷　3—34—1956
俞天林　2—22—1455
俞友田　2—23—1509
俞水杨　3—35—2017
俞长源　2—22—1504
俞月祥　3—36—2092
俞文起　3—38—2232注
俞文雅　2—27—1697
俞正声　1—记—031
俞立峰　3—39—2322
俞永民　2—30—1763
俞永江　2—23—1509
俞加春　3—36—2082
俞幼生　3—36—2075

俞有勋　3—44—2713
俞成荣　3—44—2715
俞尧泉　3—44—2720
俞刚　3—36—2130
俞先富　1—11—643
俞廷辅　3—44—2703
俞仲华　3—44—2715
俞兆林　1—9—509、509注
俞志仁　2—22—1455
俞志荣　1—11—636
俞志耀　3—36—2079注
俞吾金　3—44—2691
俞丽华　2—23—1509
俞秀松　3—37—2207，3—44—2644、2660
俞灿和　1—11—644
俞汶溪（文起）　3—36—2117
俞直茂　3—44—2723
俞松根　1—11—680
俞国平　3—36—2130
俞国良　3—44—2698
俞国亮　3—36—2130
俞佳丽　3—39—2327、2341注
俞侃侃　3—39—2323
俞定焕　2—23—1508
俞诚　3—36—2130
俞荣　3—43—2607
俞柏明　2—13—934
俞柏祥　2—22—1465
俞省三　3—44—2712
俞香花　1—6—294
俞保林　2—13—934，2—22—1455，2—23—1520
俞剑　3—39—2323
俞帝臣　3—44—2701
俞炳林　2—22—1463、1464，2—23—1517，2—24—1534，
　　　2—27—1674，2—30—1763
俞炳法　2—13—934
俞振孙　3—44—2702
俞桂花　2—27—1677
俞晓东　3—34—1977，3—36—2143
俞卿　3—37—2157注
俞祥花　1—6—293、294
俞培桥　2—13—889
俞梁波　3—36—2066
俞琳　3—39—2340注
俞敬　3—36—2130
俞龄　3—37—2179
俞樟春　2—22—1464
俞德琪　3—36—2086
俞樾　3—44—2654

俞懋元　3－37－2159
俞襄周　1－9－510注

〔丿→〕

独孤峻　3－41－2439
独超法师　3－37－2170，3－41－2430、2438、2440

〔丶一〕

施少敏　3－39－2313
施父　3－36－2130
施今墨（奖生、毓黔）　2－25－1602，3－43－2544，
　　3－44－2623、2658、2659、2659注
施文周（锡岐）　3－37－2166注
施文莱　3－44－2722
施文根　3－35－2017
施平城　2－19－1303
施东曙（福成）　3－36－2130
施生根　2－21－1439，3－44－2717、2719、2721
施加农　1－1－043、067、067注、068，3－36－2099注，
　　3－37－2178注
施加勇　3－34－1976，3－36－2065
施发光（耿光、觐徽、显卿）　3－37－2166注
施芝钦　3－41－2459
施有志　3－36－2130
施存统　3－44－2644、2662、2663
施尧臣（钦甫、华江）　1－2－096、097，3－37－2150，
　　3－44－2628、2629
施刚毅　2－25－1567，3－34－1937、1973
施延（子君）　3－36－2130
施关松　2－22－1455
施兴娟　2－25－1567，3－36－2073
施志根　1－11－712、747
施秀珍　2－13－934
施伯　3－36－2130
施闰章　3－44－2630、2631
施尾　3－36－2130
施武衡（寿山、镇南）　3－37－2166注
施坦（维蕃）　3－36－2130
施松青　1－记－024，2－22－1455、1462，2－23－1509、
　　1517、1520
施国英　3－38－2262
施国强　3－44－2714
施宝春　3－44－2721
施肩吾　1－9－505注
施秋姑　1－6－295
施庭筠　3－44－2707

施美琴　2－23－1509
施爱珍　2－23－1508注
施培云　2－27－1658注
施锐　3－36－2130
施瑞兴　2－16－1179注
施颐（希文）　3－36－2130
施满英　1－6－314
施霆（伯震）　3－36－2130
音圆　3－41－2438
奕讳　3－44－2634
奕误　3－44－2636

〔丶丨〕

闻家盈　2－23－1520，3－36－2093

〔丶丿〕

美爱伦　3－41－2455
姜子牙　3－36－2117
姜元仁　2－23－1508注，3－35－2038
姜安三　3－36－2131
姜和椿　2－29－1742
姜金云　2－13－889
姜承燕　3－44－2706
姜春云　1－记－030，1－12－808，3－44－2695
姜晓玮　1－1－068
姜维　3－36－2131
姜偊　3－36－2117
姜皓（光弼）　3－36－2131
姜聚六　3－36－2131
娄云衢　3－36－2137
娄世干　3－41－2429

〔丶丶〕

洪长锦　2－23－1509
洪光雄　1－记－040
洪如本（至大）　3－36－2131
洪远徹和尚　3－41－2430注
洪秀兰　2－22－1465
洪虎　1－记－031
洪佳士　2－17－1192、1194
洪佳璇　3－38－2251
洪钟　3－37－2195注
洪钧　3－44－2711
洪亮吉　3－44－2632注
洪恪　3－36－2131

洪珠 3-37-2198、2199注

洪莹 3-44-2708、2709

洪晓明 2-22-1463, 2-30-1763

洪琛 3-44-2706

洪雅英 3-36-2093, 3-45-2749

洪斌卿 3-36-2131

洪献耕 2-27-1671, 3-36-2144, 3-37-2203, 3-45-2748

洪德兴 1-11-640、714, 2-14-1017, 3-35-2038

洪攀龙（秋江、晋斋） 3-36-2131, 3-44-2703

洄芳 3-41-2440

济公 3-37-2159注

济文 3-37-2162注

恽南田 3-36-2101

恽逸群 3-34-1956

宣子 3-37-2172

宣中华 2-22-1452注，3-37-2191、2207，3-43-2564，3-44-2642、2643、2660、2663

宣立萍 2-14-1017

宣卓丹 3-39-2324、2325

宣美利 2-23-1509

宣统皇帝 3-44-2648

觉上人 3-37-2216

觉亮 3-41-2426

觉道 3-41-2426

〔、→〕

祝介平 3-44-2698、2714

祝以中 3-45-2727

祝庆祥 2-27-1639注

祝杏芳 2-31-1809

祝灿章 3-36-2076，3-40-2411注

祝彬桂 2-22-1464

祝清臣 3-36-2131

祝谌 3-36-2131

祝谏 3-36-2131

祝遂之 3-37-2155

祝湘 3-36-2131

祝翰 3-44-2704

祝瀚 3-36-2131

〔→一〕

费长化 3-41-2458

费玉琴 3-41-2452、2453

费司提反 3-41-2459

费远帆 1-记-023

费孝通 1-记-027

费宏 3-44-2704

费根楠 1-记-013，2-22-1462、1462注、1463，2-23-1508注、1509，2-25-1570

费晓楼 3-44-2637

费联信 3-41-2456

费黑 1-6-298，1-8-399注，1-12-776注、777注、790、834、835，2-22-1455，2-25-1567、1568、1571，2-27-1674注、1680，3-36-2091、2093，3-44-2724，3-45-2734、2734注、2735

〔→丿〕

姚小毛 1-6-294

姚子康 2-23-1508

姚云祥 1-11-685，3-44-2720

姚友直 3-44-2703

姚月樵 2-26-1628

姚文田 3-44-2708

姚文熊 3-44-2630

姚正祥 3-35-2017

姚龙君 3-41-2448注

姚丝怡 3-36-2072

姚合 3-37-2213注

姚庆元 3-44-2709

姚军 3-34-1937

姚志文 3-44-2696

姚连义 2-23-1509

姚启圣 3-37-2157注

姚启忠 3-44-2643

姚阿芬 1-6-294

姚林根 3-44-2717

姚岳林 3-43-2556注

姚佩黄 2-18-1216注

姚依林 2-13-929

姚泽民 3-41-2452、2454

姚宝灿 3-43-2556注

姚修仁 3-44-2670

姚俊 3-36-2100，3-39-2313注

姚剑良 3-43-2556注

姚莹俊 3-36-2094

姚涞 3-44-2704

姚梅生 3-43-2556注

姚瑞芳 3-43-2556注

姚颖 3-44-2702

姚燮 3-44-2635

贺天健 3-44-2661

贺田 1-记-038

贺近民 3-41-2452、2453

贺知章（季真、四明狂客） 1-总-004、005，1-6-321，1-10-571、572，3-36-2069，3-37-2206，3-44-2622、2623、2624、2624注、2625注、2700

贺金贵 3-41-2445

贺家弼 1-8-431

贺循 1-9-501注，3-37-2204注

〔一一〕

骆卫淇 3-36-2131

骆文明 3-36-2131

骆存诚 3-36-2131

骆廷元 3-36-2131

骆伯英 2-23-1509

骆明 3-39-2322

骆奎祺（莲桥） 3-36-2131，3-44-2710

骆宾王 3-36-2131

骆献跃 3-36-2058、2069、2083、2084、2100

骆雍临 3-36-2131

十　画

〔一一〕

泰戈尔 2-25-1602，3-36-2139，3-44-2671

秦大士 3-44-2707

秦系 1-2-081注、099

秦其寿 3-36-2067注

秦叔宝 3-37-2164

秦鸣雷 3-44-2704

秦始皇 1-总-004，3-37-2193、2194

秦桧 3-36-2116、2125、2127、2130

秦熺 3-36-2125

〔一丨〕

埃贡·克伦茨 1-记-036

埃德加·庞塞 1-记-037

耿旭东 2-27-1639注

真忠 3-41-2426

袁世凯 3-44-2638、2639、2640、2641、2642、2651、2652

袁立夫 3-44-2643

袁兰生 2-27-1641

袁兴华 1-8-431，2-30-1757

袁宏道 3-45-2743

袁校生 2-22-1455，2-23-1509，2-25-1568

袁海 3-44-2626

袁雪芬 3-44-2675

袁康 1-3-133注，3-45-2745

袁淳 3-37-2198注

袁超明 3-45-2748

袁曾灿 3-44-2675

袁靖 1-1-058、059

莱昂·肯戈·瓦东多 1-记-035

莲溪 3-36-2101，3-37-2195

莫令德 3-41-2448

莫沙连 2-26-1636

莫妙荣 1-记-019、022，2-14-1019、1020，2-22-1455、1460、1462、1463，2-23-1508、1516，2-24-1533、1534、1555

莫努 1-记-036

莫荣新 3-44-2652

莫济 1-2-096

莫寅元 3-44-2714

莫维金 3-37-2156

聂世棠 3-45-2732

聂莉萍 2-23-1509

晋勤 3-41-2430注

贾万策 3-44-2630

贾仁 3-37-2169注

贾似道 3-36-2125

贾充 3-44-2623

贾安宅 3-44-2701

贾昇玺 3-41-2455、2459

贾志杰 1-记-031

贾盛源 2-27-1649注

贾献国 3-34-1973

贾德美 3-41-2455、2456、2459

贾黯 3-44-2700

起光 3-41-2432

载恩 3-41-2438

〔一丿〕

顾又多 2-23-1509

顾士江 1-12-776注，3-43-2543注、2544注、2577注、2581、2590

顾子法 2-23-1520

顾长春 3-44-2722

顾正光 2-23-1519、1520，2-25-1568

顾廷美 3-36-2131

顾冲 3-45-2742

顾观 3-36-2132，3-44-2703

顾欢（景怡） 3-36-2131

顾杉 3-36-2131

顾丽英　2—23—1509

顾沂　3—44—2700

顾林定　3—38—2231

顾忠贤　3—35—2038

顾炎武　3—36—2065注

顾临　3—36—2131

顾炳　3—36—2131

顾宣　3—44—2701

顾皋　3—44—2708

顾通　3—36—2121

顾焕　3—36—2131

顾鸿逵　3—36—2132，3—44—2710

顾鼎臣　3—44—2704

顾雍　3—36—2131

顾煜　3—36—2131

顾溢芳　2—25—1567

夏正清　3—36—2131

夏有奇　3—44—2705

夏同龢　3—44—2712

夏仲衔　3—36—2071注

夏兴　3—36—2131

夏芬花　2—23—1509

夏苏　3—44—2707

夏灿生　1—6—294

夏张海　2—22—1455

夏杰　2—13—876注

夏国良　3—34—1973

夏承厚　3—37—2178注

夏孟斌　3—36—2131

夏衍　3—44—2663

夏统（仲御）　1—总—005，3—44—2623

夏雪勤　3—36—2066、2067、2068、2075、2099注

夏铨衡　3—36—2131

夏竦　3—36—2131

夏丏尊　3—44—2663

夏强　3—44—2697

夏锡玑　3—37—2169注

〔一→〕

振生　3—41—2444

〔丨→〕

柴云茂　3—41—2437注

柴日昶　3—41—2453、2454

柴水兴　2—22—1464、1465

柴松岳　1—记—030、031、032，1—8—431，1—9—447、

451，2—24—1562，2—33—1900

柴国民　3—44—2651

柴慕福　3—37—2163

〔丨→〕

恩格斯　3—44—2641

恩通　3—41—2440

恩塞涅·海耐　1—记—038

圆律师　3—41—2438

圆通　3—41—2435

圆彰观禅师　3—41—2430注

〔丿一〕

特奥多罗·奥比昂·恩圭马·姆巴索戈　1—记—038

钱士升　3—44—2705

钱士谷　3—44—2713

钱小占　3—36—2078

钱义璋　2—27—1638注

钱元瓘　3—36—2132

钱木庆　2—23—1509

钱毛毛　1—9—510注

钱毛姑　1—6—294

钱立高　3—36—2132

钱永明　2—15—1057

钱弘俶　3—37—2177，3—40—2415，3—41—2448

钱亚芳　3—34—1973

钱伟长　1—记—031

钱兆修　3—43—2578注

钱名元　3—37—2178注

钱亦波　3—44—2714

钱江瑶　2—27—1677、1677注、1678，3—34—1936，3—36—2075

钱运茜　3—34—1977注

钱志均　2—23—1509

钱志祥　1—10—588，1—11—636、668、673、680、704、730

钱丽琴　2—22—1455

钱来兴　1—11—644

钱伯增　2—23—1509

钱谷　3—45—2729

钱君匋　3—44—2661注

钱国标　3—36—2132

钱国桢　3—36—2132

钱国祥　3—36—2132

钱金水　3—41—2426

钱金利　3—36—2068

钱金根　1—11—643、644，3—44—2719
钱法成　2—26—1613，3—41—2448
钱玹　3—44—2704
钱炳富　2—23—1509
钱恂　3—44—2648
钱耕莘　2—27—1638注
钱起　1—总—004，3—37—2206
钱桐生　3—34—1973
钱峰光　3—36—2066、2083
钱笑吾　3—36—2051注
钱浩　3—36—2132
钱宰　1—3—131注
钱棨　3—44—2707、2708
钱满香　2—23—1509
钱穆　3—44—2671
铁瑛　2—13—934，3—43—2557
钱镠　1—总—005，3—36—2129、2132、2137，3—37—
　　2193、2218注，3—40—2415，3—41—2429、2442、
　　2448，3—43—2542、2547注、2551、2575

〔丿丨〕

倪土金　3—37—2169注
倪士荣　2—26—1632
倪大姑　1—6—295
倪小凤　2—23—1509、1519
倪义来　3—41—2455
倪中平　3—39—2322
倪凤治　3—44—2718、2719
倪世忠　3—41—2435
倪田　3—44—2635
倪仕（子祥）　3—36—2132
倪永民　3—38—2234
倪华民　3—39—2325
倪志福　1—记—030
倪杏美　2—27—1661
倪李松　3—34—1977
倪求　3—36—2132，3—41—2447注
倪吾兴　2—23—1509
倪时　3—36—2132
倪良　3—41—2432、2447注
倪秉章　1—1—043
倪宗德　3—36—2132
倪春山　2—27—1701注
倪荣富　2—22—1455、1462
倪栎声　3—41—2455
倪树根　3—36—2065注
倪炳煌　3—37—2169注
倪冠常　2—23—1509，2—26—1619、1619注、1620

倪既勤　3—44—2715
倪盈　3—36—2132
倪桂英　1—6—294
倪校根　3—44—2721
倪航祥　1—1—044
倪涛　3—44—2710
倪宽（仲文）　3—36—2132
倪容佐　3—37—2169注
倪祯　3—36—2132
倪祥　3—36—2132
倪梦麟　3—44—2710
倪章　3—41—2447、2447注
倪渊　1—2—073注
倪朝宾（初潭、翼元）　3—36—2132，3—37—2216注，
　　3—41—2430，3—44—2705
倪傅　3—36—2132
倪频　2—17—1208
倪锦　3—44—2713
倪源（碧山、来峰）　3—36—2132

〔丿丿〕

徐三英　3—44—2662
徐士龙　3—36—2073、2074、2075、2076、2083、2086、
　　2143
徐大卫　1—记—038
徐小海　3—44—2720
徐子熙　3—37—2195注
徐天祐　3—45—2741
徐天才　2—22—1455
徐元文　3—44—2706
徐云纪　3—35—2038
徐云泉　3—36—2087
徐友良　2—23—1509、1528
徐水连　2—22—1455，3—44—2722
徐水宝　2—22—1455
徐水定　2—22—1455
徐水盈　2—26—1604注
徐仁贤　1—6—294
徐仁海　3—41—2456
徐方卿　2—13—948注，3—36—2081注，3—40—2384，
　　3—43—2545
徐忆中　2—27—1690
徐本一　3—36—2133
徐龙渊　3—36—2066、2068、2082、2143
徐平仙　2—27—1664
徐仪　3—41—2437
徐白民　3—36—2051注，3—37—2207，3—43—2564，
　　3—44—2642、2663

徐礼（彦迪、肃庵） 3—36—2132

徐永良 1—6—294

徐邦杰 3—44—2702

徐亚平 3—36—2067、2068、2083、2142、2143、2144、
3—39—2317

徐亚民 3—39—2325

徐成友 2—16—1140

徐成根 2—23—1509

徐光宪 3—44—2670注

徐光第 3—44—2710

徐同楠 3—45—2746

徐则敏 1—5—237注

徐朱氏 1—6—294

徐廷槐 3—44—2706

徐传友 1—6—314，2—27—1677

徐传化 1—记—034，1—6—322，1—11—623、642，2—13—
919、956，2—26—1632，3—36—2053

徐传根 2—23—1509

徐华山 3—44—2721

徐行之（梅坤） 3—44—2668、2669，3—45—2747

徐全学 2—25—1590

徐庆华 2—14—1020

徐亦庆 2—17—1206

徐关兴 3—44—2723

徐如根 3—45—2739

徐志宏 2—22—1463、1464

徐志炳 3—36—2082

徐志焕 3—44—2718

徐吾成 2—23—1509

徐丽丽 1—11—659

徐步青 2—23—1519

徐利敏 3—39—2324

徐位姑 1—6—294

徐希干 3—38—2304

徐良 3—36—2132

徐灵明 3—39—2325

徐张庆 1—6—295

徐阿大 1—6—294

徐阿花 1—6—295

徐青照 3—44—2709

徐英含 3—44—2677

徐国兴 2—23—1509

徐国相 2—22—1463

徐国楠（让木、古梅） 3—36—2133，3—44—2708

徐和平 3—34—1973、1977，3—44—2723

徐金宝 1—11—718，3—35—2017

徐金荣 3—44—2717、2722

徐宝文 2—20—1345注

徐官 3—44—2704

徐建勇 3—39—2313

徐建桥 3—34—1977

徐春建 3—34—1929

徐珍 3—36—2132

徐柏龄 1—9—451

徐树林 1—7—366、378注，3—36—2092、2093

徐树根 2—22—1464，3—45—2739

徐郗 3—44—2711

徐贵根 3—41—2452

徐钟豪 1—9—488注

徐洪 3—37—2195注，3—44—2703

徐冠巨 1—记—022、023、034，1—6—314，1—11—642、
643、644，2—13—908、908注、914，2—22—1484、
2—25—1566、1567、1568，2—26—1628、1629、
1630，2—27—1697，3—43—2594、2595，3—44—
2697、2717、2722

徐荷花 1—6—294

徐晋禄 2—23—1519

徐真葆 3—36—2135

徐栩羚 2—23—1520

徐晓明 3—36—2066

徐铁岚 3—36—2069

徐笑狂 3—38—2304

徐凌 3—36—2087

徐袍 3—36—2132

徐陵 3—41—2437

徐通 2—23—1509

徐基盛 2—23—1520

徐萍苏 3—36—2073、2073注、2085

徐鸿儒 3—44—2629

徐绵 3—36—2132

徐渭（文长） 3—37—2195、2213，3—44—2637、2661

徐锡祉（星舫、小斋） 3—36—2133，3—44—2711

徐溥 3—41—2427

徐福（张泰） 3—36—2135

徐敷奏 3—44—2712

徐爽 3—36—2132、2133

徐燕锋 1—7—358注、364注

徐燮尧 2—23—1508注

殷旦 3—44—2703

殷庆 3—45—2742

殷度 3—45—2742

殷福庆 3—41—2453、2454

〔丿、〕

翁五伦 3—44—2704

翁仁康 2—27—1672，3—36—2054、2074、2074注、2086

翁同龢 3—36—2101，3—37—2179、2180，3—44—2711

翁张汉　3-44-2717、2718
翁国刚　2-25-1567，3-44-2716
奚三彩　1-1-069

〔丿→〕

留正　3-36-2118
留伯成　3-36-2118
留岳川　3-36-2082注
留封人　3-36-2118
留贵和　3-36-2118

〔、一〕

凌杏花　1-6-294
凌杏姑　1-6-294
凌吾峰　1-11-728
凌锦江　3-44-2710
郭一龙　2-26-1619注
郭世亨　3-44-2710
郭世道　3-44-2624
郭汉城　3-36-2133、2142，3-44-2673、2674
郭亚祥　1-记-022，3-44-2717、2720
郭成仕　3-44-2717、2722
郭仲选　3-37-2169
郭伦　3-36-2133
郭关松　1-6-295
郭志良　3-44-2718
郭芬联　3-34-1973
郭完　3-36-2133
郭明明　1-11-643，2-13-949，2-23-1508，3-44-2721、2723
郭珊红　3-39-2322
郭秋水　3-36-2133
郭俊　2-23-1519
郭亮　3-36-2068，3-44-2720
郭洪祥　2-26-1628注
郭振声　3-36-2133
郭桂英　1-6-295
郭原平（长泰）　3-44-2624
郭骏　3-36-2073
郭绵　3-36-2133
郭鹤鸣　3-34-1935、1987注，3-36-2143
高三山　3-36-2090，3-37-2208
高小霞　3-44-2623、2669、2670、2670注
高乞　3-44-2626
高子成　2-23-1509
高元法　2-13-940，3-40-2379，3-43-2578注

高云塍　3-44-2669
高中山　3-44-2723
高月昌　3-44-2717
高世英　3-36-2133
高田清一　1-记-025、037，2-24-1556，3-36-2058
高生良　2-22-1455
高尔昌　2-22-1455
高尔焕　2-23-1509
高立民　2-23-1509
高汉民　2-23-1509
高永康　3-41-2459
高光兰　3-41-2456
高帆（冯声亮）　3-36-2070、2119，3-44-2674
高伟丽　2-23-1509
高延祜　3-44-2710
高仰止　1-记-037
高自楠　2-26-1628
高似孙　3-41-2441注
高关悟　3-36-2082、2087
高兴木　3-34-1937
高志友　2-23-1509
高志方　3-44-2715
高志康　3-36-2144
高来军　3-44-2720
高利伟　2-25-1591
高秀员　3-44-2718
高其公（位南）　3-43-2578注
高其金（阿金）　3-44-2639
高枚　3-44-2709
高松泉　2-23-1509
高昙禅师　3-38-2233，3-41-2438、2439
高明陆　3-41-2437
高明通　3-41-2437
高建夫　2-27-1656
高承　3-43-2532
高玲　3-39-2324、2325
高剑富　1-11-713、748
高振芳　2-13-938、938注
高振坤　2-23-1509
高恩泽　2-23-1509
高琼　3-36-2133
高敬德　1-记-038
高惠阳　3-43-2578
高惠南　3-43-2578
高鼎茂　3-44-2639
高翔　3-39-2327、2340注
高道隆　3-44-2702
高渭泳　2-13-938注
高锦富　3-41-2455、2456

高锦耀　2—23—1530
高福英　1—6—295
高翥　3—36—2133
高德一　3—43—2578注
高德仁　2—23—1509
高德占　1—记—031
高德法　3—44—2639
高德棻　3—43—2578注
高德梁　3—43—2578注
唐太宗　3—45—2730
唐公宪　3—37—2191，3—44—2642
唐功成　2—22—1502、1504，2—27—1685
唐立　3—37—2178注
唐玄宗　3—44—2624
唐戍中　3—36—2065注、2067注、2068注
唐廷仁　2—26—1612注、1614、1615
唐仰圣　3—36—2069
唐叔虞　3—36—2123
唐宝琴　3—41—2454
唐肃宗　3—44—2624
唐星樵　1—记—040
唐秋珍　3—44—2723
唐海祥　3—36—2075、2087
唐梅臣　3—45—2746
唐福庆　3—41—2453

〔、、〕

海灯法师　3—41—2433
海曼斯（C.Heymans）　3—44—2663
海智　3—41—2435
海瑞　3—37—2173注
海德　2—17—1214
宸濠　3—44—2628

〔、→〕

诸训　3—36—2133
诸成水　2—23—1520，2—27—1649注
诸成培　3—41—2457
诸伯芬　3—39—2340注
诸阿大　1—6—294
诸柏锦　2—23—1509
诸钱江　3—39—2325、2328
诺兰·奇波·马孔贝　1—记—037
诺罗敦·西哈努克　1—记—036

〔一丨〕

陶元藻　3—37—2195注
陶公望　3—45—2743
陶田荣　2—13—892注
陶永新　2—27—1698注
陶幼林　2—23—1529
陶成章　3—44—2639、2651
陶廷琡　3—44—2708
陶华耕　3—44—2715
陶行知　2—26—1614，3—34—1955注、1956、1961注、
　　2000注，3—44—2660
陶杏秀　3—44—2707
陶条凤　3—35—2038
陶恩培　3—44—2710
陶浚宣　1—11—688注，3—37—2179、2180，3—43—2545
陶渊明　3—37—2181
陶翰　3—43—2552

〔一丿〕

姬友　3—36—2127
姬发　3—36—2117、2122、2123、2130
姬汪　3—36—2123
姬昌　3—36—2133
姬诵　3—36—2137
姬鹏飞　1—记—028
姬静　3—36—2127

〔一、〕

桑叶菁　3—34—1977注，3—36—2072
桑送青　2—25—1566，3—34—1956
桑炳炯　3—44—2718

〔一→〕

继林　3—38—2236
继庸　3—38—2236
继儒　3—38—2236

十一画

〔一一〕

理安·温沃特　1—记—040
理查德·考特　1—记—038

〔一丨〕

梅仙菊 3—39—2315

梅鼎祚 3—36—2065注

梭尔格 3—44—2653

教仁 3—40—2404注

菊生 3—40—2404

萧天相 2—22—1455

萧云从 3—44—2637

萧心 2—23—1508注

萧龙友 3—44—2658

萧邦齐 3—37—2208，3—45—2747、2750

萧时中 3—44—2703

萧良榦 1—2—074注，1—8—411

萧国梁 3—44—2701

萧辅 2—23—1508注

萧朝贵 1—2—075

萧然 3—36—2144

萧道成 3—44—2624

萧锦忠 3—44—2710

萧訔 3—37—2161注

萧濂 3—44—2707

萨都剌 3—37—2161

黄九皋 3—36—2134，3—37—2157、2158注、2198、2198
注、2201，3—41—2428，3—44—2704

黄士俊 3—44—2705

黄元寿 3—36—2134，3—37—2194、2195注、2197、
2201、2202、2217

黄韦艮 3—44—2694

黄云 3—41—2444，3—44—2706

黄中理 3—44—2711

黄水庆 3—44—2719

黄世贤 3—37—2198注

黄世厚 3—37—2198注

黄世显 3—37—2198注

黄世科 3—37—2198注，3—44—2704

黄世培 1—11—643，3—44—2719

黄世雍 3—37—2198注

黄本 3—36—2134

黄可师 3—37—2198注，3—44—2705

黄东灿 3—44—2717

黄东海 3—36—2071

黄由 3—44—2702

黄立武 2—27—1674

黄亚洲 3—36—2134

黄朴 3—44—2702

黄光升 1—8—398注

黄伟成 1—记—023，2—25—1566、1567、1568，2—26—
1630，3—44—2717、2719、2721

黄传鼎 3—44—2712

黄庆珍 3—44—2711

黄兴 3—44—2639、2658

黄观 3—44—2703

黄寿康 3—37—2158注

黄来兴 1—11—643、644，2—13—931，2—23—1519、
1520，3—44—2717

黄轩 3—44—2707

黄伯夫 3—37—2170、2173

黄希元 3—37—2198注

黄应奎 3—37—2198注

黄际泰 3—37—2157

黄妙根 2—22—1455

黄邵士 3—44—2705

黄牧甫 3—44—2662

黄季冕 2—23—1508注

黄金龙 3—43—2547注

黄泽明 1—记—025

黄怿 3—37—2198注

黄定 3—44—2701

黄建文 1—记—022、023，2—32—1858

黄春寅 3—41—2428

黄革伟 3—39—2314

黄荣青 3—44—2716

黄柏卿 3—41—2428

黄香 3—36—2133

黄美潮 2—25—1571、1572、1580，2—27—1667、1668，
3—35—2038

黄宪荣 3—36—2087

黄祖诚 2—23—1519，2—26—1624、1624注

黄勇男 2—14—993

黄钰 3—36—2094，3—45—2731、2731注、2732

黄健全 2—23—1517，2—24—1534

黄菊 1—记—031

黄菊仙 2—23—1508

黄银霞 1—11—643，2—22—1455，2—23—1509，3—44—
2717、2718、2721、2722、2724

黄维熊 3—36—2134

黄巢 1—总—005，1—3—119，3—36—2116、2135

黄琮 3—37—2198注

黄鼎铉 3—44—2705

黄鼎卿 3—37—2198注

黄道周 3—44—2670

黄瑞卿 2—23—1509

黄槻 3—36—2133

黄镇 1—记—027

黄镐京 3—36—2134，3—38—2232注

黄德贤 3—37—2198注

黄燕君 2—13—840注

黄瓒　3-36-2134

黄懿　3-37-2198注，3-44-2704，3-45-2729

曹丁桥　2-23-1509

曹之升　3-36-2134，3-44-2707

曹卫　3-44-2714

曹长水　1-11-719

曹正姑　1-6-294

曹东皋　3-36-2134

曹目毅　2-13-938

曹立人　3-34-1933

曹幼樵　2-23-1519，2-29-1742

曹光庭　3-36-2134

曹廷芳　3-44-2713

曹庆泽　1-记-031

曹杏花　2-23-1508注，2-25-1566

曹阿堂（瑞堂）　3-44-2643、2644

曹盱　3-40-2411注

曹国政　3-41-2442

曹建华　2-27-1653

曹顺标（仁标、仁飚）　3-44-2646

曹美康　3-39-2322

曹美韶　3-36-2134

曹炳祥　2-22-1455

曹祖伶　3-36-2134

曹祖诚　3-36-2134

曹素民（子明、一平、兰芬）　3-44-2645、2646

曹娥　3-36-2071注、2078注，3-40-2411、2411注、2414，3-43-2612，3-44-2623

曹继红　2-27-1664

曹彬　3-36-2134

曹得　3-44-2703

曹鸿勋　3-44-2711

曹烝　3-36-2134

曹博　3-39-2323、2324

曹湘德　3-41-2453、2454

曹锟　3-44-2650

曹锦炎　1-1-060

曹聚仁　3-44-2644

曹夔　3-36-2134

龚金泉　1-11-672

龚育之　3-44-2682

龚炳熙　2-26-1628注

龚增尧　3-44-2721

盛小龙　2-22-1455

盛子充　3-36-2100

盛友根　2-23-1509

盛仁昌　3-36-2071

盛玉占　2-22-1455

盛世才　3-44-2660

盛华仁　1-记-032

盛华铨　2-20-1345注，2-26-1628注

盛昌黎　1-10-579，2-23-1514，2-24-1533、1534，2-26-1612、1612注、1615，2-27-1674、1701注，2-30-1757

盛泷　3-36-2135，3-44-2704

盛练心（邦彦）　3-37-2173，3-43-2544，3-44-2650

盛绍儿　2-22-1455

盛宣怀　3-44-2640

盛勇武　3-36-2074、2086

盛唐　3-44-2708

盛继芳　3-44-2694

盛章　3-36-2135

盛增虎　2-23-1520

盛澄华　3-44-2659

盛彝　3-36-2135

戚日方　3-36-2134

戚文皎　3-41-2456、2458

戚扬　3-36-2134，3-43-2568，3-44-2712

戚亚凤　3-39-2325

戚亚卿　3-36-2134

戚纶　3-36-2134

戚鸣岐　3-36-2134

戚炜如　3-36-2134

戚建尔　3-44-2722

戚思孝　3-36-2134

戚顺庆　3-38-2231

戚继光　3-43-2578

戚骏升　3-36-2134，3-37-2196

戚雯雯　1-11-653注、654注

〔一丿〕

龚士廉　2-23-1520

龚为芳　1-记-033

龚心瀚（龚苏）　1-记-029，3-44-2684

龚秀中　2-27-1656

龚阿花　1-6-295

龚松其　2-23-1509，3-44-2719

〔丨一〕

虚谷　3-44-2637注

〔丨、〕

常建　1-总-004、004注，3-37-2206，3-43-2552

常德存　3—44—2649

〔丨→〕

崔乃夫　1—记—028
崔少文　3—44—2650
崔国辅　3—37—2216
崔宗之　3—44—2624
崔栋　3—37—2198注
崔健　2—13—934
崇绮　3—44—2711
曼斯菲尔德　1—记—036，1—4—233

〔丿、〕

悉达多·乔答摩　3—41—2423注

〔、一〕

商怀远　2—30—1763
商荣基　2—27—1639注
商辂　3—44—2703
商浪权　2—23—1519、1520
商景才　1—记—028
章乃器　3—44—2654
章力建　3—44—2693
章及　3—36—2135
章也男　3—39—2327、2340注
章太炎　3—44—2640
章水泉　3—44—2720
章水祥　3—36—2099、2100
章公一　3—36—2135
章丹　3—36—2072注
章六一　3—44—2714
章方祥　1—记—023，3—44—2721
章允文　3—36—2135
章正四　3—36—2135
章平　2—31—1809
章仔钧　3—36—2135
章达庵　3—36—2051注
章华灿　1—记—023
章关贤　2—23—1520
章关法　3—36—2071、2084、2085
章守默　3—36—2135
章安妮　3—41—2445
章观凤　3—35—2017，3—44—2722
章志贤　3—44—2719
章声　3—37—2179

章辛一　3—36—2135
章沛　2—23—1509
章君彩　3—41—2445
章其炎　3—37—2163
章宗华　2—16—1129注
章宗范　2—23—1509
章实斋　3—45—2733
章建华　2—14—1017
章荣生　3—41—2445
章柏青　3—43—2554，3—44—2686
章览　3—36—2135
章禹　3—36—2132
章养生　3—38—2235
章根祥　3—39—2312
章钰　3—36—2135
章浩水　3—38—2235
章海灿　2—23—1509
章梓茂　3—44—2695
章雪花　1—6—294
章雪珍　2—22—1455
章猛进　2—24—1562
章望云　2—26—1604注
章鸿涛　3—41—2445
章景楠　2—23—1509
章强华　3—44—2723
章毓水　2—22—1462
章蕴　3—45—2747
章鏊　3—44—2710
章潮福　3—34—1973
章衡　3—36—2135
章耀海　3—36—2143
康连鹤　1—记—039
康景丽　3—36—2068

〔、丨〕

阎若璩　3—45—2745

〔、丿〕

盖博尔·瑞卡　1—记—038

〔、、〕

清觉　3—41—2426
清锦　3—41—2425、2435
深泽利定　1—记—036
深律师　3—41—2438

涵碧 3-38-2233注

寂照 3-41-2435

梁方 1-8-411

梁世际 3-41-2444

梁传经 2-23-1519

梁克家 3-44-2701

梁启超 3-37-2179、2181，3-44-2631注、2644注

梁国昌 3-39-2313

梁国治 3-44-2707

梁思成 3-44-2668

梁冀 3-36-2131

梁耀枢 3-44-2636、2711

〔、→〕

谋嘉 3-37-2196

〔→一〕

尉迟恭 3-37-2164

尉健行 1-记-028

屠子茂 3-36-2135

屠佩环 3-36-2135，3-44-2712

屠育心 2-22-1455

屠晨昕 1-1-047注

屠缉 3-36-2135

屠德林 3-37-2173注

〔→丨〕

隆吉 3-37-2195，3-41-2423

隐松 3-41-2431

十二画

〔一一〕

琦善 3-44-2634

〔一丨〕

斯子林 2-16-1121

斯波义信 3-37-2203

敬斋 3-37-2172

敬敏 3-44-2634

韩天宏 3-37-2173注

韩天恩 3-37-2173注

韩天浩 3-37-2173注

韩天雄 3-37-2173注

韩天锡 3-37-2173注

韩天潮 3-37-2173注

韩日昌 3-44-2630

韩日将 3-44-2705

韩水堂 1-6-294

韩丹夫 3-44-2697、2698

韩凤鸣 3-36-2099、2100

韩凤修 3-44-2709

韩文饶 3-44-2703

韩丙昭 3-37-2173注

韩永标 3-37-2190

韩幼卿 3-44-2702

韩亚美 3-37-2173注

韩达洲 2-23-1520

韩仲 3-36-2101

韩次卿 3-44-2702

韩守正 3-44-2703

韩芬琴 2-22-1455

韩吾松 2-22-1455，3-36-2090，3-45-2749

韩丽美 3-37-2173注

韩利峰 3-39-2325、2323

韩应龙 3-44-2704

韩灿 3-44-2630

韩松坤 1-记-022，2-27-1656，3-35-2017、2038，
3-44-2721

韩贤林 3-44-2714

韩昌先 1-2-097注

韩岳忠 3-38-2235

韩佩金（亚琴） 3-44-2636、2636注、2637

韩玘 3-44-2702

韩宝洪 2-13-937

韩建中 2-22-1462，2-23-1520，2-27-1650

韩绍湘 3-37-2162注

韩贯中 3-36-2074、2075、2086

韩春耕 3-38-2235

韩持僵 3-37-2173

韩柏青 2-22-1455、1462，2-27-1639、1640

韩侁胄 3-36-2118

韩钦 3-44-2711

韩拜旒 3-36-2136

韩泉欣 3-36-2136，3-44-2686

韩美香 1-6-294

韩济生 3-44-2678

韩祖贻 2-26-1612注

韩祖耀 3-36-2058、2070、2083

韩逊之 3-36-2136

韩泰青 3-36-2101

韩桂花　1-6-294

韩恩美　3-37-2173注

韩祯祥　3-36-2136，3-44-2679

韩菼　3-44-2706

韩敏春　3-44-2720

韩彩娟　3-36-2052

韩惟论（仲文、玉吾）　3-37-2173、2173注

韩寅三　3-38-2235

韩琪　3-36-2071

韩琦　3-36-2136

韩雁门　3-45-2744

韩鼎祚　3-38-2235

韩竣（曼英）　3-36-2136

韩祺　3-44-2703

韩谦　2-22-1455，2-23-1520，2-27-1685

韩强士　3-45-2744

韩登安（竞、仲诤、耿斋、印农、小章、本翁、无待居士）
　　3-36-2136，3-44-2623、2661、2662、2662注

韩瑞英　1-6-294

韩静美　3-37-2173注

韩慕嵘　3-36-2136

韩德元　3-36-2136

韩赞中　3-36-2071

韩螺山　3-36-2101

韩膺胄　3-36-2136，3-37-2162

朝阳慧　3-41-2437

彭开源　3-36-2135

彭仁义　3-36-2135

彭仁厚　3-36-2135

彭玕　3-36-2135

彭延庆　3-45-2732

彭孚　3-36-2135

彭构云　3-36-2135

彭肃志　3-36-2135

彭祖（篯铿）　3-36-2135

彭珮云　1-记-028、031

彭真　1-记-027，1-12-808，3-34-1949，3-44-2695

彭浚　3-44-2708

彭谊　3-37-2157注、2195

彭景直　3-36-2135

葛小珍　1-11-642、643，2-22-1455，2-23-1508，
　　3-44-2717、2720、2724

葛云飞（鹏起、凌台、雨田）　1-总-005，1-6-321，
　　2-21-1439，2-22-1473，2-25-1602，3-36-
　　2136，3-37-2154、2160、2163、2170、2171、
　　2182、2190、2191，3-39-2313注，3-43-2572、
　　2597、2598、2599，3-44-2623、2633、2634、
　　2713，3-45-2746、2749

葛圣平　2-23-1516

葛孝甫　2-23-1530

葛钊　2-15-1030注

葛金潮　3-44-2718

葛建红　3-39-2324、2325

葛洪（抱朴子）　3-37-2173，3-41-2441、2441注

葛洪升　1-记-028、029、030、032

葛素（张素）　3-36-2135、2136

葛理庸（棣荣、祖燕）　3-44-2649

葛惠萍　2-16-1177

葛锦潮　1-12-818

董戈　3-37-2172，3-40-2414，3-41-2441

董长江　2-27-1639注

董月琴　2-23-1509

董冬姑　1-6-294

董光中　3-36-2070、2070注

董华恩　2-25-1567，2-26-1624、1624注

董聿茂　1-3-144注

董利水　2-23-1530

董纯才　3-34-1956

董卓　3-36-2121

董国良　1-6-324

董昌　1-总-005，3-37-2193

董明　2-22-1471

董明菊　2-22-1455，2-25-1568

董金瑞　3-44-2717、2718

董学毛　2-22-1455、1462，2-25-1568，2-27-1674注

董建华　1-1-069，2-27-1689

董建国　3-39-2313

董建明　2-22-1455

董思明　3-44-2626

董洁心　3-36-2144

董祝芹　2-23-1509

董诰　3-36-2101

董珠明　2-23-1509

董悦　2-27-1650、1656

董培兴　3-41-2430

董惠铭　2-22-1455，2-25-1590，3-36-2066、2082

董德宁　3-41-2443

蒋大为　3-36-2056，3-37-2211，3-43-2565

蒋小英　1-6-295

蒋介石　3-44-2643

蒋凤桥　2-22-1455

蒋乐平　1-1-044、045、067、068

蒋永海　2-23-1509

蒋民宽　1-记-029、030

蒋再鸣　3-36-2070

蒋红庆　3-39-2323

蒋佛二　3-36-2136

蒋佛三　3-36-2136

蒋妙伟　3-39-2325
蒋茂四　3-36-2136
蒋英武　3-37-2171、2172
蒋松卿　3-37-2160
蒋国恩　1-8-411
蒋明炬　3-45-2750
蒋明旗　3-39-2313
蒋和仁　2-21-1423
蒋金娥　2-23-1509
蒋金梁　2-24-1534
蒋金潮　1-6-295
蒋宝娣　3-44-2682、2683
蒋诩　3-36-2136
蒋建国　2-22-1455，2-23-1508
蒋荫炎　3-36-2066注
蒋重珍　3-44-2702
蒋俨　3-36-2136
蒋剑飞　3-36-2071、2084
蒋祝平　1-记-031
蒋旻娜　3-39-2322、2340注
蒋莉萍　1-11-672
蒋展鹏　3-44-2683
蒋梦麟　3-38-2234
蒋惠康　3-34-1977注
蒋增平　3-36-2143
蒋增权　3-36-2092
蒋蕃　3-36-2136
蒋毅　3-36-2073注
蒋潮根　3-41-2445
蒋耀祖　3-44-2717
蒂尔迈久洛　1-记-037
惠木　3-41-2444
惠灵　3-41-2428
超律师　3-41-2438

〔丨一〕

蛤庵（本圜、湘溪道人）　3-41-2440
黑肱　3-36-2123

〔丿一〕

程步高　3-44-2667注
程绪川　2-22-1455，2-23-1509，2-25-1567
程湘虹　1-11-684
程颐　3-37-2197、2217，3-44-2625、2625注
程德全　3-44-2640
程颢　3-37-2197、2217，3-44-2625、2625注

智坤　3-41-2432
智祖下　3-41-2431、2438
智浦　3-41-2432

〔丿丨〕

傅士成　3-34-1973
傅水林　1-11-640，2-31-1803
傅月樵　3-44-2719
傅正伟　3-44-2715
傅世海　3-43-2554
傅仕　3-36-2136
傅永先　1-记-013，2-22-1472、1473，2-30-1769，2-32-1858，3-37-2190，3-44-2665
傅廷瑞　2-29-1742
傅竹西　3-44-2688
傅仲樵　3-44-2719
傅华东　2-13-955
傅华生　3-34-1931、1935，3-36-2064
傅行简　3-44-2702
傅全有　1-记-033
傅全香　3-44-2675
傅进　1-6-314，3-34-1973，3-44-2718
傅志芳　2-31-1809，3-44-2723
傅克中　3-34-1973
傅吾录　2-27-1677、1677注
傅君　3-39-2324
傅张同　3-35-2038
傅阿仙　1-6-294
傅妙兴　2-13-957
傅妙奎　2-13-957
傅国兴　3-36-2136
傅国蓉　3-35-2038
傅舍　3-36-2136
傅金法　2-22-1455
傅周海　3-43-2554，3-44-2622、2623、2670、2670注
傅学灏　3-44-2708
傅衍（六翁）　3-36-2136
傅说　3-36-2136
傅珪（廷信）　3-36-2136
傅调梅　3-37-2169注
傅培基　3-44-2711
傅彬然（冰然、秉仁、炎如、逸君、逸文、冰弦、镜常）　3-36-2137，3-44-2655、2662、2663、2663注
傅崧卿（子骏）　3-36-2136
傅崇璞　3-44-2722
傅焕先　2-23-1509
傅淑芳　2-23-1508注

傅淦　3-44-2708

傅葆龙　2-22-1455，2-27-1668，3-35-2038

傅鼎颐　3-41-2428

傅裕仁　1-11-643，2-23-1509，3-44-2719、2720、
　2723

傅毅　3-36-2092

傅畿　3-36-2136

傅熹　3-36-2136

傅巍　3-36-2136

储光羲　3-37-2206

焦遂　3-44-2624

焦裕禄　2-23-1512

〔丿、〕

释本一　3-41-2435

释光化　3-41-2432

释如兰　3-37-2202

释昌仙　3-41-2435

释泽方　3-41-2438

释祥贤　3-41-2440

舒芬　3-44-2704

〔丿→〕

鲁仁根　3-44-2718

鲁玉珍　2-17-1194

鲁田文　3-34-1975

鲁生　3-40-2404

鲁庆元　3-44-2709

鲁迅　3-44-2649、2651

鲁松庭　1-8-431，2-33-1900

鲁国民　3-35-2017

鲁冠球　1-记-013、014、023、033，1-11-640、640
　注、641、642、643，2-13-927、928、946、950、
　2-21-1431，2-22-1454、1455、1460、1472，
　2-23-1508、1509，2-24-1554，2-25-1566，
　2-27-1643，3-36-2103，3-43-2594、2595，
　3-44-2671、2689、2690、2716、2717、2724，
　3-45-2747、2748

鲁班　1-9-458，2-14-1009，2-15-1030、1059，
　3-40-2366注

鲁继芳　3-44-2712

鲁琛　3-44-2703

鲁燮光　1-2-073注、096注

鲁懿公　3-36-2128

〔、一〕

童一峰　2-23-1520

童云波　3-39-2324

童文枢（观德）　3-45-2746

童去波　3-39-2325

童永榕　3-34-1936、1950

童宗说（南城先生）　3-36-2137

童显章　3-44-2628

童祥苓　3-36-2056

童继伟　2-22-1455、1463

童理璋　3-44-2642

童雪松　1-3-144注

童维祚　3-44-2713

童勤耕　3-36-2137

童勤善　3-36-2137

童颐（元养）　3-36-2137

童薪　3-36-2137

〔、丿〕

普朗特（L.Prandtl）　3-44-2665、2666

普勒　3-36-2101

普雷斯科特·布什　2-13-951

曾水甫　2-23-1508注

曾庆红　2-14-1009

曾鹤龄　3-44-2703

善建　3-41-2436

善祥　3-41-2436

善堂　3-41-2437

曾棨　3-44-2703

善缘　3-37-2155

道山　3-41-2431

道本　3-38-2232注

道印　3-38-2233注

道光皇帝　3-44-2633、2634

道因　3-41-2430

道拳　3-37-2161注

〔、、〕

温家宝　1-记-033

渡边新作　1-记-039

游定夫　3-45-2729

游酢　3-44-2625注

富吾水　2-16-1175

富玹　3-44-2704

富裕兴　2-26-1628、1629

〔、一〕

禅珍　3-41-2430注
谢之光　3-44-2661
谢少苍　2-23-1508
谢让德　2-27-1639注
谢贞甫　3-36-2137
谢迁　3-44-2703、2704
谢伟国　3-36-2099注
谢仲斌　3-36-2137
谢华珠　2-14-1017
谢红萍　3-34-1971
谢寿民　3-38-2255注
谢杞　3-37-2169注
谢丽娟　2-25-1566
谢连松　3-44-2721
谢汪氏　1-6-294
谢灵运　3-43-2551注、2552
谢国华　2-21-1418
谢宝树　3-44-2711
谢官兴　2-23-1508注
谢持　3-44-2643
谢诵穆　3-38-2273注
谢深甫　3-36-2137
谢绪贤　2-29-1735注
谢道清　3-38-2233，3-44-2626

十三画

〔一一〕

瑞生　3-40-2404

〔一丨〕

楼才定　2-22-1455，2-23-1509
楼天立　3-34-1976
楼天育　3-36-2093
楼云和　3-36-2065
楼巨波　2-32-1858
楼日乞（重玉、雄樵）　3-36-2137
楼水聪　1-6-294
楼公明　2-13-940
楼月芹　1-6-295
楼文隽　3-44-2627
楼正康　2-32-1856
楼仙成　1-11-712

楼乐兴　3-36-2144
楼立可　3-41-2428
楼训培　2-26-1611，2-27-1690
楼永奎　3-44-2716
楼永祥　2-23-1519，2-27-1643，3-36-2143，3-44-2716
楼邦源　3-36-2137
楼有刚　3-36-2069
楼成木　3-44-2656、2657
楼仲南　3-44-2681
楼全　3-36-2137
楼守忠　3-36-2099、2100
楼观　3-45-2727
楼秀梅　2-23-1509，3-44-2724
楼良弼（秀卿）　3-36-2137
楼良骥（德卿）　3-36-2137
楼初衡　3-36-2080
楼耶捷　2-21-1416注
楼英（楼全善、公爽、全善、全斋）　1-总-005，1-6-321，3-36-2078注、2137，3-37-2165、2170、2172，3-38-2232注，3-41-2429，3-43-2574、2576，3-44-2623、2627、2627注
楼叔云　3-34-1973
楼岳堂　3-36-2078注
楼波　3-44-2714
楼性成　2-32-1858
楼宝根　2-13-940
楼宗望　3-36-2137，3-38-2232注
楼宗鹤　3-37-2159
楼绍宗　2-26-1632
楼南山　3-36-2092
楼炳夫　2-30-1768
楼洁生　3-36-2080
楼晋（彦孚、指城）　3-36-2137，3-43-2574、2575
楼晓锋　3-39-2322
楼爱平　3-44-2656、2657
楼浩白　3-36-2068注、2069
楼海月　3-36-2077注
楼雪娟　3-44-2656、2657
楼曼文（方娘、梅园）　3-44-2623、2650
楼曼庆　1-11-702，2-23-1520
楼焕根　3-39-2321、2322
楼清河　2-26-1619、1619注
楼淇霆　3-36-2137
楼景晖　2-13-875注，3-44-2638
楼善涛　2-13-940
楼渭士　2-23-1519
楼履蛟　3-37-2159
楼燕红　3-39-2324

赖宁　2－23－1512，3－34－1989
靳海斌　1－1－068
蓝瑛　3－44－2637
蒲华　3－37－2181
蒲作英　3－36－2101

〔一、〕

雷鸣远　3－41－2454
雷洁琼　2－26－1618
雷锋　2－23－1512，2－27－1652、1654、1697，2－30－
　　1769，3－34－1971、1988注、1989、1989注、1990

〔一→〕

裘古怀　2－27－1649，3－37－2191，3－43－2607
裘永炜　2－31－1809
裘仲甫　3－36－2080
裘志钦　2－22－1455
裘国兴　1－11－636
裘国祥　3－36－2143
裘贵（肇宗）　3－36－2137、2138
裘家钜　2－23－1508注

〔｜一〕

虞元贞　3－36－2138
虞元亨　3－36－2138
虞芽（承裕、龙山、隆山）　3－36－2138
虞克勤　2－26－1604注
虞荣仁　1－记－013、015，2－22－1455、1456、1462、
　　1463，2－23－1509、1514，2－24－1533，2－25－
　　1571，3－44－2689，3－45－2735、2735注
虞祖恩　3－43－2547注
虞诵南　3－36－2144
虞敏华　3－36－2066、2068、2082
虞樟敏　2－14－1017

〔｜→〕

路甬祥　1－记－032

〔丿一〕

筱芳锦　3－44－2675
简·戈特曼(Jean Gottman)　1－总－003注
简瑞·汉纳尔　1－记－039

〔丿→〕

解长春　2－29－1742
鲍一飞　1－7－363
鲍元祖　3－36－2138
鲍仁菊　2－23－1508
鲍仁德　3－36－2138
鲍文显　3－36－2138
鲍仕华　3－36－2138
鲍仙木　3－36－2068注
鲍永甫　2－22－1455
鲍弘　3－36－2138
鲍全道　3－36－2138
鲍良善　3－36－2138
鲍陈魁　3－44－2713
鲍叔牙　3－36－2138
鲍建荣　3－44－2715
鲍钢　3－36－2138
鲍继德　3－36－2138
鲍敬叔　3－36－2138
鲍懿宗　3－36－2138
詹天佑　1－9－458
詹张林　2－22－1455
詹纯　3－36－2138
詹凯君　3－44－2715
詹济远　3－44－2722
詹骙（晋卿）　3－36－2138，3－44－2701
詹漪君　2－22－1455

〔、｜〕

阖闾　1－2－074注
阙沛霖　2－25－1567

〔、丿〕

慈禧　3－36－2124，3－43－2547注

〔、、〕

塞斯　1－记－036
窦长富　2－23－1508、1508注，2－24－1533注，2－29－
　　1742，3－34－1965注
窦叔蒙　1－3－134、134注
窦昱　3－37－2197、2217

〔丶 一〕

福云　3—41—2427、2429
福田　3—41—2426
褚云皎　1—7—357，3—36—2143，3—43—2578、2578注
褚木根　2—23—1509、1520，3—35—2038
褚益民　3—35—2038
褚遂良　3—44—2635、2659

十四画

〔一一〕

静　3—41—2431
静一　3—41—2445
静遥（净遥、晓庵）　3—38—2233，3—41—2439，3—44—2626

〔一丨〕

赫华德　3—41—2455、2459
嘉庆皇帝　3—36—2120，3—44—2632
慕珥　3—34—1941注、1950注
蔡大绩　3—45—2730
蔡大敬　3—36—2101
蔡万里　3—44—2705
蔡元培　3—37—2163，3—44—2650、2651、2654、2671
蔡五辰　3—44—2710
蔡文姬　3—37—2179
蔡以瑞　3—36—2138，3—44—2711
蔡以台　3—44—2707
蔡龙骧　3—44—2713
蔡东藩（郕、椿寿、东藩）　1—总—005，2—25—1602，3—36—2065、2126，3—37—2153、2170、2171，3—43—2538、2572，3—44—2623、2649、2649注、2652、2671，3—45—2747
蔡召南　3—44—2710
蔡仲光（士京、大敬、子伯）　3—36—2100，3—41—2428，3—44—2630
蔡齐　3—44—2700
蔡兴宗　3—44—2624
蔡孝先　3—44—2723
蔡吾贤　2—23—1520，2—29—1742
蔡时敏　3—36—2094
蔡秀文　3—44—2718
蔡含生　3—36—2094
蔡应鳌　3—44—2709

蔡启傅　3—44—2706
蔡妙友　2—22—1455
蔡叔厚　3—44—2650
蔡畅　3—44—2650
蔡周村　3—39—2324、2325
蔡周时　3—39—2325
蔡怿（直夫）　3—36—2138
蔡官林　3—36—2092
蔡继　3—41—2443
蔡继高　3—44—2712
蔡焘　3—44—2713
蔡惟慧　3—37—2197
蔡琳　3—44—2651
蔡惠明　1—9—451
蔡惠泉　2—26—1612注、1613
蔡雄　3—44—2707
蔡福源　2—25—1567
蔡璋　3—44—2709
蔡履平　3—36—2080
蔡攀龙　3—37—2198
綦毋潜　3—37—2195注、2206
聚宗明禅师　3—41—2430注

〔丨一〕

裴浩明　2—15—1050

〔丿一〕

毓怀　3—38—2236
毓潜　3—38—2236
管仲　3—36—2138
管庆伟　3—36—2069
管思耿　3—36—2066、2066注、2067、2067注
管家昶　3—44—2722

〔丿一〕

鲜于枢　3—37—2169注

〔丶一〕

廖仲恺　3—37—2181，3—44—2641

〔丶丨〕

阚玑　2—29—1742

〔、、〕

漫生　3-40-2404
漏立根　2-14-1017
漏金华　3-36-2067
赛福鼎·艾则孜　1-记-029

〔、→〕

谭云山　3-44-2671
谭仁贤　2-26-1632、1633
谭吾源　2-26-1619
谭伯华　3-44-2722
谭其骧　1-2-074
谭养然　3-34-1973
谭洪波　3-35-2017
谭爱娥　1-6-294
谭勤奋　2-22-1464，2-24-1534、1555，2-25-1585注
谭慧秋　2-13-952

〔→、〕

翟炳芳　2-22-1455
翟雅仙　2-23-1509
翟灏　3-42-2462、2494、2496、2501
熊兴法　1-11-710
熊德利　3-36-2090、2143，3-37-2208，3-45-2750、
　　2751

〔→→〕

缪大军　3-41-2456
缪五祥　2-23-1509
缪永青　2-23-1509
缪迈　3-36-2138
缪肜　3-44-2706
缪厚安　3-39-2313注
缪簧　3-36-2138

十五画

〔一一〕

慧空　3-41-2425
慧南　3-41-2435

〔一丨〕

增瑞　3-41-2435
横山弘　2-14-991

〔丨→〕

颛顼　3-36-2135、2137
镏涣　1-总-004注
镐生　3-40-2404
稽　3-36-2133
黎仲时　3-37-2198注
黎桂芳　2-23-1509、1519，2-27-1688
黎淳　3-44-2703

〔丿丿〕

德宝　3-38-2233注
德曼·纳特·东加纳　1-记-037
德清　3-41-2439
德瑞克　1-记-040
德麟　3-37-2198

〔丿、〕

貌叔　3-36-2133

〔丿→〕

滕大庆　3-38-2234
滕云　2-23-1509，2-26-1612、1612注
滕玉良　2-23-1509，3-38-2226
滕爱花　1-6-295

〔、一〕

颜师古　1-2-074
颜回（子渊）　3-36-2138
颜体备（用周、四八秀才）　3-36-2138
颜荣富　3-34-1962
颜莉娅　3-36-2072、2085
颜真卿　3-44-2635
颜常根　1-11-643，2-23-1509，3-44-2718、2724

〔、、〕

潘天寿　3-44-2651、2659、2661、2670
潘长江　3-37-2212注
潘文标　1-11-644
潘心如　3-38-2232注
潘世恩　3-41-2446注，3-44-2708
潘世亳（世毛）　3-38-2235
潘田姑　1-6-294
潘永森（传松）　3-38-2235
潘民光　2-23-1519、1520，2-25-1568，2-27-1688
潘先恩　3-35-2017
潘兆珪　3-44-2706
潘志盈　3-38-2235
潘伯堂　3-38-2235
潘阿毛　1-6-294
潘国佐　2-26-1619注
潘垂统　3-36-2065注
潘季林　2-29-1742
潘柏钦　3-38-2235
潘柏堂　3-38-2226
潘祖芳　3-36-2142，3-45-2748
潘峻　3-39-2322
潘阆　3-43-2552
潘镀　3-44-2704

十六画
〔一丨〕

薛伯辉　1-记-025
薛驹　1-记-027
薛兼训　3-41-2439
薛福成　3-36-2126
薄一波　3-37-2191，3-43-2564

〔一、〕

霍端友　3-44-2701

〔一→〕

操震球　3-34-1955注、1956

〔丿一〕

穆罕默德·祖海尔·穆沙拉卡　1-记-036
穆斯塔法·哈里勒　1-记-037

十七画
〔一丨〕

戴二彪　3-44-2715
戴文明　3-45-2730
戴世成　3-36-2070
戴冬英　1-6-294
戴兰芬　3-44-2709
戴永伦　1-6-295
戴有祺　3-44-2706
戴成之　1-8-411，3-37-2158
戴汝东　3-45-2727
戴安德　3-41-2452
戴志江　3-36-2139
戴志轩　3-36-2139
戴杏琪　2-13-881注
戴纲　3-36-2139
戴叔伦　3-37-2206
戴季陶　3-37-2208，3-44-2642、2643
戴诚之　3-41-2426
戴思恭　3-44-2627
戴美华　2-23-1509
戴晓雪　3-36-2142
戴维师　3-44-2704
戴琥　1-8-411，3-37-2157注
戴集　3-37-2158
戴嘉漠　3-44-2713
戴熙　3-36-2101
戴僧静　3-36-2139，3-44-2624
戴德生　3-41-2455
戴鲸　3-44-2702
戴衢亨　3-44-2707

〔丿一〕

魏一姑　1-6-294
魏天钦　1-记-015、025，2-22-1498，3-38-2229
魏风江　2-25-1602，3-36-2139，3-43-2554，3-44-2671，3-45-2748
魏文昌　3-36-2139
魏文靖　3-45-2729
魏东海　3-36-2070、2083、2084
魏有声　3-36-2139

魏传关　3—38—2229

魏伯雅　3—36—2139

魏希哲　3—36—2139

魏应元　3—36—2139

魏完　3—37—2195，3—44—2628

魏直　3—38—2232注

魏金海　1—9—447，2—14—1020，2—22—1462，2—23—
1516，2—24—1533、1534，3—45—2749

魏唤兰　2—27—1701注

魏堂　3—36—2094，3—37—2156、2156注

魏骐　3—36—2139，3—44—2703

魏超然　3—44—2688

魏源初（绪川）　3—36—2139

魏德平　3—36—2066注、2067

魏毅　3—36—2139

魏藻德　3—44—2705

魏骥（仲房、南斋）　1—2—099，3—36—2139，3—37—
2170、2195、2195注、2201、2217注，3—43—2535、
2535注，3—44—2627、2628

十八画

〔丨→〕

瞿元　3—36—2139

瞿同贵　3—41—2430

瞿红飞　1—记—021，2—23—1509，3—39—2318

瞿启华　3—41—2430

瞿昂　3—36—2139，3—44—2708

瞿迪夫　3—38—2234

瞿秋白　3—43—2564，3—44—2660、2661

瞿独伊　3—44—2660

瞿萍　2—23—1541

瞿乾一　3—41—2430

瞿绩凝　3—36—2139，3—44—2710

瞿善　3—36—2139

瞿缦云（宪文）　2—27—1701注，2—32—1880，3—38—
2236注、2249注，3—43—2554，3—44—2644、2655

地名索引（音序）

说　明

　　一、本索引所收地名包括古今自然地理实体名称，行政区划名称，居民地名称，各专业部门使用的具有地名意义的站、港、场、闸、坝和名胜古迹等名称（包括国外相应的名称）。

　　二、"中国"、"浙江省（含浙江）"、"杭州市（含杭州）"、"萧山市（县、区）"、"萧山"不收；古今路名、街（弄）名、市场名和学校、医院、企业等企事业单位名称不收。

　　三、一地有两个以上称谓的，以本名或通行的别名作正条，其他称谓（含曾用名）列参见条。别名或合并的地名以括注形式出现。外国地名收录其中文译名。

　　四、同一地名出现在同一页正文中只收一次。同一地名在同页注释栏中再次出现，页码后加"注"字，如"楼家塔　3-34-1941注"。

　　五、同一地名在同编中出现两次以上的，除第一次详细标明册、编、页外，其余只标页码或注释栏。同册不同编的，省去册数；其余一一标明。

　　六、所收地名的名称以本志正文文本出现时的名称入编，如"衢州"与"衢州市"、"泉水"与"泉水村"、"西施"与"西施里"等不合并。

　　七、索引条目按地名所在册、编、页依次编排。如"萧山汽车站　1-9-488"表示"萧山汽车站"在第一册、第九编、第488页。《总述》用"总"表示，《大事记》用"记"表示。

　　八、地名按汉语拼音音节顺序排列。先看首字，若首字声母韵母及声调相同，则看第二字的音节。余类推。

　　九、音节排序从习惯，采用商务印书馆出版的《现代汉语词典》（第5版）排序方法处理。

标　点

"安仁当"陈宅　1-10-546注

"复泰当"汪宅　1-10-546注

"甲科济美"石牌楼　3-37-2184

"松柏坚贞"碑亭　3-37-2186

数　字

104国道分离立交　1-9-476

1号坝闸　1-8-417

20工段　3-38-2262

21号节制闸　1-8-417

21号闸　1-8-416

28号铁路桥　1-8-433

2号丁坝　1-3-139

5.2万亩区块　1-11-672

5.2万亩围垦　2-25-1578

69丘五万二千亩区块　1-12-795

69丘五万二千亩围垦　1-12-783、784

75丘围堤闸　1-8-417

86丘　1-8-404

86丘北堤塘　1-8-407

86丘东线堤塘　1-8-407

86丘五万二千亩　1-12-793、796、802、816、819、821

86丘五万二千亩区块　1-12-795、820

86丘五万二千亩围垦　1-12-777、779、780、785、
　　805、808

86丘五万二千亩中心河　1-8-439

93丘　1-12-821

95丘　1-8-404、407，1-12-794

95丘闸　1-8-417

A

〔a〕

阿尔巴尼亚　3-35-2033注
阿尔默市　1-记-039
阿根廷　1-11-703，2-28-1719
阿拉伯联合酋长国　2-14-1002
阿里地区　3-38-2306
阿塞拜疆　1-记-039，2-14-993

〔ai〕

埃及　1-记-037，1-1-047注，1-11-717，3-44-2648
埃塞俄比亚　1-记-036
爱尔兰　1-6-286，2-17-1191
爱莲堂　3-37-2165
爱松省　1-记-039

〔an〕

安昌　1-8-414，1-9-510注，3-38-2235，3-43-
　　2540、2581
安昌区　1-2-077、085
安昌镇　1-2-079，1-9-503，2-29-1751，3-36-
　　2120，3-38-2235，3-43-2540、2567
安福县　3-36-2135
安国　1-2-081
安华　1-9-501
安徽　1-6-286、301、303，1-7-381，1-9-489，
　　1-11-595、602、633、635、660注、680、682、
　　703、738，1-12-838，2-13-883、932，2-14-
　　1025，2-15-1037、1058、1066，2-16-1122、
　　1152、1153、1165注，2-18-1233，2-19-1302，
　　2-26-1636注，2-27-1664，2-31-1831，2-32-
　　1871，3-36-2119、2123、2124、2129、2131、
　　2132、2134、2138，3-38-2256，3-43-2548、
　　2573、2591、2594，3-44-2625、2628、2638、2640
安基岗　1-2-077，1-3-121
安吉　1-6-323，2-32-1858，3-37-2162注
安节亭　3-37-2170
安克雷奇　1-9-452注
安澜殿　3-41-2437注
安澜桥　1-2-093，3-43-2560
安平　1-11-615
安桥　1-2-084、086、092，2-16-1112注
安丘　2-24-1508
安山　1-2-077、085、094，3-37-2182，3-41-2448，

3-43-2582
安山陈　1-2-095，1-3-105、113注，1-5-250
安山村　1-6-295，3-37-2163、2168、2184
安山头　3-43-2583注
安山窑址　3-37-2185
安神　1-2-082
安时　1-2-081
安养　1-2-082、083，3-37-2199注，3-43-2549，
　　3-45-2742
安养里　3-43-2547注
安养乡　1-2-081、082，3-43-2546，3-45-2743
安远　3-36-2125，3-43-2536注
安正　1-2-081
庵东盐场　1-11-742注
庵后山　1-2-079
庵前胡直河　1-8-395
暗弯山　1-3-147注

〔ao〕

祅庄陈　1-2-094，1-3-185，1-9-473
祅庄陈直河　3-43-2606
岙上沈　1-2-079
奥地利　1-6-286，2-28-1719
澳大利亚　1-记-035、038，1-6-286，1-11-768，
　　2-13-952、964，2-14-990、992、994、1002、
　　1006、1011，2-15-1053，2-17-1191、1197、
　　1199、1213，2-27-1688注、1689，2-28-1719，
　　3-34-1950，3-35-2030，3-43-2617，3-44-2714
澳门　1-记-040，1-6-286，1-7-381，1-9-452注，
　　1-11-768，2-13-921，2-14-983、984、990、
　　994、1003、1006，2-17-1199，2-18-1237，2-22-
　　1467，2-24-1555，2-25-1574，2-27-1686、1688
　　注、1689，3-36-2056、2058、2069，3-44-2695，
　　3-45-2757

B

〔ba〕

八大　1-2-093
八大村　1-6-295，1-9-468、470
八道码头　1-9-503
八都　1-2-082，3-36-2133
八都溪　3-36-2117
八二闸　1-8-417
八哥山　1-9-472、482、483注

八工段　1-9-471、485，1-12-784、791、793、795，3-43-2618

八工段围垦区　3-43-2585

八工段小闸　1-8-416

八工段闸　1-8-416

八工段直河　1-3-130，1-8-439，3-43-2585

八号坝　1-3-188

八甲　1-9-506

八角井　3-37-2218注

八狼尖　1-3-107

八里桥　1-2-086、094，2-32-1879，3-36-2134

八一闸　1-8-416

八字大桥　1-9-479

八字桥　1-9-472、480、509，3-37-2155注、2158、2182、2184、2205，3-41-2452

巴基斯坦　1-记-038，2-17-1214，3-39-2342

巴拉圭　1-记-038

巴黎　1-记-019，1-12-829，2-13-964，2-14-990，3-43-2589

巴拿马　2-14-994、997

巴塞罗那　3-39-2315

巴西　1-6-286，1-11-702、717，2-14-990，2-17-1193、1208，2-21-1417，2-24-1555，2-27-1688注，2-28-1719，3-35-2029，3-36-2081注

坝东村　2-32-1859注

〔bai〕

白城　1-11-681

白俄罗斯　1-记-039，2-14-993

白鸽山　1-3-120，3-37-2150

白宫　2-17-1208

白龟井　3-37-2199注

白果树下　2-32-1859注

白鹤　1-2-081，3-36-2134

白鹤里　3-43-2561

白鹤铺　3-37-2204，3-43-2562

白鹤镇　3-36-2117

白虎岭　3-43-2602

白虎墙村　3-38-2235

白虎山　1-3-106、121、132，1-5-249，1-8-399、412，1-9-500注，1-12-776注，2-15-1051、1051注，2-32-1874，3-36-2133，3-37-2150、2170、2173、2213、2215、2217注，3-41-2437、2441、2441注、2450、2451注，3-43-2558注、2576、2578

白浒墙　3-40-2413，3-41-2447

白家　1-11-615

白浪　1-2-093

白浪村　3-35-2017

白龙井　1-3-121，3-37-2161

白龙寺　1-3-121，3-37-2161、2182、2183、2188注、2189、2215，3-41-2425、2436、2438，3-43-2542

白龙潭　1-2-079

白鹿山　1-2-077

白鹿塘　1-记-018，1-2-092，1-3-129，1-4-223，1-8-395，1-9-455、455注、456、456注、461、463、468、470、471、501、501注、508，3-36-2121，3-43-2606

白鹿塘村　2-33-1921，3-36-2108，3-37-2168

白鹿塘大桥　1-9-466

白鹿塘马面山汉代窑址　3-37-2150注

白鹿塘站　1-9-456、459、461、463

白露　3-44-2627

白马　1-8-426，2-32-1877、1879，3-43-2603注

白马湖（石姥湖、排马湖）　1-记-022，1-2-080，1-3-110、121、127、129、132，1-4-191、192、193、193注、209、223、224、227，1-8-395，1-10-526，1-11-592、754，3-36-2066注、2138，3-37-2193、2202、2204，3-45-2744、2758

白马湖水产养殖场　1-11-754

白马庙　3-36-2121，3-41-2437注、2438

白马乡　1-2-085、086，3-43-2602

白门里　3-36-2117

白墅　1-2-081、086

白墅寺　3-41-2423

白墅乡　1-2-085

白堰　1-2-085、093，1-8-402，1-9-473，3-41-2429、2443，3-43-2554

白堰村　3-37-2159、2183

白堰桥　1-8-393、433、439，3-37-2159

白燕　1-2-082、083、086，1-8-422

白燕坝　1-8-422

白燕堰　1-8-421

白洋　3-36-2120

白洋川　1-3-130、131，1-8-397、429，1-9-503，3-43-2540、2567、2600

白洋川桥·　1-9-477

白衣庵　3-41-2440

白云庵　3-34-1940注

白云源　3-36-2117

百步　1-2-081、099

百步寺　3-37-2217，3-41-2424、2425、2428、2428注

百步湾岗　1-2-079

百尺溇　1-2-092，1-4-215，1-10-534、535、538、573，3-36-2100、2123

百尺溇河　1-10-529

百尺溇社区　3-36-2118

百果山　1-5-250

百亩畈　1-11-614

百岁堂　3-37-2164

百药山　1-2-077、078、079，1-3-105、109、110、110
　　注、111、114、117、119，3-41-2441、2441注，
　　3-43-2574

百丈江　1-2-080

百丈山　2-15-1051

百柱庙　3-40-2411，3-41-2424、2426

柏家山　3-43-2537

柏家山庙　3-41-2443

柏山　1-2-082

柏山陈　1-2-092，2-16-1112，3-43-2538

柏山陈村　1-11-747，3-37-2153、2184，3-44-2653

〔ban〕

扳罾山　3-37-2194、2196

坂里童　1-2-092

坂里杨　1-2-092，3-36-2130

坂里杨村　1-9-461，3-36-2109

坂里朱　1-2-092，3-36-2057注，3-43-2583注

板桥　1-2-093，1-3-108、112，1-8-393、426，
　　1-10-532、536，3-36-2077、2108、2116，3-37-
　　2205

板桥村　1-3-114

板桥江　1-10-537

半东江　3-37-2156、2158

半爿街　1-2-092，1-4-191注、193注，1-9-474，
　　2-32-1849，3-36-2118，3-41-2444，3-43-2606

半爿街村　1-11-613，3-37-2184

半爿山　1-5-266，1-8-398、398注、399、400、407、
　　438，1-9-503注，1-12-776、777、777注、784、
　　785，3-41-2448

半山村　1-6-315

〔bang〕

榜眼墙门　3-37-2153

〔bao〕

包公殿　3-41-2437注、2443

包家弄　1-2-092

包家桥　1-9-472

包桥　3-38-2249注

宝安　2-23-1519、1520，2-25-1568

宝山　1-11-671

宝善庵　3-41-2424、2425、2435

宝寿禅寺　3-37-2169、2170、2174，3-41-2424、
　　2430、2438、2440，3-43-2583

宝贤坊　1-2-099

宝盈桥　1-2-092，3-43-2547注

保加利亚　1-记-036，2-17-1191、1199，2-27-1688注

保寿桥　3-37-2155注

报恩院　3-41-2430

鲍城　3-36-2138

鲍家　1-2-082

鲍家坞　1-3-109注、111

鲍坞　1-2-093，1-10-580，2-13-937注

鲍坞溪　3-43-2553

〔bei〕

碑牌岭　1-3-120，3-37-2196

碑牌岭山　3-37-2194

北船闸　3-43-2542

北大门　1-2-076，1-3-115，3-37-2213，3-43-
　　2558、2558注、2576

北干　1-2-097，1-10-580，1-11-663，2-15-1068，
　　2-21-1400注，3-37-2216

北干第一　1-2-092

北干二苑　1-4-224，1-7-372、388，1-10-543、553、
　　554，2-15-1068、1069，2-21-1400，3-34-1936、
　　1979

北干华苑　2-15-1069

北干街道　1-10-580，1-11-635，1-12-826，2-33-
　　1890

北干街道办事处　2-14-981

北干山　1-2-075、075注、076、096、097、100、101，
　　1-3-106、111、118、120，1-4-198、214、224，
　　1-5-249、260注、261、274，1-9-456、459，
　　1-10-522、524、525、538、539、539注、567、
　　570、571、572、573、574，2-13-972，2-15-
　　1035注，2-16-1166，2-21-1401注、1439，2-24-
　　1550，2-27-1652，2-32-1857、1860、1872注、
　　1874、1875，3-34-2000注，3-36-2120、2128、
　　2129、2136，3-37-2150、2176、2186注、2191、
　　2213、2215、2216、2216注，3-39-2316、2329注、
　　2336注，3-41-2426、2441注，3-43-2533注、2534

北干山林木苗圃农场　3-35-2028注

北干山垄　1-3-120

北干小区　3-38-2227

北干一苑　1-2-092、102，1-4-224，1-5-261，1-10-
　　543、553、568、572、573、580，2-15-1068、

1069、1071，2-21-1400

北干一苑居住区　2-15-1069

北干园　3-45-2741

北海塘　1-2-082、1-3-116、129、141、1-5-248、249、263，1-6-321、1-8-395、396、399、399注、440、1-9-500、503、1-11-617注、682、774、1-12-776注、3-37-2152、2186、2204注、2213，3-41-2445、2448、3-42-2462、3-43-2534、2540、2542、2543、2543注、2544注、2587、2600

北横堤二埠闸　1-8-417

北横堤头埠闸　1-8-417

北江　1-2-092、2-32-1849

北京（京）　1-记-014、1-4-214、1-6-286、1-7-370、381，1-9-452、452注、466、467、1-11-663、672、737、738、757、1-12-830、2-13-886、912、949、957、2-14-990、991、993、2-16-1139、2-17-1203、2-18-1228、1239、1254、2-20-1382、2-21-1417、1440、2-22-1459、2-24-1535、1535注、2-27-1673、2-29-1747、1748、3-35-2009、2012注、2029、2035、3-36-2059、2070、2088、2095、2099、2120、2129、3-38-2246、2246注、2247、2254、2285、3-39-2310、2316、2318、2342、3-42-2510、3-43-2541、2562、2573、2594、3-44-2631、2643、2647、2657、2663、2668、2672、2673、2674、2675、2678、2684、2686

北岭将军庙　3-37-2216

北仑　2-21-1449

北美洲　2-13-878、957、2-17-1197

北平　3-44-2658、2672、2680

北山道院　3-41-2443

北塘　1-9-506

北塘河　1-记-019、020、1-2-080、101、102、1-3-129、130、140、1-4-200、224、1-5-261、1-8-396、439、1-9-485、502、513、1-10-522、524、539、539注、541、542、556、575、1-12-792、2-14-979、980、981、982、985、986、989、2-24-1549、2-25-1578、3-43-2534、2540、2543、2587、2594、3-45-2752

北塘河（市心路）桥　2-14-985

北塘河分离立交　1-9-477

北塘河立交桥　1-10-542

北塘河桥　1-10-539、540

北塘头　2-32-1882

北坞　1-记-016、1-2-082、083、095、1-3-187、1-8-410、2-32-1880、3-36-2127、3-37-2218注、3-43-2602、2603

北坞村　2-13-889、2-20-1331、3-34-1962、3-37-2162、2185

北线二万三千亩　1-12-802

北线二万三千亩区块　1-12-795

北线二万三千亩围垦　1-12-785

北线一万亩区块　1-12-795

北线一万亩围垦　1-12-777、785

北药桥　3-37-2205、3-43-2535

北站码头　1-9-503

〔bi〕

比利时　1-6-286、1-12-831、2-13-909、969、2-14-990、991、994、1002、1003、1006、2-17-1191、1199、2-24-1555、2-27-1688注、3-36-2126、3-41-2454、3-43-2570、2604、3-44-2648、2663注、2675、2686、2715

笔飞坊　3-36-2132

笔峰尖　3-37-2172

笔架　1-2-085、3-43-2574

毕公拱桥　3-43-2563

毕公桥　3-37-2158

陛下庙　3-41-2443、2449、2449注、2450

碧山　3-43-2568

碧山仙洞　3-43-2568

〔bian〕

汴　3-36-2130

汴京　3-41-2444注

汴梁　3-36-2132

汴州　3-36-2116

〔bie〕

鳖子门　3-43-2558注

〔bin〕

滨江　1-9-456

滨江区　1-总-003、1-记-017、1-2-073、075、077、078、080、090、096、1-3-105、130、132、1-4-190、201、230、1-8-400、403、412、1-9-447注、457、459、462注、467、468、474、486、488、501注、502、506、513、1-10-523、1-11-767、1-12-784、785、792、2-15-1032、2-16-1154、1164、2-20-1329、1361、2-26-1626、2-31-

1785，3-36-2064、2079、2103、2119、2121、
2122、2123、2133、2135、2136、2138，3-37-
2193、2206、2213、2215，3-38-2229、2273、
2282、2283、2285，3-41-2434、2439，3-42-
2495，3-43-2533、2546、2594，3-44-2629、
2630、2651、2654、2661、2675、2689、2695、
2696、2697，3-45-2735注、2736注、2746
滨江区塘　1-8-407
滨浦　1-2-081
滨浦道院　3-41-2443

〔bo〕

波兰　1-11-714，2-14-994，2-17-1183注、1199，
　　3-35-2030，3-44-2688
玻利维亚　2-28-1719
剥衣亭　3-37-2195
渤海郡　3-36-2137
渤海湾　3-36-2137

〔bu〕

卜家　3-36-2133
卜宅　3-36-2127
布达佩斯　3-44-2681
布政墙门　3-37-2153注
埠头　1-2-083

C

〔cai〕

财神殿　3-41-2437注
蔡岙　3-36-2138
蔡东藩故居　3-37-2185
蔡东藩临江书舍　3-36-2046
蔡东藩路　1-2-092
蔡东藩墓　3-37-2182、2183、2188注、2189，3-43-
　　2572、2572注
蔡黄　1-2-083
蔡家弄　1-2-092，3-36-2138
蔡家塘　1-2-079
蔡家坞　1-3-121
蔡家坞村　1-3-120
蔡湾　1-2-081
蔡湾板桥　3-41-2447注
蚕花　1-2-095

蚕花村　1-11-613
蚕花庙　3-40-2413

〔cang〕

仓北　1-2-094，1-10-580，1-12-796，2-32-1879
仓北村　3-35-2024
仓前　1-3-127、133、134、137、138，1-8-428、429、
　　430，1-9-510注，3-35-2032、2032注，3-37-
　　2150，3-43-2577，3-44-2639
仓前村　3-44-2669
仓前水文站　1-3-136、139
仓前站　3-35-2032
仓桥　1-10-537、570，2-15-1080，3-34-1988注，
　　3-37-2155、2184、2205，3-38-2225注，3-43-
　　2535，3-44-2629
伧塘　3-45-2730注
苍南县　2-20-1331、1342注，3-45-2753
苍山　2-23-1519、1520，2-29-1735
苍梧县　3-36-2131
苍坞　1-8-410、410注
苍坞水库　2-13-894
沧县　3-44-2680
沧州　2-16-1152

〔cao〕

曹案埠　1-12-776注
曹董　1-2-082
曹娥　1-2-073，1-8-412，1-9-455注、510注
曹娥江　1-3-129、187，1-8-395，1-9-501注，3-37-
　　2204注、2205
曹福庆墓　3-37-2196
曹家　3-36-2132，3-44-2627
曹家堡村　3-40-2411注
曹家埭　1-2-094
曹家埭村　1-11-613，3-36-2110
曹家尖山　1-2-077
曹家桥　1-2-092，1-10-554，3-36-2110
曹家湾　1-2-094，1-8-393
曹家湾村　1-11-613
曹家章　1-2-080
曹林庵　3-37-2195注
曹山　3-41-2430
曹山寺　3-41-2424、2425、2430、2430注、2438
曹氏宗祠　3-37-2184
曹坞　1-2-081，1-9-470，3-43-2606
曹坞村　1-3-121

曹坞岭　1-2-077
草庵塘　1-10-558
草漾　1-2-093

〔cha〕

叉口　1-8-418，1-10-553、554
茶店　2-32-1877、1879
茶亭　3-37-2217注，3-38-2234、2235
茶叶山窑址　3-37-2185
茶园　1-11-614
察哈尔　3-44-2658

〔chai〕

柴家　1-2-094，1-8-392、408，1-9-505
柴家村　1-9-505
柴家村渡口　1-9-505
柴岭　3-37-2200
柴岭山　1-记-022，1-3-120，3-37-2194、2202，
　　3-45-2744、2758
柴岭下村　3-37-2200

〔chan〕

禅机庵　3-41-2424、2437
禅机庵山　3-41-2438
禅机禅院　3-41-2437、2437注
禅机山　3-36-2119，3-37-2154、2217注，3-41-
　　2437，3-43-2576
蟾山　3-41-2446注

〔chang〕

昌国寺　3-44-2628
昌国卫　3-38-2236
昌化　1-3-105，3-43-2551
昌明　1-2-083
长安　1-2-083、084，3-37-2206
长安乡　1-2-081注，3-37-2150注，3-43-2546、2547
　　注，3-45-2738
长北　1-2-092、095，1-11-770，2-32-1849，3-43-
　　2601
长浜沿　1-2-098、099，1-10-534
长浜沿桥　1-10-536
长春　1-9-452注，3-44-2678
长二　1-记-017，2-32-1880

长二村　3-36-2108、2110
长二大队　3-39-2311注
长锋　1-2-092，2-32-1849
长港（巷）　1-2-081
长河　1-记-013、016、017、020，1-2-077、082、
　　083、084、084注、085、086、087、088、089、
　　090、092，1-3-130，1-5-238、255，1-6-280、
　　281，1-7-367，1-8-392、395、404、412、425、
　　439，1-9-455、455注、457、461、463、509注、
　　513、515，1-10-554，1-11-614、633、636、
　　651、682、686、772，1-12-777、784、785、
　　2-13-864注、873、879、880、881、972注，2-15-
　　1048、1050、1053、1068、1078、1081注、1085、
　　2-16-1112注、1119、1130、1134注、1152、1155、
　　2-17-1190，2-18-1218，2-19-1270、1272、
　　1304，2-20-1319、1320、1325、1328、1366、
　　1390，2-21-1400注、1405注、1433，2-22-1452
　　注、1460，2-24-1555注，2-25-1584，2-31-
　　1785，2-32-1849、1852、1854、1862、1880、
　　1882，2-33-1887、1903、1910，3-34-1940注、
　　1944注、1945、1948、1948注、1963、1988注、
　　1992注，3-35-2029，3-36-2051注、2054、2055、
　　2056、2058注、2072注、2075、2076、2076注、
　　2077、2096注、2101、2103、2123、2133、2135、
　　3-38-2229、2273，3-39-2311、2313注，3-40-
　　2362、2411，3-41-2439、2443、2456、2458、
　　3-43-2533，3-44-2634，3-45-2736注
长河村　2-28-1709
长河公社　1-12-777注，2-16-1164，3-38-2263、2269
　　注，3-39-2311注，3-43-2546，3-45-2739
长河后　1-2-082
长河街道　3-36-2119
长河区　1-2-084、085、086、087，2-16-1100、1127、
　　2-19-1262，3-43-2546
长河人民公社　1-2-086
长河头　3-37-2215
长河乡　1-2-082、085、086、088，1-12-777注，
　　2-28-1712注，3-34-1944注，3-36-2051注，
　　3-37-2150注，3-45-2735
长河站　1-9-459、461
长河镇　1-记-017、022、023、035、036，1-2-080、
　　084、089、090，1-3-132，1-4-190、226、230、
　　233、233注，1-6-284、298、299，1-8-412、
　　415、420、424、442，1-9-502、506，1-10-522、
　　1-11-619、714、749、763，2-15-1050、1088、
　　2-16-1154、1164，2-28-1709，2-32-1852、
　　1856、1880、1882，2-33-1903、1921，3-34-
　　1948，3-35-2008，3-36-2108、2110、2121、

2123、2135、3—37—2175、2190、2202，3—38—2270、2285，3—41—2434，3—43—2546，3—44—2629、2630、2654、2661、2675、2695、2696、2697、2714，3—45—2744、2758

长河庄 3—36—2135

长红 1—2—093，3—41—2443

长红村 1—6—309

长红桥 1—9—472

长虹 3—41—2443

长虹村 2—32—1859注

长江 1—2—073、073注，1—9—446注，1—11—731、748、773，2—27—1701，2—33—1913，3—36—2128

长江流域 2—33—1904

长江三角洲 1—总—003注，1—2—073，1—10—522，2—20—1311，2—23—1512

长江三角洲地区 3—37—2203

长江下游 1—1—061

长江下游地区 1—1—059

长江以南地区 1—1—063

长乐县 3—36—2121

长乐乡 3—43—2576

长联村 1—6—295，2—13—919注

长林河 3—37—2156

长林湾 1—9—502

长岭 1—11—614

长岭头 1—3—127

长南桥 2—13—909

长清县 3—36—2117

长庆小区 2—15—1061

长沙 1—2—077、085、086、087、088、094，1—3—124，1—9—452、452注、472、502、515，1—10—562，1—11—651、744，1—12—783、795，2—13—880，2—21—1408，2—33—1913，3—38—2221，3—43—2567、2600，3—44—2626

长沙村 3—38—2274

长沙公社 1—11—627注，1—12—785

长沙桥 1—9—480，3—43—2569

长沙乡 1—2—088、089、090，1—6—285，2—13—909、2—32—1849，3—36—2078，3—38—2272注、2274、3—39—2310，3—43—2567，3—44—2699、2720、2724

长山（茬山） 1—记—013、016，1—2—083、084、086、087、088、089、094，1—3—106、115、118、120、132、147注、185，1—4—214、223，1—5—249、260注，1—8—398、439、443，1—9—467、475、506、513、513注、514，1—10—525、529、538、553、554、556，1—11—651、682、725、730、753、761、1—12—777、779、783、807，2—15—1052、1089、2—16—1152，2—17—1204，2—18—1218，2—20—1358

注，2—21—1400注、1405、1405注，2—25—1599、2—28—1717，2—32—1852、1872、1874，3—34—1944注、1948、1948注、1999，3—36—2128、2136、2139，3—37—2186、2187、2190、2213，3—39—2313注、2323，3—40—2385、2386、2387、2415，3—41—2434、2436、2441注、2442、2448，3—43—2587、2588，3—44—2627

长山1号桥 1—9—502

长山2号桥 1—9—509

长山村 2—14—983

长山公路桥 1—9—502

长山公社 3—35—2028注

长山管理区 3—43—2587

长山河 1—10—526

长山教堂 3—41—2456

长山垦区 1—12—796

长山人民公社 1—2—087

长山坞 1—2—082、094

长山乡 1—2—082、084、085、088，1—11—738、753，3—36—2139，3—37—2150注，3—43—2553、2574

长山新开河 1—10—542

长山一号桥 1—9—478

长山闸 1—3—130，1—8—395、411、418，1—9—502，1—10—553

长山镇 1—2—089、090，1—6—284，1—8—395，1—9—485，1—11—749，2—27—1662，2—28—1714，3—34—1936、1937，3—35—2032，3—36—2075，3—37—2190，3—38—2232，3—43—2532、2534、2587、2589，3—44—2719

长山直河 1—8—397、439，1—10—542，1—12—792，3—43—2587

长潭 1—2—083、084、085、086，3—36—2131、2138

长潭坝 1—8—422

长潭管理区 3—43—2613

长潭乡 1—2—084、085，3—36—2129，3—43—2613

长巷 1—2—093，1—3—121，1—5—274，2—21—1400注，2—27—1638注，3—34—1941注，3—36—2124、2125、3—40—2386，3—43—2542

长巷村 1—2—082，1—11—613，2—32—1876，3—37—2157、2166、2178、2186、2187，3—41—2449、3—44—2629、2630、2656

长巷古墓葬 3—37—2186

长巷庙 3—41—2442、2443、2444

长巷土地庙 3—41—2449

长兴 1—2—075注、082、083、092，1—6—323，1—11—595，2—32—1849、1878，3—37—2199注，3—45—2742、2743

长兴村 1—6—298，1—12—776注

长兴县　1-12-810

长兴乡　1-2-075、075注、081、081注、082、096、1-9-447注，3-41-2441注，3-43-2533注、2546，3-45-2738

长一　1-记-017，1-12-777注，2-32-1880

长垣　3-36-2121

长远　1-2-094

长远村　1-11-613

长征　1-2-095，2-32-1879

长征桥　1-9-479

长洲　3-37-2179

长庄　1-2-083

常德路　3-36-2139

常绿　1-9-482注、486，2-24-1550

常绿镇　1-2-078、079，1-3-119、128，3-43-2574

常熟　2-16-1147，2-20-1380，3-36-2124、2131

常州　1-11-758，2-13-840注，2-20-1396，3-43-2538

常州府　3-37-2196

〔chao〕

朝红　1-2-093

朝鲜　1-记-036、037、039，1-11-748，2-14-1006，2-20-1330，2-27-1688注，3-36-2058注、2059注、2082注，3-44-2675

潮瀚　1-2-083

潮神庙　3-40-2414

潮阳市　2-19-1303

潮州　3-36-2116、2125

〔che〕

车家埭　1-2-092，1-4-191注、193注，2-32-1849，3-36-2078注

车家埭村　1-11-613、622，3-34-1950注

车里庄　3-36-2116

车路湾　1-2-094，1-9-471，2-32-1879，3-36-2050，3-41-2455，3-43-2567、2569

车路湾村　1-11-613，2-13-919注，3-44-2718

〔chen〕

沉湖山　3-37-2187

陈村　1-2-081、099，3-36-2109、2126

陈村河　3-43-2615

陈村庙　3-41-2444

陈公桥　1-2-092、099，1-3-113注，1-9-510，1-10-

555，3-37-2155注、2204

陈公桥埠头　1-9-503注

陈公塔　3-41-2426

陈家　1-2-095，3-43-2604

陈家埠　1-2-080

陈家村　3-38-2272注

陈家大队　3-38-2272注

陈家弄　3-36-2128

陈家墙门群　3-37-2184

陈家塘　1-2-092

陈家塘村　1-11-613

陈家坞　1-8-409

陈家园　1-2-094

陈晋生墓　3-37-2184

陈留　3-36-2117

陈留县　3-36-2118

陈墅　1-2-081、083

陈墅庙　3-36-2127

陈州府　3-36-2139

〔cheng〕

称心寺　3-41-2438

撑船湾桥　1-9-477

成都　1-9-449、452、452注，2-14-993，2-20-1394，3-36-2118

成虎坊　3-37-2182

成虎故居　3-37-2182

成虎桥　1-9-480，3-37-2206、2207

城北　1-记-018，1-2-083、084、086、087、088、089、091、092，1-3-183、188，1-4-215，1-5-245，1-8-396、397、403注、404、413、414、418、420、435，1-9-456、460、472、488、492、506注，1-10-559，1-11-612、651、681、682、685、703、716、761、772，1-12-777、778、792，2-13-935，2-15-1052、1074、1078、1086，2-16-1112、1115、1157，2-17-1204，2-20-1314、1383，2-22-1467、1481，2-23-1524，2-24-1550、1551、1557，2-26-1630、1631，2-27-1659、1692，2-29-1734注，2-31-1784，2-32-1862、1872，2-33-1897、1908，3-35-2023、2031，3-36-2046、2059注、2096、2133，3-37-2186、2190，3-38-2223、2251注、2275注、2276、3-43-2533

城北办事处　1-5-240，1-9-460，1-11-763，2-13-957，2-14-981，2-16-1140，2-21-1443，2-27-1665，3-34-1955

城北村　2-14-983，3-41-2445

城北公社 1-9-509、509注，1-11-626注，1-12-795，
　3-38-2305注

城北瓜沥界河闸 1-8-417

城北管理区 1-2-086

城北河桥 1-9-477

城北农场 1-12-777注，3-35-2028注

城北片 2-21-1400

城北桥 1-9-478，1-10-533

城北区 1-记-014，1-2-084、084注、085、086、088、
　089，1-6-284、295、307，1-7-349，1-8-395、
　439，1-11-676、703、720、744、772，1-12-
　777、777注、779、783、784、785、800、817、
　833，2-19-1277注，2-21-1432，2-22-1455，
　2-27-1651、1664，3-35-2038，3-36-2049注，
　3-39-2311、2318、2322、2331，3-45-2738

城北区垦种点 1-6-298

城北人民公社 1-2-086，3-43-2587、2594

城北乡 1-2-082、084、085、088、089、090，1-6-
　282、284，1-9-509，1-11-626、711、744，2-14-
　981，2-24-1551，2-32-1852，3-35-2029注，
　3-37-2150注，3-43-2587，3-44-2716

城北新村 2-15-1070、1071

城北闸 1-3-130，1-8-415，1-12-791

城北闸直河 2-14-985

城东 1-2-081、086、088、089、091，1-3-183，1-9-
　460、466、467、469、485、501注，1-10-556、
　559、563、574注，1-11-651、682、712，2-13-
　885注、935，2-15-1032、1074、1086，2-20-
　1390，2-27-1669注，2-28-1705，2-32-1856、
　2-33-1907，3-34-1999，3-36-2046、2127，
　3-37-2186，3-38-2223、2244、2263、2268，
　3-43-2533

城东办事处 1-9-459、460，1-11-728，1-12-807，
　2-13-879注，2-21-1432注，2-32-1875，3-34-
　1952，3-43-2610，3-44-2636、2647、2659

城东场 1-9-457

城东公社 3-38-2228注，3-43-2605

城东河 1-8-395

城东立交桥 1-10-532、537

城东桥 1-9-502

城东人民公社 1-2-086、087，3-43-2610

城东乡 1-2-085、088、089、090，1-4-231，1-5-
　263，1-6-284，1-8-395，2-25-1590，2-32-
　1850，3-36-2101，3-37-2190

城东直河 1-8-439

城河 1-4-191注、193注、215，1-9-459、501注，
　1-10-526、529、534、535、536、570、571、574
　注，2-15-1040，2-24-1551，3-37-2155、2156、

2205，3-38-2269注，3-43-2534、2535

城河公寓 2-15-1071

城隍殿 1-9-472，3-41-2437注

城隍庙 1-2-090，3-34-1944注、1989注，3-36-2047
　注、2059注、2116，3-38-2225注，3-40-2414，
　3-41-2443、2445，3-43-2539、2593、2594

城隍庙桥 1-9-502

城隍庙直河 3-43-2556、2592

城隍山 3-43-2610

城隍山窑址 3-37-2182

城隍山印纹陶窑址 3-37-2183

城隍山印纹硬陶窑址 3-37-2182

城建公寓 1-10-568，2-15-1070

城郊 1-2-084、084注、087、092

城郊村 3-36-2111，3-37-2153、2156、2158、2162、
　2183

城郊区 1-2-084、084注

城郊人民公社 1-2-087

城南 1-记-018，1-2-086、087、088、089、091，
　1-3-185，1-4-223，1-5-239、245，1-8-440、
　1-9-487、515，1-10-559，1-11-612、651、682、
　686、703、712、714、718注、721、739、748、
　772，1-12-778、833，2-15-1036、1086，2-20-
　1383，2-22-1467、1481，2-24-1557，2-27-
　1659、1692，2-28-1704注、1705，2-29-1734注、
　1742，2-31-1784，2-32-1862，1872，1876，
　2-33-1897、1908，3-34-1961注，3-35-2023、
　2031，3-36-2046，3-37-2186、2186注、2190，
　3-38-2235、2275注、2276，3-39-2323，3-41-
　2459，3-42-2495，3-43-2534

城南办事处 1-5-266，1-9-460，1-11-685、713，
　2-16-1112注，2-21-1432注，3-35-2015、2016，
　3-43-2605、2615，3-44-2631、2632

城南公社 1-4-193注，1-11-648、760，3-35-2030
　注，3-38-2294注，3-43-2605

城南公铁立交 1-9-476

城南公铁立交桥 1-9-485

城南立交桥 1-9-460

城南桥 1-9-501

城南区 1-2-088、089，1-6-284、295、307，1-7-
　349，1-8-395，1-11-703、704、760，1-12-778，
　2-15-1036，2-21-1432，2-26-1623、1631，
　2-27-1664，3-35-2032，3-39-2318、2322

城南区垦种点 1-6-298

城南人民公社 1-2-086，3-43-2615

城南乡 1-2-088、089、090，1-6-282、284，1-8-
　395，1-9-458，1-11-712、770，2-16-1112注，
　2-21-1432，2-33-1897，3-37-2175、2176、

2186、2187，3-38-2284

城桥 1-2-097，1-10-532、535、536

城区 1-2-082、084、084注、097，2-13-935，2-16-1108，3-43-2533

城山 1-2-077、085、086、087、088，1-3-121，1-5-246、250，1-8-392，1-9-484注、488，1-11-651、686、743注、771，2-15-1051，2-19-1275，2-32-1856，2-33-1897，3-34-1945、1962，3-36-2046注，3-37-2195注、2199注、2200、2201，3-38-2223、2273注、2274注、2294注，3-40-2414，3-41-2452，3-43-2597

城山公社 1-9-464注，3-35-2033注，3-39-2311注

城山古道 3-37-2195、2199、2200

城山怀古坊 3-37-2188注、2195

城山寺 3-37-2193、2194、2195注、2200，3-40-2414，3-41-2424

城山王 1-2-095

城山王村 1-11-612

城山乡 1-记-036，1-2-088、089、090，1-6-284，2-16-1112注，3-38-2295，3-39-2311注

城西 1-2-081、091，2-28-1704注、1705、1715注，3-36-2046

城西街道 3-39-2329

城西桥 1-10-535

城厢 1-记-020，1-2-078、080、083、084、084注、086、089、091、092，1-3-129、130、183，1-5-248、249、260，1-6-309，1-7-367、368，1-9-460、490、501注、504、512、513、514，1-10-560、565、580，1-11-596、618、663、673、684、761、763，2-13-947、972注，2-15-1032注、1050、1055、1056、1068、1074、1076、1077、1078、1079、1081、1081注、1082、1085、1085注、1088、1093，2-16-1099、1107、1111、1115、1124、1125、1126、1126注、1138、1147注、1149、1150注、1152、1157、1157注、1158、1159、1162、1168、1172，2-18-1220注、1234，2-19-1265，2-20-1329、1336、1339、1341、1343、1358注、1366、1383，2-21-1412、1447，2-23-1521，2-24-1535、1541、1545注，2-26-1616，2-27-1644、1659、1667、1686、1700，2-28-1704注、1705、1713注、1718、1720、1720注、1725、1727，2-29-1734注、1742、1744，2-31-1787、1825、1837，2-32-1851、1853、1854、1856、1859、1860、1861、1872、1872注、1873、1874、1875，2-33-1886、1892、1903、1911，3-34-1926注、1939、1940、1947、1948、1962、1963注、1993、1995，3-35-2005、2021注、2022、2024、2027、2031、2034，3-36-2045、2051、2056、2061、

2073注、2091、2120、2122、2134、2138、2139，3-37-2204，3-38-2227注、2229、2231注、2236注、2242、2242注、2246注、2253注、2288、2291、2293、2296，3-39-2311、2312注、2313注、2318、2320、2333、2344，3-41-2452、2456，3-42-2490、2507、2508，3-44-2632

城厢地区 1-9-493

城厢基督教堂 3-41-2457

城厢教堂 3-41-2456

城厢街道 1-6-335，1-10-580，2-15-1086，3-36-2099注

城厢南门 1-9-504

城厢区 1-2-084

城厢人民公社 1-2-086，3-43-2533

城厢天主堂 3-41-2452

城厢镇 1-记-014、016、019、022、023，1-1-043，1-2-072、075、077、077注、080、084、085、085注、086、087、088、089、090、091、092、096、097、098、099，1-3-106、110、111、112、116、118、120、121、129、131、132、168注、187，1-4-191注、193注、195、198、201注、205、207注、208、210、211、215、218、219、221，1-5-240、242、243、249、252、254、269、274，1-6-282、283、284、285、287、289、294、295、296、301、303、307、314、315、325、333、337、338，1-7-349、355、368、384、388，1-8-414、420、428、429、432、442，1-9-455、459、460、461、467、468、469、475、483注、487、501注、502、504、505、508、512、513注、514，1-10-521、523、527、529、554、555、556、558、567、570、573、574、574注、575注、576、579，1-11-613、615、619、620、622、640、651、684、689、694、697、713、714、723、724、725、727、745、748、757、763，2-13-888、888注、896注、898注、913、972、972注、973、.974、975，2-14-980、981、987、988，2-15-1031、1031注、1034、1035、1050、1074、1080、1082、1086、1088、1089、1090，2-16-1099、1109、1112注、1115、1117、1120、1122、1126注、1131、1132、1136、1137注、1139、1140、1141、1153、1154、1156、1165、1166、1168、1170、1171、1172、1173、1174、1174注、1175、1175注、1177、1179、1179注、1180注，2-18-1219、1220注、1228、1256、1257，2-19-1262、1305，2-20-1322注、1335、1336、1342注、1351、1354注、1355、1356、1358注、1377、1388，2-21-1400、1400注、1401、1401注、1405注、1407、1408、1409、1410、1411、1412、1414、1428、1432注、1443、1447、1448、

1449，2-22-1456、1474、1475、1491、1494、
1502、1503，2-23-1525，2-24-1535注、1546、
1550、1552、1553，2-25-1570、1571、1572、
1573、1574、1584，2-26-1604注、1620注、1623、
1624、1628注、1631，2-27-1652、1664、1669、
1675、1676、1680、1680注、1682、1689、1692、
1701，2-28-1707、1710、1712注、1713、1715、
1716、1716注、1720注、1721、1722、1727、1729
注，2-30-1761、1765，2-31-1785，2-32-1849、
1851、1852、1853、1856、1857、1859、1860、
1861、1862、1868、1871、1872、1872注、1874、
1876，2-33-1901、1903、1904、1908、1912、
1913、1920，3-34-1927、1929、1936、1938、
1941、1942、1949、1950、1950注、1952、1953、
1955、1956注、1957、1957注、1958、1965注、
1970、1980、1990、1992、1994、1995，3-35-
2015、2016、2017、2020、2022、2023、2030、
2032、2032注，3-36-2045、2045注、2046、2047、
2048、2050、2051、2052、2055、2056、2057、
2057注、2062、2074注、2080、2096、2097、2099
注、2100、2101、2102、2108、2109、2110、2111、
2116、2117、2118、2119、2120、2121、2123、
2125、2126、2128、2129、2131、2133、2138、
2139，3-37-2150、2150注、2153、2155、2156、
2158、2161、2162、2166、2167、2169、2176、
2182、2183、2184、2186、2190、2191、2195、
2196、2197、2198、2199、2202、2205、2214、
2215，3-38-2225、2225注、2227、2227注、2228、
2228注、2231、2232注、2233、2233注、2234、
2235、2243注、2244、2245注、2246注、2263注、
2267、2269注、2270、2271注、2276、2281、2282、
2284、2285、2286、2287、2291、2293、2293注、
2294、2294注、2295、2295注、2296、2297、2302，
3-39-2310、2313、2313注、2314、2316、2317、
2322、2324、2329、2329注、2330、2331、2332、
2333、2333注、2334、2335、2336、2338注、2339
注、2344，3-40-2348、2349、2350、2353、2386，
3-41-2423、2424、2426、2427、2442、2443、
2444、2445、2452、2453、2455、2456、2458，
3-42-2462、2463、2464、2484、2504、2519，
3-43-2533、2533注、2534、2536、2544、2561、
2586、2594、2605、2606、2610、2611、2615、
2619，3-44-2626、2627、2630、2631、2632、
2633、2634、2635、2636、2637、2638、2639、
2644、2646、2647、2648、2651、2655、2659、
2665、2666、2668、2672、2676、2677、2678、
2694、2699、2714、2715、2716、2717、2720、
2721、2722，3-45-2738、2752、2758、2759

城厢镇北干街道办事处　1-2-091
城厢镇张家弄教堂　3-41-2456
城垣　3-37-2200
城站　2-30-1760注
城中花园　1-2-102，1-10-551，2-15-1068、1070

〔chi〕

茌平　3-36-2125
池上河　3-37-2158
池头　3-36-2125
池头沈　1-2-094，1-3-185，1-10-553，3-36-2124、
　2125，3-37-2218注，3-41-2432
池头沈村　3-36-2109，3-37-2171、2183，3-43-2572
　注
赤道几内亚　1-记-038，2-16-1171
赤亭　3-37-2206

〔chong〕

重庆　1-6-286、301、303，1-9-452注，1-11-633、
　635、703，2-15-1058，2-28-1714，2-31-1831，
　2-32-1877、1877注、1878，3-43-2591，3-44-
　2651、2672
重兴寺　3-41-2423、2424
重兴院　3-41-2423
崇二　1-2-092
崇福寺　3-41-2428、2433
崇福杨寺　3-37-2194，3-41-2424、2433
崇福院　3-37-2217
崇化　1-2-083、084、098，2-15-1068、1076，2-21-
　1400注、1401，3-34-1942，3-37-2199注，3-43-
　2533，3-44-2626，3-45-2742、2743
崇化里　3-36-2125
崇化区　2-21-1443
崇化寺　3-37-2161，3-41-2423
崇化乡　1-2-081、082、084、099，3-36-2127，3-43-
　2615
崇化小区　1-4-234，1-7-363，1-10-528、557，
　3-38-2263注
崇化苑　1-10-553
崇化住宅区　2-15-1069、1071
崇教寺　3-41-2423、2439
崇礼堂　3-37-2165
崇六　1-2-091、092
崇明县　2-32-1878
崇儒　1-2-099
崇儒坊　1-2-099

崇三 1—2—092
崇三社区 1—10—533
崇山 1—2—081
崇四 1—2—091、092
崇头村 2—28—1709
崇五 1—2—091、092
崇一 1—2—092
崇真院 3—41—2429

〔chu〕

楚国 3—36—2132
楚雄府 3—44—2642

〔chuan〕

川东道 3—36—2119
川坞 3—38—2274注
传芳 1—2—094, 1—3—121、185, 1—10—553
传芳村 1—6—294、295, 3—37—2173, 3—44—2721
传芳里 3—41—2431注、2439
传关 2—33—1899
船道及石拱桥 3—37—2183
船舫徐村 3—36—2109
船山 1—2—095, 1—8—410, 2—21—1441
船山村 1—6—293、294, 3—41—2454, 3—43—2613
船尾巴 1—2—079
船坞山 1—2—077、078、079, 1—3—109、111、117、119, 3—43—2614

〔chuang〕

创建 1—2—094
创建村 1—11—613, 3—35—2017, 3—44—2718
创新 1—2—094
创新村 1—11—613
创业桥 1—9—478, 3—43—2618

〔chun〕

春风 1—2—094
春风村 1—11—613
春光 1—2—094
春晖堂 3—37—2184
春江 1—9—472
春雷 1—2—094, 1—12—796
春雷村 1—11—719、749

春园 1—2—094, 2—28—1715注
春园村 3—35—2017, 3—44—2720
淳安 2—16—1176, 2—27—1672、1701, 2—33—1924注、3—36—2076、2117、2128, 3—43—2551
淳安县 1—11—614, 2—20—1339, 2—33—1904, 3—38—2285

〔ci〕

祠堂前傅家 3—36—2136
慈禅寺 3—41—2431
慈恩寺 3—41—2431、2431注
慈姑大山 1—3—121, 1—5—250, 3—43—2597、2608
慈姑裘 1—2—095, 1—3—111
慈姑裘村 1—6—294, 3—36—2138
慈姑裘大队 1—11—627注
慈溪 1—9—489, 1—11—734、735、742注、770, 2—20—1380, 3—36—2100、2119、2133, 3—41—2454, 3—43—2558
慈溪市 2—26—1636注
慈溪县 2—13—912, 2—20—1395
慈云寺 3—41—2423
雌雄溪 3—37—2199
次坞 1—记—019, 1—3—109, 1—9—468、469、482、483注、486、487, 2—17—1204, 2—24—1550, 3—36—2130, 3—43—2554注、2566
次坞村 1—2—079
次坞溪 1—3—128
次坞镇 1—2—078、079, 3—43—2553

〔cong〕

从塘 1—2—092, 1—8—426
从塘堰 1—8—421

〔cou〕

凑沿金 1—2—095, 1—8—419
凑沿金村 1—8—414, 3—41—2447
凑堰 1—8—421

〔cun〕

村口 1—2—082
村口闸 1—8—411
村前塘 1—8—394
村桥 1—9—508, 3—43—2603、2603注、2604

村桥灌区 1-8-402
村桥千工塘 1-8-433

D

〔da〕

达台门 1-2-097
达县 3-36-2071
达尊坊 1-2-099
打湾闸 1-8-393
打纸埭 1-2-092
打纸埭村 3-41-2427
打纸埭闸 1-8-418
大坝庙 3-40-2413, 3-41-2443
大阪 2-14-991, 2-17-1207
大阪市 2-14-991
大坂坞 1-5-250
大悲 1-2-083、085, 3-43-2589
大埠头 1-2-079, 3-37-2205
大仓桥 3-37-2155注
大陈 3-36-2126、2138
大成兴 1-2-092
大池溇 1-2-094, 2-32-1879
大池溇村 1-11-613
大东 1-2-094, 1-12-796
大畈 1-8-401
大方庵 3-41-2430
大坟山 1-8-393, 3-37-2182
大坟山窑址 3-37-2185
大峰山 1-3-119
大夫第 3-43-2535、2535注
大关 2-15-1061
大和山 1-2-077、078、079, 1-3-109, 1-8-411、
  418, 1-9-503, 1-12-800、826, 2-15-1051,
  2-28-1715注, 2-32-1876, 3-36-2121, 3-43-
  2567
大湖头 1-2-093, 3-43-2566
大湖头村 3-37-2185
大华家 3-40-2413
大黄岭 1-2-077、078、079, 1-3-118, 1-9-469,
  3-36-2116, 3-43-2575
大黄坞山 3-37-2199
大尖山 1-3-134
大江沙河 3-37-2204注
大坑坞村 1-11-686
大连 1-2-077注, 1-7-381, 1-9-452注, 3-43-

2573, 3-45-2738
大梁 3-36-2125
大林 1-2-077、077注、085, 3-45-2738
大弄口 2-26-1604注
大路张 3-36-2126、2134
大螺山 1-3-106、108、112、114、118, 1-5-249,
  3-37-2215, 3-43-2561
大满畈排涝站 1-8-423
大庙 1-12-783, 3-36-2047注, 3-41-2443
大庙前 2-24-1562, 3-43-2539、2539注
大名府 3-36-2121
大末 1-2-074
大南门 3-38-2235
大爿山碉堡群 3-37-2184
大坪岗 1-2-079
大浦河 1-2-101, 1-8-395, 1-10-526、542、543、
  556
大浦河桥 1-10-542
大浦河支河 1-10-526
大浦河支流 1-10-542
大浦桥 1-10-542
大瀑水 1-3-119
大桥 1-2-082、083、087、088、093, 1-3-105、110、
  110注、111、112、116、118、128、132、146注,
  1-5-244、245, 1-8-392、393、400、421、423、
  426、434、435、440, 1-9-469、501, 1-11-614、
  651、739、744、767, 2-13-880、889注、937,
  2-28-1717, 3-34-1941注, 3-35-2005、2032注,
  3-36-2139, 3-37-2218注, 3-38-2223、2273、
  2273注、2274、2294注、2296, 3-43-2554、2554注
大桥村 1-3-141, 1-5-249, 3-36-2110、2139,
  3-37-2154、2157、2165, 3-44-2655
大桥大西畈塘 1-8-402
大桥公社 1-11-742注, 2-13-954, 2-21-1441,
  3-38-2270, 3-43-2553
大桥路基边闸 1-8-421
大桥排灌站 1-4-223
大桥塘村畈 1-8-402
大桥乡 1-2-088、089、090, 1-4-210, 1-5-266,
  1-6-284, 1-8-393, 1-11-593、756、757, 2-13-
  901注, 2-19-1284, 2-30-1768, 3-36-2077,
  3-38-2273注、2274, 3-43-2553
大泉井 3-37-2173
大山 1-2-085, 3-41-2443、2446注, 3-43-2574
大山坂机埠 1-8-441
大山岗 1-2-079
大山庙（导山道院） 3-40-2413, 3-41-2442、2443、
  2444、2446

大山头　1-3-120

大树下　3-41-2455

大司空家庙　3-43-2609

大潭　1-2-094

大潭村　1-6-294

大汤坞　1-2-095，1-3-112、113注，1-9-471，3-36-2121，3-37-2183、2218注，3-43-2598、2599、2608，3-44-2640

大汤坞村　3-35-2017，3-36-2108，3-37-2148、2154、2164、2170、2173、2182、2183、2185、2189

大汤坞村梅园印纹陶窑址　3-37-2150注

大汤坞村狮子山印纹陶窑址　3-37-2150注

大汤坞村蜈蚣腿印纹陶窑址　3-37-2150注

大塘坞　1-8-409、410

大通　1-9-468

大通桥　1-4-210，1-9-472、477、481，1-10-537，1-11-749，3-36-2050，3-37-2155注，3-40-2411注、2414

大通桥良种场　1-11-742注

大通桥农场　1-9-482、483注

大同　1-2-083、085、086、088，1-9-484注，1-11-615、651、747，2-13-889注，2-16-1112，3-34-1936，3-36-2045注，3-38-2274，3-43-2574

大同公社　2-32-1859

大同岭　1-2-077

大同人民公社　1-2-088

大同坞　1-2-087、088、094，1-3-109注、118，1-5-245、250，1-11-611、626，2-20-1328，2-24-1557，2-32-1856，3-34-1941注

大同坞村　1-11-719，2-32-1858

大同坞大队　1-11-627注

大同坞公社　1-8-409，1-11-627注，2-32-1859

大同坞人民公社　1-2-088

大同坞乡　1-2-088、089、090，1-6-284，1-11-626、719，2-13-940，2-33-1903

大同溪（佳溪）　1-3-107、117、128，1-8-439

大同乡　1-2-082、085，3-43-2574

大头山　3-43-2537、2606

大凸岗　1-2-079

大湾村　1-记-025

大湾顶　1-2-079

大湾山　3-37-2210

大湾头　3-43-2544注

大坞　1-2-093，1-8-409、410，1-9-456

大坞村　1-9-455

大坞坑　1-2-092

大坞山　1-11-753

大坞头村　1-11-619

大坞朱　3-41-2429

大坞朱村　3-34-1944注

大西　1-2-095，1-8-393

大西村　1-6-294

大西畈　1-8-433

大溪　1-3-120

大小坞　1-2-094，1-5-249，1-11-771

大小坞村　1-11-686，3-36-2108、2123

大小坞溪　1-3-129

大兴　1-11-615

大兴县　3-36-2120，3-44-2631

大岩　1-2-095，3-40-2412

大岩村　1-3-112、121

大岩岭　1-3-121

大岩山　1-3-109、112、121、144、147注、177注、183，1-11-688、725，3-37-2182、2215，3-43-2597、2608、2609

大岩寺　3-37-2185，3-41-2423、2425，3-43-2609

大沿　1-2-095，1-4-192、193注、223

大沿坝　1-3-129，1-9-509

大沿坝闸　1-8-418

大沿村　1-4-209，3-41-2447

大沿河　3-43-2606

大堰　1-8-440

大堰坝　1-9-501、501注、508

大洋洲　2-13-921，2-14-991，2-17-1182、1191、1198、1199

大窑里吴　1-3-132，2-15-1050

大义　1-2-081、083、093，3-36-2123

大义村　1-3-116，3-36-2124，3-44-2632

大禹河　1-10-537

大禹桥　1-10-535、537

大园　1-2-085、086、087、088、089、091、093，1-9-471、489，1-10-553，1-11-651、743注，1-12-785、795，2-15-1032，2-21-1432注，2-22-1481，2-32-1872，3-34-1999，3-38-2223，3-43-2540、2542

大园村　2-27-1664

大园公社　1-12-785

大园人民公社　1-2-087

大园乡　1-2-088、089、090，1-6-285，1-11-721、744，2-27-1655注，3-38-2303

大源镇　1-2-079，1-3-119

大寨大队　1-5-236注

大寨河　1-3-130，2-24-1552，2-28-1709

大兆村　1-2-079

大兆坞村　1-3-119

大治河　1-3-188，1-8-395、396、413、439、442、

443，1－9－502、513，1－12－791、792，3－35－2032
注，3－43－2543、2587

大治河节制闸　1－3－130，1－8－395

大治河排涝闸　1－3－130，1－8－395，1－9－502

大治河桥　1－9－476、477、481

大治河闸　1－8－418

大治桥　1－9－472、478、480

大中路　1－2－082

大朱家　1－9－465

大竹县　2－28－1714

大庄　1－2－084、086、087、089、091、092，1－8－392，
1－9－472、473、515，1－10－580，1－11－651、
765，2－15－1051，2－16－1112，2－24－1552，2－25－
1584，2－32－1872，3－36－2046注，3－38－2221、
2229、2274、2296，3－41－2459，3－43－2537、2615

大庄办事处　2－15－1052，3－35－2015

大庄公社　2－16－1164，3－38－2281注

大庄后河　1－8－395

大庄人民公社　1－2－088

大庄王村　3－36－2116

大庄乡　1－2－086、088、089、090，1－4－210，1－6－
284，1－9－468，1－11－712、747，3－35－2038，
3－36－2046、2054，3－38－2274，3－44－2719

〔dai〕

岱岭　3－45－2753

岱山　1－2－077、085、086，1－11－753，2－21－1449，
2－26－1636注，3－43－2571

岱山林场　1－5－249

岱山乡　1－2－086

待诏桥　3－37－2160、2169

待诏山　3－37－2173

埭东　1－2－083

埭上　1－2－083，3－36－2133、2134

埭上河　3－43－2615

埭上黄河　3－37－2157、2158

埭上乡　3－43－2615

埭西　1－2－083

戴村　1－记－013、018，1－2－083、084、084注、085、
086、087、088、089、093，1－3－118、120、128、
183、185，1－5－241、242、245、248，1－6－331、
1－8－391、392、393、394、400、401、405、421、
423、426、431、433、434、435、437、439、440，
1－9－468、471、472、484，1－10－523、524、525、
544注、563，1－11－593、596、609、612、615、
618、621、628、651、657、686、697、698、699、
700、712、714、741注、751、753、766、772、

1－12－833、838，2－13－880、889注，2－15－1036、
1053、1088，2－16－1112注、1115、1152、1157、
2－18－1218，2－20－1329、1366、1383，2－21－1405
注、1432注、1433，2－22－1452注、1481，2－23－
1515、1518、1530，2－24－1544、1545、1550、
1557，2－26－1630，2－27－1659、1692，2－28－1704
注、1705、1720注、1725、1727，2－29－1734注、
1742，2－31－1784、1787、1837，2－32－1852、
1862、1868、1872、1874、1880，2－33－1896、
1900、1901、1903、1907、1908、1913，3－34－
1939、1944注、1945、1948、1948注、1962、1963，
3－35－2023、2024、2029、2031、2032注，3－36－
2045、2059注、2077、2077注、2096、2120、2138，
3－37－2150、2151、2182、2190、2218注，3－38－
2228、2229、2233注、2234、2246、2251、2251注、
2263、2268、2271注、2273注、2274、2274注、
2275、2275注、2276、2278注、2283、2288、2289、
2294注，3－39－2311，3－40－2348、2385、2386、
2387、2413、2415，3－41－2424、2429、2439、
2440、2441、2443、2444、2448、2459，3－43－
2537、2564、2565、2565注、2566、2602、2613、
2614，3－44－2644、2651

戴村出水闸　1－8－419

戴村公社　1－11－689，3－37－2171，3－38－2275注，
3－43－2613

戴村河口畈塘　1－8－402

戴村垦种点　1－6－298

戴村区　1－2－083、085、088、089，1－6－284、307，
1－7－349，1－11－704，2－13－901注，2－26－1631，
2－32－1872，2－33－1898，3－38－2223，3－39－
2318、2322、2331，3－41－2446，3－43－2549、
2564，3－44－2651

戴村人民公社　1－2－086，3－43－2564、2602、2613

戴村外畈　1－8－394

戴村外畈闸　1－8－433

戴村乡　1－2－084、085、088，3－43－2564

戴村镇　1－记－016，1－2－089、090、091、093，1－3－
106、108、114、117、118、120、128、141，1－4－
206注、210、211，1－5－243、255、274，1－6－
283、284、285、287、289、296、301、315，1－7－
349，1－8－394、410、419、422、431、432，1－9－
470，1－10－524，1－11－593、612、613、619、
682、694、697、698、725、727、744、749、765，
2－28－1725，2－31－1785，2－32－1876、1880、
1881，3－34－1996，3－35－2017，3－36－2047、
2050、2108、2109、2110、2116、2117、2118、
2123、2125、2127、2129、2130、2131、2132、
2133，3－37－2149、2150注、2151、2160、2165、

2171、2172、2183、2185、2190、3—38—2228、2229、2235、2274、2283、3—40—2404、3—41—2423、2429、2454、3—43—2553、2564、2565、2567、2602、2612、2619、3—44—2646、2650、2651、2673、2715

戴村庄 3—43—2564

戴家河 1—10—537、542

戴家桥 1—2—092、093，1—10—544、545，2—32—1849，3—34—1944注，3—37—2153、2183、2184

戴家桥村 3—34—1944注

戴家山 1—2—093，1—8—419，3—36—2123，3—43—2537

戴家山村 1—11—744，3—37—2190

戴家山排涝闸 1—8—402

戴家山桥 1—9—477

戴家山西晋至南朝窑址 3—37—2150注

戴家山窑址 3—43—2565

〔dan〕

丹峰 3—45—2730

丹麦 1—12—829，2—14—1006，2—16—1174，2—17—1191、1195、1213

丹砂井 3—37—2173，3—41—2441注

丹徒 1—2—074，3—36—2124

丹阳 3—36—2120、2121、2138

单木桥 1—2—094

单木桥村 3—35—2017，3—44—2721

儋州 3—36—2120

淡水 3—36—2133

淡竹 1—11—614

〔dang〕

党山 1—记—013、016、020、025，1—2—078、079、086、087、088、089、094，1—3—113、131，1—4—214，1—5—242、249、277，1—6—309，1—8—398、1—9—471、472、473、482注、487、488、510、515，1—10—524、529、544注、559、563，1—11—596、597、614、618、620、620注、621、651、673、743注，1—12—783、785、796、797、802、826、833，2—13—876、878注、935，2—15—1052、2—16—1112注、1152、1157注，2—18—1218、1244、2—20—1366，2—21—1405注、1408，2—22—1482、2—23—1530，2—24—1550，2—32—1851、1852、1873、1876、1878、1879，2—33—1896、1898、1899、1913、1924，3—34—1939、1945、1948、2000，3—35—2021注、2022、2024，3—36—2045、2045注、2046注、2049注、2057、2064、2122、

3—37—2150、2182、2186、2213，3—38—2229、2273、2288、2302，3—39—2311，3—40—2352注、2353、2385、2386、2388、2398、2411，3—41—2443、2452、2455、2456，3—42—2487、2530、3—43—2567、2568、2568注、2569、2570、2599、2600，3—44—2692

党山北桥 1—9—478，3—43—2569

党山村 1—9—465、470，2—13—919注

党山分离立交 1—9—477

党山公社 2—13—951，3—43—2600

党山雷公殿 3—40—2411

党山汽车站 1—9—488

党山桥 1—9—478

党山人民公社 1—2—086，3—43—2567

党山湾 3—41—2452，3—43—2567、2589、2590

党山湾底 3—43—2589

党山乡 1—2—088，3—34—1961，3—43—2567

党山相公殿 3—41—2443

党山盐区 3—43—2569

党山站 1—9—488

党山镇 1—记—021，1—2—079、089、090、091、092、094，1—3—109、124、130，1—4—206注、207注、211，1—5—242、243、255，1—6—283、285、287、289、294、295、296、298、302、335，1—7—349、1—8—418，1—9—465、466、502，1—10—578，1—11—613、614、618、619、620、623、624、640、653、682、700、760、770，1—12—776注、783、785、2—13—861、909、919、919注、920，2—18—1256、2—21—1433，2—22—1475，2—25—1584、1599、2—28—1721，2—30—1770，2—31—1786、1803、2—32—1849，2—33—1907，3—35—2017、2038、3—36—2050、2054、2057、2064、2075、2079、2096、2096注、2100、2121，3—37—2152、2159、2186、2190、2215，3—38—2296，3—39—2335、3—43—2540、2567、2568、2570、2589、2619、3—44—2716、2717、2718、2721、2724

党山直湾 1—8—397

党湾 1—记—028，1—2—083、084、085、086、087、088、089、095，1—3—131，1—4—214，1—8—399、1—9—470、471、490、509，1—10—524、559、562、580，1—11—596、615、617注、618、651、657、663、673、694、733、771，1—12—776注、785、796、798、802、813、814，2—13—880注，2—15—1032，2—18—1244，2—23—1529，2—26—1633、2—32—1851、1852、1859注、1861、1868、1873、1874、1878、1879，2—33—1899，3—34—1939、3—35—2022，3—36—2045，3—38—2229、2296、3—40—2413，3—41—2443、2444、2452、2455、

2456、3-42-2507、3-43-2589、2590、2591、2599

党湾村　1-2-082

党湾底　2-32-1859注

党湾公社　1-12-785、3-38-2268注，3-43-2591

党湾汽车站　1-9-488

党湾人民公社　3-43-2589

党湾乡　1-记-015、016，1-2-084、088、089，3-38-2229、2299注，3-43-2589、2590

党湾站　1-9-488

党湾镇　1-2-090、091、094，1-4-206注、207注、211、214，1-5-243、248、255，1-6-283、284、285、287、289、294、295、296、302、314，1-7-349，1-8-414、415，1-10-525、580，1-11-607、619、664、666，1-12-785、804，2-13-862，2-16-1164，2-20-1343注，2-31-1786，2-32-1870、1876，3-35-2017，3-36-2050、2096、2096注，3-41-2452，3-43-2555、2558、2567、2585、2589、2590、2591、2620，3-44-2657、2679、2680、2715、2722

党湾镇海殿　3-41-2443

〔dao〕

导山　3-41-2446、2446注、2447注

导山道院　3-41-2447

道口　1-9-471

道里　3-41-2429

道林山　1-2-077、078，1-3-109、109注、117、118，1-5-250，3-37-2215

道林山脉　1-5-245

道南书院　3-37-2195、2217

道县　3-36-2127

道墟　1-9-510注

道源禅院　3-41-2424、2425、2426

道源河　1-10-526、537

道源里　3-36-2139

道源路　1-2-092

道源桥　3-36-2108、2118、2121、2131、2132，3-37-2157、2158

道州　3-36-2124、2127，3-44-2630

道州府　3-36-2124

〔de〕

德北　1-2-095

德国　1-记-035、036，1-6-286、322，1-7-351注，1-11-713、748、758、760，1-12-829、832，2-13-880、894、929、952、957、964、973、976，

2-14-990、991、992、994、1000、1001、1002、1006、1009、1010、1014，2-15-1053，2-17-1182、1183、1191、1195、1197、1198、1199、1203、1206、1213，2-18-1237，2-20-1330，2-24-1554、1555、1556，2-27-1688注，2-28-1719，3-34-1950，3-35-2030、2036，3-36-2058、2058注、2065注，3-38-2244、2246、2247，3-41-2453，3-43-2555，3-44-2638、2648、2653、2666、2668、2675、2691、2714

德惠祠　3-37-2195、2195注，3-40-2415，3-41-2441，3-44-2626、2628

德平县　3-36-2120

德清　2-15-1063，2-16-1165，2-32-1872，3-36-2139

德胜　1-2-083

德由桥　3-37-2160

〔deng〕

灯郎张村　1-11-747

灯塔　1-2-093，1-10-580，2-32-1859

登岭河　1-10-526

等慈寺　3-41-2431

邓县　3-45-2731注

邓巷口　3-36-2117

邓州　3-45-2731注、2732

〔di〕

低湖朱　1-2-094

低湖朱村　1-11-612

低田畈　1-2-093

迪化　3-44-2650

荻径　3-37-2169、2169注

地藏庵　3-41-2435

地藏寺　3-37-2174、2186，3-40-2352，3-41-2424、2425、2435、2435注、2438，3-43-2544

地藏寺舍利塔　3-37-2186

地皇寺　3-41-2437注

地母庵　3-41-2437注

第八区　1-2-082

第二劳改支队农场　1-12-804

第二农垦场　1-5-244、255，1-6-283、284、298，1-10-524、559，1-11-682、711、738、743、749、758、759、760，1-12-784、795、796、797、799、800、802、804、805、808、814、815、816、823、826、827注、831，2-15-1074，3-36-2059，3-38-2223，3-43-2585、2617

第二区　1-2-082、083
第九区　1-2-082
第六区　1-2-082、083
第七区　1-2-082、083
第三区　1-2-082、083
第十专区　1-2-072
第四区　1-2-082、083
第五桥　3-43-2535
第五区　1-2-082、083
第一农垦场　1-3-186，1-5-244、255，1-6-283、284、298，1-9-509，1-10-524、559，1-11-605、627、674、686、711、718、720、721、738、743、744、759、760，1-12-784、795、796、797、799、804、805、814、815、816、823、826、827注，2-15-1074，2-24-1542，3-36-2059，3-38-2223，3-43-2585
第一农垦场渔场　1-11-761
第一区　1-2-082、083

〔dian〕

店口　1-9-490，2-21-1424，3-44-2651、2664
店口镇　1-2-078、079，1-3-121，3-43-2597、2608
殿下　1-2-093

〔ding〕

丁坝　1-11-722，1-12-797、826
丁坝(新湾)1号闸　1-8-416
丁坝(新湾)2号闸　1-8-416
丁坝(新湾)3号闸　1-8-416
丁坝(新湾)4号闸　1-8-416
丁坝闸　1-9-502
丁村　1-记-016，1-2-083、093，1-5-274，1-8-414、419、422，1-11-725，2-32-1880、1881，3-36-2108、2116、2127，3-37-2165，3-43-2544注，3-44-2644、2646
丁村村　1-11-613
丁村闸　1-8-414、419
丁家庄　1-2-092、095，1-8-391、395，2-32-1852，3-43-2603注
丁家庄村　3-37-2147
丁里　1-2-081
顶山　1-2-095，1-8-410
顶山村　1-11-612，3-37-2160
顶山自然村　3-40-2404
定安苑　2-15-1062
定海　1-9-510注，2-21-1449，3-43-2599，3-44-

2633、2634
定海殿　3-41-2443
定江　1-2-083
定南乡　3-36-2117
定清寺　3-41-2437注
定山　1-2-093，1-3-131，1-8-420，1-9-472，2-15-1050，3-34-1955注、1957注，3-37-2194、2197，3-43-2546，3-45-2743
定山村　1-6-295，2-15-1050，3-37-2190，3-43-2547
定山闸　1-8-420
定兴　3-36-2135
定一　1-2-084，3-43-2561
定一乡　3-43-2561

〔dong〕

东白马湖　1-记-022，1-2-080，1-3-132，3-37-2202，3-45-2744
东坂湖　1-2-079
东北　1-2-083
东仓弄　1-2-092
东城桥　1-10-536
东初道院　3-41-2443
东村　1-2-095
东大桥　1-2-082
东埭　1-2-082
东埭头　3-42-2504
东斗门　3-37-2199注
东恩　1-2-093，1-10-544、545
东恩村　1-4-230、233、233注，1-5-270，1-11-607、613、686，2-32-1876，3-37-2183、2189，3-41-2449，3-44-2719
东藩村　2-27-1684
东藩苑　2-15-1069、1070
东方　1-2-093
东方村　2-27-1664
东方红　1-2-087，1-8-410，1-9-490，1-12-793、794，2-15-1050，2-32-1859
东方红公社　2-16-1164，2-32-1859，3-37-2178，3-38-2275注.
东方红人民公社　1-2-087、088
东方红闸　1-4-209，1-8-415，1-12-783，3-43-2600注
东方文化园　1-记-025，1-5-250、274，1-10-552、553，2-23-1518，2-25-1588，2-27-1673，2-28-1722，3-37-2212注
东坎山　3-43-2610

东风　1-2-094，2-32-1879

东风村　3-41-2451、2451注

东风大队　3-43-2549

东风角　1-8-435、436，1-12-777、781、782

东风农场　3-35-2017

东风桥　1-9-478，1-10-533、576

东风闸　1-8-420

东风直河　1-8-397

东福源禅寺　3-41-2425

东葛　1-2-092，3-36-2135

东葛村　1-11-612

东瓜山　1-3-120

东关　3-36-2128，3-38-2235

东莞　2-14-991

东莞县　3-36-2122

东虢　3-36-2133

东海　1-2-095，2-23-1519，3-41-2450

东海城　3-45-2758

东河　1-2-095，1-8-393，1-10-580，2-16-1112注

东河村　2-13-937，3-36-2078注

东河机埠　1-8-401

东湖　1-记-023，1-2-084、092、093

东湖村　1-11-613，3-37-2159

东湖庙　3-41-2425

东纪坞　1-8-410

东纪坞水库　1-5-265，1-8-409、410，3-37-2215

东江　1-2-095，1-9-470，1-10-563，1-12-795、
　　797、798，2-21-1439

东江村　3-43-2600注

东江二万六千亩　1-12-802、819

东江二万六千亩区块　1-12-795

东江二万六千亩围垦　1-12-777、778、779、780、
　　783、785

东江二万六千亩围垦区　1-12-833

东江垦区　1-9-509，3-43-2599

东江围垦　1-9-509注，1-12-800，2-21-1440，3-35-
　　2017，3-45-2753

东江围垦区　1-12-796

东江一万五千亩区块　1-12-795

东江一万五千亩围垦　1-12-777、785、804

东江嘴　1-9-466、475

东京　1-2-081，2-14-991，3-37-2203，3-44-2641、
　　2642

东京都　2-14-991

东京钱　1-2-095

东京钱村　1-9-458

东灵　1-2-093

东灵江　3-43-2540、2542

东灵江桥　1-9-478

东灵居民区　1-2-091

东灵苑　2-15-1069

东麓池弄　1-2-093

东梅　1-2-095

东门　1-2-092、097、098、099，3-37-2183，3-38-
　　2233、2235

东门公寓　1-2-092，2-15-1069

东南亚　1-12-824、825，2-13-876、878、939、957、
　　976，2-14-991、1000，2-17-1182、1185、1187、
　　1191、1206、1213，2-18-1226、1227、1230、
　　1237、1240、1242，2-20-1311，2-24-1555，
　　2-28-1719，3-37-2212，3-43-2604

东南沿海　1-1-066

东南沿海地区　1-1-051、062、065

东欧　2-17-1191

东片　2-13-935，2-21-1408、1412

东片农场　1-6-283、285

东浦　3-36-2121

东桥　1-2-093

东桥村　1-11-627

东沙　1-2-076、095，1-8-425，2-32-1879，3-37-
　　2152，3-38-2235，3-41-2449、2455、2456，
　　3-43-2543注、2569、2580、2581、2586、2590

东沙村　1-2-090，1-6-295，3-43-2601

东山　1-2-095，1-5-249，3-36-2132，3-37-2172

东山坂　1-8-393

东山陈　1-2-093

东山陈村　2-32-1876，3-36-2077、2077注，3-37-
　　2184，3-41-2448、2448注

东山村　1-2-078、079

东山坟　3-37-2169注

东山吴　1-2-094

东山下　1-5-249

东山夏　1-2-094，1-3-185，1-10-553，3-36-2131

东山夏村　1-3-121，3-36-2109，3-37-2185，3-43-
　　2572注

东社　1-2-093

东社村　3-37-2186

东升　1-2-095，1-12-796，2-32-1879

东升桥　3-37-2157

东蓍草庵　3-37-2186，3-43-2544

东蜀　1-2-083、084、086，2-21-1432注

东蜀山　1-2-095，1-3-106、108、112、118，3-37-
　　2177，3-43-2606

东蜀乡　1-2-084、085、086，1-5-276注，2-13-879
　　注，3-38-2272注，3-43-2605

东塘头　3-43-2548

东亭乡　1-11-614

东湾　1-2-077、085、086、095

东汪　1-2-093，1-9-470、471、472、474，1-10-553，2-15-1052，3-36-2124

东汪村　1-3-131，1-8-414、420，2-15-1051，3-36-2124，3-45-2744

东汪村二孔闸　1-8-420

东汪村三孔闸　1-8-420

东汪闸　1-8-414，3-45-2744

东围　1-10-563

东吴桥　3-37-2185

东坞　1-3-112、113，3-36-2138，3-41-2433

东坞村　1-11-613

东坞庙　3-41-2440

东坞裘　1-2-095

东乡　2-18-1216注，3-36-2117

东乡合作蚕种场　1-5-260注

东湘　1-2-077、077注、092，1-6-281、299，2-15-1086，2-32-1849，3-43-2534，3-45-2759

东湘村　1-8-414、420，1-10-554，2-32-1876

东信莱茵园　1-10-551

东许　1-2-087

东阳　3-36-2117、2126、2127、2136，3-44-2723

东阳（旸）桥　3-37-2155注

东阳庙　3-41-2443

东阳县　2-28-1718，3-36-2127

东旸桥　1-2-092，1-10-537，2-32-1879，3-37-2156注、2184、2205，3-43-2535

东一　1-2-095

东岳殿　3-41-2443、2447注

东岳行祠　3-41-2444注

东岳行宫　3-37-2184，3-41-2424、2432、2443、2444

东岳庙　3-37-2161、2181、2184、2195、2197、2206、2207、2216，3-40-2411、2413，3-41-2437注、2443、2444、2444注、2447、2447注、2448，3-43-2563，3-44-2642

东岳区　1-2-083

东周　1-2-093

东庄　1-2-095

东庄王　1-2-093

东庄王村　3-37-2184

东庄周　1-2-092，1-10-554

东梓　1-9-510

董家埠　1-2-092，1-9-458，3-41-2424

董家埠村　1-11-613

董家桥　1-2-095，3-43-2606、2607

董家桥节制闸　1-8-419

洞桥　3-37-2158

洞桥头　3-36-2136

洞庭湖　3-44-2626

洞头县　2-33-1904

〔dou〕

兜率禅寺　3-41-2424、2425

斗门镇　3-36-2120

〔du〕

都泗堰运河　1-9-501注

都亭桥　3-37-2155

独断河　3-37-2158

杜湖　1-记-023，1-2-077、077注、081、092，1-4-191注，1-6-281、299，1-10-554，2-15-1086，2-32-1849，3-36-2128，3-43-2534，3-45-2759

杜湖村　1-记-030，1-4-193，1-9-468，1-10-557、558，1-11-744，2-28-1718，3-36-2109，3-41-2444

杜家　1-2-094，1-3-121、171注、185，1-5-249，1-10-553，1-11-770、771，3-36-2122，3-37-2212、2212注、2215，3-43-2571、2572、2573

杜家村　1-4-200，1-6-294，1-11-686、692，3-37-2212，3-41-2423、2431，3-43-2572

杜家弄　1-2-095，3-43-2599

杜家弄村　1-记-036，3-36-2109

杜家塘　1-2-092

杜家塘村　1-11-622

杜家坞　3-37-2210

杜家溪　3-43-2572

杜陵　3-36-2118、2136

渡湖　3-36-2128

渡口　2-32-1859注

〔dun〕

敦兵城　3-37-2150注

敦煌郡　3-36-2131

敦仁街道　1-11-614

敦仁街道办事处　1-11-615

墩郎张　1-2-095，3-43-2606

墩郎张河　3-43-2606

墩里吴　1-2-092，1-9-456，3-43-2534、2587

墩里吴村　1-2-090，2-14-983

墩蜀　1-2-082

〔duo〕

多伦多 3-44-2714
多米尼加 2-17-1207
多米尼克 2-15-1030、1045

E

〔e〕

俄国 3-44-2648
俄罗斯（俄） 1-记-038，1-6-286，2-14-1006，
　2-15-1053，2-17-1191、1199，2-24-1555，
　2-28-1719，3-43-2604、2612，3-44-2648
厄瓜多尔 1-记-037
饿煞湾桥 1-9-477

〔en〕

恩施县 3-36-2130

〔er〕

二都 1-2-082
二工段 1-9-484注
二工段闸 1-8-417
二号坝 1-12-777
二联 1-2-093
二龙山 1-9-457
二十都 1-2-082，3-43-2533
二十二都 1-2-082
二十二工段 1-2-078，1-3-127、130，1-8-404、
　439、440、442，1-12-777
二十二工段排涝闸 1-3-131
二十二工段闸 1-3-134，1-8-407，1-12-791
二十工段 1-记-020，1-3-115、137、138、139、185、
　186、187、188，1-4-223，1-5-264，1-8-413、
　435、436、442，1-11-620，1-12-778，2-33-
　1899，3-35-2032注
二十工段闸 1-8-404、407，1-12-791
二十三都 1-2-082
二十三都四图 3-43-2543
二十三都五图 3-43-2540
二十四都 1-2-082
二十一都 1-2-082，3-43-2533
二十一工段 1-12-780

二十一号闸 1-12-791
二万六千亩 1-12-809
二万七千亩区块 1-12-795
二万七千亩围垦 1-12-784
二万三千亩垦区 3-43-2580、2591
二万三千亩区块 1-12-820
二万三千亩围垦 1-12-781、838
二围 1-2-092，1-12-785，2-32-1849

F

〔fa〕

法国（法） 1-总-003注，1-记-019、035、036、037、
　038、039，1-6-286，1-9-485，1-10-571，1-11-
　714、729、748，1-12-829，2-13-886、964、
　969，2-14-990、994、1002、1006、1010，2-15-
　1040，2-17-1183注、1190、1191、1204、1213、
　1214，2-20-1330，2-22-1473，2-24-1556注，
　2-27-1688注，3-34-1950，3-35-2030、2036，
　3-36-2056、2058、2081注、2126，3-37-2210，
　3-41-2452，3-43-2589，3-44-2647、2648、
　2659、2668、2670、2675、2685、2698、2714、2715
法海极乐寺 3-41-2435
法华寺 3-41-2438
法雨寺 3-41-2435

〔fan〕

藩篱 1-2-072
反帝桥 1-9-502
范港 1-2-081
范蠡庵 1-总-004，3-37-2192，3-43-2539、2540，
　3-45-2746
范蠡祠 3-44-2623注
范蠡庙 3-40-2414
范阳 3-36-2117、2125
畈里 1-2-093
畈里陈 1-2-095
畈里童 1-9-458，1-10-553
畈里张 1-2-092，1-7-368
畈里张河 1-10-537
梵蒂冈 2-22-1498，3-41-2453

〔fang〕

方家 1-2-095，3-43-2604

方家村 1—6—295, 1—11—613、743, 3—44—2718
方家墩 3—36—2131
方家塘 1—9—472, 3—43—2613
方迁娄 1—3—130, 1—4—215, 1—8—418、424、428、430、442, 1—9—470、473、502、513注, 1—10—553, 2—15—1031、1051, 2—23—1528、1530, 2—28—1717, 3—35—2032、2032注, 3—36—2079, 3—41—2451注
方迁娄翻水站 1—12—791
方迁娄排灌站 1—8—424
方迁娄湾 1—9—513, 3—43—2540、2559
方迁娄闸 1—8—418、429
方迁娄站 3—35—2032
方迁娄直河 1—8—397、439, 1—9—504, 1—12—792
方迁娄直湾 1—3—130, 3—43—2560
方山 1—2—081、095, 3—43—2609
方山大队 1—11—627注
方山前 1—2—077
方山前村 1—2—085
方溪村 3—40—2404
方岩 3—36—2129
房山区 2—29—1747、1748
放生池 3—37—2199

〔fei〕

非相庵 3—41—2424
非相禅寺 3—41—2425
非洲(非) 1—记—036、039, 1—11—717、728, 2—13—882、921, 2—14—993, 2—17—1182、1191、1198、1199、1206, 3—35—2029, 3—44—2648
菲律宾 1—记—035, 1—12—836, 2—14—994、1003, 2—17—1191、1198、1199, 3—38—2283
斐济 1—记—035、037
费列瓦德省 1—记—039

〔fen〕

芬兰 1—11—741, 2—17—1199
汾口 1—11—614
汾阳县 3—37—2178注

〔feng〕

丰北 1—2—095, 1—12—777注, 2—32—1879, 3—36—2130
丰北村 1—11—602, 2—16—1115, 3—34—1968
丰产坝 1—8—422
丰产堰 1—8—421

丰产闸 1—8—418, 3—43—2568
丰东 1—2—082、083、095, 2—21—1410
丰东村 1—9—473, 3—35—2017
丰二 1—2—095, 1—12—777注
丰二村 1—11—613、763, 2—16—1140, 3—35—2015、2016
丰乐 1—2—095
丰乐村 1—6—295, 1—11—613
丰南 3—36—2130
丰山 3—36—2130
丰税 1—2—082
丰台区 3—36—2129
丰泰 1—2—082、083
丰围 3—43—2594
丰西 1—2—083
风情立交桥 1—10—542
风水庵 3—37—2185
枫桥 2—22—1495, 3—36—2131、2132、2136、2137, 3—43—2584
枫桥镇 3—36—2130
枫树 1—记—016, 1—2—095, 2—32—1880
枫树岭镇 3—38—2285
封湖墩 3—41—2447
烽火门 3—44—2633
冯家娄 3—41—2458
冯家娄横河 3—43—2556
冯家娄教堂 3—41—2459
冯家山窑址 3—37—2185
冯家庄 1—2—079
冯娄 1—2—085、086、094, 2—32—1879, 3—43—2585
冯娄横湾 3—43—2580、2585、2586
凤凰 1—2—082、083、085、093, 3—43—2563
凤凰村 1—5—266, 1—11—613、624、728, 2—27—1682, 3—35—2015、2016, 3—37—2183、2184、2206, 3—44—2641
凤凰山 1—3—107, 1—5—249、265, 2—15—1087、1089, 2—32—1872注, 2—33—1902注, 3—34—1944注, 3—36—2081注, 3—37—2171、2175、2182、2191、2206、2207、2208、2215, 3—43—2561、2563、2564, 3—44—2642
凤凰山墓葬群 3—37—2206
凤凰山农民协会墓葬群 3—37—2184
凤凰寺 3—41—2460
凤凰坞 3—34—1941注
凤凰坞村 3—40—2414, 3—41—2441
凤凰乡 3—43—2561
凤麟 1—2—083
凤山 1—8—393, 2—33—1902、1902注, 3—36—2136,

3—38—2221、2228、2228注、2244、2272注

凤山活动坝　1—8—422

凤山活动堰　1—8—421

凤山乡　2—32—1858

凤山堰　1—3—128，1—9—501，3—43—2553

凤升　1—2—093

凤升村　1—11—613，3—37—2170、2186，3—41—2435

凤尾山　1—2—079

凤坞　1—2—093，2—13—937注，3—41—2429

凤坞山　1—3—120

凤坞溪（姜坞溪）　1—3—128，1—8—439，3—43—2553

凤翔　3—36—2123

凤堰　1—8—421，3—37—2204

凤堰里　3—36—2120

凤堰铺　3—37—2204

凤堰桥　1—10—533、534、535、538，3—36—2120，3—41—2455

凤堰闸　1—2—099，1—8—411

凤雁（堰）桥　3—37—2155注

凤仪乡　1—2—081、082，3—43—2540、2543

奉化　2—21—1449，2—22—1495

奉节县　2—32—1877、1878

奉思堂　3—37—2164、2168、2185

〔fo〕

佛陇峰　3—41—2438

佛罗里达州　1—记—040，1—11—703

佛山　1—2—095，1—8—410，2—20—1396，3—36—2129

佛山村　1—记—015，1—2—079，1—6—294，2—32—1880，3—36—2109，3—37—2171、2183、2185，3—40—2406，3—41—2454

佛眼泉　3—37—2195、2200

〔fu〕

夫椒　1—总—005，3—44—2623

夫子庙　3—44—2651

伏龙山　3—41—2439

扶风　3—36—2116

芙蕖庄　3—37—2159注

浮光　3—44—2626

涪陵市　1—11—614

福鼎　1—11—687

福建　1—1—069，1—6—286，1—7—381，1—11—635、703、711、735、737、738，1—12—815，2—13—883，2—14—1019、1020、1025，2—15—1051、1058，2—16—1122、1139、1141、1171，2—17—1196，2—18—1239，2—20—1341注、1380、1396，2—22—1463、1464，2—24—1534，2—25—1602，2—26—1631，2—31—1831，3—36—2076、2116、2117、2119、2121、2122、2125、2129、2132、2133、2134、2135、2139，3—37—2193注、2196，3—39—2312、2342，3—41—2450注，3—43—2536注、2583、2591，3—44—2623注、2625、2631、2633、2634、2640、2649、2693，3—45—2727注、2729注

福井　2—17—1206，2—22—1473

福清县　1—11—711，1—12—815，2—20—1341注

福庆庵　3—41—2434

福庆寺　3—41—2424、2425

福山　1—11—615

福原　3—36—2131

福州　1—9—452、452注、467、510注，1—11—602，2—14—1019、1020，2—16—1147，2—22—1463、1464，2—24—1534，3—41—2453、2455

抚宁　3—45—2730注

抚州　3—45—2727注

抚州市　3—45—2727注

府前桥　3—41—2447

辅孤尖　3—36—2128，3—37—2182

复兴　1—2—083、084、085，3—43—2602

复兴庵　3—37—2194、2195

复兴寺　3—37—2195，3—41—2425

复兴乡　1—2—084，3—43—2602，3—44—2651

傅墩　1—2—095，1—5—250，3—43—2599

傅墩村　1—11—613、686，3—37—2218注，3—43—2599

傅家　1—2—095，1—8—392、395、419、426，3—43—2609

傅家村　1—2—082，1—9—505，3—37—2185

傅家村石浦湖印纹陶窑址　3—37—2150注

傅家墩　3—38—2269注，3—41—2452

傅家墩村　2—32—1876

傅家墩大队　3—35—2033注

傅家山　3—37—2147、2184

傅家山遗址　3—37—2146、2147、2184

傅家塘　1—8—433

傅家峙　1—记—017，2—32—1880、1882，2—33—1921

傅家自然村　3—37—2208

傅楼　1—2—095，1—10—553

傅许　1—2—083

傅永先烈士纪念碑　1—记—021，2—32—1857

富春　1—记—016，1—2—073、074、095，2—32—1880，3—36—2132，3—37—2216，3—43—2552、2603

富春村　1—2—078，1—9—504

富春江　1—1—043，1—2—073、077、078、079，1—3—120、127、137、187，1—5—237、274，1—8—391、394、398、398注、432，1—9—475、504、506，

1—10—563，1—11—717注、720、766、767，1—12—791、792、807、817，2—15—1051，2—23—1530，2—24—1562，3—37—2204、2205、2209、2213，3—41—2433，3—43—2538、2546、2549、2551、2602、2603，3—45—2743

富春江北塘　1—8—394

富春江堤塘　1—8—401

富墩（富家墩）　3—36—2126

富家祠堂　3—34—1944注

富家墩村　3—36—2109

富家塔村　3—44—2668

富岭　1—2—077、085、086，3—43—2597

富婆岭　1—2—077、078、079

富星　1—2—094

富星村　1—11—613，2—14—983

富兴村　1—10—553

富阳　1—2—077注，1—3—118、120、127、157注，1—5—237、269，1—8—430、431，1—9—447、469、471、482注、486、490、506、508注、510，1—11—720、772，1—12—817，2—13—881注，2—15—1053、1057、1063，2—16—1115、1165，2—20—1342注，2—22—1463、1504，2—24—1550，2—26—1610，2—27—1701，3—34—1955，3—36—2058、2059、2122、2128、2130、2131、2134、2135，3—37—2151、2196、2218注，3—39—2311注，3—40—2407、2413，3—41—2446，3—42—2462，3—43—2532、2538、2547、2548注、2551、2554注、2566、2574、2575、2599、2602

富阳市　1—总—003，1—2—073、078、079，1—3—109注、110、110注、111、117、119、120、128，1—8—429，1—9—469，2—15—1063，3—36—2127、2132、3—39—2312、2318，3—43—2553、2574、2602、2612

富阳县　1—2—077，2—13—881，3—35—2012

富一山庄　3—37—2184

G

〔gan〕

甘乐庵　3—37—2194

甘露　1—2—083、084、085、087、088、093，1—3—183、185，1—11—651，2—21—1432注

甘露庵　2—32—1852，3—41—2424、2436、2436注

甘露禅院（茶亭）　3—37—2217注，3—41—2424、2425、2437、2437注

甘露村　2—33—1900，3—41—2436

甘露公社　1—11—620，3—38—2294注，3—43—2558

甘露人民公社　1—2—087

甘露亭　1—2—093，2—32—1879

甘露乡　1—2—084、088、089、090，1—6—285，1—9—513，1—11—749，2—13—903，2—25—1584，2—32—1852，3—43—2558、2559

甘肃　1—6—286，1—11—635，2—14—1025，2—31—1831，3—36—2131、2138、2139，3—43—2560，3—44—2653

潋浦　1—3—115、127、133

潋浦镇　1—3—115

〔gang〕

冈比亚共和国　1—记—035

缸窑湾　3—37—2201

〔gao〕

皋亭山　3—36—2134

高春　1—2—091、092

高都　1—2—093，1—3—105、107，1—8—422，2—13—937注，3—36—2137，3—43—2555

高都村　1—11—613，3—36—2110

高都溪　3—43—2553

高洪尖　1—3—110、120，1—5—250，3—43—2582

高洪尖山　1—3—114

高湖桥　3—37—2160

高湖乡　3—36—2117

高家岭　3—37—2173

高家坞　1—2—092

高家坞村　1—11—613

高朗乡　3—44—2699

高乐　1—2—091、092

高里庄　1—5—250

高潘　3—40—2411

高平　3—36—2139

高桥　1—2—092，1—9—492，1—10—535、536、552、553、554，2—15—1068、1076，2—21—1400注、1409，2—32—1849，3—36—2128

高桥村　1—10—555，1—11—613，2—18—1257

高桥居民区　1—6—294

高桥小区　1—4—224，1—7—388，2—33—1920

高桥新村　1—4—198、210、211，3—34—1949

高桥住宅区　1—10—533、538、548，2—15—1068、1069、1070

高桥住宅小区　1—10—530

高氏宗祠　3—37—2170

高塘村　1—3—128

高田　1—2—092，1—10—538，2—32—1849

高田陈　1-2-092

高田村　1-9-456，3-41-2431

高田居民区　1-9-459

高屯　1-2-082

高坞　1-2-082

高阳　1-2-091、092，3-36-2122，3-41-2423、2441

高园　1-2-091、092

高庄里　1-2-094，1-3-114

高庄里村　1-11-613，3-37-2184，3-41-2430

〔ge〕

哥伦比亚　3-37-2212注

割子山　3-43-2572注

格尔木　2-24-1534

格鲁吉亚　1-记-039，2-14-993

滆湖　1-11-703

葛岙山　3-37-2217注，3-41-2441注

葛村　1-3-120

葛岭　3-36-2131

葛氏宗祠　3-37-2151、2160、2167、2183、2185、
　　2215、2216

葛云飞故居　3-37-2151、2163、2182、2183、2215、
　　2216

葛云飞故里表　1-记-021

葛云飞纪念馆　2-27-1686

葛云飞墓　3-37-2182、2183、2188、2189，3-43-
　　2572、2572注

葛壮节公故里表　3-37-2182、2183、2187、2188、2188
　　注、2189、2216，3-43-2598、2599

〔gong〕

工农　1-2-093，2-32-1879

工农兵　1-2-093

工农兵村　1-4-224

工农村　1-11-613、619，2-25-1589，2-31-1836，
　　2-32-1876，3-37-2166、2167

工农闸　1-8-420

工人河　1-10-526、529、535、542、543，2-24-1551

工人桥　1-10-542

公济桥　3-34-1950注

公交中心站　1-9-488

公孙　1-2-082、083，3-43-2602

公孙桥　3-37-2160

公孙乡　3-43-2602

宫保第　3-37-2151、2154、2163、2183

恭先桥　1-9-467、480，1-10-537

龚墅　1-2-081、099

拱北小区　2-15-1061

拱秀　1-2-092

拱秀门　1-2-097

拱秀桥　1-10-537

共和　1-2-094，2-32-1879

共建　1-2-094，2-32-1879

共联管理区　1-2-086

共新桥　1-9-480

共兴　1-2-094

共裕　1-2-094，2-32-1879

共裕村　1-9-469

供电所桥　1-10-536

〔gou〕

句践祠　3-37-2189、2194、2195注、2199，3-40-2414

句践寺　（见句践祠）

句章　1-2-074

狗冲岭　1-2-079

狗洞山　1-3-106

狗头山　1-2-079

〔gu〕

姑娘桥　1-2-092，1-8-395，1-9-469，1-10-574注，
　　3-36-2131，3-37-2155注

姑娘桥村　3-34-1952

古巴　1-11-717，3-36-2135，3-39-2342

古毕公桥　3-37-2157、2182、2184

古崇寺　3-38-2233

古荡小区　2-15-1062

古等慈寺　3-41-2423、2425、2431、2438

古凤仪桥　3-37-2160、2185

古田　3-36-2133

古纤道　3-37-2190

古湘湖　1-10-526

古延庆寺　3-41-2434

古浴美施闸　3-37-2193

古越亭　3-37-2188注、2189、2195

古竹村　1-2-079

古竺庵　3-41-2434

股堰　3-44-2627

固陵　1-总-005，3-37-2150注，3-40-2414

固陵城　3-37-2150注

固陵港　1-9-502

固陵驿　3-37-2204

固始　3-36-2117、2139

固原县　1-11-614

故城　3-36-2121

故宫　3-44-2672

顾家埭村　3-36-2109

顾家塘东　1-2-079

顾家湾　1-2-094

顾家溪　2-32-1880，3-36-2077、2132

顾家溪村　3-36-2109

〔gua〕

瓜沥　1-记-016、018、019、020、1-2-078、079、081、082、083、084、084注、086、087、088、089、091，1-3-118、121、122、124、130、185，1-4-191注、192、193、193注、209、214、215、223，1-5-245、248、249、255、260、260注，1-6-298，1-7-367，1-8-396、397、399注、414、439，1-9-470、471、473、482注、484、488、489、490、502、508、510、510注、511注、512、513、513注、514、515，1-10-523、525、528、529、544、544注、545、559、560、561、563、564、565，1-11-596、612、614、618、620注、621、651、657、681、682、684、685注、686、688、697、698、699、700、703、716、742注、743、743注、744、757、759、761、763、765，1-12-776注、778、785、790、795、797、813、826、833，2-13-875、876、879注、903、935、947，2-15-1032注、1055、1056、1068、1074、1077、1078、1079、1081、1081注、1082、1085、1085注，2-16-1099、1107、1108、1111、1112注、1115、1124、1125、1126、1126注、1138、1140、1147注、1149、1150注、1152、1157、1157注、1159、1162、1168、1172，2-17-1204，2-18-1218、1219、1234，2-19-1265、1305，2-20-1329、1336、1339、1341、1343、1351、1358注、1366、1383，2-21-1400、1400注、1401、1405、1405注、1406、1408、1409、1412、1433、1435注、1441、1447，2-22-1452注、1467、1469、1470、1481、1494、1502、1504，2-23-1521、1523、1528、1530，2-24-1535、1541、1549、1550、1557、1558，2-25-1599，2-26-1604注、1616、1630、1631，2-27-1644、1659、1667、1686、1692、1700，2-28-1704注、1705、1716、1720、1725、1727，2-29-1734注、1742，2-31-1784、1787、1825、1837，2-32-1851、1852、1856、1859、1860、1862、1872、1872注、1873、1874、1875、1878、1879，2-33-1886、1890、1892、1896、1898、1899、1901、1903、1907、1911、1913、1924，3-34-1939、1940、1947、1948、1948注、1963、1963注、1993、1995，3-35-2016、2022、2023、2024、2027、2031、2034，3-36-2045注、2049注、2055、2059注、2061、2072注、2073注、2077注、2079、2096、2096注、2100，3-37-2150、2182、2186、2187、2190，3-38-2221、2222、2226、2226注、2229、2231注、2233、2235、2236注、2237、2239、2239注、2240、2241、2241注、2242、2243、2243注、2244、2245、2245注、2246、2250、2250注、2251注、2253注、2255注、2260、2263、2268、2271、2275注、2276、2288、2291、2293、2294注、2296、2297、2303、2305注，3-39-2311、2312注、2313注、2344，3-40-2352、2381、2385、2386、2387、2413，3-41-2424、2425、2436注、2442、2443、2444、2452、2455、2456、2458，3-43-2533、2540、2540注、2542、2542注、2546、2576、2581、2600，3-44-2627、2639、2642、2684

瓜沥办事处　2-22-1481

瓜沥船闸　1-3-131，3-43-2542

瓜沥村　1-2-082

瓜沥大队　3-43-2540

瓜沥大桥　1-9-479

瓜沥分离立交　1-9-477

瓜沥港　1-9-502、503、504

瓜沥公社　1-12-783、785，2-13-952

瓜沥互通立交　1-9-465

瓜沥垦区　1-12-796

瓜沥垦种区　1-12-815

瓜沥里　3-43-2540

瓜沥汽车站　1-9-488

瓜沥区　1-2-085、087、088、089，1-5-267，1-6-284、285、307，1-7-349，1-8-413，1-11-676、704，1-12-783、785，2-20-1383，2-27-1664、2-32-1872，3-39-2318，3-43-2560

瓜沥区垦种点　1-6-298

瓜沥人民公社　1-2-086，3-43-2558、2576、2592

瓜沥任家娄埠头　1-9-503注

瓜沥乡　1-2-084注、088、089、090，1-6-285，1-11-710、714、744

瓜沥相公殿　3-41-2443

瓜沥闸　1-8-418、429，1-9-502，3-45-2739

瓜沥站　1-9-488

瓜沥镇　1-记-028、029、031、032、036、037、038、1-2-084、085、086、087、088、089、090、091、092、093，1-3-107、110注、116、121，1-4-191注、195、201注、205、206注、207注、208、210、211、214、218、230、233、233注、234，1-5-

243、255、270、274、277，1-6-282、283、285、287、289、294、296、298、302、334，1-7-349、368、384，1-8-418、1-9-449、468、470、503、504，1-10-529、544、544注、545、578，1-11-607、612、613、617注、618、619、620、623、641、643、648、651、653、653注、654注、659、694、694注、697、698、700、725、726、727、749、757、758，1-12-785、803、831，2-13-892注、2-15-1031、1065、1069、1080、1085、1088、2-16-1108、1139、1173、1174，2-18-1244、1256，2-19-1275、1283注，2-20-1336、1348注、1377，2-21-1405注、1410、1411、1412、1414、1431、1443、1447，2-22-1455、1473、1474、1475、1481、1495，2-23-1530，2-24-1545注、2-25-1584，2-27-1651、1652、1664、1665、1679、1680、1680注、1687、1689、1701，2-28-1711、1712注、1713、1721、1727，2-29-1751、1752，2-31-1786、1825、1842，2-32-1849、1851、1852、1860、1861、1875、1876，2-33-1907、1911、1912，3-34-1926注、1928、1950、1952，3-35-2015注、2017、2024、2031注，3-36-2045注、2047、2049注、2050、2059、2060、2064、2091、2096、2096注、2124，3-37-2152、2157、2158、2159、2161、2166、2183、2186、2189、2215，3-38-2226、2226注、2232、2233、2235、2236、2268注、2269、2274、2275注、2283、2295、2296、2298，3-39-2310、2316、2329、2333、2339，3-41-2436、2449，3-43-2540、2541、2542、2543、2544、2558、2561、2567、2619，3-44-2629、2632、2637、2656、2682、2693、2694、2714、2719、2720
瓜沥庄　3-43-2540
瓜藤山　3-37-2194，3-43-2615
瓜州　3-36-2131

〔guan〕

关帝殿　3-41-2437注、2443
关帝庙　3-37-2169、2194、2198，3-40-2412，3-41-2424、2443、2444、2447
关里　3-36-2121
关王庙　3-37-2194
观潮城　1-9-470，3-34-1931，3-41-2450
观潮城桥　1-9-478
观钓山　1-8-402
观音殿　3-41-2424、2437注
观音堂　1-8-433
观音塘　1-8-408

官吊桥　1-8-408
官都　1-2-077、085
官河　1-9-501、502、513，1-10-526、537，3-37-2182、2204
官河桥　1-9-476，1-10-537
官河沿　3-37-2184
官湖沿村　1-9-470
官山　1-2-079
官塘河　1-2-079
官一　1-2-094
官一村　1-6-294
管村　1-2-083、094，1-3-105、109注、119，1-4-192、193、209，1-8-422，1-9-468、473，2-23-1530，2-24-1545，2-32-1876，3-36-2106注、2110、2135，3-37-2172、2185，3-40-2414、3-41-2441、2445
管村村　1-2-079，3-39-2312
管村庙　3-41-2424、2444
管村桥　1-9-481
管大坞　1-8-409
管东　1-2-082
管塘　1-2-082
冠二　1-3-187，1-12-777注
冠三　3-38-2268注
冠山　1-2-083、084、086，3-36-2123、2133、2135，3-44-2630
冠山村　1-6-294
冠山道院　3-41-2443
冠山乡　1-2-085
冠一村　1-2-091
鹳嘴山　1-3-120

〔guang〕

光禄第　3-37-2181、2207
光明　1-2-087、088、093，1-9-471、472、484注、509、515，1-10-563，1-11-651，2-13-880、2-21-1408、1409，2-32-1856、1859、1872、1879，2-33-1903，3-38-2223
光明村　1-9-513，1-11-613、625
光明分离立交　1-9-477
光明公社　1-12-785
光明立交桥　1-9-476
光明桥　1-9-480
光明乡　1-2-088、089、090，1-6-285，1-11-607、711、713、720、748、763，1-12-815，2-21-1433，2-27-1680、1680注、1683，3-34-2001、3-35-2005，3-39-2319，3-43-2543

光明闸 1-8-415、416

光明直河 1-8-396，1-9-449

光山 3-44-2626

光绪堰 1-8-421

光照庵 3-37-2201

光州 3-36-2139

广昌乡 1-11-614

广川 3-45-2731

广慈寺 3-41-2423

广德县 2-26-1636注

广德小区 1-10-580

广东（粤） 1-记-016，1-6-286、299，1-7-370，
　　1-9-489，1-11-635、687、703、714、717、
　　736、738、768、773，2-13-876、883、937、
　　953，2-14-991、1025，2-15-1048、1052、1057、
　　1058，2-16-1128、1139、1141、1171、1173，
　　2-17-1182，2-19-1302、1303，2-20-1380、
　　1396，2-23-1519、1520，2-25-1568，2-26-
　　1631、1636注，2-28-1714，3-35-2012注，3-36-
　　2074、2122、2125、2127、2135、2139，3-37-
　　2181，3-39-2327、2341，3-43-2591，3-44-
　　2628、2632、2634、2636、2641、2688

广福寺 3-41-2423、2424，3-43-2553

广汉 3-44-2688

广华 1-2-082

广化寺 3-41-2423

广惠禅院 3-41-2423

广惠寺 3-37-2218注

广济道院 3-41-2443

广南 3-36-2116

广宁小区 1-10-557

广西 1-6-286、301、303，1-11-633、635、660、
　　660注、703、738、773，2-13-932、937，2-20-
　　1394，2-22-1498，2-27-1664，2-31-1831，
　　3-36-2118、2131，3-37-2173注，3-39-2341，
　　3-44-2628、2638，3-45-2728注

广州 1-7-381，1-9-452、452注、458注，1-11-737，
　　1-12-830、836，2-13-949，2-14-1011，2-16-
　　1147、1169、1173，2-17-1192，2-20-1394、
　　1396，2-28-1718，3-35-2029，3-38-2259，
　　3-43-2559，3-44-2624、2625、2641、2642、2655

广宗县 1-11-614

〔gui〕

归化 3-36-2139

龟山 3-37-2194、2196、2196注，3-44-2626

龟山张（居山张） 3-37-2196注

贵县 3-45-2728注

贵阳 1-9-452注，3-44-2658

贵州 1-6-286、301、303，1-11-633、635、660注、
　　703、714，1-12-838，2-14-1025，2-15-1057，
　　2-16-1131、1153，2-22-1498，2-26-1611，
　　2-31-1831，3-38-2247

桂井 2-32-1877、1879

桂林 1-9-452、452注，2-26-1607，3-44-2663注

桂平 3-37-2173注，3-45-2728注

桂阳 3-36-2121

桂洲镇 2-13-953

〔guo〕

郭春 1-11-614

郭村 1-记-018，1-2-082、083、095，2-32-1880，
　　3-43-2602

郭村村 1-11-612

郭村乡 3-43-2602

郭峰院 3-41-2430

郭家埠 1-8-418

郭家埠闸 1-8-418

郭家埠直河 3-43-2543

郭家埭 1-2-092

郭墓峰 3-41-2432，3-43-2537

国庆 1-2-093

国庆村 1-6-295，1-11-713、748

国泰花园 1-10-551、554，2-15-1068、1070、1071

H

〔ha〕

哈尔滨 1-9-452注，2-13-886、957，2-20-1382、
　　1396，2-24-1535、1535注，3-35-2012注、2041

哈萨克斯坦 1-记-039，2-14-993，3-39-2342

蛤蟆山 3-37-2194

〔hai〕

海城 1-11-739

海丰 1-2-095

海丰村 1-11-613

海鸿 1-2-083，3-43-2592

海口 1-9-452、452注，2-20-1396

海口市 2-15-1035

海门 1-11-736，3-43-2558注

海南　1—6—286，1—7—381，1—11—663，2—15—1035，
　　2—20—1382，2—24—1535、1535注，3—36—2120，
　　3—40—2418

海宁　1—2—076、082，1—3—134，1—5—269，1—8—398
　　注，1—9—506、507注，1—11—739，2—13—937注，
　　2—16—1122，2—20—1380，2—21—1449，3—36—
　　2129、2133，3—40—2346、2352注、2413，3—41—
　　2440、2449、2449注，3—42—2462，3—43—2544注、
　　2576、2578注、2580、2581，3—44—2644、2661

海宁海塘　1—12—776注

海宁市　1—2—072、073、078、080，1—3—133，1—5—
　　269，1—9—507，2—20—1395，3—36—2059、2069，
　　3—39—2324

海宁县　1—2—077，1—9—500注，1—11—687、688注，
　　1—12—777，3—36—2119，3—41—2437、2437注，
　　3—42—2462，3—43—2543注、2576、2580

海宁州　3—43—2576、2592

海山桥　2—32—1859注

海山桥村　1—记—022，3—37—2202，3—45—2744、2758

海参崴　3—36—2135

海尾村　2—13—953

海盐　1—2—074，1—3—127，1—8—398注，1—11—739，
　　2—15—1063，3—40—2382

海盐县　1—3—115、133

海原　2—33—1924

〔han〕

韩戴　1—2—093

韩戴村　2—13—936

韩国　1—记—037、040，1—1—069，1—6—286，1—11—
　　671、728、729、736、738、768、771，1—12—
　　814、824，2—13—875、876、883，2—14—991、
　　992、994、1002、1003，2—15—1050、1053，2—16—
　　1139，2—17—1191、1193、1195、1197、1199、
　　1213、1214，2—21—1417，2—24—1555，2—28—
　　1719，3—35—2020、2030，3—36—2128，3—37—
　　2212，3—38—2248，3—39—2342，3—43—2561、2599

韩家埭村　3—43—2548

韩家汇村　3—36—2110

韩家汇自然村　3—37—2173注

韩钱　1—2—083

汉城　3—39—2315

汉口　3—44—2653、2655、2668

汉宅　1—11—614

旱桥　3—43—2542

捍海塘　1—8—399

捍沙殿　3—41—2443

〔hang〕

杭嘉湖地区　1—1—066

杭嘉湖平原　3—43—2538

杭金衢分离立交　1—9—476

杭万河　1—10—543，2—14—985、986、1028

杭甬高速公路桥　1—9—458

杭甬运河　1—9—501、502、513、513注，3—43—2539、
　　2540

杭州东方文化园　1—总—004，2—15—1037、1046，3—37—
　　2146、2197、2203注、2209，3—41—2433

杭州高新技术产业开发区　2—14—981、989、1028

杭州高新技术产业园区　2—14—996

杭州笕桥机场　1—9—447、452、453

杭州经济技术开发区　2—14—1021

杭州乐园　1—总—004，1—记—022，1—5—250，1—7—
　　381，1—9—473，1—10—528、554、557，2—15—
　　1048，2—25—1588，2—28—1722，3—37—2146、
　　2209、2211、2212、2212注，3—43—2537

杭州民用机场　2—14—981

杭州钱江南岸经济技术开发区　2—14—979

杭州钱江投资区　2—14—983，2—22—1460

杭州钱江外商台商投资区　1—记—029、037，1—2—102，
　　1—5—251注、254、261、262、269，1—10—522、
　　539、568，2—14—978、979、980、981、982、983、
　　1019、1020、1021、1027，2—15—1061、1083，
　　2—21—1400，2—22—1458、1459、1467，2—24—
　　1552，3—35—2009

杭州山里人家　1—总—004，1—记—025，3—37—2146、
　　2209

杭州生态公园　3—37—2211

杭州生态园　1—总—004，1—5—274，3—37—2212注，
　　3—43—2573

杭州世界休闲博览园　3—37—2203注

杭州世界休闲风情园　3—37—2203注

杭州市公交315路车站　1—9—488

杭州市棉花原种场　1—11—754

杭州天主堂　3—41—2454

杭州湾　1—总—003，1—记—020，1—2—073、073注，
　　1—3—104、115、116、129、133、134、137、138，
　　1—9—510注，1—11—717，2—15—1089，3—44—2628，
　　3—45—2753

杭州闻堰货运码头　1—9—504

杭州萧山国际机场　1—9—446注，3—37—2215

杭州萧山华能储运有限公司码头　1—9—504

杭州萧山机场　1—总—003，1—记—021、025、030、031、
　　032、040，1—2—073，1—4—219，1—5—250，1—8—
　　396、413，1—9—446、446注、447、447注、448、

450、450注、451、452、453、454、467、483、486、487、1—10—562、1—11—595、633、2—14—1009、2—15—1030、1039、1045、1051、1089、2—19—1294、2—20—1328、2—21—1400、2—22—1469、1473、1503、2—24—1547、1550、1552、2—30—1761、2—33—1890、3—43—2533、2540、2543、2558、2559、2560

杭州萧山浦阳江码头经营公司码头 1—9—504

杭州杨静坞森林公园 3—37—2210

行头 1—2—092、1—9—467、3—37—2205

行头村官河 1—8—395

航民 1—2—093、1—10—545、1—11—607、2—21—1439

航民村 1—记—028、029、031、032、036、037、038、1—4—214、1—5—270、1—8—429、1—9—504、1—10—544、1—11—607、613、618、623、641、643、648、653、726、757、1—12—831、2—13—943、953、2—22—1455、1473、1474、2—28—1721、2—32—1876、3—36—2047、2060、2089、3—37—2215、3—38—2298、3—39—2339、3—44—2694

航民大队 1—11—641、2—13—952、953

航民桥 1—9—481

航民闸 1—8—429

航坞 1—2—085、093、3—37—2216

航坞港 1—9—502

航坞公园 3—36—2059

航坞居民区 1—2—092

航坞山（杭坞山、王步山） 1—2—076、1—3—107、110注、118、121、1—4—230注、1—5—249、1—8—398、399、399注、1—9—449、503、1—10—544注、1—11—592、623、1—12—776注、2—15—1051、1051注、1087、1089、2—21—1441、2—32—1874、1875、3—34—1952、3—36—2116、2130、3—37—2157、2161、2170、2174、2175、2187、2189、2213、2215、3—39—2316、3—41—2435、2436、2449、2449注、3—43—2540、2542、2543、2561、3—44—2657

〔hao〕

豪岭（壕岭） 1—2—077、3—37—2218注

壕坑坞 1—3—114

〔he〕

合肥 1—9—452、452注、1—11—737

合肥市 1—11—770

合丰 1—2—095、1—12—777注

合丰村 1—10—554

合莫堂 3—37—2163、2185

合兴 1—2—094、1—12—798、2—32—1879

合兴村 1—6—295

合治 1—2—083

何家峰 1—3—121、3—43—2597

何家桥 1—记—018、1—2—095、2—32—1880、3—43—2567

何汝敷墓 3—37—2196

何世学墓 3—37—2196

何童埠 1—2—093、3—36—2123

何童埠村 1—3—114、3—36—2108

何煊墓 3—37—2196

和平桥 1—2—092、3—37—2205

和平桥村 1—6—294

和庆寺 3—37—2218注、3—41—2423

和尚顶 1—2—077、078、079、1—3—120、3—43—2614

和尚桥 3—37—2155注

和顺 1—2—093

河北 1—2—083、099、1—6—286、1—9—466、1—11—614、2—16—1139、1152、2—27—1664、3—36—2115、2117、2118、2121、2122、2125、2134、2135、2137、3—39—2342、3—43—2533、3—44—2650、2680、3—45—2730注、2731注、2732注

河东 1—2—082

河东王村 3—36—2108

河斗村 3—36—2108

河斗里 3—36—2121、3—44—2634

河斗头 3—41—2447

河口 1—2—095、1—8—419、423、426、434、440、3—35—2032注

河口进水闸 1—8—419

河姆渡 1—1—061、065

河姆渡文化遗址 1—1—059

河姆渡遗址 1—1—047注、049、062、065注、066、067

河南 1—1—058、1—2—074注、083、099、1—6—286、301、303、1—7—381、1—11—633、641、660注、680、682、738、1—12—838、2—13—889、2—14—1025、2—15—1039、1045、2—20—1340、2—27—1664、2—28—1718、2—31—1831、3—36—2076、2117、2118、2119、2120、2121、2123、2124、2125、2126、2127、2130、2132、2133、2135、2137、2139、3—37—2197、3—38—2256、2269、3—43—2533、3—44—2625注、2626、2631、2632、2699、2716、2717、2720、2721、2724、3—45—2731注

河南王闸 1—8—419

河内 3—36—2119

河内机场 2—17—1207

河内市 2—17—1207

河浦王 1—10—553

河上 1-记-013、016，1-2-078、079、083、084、084注、085、086、087、088、089，1-3-118、119、120、128、183、185，1-4-223，1-5-240、241、242、244、245、248，1-8-391、392、400、410、421、426、430、433，1-9-473，1-10-523、524、562、565、580，1-11-596、614、618、621、651、663、686、742注、747、757、765、766，2-13-880、889注、894、935，2-15-1088，2-16-1107、1108、1112注、1115、1141注、1152、1157注、2-18-1218、1219、1244，2-22-1452注，2-23-1529、1530，2-24-1545、1550，2-26-1604注、2-27-1645，2-28-1704注、1705、1717，2-29-1734注、1744，2-31-1837，2-32-1852、1874，2-33-1896、1901，3-34-1944注、1948注、1961注，3-35-2021注、2022、2032、2032注，3-36-2045、2045注、2049注、2053、2055、2059注、2076、2076注、2077、2080、2117、2130、2137，3-37-2150、2182、2189、2215、2218注，3-38-2229、2251注、2271注、2273、2273注、2274、2274注、2281注、2294注，3-40-2346、2348、2385、2386、2387、2413、2415，3-41-2424、2429、2441、2442、2443，3-42-2507，3-43-2537、2553、2554、2554注、2555、2566、2614，3-44-2688

河上店 1-2-098，2-21-1405注，3-34-1961注、1988注，3-36-2045注、2095注，3-37-2151，3-39-2329注，3-40-2414，3-43-2553

河上公社 1-11-627注，3-36-2082，3-38-2274注

河上桥 1-2-093，1-8-394、426

河上区 1-2-077、084、085、086、087，1-8-409、3-43-2553、2574，3-44-2651

河上人民公社 1-2-086，3-43-2553、2574

河上溪 1-8-394

河上乡 1-2-082、085、088，3-37-2150注，3-43-2553

河上站 3-35-2032

河上镇 1-2-084、089、090、091、093，1-3-105、107、108、109、109注、110、110注、111、112、113、114、116、118、120、132、141、186，1-4-211、213，1-5-243、249、255、269，1-6-283、284、285、287、289、294、295、296、301，1-7-349，1-8-410、422，1-9-469、487，1-10-525、580，1-11-594、612、613、619、620、624、627、656、661、711、725、727，2-13-861、887、935、937、937注，2-15-1051，2-16-1154，2-19-1284，2-21-1441，2-26-1618，2-28-1717、1718，2-31-1785，2-32-1861、1876，2-33-1897、1907，3-34-1939、1944注，3-36-2077、

2082注、2096注、2108、2110、2116、2129、2133、2136、2139，3-37-2151、2154、2157、2159、2164、2165、2168、2173、2183、2185、2218注，3-41-2429、2454，3-43-2553、2554、2555、2564、2574、2582、2612、2619，3-44-2655、2670、2671、2673、2677、2682、2685、2686、2688、2722

河墅里 3-36-2124

河墅堰 3-37-2199注

河西 1-2-095，1-8-426

河西村 1-6-314、324，1-8-414，1-11-613，2-32-1859注

河西桥 1-9-480

河西址 1-8-419

河由 1-2-081

河中桥 1-9-480

河庄 1-1-067，1-2-078、083、084、085、086、087、088、089、095，1-3-183、184，1-5-242、248，1-8-399、404、412、413，1-9-472、489、490、502、515，1-10-544注、559，1-11-596、617注、618、651、672、673、731、743注、744、771，1-12-785、791、792、795、796、802、813、814、826、838，2-13-880、935，2-15-1052、1065、1086，2-18-1244，2-21-1433，2-23-1529、2-27-1645，2-32-1851、1859、1873、1874、1878、1879，2-33-1896、1907，3-34-1962、1999，3-35-2022、2024，3-36-2045、2117、3-37-2213、2217注，3-38-2229、2294、2296、2303，3-41-2437、2437注、2443，3-43-2544、2569、2592、2592注、2593

河庄公社 3-37-2177

河庄横河 1-8-397，3-43-2592

河庄居民区 1-2-091

河庄桥 1-9-478

河庄人民公社 3-43-2592

河庄山 1-3-121，3-43-2543注、2578、2593

河庄乡 1-记-013，1-2-084、086、088、089、090，1-4-201，1-6-285，1-11-749、763，2-32-1852，2-33-1897、1903，3-37-2176、2190，3-41-2450，3-43-2592

河庄闸 1-8-415

河庄镇 1-总-004，1-2-080、090、091、095，1-3-106、121，1-4-205、206、206注、207注、211，1-5-243、255、269，1-6-283、285、287、289、294、295、296、302，1-7-349，1-8-413、415、416，1-11-613、656、749，1-12-776注、784、785、803、831、837，2-13-953，2-20-1361，2-21-1400、1400注，2-22-1488，2-27-1651、

1652，2−31−1786，2−32−1851、1876，3−35−
2017，3−36−2050、2064、2096注，3−37−2147、
2183，3−38−2284、2303，3−41−2450，3−43−
2555、2576、2580、2591、2592、2592注2594、2620

河庄镇城隍庙　3−36−2050

河庄直湾　1−3−130

荷花池头　2−15−1050

荷兰　1−记−035、036、039，1−6−286，1−11−711、
712、736、737，2−13−880、969，2−14−991、
1002、1006，2−15−1053，2−17−1191、1199、
1213，2−20−1330，2−24−1555，2−28−1719，
3−37−2210，3−43−2558，3−44−2675

荷山　3−37−2194

荷叶尖　1−3−119

贺城　3−36−2128

〔hei〕

黑龙江　1−6−286，1−11−680、682，2−13−937，2−20−
1394，2−27−1664，3−44−2684

〔heng〕

横滨　2−14−992

横岔　1−2−083

横岔路　3−43−2593、2594

横岔路横湾　1−8−397

横岔路居民区　1−2−091

横岔路直河　3−43−2592

横岔镇　3−43−2592

横埭头　1−2−093，2−32−1879

横埭头村　1−6−294，3−35−2017

横河　3−37−2158、2198

横河周闸　1−8−418

横江俞　1−2−094，1−8−394、408

横江俞村　1−8−392，1−9−507，1−11−613

横江俞大队　1−4−193注，3−38−2294注

横江俞上畈塘　1−8−401

横坑　1−3−119

横力口闸　1−8−392、402、419

横凉亭　1−9−469，3−43−2574

横路头　1−2−095，1−3−106、112，1−5−274，1−9−
472、482注，3−36−2129

横路头村　1−3−121，1−11−613

横蓬　1−2−094

横蓬村　1−11−608、613，2−13−938

横蓬大队　2−13−938注

横山　1−2−083、085、086，3−36−2136

横山傅　3−36−2077

横山傅村　3−36−2110、2136、2137

横塘　1−2−081，3−37−2199注

横塘村闸　1−8−420

横塘倪　1−2−094，1−3−105，1−8−408，3−43−2583注

横塘倪春秋战国印纹硬陶窑址　3−37−2150注

横塘倪村　2−32−1876，3−43−2584

横一　1−2−092

横一村　1−3−105、108，1−11−613，2−32−1876

横筑塘　1−2−093，3−37−2198、2201，3−41−2447

横筑塘村　3−35−2017，3−37−2160

衡河　3−36−2125

衡山　3−36−2131

〔hong〕

红粉石　1−3−121

红枫　1−2−092

红光农场　3−34−2000

红建桥　1−9−478

红界　1−2−094

红界村　3−44−2657

红垦　1−8−397、404，1−9−465、466，1−10−559、
562，1−12−806，3−43−2587

红垦农场　1−2−080，1−4−207注、211，1−5−244、
248、250、255、262，1−6−283、284、298，1−8−
395、412、416、421，1−9−466、469、475、483，
1−10−523、554、555，1−11−615、738、744、
758，1−12−784、793、794、795、796、799、800、
804、805、808、811、815、817、823、826、827
注、830，2−15−1074，3−36−2059，3−38−2223

红毛将军墓　3−37−2196

红庙　3−37−2194

红旗　1−11−753，2−32−1859注

红旗大队　3−43−2549

红旗畈　1−11−744

红旗河　2−14−985

红旗农场　1−12−805

红旗人民公社　1−2−086，3−43−2540、2558、2592

红旗直河　3−43−2556

红山　1−2−094，1−3−106、121、132，1−8−397、404，
1−9−472、483、485、511、513、514，1−11−615，
1−12−796、800、801、825、837，2−15−1051注、
1052，3−34−2000、2000注，3−36−2119，3−37−
2173，3−43−2576、2587

红山村　3−37−2186，3−41−2451

红山大队　1−11−627注

红山分离立交　1−9−476

红山农场 1-记-027、028、029、030、031、035、036、037、038、040，1-2-080，1-3-185，1-4-211、214、217、224，1-5-240、244、248、250、255、256，1-6-283、284、298，1-7-349、374注，1-8-392、396、415，1-9-466、483、488，1-10-523、554、559、568、578，1-11-618、619、653、738，1-12-784、794、795、796、799、800、802、804、805、808、815、819、823、826、827、828、830、831、832，2-15-1052、1074，2-22-1473，2-24-1542、1556，2-26-1627，2-27-1673，2-33-1913，3-34-1949、2001，3-35-2035，3-36-2045、2050、2056、2057、2059、2063、2064、2072、2089、2093、2096、2096注，3-38-2296，3-43-2543，3-44-2695、2716、2724

红山桥 1-9-480

红山闸 1-3-130，1-8-415

红石板小区 2-15-1061、1062

红卫 2-32-1859

红卫闸 1-5-266，1-8-415，1-9-469、473、506，1-12-777、777注、784、785、793、794

红星 2-32-1859

红星桥 1-8-402，1-9-480

红友桥 1-2-092、093，2-29-1752

宏波 1-2-094，1-12-796

宏波村 3-35-2017

宏农 1-2-083

宏图 1-2-088，1-9-473、484注，1-11-611、651，1-12-797、800、819、826、827注、837、838，2-15-1032，2-16-1112，3-34-1972

宏图公社 1-12-784

宏图桥 1-12-794

宏图乡 1-2-088、089、090，1-6-282、285、298，1-7-349，1-12-776注、793、797、799、805，3-43-2585、2586，3-44-2718

宏伟 1-2-088，1-3-184，1-9-473，1-11-651，1-12-776注、797、800、819、826、827注，2-19-1275，3-34-1972

宏伟公社 1-12-784

宏伟桥 1-9-473，1-10-542，1-12-793、794

宏伟乡 1-2-088、089、090，1-6-285、298，1-11-719、744、749，1-12-776注、793、797、837，2-26-1633，3-43-2580

宏新 1-2-094

宏新村 2-20-1344注

虹康花苑 2-15-1063

虹桥里 3-36-2121

洪村 3-36-2129

洪都拉斯 2-17-1199

洪家潭 1-2-094，1-9-508、509

洪水湾 1-2-094，1-8-419、425，1-9-472

洪水湾村 1-8-393，1-11-618

洪溪 1-2-082

鸿达桥 1-10-540、542，2-14-985

鸿南桥 1-10-540、542，2-14-985、1028

鸿浦桥 1-9-478

〔hou〕

后埠头 1-2-093

后埠头村 3-45-2740

后大埂 3-43-2589

后范家（永新村） 3-36-2126

后方家 2-32-1859注

后横河 1-8-439

后湖 1-2-094

后黄 1-记-016，1-2-095，2-32-1880

后黄寺 3-37-2194、2196

后江庙 3-37-2192，3-45-2746

后解放河（后横河） 1-3-130，1-8-396、397、439，1-12-792，3-43-2543、2587

后马湖 1-2-093，3-36-2123

后马湖村 1-11-613，3-37-2160

后马山 3-36-2123

后梅林湾桥 1-9-477

后倪 1-2-092，3-36-2132

后倪村 3-36-2109

后山 3-37-2149、2165

后山村 3-36-2078

后山庙 3-41-2424、2443

后山坞 1-2-092，1-5-274，1-8-409

后山坞村 2-32-1876

后山坞水库 1-4-210

后山窑址 3-37-2185

后沈 1-2-092

后盛陵 2-29-1751

后十一段 1-12-794

后十一工段 1-12-793

后十一工段横河 1-12-778

后十一工段闸 1-8-416

后坛 1-2-093

后头河 3-43-2606

后王寺 3-41-2434，3-43-2547注

后王寺村闸 1-8-420

后吴 1-9-508、509

后吴村闸 1-8-420

后溪　3-38-2234
后溪活动坝　1-8-422
后溪头　2-13-937注
后先锋桥　1-10-540
后新庙　1-2-093
后新庙村　3-41-2449
后俞畈堰　1-8-421
后宅　1-2-093
后宅村　1-3-128
后郑　1-2-093
后郑村　1-9-470
后朱　1-2-094
后朱村　1-11-613

〔hu〕

呼和浩特　1-9-452注
胡仓塘　3-36-2129
胡家　3-36-2129
胡家埭　1-5-260注
胡家汇北　1-2-079
胡家汇村　1-9-466
胡家弄　3-36-2129
胡家弄村　3-36-2109
胡氏宗祠　3-37-2168
胡志明市　2-17-1207，3-36-2056
湖北　1-1-069、070，1-6-286、301、303，1-7-370，
　　1-9-489，1-11-633、635、682、703、727、737，
　　2-13-876，2-14-1025，2-15-1058，2-27-1664，
　　2-31-1831，2-32-1877注，3-34-1972，3-36-
　　2074注、2127、2130，3-43-2591，3-44-2631、
　　2634
湖地　3-36-2134
湖东　1-2-082、083、095
湖里孙　3-36-2122，3-37-2197
湖南　1-6-286、301、303，1-9-455注、474，1-11-
　　633、635、660、660注、703、717、735、737、
　　770，2-14-1025，2-15-1058，2-16-1139、1153，
　　2-19-1302，2-22-1498，2-26-1631，2-27-
　　1664，2-31-1831，3-36-2121、2124、2126、
　　2127、2131、2139，3-38-2256，3-43-2591，
　　3-44-2626、2632、2717、2722
湖山　1-2-082、095
湖山村　1-4-230、233，1-8-420，1-10-554，1-11-
　　686、727、748，2-15-1035，3-37-2173、2183、
　　2184、2196、2197，3-43-2616，3-44-2628、2719
湖山第一亭　3-37-2198
湖山闸　1-8-420

湖贯坝闸　1-8-420，3-45-2744
湖墅　3-37-2151，3-43-2538注
湖头陈　1-记-023，1-2-077、077注、080、092，1-3-
　　106，1-6-281、299，1-10-554，2-15-1052、
　　1086，2-32-1849、1851、1880、1882，3-43-
　　2534，3-45-2759
湖头陈村　1-记-017，1-9-455、456、461，1-10-
　　533，1-11-613、723，2-15-1050，3-41-2426
湖头庙　3-37-2194
湖州　1-10-563，1-11-718注、758，2-13-884，
　　2-16-1112注、1165、1165注，2-20-1396，2-22-
　　1463、1464，2-23-1520，2-31-1831，2-33-
　　1904，3-35-2013，3-36-2130，3-44-2640
湖州市　1-6-286，3-45-2753
虎门　3-44-2641
虎泉井　3-37-2173
虎山　1-10-538
虎山岭　3-41-2426
虎山路桥　1-10-537
虎爪山　1-3-118、120，3-37-2147，3-43-2550、
　　2551、2552
护城河　3-37-2150、2205

〔hua〕

花皮山　1-3-120，3-43-2537
花桥乡　1-3-128
花山　3-36-2117
花神　1-2-083
花神庙　1-2-092、093，2-32-1849，3-41-2443
花文　1-2-082
花坞桥　3-37-2199注
花县　1-11-768
花窑　1-2-083
花园　1-2-083
花园井　1-2-091、092
花园井居民区　1-2-092
花园井小区　1-10-575
划船港　3-37-2199注
华东　1-2-086，1-11-728注，2-16-1115，2-21-
　　1440，3-36-2091
华东良种繁育场　3-35-2028注
华丰　1-2-086、094，1-9-473，1-10-554、580，
　　2-32-1879，3-43-2587
华丰村　1-6-295
华丰大队　1-11-627注
华丰大桥　1-9-480
华汇　1-2-095

华汇村　3-41-2428
华家　1-2-092，1-5-274
华家池　2-15-1062
华家祠堂　3-37-2190
华家村　2-32-1876
华家垫　1-2-095，1-3-109、112，1-9-470、501，
　　1-11-771，3-36-2120，3-37-2182，3-43-2599
华家垫村　1-11-613，2-13-889注，3-37-2157、
　　2164、2167、2174，3-41-2430
华家里　1-记-016，1-2-095，2-32-1880，3-41-2433
　　注
华家桥　1-9-470
华克勤墓　3-37-2196
华龙桥　1-10-540
华眉山　1-3-111、121、132，3-41-2434，3-43-
　　2546、2547
华荣桥　1-10-537
华山　3-44-2629
华舍　3-36-2128，3-41-2455
华舍镇　2-21-1405注
华盛顿　2-17-1193，3-36-2099、2135
华氏宗祠　3-37-2157、2167
华庭公寓　1-10-551
华溪里　3-36-2138
华溪乡　3-36-2138
华新　1-2-095
华新村　1-3-114，1-11-613
华兴　1-9-482注
滑县　3-36-2118
化成禅寺　3-41-2423、2424、2425、2436
化山　1-2-094
化山村　2-32-1849

〔huai〕

怀德坊　1-2-099
怀宁　3-36-2134
淮安　3-36-2132，3-44-2638
淮北　2-16-1152
淮滨县　2-20-1340
淮河　3-36-2132
淮南　3-36-2116、2139
淮阳　3-44-2680
淮阴　3-44-2624

〔huan〕

欢乐　1-2-093

欢乐村　1-11-613
欢乐窑头　1-8-433
欢联　1-8-422
欢联村　1-2-091
欢潭　1-2-077、078、079、085、086、087、088、
　　089、095，1-3-117、121、128、183，1-5-
　　240、241、242、244，1-8-392、408、410、
　　423、426、431、433、434、440、441，1-9-
　　471、484注、489、490、508、509、509注，
　　1-11-596、611、618、651、686、765、766、
　　771，2-13-889注，2-16-1112，2-20-1328，
　　2-21-1408、1441，2-23-1530，2-24-1544、
　　1545，2-25-1585，2-33-1898、1901、1907，
　　3-34-1945、2000，3-35-2022、2032注，3-36-
　　2045、2056、2065注、2079、2118，3-37-2150、
　　2164注、2182、2185、2188注，3-38-2223、
　　2274、2274注，3-40-2386、2387，3-43-2602、
　　2608、2609，3-44-2640、2664
欢潭村　1-2-090、091，1-3-156注，1-6-294，1-11-
　　725、727，2-32-1876，3-36-2108，3-37-2151、
　　2154、2164、2174、2185，3-43-2608、2609、
　　2610，3-44-2662、2664、2719
欢潭公社　1-11-627注，3-43-2608
欢潭管理区　1-2-086，3-43-2608
欢潭灌区　1-8-401
欢潭江　1-3-128
欢潭岭　1-3-121，1-5-249
欢潭人民公社　1-2-088
欢潭溪　1-8-422，1-9-501
欢潭乡　1-2-088、089、090、091、095，1-3-111、
　　112、116、118、121、144、147注、177注、187，
　　1-4-206注、211，1-5-243、255，1-6-283、
　　284、285、287、289、294、296、302，1-7-349，
　　1-8-414、419、422、431，1-9-469、504、505，
　　1-10-525，1-11-612、613、619、648、722、
　　725、727，2-13-941，2-20-1328，2-21-1400、
　　1400注，2-25-1584，2-26-1623，2-31-1785，
　　2-32-1876，2-33-1900，3-35-2012注，3-36-
　　2118、2129，3-37-2146、2147、2148、2149、2150
　　注、2151、2154、2164、2168、2174、2183、2185、
　　2215，3-38-2271注，3-39-2311注，3-43-2582、
　　2597、2608、2609、2610、2620，3-44-2662、
　　2664、2719
欢潭引潮闸　1-8-419
欢新　1-2-086
欢新人民公社　1-2-086，3-43-2608
环城南河　1-4-215，1-10-534、535、536
环城南路　1-2-092

环城西路居住区 2—15—1069
环洞桥 3—37—2156、2198
环河 1—2—082
环南河 1—10—529, 2—24—1551
环西桥 1—4—192、209, 1—10—530、532、536、541、570
桓溪 3—36—2121
浣纱溪 1—总—004, 1—3—129, 1—6—320, 3—36—2135, 3—37—2192、2193, 3—43—2539, 3—44—2623注, 3—45—2746

〔huang〕

皇坟尖 1—3—114、121, 3—36—2128, 3—37—2172、2182、2218注, 3—41—2446, 3—43—2597
皇天畈 1—8—401
黄伯夫墓 3—37—2185
黄村 1—2—081、099
黄辅山 3—37—2218注
黄岗 3—43—2555
黄阁浜兜 3—37—2167
黄阁河 3—36—2120, 3—37—2173
黄阁河村 3—36—2108, 3—37—2167、2173
黄公溇 1—2—093
黄公溇村（大队） 1—12—783、785
黄公溇桥 1—9—477
黄公溇湾 3—43—2540、2567
黄公闸 1—8—393
黄狗吊桥 1—8—393
黄河 3—36—2138, 3—44—2629
黄湖庙 3—41—2444
黄虎山 3—43—2572注
黄家大桥 3—37—2157
黄家河 1—2—092, 1—10—526、537, 3—37—2186, 3—44—2631
黄家河村 3—44—2632
黄家河桥 1—10—537
黄家漱 3—37—2199注
黄家坞 3—37—2197注
黄家霆 3—37—2199注
黄九皋墓 3—37—2196
黄鹂桥 3—37—2160
黄岭 1—2—083, 1—3—119, 3—36—2130, 3—43—2532、2574、2575
黄岭山 1—3—119
黄岭坞 1—2—082
黄龙浦 3—44—2630
黄泥桥 3—37—2160

黄山 1—2—082、083、084、093, 1—7—381, 1—9—452注, 1—11—772, 2—15—1053, 3—41—2429、2448、2450, 3—43—2547、2547注、2548
黄山村 1—2—078, 1—4—201注, 1—5—266, 1—6—294, 1—9—470、507, 1—11—613、618、625、626、744, 2—27—1683, 3—35—2015、2016, 3—37—2198, 3—41—2448, 3—43—2547、2549
黄山岭 1—2—080
黄山庙 3—41—2437注、2442、2443、2450、2451、2451注
黄山寺 3—41—2451
黄山西殿 3—41—2429、2430、2442、2443、2448
黄山西南殿 3—40—2415, 3—41—2430、2448, 3—43—2547
黄山西南庙 3—40—2413
黄山西南水利工程纪念堂 3—43—2547注
黄山乡 3—43—2546
黄山闸 1—8—411
黄石垄 1—8—409、410, 3—35—2032、2032注
黄石垄水库 1—3—184, 1—5—265, 1—8—409、410, 1—11—719, 3—43—2603注、2605
黄通岭 3—43—2553
黄湾寺 3—43—2572注, 3—44—2634
黄秀河 3—43—2615
黄岩 1—11—686、770, 2—20—1380, 2—28—1718, 3—39—2314, 3—41—2454, 3—44—2633、2696、2718、2719
黄竹山 3—37—2198, 3—43—2550
黄竹塘 3—37—2201
凰林穴 3—37—2199注
凰桐 1—8—393, 1—9—508、509、509注
凰桐村 1—3—128, 1—9—501、509
凰桐江 1—2—077、078、079, 1—3—128、141, 1—4—223, 1—5—242, 1—8—391、392、393、394、400、423、425、432、438、439、440、442, 1—9—469、501、509, 3—43—2582、2584
凰桐江口 1—8—433

〔hui〕

灰弄 1—2—092
回澜 2—15—1060、1068
回澜北园 1—10—572, 2—15—1069、1071
回澜北园第二 1—2—092
回澜北苑 1—4—224, 1—10—553、580
回澜北苑第二 1—2—092
回澜北苑第一 1—2—092
回澜第一 1—2—091

回澜南园　1-10-572，2-15-1069
回澜南园第二　1-2-092
回澜南园第三　1-2-092
回澜南园第四　1-2-092
回澜南园第一　1-2-092
回澜南苑　1-4-224，1-10-553
回澜桥　1-10-532、537、574注、3-37-2155注、2156
　　注、2182、2183、2205，3-38-2228注，3-43-2535
回澜小区　2-15-1069
回龙庵　3-41-2424、2442
回龙桥　1-4-192、193、209，1-9-477
回龙山　3-36-2138
回龙头　1-2-079
回浦　1-2-074
回浦县　1-2-074
回乡凉亭　1-8-401
回香亭　1-8-402
汇达小区　1-10-543、568，2-15-1069
汇上桥　1-9-479
汇头钟　1-2-095，1-9-505，3-36-2129
汇头钟村　1-9-505，1-11-613、722
汇宇花园　1-10-568
会昌县　3-37-2178注
会馆桥　3-37-2205
会郎曹　1-2-095
会郎曹村　1-11-685，3-37-2166、2184
会郎曹闸　1-8-418
会龙桥　3-37-2182、2184、2190
会元桥　3-37-2184
惠济桥　1-10-537，3-37-2155、2184、2205，3-38-
　　2233，3-43-2535
惠济寺　3-37-2155，3-41-2425，3-44-2626
惠民桥　2-16-1150注
惠悟寺　3-41-2423
惠州　3-36-2125
慧济寺　3-37-2213
慧照庵　3-37-2194

〔huo〕

火车站　2-21-1400注
火车站五道埠　1-9-503注
火神殿　3-41-2437注
火神庙　3-36-2047注、2048，3-40-2413，3-41-2443
火神塘　1-8-398注、435
火神塘码头　1-9-503
火星　1-2-093，2-32-1879
火星村　1-6-293、294、295

火焰山　1-2-077、078、079，1-3-119，1-5-250

J

〔ji〕

机场枢纽互通立交　1-9-476
鸡笼山　1-3-120，3-37-2171
鸡鸣　1-2-081
鸡鸣江　1-3-128，1-8-394、419
鸡心岭　1-2-077、078，1-3-120
积善桥　3-41-2456、2458、2459
积堰山　1-2-093，1-8-426
积堰山村　1-11-613
吉安府　3-36-2135
吉安市　3-36-2135
吉尔吉斯斯坦　1-记-039，2-14-993
吉林　1-6-286，1-11-681、736，2-13-937，2-16-
　　1165、1167，3-36-2115
吉隆坡　1-9-452注，3-36-2058
吉庆桥　3-37-2158、2184
吉山（髻山）　1-2-082、095，1-8-410，1-11-771，
　　3-36-2132，3-37-2182
吉山村　1-3-121，3-36-2133，3-37-2160、2164、
　　2168、2185
吉祥　1-2-082、083
吉祥庵　3-41-2424
吉州　3-36-2135
极乐寺　3-41-2425、2435、2436
截山寺　3-41-2431
几内亚比绍共和国　1-记-035
纪家汇　1-2-094，1-8-408、419、425、432
纪家汇村　1-9-505，3-37-2163
纪念碑　3-37-2216
纪贤山　3-37-2172，3-41-2445
季真轩　1-3-120
济民河　1-8-418，1-10-526、543
济民闸　1-8-411、418
济南　1-9-452、452注，2-28-1717、1724，3-43-
　　2573，3-44-2664、2678
绩溪　3-36-2124
暨浦　1-2-074注
暨阳　3-36-2130
冀州　3-36-2118

〔jia〕

加勒比地区　1-记-039

加拿大　1-记-037、038，1-6-286，1-9-449，1-11-768，2-13-886、929，2-14-994、1006、1011，2-17-1191、1193、1197、1198、1199、1206、1207，2-20-1395，2-21-1417，2-22-1498，2-24-1555，2-27-1688注、1689，2-28-1719，3-37-2212注，3-41-2455、2459，3-44-2670、2692、2714、2715、2716

加纳　1-记-039

加州　2-17-1208

佳浦　1-2-081

佳山　1-2-077、083，1-3-119

佳山岭　1-3-119

佳山坞　1-2-077、078、079、094，1-5-250，1-9-472，1-11-724，3-40-2351，3-43-2575

佳山坞村　1-2-079，1-3-119，3-40-2351注，3-43-2574、2575

佳毋塘　1-2-082

家屏山　3-36-2129

嘉定　2-20-1380

嘉会镇　3-36-2121

嘉靖坊　1-2-099

嘉陵区　1-11-615

嘉善　1-11-739，2-15-1048、1063，2-32-1878

嘉善县　2-15-1063，2-32-1878

嘉兴　1-总-003注，1-1-066注，1-9-507注，1-11-722，2-13-884、937注、938，2-15-1061，2-16-1165注，2-20-1396，2-33-1904，3-35-2013，3-36-2074注，3-39-2312，3-43-2538注，3-44-2635、2645

嘉兴市　1-6-286

嘉应州　3-36-2125

夹浜　3-43-2600注

夹浜村　1-8-418

夹江县　3-34-1977

夹灶　1-2-077、085、086、087、088、095，1-3-113注，1-9-484注、515，1-11-651，1-12-783、785、793，2-19-1275，3-36-2061，3-38-2302，3-43-2599、2600、2601

夹灶公社　3-43-2600

夹灶乡　1-2-086、088、089、090，1-6-285，1-11-749、770，2-16-1112注，3-43-2599、2600、3-44-2645

夹灶闸　1-8-418

甲府市　2-24-1556注

贾湖遗址　1-1-058、059

贾家堰　1-8-421

〔jian〕

尖峰山　1-2-079

尖山　1-2-082、083、085、094，1-3-127、128、133，1-4-192、193注、209、223，1-5-245，1-8-391、392、401、405、410、425、433，1-9-458、472、501、501注、503、507注、508、509、510、513注，1-11-767，2-15-1051，2-24-1562，3-34-1941注，3-36-2138，3-38-2288，3-40-2381，3-43-2547、2582、2583、2584

尖山村　1-9-507，2-24-1561

尖山大桥　1-4-223

尖山灌区　1-8-401

尖山桥　1-9-457、480

尖山石桥　1-8-393

尖山铁路桥　1-8-392、408

尖山下　1-2-095，1-9-472，3-36-2131，3-43-2613

尖山下村　1-6-294，1-9-472，2-13-889，2-21-1423、1441、1443，3-36-2093、2109、2110、2138，3-43-2613

尖山下大队　2-13-932

尖山乡　1-2-077、085，3-43-2582

尖山镇　1-2-089、090，1-6-284，1-8-393，1-11-722、743，3-43-2582

尖山镇石桥　1-8-394

尖湾窑址　3-37-2185

柬埔寨　1-记-036，3-34-1949

笕桥　1-9-456注，3-41-2440

笕桥机场　1-9-447注

建安　3-45-2727注

建德　2-27-1701，3-36-2123，3-43-2538，3-44-2722

建德市　3-39-2316

建德县　3-35-2030注

建华　1-2-094，2-32-1879

建华村　3-41-2450、2459，3-44-2657

建华大队　1-11-717注

建康　3-44-2623、2624

建瓯　3-36-2134

建瓯县　3-45-2727注

建设　1-2-083、085、086、095，2-32-1879，3-43-2561、2587

建设村　1-6-295，1-8-415，1-11-749，2-32-1851

建设乡　3-43-2561

建新　1-2-093

建新村　3-37-2196、2197，3-41-2433，3-44-2720

建一　1-2-095，1-12-796，2-32-1879

建一村　1-6-294，3-35-2017

建盈　1-2-093

鉴湖　1-9-501注，3-36-2117，3-37-2194，3-45-2729

〔jiang〕

江北　2-14-980，2-21-1449

江北区块　1-记-017

江边　1-2-083、084，1-4-223，1-8-399、423、424、425、440、442，1-9-455注、462注、488、488注、501注、513，1-10-554，1-12-791、792，2-21-1400注，2-28-1715注，3-34-1957注，3-35-2032注，3-36-2073注，3-37-2204注

江边3孔闸　1-8-415

江边村　2-28-1709

江边电力排灌站　1-8-442

江边管理区　1-2-086

江边老　1-2-084

江边码头　1-8-424，2-16-1154

江边排灌闸　1-9-502

江边排灌站　1-3-130，1-4-209，1-8-399、432

江边乡　1-2-084、085、086

江边新　1-2-084

江边闸　1-8-415

江滨　1-2-083

江村畈坝　1-8-422

江东　1-10-544注，3-43-2594

江都　3-45-2733注

江二　1-记-017，1-8-425，1-12-777注，2-32-1880

江二村　1-8-412，1-9-506，1-11-714

江干　1-5-237、269

江干区　1-2-073、078、080，1-9-457、506、506注，3-43-2594，3-45-2758

江海关　3-37-2178注

江河东节制闸　1-8-419

江河东闸　1-8-418

江湖一览亭　3-37-2198

江家桥　1-2-093，1-3-105、113、114

江家桥大队　1-11-627注

江建　1-2-095

江君里　1-2-099

江陵　3-41-2440，3-44-2624

江南　2-14-980

江南区块　1-记-017、037，1-2-100注、102，1-5-251注、269，1-10-539，2-14-978、979、980、981、983、994、1020，2-22-1458、1459、1460、1467

江桥　1-9-473、482、482注，1-10-553，2-24-1550，3-36-2129、2137，3-43-2611

江桥头　1-2-079，1-9-501

江三　1-记-017，1-12-777注，2-32-1880

江三村　2-14-989

江山　1-9-455，3-44-2653

江寺　1-2-091、101，1-10-554、568、570、580，2-23-1528，2-27-1652，3-36-2046、2095注，3-37-2155、2161、2161注、2182、2183、2187、2188注、2189、2189注、2191，3-39-2336注，3-41-2423、2425

江寺街道　3-38-2282

江寺街道办事处　2-27-1663

江寺旁　3-37-2204

江寺桥　1-2-092，1-10-535、536，3-37-2155

江苏（苏）　1-1-047注，1-6-286、301、303，1-7-381，1-9-489，1-11-595、635、660注、680、703、714、717、718注、720、721、737、738、739、764，2-13-876、876注、883、898注，2-14-1025，2-15-1057、1058，2-16-1122、1143、1147、1153、1165注，2-17-1182，2-18-1233，2-20-1343、1380，2-23-1519，2-25-1567，2-26-1631、1636注，2-31-1831，2-32-1871，3-35-2012，3-36-2056、2058、2118、2119、2121、2124、2125、2126、2131、2132、2135、2136、2138，3-37-2179，3-38-2285，3-39-2313、2341、2342，3-41-2440、2441注，3-43-2541、2558、2563、2573、2591，3-44-2623、2631、2640、2646、2647、2665、2667、2669、2724，3-45-2733注

江西　1-2-083，1-6-286、301、303，1-7-381，1-9-489，1-11-633、635、660注、680、703、717、735、770，2-13-883、885，2-14-1025，2-15-1057、1058、1066，2-16-1115、1122、1139、1141、1143，2-20-1342，2-27-1664，2-28-1718，2-29-1744，2-31-1831，2-32-1871，2-33-1904，3-35-2035，3-36-2116、2119、2127、2129、2131、2134、2135、2136、2137、2139，3-37-2196，3-38-2256，3-41-2442、2511，3-43-2548、2568、2581、2591、2594，3-44-2627、2628、2631、2645、2667、2670，3-45-2727注

江西湖第一　1-2-082

江西湖第二　1-2-082

江西俞　1-2-094，1-9-456，3-43-2583注

江西俞村　1-8-393，1-9-455、505，3-37-2184

江西俞土地庙　3-41-2443

江一　1-记-017，1-10-554，1-12-777注，2-32-1880

江一村　1-11-749

江阴　1-6-323，1-11-597，2-20-1380，2-21-1424，2-22-1461、1472，3-36-2124

江阴市　3-38-2285

江藻　3-36-2132

将军殿　3-41-2437注
将乐县　3-37-2193注，3-44-2625
姜家岙　3-34-1952
姜家里　3-41-2447
姜家坞　1-2-095
蒋家里　3-36-2136
蒋家自然村　3-37-2157
蒋桥村　3-36-2139
蒋英武烈士墓　2-32-1857，3-37-2185

〔jiao〕

交行桥　1-10-535、536
交通　1-2-085、086、093，2-13-935注，3-43-2561、2563
交通村　1-11-613、749，3-37-2208
交通乡　1-2-086，3-43-2561
交趾郡　3-36-2119
椒山　1-总-005
蛟山　1-2-082、083，1-8-419、423、426、434、435、440，3-35-2032注，3-43-2602、2603注
蛟山出水闸　1-8-419
蛟山机埠　1-8-401、433
蛟山闸　1-8-419
校场　2-32-1877、1879

〔jue〕

觉海寺碑　3-36-2046
觉海亭　3-41-2434
觉斯庵　3-41-2424
觉苑寺　2-23-1528，3-37-2161注，3-41-2423

〔jie〕

接度桥　3-37-2155注
接龙庵　3-41-2424、2436
接龙寺　3-41-2425、2436
揭阳市　2-26-1636注
街道居民区（长河镇）　1-记-017，1-2-092
街塘河　3-41-2434
街亭　2-29-1745
节孝承恩坊　3-43-2552
节孝承恩石牌楼　3-37-2182、2183、2189
捷克　2-17-1191
解放　1-2-094
解放村　1-6-295，1-11-613
解放河　1-记-019，1-2-102，1-3-147注，1-8-397，

1-10-525、539、542，2-14-981、985、989，3-43-2594、2596，3-45-2752
解放河桥　1-9-477，1-10-542
解放桥　1-记-020，1-9-479，1-10-539、540，2-23-1530
解放湾　1-11-623，3-43-2567
界川　1-11-614
界塘坞　1-3-121

〔jin〕

金坂　1-2-082
金鲍　1-2-083
金城花园　1-2-092，2-15-1069、1090
金城立交桥　1-10-542
金带桥　3-37-2205，3-43-2535
金道　1-2-083
金二　1-2-095，2-14-989
金二村　2-14-983、989
金二村直河　2-14-982
金二桥　1-10-554
金二穴　3-37-2199注
金峰　1-11-614
金凤　1-11-615
金观　1-11-615
金国　3-36-2131
金鸿苑　2-15-1063
金湖　2-25-1567
金湖江　1-2-079
金华　1-9-457、468，1-11-678、710、721、722，2-15-1056，2-16-1138注、1165、1165注，2-20-1339，2-21-1406注，2-23-1529，2-33-1904，3-36-2074注、2120、2130、2136，3-39-2316，3-41-2439，3-43-2548、2558、2574、2584、2606，3-44-2640、2649
金华市　1-6-286，2-19-1301
金惠桥　1-10-540、542
金鸡坂柴湖　1-2-082
金鸡山　1-2-094，1-3-110，1-9-508、509，1-10-553，3-41-2442，3-43-2571、2572
金鸡山村　1-11-612
金鸡山遗址　1-1-067
金家　1-2-082
金家浜　1-2-092，1-9-458，3-40-2411注、2414
金家浜村　1-11-744，3-41-2453
金家埠　1-2-092
金家埠村　3-41-2445
金家甸　2-32-1881
金家河　1-10-537

金家河桥　1-10-537

金家桥　1-2-092，1-10-572，2-15-1068

金家坞　1-3-109注，1-10-554

金马公寓　2-15-1069

金盆　2-32-1877、1879

金浦桥　1-2-077、078，1-8-433

金钱　1-2-083

金泉　1-2-093，1-10-580

金泉井　3-37-2184

金沙村　3-36-2116

金山　1-1-067，1-2-093，1-4-193注，2-25-1567、1568，3-37-2187，3-38-2294注

金山村　3-37-2173、2173注，3-44-2724

金山庙　3-37-2194

金山遗址　3-37-2186

金氏宗祠　3-37-2185

金坞　1-2-093，2-13-937注，3-41-2429

金坞村　1-11-727，3-36-2108，3-37-2164、2185

金西　1-2-095，1-11-759

金西村　1-2-091，1-4-224，1-6-324，1-8-420，2-32-1876，3-37-2183、2198，3-41-2427，3-43-2615、2616，3-44-2652

金西河　3-43-2615

金西横河　1-8-439

金西桥　1-9-473

金贤山坝　1-8-422

金星　1-2-086、094

金星大队　1-11-627注

金星苑　2-15-1063

金秀桥　3-36-2135

金一　1-2-095，2-14-982、989，2-21-1410

金一村　2-14-982、983、989

金一河　1-10-543，2-14-985、986、1028

金苑大厦　2-15-1070

金苑桥　1-10-540、542

金竹岭　1-2-078，1-8-410

金紫　1-2-083

津巴布韦　1-记-037

锦鳞桥　3-36-2123

锦山　3-36-2123

锦州　3-44-2680

进化　1-1-067，1-2-077、078、079、083、085、086、087、088、089、093，1-3-109、117、121、124、128、132、164注、183，1-4-191注、223，1-5-240、241、242、244、248，1-6-331，1-8-391、392、410、421、425、426、430、433，1-9-470、473、482注、484注、490、508、513注，1-10-529，1-11-596、609、618、627注、651、673、684、686、688、741注、742注、753、759、765、766、771，2-13-889注，2-15-1035、1051、1053、1086，2-18-1218，2-19-1275，2-20-1328，2-21-1441，2-23-1530，2-24-1544、1545、1550，2-27-1673，2-28-1726，2-29-1744，2-31-1837，2-32-1874、1879，2-33-1897、1898、1900、1907，3-34-1936、1945、1963，3-35-2016、2024、2032注，3-36-2045、2056、2057、2133、2138、2139，3-37-2150、2182、2215、2216，3-38-2271注、2273、2273注、2274、2274注、2275、2276、2294注，3-39-2311、2313注，3-40-2412、2413、2414，3-41-2424、2442、2443、2444，3-43-2537、2597、2599，3-44-2680、2683

进化村　1-6-334，1-11-744

进化公社　1-9-501，1-11-627注，2-13-889注

进化桥　1-9-479

进化区　1-2-077、084、085，3-43-2597

进化人民公社　1-2-086，3-43-2597

进化溪（麻溪）　1-3-117、129，1-4-191注、223，1-5-242、244、263，1-8-394、400、401、411、421、422、426、438、439、440、442，1-9-501，3-35-2032，3-37-2157、2160，3-43-2597、2598

进化乡　1-2-088、089、090，1-6-284，1-10-567，1-11-626，2-15-1054，2-32-1859，2-33-1902，3-38-2269注、2273注、2284，3-43-2597

进化镇　1-总-004，1-2-078、079、090、091、095，1-3-105、106、108、109、111、112、113、114、117、121、129、132，1-4-206注、207、207注、211，1-5-241、243、255、274，1-6-283、285、287、289、294、296、301、314，1-7-349，1-8-410、422、424，1-9-466、470、475、506，1-11-612、613、619、686、688、725、760、770、771，2-13-889注，2-15-1088，2-16-1112注，2-19-1263，2-20-1388，2-21-1439，2-27-1662注，2-31-1785，2-32-1876，3-35-2017，3-36-2108、2109、2110、2117、2120、2126、2128、2129、2131、2132、2133、2135、2138，3-37-2146、2148、2149、2150注、2151、2154、2157、2160、2163、2164、2167、2168、2170、2172、2173、2174、2182、2183、2185、2189、2190、2215、2218注，3-38-2284、2295，3-39-2313注，3-40-2414，3-41-2430、2431、2443、2446，3-43-2571、2582、2597、2598、2599、2608、2620，3-44-2633、2649、2687、2688、2694、2723

进水河桥　1-10-537、542

近日　1-2-097

晋察冀边区　3-44-2674

晋江　1-9-452注，3-36-2133

缙云　3-44-2723

〔jing〕

京都　3-44-2625

京杭大运河　3-43-2538

京杭运河　1-8-412

荆州　3-41-2440，3-44-2630

井富　1-2-082

井冈山　1-7-381

井岭桥　3-43-2569

井山湖　3-37-2194

井盛　1-2-083

井亭　3-36-2133

井亭徐村　3-36-2109

井头王　1-2-092，2-32-1849

井头王村　1-10-556，1-11-613，2-16-1120，2-24-1543

井徐　1-2-082

景德镇　3-37-2175

景宁　3-44-2660

景宁畲族自治县　1-6-314

景县　3-45-2731注

景苑公寓　2-15-1069

景洲　3-45-2731注

径山寺　3-41-2440

径桃　1-2-086

径桃人民公社　1-2-086，3-43-2582

径游　1-2-077、085、086、087、088、094，1-4-223，1-5-246，1-8-392、393、408、423、425、432、434、435、440、441，1-9-472、482、483注、490，1-10-562，1-11-627注、651、739，2-15-1051，2-32-1856，2-33-1897，3-35-2032注，3-36-2117，3-37-2150、2152、2174，3-38-2274，3-40-2386、2387，3-43-2582、2583、2583注、2584，3-44-2664

径游北闸　1-8-419

径游村　2-32-1876，3-37-2151、2160

径游灌区　1-8-401、402

径游机埠　1-8-433

径游江　1-3-128，1-8-393、400、439，1-9-501，3-37-2160

径游南闸　1-8-393、401、402、419

径游人民公社　1-2-087

径游下定塘　1-8-401

径游乡　1-2-088、089、090，1-6-284，1-8-393，1-11-749，2-19-1275，2-27-1650、1682，3-39-2311注

净土山　3-37-2195、2195注、2197、2199、2199注、2217，3-44-2626

净土寺　3-37-2193、2195、2199

净土院　3-41-2423

净修庵　3-41-2433

敬成堂　3-37-2167

敬天竺　3-41-2424、2437注

靖东　1-2-093

靖东村　1-11-640、714

靖海殿　3-41-2443

靖江　1-记-013、016、020、038，1-2-083、084、084注、085、086、087、088、089，1-3-185，1-4-214，1-5-248、255、260、277，1-6-298、338，1-9-449、470、509，1-10-524、525、544注、553、559、563、564、565，1-11-618、651、673、759、771，1-12-785、802、814、833，2-13-876、880，2-15-1032，2-16-1103、1111、1152，2-18-1218，2-19-1275，2-21-1405、1405注，2-22-1469，2-24-1542，2-25-1584，2-31-1825，2-32-1851、1852、1856、1861、1872、1873、1874、1878、1879，2-33-1890、1896、1897、1898、1899、1907、1908，3-34-1928、1939、1940、1945、1969，3-36-2045、2059注，3-37-2150注，3-38-2229、2275、2276、2283、2285、2296、2305注，3-41-2437、2443、2452、2453，3-43-2558、2559、2560、2561、2576、2589，3-44-2690

靖江村　1-2-082

靖江殿　3-34-1941注，3-41-2443、2453，3-43-2558、2559

靖江公社　3-41-2454

靖江管理区　1-2-086

靖江庙　3-41-2443

靖江桥　1-9-479

靖江人民公社　3-43-2558

靖江天主教堂　3-41-2452

靖江天主堂　3-41-2454

靖江县　3-35-2012

靖江乡　1-2-084、088，3-43-2558

靖江镇　1-2-089、090、091、092、093，1-3-107、130，1-4-211、215，1-5-243、255、270、277，1-6-283、284、285、287、289、296、298、302、331，1-7-349，1-9-470，1-10-553，1-11-613、614、619、625、627、640、672、714、721、760，2-13-879、903，2-19-1304，2-24-1558，2-26-1621、1622，2-27-1675，2-28-1716，2-29-1748，2-30-1765，2-31-1786，2-32-1849、1852，2-33-1900、1907，3-34-1951、1996，3-36-2050、2057、2063、2064、2096、2096注，3-38-2284，3-39-2339，3-41-2436、2443、2452、2453，3-43-2540、2555、2558、2559、2560、2567、2619，3-44-2681、2720

靖雷乡　1－2－082，3－43－2558

靖南　1－2－093，1－9－470，3－43－2560

靖南村　1－11－721，3－41－2453

靖南桥　1－3－130，1－9－479

靖西　1－2－083

靖一　1－2－093

靖一机埠　1－9－471

静安绥佑公庙　3－41－2441注

静冈　2－14－991、993、994，2－17－1206，3－36－2058

静冈县　1－记－036、037、039、040，2－14－991、994，3－39－2342

静海殿　3－40－2415

静海门　1－2－097

静江站　1－9－459

静居　1－2－081

静修庵　3－38－2234，3－41－2440，3－43－2567

镜湖　3－37－2205

镜台山　3－37－2218注，3－38－2232注，3－41－2423

〔jiu〕

九堡　1－12－785

九堡镇　1－12－783，3－45－2758

九都　1－2－082，3－36－2133，3－37－2169注

九墩江　1－9－503

九分池　1－2－092

九峰乡　1－11－614

九峰闸　1－8－402

九工段闸　1－8－416

九号坝　1－2－094，1－4－209，1－8－399、404、407、421、438、439，1－9－509，1－12－777、777注、779、781、782、783、791、793、794、806、807、2－32－1879

九号坝分离立交　1－9－477

九号坝围垦　1－12－784

九号坝围垦区　1－3－130、188

九号坝闸　1－3－130，1－8－415、421

九号坝直河　1－3－130，1－8－397、439，1－12－792、805、811，2－14－981、982、985，3－43－2587

九号坝直河桥　1－9－481

九华河　1－10－535、557，2－24－1551

九华桥　1－10－535、537

九华山　1－7－381

九甲　1－9－506

九江　2－33－1904

九江府　3－36－2119

九节坊　3－36－2126

九里吞　3－41－2431

九里墩　3－37－2197注、2201

九如庙横河　1－8－397

九上顺坝　1－12－781

九坛吞　3－41－2446

九溪　2－14－984

九叙道坛　3－41－2446

久新　1－2－095

久新村　2－33－1900

旧金山　3－35－2023

旧里河　3－43－2537

〔ju〕

菊花　1－2－099

菊花坊　1－2－099

菊花山　1－记－022，2－28－1722，3－37－2194、2202、2216注，3－44－2626，3－45－2742、2744、2758

菊山　3－37－2216

巨塘　3－36－2136

句容　3－41－2441注

聚敬堂　3－37－2165

聚龙庙　3－41－2443

〔jun〕

军垦农场　1－11－686，1－12－784

军民河　1－8－416

军民联围十万亩　1－12－777、808、819

军民联围十万亩区块　1－12－795

军民联围十万亩围垦　1－12－784

军民桥　1－9－471、480，1－12－793

军民闸　1－8－416

君塘区　1－11－614

俊良　1－2－092

俊良居民区　1－6－294

郡城　3－36－2137

浚县　3－36－2126

K

〔kai〕

开发区高架桥　1－9－476，2－14－985

开封　1－11－758，3－36－2119、2125、2129、2130、2132、2134

开封市　3－36－2116

开化　3－43－2551

开明　1－2－081、083、099

开明乡　1-2-082
开善　1-2-081，3-43-2604
开元名都　2-15-1068
开元寺　3-41-2438
开源　1-2-094，3-36-2134
凯悦花园　1-10-569，2-15-1070

〔kan〕

龛北　1-2-083
龛东　1-2-083
龛衢　1-2-083
龛山（另见坎山）　1-2-081、083、084、086、087、088，1-3-133，2-18-1218，3-34-1941注、1961注、1988注，3-36-2059注，3-37-2213、2216注，3-39-2313注，3-41-2443，3-43-2532、2533、2543、2544注，2545、2558注、2576、2578，2581，3-44-2639、2646
龛山村　1-2-082
龛山公社　2-21-1436
龛山区　1-2-085
龛山人民公社　1-2-086
龛山市　3-37-2150注
龛山乡　1-2-082、085，2-13-948注，3-44-2650
龛山闸　1-8-411
龛山镇　1-2-084、085、086、087，3-34-1944注，3-36-2051注、2081注，3-43-2543，3-44-2659
龛西　1-2-083
坎坡岭　1-2-077、078、079，3-43-2597
坎坡坞　1-8-410
坎山（另见龛山）　1-记-013、016、020，1-2-084、084注、089，1-3-121、130、183，1-4-214，1-5-248、255、260、260注，1-6-298，1-7-367，1-8-413、414、424、425、442，1-9-470、472、510注、513、513注，1-10-523、524、529、544注、553、559、562，1-11-596、614、618、621、651、673、688、688注、692、730，1-12-785、791、802、833，2-13-875注、972注，2-15-1030注、1051、1065、1068、1078、1081注、1085、1088，2-16-1112注、1149、1157注、1168，2-18-1218、2-20-1339、1358注，2-21-1405、1405注，2-22-1452注、1469，2-24-1552，2-26-1604注，2-28-1705、2-31-1825、1841，2-32-1851、1852、1872、1873、1874、1878、1879，2-33-1890、1898、1901、1903、1908、1913，3-34-1939、1962、1963、2000，3-35-2022，3-36-2045、2045注、2049注、2054、2126，3-37-2150、2182、2186、2190、2215，3-38-2229、2235、2275、2275

注、2276、2280注、2283、2285、2291，3-39-2323，3-40-2352、2355、2385、2386、2387、2388、2412，3-41-2443、2452、2455、2456、2458、3-43-2533、2543、2544、2545、2546、2561、2576、3-44-2642、2646、2650、2687
坎山公社　2-26-1606
坎山河　3-37-2157
坎山汽车站　1-9-488
坎山桥　1-9-480
坎山区　3-43-2543
坎山人民公社　3-43-2543、2561、2587
坎山乡　1-2-088，3-43-2543
坎山镇　1-2-089、090、091、092、093，1-3-121、1-4-206注、211，1-5-243、255、266，1-6-282、283、285、287、289、294、295、296、302，1-7-349、361、362、378，1-8-396、410、413、415、418，1-9-467、468、470、487，1-10-559，1-11-613、619、653注、660、725、749，1-12-785、805，2-13-861、948注，2-15-1088，2-18-1256，2-20-1339、1343注、1361，2-21-1436，2-25-1589，2-26-1632，2-28-1709，2-31-1786、1836、1841，2-32-1852、1858、1876，3-34-1968，3-35-2015，3-36-2050、2096注、2108，3-37-2152、2154、2166、2167、2170、2173、2174、2186、2215，3-38-2235、2271注、2283，3-40-2349、2384，3-41-2435、2436、2449，3-43-2540、2543、2544、2545、2546、2586、2619，3-44-2650、2658、2659、2660、2674、2680、2681、2691、2696、2697、2714、2720
坎山镇第一居民区　1-6-295
坎山直河　1-8-397、425，3-43-2543
坎山直河桥　1-9-477
看怕岭　1-3-121，3-36-2132
撝头颜　3-36-2139

〔kang〕

康济　1-2-083
康州　3-36-2135
糠金山　3-37-2194，3-45-2742
抗日阵亡将士之墓　3-37-2172

〔ke〕

柯桥　1-9-470、482注、490、501注，1-11-602，2-21-1424，2-23-1530，2-24-1550，2-27-1672，3-36-2138，3-41-2448注，3-43-2541

柯坞山　1-3-128

柯岩　1-10-563，3-41-2456

科威特　3-36-2070

克茶墩山　3-37-2171

克罗地亚　2-17-1191

〔ken〕

垦区　1-11-676、681、711、718，1-12-776、781、
788、789、790、791、793、794、795、797、798、
799、800、801、802、803、809、811、812、813、
814、815、816、817、818、820、822、823、826、
827、827注、833、834、835、836、837、838

〔keng〕

坑坞山　1-8-393

〔kong〕

孔湖　1-2-081、082、083、095，3-36-2126，3-37-
2190，3-43-2606

孔湖村　2-32-1876，3-37-2149

孔湖乡　3-43-2605

孔家峧　2-32-1882

孔家埠　3-36-2117，3-38-2232注、2236，3-40-2413

孔家村　1-2-082

孔家里　2-32-1859注

孔坞　1-9-468

〔ku〕

苦竹墩　3-36-2130

〔kua〕

跨湖　1-2-082，2-15-1050

跨湖村　1-记-022，3-37-2202，3-45-2758

跨湖桥　1-1-043、067注，1-3-112、120、131，1-4-
223，1-5-236，1-9-473，1-10-532、538、554、
571，1-11-761，2-15-1050，3-37-2158、2194、
2197、2198、2199、2200、2201，3-44-2628

跨湖桥文化遗址　1-总-004，1-1-043、047、051、
053、054、059、061、062、063、064、066、067、
3-37-2146、2147，3-41-2441，3-43-2537

跨湖桥遗址　1-记-017，1-1-042、043、044、045、
046、047、047注、048、049、055、056、056注、
057、057注、058、059、060、061、062、063、
063注、064、065、066、067、067注、069、070、
3-37-2148注、2158、2174、2184、2186、2193、
2199

跨湖亭　3-37-2198

跨长庙　3-41-2443

〔kuai〕

会稽　1-2-074、075注、076、081注，1-3-131注、
1-8-411，1-9-501注，1-11-688注，3-36-2120、
2122、2124、2137、2138，3-37-2180、2204、2204
注，3-44-2623、2624，3-45-2730、2730注

会稽道　1-2-072

会稽郡　1-总-004，1-2-072、074、075、075注，
3-36-2138，3-45-2745

会稽山　1-总-005，1-1-043，1-3-117，3-37-2192、
3-43-2539，3-44-2623，3-45-2758

会稽县　1-2-075、076、096，3-36-2130

〔kun〕

昆明　1-9-452、452注，1-11-730，3-43-2588、
3-44-2669

昆明市　2-13-932

昆山　1-6-323，3-44-2724

L

〔la〕

拉丁美洲　1-记-039，2-17-1182、1191

邋遢山　3-37-2194

〔lai〕

来衡墓　3-37-2196

来鸿雯墓　3-37-2196

来集之墓志铭　3-37-2190

来三聘墓　3-37-2196

来斯行墓　3-37-2196

来苏　1-2-078、079、082、083、084、086、088、
089、090、091，1-3-116，1-4-192、193注、
1-5-254，1-8-414，1-9-460、472、474、501
注、508，1-10-524、553、559，1-11-618、619、

651、712、714、716、748、2-13-880、2-15-1053、1086、2-16-1158注、2-19-1275、2-23-1529、2-31-1785、2-32-1851、2-33-1897、3-36-2046、2127、3-37-2182、2190、2199注、3-38-2223、2274、3-39-2323、2324、3-43-2534、2602、2605、3-45-2742、2743

来苏公社 3-37-2177

来苏人民公社 1-2-087、3-43-2605

来苏乡 1-2-081、082、085、086、088、089、090、091、095、1-3-106、108、112、113、116、118、129、1-4-200、209、211、1-6-283、284、285、287、289、296、302、1-7-349、1-8-418、1-9-461、1-11-713、747、752、2-13-862、2-26-1627、2-31-1786、2-32-1876、3-36-2127、3-37-2149、2159、2176、2177、2184、2190、2191、3-39-2313注、3-41-2447、3-43-2533、2537、2571、2605、2606、2607、2620

来苏云门寺 3-41-2429注

来苏周 1-2-095、3-43-2607

来苏周村 3-37-2176、2177、2184

来苏周大墙门 3-37-2184

来廷绍墓 3-37-2196

来宗道墓 3-37-2196

莱比锡 3-36-2065注

莱茵达小区 1-10-568

癞头山 1-2-080

〔lan〕

兰亭 1-10-563

兰亭镇 3-36-2122

兰头角 1-2-077、095、1-8-391、395、1-9-501注、505、1-10-525、3-43-2609

兰头角村 1-2-085、1-9-504

兰溪 1-9-461注、1-11-770、2-16-1147、2-33-1904、3-43-2538、2538注、2548注、3-44-2645、2652、2653

兰溪市 2-33-1898

兰州 1-9-452注、2-16-1147、3-40-2404、3-43-2562、3-44-2655

拦水坝 1-8-422

蓝天桥 1-10-537

蓝田 3-36-2135

〔lang〕

郎城 3-36-2128

郎家浜 1-2-092、1-4-191注、1-10-553、3-36-2128

郎家浜村 1-9-504

郎家浜河 1-10-537

郎家浜横河 1-8-395

郎家村 3-36-2128

郎彭 1-2-093

狼岭 3-36-2126

琅琊 3-36-2122、2133

廊岭 3-44-2653

浪网山 3-45-2758

〔lao〕

劳动 1-2-085、086

劳动教养二支队农场 1-8-397

劳动路 1-2-092

劳富 1-2-084

劳改二支队 1-6-283、284

劳岭 1-2-076、3-45-2729

老埠头 1-2-095、1-9-506、1-12-796、3-43-2585、2590

老埠头村 1-6-294、2-31-1841

老渡埠 3-43-2547

老渡埠渡 1-9-506

老河 1-10-537

老虎洞 1-2-093、1-3-110、112、1-6-320、3-37-2198、3-41-2434、2434注、3-43-2547注、2549

老虎洞村 1-4-230、233、233注、1-8-420、1-11-758、774、3-37-2196、3-38-2269、3-41-2434、3-43-2549

老虎洞山 1-4-224、1-5-249、1-6-320、1-11-772、3-37-2194、2198、2215、3-40-2414、3-41-2434、2434注、3-43-2546、2547

老虎尾巴山顶 1-2-079

老火车站桥 1-10-536

老岭 1-2-076、077、078、1-3-120

老岭山脚 1-2-079

老龙王塘庙（龙王庙） 3-41-2444、2445

老泉山 3-41-2440

老沙渡口 3-43-2548

老鼠尾巴闸 1-8-401

老屋 1-2-095、3-36-2133

老屋村 1-6-294、1-11-686、3-36-2108

老盐仓 1-3-133、1-9-510注

老益农闸 1-9-470、472、1-12-783、793、794

老鹰汇 1-8-395、408

老鹰石 1-3-118

老岳庙 1-8-420、3-40-2411、3-41-2442、2443、2444

老岳庙桥 1－8－395

涝湖 1－2－081、086、092，3－36－2101、2126、2136，3－37－2158、2205，3－40－2388

涝湖村 1－9－475，1－11－622，2－18－1256，2－32－1875，3－35－2017，3－36－2110，3－37－2153、2156、2158、2166、2184、2190，3－40－2388

涝湖闸桥 3－37－2156

〔le〕

乐平县 3－36－2129

乐丘 3－37－2217注

乐山市 3－34－1977

乐善庵 3－37－2158

乐善桥 3－37－2182、2184

乐园 1－2－086、087、088，1－3－184，1－9－472、484注，1－11－609、651、771，2－15－1032，2－32－1852、1856

乐园乡 1－2－088、089、090，1－6－285、309，1－11－627，2－24－1552，2－32－1852，3－43－2556

〔lei〕

雷达站桥 1－10－536

雷东 1－2－093

雷公殿 3－41－2443

雷壤 3－43－2536注

雷山 1－2－083、094，2－15－1051注，2－32－1879

雷山庙 3－41－2437注

雷山乡 1－2－085，3－43－2576

擂鼓山 1－5－249

〔li〕

丽水 1－6－286，2－13－884，2－15－1037，2－27－1673，2－33－1904

丽水市 1－6－286

丽水县 3－36－2129

骊城 3－45－2731

犁头金 1－2－092，1－10－554

犁头金村 1－5－266，1－9－461，1－11－613，2－22－1475，2－27－1682，3－35－2015、2016，3－38－2284、2285、2295，3－44－2717、2720

犁压潭 1－8－433

黎明 1－2－092、093，2－32－1849，3－43－2560

黎明村 1－11－613

黎阳郡 3－36－2126

蠡社 1－2－082

礼宾坊 3－36－2134

李成虎故居 3－37－2206

李成虎烈士墓 1－记－017、021，2－27－1686，2－32－1857，3－37－2189、2206

李成虎墓 3－37－2182、2183、2187、2188、2188注、2191、2207、2216，3－43－2564

李家村 3－41－2439

李家埭 1－2－094，1－8－392、393，1－9－501注

李家埭村前塘 1－8－433

李家坞 1－2－093，3－43－2583注

李家闸 1－3－121

里（履）仁乡 1－2－081

里庵坞庙 3－41－2425

里昂 3－44－2685

里陈 1－记－016，1－2－095，2－32－1880

里东徐 1－2－093，3－43－2563

里东徐村 3－41－2449

里畈 1－6－321，3－37－2215，3－40－2367、2393、2396、2415，3－41－2425

里官河 1－10－526、537

里官河桥 1－10－537

里河 3－37－2160

里横河 1－2－092，1－10－534，3－37－2161，3－41－2450注

里湖横河 3－43－2567

里黄家坞 1－记－022，3－37－2202，3－45－2744、2758

里戚家湾 1－10－537

里仁 1－2－083

里仁坊 1－2－099

里仁乡 1－2－082

里山 3－36－2134

里商公社 3－36－2128

里石板溪 1－3－128，3－37－2160

里士湖 1－2－095，1－3－113，1－8－419，1－9－472、474、486，1－10－553，3－41－2447，3－43－2606

里士湖村 3－41－2447

里士湖节制闸 1－8－419

里士湖闸 1－8－418

里亭河 1－3－128

里亭湖 1－8－393

里祥坞 1－3－109

里祥坞村 1－3－109

里谢 1－2－093，1－3－105、108，1－5－250，1－8－410、422，2－13－937注，3－43－2555

里谢溪 1－8－422

里姚家潭 1－10－573

力坑坞 1－8－409、410

历城 3－36－2138

历山　3-37-2194，3-44-2626
历山北　3-37-2199注
历山南　3-37-2199注
立岱大桥　3-36-2121
立坞　3-43-2603注
立新　1-2-092
立新村　1-10-554，2-32-1876，3-41-2445
立新闸　1-3-130，1-8-415
立新自然村　2-32-1875
丽川市　1-记-037
丽都公寓　1-10-549、550，2-15-1069
利比亚　3-34-1950
利川市　1-11-727
利二　1-2-095，1-8-440，1-12-777注，2-32-1879
利二村　1-11-612
利二闸　1-8-415
利丰　1-11-734
利民　1-2-086，1-12-791、792
利民坝　2-32-1859注
利民坝北　2-32-1876
利民坝闸　1-8-416
利民河　1-8-397，1-12-792
利民闸　1-8-415
利农闸　1-8-415
利群河　1-10-542，3-43-2594
利群河桥　1-9-477
利群闸　1-8-415
利围　1-2-092、095，2-32-1849
利兴　1-2-092，2-32-1849
利一　1-2-095，1-12-777注，2-32-1879
利一村　1-2-078
砾山　1-2-082、083，3-36-2117
笠帽坞　3-43-2603注
溧阳　3-36-2118、2125

〔lian〕

连山　1-2-085，3-37-2198
连山门　1-2-097
连山乡　2-30-1762注
连云港　1-9-452注，1-11-602、720，3-43-2573
莲东　1-2-077、085
莲花庵　3-37-2194、2198，3-41-2434、2434注，
　　　3-43-2547注
莲花古寺　3-43-2547
莲华寺　3-37-2195，3-41-2425
莲西　1-2-077、085
联村　1-2-093

联村村　1-11-612
联丰　1-2-092，1-8-410、422
联丰坝　1-8-422
联丰村　2-15-1070
联合　1-2-093，3-43-2555
联合村　1-11-593、594、756、757
联合桥　1-9-480
联华　1-2-092
联华村　2-27-1664，2-32-1871，3-37-2175、2176
联华大队　1-11-760，3-35-2030注
联华新村　1-10-543，2-15-1069
联新　1-2-093
联新村　1-11-613
联庄　1-2-086，1-10-554
联庄村　1-9-457、486，2-14-989
联庄乡　1-2-085
潋堰庙　3-40-2415，3-41-2424、2441、2442

〔liang〕

良种场　1-9-458，2-15-1074
良渚　1-1-061，3-36-2127，3-37-2147、2176、2186
　　　注，3-41-2450
良渚文化遗址　1-总-004
凉亭埠　1-9-503
凉亭下　1-8-398注
梁朱　3-36-2127
晾网山　3-36-2117

〔liao〕

辽宁　1-6-286，1-11-735、736、739，2-13-937，
　　　2-14-1020，2-16-1122，2-27-1664，3-36-
　　　2076、2115、2137，3-39-2342，3-45-2728注
辽阳　3-45-2728注
辽阳市　3-45-2728注

〔lie〕

列支敦士登　2-17-1199

〔lin〕

林场　1-2-094
林场村　2-13-940
林场头蓬分场　1-11-720，1-12-804、815
林场闸　1-8-416

林峰村　1-3-120

林家外圩　1-12-777注

林家闸　1-2-099

临安　1-2-096，1-3-111、118、129，1-7-381，
2-14-1019，2-15-1062，2-22-1463、1464，
2-29-1735、1742，2-32-1872，2-33-1904，
3-34-1955，3-36-2076、2081注、2117、2126、
2127、2128、2129、2131、2134、2136、2139，
3-37-2204注，3-39-2313注，3-40-2352，3-41-
2424、2432注、2442、2444注、2449注、2451注

临安府　1-2-076

临安郡　3-36-2134

临安寺　1-12-783

临东　1-2-084、092、093，1-10-545，2-32-1849，
3-36-2135，3-43-2597

临东村　1-10-544，1-11-613

临高县　3-35-2012注

临海　1-11-717，3-36-2120，3-37-2203

临江　1-2-077、085、086、087，1-8-423、425、434、
440，1-10-544注，3-35-2023、2032注，3-37-
2169注，3-43-2597

临江书舍　3-37-2182、2183

临江乡　1-2-086

临江一线大堤　1-12-782

临平　3-36-2139

临浦　1-记-016、018、021，1-2-081、082、083、
084、084注、086、087、089、091，1-3-120、
124、128、129、137、183、185，1-4-192、193
注、209，1-5-242、245、248、249、255、260、
260注，1-6-331，1-7-367，1-8-391、392、
394、398注、401、405、426、428、429、430、
431、432、433、435、437、438、439，1-9-455、
455注、460、461、462、462注、463、466、468、
484、484注、485、487、488注、489、490、501、
501注、503、508、509、509注、510、510注、
511、511注、512、513、513注、514、515，1-10-
523、524、525、528、529、544、544注、545、
560、563、564、567、580，1-11-593、596、615、
618、620、621、628、651、663、673、684、685、
686、700、712、717注、721、722、727、738、
751、763、772，1-12-838，2-13-881、881注、
887注、947，2-15-1032注、1035、1051、1053、
1055、1056、1065、1068、1074、1076、1077、
1078、1079、1081、1081注、1082、1085、1085注、
1088，2-16-1099、1107、1108、1111、1112注、
1115、1124、1125、1138、1138注、1140、1147
注、1149、1150注、1152、1157、1157注、1159、
1162、1168、1172，2-18-1218、1219、1234、
1244，2-19-1265、1305，2-20-1329、1336、
1339、1341、1343、1351、1358注、1366、1383，
2-21-1399、1400、1400注、1401、1405、1405注、
1406、1408、1409、1412、1432注、1433、1435注、
1441、1447，2-22-1452注、1470、1481、1502、
1504，2-23-1515、1518、1521、1523、1530，
2-24-1535、1541、1545、1545注、1550、1552、
1557、1558、1562，2-25-1584、1599，2-26-1604
注、1616、1630，2-27-1644、1645、1659、1667、
1686、1692、1700，2-28-1704注、1705、1711、
1712注、1713注、1720、1720注、1725、1727、
2-29-1734注、1742，2-31-1784、1787、1825、
1837，2-32-1851、1859、1860、1862、1872、1872
注、1873、1875，2-33-1886、1892、1896、1900、
1903、1908，3-34-1926注、1939、1944注、1947、
1948注、1961注、1993、1995，3-35-2022、2023、
2024、2027、2031、2032、2032注、2034，3-36-
2045、2045注、2046注、2049注、2051、2051注、
2055、2059注、2060、2061、2073注、2077、2077
注、2091、2095注、2096、2096注、2100、2122、
2123、2129、2131、2132、2135，3-37-2150、2150
注、2170、2182、2189、2192，3-38-2221、2222、
2226、2226注、2231注、2233注、2236注、2237、
2238、2239注、2240、2241、2241注、2242、2242
注、2243、2243注、2245、2245注、2246、2246注、
2248、2249、2250、2252、2253注、2255注、2260、
2271、2271注、2273注、2274、2275注、2276、
2288、2291、2293、2294、2296、2297、2303，
3-39-2312注、2313注、2320、2323、2344，3-40-
2348、2385、2386、2387、2396、2410、2412、
2413、2414，3-41-2424、2425、2431、2441注、
2443、2444、2452、2455、2456、2458、2459、
3-42-2464，3-43-2533、2537、2538、2538注、
2539、2547、2548、2554注、2571、2584、2607、
2615，3-44-2645、2649、2649注、2651，3-45-
2743

临浦大庙　3-40-2413

临浦大桥　1-8-393、394，1-9-485、486、501注、508
注，2-28-1717

临浦第二大桥　1-9-469、487

临浦二桥　1-9-468、476、482、482注、483注

临浦浮桥　1-9-508注

临浦福音堂　3-41-2455、2459

临浦港　1-9-502、503、504

临浦公路大桥　1-9-507

临浦管理区　1-2-086

临浦火车站　1-9-464注

临浦火神塘　1-8-398、401

临浦教堂　3-41-2456

临浦里　3-37-2150，3-43-2537

临浦凉亭埠　1-9-503

临浦凉亭埠头　1-9-503注

临浦内河客运码头　1-9-504

临浦汽车轮渡　1-9-507

临浦区　1-2-084、085、087、088、089、1-3-183、1-6-284、307、1-7-349、1-8-409、1-11-612、2-26-1631、2-32-1872、2-33-1898、3-35-2037、3-36-2046注、3-38-2241注、3-39-2318、2322、2324、2325、3-43-2549、3-44-2718

临浦区公所　3-44-2657

临浦人民公社　1-2-086、3-38-2226注、2241注、2246注、2250注、3-43-2537、2550

临浦上闸　1-8-420

临浦市　3-37-2150、2150注

临浦天主堂　3-41-2453、2454

临浦西市街闸　1-8-420

临浦下闸　1-8-420

临浦站　1-9-456、459、461、462、463、3-35-2032、3-37-2215

临浦镇　1-记-025、1-2-077、084、086、087、088、089、090、091、092、1-3-105、106、107、108、109、110注、114、116、120、121、129、141、1-4-191注、193注、195、201注、205、207注、208、210、211、215、218、1-5-243、255、266、274、1-6-282、283、284、285、287、289、294、295、296、301、1-7-349、368、384、1-8-401、410、411、419、420、424、433、436、1-9-460、461、466、470、483注、487、502、504、1-10-525、544、544注、545、560、578、580、1-11-608、611、612、613、619、620、622、653、682、686、712、721、722、725、749、753、2-13-879、888注、893注、972注、973、2-15-1069、1070、1080、2-16-1108、1112注、1115、1126注、1139、1164、1168、1173、1174、1174注、2-18-1256、2-20-1329、1336、1348注、1377、2-21-1411、1412、1414、1428、1431、1447、2-23-1529、2-24-1562、2-25-1583、2-26-1620注、2-27-1652、1683、1684、1689、1701、2-28-1716、1722、2-31-1785、1841、2-32-1849、1852、1853、1859、1860、1876、2-33-1900、1908、1911、1913、1921、3-34-1928、1944注、1948、1951、1963注、3-35-2015、2017、2038、3-36-2045注、2046、2047注、2049注、2050、2057、2064、2072、2077、2092、2096、2096注、2099注、2108、2109、2110、2116、2123、2125、2127、2129、2130、2135、2136、2137、2139、3-37-2150、2150注、2153、2160、2166、2167、2168、2169、2172、2173、2183、2184、2187、2192、2218注、3-38-2226、2226注、2274、2278注、2280注、2288、2292、2296、3-39-2311、2316、2317、2319、2329、2332、3-40-2387、3-41-2432、2447、2452、2454、2459、3-42-2463、2464、3-43-2537、2549、2553、2564、2571、2582、2597、2605、2619、3-44-2623注、2649、2649注、2651、2653、2657、2662、2671、2682、2691、2715

临浦中闸　1-8-420

临浦庄　3-43-2537

临桥　1-2-084

临山镇　3-36-2134

临沂市　2-16-1165

临淄　3-36-2116

〔ling〕

灵峰山　3-41-2433

灵峰万寿院　3-41-2433

灵官殿　3-41-2437注

灵昆岛　3-45-2758

灵桥镇　1-3-120

灵山寺　3-37-2184、2218注，3-41-2423、2425、2430、3-43-2583

灵寿　3-36-2134

灵头　1-2-094

灵溪镇　2-20-1331

灵岩禅寺　3-41-2437注

灵岩寺（灵岩禅寺）　3-37-2186，3-41-2424、2425、2437、2437注

灵隐山　3-41-2439

灵隐寺　3-41-2437注、2438

灵芝　1-2-082

灵芝寺　3-41-2439

凌家桥　1-10-530、536、552、2-15-1080、3-37-2205、3-43-2535

凌家坞　1-2-093、1-11-772、3-43-2549、3-44-2627

凌家坞村　3-41-2434

凌桥　1-2-093、1-3-128、1-8-422、1-11-699

凌桥坝　1-8-422

凌桥村　1-11-697、698、3-36-2110

凌桥头　3-43-2566

凌桥堰　1-8-421

凌山　1-2-093、1-11-753

凌山村　1-5-249、1-11-749

凌山大队　1-11-689

凌山桥　1-9-480

凌溪　1-2-082、083、085、086、3-36-2116、3-37-2165、3-41-2440、3-43-2564

凌溪管理区　3-43-2564

凌溪乡　3-38-2278注、3-43-2564

〔ling〕

菱湖镇　1-11-718注
岭墩　1-3-120
岭头田　3-45-2742
岭下　1-2-077、085，3-36-2129，3-43-2571
岭下村　1-10-567
岭下胡村　3-36-2109
岭下沈　1-2-095
岭下胡　3-41-2432
岭下张村　1-3-119

〔liu〕

刘家桥　1-2-079
浏阳　3-44-2625
留德堂　3-37-2160
琉璃阁　1-9-472、502
琉球　3-41-2439
柳家　1-2-094
柳浦　3-43-2551
柳桥　1-2-092，1-9-456，2-32-1849，3-43-2534、
　　2587
柳桥村　1-2-090，1-10-553，1-11-613，2-13-957，
　　3-35-2032
柳塘　3-37-2199注
柳塘庵　3-37-2194
柳州市　2-13-932
六安　1-11-602
六百亩头　1-9-447注
六都　1-2-082，3-43-2576、2602
六二闸　1-8-417
六工段　1-9-484注，1-11-754，1-12-791、794、
　　797、837
六工段小闸　1-8-416
六工段直河　1-8-439，3-43-2592
六和塔　2-13-968，2-14-984，3-36-2127，3-41-
　　2439
六家泉　3-37-2173
六甲　1-9-447注
六角井　3-37-2173
六里桥　1-2-087，1-11-659，2-16-1112，3-38-2235
六一闸　1-8-417

〔long〕

龙发花园　2-15-1069
龙发综合楼　2-15-1069
龙凤花厅　3-37-2167、2167注
龙光　1-2-083

龙虎　1-2-086、094，1-12-796，2-28-1715注，
　　3-43-2576、2592
龙虎村　1-8-415、429，2-27-1675，3-37-2170、
　　2173、2186，3-41-2437、2450，3-44-2639
龙虎横湾　3-43-2577
龙虎山　3-41-2442
龙虎闸　1-8-415
龙华寺　3-41-2437注
龙角尖　3-37-2210
龙井　3-37-2200
龙井寺　3-36-2135
龙口　1-2-083
龙口闸　3-37-2205
龙岭　1-11-615
龙马山　3-43-2550、2551
龙门　3-36-2122，3-37-2196、2218注
龙门坎　1-8-410注
龙门坎水库　1-8-410注
龙门山　1-3-117
龙湫　3-37-2161
龙泉　3-37-2174、2175
龙泉寺　3-37-2173、2174，3-41-2425、2431、2431
　　注、2439
龙泉乡　1-2-082，3-37-2150注
龙山　1-10-554
龙山河　3-43-2548
龙台　1-2-085、086，3-43-2585
龙潭　3-41-2429
龙头山　3-37-2202
龙图殿　3-34-1951注，3-41-2449
龙图庙　3-40-2413、2415，3-41-2441
龙湾区　3-38-2285
龙王塘　1-10-554、556，3-36-2108
龙尾巴坝　1-8-422
龙翔桥　1-10-554
龙兴　1-2-083
龙游　2-33-1904，3-43-2551
龙源　1-11-614
隆德　2-33-1924
隆恩寺　3-41-2440
隆西　1-2-083
隆兴庵　3-41-2424
隆兴店　3-37-2150注
隆兴和　1-2-093
隆兴寺　3-37-2193、2195、2199，3-41-2423、2424、
　　2425、2440
陇德县　3-44-2690
陇西郡　3-36-2123

〔lou〕

娄　1-2-074

娄家墙门　3-37-2190、2215

娄家湾　1-2-094

娄家湾村　1-11-613, 3-37-2153、2190

娄家园　1-8-421、422, 2-28-1718

娄下陈村　1-11-622

娄县　3-36-2124

娄园　1-2-093

楼二　1-2-094, 1-8-410, 2-13-940

楼家桥　1-1-066, 1-3-110

楼家桥遗址　1-1-065、066注、067

楼家塔　3-34-1941注, 3-43-2574

楼家塔上村　1-2-082

楼家塔下村　1-2-082

楼家塔中村　1-2-082

楼三　1-2-094, 1-8-410, 2-13-940

楼四　1-2-094, 1-8-410、422, 2-13-940

楼塔　1-记-013, 1-2-078、079、083、085、086、087、088、089、094, 1-3-107、117、118、119、124、128、156注、164注、183, 1-5-240、241、242、244、245、248、265, 1-8-410、421、430, 1-9-472、482注、484注、490、492, 1-10-525、563、564、580, 1-11-596、618、651、663、673、686、711、747、761、765、766、771, 1-12-833, 2-13-880、889注、894、935, 2-15-1088, 2-16-1112注、1115, 2-20-1390, 2-21-1441, 2-23-1530, 2-24-1544、1545、1550, 2-25-1584, 2-31-1837, 2-33-1896、1907, 3-34-1941、1948注、1988注, 3-35-2022、2032注, 3-36-2045、2045注、2049注、2053、2055、2056、2058注、2061、2076、2076注、2077、2077注、2078注、2080、2137, 3-37-2150、2182、2215、2218注、3-38-2232注、2273注、2274、2274注、2275注、2294注, 3-39-2311注、2312, 3-40-2346、2348、2383、2386、2387、2395注、2413, 3-41-2423、2424、2441、2442、2443、2444, 3-42-2507、3-43-2554注、2565、2574、2575、2576, 3-44-2651、2693

楼塔（下）祠堂　3-37-2165

楼塔村　3-37-2159

楼塔公社　1-8-410注、1-11-648, 3-43-2574, 3-45-2739

楼塔管理区　3-43-2574

楼塔教堂　3-41-2456

楼塔人民公社　1-2-088, 3-43-2574

楼塔溪　1-3-117, 1-8-421、422、439, 3-35-2032

楼塔乡　1-2-085、086、088, 3-36-2057注、2079注, 3-39-2311注, 3-43-2574, 3-45-2739

楼塔镇　1-2-078、079、089、090、091、094, 1-3-105、107、108、109、109注、110、110注、111、113、114、117、118、119、186, 1-4-207注、209、211, 1-5-242、243、250、255, 1-6-283、284、285、287、289、295、296、301, 1-7-349、1-8-409、410、410注、422, 1-9-468、469、482, 1-10-580, 1-11-613、619、621、652、664、668、712、724、725、744、770, 2-13-889、918、940, 2-15-1036、1088, 2-20-1328、1331、2-21-1400注、1412、1433, 2-25-1583, 2-27-1666, 2-30-1768, 2-31-1785, 2-32-1852、1855、1856、1858、1876, 2-33-1899, 3-35-2032, 3-36-2065、2078、2078注、2079、2106注、2110、2116、2130、2135, 3-37-2151、2159、2165、2172、2183、2185、2215, 3-39-2312、2317, 3-40-2351, 3-41-2445, 3-43-2553、2574、2575、2575注、2576、2619, 3-44-2627、2650、2656、2681

楼下陈　1-2-092

楼下虞村　3-36-2110

楼一　1-2-094, 1-8-410、422, 2-13-940

楼一村　1-6-295, 1-11-712, 3-37-2165、2172、2183、2185

楼英（下）祠堂　3-37-2185

楼英纪念堂　3-37-2165, 3-43-2575

楼英纪念堂和墓　3-37-2188注

楼英墓　3-37-2185

楼玉家　2-32-1859注

〔lu〕

卢家碃　3-36-2117

卢家闸　1-8-401

卢龙县　3-36-2125

卢森堡　2-13-969, 3-44-2675

卢宅　3-36-2117

芦家山　1-8-408

芦家闸　1-8-419

芦塘　1-2-082

芦竹场　1-12-777注, 3-34-2000注

庐江郡　3-36-2123

庐陵　3-36-2135

庐山　1-7-381, 3-36-2117

鲁昂　1-记-019, 1-12-829

鲁公桥　1-2-092, 1-10-554

鲁国　3-36-2130

鲁家　1-2-095，3-40-2411
鲁家村　1-11-612，3-37-2157
鲁家山　1-3-114
鲁家坝　1-2-092，3-34-1941注
鲁家坝村　1-8-424，2-16-1115
鲁家闸　1-8-433
陆家　1-2-079、093
陆家村　1-11-612
陆家河头　3-38-2225注
陆郎渡　3-43-2568
陆元屿墓　3-37-2184
路平　1-2-095
路平村　1-11-686
路西　1-2-081
路下院　1-2-079、094，3-36-2130
路下院村　1-11-613
路下院生产大队　3-43-2574

〔lun〕

伦敦桥　1-3-134注

〔luo〕

罗波河　3-37-2157
罗波桥　3-37-2157
罗波寺　3-37-2157
罗村　1-2-081
罗甸　3-41-2439
罗峰　1-2-093
罗峰居民区　1-2-092
罗峰寺　3-41-2424、2425
罗家角遗址　1-1-062、066、066注
罗马　1-记-021，3-39-2327
罗马尼亚　2-14-1006
罗墓坂　3-41-2433注
罗墓畈　2-32-1881
罗山　1-3-120
罗索港　2-17-1207
罗阳镇　1-11-614
螺峰　3-36-2130
螺峰道院　3-41-2443
螺峰桥　3-37-2161
螺峰山　3-37-2161
螺峰亭　3-37-2161、2184
螺山　1-2-083、086、087、088、093，1-3-121，1-5-
　　245，1-8-419，1-10-563，1-11-651、682，
　　2-13-880，2-16-1112，2-32-1856，3-36-2102、
2103，3-38-2273，3-41-2441注、2455，3-43-
2561、2610，3-44-2627
螺山村　1-9-461，1-10-553，2-32-1876，3-37-
　　2157、2178、2184
螺山大桥　1-2-079，3-37-2182、2184，3-41-2448
　　注，3-43-2611
螺山道院　3-41-2443
螺山公社　1-8-395，2-13-949
螺山寺　3-41-2423、2424、2425，3-43-2611
螺山乡　1-2-088、089、090，1-6-284，1-7-351注，
　　1-11-593、720，2-13-935，2-20-1341注，2-27-
　　1675，3-35-2013，3-37-2178，3-38-2270，
　　3-43-2561、2562
螺山堰　1-8-421
螺山闸　1-8-411、419
螺石山　1-2-079
螺蛳峰　1-3-119
洛杉矶　2-17-1207、1208
洛思峰　3-37-2174，3-41-2435
洛思泉　3-37-2174，3-41-2435
洛思山　3-43-2561
洛阳　3-36-2125，3-44-2623
骆村　1-2-095，1-5-249，1-8-410，2-21-1441
骆村村　1-11-613
骆家　1-2-082
骆家湖　1-8-393
骆家舍　1-3-111，3-44-2644
骆家舍村　1-3-119
骆兴　1-2-083

〔lü〕

吕才庄　1-2-092，3-36-2119
吕才庄村　1-11-622，3-38-2272注
绿都世贸广场　1-10-551，2-15-1068、1070、1071
绿茵园　1-2-092，1-10-551、580，2-15-1069、1071

M

〔ma〕

麻车倪　1-2-092，1-3-128，1-8-393、426
麻车倪村　1-11-612、712
麻纺厂桥　1-10-536
麻纺厂综合桥　1-10-536
麻溪　3-41-2431注、2447，3-44-2627
麻溪坝　1-3-129，1-8-402、438，3-37-2203，3-43-

2597，3－44－2640，3－45－2743

麻溪坝闸　3－37－2157、2157注

麻溪桥　1－3－129，3－37－2157

麻园　1－2－093，1－10－580

麻园村　1－3－121

马鞍　1－2－083、085、093，2－21－1424，2－28－1718，3－36－2122

马鞍管理区　1－2－086，3－43－2602

马鞍山　3－37－2171，3－43－2564

马鞍山市　2－29－1753

马鞍乡　3－43－2602

马鞍镇　1－2－078，3－36－2059、2064，3－43－2599

马埭娄　1－8－419

马阁　1－2－081

马谷　1－2－093，1－3－128，3－36－2127

马谷村　1－5－249，1－11－612，3－36－2109，3－37－2165、2185，3－41－2429

马谷山　1－3－120

马湖　3－36－2136

马湖村　1－9－455、456，3－36－2136

马湖大队　3－37－2178

马湖桥　1－3－132

马家浜　1－1－061、065、066

马家浜遗址　1－1－066注

马家地　1－3－112

马家垫　1－2－095

马家垫村　2－32－1876，3－38－2284、2295

马来西亚　1－记－020，1－6－286，1－7－381，1－11－717、768，2－13－969，2－17－1199、1206、1207，2－26－1636，2－27－1688注，2－28－1719，3－36－2058，3－44－2670

马里　2－15－1030、1045，2－17－1206，2－24－1554

马门　3－37－2195、2199、2200

马面山　1－3－121，1－5－249，3－37－2148，3－43－2610

马面山窑址　3－37－2185

马牧港海塘　1－9－507

马婆桥　1－3－128

马塔尖　1－2－079

马蹄泉　3－37－2217注

马头山　1－3－105、120，1－5－250，3－43－2602

马坞　3－36－2133

马站　3－45－2753

〔mai〕

麦园　1－2－093

麦园村　1－11－613

卖鱼桥小区　2－15－1061

〔man〕

馒头山　3－43－2610

曼谷　1－9－452注

〔mang〕

莽山　3－40－2415，3－41－2448

蟒蛇岭　1－8－402、433

〔mao〕

猫头山　1－2－095，3－43－2602、2603注，3－44－2653

猫头山村　1－8－424

猫头山机埠　1－8－433

猫头山进水闸　1－8－419

毛家河　1－4－215，1－10－526、529、534、535、536，2－24－1551

毛家河桥　1－10－535、536

毛家桥　1－10－536

毛家沿　1－2－080

毛里求斯　1－记－039

茅庵山　1－3－119

茅草山　1－1－067，3－37－2147

茅草山遗址　3－37－2146、2147、2185、2186

茅村畈　1－8－433

茅家河　1－10－534、538

茅家山　1－8－392、393

茅家闸　1－8－405

茅蓬　3－41－2431注

茅蓬岗　3－41－2431、2439

茅山　1－2－082、083，1－8－411、423、426、434、437、440，3－35－2032注，3－37－2170，3－41－2431、2431注，3－43－2549

茅山灌区　1－8－424

茅山庙　3－41－2424、2425、2431

茅山头　1－2－093

茅山头村　1－11－613

茅山土地庙　3－41－2431

茅山闸　1－3－129，1－4－223，1－8－398、401、402、407、408、411、435、438、439、440、443，3－36－2051注，3－41－2431、2431注，3－43－2597

茅潭　1－2－092，3－36－2126

茅潭村　1－11－622，3－41－2431

茅潭汇　1－8－391

茅潭江　1－11－721

茅潭湾　1－9－501注

茅潭杨家塘　1－8－391

茅潭闸　1—8—401

茅湾里　3—37—2148注

茅湾里窑址　1—总—004

茅湾里印纹陶窑址　3—37—2148注、2182、2183、2216、3—43—2599

茅湾里印纹硬陶窑址　1—1—042

鄝　1—2—074

〔mei〕

玫瑰苑　2—15—1071

眉山　3—37—2194

梅城镇　3—35—2030注

梅东　1—2—085、086、094，1—10—580，3—43—2589

梅东村　1—6—294

梅东桥　1—9—479

梅花岛　3—36—2117

梅花尖　1—3—121

梅花楼　1—2—092，1—10—573，2—21—1409，2—28—1720注，2—32—1849

梅花楼村　1—9—488，1—11—613，2—15—1070，2—30—1761，3—41—2458

梅里　1—2—092，1—3—105、108、110注、128，1—8—393、419，1—11—753，3—36—2132，3—41—2424

梅里村　1—3—120，1—11—686，3—37—2218注，3—41—2432

梅里河　3—37—2160

梅里林场　1—11—753

梅里庙　3—41—2432、2432注

梅林　1—2—077、085、086、094，2—32—1879，3—34—1996，3—36—2134

梅林村　1—6—335，1—11—613、618、619、620、623、624、653，2—22—1475，2—25—1584，3—43—2568、3—44—2692、2716、2717

梅林大队　2—13—951，3—36—2046注

梅林抢险湾　1—8—397

梅林湾　1—2—094，1—8—439，3—34—1941注，3—41—2456，3—43—2567、2569、2589

梅林湾村　1—8—415

梅林湾军垦农场　1—12—797

梅林湾农场　3—43—2599

梅林湾农垦场　3—43—2589

梅林闸　1—8—415

梅西　1—2—085、087、088，1—3—183、185，1—9—472、484注、485、502、515，1—11—651、733，1—12—785，2—15—1032、1034，2—19—1275，2—21—1405注、1432注，2—26—1633，3—34—1931，3—36—2060，3—41—2456，3—43—2585、2589、2591、

3—44—2718

梅西公社　3—43—2591

梅西教堂　3—41—2456

梅西人民公社　3—43—2589

梅西乡　1—2—088、089、090，1—6—285，2—31—1841，3—43—2589、2590、2591

梅仙　1—2—093，2—32—1879，3—43—2543

梅仙村　1—8—396、413、415，1—9—487，3—36—2050

梅雨亭　3—37—2217

梅园窑址　3—37—2185

梅州　3—36—2125

梅州市　3—39—2327

湄池　1—记—018，1—8—429，1—9—455、469、471、510，2—21—1424，3—43—2547

湄池镇　1—9—455，3—43—2608

美德桥　1—9—480

美国　1—记—019、020、035、037、038、040，1—1—069，1—6—286、322，1—10—528注，1—11—671、685、703、713、717、736、737、747、748、768，1—12—824、825、829、830、831，2—13—876、880、886、888、889、912、920、929、932、951、952、955、957、976，2—14—988、990、991、994、999、1000、1001、1002、1003、1006、1010、1011、1014，2—15—1052、1053，2—16—1165、1174，2—17—1182、1183、1183注、1190、1191、1192、1193、1194、1195、1195注、1197、1198、1199、1206、1207、1208、1213、1214，2—18—1237，2—20—1330、1395，2—21—1417、1418、1440、1443，2—22—1473、1498，2—24—1555、1556，2—26—1636，2—27—1688注、1689、1693注，2—28—1719，3—34—1941注、1950注、2001，3—35—2018、2023、2031、2035，3—36—2056、2058、2058注、2070、2081、2081注、2082注、2099、2106、2115，3—37—2211、2211注、2212注，3—38—2242、2244、2246、2246注、2247、2248、2255，3—39—2327、2339，3—42—2517，3—43—2555、2589、2604，3—44—2662、2669、2670、2679、2682、2683、2684、2686、2687、2691、2696、2698、2699、2714、2715、2716

美女坝　1—3—133、139、188，1—8—404，1—9—485，2—16—1152，3—37—2213，3—43—2576、2579

美女坝闸　1—8—421

美女山（文堂山）　1—2—080，1—3—106、118、121、188，1—8—399，1—9—473，3—36—2119，3—37—2194，3—41—2438，3—43—2576

美女山坝　1—12—793、794

美女山坝闸桥　1—12—794

美仁里　3—36—2129

美洲 1—11—717、764，2—13—882、921，2—14—991，2—17—1198、1199，3—36—2079

〔meng〕

蒙得维的亚市 2—17—1207
蒙古 1—记—039，2—14—993
蒙山 3—37—2155注、2184、2193、2194、2197、2198，3—40—2410，3—41—2442、2443、2444、2444注、2447注
蒙山茶亭 3—37—2198，3—40—2411
孟岸 3—36—2127
孟加拉国 2—17—1214
梦（蒙）笔桥 1—2—099，1—10—537、570、571，3—37—2155注、2182、2183、2205，3—43—2535
梦笔驿 3—37—2204

〔mi〕

弥陀寺 3—37—2195
弥陀院 3—41—2430、2438
米兰 2—14—992
密歇根（密执安）州 2—17—1208
蜜蜂 1—2—093
蜜蜂村 1—6—294，2—32—1858，3—41—2459，3—43—2556注
蜜蜂桥 3—43—2557

〔mian〕

眠犬山 1—8—391，3—37—2147、2184
眠犬山遗址 3—37—2146、2147、2174、2184
棉东新村 1—10—550、568
棉花山 1—5—249
棉花育种场 1—5—260注
棉花原种场 1—5—244，1—12—804
棉麻试验场 1—11—758，1—12—784、804、806、807、823，2—15—1074，2—24—1555注
缅甸 1—记—039，3—43—2612

〔miao〕

庙东金村 3—36—2108、2127
庙后王 1—记—017，2—32—1880
庙后王村 1—4—224
庙前 1—8—393
庙前村 1—8—393

庙桥河 1—2—099
庙山岗 1—2—079
庙湾山 3—45—2758
庙西湖 1—2—079
庙下里 1—2—080
庙子尖 1—3—119

〔min〕

民丰 1—2—093
民丰村 1—5—266，1—6—295，1—9—504，3—35—2015、2016
民丰河 3—43—2543
民围 1—2—095，1—12—796
民新 1—2—094，1—12—796，2—32—1879
民新村 1—6—294
民治 1—2—083
民主 1—2—095，2—32—1879
民主村 3—41—2450
闵行区 2—29—1750
闽瓯 1—2—074

〔ming〕

明华 1—2—093，1—9—456，2—13—935注
明华村 1—9—467、472、487，1—11—613，2—28—1722，3—41—2434
明华花园 1—10—549、550、553，2—15—1064、1069、1082
明朗 1—2—093，1—10—544、545
明朗村 1—5—270，1—11—613，3—38—2274
明日城 1—10—551
明堂 1—记—016，1—2—095，2—32—1880
明堂村 3—41—2446
明星 1—2—092
明星村 1—10—554，1—11—685、763，2—14—983，2—16—1140，2—24—1550，3—44—2722
明星河 2—14—986
明月坊 1—2—099，3—36—2095注
明州 3—36—2121，3—37—2204
茗渎坞 1—2—094，1—3—117，1—8—409
茗渎坞村 1—3—114，3—41—2430

〔miao〕

缪家 1—2—095，1—10—553，3—43—2606
缪家村 3—36—2110，3—37—2191，3—39—2313注，3—43—2607

缪家河　3-43-2606

缪氏宗祠　3-37-2191，3-43-2607

〔mo〕

摩洛哥　3-36-2081注，3-44-2685

磨刀　1-2-095

磨刀村　1-11-613

莫家　1-2-077、085

莫家港　1-8-418，1-10-553

莫家港东风畈横河　1-8-395

莫家港闸　1-8-411、418

莫家岭　1-3-121

莫家桥　3-37-2156

莫凌　1-2-083

莫浦　1-2-081

莫桑比克　3-34-1950

莫斯科　3-44-2650

墨尔本市　2-14-992

墨汀徐　3-36-2133

墨西哥　1-11-685、736，2-17-1193、1206、1208，
　　3-36-2081注

〔mu〕

木材站桥　1-10-536

木城　3-43-2578

木尖山　3-37-2194、2200

木杓山　1-2-094，1-8-402

木杓山大桥　1-4-223

木杓山头　1-9-508

木汀徐　1-2-092，1-10-580

木汀徐村　3-41-2454

木碗山　3-37-2194

木坞　1-2-079

木坞村　1-2-078、079，1-3-119

牧马港　3-43-2578注

睦州　3-36-2128，3-40-2346

N

〔na〕

那曲　3-34-1976注

纳米比亚　1-记-037

纳士坊　1-2-099

〔nan〕

南北　1-2-094

南部县　3-36-2131

南昌　1-9-452注，1-11-768，3-36-2116，3-44-
　　2624，3-45-2727

南昌府　3-36-2131

南城　3-36-2137

南充地区　2-33-1904

南充市　1-11-615

南船闸　3-43-2542

南大房　3-37-2159、2190、2215，3-43-2568、2569

南大门　1-2-076，1-3-115，3-37-2213，3-43-2543
　　注、2558、2558注、2576

南非　2-14-993，2-21-1417，2-24-1555

南丰　1-2-094，2-32-1879

南丰村　1-6-294，2-13-938

南港河　3-41-2437

南海　1-6-323，1-11-597，2-20-1396，2-21-1424，
　　2-22-1461、1472，3-41-2437注

南河　1-3-128，1-8-393、400、408、438，1-9-501

南河口　1-8-408

南河桥　1-8-401、402、408

南河山　1-9-472

南河山桥　1-9-479

南河塘　1-8-401、433

南横堤二埠闸　1-8-417

南横堤头埠闸　1-8-417

南横河　1-8-439

南湖乡　1-1-066注

南汇嘴　1-3-133

南加州　1-记-038

南江　1-2-092，2-21-1401

南江公寓　1-4-224，2-15-1066、1069

南江公寓桥　1-10-536

南江景观桥　1-10-537

南街　3-41-2443

南京　1-9-452注、458注、465，1-10-529，1-11-
　　602、717、737、758、764、768、770，2-13-938，
　　2-16-1149，2-26-1631，3-34-1957注，3-35-
　　2029，3-36-2088、2116、2118、2139，3-37-
　　2172、2196，3-39-2340注、2341、2341注，3-43-
　　2573，3-44-2623、2639、2646、2651、2655，
　　3-45-2730

南垦大队　1-12-790

南联　1-2-094

南联村　1-6-294

南美　1-11-703，2-17-1191、1208

南门　1-2-092，1-9-501，2-32-1849，3-38-2225注
南门村　2-15-1069，2-28-1722
南门江　1-2-092、096，1-3-129、160，1-4-223，
　　1-5-242，1-8-395、414、429、439、443、1-9-
　　458、501注、502、503、513、1-10-526、529、
　　533、535、536、537、548、549、557、1-11-592、
　　2-15-1069，3-36-2119，3-37-2204，3-39-
　　2336，3-40-2411，3-43-2534、2535、2605、
　　2606、2615
南门江大桥　1-9-476
南门江桥　1-9-457
南门江支流　1-10-537
南门码头　1-9-508、509
南门桥　1-3-129，1-4-192、209、223，1-8-395、
　　429，1-10-532、535、536
南泥湾　3-34-2000注
南宁　1-9-452注
南宁府　3-36-2135
南片　2-13-893，2-21-1408
南片地区　2-13-935
南片山区　2-13-889注
南平　3-45-2728注
南沙　1-2-076、082，1-5-260注，1-7-351注，1-8-
　　399注、439、442，1-9-500、502、507注，1-12-
　　776、776注、791，3-34-1951注，3-37-2152，
　　3-38-2256注，3-41-2436注、2443、2449、2450、
　　2451、2451注，3-43-2540、2542、2543、2543注、
　　2544、2544注、2545、2546、2560、2592，3-44-
　　2639
南沙大堤　1-3-140，1-5-242、248、263、266，1-8-
　　396、398、399、413、414、435、438、440，1-10-
　　541，1-11-593、617注，1-12-776、776注、777、
　　777注、785、791、792、806，3-37-2213，3-41-
　　2445，3-43-2580、2585、2587、2592
南沙大堤外围垦　1-12-784
南沙地区　1-3-129、130，1-5-264，1-8-413、424、
　　429，3-37-2154，3-43-2559
南沙灌区　1-8-437、444
南沙平原　1-8-396、397、437，1-11-617注、694注、
　　726、729、773，1-12-791
南沙支堤　1-8-399
南山道院　3-41-2443
南市　1-2-092，1-10-580，2-15-1068，3-34-1990
南市花园　1-4-224，1-10-548、554、568、569、
　　2-14-987，2-15-1069、1071、1090
南市桥　1-10-536
南斯拉夫　1-记-025、035，3-44-2689
萧台　3-36-2116
南太平洋　2-14-993

南通　2-20-1380
南头　3-43-2555
南围　1-2-094
南围村　1-6-298，1-12-776注
南坞　1-记-016，1-2-082、083、095，1-3-121、
　　1-5-249，1-8-422，1-9-473，2-32-1880、
　　1881，3-43-2602
南坞村　2-33-1921
南乡　3-44-2655
南小桥　1-9-473、481
南星庵　3-41-2437注
南星桥　1-9-506，1-10-554，3-37-2151，3-44-2643
南巡庙　3-41-2424
南浔　3-44-2640
南亚地区　1-记-039
南阳　1-记-013、016、020，1-2-078、083、084、
　　085、086、087、088、089、094，1-3-122、184、
　　185，1-5-248、260，1-8-404、412，1-9-470、
　　471、482、483注、490、506、515，1-10-524、
　　525、559，1-11-596、602、614、617注、618、
　　651、657、673、686、722、759、771，1-12-784、
　　785、802、814、823、826、833、838，2-13-935，
　　2-15-1045，2-18-1244，2-19-1275，2-21-
　　1406，2-23-1530，2-24-1542，2-28-1704注、
　　1705，2-32-1851、1852、1868、1872、1873、
　　1874、1878、1879，2-33-1896、1897、1907、
　　1924，3-34-1931、1939、1948、1961注，3-35-
　　2022、2032，3-36-2045、2071注、2072注、2119，
　　3-37-2182、2215，3-38-2273、2294，3-40-
　　2346、2352、2385、2412、2413、2414、2415，
　　3-41-2424、2441注、2442、2443、2451注、2455、
　　2456，3-43-2544、2576、2577、2577注、2578、
　　2578注、2591、2592，3-44-2639
南阳村　1-2-082
南阳公社　3-34-1989注
南阳横河　1-8-397
南阳横湾　3-43-2577
南阳经济技术开发区　1-4-217
南阳经济开发区　1-记-019，1-5-250，1-10-568，
　　1-12-776、822，3-35-2035，3-43-2578、2579
南阳垦区　1-11-735
南阳垦种区　1-11-686
南阳桥　1-9-478、480
南阳乡　1-记-013，1-2-088，2-33-1897，3-43-2576
南阳赭山围垦　1-12-784
南阳真神堂　3-41-2455
南阳镇　1-记-019，1-2-080、084、089、090、091、
　　094，1-3-106、107、108、110、110注、111、
　　114、118、121、124、141，1-4-211，1-5-243、

255、261，1－6－283、284、285、287、289、294、
296、298、302，1－7－349，1－8－413、415、421、
429，1－9－470、471，1－10－559、578，1－11－608、
611、613、619、651、653、688、724、725，1－12－
776注、784、805、808、822，2－13－892注、935、
938、938注、939，2－15－1051注、1088，2－21－
1411、1414，2－22－1473，2－24－1542、1558，
2－25－1583，2－27－1675，2－28－1713、1718、
1721，2－31－1786，2－32－1850、1876，3－34－
1981，3－35－2035，3－36－2050、2055、2056、
2096、2096注，3－37－2150、2152、2154、2170、
2173、2186、2209、2211、2211注、2217注，3－38－
2296，3－39－2339，3－41－2437、2438、2441、
2450、2451，3－42－2462，3－43－2555、2558、
2576、2577、2578、2579、2592、2619，3－44－
2643、2669、2674、2689、2691、2715、2720、2723
南洋　3－44－2640、2641、2642
南药桥　1－2－099，3－36－2101，3－37－2205，3－43－
2535、2536
南闸　1－2－093
南庄北　1－3－107、113
南庄王　1－2－093，1－9－472
南庄王村　1－7－351注，1－11－728，3－37－2158、2184

〔nei〕

内八工段　1－8－442
内八工段闸　1－3－131
内白洋河　3－37－2159
内河里河兜码头　3－37－2151
内六　1－8－442
内六工段闸　1－3－131，1－8－416
内六工段直河　1－8－397
内蒙古　1－6－286，1－11－714、736，2－13－937，2－16－
1139，3－36－2074
内十工段　1－8－442
内四工段　1－12－781

〔nen〕

嫩江　2－27－1701，2－33－1904

〔ni〕

尼泊尔　1－记－035、037、039
尼罗湾　1－3－113
尼日利亚　1－记－039，3－44－2670
泥马庙　3－37－2164，3－41－2424、2442、2444、2446

泥桥　1－8－433，1－9－469
泥桥头　1－2－095，1－8－419、423，3－43－2609、2610
泥桥头村　1－9－505，1－11－613、686，3－37－2147、
2148、2149、2185
泥桥头村后山印纹陶窑址　3－37－2150注
泥桥头排涝站　1－8－423
泥桥头闸　1－8－423
泥桥乡　3－43－2608
泥桥闸　1－8－401、419
倪家浦　3－40－2411

〔nian〕

鲇鱼嘴　1－8－424
廿二工段闸　1－8－411
念佛桥　3－37－2155注

〔niang〕

娘家庙　3－37－2193
娘娘庙　1－9－472，3－37－2192，3－40－2414，3－43－
2539、2606

〔niao〕

鸟珠土凹　3－37－2147

〔ning〕

宁安　1－2－095，2－14－982、989，3－41－2445
宁安村　1－6－294，1－10－553，1－11－620，2－14－983、
989，2－32－1856，3－44－2724
宁安河　1－10－543，2－14－985、986、1028
宁北　1－2－095
宁北村　1－11－609、613，2－14－983
宁波（甬）　1－总－003注，1－记－025，1－2－073、073
注，1－7－381，1－9－452注、453、455、455注、
456、457、465、493、494、501，1－10－523、563、
1－11－602、672、722、770，1－12－811、821、
836，2－13－937注、938、939，2－14－980、990、
993，2－15－1037、1050、1054、1057，2－16－1112
注、1153，2－17－1209，2－22－1463、1464，2－25－
1567、1568，2－27－1673，3－36－2073、2074、2074
注、2076、2106、2115、2121、2124，3－39－2312、
3－41－2452、2453、2455，3－43－2538、2548、
2551、2558、2576、2581、2601，3－44－2633、
2635、2638、2639、2668
宁波港　2－16－1165

宁波江北岸天主教堂　3-41-2452

宁波江北岸天主堂　3-41-2453

宁波市　1-6-286、1-9-465、2-21-1449、3-36-2118、2121、3-39-2324、2325

宁波专区　1-总-004、1-2-072

宁东　1-2-095、2-14-982、989

宁东村　1-11-610、613、622、2-14-983、989、2-24-1560、3-44-2718

宁东河　1-10-543、2-14-985、986、989、1028

宁东界河　2-14-986

宁东桥　1-9-509

宁海　1-11-595、2-15-1063

宁牧　1-2-095

宁牧村　1-6-294、1-9-499、1-11-613、2-14-983

宁绍地区　1-1-066

宁绍平原　1-1-066

宁税　1-2-095、1-9-509、2-14-982、989、3-41-2445

宁税村　1-6-295、1-11-613、2-14-983、989、2-15-1069

宁围　1-记-020、1-2-078、080、084、086、087、088、089、095、1-3-113、130、1-5-248、254、255、260、1-8-404、412、425、1-9-460、473、473、506、509、1-10-523、528、559、563、564、1-11-596、602、614、617注、618、651、657、682、686、711、722、725、729、730、738、740注、763、1-12-777、779、783、784、785、826、2-13-935、2-15-1034、1086、2-16-1115、2-17-1204、2-20-1314、1328、2-21-1409、2-22-1482、2-27-1667、2-28-1705、1725、1726、2-32-1851、1854、1856、1860、1872、1873、1874、1878、1879、2-33-1901、1907、1907注、1908、3-34-1939、1962、1963、3-35-2022、2024、2027、3-36-2045、2050、2051、3-38-2281注、2285、2297、3-39-2311、3-41-2444、2456、2458、3-42-2488、3-43-2594、2595、2595注、2596

宁围公社　1-11-648、2-13-928、950、3-39-2311注

宁围居民区　1-2-091

宁围人民公社　1-2-088

宁围团　3-43-2594

宁围乡　1-2-085、088、089、090、1-6-284、298、1-11-609、642、749、2-13-879、900注、919、2-21-1432、2-22-1459、2-26-1631、1632、1633、2-27-1660、2-32-1852、1856、3-34-1962、1968、3-35-2038、3-38-2223、3-43-2594、3-44-2718、2724

宁围镇　1-记-031、1-2-078、080、090、091、095、100注、1-3-107、113注、1-4-206注、207、207注、211、1-5-242、243、248、255、278、1-6-283、285、287、289、294、295、296、302、314、323、338、1-7-349、1-8-415、1-9-457、461、467、492、499、506、1-10-520注、522、523、525、526、529、539注、578、1-11-602、610、612、613、620、622、623、639、648、653、660注、730、732、744、763、1-12-776注、784、806、817、818、2-13-861、919、956、2-14-982、2-15-1035、1069、2-16-1115、1140、2-18-1234、2-20-1341、2-21-1410、1412、1443、2-22-1473、1475、1484、2-24-1550、1560、2-25-1583、2-26-1621、1622、2-27-1661、1662、1679、1684、2-28-1716、1726、2-31-1785、2-32-1851、1856、2-33-1890、1913、3-34-1968、1981、3-35-2015、2016、2017、2018、2037、2038、3-36-2047、2056、2060、2063、2064、2096、2096注、3-38-2233、2296、3-39-2329、3-41-2445、3-43-2533、2586、2594、2596、2620、3-44-2689、2697、2714、2715、2717、2720

宁夏　1-记-014、1-6-286、1-7-370、1-10-570、572、1-11-614、2-26-1611、2-31-1831、2-33-1924、3-34-1976注、3-36-2071、2129、3-44-2690

宁新　1-2-095、3-41-2445

宁新村　1-6-294、1-11-613、623、642、749、2-14-983、2-22-1484、2-26-1632、2-32-1851

宁新大队　1-11-626注

〔niu〕

牛场头　3-43-2539

牛脚湾　1-4-215、1-10-526、532、534

牛脚湾河　1-10-529、536

牛面山窑址　3-37-2185

牛头山　1-3-120、3-43-2537

纽约　3-38-2255

〔nong〕

农村小学　3-37-2216

农村小学旧址　3-37-2206

农丰　1-2-093

农丰二桥　1-9-481

农丰一桥　1-9-481

农河　1-4-224

农民公寓桥　1-10-537

农民运动纪念馆　3-37-2216

农新 1-2-093
农业对外开发区 1-11-686
农业对外综合开发区 2-25-1588
农业高科技示范园区 3-45-2760
农一场 3-35-2035
农运碑坊遗址 3-37-2206

〔nuo〕

挪威 1-4-214，2-14-991、994、1001、1002、1006，
　2-17-1191、1199、1204，2-24-1554，2-28-1719

O

〔ou〕

瓯江 3-45-2758
欧洲（欧） 1-记-037、038，1-11-713，2-13-882、
　921、957，2-14-991，2-17-1191、1197、1198、
　1199、1208、1214，2-24-1555，3-35-2035、
　2041，3-36-2079，3-43-2604，3-44-2648
藕湖浜 1-2-088、089、092

P

〔pai〕

排涝闸 1-3-130
牌轩 1-2-093，3-40-2413
牌轩村 1-11-613，3-41-2447，3-44-2661
牌轩下 3-41-2447
牌轩下村 3-37-2169、2185
牌轩下牌坊 3-37-2185

〔pan〕

番禺 3-44-2624、2641
潘东 1-2-083
潘东乡 3-43-2605
潘泉井 1-3-120
潘山 1-2-095，3-43-2603
潘山村 1-11-597、613、625，2-32-1858，3-35-
　2015，3-37-2173、2185，3-38-2295
潘水 1-2-075注，1-9-501注，2-15-1068，2-21-
　1401，3-34-1990
潘水4米小桥 1-10-537

潘水8米小桥 1-10-537
潘水北苑 1-10-548
潘水村 1-8-395
潘水第二 1-2-092
潘水第三 1-2-092
潘水第四 1-2-092
潘水第一 1-2-092
潘水立交桥 1-10-537
潘水南苑 1-4-234，1-10-548、553，2-14-987，
　2-15-1070
潘水桥 1-10-537、573
潘水小桥 1-10-535
潘水小区 1-4-224，1-6-335，1-10-554
潘水苑 1-10-531、572，2-15-1069、1071
潘西 1-2-083
潘西乡 1-2-082，3-43-2605
潘右 1-2-083，3-43-2605
盘山 3-43-2578

〔pang〕

庞家坞 1-3-121

〔pao〕

炮台湾 1-9-469、473
炮台小区 2-15-1062

〔pei〕

培新 1-2-083
培新乡 1-2-082
裴家 1-2-093
裴家埭 1-10-553
沛国 3-36-2119
沛县 3-36-2119

〔peng〕

彭埠 1-12-783、785
彭埠大桥 1-9-457
彭埠镇 1-9-465、506，1-12-783
彭城 3-36-2135
彭家里 3-36-2135
彭家里村 3-36-2110
彭家桥 1-2-094，1-3-132，1-8-393，1-9-508、509
彭家桥村 1-5-249，1-11-613
彭泽 1-11-717

蓬山　1—8—401
蓬山前　1—2—094，3—36—2132
蓬山前村　2—24—1562
蓬山凸头　1—8—392
蓬山乡　1—2—082，3—43—2592
蓬园　1—2—083、085、093

〔pi〕

邳县　3—36—2132
毗陵　1—2—074

〔ping〕

平度县　3—34—1996
平湖　1—11—737、739，3—36—2059，3—37—2181
平湖市　1—3—133
平桥村　1—11—714
平山　1—记—016，1—2—095，2—32—1880
平山村　3—43—2614
平山县　3—44—2650
平水闸　1—9—468
平坞顶　3—43—2602
平阳　1—2—086、095，2—25—1568，3—37—2182，3—43—2597
平阳村　1—11—613，3—37—2167、2185、2215
屏风山　1—2—077、078、079，1—3—119，1—5—250

〔po〕

鄱阳　3—36—2131
破塘缺村　1—2—091

〔pu〕

莆田　3—41—2450注
莆田市　3—44—2693
莆阳　3—45—2728
葡萄牙　3—44—2628
蒲城　3—45—2753
蒲山　1—2—083
蒲山韩　1—2—092
蒲州　3—36—2136
濮阳　3—36—2118
浦八　1—2—082
浦城　3—36—2135
浦东　1—2—082、083，2—23—1512，3—43—2549

浦东开发区　1—10—522
浦东西区　1—2—082
浦二　1—2—082
浦江　1—9—489，2—13—881注，2—24—1534，3—36—2123、2130、2132，3—43—2538，3—44—2723
浦江县　1—1—065，1—3—128
浦九　1—2—082
浦联　1—记—017，2—32—1880，3—38—2268注
浦联村　1—2—078，1—11—711，2—22—1474，2—27—1666，2—32—1851、1872
浦联大队　1—12—777注
浦六　1—2—082
浦南　1—2—083、085、086、087、088、089、091，1—3—141，1—8—393，1—9—485、510注，1—11—651、739，2—23—1530，2—24—1545，2—32—1876，3—36—2054、2055、2129、2131，3—37—2176，3—38—2221、2263，3—43—2537
浦南北塘　1—8—391、401
浦南东塘　1—8—408
浦南公社　2—13—954，3—37—2176
浦南前塘　1—8—433
浦南乡　1—2—082、088、089、090，1—4—210，1—6—284，2—28—1720，2—33—1903，3—35—2034，3—36—2045注、2046、2049注、2050，3—37—2150注，3—39—2310
浦南永兴灌区　1—8—401
浦七　1—2—082
浦三　1—2—082
浦十　1—2—082
浦四　1—2—082
浦五　1—2—082
浦西　1—2—083，3—43—2602
浦沿　1—记—013、016、020，1—2—075注、077、082、083、084、086、087、088、089、090、092，1—3—188，1—5—238、255，1—6—280、281，1—8—395、399、400、404、423、425、438、439、440，1—9—455、457、486、509注，1—10—554，1—11—614、633、636、651、682、722、740注、761，1—12—776、777、791、792，2—13—864注、873、879、880、881、972注，2—15—1035、1053、1082，2—16—1119、1130、1134注、1155，2—17—1190，2—18—1234，2—19—1262、1270、1272、1304，2—20—1319、1320、1325、1328，2—21—1405、1433、1436，2—22—1460，2—24—1555注，2—28—1707，2—31—1785，2—32—1849、1852、1854、1860、1862、1872、1880，2—33—1887、1907、1910，3—34—1940注、1963，3—35—2005、2022、2032注，3—36—2045注、2049注、2051注、2055、

2056、2058注、2064、2069、2072注、2103、2123、2138，3—37—2190，3—38—2223、2229、2263、2268、2275、2276、2281注、2282、2294，3—39—2311，3—41—2456，3—45—2735注

浦沿公社　1—12—777注，3—35—2033注，3—36—2058注、2096注，3—38—2274注、2281注，3—45—2739

浦沿棉场　1—3—188，1—8—417

浦沿棉场闸　1—8—416

浦沿排灌站　1—8—424、442，1—12—791

浦沿人民公社　1—2—087

浦沿乡　1—2—085、086、088，1—11—729，1—12—777注，3—35—2037，3—38—2281注

浦沿镇　1—记—017、023、027，1—2—075、078、089、090、096，1—3—187，1—4—226，1—6—282、284、294、298、299，1—8—399、418、421、424，1—9—447注、491，1—11—618、619、640、704、711、757，1—12—784、785、806、815，2—13—900、900注，2—20—1361，2—21—1432，2—22—1473、1474、2—26—1632，2—27—1651、1662、1666，2—30—1758、1764，2—31—1803，2—32—1851、1852、1853、1854、1872、1875、1880、1882，2—33—1907、1907注，3—35—2037、2038，3—36—2056、2064、2096、2108、2110、2122、2136，3—38—2268注、2283、2296，3—39—2310、2329，3—43—2546，3—44—2651、2689，3—45—2758

浦阳　1—记—013，1—2—078、079、087、088、089，1—3—120、124、128、183、185，1—5—241、242、248、249，1—8—391、392、393、425、431、433，1—9—455、455注、460、461、463、484注、510注，1—10—544注，1—11—596、618、621、651、686、722，2—16—1152，2—21—1433，2—23—1530，2—24—1544、1545，2—27—1652，2—28—1704注、1705，2—30—1769，2—31—1837，2—32—1855、1868、2—33—1896、1898、1900、1907、1908，3—34—1936，3—35—2022、2024，3—36—2045、2071、2122，3—37—2150、2182、2215、2216，3—38—2273、2296，3—40—2351，3—41—2424、2443、3—43—2537、2552、2582、2583

浦阳公社　1—4—193注，3—38—2294注

浦阳火车站　2—13—912，3—43—2584

浦阳及茅山灌区　1—8—401

浦阳江　1—总—003、009，1—1—043、044、065，1—2—073、074注、077、078、079，1—3—107、116、120、123、127、128、129、137、140、141，1—4—191、191注、192、193、193注、209、215、222、223，1—5—242、244、246、263、264、274，1—8—390、391、392、393、394、395、396、398、398注、400、401、403、405、408、411、423、425、

426、428、429、430、431、432、433、437、438、439、440、441、442，1—9—458、466、469、475、501、501注、502、503、504、505、506、507、508、513注，1—10—525，1—11—620、656、691、706、716、717、717注、722、731、732、766、767，1—12—792、807，2—15—1051、1088，2—19—1271，2—24—1550、1561、1562，2—25—1599、2—26—1609，2—30—1769，2—33—1898、1900，3—35—2032，3—36—2127，3—37—2151、2157注、2192、2204、2209、2213、2215，3—39—2329注、3—40—2381、2396、2413，3—41—2431注、2433、2447、2447注，3—43—2537、2538、2539、2546、2549、2550、2551、2552、2564、2565、2572、2582、2584、2597、2598、2602、2603、2608、2609，3—45—2743

浦阳江流域　1—1—067，3—37—2147、2174

浦阳江人民公社　1—2—086

浦阳江义桥大码头　3—37—2151

浦阳人民公社　3—43—2582

浦阳乡　1—2—088、089，3—43—2582

浦阳站　1—9—456、459、461、463

浦阳镇　1—2—077注、079、090、091、094，1—3—105、108、110、110注、113、114、117、120、128、132、185，1—4—211，1—5—243、255，1—6—283、285、287、289、295、296、301，1—7—349，1—8—394、401、410、419、431、433，1—9—455、458、461、466、482、483注、505、506、507、508，1—11—612、613、618、619、642、672、685、712、725、727，2—13—919，2—15—1088，2—19—1275、2—20—1328、1331，2—21—1400，2—24—1561、1562，2—25—1584，2—31—1785，2—32—1859、1876，2—33—1899、1900，3—36—2078、2099注、2108、2109、2110、2116、2120、2122、2124、2131、2132、2134，3—37—2150注、2151、2153、2154、2160、2163、2168、2169、2174、2184、2218注，3—41—2430，3—43—2553、2582、2583、2584、2597、2608、2620，3—44—2651、2666、2667、2683、2692、2698、2715

浦一　1—2—082

普惠寺　3—37—2218注

普济　1—2—083

普兰　3—38—2306

普陀　1—3—105，2—21—1449，3—41—2437注

普陀区　1—9—468

普陀山　1—7—381，3—41—2435

Q

〔qi〕

七堡　1-9-506

七道　1-9-503

七道桥　1-9-501

七都　1-2-082，3-36-2117、2126，3-41-2446，3-43-2602

七都溪（凌溪）　1-3-128，1-5-242，1-8-421、422、439，3-37-2160，3-43-2614

七工段　1-12-820

七工段直河　3-43-2580、2585

七号坝　1-3-188，1-8-404

七家舍头　3-41-2447

七甲　1-8-399、423、424、425、440、442，1-9-505、506，1-12-791、792，2-14-982

七甲渡　1-9-506，1-12-795

七甲渡口　1-9-517

七甲河　1-2-079、080，1-3-130

七甲河桥　1-9-481

七甲排灌站　1-3-130，1-8-400、438、439、442

七甲外圩　1-12-777注

七甲闸　1-2-078、080，1-4-215，1-5-260注，1-8-407、415、424、439，1-12-791、792

七甲闸大队　1-12-777注

七甲直河（利民河）　1-3-130，1-8-397

七里店　1-8-419

七里店村　2-32-1849

七里泷　1-3-137

七坪　3-36-2132

七千亩围垦　1-12-781、784

七千亩围垦区　3-43-2617

七下右顺坝　1-12-777

七张头　1-2-094

栖山　1-3-121

戚家池　1-2-092，1-4-191注，3-41-2456、2458

戚家池教堂　3-41-2456

戚家池头　1-9-508，1-10-554，3-36-2138

戚家山　3-37-2196、2197

戚家山下　3-36-2134

戚家山下村　2-15-1050，3-36-2110，3-37-2196

戚家山下自然村　3-37-2196

戚家湾河　1-10-526

戚氏宗祠　3-37-2196

戚严　1-2-082

齐国　3-36-2138

齐王寺　3-41-2433

齐贤　3-43-2581

齐贤区　3-40-2385

齐贤镇　3-43-2567

岐阜　3-36-2058

岐阜市　3-44-2689

岐王寺　3-41-2433

奇树庵　3-41-2448、2448注

祈门堂桥　1-9-479

祇园寺　1-2-101，1-10-554、570，2-26-1626，3-34-1955注，3-36-2056、2095注、2121、2123，3-37-2161、2161注、2177、2178、2182、2183、2188注、2189、2189注、2190、2191、2206，3-41-2423、2424、2425、2438，3-43-2535，3-45-2741

淇县　3-36-2118、2124

杞国　3-36-2137、2138

杞县　3-36-2137

启东　1-11-734

起埠庙　3-37-2193

碛堰　1-2-083，1-3-120，1-8-421，3-36-2132

碛堰山（积衍山、七贤山、积堰山）　1-3-109、118、120、129，1-8-391、392、401、419、423、426、434、440、441，1-9-488注、501注、504、513，2-25-1590，3-35-2032注，3-41-2447，3-43-2537、2539、2550、2564、2603注，3-45-2743

碛堰山进水闸　1-8-419

碛堰山凉亭下　1-8-398

碛堰山庙　3-40-2415，3-41-2441

憩息亭　3-37-2198

〔qian〕

千岛湖　2-27-1673，2-33-1896

千丈岗　1-2-078

千丈金岗　1-2-077，1-3-121，3-43-2597

前宝河　3-37-2166

前范家（农新村）　3-36-2126

前方　1-2-093

前方村　1-4-223，1-5-276，1-11-727，3-36-2108、2117

前峰　1-2-095

前高　1-2-093

前壕　1-2-081

前横河　1-8-439

前黄　1-记-016，1-2-095，2-32-1880，3-43-2603

前解放河　1-2-080，1-3-130，1-8-396、439，1-12-792，3-43-2543、2587

前进　1-2-086、088，1-3-185、186，1-4-192、193、193注，1-5-242，1-8-404，1-9-490，1-10-

524、559，1—11—611、618、651、673、743注，
1—12—776注、795、796、797、798、799、800、
801、802、813、814、819、826、827注、837、
838、2—21—1432注、1433、2—28—1726、2—32—
1851、1873、1874、2—33—1899、1907、1908、
3—34—1931、1972、1999、3—35—2024、3—36—
2046、3—38—2223、3—39—2324、3—43—2592、
2602、2617、2618

前进公社　1—12—784

前进人民公社　1—2—088，3—43—2617

前进乡　1—2—088、089、090、091、095，1—4—201、206
注、211，1—5—243、255，1—6—283、285、287、
289、294、295、296、298、302，1—7—349，1—8—
416，1—9—471，1—11—613、619、648、656、711，
1—12—784、794、797、805、816，2—20—1388、
2—23—1521、1529，2—24—1542，2—31—1786，
2—32—1878，3—36—2092，3—43—2585、2617、
2618、2620

前孔　1—2—082、083、092、093，1—3—107，1—10—
544、545，2—32—1849

前孔村　3—36—2108

前桑盆里　3—36—2126

前山　1—3—106

前山岭坝　1—8—422

前山头　1—2—094

前山窑址　3—37—2185

前十一工段　1—12—778

前十一工段横河　1—8—397

前十一工段闸　1—8—416

前坛庙　3—37—2169、2185，3—41—2443、2444、2447、
2447注

前塘　1—2—095

前兴　1—2—094

前兴村　1—3—130

前章　1—2—095

前章村　1—6—294，1—11—622，3—37—2157，3—43—2615

前朱　1—2—094

前朱村　1—11—612，3—43—2583注

钱家湾村　3—38—2295

钱江　1—2—084、088，1—8—397、404、423、424、425、
440、442，1—9—450、473、484、484注、504、
505、506注、507、508注、509、510、513、513
注、517，1—10—559、562，1—11—611、615、651、
763，1—12—776注、791、792、795、797、800、
819、825、826、827注、837，2—16—1112，2—32—
1852，3—34—1972，3—35—2032注，3—37—2201、
2211、2213，3—38—2232注、2260、2286，3—43—
2587、2592、2593

钱江八桥　1—10—523

钱江渡　1—9—505、505注、506

钱江二桥　1—记—015，1—4—234，1—8—442，1—9—455、
456、457、458、458注、465、466，467、469、
472、473、474，1—10—522、541，1—11—602，
2—14—979、986，3—43—2580

钱江公社　1—12—784

钱江观潮城　1—记—020，1—11—627，2—28—1722，
3—36—2055，3—37—2211、2212注

钱江观潮度假村　1—总—004，1—5—250，2—25—1588，
3—37—2146、2209，3—43—2579

钱江灌区　1—8—390、439

钱江互通主桥　1—9—465

钱江客运码头　1—9—503注

钱江六桥　1—9—474、475

钱江农场　1—2—080，1—3—107、130，1—4—207注、
211，1—5—244、248、250、254、255、262，1—6—
283、284、298，1—8—412、415、416，1—9—447
注、466、469、473、484、490，1—10—523、553、
572、578，1—11—684、738、739、756、757、759、
764、765，1—12—777注、784、793、794、795、
796、799、800、804、805、807、810、811、815、
817、820、823、824、825、826、827、827注、
829，2—14—983，2—15—1074，2—28—1718，2—33—
1913，3—36—2059，3—38—2223、2296、2297，
3—39—2335，3—43—2594，3—45—2760

钱江排灌站　1—2—079，1—4—223，1—8—432

钱江桥　1—9—478、481

钱江区块　1—10—522

钱江三桥　1—记—020，1—2—073，1—4—234，1—9—467、
470、474、482、485、486、487、498、505、506、
507，1—10—554，1—11—754，2—14—981、986，
3—43—2580

钱江世纪城　1—10—544注

钱江投资区　1—12—830、832，2—14—981、994，2—22—
1467

钱江外商台商投资区　1—2—100注

钱江五桥　1—9—466、474、475

钱江乡　1—2—088、089、090，1—6—285、298，1—12—
776注、793、797、818、831，2—13—953，2—19—
1264，2—32—1852，3—43—2592、2593，3—44—2718

钱江一桥　1—9—457注、474

钱农　1—9—484注

钱农互通立交　1—9—476

钱清　1—记—021，1—2—083、084，1—3—129，1—9—
455、456、467、468、487、488、501、501注，
2—21—1424，2—27—1638注，2—29—1745，3—36—
2122，3—37—2216、2216注，3—40—2381，3—43—

2532、2540、2581，3—45—2729

钱清村　1—2—082

钱清江　3—37—2216注

钱清旧堰　1—8—421

钱清新堰　1—8—421

钱清盐场　3—43—2569

钱清堰　3—37—2205

钱清驿　3—37—2204

钱清镇　1—2—077、084，1—3—129，1—9—467，2—16—1112注，3—37—2150注

钱清镇北　1—2—077、078

钱群　1—2—094，1—10—553

钱群村　1—2—079，1—9—466

钱塘　1—2—073、074，1—9—505注，3—36—2119、2121、2125、2135，3—37—2216，3—41—2441

钱塘江（罗刹江）　1—总—003、005、009，1—记—013、014、017、020、024，1—1—043、046、061，1—2—073、073注、076、077、078、079、080，1—3—104、107、113、115、116、121、123、125、126、127、127注、128、128注、129、130、131、133、134、137、140、141、144、157注、183、185、187、188，1—4—215、222、223、231，1—5—237、242、244、260注、261、264、265、269、274，1—8—390、391、395、396、398、399、403、403注、404、412、413、424、425、428、429、430、431、432、435、437、438、440、442、443，1—9—446、455注、461、463、466、474、496注、500、500注、501、502、503注、505、505注、506、507、510、511，1—10—522、523、524、525、529、539、556、557，1—11—590、617、620、656、678、682、688注、703、704、705、716、717、717注、718、720、722、723、730、748、753、766、767、768、772，1—12—776、776注、777、777注、778、779、780、781、782、785、786、787、788、791、792、801、803、805、807、809、811、816、817、818，2—13—968、970，2—14—979、980、981、982、985注、989，2—15—1042、1051、1054、1088、1089、2—19—1271，2—22—1467，2—23—1528，2—24—1562，2—25—1578、1584、1602，2—28—1709、2—30—1769，2—33—1898、1900，3—34—1930、1931，3—35—2023、2026、2032、2039，3—36—2075、2079注、2092、2098、2118、2119、2131、2133、2134，3—37—2193、2203注、2204、2204注、2206、2209、2213、2215、2217、2217注，3—38—2262，3—39—2313注，3—40—2346、2352、2369、2376、2378、2379、2415，3—41—2432注、2433、2436注、2437、2441注、2442、2443、2445、2448、2449、2449注、2450、2450注、2451、2451注，3—42—2462、2485、2492，3—43—2543注、2544、

2545、2546、2548、2549、2550、2551、2552、2555、2558、2558注、2565、2568、2572、2576、2578、2578注、2580、2581、2585、2586、2587、2589、2591、2594、2595、2600、2602、2617、2618，3—44—2625、2630、2639、2643，3—45—2743

钱塘江大堤　1—5—262、264

钱塘江大桥　1—2—073，1—8—416，1—9—455、456、457、457注、467、468、488注，1—10—522、554，1—12—777注，2—13—968，2—14—979、983，2—24—1550，2—30—1768，3—43—2547

钱塘江堤塘　1—8—435

钱塘江第二大桥　1—9—457注、458、486

钱塘江渡口　3—37—2216注

钱塘江二桥　1—9—458

钱塘江灌区　1—8—396、412、414、423、424、439、440，443

钱塘江口　1—2—073

钱塘江轮渡　1—9—507

钱塘江南岸　3—37—2176

钱塘江汽车轮渡　1—9—505

钱塘江站　1—9—459、461

钱塘县　1—2—076、077，3—36—2117、2127，3—43—2576

乾姜山　3—37—2199

乾清道院　3—41—2443

〔qiang〕

强农　1—2—093

墙头　1—2—093，1—8—422，3—36—2123

墙头坝　1—8—422

墙头村　3—37—2185，3—38—2235，3—43—2566、2567

抢险河　1—8—396，3—43—2592

抢险桥　1—9—473、479，1—12—793、794

抢险一万亩区块　1—12—795

抢险一万亩围垦　1—12—785、804

〔qiao〕

乔司　1—9—506，3—41—2440

桥东　1—2—099，3—43—2533

桥里　1—2—092

桥南　1—记—017，1—2—092，1—5—261，1—10—554，2—13—935，2—14—979、980、981、983、1027，2—24—1543，2—32—1859注，3—34—1968

桥南村　1—8—408

桥南区　1—2—100注，1—5—254，1—10—520注、523、525、526、539、539注，1—12—811，2—14—980、981、982、984、985、986、991、992、993、1010、1012

桥南区块　1—记—029，1—5—262，1—10—522，2—14—
　　982、983、985、1012、1021、1028，3—35—2009
桥南沈　1—2—095，3—43—2611
桥南沈村　1—10—553，2—32—1876，3—41—2429
桥亭　1—2—093
桥亭村　1—6—294，1—7—358注、364注，2—32—1876
桥头　1—2—094，1—5—250
桥头陈　1—2—092，1—10—554
桥头陈村　1—9—487，3—43—2615
桥头陈东汉窑址　3—37—2150注
桥头村　3—37—2172、2185
桥头黄　1—2—093，1—3—111，2—13—937、937注，
　　3—36—2077，3—41—2429
桥西　1—2—099，3—43—2533
桥下达　1—2—092，3—43—2535、2536，3—44—2636
桥下达居民区　2—27—1675

〔qin〕

芹沂　3—36—2123
芹沂桥　3—36—2118、2128，3—43—2536注
秦国　3—36—2138
秦君　1—2—081
秦君巷　1—2—099
秦山　2—15—1063
秦望山　3—36—2123
琴山下　1—2—092，1—9—474
琴石岗　3—37—2218注
琴坞　3—36—2135
勤丰　1—记—016，1—2—095，1—4—193注，2—32—1880，
　　3—38—2294注
勤丰村　1—6—295
勤工　1—记—016，1—2—095，2—32—1880
勤工村　1—11—613，2—27—1679
勤俭　1—2—094
勤劳　1—2—094
沁阳　3—36—2118
沁阳县　3—36—2130
沁茵园　2—15—1070、1071

〔qing〕

青春　1—2—094
青岛　1—9—452、452注，1—11—711
青风亭　1—9—470
青风亭桥　1—9—479
青海　1—6—286，2—24—1534
青化　1—2—077、085、086，3—41—2443，3—43—2597

青化山　1—3—106、108、109、111、121、124、132，
　　1—5—249，3—36—2117、2123、2133，3—37—2182、
　　2215，3—41—2443，3—43—2571、2572、2597
青化山风景区　1—4—230注
青化乡　3—43—2597
青口　3—35—2032注
青口船闸　1—8—420
青龙山　1—3—106、108、114、118、132，1—5—249，
　　1—8—399，1—9—500注，1—12—783，2—15—1051、
　　1051注，2—32—1874，3—37—2215，3—41—2437、
　　2437注、2450、2451注，3—43—2576、2578、2592注
青龙寺　1—12—783
青龙头　1—3—128
青马　1—2—083
青浦　1—11—718
青山（连山）　1—2—085，3—37—2194，3—43—2574
青山坝　1—8—422
青山头　3—43—2547注
青山坞　3—43—2549
青山张　1—2—075注，1—3—110
青田　3—36—2082注
青田县　3—36—2082
青县　3—45—2732注
青阳　3—44—2628
青州　3—36—2118、2128、2130、2132
青州府　3—36—2125
清白寺　2—24—1556注
清德　1—2—081
清风　1—2—099
清风坊　1—2—099
清风桥　3—37—2205
清河郡　3—36—2136
清涧小区　2—15—1063
清涧新村　2—15—1062
清江　3—37—2216、2216注
清净庵　3—41—2437注、2438
清联　1—2—095
清联村　1—11—613
清水　3—37—2204
清泰门　1—9—507
清州　1—9—452注
庆丰　1—2—094，1—10—580
庆丰桥　1—9—509
庆胜闸　1—8—420
庆伟　1—2—083
庆元　3—43—2551，3—44—2660
庆元县　2—15—1052，2—33—1898，3—44—2696
庆远　3—44—2628

〔qiong〕

琼州府　3-36-2120

〔qiu〕

邱家村　1-8-393
邱家桥　1-2-092
邱家桥村　1-5-276，3-36-2109，3-44-2657
邱家坞　1-2-092
邱家坞村　1-11-686，3-38-2270
邱徐埭　3-43-2548
秋上王　1-记-022，3-45-2758
湫口坝　1-4-223，1-10-533、554、572，3-37-2199
湫口亭　3-37-2198
湫口穴　3-37-2204
湫口闸　3-37-2200
湫上王　3-36-2116，3-37-2202，3-45-2744
求是村　2-15-1062
球川　1-3-105
裘家埭　1-10-553
裘家坞　1-2-095，1-3-105、108、113注，3-36-2138，3-43-2599
裘家坞村　3-36-2110，3-37-2163
裘江　1-2-083、084、087、089、091，1-3-116，1-9-484注、488，1-10-547、559，1-11-651、699、714、721、748、761，1-12-795、833，2-13-885注，2-15-1053、1086，2-19-1262，2-21-1443，2-33-1907，3-34-1948，3-36-2046、2078、2128，3-38-2281注、2292，3-40-2346、2411注、2414，3-43-2533、2610
裘江办事处　1-11-697、698、713、744，2-16-1120，2-20-1388，3-36-2097，3-43-2605
裘江公社　3-38-2269注，3-43-2610
裘江管理区　1-2-086
裘江人民公社　1-2-088
裘江寺　3-41-2425、2427
裘江乡　1-2-088、089、090，1-4-191注，1-6-284，1-10-556，1-11-694、718、719、744、752、760，2-16-1120，2-21-1432，2-24-1543，3-36-2072注，3-38-2272注、2283

〔qu〕

渠县　2-28-1714
衢县　3-43-2551
衢州　1-11-635、678，2-16-1138注，2-31-1831，3-36-2117，3-43-2538、2548、2548注、2584、2594，3-44-2652
衢州市　1-6-286，1-9-466
衢州天主教堂　3-41-2452
曲阿　1-2-074
曲阜　3-36-2126、2130
曲阜市　3-36-2128
曲水　1-11-615
曲水镇　1-11-615
去虎　1-2-081
去虎山　1-3-120

〔quan〕

全民　1-2-094，2-32-1879
泉水　1-2-093
泉水村　1-3-105、111
泉水坞　2-13-937注，3-41-2429
泉州　1-1-069，3-36-2125

〔que〕

雀山岭坝　1-8-422
雀山岭水库　1-8-410注
鹊竿渡　1-9-506
鹊竿里　3-36-2120
鹊竿王家　3-36-2116

〔qun〕

群合　1-2-093
群合村　1-11-721
群欢　1-2-095
群建　1-2-095，2-32-1879
群建桥　1-9-478
群力　1-2-086、094
群联　1-2-093
群马县　3-35-2036，3-39-2314
群围　1-2-095，1-11-770，3-43-2601
群围村　3-44-2717
群益　1-2-094
群益村　1-11-613，2-13-919注，3-43-2568
群益桥　3-37-2157
群谊　1-2-093
群英　1-2-095，2-32-1879

R

〔rao〕

饶州　3-36-2129
饶州府　3-36-2136

〔ren〕

人民桥　1-10-523、532、535
仁和县　3-43-2576
仁化　1-2-084
仁化村　1-2-082
仁化乡　1-2-082、084，3-43-2587
仁里岭　1-2-077、078、079
荏山　1-2-076、087、094，1-5-265，1-8-398、399，
　　2-25-1590、2-32-1875，3-40-2414，3-41-2434
荏山村　1-8-395、414，2-14-983
荏山人民公社　1-2-087，3-43-2587
荏盛　1-2-082
任家溇　3-38-2226注

〔ri〕

日本（日）　1-记-019、025、026、035、036、037、
　　038、039、040，1-1-069，1-6-286，1-9-492、
　　1-11-671、717、719、728、734、735、736、737、
　　738、764、768、769、771、774，1-12-814、816、
　　821、824、825、830、832、836、837，2-13-875、
　　876、879、880、883、884、885、886、888、912、
　　920、932、950、952，2-14-990、991、992、993、
　　994、997、1000、1001、1002、1003、1006、1010、
　　1011，2-15-1040、1050、1053，2-16-1139，
　　2-17-1182、1183、1183注、1190、1191、1193、
　　1195、1195注、1197、1198、1199、1202、1206、
　　1207、1213、1214，2-18-1237，2-20-1340注、
　　1361、1395、1396，2-21-1417，2-22-1473、
　　1498，2-23-1523，2-24-1554、1555、1556、1556
　　注，2-27-1688注、1689、1693注，2-28-1719，
　　3-34-1950、2001，3-35-2016、2030、2035、
　　2036、2040，3-36-2056、2058、2070、2071、2078
　　注、2081、2081注、2099、2106、2115、2116、
　　2120，3-37-2203、2211、2212，3-38-2248、
　　3-39-2314、2342，3-41-2439，3-42-2462、
　　3-43-2549、2555、2558、2561、2563、2570、
　　2584、2589、2598、2599、2605，3-44-2625、
　　2635、2639、2641、2642、2648、2651、2653、
　　2654、2662、2668、2670、2686、2688、2689、

2714、2715
日本国　3-44-2627
日边驿　3-37-2204
日船埠头　3-37-2205
日门塘　1-2-080
日思庵　3-37-2192、2193，3-40-2414
日土　3-38-2306

〔rong〕

荣贵　1-2-083
荣贵庙　3-41-2444
荣联　1-2-092，2-32-1849
荣联村　1-9-488
荣禄第　3-43-2535、2535注
荣十　1-2-085、086，3-43-2589
荣新　1-2-093，1-9-473
荣新村　1-6-294，1-11-613，3-37-2173，3-41-
　　2436，3-44-2659
荣星　1-2-092
荣星村　1-2-080，2-32-1851、1876，3-37-2190
荣庄　1-2-092
荣庄村　1-6-314，1-10-554，1-11-744，2-14-983，
　　2-24-1551
冗村　1-2-081
冗里　1-2-093
冗里小机埠　1-8-433

〔ru〕

如皋　3-36-2132
如松　1-2-093
如松村　1-11-612
如意　1-2-085
如意花园　2-15-1063
儒林坊　1-2-099
儒坞　1-2-094，1-3-105
儒坞村　1-11-652
儒值坞北　1-2-079
儒值坞村　2-32-1849
汝南　3-36-2117
汝阳　3-41-2439
汝阳郡　3-36-2123，3-41-2431注
乳山　2-25-1567

〔rui〕

瑞安　1-11-735、737，3-44-2633

瑞安市　2-27-1701
瑞昌县　3-36-2134
瑞典　1-记-036，1-6-286，1-12-830，2-14-1002、
　　1006，2-17-1191、1199，2-27-1688注，3-44-
　　2714、2715
瑞丰寺　3-41-2425
瑞峰庵　3-41-2426
瑞机埠　1-10-554
瑞机埠桥　1-9-478
瑞记埠头　1-9-509
瑞丽　1-9-465，2-20-1382，2-24-1535、1535注
瑞丽市　2-16-1139
瑞莲桥　3-36-2131
瑞士　1-6-286，1-9-449，1-11-738，2-13-952、
　　969、976，2-14-991、994、1006、1010，2-17-
　　1199，2-20-1330，2-28-1719，3-43-2589，
　　3-44-2663注、2714

〔run〕

闰真庵　3-41-2437注

〔ruo〕

箬帽尖　1-3-119
箬山　3-37-2194

S

〔sai〕

塞班岛　2-17-1206
塞拉利昂　2-27-1688注
塞浦路斯　2-14-1002
塞舌尔　2-14-994

〔san〕

三堡　1-9-501
三岔埭　1-12-776注，3-43-2581、2586、2588
三岔路　1-2-087、093
三岔路村　2-20-1343注，3-44-2660
三村　2-13-892注
三都　1-2-082
三墩镇　3-45-2758
三工段横河　1-8-396，3-43-2592
三工段横湾　1-8-397

三工段闸　1-8-416
三官　1-2-077、085
三官埠湾　3-43-2567
三官埠直湾　1-8-397、439，1-12-792，3-43-2589
三官殿　3-40-2413，3-41-2443、2444、2450、2452
三官堂　1-9-502
三韩　3-41-2439
三号桥　1-9-478，2-32-1859注
三号闸　1-9-484注，3-43-2617、2618
三号闸横河　1-4-215，1-8-397
三号闸桥　1-9-479，1-12-794
三湖亭　3-37-2198
三会　1-11-615
三基　1-2-081
三江　1-10-563，3-41-2434
三江城　3-43-2568
三江口　1-2-073，1-3-116、133，1-4-193、194、
　　230，1-5-250，1-9-504，1-10-529、552、553、
　　554、557、558、559，2-15-1051，3-41-2425、
　　2434
三江塔　3-37-2210
三江亭　3-41-2434
三江闸　1-3-129，1-8-395，3-43-2543注
三魁镇　2-33-1923注
三联　1-2-095，1-8-392，1-12-796
三联码头　1-9-503
三昧庵　3-41-2449
三昧殿　3-41-2443、2449
三门　1-3-105，1-8-403，1-9-510注，1-11-595
三彭（碰）桥　3-37-2155注
三碰桥　1-10-534，3-37-2205，3-43-2535
三浦畈　1-8-401
三清殿　3-37-2210，3-41-2443、2444，3-43-2614
三泉王　1-2-094，1-3-112，1-5-249，1-10-553，
　　3-36-2117
三泉王村　3-35-2017，3-36-2108，3-37-2171、
　　2173、2183，3-43-2572注，3-44-2634
三泉王溪　1-3-129
三瑞寺　3-41-2436
三善桥　3-37-2201、2202
三塘　3-36-2136
三塘村居住小区　2-15-1062
三图　3-37-2169注
三万六千亩区块　1-12-795
三万六千亩围垦　1-12-781、784、795
三万三千亩区块　1-5-262，1-12-816、820
三围　1-2-095，1-11-770，1-12-785，2-32-1879，
　　3-43-2601

三围村　2-33-1900
三喜桥　3-37-2199
三峡　3-41-2440
三亚　1-9-452注
三盈　1-2-085、093，2-32-1879，3-43-2587
三盈村　1-5-266，1-11-607、613、660、711、720，
　　2-27-1683，3-35-2015，3-41-2449
三闸　1-2-082
三祝桥　3-37-2157
三庄　1-2-092
三庄村　1-6-294，1-11-613
三庄大队　3-38-2281注

〔sang〕

桑盆里　3-36-2120

〔sha〕

沙岸铺　3-37-2204
沙北　1-2-077、085、086、094，2-32-1879，3-36-
　　2134
沙北村　1-记-021，1-11-613，3-43-2570，3-44-
　　2699、2717、2720、2724
沙地　1-6-321，3-37-2215，3-38-2235，3-40-
　　2346、2350、2353、2356、2366、2371、2376、
　　2380、2381、2384、2385、2387、2392、2413，
　　3-41-2425、2450注
沙地区　1-3-142，1-4-191、191注，1-7-349，1-9-
　　510注，1-10-557，1-11-675、681、704、705、
　　716、725、731、769注，2-26-1609，3-38-2283、
　　2294、2294注，3-40-2348、2363、2369、2375、
　　2381、2394、2396、2400、2407、2409、2414、
　　2415、2416，3-42-2462、2485、2487、2491、
　　2492、2500、2511，3-43-2541、2556
沙河　1-2-083、093，1-8-393
沙河村　1-3-105、112，1-9-466，2-13-901注
沙河大队　1-11-742注
沙河口　1-2-082，1-3-128，1-8-393，1-11-627，
　　3-43-2554
沙河沈　1-2-095，1-8-419
沙河沈庙　3-41-2425
沙荷溪　3-36-2136
沙湖城河　1-2-079
沙湖桥　3-37-2205
沙郎沈后圩　1-12-777注
沙郎沈前圩　1-12-777注
沙里吴　1-2-092，2-28-1715注，3-36-2123

沙田头　1-2-093，2-32-1879
沙头角　3-43-2555
沙溪乡　2-28-1709
沙州　2-20-1380
沙洲墩头　1-2-091
纱帽山　3-37-2148，3-43-2610
纱帽山印纹陶窑址　3-37-2183
纱帽山印纹硬陶窑址　3-37-2182

〔shan〕

山北　1-2-077、085、086、094，3-36-2134
山北村　2-32-1876
山北河　1-10-526、542、543，2-24-1551
山北河支河　1-10-542
山北桥　1-10-542
山北新苑　1-4-214，1-10-568，2-15-1069，2-24-
　　1550
山东　1-6-286，1-9-489，1-11-614、635、660注、
　　680、682、714、730、735、737、738，2-13-883、
　　2-15-1058，2-16-1122、1139、1165，2-20-1341
　　注、1380、1392、1393，2-21-1442，2-23-1519、
　　1520，2-24-1534，2-25-1567、1568，2-27-
　　1664，2-28-1718，2-29-1735，2-31-1831，
　　3-34-1996，3-36-2116、2117、2118、2119、
　　2120、2122、2123、2125、2126、2128、2130、
　　2132、2133、2136、2138，3-39-2342，3-43-
　　2563、2591，3-44-2629、2636、2664
山二　1-12-777注，2-32-1880
山二村　1-记-017，1-3-187，3-36-2108
山海　1-2-095，1-12-796
山海村　1-2-091，1-6-294，3-43-2618
山海关　3-36-2128
山河　1-2-084、086
山河花园　1-10-541
山河人民公社　1-2-087
山河乡　1-2-085、086，3-43-2546
山后　1-2-085、086、093，1-8-419、425，1-10-
　　554，3-40-2413，3-43-2550
山后村　1-9-475，2-24-1561，2-32-1851
山后桥　1-9-479
山后头　1-2-094，3-36-2132
山后乡　3-43-2546
山梨市　1-记-019、037、038、040，2-24-1556、1556
　　注，3-36-2058
山梨县　2-24-1556注
山里人家　1-5-250，1-7-381，1-10-553，3-37-2211
山里沈　1-2-094，1-3-185，1-10-553，3-41-2432

山里沈村 3-37-2171、2172、2183、2185、2189，3-43-2572注

山里王 1-2-094，1-3-111、112，1-5-249，1-10-553，3-38-2269注

山里王村 1-11-686、771，3-41-2454

山末址 1-2-094，1-5-260注，2-28-1715注，3-43-2588

山末址村 3-41-2448

山末址大队 3-35-2028注

山南 1-2-093，2-13-935注，2-32-1879

山南村 1-5-266，1-11-612、613，2-13-936，3-35-2015、2016，3-37-2175、2190，3-44-2721

山南河 1-4-224

山南桥 1-2-092，1-10-537

山栖 3-36-2125、2128，3-41-2440

山栖崇教寺 3-41-2424

山栖岭 1-2-077、078，1-3-121

山前 1-2-085、093，3-43-2560

山前村 1-8-392，2-27-1675

山前塘 1-8-433

山前吴 2-15-1050

山前吴村闸 1-8-420

山前乡 3-43-2558

山前许 1-2-094，3-43-2583注

山前许村 3-43-2583

山三 1-2-094

山三村 1-6-294

山田 1-2-083

山头埠 1-2-095，1-8-422，1-9-501，3-36-2135、2136，3-37-2150、2182，3-39-2313注，3-43-2599

山头埠村 1-3-129，1-9-501，2-21-1439，3-37-2151、2154、2160、2163、2170、2183，3-43-2597、2598，3-44-2633、2649

山五 1-2-093

山坞里自然村 3-38-2272注

山西（晋） 1-5-236注，1-6-286，2-16-1141，2-27-1664，3-36-2106、2113、2114、2115、2120、2136，3-37-2196，3-44-2634、2650、2658、2661

山西闸 1-8-411、418

山下湖 1-9-510

山阳 3-36-2132

山一 1-记-017，2-32-1880

山一村 1-记-035、036，1-4-190、230、233、233注，1-11-686、749

山阴 1-2-073、074、075注、092，1-8-411，1-9-507注，1-11-771，3-36-2117、2120、2121、2122、2123、2125、2128、2129、2131、2135、2136、2137、2138，3-37-2151、2164注、2179、2204、2205，3-41-2431、2442，3-45-2746

山阴河 1-10-542

山阴河桥 1-10-542

山阴街 1-2-092

山阴县 1-2-076、077，3-36-2120、2126、2134、2137，3-41-2431、2439，3-43-2571、2597、2598、2608，3-44-2649注

山阴小区 2-15-1069、1071

山阴住宅区 1-10-543

山园里 1-3-112

山泽 1-2-081

山闸 1-2-083

山址庙 3-40-2413，3-41-2443、2448

山址头 3-41-2448

陕北革命老区 3-36-2071

陕甘宁边区 3-44-2674

陕西 1-6-286，1-11-738，2-15-1058，2-20-1341，2-27-1664，2-31-1831，3-34-1972，3-36-2116、2118、2123、2131、2135，3-43-2591

汕头 1-9-452注

剡 1-2-074

剡溪 3-37-2205

善福 1-2-083

善明寺 3-37-2195

善泰 1-2-083，3-43-2592

善溪 3-36-2123

善政 1-2-099

善政坊 1-2-099

单家 1-记-016，1-2-095，2-32-1880，3-44-2627

单家村 1-6-295，1-9-508，3-43-2603

单家河 3-43-2606

单家堰 1-8-421

〔shang〕

商城东河 1-10-526

商城河 1-10-526、529、533、535、537、577

商城花园 2-15-1069

商城西村 1-2-092，2-15-1069、1071

商贸公寓 2-15-1069

商周石室土墩墓 3-37-2186

上安王 3-41-2432

上坂村 1-2-079

上堡 2-32-1880、1881，3-36-2129、2130

上堡村 1-记-015，2-32-1880、1881，3-44-2644

上埠 1-2-093，1-9-501注，3-43-2552

上埠村　2—26—1632、1633，2—28—1718，3—35—2017，
　　3—37—2170、2183，3—43—2552

上曹坞　1—2—094，1—8—393，3—41—2452

上曹坞村　1—2—079

上城区　3—36—2076

上戴　1—2—092，3—36—2139

上戴村　1—6—294、295，3—41—2454

上董　1—2—093

上董瓷窑址　3—37—2183

上董村　3—37—2149、2183，3—41—2429、2430，3—44—
　　2651

上董庙　3—41—2429注、2430、2444

上董窑址　3—37—2182

上董越窑青瓷窑址　3—43—2565

上畈　1—8—425

上高县　3—36—2139

上官乡　3—36—2135

上海（沪）　1—总—003注，1—记—014，1—2—073、073
　　注，1—6—286、299、314，1—7—370，1—9—449、452
　　注、463、465、466、474、489、492、493、494、
　　510注、511、512，1—10—522、523，1—11—602、
　　633、643、644、661、671、672、703、710、714、
　　717、718、730、736、737、738、768、770，1—12—
　　811、820、830、836，2—13—840注、859、876、
　　883、886、912、937注、939、943、949、957、
　　2—14—980、990、991、993、1009、1012、1014、
　　1027，2—15—1037、1039、1053、1054、1061、1062、
　　1063，2—16—1102、1109、1111、1122、1134、
　　1139、1139注、1147、1149、1153、1165注、1173、
　　1175，2—17—1209，2—18—1233、1255，2—20—
　　1331、1380、1382、1394，2—21—1408、1417、
　　1450，2—22—1460，2—23—1512、1520，2—24—
　　1533、1534、1535、1535注、1554，2—25—1567、
　　1568，2—26—1627，2—27—1673，2—29—1750、
　　2—32—1878，3—34—1931、1933，3—35—2012、
　　2014、2041，3—36—2046、2058、2058注、2068、
　　2071、2073、2074注、2076、2088、2095、2097
　　注、2099、2106、2112、2113、2126、2134，3—37—
　　2208、2212、2212注，3—38—2226、2227、2234、
　　2239、2246、2246注、2248、2254、2268，3—39—
　　2324、2341、2342，3—40—2384、2385，3—41—
　　2446、2453、2455、2456，3—43—2541、2545、
　　2551、2559、2570、2576、2581、2589、2594、
　　2601，3—44—2630、2635、2637、2637注、2638、
　　2639、2640、2641、2642、2645、2650、2651、
　　2652、2654、2655、2658、2660、2661、2663、
　　2664、2667、2668、2671、2673、2674、2675、
　　2676、2684、2690、2692、2693、2716、2717、

　　2719、2721、2723、2724

上海港　1—9—492

上海浦东国际机场　1—9—450

上横塘　1—8—419

上洪　1—2—082、083

上林湖　3—37—2175

上林乡　3—36—2133

上马家　2—32—1859注

上马石　1—2—094，1—5—250

上马石村　3—40—2351

上马坞　1—3—105、109、110、110注

上门村　3—36—2108

上庙坝　1—8—422

上倪　1—2—092

上诺曼底大区　1—记—038

上桥坝　1—8—422

上沙埠　1—9—457

上沙洲墩头　3—43—2553

上山头　1—2—093，1—8—422，2—13—937注，3—43—2555

上山头村　1—6—294

上山湾　1—3—121

上山遗址　1—1—065

上胜庙　3—40—2413、2415，3—41—2441

上水仙庙　3—41—2447、2447注

上孙　2—15—1050

上天竺　3—41—2435

上弯山　1—8—408

上湾山　3—43—2608

上坞　1—8—409、410

上仙岩　1—2—082

上湘湖　1—3—131，3—45—2743

上洋　1—3—105，1—10—580

上姚港　1—2—079

上盈湖　1—8—426

上盈湖畈　1—2—091，3—43—2597

上盈湖闸　1—8—402

上犹县　3—36—2119

上虞　1—2—074，1—8—412，1—9—455注、507注、510、
　　510注，1—11—595，2—15—1051，2—20—1380，
　　2—21—1449，2—22—1463、1464，2—24—1533，
　　3—36—2058、2088、2122，3—37—2181、2197、
　　2204注，3—38—2235，3—40—2411注、2414，3—43—
　　2538、2564，3—44—2642、2645、2649、2651，
　　3—45—2730注

上虞市　1—3—133，2—26—1611，3—39—2325

上虞县　2—15—1051

上元桥　3—37—2184

上灶渡　3—36—2133

上灶河 3-45-2758
上庄 1-2-094
尚镕案 3-43-2578

〔shao〕

少憩亭 3-37-2198
邵家 1-记-016, 1-2-095, 2-32-1880, 3-41-2447
邵家村 1-11-612, 3-41-2447
邵家塔 1-2-095, 1-3-112, 3-36-2126
邵家塔村 1-11-648, 3-36-2109, 3-37-2148, 2149、2185
绍兴 1-总-003注, 1-记-021, 1-2-077, 1-3-129、1-5-237、269, 1-8-395、396、398、399注、400、412、414、430、431, 1-9-455、456、465、466、470、482注、486、487、488注、489、490、499、501、501注、502、507注、508注、510、510注、513注, 1-10-563、564, 1-11-654、672、722、770、773, 1-12-790、800、821、826、836, 2-13-903、938, 2-14-1020, 2-15-1050、1051、1053、1056、1057、1061、1062、1063、2-16-1115、1136、1147、1165、1165注、1176、2-18-1216注, 2-19-1303, 2-20-1380, 2-21-1404、1406注、1424、1449, 2-22-1463、1487注、1495, 2-23-1519、1530, 2-24-1533、1534、1550、1562, 2-25-1567、1568, 2-26-1627、1636注, 2-27-1672, 2-28-1727, 2-29-1751, 3-36-2058、2059、2073、2074、2074注、2078、2088、2118、2120、2121、2122、2123、2126、2127、2128、2131、2132、2133、2138, 3-37-2151、2159、2175、2181、2194、2196、2198、2205、2206、2215, 3-38-2235, 3-39-2312、2312注、2316, 3-40-2346、2381、2385、2388、2392、2396、2398, 3-41-2427、2431、2437、2440、2442、2448、2448注、2449、2452、2454、2455、2456、2459, 3-42-2462、2504、2507, 3-43-2538、2539、2541、2548、2551、2555、2564、2568、2569、2570、2578注、2580、2581、2584、2598、2599, 3-44-2623、2625、2640、2641、2642、2646、2649、2651、2656、2663、2668、2716、2717、2718、2721、2722、2723, 3-45-2729、2730注、2758
绍兴地区 1-8-442
绍兴府 1-2-072、073注、096, 3-36-2121、2123、2126、2137, 3-37-2171, 3-41-2431、2444、3-43-2572
绍兴郡 3-37-2195
绍兴垦区 1-12-809
绍兴路 1-2-072
绍兴市 1-6-286, 2-15-1061, 3-36-2117、2137、3-37-2203, 3-43-2600
绍兴天主堂 3-41-2453
绍兴围堤 1-12-780
绍兴围垦 1-8-413、442
绍兴围垦区 3-43-2591
绍兴县 1-总-003, 1-2-073、077、078、079、084、085, 1-3-112、121、129, 1-8-414、429、435、1-9-465、466、467、468、470、472、473、475、488、503、510、510注, 1-11-770, 1-12-780、799, 2-13-875、876注、909、940, 2-20-1380、1395, 2-21-1399注, 2-28-1718, 2-29-1745、1746、1751、1753, 3-34-1931, 3-36-2064、2120、2137, 3-37-2152, 3-38-2235, 3-41-2446, 3-43-2537、2539、2540、2561、2567、2569、2571、2597、2599、2605、2608、2610、3-44-2633注、2645
绍兴新围 1-12-793、794
绍兴专区 1-总-004, 1-2-072

〔she〕

佘山 3-41-2453
蛇口 3-43-2555
蛇山头 1-8-393
舍利铜塔 3-37-2177
舍浦 3-36-2137
社稷坛 3-37-2199注
社坛 1-2-081、099
社坛庙 3-41-2443、2444
社头 1-2-081、099
射阳 3-36-2056

〔shen〕

深圳 1-记-019, 1-7-381, 1-9-449、452、452注, 1-11-661、663, 2-13-887, 2-14-990、991、993, 2-17-1209, 2-18-1255, 2-20-1396, 2-22-1460, 2-24-1535、1535注, 3-43-2555
深圳市 2-18-1248
沈村 1-2-083、095, 1-3-128, 1-8-422, 2-16-1112, 2-32-1880, 3-36-2108、2118、2125、3-41-2452, 3-44-2644、2653、2721
沈村村 1-记-015, 3-35-2017, 3-44-2719
沈村乡 1-2-082, 3-43-2602、2613
沈定一墓 3-37-2182
沈定一墓旧址 3-37-2184

沈家　1-2-094
沈家坝　1-8-422
沈家村　1-9-509注，3-36-2108
沈家埭　1-2-095，1-3-113注、121
沈家渡　1-2-095，1-8-392、393、405、408，1-9-501
　　注，3-43-2599
沈家渡村　1-9-506，1-11-613，3-36-2108，3-37-
　　2164、2168
沈家渡村前塘　1-8-433
沈家渡燕子窝　1-8-401
沈家汇桥　1-9-480
沈家里　1-2-092
沈家门镇　1-9-468
沈家桥　3-43-2535
沈家堰桥　1-9-502，3-37-2205
沈盛　1-2-082、083
沈氏祠堂及碑记四通　3-37-2186
沈氏宗祠　3-37-2168
沈寺坂直河　1-8-395
沈汪　1-2-083
沈阳　1-9-452、452注，2-14-1020，2-16-1139注、
　　1147、1165，3-39-2342，3-44-2678
沈阳市　1-9-466，2-16-1166
沈仲清墓　3-37-2184

〔sheng〕

生产　1-2-085、086，3-43-2587
生产湾　1-8-396、397、439，1-12-792，3-43-2540、
　　2556，3-45-2739
生产湾桥　1-9-477
省淡水养殖场　3-45-2744
省级高科技农业示范园区　3-37-2210
省级农业高科技示范园区　1-5-262
省农业高科技示范园区　1-5-260，2-14-987
省水利围垦综合开发一场　1-12-804
圣帝　1-2-083
圣帝殿　3-40-2414，3-41-2437注、2442、2443、
　　2451、2451注
圣帝庙　3-41-2443
圣果寺　3-41-2425、2433、2433注
圣寿禅寺　3-41-2439
胜利　1-2-083、086，1-8-410，2-32-1859
胜联　1-2-093，3-43-2560
盛　3-36-2135
盛村　1-2-081
盛东　1-2-094，1-3-185，1-9-469，1-10-580，
　　1-12-807，2-32-1879

盛家港　3-37-2199注
盛家坞　1-2-095，1-8-410，1-11-771，3-43-2599
盛家坞村　3-44-2650
盛家坞山　3-41-2436
盛家坞水库　3-37-2215
盛乐　1-2-094
盛乐村　2-14-983
盛练心墓　3-37-2188
盛凌湾桥　1-9-478
盛陵村　1-2-079
盛陵湾（长林湾）　1-3-130，1-8-397、439、444，
　　1-12-792，3-43-2567、2585、2586、2589
盛陵湾分离立交　1-9-477
盛南桥　3-43-2569
盛围　1-2-084、086，3-43-2587
盛围管理区　3-43-2587
盛泽镇　1-11-721
盛中　1-2-094，2-32-1879
盛中村　1-11-749，3-44-2719
盛中桥　1-9-509
嵊泗　2-21-1449
嵊县　2-13-881注，2-21-1449，2-24-1533，2-29-
　　1742，3-36-2116，3-40-2382，3-44-2638、2674
嵊州　1-11-595、772，3-36-2116
嵊州市　3-40-2382，3-44-2674

〔shi〕

狮虎峰　3-41-2430
狮虎坪　3-37-2174
狮虎泉　3-41-2430
狮虎涎泉　3-37-2174
狮山　1-2-095，1-8-410，1-11-612，3-37-2210、
　　2215，3-43-2614
狮山村　1-5-249，1-11-612，2-25-1584，2-32-1882
狮子峰　1-11-772
狮子口　1-9-466
狮子山（禅机山）　1-3-106、111、121、132，1-9-
　　473，2-15-1051、1051注，3-36-2119，3-37-
　　2173、2194、2213、2215，3-41-2438，3-43-2576
狮子山桥　1-9-481
狮子山闸　1-8-415，1-12-794
施村　3-36-2130
施国　3-36-2130
施家渡　1-2-092，3-36-2130
施家渡村　3-36-2109，3-37-2187、2192、2193，
　　3-43-2539
施家桥　1-2-092，1-7-368，1-10-541

施家桥村 1-6-324，1-8-420

施家桥横河 1-8-439

施家山土墩墓 3-37-2185

施家闸 1-3-106

施南府 3-36-2127

十八都 1-2-082，3-43-2605

十八工段 1-12-778、779、780、793、794，3-45-2753

十八工段闸 1-8-417

十都 1-2-082，3-41-2441注，3-43-2574

十二埭 1-8-399、414，1-9-470，1-12-791、792，3-41-2455，3-43-2569

十二埭横河 3-43-2600

十二埭塘 1-9-470

十二埭闸 1-3-130、131，1-8-413、415

十二都 1-2-082

十二工段 1-记-020，1-9-471、484注、509，1-12-777、778、784、793、794、820，3-45-2753

十二工段横河 1-8-397

十二工段桥 1-12-838

十二工段闸 1-8-416

十工段 1-3-187，1-8-413，1-9-484注、500、501，1-12-778、791、793、826

十工段东闸 1-8-416

十工段横河 1-12-778

十工段西闸 1-8-417

十工段闸 1-8-416

十甲河 1-8-397、439

十甲桥 1-9-472

十间楼 1-2-095

十间楼村 3-36-2136，3-37-2161

十九都 1-2-082

十九工段 1-3-188，1-8-404、407、439，1-12-780、793

十里 2-32-1877、1879

十里岭 3-36-2129

十里铺 3-37-2204

十六都 1-2-082

十六工段 1-3-187，1-8-413、442，1-12-779、794、821

十六工段横河 1-12-779

十六工段闸 1-8-417

十七都 1-2-082

十七都一图 3-43-2537

十七工段 1-记-013、020，1-3-185、186、187，1-12-778、779、786、793、794、802、808，2-16-1138，2-22-1467，2-24-1551，3-45-2753

十七工段北隔闸 1-8-417

十七工段横河 1-12-779

十七工段排涝闸 1-12-780

十七工段西闸 1-8-417

十七工段闸 1-8-417，1-12-778

十三都 1-2-082

十三房 1-2-094，1-3-105、108、110、110注，1-5-250，3-43-2583注

十三房村 1-3-114、120，3-44-2651、2666

十三工段 1-9-508、509

十三工段横河 1-8-397

十三工段闸 1-8-416

十四都 1-2-082，3-37-2169注

十四工段 1-记-020，1-9-471、508、509，1-12-795，3-45-2753

十四工段闸 1-8-417

十五都 1-2-082

十五工段 1-记-013，1-2-078，1-3-127、130、131、187，1-8-413、442，1-11-620，1-12-780、793、794，3-35-2032注

十五工段桥 1-12-838

十五工段闸 1-8-417，1-12-791

十一都 1-2-082

十一工段 1-9-471，1-12-794

十一工段桥 1-12-838

石扳山 1-2-079

石板山 1-3-121，3-43-2571

石板溪 1-3-111，3-36-2138

石壁坞 3-37-2217注

石船坞 3-37-2217注

石斗门 3-37-2199注

石盖 1-2-093，1-5-274，1-8-419，3-36-2130

石盖村 1-8-402

石盖里塘畈 1-8-394

石盖庙 1-8-394

石盖桥 1-8-394

石盖山 1-3-118，1-5-249

石盖坞 1-2-093，3-36-2130

石盖坞村 3-36-2109

石湖尖 1-3-120

石家漱 3-37-2199注、2200，3-45-2742

石夹桥 1-8-393、402

石梁 3-41-2442

石陵 3-36-2132

石马 1-2-083

石马庙 3-41-2443

石马头 1-2-093，1-9-473

石马头村 1-4-210，3-35-2017，3-36-2109、2131、2132，3-37-2171、2185，3-41-2446，3-43-2566

石门 1-2-082、083、085，1-4-223，1-9-510、513、

513注、514, 2—32—1881, 3—43—2602、2603注

石门村　3—41—2433注

石门岭　1—3—121

石门王　1—2—095, 1—3—108、112、113、132, 3—43—2597

石门王村　1—3—111、112、113、121

石牛山　1—记—016, 1—2—079、095, 1—3—106、109、117、120, 1—11—688, 2—32—1880, 3—36—2117, 3—37—2210、2215, 3—41—2443、2446、2446注, 3—43—2612、2614

石牛山村　1—3—120, 2—32—1851, 3—41—2446

石牛山风景区　1—4—230注

石牛山坞　1—3—128

石盘山　1—3—108、109、111、112、121, 1—5—249, 3—43—2608

石棚坞　1—2—079

石浦湖窑址　3—37—2185

石桥溪　1—3—112

石湫口　3—37—2199注

石人山　3—36—2133

石山房　3—34—1941注

石塔　1—2—092、093, 1—10—544、545, 2—32—1849

石塔村　1—6—295, 1—9—504

石塘　1—2—082

石塘庙　3—41—2447注

石梯山　1—3—128

石头埠村　3—45—2740

石峡　1—2—083

石峡村　3—36—2133

石岩　1—2—084、086、087、088、089、090、091, 1—3—116, 1—5—249、254, 1—8—439, 1—9—473, 1—10—553、559, 1—11—618、619、651、657、686、688、729、748, 2—15—1050、1086, 2—27—1669注、1673, 2—31—1785, 2—32—1851、1861, 3—36—2046, 3—37—2182, 3—38—2274, 3—39—2324, 3—41—2459, 3—43—2534、2602、2615、2616, 3—45—2742、2744

石岩办事处　2—25—1584, 3—43—2615

石岩村　1—3—131

石岩村闸　1—8—420

石岩管理区　3—43—2615

石岩桥　1—10—553

石岩人民公社　3—43—2615

石岩山　1—3—106、110注、114、120, 1—5—249, 3—37—2183、2189、2194、2198、2199、2201、2215、2217注, 3—41—2427, 3—43—2615、2616

石岩头　3—43—2615

石岩乡　1—2—085、088、089、090、091、095, 1—3—

106、109、110注、114、116、120, 1—4—211、230、233, 1—6—283、284、285、287、289、294、296、302、324, 1—7—349, 1—8—420, 1—11—656、727、729, 1—12—807, 2—19—1264, 2—21—1439, 2—27—1664, 2—31—1786, 2—32—1876, 2—33—1903, 3—34—1944, 3—35—2037, 3—36—2109、2110、2123、2126、2133、2134、2135, 3—37—2157、2158、2173、2183、2184、2196、2197、2198、2199、2217、2217注, 3—41—2427、2428, 3—43—2533、2537、2546、2549、2615、2620, 3—44—2652、2715、2719

石岩穴　3—37—2199注

石岩堰　3—41—2441注

石竹坝　1—8—422

石柱山　1—5—249

石柱头　1—2—095, 1—3—106、113, 3—36—2128, 3—43—2597

石柱头村　3—35—2017, 3—36—2109, 3—37—2164、2172、2182、2185、2218注, 3—41—2446

时代广场　1—2—102, 1—10—551、553, 2—15—1068、1070、1076

时和乡　3—36—2119, 3—43—2576、2592

史村　1—2—081、082、099, 3—36—2134

史家桥　1—2—095, 3—36—2133

史家桥村　3—37—2158、2184、2198

世安桥　1—2—094, 2—32—1879

世安桥村　1—11—613

世进士第　1—10—546注, 3—43—2536、2536注

世阳　1—11—615

市北　1—记—017, 1—2—092, 1—5—261, 1—10—562, 2—13—935, 2—14—979、980、981、983、1027、1028, 2—24—1543, 2—28—1705

市北集体公寓　2—15—1069、1083

市北区　1—2—102, 1—5—261, 1—10—539注, 2—14—981、982、986、987、988、992

市北区块　1—记—029, 2—14—978、979、985、985、992、1028

市北新区　3—34—1954

市东　1—2—083、099, 3—43—2533

市火鸡良种场　1—11—753

市良种场　1—11—627、739

市林场　1—11—759, 2—15—1074

市林场头蓬分场　1—6—298, 1—11—754, 1—12—814

市棉花原种场　1—11—593、738、749、753, 1—12—804

市饲料畜禽总公司养殖基地　1—6—298

市西　1—2—083、099, 3—43—2533

市现代农业开发区　1—12—785

市心广场　2—15—1071, 3—34—1944注

市心立交桥 1-10-542
市心路互通立交 1-9-476
市心桥 1-2-099，1-10-535、536、537、568，3-34-1944注，3-36-2045注、2116，3-37-2155、2155注、2184、2205，3-39-2336、2338注
市心桥埠头 1-9-503注
市心桥南 1-2-092
市种畜场 1-11-753、754
市种鸡场 1-11-751，1-12-806

〔shou〕

寿阳 3-40-2349注

〔shu〕

梳头庵 3-37-2193
舒家畈 3-36-2138
舒兰市 2-16-1165、1167
舒渔 1-2-082
蜀吕 1-2-083
蜀南 1-2-095，2-15-1052
蜀南村 1-8-413、415、416，1-11-613，2-32-1876，3-37-2147、2183、2190，3-41-2450
蜀南大队 3-37-2177
蜀南闸 1-8-415，1-9-472，1-12-793
蜀山 1-1-067，1-2-083、085、086、087、092，1-3-106，1-8-392、399，1-11-703，1-12-776注，2-15-1051注，2-32-1874，3-36-2045注、2049注，3-37-2147、2176、2177，3-38-2271注，3-41-2450，3-43-2543注、2592、2593
蜀山村 1-2-082，3-36-2123，3-41-2427，3-43-2592
蜀山街道 1-11-611，2-32-1875
蜀山庙 3-41-2443、2450，3-43-2593
蜀山平原 1-8-390、395、396、403注、412、439、440、443
蜀山区 1-2-087，3-38-2228注、2276注
蜀山水网平原 1-8-442
蜀山寺 3-41-2427注
蜀山遗址 1-总-004，3-37-2146、2147、2182、2183、2186注
蜀山闸 1-4-209，1-8-416
曙光 1-2-086、095，2-32-1879
曙光村 1-2-079
曙光管理区 3-43-2589
曙光桥 1-9-509，3-43-2590
戍城 1-8-429，3-41-2450，3-43-2578

戍城岙 3-43-2576、2579
戍城抗倭遗址 3-37-2186
树蓬王 1-2-094
墅上王 1-2-095，1-8-426，1-9-472
墅上王村 3-36-2108，3-41-2431

〔shuang〕

双板桥 1-2-093，3-43-2544注
双顶山 1-3-120
双河大队 3-44-2684
双尖顶峰山 3-41-2434注
双尖峰 1-2-079
双龙庵 3-41-2440
双庙 1-2-082、083
双庙前 3-36-2121，3-44-2634
双桥 1-2-092，3-38-2236
双桥村 1-2-078、079
双桥头 3-36-2117
双圩 1-2-094
双溪坞 1-3-105
双一村 2-32-1858

〔shui〕

水埠 1-2-092，1-8-393
水埠村 1-11-722
水埠村前塘 1-8-433
水阁 1-2-094
水阁村 2-13-889，3-44-2724
水獭桥 1-9-473
水亭址 1-2-092，3-34-1950注
水亭址福音堂 3-41-2458
水仙庙 3-43-2569
水漾湖 3-37-2196
水漾坞 1-10-572，3-37-2194、2197注、2200、2201

〔shun〕

顺安桥 1-9-481
顺坝 1-记-014、025，1-2-095，1-4-223，1-8-404、435、436、443，1-9-473，1-12-777、785、793、806、819，2-32-1879，3-38-2293
顺坝3围闸 1-8-417
顺坝村 1-5-248，1-6-298，1-12-776注、818
顺坝地区 1-12-783
顺坝垦区 1-12-783、808
顺坝联围 1-3-188

顺坝联围1.5万亩垦区 1-3-188

顺坝南斜埂 1-12-783

顺坝四千亩 1-12-777、779

顺坝土地庙 3-41-2444

顺坝围垦 1-2-080，1-8-416、417，1-11-720，
　　1-12-784、806、814、817、819

顺坝围垦1号坝 1-8-417

顺坝围垦区 1-12-795、820、833

顺坝星民垦殖场 1-4-230、233、233注

顺坝一号闸 1-3-130，1-8-411，1-12-791

顺坝一千二百亩围垦 1-12-779

顺坝闸 1-8-417，1-12-783

顺昌当门楼 3-37-2184

顺德 2-20-1396

顺德市 2-13-953

顺天府 3-36-2120，3-44-2631、2632

舜湖 1-2-094，1-4-223，1-8-393、402

舜湖村 3-37-2163

舜湖大桥 1-9-501

舜湖老桥 1-8-394

舜湖桥 1-8-393

舜江 3-40-2411注

〔si〕

思安乡 1-3-120

思家桥 3-37-2155注、2158、2184

四堡 1-9-457、458

四川（川） 1-6-286、301、303，1-11-614、615、
　　633、635、660、660注、682、703、736、738，
　　1-12-838，2-13-885、889、937，2-14-1025、
　　2-15-1058，2-16-1141、1169、1171，2-21-
　　1442，2-26-1631，2-27-1664，2-28-1712、
　　1714，2-29-1744，2-31-1831，2-33-1904，
　　3-34-1976、1977，3-36-2046、2071、2119、
　　2127、2131、2132，3-38-2256，3-39-2342，
　　3-43-2591，3-44-2634、2688

四村 1-2-093，2-13-935注、936，2-32-1879，
　　3-43-2562、2563

四都 1-2-075注、082，3-36-2136，3-43-2546

四工段 1-8-413、442，1-9-500、505，1-12-791、
　　793，3-35-2032注

四工段渡 1-9-506，1-12-795

四工段横河 3-43-2592

四工段码头 1-9-507

四工段排涝闸 1-3-130

四工段抢险河 1-8-397

四工段桥 1-12-838

四工段闸 1-8-417

四工段直河 1-8-397、439

四卦 3-36-2118

四号桥 2-32-1859注

四湖 1-2-083

四季青乡 1-9-506

四里 1-2-083

四里坂 1-2-082

四联 1-2-094

四联村 1-2-079，1-6-294

四联闸 1-8-416

四明 3-36-2118、2124

四桥 1-2-082

四图 3-37-2169注

四望台 1-2-097、097注

四围 1-2-092，1-12-785，2-32-1849

四围村 1-6-294、298，1-12-776注

四围抢险河 1-8-397

四姓塘 1-8-392、394

四一房 1-2-094

寺岭岗 3-41-2430

寺前 3-43-2571

寺前桥 3-37-2205

寺坞岭 1-记-016，1-2-079、095，1-3-124、177注，
　　1-11-612、724，2-32-1880，3-37-2215

寺坞岭村 1-3-120，1-11-612、618、759

寺下黄 3-36-2133

寺先桥 3-43-2535

寺庄 1-2-081

泗洪 3-36-2132

泗花塘 1-8-408

泗化 1-2-095，1-8-394、435，1-9-505、509、510，
　　3-36-2118、2129，3-43-2608、2609、2610

泗化村 1-9-505，2-32-1876，3-37-2148、2183、
　　2185

泗化村冯家山印纹陶窑址 3-37-2150注

泗水 1-2-082、083，3-43-2549

泗县 3-44-2625、2638

泗州 3-44-2625、2638

泗州乡 3-43-2608

泗洲 1-2-095

泗洲庵 3-41-2440

泗洲村 3-37-2149

〔song〕

松花江 1-12-800，2-27-1701，2-33-1904、1913

松江 1-11-717，3-36-2058，3-44-2628、2656

松江府 3-36-2126、2134、2139

松江县　2-15-1063
松毛山　1-记-022，3-37-2202、3-45-2744、2758
松仙岭　1-8-401、408
松垱乡　1-11-614
松阳　2-15-1063，3-44-2660
松阳乡　1-11-614
嵩山　3-44-2629
宋明懿夫人墓　3-37-2185

〔su〕

苏北　2-32-1871，3-43-2551
苏家潭　1-2-092，1-9-501注、1-10-573、2-15-1071，3-36-2125、3-38-2235、3-43-2535、2536
苏联　1-记-035，1-11-725，2-18-1241，2-20-1330、2-24-1556，3-44-2643、2650、2657、2660、2675、2681
苏州　1-1-047注、1-7-381、1-11-736、770，2-13-840注、2-16-1112注、2-20-1396，3-36-2074注、2124、2126，3-38-2248，3-43-2538、2570、2601，3-44-2628、2635、2643、2665
苏州市　3-36-2058、2069、2119、2131
肃州　3-36-2131

〔sui〕

睢溪县　3-36-2119
绥芬河　2-24-1535
遂安　3-43-2551
遂昌　3-43-2551

〔sun〕

孙家　1-2-093
孙家村　3-36-2108
孙家里　1-2-080
孙家弄　1-2-093
孙桥头　3-38-2273注，3-43-2554
孙桥闸　1-8-402
孙氏宗祠　3-37-2168、2199
孙湾　3-43-2585
孙学思墓　3-37-2196

〔suo〕

所东乡　3-43-2571
所前　1-记-013，1-1-067，1-2-077、078、079、083、085、086、087、088、089、094，1-3-117、

124、129、163注、171注，1-5-240、242、244、248、249，1-8-439，1-9-466、472、473、484注、501、508、509、515，1-10-524、553，1-11-596、618、626、651、673、686、688、759、765、766、770、771，2-13-880，2-15-1032、1051、1053、1088，2-23-1530，2-24-1544，2-26-1618，2-27-1669注，2-28-1705，2-31-1841、2-32-1852、1873，2-33-1896、1907，3-34-1936、1945，3-35-2022，3-36-2045、2131、2133，3-37-2150、2151、2182、2212注，3-38-2274、2274注、2303，3-40-2385、2386、2387、2413，3-41-2424、2431注、2440、2442、2443、2444、2447，3-43-2537、2571、2572
所前公社　3-38-2269注
所前人民公社　1-2-086，3-43-2571
所前生态园　1-9-486
所前乡　1-2-082、088，3-37-2150注，3-43-2571
所前镇　1-记-025，1-2-079、089、090、091、094，1-3-107、111、112、113、116、117、118、121、185，1-4-200、210、211，1-5-241、243、255，1-6-283、284、285、287、289、294、295、296、301，1-7-349，1-8-410、441，1-9-466、503、509，1-10-553，1-11-612、613、619、621、622、653、686、692、725、771，2-19-1296，2-25-1584，2-31-1785，2-32-1876，3-35-2015、2017，3-36-2108、2109、2110、2121、2122、2123、2124、2126、2127、2128、2129、2131、2133，3-37-2151、2153、2171、2172、2173、2174、2183、2185、2187、2189、2190、2191、2210、2212、2212注、2213、2215、2218注，3-38-2268注、2295，3-41-2423、2431、2432、2439、2442、2446、2446注、2454，3-42-2488，3-43-2571、2572、2572注、2573、2597、2605、2619，3-44-2634、2721
所西乡　3-43-2571
所萧　1-2-082
锁秀桥　3-37-2157、2186

T

〔ta〕

塔河　1-9-501注
塔吉克斯坦　1-记-039，2-14-993
塔山（木尖山、目尖山）　1-3-109、118、120，3-36-2122，3-37-2215，3-41-2428，3-43-2537、2550、2606、2615
塔山岗　1-2-077、078，1-3-119

塔子尾巴　1－8－413
塔子尾巴闸　1－8－413

〔tai〕

台州　1－6－286，1－11－758，2－13－884、937注，2－15－
　　1050，2－16－1112注，2－25－1578，2－28－1707，
　　2－31－1831，2－33－1904，3－38－2234，3－41－
　　2440，3－44－2625
台州市　1－6－286
台北　3－39－2342
台北市　3－36－2133，3－44－2688
台湾（台）　1－记－025、026、039，1－1－069，1－5－260
　　注，1－11－671、717、734、736、737、739、768、
　　774，1－12－826、830，2－13－875、876、920、
　　921、952，2－14－979、988、990、991、992、993、
　　994、997、1000、1001、1002、1003、1006、1011，
　　2－15－1050、1054，2－16－1121，2－17－1191、
　　1197、1199、1213、1214，2－18－1237，2－22－
　　1467、1496、1496注，2－23－1523，2－27－1690、
　　1690注、1693注，3－36－2081、2129、2133，3－43－
　　2555、2604，3－44－2658、2695，3－45－2757
台中　1－12－826
台庄　3－36－2123
太仓　1－11－739
太丰县　3－37－2178注
太公堂窑址　3－37－2185
太行山区　3－44－2674
太湖　1－11－721，3－42－2462
太湖流域　3－43－2538
太康县　3－44－2699
太末堰　1－8－421
太平　1－2－082、083、085
太平庵　3－41－2424、2425、2431、2440
太平弄　1－2－092
太平弄居民区　1－6－295
太平桥　1－9－508，3－37－2155注、2205
太平山　1－5－249，1－11－753，2－15－1051，3－36－
　　2129，3－37－2169、2174，3－41－2430，3－43－
　　2582、2608
太平山林场　3－41－2430
太平寺　3－41－2423、2424、2425
太婆坟　1－8－433
太山峰　1－2－077
太田市　3－39－2314
太原　1－9－452注，2－20－1382，2－24－1535、1535注
太原市　2－15－1057
太原县　3－37－2178注

泰安桥　1－10－540、542
泰国　1－记－021、035、036、040，1－6－286，1－7－
　　381，1－11－736、737、738，2－14－994、997、
　　1003、1004，2－17－1191、1199、1213，2－20－
　　1330，2－26－1636，2－27－1688注，2－28－1719，
　　3－34－1950，3－35－2031，3－38－2283，3－39－
　　2318、2342
泰和　3－34－1990
泰和花园　1－10－551、554，2－15－1068、1070、1071
泰和桥　1－10－535、537
泰和县　3－36－2129
泰和小区　1－10－557，3－35－2020
泰和园　3－43－2609
泰山　3－44－2629
泰顺　1－11－614
泰顺县　1－11－614，2－33－1904、1923注

〔tan〕

昙华　1－2－093
昙华村　1－6－294、295，1－7－362，3－44－2720
谈家　3－40－2411
谭家　1－2－082
谭家埭　1－2－092，1－9－487
谭家埭村　1－9－487，2－13－973，2－27－1683，2－32－
　　1876
潭头　1－2－075注，1－8－421，1－10－554，3－36－2120，
　　3－41－2441注，3－43－2547注、2548
潭头河　3－43－2546、2548
潭头货运码头　1－9－503注
潭头上闸　1－8－421
潭头下闸　1－8－421
潭州　3－44－2626
坦桑尼亚　2－14－993
探花第　3－43－2535、2535注

〔tang〕

汤尔恭墓　3－37－2196
汤家垫　3－36－2117、2121
汤家井　1－记－017，2－32－1880
汤家井村　1－记－022，1－4－224，3－37－2202，3－45－
　　2744、2758
汤家里　2－32－1882
汤家溇　3－43－2586
汤家桥　1－记－017，2－32－1880、1882，3－36－2108、
　　2121
汤家桥村　3－38－2285，3－45－2744

汤家山　1-3-113注
汤金钊墓　3-43-2572注
汤金钊谕葬碑　3-37-2185
汤山　1-2-095
汤山村　1-11-613
汤氏宗祠　3-37-2185
汤寿潜故居（旧居）　3-37-2182、2183、2216
汤寿潜纪念碑　1-记-021，3-37-2170、2182、2183、
　　2189，3-43-2598、2599
汤镇　3-43-2578
唐村　1-11-614
堂溪　1-2-074注
塘北　1-2-077、085
塘北管理区　1-2-086
塘村　1-2-082、083、093，1-8-393、410
塘村畈　1-8-433
塘方河　3-43-2548
塘口　1-2-077、078、093，1-5-250，2-13-937注，
　　3-43-2555
塘口村　1-3-186，1-11-612，2-33-1897
塘郎孙　1-2-092，3-43-2538
塘郎孙村　3-37-2173
塘郎姚　1-2-092
塘郎姚村　2-28-1720
塘里陈　1-2-095，1-9-473，1-10-553，2-16-1112
　　注，3-36-2078注、2126，3-41-2455、2458
塘里陈村　1-2-091，3-43-2610、2611
塘栖　1-2-097，3-36-2076
塘桥街　3-43-2611
塘上村　1-8-418
塘上三利闸　1-8-418
塘头　1-2-081、092、093、094，1-9-503，1-10-
　　562，3-41-2436注，3-43-2540
塘头村　3-40-2351
塘头钟　1-2-092，3-36-2129
塘外乡　1-2-085
塘弯头　3-43-2542
塘湾　1-2-092，1-9-456，1-10-553，2-14-985，
　　3-36-2121、2133，3-43-2534
塘湾村　1-2-090，1-9-505，1-10-554，1-11-749、
　　753，2-14-983，3-35-2032
塘湾新村　3-43-2587
塘坞　1-记-018，1-2-095，2-32-1880，3-44-2653
塘坞村　3-36-2109，3-41-2433，3-44-2653
塘西　3-38-2235
塘下　3-36-2131
塘下殿　3-40-2413
塘下高　1-2-093，3-41-2456、2458

塘下高桥　1-9-477
塘下金　1-2-095，1-9-467、468、469、485、508、
　　509，1-10-554，3-41-2447
塘下金村　1-2-091，1-11-713，3-36-2109，3-43-
　　2606
塘下金互通立交　1-9-476
塘下沈　3-44-2627
塘子堰　1-记-017，2-32-1880，3-37-2175、2202
塘子堰村　1-2-080，1-8-420，2-15-1050，3-37-
　　2175、2190
塘子堰村闸　1-8-420

〔tao〕

桃北　1-2-083、084、086、087，1-8-393、401、423、
　　425、434、440、441，3-35-2032注
桃北机埠　1-8-392、401、408
桃北进水闸　1-8-419
桃北乡　1-2-084，3-43-2582
桃岗岭　1-8-409
桃湖　1-2-082、083
桃湖金鸡畈　1-8-401
桃花岛　3-45-2758
桃花山　3-43-2584
桃里　1-5-250，3-41-2441注
桃南　1-2-083
桃南乡　3-43-2582
桃坞山　1-8-393
桃源　1-2-077、083、084、085、086、087、088、
　　1-4-223，1-5-246、260注，1-8-392、393、
　　400、401、423、425、432、434、440，1-9-471、
　　472、490，1-11-627注、651、739，2-16-1112，
　　2-20-1328，2-21-1441，2-33-1897，3-35-2032
　　注，3-36-2123、2131、2132、2134、2136，3-38-
　　2273、2273注、2274、2294注，3-43-2582、2583、
　　2584
桃源管理区　1-2-086
桃源灌区　1-8-402
桃源进水闸　1-8-419
桃源上横塘　1-8-401
桃源乡　1-2-081、082、084、086、088、089、090，
　　1-6-284，1-9-509注，1-11-752，2-13-919、
　　934，2-32-1849，3-34-1961注、1992注，3-37-
　　2150注，3-41-2443，3-43-2582、2584
陶家弄　1-3-112
陶家桥　1-8-393，1-9-508
陶家山　1-8-402
陶里乡　1-9-465、470

陶朱 1-2-082
讨饭坝 1-8-440
讨饭坝闸 1-8-418

〔te〕

特拉华州 1-记-035

〔teng〕

滕家河 1-10-537

〔tian〕

天安门 2-13-971
天带桥村 1-1-066注
天顶大岗 1-2-079
天后宫 3-41-2450、2450注
天津 1-记-014，1-6-286、325，1-9-452注，1-11-
　　737，2-13-883、937，2-14-980，2-15-1053，
　　2-16-1153，2-26-1631，3-36-2074，3-39-
　　2342，3-43-2573，3-44-2638、2639、2647
天京 3-44-2637
天姥 3-37-2205
天乐 1-9-507注，1-11-771，3-36-2117、2121、
　　2129、2131、2132、2133、2137、2138，3-37-2218
　　注，3-41-2431、2431注
天乐寺 3-41-2425
天乐乡 3-36-2117、2123、2126、2128、2135，3-37-
　　2170，3-41-2439、2442，3-43-2571、2597、
　　2598、2608，3-44-2633注、2640
天乐新村 3-43-2573
天灵岩 1-3-128
天龙山 3-41-2439
天目山 1-3-117，1-7-381，1-11-772，2-22-1504，
　　3-41-2440
天瑞庵 3-41-2434、2435
天台 2-21-1449，3-36-2131，3-41-2442，3-44-
　　2664、2721
天台山 3-37-2205、2206，3-41-2431注、2435、2438
天台县 3-36-2117、2127
天王殿 3-37-2185，3-41-2430、2431
天医殿 3-40-2410、2413，3-41-2443、2448
天长院 3-41-2431
天照山 1-3-118，3-43-2550
田村 1-2-077、078、094，1-3-105、108、109、
　　114，1-4-223，1-5-250，1-8-422，2-27-1675，
　　3-37-2159

田村村 1-8-410注
田家 1-2-095，3-36-2118，3-41-2433注，3-43-
　　2604
田家村 3-35-2017，3-36-2118
田家桥 1-9-477
田家庄 3-36-2118
田径 1-2-082
田里胡 1-2-093，3-43-2563
田螺（和）山 3-37-2192
田螺山 3-37-2187
田螺山遗址 3-37-2186
田头庄 1-2-092，1-8-393，3-37-2176
田头庄村 3-44-2662

〔tiao〕

挑网张 3-36-2126

〔tie〕

铁板桥 1-10-536
铁佛寺 3-41-2424、2425
铁岭关 1-8-398，3-37-2205
铁路萧山站 1-9-510
铁塔圩 1-3-188

〔ting〕

汀联 1-2-092，1-4-223
汀联村 1-6-294，1-11-613
汀头桥 1-9-508，3-43-2539
汀头沈村 3-36-2109
汀州 3-36-2139
听潮 1-2-097
听松楼 3-37-2217
亭子头 3-37-2199注，3-40-2413，3-41-2447，
　　3-45-2742

〔tong〕

通仓桥 1-10-542
通达 1-2-092
通达里 1-2-092
通二 1-2-092
通二村 1-6-294，3-36-2137，3-37-2169、2192，
　　3-43-2539
通阓 1-2-099

通阛坊　1-2-099

通行桥　1-10-537

通惠　1-2-084、091，3-36-2046

通惠（北塘河）立交桥　2-14-985

通惠公铁立交桥　2-14-986

通惠街道办事处　2-27-1663

通惠立交桥　1-10-542

通惠路分离立交　1-9-476

通货桥　1-10-537

通济　1-2-082、084、086、087、088、089、091，1-8-
　392，1-11-651、686，1-12-795，2-15-1051，
　2-19-1275，2-32-1872，3-34-1999，3-36-
　2122，3-37-2183，3-38-2274，3-43-2537

通济（东升）桥　3-37-2186

通济二村　3-36-2110

通济公社　3-44-2657

通济桥　1-9-479

通济人民公社　1-2-087

通济乡　1-2-088、089、090，1-5-276，1-6-284，
　1-11-640，2-16-1115，2-31-1803，3-36-2046，
　3-38-2270，3-41-2452

通江县　1-11-614

通宁立交桥　1-10-542

通圣　1-2-083

通天突　1-3-117

通育桥　1-10-537

通运　1-2-081

通运桥　1-10-536

通州　3-44-2625

同胞三俊府　3-43-2535

同胞五大夫第　3-43-2536、2536注

同春台　3-37-2169

同二　1-2-095

同二村　3-41-2450

同富　1-2-093，2-13-935注

同济　1-2-082

同盘顶　1-2-077、078，1-3-120，1-5-249，3-43-
　2614

同泰当　3-37-2186，3-43-2544

同兴　1-2-083、094，1-9-468、472

同兴村　1-9-467、475，1-11-613，1-12-807，2-20-
　1343，2-32-1876

同兴大桥　1-9-476

同一　1-2-095

同舟村　2-32-1859注

桐庐　1-3-137，1-8-430、431，1-9-510，1-11-
　595、720，1-12-817，2-16-1176，2-22-1504，
　2-27-1673、1701，3-36-2058、2117，3-43-

2538、2547、2551、2576

桐庐县　1-8-429，2-31-1841，3-34-1958

桐乡　1-1-066、066注，1-9-506，2-15-1048、1063，
　2-20-1380，2-25-1567、1568，3-36-2059、
　2076，3-40-2382、2413，3-41-2449，3-44-
　2724，3-45-2734注

铜埠　3-36-2123

铜钱湾　1-2-077、078

童家坂村　3-38-2273注

童家殿　1-2-092、093

童家殿湾　3-43-2540

童家湫　3-37-2199注

童家山　1-2-094

童家塔　1-8-398、399

童墅　1-2-081

潼江　1-2-092，1-8-392

〔tou〕

头段庙　3-41-2443

头蓬　1-记-013、016，1-2-082、083、085、086、
　087、088、089、094，1-3-113、185、186，1-4-
　192、193、193注、209、223，1-5-248，1-8-
　399、404，1-9-470、471、484、484注、488、
　489、490、508、510注、513，1-10-524、525、
　559、562，1-11-618、651、673、688、694、738、
　753、754、759、771，1-12-776注、785、793、
　794、795、796、797、813、814、826、833、838，
　2-13-935，2-15-1032、1035、1065，2-16-1141
　注、1152、1157注、1168，2-20-1329，2-21-
　1433，2-27-1638注，2-32-1851、1852、1861、
　1868、1873、1874、1878，2-33-1896、1897，
　3-34-1931、1945、1963，3-35-2022、2024、2032
　注，3-36-2045、2051、2098，3-37-2150、2150
　注、2213，3-38-2221、2223、2226、2226注、
　2229、2241、2242、2242注、2250注，3-40-2385、
　2413，3-41-2443、2450、2450注，3-42-2463、
　2464，3-43-2580、2581、2582、2585、2587、
　2588、2618

头蓬1号闸　1-8-416

头蓬2号闸　1-8-416

头蓬村　1-2-082，3-43-2580

头蓬公社　1-11-627注、742注，1-12-783，3-36-2074

头蓬横河　1-8-397

头蓬汽车站　1-9-488

头蓬桥　1-9-479

头蓬人民公社　1-2-087，3-43-2580

头蓬乡　1-2-088，1-12-800、827，3-43-2580

头蓬盐场　1-11-742注，1-12-799、800、808、826、
　　827，3-43-2569
头蓬闸　1-3-131，1-4-209，1-8-415，1-12-783、
　　792
头蓬站　1-9-488
头蓬镇　1-2-089、090、091、094，1-3-107，1-4-206
　　注、211，1-5-243、255，1-6-283、284、285、
　　287、289、296、302，1-7-349，1-8-413、415，
　　1-11-612、613、619、685，1-12-776注、784，
　　2-18-1244、1256，2-20-1342注，2-27-1666，
　　2-29-1737，2-31-1786，2-32-1849，2-33-
　　1913，3-34-1962，3-35-2017、2024，3-36-2096
　　注，3-37-2152，3-38-2226注，3-41-2436、
　　2450，3-42-2463、2464，3-43-2555、2580、
　　2582、2591、2619，3-44-2720、2721
头蓬直河　3-43-2580
头坞新村　1-10-554

〔tu〕

凸肚沙　3-43-2578注
涂川　1-2-095，1-3-111，1-9-489，3-36-2131，
　　3-43-2610
涂川村　1-11-612、686，3-36-2108，3-37-2148、
　　2168、2185，3-40-2414
涂川乡　3-43-2608
涂山福主庙　3-40-2414
屠家埠　1-2-092，3-37-2169
屠家埠村　3-37-2193，3-41-2447
土地庙　3-41-2424
土耳其　2-13-969
土库曼斯坦　1-记-039，2-14-993
土石头　1-8-401
兔沙　1-2-081
兔沙岭　3-37-2218注
兔石岭　1-2-077，1-3-128，1-4-223
兔石头　1-8-408
兔石头旱闸　1-8-433

〔tuan〕

团结　1-2-085、095
团结村　3-35-2017，3-44-2722
团前　3-40-2411

〔tuo〕

托坞山　1-2-079

W

〔wa〕

瓦泥池　1-2-079，1-11-592
瓦窑　1-2-082
瓦窑金　3-36-2108

〔wai〕

歪桥　3-37-2159
外八工段　1-3-133、187、188，1-8-413、435、442，
　　1-12-777注、791，3-35-2032注，3-43-2618
外八工段闸　1-3-131
外河　3-37-2160
外湖　1-2-093
外江码头　1-9-508
外六工段　1-3-187、188，1-8-404、413、435、436、
　　442，1-9-470，1-12-777注、791、793、794，
　　3-35-2032注
外六工段排涝闸　1-3-131
外六工段西闸　1-8-417
外六工段闸　1-3-187
外七工段　1-12-838
外沙　1-2-082、083，2-32-1882
外十二工段闸　1-8-417
外十工段　1-3-187、188，1-8-442，1-12-777、778、
　　786、791、793，2-22-1467，3-35-2032注
外十工段一万亩闸　1-8-417
外十工段闸　1-8-417
外十六工段　1-12-794
外十七工段闸　1-8-417
外十三工段　1-9-509，1-12-795
外十三工段闸　1-8-417
外十四工段　1-12-793、794
外十四工段闸　1-8-417
外石板溪　1-3-128
外四工段　1-8-404、407，1-12-781

〔wan〕

湾里村　3-36-2137
湾里童　3-36-2137
宛平县　3-36-2129
宛委山　3-44-2625，3-45-2758
万安　1-2-093，1-10-563
万安路　1-2-092
万安路居民区　1-2-091

万丰 1-2-094，2-32-1879
万济桥 3-37-2156
万家坞 3-36-2108、2116
万柳堂 3-37-2216
万柳塘 3-37-2216注
万罗伞 3-37-2201
万罗伞山 3-37-2194
万圣庵 3-36-2047注
万寿庵 3-37-2153、2161、2162、2162注、2183
万寿桥 1-2-092，1-3-187，1-10-574注，3-37-2153、2155注、2183
万寿桥埠头 1-9-503注
万寿寺 3-41-2424
万松岭 3-36-2081注
万向城市花园 1-10-549、550，2-15-1068、1069、1090
万向花园 1-10-550
万缘桥 3-37-2156

〔wang〕

汪村 3-41-2432注
汪家坝 1-8-422
汪家埭 1-2-094，3-36-2124
汪家埭村 1-11-612，3-36-2108
汪家塘 1-2-094
汪家堰 1-8-414，2-15-1050，3-36-2124，3-37-2197
汪李柴 1-2-082
王村 1-2-092，1-6-294，3-36-2108，3-37-2167、2184
王村村 3-35-2017，3-37-2167
王村戏台 3-37-2184
王顶峰 3-37-2216
王坟头 3-37-2196
王国桢故居 3-43-2583
王河周 1-8-440
王家 1-2-094
王家村 3-36-2108
王家大山 1-2-077、078、079，1-3-121
王家钓桥 3-37-2160
王家河 1-10-537
王家里 1-2-093，2-15-1050
王家桥 1-2-090、091、095，1-8-419、426、435，3-41-2433注，3-43-2603注、2604
王家桥村 1-11-612，3-43-2602、2603
王家桥进水闸 1-8-419
王家桥新机埠 1-8-402

王家坞山 3-37-2194
王家堰 1-3-137
王家闸 1-2-090，1-3-111、112、113、113注，1-8-402、439，3-43-2598
王家闸桥 1-3-129
王家闸桥机埠 1-8-401
王岭 1-2-094
王岭村 1-2-079，1-3-119，1-9-469，1-11-613
王明庵 3-41-2445
王丝墓 3-37-2196
王湾庙 3-41-2424
王湾寺 3-37-2171、2189、2191
王坞 3-41-2445
王坞庙 3-41-2424、2443、2444、2445
王有史 1-2-092
王有史村 1-11-713、760
王佐墓石雕 3-37-2185
望海楼 3-37-2213
望湖桥 1-9-473，1-10-534、538
望湖亭 3-37-2188注、2189、2217
望江门 1-9-495
望江山 2-15-1062
望江亭 1-3-120，3-37-2195
望越桥 1-10-537

〔wei〕

威茂道 3-36-2132
威尼斯 2-13-948注，3-43-2545
巍山 3-36-2127
围海桥 1-9-479
围垦 1-8-439，1-9-484、500、511、513，1-12-777，3-35-2023、2025注，3-38-2293，3-43-2592
围垦大堤 1-3-139，1-8-413、435、438
围垦地区 1-记-027，1-3-140、185、186，1-4-207，1-5-242、244，1-8-397、403注、413、429、437、439、440、442，1-9-481注，1-11-620、630、672、694注、749、757，1-12-795、826，2-15-1088，2-18-1224，2-21-1432，2-22-1460、1467，2-23-1525、1528，2-24-1542，3-34-1972、1979、1980
围垦后横河 3-43-2580
围垦六工段 1-3-107
围垦前横河 3-43-2580
围垦区 1-记-020，1-2-091，1-3-106、129、131、142，1-6-283、285、289、296、298、302，1-8-396、398、413、443，1-11-594、597、616、656、676、681、681注、686、687、688、688注、691、

697、700、702、716、718、733、738、752、770、774，1—12—777、786，3—43—2541，3—45—2757

围垦三桥　1—12—794

围垦沙地　1—9—503

围垦十二工段　1—9—471

围垦十四工段　1—9—471

围垦十五工段　1—9—470

围垦外六工段　1—9—470

围垦外线大堤　1—5—248、250

围垦外线抢险大堤　1—5—263

围垦新区　1—8—424

围中　1—2—095，2—32—1879

维尔京群岛（英属）　2—14—994、1003、1011、1024

伟民　1—2—086、093，1—8—422，3—41—2429

伟民坝　1—8—422

伟民村　1—6—294，2—32—1876，3—36—2082注

伟南　1—2—092、093，2—32—1849

伟南桥　1—9—470、479

委内瑞拉　2—14—1006

卫东　1—2—087

卫东桥　1—9—478、479

卫东人民公社　3—43—2589

卫家　1—2—093，1—3—107，2—13—935注，3—43—2563

卫家村　1—11—757

尉司巷　1—2—099

渭水桥　1—2—093

渭水桥村　1—6—294，1—11—744，2—29—1751

魏骥墓　3—37—2182、2183、2196，3—43—2616

魏家塔　1—2—082

魏家塔村　1—6—294，3—37—2165

魏塔　1—2—093，1—8—422，3—36—2077

魏塔坝　1—8—422

魏塔村　3—36—2110、2139

〔wen〕

温哥华市　2—17—1207

温岭　2—28—1718

温州　1—6—314，1—7—381，1—9—452、452注、453、510注，1—11—686、735、737、742注、758，2—13—840注、884，2—16—1112注、1136、1173，2—23—1529，2—25—1578，2—27—1701，2—33—1904，3—36—2074、2074注、2119、2135，3—44—2633，3—45—2758

温州市　1—6—286，1—11—672，3—38—2285

文笔峰　1—3—120，3—36—2133，3—37—2198、2200、2217、2217注，3—40—2399，3—41—2428、2428注

文昌　1—11—614

文昌阁　3—37—2158、2218注，3—41—2426，3—43—2548

文昌桥　1—10—535、537，3—37—2156、2184

文成　2—33—1924注

文道　1—2—082

文峰　3—37—2216

文革　1—8—417

文革闸　1—8—416

文汇桥　1—10—535、537

文家塘　1—8—393，1—9—508，3—43—2539

文家坞　1—2—094

文家坞村　1—11—612、685

文澜苑　2—15—1081

文里头　1—2—092，1—4—191注，3—38—2269注

文里头村　1—11—744，3—36—2097，3—37—2157、2158

文里头河　1—4—224

文里王　3—36—2116

文明桥　1—10—542

文堂山　3—36—2119，3—43—2576

文伟　1—2—095

文伟村　1—11—613

文源桥　1—10—535、537

文忠第　3—43—2536、2536注

闻家里　3—43—2615

闻家堰　2—28—1720注，3—35—2032、2032注，3—43—2546

闻家堰站　3—35—2032

闻堰　1—记—013、016、020、025，1—2—075注、078、079、080、082、083、084、085、086、087、088、089，1—3—116、127、137、138、157注，1—4—201注、233，1—5—248、249、255、277，1—6—320、338，1—7—367，1—8—395、398注、404、425、428、430、431、433、435、438、439、442，1—9—471、472、474、490、503、503注、504、505、506、510、513、513注、514，1—10—524、554、557、558、559、563、564，1—11—596、597、614、618、620、621、651、685、692、717注、729、739、740注、744、767、770，1—12—784、785、795，2—13—880、935，2—15—1032、1050、1051、1052、1053、1065、1068、1078、1081注、1085、1088，2—16—1112注、1138注、1152、1157注、1168，2—18—1218、1244，2—20—1314、1366，2—21—1400注、1405、1409、1433，2—24—1550，2—26—1604注、2—28—1705、1713注、2—30—1769，2—32—1851、1854、1855、1860、1872、1873、1874、1875，2—33—1900、1903、1907、1908、1924，3—34—1940，3—35—2021注、2022、2024，3—36—2045、2051、2051注、2055、2057、2072、2077注、2096注、2117、2122、2123、2124、2138、

3-37-2182，3-38-2273、2288、2294，3-39-2311，3-40-2348、2381、2385，3-41-2424、2441注、2442、2443、2455、2458，3-43-2533、2546、2547、2547注、2548、2551、2565、2602、2615，3-45-2744

闻堰渡　1-9-506，3-43-2547

闻堰公社　1-12-800，3-43-2546

闻堰管理区　3-43-2546

闻堰教堂　3-41-2456

闻堰上闸　1-8-421

闻堰水文站　1-3-139

闻堰下闸　1-8-421

闻堰乡　1-记-013，1-2-085、088，2-15-1053，3-43-2546

闻堰镇　1-记-030、031，1-2-075、078、084、089、090、091、092、093、096，1-3-105、109、110、111、112、113、121、128、131、133，1-4-193、194、205、206注、207注、210、211、226、230、233注，1-5-243、255、266、269，1-6-282、283、284、285、287、289、294、295、296、302，1-7-349，1-8-398、414、420、421、429、431、436、438、442，1-9-470、507，1-10-523、525、552、554，1-11-613、618、619、625、688、714、725、730、743、744、745、758、772、774，1-12-807，2-13-972注，2-15-1050、1051，2-18-1256，2-20-1361，2-21-1433，2-24-1562、2-25-1576、1579，2-27-1683，2-28-1713，2-29-1745，2-31-1785，2-32-1852、1876，2-33-1901，3-35-2015、2016、2024，3-36-2050、2057、2064、2077、2096、2096注、2098、2108、2120、2122，3-37-2184、2190、2196、2197、2198，3-38-2269、2302，3-41-2434、2448，3-43-2546、2547、2548、2549、2615、2619，3-44-2627、2669、2677、2696

闻堰镇王家村　1-11-749

〔weng〕

翁梅镇　1-9-466

〔wo〕

沃山何　3-36-2123

沃州　3-37-2205

〔wu〕

乌程　1-2-074

乌风尖　1-2-077

乌峰尖　1-2-077、078、079，3-43-2597

乌峰尖山　1-3-121

乌干达　1-记-035，2-17-1199、1206，2-24-1554

乌龟山　1-3-106、188，1-8-399、412，3-36-2055、2081、2081注，3-37-2209、2211、2213、2217注，3-39-2339，3-41-2441注、2447，3-43-2552、2576

乌龟山观潮城　1-3-133

乌龟山遗址　1-1-067

乌克兰　1-记-039，1-6-286，2-14-993

乌拉圭　1-记-037，2-17-1198、1199、1206、1207

乌鲁木齐　1-9-452注，3-43-2562，3-44-2650

乌毛山　1-3-128

乌伤　1-2-074，3-36-2131、2136、2137，3-45-2746

乌石峰　3-41-2442

乌兹别克斯坦　1-记-039，2-14-993

乌子坝　1-8-422

乌子堰　1-8-421

屋侧桥　3-37-2155注

屋子桥　3-37-2205

无名桥　1-10-536

无锡　1-2-074，1-3-106，1-7-381，1-11-602，2-13-840注，2-20-1380、1396，3-35-2014，3-36-2121，3-43-2538、2545

毋岭　1-2-094，1-3-119，1-9-472

毋岭村　1-5-250，3-40-2351、2351注，3-43-2575

毋岭山　1-3-119

芜湖市　2-13-932

吴　1-2-074、075注

吴国　3-36-2132，3-45-2745

吴家村　1-2-078

吴家渡　3-41-2442

吴家塔村　1-8-395

吴家塔闸　1-8-418

吴江市　1-11-721

吴郡　3-36-2119、2131，3-41-2438

吴淞　1-12-778，3-44-2663

吴淞江　3-44-2630

吴县　1-总-005，3-36-2119、2126，3-37-2179，3-44-2623

吴兴　2-24-1534，3-36-2130，3-45-2743

吴兴县　1-11-718注

吴越国　3-36-2137，3-37-2177

吴闸　1-2-095，3-43-2604

吴闸村　1-11-613

蜈蚣河　3-37-2158

五堡　1-5-264，1-8-437、442，1-9-505、506，

X

〔xi〕

西充县　2－28－1714

西大湖河　3－37－2159

西埠　1－2－082

西埠头　3－42－2504

西非　2－17－1206

西葛　1－2－092，3－36－2135

西葛村　1－6－294，3－36－2110

西郭　1－9－501注

西郭门　3－36－2121，3－37－2204、2205

西河　1－2－083、099，1－3－129，1－9－501注，1－10－532、569，2－15－1089，3－37－2205，3－43－2533、2535、2536

西河埠　1－记－016，1－2－095，2－32－1880，3－41－2433注

西河路　1－2－092

西河桥　3－43－2535

西河沈　1－2－095

西河下　1－2－098，3－36－2101、2127，3－44－2632

西湖　1－5－269，1－11－774，2－15－1061，3－36－2081注，3－37－2156注、2194，3－39－2316、2328，3－40－2352注、2418，3－41－2442，3－42－2508，3－43－2549，3－45－2729

西湖区　1－记－023，1－2－073、077、077注、078、079、090、092，1－5－237，1－6－299，1－9－457、475、506、506注，1－11－614，2－15－1036、1048，2－22－1460，2－32－1849，3－38－2229，3－43－2546、2548、2602，3－45－2758、2759

西江　1－2－083，3－44－2627

西江塘　1－记－024、030、031，1－2－082、092，1－3－129，1－8－398、398注、399、401、403、404、407、421、431、432、435、436、438、440，1－9－506，1－10－525，2－15－1070、1079，2－33－1900，3－36－2098，3－37－2170、2198、2199，3－40－2415，3－41－2447注、2448，3－43－2546、2548、2551，3－44－2632、2633

西江塘小区　2－15－1070

西江王　1－2－094

西郊公寓　2－15－1063

西陵　1－总－005，1－2－083、084、086，1－9－446注，3－37－2155注、2193、2204注、2206、2213、2216，3－43－2551，3－45－2740

西陵渡　3－37－2213

西陵镇　3－43－2532

西路庄　1－9－471

西门　1－2－092、097、099，1－9－459、471，2－32－1849，3－37－2195，3－38－2302，3－43－2534

西门村　1－11－745

西门煤场　1－9－489

西门头　1－2－099

西门新开河　1－9－508

西牧乡　1－2－082

西欧　2－13－871、875、878，2－14－991，2－17－1191

西片农场　1－6－283

西平县　1－2－074注

西桥　1－10－535、536、575注，3－37－2155注

西秋河　3－43－2606

西戎　3－36－2138

西萨摩亚　2－14－994，2－17－1199

西三闸　1－3－115、133

西沙　3－41－2456，3－43－2543注、2578注

西沙地区　3－41－2455

西山（萧然山）　1－记－022，1－2－075注、082、095、097、100，1－3－105、106、110注、113、114、120、187，1－4－193注、198、224，1－5－250，1－10－522、525、538、558、569、570、572、573，1－11－689，2－15－1051，2－16－1166，2－21－1408、1443，2－32－1874，3－35－2035，3－36－2082注、2101、2122，3－37－2150、2167、2173、2175、2186、2187、2195、2199、2199注、2200、2202、2213、2215、2216、2216注、2217，3－38－2294注，3－39－2316，3－41－2423、2440、2441注，3－43－2537，3－44－2625、2626，3－45－2729、2744、2758

西山村　2－32－1881，3－41－2433

西山道口　1－记－016

西山公寓　2－15－1070

西山脚村　3－36－2108

西山隧道古墓葬　3－37－2186

西山下　1－记－016，2－32－1880

西山下村　2－32－1881

西山小区　1－10－547

西山窑址　3－37－2185

西山闸　1－8－419

西沈家　2－32－1859注

西施　1－2－081

西施畈　3－37－2192，3－43－2539

西施古迹群　3－36－2046，3－37－2146、2182、2183、2192、2206，3－43－2537

西施湖　3－37－2192

西施里　1－总－004，1－6－321，3－36－2130，3－37－2192，3－45－2746

西施庙　1－总－004，3－37－2169、2189、2192、2192注、2193，3－40－2410、2414，3－41－2424、2444，3－43－2539，3－44－2623注，3－45－2741、2746

西施庙大殿　3－37－2188注、2189

西施庙前　3－36－2137

西施石　3－37－2192注

西施亭　3-37-2192、2193，3-45-2746

西施洗脚潭　3-44-2623注，3-45-2746

西施宅　1-3-121

西市街　1-2-092

西蜀　1-2-082、083、084、086，2-18-1218，2-21-1432注

西蜀区　1-2-084、085、086，3-43-2606，3-45-2738

西蜀山　1-3-118，3-37-2186，3-43-2606

西蜀山村　3-37-2187

西蜀乡　1-2-084、085

西塘下　3-36-2134

西汪桥　3-43-2548

西王家　2-32-1859注

西坞　3-41-2433

西乡　2-32-1882，3-44-2655

西小江（钱清江）　1-总-003，1-2-076、077、078、079，1-3-121、129、141，1-4-223，1-5-242、263，1-8-395、411、429、430、439、440、443，1-9-466、501、501注、502、513，1-11-592、716、723，3-36-2121，3-37-2151、2157、2159、2192、2192注、2204、2206、2215、2216、2216注，3-40-2381，3-41-2427、2431注、2447、2448注、2449，3-43-2537、2538、2539、2551、2561、2567、2571、2572、2597、2605、2606、2607、2610、2611，3-45-2743

西小江节制闸　1-8-396

西小江桥　1-9-480

西小江特大桥　1-9-485

西小江铁路桥　1-9-502

西兴　1-记-013、016、020，1-2-077、082、083、084、085、086、087、088、089、090、092，1-3-129、130、133、183、188，1-4-223，1-5-238、255，1-6-280、281，1-7-367，1-8-398、399、399注、404、412、418，1-9-455、457、488、499、501注、509注、510注、513、513注，1-10-554、559，1-11-614、615、633、636、651、682、703，1-12-777、777注、784、785，2-13-864注、873、879、880、881，2-15-1048、1050、1068、1078、1081注、1082、1085、1088，2-16-1103、1112、1119、1130、1134注、1149、1155、1157注、1168，2-17-1190、1204，2-18-1234、2-19-1270、1272、1305，2-20-1319、1320、1325、1328、1329、1336，2-21-1400注、1405、1408，2-22-1460，2-25-1585，2-26-1604注、2-28-1704注、1709、1710、1714、1718、1720注、1725、1727，2-31-1785、1787，2-32-1849、1852、1854、1862、1880、1882，2-33-1887、1903、1907、1910，3-34-1928、1940注、1941注、

1961注，3-35-2022、2031，3-36-2045注、2049注、2059注、2073注、2079、2079注、2080、2096注、2103、2116、2121、2122、2123、2139，3-37-2178、2190、2193、2204、2204注、2205、2213，3-38-2229、2273、2291、2292，3-39-2311、2313注，3-40-2381、2415，3-41-2441、2455、2456、2458，3-42-2495，3-43-2532、2533、2543注、2547、2551、2584

西兴（东方红）公社　2-32-1861

西兴村　1-记-030

西兴大桥　1-9-474

西兴渡　1-9-505注

西兴公社　1-8-439，1-12-777注，2-32-1859

西兴机场　1-9-447注

西兴区　1-2-087

西兴人民公社　1-2-087、088

西兴乡　1-2-082、085、088，1-12-777注，3-34-1957注

西兴堰　1-8-421，3-37-2204

西兴驿　3-37-2193、2204

西兴运河　1-9-501注，3-37-2204

西兴闸　1-8-418，3-37-2205

西兴镇　1-记-017、020、023、030、038，1-2-077、077注、078、080、084、087、089、090、092，1-3-105、129、132，1-4-230、233、233注，1-6-282、284、298、299，1-8-420、439，1-9-446注、455、467、468、474、489、505注、507，1-10-521、558、575，1-11-619、744，1-12-814、819，2-15-1034、1050、1052、1086，2-16-1112注、1164、1168，2-18-1256，2-19-1304，2-20-1338、1363，2-21-1409，2-28-1718，2-32-1849、1852、1880、1882，3-34-1928、1988，3-36-2136、2138，3-37-2150注、2193、2204、2206、2213，3-38-2271注、2283，3-39-2319、2335，3-43-2534、2594，3-44-2715、2720、2721，3-45-2746、2758、2759

西许　1-2-092

西许村　1-6-294，3-34-1952

西岩将庙　3-34-1944注

西岩山　3-36-2135

西藏　1-6-286，2-15-1030、1057，2-21-1442，3-34-1976、1976注，3-38-2306

西址埠　1-3-128，1-9-501，3-43-2602

西址埠村　1-8-393

西址埠自然村　1-9-508

西周　1-2-093

西庄　1-2-092，3-36-2135

西子祠　3-37-2192，3-40-2414

希腊　2-17-1191，3-44-2648

昔阳县　1-5-236注

郗坞　1-2-095，1-11-771，3-36-2126

郗坞村　1-5-249

悉尼市　2-14-992

惜谷殿　3-41-2446

惜谷庙　3-41-2424、2443、2446、2446注

溪河　1-2-093，1-9-473，3-36-2118

溪河村　3-36-2108、2123，3-37-2160

溪河桥　1-9-477

溪头　1-2-093，1-8-422，3-41-2429，3-43-2555

溪头坝　1-8-422

溪头村　1-9-473，3-36-2110，3-37-2165

溪头傅村　3-36-2136，3-44-2670

溪头黄　1-2-092，1-3-112，1-9-471、472，1-10-553，1-11-686，3-37-2186、2186注，3-38-2294注

溪头黄村　1-11-770，2-21-1432，3-37-2184，3-43-2615

溪头黄土地庙　3-41-2447注

溪头王　1-4-193注

溪头庄　3-36-2136

歙县　3-36-2117、2131、2138

歙州　3-36-2124

席家　1-2-095

席家村　1-6-294，3-37-2149、2185，3-38-2295

席家大队　1-9-464注

袭庆府　3-36-2119

洗脚潭　3-37-2192

洗马池　3-37-2189、2195、2200

〔xia〕

峡山　1-2-082，1-3-120，3-36-2128，3-44-2637、2637注

峡山头　1-2-093，1-5-249，3-36-2136，3-37-2178，3-41-2447

峡山头村　1-6-294，3-35-2017，3-37-2162，3-43-2550

峡下　1-2-081

峡下里　3-36-2136

碤石　3-43-2538注，3-44-2644

霞关　3-45-2753

霞江　1-2-083、084、086、095，1-9-466，3-43-2611

霞江村　3-37-2161、2184

霞江管理区　3-43-2610

霞江桥　1-9-481

霞江乡　1-2-085，3-43-2610

霞浦　3-36-2133

霞腾阁　3-34-1941注，3-43-2583注

下岸王　1-9-466

下坂底　1-3-113注

下埠　3-43-2552

下曹坞　1-2-094，1-8-393

下曹坞村　3-36-2108

下陈村　1-2-077、078、079

下城区　1-记-019，1-12-822

下戴　1-2-092，3-36-2139

下戴村　1-11-613，3-36-2110，3-41-2454

下邓　1-2-083，3-36-2134

下邓阁　3-36-2131

下定　1-2-094

下定村　1-9-505，2-27-1682，3-36-2109、2131

下定阁南北塘　1-8-433

下定南塘　1-8-408

下畈底　1-2-095，2-16-1112注

下畈底村　3-37-2185

下畈底村大坟山印纹陶窑址　3-37-2150注

下畈王　3-41-2447

下畈朱　1-2-092

下畈朱村　2-32-1850

下方　1-记-016，1-2-093，2-32-1880

下方村　2-32-1881

下方桥　3-36-2133

下甫王　1-2-092

下傅王　3-37-2169注

下潦　1-2-092

下门　1-2-093，1-8-422，2-13-937，3-41-2429

下门坝　1-8-422

下门村　1-11-613、620、624，3-37-2159

下浦　1-2-081

下桥　1-8-419、423、426、434、440，3-35-2032注

下桥进水闸　1-8-419

下沙　1-3-133，2-15-1061，3-43-2594

下沙大桥　1-9-475

下沙高科技园区　1-9-475

下沙湖西　1-2-079

下沙乡　3-45-2758

下山俞　1-2-094，3-43-2584

下山俞村　1-11-612

下邵　1-2-095，3-36-2126，3-43-2599

下邵村　3-36-2109

下邵大队　3-36-2046注

下沈王　1-2-082

下水仙庙　3-40-2410、2413，3-41-2424、2443、2447

下孙　2-15-1050

下孙草庵塘　1—10—557

下孙村　3—37—2201，3—40—2373

下孙遗址　1—1—042、045、046、047、049、050、054、060

下孙自然村　1—1—042、044、045、060

下亭阁　1—9—505

下亭阁北塘　1—8—401

下头坞　1—2—092

下头坞村　1—5—266，3—35—2015

下湾　1—2—094，1—9—471

下湾村　1—9—466

下湾庙　1—8—402

下闻　1—2—094，1—3—121，1—10—553

下闻村　1—6—294，1—11—622

下仙岩　1—2—082

下湘湖　1—3—131，1—11—754，3—35—2032注，3—45—2743

下湘湖村　1—4—193

下湘湖南闸　1—8—420

下湘湖桥　1—4—192、209，1—9—478

下湘湖闸　1—8—420

下颜　1—2—095，3—36—2139

下颜村　1—6—294，3—36—2110，3—41—2431、2431

下洋桥　1—记—016，1—2—095，1—9—473，2—32—1880、1881，3—41—2433注

下盈湖　3—40—2412

下俞　1—2—094

下俞村　1—11—613、749

下院　3—41—2442

下章　1—2—095，1—3—113，3—43—2597

下章村　1—3—113，1—11—626，3—35—2017

下诸暨　1—2—075、075注

夏盖山　1—3—133

夏后　1—2—083

夏湖畈　1—8—401

夏家浜　1—2—092，2—32—1852

夏家埭　3—41—2432

夏家桥　1—9—455、455注、456、457、458、461、463

夏家桥车站　1—9—458、459

夏家桥站　1—9—456、459、461

夏家支日坝　1—8—422

夏履　1—2—077、085，1—9—472、482注，2—21—1424，2—24—1550

夏履桥　1—9—510，3—36—2101，3—43—2599

夏履镇　1—2—078、079，1—3—121，1—9—475，3—43—2597

夏山埭　1—2—094，1—3—185，1—9—472，1—10—553，3—36—2131，3—41—2432

夏山埭村　2—32—1876，3—37—2172，3—41—2431

夏威夷　1—11—717

夏坞　1—2—094

夏孝　3—37—2199注，3—44—2626，3—45—2742、2743

夏孝乡　1—2—081、082，3—36—2121、2123

厦门　1—7—381，1—9—451、452、452注，2—14—990、993，2—20—1396，2—24—1535、1535注，3—39—2312，3—41—2453

〔xian〕

仙姑庵　3—41—2448

仙姑庙　3—36—2077注，3—41—2442、2443

仙家河　1—10—529、557，2—24—1551

仙家里　1—2—092，2—32—1849

仙家里村　1—10—533，2—15—1069

仙家里河　1—4—215，1—10—534、535、537

仙居县　1—9—475

仙人洞　3—43—2574

仙人桥　3—37—2199注

仙人山　1—2—077、078、079，1—3—121，3—43—2608

仙师殿　3—41—2443

仙台　2—17—1206

仙桃山道院　3—41—2443

仙岩　1—2—083，3—36—2137，3—37—2206，3—43—2574

仙岩山　1—3—119，3—37—2215，3—43—2574、2575

先曹家　2—32—1859注

先锋　1—2—094

先锋村　1—8—415，2—32—1859注

先锋河　1—3—130，1—4—215，1—8—396、397、439，1—12—792、806

先锋河桥　1—9—477

先锋桥　1—9—479

先锋闸　1—4—209，1—8—415、416

先照寺（先昭寺、先照庵、光照庵、石岩寺）　3—37—2194、2199、2201，3—41—2424、2425、2427注、2428、2428注

显教寺　3—41—2428

县城北农场　1—11—753

县良种场　1—11—749

县林场　1—11—759

县林场凌山分场　1—11—691

县林场头蓬分场　1—11—686

县林场云门分场　1—11—758

县南　1—2—081、099

县种畜场　1—8—397，1—11—753

现代农业开发区　1—12—814、815

〔xiang〕

相公殿　3—41—2443

相公寺　3—41—2443

香港（港）　1—记—025，1—1—069，1—6—286，1—7—381，1—9—452、452注、474，1—11—728、736、768、771、773，1—12—820、824、825、829、830、831、836，2—13—875、876、879、880、882、884、886、888、912、920、921、939、952、957，2—14—984、990、991、992、994、997、1000、1001、1002、1003、1004、1006、1008、1009、1010、1014，2—15—1050、1052，2—16—1139、1169，2—17—1182、1183、1183注、1186、1190、1191、1197、1199、1206、1207、1213、1214，2—18—1237，2—20—1330，2—21—1417、1439，2—22—1467、1473、1498，2—23—1530，2—24—1555，2—26—1627、1636，2—27—1648、1654、1686、1688注、1689、1693注，2—28—1719，3—34—1952、1970、1994、2001，3—35—2031，3—36—2056、2058、2067注、2069、2071，3—37—2211，3—38—2229，3—39—2310，3—43—2555、2589，3—44—2641、2663、2670、2675、2695，3—45—2757

香炉峰　3—45—2758

香炉尖　1—3—119，1—5—250

香桥　1—2—081

香山　3—36—2137，3—45—2753

湘东　1—2—082、083，3—43—2605

湘东乡　1—2—082，3—43—2605、2615

湘湖　1—总—003注、004，1—1—042、043、043注、044、045、046、061、061注，1—2—082、083、084、086、087、092、096、101，1—3—106、111、112、118、120、121、127、129、131、131注、132、141、146注、160、161注、171注，1—4—193、193注、215、222、223、224，1—5—261、262、263、274，1—8—395、411，1—10—521、524、526、537、553、554、557、558、563、564、572、574、575、1—11—592、687、688、752、754、770注、772、773，1—12—807、825，2—13—843、884、973，2—15—1049、1050，2—16—1176，2—18—1216注，2—22—1470，3—34—1955注，3—35—2028注，3—36—2051注、2078、2100、2122、2128、2136，3—37—2146、2158、2169、2177、2190、2192、2193、2193注、2194、2195、2195注、2196、2196注、2197、2197注、2199、2200、2201、2203、2203注、2204、2206、2210、2215、2216、2216注、2217，3—38—2294注，3—39—2316，3—40—2373、2409、2414、2415，3—41—2425、2428、2433、2434、2440、2441、2448，3—42—2488、2505、2508，3—43—

2534、2537、2546、2547、2549、2551、2615、2616，3—44—2626、2627、2628、2631注、2647、2660，3—45—2729、2742、2743、2744、2747、2758

湘湖村　1—1—043，1—2—091，1—10—557、558，1—11—640、752，2—18—1257，2—22—1470，2—25—1584，3—35—2016、2017，3—37—2150、2158、2183、2184、2196，3—43—2615，3—45—2744

湘湖风景旅游度假区　1—10—523

湘湖风景旅游区　1—10—522、526

湘湖风景区　1—5—250

湘湖河　1—10—526

湘湖居民区　1—2—080、091

湘湖旅游度假区　1—总—004，1—记—022，1—4—222、230、230注、234，1—5—262，1—10—525、526、531、538、540、544注、571，2—22—1470，3—37—2202、2203注、2209、2211，3—43—2537，3—45—2758

湘湖农场　1—记—025，1—3—110，1—4—224，1—5—244、255、256，1—7—359，1—9—472，1—11—627、686、711、713、714、719、730、738、739、747、754、758，1—12—804、807、815、816、823、826，2—15—1074，3—34—1953注、1955注、1957注，3—35—2016、2035，3—36—2059，3—37—2177、2195、2210，3—38—2223，3—43—2615，3—45—2743

湘湖区　1—2—087

湘湖区域　1—1—060

湘湖人民公社　1—2—087

湘湖乡　3—43—2546

湘湖渔场　1—11—718、720、760，3—45—2744

湘湖越王城遗址　1—记—017

湘南　1—2—082、083，3—34—1989注，3—36—2136，3—43—2549

湘西　1—2—082

湘云寺　3—34—1955注，3—37—2193、2194、2195、2195注，3—43—2547注

襄七房　1—记—017，1—4—191注，2—32—1880、1882

襄七房村　1—11—744，2—15—1034，3—44—2661

襄阳府　3—36—2127

襄庄　1—2—082、083

祥大房　1—2—075注、093

祥大房村　1—记—013，1—5—266，3—35—2015、2016，3—43—2547

祥里施　1—2—093

祥里施村　2—20—1341注

祥里王　1—2—094，1—10—553

祥利　1—2—093

祥利村　3—38—2274，3—44—2722

翔凤　1—2—081、093，3—44—2641

翔凤村　2-13-935注，3-36-2108、2119
翔凤桥　1-4-193
响石桥　1-记-016，1-2-090、091、095，2-32-1880，
　　3-37-2185，3-43-2613
响石桥村　1-11-612，3-36-2050，3-37-2160、2185
响石溪　3-37-2160
响天岭　1-2-077、077注、078，1-3-112，1-8-410、
　　410注，3-43-2614
响天岭水库　1-8-410，1-11-620注，2-13-894，
　　3-37-2210、2215，3-43-2614
响铁岭　1-2-077、077注
向公　1-2-095
向红　1-2-095
向红村　1-12-818，3-44-2718
向前　1-2-095，1-12-796
向阳　1-2-092
向阳桥　1-9-478
项家　1-2-093，3-43-2563
项家村　1-6-295，3-44-2641
项甬　1-2-093，2-13-935注，3-43-2563
象鼻山　1-3-120
象山　1-2-077、085，1-9-510注，2-21-1449，3-36-
　　2117
象山港　1-8-435
象山县　3-38-2236
象山乡　3-43-2608
象牙浜　1-2-091、092

〔xiao〕

萧南站　1-9-459
萧然东路桥　1-10-536
萧然桥　1-10-535、536
萧然山　1-2-075注、096，3-43-2534
萧山车务段　1-9-463
萧山第二农垦场　1-4-207注，1-9-447注
萧山第一农垦场　1-4-206注
萧山电厂煤码头　1-9-504
萧山东货场　1-9-460
萧山东站　3-37-2215
萧山港　1-9-502、504、510、515，3-37-2205
萧山高新技术产业园区　1-5-262，2-14-1012
萧山革命历史纪念馆　2-32-1858
萧山革命烈士纪念碑　2-32-1857
萧山革命烈士陵园　1-记-021，2-32-1857、1858
萧山火车站　1-记-021，1-9-455、459、459注、460、
　　463、464、502，1-10-546，2-16-1115注、1120，
　　2-21-1400，2-30-1760注

萧山货场　1-9-460
萧山经济技术开发区　1-总-008，1-记-019、029、
　　030、031、034、037、038、039、040，1-2-100
　　注、102，1-4-214、217、224、234，1-5-254、
　　261、262、269，1-6-322，1-10-520注、522、
　　523、525、526、539、539注、547、551、552、
　　553、554、557、563、568，1-11-759，1-12-
　　811，2-14-978、978注、979、980、981、983、
　　989、990、991、994、1019、1020、1021、1022、
　　1024、1026，2-15-1037、1039、1045、1053、
　　1059、1071、1083、1089，2-18-1234，2-19-
　　1301、1304，2-20-1314、1314注、1387，2-21-
　　1448，2-22-1468、1473、1486、1503，2-24-
　　1547、1552，2-25-1578、1583、1588、1599，
　　2-27-1645，2-28-1716，2-31-1842，2-32-
　　1860，2-33-1890、1913，3-34-1950，3-35-
　　2020、2036，3-37-2210，3-45-2752、2757
萧山经济开发区　3-38-2231
萧山林场　1-11-612
萧山临时机场　1-9-447注
萧山棉场　1-5-260注，1-12-807
萧山棉麻试验场　1-11-759
萧山南　1-9-466
萧山南阳经济开发区　2-26-1611
萧山农业对外综合开发区　1-记-040，1-5-262，1-12-
　　809，2-25-1583
萧山排灌闸站　1-8-440
萧山排灌闸站船闸　1-8-412
萧山汽车东站　1-记-025，1-9-488、489
萧山汽车西站　1-9-488、489
萧山汽车站　1-9-488、488注、489，3-34-1989注
萧山人民大会堂　2-23-1528
萧山市经济技术开发区　3-34-1936
萧山市棉花原种场　1-11-754
萧山市种畜场　1-11-747
萧山天主堂　3-41-2453
萧山铁路货场　1-9-460
萧山西　1-9-455、455注
萧山西站　1-9-456、459、462、463、502、510，3-37-
　　2215
萧山县第一农场　1-11-753
萧山县火鸡良种场　1-11-753
萧山县良种场　1-11-753
萧山县农林场　1-11-753
萧山县学重建大成殿记　3-37-2183
萧山现代农业开发区　1-记-020、030，1-4-207注，
　　1-5-250、262，1-12-776、781、808，2-22-
　　1474，2-25-1584、1599，2-27-1673

萧山湘湖渔场 1—11—754

萧山沿 1—2—094

萧山渔场 1—11—754

萧山闸站 1—8—424、442，1—12—791

萧山站 1—9—456、459、461、462、463、464，3—37—2215

萧山长途汽车站 1—10—546，3—37—2215

萧山之江陵园 1—5—278

萧山种鸡场 1—11—753、760

萧绍海塘 1—8—438

萧绍内河 1—9—503、503注、508注

萧绍平原 1—5—264，1—8—395、396、411、424、428、429、435，437、438、439，2—24—1562，3—37—2201，3—43—2561

萧绍虞平原 1—8—435

萧绍运河（官河、西兴运河、浙东运河） 1—总—003，1—2—096，1—3—129，1—4—193，1—5—242、263，1—8—395、439、443，1—9—501注、502，1—10—522，1—11—624，2—24—1549，3—37—2146、2152、2155、2156、2158、2192、2198、2204、2204注、2205、2206、2207、2215，3—40—2381，3—41—2448，3—43—2534、2561、2562、2563

萧围1.9万亩 1—8—417

萧围5.2万亩 1—8—416

萧围北线塘 1—8—407

萧围北线沿塘河 1—8—397

萧围二工段 1—8—417

萧围九工段 1—8—416

萧围林场 1—8—416

萧围六工段 1—8—416

萧围楼塔垦种 1—8—416

萧围内八工段 1—8—416、417

萧围内六工段 1—8—417

萧围内十工段 1—8—416、417

萧围十八工段 1—8—417

萧围十二工段 1—8—416

萧围十二工段外闸 1—8—417

萧围十工段 1—8—417

萧围十六工段 1—8—417

萧围十七工段 1—8—417

萧围十三工段 1—8—416

萧围十四工段 1—8—417

萧围十五工段 1—8—417

萧围十一工段 1—8—417

萧围四工段 1—8—417

萧围外六工段 1—8—417

萧围外十工段 1—8—417

萧围外十七工段 1—8—417

萧围外十三工段 1—8—417

萧围外十四工段 1—8—417

萧围五工段 1—8—416

萧围西线塘 1—8—407

萧围养殖场 1—8—417

萧西站 1—9—501

萧县 3—36—2132

莒珊 1—总—005，1—2—075

霄汉 1—2—095，1—5—249，1—8—422

霄汉村 1—3—106、108

霄汉里 1—3—106

小安山 1—2—077、078、079，1—3—111、120，1—5—249，3—43—2602

小埠头 1—2—079

小仓桥 3—37—2155注

小查 3—36—2138

小城隍庙 3—41—2442、2443、2444、2445

小村庙 3—41—2424

小村坞庙 3—41—2443

小东坡河 1—10—548

小畈塘 1—8—394

小畈闸 1—8—401

小凤 1—2—081、099

小湖 3—36—2122

小湖庙 3—45—2742

小湖孙 1—2—094

小湖孙村 3—36—2108，3—37—2184、2218注，3—43—2584

小湖亭 3—37—2198

小里亭湖 1—8—393

小砾山 1—2—093，1—3—127、128、129、131，1—4—192、193注、209、223，1—8—398、411、423、424、425、432、440、442，1—10—525、553、557，1—12—791，2—24—1562，3—35—2032注，3—36—2124，3—37—2204、2205，3—43—2546、2548、2549

小砾山村 1—8—420、442，1—11—725，3—37—2197

小砾山电力排灌站 1—8—424、442

小砾山河 3—43—2546、2548

小砾山排灌站 1—4—193，1—8—414、440、444，1—12—791，3—43—2548

小砾山桥 1—9—479

小砾山输水河 1—8—439

小螺山 1—3—121

小满 1—2—095，1—9—505

小满村 1—8—401、405、408

小满畈 1—8—401、408

小满塘 1—8—433

小毛潭坝 1—8—422

小茅山 1-8-393、401、402、425
小茅山排灌站 1-8-393
小梅 3-45-2753
小南海 3-41-2437
小南门 1-5-252，1-10-533，3-38-2228注、2244
小南门河 1-4-215，1-10-535
小南门桥 1-10-536、575注
小泉井 3-37-2173
小山脚 1-2-094
小山头 1-2-077、095，1-8-401、408，3-43-2609
小山头村 1-2-085
小山坞 1-3-121
小山坞村 1-2-078、079
小石盖 1-3-106，1-8-402
小石盖山 1-3-108、114
小石桥 1-2-092、093
小泗 1-2-083
小泗埠 1-2-094，1-8-413、414，1-9-473，1-12-
　　776注、791、792、793，2-32-1879，3-37-2150
　　注，3-43-2581、2588、2592，3-44-2639
小泗埠村 1-6-313，1-8-415，1-11-612
小泗埠桥 1-9-480
小泗埠闸 1-8-415
小泗埠直河 3-43-2592
小泗埠直湾 3-43-2580
小天竺 1-2-078
小天竺山 1-2-079
小王岭 1-2-079，1-3-111、118、128
小坞 1-3-111，1-8-409
小西坂 1-8-393
小心桥 3-37-2155注
小星坞 1-8-433
小秧田坝 1-8-422
小窑里吴 1-3-146注，2-15-1050
小岳桥 1-9-471，1-10-532、554，3-37-2205，
　　3-43-2606
小站 3-44-2638
小长岗 1-2-079
小止观 3-41-2443
晓峰岭 3-44-2634
孝丰 1-3-105
孝女殿 3-40-2414
孝女庙 3-40-2411、2411注，3-41-2424、2443
孝悌乡 1-2-081、082，3-36-2133、2139，3-40-
　　2415，3-41-2423、2429注、2430、2448，3-43-
　　2564
　孝义 3-36-2133

〔xie〕

协进乡 3-43-2597
协同 1-2-084、086，3-41-2458
协同村 1-2-080
协同乡 1-2-085
协谊 1-2-093
协谊村 1-4-215，1-11-613，2-29-1748
斜安桥闸 1-8-418
斜爿坞 1-2-094，1-5-250
斜桥 1-2-081
谢家 1-2-077、085、094，1-8-419、425，3-34-1941
　　注，3-43-2582、2583注
谢家村 3-36-2099注
谢家大宅 3-43-2583
谢家教堂 3-41-2456
谢家宅 2-15-1063
谢尖 1-2-083
谢尖湖 1-2-082
谢山 1-2-081
谢氏宗祠 3-34-1992注

〔xin〕

辛庐 3-37-2201、2202
新安 1-2-085、095，3-36-2117，3-41-2437注，
　　3-43-2576
新安村 1-11-613，2-13-938，2-14-983，3-44-
　　2717、2720
新安寓 1-2-092，1-7-372，1-10-543、553、554，
　　2-15-1069
新安园 1-2-092，2-15-1069
新庵 3-34-1944注
新坝 1-2-082、083、085，1-8-393、395、412，1-9-
　　501注、505、513、513注，3-35-2032注，3-36-
　　2132，3-43-2549
新坝闸 1-3-129，1-8-401、439、440、443，3-43-
　　2550
新北 1-2-095
新昌 1-11-595，2-21-1449，3-36-2130、2138，
　　3-37-2205，3-43-2573
新昌县 3-36-2119、2138
新陈 1-2-083
新城乡 2-32-1877
新创 1-2-095
新创村 1-12-837
新甸 1-2-083，2-24-1550
新垫黄 1-2-095

新垫黄村 1－11－612、613，3－36－2110

新东 1－2－095，1－9－484注，1－12－796

新发 1－2－095

新发村 1－11－613、749

新发王 1－2－093，3－37－2205，3－43－2563

新发王村 1－6－293注，1－11－720，2－27－1675，3－44－2648

新丰 1－2－082

新峰 1－2－095

新凤堰桥 1－10－536

新富 1－2－094

新和 1－2－095

新和村 1－11－613

新河 2－24－1543

新河口 1－2－077、094

新河口村 1－2－085，3－36－2109，3－43－2582

新华 1－2－085、086、095，1－9－509，2－21－1410，3－41－2445、2456、2458

新华村 1－11－613，2－14－983，3－36－2047、2063

新华教堂 3－41－2456

新回澜桥 1－10－536

新会 3－37－2181，3－44－2628

新加坡 1－记－021、035、037，1－6－286，1－7－381，1－11－768，1－12－836，2－13－952，2－14－990、994、997、1001、1003、1006、1009，2－15－1030、1045、1050，2－17－1191、1198、1199、1206、1207，2－26－1636，2－27－1688注，2－28－1719，3－36－2058

新建 1－2－077、085、086、094，1－12－796

新建管理区 3－43－2587、2608

新建乡 1－2－086，1－3－119，3－43－2608

新江 1－2－095

新江口 1－8－391、395，1－9－503、505、509、510，3－43－2608

新江岭 1－2－087、088，1－8－392、423、426、434、440，1－11－611、651，2－16－1112，2－20－1328、2－33－1897，3－34－1936，3－35－2032注，3－36－2054，3－38－2223、2229、2274，3－43－2609

新江岭公社 3－43－2608

新江岭灌区 1－8－401

新江岭荷花塘 1－8－401

新江岭乡 1－2－088、089、090，1－6－284，2－32－1849，3－43－2608

新江闸 1－8－393

新疆 1－6－286，1－11－737，2－13－964，2－18－1239、2－21－1442，2－27－1673，3－36－2074，3－40－2418，3－43－2560，3－44－2660

新街 1－记－013、016、020，1－2－087、088、089、094，1－3－120、130、183、185，1－4－192、193、193注、209、223，1－5－242、248、254、255、260，1－9－460、469、470、472、473、492、506、509，1－10－524、554、559、563、580，1－11－596、602、614、618、651、657、663、682、711、712、729、730，1－12－777、805、817，2－13－935，2－15－1032，2－16－1152，2－17－1204，2－18－1244，2－20－1314、1328，2－21－1405，2－28－1704注、1705、1714、1717，2－31－1825，2－32－1851、1852、1854、1856、1860、1861、1872、1873、1874、1878、1879，2－33－1898、1908，3－34－1939，3－35－2016、2022、2024，3－36－2045、2054，3－37－2182、2186，3－38－2297，3－39－2311、2324，3－40－2413，3－41－2424、2442、2443，3－42－2488，3－43－2561、2587、2588、2589

新街村 1－6－294

新街公社 3－35－2028注

新街桥 1－4－209，1－9－478

新街人民公社 1－2－087

新街围垦农场 1－6－282、284、285、307

新街乡 1－2－088

新街镇 1－记－032、039，1－2－089、090、091，1－3－106、111，1－4－206、206注、207注、211、214，1－5－243、255、262，1－6－283、284、285、287、289、294、295、296、302，1－7－349，1－8－413、414、415、418，1－9－447、460、466、467、468、475、502，1－10－523、580，1－11－602、613、624、664、728、728注、730、748、749，1－12－784、785、806、807、828、830，2－13－941、2－15－1035，2－17－1194，2－20－1342注、1343、2－21－1409，2－27－1662注，2－28－1709、1712、1714，2－29－1750，2－31－1785、1842，2－32－1856、1876，2－33－1903，3－34－1956，3－35－2015、2017，3－36－2050、2089、2118，3－37－2187，3－38－2270，3－40－2349，3－41－2434、2448，3－43－2533、2543、2586、2587、2589、2594、2620，3－44－2668、2714、2722、2723

新开河 1－4－224，1－9－501、503，1－10－522、526、534、536、570

新开河桥 1－9－481

新联 1－2－092，3－38－2294

新联村 3－36－2109

新联大队 3－38－2274注

新凉亭 1－2－092、093，1－9－470、471、472，1－10－559

新凉亭桥 1－9－480，3－43－2544

新林 1－2－083

新林铺 3－37－2204

新林周　1—2—093，1—3—130，1—8—395、418，1—9—
　468、502，1—10—553，2—27—1638注，3—37—2205、
　2216，3—40—2412，3—41—2441注
新林周村　1—8—395，1—9—474
新林周桥　1—8—395，3—37—2205
新林周闸　1—8—418
新林周直河　1—8—395、439
新凌山桥　1—8—402
新龙　1—2—094
新龙村　1—8—415
新梅　1—2—095，1—10—580，2—32—1879
新梅村　3—35—2017
新庙前　1—2—093，2—32—1879
新庙前村　2—32—1858，3—44—2665
新民桥　1—9—509
新民闸　1—8—415
新民闸桥　1—12—794
新南　1—2—094
新农　1—8—416
新农乡　1—2—085
新农闸　1—8—416
新农镇　3—44—2638
新浦河　2—14—985注、1028
新浦河桥　2—14—985注、1028
新前　1—2—094
新前村　2—32—1876
新桥　1—2—092、093，1—4—191注、193注，1—10—535、
　537、553，2—15—1068，2—28—1710，3—34—1950
　注，3—37—2155注
新桥村　1—10—547
新桥头　1—2—092，1—3—106、114、132，2—32—1849
新桥头村　3—34—1950注
新桥下　3—43—2547注
新桥园　2—15—1069、1071、1086
新生　1—2—086，1—8—425，1—10—554
新生村　1—11—722、757，3—38—2268注
新生大队　1—12—777注，3—35—2033注，3—38—2274注、
　2281注，3—45—2739
新生高级社　1—12—777注
新生农业社　1—11—729
新盛　1—2—094，1—9—467、472
新盛村　1—6—294，1—11—613
新狮山村　1—11—612
新石头村　3—41—2431
新世纪广场　1—10—550
新泰　1—2—085，3—43—2592
新塘　1—2—078、079、084、086、087、088、089、
　090、091、094，1—3—185，1—4—191注，1—5—249、

254，1—8—426、439，1—9—458、460、466、472、
　473、482注，1—10—524、559、580，1—11—618、
　619、651、663、673、682、685、714、748、761，
　1—12—802，2—13—885注、935、938，2—15—1052、
　1053、1086，2—24—1550，2—31—1785，2—32—
　1851、1861，2—33—1897，3—36—2046、2053、
　2078，3—37—2182、2204、2215，3—38—2223、
　2275、2276，3—39—2324，3—41—2455，3—43—
　2533、2534、2602、2610、2611、2612，3—45—2753
新塘办事处　1—6—315，1—10—553，3—43—2610
新塘村　1—9—461、505，1—11—722
新塘管理区　3—43—2610
新塘机埠　1—8—433
新塘街道　1—10—580，1—11—667，3—36—2119
新塘人民公社　3—43—2610
新塘特大桥　1—9—455、456、456注、458
新塘铁路桥　1—9—457
新塘头　1—2—094，2—32—1879
新塘头村　1—11—613
新塘乡　1—2—088、089、090、091、095，1—3—106、
　108、112、114、116、118、121，1—4—200、211，
　1—5—254，1—6—283、284、285、287、289、302，
　1—7—349，1—8—395、418、419，1—9—458、461、
　466，1—11—619、648、721，2—13—935、937、937
　注、938，2—16—1112注，2—20—1382，2—21—1400
　注、1410，2—24—1552，2—31—1786，2—32—1876，
　3—35—2017，3—36—2078注、2080、2109、2110、
　2127、2131、2136，3—37—2161、2166、2184，
　3—38—2281，3—41—2429、2443，3—43—2533、
　2561、2610、2612、2620，3—44—2659、2688
新塘闸　1—4—209
新塘站　1—9—459
新塘镇　1—6—296
新田　1—2—081
新湾　1—记—013、016，1—2—083、084、085、086、
　087、088、089、094，1—3—185、186，1—5—242，
　1—8—399、404，1—9—470、471、472、473、482、
　483注、490、509、515，1—10—524、544注、559、
　562、564，1—11—596、618、651、673、771，
　1—12—776注、785、791、792、793、795、796、
　797、798、802、804、808、813、814、826、838，
　2—13—935，2—15—1032、1035，2—18—1218，2—19—
　1275，2—21—1405注，2—23—1529、1530，2—25—
　1585，2—28—1704注、1705，2—32—1851、1852、
　1854、1873、1874、1878、1879，2—33—1896、
　1897、1899、1907，3—34—1931、1939、1945、
　2000，3—36—2046，3—37—2150注、2213，3—38—
　2285、2296，3—40—2413，3—41—2443、2444、

2450、2450注、2452、2455、2456、2459、3—43—
　　2585、2586、2592、2618

新湾部队农场　1—8—415

新湾村　1—2—082、3—34—1951、1951注，3—43—2585

新湾底　3—43—2585

新湾丁坝　1—8—399

新湾冯家溇基督教堂　3—41—2456

新湾公社　1—11—717注

新湾基督教堂　3—41—2456

新湾教堂　3—41—2456

新湾抢险河　1—8—397

新湾抢险闸　1—8—415

新湾桥　1—9—480

新湾人民公社　3—43—2585

新湾围垦　1—12—805

新湾围垦农场　1—6—282、284、285、307

新湾乡　1—2—084、086、088、3—34—1951注，3—43—
　　2585

新湾闸　1—3—130，1—8—415

新湾镇　1—2—089、090、091、094，1—4—206注、207
　　注、211、1—5—243、255、277、1—6—283、284、
　　285、287、289、296、302、1—7—349、1—8—414、
　　415、444、1—9—469、1—11—613、616、619、1—12—
　　776注、784、785、805、2—19—1296、2—20—1344
　　注、2—21—1400、1400注、2—23—1524、2—27—
　　1645、2—30—1769、2—31—1786、2—32—1855、
　　1856、1878、3—34—1951、3—38—2284、3—41—
　　2450、2458、2459、3—43—2555、2580、2585、
　　2589、2617、2620、3—44—2657、2687

新万寿桥　1—10—536

新围　1—2—088、095、1—4—192、193、193注、209、
　　223、1—8—412、1—9—473、482注、508、515、
　　1—11—651、771、1—12—776注、796、797、799、
　　813、819、826、837、2—13—880、2—19—1275、
　　2—21—1408、3—34—1972、3—35—2026、3—36—2045
　　注、2049注、3—38—2223、3—43—2592、2593

新围5.2万亩围垦　1—3—187、188

新围村　1—2—078、080、1—6—294、3—36—2050

新围公社　1—12—784、799、837

新围垦种　1—12—788、789、790、827注

新围乡　1—2—088、089、090、1—3—184、1—6—285、
　　298、1—11—660、691、1—12—793、797、818、
　　837、3—43—2592、2593

新西兰　1—6—286、1—11—711、2—17—1191、1213、
　　2—24—1555、3—44—2715

新乡　3—36—2076

新义　1—2—083，3—37—2199注、3—43—2549、3—44—
　　2626、3—45—2742、2743

新义乡　1—2—081、082，3—43—2549

新益　1—2—093，2—32—1879

新盈　1—2—083

新盈乡　3—43—2587

新闸头　1—2—095，1—4—223

新镇桥　1—9—479

新郑　3—36—2119

新中　1—2—095

新中坝　1—5—260注

新中村　1—9—461、2—14—983

新朱　1—2—084

新朱乡　3—43—2610

新庄　1—2—083、084，1—10—554、1—11—753、2—28—
　　1715注、3—36—2133

新庄大队　3—35—2028注

新庄乡　3—43—2615

新庄闸　1—8—418

馨香大厦　1—10—551

馨星大厦　1—10—551

信阳　3—44—2626

信源　1—2—094

信源村　2—13—909

信州　3—41—2442

〔xing〕

星都花园　2—15—1069、1070

星拱桥　3—37—2159注、2182、2183

星拱亭　3—37—2159、2189

星民　1—10—575，1—12—777注

星民村　1—记—020、038、1—9—474、507、1—12—777
　　注、3—44—2720、2721

兴围　1—2—094

兴围村　1—12—776注

兴议　1—2—086、092

兴议村　1—记—019、1—2—080、1—6—294、1—9—492、
　　1—11—626、635、763、2—14—980、981、2—21—
　　1410、2—24—1550、3—44—2721、3—45—2752

兴谊　1—9—470

兴裕　1—2—095、1—12—796、2—32—1879

行宜桥　3—37—2160

杏北　1—2—083

杏花　1—2—093、2—32—1879

杏花村　1—11—612、2—33—1921

幸福　1—2—086、095、3—43—2589

幸福村　1—6—295

幸福乡　1—2—085、3—43—2589

〔xiong〕

匈牙利　1-记-037、038，1-6-286，2-17-1199，
　　3-38-2246注，3-44-2681、2682
雄鹅鼻　1-2-077、077注、078、079，1-3-120，1-5-
　　249，3-37-2217注，3-43-2602
雄鹤鼻　3-43-2582
雄鹤鼻山　1-2-077、077注、078、079
雄鸡庵　3-37-2158、2162

〔xiu〕

修文　1-2-097
秀龙桥闸　1-8-418
岫云庵　3-41-2445
绣衣祠　3-37-2166
绣衣坊　1-2-100

〔xu〕

胥里　3-36-2123，3-41-2439
徐国　3-36-2132
徐家　3-44-2627
徐家川　3-43-2610
徐家村　3-36-2109
徐家店　1-2-094，1-3-110，1-8-410注，1-9-471
徐家店村　3-44-2650
徐家店庙　3-41-2443
徐家河　1-2-092，1-10-556，2-32-1849
徐家河村　1-记-022，1-6-295，2-15-1069、1070，
　　3-37-2202，3-45-2744、2758
徐家汇　3-43-2545
徐家山坞　3-44-2628
徐家坞　1-3-106，3-37-2173、2197、2217注
徐家坞村　3-37-2199
徐家闸　1-8-411、418
徐儒直坞　1-2-082
徐潭　1-2-081、099
徐杨村　1-2-078
徐州　1-9-452注，3-36-2135
许村　1-2-081
许家　1-2-094，1-8-392、408，1-9-505
许家村　1-9-506，1-11-613、743，3-36-2108，
　　3-44-2667
许家后塘　1-8-433
许家里　3-36-2122
许家里村　3-44-2651
许家南大房　3-37-2186

许君　1-2-081、099
许君里　1-2-099
许同甸　3-43-2583注
许贤　1-2-078、079、082、083、084、085、086、
　　087、088、089，1-3-117、128、183，1-4-223，
　　1-5-242、244、245，1-8-392、393、394、401、
　　410，1-9-471、484注、489、490、508、510注、
　　515，1-10-524、563，1-11-596、618、651、
　　673、682、722、765、766，2-13-889注，2-15-
　　1032、1051、1051注、1088，2-19-1262，2-23-
　　1518、1530，2-24-1544、1545，2-25-1585，
　　2-30-1768，2-31-1837，2-32-1851、1880、
　　1882，2-33-1900、1908，3-35-2024，3-36-
　　2045、2055、2131，3-37-2182、2199注，3-38-
　　2223、2234、2274、2274注、2294，3-40-2413，
　　3-41-2443、2459，3-43-2567、2602、2603、2603
　　注、2604、2613，3-44-2690，3-45-2742
许贤公社　1-2-086注，1-4-193注，3-38-2294注
许贤灌区　1-8-401
许贤桥　1-8-433
许贤人民公社　1-2-087
许贤乡　1-记-017、018，1-2-077注、078、081、
　　082、084、085、088、089、090、091、095，1-3-
　　107、111、118、120、124、177注、187，1-4-206
　　注、207注、210、211，1-5-243、255，1-6-283、
　　284、285、287、289、295、296、302、324，1-7-
　　349，1-8-394、414、419、422、424，1-9-504、
　　508，1-11-597、612、613、618、619、621、625、
　　724、725、759，2-13-861、889，2-20-1328、
　　1331，2-26-1618，2-27-1701，2-31-1785，
　　2-32-1858、1876、1880、1881，2-33-1921，
　　3-34-1962，3-35-2015、2017，3-36-2108、
　　2109、2118、2122、2125，3-37-2147、2162、
　　2173、2174、2185、2218注，3-38-2295，3-41-
　　2433、2447，3-43-2549、2564、2602、2603、
　　2604、2605、2612、2620，3-44-2685，3-45-2743
许贤霆　3-37-2199注
叙利亚　1-记-036、038

〔xuan〕

宣岭　1-2-082
璇山下　1-2-093，1-3-105，1-10-580
璇山下村　1-11-613

〔xue〕

学士桥　1-2-092，1-10-535、536、553、554

学士桥公寓　2-15-1069
雪环　1-2-082、083，1-10-580
雪环山　3-36-2142
雪湾　1-2-094，1-3-105、110注
雪湾村　1-3-111、113，1-5-250，2-32-1858、1860，
　　3-44-2656
雪湾大山　1-2-077、078，1-3-111、117、118、119
雪湾岗　1-3-119
雪湾山　1-3-183
雪湾山脉　1-5-245
雪湾溪　1-3-128

〔xun〕

浔州府　3-36-2118，3-45-2728注
逊河公社　3-44-2684

Y

〔ya〕

压湖山（压乌山、亚父山）　1-8-420，1-11-772，
　　3-34-1955注，3-37-2177、2190、2194、2195、
　　2195注、2201，3-43-2546、2547、2547注
压湖山闸　1-8-420
鸭河口　2-15-1045
鸭水张　3-36-2120
衙南　1-2-083
衙前　1-记-013、016、020、038，1-2-078、079、
　　082、083、087、088、089、093，1-3-121、129、
　　185，1-4-214、223，1-5-276注，1-8-439，1-9-
　　455、460、472、484、484注、485、486、487、
　　488、492、495、496、501注、502，1-10-523、
　　524、529、544注、553、559、562、565，1-11-
　　596、614、618、651、686、721，2-13-876、935、
　　2-20-1336、1339，2-22-1452注，2-27-1638、
　　1638注、1649，2-28-1705、1717、1718、1720
　　注，2-31-1787，2-32-1851、1852、1860、1868、
　　1872、1872注、1873、1874、1878、1879，2-33-
　　1924，3-34-1939、1940注、1944注、1945、1948
　　注、1986注、1988注、1989注、2000，3-35-2024，
　　3-36-2045、2056、2064、2066注、2088、2096、
　　2096注、2098、2103、2117、2133、2134，3-37-
　　2150、2177、2178、2181、2182、2186、2190、
　　2204、2205、2206、2207、2208、2215，3-38-
　　2221、2273、2282、2285，3-40-2367、2410、
　　2412、2413，3-41-2443、2455，3-42-2530、

3-43-2561、2562、2563，3-44-2641、2642、2643
衙前村　1-2-082，2-22-1452注，3-34-1961注，
　　3-43-2561
衙前分离立交　1-9-476
衙前教堂　3-41-2456
衙前老街　3-37-2184、2206
衙前农村小学　3-37-2188注、2189
衙前农民协会旧址　1-记-017，3-37-2161、2182、
　　2183、2188、2188注、2206
衙前农民运动纪念馆　1-记-025，2-25-1588，3-43-
　　2563、2564
衙前农民运动旧址　3-37-2146、2192
衙前农民运动协会旧址　1-记-021
衙前区　1-2-083
衙前乡　1-2-088，1-8-395，3-43-2561
衙前镇　1-记-029，1-2-089、090、091、093，1-3-
　　107、108、121、130，1-4-193、206注、211，
　　1-5-243、255、266，1-6-283、284、285、287、
　　289、293注、295、296、302、337，1-7-349，
　　1-8-418、419、440，1-9-461、467、468，1-11-
　　612、613、615、621、624、723、725、728、749、
　　757，2-13-935、935注、949，2-16-1111，2-18-
　　1244，2-20-1339、1341注、1343，2-26-1621、
　　1622，2-27-1651、1661、1679、1682，2-28-
　　1716、1722、1727，2-30-1770，2-31-1785、
　　1842，2-32-1850、1859、1860、1875、1876，
　　2-33-1901、1921，3-35-2015、2016，3-36-
　　2050、2064、2089、2096、2096注、2108、2119、
　　2136，3-37-2152、2157、2171、2175、2181、
　　2183、2184、2191、2205、2207，3-38-2268注、
　　2273，3-39-2311，3-41-2434、2449，3-43-
　　2533、2540、2543、2561、2562、2563、2586、
　　2610、2619，3-44-2642、2648、2715、2721
衙前镇古纤道　3-37-2215
衙前庄　3-43-2561
雅阳镇　1-11-614
亚父　1-2-081
亚美尼亚　1-记-039，2-14-993
亚特兰大　3-39-2315、2327、2342
亚洲（亚）　1-12-829，2-13-871、882、921，2-14-
　　991，2-17-1198、1199，3-38-2287，3-39-2319、
　　2327、2342，3-44-2648

〔yan〕

烟墩山　1-2-077，3-43-2543
烟台　1-9-452注
鄢陵　3-36-2123

延安　3—36—2119，3—44—2650、2655、2661、2669、2674

延平府　3—36—2132

延庆寺（前王寺）　3—41—2424、2425、2434，3—43—2547，3—44—2627

延生桥　3—37—2155注

严家　1—11—614

严家埭　1—2—092

严家埭村　1—5—239，3—37—2158，3—41—2427

严家底（一村）　3—34—1950注

严家桥　1—10—537

严州　3—36—2123，3—43—2548

岩丰村　1—记—013

岩峰　1—2—094，3—43—2592

岩峰村　1—6—294，2—32—1876，3—37—2186，3—41—2437

岩峰山　1—3—121

岩将老太墓　3—37—2185

岩将庙　3—41—2442

岩岭山　1—2—094，1—3—119

岩岭山村　1—11—725

岩门　1—2—094，1—3—105、108，1—10—580，2—28—1715注

岩门村　1—3—119，2—27—1656，3—35—2032

岩门盐场　3—43—2576

岩甏山　3—41—2450注

岩山　1—2—086、088，1—3—105、110、110注、111、113、114、118、119，1—4—223，1—5—245、250，1—11—611、747，2—19—1262，2—20—1328，2—30—1768，2—32—1856，3—34—1936，3—36—2045注，3—37—2215，3—38—2274，3—43—2574

岩山乡　1—2—085、088、089、090，1—6—284，1—7—349，1—9—469，2—13—940，2—15—1036，2—21—1441，2—27—1656、1675，2—32—1849，3—38—2274，3—44—2724

岩上　1—2—094，1—5—250，1—8—422

岩上村　1—3—105、113、114、119，1—8—410注

岩坞口　3—43—2575

岩下　1—2—094，1—3—108，1—5—250，1—8—422，3—43—2532、2575

沿池山窑址　3—37—2185

沿江　1—2—094

沿江村　1—11—748，3—35—2017

沿浦　3—45—2753

沿山　1—2—082、083、095，2—32—1882

沿山村　3—44—2723

沿山孔　3—38—2269注

沿塘　1—2—093

沿塘村　3—41—2436

沿塘河　1—3—130，1—8—395

沿塘抢险河　1—3—131

盐场　1—2—094

盐场村　2—32—1849，3—43—2580

盐城　1—11—764

盐官　1—3—133、134

盐官镇　3—43—2581

盐禾村　2—32—1859注

盐溪乡　1—11—615

颜家塔　3—36—2139

兖州　3—36—2119、2136、2138

晏公桥　1—3—129

堰兜孙　1—2—075注

堰河　1—10—535，2—24—1551

堰下口　1—10—536

雁荡山　1—7—381

燕斗孙　3—36—2122，3—43—2547注

燕斗孙村　3—36—2108

燕山　3—43—2548

燕山村　1—11—614

燕窝山　3—36—2127

燕窝王　1—3—121

燕子河　1—2—092，1—4—215，1—10—529、535、556，2—24—1551

燕子窝　1—8—408

〔yang〕

扬州　3—36—2135，3—45—2729

羊角尖山　3—37—2218注

羊角山　1—2—079，3—43—2584

羊毛湾　1—3—113

阳城经济开发区　1—记—019，1—9—471，3—43—2578

阳曲县　3—37—2178注

阳羡　1—2—074，3—36—2136

阳信县　2—20—1392、1393

杨东　1—2—081

杨公第一桥　3—37—2205

杨公桥　3—37—2182、2184

杨公潭　1—8—392、433

杨冀王墓　3—37—2196

杨家浜　1—8—424，1—9—505，1—10—554

杨家墩　1—10—554

杨家墩村　1—9—491，3—38—2281注

杨家桥　1—2—093，1—8—394，1—9—468，1—10—537

杨家桥村　3—36—2109

杨家桥教堂　3—41—2456

杨家湾　1-11-725，3-36-2122
杨家湾自然村　3-37-2197
杨家溪　1-3-119、128，3-43-2613
杨静坞　3-37-2210、2212
杨静坞森林公园　3-37-2212，3-43-2573
杨骆山尖　1-2-079
杨梅山　1-3-120
杨梅树山顶　1-2-079
杨南　1-2-081
杨浦　3-35-2012
杨浦区　2-15-1063
杨齐王墓　3-37-2196
杨岐禅寺　3-41-2433，3-43-2552
杨岐岭　3-37-2197注
杨岐山（羊骑山）　3-36-2122、2134，3-37-2193、
　　2194、2196、2197、2197注，3-41-2433，3-45-
　　2742，3-44-2626
杨岐寺　3-37-2195、2201、2209、2210，3-41-2424、
　　2425、2433、2439
杨岐穴　3-37-2199注
杨树溇　3-36-2133
杨树下　1-2-095，3-36-2133
杨霄桥　3-37-2160
杨辛堰　1-8-421
杨新　1-2-081
杨汛　1-2-085、093，1-10-553，3-42-2504
杨汛村　1-10-553，1-11-723，3-36-2133
杨汛桥　1-9-468、487、501，1-10-553，2-16-1112，
　　3-41-2448注
杨汛桥镇　1-2-079，3-43-2561、2605、2610
杨汛乡　3-43-2561
杨汛闸　1-8-419
杨长官祠（龟山祠）　3-36-2100，3-37-2195，3-40-
　　2415，3-41-2441
杨之华母亲墓　3-37-2188
旸雨井　3-37-2174
洋湖　1-2-094，1-3-113
洋太　3-45-2753
洋田村　1-11-614

〔yao〕

姚鲍渠　1-8-393
姚公埠　3-43-2551
姚家岙　3-45-2758
姚家畈　1-2-092，1-9-508、509
姚家畈村　1-11-685、713，3-35-2017，3-44-2720
姚家河　1-10-529

姚家尖　1-2-079
姚家潭　1-2-092
姚家坞　1-3-113
姚江岸　1-2-092，1-4-191注，1-10-553
姚江岸村　1-11-718、719，2-15-1052，3-36-2078注
姚吕　1-2-082
窑里吴　1-10-554，3-37-2197
窑里吴村　3-37-2200
窑前河　3-37-2157
窑头　1-2-088、089
窑头山　1-8-408
窑湾　2-32-1877、1879

〔ye〕

冶县　1-2-074
叶青苑　2-15-1062

〔yi〕

一定庵　3-41-2437注
一都　1-2-082
一都韩　3-36-2072注
一都孙　1-2-095，1-9-458，1-10-553，2-13-937注
一都孙村　3-35-2017
一都吴　2-13-937注
一二图　1-2-082
一工段　1-8-397、404、407、439、442，1-12-791，
　　3-35-2032注
一工段横河　3-43-2592
一工段排涝闸桥　1-9-478
一工段闸　1-3-187
一号坝　1-12-777，2-32-1859注
一号坝闸　1-12-777
一号坝直河　1-12-777
一号桥　2-32-1859注
一览亭　3-37-2182、2189、2198、2201，3-41-2428、
　　3-43-2616
一览亭及遗址　3-37-2183
一千亩　1-12-781
一千亩围垦　1-12-785
一水厂闸　1-8-420
一图　1-2-082
一万九千亩围垦　1-12-780、785
一万亩　1-12-802
一万三千亩围垦　1-8-413，1-12-779、780、785
一围　1-12-785
伊家店　1-2-094

伊家店村　1—11—626

伊朗　3—39—2342

伊上　1—2—082

黟县　3—36—2124

仪林禅院　3—41—2425

仪征　3—36—2125

沂南县　1—11—614

怡佳公寓　2—15—1070

怡怡山堂　3—37—2217

宜春　3—36—2135

宜兴　2—20—1380，2—26—1636注，3—36—2136，3—43—
　　2558

宜兴市　3—39—2313

以色列　2—17—1191，2—27—1688注，3—44—2715

弋阳　3—36—2127

义安　3—36—2130、2136、2137

义北　1—2—083，3—43—2549

义隆横河　1—8—397，3—43—2556

义隆横湾　3—43—2585

义隆桥　1—9—479

义南　1—2—083、093，2—32—1879，3—43—2549

义南村　1—11—613

义南横河　1—3—130，1—8—396、439

义南横湾　1—9—513，3—43—2559、2577、2578、2589、
　　2590

义蓬　1—记—018，1—2—083、084、084注、085、086、
　　087，1—4—215，1—5—245，1—8—396、397、413、
　　414，1—9—484、484注、513注、1—10—544注、
　　580，1—11—676、681、682、716、757、759，
　　1—12—778、790、813，2—13—875、903，2—16—
　　1157，2—17—1204，2—18—1218，2—21—1433，
　　2—22—1452注、1467，2—23—1528，2—24—1557，
　　2—26—1631，2—27—1659、1692，2—28—1704注、
　　1705，2—29—1734注、1742，2—31—1784，2—32—
　　1879，3—35—2023、2031，3—36—2045注、2049注，
　　3—38—2275注、2276、2294注

　义蓬管理区　1—2—086

　义蓬区　1—记—027，1—2—085、087、088、089，1—3—
　　185，1—5—270，1—6—284、295、307，1—7—349，
　　1—11—612、616、673、703、704、742注，1—12—
　　778、785、797，2—20—1383，2—22—1481，2—23—
　　1528，2—25—1584，2—26—1631、1633，2—27—
　　1660、1664，2—32—1862、1872，2—33—1898，
　　3—34—1979，3—38—2229、2284、2303，3—39—
　　2318，3—43—2556、2560、2585

　义蓬区七千亩区块　1—12—795

　义蓬区七千亩围垦　1—12—777、785、802

　义蓬人民公社　1—2—086，3—43—2585

义蓬乡　1—2—084注，3—43—2580

义蓬镇　1—2—084，1—6—313，1—7—368，2—16—1108、
　　1174，2—32—1878，3—43—2556、2580，3—44—
　　2665、2715

义桥　1—记—013、016、020、024，1—2—078、079、
　　082、083、084、085、086、087、088、089，1—3—
　　106、118、120、128、129、157注，1—4—223，
　　1—5—249、255，1—6—338，1—7—367，1—8—391、
　　394、401、404、426，1—9—466、471、472、474、
　　484注、490、501、501注、503、508、510、513、
　　513注、514，1—10—524、528、529、544注、554、
　　562，1—11—596、614、618、620、621、651、657、
　　682、686、711、712、722、739、758，2—13—880、
　　881、935，2—15—1032、1050、1051、1068、1078、
　　1081注、1085、1088，2—16—1107、1108、1111、
　　1140、1149、1152、1168，2—18—1218、1244，
　　2—20—1358注、1366，2—21—1399、1405注，2—23—
　　1518、1530，2—24—1545、1562，2—26—1604注、
　　1616，2—27—1667，2—28—1705、1713注，2—31—
　　1841，2—32—1851、1854、1861、1872、1873、
　　1874，2—33—1896、1900、1903、1924，3—34—
　　1939、1941注、1945、1948、1961注、1962，3—35—
　　2005、2013、2022、2027，3—36—2045、2051、
　　2055、2059注、2076、2076注、2077、2077注、
　　2096注、2117、2120、2122、2134、2135、2136、
　　2138、2139，3—37—2150、2182、2190、2215，
　　3—38—2229、2232注、2234、2274、2283、2288、
　　2291、2294、2296、2297，3—39—2311，3—40—
　　2348、2385、2386、2387、2388、2396、2413、
　　2415，3—41—2424、2441、2442、2443、2444、2446
　　注、2456、2458、2459，3—43—2533、2537、2549、
　　2550、2551、2552、2565、2603、2603注、2607，
　　3—44—2637、2637注、2644、2679，3—45—2743

义桥大桥　1—记—021，1—9—471、476、482、483注、
　　485、486、487、498、505、508，2—24—1550

义桥浮桥　1—8—394，1—9—508

义桥公社　1—4—193注，2—16—1164，3—37—2178，
　　3—38—2294注

义桥基督教堂　3—41—2459

义桥教堂　3—41—2456

义桥客货运码头　1—9—503注

义桥人民公社　3—43—2550、2602

义桥上闸　1—8—420

义桥五一闸　1—8—421

义桥乡　1—2—082、088，3—37—2150注，3—43—2549、
　　2550、2602，3—44—2724

义桥油库码头　1—9—504

义桥镇　1—2—084、089、090、091、092、093，1—3—

109、1-4-210、211、1-5-243、255、260、266、1-6-282、283、284、285、287、289、294、295、296、301、314，1-7-349、358注、364注、1-8-393、410、412、420、421、424、436、438、440、1-9-472、475、501注、504、505、505注、508、1-10-554、578、1-11-612、613、619、656、725，2-13-972注，2-15-1038、1050，2-16-1164，2-18-1256，2-19-1304，2-20-1382，2-22-1495，2-24-1561，2-25-1576，2-26-1628、1633，2-28-1718，2-31-1785、1842，2-32-1850、1851、1852、1859、1876、1881，2-33-1892，3-35-2012注、2015、2016、2017，3-36-2050、2096、2096注、2109、2110、2117、2120、2126、2127、2128、2132、2134、2136，3-37-2147、2151、2160、2162、2169、2170、2173、2173注、2177、2183、2184、2185、2189、2196、2197、2209、2216、2216注，3-38-2233、2235、2272注、2273、2283、2296、2303，3-39-2335，3-41-2433、2447、2459，3-43-2546、2549、2550、2551、2552、2602、2615、2619，3-44-2636、2661、2683、2686、2714、2715、2720

义桥中闸　1-8-420

义胜军　1-2-072

义盛　1-记-013、016，1-2-082、083、085、086、087、088、089、093，1-4-209、214，1-5-255、1-9-470、471、482、483注、484注、489、506、508、515，1-10-523、524、525、544、545、553、554、559、562，1-11-609、618、620注、621、626、651、673、688、759、771，1-12-785、797、814、833，2-13-880、896注、898注、935，2-15-1065、1074，2-16-1111、1112注、1149、1152、1157注，2-19-1262，2-20-1329，2-21-1400、1401、1405、1405注、1408、1409、1412、1433，2-22-1470、1494，2-24-1542、1558，2-28-1714、1725、1727，2-31-1787，2-32-1851、1852、1856、1868、1872、1873、1874、1878，2-33-1896、1898、1899、1913，3-34-1939、1948、1962、1963，3-36-2045、2051、2055、2059注、2073注，3-38-2229、2243注、2245、2260、2263、2268、2273、2283、2299注，3-41-2443、2449、2456、2458、2459，3-42-2463、2464、2487，3-43-2533、2556、2556注、2557、2576、2585、2589、2591、2618

义盛村　1-2-082，3-34-1951

义盛公交站　1-9-488

义盛横河　3-43-2556

义盛积善桥教堂　3-41-2459

义盛桥　1-9-479

义盛人民公社　2-21-1405注，3-43-2556

义盛乡　1-2-088，3-43-2556

义盛镇　1-2-089、090、091、093，1-3-131，1-4-206注、207注、208、211，1-5-243、255，1-6-283、284、285、287、289、293、294、295、296、302，1-7-349、368，1-10-544、544注、545、552、553，1-11-612、619、760，2-16-1174，2-21-1405注、1411、1412，2-22-1475，2-27-1664，2-28-1714、1727、1728，2-31-1786、1842，2-32-1858，2-33-1913、1921，3-34-1951、1952、1993、1995，3-35-2017，3-36-2050、2063、2064、2096注，3-38-2226、2229、2283、2287、2303，3-40-2415，3-41-2449，3-42-2463，3-43-2555、2556、2557、2558、2580、2619

义乌　1-9-489，1-11-654，1-12-837，3-35-2011、2012，3-36-2126、2138，3-43-2538，3-44-2660、2688、2719、2720、2721、2722

义乌市　3-36-2131、2136、2137

义一　1-2-093

义一村　1-9-474、505，3-36-2136，3-37-2160、2185

驿前码头　3-37-2205

益都　3-36-2130

益民　1-2-094

益民村　3-41-2436，3-44-2721

益民桥　1-9-470

益民亭　1-8-402

益农　1-2-078、079、088、089、092、095，1-3-113、183，1-4-214、223，1-8-399、404、425，1-9-470、473、482注、490，1-10-559、562，1-11-618、651、673、731、743注、744、770、771，1-12-776注、777、791、793、794、795、796、797、798、799、800、801、802、813、814、826、837，2-13-876，2-15-1086，2-16-1112，2-24-1550，2-28-1705、1726，2-32-1851、1859、1868、1873、1879、1899，3-34-1972，3-35-2022、2032注，3-36-2045，3-37-2182、2186，3-40-2398，3-41-2443，3-42-2507、2530，3-43-2600、2601

益农村　1-2-078，1-6-294

益农公社　1-12-785，3-43-2600

益农垦区　3-43-2600

益农桥　1-9-479

益农人民公社　1-2-088，1-12-827注

益农四围　1-12-802

益农围垦　1-12-785、833

益农围垦区　1-8-413，1-12-795

益农五围　1-12-785

益农乡　1-2-088、089、090，1-6-285、298，1-11-763、770，1-12-797，2-27-1661，3-43-2600，3-44-2717

益农闸　1—2—077、078，1—3—130，1—8—398、399、415、438，1—9—502，1—12—776，3—43—2600

益农镇　1—2—078、090、091、092、095，1—3—113注、1—4—206、206注、211，1—5—243、255、260，1—6—283、285、287、289、294、295、296、302，1—7—349，1—8—415、416、417、440，1—9—470，1—11—602、613、619、656、669、749、759、770，1—12—783、785、804、814、826、832、837，2—19—1303，2—21—1400、1400注，2—31—1786，2—32—1849、1876、1878，2—33—1900，3—36—2050、2059、2064、2096注、2121，3—38—2262，3—43—2567、2589、2599、2600、2601、2620，3—44—2645、2698、2714、2715、2721、2723

益农中心直河　3—43—2600

益秀桥　3—37—2159注、2186

意大利（意）　1—6—286，1—7—350注，1—11—714，1—12—824、829、831、832，2—13—886、932、933、948注、952、956、957、969、973，2—14—990、991、992、994、997、1002、1003、1006、1009，2—15—1052、1053，2—17—1182、1183、1187、1191、1193、1195、1197、1198、1199、1213，2—20—1330，2—24—1554、1555，2—27—1688注，3—36—2081、2081注、2126，3—39—2327，3—43—2545、2570、2589、2604，3—44—2648

〔yin〕

吟龙　1—2—084、093，1—9—488、502，3—37—2205，3—43—2561

吟龙村　3—37—2184、2205

吟龙桥　1—8—395，1—9—468

吟龙乡　1—2—084

吟龙闸　3—36—2136，3—37—2205

银川　1—9—452注

银川市　3—34—1976注

银河　1—2—092，2—15—1068

银河小区　1—2—102，1—10—524、541、543、550、553、554、568，2—15—1068、1069、1071，2—21—1400，3—34—1950

银新　1—2—092

鄞　1—2—074

鄞县　2—20—1380、1395，2—21—1449，2—26—1636注，3—36—2101、2121，3—44—2631

鄞州区　3—36—2118、2121

霪头　3—37—2204

引南　1—2—083

印度　1—记—035，1—6—286，1—11—682，2—17—1214，2—21—1417，2—24—1556，3—39—2342，3—44—2671

印度尼西亚　1—记—038，2—13—859，2—14—1011，2—15—1052，2—17—1191、1199，2—27—1688注，3—39—2327、2342

〔ying〕

英国（英）　1—记—035，1—1—047注，1—6—286、322，1—12—829，2—13—929、932、952，2—14—994、1003、1011，2—16—1174，2—17—1183注、1187、1190、1191、1193、1199、1206、1207、1208、1213，2—27—1688注，3—36—2070、2126，3—37—2212注，3—41—2455，3—44—2647、2648、2663注、2668、2673、2690、2691、2694、2714

英属维尔京群岛　2—14—997

英雄人民公社　1—2—086，3—43—2567、2599

瑛珠桥　1—2—093

瑛珠桥村　1—12—795

迎恩门　3—37—2204

荥阳　3—36—2133

盈二　1—2—095

盈二村　1—记—015，1—9—457、461，1—11—613，2—27—1662

盈丰　1—2—084、086、087、088，1—3—185，1—5—260注，1—8—415、425、442，1—9—447注、506注、508、509、515，1—11—651、682、686，1—12—777、779、783、795、800、819，2—13—880，2—14—987，2—15—1035，2—16—1115，2—17—1204，2—28—1715注，2—32—1872，3—38—2233、2234，3—41—2456，3—43—2543、2594、2595、2595注、2596

盈丰渡　1—9—506

盈丰公社　1—11—686，1—12—784、785、795

盈丰教堂　3—41—2456

盈丰乡　1—记—015，1—2—085、086、088、089、090，1—3—185，1—6—284，1—9—506，1—11—749、753、763，1—12—777注、819，3—34—1968，3—38—2274，3—43—2594、2595

盈湖　1—2—077、085，3—43—2597

盈建闸　1—8—418

盈宁　1—9—455注、456、463

盈宁站　1—9—456、459

盈泉　1—2—083

盈上　1—2—094

盈盛　1—2—083

盈围　3—43—2587

盈一　1—2—095，1—11—729

盈一村　1—6—294，1—11—613，2—27—1661，3—36—2050，3—38—2274

盈中　1—2—094，1—10—580

盈中村　3—35—2017
营道　3—36—2127
营盘山　1—3—109，3—43—2546、2550、2551
颍川　3—36—2123
映雪堂　3—37—2196、2200、2203

〔yong〕

雍景湾花园　1—10—549
永安　1—2—094，2—32—1879，3—36—2133
永安村　1—4—214
永安桥　1—10—540、542
永安镇　2—32—1877、1878、1879
永昌乡　3—36—2122
永达　1—2—092
永达小区　2—15—1071
永丰　1—2—081、086，1—10—562，1—12—777注、791、792、797
永丰院　3—41—2430
永丰闸　1—3—130，1—4—209，1—8—415，1—9—471、473，1—12—783、793，3—41—2450，3—43—2592
永丰直河　1—8—439，1—12—792，3—43—2592
永丰直湾　3—43—2577、2578
永福　1—2—081、093，1—10—544、545，1—11—698
永福村　1—6—294，1—11—694、697、700、749
永福中心河桥　1—9—477
永华　1—2—092
永嘉　3—43—2538注
永进河　2—23—1529
永久　1—2—092，1—9—456，2—32—1849
永久村　3—36—2133，3—44—2716
永久公寓　2—15—1071
永久河　1—8—439
永康　3—36—2129、2139，3—40—2415，3—41—2441
永乐　1—2—094
永乐村　1—6—294，1—8—415
永利　1—2—094
永利村　2—27—1675，3—41—2438
永禄桥　3—37—2152、2159
永宁　1—2—082、083，1—10—570、572
永宁桥　3—37—2193
永宁县　1—记—014，1—10—572，3—34—1976注
永平庵　3—37—2194
永平府　3—36—2125
永思堂　3—37—2156、2164、2184
永泰　1—2—092
永泰丰　2—32—1852，3—43—2595、2596
永新　1—2—085、086、093

永新管理区　3—43—2556
永新乡　3—43—2556
永兴　1—总—004，1—2—074、075、075注、082、083、087，1—3—141，1—8—392、426，1—9—472、485，1—11—651、765，2—15—1032，2—32—1872，3—36—2122、2139，3—37—2204、2206，3—38—2273注、2274、2294注，3—40—2386，3—43—2602，3—44—2623、2624
永兴村桥灌区　1—8—401
永兴殿　3—41—2443
永兴灌区　1—8—402
永兴河（大溪）　1—总—003、009，1—3—116、128、141、147注，1—4—191、191注、192、193、193注、209、223，1—5—242、244、249、263、264，1—8—390、391、393、394、396、400、401、403、405、421、422、423、426、429、431、432、433、438、439、440、441、442，1—9—501，1—11—624、656，2—15—1051，2—19—1271，2—24—1550，2—26—1609、1610，2—33—1900，3—35—2032，3—37—2159、2160，3—43—2537、2553、2554、2554注、2564、2565、2566、2602、2603、2603注
永兴河流域　3—37—2147
永兴九峰闸　1—8—433
永兴庙　3—41—2443
永兴桥　1—3—128，1—6—293注，1—8—394、401、430、433，1—9—468、477、481、513注，1—10—537，3—35—2032注，3—37—2155、2155注、2184、2205，3—43—2535、2565
永兴桥人民公社　1—2—087
永兴桥站　3—35—2032
永兴人民公社　1—2—088
永兴县　1—2—075、076、096，3—42—2462，3—43—2533、2533注，3—45—2745
永兴乡　1—2—088、089、090，1—6—284，1—11—711，2—23—1524，3—38—2228，3—43—2564
永兴闸　1—8—411，3—37—2205
永义里　3—36—2117
甬江　1—9—501
勇建　1—2—093，1—8—425
勇建村　3—41—2435

〔you〕

优胜　1—2—093，3—43—2563
优胜村　1—记—029，1—11—613
由化　1—2—083，3—37—2199注，3—44—2626，3—45—2742
由化乡　1—2—081、082，3—43—2587

由拳　1-2-074

由夏　1-2-083、084、086、087

由夏乡　1-2-084，3-43-2594

邮电路桥　1-10-537

油车桥　1-2-092，1-3-129，1-8-395，1-9-473、
　　508，3-36-2123

油车桥村　3-44-2719

油树下　1-2-095

油树下村　1-9-458

友谊　1-2-086、093，1-10-544、545，2-32-1859注

友谊村　2-32-1859注

友谊桥　1-9-478

友谊乡　1-2-085

友谊闸　1-8-419

有盛村　3-36-2135

〔yu〕

於家　1-2-094，1-9-509、510

於家溇　1-2-093

於家村　1-9-506

於家机埠　1-8-433

于春村　1-6-295

于家埠　1-9-503

邢镇　3-36-2130

余干　3-44-2628

余杭　1-2-074、075、097，1-5-260注、269，1-9-
　　447、506，1-11-772，1-12-804，2-13-937注，
　　2-15-1057，2-16-1115，2-19-1303，2-20-
　　1380，3-34-1955，3-36-2059、2076、2127、
　　2130，3-39-2311注，3-41-2440，3-44-2625，
　　3-45-2759

余杭区　3-45-2761

余杭市　3-39-2324、2325，3-45-2758、2761

余杭县　1-2-077，1-5-237，1-12-785，2-13-898
　　注，2-20-1395，3-36-2138

余湖　3-43-2584

余暨　1-总-004，1-2-072、074注、075、075注、096，
　　3-45-2745、2746

余暨县　1-2-074、074注、075、075注、076、096，
　　3-37-2146，3-45-2745

余家弄小区　2-15-1069

余年　1-2-082

余庆堂　3-37-2166

余衍　1-2-074、075注

余衍县　1-2-075

余姚　1-2-074、075，1-8-412，1-9-510，1-11-
　　735、770，2-16-1147，2-20-1339、1380，2-21-
　　1449，2-25-1568，3-36-2117、2133、2134、
　　3-43-2548、2581

余姚市　1-1-065，1-3-115、133，1-9-502，2-20-
　　1395，3-36-2130，3-37-2203

余姚县　2-13-898注

余元坞　1-2-094

余元坞村　1-11-613

鱼青山　2-15-1051，3-37-2167，3-43-2543

鱼潭　1-2-081

俞家　1-记-016，1-2-095，2-32-1880

俞家里　1-2-080

俞家潭　1-8-414、418、420，1-9-484注、508、509、
　　1-10-554，1-12-795，2-16-1112，2-32-1852，
　　3-34-1955

俞龙　1-2-082、083

馀暨　3-42-2462

渔池头　1-2-094

渔池头村　1-11-727

渔川　3-37-2216

渔家池　1-11-592，3-43-2542

渔家埭　3-41-2432

渔寮　3-45-2753

渔临关　1-2-095，1-9-501，3-36-2121、2138、
　　3-43-2606、2607

渔临关村　3-36-2108，3-37-2159

渔临关东　1-2-079

渔临关桥　3-37-2160

渔临关闸　1-8-418

渔浦　1-3-133，1-9-505注，2-16-1112，3-36-
　　2120，3-37-2201、2204、2206、2213、2216、2216
　　注，3-41-2434，3-43-2532、2549、2551、2551
　　注，3-45-2729、2741

渔浦渡　1-9-505

渔浦港　1-9-502

渔浦古渡　3-43-2549

渔浦街　3-43-2551

渔浦潭（渔浦湖）　1-9-505注，3-37-2206、2216、
　　3-43-2551、2551注

渔浦新桥　3-43-2551

渔浦驿　3-37-2204

渔浦寨　3-43-2551

渔浦镇　3-37-2150注，3-43-2551

渔山　3-36-2128、2130

渔山乡　1-2-078、079，1-3-120，3-43-2602

渔潭　3-43-2551注

渔庄　1-2-083、093，1-9-471，3-37-2159注

渔庄村　3-37-2158、2159、2186

渔庄第壹桥　3-37-2159、2186

渔庄乡　1-2-084，3-43-2561

虞家塔　1-3-111

宇宙红人民公社　1-2-086，3-43-2556、2580、2585、2589

雨花台　3-44-2646

雨华庵　3-41-2437注

禹陵　3-45-2758

禹王庙　3-44-2645

庾青　1-2-093，3-41-2429

庾青岭　1-3-112，3-43-2614

玉顶峰　1-3-120

玉顶阁　1-3-120

玉峰　3-37-2169、2169注

玉环县　1-8-403，3-39-2324、2325

玉皇山　2-13-968，2-14-984

玉泉　3-41-2440

玉泉堂　3-37-2163、2184，3-43-2583

玉泉溪　3-36-2139，3-37-2157

郁家河　3-36-2127

郁家河头村　3-36-2109

郁家山　1-5-249，3-36-2127

郁家山下　1-2-093，3-36-2109、2127

郁家山下村　1-11-697、749，2-32-1876，3-41-2454

郁林　3-44-2624

育北桥　1-10-540、542

育才　1-2-099，2-15-1068，3-34-1942

育才东苑　1-4-224，1-10-553、554、572，2-15-1069、1070、1071

育才东苑第二　1-2-092

育才东苑第三　1-2-092

育才东苑第一　1-2-092

育才坊　1-2-099

育才立交桥　1-10-542

育才路北桥　1-10-537

育才桥　1-10-536

育才西苑　1-4-224，1-10-572，2-15-1070

育才西苑第二　1-2-092

育才西苑第一　1-2-092

育春桥　1-10-535、537

育山桥　1-10-540、542

育新桥　1-10-540、542

育秀桥　1-10-537

育秀园　2-15-1070、1081

浴美施　1-9-501

浴美施庙　3-37-2192

浴美施潭　3-43-2540

浴美施闸　1-总-004，3-37-2192，3-41-2447，3-45-2746

御前　1-9-456

御史井　3-37-2182、2218注

裕民　1-2-095，2-32-1879

裕农闸　1-8-414

毓秀桥　3-37-2156注、2166、2184

豫章　3-44-2624

〔yuan〕

元宝沙　1-9-475

元宝山　1-3-109，3-37-2172，3-43-2537

元度岩　3-43-2574

元沙　1-2-085、094，3-43-2587

元沙村　1-6-294、295，1-11-624、625

元帅殿　3-40-2413、2415，3-41-2437注、2443、2450

元兴寺　3-41-2424、2425

元贞观　3-41-2443

元总　1-2-083

园禅寺　1-2-079

园驾桥　1-2-079，1-9-510注

园里胡　3-36-2129

袁里　1-2-081

袁梁　2-32-1877、1879

袁浦　1-9-475、505，3-43-2547

袁浦大桥　1-9-466、475

袁浦乡　1-9-506、506注

袁浦镇　1-2-078，1-9-466、507，3-43-2546、2548、2602

袁州　3-36-2135、2137

圆盘庵　3-44-2651

圆盘庵山　3-37-2149

〔yue〕

约旦　2-17-1198、1199

约克郡　1-1-047注

岳大桥　3-40-2415

岳庙桥　3-37-2155注

岳小桥　1-10-554

岳驻　1-2-077、095，1-5-249，3-43-2609

岳驻村　1-2-085，1-3-121、156注，3-39-2311注

岳驻岭　1-2-077、078，3-43-2608

岳驻乡　1-2-077、085，3-43-2608

跃进河　1-8-395

跃进街　1-9-509

跃鲤亭　3-37-2198

越国　1-总-004，1-2-072，1-9-502，3-36-2132，3-37-2146、2182、2192、2193，3-40-2414，3-43-2599，3-44-2623，3-45-2745

越国城垣　3—37—2195

越南　2—13—969，2—15—1030、1045，2—17—1207，2—20—1330，2—27—1688注，3—35—2033注，3—36—2056、2119，3—39—2342，3—43—2604、2612

越山　1—2—094，1—3—185，1—10—553

越山村　3—37—2210

越王城　1—总—004，2—15—1049，2—16—1176，2—23—1515、1523，3—37—2189、2193、2195注、2196、2199、2201、2202，3—40—2409，3—45—2758

越王城城垣遗址　3—37—2150

越王城山　1—3—112、121、132，3—37—2150、2169、2190、2194、2195、2199、2200、2203、2206、2215，3—41—2426注

越王城遗址　1—总—004，3—37—2146、2150、2182、2183、2186、2189、2203，3—43—2537

越王山　1—3—121

越王峥　1—2—077、078、079，1—3—121，3—36—2128、3—37—2171，3—43—2571

越寨　1—2—092，3—36—2120

越州　1—总—005，1—2—072、075、081注，1—11—770注，1—12—786，3—36—2119、2134、2139，3—37—2204、2206，3—41—2438

〔yun〕

云丰乡　1—2—085注

云峰　1—2—083、085，3—43—2602

云峰山　1—2—077、078、079、085注，3—37—2215，3—43—2602

云峰乡　1—2—085、085注，3—43—2602

云和　3—43—2551

云和县　2—28—1709

云门　1—11—753

云门分场　1—11—612

云门古寺　3—43—2564

云门山　3—37—2165，3—41—2429、2429注，3—43—2612、2614

云门寺　1—3—120，3—37—2185、2210，3—41—2425、2429、2429注，3—43—2614

云门寺山　1—3—117，3—37—2215，3—43—2564、2614

云南　1—记—013，1—6—286，1—7—381，1—9—465，1—11—672、703，2—13—932，2—14—1025，2—15—1058，2—16—1131、1139、1141、1153，2—27—1664，2—28—1712，2—32—1858，3—36—2126、3—37—2196，3—43—2591、2599，3—44—2642、2665

云泉　3—41—2435

云石　1—2—078、079、085、087、088，1—3—112、118、146注、147注、156注、163注、164注，1—5—240、242、244、245、274，1—6—331，1—8—410、421、430，1—9—471、472、484注、490，1—11—618、620注、621、651、673、685、688、692、747、765、766、771、772，2—13—889注、894，2—15—1053、1088，2—16—1112，2—19—1262，2—20—1328，2—21—1441，2—23—1530，2—24—1534，2—26—1618、1635注，2—27—1673，2—32—1851、1880、1882，2—33—1907、1908、1924，3—34—1999，3—35—2016、2022、2032注，3—36—2045、2055、2077、2077注、2131，3—37—2182，3—38—2235、2274、2296，3—41—2443、2444，3—42—2464，3—43—2602、2612、2613、2614，3—44—2653

云石度假山庄　3—37—2210

云石公社　3—43—2613

云石桥　1—9—480

云石生态旅游景区　1—总—004，1—4—230，3—37—2209

云石溪　1—3—107、117，3—35—2032

云石乡　1—记—015、016，1—2—077注、079、088、089、090、091、095，1—3—106、107、109、111、112、117、118、119、120、124、128、132，1—4—190、196、211、222、230、233，1—5—242、243、255、269、274、277，1—6—283、284、285、287、289、293、294、296、302、325，1—7—349，1—8—422、1—11—612、613、688、725、764、772，2—13—889、933，2—21—1423、1441、1443，2—25—1584、2—26—1627，2—27—1661、1662注、1679，2—28—1712，2—31—1785，2—32—1851、1876、1880、1882，2—33—1890，3—35—2015、2017、2026、2038，3—36—2049、2050、2063、2064、2077、2093、2096注、2117，3—37—2160、2171、2183、2185、2210、2213、2215、2218注，3—39—2311、3—40—2406，3—41—2446、2454，3—42—2463、2464，3—43—2553、2564、2602、2612、2613、2614、2620，3—44—2644、2653、2719、2721

云潭　1—2—083

云溪　1—2—082

云湘桥　1—9—468、481

云襄桥　1—8—394

云英　1—2—083、084

运东　1—2—083、093，2—32—1879

运东村　1—9—470，2—32—1851

运河湾桥　1—9—477

运西　1—2—083、085、086、093

运西村　1—4—214，1—11—714

Z

〔zang〕

藏山岭（上山岭）　1-2-077、078、079，1-3-121，1-9-472、475，3-43-2597

藏山岭隧道　3-43-2598

〔zao〕

箦岭　1-记-018，1-2-095，1-9-473，2-32-1880

箦村　1-2-081

箦岭村　2-32-1876

〔ze〕

泽荣　1-2-093，1-5-250

泽荣村　1-9-473

泽坞　1-11-753

〔zeng〕

曾家桥　1-2-092，1-9-477，1-10-553，3-38-2269注

曾家桥村　1-9-487

增丰　1-记-016，1-2-095，2-32-1880

增丰村　1-11-613，2-27-1661、1662注，2-32-1876、1882

甑山庙　3-40-2413，3-41-2424、2429

甑山坞　2-13-937注，3-41-2429

甑山坞土地庙　3-41-2429

甑山坞自然村　3-41-2429

〔zha〕

扎达　3-38-2306

扎伊尔　1-记-035

闸北　1-2-095，2-32-1859注、1879

闸北村　1-6-295，1-11-613

闸口　1-3-127，3-43-2551，3-44-2643、2653

闸南　2-32-1859注

闸上　1-2-094

闸上村　1-11-613

闸西　2-32-1859注

闸站　3-35-2032注

乍得　2-24-1554

乍浦　1-3-133，3-44-2633

〔zhai〕

寨岭庵　3-37-2194、2201

〔zhan〕

詹家埭　1-2-092

战备码头　1-9-503注

战备桥　1-10-553、554

〔zhang〕

张称逊墓　3-37-2196

张嵩墓石雕群　3-37-2184

张都殿　3-41-2459

张驸马府　3-43-2536

张家　1-2-092

张家坂　1-2-094，1-9-466

张家坂村　3-37-2153、2185、2187

张家村　1-记-017，1-4-224，2-32-1880

张家埭庄　1-5-276

张家畈　1-2-092，3-37-2160

张家畈村　1-6-295，3-35-2017，3-37-2169，3-41-2459

张家河　1-10-526、529、537，3-37-2157

张家河桥　1-10-535

张家界　1-9-452注

张家弄　1-2-093，1-8-426，3-41-2456

张家弄村　3-36-2109、2133，3-37-2218注

张家弄村前塘　1-8-433

张家弄教堂　3-41-2458

张家弄耶稣堂　3-41-2458

张家桥　1-2-095，1-8-402

张家桥村　3-36-2109，3-44-2723

张家桥闸　1-8-401

张家堰闸　1-8-418

张九堰　1-8-421

张亮桥　1-2-095，1-10-553，3-43-2606

张亮桥村　1-9-461

张龙桥　1-3-129，1-8-419、440

张龙桥节制闸　1-8-419

张龙桥闸　1-8-418

张马桥　3-36-2125

张毛　1-2-093

张毛村　1-3-105

张毛庙　3-41-2443

张毛坞　2-13-937注，3-41-2429

张神殿　1-2-093，1-9-509，3-37-2194，3-40-

2415，3—41—2443、2448

张神殿村　1—6—295

张神殿横河　1—3—130

张神殿桥　1—9—479

张神庙　3—40—2412、2415，3—41—2442

张潭村　2—13—919注

张夏行宫　3—40—2412

张掖　3—36—2139

章村　1—3—109注、110，1—9—471，3—36—2135，3—43—2554注、2566

章村庙　3—41—2443、2444

章村溪　1—8—422

章鸿庙　1—3—112

章家河　3—43—2615

章家里　3—36—2135

章家堰　1—8—421

章潘桥　1—9—508、509，1—10—554

章潘桥村　2—32—1875

章浦　1—2—081

章桥堰　1—8—419

章桥堰闸　1—8—418

章丘　1—11—735

章苏村　3—36—2135

漳南　3—45—2730

漳浦　3—45—2729注

漳州　3—36—2129

樟树市　2—20—1342

樟树下　1—2—093，1—3—107、116，1—9—473

樟树下村　1—9—469

樟树乡　3—36—2133

樟亭　3—37—2193、2206、2213

樟亭驿　3—37—2204

樟坞　3—40—2413

樟坞庙　3—40—2414，3—41—2424

丈午　3—40—2411

丈午村　3—43—2568

丈午渡　3—43—2568

〔zhao〕

朝阳　1—2—092

朝阳村　1—9—458、461，1—11—613

朝阳沙　3—41—2433注

朝阳闸　1—8—416

招苏　1—2—081

招贤　1—2—099

招贤坊　1—2—099

招远　2—25—1567、1568

招远县　2—20—1341注

昭东　1—2—085、086、087、088、089、091，1—4—223，1—9—473，1—10—563，1—11—651、718注、721、761，1—12—795，2—19—1275，2—21—1432注，2—22—1481，2—24—1552，2—25—1584，2—32—1872，3—36—2066注，3—37—2186、2190，3—38—2221、2223、2233、2234，3—43—2540、2542

昭东公社　1—11—717注，1—12—785，3—44—2658

昭东管理区　1—2—086

昭东人民公社　1—2—087

昭东乡　1—2—088、089、090，1—3—144注，1—6—285，1—11—640、717、721、744、752，2—19—1275，2—21—1433，2—31—1803、1841，3—37—2178、2187，3—38—2224、2303

昭名　3—37—2199注

昭明　1—2—099，3—43—2533，3—45—2742、2743

昭明乡　1—2—081、082、099，3—36—2120

昭庆寺　3—37—2161注

昭山　1—8—426

昭山机埠　1—8—401

昭玄寺　3—37—2161注，3—41—2438

赵村　1—2—081、099

赵公堤　3—37—2156注

赵家埭　1—2—079

赵家墩　1—2—095

赵家岭　1—3—120

赵家湾　1—2—095，1—11—770，3—43—2569、2600、2601

赵家湾村　3—44—2645

赵家坞　3—36—2128

赵家坞村　3—36—2109

赵家坞庙　3—41—2432、2444

赵家坞山　3—37—2190

赵墅　1—2—081

赵坞　1—2—094，1—3—185，1—10—553，3—36—2128，3—37—2218注，3—41—2432

赵坞村　1—11—613，3—36—2109，3—41—2432

赵坞岭　1—2—077、078

赵坞庙　3—41—2447注

赵一　1—2—093

赵一村　3—37—2162

照山　3—37—2218注

肇家桥　1—2—095，1—11—771

肇家桥村　3—37—2185，3—41—2430

肇桥村　3—36—2120

〔zhe〕

蛰先亭　3—37—2188注、2189，3—43—2598

赭东　1-2-085、086、094，2-32-1879，3-43-2576

赭东村　2-13-938，3-44-2719、2720、2723

赭东管理区　3-43-2576

赭山（折山）　1-记-013、016，1-2-083、084、085、086、087、088、089、094，1-3-106、107、108、110、110注、111、118、121、124、127、141、185、1-8-398、399、412、415、421、429、1-9-471、473、484、484注、488、505、506、507、510、510注、512，1-10-562，1-11-614、651、688注、740注、1-12-776注、795、796、833，2-15-1089，2-16-1149、1152，2-21-1400注、1441，2-25-1578，2-32-1852、1872、1874、2-33-1896、1897、1907、1907注，3-34-1928、3-35-2032注，3-36-2050、2119、2129，3-37-2150、2150注、2152、2154、2173、2211、2213、2215、2216注、2217注，3-40-2386、2387、2388、3-41-2425、2437、2437注、2438、2441注、2443、2452、2453，3-42-2462、2496，3-43-2543注、2544、2556注、2558注、2576、2577、2577注、2578、2578注、2579，3-44-2639

赭山坝　3-43-2579

赭山村　1-2-082

赭山渡　1-9-506，1-12-795

赭山公社　1-11-627注、648，1-12-784

赭山里　3-43-2576

赭山桥　1-9-478

赭山人民公社　3-43-2576

赭山塘　3-43-2579

赭山亭　3-43-2576

赭山湾　1-3-133、188，1-8-399、442，1-11-717注、1-12-781、791，3-43-2579

赭山湾7号坝闸　1-8-421

赭山湾8号坝闸　1-8-421

赭山湾八号坝　1-8-404

赭山湾塘　1-8-407

赭山湾闸　1-8-400、407

赭山湾闸桥　1-12-794

赭山乡　1-2-082、084、088，3-43-2576

赭山巡检司寨　3-43-2578

赭山镇　1-2-089、090，1-6-284，2-14-979，2-26-1627，2-27-1675，2-32-1859，3-34-1928、3-38-2275，3-41-2452，3-43-2576，3-44-2674、2719

赭山直湾　3-43-2577

赭盐村　2-32-1859注

浙东　2-21-1449

浙东运河　1-9-446、501注，3-37-2195、2204、2205，3-43-2538、2547、2548

浙东运河之头　3-37-2182

浙江　1-总-005，1-2-076

浙江（中国）花木城　3-43-2588

浙江大学农学院农场　3-45-2743

浙江渡　3-37-2204注

浙江省农业高科技示范园区　1-记-026，1-12-776、810

浙江省水利围垦综合开发一场　1-12-808

浙江湘湖旅游度假区　1-12-807

〔zhen〕

贞女　3-43-2532、2575

真济桥　1-10-537，3-37-2155、2205，3-43-2535

真武　1-2-083

真武殿　3-41-2437注、2443

真州　3-36-2125

振东　1-2-093

振华　1-2-093

振华村　2-28-1709

振庭　1-2-085、086，3-43-2602

振庭管理区　3-43-2602

振庭乡　1-2-085、086，3-43-2602

振庭闸　1-8-419

振兴　1-2-093

振兴居民区　1-2-092

振兴桥　1-9-480，3-43-2544

震孚　1-2-083

镇东军　1-2-072

镇东桥　3-37-2160

镇海　1-2-093，1-3-133，1-9-501，1-10-563、567，2-21-1449，2-25-1568，3-44-2633

镇海村　1-11-710

镇海殿　3-34-1951注，3-37-2186，3-40-2415、3-41-2437注、2443、2451

镇海楼　3-37-2213，3-41-2451

镇海寺　3-41-2424、2425，3-43-2568

镇海县　3-36-2125

镇江　1-7-381，3-36-2120

镇江市　3-44-2669

镇靖乡　1-2-082，3-43-2558

镇龙殿　1-2-079、095，1-8-399，3-36-2121，3-41-2443，3-43-2600、2600注

镇龙殿村　1-6-295

镇龙殿湾　3-43-2600

镇南　1-2-083

镇桥汪　3-38-2273注

镇西桥　3-37-2154

〔zheng〕

征山　1-2-095，1-8-410
征山村　1-3-119，1-11-613
正义乡　1-2-082
正字号　3-41-2441注
正宗庵　3-41-2427
郑村　1-2-081
郑旦　3-45-2745
郑国　3-36-2119、2127、2128
郑家　1-3-107、112、113、116，3-36-2128
郑家弄　3-36-2128
郑家塘　1-8-411，3-36-2117
郑家溪　1-3-117
郑唐孔　1-2-095，2-16-1112注
郑文甫墓　3-37-2184
郑县　3-36-2127
郑振庭烈士墓　3-37-2172、2185
郑州　1-9-452、452注，2-13-886、957，3-43-2573
郑州殿　3-41-2440
郑州市　3-39-2324、2325

〔zhi〕

之峰　1-11-615
之江　1-记-017，1-5-261，2-13-935，2-14-979、
　　980、981、983、1028，2-25-1578
之江开发区　2-14-979
之江汽车轮渡　1-9-505、507
之江区　1-5-254，2-14-981、982、983、985、985注、
　　986、987、989、994、995、1028
之江区块　1-10-522，2-14-981、982、984、985、985
　　注、986、987、995、996、1027，2-24-1543、1552
芝加哥　2-13-951，2-17-1207、1208
芝兰　1-2-094
芝兰村　1-8-413
知稼亭　3-37-2216
织履庵　3-37-2185，3-41-2424
直埠　3-36-2133、2136
直河桥　1-9-479
直湖头　1-2-079，3-41-2455
直隶　3-44-2634
直坞　1-2-094，3-43-2603注
直坞村　1-11-613
止水庵　3-37-2194
至湖岭　3-37-2194、2201、2202，3-41-2426、2426注
至湖岭庙（复兴庵）　3-41-2425、2426、2426注
峙山（觉海山）　1-3-120，1-8-411、432，1-9-507，

1-11-753，2-15-1087，2-21-1441，3-34-1948，
3-35-2032注，3-37-2172、2184、2215，3-38-
2226，3-39-2316，3-40-2413，3-41-2432、
2443、2447注、2455、2459，3-43-2537，3-44-
2645
峙山北路居民区　1-2-091
峙山东路　1-2-092
峙山公园　3-37-2173
峙山南麓　3-34-1944注
峙山寺　3-41-2424、2425、2432
峙山闸　1-3-129，1-8-395、429、439、440、443，
　　1-9-501，3-43-2539
峙詹　1-2-082
智利　2-17-1191

〔zhong〕

中埠　1-9-469
中村　2-30-1759
中东　2-17-1213，3-36-2079，3-43-2604
中非　2-24-1554，3-38-2233注
中岭　1-2-077、078、079，1-3-128
中流　1-2-094
中流村　1-11-613
中木桥　1-9-509
中南海　3-44-2687
中片　2-13-935
中三　1-2-082
中沙潭　3-36-2046、2046注，3-43-2537
中山　1-6-323，1-11-597，2-21-1424，2-22-1461、
　　1472
中山林表　3-37-2186，3-43-2544
中十一工段闸　1-8-417
中史岭　1-3-121
中孙　2-15-1050
中潭　1-2-082、093
中潭溪　1-3-107、117
中天竺寺　3-41-2439
中西　1-2-083
中湘湖　1-11-754
中小门　1-2-076，1-3-115、121，3-37-2213、2217
　　注，3-43-2543注、2558注、2576
中心　1-2-086、094
中心坝闸　1-8-416
中央坂　1-2-094，1-3-114
中央坂村　3-36-2110
中央坞　1-2-094
忠义　1-2-081、083

钟阿马烈士墓　1-记-021，2-32-1857，3-37-2182、
　　2183、2189

钟基郎　1-2-080

钟家坦　1-2-092，3-36-2129

钟家坞　1-2-095，1-8-419、426，3-36-2129、2130、
　　3-43-2610

钟家坞村　1-8-414，3-36-2109，3-37-2148、2164、
　　2183、2185

钟家坞村茶叶山东汉窑址　3-37-2150注

钟家坞汉代窑址　3-37-2150注

钟岭　1-8-410

钟岭溪　1-8-422

钟前王村　1-2-080

螽斯岭　1-2-077、078、079，1-3-129，3-43-2597

种畜场　1-11-738，3-35-2028注

众安　1-2-094

众安村　1-11-613，2-13-919注

众安大队　1-11-627注

众安花园　2-15-1070、1081

众力　1-2-095，2-32-1879

众力村　1-6-295，1-11-613，2-19-1303，3-44-2721

众利　1-2-093，1-3-111

众利村　1-11-725，3-37-2159，3-41-2429

众利大队　2-21-1441

众胜殿　3-41-2443

众兴　1-2-077、085

众苑　1-2-092

〔zhou〕

舟山　1-9-510注，1-11-713，3-39-2312，3-43-2551

舟山市　1-6-286，1-9-468

州（洲）口桥　1-9-476，3-37-2182、2183、2218注，
　　3-43-2574

州（洲）口山　1-3-119，3-37-2218注，3-43-2575

州山　3-36-2123

周家坂　1-3-106

周家祠堂　3-34-1944注，3-37-2186

周家畈　1-2-092，1-3-105

周家湖　1-2-092，1-9-473，3-36-2127

周家湖村　3-36-2109

周家桥　1-9-478

周家坞　1-10-580

周里　1-2-081

周婆湫　3-37-2199注

周浦　1-9-506，3-43-2547

周氏宗祠　3-43-2544

洲口溪　3-37-2159，3-43-2574、2575

〔zhu〕

朱村　1-2-081、099

朱村桥　1-2-087、088、095，1-3-111、118、183，
　　1-5-244，1-8-391、392、394、400、401、402，
　　1-9-473、480，1-11-651、739、743，2-15-
　　1052，2-20-1328，2-30-1768，2-33-1902注，
　　3-34-1936，3-38-2229、2274，3-43-2602

朱村桥村　1-4-210，3-37-2160

朱村桥公社　1-9-464注，3-38-2228注、2272注

朱村桥乡　1-2-088、089、090，1-6-284，1-11-743，
　　2-27-1701，2-32-1849，3-43-2602、2603，
　　3-44-2653、2718

朱凤标故居　3-37-2156、2157、2162、2182、2183、
　　2215

朱凤标墓　3-37-2171、2182、2183、2189，3-43-
　　2572、2572注

朱家　1-2-093，1-3-105，3-41-2429

朱家埠　3-36-2133

朱家弄　1-2-092

朱家蓬　1-2-094

朱家山　3-43-2554

朱家塔　1-2-094，1-3-105、108、110注，1-8-425、
　　433，1-9-505、508，3-36-2108、2120

朱家塔村　1-6-294，1-9-506，3-37-2153、2154、
　　2160，3-41-2430

朱家坛　3-36-2119，3-37-2162，3-41-2455、2458

朱家坛村　3-44-2636、2647、2659

朱家坛自然村　3-37-2153、2156

朱家坞　1-8-409、410

朱氏洞桥　3-37-2153

朱氏宗祠　3-34-1944注，3-37-2168

朱汀　1-2-081

珠海　1-9-452注，1-11-661、663，2-15-1057、
　　2-20-1382、1396，2-22-1460，2-24-1535、1535
　　注

珠海市　1-记-016，2-14-991，2-20-1396

珠山　3-37-2194，3-41-2446

珠山道院　3-41-2443、2446

珠墅庙　3-41-2440

株洲　1-9-455注

诸城　3-36-2133

诸暨　1-总-005，1-记-018，1-2-074、075、075注、
　　076、077注，1-3-120、121、128、137，1-5-
　　269，1-8-393、430、431，1-9-455、455注、
　　456、461注、466、469、489、490、501、508、
　　509、510，1-10-563，1-11-595、643、721，
　　2-13-881注、933，2-14-1019、1020，2-15-

1053、2-16-1115、1165，2-20-1342注，2-21-
1406注、1424、1449，2-22-1463、1495，2-23-
1519、1520，2-24-1533、1534，2-26-1627，
2-33-1904，3-35-2025注，3-36-2058、2117、
2121、2123、2127、2129、2130、2131、2132、
2133、2135、2136、2137，3-37-2151、2152，
3-39-2311注、2313，3-40-2413，3-41-2446、
2447注，3-42-2462，3-43-2532、2538、2547、
2548注、2551、2554注、2566、2574、2575、2583、
2584、2598，3-44-2651、2659、2664、2717、
2718、2719、2724，3-45-2745、2746

诸暨车务段　1-9-463
诸暨大桥　2-21-1400注
诸暨市　1-总-003，1-1-066，1-2-073、078、079，
1-3-109、117、121、128，1-8-429，1-9-455、
468、469、501、509，2-17-1204，2-29-1745，
3-36-2132，3-39-2312、2313、2324、2325，
3-43-2553、2574、2582、2597、2608，3-44-2623
注
诸暨县　1-2-076、077、085，1-5-237，3-36-2132，
3-41-2452，3-43-2582、2608，3-44-2664
诸坞　1-2-095，1-3-132，1-11-686、770注、771，
2-28-1715注，3-36-2133，3-43-2599
诸坞村　1-3-106，1-11-771，3-36-2109，3-41-2443
猪鼻冲　3-43-2614
猪笼山　1-8-408
楮木堰　1-8-421
竹竿巷小区　2-15-1062
竹林桥　1-10-536，2-15-1080
竹林寺　1-2-092，1-10-538、573，3-35-2024，
3-37-2155，3-38-2232注、2233、2234、2272注，
3-41-2423、2425、2438、2439、2453，3-44-2626
竹桥　1-2-082、083
竹山门　3-44-2633、2634
竹园　1-2-092，2-32-1852
竹院童　3-36-2137
主福山庙　3-41-2429
苎东　1-2-083、084、086
苎萝　1-2-084，3-36-2128，3-40-2410，3-43-
2549，3-45-2732、2741
苎萝村　3-36-2116、2135，3-37-2192，3-40-2414，
3-44-2623，3-45-2746
苎萝畈　3-37-2192
苎萝古村　3-44-2623注
苎萝湖　3-37-2192，3-43-2539，3-45-2746
苎萝山　1-总-004，1-3-121，1-6-320，3-36-2135，
3-37-2192、2192注，3-43-2537、2539，3-44-
2623注，3-45-2745、2746

苎萝亭　1-总-004，3-37-2189、2192、2193，3-43-
2539，3-45-2746
苎萝乡　1-2-081、082、084，3-36-2130、2132、
2135、2137、2139，3-37-2192，3-43-2537，
3-45-2745、2746
苎西　1-2-083
祝家　1-2-095，1-3-112、147注
祝家村　3-37-2185
祝家村尖湾印纹陶窑址　3-37-2150注
祝家桥　1-2-092，1-10-554
祝家桥村　3-35-2017
祝山桥　3-41-2434

〔zhuan〕

转坝　1-9-468、488，3-37-2190、2204、2205，3-44-
2638
转塘　1-9-466
转塘头　1-2-095，1-9-473，1-11-770，1-12-796，
2-16-1112注，3-43-2600注、2601
转塘头村　1-11-602、669，1-12-837，3-44-2723
转塘头桥　1-9-480

〔zhuang〕

妆亭　3-45-2746
妆亭驿　3-37-2204
庄浪县　1-11-614
庄桥　1-9-455
庄亭　3-45-2729

〔zhuo〕

拙政　1-2-097
涿水　3-36-2117
涿州　3-36-2117、2125
擢桂　1-2-099

〔zi〕

资福桥　3-37-2205
资福寺　3-41-2423
资国看经院　3-41-2439
资教寺　3-37-2218注，3-40-2414，3-41-2423、2429
梓湖　3-36-2122
紫东　1-2-093，1-8-422，3-43-2554
紫东村　3-37-2165、2168、2185
紫东桥　1-8-394

紫红岭　1-10-557

紫阆　3-36-2132

紫霞　1-2-083、084、085、086、095，1-9-458，
　　1-10-580，2-16-1112注，3-36-2129，3-43-2553

紫霞村　1-9-461，2-13-937，3-36-2110

紫霞乡　1-2-082、084、085

紫岩　3-36-2135

紫中　1-2-083

自由　1-2-084、086

自由孔　1-2-092、093，1-10-544、545，2-32-1849

自由孔村　3-34-1944注，3-37-2166，3-41-2454

〔zong〕

总管殿　3-41-2437注、2443

总铺　3-37-2204

〔zu〕

祖师净水盅　3-37-2173

祖师庙　3-41-2424、2437注、2443、2444、2446注

〔zun〕

尊让堂　3-37-2152

〔zuo〕

左口　1-11-614

左溪　3-41-2439

地名索引（笔序）

说　明

一、本索引所收地名包括古今自然地理实体名称，行政区划名称，居民地名称，各专业部门使用的具有地名意义的站、港、场、闸、坝和名胜古迹等名称（包括国外相应的名称）。

二、"中国"、"浙江省（含浙江）"、"杭州市（含杭州）"、"萧山市（县、区）"、"萧山"不收；古今路名、街（弄）名、市场名和学校、医院、企业等企事业单位名称不收。

三、一地有两个以上称谓的，以本名或通行的别名作正条，其他称谓（含曾用名）列参见条。别名或合并的地名以括注形式出现。外国地名收录其中文译名。

四、同一地名出现在同一页正文中只收一次。同一地名在同页注释栏中再次出现，页码后加"注"字，如"楼家塔　3-34-1941注"。

五、同一地名在同编中出现两次以上的，除第一次详细标明册、编、页外，其余只标页码或注释栏。同册不同编的，省去册数；其余一一标明。

六、所收地名的名称以本志正文文本出现时的名称入编，如"衢州"与"衢州市"、"泉水"与"泉水村"、"西施"与"西施里"等不合并。

七、索引条目按地名所在册、编、页依次编排。如"萧山汽车站　1-9-488"表示"萧山汽车站"在第一册、第九编、第488页。《总述》用"总"表示，《大事记》用"记"表示。

八、地名按笔画数由少到多排列。笔画数相同的，按起笔笔形横（一）、竖（丨）、撇（丿）、点（、）、折（一）顺序排列，第一笔起笔笔形相同的，按第二笔笔形顺序排列，依次类推。首字笔画数相同且起笔笔形相同，则按第二字笔画数和起笔笔形顺序排列。余类推。

九、起笔部位从习惯，采用上海辞书出版社出版的《辞海》（1999年版）排序方法处理。

标　点

"甲科济美"石牌楼　3-37-2184

"安仁当"陈宅　1-10-546注

"松柏坚贞"碑亭　3-37-2186

"复泰当"汪宅　1-10-546注

数　字

104国道分离立交　1-9-476

1号坝闸　1-8-417

20工段　3-38-2262

21号节制闸　1-8-417

21号闸　1-8-416

28号铁路桥　1-8-433

2号丁坝　1-3-139

5.2万亩区块　1-11-672

5.2万亩围垦　2-25-1578

69丘五万二千亩区块　1-12-795

69丘五万二千亩围垦　1-12-783、784

75丘围堤闸　1-8-417

86丘　1-8-404

86丘五万二千亩　1-12-793、796、802、816、819、821

86丘五万二千亩区块　1-12-795、820

86丘五万二千亩中心河　1-8-439

86丘五万二千亩围垦　1-12-777、779、780、785、805、808

86丘东线堤塘　1-8-407

86丘北堤塘　1-8-407

93丘　1—12—821
95丘　1—8—404、407，1—12—794
95丘闸　1—8—417

一　画

〔一〕

一二图　1—2—082
一工段　1—8—397、404、407、439、442，1—12—791，3—35—2032注
一工段闸　1—3—187
一工段排涝闸桥　1—9—478
一工段横河　3—43—2592
一万九千亩围垦　1—12—780、785
一万三千亩围垦　1—8—413，1—12—779、780、785
一万亩　1—12—802
一千亩　1—12—781
一千亩围垦　1—12—785
一水厂闸　1—8—420
一号坝　1—12—777，2—32—1859注
一号坝直河　1—12—777
一号坝闸　1—12—777
一号桥　2—32—1859注
一围　1—12—785
一图　1—2—082
一定庵　3—41—2437注
一览亭　3—37—2182、2189、2198、2201，3—41—2428，3—43—2616
一览亭及遗址　3—37—2183
一都　1—2—082
一都孙　1—2—095，1—9—458，1—10—553，2—13—937注
一都孙村　3—35—2017
一都吴　2—13—937注
一都韩　3—36—2072注

二　画

〔一〕

二十一工段　1—12—780
二十一号闸　1—12—791
二十一都　1—2—082，3—43—2533

二十二工段　1—2—078，1—3—127、130，1—8—404、439、440、442，1—12—777
二十二工段闸　1—3—134，1—8—407，1—12—791
二十二工段排涝闸　1—3—131
二十二都　1—2—082
二十三都五图　3—43—2540
二十三都四图　3—43—2543
二十工段　1—记—020，1—3—115、137、138、139、185、186、187、188，1—4—223，1—5—264，1—8—413、435、436、442，1—11—620，1—12—778，2—33—1899，3—35—2032注
二十工段闸　1—8—404、407，1—12—791
二十四都　1—2—082
二十都　1—2—082，3—43—2533
二工段　1—9—484注
二工段闸　1—8—417
二万七千亩区块　1—12—795
二万七千亩围垦　1—12—784
二万三千亩区块　1—12—820
二万三千亩围垦　1—12—781、838
二万三千亩垦区　3—43—2580、2591
二万六千亩　1—12—809
二龙山　1—9—457
二号坝　1—12—777
二围　1—2—092，1—12—785，2—32—1849
二都　1—2—082
二联　1—2—093
十一工段　1—9—471，1—12—794
十一工段桥　1—12—838
十一都　1—2—082
十二工段　1—记—020，1—9—471、484注、509，1—12—777、778、784、793、794、820，3—45—2753
十二工段闸　1—8—416
十二工段桥　1—12—838
十二工段横河　1—8—397
十二都　1—2—082
十二埭　1—8—399、414，1—9—470，1—12—791、792，3—41—2455，3—43—2569
十二埭闸　1—3—130、131，1—8—413、415
十二埭塘　1—9—470
十二埭横河　3—43—2600
十七工段　1—记—013、020，1—3—185、186、187，1—12—778、779、786、793、794、802、808，2—16—1138，2—22—1467，2—24—1551，3—45—2753
十七工段北隔闸　1—8—417
十七工段西闸　1—8—417
十七工段闸　1—8—417，1—12—778
十七工段排涝闸　1—12—780
十七工段横河　1—12—779

十七都　1-2-082

十七都一图　3-43-2537

十八工段　1-12-778、779、780、793、794，3-45-2753

十八工段闸　1-8-417

十八都　1-2-082，3-43-2605

十九工段　1-3-188，1-8-404、407、439，1-12-780、793

十九都　1-2-082

十三工段　1-9-508、509

十三工段闸　1-8-416

十三工段横河　1-8-397

十三房　1-2-094，1-3-105、108、110、110注，1-5-250，3-43-2583注

十三房村　1-3-114、120，3-44-2651、2666

十三都　1-2-082

十工段　1-3-187，1-8-413，1-9-484注、500、501，1-12-778、791、793、826

十工段东闸　1-8-416

十工段西闸　1-8-417

十工段闸　1-8-416

十工段横河　1-12-778

十五工段　1-记-013，1-2-078，1-3-127、130、131、187，1-8-413、442，1-11-620，1-12-780、793、794，3-35-2032注

十五工段闸　1-8-417，1-12-791

十五工段桥　1-12-838

十五都　1-2-082

十六工段　1-3-187，1-8-413、442，1-12-779、794、821

十六工段闸　1-8-417

十六工段横河　1-12-779

十六都　1-2-082

十甲河　1-8-397、439

十甲桥　1-9-472

十四工段　1-记-020，1-9-471、508、509，1-12-795，3-45-2753

十四工段闸　1-8-417

十四都　1-2-082，3-37-2169注

十里　2-32-1877、1879

十里岭　3-36-2129

十里铺　3-37-2204

十间楼　1-2-095

十间楼村　3-36-2136，3-37-2161

十都　1-2-082，3-41-2441注，3-43-2574

丁坝　1-11-722，1-12-797、826

丁坝（新湾）1号闸　1-8-416

丁坝（新湾）2号闸　1-8-416

丁坝（新湾）3号闸　1-8-416

丁坝（新湾）4号闸　1-8-416

丁坝闸　1-9-502

丁村　1-记-016，1-2-083、093，1-5-274，1-8-414、419、422，1-11-725，2-32-1880、1881，3-36-2108、2116、2127，3-37-2165，3-43-2544注，3-44-2644、2646

丁村村　1-11-613

丁村闸　1-8-414、419

丁里　1-2-081

丁家庄　1-2-092、095，1-8-391、395，2-32-1852，3-43-2603注

丁家庄村　3-37-2147

七工段　1-12-820

七工段直河　3-43-2580、2585

七下右顺坝　1-12-777

七千亩围垦　1-12-781、784

七千亩围垦区　3-43-2617

七甲　1-8-399、423、424、425、440、442，1-9-505、506，1-12-791、792，2-14-982

七甲外圩　1-12-777注

七甲直河（利民河）　1-3-130，1-8-397

七甲闸　1-2-078、080，1-4-215，1-5-260注，1-8-407、415、424、439，1-12-791、792

七甲闸大队　1-12-777注

七甲河　1-2-079、080，1-3-130

七甲河桥　1-9-481

七甲排灌站　1-3-130，1-8-400、438、439、442

七甲渡　1-9-506，1-12-795

七甲渡口　1-9-517

七号坝　1-3-188，1-8-404

七里店　1-8-419

七里店村　2-32-1849

七里泷　1-3-137

七张头　1-2-094

七坪　3-36-2132

七都　1-2-082，3-36-2117、2126，3-41-2446，3-43-2602

七都溪（凌溪）　1-3-128，1-5-242，1-8-421、422、439，3-37-2160，3-43-2614

七家舍头　3-41-2447

七堡　1-9-506

七道　1-9-503

七道桥　1-9-501

〔卜〕

卜宅　3-36-2127

卜家　3-36-2133

〔丿〕

八一闸　1—8—416
八二闸　1—8—417
八工段　1—9—471、485，1—12—784、791、793、795，
　　3—43—2618
八工段小闸　1—8—416
八工段围垦区　3—43—2585
八工段直河　1—3—130，1—8—439，3—43—2585
八工段闸　1—8—416
八大　1—2—093
八大村　1—6—295，1—9—468、470
八甲　1—9—506
八号坝　1—3—188
八字大桥　1—9—479
八字桥　1—9—472、480、509，3—37—2155注、2158、
　　2182、2184、2205，3—41—2452
八里桥　1—2—086、094，2—32—1879，3—36—2134
八角井　3—37—2218注
八都　1—2—082，3—36—2133
八都溪　3—36—2117
八哥山　1—9—472、482、483注
八狼尖　1—3—107
八道码头　1—9—503
人民桥　1—10—523、532、535
几内亚比绍共和国　1—记—035
九工段闸　1—8—416
九上顺坝　1—12—781
九分池　1—2—092
九节坊　3—36—2126
九甲　1—9—506
九号坝　1—2—094，1—4—209，1—8—399、404、407、
　　421、438、439，1—9—509，1—12—777、777注、
　　779、781、782、783、791、793、794、806、807，
　　2—32—1879
九号坝分离立交　1—9—477
九号坝围垦　1—12—784
九号坝围垦区　1—3—130、188
九号坝直河　1—3—130，1—8—397、439，1—12—792、
　　805、811，2—14—981、982、985，3—43—2587
九号坝直河桥　1—9—481
九号坝闸　1—3—130，1—8—415、421
九华山　1—7—381
九华河　1—10—535、557，2—24—1551
九华桥　1—10—535、537
九江　2—33—1904
九江府　3—36—2119
九如庙横河　1—8—397

九坛岙　3—41—2446
九里岙　3—41—2431
九里墩　3—37—2197注、2201
九叙道坛　3—41—2446
九都　1—2—082，3—36—2133，3—37—2169注
九峰乡　1—11—614
九峰闸　1—8—402
九堡　1—12—785
九堡镇　1—12—783，3—45—2758
九溪　2—14—984
九墩江　1—9—503

〔一〕

力坑坞　1—8—409、410

三　画

〔一〕

三工段闸　1—8—416
三工段横河　1—8—396，3—43—2592
三工段横湾　1—8—397
三万三千亩区块　1—5—262，1—12—816、820
三万六千亩区块　1—12—795
三万六千亩围垦　1—12—781、784、795
三门　1—3—105，1—8—403，1—9—510注，1—11—595
三号闸　1—9—484注，3—43—2617、2618
三号闸桥　1—9—479，1—12—794
三号闸横河　1—4—215，1—8—397
三号桥　1—9—478，2—32—1859注
三亚　1—9—452注
三会　1—11—615
三庄　1—2—092
三庄大队　3—38—2281注
三庄村　1—6—294，1—11—613
三江　1—10—563，3—41—2434
三江口　1—2—073，1—3—116、133，1—4—193、194、
　　230，1—5—250，1—9—504，1—10—529、552、553、
　　554、557、558、559，2—15—1051，3—41—2425、
　　2434
三江闸　1—3—129，1—8—395，3—43—2543注
三江城　3—43—2568
三江亭　3—41—2434
三江塔　3—37—2210

三村　2—13—892注

三围　1—2—095，1—11—770，1—12—785，2—32—1879，
　　3—43—2601

三围村　2—33—1900

三岔埭　1—12—776注，3—43—2581、2586、2588

三岔路　1—2—087、093

三岔路村　2—20—1343注，3—44—2660

三图　3—37—2169注

三闸　1—2—082

三官　1—2—077、085

三官埠直湾　1—8—397、439，1—12—792，3—43—2589

三官埠湾　3—43—2567

三官堂　1—9—502

三官殿　3—40—2413，3—41—2443、2444、2450、2452

三昧庵　3—41—2449

三昧殿　3—41—2443、2449

三峡　3—41—2440

三泉王　1—2—094，1—3—112，1—5—249，1—10—553，
　　3—36—2117

三泉王村　3—35—2017，3—36—2108，3—37—2171、
　　2173、2183，3—43—2572注，3—44—2634

三泉王溪　1—3—129

三祝桥　3—37—2157

三盈　1—2—085、093，2—32—1879，3—43—2587

三盈村　1—5—266，1—11—607、613、660、711、720，
　　2—27—1683，3—35—2015，3—41—2449

三都　1—2—082

三浦畈　1—8—401

三基　1—2—081

三清殿　3—37—2210，3—41—2443、2444，3—43—2614

三喜桥　3—37—2199

三彭（碰）桥　3—37—2155注

三联　1—2—095，1—8—392，1—12—796

三联码头　1—9—503

三韩　3—41—2439

三堡　1—9—501

三善桥　3—37—2201、2202

三湖亭　3—37—2198

三瑞寺　3—41—2436

三塘　3—36—2136

三塘村居住小区　2—15—1062

三碰桥　1—10—534，3—37—2205，3—43—2535

三魁镇　2—33—1923注

三墩镇　3—45—2758

于春村　1—6—295

于家埠　1—9—503

工人河　1—10—526、529、535、542、543，2—24—1551

工人桥　1—10—542

工农　1—2—093，2—32—1879

工农村　1—11—613、619，2—25—1589，2—31—1836，
　　2—32—1876，3—37—2166、2167

工农兵　1—2—093

工农兵村　1—4—224

工农闸　1—8—420

土石头　1—8—401

土地庙　3—41—2424

土耳其　2—13—969

土库曼斯坦　1—记—039，2—14—993

下山俞　1—2—094，3—43—2584

下山俞村　1—11—612

下门　1—2—093，1—8—422，2—13—937，3—41—2429

下门坝　1—8—422

下门村　1—11—613、620、624，3—37—2159

下水仙庙　3—40—2410、2413，3—41—2424、2443、2447

下方　1—记—016，1—2—093，2—32—1880

下方村　2—32—1881

下方桥　3—36—2133

下邓　1—2—083，3—36—2134

下邓阁　3—36—2131

下仙岩　1—2—082

下头坞　1—2—092

下头坞村　1—5—266，3—35—2015

下孙　2—15—1050

下孙自然村　1—1—042、044、045、060

下孙村　3—37—2201，3—40—2373

下孙草庵塘　1—10—557

下孙遗址　1—1—042、045、046、047、049、050、054、
　　060

下坂底　1—3—113注

下甫王　1—2—092

下沙　1—3—133，2—15—1061，3—43—2594

下沙大桥　1—9—475

下沙乡　3—45—2758

下沙高科技园区　1—9—475

下沙湖西　1—2—079

下沈王　1—2—082

下陈村　1—2—077、078、079

下邵　1—2—095，3—36—2126，3—43—2599

下邵大队　3—36—2046注

下邵村　3—36—2109

下岸王　1—9—466

下定　1—2—094

下定村　1—9—505，2—27—1682，3—36—2109、2131

下定南塘　1—8—408

下定阁南北塘　1—8—433

下城区　1—记—019，1—12—822

下畈王　3-41-2447

下畈朱　1-2-092

下畈朱村　2-32-1850

下畈底　1-2-095，2-16-1112注

下畈底村　3-37-2185

下畈底村大坟山印纹陶窑址　3-37-2150注

下俞　1-2-094

下俞村　1-11-613、749

下亭阁　1-9-505

下亭阁北塘　1-8-401

下闻　1-2-094，1-3-121，1-10-553

下闻村　1-6-294，1-11-622

下洋桥　1-记-016，1-2-095，1-9-473，2-32-1880、
　1881，3-41-2433注

下院　3-41-2442

下盈湖　3-40-2412

下桥　1-8-419、423、426、434、440，3-35-2032注

下桥进水闸　1-8-419

下浦　1-2-081

下诸暨　1-2-075、075注

下埠　3-43-2552

下曹坞　1-2-094，1-8-393

下曹坞村　3-36-2108

下章　1-2-095，1-3-113，3-43-2597

下章村　1-3-113，1-11-626，3-35-2017

下傅王　3-37-2169注

下湘湖　1-3-131，1-11-754，3-35-2032注，3-45-
　2743

下湘湖村　1-4-193

下湘湖闸　1-8-420

下湘湖南闸　1-8-420

下湘湖桥　1-4-192、209，1-9-478

下湾　1-2-094，1-9-471

下湾村　1-9-466

下湾庙　1-8-402

下颜　1-2-095，3-36-2139

下颜村　1-6-294，3-36-2110，3-41-2431

下潦　1-2-092

下戴　1-2-092，3-36-2139

下戴村　1-11-613，3-36-2110，3-41-2454

大小坞　1-2-094，1-5-249，1-11-771

大小坞村　1-11-686，3-36-2108、2123

大小坞溪　1-3-129

大山　1-2-085，3-41-2443、2446注，3-43-2574

大山头　1-3-120

大山坂机埠　1-8-441

大山岗　1-2-079

大山庙（导山道院）　3-40-2413，3-41-2442、2443、
　2444、2446

大义　1-2-081、083、093，3-36-2123

大义村　1-3-116，3-36-2124，3-44-2632

大夫第　3-43-2535、2535注

大中路　1-2-082

大仓桥　3-37-2155注

大方庵　3-41-2430

大爿山碉堡群　3-37-2184

大末　1-2-074

大东　1-2-094，1-12-796

大凸岗　1-2-079

大头山　3-43-2537、2606

大司空家庙　3-43-2609

大西　1-2-095，1-8-393

大西村　1-6-294

大西畈　1-8-433

大成兴　1-2-092

大尖山　1-3-134

大同　1-2-083、085、086、088，1-9-484注，1-11-
　615、651、747，2-13-889注，2-16-1112，3-34-
　1936，3-36-2045注，3-38-2274，3-43-2574

大同人民公社　1-2-088

大同乡　1-2-082、085，3-43-2574

大同公社　2-32-1859

大同坞　1-2-087、088、094，1-3-109注、118，1-5-
　245、250，1-11-611、626，2-20-1328，2-24-
　1551，2-32-1856，3-34-1941注

大同坞人民公社　1-2-088

大同坞大队　1-11-627注

大同坞乡　1-2-088、089、090，1-6-284，1-11-626、
　719，2-13-940，2-33-1903

大同坞公社　1-8-409，1-11-627注，2-32-1859

大同坞村　1-11-719，2-32-1858

大同岭　1-2-077

大同溪（佳溪）　1-3-107、117、128，1-8-439

大朱家　1-9-465

大竹县　2-28-1714

大华家　3-40-2413

大兆坞村　1-3-119

大兆村　1-2-079

大名府　3-36-2121

大庄　1-2-084、086、087、089、091、092，1-8-392、
　1-9-472、473、515，1-10-580，1-11-651、
　765，2-15-1051，2-16-1112，2-24-1552，2-25-
　1584，2-32-1872，3-36-2046注，3-38-2221、
　2229、2274、2296，3-41-2459，3-43-2537、2615

大庄人民公社　1-2-088

大庄乡　1-2-086、088、089、090，1-4-210，1-6-

284，1-9-468，1-11-712、747，3-35-2038，
　　3-36-2046、2054，3-38-2274，3-44-2719
大庄王村　3-36-2116
大庄公社　2-16-1164，3-38-2281注
大庄办事处　2-15-1052，3-35-2015
大庄后河　1-8-395
大关　2-15-1061
大江沙河　3-37-2204注
大池溇　1-2-094，2-32-1879
大池溇村　1-11-613
大汤坞　1-2-095，1-3-112、113注，1-9-471，3-36-
　　2121，3-37-2183、2218注，3-43-2598、2599、
　　2608，3-44-2640
大汤坞村　3-35-2017，3-36-2108，3-37-2148、
　　2154，2164，2170，2173，2182，2183，2185，2189
大汤坞村狮子山印纹陶窑址　3-37-2150注
大汤坞村梅园印纹陶窑址　3-37-2150注
大汤坞村蜈蚣腿印纹陶窑址　3-37-2150注
大兴　1-11-615
大兴县　3-36-2120，3-44-2631
大阪　2-14-991，2-17-1207
大阪市　2-14-991
大弄口　2-26-1604注
大坝庙　3-40-2413，3-41-2443
大坂坞　1-5-250
大坞　1-2-093，1-8-409、410，1-9-456
大坞山　1-11-753
大坞头村　1-11-619
大坞朱　3-41-2429
大坞朱村　3-34-1944注
大坞坑　1-2-092
大坞村　1-9-455
大坟山　1-8-393，3-37-2182
大坟山窑址　3-37-2185
大坑坞村　1-11-686
大连　1-2-077注，1-7-381，1-9-452注，3-43-
　　2573，3-45-2738
大园　1-2-085、086、087、088、089、091、093，1-9-
　　471、489，1-10-553，1-11-651、743注，1-12-
　　785、795，2-15-1032，2-21-1432注，2-22-
　　1481，2-32-1872，3-34-1999，3-38-2223，
　　3-43-2540、2542
大园人民公社　1-2-087
大园乡　1-2-088、089、090，1-6-285，1-11-721、
　　744，2-27-1655注，3-38-2303
大园公社　1-12-785
大园村　2-27-1664
大陈　3-36-2126、2138

大坪岗　1-2-079
大林　1-2-077、077注、085，3-45-2738
大岩　1-2-095，3-40-2412
大岩山　1-3-109、112、121、144、147注、177注、
　　183，1-11-688、725，3-37-2182、2215，3-43-
　　2597、2608、2609
大岩寺　3-37-2185，3-41-2423、2425，3-43-2609
大岩村　1-3-112、121
大岩岭　1-3-121
大和山　1-2-077、078、079，1-3-109，1-8-411、
　　418，1-9-503，1-12-800、826，2-15-1051，
　　2-28-1715注，2-32-1876，3-36-2121，3-43-
　　2567
大庙　1-12-783，3-36-2047注，3-41-2443
大庙前　2-24-1562，3-43-2539、2539注
大沿　1-2-095，1-4-192、193注、223
大沿坝　1-3-129，1-9-509
大沿坝闸　1-8-418
大沿村　1-4-209，3-41-2447
大沿河　3-43-2606
大治河　1-3-188，1-8-395、396、413、439、442、
　　443，1-9-502、513，1-12-791、792，3-35-2032
　　注，3-43-2543、2587
大治河节制闸　1-3-130，1-8-395
大治河闸　1-8-418
大治河桥　1-9-476、477、481
大治河排涝闸　1-3-130，1-8-395，1-9-502
大治桥　1-9-472、478、480
大南门　3-38-2235
大树下　3-41-2455
大畈　1-8-401
大泉井　3-37-2173
大禹河　1-10-537
大禹桥　1-10-535、537
大洋洲　2-13-921，2-14-991，2-17-1182、1191、
　　1198、1199
大桥　1-2-082、083、087、088、093，1-3-105、110、
　　110注、111、112、116、118、128、132、146注，
　　1-5-244、245，1-8-392、393、400、421、423、
　　426、434、435、440，1-9-469、501，1-11-614、
　　651、739、744、767，2-13-880、889注、937，
　　2-28-1717，3-34-1941注，3-35-2005、2032注，
　　3-36-2139，3-37-2218注，3-38-2223、2273、
　　2273注、2274、2294注、2296，3-43-2554、2554注
大桥大西畈塘　1-8-402
大桥乡　1-2-088、089、090，1-4-210，1-5-266，
　　1-6-284，1-8-393，1-11-593、756、757，2-13-
　　901注，2-19-1284，2-30-1768，3-36-2077，

3—38—2273注、2274，3—43—2553

大桥公社 1—11—742注，2—13—954，2—21—1441，3—38—2270，3—43—2553

大桥村 1—3—141，1—5—249，3—36—2110、2139，3—37—2154、2157、2165，3—44—2655

大桥排灌站 1—4—223

大桥塘村畈 1—8—402

大桥路基边闸 1—8—421

大峰山 1—3—119

大浦河 1—2—101，1—8—395，1—10—526、542、543、556

大浦河支河 1—10—526

大浦河支流 1—10—542

大浦河桥 1—10—542

大浦桥 1—10—542

大通 1—9—468

大通桥 1—4—210，1—9—472、477、481，1—10—537，1—11—749，3—36—2050，3—37—2155注，3—40—2411注、2414

大通桥农场 1—9—482、483注

大通桥良种场 1—11—742注

大埠头 1—2—079，3—37—2205

大黄坞山 3—37—2199

大黄岭 1—2—077、078、079，1—3—118，1—9—469，3—36—2116，3—43—2575

大梁 3—36—2125

大窑里吴 1—3—132，2—15—1050

大堰 1—8—440

大堰坝 1—9—501、501注、508

大悲 1—2—083、085，3—43—2589

大湖头 1—2—093，3—43—2566

大湖头村 3—37—2185

大湾山 3—37—2210

大湾头 3—43—2544注

大湾村 1—记—025

大湾顶 1—2—079

大塘坞 1—8—409、410

大路张 3—36—2126、2134

大满畈排涝站 1—8—423

大源镇 1—2—079，1—3—119

大溪 1—3—120

大寨大队 1—5—236注

大寨河 1—3—130，2—24—1552，2—28—1709

大潭 1—2—094

大潭村 1—6—294

大螺山 1—3—106、108、112、114、118，1—5—249，3—37—2215，3—43—2561

大瀑水 1—3—119

丈午 3—40—2411

丈午村 3—43—2568

丈午渡 3—43—2568

万丰 1—2—094，2—32—1879

万圣庵 3—36—2047注

万向花园 1—10—550

万向城市花园 1—10—549、550，2—15—1068、1069、1090

万安 1—2—093，1—10—563

万安路 1—2—092

万安路居民区 1—2—091

万寿寺 3—41—2424

万寿桥 1—2—092，1—3—187，1—10—574注，3—37—2153、2155注、2183

万寿桥埠头 1—9—503注

万寿庵 3—37—2153、2161、2162、2162注、2183

万松岭 3—36—2081注

万罗伞 3—37—2201

万罗伞山 3—37—2194

万柳堂 3—37—2216

万柳塘 3—37—2216注

万济桥 3—37—2156

万家坞 3—36—2108、2116

万缘桥 3—37—2156

弋阳 3—36—2127

〔丨〕

上山头 1—2—093，1—8—422，2—13—937注，3—43—2555

上山头村 1—6—294

上山遗址 1—1—065

上山湾 1—3—121

上门村 3—36—2108

上马石 1—2—094，1—5—250

上马石村 3—40—2351

上马坞 1—3—105、109、110、110注

上马家 2—32—1859注

上天竺 3—41—2435

上元桥 3—37—2184

上水仙庙 3—41—2447、2447注

上仙岩 1—2—082

上安王 3—41—2432

上庄 1—2—094

上孙 2—15—1050

上坂村 1—2—079

上坞 1—8—409、410

上犹县 3—36—2119

上灶河 3—45—2758

山东　1－6－286，1－9－489，1－11－614、635、660注、680、682、714、730、735、737、738、2－13－883，2－15－1058、2－16－1122、1139、1165，2－20－1341注、1380、1392、1393，2－21－1442，2－23－1519、1520，2－24－1534，2－25－1567、1568，2－27－1664，2－28－1718，2－29－1735，2－31－1831，3－34－1996，3－36－2116、2117、2118、2119、2120、2122、2123、2125、2126、2128、2130、2132、2133、2136、2138，3－39－2342，3－43－2563、2591，3－44－2629、2636、2664

山北　1－2－077、085、086、094，3－36－2134

山北村　2－32－1876

山北河　1－10－526、542、543，2－24－1551

山北河支河　1－10－542

山北桥　1－10－542

山北新苑　1－4－214，1－10－568，2－15－1069，2－24－1550

山田　1－2－083

山头埠　1－2－095，1－8－422，1－9－501，3－36－2135、2136，3－37－2150、2182，3－39－2313注，3－43－2599

山头埠村　1－3－129，1－9－501，2－21－1439，3－37－2151、2154、2160、2163、2170、2183，3－43－2597、2598，3－44－2633、2649、2650、2661

山西（晋）　1－5－236注，1－6－286，2－16－1141，2－27－1664，3－36－2106、2113、2114、2115、2120、2136，3－37－2196，3－44－2634、2658

山西闸　1－8－411、418

山后　1－2－085、086、093，1－8－419、425，1－10－554，3－40－2413，3－43－2550

山后乡　3－43－2546

山后头　1－2－094，3－36－2132

山后村　1－9－475，2－24－1561，2－32－1851

山后桥　1－9－479

山阳　3－36－2132

山阴　1－2－073、074、075注、092，1－8－411，1－9－507注，1－11－771，3－36－2117、2120、2121、2122、2123、2125、2128、2129、2131、2135、2136、2137、2138，3－37－2151、2164注、2179、2204、2205，3－41－2431、2442，3－45－2746

山阴小区　2－15－1069、1071

山阴县　1－2－076、077，3－36－2120、2126、2134、2137，3－41－2431、2439，3－43－2571、2597、2598、2608，3－44－2649注

山阴住宅区　1－10－543

山阴河　1－10－542

山阴河桥　1－10－542

山阴街　1－2－092

山址头　3－41－2448

山址庙　3－40－2413，3－41－2443、2448

山坞里自然村　3－38－2272注

山里人家　1－5－250，1－7－381，1－10－553，3－37－2211

山里王　1－2－094，1－3－111、112，1－5－249，1－10－553，3－38－2269注

山里王村　1－11－686、771，3－41－2454

山里沈　1－2－094，1－3－185，1－10－553，3－41－2432

山里沈村　3－37－2171、2172、2183、2185、2189，3－43－2572注

山园里　1－3－112

山闸　1－2－083

山河　1－2－084、086

山河人民公社　1－2－087

山河乡　1－2－085、086，3－43－2546

山河花园　1－10－541

山泽　1－2－081

山南　1－2－093，2－13－935注，2－32－1879

山南村　1－5－266，1－11－612、613，2－13－936，3－35－2015、2016，3－37－2175、2190，3－44－2721

山南河　1－4－224

山南桥　1－2－092，1－10－537

山前　1－2－085、093，3－43－2560

山前乡　3－43－2558

山前许　1－2－094，3－43－2583注

山前许村　3－43－2583

山前村　1－8－392，2－27－1675

山前吴　2－15－1050

山前吴村闸　1－8－420

山前塘　1－8－433

山栖　3－36－2125、2128，3－41－2440

山栖岭　1－2－077、078，1－3－121

山栖崇教寺　3－41－2424

山海　1－2－095，1－12－796

山海关　3－36－2128

山海村　1－2－091，1－6－294，3－43－2618

山梨市　1－记－019、037、038、040，2－24－1556、1556注，3－36－2058

山梨县　2－24－1556注

〔Ｊ〕

千丈岗　1－2－078

千丈金岗　1－2－077，1－3－121，3－43－2597

千岛湖　2－27－1673，2－33－1896

川东道　3－36－2119

川坞　3－38－2274注

久新　1－2－095

久新村 2-33-1900

〔、〕

广川 3-45-2731

广化寺 3-41-2423

广东（粤） 1-记-016，1-6-286、299，1-7-370、1-9-489，1-11-635、687、703、714、717、736、738、768、773，2-13-876、883、937、953，2-14-991、1025，2-15-1048、1052、1057、1058，2-16-1128、1139、1141、1171、1173，2-17-1182，2-19-1302、1303，2-20-1380、1396，2-23-1519、1520，2-25-1568，2-26-1631、1636注，2-28-1714，3-35-2012注，3-36-2074、2122、2125、2127、2135、2139，3-37-2181，3-39-2327、2341，3-43-2591，3-44-2628、2632、2634、2636、2641、2688

广汉 3-44-2688

广宁小区 1-10-557

广西 1-6-286、301、303，1-11-633、635、660、660注、703、738、773，2-13-932、937，2-20-1394，2-22-1498，2-27-1664，2-31-1831，3-36-2118、2131，3-37-2173注，3-39-2341，3-44-2628、2638，3-45-2728注

广华 1-2-082

广州 1-7-381，1-9-452、452注、458注，1-11-737，1-12-830、836，2-13-949，2-14-1011，2-16-1147、1169、1173，2-17-1192，2-20-1394、1396，2-28-1718，3-35-2029，3-38-2259，3-43-2559，3-44-2624、2625、2641、2642、2655

广昌乡 1-11-614

广宗县 1-11-614

广南 3-36-2116

广济道院 3-41-2443

广惠寺 3-37-2218注

广惠禅院 3-41-2423

广慈寺 3-41-2423

广福寺 3-41-2423、2424，3-43-2553

广德小区 1-10-580

广德县 2-26-1636注

义一 1-2-093

义一村 1-9-474、505，3-36-2136，3-37-2160、2185

义乌 1-9-489，1-11-654，1-12-837，3-35-2011、2012，3-36-2126、2138，3-43-2538，3-44-2660、2688、2719、2720、2721、2722

义乌市 3-36-2131、2136、2137

义北 1-2-083，3-43-2549

义安 3-36-2130、2136、2137

义南 1-2-083、093，2-32-1879，3-43-2549

义南村 1-11-613

义南横河 1-3-130，1-8-396、439

义南横湾 1-9-513，3-43-2559、2577、2578、2589、2590

义胜军 1-2-072

义桥 1-记-013、016、020、024，1-2-078、079、082、083、084、085、086、087、088、089，1-3-106、118、120、128、129、157注，1-4-223，1-5-249、255，1-6-338，1-7-367，1-8-391、394、401、404、426，1-9-466、471、472、474、484注、490、501、501注、503、508、510、513、513注、514，1-10-524、528、529、544注、554、562，1-11-596、614、618、620、621、651、657、682、686、711、712、722、739、758，2-13-880、881、935，2-15-1032、1050、1051、1068、1078、1081注、1085、1088，2-16-1107、1108、1111、1140、1149、1152、1168，2-18-1218、1244，2-20-1358注、1366，2-21-1399、1405注，2-23-1518、1530，2-24-1545、1562，2-26-1604注、1616，2-27-1667，2-28-1705、1713注，2-31-1841，2-32-1851、1854、1861、1872、1873、1874，2-33-1896、1900、1903、1924，3-34-1939、1941注、1945、1948、1961注、1962，3-35-2005、2013、2022、2027，3-36-2045、2051、2055、2059注、2076、2076注、2077、2077注、2096注、2117、2120、2122、2134、2135、2136、2138、2139，3-37-2150、2182、2190、2215，3-38-2229、2232注、2234、2274、2283、2288、2291、2294、2296、2297，3-39-2311，3-40-2348、2385、2386、2387、2388、2396、2413、2415，3-41-2424、2441、2442、2443、2444、2446注、2456、2458、2459，3-43-2533、2537、2549、2550、2551、2552、2565、2603、2603注、2607，3-44-2637、2637注、2644、2679，3-45-2743

义桥人民公社 3-43-2550、2602

义桥大桥 1-记-021，1-9-471、476、482、483注、485、486、487、498、505、508，2-24-1550

义桥上闸 1-8-420

义桥乡 1-2-082、088，3-37-2150注，3-43-2549、2550、2602，3-44-2724

义桥五一闸 1-8-421

义桥中闸 1-8-420

义桥公社 1-4-193注，2-16-1164，3-37-2178、3-38-2294注

义桥油库码头 1-9-504

义桥客货运码头 1-9-503注

义桥浮桥 1-8-394，1-9-508

之江区　1-5-254，2-14-981、982、983、985、985注、986、987、989、994、995、1028

之江区块　1-10-522，2-14-981、982、984、985、985注、986、987、995、996、1027，2-24-1543、1552

之江汽车轮渡　1-9-505、507

之峰　1-11-615

〔一〕

卫东　1-2-087

卫东人民公社　3-43-2589

卫东桥　1-9-478、479

卫家　1-2-093，1-3-107，2-13-935注，3-43-2563

卫家村　1-11-757

小山头　1-2-077、095，1-8-401、408，3-43-2609

小山头村　1-2-085

小山坞　1-3-121

小山坞村　1-2-078、079

小山脚　1-2-094

小王岭　1-2-079，1-3-111、118、128

小天竺　1-2-078

小天竺山　1-2-079

小止观　3-41-2443

小毛潭坝　1-8-422

小长岗　1-2-079

小仓桥　3-37-2155注

小凤　1-2-081、099

小心桥　3-37-2155注

小石桥　1-2-092、093

小石盖　1-3-106，1-8-402

小石盖山　1-3-108、114

小东坡河　1-10-548

小西坂　1-8-393

小安山　1-2-077、078、079，1-3-111、120，1-5-249，3-43-2602

小坞　1-3-111，1-8-409

小村坞庙　3-41-2443

小村庙　3-41-2424

小里亭湖　1-8-393

小茅山　1-8-393、401、402、425

小茅山排灌站　1-8-393

小岳桥　1-9-471，1-10-532、554，3-37-2205，3-43-2606

小泗　1-2-083

小泗埠　1-2-094，1-8-413、414，1-9-473，1-12-776注、791、792、793，2-32-1879，3-37-2150注，3-43-2581、2588、2592，3-44-2639

小泗埠村　1-6-313，1-8-415，1-11-612

小泗埠直河　3-43-2592

小泗埠直湾　3-43-2580

小泗埠闸　1-8-415

小泗埠桥　1-9-480

小城隍庙　3-41-2442、2443、2444、2445

小南门　1-5-252，1-10-533，3-38-2228注、2244

小南门河　1-4-215，1-10-535

小南门桥　1-10-536、575注

小南海　3-41-2437

小查　3-36-2138

小星坞　1-8-433

小畈闸　1-8-401

小畈塘　1-8-394

小泉井　3-37-2173

小砾山　1-2-093，1-3-127、128、129、131，1-4-192、193注、209、223，1-8-398、411、423、424、425、432、440、442，1-10-525、553、557，1-12-791，2-24-1562，3-35-2032注，3-36-2124，3-37-2204、2205，3-43-2546、2548、2549

小砾山电力排灌站　1-8-424、442

小砾山村　1-8-420、442，1-11-725，3-37-2197

小砾山河　3-43-2546、2548

小砾山桥　1-9-479

小砾山排灌站　1-4-193，1-8-414、440、444，1-12-791，3-43-2548

小砾山输水河　1-8-439

小秧田坝　1-8-422

小站　3-44-2638

小埠头　1-2-079

小梅　3-45-2753

小窑里吴　1-3-146注，2-15-1050

小湖　3-36-2122

小湖孙　1-2-094

小湖孙村　3-36-2108，3-37-2184、2218注，3-43-2584

小湖庙　3-45-2742

小湖亭　3-37-2198

小满　1-2-095，1-9-505

小满村　1-8-401、405、408

小满畈　1-8-401、408

小满塘　1-8-433

小螺山　1-3-121

叉口　1-8-418，1-10-553、554

马门　3-37-2195、2199、2200

马头山　1-3-105、120，1-5-250，3-43-2602

马坞　3-36-2133

马来西亚　1-记-020，1-6-286，1-7-381，1-11-717、768，2-13-969，2-17-1199、1206、1207，

2—26—1636，2—27—1688注，2—28—1719，3—36—
　　2058，3—44—2670
马里　2—15—1030、1045，2—17—1206，2—24—1554
马谷　1—2—093，1—3—128，3—36—2127
马谷山　1—3—120
马谷村　1—5—249，1—11—612，3—36—2109，3—37—
　　2165、2185，3—41—2429
马牧港海塘　1—9—507
马面山　1—3—121，1—5—249，3—37—2148，3—43—2610
马面山窑址　3—37—2185
马阁　1—2—081
马站　3—45—2753
马家地　1—3—112
马家垫　1—2—095
马家垫村　2—32—1876，3—38—2284、2295
马家浜　1—1—061、065、066
马家浜遗址　1—1—066注
马埭娄　1—8—419
马婆桥　1—3—128
马塔尖　1—2—079
马湖　3—36—2136
马湖大队　3—37—2178
马湖村　1—9—455、456，3—36—2136
马湖桥　1—3—132
马鞍　1—2—083、085、093，2—21—1424，2—28—1718，
　　3—36—2122
马鞍山　3—37—2171，3—43—2564
马鞍山市　2—29—1753
马鞍乡　3—43—2602
马鞍管理区　1—2—086，3—43—2602
马鞍镇　1—2—078，3—36—2059、2064，3—43—2599
马蹄泉　3—37—2217注

四　画

〔一〕

丰二　1—2—095，1—12—777注
丰二村　1—11—613、763，2—16—1140，3—35—2015、
　　2016
丰山　3—36—2130
丰东　1—2—082、083、095，2—21—1410
丰东村　1—9—473，3—35—2017
丰北　1—2—095，1—12—777注，2—32—1879，3—36—2130
丰北村　1—11—602，2—16—1115，3—34—1968
丰乐　1—2—095

丰乐村　1—6—295，1—11—613
丰台区　3—36—2129
丰西　1—2—083
丰产坝　1—8—422
丰产闸　1—8—418，3—43—2568
丰产堰　1—8—421
丰围　3—43—2594
丰南　3—36—2130
丰泰　1—2—082、083
丰税　1—2—082
王丝墓　3—37—2196
王有史　1—2—092
王有史村　1—11—713、760
王坞　3—41—2445
王坞庙　3—41—2424、2443、2444、2445
王坟头　3—37—2196
王村　1—2—092，1—6—294，3—36—2108，3—37—2167、
　　2184
王村戏台　3—37—2184
王村村　3—35—2017，3—37—2167
王佐墓石雕　3—37—2185
王顶峰　3—37—2216
王国桢故居　3—43—2583
王明庵　3—41—2445
王岭　1—2—094
王岭村　1—2—079，1—3—119，1—9—469，1—11—613
王河周　1—8—440
王家　1—2—094
王家大山　1—2—077、078、079，1—3—121
王家坞山　3—37—2194
王家村　3—36—2108
王家里　1—2—093，2—15—1050
王家钓桥　3—37—2160
王家闸　1—2—090，1—3—111、112、113、113注，1—8—
　　402、439，3—43—2598
王家闸桥　1—3—129
王家闸桥机埠　1—8—401
王家河　1—10—537
王家桥　1—2—090、091、095，1—8—419、426、435，
　　3—41—2433注，3—43—2603注、2604
王家桥进水闸　1—8—419
王家桥村　1—11—612，3—43—2602、2603
王家桥新机埠　1—8—402
王家堰　1—3—137
王湾寺　3—37—2171、2189、2191
王湾庙　3—41—2424
开元寺　3—41—2438
开元名都　2—15—1068
开化　3—43—2551

开发区高架桥　1—9—476，2—14—985

开明　1—2—081、083、099

开明乡　1—2—082

开封　1—11—758，3—36—2119、2125、2129、2130、2132、2134

开封市　3—36—2116

开善　1—2—081，3—43—2604

开源　1—2—094，3—36—2134

井山湖　3—37—2194

井冈山　1—7—381

井头王　1—2—092，2—32—1849

井头王村　1—10—556，1—11—613，2—16—1120，2—24—1543

井岭桥　3—43—2569

井亭　3—36—2133

井亭徐村　3—36—2109

井徐　1—2—082

井盛　1—2—083

井富　1—2—082

天王殿　3—37—2185，3—41—2430、2431

天长院　3—41—2431

天龙山　3—41—2439

天目山　1—3—117，1—7—381，1—11—772，2—22—1504，3—41—2440

天乐　1—9—507注，1—11—771，3—36—2117、2121、2129、2131、2132、2133、2137、2138，3—37—2218注，3—41—2431、2431注

天乐乡　3—36—2117、2123、2126、2128、2135，3—37—2170，3—41—2439、2442，3—43—2571、2597、2598、2608，3—44—2633注、2640

天乐寺　3—41—2425

天乐新村　3—43—2573

天台　2—21—1449，3—36—2131，3—41—2442，3—44—2664、2721

天台山　3—37—2205、2206，3—41—2431注、2435、2438

天台县　3—36—2117、2127

天后宫　3—41—2450、2450注

天安门　2—13—971

天医殿　3—40—2410、2413，3—41—2443、2448

天灵岩　1—3—128

天顶大岗　1—2—079

天京　3—44—2637

天带桥村　1—1—066注

天津　1—记—014，1—6—286、325，1—9—452注，1—11—737，2—13—883、937，2—14—980，2—15—1053，2—16—1153，2—26—1631，3—36—2074，3—39—2342，3—43—2573，3—44—2638、2639、2647

天姥　3—37—2205

天瑞庵　3—41—2434、2435

天照山　1—3—118，3—43—2550

夫子庙　3—44—2651

夫椒　1—总—005，3—44—2623

元帅殿　3—40—2413、2415，3—41—2437注、2443、2450

元贞观　3—41—2443

元兴寺　3—41—2424、2425

元沙　1—2—085、094，3—43—2587

元沙村　1—6—294、295，1—11—624、625

元宝山　1—3—109，3—37—2172，3—43—2537

元宝沙　1—9—475

元度岩　3—43—2574

元总　1—2—083

无名桥　1—10—536

无锡　1—2—074，1—3—106，1—7—381，1—11—602，2—13—840注，2—20—1380、1396，3—35—2014，3—36—2121，3—43—2538、2545

云门　1—11—753

云门山　3—37—2165，3—41—2429、2429注，3—43—2612、2614

云门分场　1—11—612

云门古寺　3—43—2564

云门寺　1—3—120，3—37—2185、2210，3—41—2425、2429、2429注，3—43—2614

云门寺山　1—3—117，3—37—2215，3—43—2564、2614

云丰乡　1—2—085注

云石　1—2—078、079、085、087、088，1—3—112、118、146注、147注、156注、163注、164注，1—5—240、242、244、245、274，1—6—331，1—8—410、421、430，1—9—471、472、484注、490，1—11—618、620注、621、651、673、685、688、692、747、765、766、771、772，2—13—889注、894，2—15—1053、1088，2—16—1112，2—19—1262，2—20—1328、2—21—1441，2—23—1530，2—24—1544，2—26—1618、1635注，2—27—1673，2—32—1851、1880、1882，2—33—1907、1908、1924，3—34—1999，3—35—2016、2022、2032注，3—36—2045、2055、2077、2077注、2131，3—37—2182，3—38—2235、2274、2296，3—41—2443、2444，3—42—2464、3—43—2602、2612、2613、2614，3—44—2653

云石乡　1—记—015、016，1—2—077注、079、088、089、090、091、095，1—3—106、107、109、111、112、117、118、119、120、124、128、132，1—4—190、196、211、222、230、233，1—5—242、243、255、269、274、277，1—6—283、284、285、287、289、293、294、296、302、325，1—7—349，1—8—422、1—11—612、613、688、725、764、772，2—13—889、933，2—21—1423、1441、1443，2—25—1584、1584，2—26—1627，2—27—1661、1662注、1679、2—28—1712，2—31—1785，2—32—1851、1876、

1880、1882, 2-33-1890, 3-35-2015、2017、
2026、2038, 3-36-2049、2050、2063、2064、
2077、2093、2096注, 2117, 3-37-2160、2171、
2183、2185、2210、2213、2215、2218注, 3-39-
2311, 3-40-2406, 3-41-2446、2454, 3-42-
2463、2464, 3-43-2553、2564、2602、2612、
2613、2614、2620, 3-44-2644、2653、2719、2721
云石公社 3-43-2613
云石生态旅游景区 1-总-004, 1-4-230, 3-37-2209
云石度假山庄 3-37-2210
云石桥 1-9-480
云石溪 1-3-107、117, 3-35-2032
云英 1-2-083、084
云和 3-43-2551
云和县 2-28-1709
云南 1-记-013, 1-6-286, 1-7-381, 1-9-465、
1-11-672、703, 2-13-932, 2-14-1025, 2-15-
1058, 2-16-1131、1139、1141、1153, 2-27-
1664, 2-28-1712, 2-32-1858, 3-36-2126、
3-37-2196, 3-43-2591、2599, 3-44-2642、2665
云泉 3-41-2435
云峰 1-2-083、085, 3-43-2602
云峰山 1-2-077、078、079、085注, 3-37-2215、
3-43-2602
云峰乡 1-2-085、085注, 3-43-2602
云湘桥 1-9-468、481
云溪 1-2-082
云潭 1-2-083
云襄桥 1-8-394
廿二工段闸 1-8-411
木汀徐 1-2-092, 1-10-580
木汀徐村 3-41-2454
木尖山 3-37-2194、2200
木坞 1-2-079
木坞村 1-2-078、079, 1-3-119
木材站桥 1-10-536
木杓山 1-2-094, 1-8-402
木杓山大桥 1-4-223
木杓山头 1-9-508
木城 3-43-2578
木碗山 3-37-2194
五一闸 1-8-401
五七农场 1-12-808
五七直河 2-14-981、989
五七闸 1-3-130, 1-8-415、418
五七河 2-14-986
五七南闸 1-8-420
五七路口 1-记-016

五七路分离立交 1-9-476
五七路河 1-10-526
五工段 1-9-472, 1-12-793
五工段闸 1-8-416
五万二千亩 1-12-809
五万二千亩围垦 1-12-815, 2-14-979
五万二千亩围垦区 3-43-2617
五马岭 3-43-2584
五丰村 1-2-078
五王庙 3-41-2443、2444
五云山 2-22-1504
五六二 1-2-095
五甲 1-8-392
五甲塘 1-8-394、433
五号桥 2-32-1859注
五圣堂 3-40-2413
五台山 3-41-2440
五里 1-2-082、083
五围 1-12-785
五国城 3-37-2197
五岭 1-3-120, 1-11-753
五图 1-2-082、083
五星 1-2-095, 1-11-699
五星大队 1-9-464注, 3-38-2228注
五星村 1-11-697、698, 3-34-1951、1951注
五段河 1-10-539, 2-14-982
五洞闸 1-4-215, 1-8-411
五都 1-2-082, 3-43-2546
五峰道院 3-41-2443
五通桥区 3-34-1977
五联 1-2-092
五堡 1-5-264, 1-8-437、442, 1-9-505、506、
1-12-791, 3-35-2032注
五堡村 1-9-506
五堡直河 1-8-397、439, 1-12-792
五堡闸 1-8-432、439、440, 1-12-777注
五堡河 3-43-2594
五堡河桥 1-9-473、477
五堡排涝闸 1-3-130
五堡渡 1-9-506, 1-12-795
五堡渡口 1-8-442, 2-28-1715注
五福凉亭 3-41-2449
太山峰 1-2-077
太丰县 3-37-2178注
太公堂窑址 3-37-2185
太仓 1-11-739
太末堰 1-8-421
太平 1-2-082、083、085

太平山　1－5－249，1－11－753，2－15－1051，3－36－2129，3－37－2169、2174，3－41－2430，3－43－2582、2608

太平山林场　3－41－2430

太平寺　3－41－2423、2424、2425

太平弄　1－2－092

太平弄居民区　1－6－295

太平桥　1－9－508，3－37－2155注、2205

太平庵　3－41－2424、2425、2431、2440

太田市　3－39－2314

太行山区　3－44－2674

太原　1－9－452注，2－20－1382，2－24－1535、1535注

太原市　2－15－1057

太原县　3－37－2178注

太康县　3－44－2699

太婆坟　1－8－433

太湖　1－11－721，3－42－2462

太湖流域　3－43－2538

历山　3－37－2194，3－44－2626

历山北　3－37－2199注

历山南　3－37－2199注

历城　3－36－2138

友谊　1－2－086、093，1－10－544、545，2－32－1859注

友谊乡　1－2－085

友谊村　2－32－1859注

友谊闸　1－8－419

友谊桥　1－9－478

厄瓜多尔　1－记－037

车里庄　3－36－2116

车家埭　1－2－092，1－4－191注、193注，2－32－1849，3－36－2078注

车家埭村　1－11－613、622，3－34－1950注

车路湾　1－2－094，1－9－471，2－32－1879，3－36－2050，3－41－2455，3－43－2567、2569

车路湾村　1－11－613，2－13－919注，3－44－2718

巨塘　3－36－2136

扎达　3－38－2306

扎伊尔共和国　1－记－035

比利时　1－6－286，1－12－831，2－13－909、969，2－14－990、991、994、1002、1003、1006，2－17－1191、1199，2－24－1555，2－27－1688注，3－36－2126，3－41－2454，3－43－2570、2604，3－44－2648、2663注、2675、2686、2715

瓦泥池　1－2－079，1－11－592

瓦窑　1－2－082

瓦窑金　3－36－2108

止水庵　3－37－2194

少憩亭　3－37－2198

日土　3－38－2306

日门塘　1－2－080

日本（日）　1－记－019、025、026、035、036、037、038、039、040，1－1－069，1－6－286，1－9－492，1－11－671、717、719、728、734、735、736、737、738、764、768、769、771、774，1－12－814、816、821、824、825、830、832、836、837，2－13－875、876、879、880、883、884、885、886、888、912、920、932、950、952，2－14－990、991、992、993、994、997、1000、1001、1002、1003、1006、1010、1011，2－15－1040、1050、1053，2－16－1139，2－17－1182、1183、1183注、1190、1191、1193、1195、1195注、1197、1198、1199、1202、1206、1207、1213、1214，2－18－1237，2－20－1340注、1361、1395、1396，2－21－1417，2－22－1473、1498，2－23－1523，2－24－1554、1555、1556、1556注，2－27－1688注、1689、1693注，2－28－1719，3－34－1950、2001，3－35－2016、2030、2035、2036、2040，3－36－2056、2058、2070、2071、2078注、2081、2081注、2099、2106、2115、2116、2120，3－37－2203、2211、2212，3－38－2248，3－39－2314、2342，3－41－2439，3－42－2462、3－43－2549、2555、2558、2561、2563、2570、2584、2589、2598、2599、2605，3－44－2625、2635、2639、2641、2642、2648、2651、2653、2654、2662、2668、2670、2686、2688、2689、2714、2715

日本国　3－44－2627

日边驿　3－37－2204

日思庵　3－37－2192、2193，3－40－2414

日船埠头　3－37－2205

中十一工段闸　1－8－417

中三　1－2－082

中小门　1－2－076，1－3－115、121，3－37－2213、2217注，3－43－2543注、2558注、2576

中山　1－6－323，1－11－597，2－21－1424，2－22－1461、1472

中山林表　3－37－2186，3－43－2544

中天竺寺　3－41－2439

中木桥　1－9－509

中片　2－13－935

中心　1－2－086、094

中心坝闸　1－8－416

中东　2－17－1213，3－36－2079，3－43－2604

中史岭　1－3－121

中央坂　1－2－094，1－3－114

中央坂村　3-36-2110
中央坞　1-2-094
中西　1-2-083
中孙　2-15-1050
中村　2-30-1759
中沙潭　3-36-2046、2046注，3-43-2537
中非　2-24-1554，3-38-2233注
中岭　1-2-077、078、079，1-3-128
中南海　3-44-2687
中流　1-2-094
中流村　1-11-613
中埠　1-9-469
中湘湖　1-11-754
中潭　1-2-082、093
中潭溪　1-3-107、117
内十工段　1-8-442
内八工段　1-8-442
内八工段闸　1-3-131
内六　1-8-442
内六工段直河　1-8-397
内六工段闸　1-3-131，1-8-416
内四工段　1-12-781
内白洋河　3-37-2159
内河里河兜码头　3-37-2151
内蒙古　1-6-286，1-11-714、736，2-13-937，2-16-1139，3-36-2074
冈比亚共和国　1-记-035

〔丿〕

牛头山　1-3-120，3-43-2537
牛场头　3-43-2539
牛面山窑址　3-37-2185
牛脚湾　1-4-215，1-10-526、532、534
牛脚湾河　1-10-529、536
毛里求斯　1-记-039
毛家河　1-4-215，1-10-526、529、534、535、536，2-24-1551
毛家河桥　1-10-535、536
毛家沿　1-2-080
毛家桥　1-10-536
长一　1-记-017，1-12-777注，2-32-1880
长二　1-记-017，2-32-1880
长二大队　3-39-2311注
长二村　3-36-2108、2110
长山（茬山）　1-记-013、016，1-2-083、084、086、087、088、089、094，1-3-106、115、118、120、132、147注、185，1-4-214、223，1-5-249、260
注，1-8-398、439、443，1-9-467、475、506、513、513注、514，1-10-525、529、538、553、554、556，1-11-651、682、725、730、753、761，1-12-777、779、783、807，2-15-1052、1089，2-16-1152，2-17-1204，2-18-1218，2-20-1358注，2-21-1400注、1405、1405注，2-25-1599，2-28-1717，2-32-1852、1872、1874，3-34-1944注、1948、1948注、1999，3-36-2128、2136、2139，3-37-2186、2187、2190、2213，3-39-2313注、2323，3-40-2385、2386、2387、2415，3-41-2434、2436、2441注、2442、2448，3-43-2587、2588，3-44-2627
长山1号桥　1-9-502
长山2号桥　1-9-509
长山一号桥　1-9-478
长山人民公社　1-2-087
长山乡　1-2-082、084、085、088，1-11-738、753，3-36-2139，3-37-2150注，3-43-2553、2574
长山公社　3-35-2028注
长山公路桥　1-9-502
长山坞　1-2-082、094
长山村　2-14-983
长山直河　1-8-397、439，1-10-542，1-12-792，3-43-2587
长山闸　1-3-130，1-8-395、411、418，1-9-502，1-10-553
长山河　1-10-526
长山垦区　1-12-796
长山教堂　3-41-2456
长山新开河　1-10-542
长山管理区　3-43-2587
长山镇　1-2-089、090，1-6-284，1-8-395，1-9-485，1-11-749，2-27-1662，2-28-1714，3-34-1936、1937，3-35-2032，3-36-2075，3-37-2190，3-38-2232，3-43-2532、2534、2587、2589，3-44-2719
长北　1-2-092、095，1-11-770，2-32-1849，3-43-2601
长乐乡　3-43-2576
长乐县　3-36-2121
长庄　1-2-083
长庆小区　2-15-1061
长江　1-2-073、073注，1-9-446注，1-11-731、748、773，2-27-1701，2-33-1913，3-36-2128
长江三角洲　1-总-003注，1-2-073，1-10-522，2-20-1311，2-23-1512
长江三角洲地区　3-37-2203
长江下游　1-1-061

长江下游地区 1—1—059

长江以南地区 1—1—063

长江流域 2—33—1904

长兴 1—2—075注、082、083、092，1—6—323，1—11—595，2—32—1849、1878，3—37—2199注，3—45—2742、2743

长兴乡 1—2—075、075注、081、081注、082、096，1—9—447注，3—41—2441注，3—43—2533注、2546，3—45—2738

长兴村 1—6—298，1—12—776注

长兴县 1—12—810

长安 1—2—083、084，3—37—2206

长安乡 1—2—081注，3—37—2150注，3—43—2546、2547注，3—45—2738

长红 1—2—093，3—41—2443

长红村 1—6—309

长红桥 1—9—472

长远 1—2—094

长远村 1—11—613

长沙 1—2—077、085、086、087、088、094，1—3—124，1—9—452、452注、472、502、515，1—10—562，1—11—651、744，1—12—783、795，2—13—880，2—21—1408，2—33—1913，3—38—2221，3—43—2567、2600，3—44—2626

长沙乡 1—2—088、089、090，1—6—285，2—13—909，2—32—1849，3—36—2078，3—38—2272注、2274，3—39—2310，3—43—2567，3—44—2699、2720、2724

长沙公社 1—11—627注，1—12—785

长沙村 3—38—2274

长沙桥 1—9—480，3—43—2569

长林河 3—37—2156

长林湾 1—9—502

长岭 1—11—614

长岭头 1—3—127

长征 1—2—095，2—32—1879

长征桥 1—9—479

长河 1—记—013、016、017、020，1—2—077、082、083、084、084注、085、086、087、088、089、090、092，1—3—130，1—5—238、255，1—6—280、281，1—7—367，1—8—392、395、404、412、425、439，1—9—455、455注、457、461、463、509注、513、515，1—10—554，1—11—614、633、636、651、682、686、772，1—12—777、784、785，2—13—864注、873、879、880、881、972注，2—15—1048、1050、1053、1068、1078、1081注、1085，2—16—1112注、1119、1130、1134注、1152、1155，2—17—1190，2—18—1218，2—19—1270、1272、1304，2—20—1319、1320、1325、1328、1366、1390，2—21—1400注、1405注、1433，2—22—1452注、1460，2—24—1555注，2—25—1584，2—31—1785，2—32—1849、1852、1854、1862、1880、1882，2—33—1887、1903、1910，3—34—1940注、1944注、1945、1948、1948注、1963、1988注、1992注，3—35—2029，3—36—2051注、2054、2055、2056、2058注、2072注、2075、2076、2076注、2077、2096注、2101、2103、2123、2133、2135，3—38—2229、2273，3—39—2311、2313注，3—40—2362、2411，3—41—2439、2443、2456、2458，3—43—2533、3—44—2634、3—45—2736注

长河人民公社 1—2—086

长河乡 1—2—082、085、086、088，1—12—777注，2—28—1712注，3—34—1944注，3—36—2051注，3—37—2150注，3—45—2735

长河区 1—2—084、085、086、087，2—16—1100、1127，2—19—1262，3—43—2546

长河公社 1—12—777注，2—16—1164，3—38—2263、2269注，3—39—2311注，3—43—2546，3—45—2739

长河头 3—37—2215

长河后 1—2—082

长河庄 3—36—2135

长河村 2—28—1709

长河站 1—9—459、461

长河街道 3—36—2119

长河镇 1—记—017、022、023、035、036，1—2—080、084、089、090，1—3—132，1—4—190、226、230、233、233注，1—6—284、298、299，1—8—412、415、420、424、442，1—9—502、506，1—10—522，1—11—619、714、749、763，2—15—1050、1088，2—16—1154、1164，2—28—1709，2—32—1852、1856、1880、1882，2—33—1903、1921，3—34—1948，3—35—2008，3—36—2108、2110、2121、2123、2135，3—37—2175、2190、2202，3—38—2270、2285，3—41—2434，3—43—2546，3—44—2629、2630、2654、2661、2675、2695、2696、2697、2714，3—45—2744、2758

长春 1—9—452注，3—44—2678

长垣 3—36—2121

长巷 1—2—093，1—3—121，1—5—274，2—21—1400注，2—27—1638注，3—34—1941注，3—36—2124、2125，3—40—2386，3—43—2542

长巷土地庙 3—41—2449

长巷古墓葬 3—37—2186

长巷村 1—2—082，1—11—613，2—32—1876，3—37—2157、2166、2178、2186、2187，3—41—2449，3—44—2629、2630、2656

长巷庙 3—41—2442、2443、2444

长南桥 2-13-909

长虹 3-41-2443

长虹村 2-32-1859注

长洲 3-37-2179

长浜沿 1-2-098、099，1-10-534

长浜沿桥 1-10-536

长清县 3-36-2117

长联村 1-6-295，2-13-919注

长锋 1-2-092，2-32-1849

长港（巷） 1-2-081

长潭 1-2-083、084、085、086，3-36-2131、2138

长潭乡 1-2-084、085，3-36-2129，3-43-2613

长潭坝 1-8-422

长潭管理区 3-43-2613

仁化 1-2-084

仁化乡 1-2-082、084，3-43-2587

仁化村 1-2-082

仁里岭 1-2-077、078、079

仁和县 3-43-2576

化山 1-2-094

化山村 2-32-1849

化成禅寺 3-41-2423、2424、2425、2436

反帝桥 1-9-502

从塘 1-2-092，1-8-426

从塘堰 1-8-421

公交中心站 1-9-488

公孙 1-2-082、083，3-43-2602

公孙乡 3-43-2602

公孙桥 3-37-2160

公济桥 3-34-1950注

仓北 1-2-094，1-10-580，1-12-796，2-32-1879

仓北村 3-35-2024

仓前 1-3-127、133、134、137、138，1-8-428、429、430，1-9-510注，3-35-2032、2032注，3-37-2150，3-43-2577，3-44-2639

仓前水文站 1-3-136、139

仓前村 3-44-2669

仓前站 3-35-2032

仓桥 1-10-537、570，2-15-1080，3-34-1988注，3-37-2155、2184、2205，3-38-2225注，3-43-2535，3-44-2629

风水庵 3-37-2185

风情立交桥 1-10-542

丹阳 3-36-2120、2121、2138

丹麦 1-12-829，2-14-1006，2-16-1174，2-17-1191、1195、1213

丹砂井 3-37-2173，3-41-2441注

丹峰 3-45-2730

丹徒 1-2-074，3-36-2124

乌干达 1-记-035，2-17-1199、1206，2-24-1554

乌子坝 1-8-422

乌子堰 1-8-421

乌毛山 1-3-128

乌风尖 1-2-077

乌石峰 3-41-2442

乌伤 1-2-074，3-36-2131、2136、2137，3-45-2746

乌克兰 1-记-039，1-6-286，2-14-993

乌龟山 1-3-106、188，1-8-399、412，3-36-2055、2081、2081注，3-37-2209、2211、2213、2217注，3-39-2339，3-41-2441注、2447，3-43-2552、2576

乌龟山观潮城 1-3-133

乌龟山遗址 1-1-067

乌拉圭 1-记-037，2-17-1198、1199、1206、1207

乌兹别克斯坦 1-记-039，2-14-993

乌峰尖 1-2-077、078、079，3-43-2597

乌峰尖山 1-3-121

乌程 1-2-074

乌鲁木齐 1-9-452注，3-43-2562，3-44-2650

凤山 1-8-393，2-33-1902、1902注，3-36-2136，3-38-2221、2228、2228注、2244、2272注

凤山乡 2-32-1858

凤山活动坝 1-8-422

凤山活动堰 1-8-421

凤山堰 1-3-128，1-9-501，3-43-2553

凤升 1-2-093

凤升村 1-11-613，3-37-2170、2186，3-41-2435

凤仪乡 1-2-081、082，3-43-2540、2543

凤坞 1-2-093，2-13-937注，3-41-2429

凤坞山 1-3-120

凤坞溪（姜坞溪） 1-3-128，1-8-439，3-43-2553

凤尾山 1-2-079

凤凰 1-2-082、083、085、093，3-43-2563

凤凰山 1-3-107，1-5-249、265，2-15-1087、1089，2-32-1872注，2-33-1902注，3-34-1944注，3-36-2081注，3-37-2171、2175、2182、2191、2206、2207、2208、2215，3-43-2561、2563、2564，3-44-2642

凤凰山农民协会墓葬群 3-37-2184

凤凰山墓葬群 3-37-2206

凤凰乡 3-43-2561

凤凰寺 3-41-2460

凤凰坞 3-34-1941注

凤凰坞村 3-40-2414，3-41-2441

凤凰村 1-5-266，1-11-613、624、728，2-27-1682，3-35-2015、2016，3-37-2183、2184、2206，

3-44-2641

凤堰 1-8-421，3-37-2204

凤堰里 3-36-2120

凤堰闸 1-2-099，1-8-411

凤堰桥 1-10-533、534、535、538，3-36-2120，
　　3-41-2455

凤堰铺 3-37-2204

凤雁（堰）桥 3-37-2155注

凤翔 3-36-2123

凤麟 1-2-083

〔、〕

六一闸 1-8-417

六二闸 1-8-417

六工段 1-9-484注，1-11-754，1-12-791、794、
　　797、837

六工段小闸 1-8-416

六工段直河 1-8-439，3-43-2592

六甲 1-9-447注

六百亩头 1-9-447注

六安 1-11-602

六里桥 1-2-087，1-11-659，2-16-1112，3-38-2235

六角井 3-37-2173

六和塔 2-13-968，2-14-984，3-36-2127，3-41-
　　2439

六都 1-2-082，3-43-2576、2602

六家泉 3-37-2173

文汇桥 1-10-535、537

文成 2-33-1924注

文伟 1-2-095

文伟村 1-11-613

文里王 3-36-2116

文里头 1-2-092，1-4-191注，3-38-2269注

文里头村 1-11-744，3-36-2097，3-37-2157、2158

文里头河 1-4-224

文昌 1-11-614

文昌阁 3-37-2158、2218注，3-41-2426，3-43-2548

文昌桥 1-10-535、537，3-37-2156、2184

文明桥 1-10-542

文忠第 3-43-2536、2536注

文革 1-8-417

文革闸 1-8-416

文峰 3-37-2216

文笔峰 1-3-120，3-36-2133，3-37-2198、2200、
　　2217、2217注，3-40-2399，3-41-2428、2428注

文家坞 1-2-094

文家坞村 1-11-612、685

文家塘 1-8-393，1-9-508，3-43-2539

文堂山 3-36-2119，3-43-2576

文道 1-2-082

文源桥 1-10-535、537

文澜苑 2-15-1081

方山 1-2-081、095，3-43-2609

方山大队 1-11-627注

方山前 1-2-077

方山前村 1-2-085

方迁娄 1-3-130，1-4-215，1-8-418、424、428、
　　430、442，1-9-470、473、502、513注，1-10-
　　553，2-15-1031、1051，2-23-1528、1530，2-28-
　　1717，3-35-2032、2032注，3-36-2079，3-41-
　　2451注

方迁娄直河 1-8-397、439，1-9-504，1-12-792

方迁娄直湾 1-3-130，3-43-2560

方迁娄闸 1-8-418、429

方迁娄站 3-35-2032

方迁娄排灌站 1-8-424

方迁娄湾 1-9-513，3-43-2540、2559

方迁娄翻水站 1-12-791

方岩 3-36-2129

方家 1-2-095，3-43-2604

方家村 1-6-295，1-11-613、743，3-44-2718

方家塘 1-9-472，3-43-2613

方家墩 3-36-2131

方溪村 3-40-2404

火车站 2-21-1400注

火车站五道埠 1-9-503注

火星 1-2-093，2-32-1879

火星村 1-6-293、294、295

火神庙 3-36-2047注、2048，3-40-2413，3-41-2443

火神塘 1-8-398注、435

火神塘码头 1-9-503

火神殿 3-41-2437注

火焰山 1-2-077、078、079，1-3-119，1-5-250

斗门镇 3-36-2120

冗村 1-2-081

冗里 1-2-093

冗里小机埠 1-8-433

〔一〕

引南 1-2-083

巴西 1-6-286，1-11-702、717，2-14-990，2-17-
　　1193、1208，2-21-1417，2-24-1555，2-27-1688
　　注，2-28-1719，3-35-2029，3-36-2081注

巴拉圭 1-记-038

巴拿马　2-14-994、997

巴基斯坦　1-记-038，2-17-1214，3-39-2342

巴塞罗那　3-39-2315

巴黎　1-记-019，1-12-829，2-13-964，2-14-990，
　　3-43-2589

以色列　2-17-1191，2-27-1688注，3-44-2715

邓州　3-45-2731注、2732

邓县　3-45-2731注

邓巷口　3-36-2117

双一村　2-32-1858

双龙庵　3-41-2440

双圩　1-2-094

双尖顶峰山　3-41-2434注

双尖峰　1-2-079

双顶山　1-3-120

双板桥　1-2-093，3-43-2544注

双庙　1-2-082、083

双庙前　3-36-2121，3-44-2634

双河大队　3-44-2684

双桥　1-2-092，3-38-2236

双桥头　3-36-2117

双桥村　1-2-078、079

双溪坞　1-3-105

孔坞　1-9-468

孔家峧　2-32-1882

孔家村　1-2-082

孔家里　2-32-1859注

孔家埠　3-36-2117，3-38-2232注、2236，3-40-2413

孔湖　1-2-081、082、083、095，3-36-2126，3-37-
　　2190，3-43-2606

孔湖乡　3-43-2605

孔湖村　2-32-1876，3-37-2149

毋岭　1-2-094，1-3-119，1-9-472

毋岭山　1-3-119

毋岭村　1-5-250，3-40-2351、2351注，3-43-2575

水仙庙　3-43-2569

水亭址　1-2-092，3-34-1950注

水亭址福音堂　3-41-2458

水阁　1-2-094

水阁村　2-13-889，3-44-2724

水埠　1-2-092，1-8-393

水埠村　1-11-722

水埠村前塘　1-8-433

水漾坞　1-10-572，3-37-2194、2197注、2200、2201

水漾湖　3-37-2196

水獭桥　1-9-473

五　画

〔一〕

玉环县　1-8-403，3-39-2324、2325

玉顶阁　1-3-120

玉顶峰　1-3-120

玉皇山　2-13-968，2-14-984

玉泉　3-41-2440

玉泉堂　3-37-2163、2184，3-43-2583

玉泉溪　3-36-2139，3-37-2157

玉峰　3-37-2169、2169注

邢镇　3-36-2130

正义乡　1-2-082

正字号　3-41-2441注

正宗庵　3-41-2427

去虎　1-2-081

去虎山　1-3-120

甘乐庵　3-37-2194

甘肃　1-6-286，1-11-635，2-14-1025，2-31-1831，
　　3-36-2131、2138、2139，3-43-2560，3-44-2653

甘露　1-2-083、084、085、087、088、093，1-3-183、
　　185，1-11-651，2-21-1432注

甘露人民公社　1-2-087

甘露乡　1-2-084、088、089、090，1-6-285，1-9-
　　513，1-11-749，2-13-903，2-25-1584，2-32-
　　1852，3-43-2558、2559

甘露公社　1-11-620，3-38-2294注，3-43-2558

甘露村　2-33-1900，3-41-2436

甘露亭　1-2-093，2-32-1879

甘露庵　2-32-1852，3-41-2424、2436、2436注

甘露禅院（茶亭）　3-37-2217注，3-41-2424、2425、
　　2437、2437注

世安桥　1-2-094，2-32-1879

世安桥村　1-11-613

世阳　1-11-615

世进士第　1-10-546注，3-43-2536、2536注

古凤仪桥　3-37-2160、2185

古巴　1-11-717，3-36-2135，3-39-2342

古田　3-36-2133

古毕公桥　3-37-2157、2182、2184

古竹村　1-2-079

古延庆寺　3-41-2434

古纤道　3-37-2190

古竺庵　3-41-2434

古荡小区　2-15-1062

古浴美施闸　3-37-2193

古崇寺　3-38-2233

古越亭　3-37-2188注、2189、2195

古等慈寺　3-41-2423、2425、2431、2438

古湘湖　1-10-526

节孝承恩石牌楼　3-37-2182、2183、2189

节孝承恩坊　3-43-2552

左口　1-11-614

左溪　3-41-2439

石人山　3-36-2133

石山房　3-34-1941注

石门　1-2-082、083、085，1-4-223，1-9-510、513、
　　513注、514，2-32-1881，3-43-2602、2603注

石门王　1-2-095，1-3-108、112、113、132，3-43-
　　2597

石门王村　1-3-111、112、113、121

石门村　3-41-2433注

石门岭　1-3-121

石马　1-2-083

石马头　1-2-093，1-9-473

石马头村　1-4-210，3-35-2017，3-36-2109、2131、
　　2132，3-37-2171、2185，3-41-2446，3-43-2566

石马庙　3-41-2443

石牛山　1-记-016，1-2-079、095，1-3-106、109、
　　117、120，1-11-688，2-32-1880，3-36-2117、
　　3-37-2210、2215，3-41-2443、2446、2446注，
　　3-43-2612、2614

石牛山风景区　1-4-230注

石牛山坞　1-3-128

石牛山村　1-3-120，2-32-1851，3-41-2446

石斗门　3-37-2199注

石头埠村　3-45-2740

石夹桥　1-8-393、402

石竹坝　1-8-422

石扳山　1-2-079

石板山　1-3-121，3-43-2571

石板溪　1-3-111，3-36-2138

石岩　1-2-084、086、087、088、089、090、091，1-3-
　　116，1-5-249、254，1-8-439，1-9-473，1-10-
　　553、559，1-11-618、619、651、657、686、
　　688、729、748，2-15-1050、1086，2-27-1669
　　注、1673，2-31-1785，2-32-1851、1861，3-36-
　　2046，3-37-2182，3-38-2274，3-39-2324，
　　3-41-2459，3-43-2534、2602、2615、2616，
　　3-45-2742、2744

石岩人民公社　3-43-2615

石岩山　1-3-106、110注、114、120，1-5-249，3-37-
　　2183、2189、2194、2198、2199、2201、2215、2217
　　注，3-41-2427，3-43-2615、2616

石岩乡　1-2-085、088、089、090、091、095，1-3-

106、109、110注、114、116、120，1-4-211、
230、233，1-6-283、284、285、287、289、294、
296、302、324，1-7-349，1-8-420，1-11-656、
727、729，1-12-807，2-19-1264，2-21-1439，
2-27-1664，2-31-1786，2-32-1876，2-33-
1903，3-34-1944，3-35-2037，3-36-2109、
2110、2123、2126、2133、2134、2135，3-37-
2157、2158、2173、2183、2184、2196、2197、
2198、2199、2217、2217注，3-41-2427、2428，
3-43-2533、2537、2546、2549、2615、2620，
3-44-2652、2715、2719

石岩办事处　2-25-1584，3-43-2615

石岩头　3-43-2615

石岩穴　3-37-2199注

石岩村　1-3-131

石岩村闸　1-8-420

石岩桥　1-10-553

石岩堰　3-41-2441注

石岩管理区　3-43-2615

石柱山　1-5-249

石柱头　1-2-095，1-3-106、113，3-36-2128，3-43-
　　2597

石柱头村　3-35-2017，3-36-2109，3-37-2164、
　　2172、2182、2185、2218注，3-41-2446

石峡　1-2-083

石峡村　3-36-2133

石桥溪　1-3-112

石浦湖窑址　3-37-2185

石家湫　3-37-2199注、2200，3-45-2742

石陵　3-36-2132

石梯山　1-3-128

石盘山　1-3-108、109、111、112、121，1-5-249，
　　3-43-2608

石船坞　3-37-2217注

石盖　1-2-093，1-5-274，1-8-419，3-36-2130

石盖山　1-3-118，1-5-249

石盖坞　1-2-093，3-36-2130

石盖坞村　3-36-2109

石盖村　1-8-402

石盖里塘畈　1-8-394

石盖庙　1-8-394

石盖桥　1-8-394

石梁　3-41-2442

石塔　1-2-092、093，1-10-544、545，2-32-1849

石塔村　1-6-295，1-9-504

石棚坞　1-2-079

石湖尖　1-3-120

石湫口　3-37-2199注

石塘　1-2-082
石塘庙　3-41-2447注
石壁坞　3-37-2217注
布达佩斯　3-44-2681
布政墙门　3-37-2153注
龙口　1-2-083
龙口闸　3-37-2205
龙山　1-10-554
龙山河　3-43-2548
龙门　3-36-2122，3-37-2196、2218注
龙门山　1-3-117
龙门坎　1-8-410注
龙门坎水库　1-8-410注
龙马山　3-43-2550、2551
龙王塘　1-10-554、556，3-36-2108
龙井　3-37-2200
龙井寺　3-36-2135
龙凤花厅　3-37-2167、2167注
龙头山　3-37-2202
龙发花园　2-15-1069
龙发综合楼　2-15-1069
龙台　1-2-085、086，3-43-2585
龙光　1-2-083
龙华寺　3-41-2437注
龙兴　1-2-083
龙角尖　3-37-2210
龙尾巴坝　1-8-422
龙虎　1-2-086、094，1-12-796，2-28-1715注，
　　3-43-2576、2592
龙虎山　3-41-2442
龙虎村　1-8-415、429，2-27-1675，3-37-2170、
　　2173、2186，3-41-2437、2450，3-44-2639
龙虎闸　1-8-415
龙虎横湾　3-43-2577
龙岭　1-11-615
龙图庙　3-40-2413、2415，3-41-2441
龙图殿　3-34-1951注，3-41-2449
龙泉　3-37-2174、2175
龙泉乡　1-2-082，3-37-2150注
龙泉寺　3-37-2173、2174，3-41-2425、2431、2431
　　注、2439
龙翔桥　1-10-554
龙湫　3-37-2161
龙湾区　3-38-2285
龙游　2-33-1904，3-43-2551
龙源　1-11-614
龙潭　3-41-2429
平山　1-记-016，1-2-095，2-32-1880

平山村　3-43-2614
平山县　3-44-2650
平水闸　1-9-468
平阳　1-2-086、095，2-25-1568，3-37-2182，3-43-
　　2597
平阳村　1-11-613，3-37-2167、2185、2215
平坞顶　3-43-2602
平度县　3-34-1996
平桥村　1-11-714
平湖　1-11-737、739，3-36-2059，3-37-2181
平湖市　1-3-133
打纸埭　1-2-092
打纸埭村　3-41-2427
打纸埭闸　1-8-418
打湾闸　1-8-393
东一　1-2-095
东大桥　1-2-082
东山　1-2-095，1-5-249，3-36-2132，3-37-2172
东山下　1-5-249
东山坂　1-8-393
东山坟　3-37-2169注
东山村　1-2-078、079
东山吴　1-2-094
东山陈　1-2-093
东山陈村　2-32-1876，3-36-2077、2077注，3-37-
　　2184，3-41-2448、2448注
东山夏　1-2-094，1-3-185，1-10-553，3-36-2131
东山夏村　1-3-121，3-36-2109，3-37-2185，3-43-
　　2572注
东门　1-2-092、097、098、099，3-37-2183，3-38-
　　2233、2235
东门公寓　1-2-092，2-15-1069
东乡　2-18-1216注，3-36-2117
东乡合作蚕种场　1-5-260注
东升　1-2-095，1-12-796，2-32-1879
东升桥　3-37-2157
东片　2-13-935，2-21-1408、1412
东片农场　1-6-283、285
东仓弄　1-2-092
东风　1-2-094，2-32-1879
东风大队　3-43-2549
东风农场　3-35-2017
东风村　3-41-2451、2451注
东风角　1-8-435、436，1-12-777、781、782
东风直河　1-8-397
东风闸　1-8-420
东风桥　1-9-478，1-10-533、576
东方　1-2-093

东方文化园　1-记-025，1-5-250、274，1-10-552、553，2-23-1518，2-25-1588，2-27-1673，2-28-1722，3-37-2212注

东方红　1-2-087，1-8-410，1-9-490，1-12-793、794，2-15-1050，2-32-1859

东方红人民公社　1-2-087、088

东方红公社　2-16-1164，2-32-1859，3-37-2178，3-38-2275注

东方红闸　1-4-209，1-8-415，1-12-783，3-43-2600注

东方村　2-27-1664

东斗门　3-37-2199注

东北　1-2-083

东白马湖　1-记-022，1-2-080，1-3-132，3-37-2202，3-45-2744

东瓜山　1-3-120

东庄　1-2-095

东庄王　1-2-093

东庄王村　3-37-2184

东庄周　1-2-092，1-10-554

东关　3-36-2128，3-38-2235

东江　1-2-095，1-9-470，1-10-563，1-12-795、797、798，2-21-1439

东江一万五千亩区块　1-12-795

东江一万五千亩围垦　1-12-777、785、804

东江二万六千亩　1-12-802、819

东江二万六千亩区块　1-12-795

东江二万六千亩围垦　1-12-777、778、779、780、783、785

东江二万六千亩围垦区　1-12-833

东江村　3-43-2600注

东江围垦　1-9-509注，1-12-800，2-21-1440，3-35-2017，3-45-2753

东江围垦区　1-12-796

东江垦区　1-9-509，3-43-2599

东江嘴　1-9-466、475

东许　1-2-087

东阳　3-36-2117、2126、2127、2136，3-44-2723

东阳（旸）桥　3-37-2155注

东阳县　2-28-1718，3-36-2127

东阳庙　3-41-2443

东纪坞　1-8-410

东纪坞水库　1-5-265，1-8-409、410，3-37-2215

东坂湖　1-2-079

东坞　1-3-112、113，3-36-2138，3-41-2433

东坞村　1-11-613

东坞庙　3-41-2440

东坞裘　1-2-095

东坟山　3-43-2610

东村　1-2-095

东旸桥　1-2-092，1-10-537，2-32-1879，3-37-2156注、2184、2205，3-43-2535

东吴桥　3-37-2185

东围　1-10-563

东汪　1-2-093，1-9-470、471、472、474，1-10-553，2-15-1052，3-36-2124

东汪村　1-3-131，1-8-414、420，2-15-1051，3-36-2124，3-45-2744

东汪村二孔闸　1-8-420

东汪村三孔闸　1-8-420

东汪闸　1-8-414，3-45-2744

东沙　1-2-076、095，1-8-425，2-32-1879，3-37-2152，3-38-2235，3-41-2449、2455、2456，3-43-2543注、2569、2580、2581、2586、2590

东沙村　1-2-090，1-6-295，3-43-2601

东初道院　3-41-2443

东社　1-2-093

东社村　3-37-2186

东灵　1-2-093

东灵江　3-43-2540、2542

东灵江桥　1-9-478

东灵苑　2-15-1069

东灵居民区　1-2-091

东欧　2-17-1191

东岳区　1-2-083

东岳行宫　3-37-2184，3-41-2424、2432、2443、2444

东岳行祠　3-41-2444注

东岳庙　3-37-2161、2181、2184、2195、2197、2206、2207、2216，3-40-2411、2413，3-41-2437注、2443、2444、2444注、2447、2447注、2448，3-43-2563，3-44-2642

东岳殿　3-41-2443、2447注

东周　1-2-093

东京　1-2-081，2-14-991，3-37-2203，3-44-2641、2642

东京都　2-14-991

东京钱　1-2-095

东京钱村　1-9-458

东河　1-2-095，1-8-393，1-10-580，2-16-1112注

东河机埠　1-8-401

东河村　2-13-937，3-36-2078注

东城桥　1-10-536

东南亚　1-12-824、825，2-13-876、878、939、957、976，2-14-991、1000，2-17-1182、1185、1187、1191、1206、1213，2-18-1226、1227、1230、1237、1240、1242，2-20-1311，2-24-1555，

2—28—1719，3—37—2212，3—43—2604

东南沿海 1—1—066

东南沿海地区 1—1—051、062、065

东信莱茵园 1—10—551

东亭乡 1—11—614

东莞 2—14—991

东莞县 3—36—2122

东桥 1—2—093

东桥村 1—11—627

东恩 1—2—093，1—10—544、545

东恩村 1—4—230、233、233注，1—5—270，1—11—607、
613、686，2—32—1876，3—37—2183、2189，3—41—
2449，3—44—2719

东浦 3—36—2121

东海 1—2—095，2—23—1519，3—41—2450

东海城 3—45—2758

东埠 1—2—082

东埠头 3—42—2504

东梅 1—2—095

东梓 1—9—510

东葛 1—2—092，3—36—2135

东葛村 1—11—612

东湖 1—记—023，1—2—084、092、093

东湖村 1—11—613，3—37—2159

东湖庙 3—41—2425

东湘 1—2—077、077注、092，1—6—281、299，2—15—
1086，2—32—1849，3—43—2534，3—45—2759

东湘村 1—8—414、420，1—10—554，2—32—1876

东湾 1—2—077、085、086、095

东塘头 3—43—2548

东薯草庵 3—37—2186，3—43—2544

东蜀 1—2—083、084、086，2—21—1432注

东蜀山 1—2—095，1—3—106、108、112、118，3—37—
2177，3—43—2606

东蜀乡 1—2—084、085、086，1—5—276注，2—13—879
注，3—38—2272注，3—43—2605

东福源禅寺 3—41—2425

东虢 3—36—2133

东藩村 2—27—1684

东藩苑 2—15—1069、1070

东麓池弄 1—2—093

〔丨〕

北干 1—2—097，1—10—580，1—11—663，2—15—1068，
2—21—1400注，3—37—2216

北干一苑 1—2—092、102，1—4—224，1—5—261，1—10—
543、553、568、572、573、580，2—15—1068、
1069、1071，2—21—1400

北干一苑居住区 2—15—1069

北干二苑 1—4—224，1—7—372、388，1—10—543、553、
554，2—15—1068、1069，2—21—1400，3—34—1936、
1979

北干小区 3—38—2227

北干山 1—2—075、075注、076、096、097、100、101，
1—3—106、111、118、120，1—4—198、214、224，
1—5—249、260注、261、274，1—9—456、459，
1—10—522、524、525、538、539、539注、567、
570、571、572、573、574，2—13—972，2—15—
1035注，2—16—1166，2—21—1401注、1439，2—24—
1550，2—27—1652，2—32—1857、1860、1872注、
1874、1875，3—34—2000注，3—36—2120、2128、
2129、2136，3—37—2150、2176、2186注、2191、
2213、2215、2216、2216注，3—39—2316、2329注、
2336注，3—41—2426、2441注，3—43—2533注、2534

北干山林木苗圃农场 3—35—2028注

北干山垄 1—3—120

北干华苑 2—15—1069

北干园 3—45—2741

北干第一 1—2—092

北干街道 1—10—580，1—11—635，1—12—826，2—33—
1890

北干街道办事处 2—14—981

北大门 1—2—076，1—3—115，3—37—2213，3—43—
2558、2558注、2576

北山道院 3—41—2443

北仑 2—21—1449

北平 3—44—2658、2672、2680

北江 1—2—092，2—32—1849

北坞 1—记—016，1—2—082、083、095，1—3—187，
1—8—410，2—32—1880，3—36—2127，3—37—2218
注，3—43—2602、2603

北坞村 2—13—889，2—20—1331，3—34—1962，3—37—
2162、2185

北岭将军庙 3—37—2216

北京（京） 1—记—014，1—4—214，1—6—286，1—7—
370、381，1—9—452、452注、466、467，1—11—
663、672、737、738、757，1—12—830，2—13—
886、912、949、957，2—14—990、991、993，
2—16—1139，2—17—1203，2—18—1228、1239、
1254，2—20—1382，2—21—1417、1440，2—22—
1459，2—24—1535、1535注，2—27—1673，2—29—
1747、1748，3—35—2009、2012注、2029、2035，
3—36—2059、2070、2088、2095、2099、2120、
2129，3—38—2246、2246注、2247、2254、2285，
3—39—2310、2316、2318、2342，3—42—2510，

3-43-2541、2562、2573、2594，3-44-2631、2643、2647、2657、2663、2668、2672、2673、2674、2675、2678、2684、2686

北线一万亩区块　1-12-795

北线一万亩围垦　1-12-777、785

北线二万三千亩　1-12-802

北线二万三千亩区块　1-12-795

北线二万三千亩围垦　1-12-785

北药桥　3-37-2205，3-43-2535

北美洲　2-13-878、957，2-17-1197

北站码头　1-9-503

北海塘　1-2-082，1-3-116、129、141，1-5-248、249、263，1-6-321，1-8-395、396、399、399注、440，1-9-500、503，1-11-617注、682、774，1-12-776注，3-37-2152、2186、2204注、2213，3-41-2445、2448，3-42-2462，3-43-2534、2540、2542、2543、2543注、2544注、2587、2600

北船闸　3-43-2542

北塘　1-9-506

北塘头　2-32-1882

北塘河　1-记-019、020、1-2-080、101、102，1-3-129、130、140，1-4-200、224，1-5-261，1-8-396、439，1-9-485、502、513，1-10-522、524、539、539注、541、542、556、575，1-12-792，2-14-979、980、981、982、985、986、989，2-24-1549，2-25-1578，3-43-2534、2540、2543、2587、2594，3-45-2752

北塘河（市心路）桥　2-14-985

北塘河分离立交　1-9-477

北塘河立交桥　1-10-542

北塘河桥　1-10-539、540

北横堤二埭闸　1-8-417

北横堤头埭闸　1-8-417

凸肚沙　3-43-2578注

卢龙县　3-36-2125

卢宅　3-36-2117

卢家闸　1-8-401

卢家磡　3-36-2117

卢森堡　2-13-969，3-44-2675

旧里河　3-43-2537

旧金山　3-35-2023

归化　3-36-2139

叶青苑　2-15-1062

甲府市　2-24-1556注

田头庄　1-2-092，1-8-393，3-37-2176

田头庄村　3-44-2662

田村　1-2-077、078、094，1-3-105、108、109、114，1-4-223，1-5-250，1-8-422，2-27-1675，3-37-2159

田村村　1-8-410注

田里胡　1-2-093，3-43-2563

田径　1-2-082

田家　1-2-095，3-36-2118，3-41-2433注，3-43-2604

田家庄　3-36-2118

田家村　3-35-2017，3-36-2118

田家桥　1-9-477

田螺（和）山　3-37-2192

田螺山　3-37-2187

田螺山遗址　3-37-2186

由化　1-2-083，3-37-2199注，3-44-2626，3-45-2742

由化乡　1-2-081、082，3-43-2587

由夏　1-2-083、084、086、087

由夏乡　1-2-084，3-43-2594

由拳　1-2-074

史村　1-2-081、082、099，3-36-2134

史家桥　1-2-095，3-36-2133

史家桥村　3-37-2158、2184、2198

四一房　1-2-094

四工段　1-8-413、442，1-9-500、505，1-12-791、793，3-35-2032注

四工段抢险河　1-8-397

四工段直河　1-8-397、439

四工段码头　1-9-507

四工段闸　1-8-417

四工段桥　1-12-838

四工段排涝闸　1-3-130

四工段渡　1-9-506，1-12-795

四工段横河　3-43-2592

四川（川）　1-6-286、301、303，1-11-614、615、633、635、660、660注、682、703、736、738，1-12-838，2-13-885、889、937，2-14-1025，2-15-1058，2-16-1141、1169、1171，2-21-1442，2-26-1631，2-27-1664，2-28-1712、1714，2-29-1744，2-31-1831，2-33-1904，3-34-1976、1977，3-36-2046、2071、2119、2127、2131、2132，3-38-2256，3-39-2342，3-43-2591，3-44-2634、2688

四号桥　2-32-1859注

四村　1-2-093，2-13-935注、936，2-32-1879，3-43-2562、2563

四里　1-2-083

四里坂　1-2-082

四围　1-2-092，1-12-785，2-32-1849

四围抢险河 1-8-397
四围村 1-6-294、298，1-12-776注
四卦 3-36-2118
四明 3-36-2118、2124
四图 3-37-2169注
四季青乡 1-9-506
四姓塘 1-8-392、394
四都 1-2-075注、082，3-36-2136，3-43-2546
四桥 1-2-082
四望台 1-2-097、097注
四联 1-2-094
四联村 1-2-079，1-6-294
四联闸 1-8-416
四堡 1-9-457、458
四湖 1-2-083

〔J〕

生产 1-2-085、086，3-43-2587
生产湾 1-8-396、397、439，1-12-792，3-43-2540、
　　2556，3-45-2739
生产湾桥 1-9-477
乍浦 1-3-133，3-44-2633
乍得 2-24-1554
仙人山 1-2-077、078、079，1-3-121，3-43-2608
仙人洞 3-43-2574
仙人桥 3-37-2199注
仙台 2-17-1206
仙师殿 3-41-2443
仙岩 1-2-083，3-36-2137，3-37-2206，3-43-2574
仙岩山 1-3-119，3-37-2215，3-43-2574、2575
仙居县 1-9-475
仙姑庙 3-36-2077注，3-41-2442、2443
仙姑庵 3-41-2448
仙桃山道院 3-41-2443
仙家里 1-2-092，2-32-1849
仙家里村 1-10-533，2-15-1069
仙家里河 1-10-534、535、537，1-4-215
仙家河 1-10-529、557，2-24-1551
仪林禅院 3-41-2425
仪征 3-36-2125
白门里 3-36-2117
白马 1-8-426，2-32-1877、1879，3-43-2603注
白马乡 1-2-085、086，3-43-2602
白马庙 3-36-2121，3-41-2437注、2438
白马湖（石姥湖、排马湖） 1-记-022，1-2-080，
　　1-3-110、121、127、129、132，1-4-191、192、
　　193、193注、209、223、224、227，1-8-395，

1-10-526，1-11-592、754，3-36-2066注、2138，
　　3-37-2193、2202、2204，3-45-2744、2758
白马湖水产养殖场 1-11-754
白云庵 3-34-1940注
白云源 3-36-2117
白龙井 1-3-121，3-37-2161
白龙寺 1-3-121，3-37-2161、2182、2183、2188注、
　　2189、2215，3-41-2425、2436、2438，3-43-2542
白龙潭 1-2-079
白衣庵 3-41-2440
白龟井 3-37-2199注
白虎山 1-3-106、121、132，1-5-249，1-8-399、
　　412，1-9-500注，1-12-776注，2-15-1051、1051
　　注，2-32-1874，3-36-2133，3-37-2150、2170、
　　2173、2213、2215、2217注，3-41-2437、2441、
　　2441注、2450、2451注，3-43-2558注、2576、2578
白虎岭 3-43-2602
白虎墙村 3-38-2235
白果树下 2-32-1859注
白城 1-11-681
白俄罗斯 1-记-039，2-14-993
白洋 3-36-2120
白洋川 1-3-130、131，1-8-397、429，1-9-503，
　　3-43-2540、2567、2600
白洋川桥 1-9-477
白浒墙 3-40-2413，3-41-2447
白宫 2-17-1208
白浪 1-2-093
白浪村 3-35-2017
白家 1-11-615
白鸽山 1-3-120，3-37-2150
白鹿山 1-2-077
白鹿塘 1-记-018，1-2-092，1-3-129，1-4-223，
　　1-8-395，1-9-455、455注、456、456注、461、
　　463、468、470、471、501、501注、508，3-36-
　　2121，3-43-2606
白鹿塘大桥 1-9-466
白鹿塘马面山汉代窑址 3-37-2150注
白鹿塘村 2-33-1921，3-36-2108，3-37-2168
白鹿塘站 1-9-456、459、461、463
白堰 1-2-085、093，1-8-402，1-9-473，3-41-
　　2429、2443，3-43-2554
白堰村 3-37-2159、2183
白堰桥 1-8-393、433、439，3-37-2159
白墅 1-2-081、086
白墅乡 1-2-085
白墅寺 3-41-2423
白鹤 1-2-081，3-36-2134

368、384，1—8—418，1—9—449、468、470、503、504，1—10—529、544、544注、545、578，1—11—607、612、613、617注、618、619、620、623、641、643、648、651、653、653注、654注、659、694、694注、697、698、700、725、726、727、749、757、758，1—12—785、803、831，2—13—892注，2—15—1031、1065、1069、1080、1085、1088，2—16—1108、1139、1173、1174，2—18—1244、1256，2—19—1275、1283注，2—20—1336、1348注、1377，2—21—1405注、1410、1411、1412、1414、1431、1443、1447，2—22—1455、1473、1474、1475、1481、1495，2—23—1530，2—24—1545注，2—25—1584，2—27—1651、1652、1664、1665、1679、1680、1680注、1687、1689、1701，2—28—1711、1712注、1713、1721、1727，2—29—1751、1752，2—31—1786、1825、1842，2—32—1849、1851、1852、1860、1861、1875、1876，2—33—1907、1911、1912，3—34—1926注、1928、1950、1952，3—35—2015注、2017、2024、2031注，3—36—2045注、2047、2049注、2050、2059、2060、2064、2091、2096、2096注、2124，3—37—2152、2157、2158、2159、2161、2166、2183、2186、2189、2215，3—38—2226、2226注、2232、2233、2235、2236、2268注、2269、2274、2275注、2283、2295、2296、2298，3—39—2310、2316、2329、2333、2339，3—41—2436、2449，3—43—2540、2541、2542、2543、2544、2558、2561、2567、2619，3—44—2629、2632、2637、2656、2682、2693、2694、2714、2719、2720

瓜藤山　3—37—2194，3—43—2615

印度　1—记—035，1—6—286，1—11—682，2—17—1214、2—21—1417、2—24—1556，3—39—2342，3—44—2671

印度尼西亚　1—记—038，2—13—859，2—14—1011、2—15—1052，2—17—1191、1199，2—27—1688注，3—39—2327、2342

句容　3—41—2441注

句章　1—2—074

句践寺　（见句践祠）

句践祠　3—37—2189、2194、2195注、2199，3—40—2414

外十二工段闸　1—8—417

外十七工段闸　1—8—417

外十三工段　1—9—509，1—12—795

外十三工段闸　1—8—417

外十工段　1—3—187、188，1—8—442，1—12—777、778、786、791、793，2—22—1467，3—35—2032注

外十工段一万亩闸　1—8—417

外十工段闸　1—8—417

外十六工段　1—12—794

外十四工段　1—12—793、794

外十四工段闸　1—8—417

外七工段　1—12—838

外八工段　1—3—133、187、188，1—8—413、435、442，1—12—777注、791，3—35—2032注，3—43—2618

外八工段闸　1—3—131

外六工段　1—3—187、188，1—8—404、413、435、436、442，1—9—470，1—12—777注、791、793、794，3—35—2032注

外六工段西闸　1—8—417

外六工段闸　1—3—187

外六工段排涝闸　1—3—131

外石板溪　1—3—128

外四工段　1—8—404、407，1—12—781

外江码头　1—9—508

外沙　1—2—082、083，2—32—1882

外河　3—37—2160

外湖　1—2—093

鸟珠土凹　3—37—2147

务本堂　3—37—2215，3—43—2609

包公殿　3—41—2437注、2443

包桥　3—38—2249注

包家弄　1—2—092

包家桥　1—9—472

乐山市　3—34—1977

乐平县　3—36—2129

乐丘　3—37—2217注

乐园　1—2—086、087、088，1—3—184，1—9—472、484注，1—11—609、651、771，2—15—1032，2—32—1852、1856

乐园乡　1—2—088、089、090，1—6—285、309，1—11—627，2—24—1552，2—32—1852，3—43—2556

乐善桥　3—37—2182、2184

乐善庵　3—37—2158

〔、〕

主福山庙　3—41—2429

市火鸡良种场　1—11—753

市心广场　2—15—1071，3—34—1944注

市心立交桥　1—10—542

市心桥　1—2—099，1—10—535、536、537、568，3—34—1944注，3—36—2045注、2116，3—37—2155、2155注、2184、2205，3—39—2336、2338注

市心桥南　1—2—092

市心桥埠头　1—9—503注

市心路互通立交　1—9—476

市东　1—2—083、099，3—43—2533

市北　1—记—017，1—2—092，1—5—261，1—10—562，
　　2—13—935，2—14—979、980、981、983、1027、
　　1028，2—24—1543，2—28—1705

市北区　1—2—102，1—5—261，1—10—539注，2—14—
　　981、982、986、987、988、992

市北区块　1—记—029，2—14—978、979、985、985、
　　992、1028

市北集体公寓　2—15—1069、1083

市北新区　3—34—1954

市西　1—2—083、099，3—43—2533

市良种场　1—11—627、739

市现代农业开发区　1—12—785

市林场　1—11—759，2—15—1074

市林场头蓬分场　1—6—298，1—11—754，1—12—814

市饲料畜禽总公司养殖基地　1—6—298

市种鸡场　1—11—751，1—12—806

市种畜场　1—11—753、754

市棉花原种场　1—11—593、738、749、753，1—12—804

立坞　3—43—2603注

立岱大桥　3—36—2121

立新　1—2—092

立新自然村　2—32—1875

立新村　1—10—554，2—32—1876，3—41—2445

立新闸　1—3—130，1—8—415

冯家娄　3—41—2458

冯家山窑址　3—37—2185

冯家庄　1—2—079

冯家娄教堂　3—41—2459

冯家娄横河　3—43—2556

冯娄　1—2—085、086、094，2—32—1879，3—43—2585

冯娄横湾　3—43—2580、2585、2586

兰头角　1—2—077、095，1—8—391、395，1—9—501注、
　　505，1—10—525，3—43—2609

兰头角村　1—2—085，1—9—504

兰州　1—9—452注，2—16—1147，3—40—2404，3—43—
　　2562，3—44—2655

兰亭　1—10—563

兰亭镇　3—36—2122

兰溪　1—9—461注，1—11—770，2—16—1147，2—33—
　　1904，3—43—2538、2538注、2548注，3—44—2645、
　　2652、2653

兰溪市　2—33—1898

半山村　1—6—315

半爿山　1—5—266，1—8—398、398注、399、400、407、
　　438，1—9—503注，1—12—776、777、777注、784、
　　785，3—41—2448

半爿街　1—2—092，1—4—191注、193注，1—9—474、
　　2—32—1849，3—36—2118，3—41—2444，3—43—2606

半爿街村　1—11—613，3—37—2184

半东江　3—37—2156、2158

汀头沈村　3—36—2109

汀头桥　1—9—508，3—43—2539

汀州　3—36—2139

汀联　1—2—092，1—4—223

汀联村　1—6—294，1—11—613

汇上桥　1—9—479

汇头钟　1—2—095，1—9—505，3—36—2129

汇头钟村　1—9—505，1—11—613、722

汇达小区　1—10—543、568，2—15—1069

汇宇花园　1—10—568

头坞新村　1—10—554

头段庙　3—41—2443

头蓬　1—记—013、016，1—2—082、083、085、086、
　　087、088、089、094，1—3—113、185、186，1—4—
　　192、193、193注、209、223，1—5—248，1—8—
　　399、404，1—9—470、471、484、484注、488、
　　489、490、508、510注、513，1—10—524、525、
　　559、562，1—11—618、651、673、688、694、738、
　　753、754、759、771，1—12—776注、785、793、
　　794、795、796、797、813、814、826、833、838、
　　2—13—935，2—15—1032、1035、1065，2—16—1141
　　注、1152、1157注、1168，2—20—1329，2—21—
　　1433，2—27—1638注，2—32—1851、1852、1861、
　　1868、1873、1874、1878，2—33—1896、1897、
　　3—34—1931、1945、1963，3—35—2022、2024、2032
　　注，3—36—2045、2051、2098，3—37—2150、2150
　　注、2213，3—38—2221、2223、2226、2226注、
　　2229、2241、2242、2242注、2250注，3—40—2385、
　　2413，3—41—2443、2450、2450注，3—42—2463、
　　2464，3—43—2580、2581、2582、2585、2587、
　　2588、2618

头蓬1号闸　1—8—416

头蓬2号闸　1—8—416

头蓬人民公社　1—2—087，3—43—2580

头蓬乡　1—2—088，1—12—800、827，3—43—2580

头蓬公社　1—11—627注、742注，1—12—783，3—36—2074

头蓬村　1—2—082，3—43—2580

头蓬汽车站　1—9—488

头蓬直河　3—43—2580

头蓬闸　1—3—131，1—4—209，1—8—415，1—12—783、
　　792

头蓬盐场　1—11—742注，1—12—799、800、808、826、
　　827，3—43—2569

头蓬桥　1—9—479

头蓬站　1—9—488

头蓬横河　1—8—397

宁夏　1-记-014，1-6-286，1-7-370，1-10-570、572，1-11-614，2-26-1611，2-31-1831，2-33-1924，3-34-1976注，3-36-2071、2129，3-44-2690

宁海　1-11-595，2-15-1063

宁税　1-2-095，1-9-509，2-14-982、989，3-41-2445

宁税村　1-6-295，1-11-613，2-14-983、989，2-15-1069

宁新　1-2-095，3-41-2445

宁新大队　1-11-626注

宁新村　1-6-294，1-11-613、623、642、749，2-14-983，2-22-1484，2-26-1632，2-32-1851

讨饭坝　1-8-440

讨饭坝闸　1-8-418

礼宾坊　3-36-2134

永久　1-2-092，1-9-456，2-32-1849，2-32-1849

永久公寓　2-15-1071

永久村　3-36-2133，3-44-2716

永久河　1-8-439

永义里　3-36-2117

永丰　1-2-081、086，1-10-562，1-12-777注、791、792、797

永丰直河　1-8-439，1-12-792，3-43-2592

永丰直湾　3-43-2577、2578

永丰闸　1-3-130，1-4-209，1-8-415，1-9-471、473，1-12-783、793，3-41-2450，3-43-2592

永丰院　3-41-2430

永平府　3-36-2125

永平庵　3-37-2194

永乐　1-2-094

永乐村　1-6-294，1-8-415

永宁　1-2-082、083，1-10-570、572

永宁县　1-记-014，1-10-572，3-34-1976注

永宁桥　3-37-2193

永达　1-2-092

永达小区　2-15-1071

永华　1-2-092

永兴　1-总-004，1-2-074、075、075注、082、083、087，1-3-141，1-8-392、426，1-9-472、485，1-11-651、765，2-15-1032，2-32-1872，3-36-2122、2139，3-37-2204、2206，3-38-2273注、2274、2294注，3-40-2386，3-43-2602，3-44-2623、2624

永兴人民公社　1-2-088

永兴九峰闸　1-8-433

永兴乡　1-2-088、089、090，1-6-284，1-11-711，2-23-1524，3-38-2228，3-43-2564

永兴村桥灌区　1-8-401

永兴县　1-2-075、076、096，3-42-2462，3-43-2533、2533注，3-45-2745

永兴庙　3-41-2443

永兴闸　1-8-411，3-37-2205

永兴河（大溪）　1-总-003、009，1-3-116、128、141、147注，1-4-191、191注、192、193、193注、209、223，1-5-242、244、249、263、264，1-8-390、391、393、394、396、400、401、403、405、421、422、423、426、429、431、432、433、438、439、440、441、442，1-9-501，1-11-624、656，2-15-1051，2-19-1271，2-24-1550，2-26-1609、1610，2-33-1900，3-35-2032，3-37-2159、2160，3-43-2537、2553、2554、2554注、2564、2565、2566、2602、2603、2603注

永兴河流域　3-37-2147

永兴桥　1-3-128，1-6-293注，1-8-394、401、430、433，1-9-468、477、481、513注，1-10-537，3-35-2032注，3-37-2155、2155注、2184、2205，3-43-2535、2565

永兴桥人民公社　1-2-087

永兴桥站　3-35-2032

永兴殿　3-41-2443

永兴灌区　1-8-402

永安　1-2-094，2-32-1879，3-36-2133

永安村　1-4-214

永安桥　1-10-540、542

永安镇　2-32-1877、1878、1879

永进河　2-23-1529

永利　1-2-094

永利村　2-27-1675，3-41-2438

永昌乡　3-36-2122

永思堂　3-37-2156、2164、2184

永泰　1-2-092

永泰丰　2-32-1852，3-43-2595、2596

永康　3-36-2129、2139，3-40-2415，3-41-2441

永禄桥　3-37-2152、2159

永新　1-2-085、086、093

永新乡　3-43-2556

永新管理区　3-43-2556

永福　1-2-081、093，1-10-544、545，1-11-698

永福中心河桥　1-9-477

永福村　1-6-294，1-11-694、697、700、749

永嘉　3-43-2538注

〔一〕

尼日利亚　1-记-039，3-44-2670

尼罗湾　1-3-113

尼泊尔　1-记-035、037、039

民丰　1-2-093

民丰村　1-5-266，1-6-295，1-9-504，3-35-2015、2016

民主　1-2-095，2-32-1879

民主村　3-41-2450

民围　1-2-095，1-12-796

民治　1-2-083

民新　1-2-094，1-12-796，2-32-1879

民新村　1-6-294

加州　2-17-1208

加纳　1-记-039

加拿大　1-记-037、038，1-6-286，1-9-449，1-11-768，2-13-886、929，2-14-994、1006、1011，2-17-1191、1193、1197、1198、1199、1206、1207，2-20-1395，2-21-1417，2-22-1498、2-24-1555，2-27-1688注、1689，2-28-1719，3-37-2212注，3-41-2455、2459，3-44-2670、2692、2714、2715、2716

加勒比地区　1-记-039

圣寿禅寺　3-41-2439

圣果寺　3-41-2425、2433、2433注

圣帝　1-2-083

圣帝庙　3-41-2443

圣帝殿　3-40-2414，3-41-2437注、2442、2443、2451、2451注

台山市　3-44-2688

台中　1-12-826

台北　3-39-2342

台北市　3-36-2133

台庄　3-36-2123

台州　1-6-286，1-11-758，2-13-884、937注，2-15-1050，2-16-1112注，2-25-1578，2-28-1707，2-31-1831，2-33-1904，3-38-2234，3-41-2440，3-44-2625

台州市　1-6-286

台湾（台）　1-记-025、026、039，1-1-069，1-5-260注，1-11-671、717、734、736、737、739、768、774，1-12-826、830，2-13-875、876、920、921、952，2-14-979、988、990、991、992、993、994、997、1000、1001、1002、1003、1006、1011，2-15-1050、1054，2-16-1121，2-17-1191、1197、1199、1213、1214，2-18-1237，2-22-1467、1496、1496注，2-23-1523，2-27-1690、1690注、1693注，3-36-2081、2129、2133，3-43-2555、2604，3-44-2658、2695，3-45-2757

辽宁　1-6-286，1-11-735、736、739，2-13-937，2-14-1020，2-16-1122，2-27-1664，3-36-2076、2115、2137，3-39-2342，3-45-2728注

辽阳　3-45-2728注

辽阳市　3-45-2728注

六　画

〔一丨〕

协同　1-2-084、086，3-41-2458

协同乡　1-2-085

协同村　1-2-080

协进乡　3-43-2597

协谊　1-2-093

协谊村　1-4-215，1-11-613，2-29-1748

地母庵　3-41-2437注

地皇寺　3-41-2437注

地藏寺　3-37-2174、2186，3-40-2352，3-41-2424、2425、2435、2435注、2438，3-43-2544

地藏寺舍利塔　3-37-2186

地藏庵　3-41-2435

机场枢纽互通立交　1-9-476

寺下黄　3-36-2133

寺先桥　3-43-2535

寺庄　1-2-081

寺坞岭　1-记-016，1-2-079、095，1-3-124、177注，1-11-612、724，2-32-1880，3-37-2215

寺坞岭村　1-3-120，1-11-612、618、759

寺岭岗　3-41-2430

寺前　3-43-2571

寺前桥　3-37-2205

吉山（髻山）　1-2-082、095，1-8-410，1-11-771，3-36-2132，3-37-2182

吉山村　1-3-121，3-36-2133，3-37-2160、2164、2168、2185

吉尔吉斯斯坦　1-记-039，2-14-993

吉庆桥　3-37-2158、2184

吉州　3-36-2135

吉安市　3-36-2135

吉安府　3-36-2135

吉林　1-6-286，1-11-681、736，2-13-937，2-16-1165、1167，3-36-2115

吉祥　1-2-082、083

吉祥庵　3-41-2424

吉隆坡　1-9-452注，3-36-2058

芝兰　1-2-094

芝兰村　1-8-413

芝加哥　2-13-951，2-17-1207、1208

共兴　1-2-094

共和　1-2-094，2-32-1879

共建　1-2-094，2-32-1879

共联管理区　1-2-086

共裕　1-2-094，2-32-1879

共裕村　1-9-469

共新桥　1-9-480

老火车站桥　1-10-536

老龙王塘庙（龙王庙）　3-41-2444、2445

老沙渡口　3-43-2548

老虎尾巴山顶　1-2-079

老虎洞　1-2-093，1-3-110、112，1-6-320，3-37-2198，3-41-2434、2434注，3-43-2547注、2549

老虎洞山　1-4-224，1-5-249，1-6-320，1-11-772，3-37-2194、2198、2215，3-40-2414，3-41-2434、2434注，3-43-2546、2547

老虎洞村　1-4-230、233、233注，1-8-420，1-11-758、774，3-37-2196，3-38-2269，3-41-2434，3-43-2549

老岭　1-2-076、077、078，1-3-120

老岭山脚　1-2-079

老岳庙　1-8-420，3-40-2411，3-41-2442、2443、2444

老岳庙桥　1-8-395

老河　1-10-537

老泉山　3-41-2440

老屋　1-2-095，3-36-2133

老屋村　1-6-294，1-11-686，3-36-2108

老盐仓　1-3-133，1-9-510注

老益农闸　1-9-470、472，1-12-783、793、794

老埠头　1-2-095，1-9-506，1-12-796，3-43-2585、2590

老埠头村　1-6-294，2-31-1841

老渡埠　3-43-2547

老渡埠渡　1-9-506

老鼠尾巴闸　1-8-401

老鹰石　1-3-118

老鹰汇　1-8-395、408

亚父　1-2-081

亚美尼亚　1-记-039，2-14-993

亚洲（亚）　1-12-829，2-13-871、882、921，2-14-991，2-17-1198、1199，3-38-2287，3-39-2319、2327、2342，3-44-2648

亚特兰大　3-39-2315、2327、2342

西三闸　1-3-115、133

西大湖河　3-37-2159

西小江（钱清江）　1-总-003，1-2-076、077、078、079，1-3-121、129、141，1-4-223，1-5-242、263，1-8-395、411、429、430、439、440、443，1-9-466、501、501注、502、513，1-11-592、716、723，3-36-2121，3-37-2151、2157、2159、2192、2192注、2204、2206、2215、2216、2216注，3-40-2381，3-41-2427、2431注、2447、2448注、2449，3-43-2537、2538、2539、2551、2561、2567、2571、2572、2597、2605、2606、2607、2610、2611，3-45-2743

西小江节制闸　1-8-396

西小江桥　1-9-480

西小江铁路桥　1-9-502

西小江特大桥　1-9-485

西山（萧然山）　1-记-022，1-2-075注、082、095、097、100，1-3-105、106、110注、113、114、120、187，1-4-193注、198、224，1-5-250，1-10-522、525、538、558、569、570、572、573、1-11-689，2-15-1051，2-16-1166，2-21-1408、1443，2-32-1874，3-35-2035，3-36-2082注、2101、2122，3-37-2150、2167、2173、2175、2186、2187、2195、2199、2199注、2200、2202、2213、2215、2216、2216注、2217，3-38-2294注，3-39-2316，3-41-2423、2440、2441注，3-43-2537，3-44-2625、2626，3-45-2729、2744、2758

西山下　1-记-016，2-32-1880

西山下村　2-32-1881

西山小区　1-10-547

西山公寓　2-15-1070

西山村　2-32-1881，3-41-2433

西山闸　1-8-419

西山脚村　3-36-2108

西山窑址　3-37-2185

西山道口　1-记-016

西山隧道古墓葬　3-37-2186

西门　1-2-092、097、099，1-9-459、471，2-32-1849，3-37-2195，3-38-2302，3-43-2534

西门头　1-2-099

西门村　1-11-745

西门新开河　1-9-508

西门煤场　1-9-489

西子祠　3-37-2192，3-40-2414

西乡　2-32-1882，3-44-2655

西王家　2-32-1859注

西片农场　1-6-283

西仓　1-2-083、085，3-42-2462，3-43-2576

西仓乡　1-2-082，1-8-429，2-13-892注，3-43-2576、2592，3-44-2639

西河　1—2—083、099，1—3—129，1—9—501注，1—10—
　　532、569，2—15—1089，3—37—2205，3—43—2533、
　　2535、2536

西河下　1—2—098，3—36—2101、2127，3—44—2632

西河沈　1—2—095

西河桥　3—43—2535

西河埭　1—记—016，1—2—095，2—32—1880，3—41—2433
　　注

西河路　1—2—092

西城桥　1—9—467、468，1—10—536

西城湖　3—37—2194、2206，3—43—2551

西秋河　3—43—2606

西施　1—2—081

西施古迹群　3—36—2046，3—37—2146、2182、2183、
　　2192、2206，3—43—2537

西施石　3—37—2192注

西施宅　1—3—121

西施里　1—总—004，1—6—321，3—36—2130，3—37—
　　2192，3—45—2746

西施庙　1—总—004，3—37—2169、2189、2192、2192
　　注、2193，3—40—2410、2414，3—41—2424、2444，
　　3—43—2539，3—44—2623注，3—45—2741、2746

西施庙大殿　3—37—2188注、2189

西施庙前　3—36—2137

西施畈　3—37—2192，3—43—2539

西施亭　3—37—2192、2193，3—45—2746

西施洗脚潭　3—44—2623注，3—45—2746

西施湖　3—37—2192

西班牙　1—6—286，2—13—912、969，2—14—991、1006，
　　2—17—1191、1199，2—20—1330，2—27—1689

西桥　1—10—535、536、575注，3—37—2155注

西郭　1—9—501注

西郭门　3—36—2121，3—37—2204、2205

西陵　1—总—005，1—2—083、084、086，1—9—446注，
　　3—37—2155注、2193、2204注、2206、2213、2216，
　　3—43—2551，3—45—2740

西陵渡　3—37—2213

西陵镇　3—43—2532

西埭　1—2—082

西埭头　3—42—2504

西萨摩亚　2—14—994，2—17—1199

西曹村　3—44—2641

西曹家里　2—32—1859注

西葛　1—2—092，3—36—2135

西葛村　1—6—294，3—36—2110

西湖　1—5—269，1—11—774，2—15—1061，3—36—2081
　　注，3—37—2156注、2194，3—39—2316、2328，
　　3—40—2352注、2418，3—41—2442，3—42—2508，
　　3—43—2549，3—45—2729

西湖区　1—记—023，1—2—073、077、077注、078、079、
　　090、092，1—5—237，1—6—299，1—9—457、475、
　　506、506注，1—11—614，2—15—1036、1048，2—22—
　　1460，2—32—1849，3—38—2229，3—43—2546、
　　2548、2602，3—45—2758、2759

西塘下　3—36—2134

西路庄　1—9—471

西蜀　1—2—082、083、084、086，2—18—1218，2—21—
　　1432注

西蜀山　1—3—118，3—37—2186，3—43—2606

西蜀山村　3—37—2187

西蜀乡　1—2—084、085

西蜀区　1—2—084、085、086，3—43—2606，3—45—2738

西澳州　1—记—038

西藏　1—6—286，2—15—1030、1057，2—21—1442，
　　3—34—1976、1976注，3—38—2306

〔一丿〕

列支敦士登　2—17—1199

压湖山（压乌山、亚父山）　1—8—420，1—11—772，
　　3—34—1955注，3—37—2177、2190、2194、2195、
　　2195注、2201，3—43—2546、2547、2547注

压湖山闸　1—8—420

有盛村　3—36—2135

灰弄　1—2—092

达台门　1—2—097

达县　3—36—2071

达尊坊　1—2—099

戍城　1—8—429，3—41—2450，3—43—2578

戍城抗倭遗址　3—37—2186

戍城岙　3—43—2576、2579

成虎坊　3—37—2182

成虎故居　3—37—2182

成虎桥　1—9—480，3—37—2206、2207

成都　1—9—449、452、452注，2—14—993，2—20—1394，
　　3—36—2118

百丈山　2—15—1051

百丈江　1—2—080

百尺溇　1—2—092，1—4—215，1—10—534、535、538、
　　573，3—36—2100、2123

百尺溇社区　3—36—2118

百尺溇河　1—10—529

百岁堂　3—37—2164

百步　1—2—081、099

百步寺　3—37—2217，3—41—2424、2425、2428、2428注

百步湾岗　1—2—079

百亩畈 1-11-614
百果山 1-5-250
百药山 1-2-077、078、079，1-3-105、109、110、110注、111、114、117、119，3-41-2441、2441注，3-43-2574
百柱庙 3-40-2411，3-41-2424、2426

〔一、〕

夹江县 3-34-1977
夹灶 1-2-077、085、086、087、088、095，1-3-113注，1-9-484注、515，1-11-651，1-12-783、785、793，2-19-1275，3-36-2061，3-38-2302，3-43-2599、2600、2601
夹灶乡 1-2-086、088、089、090，1-6-285，1-11-749、770，2-16-1112注，3-43-2599、2600，3-44-2645
夹灶公社 3-43-2600
夹灶闸 1-8-418
夹浜 3-43-2600注
夹浜村 1-8-418

〔一→〕

托坞山 1-2-079
扬州 3-36-2135，3-45-2729
划船港 3-37-2199注
至湖岭 3-37-2194、2201、2202，3-41-2426、2426注
至湖岭庙（复兴庵） 3-41-2425，3-41-2426、2426注
毕公拱桥 3-43-2563
毕公桥 3-37-2158

〔丨一〕

贞女 3-43-2532、2575

〔丨丿〕

尖山 1-2-082、083、085、094，1-3-127、128、133，1-4-192、193注、209、223，1-5-245，1-8-391、392、401、405、410、425、433，1-9-458、472、501、501注、503、507注、508、509、510、513注，1-11-767，2-15-1051，2-24-1562，3-34-1941注，3-36-2138，3-38-2288，3-40-2381，3-43-2547、2582、2583、2584
尖山下 1-2-095，1-9-472，3-36-2131，3-43-2613
尖山下大队 2-13-932

尖山下村 1-6-294，1-9-472，2-13-889，2-21-1423、1441、1443，3-36-2093、2109、2110、2138，3-43-2613
尖山大桥 1-4-223
尖山乡 1-2-077、085，3-43-2582
尖山石桥 1-8-393
尖山村 1-9-507，2-24-1561
尖山桥 1-9-457、480
尖山铁路桥 1-8-392、408
尖山镇 1-2-089、090，1-6-284，1-8-393，1-11-722、743，3-43-2582
尖山镇石桥 1-8-394
尖山灌区 1-8-401
尖峰山 1-2-079
尖湾窑址 3-37-2185

〔丨、〕

光山 3-44-2626
光州 3-36-2139
光明 1-2-087、088、093，1-9-471、472、484注、509、515，1-10-563，1-11-651，2-13-880，2-21-1408、1409，2-32-1856、1859、1872、1879，2-33-1903，3-38-2223
光明乡 1-2-088、089、090，1-6-285，1-11-607、711、713、720、748、763，1-12-815，2-21-1433，2-27-1680、1680注、1683，3-34-2001，3-35-2005，3-39-2319，3-43-2543
光明分离立交 1-9-477
光明公社 1-12-785
光明立交桥 1-9-476
光明村 1-9-513，1-11-613、625
光明直河 1-8-396，1-9-449
光明闸 1-8-415、416
光明桥 1-9-480
光绪堰 1-8-421
光禄第 3-37-2181、2207
光照庵 3-37-2201

〔丨→〕

吕才庄 1-2-092，3-36-2119
吕才庄村 1-11-622，3-38-2272注
同一 1-2-095
同二 1-2-095
同二村 3-41-2450
同舟村 2-32-1859注
同兴 1-2-083、094，1-9-468、472

同兴大桥 1-9-476

同兴村 1-9-467、475，1-11-613，1-12-807，2-20-1343，2-32-1876

同春台 3-37-2169

同胞三俊府 3-43-2535

同胞五大夫第 3-43-2536、2536注

同济 1-2-082

同泰当 3-37-2186，3-43-2544

同盘顶 1-2-077、078，1-3-120，1-5-249，3-43-2614

同富 1-2-093，2-13-935注

团前 3-40-2411

团结 1-2-085、095

团结村 3-35-2017，3-44-2722

回乡凉亭 1-8-401

回龙山 3-36-2138

回龙头 1-2-079

回龙桥 1-4-192、193、209，1-9-477

回龙庵 3-41-2424、2442

回香亭 1-8-402

回浦 1-2-074

回浦县 1-2-074

回澜 2-15-1060、1068

回澜小区 2-15-1069

回澜北园 1-10-572，2-15-1069、1071

回澜北园第二 1-2-092

回澜北苑 1-4-224，1-10-553、580

回澜北苑第一 1-2-092

回澜北苑第二 1-2-092

回澜南园 1-10-572，2-15-1069

回澜南园第一 1-2-092

回澜南园第二 1-2-092

回澜南园第三 1-2-092

回澜南园第四 1-2-092

回澜南苑 1-4-224，1-10-553

回澜桥 1-10-532、537、574注，3-37-2155注、2156注、2182、2183、2205，3-38-2228注，3-43-2535

回澜第一 1-2-091

曲水 1-11-615

曲水镇 1-11-615

曲阿 1-2-074

曲阜 3-36-2126、2130

曲阜市 3-36-2128

〔丿一〕

竹山门 3-44-2633、2634

竹园 1-2-092，2-32-1852

竹林寺 1-2-092，1-10-538、573，3-35-2024，3-37-2155，3-38-2232注、2233、2234、2272注，3-41-2423、2425、2438、2439、2453，3-44-2626

竹林桥 1-10-536，2-15-1080

竹竿巷小区 2-15-1062

竹院童 3-36-2137

竹桥 1-2-082、083

先曹家 2-32-1859注

先锋 1-2-094

先锋村 1-8-415，2-32-1859注

先锋闸 1-4-209，1-8-415、416

先锋河 1-3-130，1-4-215，1-8-396、397、439，1-12-792、806

先锋河桥 1-9-477

先锋桥 1-9-479

先照寺（先昭寺、先照庵、光照庵、石岩寺） 3-37-2194、2199、2201，3-41-2424、2425、2427注、2428、2428注

乔司 1-9-506，3-41-2440

朱氏宗祠 3-34-1944注，3-37-2168、2153

朱凤标故居 3-37-2156、2157、2162、2182、2183、2215

朱凤标墓 3-37-2171、2182、2183、2189，3-43-2572、2572注

朱汀 1-2-081

朱村 1-2-081、099

朱村桥 1-2-087、088、095，1-3-111、118、183、1-5-244，1-8-391、392、394、400、401、402、1-9-473、480，1-11-651、739、743，2-15-1052，2-20-1328，2-30-1768，2-33-1902注，3-34-1936，3-38-2229、2274，3-43-2602

朱村桥乡 1-2-088、089、090，1-6-284，1-11-743，2-27-1701，2-32-1849，3-43-2602、2603，3-44-2653、2718

朱村桥公社 1-9-464注，3-38-2228注、2272注

朱村桥村 1-4-210，3-37-2160

朱家 1-2-093，1-3-105，3-41-2429

朱家山 3-43-2554

朱家弄 1-2-092

朱家坛 3-36-2119，3-37-2162，3-41-2455、2458

朱家坛自然村 3-37-2153、2156

朱家坛村 3-44-2636、2647、2659

朱家坞 1-8-409、410

朱家埭 3-36-2133

朱家塔 1-2-094，1-3-105、108、110注，1-8-425、433，1-9-505、508，3-36-2108、2120

朱家塔村 1-6-294，1-9-506，3-37-2153、2154、2160，3-41-2430

朱家蓬 1-2-094

〔丿丨〕

伟民 1-2-086、093，1-8-422，3-41-2429
伟民坝 1-8-422
伟民村 1-6-294，2-32-1876，3-36-2082注
伟南 1-2-092、093，2-32-1849
伟南桥 1-9-470、479
传关 2-33-1899
传芳 1-2-094，1-3-121、185，1-10-553
传芳村 1-6-294、295，3-37-2173，3-44-2721
传芳里 3-41-2431注、2439
伍里 1-2-081
伍特堡 3-41-2453
伏龙山 3-41-2439
优胜 1-2-093，3-43-2563
优胜村 1-记-029，1-11-613
任家溇 3-38-2226注
伦敦桥 1-3-134注
伧塘 3-45-2730注
伊上 1-2-082
伊家店 1-2-094
伊家店村 1-11-626
伊朗 3-39-2342
华山 3-44-2629
华丰 1-2-086、094，1-9-473，1-10-554、580，2-32-1879，3-43-2587
华丰大队 1-11-627注
华丰大桥 1-9-480
华丰村 1-6-295
华氏宗祠 3-37-2157、2167
华龙桥 1-10-540
华东 1-2-086，1-11-728注，2-16-1115，2-21-1440，3-36-2091
华东良种繁育场 3-35-2028注
华汇 1-2-095
华汇村 3-41-2428
华兴 1-9-482注
华克勤墓 3-37-2196
华舍 3-36-2128，3-41-2455
华舍镇 2-21-1405注
华荣桥 1-10-537
华庭公寓 1-10-551
华眉山 1-3-111、121、132，3-41-2434，3-43-2546、2547
华家 1-2-092，1-5-274
华家池 2-15-1062

华家村 2-32-1876
华家里 1-记-016，1-2-095，2-32-1880，3-41-2433注
华家垫 1-2-095，1-3-109、112，1-9-470、501，1-11-771，3-36-2120，3-37-2182，3-43-2599
华家垫村 1-11-613，2-13-889注，3-37-2157、2164、2167、2174，3-41-2430
华家祠堂 3-37-2190
华家桥 1-9-470
华盛顿 2-17-1193，3-36-2099、2135
华新 1-2-095
华新村 1-3-114，1-11-613
华溪乡 3-36-2138
华溪里 3-36-2138
延平府 3-36-2132
延生桥 3-37-2155注
延庆寺（前王寺） 3-41-2424、2425、2434，3-43-2547，3-44-2627
延安 3-36-2119，3-44-2650、2655、2661、2669、2674
自由 1-2-084、086
自由孔 1-2-092、093，1-10-544、545，2-32-1849
自由孔村 3-34-1944注，3-37-2166，3-41-2454
向公 1-2-095
向阳 1-2-092
向阳桥 1-9-478
向红 1-2-095
向红村 1-12-818，3-44-2718
向前 1-2-095，1-12-796

〔丿丿〕

行头 1-2-092，1-9-467，3-37-2205
行头村官河 1-8-395
行宜桥 3-37-2160
后十一工段 1-12-793
后十一工段闸 1-8-416
后十一工段横河 1-12-778
后十一段 1-12-794
后大埂 3-43-2589
后山 3-37-2149、2165
后山坞 1-2-092，1-5-274，1-8-409
后山坞水库 1-4-210
后山坞村 2-32-1876
后山村 3-36-2078
后山庙 3-41-2424、2443
后山窑址 3-37-2185
后马山 3-36-2123

后马湖　1-2-093，3-36-2123
后马湖村　1-11-613，3-37-2160
后王寺　3-41-2434，3-43-2547注
后王寺村闸　1-8-420
后方家　2-32-1859注
后头河　3-43-2606
后朱　1-2-094
后朱村　1-11-613
后先锋桥　1-10-540
后江庙　3-37-2192，3-45-2746
后宅　1-2-093
后宅村　1-3-128
后坛　1-2-093
后吴　1-9-508、509
后吴村闸　1-8-420
后沈　1-2-092
后范家（永新村）　3-36-2126
后郑　1-2-093
后郑村　1-9-470
后俞畈堰　1-8-421
后倪　1-2-092，3-36-2132
后倪村　3-36-2109
后埠头　1-2-093
后埠头村　3-45-2740
后黄　1-记-016，1-2-095，2-32-1880
后黄寺　3-37-2194、2196
后梅林湾桥　1-9-477
后盛陵　2-29-1751
后湖　1-2-094
后解放河（后横河）　1-3-130，1-8-396、397、439，
　　1-12-792，3-43-2543、2587
后新庙　1-2-093
后新庙村　3-41-2449
后溪　3-38-2234
后溪头　2-13-937注
后溪活动坝　1-8-422
后横河　1-8-439
舟山　1-9-510注，1-11-713，3-39-2312，3-43-2551
舟山市　1-6-286，1-9-468

会元桥　3-37-2184
会龙桥　3-37-2182、2184、2190
会昌县　3-37-2178注
会郎曹　1-2-095
会郎曹村　1-11-685，3-37-2166、2184
会郎曹闸　1-8-418
会馆桥　3-37-2205
会稽　1-2-074、075注、076、081注，1-3-131注，
　　1-8-411，1-9-501注，1-11-688注，3-36-2120、
　　2122、2124、2137、2138，3-37-2180、2204、2204
　　注，3-44-2623、2624，3-45-2730、2730注
会稽山　1-总-005，1-1-043，1-3-117，3-37-2192，
　　3-43-2539，3-44-2623，3-45-2758
会稽县　1-2-075、076、096，3-36-2130
会稽郡　1-总-004，1-2-072、074、075、075注，
　　3-36-2138，3-45-2745
会稽道　1-2-072
合丰　1-2-095，1-12-777注
合丰村　1-10-554
合兴　1-2-094，1-12-798，2-32-1879
合兴村　1-6-295
合肥　1-9-452、452注，1-11-737
合肥市　1-11-770
合治　1-2-083
合莫堂　3-37-2163、2185
众力　1-2-095，2-32-1879
众力村　1-6-295，1-11-613，2-19-1303，3-44-2721
众兴　1-2-077、085
众安　1-2-094
众安大队　1-11-627注
众安花园　2-15-1070、1081
众安村　1-11-613，2-13-919注
众利　1-2-093，1-3-111
众利大队　2-21-1441
众利村　1-11-725，3-37-2159，3-41-2429
众苑　1-2-092
众胜殿　3-41-2443

〔ノ、〕

创业桥　1-9-478，3-43-2618
创建　1-2-094
创建村　1-11-613，3-35-2017，3-44-2718
创新　1-2-094
创新村　1-11-613
全民　1-2-094，2-32-1879

〔ノ→〕

多伦多　3-44-2714
多米尼加　2-17-1207
多米尼克　2-15-1030、1045
匈牙利　1-记-037、038，1-6-286，2-17-1199，
　　3-38-2246注，3-44-2681、2682

〔、一〕

次坞 1-记-019，1-3-109，1-9-468、469、482、483注、486、487，2-17-1204，2-24-1550，3-36-2130，3-43-2554注、2566

次坞村 1-2-079

次坞溪 1-3-128

次坞镇 1-2-078、079，3-43-2553

妆亭 3-45-2746

妆亭驿 3-37-2204

刘家桥 1-2-079

齐王寺 3-41-2433

齐贤 3-43-2581

齐贤区 3-40-2385

齐贤镇 3-43-2567

齐国 3-36-2138

交行桥 1-10-535、536

交通 1-2-085、086、093，2-13-935注，3-43-2561、2563

交通乡 1-2-086，3-43-2561

交通村 1-11-613、749，3-37-2208

交趾郡 3-36-2119

庄亭 3-45-2729

庄桥 1-9-455

庄浪县 1-11-614

庆丰 1-2-094，1-10-580

庆丰桥 1-9-509

庆元 3-43-2551，3-44-2660

庆元县 2-15-1052，2-33-1898，3-44-2696

庆伟 1-2-083

庆远 3-44-2628

庆胜闸 1-8-420

〔、丿〕

州（洲）口山 1-3-119，3-37-2218注，3-43-2575

州（洲）口桥 1-9-476，3-37-2182、2183、2218注，3-43-2574

州山 3-36-2123

灯郎张村 1-11-747

灯塔 1-2-093，1-10-580，2-32-1859

羊毛湾 1-3-113

羊角山 1-2-079，3-43-2584

羊角尖山 3-37-2218注

杨岐山（羊骑山）3-36-2122、2134，3-37-2193、2194、2196、2197、2197注，3-41-2433，3-45-2742，3-44-2626

关王庙 3-37-2194

关里 3-36-2121

关帝庙 3-37-2169、2194、2198，3-40-2412，3-41-2424、2443、2444、2447

关帝殿 3-41-2437注、2443

米兰 2-14-992

〔、、〕

江一 1-记-017，1-10-554，1-12-777注，2-32-1880

江一村 1-11-749

江二 1-记-017，1-8-425，1-12-777注，2-32-1880

江二村 1-8-412，1-9-506，1-11-714

江三 1-记-017，1-12-777注，2-32-1880

江三村 2-14-989

江干 1-5-237、269

江干区 1-2-073、078、080，1-9-457、506、506注，3-43-2594，3-45-2758

江山 1-9-455，3-44-2653

江东 1-10-544注，3-43-2594

江北 2-14-980，2-21-1449

江北区块 1-记-017

江边 1-2-083、084，1-4-223，1-8-399、423、424、425、440、442，1-9-455注、462注、488、488注、501注、513，1-10-554，1-12-791、792，2-21-1400注，2-28-1715注，3-34-1957注，3-35-2032注，3-36-2073注，3-37-2204注

江边3孔闸 1-8-415

江边乡 1-2-084、085、086

江边电力排灌站 1-8-442

江边老 1-2-084

江边村 2-28-1709

江边码头 1-8-424，2-16-1154

江边闸 1-8-415

江边排灌闸 1-9-502

江边排灌站 1-3-130，1-4-209，1-8-399、432

江边新 1-2-084

江边管理区 1-2-086

江寺 1-2-091、101，1-10-554、568、570、580，2-23-1528，2-27-1652，3-36-2046、2095注，3-37-2155、2161、2161注、2182、2183、2187、2188注、2189、2189注、2191，3-39-2336注，3-41-2423、2425

江寺桥 1-2-092，1-10-535、536，3-37-2155

江寺旁 3-37-2204

江寺街道 3-38-2282

江寺街道办事处 2-27-1663

江西 1-2-083，1-6-286、301、303，1-7-381，1-9-489，1-11-633、635、660注、680、703、717、

735、770，2-13-883、885，2-14-1025，2-15-
1057、1058、1066，2-16-1115、1122、1139、
1141、1143，2-20-1342，2-27-1664，2-28-
1718，2-29-1744，2-31-1831，2-32-1871，
2-33-1904，3-35-2035，3-36-2116、2119、
2127、2129、2131、2134、2135、2136、2137、
2139，3-37-2196，3-38-2256，3-41-2442、
2511，3-43-2548、2568、2581、2591、2594，
3-44-2627、2628、2631、2645、2670，3-45-2727
注

江西俞　1-2-094，1-9-456，3-43-2583注

江西俞土地庙　3-41-2443

江西俞村　1-8-393，1-9-455、505，3-37-2184

江西湖第一　1-2-082

江西湖第二　1-2-082

江阴　1-6-323，1-11-597，2-20-1380，2-21-1424，
2-22-1461、1472，3-36-2124

江阴市　3-38-2285

江苏（苏）　1-1-047注，1-6-286、301、303，1-7-
381，1-9-489，1-11-595、635、660注、680、
703、714、717、718注、720、721、737、738、
739、764，2-13-876、876注、883、898注，2-14-
1025，2-15-1057、1058，2-16-1122、1143、
1147、1153、1165注，2-17-1182，2-18-1233，
2-20-1343、1380，2-23-1519，2-25-1567，
2-26-1631、1636注，2-31-1831，2-32-1871，
3-35-2012，3-36-2056、2058、2118、2119、
2121、2124、2125、2126、2131、2132、2135、
2136、2138，3-37-2179，3-38-2285，3-39-
2313、2341、2342，3-41-2440、2441注，3-43-
2541、2558、2563、2573、2591，3-44-2623、
2631、2640、2646、2647、2665、2667、2669、
2724，3-45-2733注

江村畈坝　1-8-422

江君里　1-2-099

江河东节制闸　1-8-419

江河东闸　1-8-418

江建　1-2-095

江南　2-14-980

江南区块　1-记-017、037，1-2-100注、102，1-5-251
注、269，1-10-539，2-14-978、979、980、981、
983、994、1020，2-22-1458、1459、1460、1467

江都　3-45-2733注

江桥　1-9-473、482、482注，1-10-553，2-24-1550，
3-36-2129、2137，3-43-2611

江桥头　1-2-079，1-9-501

江海关　3-37-2178注

江家桥　1-2-093，1-3-105、113、114

江家桥大队　1-11-627注

江陵　3-41-2440，3-44-2624

江湖一览亭　3-37-2198

江滨　1-2-083

江藻　3-36-2132

汕头　1-9-452注

池上河　3-37-2158

池头　3-36-2125

池头沈　1-2-094，1-3-185，1-10-553，3-36-2124、
2125，3-37-2218注，3-41-2432

池头沈村　3-36-2109，3-37-2171、2183，3-43-2572
注

汝阳　3-41-2439

汝阳郡　3-36-2123，3-41-2431注

汝南　3-36-2117

汤山　1-2-095

汤山村　1-11-613

汤氏宗祠　3-37-2185

汤尔恭墓　3-37-2196

汤寿潜纪念碑　1-记-021，3-37-2170、2182、2183、
2189，3-43-2598、2599

汤寿潜故居（旧居）　3-37-2182、2183、2216

汤金钊谕葬碑　3-37-2185

汤金钊墓　3-43-2572注

汤家溇　3-43-2586

汤家山　1-3-113注

汤家井　1-记-017，2-32-1880

汤家井村　1-记-022，1-4-224，3-37-2202，3-45-
2744、2758

汤家里　2-32-1882

汤家垫　3-36-2117、2121

汤家桥　1-记-017，2-32-1880、1882，3-36-2108、
2121

汤家桥村　3-38-2285，3-45-2744

汤镇　3-43-2578

宇宙红人民公社　1-2-086，3-43-2556、2580、2585、
2589

安山　1-2-077、085、094，3-37-2182，3-41-2448、
3-43-2582

安山头　3-43-2583注

安山村　1-6-295，3-37-2163、2168、2184

安山陈　1-2-095，1-3-105、113注，1-5-250

安山窑址　3-37-2185

安正　1-2-081

安节亭　3-37-2170

安平　1-11-615

安丘　2-24-1534

安吉　1-6-323，2-32-1858，3-37-2162注

安华　1—9—501

安远　3—36—2125，3—43—2536注

安克雷奇　1—9—452注

安时　1—2—081

安国　1—2—081

安昌　1—8—414，1—9—510注，3—38—2235，3—43—2540、2581

安昌区　1—2—077、085

安昌镇　1—2—079，1—9—503，2—29—1751，3—36—2120，3—38—2235，3—43—2540、2567

安养　1—2—082、083，3—37—2199注，3—43—2549，3—45—2742

安养乡　1—2—081、082，3—43—2546，3—45—2743

安养里　3—43—2547注

安神　1—2—082

安桥　1—2—084、086、092，2—16—1112注

安基岗　1—2—077，1—3—121

安福县　3—36—2135

安澜桥　1—2—093，3—43—2560

安澜殿　3—41—2437注

安徽　1—6—286、301、303，1—7—381，1—9—489，1—11—595、602、633、635、660注、680、682、703、738，1—12—838，2—13—883、932，2—14—1025，2—15—1037、1058、1066，2—16—1122、1152、1153、1165注，2—18—1233，2—19—1302，2—26—1636注，2—27—1664，2—31—1831，2—32—1871，3—36—2119、2123、2124、2129、2131、2132、2134、2138，3—38—2256，3—43—2548、2573、2591、2594，3—44—2625、2628、2638、2640

兴议　1—2—086、092

兴议村　1—记—019，1—2—080，1—6—294，1—9—492，1—11—626、635、763，2—14—980、981，2—21—1410，2—24—1550，3—44—2721，3—45—2752

兴围　1—2—094

兴围村　1—12—776注

兴谊　1—9—470

兴裕　1—2—095，1—12—796，2—32—1879

〔丶一〕

许同甸　3—43—2583注

许村　1—2—081

许君　1—2—081、099

许君里　1—2—099

许贤　1—2—078、079、082、083、084、085、086、087、088、089，1—3—117、128、183，1—4—223，1—5—242、244、245，1—8—392、393、394、401、410，1—9—471、484注、489、490、508、510注、515，1—10—524、563，1—11—596、618、651、673、682、722、765、766，2—13—889注，2—15—1032、1051、1051注、1088，2—19—1262，2—23—1518、1530，2—24—1544、1545，2—25—1585，2—30—1768，2—31—1837，2—32—1851、1880、1882，2—33—1900、1908，3—35—2024，3—36—2045、2055、2131，3—37—2182、2199注，3—38—2223、2234、2274、2274注、2294，3—40—2413，3—41—2443、2459，3—43—2567、2602、2603、2603注、2604、2613，3—44—2690，3—45—2742

许贤人民公社　1—2—087

许贤乡　1—记—017、018，1—2—077注、078、081、082、084、085、088、089、090、091、095，1—3—107、111、118、120、124、177注、187，1—4—206注、207注、210、211，1—5—243、255，1—6—283、284、285、287、289、295、296、302、324，1—7—349，1—8—394、414、419、422、424，1—9—504、508，1—11—597、612、613、618、619、621、625、724、725、759，2—13—861、889，2—20—1328、1331，2—26—1618，2—27—1701，2—31—1785、2—32—1858、1876、1880、1881，2—33—1921，3—34—1962，3—35—2015、2017，3—36—2108、2109、2118、2122、2125，3—37—2147、2162、2173、2174、2185、2218注，3—38—2295，3—41—2433、2447，3—43—2549、2564、2602、2603、2604、2605、2612、2620，3—44—2685，3—45—2743

许贤公社　1—2—086注，1—4—193注，3—38—2294注

许贤桥　1—8—433

许贤霆　3—37—2199注

许贤灌区　1—8—401

许家　1—2—094，1—8—392、408，1—9—505

许家后塘　1—8—433

许家村　1—9—506，1—11—613、743，3—36—2108，3—44—2667

许家里　3—36—2122

许家里村　3—44—2651

许家南大房　3—37—2186

军民闸　1—8—416

军民河　1—8—416

军民桥　1—9—471、480，1—12—793

军民联围十万亩　1—12—777、808、819

军民联围十万亩区块　1—12—795

军民联围十万亩围垦　1—12—784

军垦农场　1—11—686，1—12—784

农一场　3—35—2035

农丰　1—2—093

农丰一桥　1—9—481

农丰二桥　1—9—481

农业对外开发区　1—11—686

农业对外综合开发区　2—25—1588

孙家里 1-2-080

孙湾 3-43-2585

红山 1-2-094，1-3-106、121、132，1-8-397、404、1-9-472、483、485、511、513、514，1-11-615、1-12-796、800、801、825、837，2-15-1051注、1052，3-34-2000、2000注，3-36-2119，3-37-2173，3-43-2576、2587

红山大队 1-11-627注

红山分离立交 1-9-476

红山农场 1-记-027、028、029、030、031、035、036、037、038、040，1-2-080，1-3-185，1-4-211、214、217、224，1-5-240、244、248、250、255、256，1-6-283、284、298，1-7-349、374注，1-8-392、396、415，1-9-466、483、488、1-10-523、554、559、568、578，1-11-618、619、653、738，1-12-784、794、795、796、799、800、802、804、805、808、815、819、823、826、827、828、830、831、832，2-15-1052、1074、2-22-1473，2-24-1542、1556，2-26-1627、2-27-1673，2-33-1913，3-34-1949、2001、3-35-2035，3-36-2045、2050、2056、2057、2059、2063、2064、2072、2089、2093、2096、2096注，3-38-2296，3-43-2543，3-44-2695、2716、2724

红山村 3-37-2186，3-41-2451

红山闸 1-3-130，1-8-415

红山桥 1-9-480

红卫 2-32-1859

红卫闸 1-5-266，1-8-415，1-9-469、473、506、1-12-777、777注、784、785、793、794

红友桥 1-2-092、093，2-29-1752

红毛将军墓 3-37-2196

红石板小区 2-15-1061、1062

红光农场 3-34-2000

红枫 1-2-092

红庙 3-37-2194

红建桥 1-9-478

红星 2-32-1859

红星桥 1-8-402，1-9-480

红界 1-2-094

红界村 3-44-2657

红垦 1-8-397、404，1-9-465、466，1-10-559、562，1-12-806，3-43-2587

红垦农场 1-2-080，1-4-207注、211，1-5-244、248、250、255、262，1-6-283、284、298，1-8-395、412、416、421，1-9-466、469、475、483、1-10-523、554、555，1-11-615、738、744、758，1-12-784、793、794、795、796、799、800、804、805、808、811、815、817、823、826、827

注、830，2-15-1074，3-36-2059，3-38-2223

红粉石 1-3-121

红旗 1-11-753，2-32-1859注

红旗人民公社 1-2-086，3-43-2540、2558、2592

红旗大队 3-43-2549

红旗农场 1-12-805

红旗直河 3-43-2556

红旗河 2-14-985

红旗畈 1-11-744

约旦 2-17-1198、1199

约克郡 1-1-047注

纪贤山 3-37-2172，3-41-2445

纪念碑 3-37-2216

纪家汇 1-2-094，1-8-408、419、425、432

纪家汇村 1-9-505，3-37-2163

七 画

〔一一〕

麦园 1-2-093

麦园村 1-11-613

进水河桥 1-10-537、542

进化 1-1-067，1-2-077、078、079、083、085、086、087、088、089、093，1-3-109、117、121、124、128、132、164注、183，1-4-191注、223、1-5-240、241、242、244、248，1-6-331，1-8-391、392、410、421、425、426、430、433，1-9-470、473、482注、484注、490、508、513注、1-10-529，1-11-596、609、618、627注、651、673、684、686、688、741注、742注、753、759、765、766、771，2-13-889注，2-15-1035、1051、1053、1086，2-18-1218，2-19-1275，2-20-1328，2-21-1441，2-23-1530，2-24-1544、1545、1550，2-27-1673，2-28-1726，2-29-1744，2-31-1837，2-32-1874、1879，2-33-1897、1898、1900、1907，3-34-1936、1945、1963，3-35-2016、2024、2032注，3-36-2045、2056、2057、2133、2138、2139，3-37-2150、2182、2215、2216，3-38-2271注、2273、2273注、2274、2274注、2275、2276、2294注，3-39-2311、2313注，3-40-2412、2413、2414，3-41-2424、2442、2443、2444，3-43-2537、2597、2599、3-44-2680、2683

进化人民公社 1-2-086，3-43-2597

进化乡 1-2-088、089、090，1-6-284，1-10-567、

〔一丨〕

3-37-2217注，3-43-2578

坞里村　2-32-1876、3-41-2437、2438、3-44-2643

坞家坞　1-2-079

坞塘岗　1-2-079

坑坞山　1-8-393

杜家　1-2-094、1-3-121、171注、185、1-5-249、1-10-553、1-11-770、771、3-36-2122、3-37-2212、2212注、2215、3-43-2571、2572、2573

杜家弄　1-2-095、3-43-2599

杜家弄村　1-记-036、3-36-2109

杜家坞　3-37-2210

杜家村　1-4-200、1-6-294、1-11-686、692、3-37-2212、3-41-2423、2431、3-43-2572

杜家塘　1-2-092

杜家塘村　1-11-622

杜家溪　3-43-2572

杜陵　3-36-2118、2136

杜湖　1-记-023、1-2-077、077注、081、092、1-4-191注、1-6-281、299、1-10-554、2-15-1086、2-32-1849、3-36-2128、3-43-2534、3-45-2759

杜湖村　1-记-030、1-4-193、1-9-468、1-10-557、558、1-11-744、2-28-1718、3-36-2109、3-41-2444

村口　1-2-082

村口闸　1-8-411

村前塘　1-8-394

村桥　1-9-508、3-43-2603、2603注、2604

村桥千工塘　1-8-433

村桥灌区　1-8-402

极乐寺　3-41-2425、2435、2436

杞县　3-36-2137

杞国　3-36-2137、2138

杨之华母亲墓　3-37-2188

杨长官祠（龟山祠）　3-36-2100、3-37-2195、3-40-2415、3-41-2441

杨公桥　3-37-2182、2184

杨公第一桥　3-37-2205

杨公潭　1-8-392、433

杨东　1-2-081

杨齐王墓　3-37-2196

杨汛　1-2-085、093、1-10-553、3-42-2504

杨汛乡　3-43-2561

杨汛村　1-10-553、1-11-723、3-36-2133

杨汛闸　1-8-419

杨汛桥　1-9-468、487、501、1-10-553、2-16-1112、3-41-2448注

杨汛桥镇　1-2-079、3-43-2561、2605、2610

杨岐穴　3-37-2199注

杨岐寺　3-37-2195、2201、2209、2210、3-41-2424、2425、2433、2439

杨岐岭　3-37-2197注

杨岐禅寺　3-41-2433、3-43-2552

杨辛堰　1-8-421

杨南　1-2-081

杨树下　1-2-095、3-36-2133

杨树娄　3-36-2133

杨骆山尖　1-2-079

杨浦　3-35-2012

杨浦区　2-15-1063

杨家桥　1-2-093、1-8-394、1-9-468、1-10-537

杨家桥村　3-36-2109

杨家桥教堂　3-41-2456

杨家浜　1-8-424、1-9-505、1-10-554

杨家湾　1-11-725、3-36-2122

杨家湾自然村　3-37-2197

杨家溪　1-3-119、128、3-43-2613

杨家墩　1-10-554

杨家墩村　1-9-491、3-38-2281注

杨梅山　1-3-120

杨梅树山顶　1-2-079

杨新　1-2-081

杨静坞　3-37-2210、2212

杨静坞森林公园　3-37-2212、3-43-2573

杨霄桥　3-37-2160

杨冀王墓　3-37-2196

丽川市　1-记-037

丽水　1-6-286、2-13-884、2-15-1037、2-27-1673、2-33-1904

丽水市　1-6-286

丽水县　3-36-2129

丽都公寓　1-10-549、550、2-15-1069

克罗地亚　2-17-1191

克茶墩山　3-37-2171

赤亭　3-37-2206

赤道几内亚　1-记-038、2-16-1171

芙蕖庄　3-37-2159注

芜湖市　2-13-932

花山　3-36-2117

花文　1-2-082

花皮山　1-3-120、3-43-2537

花坞桥　3-37-2199注

花县　1-11-768

花园　1-2-083

花园井　1-2-091、092

花园井小区　1-10-575

花园井居民区　1-2-092

花神　1-2-083

花神庙　1-2-092、093，2-32-1849，3-41-2443

花桥乡　1-3-128

花窑　1-2-083

芹沂　3-36-2123

芹沂桥　3-36-2118，3-43-2536注

苍山　2-23-1519、1520，2-29-1735

苍坞　1-8-410、410注

苍坞水库　2-13-894

苍南县　2-20-1331、1342注，3-45-2753

苍梧县　3-36-2131

芬兰　1-11-741，2-17-1199

苎东　1-2-083、084、086

苎西　1-2-083

苎萝　1-2-084，3-36-2128，3-40-2410，3-43-2549，3-45-2732、2741

苎萝山　1-总-004，1-3-121，1-6-320，3-36-2135，3-37-2192、2192注，3-43-2537、2539，3-44-2623注，3-45-2745、2746

苎萝乡　1-2-081、082、084，3-36-2130、2132、2135、2137、2139，3-37-2192，3-43-2537，3-45-2745、2746

苎萝古村　3-44-2623注

苎萝村　3-36-2116、2135，3-37-2192，3-40-2414，3-44-2623，3-45-2746

苎萝畈　3-37-2192

苎萝亭　1-总-004，3-37-2189、2192、2193，3-43-2539，3-45-2746

苎萝湖　3-37-2192，3-43-2539，3-45-2746

芦竹场　1-12-777注，3-34-2000注

芦家山　1-8-408

芦家闸　1-8-419

芦塘　1-2-082

苏北　2-32-1871，3-43-2551

苏州　1-1-047注，1-7-381，1-11-736、770，2-13-840注，2-16-1112注，2-20-1396，3-36-2074注、2124、2126，3-38-2248，3-43-2538、2570、2601，3-44-2628、2635、2643、2665

苏州市　3-36-2058、2069、2119、2131

苏家潭　1-2-092，1-9-501注，1-10-573，2-15-1071，3-36-2125，3-38-2235，3-43-2535、2536

苏联　1-记-035，1-11-725，2-18-1241，2-20-1330，2-24-1556，3-44-2643、2650、2657、2660、2675、2681

孝义　3-36-2133

孝女庙　3-40-2411、2411注，3-41-2424、2443

孝女殿　3-40-2414

孝丰　1-3-105

孝悌乡　1-2-081、082，3-36-2133、2139，3-40-2415，3-41-2423、2429注、2430、2448，3-43-2564

杏北　1-2-083

杏花　1-2-093，2-32-1879

杏花村　1-11-612，2-33-1921

李成虎故居　3-37-2206

李成虎烈士墓　1-记-017、021，2-27-1686，2-32-1857，3-37-2189、2206

李成虎墓　3-37-2182、2183、2187、2188、2188注、2191、2207、2216，3-43-2564

李家村　3-41-2439

李家坞　1-2-093，3-43-2583注

李家闸　1-3-121

李家埭　1-2-094，1-8-392、393，1-9-501注

李家埭村前塘　1-8-433

劳动　1-2-085、086

劳动教养二支队农场　1-8-397

劳动路　1-2-092

劳改二支队　1-6-283、284

劳岭　1-2-076，3-45-2729

劳富　1-2-084

严州　3-36-2123，3-43-2548

严家　1-11-614

严家底（一村）　3-34-1950注

严家桥　1-10-537

严家埭　1-2-092

严家埭村　1-5-239，3-37-2158，3-41-2427

〔一丿〕

邳县　3-36-2132

〔一、〕

来三聘墓　3-37-2196

来廷绍墓　3-37-2196

来苏　1-2-078、079、082、083、084、086、088、089、090、091，1-3-116，1-4-192、193注，1-5-254，1-8-414，1-9-460、472、474、501注、508，1-10-524、553、559，1-11-618、619、651、712、714、716、748，2-13-880，2-15-1053、1086，2-16-1158注，2-19-1275，2-23-1529，2-31-1785，2-32-1851，2-33-1897，3-36-2046、2127，3-37-2182、2190、2199注，3-38-2223、2274，3-39-2323、2324，3-43-2534、2602、2605，3-45-2742、2743

来苏人民公社　1-2-087，3-43-2605

来苏乡 1-2-081、082、085、086、088、089、090、091、095，1-3-106、108、112、113、116、118、129，1-4-200、209、211，1-6-283、284、285、287、289、296、302，1-7-349，1-8-418，1-9-461，1-11-713、747、752，2-13-862，2-26-1627，2-31-1786，2-32-1876，3-36-2127，3-37-2149、2159、2176、2177、2184、2190、2191，3-39-2313注，3-41-2447，3-43-2533、2537、2571、2605、2606、2607、2620
来苏云门寺 3-41-2429注
来苏公社 3-37-2177
来苏周 1-2-095，3-43-2607
来苏周大墙门 3-37-2184
来苏周村 3-37-2176、2177、2184
来宗道墓 3-37-2196
来鸿雯墓 3-37-2196
来斯行墓 3-37-2196
来集之墓志铭 3-37-2190
来衡墓 3-37-2196

〔一→〕

扶风 3-36-2116
抚宁 3-45-2730注
抚州 3-45-2727注
抚州市 3-45-2727注
扳罾山 3-37-2194、2196
抢险一万亩区块 1-12-795
抢险一万亩围垦 1-12-785、804
抢险河 1-8-396，3-43-2592
抢险桥 1-9-473、479，1-12-793、794
抗日阵亡将士之墓 3-37-2172
护城河 3-37-2150、2205
报恩院 3-41-2430
连山 1-2-085，3-37-2198
连山门 1-2-097
连山乡 2-30-1762注
连云港 1-9-452注，1-11-602、720，3-43-2573
求是村 2-15-1062

〔丨→〕

听松楼 3-37-2217
听潮 1-2-097
吟龙 1-2-084、093，1-9-488、502，3-37-2205，3-43-2561
吟龙乡 1-2-084
吟龙村 3-37-2184、2205
吟龙闸 3-36-2136，3-37-2205
吟龙桥 1-8-395，1-9-468
岐王寺 3-41-2433
岐阜 3-36-2058
岐阜市 3-44-2689
时代广场 1-2-102，1-10-551、553，2-15-1068、1070、1076
时和乡 3-36-2119，3-43-2576、2592
旸雨井 3-37-2174
财神殿 3-41-2437注
邮电路桥 1-10-537
吴 1-2-074、075注
吴江市 1-11-721
吴兴 2-24-1534，3-36-2130，3-45-2743
吴兴县 1-11-718注
吴县 1-总-005，3-36-2119、2126，3-37-2179，3-44-2623
吴国 3-36-2132，3-45-2745
吴闸 1-2-095，3-43-2604
吴闸村 1-11-613
吴郡 3-36-2119、2131，3-41-2438
吴家村 1-2-078
吴家塔村 1-8-395
吴家塔闸 1-8-418
吴家渡 3-41-2442
吴淞 1-12-778，3-44-2663
吴淞江 3-44-2630
吴越国 3-36-2137，3-37-2177
旱桥 3-43-2542
县良种场 1-11-749
县林场 1-11-759
县林场云门分场 1-11-758
县林场头蓬分场 1-11-686
县林场凌山分场 1-11-691
县城北农场 1-11-753
县南 1-2-081、099
县种畜场 1-8-397，1-11-753
园里胡 3-36-2129
园驾桥 1-2-079，1-9-510注
园禅寺 1-2-079
围中 1-2-095，2-32-1879
围垦 1-8-439，1-9-484、500、511、513，1-12-777，3-35-2023、2025注，3-38-2293，3-43-2592
围垦十二工段 1-9-471
围垦十五工段 1-9-470
围垦十四工段 1-9-471
围垦三桥 1-12-794
围垦大堤 1-3-139，1-8-413、435、438

围垦区　1-记-020，1-2-091，1-3-106、129、131、142，1-6-283、285、289、296、298、302，1-8-396、398、413、443，1-11-594、597、616、656、676、681、681注、686、687、688、688注、691、697、700、702、716、718、733、738、752、770、774，1-12-777、786，3-43-2541，3-45-2757

围垦六工段　1-3-107

围垦外六工段　1-9-470

围垦外线大堤　1-5-248、250

围垦外线抢险大堤　1-5-263

围垦地区　1-记-027，1-3-140、185、186，1-4-207，1-5-242、244，1-8-397、403注、413、429、437、439、440、442，1-9-481注，1-11-620、630、672、694注、749、757，1-12-795、826，2-15-1088，2-18-1224，2-21-1432，2-22-1460、1467，2-23-1525、1528，2-24-1542，3-34-1972、1979、1980

围垦后横河　3-43-2580

围垦沙地　1-9-503

围垦前横河　3-43-2580

围垦新区　1-8-424

围海桥　1-9-479

里（履）仁乡　1-2-081

里士湖　1-2-095，1-3-113，1-8-419，1-9-472、474、486，1-10-553，3-41-2447，3-43-2606

里士湖节制闸　1-8-419

里士湖村　3-41-2447

里士湖闸　1-8-418

里山　3-36-2134

里仁　1-2-083

里仁乡　1-2-082

里仁坊　1-2-099

里石板溪　1-3-128，3-37-2160

里东徐　1-2-093，3-43-2563

里东徐村　3-41-2449

里陈　1-记-016，1-2-095，2-32-1880

里昂　3-44-2685

里河　3-37-2160

里官河　1-10-526、537

里官河桥　1-10-537

里畈　1-6-321，3-37-2215，3-40-2367、2393、2396、2415，3-41-2425

里亭河　1-3-128

里亭湖　1-8-393

里姚家潭　1-10-573

里祥坞　1-3-109

里祥坞村　1-3-109

里黄家坞　1-记-022，3-37-2202，3-45-2744、2758

里戚家湾　1-10-537

里庵坞庙　3-41-2425

里商公社　3-36-2128

里湖横河　3-43-2567

里谢　1-2-093，1-3-105、108，1-5-250，1-8-410、422，2-13-937注，3-43-2555

里谢溪　1-8-422

里横河　1-2-092，1-10-534，3-37-2161，3-41-2450注

〔丿一〕

利一　1-2-095，1-12-777注，2-32-1879

利一村　1-2-078

利二　1-2-095，1-8-440，1-12-777注，2-32-1879

利二村　1-11-612

利二闸　1-8-415

利川市　1-11-727

利丰　1-11-734

利比亚　3-34-1950

利民　1-2-086，1-12-791、792

利民坝　2-32-1859注

利民坝北　2-32-1876

利民坝闸　1-8-416

利民闸　1-8-415

利民河　1-8-397，1-12-792

利兴　1-2-092，2-32-1849

利农闸　1-8-415

利围　1-2-092、095，2-32-1849

利群闸　1-8-415

利群河　1-10-542，3-43-2594

利群河桥　1-9-477

舀上沈　1-2-079

秀龙桥闸　1-8-418

〔丿丨〕

何世学墓　3-37-2196

何汝敷墓　3-37-2196

何家桥　1-记-018，1-2-095，2-32-1880，3-43-2567

何家峰　1-3-121，3-43-2597

何童埠　1-2-093，3-36-2123

何童埠村　1-3-114，3-36-2108

何煊墓　3-37-2196

低田畈　1-2-093

低湖朱　1-2-094

低湖朱村　1-11-612

佛山　1-2-095，1-8-410，2-20-1396，3-36-2129

佛山村 1-记-015, 1-2-079, 1-6-294, 2-32-1880, 3-36-2109, 3-37-2171、2183、2185, 3-40-2406, 3-41-2454

佛陇峰 3-41-2438

佛罗里达州 1-记-040, 1-11-703

佛眼泉 3-37-2195、2200

邱徐埭 3-43-2548

邱家坞 1-2-092

邱家坞村 1-11-686, 3-38-2270

邱家村 1-8-393

邱家桥 1-2-092

邱家桥村 1-5-276, 3-36-2109, 3-44-2657

〔ノノ〕

近日 1-2-097

〔ノ、〕

佘山 3-41-2453

余干 3-44-2628

余元坞 1-2-094

余元坞村 1-11-613

余年 1-2-082

余庆堂 3-37-2166

余杭 1-2-074、075、097, 1-5-260注、269, 1-9-447、506, 1-11-772, 1-12-804, 2-13-937注, 2-15-1057, 2-16-1115, 2-19-1303, 2-20-1380, 3-34-1955, 3-36-2059、2076、2127、2130, 3-39-2311注, 3-41-2440, 3-44-2625, 3-45-2759

余杭区 3-45-2761

余杭市 3-39-2324、2325, 3-45-2758、2761

余杭县 1-2-077, 1-5-237, 1-12-785, 2-13-898注, 2-20-1395, 3-36-2138

余衍 1-2-074、075注

余衍县 1-2-075

余姚 1-2-074、075, 1-8-412, 1-9-510, 1-11-735、770, 2-16-1147, 2-20-1339、1380, 2-21-1449, 2-25-1568, 3-36-2117、2133、2134、3-43-2548、2581

余姚市 1-1-065, 1-3-115、133, 1-9-502, 2-20-1395, 3-36-2130, 3-37-2203

余姚县 2-13-898注

余家弄小区 2-15-1069

余湖 3-43-2584

余暨 1-总-004, 1-2-072、074注、075、075注、096, 3-42-2462, 3-45-2745、2746

余暨县 1-2-074、074注、075、075注、076、096, 3-37-2146, 3-45-2745

希腊 2-17-1191, 3-44-2648

〔ノ一〕

龟山 3-37-2194、2196、2196注, 3-44-2626

龟山张（居山张） 3-37-2196注

迎恩门 3-37-2204

〔、一〕

冶县 1-2-074

辛庐 3-37-2201、2202

庐山 1-7-381, 3-36-2117

庐江郡 3-36-2123

庐陵 3-36-2135

〔、丨〕

闰真庵 3-41-2437注

闵行区 2-29-1750

〔、、〕

汪村 3-41-2432注

汪李柴 1-2-082

汪家坝 1-8-422

汪家埭 1-2-094, 3-36-2124

汪家埭村 1-11-612, 3-36-2108

汪家堰 1-8-414, 2-15-1050, 3-36-2124, 3-37-2197

汪家塘 1-2-094

沛县 3-36-2119

沛国 3-36-2119

沙北 1-2-077、085、086、094, 2-32-1879, 3-36-2134

沙北村 1-记-021, 1-11-613, 3-43-2570, 3-44-2699、2717、2720、2724

沙田头 1-2-093, 2-32-1879

沙头角 3-43-2555

沙地 1-6-321, 3-37-2215, 3-38-2235, 3-40-2346、2350、2353、2356、2366、2371、2376、2380、2381、2384、2385、2387、2392、2413, 3-41-2425、2450注

沙地区 1-3-142, 1-4-191、191注, 1-7-349, 1-9-510注, 1-10-557, 1-11-675、681、704、705、

716、725、731、769注，2—26—1609，3—38—2283、
2294、2294注，3—40—2348、2363、2369、2375、
2381、2394、2396、2400、2407、2409、2414、
2415、2416，3—42—2462、2485、2487、2491、
2492、2500、2511，3—43—2541、2556

沙州　2—20—1380

沙里吴　1—2—092，2—28—1715注，3—36—2123

沙岸铺　3—37—2204

沙河　1—2—083、093，1—8—393

沙河大队　1—11—742注

沙河口　1—2—082，1—3—128，1—8—393，1—11—627，
3—43—2554

沙河村　1—3—105、112，1—9—466，2—13—901注

沙河沈　1—2—095，1—8—419

沙河沈庙　3—41—2425

沙郎沈后圩　1—12—777注

沙郎沈前圩　1—12—777注

沙洲墩头　1—2—091

沙荷溪　3—36—2136

沙湖城河　1—2—079

沙湖桥　3—37—2205

沙溪乡　2—28—1709

沃山何　3—36—2123

沃州　3—37—2205

沂南县　1—11—614

汾口　1—11—614

汾阳县　3—37—2178注

沧州　2—16—1152

沧县　3—44—2680

汴　3—36—2130

汴州　3—36—2116

汴京　3—41—2444注

汴梁　3—36—2132

沉湖山　3—37—2187

沈氏宗祠　3—37—2168

沈氏祠堂及碑记四通　3—37—2186

沈寺坂直河　1—8—395

沈仲清墓　3—37—2184

沈阳　1—9—452、452注，2—14—1020，2—16—1139注、
1147、1165，3—39—2342，3—44—2678

沈阳市　1—9—466，2—16—1166

沈村　1—2—083、095，1—3—128，1—8—422，2—16—
1112，2—32—1880，3—36—2108、2118、2125、
3—41—2452，3—44—2644、2653、2721

沈村乡　1—2—082，3—43—2602、2613

沈村村　1—记—015，3—35—2017，3—44—2719

沈汪　1—2—083

沈定一墓　3—37—2182

沈定一墓旧址　3—37—2184

沈家　1—2—094

沈家门镇　1—9—468

沈家汇桥　1—9—480

沈家坝　1—8—422

沈家村　1—9—509注，3—36—2108

沈家里　1—2—092

沈家桥　3—43—2535

沈家埭　1—2—095，1—3—113注、121

沈家堰桥　1—9—502，3—37—2205

沈家渡　1—2—095，1—8—392、393、405、408，1—9—501
注，3—43—2599

沈家渡村　1—9—506，1—11—613，3—36—2108，3—37—
2164、2168

沈家渡村前塘　1—8—433

沈家渡燕子窝　1—8—401

沈盛　1—2—082、083

沁阳　3—36—2118

沁阳县　3—36—2130

沁茵园　2—15—1070、1071

怀宁　3—36—2134

怀德坊　1—2—099

宋明懿夫人墓　3—37—2185

宏伟　1—2—088，1—3—184，1—9—473，1—11—651，
1—12—776注、797、800、819、826、827注，2—19—
1275，3—34—1972

宏伟乡　1—2—088、089、090，1—6—285、298，1—11—
719、744、749，1—12—776注、793、797、837，
2—26—1633，3—43—2580

宏伟公社　1—12—784

宏伟桥　1—9—473，1—10—542，1—12—793、794

宏农　1—2—083

宏图　1—2—088，1—9—473、484注，1—11—611、651，
1—12—797、800、819、826、827注、837、838，
2—15—1032，2—16—1112，3—34—1972

宏图乡　1—2—088、089、090，1—6—282、285、298，
1—7—349，1—12—776注、793、797、799、805，
3—43—2585、2586，3—44—2718

宏图公社　1—12—784

宏图桥　1—12—794

宏波　1—2—094，1—12—796

宏波村　3—35—2017

宏新　1—2—094

宏新村　2—20—1344注

[、→]

祇园寺　1—2—101，1—10—554、570，2—26—1626，

3-34-1955注，3-36-2056、2095注、2121、2123，3-37-2161、2161注、2177、2178、2182、2183、2188注、2189、2189注、2190、2191、2206，3-41-2423、2424、2425、2438，3-43-2535，3-45-2741

社头　1-2-081、099

社坛　1-2-081、099

社坛庙　3-41-2443、2444

社稷坛　3-37-2199注

良种场　1-9-458，2-15-1074

良渚　1-1-061，3-36-2127，3-37-2147、2176、2186注，3-41-2450

良渚文化遗址　1-总-004

启东　1-11-734

〔一一〕

张九堰　1-8-421

张马桥　3-36-2125

张毛　1-2-093

张毛坞　2-13-937注，3-41-2429

张毛村　1-3-105

张毛庙　3-41-2443

张龙桥　1-3-129，1-8-419、440

张龙桥节制闸　1-8-419

张龙桥闸　1-8-418

张驸马府　3-43-2536

张亮桥　1-2-095，1-10-553，3-43-2606

张亮桥村　1-9-461

张神庙　3-40-2412、2415，3-41-2442

张神殿　1-2-093，1-9-509，3-37-2194，3-40-2415，3-41-2443、2448

张神殿村　1-6-295

张神殿桥　1-9-479

张神殿横河　1-3-130

张都殿　3-41-2459

张夏行宫　3-40-2412

张称逊墓　3-37-2196

张家　1-2-092

张家弄　1-2-093，1-8-426，3-41-2456

张家弄村　3-36-2109、2133，3-37-2218注

张家弄村前塘　1-8-433

张家弄耶稣堂　3-41-2458

张家弄教堂　3-41-2458

张家坂　1-2-094，1-9-466

张家坂村　3-37-2153、2185、2187

张家村　1-记-017，1-4-224，2-32-1880

张家河　1-10-526、529、537，3-37-2157

张家河桥　1-10-535

张家畈　1-2-092，3-37-2160

张家畈村　1-6-295，3-35-2017，3-37-2169，3-41-2459

张家界　1-9-452注

张家桥　1-2-095，1-8-402

张家桥村　3-36-2109，3-44-2723

张家桥闸　1-8-401

张家埭庄　1-5-276

张家堰闸　1-8-418

张掖　3-36-2139

张嵩墓石雕群　3-37-2184

张潭村　2-13-919注

灵山寺　3-37-2184、2218注，3-41-2423、2425、2430，3-43-2583

灵头　1-2-094

灵芝　1-2-082

灵芝寺　3-41-2439

灵寿　3-36-2134

灵昆岛　3-45-2758

灵岩寺（灵岩禅寺）　3-37-2186，3-41-2424、2425、2437、2437注

灵官殿　3-41-2437注

灵桥镇　1-3-120

灵峰万寿院　3-41-2433

灵峰山　3-41-2433、2439

灵隐寺　3-41-2437注、2438

灵溪镇　2-20-1331

君塘区　1-11-614

〔一丨〕

陆元屿墓　3-37-2184

陆郎渡　3-43-2568

陆家　1-2-079、093

陆家村　1-11-612

陆家河头　3-38-2225注

阿尔巴尼亚　3-35-2033注

阿尔默市　1-记-039

阿根廷　1-11-703，2-28-1719

阿拉伯联合酋长国　2-14-1002

阿里地区　3-38-2306

阿塞拜疆　1-记-039，2-14-993

陇西郡　3-36-2123

陇德县　3-44-2690

陈公桥　1-2-092、099，1-3-113注，1-9-510，1-10-555，3-37-2155注、2204

陈公桥埠头　1-9-503注

陈公塔　3-41-2426

陈州府　3-36-2139
陈村　1-2-081、099，3-36-2109、2126
陈村庙　3-41-2444
陈村河　3-43-2615
陈晋生墓　3-37-2184
陈留　3-36-2117
陈留县　3-36-2118
陈家　1-2-095，3-43-2604
陈家大队　3-38-2272注
陈家弄　3-36-2128
陈家坞　1-8-409
陈家村　3-38-2272注
陈家园　1-2-094
陈家埠　1-2-080
陈家塘　1-2-092
陈家塘村　1-11-613
陈家墙门群　3-37-2184
陈墅　1-2-081、083
陈墅庙　3-36-2127

〔一丿〕

邵家　1-记-016，1-2-095，2-32-1880，3-41-2447
邵家村　1-11-612，3-41-2447
邵家塔　1-2-095，1-3-112，3-36-2126
邵家塔村　1-11-648，3-36-2109，3-37-2148、2149、2185

〔一、〕

鸡心岭　1-2-077、078，1-3-120
鸡鸣　1-2-081
鸡鸣江　1-3-128，1-8-394、419
鸡笼山　1-3-120，3-37-2171
甬江　1-9-501

〔一一〕

纱帽山　3-37-2148，3-43-2610
纱帽山印纹陶窑址　3-37-2183
纱帽山印纹硬陶窑址　3-37-2182
纳土坊　1-2-099
纳米比亚　1-记-037
纽约　3-38-2255

八　画

〔一一〕

环西桥　1-4-192、209，1-10-530、532、536、541、570
环河　1-2-082
环城西路居住区　2-15-1069
环城南河　1-4-215，1-10-534、535、536
环城南路　1-2-092
环南河　1-10-529，2-24-1551
环洞桥　3-37-2156、2198
现代农业开发区　1-12-814、815
玫瑰苑　2-15-1071
青口　3-35-2032注
青口船闸　1-8-420
青山（连山）　1-2-085，3-37-2194，3-43-2574
青山头　3-43-2547注
青山坝　1-8-422
青山坞　3-43-2549
青山张　1-2-075注，1-3-110
青马　1-2-083
青化　1-2-077、085、086，3-41-2443，3-43-2597
青化山　1-3-106、108、109、111、121、124、132，1-5-249，3-36-2117、2123、2133，3-37-2182、2215，3-41-2443，3-43-2571、2572、2597
青化山风景区　1-4-230注
青化乡　3-43-2597
青风亭　1-9-470
青风亭桥　1-9-479
青龙山　1-3-106、108、114、118、132，1-5-249，1-8-399，1-9-500注，1-12-783，2-15-1051、1051注，2-32-1874，3-37-2215，3-41-2437、2437注、2450、2451注，3-43-2576、2578、2592注
青龙头　1-3-128
青龙寺　1-12-783
青田　3-36-2082注
青田县　3-36-2082
青州　3-36-2118、2128、2130、2132
青州府　3-36-2125
青阳　3-44-2628
青县　3-45-2732注
青岛　1-9-452、452注，1-11-711
青春　1-2-094
青浦　1-11-718
青海　1-6-286，2-24-1534
奉化　2-21-1449，2-22-1495

奉节县 2-32-1877、1878

奉思堂 3-37-2164、2168、2185

武义县 3-38-2285

武生市 2-17-1206

武汉 1-9-452、452注，1-11-738，2-13-938，3-44-2645、2660、2663注

武夷山 1-7-381

武进 1-1-047注，2-20-1380

武进县 3-41-2440

武林 3-43-2584

武昌 2-22-1460，3-45-2732

武原县 3-36-2132

武康 2-33-1902，3-38-2272注

〔一丨〕

坦桑尼亚 2-14-993

林场 1-2-094

林场头蓬分场 1-11-720，1-12-804、815

林场村 2-13-940

林场闸 1-8-416

林峰村 1-3-120

林家外圩 1-12-777注

林家闸 1-2-099

板桥 1-2-093，1-3-108、112，1-8-393、426，1-10-532、536，3-36-2077、2108、2116，3-37-2205

板桥江 1-10-537

板桥村 1-3-114

松垟乡 1-11-614

松毛山 1-记-022，3-37-2202，3-45-2744、2758

松仙岭 1-8-401、408

松江 1-11-717，3-36-2058，3-44-2628、2656

松江县 2-15-1063

松江府 3-36-2126、2134、2139

松阳 2-15-1063，3-44-2660

松阳乡 1-11-614

松花江 1-12-800，2-27-1701，2-33-1904、1913

枫树 1-记-016，1-2-095，2-32-1880

枫树岭镇 3-38-2285

枫桥 2-22-1495，3-36-2131、2132、2136、2137、3-43-2584

枫桥镇 3-36-2130

杭万河 1-10-543，2-14-985、986、1028

杭州山里人家 1-总-004，1-记-025，3-37-2146、2209

杭州天主堂 3-41-2454

杭州世界休闲风情园 3-37-2203注

杭州世界休闲博览园 3-37-2203注

杭州东方文化园 1-总-004，2-15-1037、1046，3-37-2146、2197、2203注、2209，3-41-2433

杭州生态公园 3-37-2211

杭州生态园 1-总-004，1-5-274，3-37-2212注，3-43-2573

杭州乐园 1-总-004，1-记-022，1-5-250，1-7-381，1-9-473，1-10-528、554、557，2-15-1048，2-25-1588，2-28-1722，3-37-2146、2209、2211、2212、2212注，3-43-2537

杭州市公交315路车站 1-9-488

杭州市棉花原种场 1-11-754

杭州民用机场 2-14-981

杭州杨静坞森林公园 3-37-2210

杭州经济技术开发区 2-14-1021

杭州闻堰货运码头 1-9-504

杭州钱江外商台商投资区 1-记-029、037，1-2-102，1-5-251注、254、261、262、269，1-10-522、539、568，2-14-978、979、980、981、982、983、1019、1020、1021、1027，2-15-1061、1083，2-21-1400，2-22-1458、1459、1467，2-24-1552，3-35-2009

杭州钱江投资区 2-14-983，2-22-1460

杭州钱江南岸经济技术开发区 2-14-979

杭州笕桥机场 1-9-447、452、453

杭州高新技术产业开发区 2-14-981、989、1028

杭州高新技术产业园区 2-14-996

杭州萧山机场 1-总-003，1-记-021、025、030、031、032、040，1-2-073，1-4-219，1-5-250，1-8-396、413，1-9-446、446注、447、447注、448、450、450注、451、452、453、454、467、483、486、487，1-10-562，1-11-595、633，2-14-1009，2-15-1030、1039、1045、1051、1089，2-19-1294，2-20-1328，2-21-1400，2-22-1469、1473、1503，2-24-1547、1550、1552，2-30-1761，2-33-1890，3-43-2533、2540、2543、2558、2559、2560

杭州萧山华能储运有限公司码头 1-9-504

杭州萧山国际机场 1-9-446注，3-37-2215

杭州萧山浦阳江码头经营公司码头 1-9-504

杭州湾 1-总-003，1-记-020，1-2-073、073注，1-3-104、115、116、129、133、134、137、138，1-9-510注，1-11-717，2-15-1089，3-44-2628，3-45-2753

杭甬运河 1-9-501、502、513、513注，3-43-2539、2540

杭甬高速公路桥 1-9-458

杭金衢分离立交 1-9-476

杭嘉湖平原　3-43-2538

杭嘉湖地区　1-1-066

直坞　1-2-094，3-43-2603注

直坞村　1-11-613

直河桥　1-9-479

直隶　3-44-2634

直埠　3-36-2133、2136

直湖头　1-2-079，3-41-2455

卖鱼桥小区　2-15-1061

幸福　1-2-086、095，3-43-2589

幸福乡　1-2-085，3-43-2589

幸福村　1-6-295

苦竹墩　3-36-2130

英国（英）　1-记-035，1-1-047注，1-6-286、322，
　　1-12-829，2-13-929、932、952，2-14-994、
　　1003、1011，2-16-1174，2-17-1183注、1187、
　　1190、1191、1193、1199、1206、1207、1208、
　　1213，2-27-1688注，3-36-2070、2126，3-37-
　　2212注，3-41-2455，3-44-2647、2648、2663注、
　　2668、2673、2690、2691、2694、2714

英雄人民公社　1-2-086，3-43-2567、2599

英属维尔京群岛　2-14-997

茌平　3-36-2125

范阳　3-36-2117、2125

范港　1-2-081

范蠡庙　3-40-2414

范蠡祠　3-44-2623注

范蠡庵　1-总-004，3-37-2192，3-43-2539、2540，
　　3-45-2746

茅山　1-2-082、083，1-8-411、423、426、434、437、
　　440，3-35-2032注，3-37-2170，3-41-2431、2431
　　注，3-43-2549

茅山土地庙　3-41-2431

茅山头　1-2-093

茅山头村　1-11-613

茅山庙　3-41-2424、2425、2431

茅山闸　1-3-129，1-4-223，1-8-398、401、402、
　　407、408、411、435、438、439、440、443，3-36-
　　2051注，3-41-2431、2431注，3-43-2597

茅山灌区　1-8-424

茅村贩　1-8-433

茅草山　1-1-067，3-37-2147

茅草山遗址　3-37-2146、2147、2185、2186

茅家山　1-8-392、393

茅家闸　1-8-405

茅家河　1-10-534、538

茅庵山　1-3-119

茅湾里　3-37-2148注

茅湾里印纹陶窑址　3-37-2148注、2182、2183、2216，
　　3-43-2599

茅湾里印纹硬陶窑址　1-1-042

茅湾里窑址　1-总-004

茅蓬　3-41-2431注

茅蓬岗　3-41-2431、2439

茅潭　1-2-092，3-36-2126

茅潭汇　1-8-391

茅潭江　1-11-721

茅潭村　1-11-622，3-41-2431

茅潭杨家塘　1-8-391

茅潭闸　1-8-401

茅潭湾　1-9-501注

昔阳县　1-5-236注

雨华庵　3-41-2437注

雨花台　3-44-2646

〔一丿〕

瓯江　3-45-2758

欧洲（欧）　1-记-037、038，1-11-713，2-13-882、
　　921、957，2-14-991，2-17-1191、1197、1198、
　　1199、1208、1214，2-24-1555，3-35-2035、
　　2041，3-36-2079，3-43-2604，3-44-2648

郁林　3-44-2624

郁家山　1-5-249，3-36-2127

郁家山下　1-2-093，3-36-2109、2127

郁家山下村　1-11-697、749，2-32-1876，3-41-2454

郁家河　3-36-2127

郁家河头村　3-36-2109

奇树庵　3-41-2448、2448注

〔一一〕

顶山　1-2-095，1-8-410

顶山自然村　3-40-2404

顶山村　1-11-612，3-37-2160

拉丁美洲　1-记-039，2-17-1182、1191

拦水坝　1-8-422

拙政　1-2-097

招远　2-25-1567、1568

招远县　2-20-1341注

招苏　1-2-081

招贤　1-2-099

招贤坊　1-2-099

转坝　1-9-468、488，3-37-2190、2204、2205，3-44-
　　2638

转塘　1-9-466

转塘头　1-2-095，1-9-473，1-11-770，1-12-796，2-16-1112注，3-43-2600注、2601

转塘头村　1-11-602、669，1-12-837，3-44-2723

转塘头桥　1-9-480

〔丨一〕

非相庵　3-41-2424

非相禅寺　3-41-2425

非洲（非）　1-记-036、039，1-11-717、728，2-13-882、921，2-14-993，2-17-1182、1191、1198、1199、1206，3-35-2029，3-44-2648

虎山　1-10-538

虎山岭　3-41-2426

虎山路桥　1-10-537

虎门　3-44-2641

虎爪山　1-3-118、120，3-37-2147，3-43-2550、2551、2552

虎泉井　3-37-2173

〔丨、〕

尚镕案　3-43-2578

〔丨→〕

呼和浩特　1-9-452注

岫云庵　3-41-2445

岭下　1-2-077、085，3-36-2129，3-43-2571

岭下胡　3-41-2432

岭下村　1-10-567

岭下沈　1-2-095

岭下张村　1-3-119

岭下胡村　3-36-2109

岭头田　3-45-2742

岭墩　1-3-120

明日城　1-10-551

明月坊　1-2-099，3-36-2095注

明华　1-2-093，1-9-456，2-13-935注

明华花园　1-10-549、550、553，2-15-1064、1069、1082

明华村　1-9-467、472、487，1-11-613，2-28-1722，3-41-2434

明州　3-36-2121，3-37-2204

明星　1-2-092

明星村　1-10-554，1-11-685、763，2-14-983、2-16-1140，2-24-1550，3-44-2722

明星河　2-14-986

明朗　1-2-093，1-10-544、545

明朗村　1-5-270，1-11-613，3-38-2274

明堂　1-记-016，1-2-095，2-32-1880

明堂村　3-41-2446

凯悦花园　1-10-569，2-15-1070

岩下　1-2-094，1-3-108，1-5-250，1-8-422，3-43-2532、2575

岩上　1-2-094，1-5-250，1-8-422

岩上村　1-3-105、113、114、119，1-8-410注

岩山　1-2-086、088，1-3-105、110、110注、111、113、114、118、119，1-4-223，1-5-245、250，1-11-611、747，2-19-1262，2-20-1328，2-30-1768，2-32-1856，3-34-1936，3-36-2045注、3-37-2215，3-38-2274，3-43-2574

岩山乡　1-2-085、088、089、090，1-6-284，1-7-349，1-9-469，2-13-940，2-15-1036，2-21-1441，2-27-1656、1675，2-32-1849，3-38-2274，3-44-2724

岩门　1-2-094，1-3-105、108，1-10-580，2-28-1715注

岩门村　1-3-119，2-27-1656，3-35-2032

岩门盐场　3-43-2576

岩丰村　1-记-013

岩坞口　3-43-2575

岩岭山　1-2-094，1-3-119

岩岭山村　1-11-725

岩将老太墓　3-37-2185

岩将庙　3-41-2442

岩峰　1-2-094，3-43-2592

岩峰山　1-3-121

岩峰村　1-6-294，2-32-1876，3-37-2186，3-41-2437

岩覃山　3-41-2450注

昙华　1-2-093

昙华村　1-6-294、295，1-7-362，3-44-2720

昆山　1-6-323，3-44-2724

昆明　1-9-452、452注，1-11-730，3-43-2588、3-44-2669

昆明市　2-13-932

昌化　1-3-105，3-43-2551

昌国卫　3-38-2236

昌国寺　3-44-2628

昌明　1-2-083

忠义　1-2-081、083

罗山　1-3-120

罗马　1-记-021，3-39-2327

罗马尼亚　2-14-1006

罗阳镇　1-11-614

罗村　1-2-081

罗甸　3-41-2439

罗波寺　3-37-2157

罗波河　3-37-2157

罗波桥　3-37-2157

罗索港　2-17-1207

罗峰　1-2-093

罗峰寺　3-41-2424、2425

罗峰居民区　1-2-092

罗家角遗址　1-1-062、066、066注

罗墓坂　3-41-2433注

罗墓畈　2-32-1881

国庆　1-2-093

国庆村　1-6-295，1-11-713、748

国泰花园　1-10-551、554，2-15-1068、1070、1071

固始　3-36-2117、2139

固原县　1-11-614

固陵　1-总-005，3-37-2150注，3-40-2414

固陵驿　3-37-2204

固陵城　3-37-2150注

固陵港　1-9-502

迪化　3-44-2650

〔丿一〕

牧马港　3-43-2578注

知稼亭　3-37-2216

和平桥　1-2-092，3-37-2205

和平桥村　1-6-294

和庆寺　3-37-2218注，3-41-2423

和尚顶　1-2-077、078、079，1-3-120，3-43-2614

和尚桥　3-37-2155注

和顺　1-2-093

委内瑞拉　2-14-1006

季真轩　1-3-120

〔丿丨〕

佳山　1-2-077、083，1-3-119

佳山坞　1-2-077、078、079、094，1-5-250，1-9-472，1-11-724，3-40-2351，3-43-2575

佳山坞村　1-2-079，1-3-119，3-40-2351注，3-43-2574、2575

佳山岭　1-3-119

佳毋塘　1-2-082

佳浦　1-2-081

供电所桥　1-10-536

岳大桥　3-40-2415

岳小桥　1-10-554

岳庙桥　3-37-2155注

岳驻　1-2-077、095，1-5-249，3-43-2609

岳驻乡　1-2-077、085，3-43-2608

岳驻村　1-2-085，1-3-121、156注，3-39-2311注

岳驻岭　1-2-077、078，3-43-2608

岱山　1-2-077、085、086，1-11-753，2-21-1449，2-26-1636注，3-43-2571

岱山乡　1-2-086

岱山林场　1-5-249

岱岭　3-45-2753

〔丿丿〕

征山　1-2-095，1-8-410

征山村　1-3-119，1-11-613

径山寺　3-41-2440

径桃　1-2-086

径桃人民公社　1-2-086，3-43-2582

径游　1-2-077、085、086、087、088、094，1-4-223，1-5-246，1-8-392、393、408、423、425、432、434、435、440、441，1-9-472、482、483注、490，1-10-562，1-11-627注、651、739，2-15-1051，2-32-1856，2-33-1897，3-35-2032注，3-36-2117，3-37-2150、2152、2174，3-38-2274，3-40-2386、2387，3-43-2582、2583、2583注、2584，3-44-2664

径游人民公社　1-2-087

径游下定塘　1-8-401

径游乡　1-2-088、089、090，1-6-284，1-8-393、1-11-749，2-19-1275，2-27-1650、1682，3-39-2311注

径游北闸　1-8-419

径游机埠　1-8-433

径游江　1-3-128，1-8-393、400、439，1-9-501，3-37-2160

径游村　2-32-1876，3-37-2151、2160

径游南闸　1-8-393、401、402、419

径游灌区　1-8-401、402

所东乡　3-43-2571

所西乡　3-43-2571

所前　1-记-013，1-1-067，1-2-077、078、079、083、085、086、087、088、089、094，1-3-117、124、129、163注、171注，1-5-240、242、244、248、249，1-8-439，1-9-466、472、473、484注、501、508、509、515，1-10-524、553，1-11-596、618、626、651、673、686、688、759、765、766、770、771，2-13-880，2-15-1032、1051、1053、1088，2-23-1530，2-24-1544，2-26-

1618，2—27—1669注，2—28—1705，2—31—1841，
2—32—1852、1873，2—33—1896、1907，3—34—
1936、1945，3—35—2022，3—36—2045、2131、
2133，3—37—2150、2151、2182、2212注，3—38—
2274、2274注、2303，3—40—2385、2386、2387、
2413，3—41—2424、2431注、2440、2442、2443、
2444、2447，3—43—2537、2571、2572

所前人民公社　1—2—086，3—43—2571
所前乡　1—2—082、088，3—37—2150注，3—43—2571
所前公社　3—38—2269注
所前生态园　1—9—486
所前镇　1—记—025，1—2—079、089、090、091、094、
1—3—107、111、112、113、116、117、118、121、
185，1—4—200、210、211，1—5—241、243、255、
1—6—283、284、285、287、289、294、295、296、
301，1—7—349，1—8—410、441，1—9—466、503、
509，1—10—553，1—11—612、613、619、621、
622、653、686、692、725、771，2—19—1296，
2—25—1584，2—31—1785，2—32—1876，3—35—
2015、2017，3—36—2108、2109、2110、2121、
2122、2123、2124、2126、2127、2128、2129、
2131、2133，3—37—2151、2153、2171、2172、
2173、2174、2183、2185、2187、2189、2190、
2191、2210、2212、2212注、2213、2215、2218注，
3—38—2268注、2295，3—41—2423、2431、2432、
2439、2442、2446、2446注、2454，3—42—2488，
3—43—2571、2572、2572注、2573、2597、2605、
2619，3—44—2634、2721
所萧　1—2—082

〔丿、〕

乳山　2—25—1567
舍利铜塔　3—37—2177
舍浦　3—36—2137
金一　1—2—095，2—14—982、989，2—21—1410
金一村　2—14—982、983、989
金一河　1—10—543，2—14—985、986、1028
金二　1—2—095，2—14—989
金二穴　3—37—2199注
金二村　2—14—983、989
金二村直河　2—14—982
金二桥　1—10—554
金山　1—1—067，1—2—093，1—4—193注，2—25—1567、
1568，3—37—2187，3—38—2294注
金山村　3—37—2173、2173注，3—44—2724
金山庙　3—37—2194
金山遗址　3—37—2186

金马公寓　2—15—1069
金氏宗祠　3—37—2185
金凤　1—11—615
金西　1—2—095，1—11—759
金西村　1—2—091，1—4—224，1—6—324，1—8—420，
2—32—1876，3—37—2183、2198，3—41—2427、
3—43—2615、2616，3—44—2652
金西河　3—43—2615
金西桥　1—9—473
金西横河　1—8—439
金竹岭　1—2—078，1—8—410
金华　1—9—457、468，1—11—678、710、721、722、
2—15—1056，2—16—1138注、1165、1165注，2—20—
1339，2—21—1406注，2—23—1529，2—33—1904，
3—36—2074注、2120、2130、2136，3—39—2316，
3—41—2439，3—43—2548、2558、2574、2584、
2606，3—44—2640、2649
金华市　1—6—286，2—19—1301
金观　1—11—615
金坂　1—2—082
金坞　1—2—093，2—13—937注，3—41—2429
金坞村　1—11—727，3—36—2108，3—37—2164、2185
金秀桥　3—36—2135
金沙村　3—36—2116
金鸡山　1—2—094，1—3—110，1—9—508、509，1—10—
553，3—41—2442，3—43—2571、2572
金鸡山村　1—11—612
金鸡山遗址　1—1—067
金鸡坂柴湖　1—2—082
金苑大厦　2—15—1070
金苑桥　1—10—540、542
金贤山坝　1—8—422
金国　3—36—2131
金城立交桥　1—10—542
金城花园　1—2—092，2—15—1069、1090
金带桥　3—37—2205，3—43—2535
金星　1—2—086、094
金星大队　1—11—627注
金星苑　2—15—1063
金泉　1—2—093，1—10—580
金泉井　3—37—2184
金盆　2—32—1877、1879
金峰　1—11—614
金钱　1—2—083
金浦桥　1—2—077、078，1—8—433
金家　1—2—082
金家坞　1—3—109注，1—10—554
金家甸　2—32—1881

金家河 1－10－537
金家河桥 1－10－537
金家桥 1－2－092，1－10－572，2－15－1068
金家浜 1－2－092，1－9－458，3－40－2411注、2414
金家浜村 1－11－744，3－41－2453
金家埭 1－2－092
金家埭村 3－41－2445
金鸿苑 2－15－1063
金惠桥 1－10－540、542
金紫 1－2－083
金道 1－2－083
金湖 2－25－1567
金湖江 1－2－079
金鲍 1－2－083
念佛桥 3－37－2155注

〔丿→〕

狗头山 1－2－079
狗冲岭 1－2－079
狗洞山 1－3－106
股堰 3－44－2627
鱼青山 2－15－1051，3－37－2167，3－43－2543
鱼潭 1－2－081
兔石头 1－8－408
兔石头旱闸 1－8－433
兔石岭 1－2－077，1－3－128，1－4－223
兔沙 1－2－081
兔沙岭 3－37－2218注
周氏宗祠 3－43－2544
周里 1－2－081
周浦 1－9－506，3－43－2547
周家坂 1－3－106
周家坞 1－10－580
周家畈 1－2－092，1－3－105
周家祠堂 3－34－1944注，3－37－2186
周家桥 1－9－478
周家湖 1－2－092，1－9－473，3－36－2127
周家湖村 3－36－2109
周婆湫 3－37－2199注

〔丶一〕

净土山 3－37－2195、2195注、2197、2199、2199注、
  2217，3－44－2626
净土寺 3－37－2193、2195、2199
净土院 3－41－2423
净修庵 3－41－2433

放生池 3－37－2199
於家 1－2－094，1－9－509、510
於家娄 1－2－093
於家机埠 1－8－433
於家村 1－9－506
京杭大运河 3－43－2538
京杭运河 1－8－412
京都 3－44－2625
兖州 3－36－2119、2136、2138
育才 1－2－099，2－15－1068，3－34－1942
育才东苑 1－4－224，1－10－553、554、572，2－15－
  1069、1070、1071
育才东苑第一 1－2－092
育才东苑第二 1－2－092
育才东苑第三 1－2－092
育才立交桥 1－10－542
育才西苑 1－4－224，1－10－572，2－15－1070
育才西苑第一 1－2－092
育才西苑第二 1－2－092
育才坊 1－2－099
育才桥 1－10－536
育才路北桥 1－10－537
育山桥 1－10－540、542
育北桥 1－10－540、542
育秀园 2－15－1070、1081
育秀桥 1－10－537
育春桥 1－10－535、537
育新桥 1－10－540、542
庞家坞 1－3－121
店口 1－9－490，2－21－1424，3－44－2651、2664
店口镇 1－2－078、079，1－3－121，3－43－2597、2608
庙下里 1－2－080
庙山岗 1－2－079
庙子尖 1－3－119
庙东金村 3－36－2108、2127
庙西湖 1－2－079
庙后王 1－记－017，2－32－1880
庙后王村 1－4－224
庙前 1－8－393
庙前村 1－8－393
庙桥河 1－2－099
庙湾山 3－45－2758
府前桥 3－41－2447

〔丶丨〕

闸上 1－2－094
闸上村 1－11－613

2564、2574、2582、2612、2619、3-44-2655、
2670、2671、2673、2677、2682、2685、2686、
2688、2722

河口　1-2-095，1-8-419、423、426、434、440，
3-35-2032注

河口进水闸　1-8-419

河中桥　1-9-480

河内　3-36-2119

河内市　2-17-1207

河内机场　2-17-1207

河斗头　3-41-2447

河斗村　3-36-2108

河斗里　3-36-2121，3-44-2634

河东　1-2-082

河东王村　3-36-2108

河北　1-2-083、099，1-6-286，1-9-466，1-11-
614，2-16-1139、1152，2-27-1664，3-36-2115、
2117、2118、2121、2122、2125、2134、2135、
2137，3-39-2342，3-43-2533，3-44-2650、
2680，3-45-2730注、2731注、2732注

河由　1-2-081

河西　1-2-095，1-8-426

河西址　1-8-419

河西村　1-6-314、324，1-8-414，1-11-613，2-32-
1859注

河西桥　1-9-480

河庄　1-1-067，1-2-078、083、084、085、086、087、
088、089、095，1-3-183、184，1-5-242、248，
1-8-399、404、412、413，1-9-472、489、490、
502、515，1-10-544注、559，1-11-596、617注、
618、651、672、673、731、743注、744、771，
1-12-785、791、792、795、796、802、813、814、
826、838，2-13-880、935，2-15-1052、1065、
1086，2-18-1244，2-21-1433，2-23-1529、
2-27-1645，2-32-1851、1859、1873、1874、
1878、1879，2-33-1896、1907，3-34-1962、
1999，3-35-2022、2024，3-36-2045、2117，
3-37-2213、2217注，3-38-2229、2294、2296、
2303，3-41-2437、2437注、2443，3-43-2544、
2569、2592、2592注、2593

河庄人民公社　3-43-2592

河庄山　1-3-121，3-43-2543注、2578、2593

河庄乡　1-记-013，1-2-084、086、088、089、090、
1-4-201，1-6-285，1-11-749、763，2-32-
1852，2-33-1897、1903，3-37-2176、2190、
3-41-2450，3-43-2592

河庄公社　3-37-2177

河庄直湾　1-3-130

河庄闸　1-8-415

河庄居民区　1-2-091

河庄桥　1-9-478

河庄横河　1-8-397，3-43-2592

河庄镇　1-总-004，1-2-080、090、091、095，1-3-
106、121，1-4-205、206、206注、207注、211、
1-5-243、255、269，1-6-283、285、287、289、
294、295、296、302，1-7-349，1-8-413、415、
416，1-11-613、656、749，1-12-776注、784、
785、803、831、837，2-13-953，2-20-1361、
2-21-1400、1400注，2-22-1488，2-27-1651、
1652，2-31-1786，2-32-1851、1876，3-35-
2017，3-36-2050、2064、2096注，3-37-2147、
2183，3-38-2284、2303，3-41-2450，3-43-
2555、2576、2580、2591、2592、2592注、2594、
2620

河庄镇城隍庙　3-36-2050

河姆渡　1-1-061、065

河姆渡文化遗址　1-1-059

河姆渡遗址　1-1-047注、049、062、065注、066、067

河南　1-1-058，1-2-074注、083、099，1-6-286、
301、303，1-7-381，1-11-633、641、660注、
680、682、738，1-12-838，2-13-889，2-14-
1025，2-15-1039、1045，2-20-1340，2-27-
1664，2-28-1718，2-31-1831，3-36-2076、
2117、2118、2119、2120、2121、2123、2124、
2125、2126、2127、2130、2132、2133、2135、
2137、2139，3-37-2197，3-38-2256、2269、
3-43-2533，3-44-2625注、2626、2631、2632、
2699、2716、2717、2720、2721、2724，3-45-2731
注

河南王闸　1-8-419

河浦王　1-10-553

河墅里　3-36-2124

河墅堰　3-37-2199注

油车桥　1-2-092，1-3-129，1-8-395，1-9-473、
508，3-36-2123

油车桥村　3-44-2719

油树下　1-2-095

油树下村　1-9-458

泗水　1-2-082、083，3-43-2549

泗化　1-2-095，1-8-394、435，1-9-505、509、510、
3-36-2118、2129，3-43-2608、2609、2610

泗化村　1-9-505，2-32-1876，3-37-2148、2183、
2185

泗化村冯家山印纹陶窑址　3-37-2150注

泗州　3-44-2625、2638

泗州乡　3-43-2608

泗花塘　1-8-408

泗县　3-44-2625、2638

泗洪　3-36-2132

泗洲　1-2-095

泗洲村　3-37-2149

泗洲庵　3-41-2440

沿山　1-2-082、083、095，2-32-1882

沿山孔　3-38-2269注

沿山村　3-44-2723

沿江　1-2-094

沿江村　1-11-748，3-35-2017

沿池山窑址　3-37-2185

沿浦　3-45-2753

沿塘　1-2-093

沿塘抢险河　1-3-131

沿塘村　3-41-2436

沿塘河　1-3-130，1-8-395

泥马庙　3-37-2164，3-41-2424、2442、2444、2446

泥桥　1-8-433，1-9-469

泥桥乡　3-43-2608

泥桥头　1-2-095，1-8-419、423，3-43-2609、2610

泥桥头村　1-9-505，1-11-613、686，3-37-2147、2148、2149、2185

泥桥头村后山印纹陶窑址　3-37-2150注

泥桥头闸　1-8-423

泥桥头排涝站　1-8-423

泥桥闸　1-8-401、419

波兰　1-11-714，2-14-994，2-17-1183注、1199，3-35-2030，3-44-2688

泽坞　1-11-753

泽荣　1-2-093，1-5-250

泽荣村　1-9-473

怡佳公寓　2-15-1070

怡怡山堂　3-37-2217

宝山　1-11-671

宝安　2-23-1519、1520，2-25-1568

宝寿禅寺　3-37-2169、2170、2174，3-41-2424、2430、2438、2440，3-43-2583

宝贤坊　1-2-099

宝盈桥　1-2-092，3-43-2547注

宝善庵　3-41-2424、2425、2435

定一　1-2-084，3-43-2561

定一乡　3-43-2561

定山　1-2-093，1-3-131，1-8-420，1-9-472，2-15-1050，3-34-1955注、1957注，3-37-2194、2197，3-43-2546，3-45-2743

定山村　1-6-295，2-15-1050，3-37-2190，3-43-2547

定山闸　1-8-420

定江　1-2-083

定兴　3-36-2135

定安苑　2-15-1062

定南乡　3-36-2117

定海　1-9-510注，2-21-1449，3-43-2599，3-44-2633、2634

定海殿　3-41-2443

定清寺　3-41-2437注

宜兴　2-20-1380，2-26-1636注，3-36-2136，3-43-2558

宜兴市　3-39-2313

宜春　3-36-2135

官一　1-2-094

官一村　1-6-294

官山　1-2-079

官吊桥　1-8-408

官河　1-9-501、502、513，1-10-526、537，3-37-2182、2204

官河沿　3-37-2184

官河桥　1-9-476，1-10-537

官都　1-2-077、085

官湖沿村　1-9-470

官塘河　1-2-079

宛平县　3-36-2129

宛委山　3-44-2625，3-45-2758

学士桥　1-2-092，1-10-535、536、553、554

学士桥公寓　2-15-1069

〔、一〕

祈门堂桥　1-9-479

郎城　3-36-2128

郎家村　3-36-2128

郎家浜　1-2-092，1-4-191注，1-10-553，3-36-2128

郎家浜村　1-9-504

郎家浜河　1-10-537

郎家浜横河　1-8-395

郎彭　1-2-093

房山区　2-29-1747、1748

〔一一〕

弥陀寺　3-37-2195

弥陀院　3-41-2430、2438

建一　1-2-095，1-12-796，2-32-1879

建一村　1-6-294，3-35-2017

建华　1-2-094，2-32-1879

九 画

〔一一〕

玻利维亚 2—28—1719

春风 1—2—094

春风村 1—11—613

春光 1—2—094

春江 1—9—472

春园 1—2—094，2—28—1715注

春园村 3—35—2017，3—44—2720

春晖堂 3—37—2184

春雷 1—2—094，1—12—796

春雷村 1—11—719、749

〔一丨〕

项甬 1—2—093，2—13—935注，3—43—2563

项家 1—2—093，3—43—2563

项家村 1—6—295，3—44—2641

城山 1—2—077、085、086、087、088，1—3—121，1—5—246、250，1—8—392，1—9—484注、488，1—11—651、686、743注、771，2—15—1051，2—19—1275，2—32—1856，2—33—1897，3—34—1945、1962，3—36—2046注，3—37—2195注、2199注、2200、2201，3—38—2223、2273注、2274注、2294注，3—40—2414，3—41—2452，3—43—2597

城山乡 1—记—036，1—2—088、089、090，1—6—284，2—16—1112注，3—38—2295，3—39—2311注

城山王 1—2—095

城山王村 1—11—612

城山公社 1—9—464注，3—35—2033注，3—39—2311注

城山古道 3—37—2195、2199、2200

城山寺 3—37—2193、2194、2195注、2200，3—40—2414，3—41—2424

城山怀古坊 3—37—2188注、2195

城区 1—2—082、084、084注、097，2—13—935，2—16—1108，3—43—2533

城中花园 1—2—102，1—10—551，2—15—1068、1070

城东 1—2—081、086、088、089、091，1—3—183，1—9—460、466、467、469、485、501注，1—10—556、559、563、574注，1—11—651、682、712，2—13—885注、935，2—15—1032、1074、1086，2—20—1390，2—27—1669注，2—28—1705，2—32—1856、2—33—1907，3—34—1999，3—36—2046、2127、3—37—2186，3—38—2223、2244、2263、2268、3—43—2533

城东人民公社 1—2—086、087，3—43—2610

城东乡 1—2—085、088、089、090，1—4—231，1—5—263，1—6—284，1—8—395，2—25—1590，2—32—1850，3—36—2101，3—37—2190

城东公社 3—38—2228注，3—43—2605

城东办事处 1—9—459、460，1—11—728，1—12—807，2—13—879注，2—21—1432注，2—32—1875，3—34—1952，3—43—2610，3—44—2636、2647、2659

城东立交桥 1—10—532、537

城东场 1—9—457

城东直河 1—8—439

城东河 1—8—395

城东桥 1—9—502

城北 1—记—018，1—2—083、084、086、087、088、089、091、092，1—3—183、188，1—4—215，1—5—245，1—8—396、397、403注、404、413、414、418、420、435，1—9—456、460、472、488、492、506注，1—10—559，1—11—612、651、681、682、685、703、716、761、772，1—12—777、778、792、2—13—935，2—15—1052、1074、1078、1086，2—16—1112、1115、1157，2—17—1204，2—20—1314、1383，2—22—1467、1481，2—23—1518，2—24—1550、1551、1557，2—26—1630、1631，2—27—1659、1692，2—29—1734注，2—31—1784，2—32—1862、1872，2—33—1897、1908，3—35—2023、2031，3—36—2046、2059注、2096、2133，3—37—2186、2190，3—38—2223、2251注、2275注、2276，3—43—2533

城北人民公社 1—2—086，3—43—2587、2594

城北乡 1—2—082、084、085、088、089、090，1—6—282、284，1—9—509，1—11—626、711、744，2—14—981，2—24—1551，2—32—1852，3—35—2029注，3—37—2150注，3—43—2587，3—44—2716

城北区 1—记—014，1—2—084、084注、085、086、088、089，1—6—284、295、307，1—7—349，1—8—395、439，1—11—676、703、720、744、772，1—12—777、777注、779、783、784、785、800、817、833，2—19—1277注，2—21—1432，2—22—1455，2—27—1651、1664，3—35—2038，3—36—2049注，3—39—2311、2318、2322、2331，3—45—2738

城北区垦种点 1—6—298

城北片 2—21—1400

城北公社 1—9—509、509注，1—11—626注，1—12—795，3—38—2305注

城北办事处 1—5—240，1—9—460，1—11—763，2—13—957，2—14—981，2—16—1140，2—21—1443，2—27—1665，3—34—1955

城北瓜沥界河闸 1—8—417

城北农场　1-12-777注，3-35-2028注

城北村　2-14-983，3-41-2445

城北闸　1-3-130，1-8-415，1-12-791

城北闸直河　2-14-985

城北河桥　1-9-477

城北桥　1-9-478，1-10-533

城北新村　2-15-1070、1071

城北管理区　1-2-086

城西　1-2-081、091，2-28-1704注、1705、1715注、3-36-2046

城西桥　1-10-535

城西街道　3-39-2329

城郊　1-2-084、084注、087、092

城郊人民公社　1-2-087

城郊区　1-2-084、084注

城郊村　3-36-2111，3-37-2153、2156、2158、2162、2183

城河　1-4-191注、193注、215，1-9-459、501注、1-10-526、529、534、535、536、570、571、574注，2-15-1040，2-24-1551，3-37-2155、2156、2205，3-38-2269注，3-43-2534、2535

城河公寓　2-15-1071

城建公寓　1-10-568，2-15-1070

城垣　3-37-2200

城南　1-记-018，1-2-086、087、088、089、091，1-3-185，1-4-223，1-5-239、245，1-8-440，1-9-487、515，1-10-559，1-11-612、651、682、686、703、712、714、718注、721、739、748、772，1-12-778、833，2-15-1036、1086，2-20-1383，2-22-1467、1481，2-24-1557，2-27-1659、1692，2-28-1704注、1705，2-29-1734注、1742，2-31-1784，2-32-1862、1872、1876，2-33-1897、1908，3-34-1961注，3-35-2023、2031，3-36-2046，3-37-2186、2186注、2190，3-38-2235、2275注、2276，3-39-2323，3-41-2459，3-42-2495，3-43-2534

城南人民公社　1-2-086，3-43-2615

城南乡　1-2-088、089、090，1-6-282、284，1-8-395，1-9-458，1-11-712、770，2-16-1112注、2-21-1432，2-33-1897，3-37-2175、2176、2186、2187，3-38-2284

城南区　1-2-088、089，1-6-284、295、307，1-7-349，1-8-395，1-11-703、704、760，1-12-778，2-15-1036，2-21-1432，2-26-1623、1631，2-27-1664，3-35-2032，3-39-2318、2322

城南区垦种点　1-6-298

城南公社　1-4-193注，1-11-648、760，3-35-2030注，3-38-2294注，3-43-2605

城南公铁立交　1-9-476

城南公铁立交桥　1-9-485

城南办事处　1-5-266，1-9-460，1-11-685、713，2-16-1112注，2-21-1432注，3-35-2015、2016，3-43-2605、2615，3-44-2631、2632

城南立交桥　1-9-460

城南桥　1-9-501

城桥　1-2-097，1-10-532、535、536

城站　2-30-1760注

城厢　1-记-020，1-2-078、080、083、084、084注、086、089、091、092，1-3-129、130、183，1-5-248、249、260，1-6-309，1-7-367、368，1-9-460、490、501注、504、512、513、514，1-10-560、565、580，1-11-596、618、663、673、684、761、763，2-13-947、972注，2-15-1032注、1050、1055、1056、1068、1074、1076、1077、1078、1079、1081、1081注、1082、1085、1085注、1088、1093，2-16-1099、1107、1111、1115、1124、1125、1126、1126注、1138、1147注、1149、1150注、1152、1157、1157注、1158、1159、1162、1168、1172，2-18-1220注、1234，2-19-1265、2-20-1329、1336、1339、1341、1343、1358注、1366、1383，2-21-1412、1447，2-23-1521，2-24-1535、1541、1545注，2-26-1616，2-27-1644、1659、1667、1686、1700，2-28-1704注、1705、1713注、1718、1720、1720注、1725、1727、2-29-1734注、1742、1744，2-31-1787、1825、1837，2-32-1851、1853、1854、1856、1859、1860、1861、1872、1872注、1873、1874、1875、2-33-1886、1892、1903、1911，3-34-1926注、1939、1940、1947、1948、1962、1963注、1993、1995，3-35-2005、2021注、2022、2024、2027、2031、2034，3-36-2045、2051、2056、2061、2073注、2091、2120、2122、2134、2138、2139、3-37-2204，3-38-2227注、2229、2231注、2236注、2242、2242注、2246注、2253注、2288、2291、2293、2296，3-39-2311、2312注、2313注、2318、2320、2333、2344，3-41-2452、2456，3-42-2490、2507、2508，3-44-2632

城厢人民公社　1-2-086，3-43-2533

城厢天主堂　3-41-2452

城厢区　1-2-084

城厢地区　1-9-493

城厢南门　1-9-504

城厢教堂　3-41-2456

城厢基督教堂　3-41-2457

城厢街道　1-6-335，1-10-580，2-15-1086，3-36-2099注

2-21-1424，2-23-1530，2-24-1550，2-27-1672，3-36-2138，3-41-2448注，3-43-2541

相公寺　3-41-2443

相公殿　3-41-2443

柏山　1-2-082

柏山陈　1-2-092，2-16-1112，3-43-2538

柏山陈村　1-11-747，3-37-2153、2184，3-44-2653

柏家山　3-43-2537

柏家山庙　3-41-2443

柳州市　2-13-932

柳桥　1-2-092，1-9-456，2-32-1849，3-43-2534、2587

柳桥村　1-2-090，1-10-553，1-11-613，2-13-957，3-35-2032

柳浦　3-43-2551

柳家　1-2-094

柳塘　3-37-2199注

柳塘庵　3-37-2194

树蓬王　1-2-094

故城　3-36-2121

故宫　3-44-2672

胡仓塘　3-36-2129

胡氏宗祠　3-37-2168

胡志明市　2-17-1207，3-36-2056

胡家　3-36-2129

胡家汇北　1-2-079

胡家汇村　1-9-466

胡家弄　3-36-2129

胡家弄村　3-36-2109

胡家埭　1-5-260注

封湖墩　3-41-2447

荆州　3-41-2440，3-44-2630

南大门　1-2-076，1-3-115，3-37-2213，3-43-2543注、2558、2558注、2576

南大房　3-37-2159、2190、2215，3-43-2568、2569

南小桥　1-9-473、481

南山道院　3-41-2443

南门　1-2-092，1-9-501，2-32-1849，3-38-2225注

南门江　1-2-092、096，1-3-129、160，1-4-223，1-5-242，1-8-395、414、429、439、443，1-9-458、501注、502、503、513，1-10-526、529、533、535、536、537、548、549、557，1-11-592，2-15-1069，3-36-2119，3-37-2204，3-39-2336，3-40-2411，3-43-2534、2535、2605、2606、2615

南门江大桥　1-9-476

南门江支流　1-10-537

南门江桥　1-9-457

南门村　2-15-1069，2-28-1722

南门码头　1-9-508、509

南门桥　1-3-129，1-4-192、209、223，1-8-395、429，1-10-532、535、536

南乡　3-44-2655

南丰　1-2-094，2-32-1879

南丰村　1-6-294，2-13-938

南太平洋　2-14-993

南片　2-13-893，2-21-1408

南片山区　2-13-889注

南片地区　2-13-935

南平　3-45-2728注

南北　1-2-094

南市　1-2-092，1-10-580，2-15-1068，3-34-1990

南市花园　1-4-224，1-10-548、554、568、569，2-14-987，2-15-1069、1071、1090

南市桥　1-10-536

南汇嘴　1-3-133

南头　3-43-2555

南宁　1-9-452注

南宁府　3-36-2135

南加州　1-记-038

南台　3-36-2116

南亚地区　1-记-039

南庄王　1-2-093，1-9-472

南庄王村　1-7-351注，1-11-728，3-37-2158、2184

南庄北　1-3-107、113

南充市　1-11-615

南充地区　2-33-1904

南江　1-2-092，2-21-1401

南江公寓　1-4-224，2-15-1066、1069

南江公寓桥　1-10-536

南江景观桥　1-10-537

南阳　1-记-013、016、020，1-2-078、083、084、085、086、087、088、089、094，1-3-122、184、185，1-5-248、260，1-8-404、412，1-9-470、471、482、483注、490、506、515，1-10-524、525、559，1-11-596、602、614、617注、618、651、657、673、686、722、759、771，1-12-784、785、802、814、823、826、833、838，2-13-935、2-15-1045，2-18-1244，2-19-1275，2-21-1406，2-23-1530，2-24-1542，2-28-1704注、1705，2-32-1851、1852、1868、1872、1873、1874、1878、1879，2-33-1896、1897、1907、1924，3-34-1931、1939、1948、1961注，3-35-2022、2032，3-36-2045、2071注、2072注、2119，3-37-2182、2215，3-38-2273、2294，3-40-2346、2352、2385、2412、2413、2414、2415，

3-41-2424、2441注、2442、2443、2451注、2455、2456、3-43-2544、2576、2577、2577注、2578、2578注、2591、2592、3-44-2639

南阳乡 1-记-013, 1-2-088, 2-33-1897, 3-43-2576

南阳公社 3-34-1989注

南阳村 1-2-082

南阳经济开发区 1-记-019, 1-5-250, 1-10-568, 1-12-776, 822, 3-35-2035, 3-43-2578、2579

南阳经济技术开发区 1-4-217

南阳垦区 1-11-735

南阳垦种区 1-11-686

南阳真神堂 3-41-2455

南阳桥 1-9-478、480

南阳赭山围垦 1-12-784

南阳横河 1-8-397

南阳横湾 3-43-2577

南阳镇 1-记-019, 1-2-080、084、089、090、091、094, 1-3-106、107、108、110、110注、111、114、118、121、124、141, 1-4-211, 1-5-243、255、261, 1-6-283、284、285、287、289、294、296、298、302, 1-7-349, 1-8-413、415、421、429, 1-9-470、471, 1-10-559、578, 1-11-608、611、613、619、651、653、688、724、725, 1-12-776注、784、805、808、822, 2-13-892注、935、938、938注、939, 2-15-1051注、1088, 2-21-1411、1414, 2-22-1473, 2-24-1542、1558, 2-25-1583, 2-27-1675, 2-28-1713、1718、1721, 2-31-1786, 2-32-1850、1876, 3-34-1981, 3-35-2035, 3-36-2050、2055、2056、2096、2096注, 3-37-2150、2152、2154、2170、2173、2186、2209、2211、2211注、2217注, 3-38-2296, 3-39-2339, 3-41-2437、2438、2441、2450、2451, 3-42-2462, 3-43-2555、2558、2576、2577、2578、2579、2592、2619, 3-44-2643、2669、2674、2689、2691、2715、2720、2723

南巡庙 3-41-2424

南坞 1-记-016, 1-2-082、083、095, 1-3-121, 1-5-249, 1-8-422, 1-9-473, 2-32-1880、1881, 3-43-2602

南坞村 2-33-1921

南围 1-2-094

南围村 1-6-298, 1-12-776注

南沙 1-2-076、082, 1-5-260注, 1-7-351注, 1-8-399注、439、442, 1-9-500、502、507注, 1-12-776、776注、791, 3-34-1951注, 3-37-2152, 3-38-2256注, 3-41-2436注、2443、2449、2450、2451、2451注, 3-43-2540、2542、2543、2543注、2544、2544注、2545、2546、2560、2592, 3-44-2639

南沙大堤 1-3-140, 1-5-242、248、263、266, 1-8-396、398、399、413、414、435、438、440, 1-10-541, 1-11-593、617注, 1-12-776、776注、777、777注、785、791、792、806, 3-37-2213, 3-41-2445, 3-43-2580、2585、2587、2592

南沙大堤外围垦 1-12-784

南沙支堤 1-8-399

南沙平原 1-8-396、397、437, 1-11-617注、694注、726、729、773, 1-12-791

南沙地区 1-3-129、130, 1-5-264, 1-8-413、424、429, 3-37-2154, 3-43-2559

南沙灌区 1-8-437、444

南非 2-14-993, 2-21-1417, 2-24-1555

南昌 1-9-452注, 1-11-768, 3-36-2116, 3-44-2624, 3-45-2727

南昌府 3-36-2131

南京 1-9-452注、458注、465, 1-10-529, 1-11-602、717、737、758、764、768、770, 2-13-938, 2-16-1149, 2-26-1631, 3-34-1957注, 3-35-2029, 3-36-2088、2116、2118、2139, 3-37-2172、2196, 3-39-2340注、2341、2341注, 3-43-2573, 3-44-2623、2639、2646、2651、2655, 3-45-2730

南闸 1-2-093

南河 1-3-128, 1-8-393、400、408、438, 1-9-501

南河口 1-8-408

南河山 1-9-472

南河山桥 1-9-479

南河桥 1-8-401、402、408

南河塘 1-8-401、433

南泥湾 3-34-2000注

南城 3-36-2137

南药桥 1-2-099, 3-36-2101, 3-37-2205, 3-43-2535、2536

南星桥 1-9-506, 1-10-554, 3-37-2151, 3-44-2643

南星庵 3-41-2437注

南美 1-11-703, 2-17-1191、1208

南洋 3-44-2640、2641、2642

南浔 3-44-2640

南垦大队 1-12-790

南部县 3-36-2131

南海 1-6-323, 1-11-597, 2-20-1396, 2-21-1424, 2-22-1461、1472, 3-41-2437注

南通 2-20-1380

南船闸 3-43-2542

南斯拉夫 1-记-025、035, 3-44-2689

南联 1-2-094

南联村 1-6-294

南街 3-41-2443

南港河 3-41-2437

南湖乡 1-1-066注

南横河 1-8-439

南横堤二埠闸 1-8-417

南横堤头埠闸 1-8-417

茌山 1-2-076、087、094，1-5-265，1-8-398、399，
　　2-25-1590，2-32-1875，3-40-2414，3-41-2434

茌山人民公社 1-2-087，3-43-2587

茌山村 1-8-395、414，2-14-983

茌盛 1-2-082

草庵塘 1-10-558

草漾 1-2-093

茶叶山窑址 3-37-2185

茶园 1-11-614

茶店 2-32-1877、1879

茶亭 3-37-2217注，3-38-2234、2235

茗淏坞 1-2-094，1-3-117，1-8-409

茗淏坞村 1-3-114，3-41-2430

荣十 1-2-085、086，3-43-2589

荣庄 1-2-092

荣庄村 1-6-314，1-10-554，1-11-744，2-14-983，
　　2-24-1551

荣星 1-2-092

荣星村 1-2-080，2-32-1851、1876，3-37-2190

荣贵 1-2-083

荣贵庙 3-41-2444

荣联 1-2-092，2-32-1849

荣联村 1-9-488

荣禄第 3-43-2535、2535注

荣新 1-2-093，1-9-473

荣新村 1-6-294，1-11-613，3-37-2173，3-41-
　　2436，3-44-2659

荥阳 3-36-2133

赵一 1-2-093

赵一村 3-37-2162

赵公堤 3-37-2156注

赵坞 1-2-094，1-3-185，1-10-553，3-36-2128，
　　3-37-2218注，3-41-2432

赵坞村 1-11-613，3-36-2109，3-41-2432

赵坞岭 1-2-077、078

赵坞庙 3-41-2447注

赵村 1-2-081、099

赵家坞 3-36-2128

赵家坞山 3-37-2190

赵家坞村 3-36-2109

赵家坞庙 3-41-2432、2444

赵家岭 1-3-120

赵家埭 1-2-079

赵家湾 1-2-095，1-11-770，3-43-2569、2600、2601

赵家湾村 3-44-2645

赵家墩 1-2-095

赵墅 1-2-081

柬埔寨 1-记-036，3-34-1949

〔一丿〕

歪桥 3-37-2159

威尼斯 2-13-948注，3-43-2545

威茂道 3-36-2132

〔一→〕

拱秀 1-2-092

拱秀门 1-2-097

拱秀桥 1-10-537

拱北小区 2-15-1061

挑网张 3-36-2126

挪威 1-4-214，2-14-991、994、1001、1002、1006，
　　2-17-1191、1199、1204，2-24-1554，2-28-1719

〔丨一〕

战备码头 1-9-503注

战备桥 1-10-553、554

〔丨丨〕

临山镇 3-36-2134

临平 3-36-2139

临东 1-2-084、092、093，1-10-545，2-32-1849，
　　3-36-2135，3-43-2597

临东村 1-10-544，1-11-613

临江 1-2-077、085、086、087，1-8-423、425、434、
　　440，1-10-544注，3-35-2023、2032注，3-37-
　　2169注，3-43-2597

临江一线大堤 1-12-782

临江乡 1-2-086

临江书舍 3-37-2182、2183

临安 1-2-096，1-3-111、118、129，1-7-381，
　　2-14-1019，2-15-1062，2-22-1463、1464，
　　2-29-1735、1742，2-32-1872，2-33-1904，
　　3-34-1955，3-36-2076、2081注、2117、2126、
　　2127、2128、2129、2131、2134、2136、2139，

2221、2223、2233、2234，3-43-2540、2542

昭东人民公社 1-2-087

昭东乡 1-2-088、089、090，1-3-144注，1-6-285，
　　1-11-640、717、721、744、752，2-19-1275，
　　2-21-1433，2-31-1803、1841，3-37-2178、
　　2187，3-38-2224、2303

昭东公社 1-11-717注，1-12-785，3-44-2658

昭东管理区 1-2-086

昭玄寺 3-37-2161注，3-41-2438

昭名 3-37-2199注

昭庆寺 3-37-2161注

昭明 1-2-099，3-43-2533，3-45-2742、2743

昭明乡 1-2-081、082、099，3-36-2120

毗陵 1-2-074

畈里 1-2-093

畈里张 1-2-092，1-7-368

畈里张河 1-10-537

畈里陈 1-2-095

畈里童 1-9-458，1-10-553

虹桥里 3-36-2121

虹康花苑 2-15-1063

显教寺 3-41-2428

星民 1-10-575，1-12-777注

星民村 1-记-020、038，1-9-474、507，1-12-777
　　注，3-44-2720、2721

星拱亭 3-37-2159、2189

星拱桥 3-37-2159注、2182、2183

星都花园 2-15-1069、1070

贵州 1-6-286、301、303，1-11-633、635、660注、
　　703、714，1-12-838，2-14-1025，2-15-1057，
　　2-16-1131、1153，2-22-1498，2-26-1611，
　　2-31-1831，3-38-2247

贵阳 1-9-452注，3-44-2658

贵县 3-45-2728注

界川 1-11-614

界塘坞 1-3-121

思安乡 1-3-120

思家桥 3-37-2155注、2158、2184

〔丿一〕

钟阿马烈士墓 1-记-021，2-32-1857，3-37-2182、
　　2183、2189

钟岭 1-8-410

钟岭溪 1-8-422

钟前王村 1-2-080

钟家坞 1-2-095，1-8-419、426，3-36-2129、2130、
　　3-43-2610

钟家坞汉代窑址 3-37-2150注

钟家坞村 1-8-414，3-36-2109，3-37-2148、2164、
　　2183、2185

钟家坞村茶叶山东汉窑址 3-37-2150注

钟家坦 1-2-092，3-36-2129

钟基郎 1-2-080

种畜场 1-11-738，3-35-2028注

秋上王 1-记-022，3-45-2758

科威特 3-36-2070

缸窑湾 3-37-2201

复兴 1-2-083、084、085，3-43-2602

复兴乡 1-2-084，3-43-2602，3-44-2651

复兴寺 3-37-2195，3-41-2425

复兴庵 3-37-2194、2195

看怕岭 1-3-121，3-36-2132

香山 3-36-2137，3-45-2753

香炉尖 1-3-119，1-5-250

香炉峰 3-45-2758

香桥 1-2-081

香港（港） 1-记-025，1-1-069，1-6-286，1-7-
　　381，1-9-452、452注、474，1-11-728、736、
　　768、771、773，1-12-820、824、825、829、830、
　　831、836，2-13-875、876、879、880、882、884、
　　886、888、912、920、921、939、952、957，2-14-
　　984、990、991、992、994、997、1000、1001、
　　1002、1003、1004、1006、1008、1009、1010、
　　1014，2-15-1050、1052，2-16-1139、1169、
　　2-17-1182、1183、1183注、1186、1190、1191、
　　1197、1199、1206、1207、1213、1214，2-18-
　　1237，2-20-1330，2-21-1417、1439，2-22-
　　1467、1473、1498，2-23-1530，2-24-1555、
　　2-26-1627、1636，2-27-1648、1654、1686、1688
　　注、1689、1693注，2-28-1719，3-34-1952、
　　1970、1994、2001，3-35-2031，3-36-2056、
　　2058、2067注、2069、2071，3-37-2211，3-38-
　　2229，3-39-2310，3-43-2555、2589，3-44-
　　2641、2663、2670、2675、2695，3-45-2757

重庆 1-6-286、301、303，1-9-452注，1-11-633、
　　635、703，2-15-1058，2-28-1714，2-31-1831、
　　2-32-1877、1877注、1878，3-43-2591，3-44-
　　2651、2672

重兴寺 3-41-2423、2424

重兴院 3-41-2423

〔丿丨〕

修文 1-2-097

保加利亚 1-记-036，2-17-1191、1199，2-27-1688注

保寿桥　3-37-2155注
俄国　3-44-2648
俄罗斯（俄）　1-记-038，1-6-286，2-14-1006，
　　2-15-1053，2-17-1191、1199，2-24-1555，
　　2-28-1719，3-43-2604、2612，3-44-2648
信州　3-41-2442
信阳　3-44-2626
信源　1-2-094
信源村　2-13-909
俊良　1-2-092
俊良居民区　1-6-294
顺天府　3-36-2120，3-44-2631、2632
顺安桥　1-9-481
顺坝　1-记-014、025，1-2-095，1-4-223，1-8-
　　404、435、436、443，1-9-473，1-12-777、785、
　　793、806、819，2-32-1879，3-38-2293
顺坝3围闸　1-8-417
顺坝一千二百亩围垦　1-12-779
顺坝一号闸　1-3-130，1-8-411，1-12-791
顺坝土地庙　3-41-2444
顺坝四千亩　1-12-777、779
顺坝地区　1-12-783
顺坝村　1-5-248，1-6-298，1-12-776注、818
顺坝围垦　1-2-080，1-8-416、417，1-11-720，
　　1-12-784、806、814、817、819
顺坝围垦1号坝　1-8-417
顺坝围垦区　1-12-795、820、833
顺坝闸　1-8-417，1-12-783
顺坝南斜埂　1-12-783
顺坝星民垦殖场　1-4-230、233、233注
顺坝联围　1-3-188，1-12-783、808
顺坝联围1.5万亩垦区　1-3-188
顺昌当门楼　3-37-2184
顺德　2-20-1396
顺德市　2-13-953
皇天畈　1-8-401
皇坟尖　1-3-114、121，3-36-2128，3-37-2172、
　　2182、2218注，3-41-2446，3-43-2597
泉水　1-2-093
泉水坞　2-13-937注，3-41-2429
泉水村　1-3-105、111
泉州　1-1-069，3-36-2125
禹王庙　3-44-2645
禹陵　3-45-2758

〔丿丿〕

待诏山　3-37-2173

待诏桥　3-37-2160、2169

〔丿、〕

叙利亚　1-记-036、038
郗坞　1-2-095，1-11-771，3-36-2126
郗坞村　1-5-249
俞龙　1-2-082、083
俞家　1-记-016，1-2-095，2-32-1880
俞家里　1-2-080
俞家潭　1-8-414、418、420，1-9-484注、508、509，
　　1-10-554，1-12-795，2-16-1112，2-32-1852，
　　3-34-1955

〔丿→〕

狮山　1-2-095，1-8-410，1-11-612，3-37-2210、
　　2215，3-43-2614
狮山村　1-5-249，1-11-612，2-25-1584，2-32-1882
狮子口　1-9-466
狮子山（禅机山）　1-3-106、111、121、132，1-9-
　　473，2-15-1051、1051注，3-36-2119，3-37-
　　2173、2194、2213、2215，3-41-2438，3-43-2576
狮子山闸　1-8-415，1-12-794
狮子山桥　1-9-481
狮子峰　1-11-772
狮虎坪　3-37-2174
狮虎泉　3-41-2430
狮虎涎泉　3-37-2174
狮虎峰　3-41-2430
独断河　3-37-2158
饶州　3-36-2129
饶州府　3-36-2136
胜利　1-2-083、086，1-8-410，2-32-1859
胜联　1-2-093，3-43-2560

〔、一〕

将乐县　3-37-2193注，3-44-2625
将军殿　3-41-2437注
施村　3-36-2130
施国　3-36-2130
施南府　3-36-2127
施家山土墩墓　3-37-2185
施家闸　1-3-106
施家桥　1-2-092，1-7-368，1-10-541
施家桥村　1-6-324，1-8-420
施家桥横河　1-8-439

施家渡　1-2-092，3-36-2130

施家渡村　3-36-2109，3-37-2187、2192、2193，3-43-2539

亭子头　3-37-2199注，3-40-2413，3-41-2447，3-45-2742

〔、丨〕

闻家里　3-43-2615

闻家堰　2-28-1720注，3-35-2032、2032注，3-43-2546

闻家堰站　3-35-2032

闻堰　1-记-013、016、020、025，1-2-075注、078、079、080、082、083、084、085、086、087、088、089，1-3-116、127、137、138、157注，1-4-201注、233，1-5-248、249、255、277，1-6-320、338，1-7-367，1-8-395、398注、404、425、428、430、431、433、435、438、439、442，1-9-471、472、474、490、503、503注、504、505、506、510、513、513注、514，1-10-524、554、557、558、559、563、564，1-11-596、597、614、618、620、621、651、685、692、717注、729、739、740注、744、767、770，1-12-784、785、795，2-13-880、935，2-15-1032、1050、1051、1052、1053、1065、1068、1078、1081注、1085、1088，2-16-1112注、1138注、1152、1157注、1168，2-18-1218、1244，2-20-1314、1366，2-21-1400注、1405、1409、1433，2-24-1550、2-26-1604注，2-28-1705、1713注，2-30-1769、2-32-1851、1854、1855、1860、1872、1873、1874、1875，2-33-1900、1903、1907、1908、1924，3-34-1940，3-35-2021注、2022、2024、3-36-2045、2051、2051注、2055、2057、2072、2077注、2096注、2117、2122、2123、2124、2138，3-37-2182，3-38-2273、2288、2294，3-39-2311，3-40-2348、2381、2385，3-41-2424、2441注、2442、2443、2455、2458，3-43-2533、2546、2547、2547注、2548、2551、2565、2602、2615，3-45-2744

闻堰下闸　1-8-421

闻堰上闸　1-8-421

闻堰乡　1-记-013，1-2-085、088，2-15-1053，3-43-2546

闻堰水文站　1-3-139

闻堰公社　1-12-800，3-43-2546

闻堰教堂　3-41-2456

闻堰渡　1-9-506，3-43-2547

闻堰管理区　3-43-2546

闻堰镇　1-记-030、031，1-2-075、078、084、089、090、091、092、093、096，1-3-105、109、110、111、112、113、121、128、131、133，1-4-193、194、205、206注、207注、210、211、226、230、233注，1-5-243、255、266、269，1-6-282、283、284、285、287、289、294、295、296、302，1-7-349，1-8-398、414、420、421、429、431、436、438、442，1-9-470、507，1-10-523、525、552、554，1-11-613、618、619、625、688、714、725、730、743、744、745、758、772、774，1-12-807，2-13-972注，2-15-1050、1051，2-18-1256，2-20-1361，2-21-1433，2-24-1562，2-25-1576、1579，2-27-1683，2-28-1713、2-29-1745，2-31-1785，2-32-1852、1876、2-33-1901，3-35-2015、2016、2024，3-36-2050、2057、2064、2077、2096、2096注、2098、2108、2120、2122，3-37-2184、2190、2196、2197、2198，3-38-2269、2302，3-41-2434、2448，3-43-2546、2547、2548、2549、2615、2619，3-44-2627、2669、2677、2696

闻堰镇王家村　1-11-749

闽瓯　1-2-074

〔、丿〕

炮台小区　2-15-1062

炮台湾　1-9-469、473

前十一工段　1-12-778

前十一工段闸　1-8-416

前十一工段横河　1-8-397

前山　1-3-106

前山头　1-2-094

前山岭坝　1-8-422

前山窑址　3-37-2185

前方　1-2-093

前方村　1-4-223，1-5-276，1-11-727，3-36-2108、2117

前孔　1-2-082、083、092、093，1-3-107，1-10-544、545，2-32-1849

前孔村　3-36-2108

前朱　1-2-094

前朱村　1-11-612，3-43-2583注

前兴　1-2-094

前兴村　1-3-130

前进　1-2-086、088，1-3-185、186，1-4-192、193、193注，1-5-242，1-8-404，1-9-490，1-10-524、559，1-11-611、618、651、673、743注，1-12-776注、795、796、797、798、799、800、

801、802、813、814、819、826、827注、837、838、2—21—1432注、1433，2—28—1726，2—32—1851、1873、1874，2—33—1899、1907、1908，3—34—1931、1972、1999，3—35—2024，3—36—2046，3—38—2223，3—39—2324，3—43—2592、2602、2617、2618

前进人民公社 1—2—088，3—43—2617

前进乡 1—2—088、089、090、091、095，1—4—201、206注、211，1—5—243、255，1—6—283、285、287、289、294、295、296、298、302，1—7—349，1—8—416，1—9—471，1—11—613、619、648、656、711，1—12—784、794、797、805、816，2—20—1388，2—23—1521、1529，2—24—1542，2—31—1786，2—32—1878，3—36—2092，3—43—2585、2617、2618、2620

前进公社 1—12—784

前坛庙 3—37—2169、2185，3—41—2443、2444、2447、2447注

前范家（农新村） 3—36—2126

前宝河 3—37—2166

前峰 1—2—095

前高 1—2—093

前桑盆里 3—36—2126

前黄 1—记—016，1—2—095，2—32—1880，3—43—2603

前章 1—2—095

前章村 1—6—294，1—11—622，3—37—2157，3—43—2615

前塘 1—2—095

前解放河 1—2—080，1—3—130，1—8—396、439，1—12—792，3—43—2543、2587

前横河 1—8—439

前壕 1—2—081

总铺 3—37—2204

总管殿 3—41—2437注、2443

美女山（文堂山） 1—2—080，1—3—106、118、121、188，1—8—399，1—9—473，3—36—2119，3—37—2194，3—41—2438，3—43—2576

美女山坝 1—12—793、794

美女山坝闸桥 1—12—794

美女坝 1—3—133、139、188，1—8—404，1—9—485，2—16—1152，3—37—2213，3—43—2576、2579

美女坝闸 1—8—421

美仁里 3—36—2129

美国（美） 1—记—019、020、035、037、038、040，1—1—069，1—6—286、322，1—10—528注，1—11—671、685、703、713、717、736、737、747、748、768，1—12—824、825、829、830、831，2—13—876、880、886、888、889、912、920、929、932、951、952、955、957、976，2—14—988、990、991、

994、999、1000、1001、1002、1003、1006、1010、1011、1014，2—15—1052、1053，2—16—1165、1174，2—17—1182、1183、1183注、1190、1191、1192、1193、1194、1195、1195注、1197、1198、1199、1206、1207、1208、1213、1214，2—18—1237，2—20—1330、1395，2—21—1417、1418、1440、1443，2—22—1473、1498，2—24—1555、1556，2—26—1636，2—27—1688注、1689、1693注，2—28—1719，3—34—1941注、1950注、2001，3—35—2018、2023、2031、2035，3—36—2056、2058、2058注、2070、2081、2081注、2082注、2099、2106、2115，3—37—2211、2211注、2212注，3—38—2242、2244、2246、2246注、2247、2248、2255，3—39—2327、2339，3—42—2517，3—43—2555、2589、2604，3—44—2662、2669、2670、2679、2682、2683、2684、2686、2687、2691、2696、2698、2699、2714、2715、2716

美洲 1—11—717、764，2—13—882、921，2—14—991，2—17—1198、1199，3—36—2079

美德桥 1—9—480

姜家坞 1—2—095

姜家里 3—41—2447

姜家�—34—1952

娄 1—2—074

娄下陈村 1—11—622

娄县 3—36—2124

娄园 1—2—093

娄家园 1—8—421、422，2—28—1718

娄家湾 1—2—094

娄家湾村 1—11—613，3—37—2153、2190

娄家墙门 3—37—2190、2215

〔丶丶〕

洪水湾 1—2—094，1—8—419、425，1—9—472

洪水湾村 1—8—393，1—11—618

洪村 3—36—2129

洪都拉斯 2—17—1199

洪家潭 1—2—094，1—9—508、509

洪溪 1—2—082

洞头县 2—33—1904

洞庭湖 3—44—2626

洞桥 3—37—2158

洞桥头 3—36—2136

洗马池 3—37—2189、2195、2200

洗脚潭 3—37—2192

洛阳 3—36—2125，3—44—2623

洛杉矶 2—17—1207、1208

洛思山 3－43－2561

洛思泉 3－37－2174，3－41－2435

洛思峰 3－37－2174，3－41－2435

浏阳 3－44－2625

济民闸 1－8－411、418

济民河 1－8－418，1－10－526、543

济南 1－9－452、452注，2－28－1717、1724，3－43－2573，3－44－2664、2678

洋太 3－45－2753

洋田村 1－11－614

洋湖 1－2－094，1－3－113

洲口溪 3－37－2159，3－43－2574、2575

津巴布韦 1－记－037

浔州府 3－36－2118，3－45－2728注

宣岭 1－2－082

宫保第 3－37－2151、2154、2163、2183

觉苑寺 2－23－1528，3－37－2161注，3－41－2423

觉海寺碑 3－36－2046

觉海亭 3－41－2434

觉斯庵 3－41－2424

〔、→〕

祖师庙 3－41－2424、2437注、2443、2444、2446注

祖师净水盅 3－37－2173

祝山桥 3－41－2434

祝家 1－2－095，1－3－112、147注

祝家村 3－37－2185

祝家村尖湾印纹陶窑址 3－37－2150注

祝家桥 1－2－092，1－10－554

祝家桥村 3－35－2017

祠堂前傅家 3－36－2136

袄庄陈 1－2－094，1－3－185，1－9－473

袄庄陈直河 3－43－2606

冠一村 1－2－091

冠二 1－3－187，1－12－777注

冠三 3－38－2268注

冠山 1－2－083、084、086，3－36－2123、2133、2135，3－44－2630

冠山乡 1－2－085

冠山村 1－6－294

冠山道院 3－41－2443

〔→一〕

郡城 3－36－2137

费列瓦德省 1－记－039

逊河公社 3－44－2684

垦区 1－11－676、681、711、718，1－12－776、781、788、789、790、791、793、794、795、797、798、799、800、801、802、803、809、811、812、813、814、815、816、817、818、820、822、823、826、827、827注、833、834、835、836、837、838

屋子桥 3－37－2205

屋侧桥 3－37－2155注

屏风山 1－2－077、078、079，1－3－119，1－5－250

〔→丨〕

陛下庙 3－41－2443、2449、2449注、2450

胥里 3－36－2123，3－41－2439

眉山 3－37－2194

〔→丿〕

姚公埠 3－43－2551

姚吕 1－2－082

姚江岸 1－2－092，1－4－191注，1－10－553

姚江岸村 1－11－718、719，2－15－1052，3－36－2078注

姚家尖 1－2－079

姚家坞 1－3－113

姚家岙 3－45－2758

姚家河 1－10－529

姚家畈 1－2－092，1－9－508、509

姚家畈村 1－11－685、713，3－35－2017，3－44－2720

姚家潭 1－2－092

姚鲍渠 1－8－393

盈一 1－2－095，1－11－729

盈一村 1－6－294，1－11－613，2－27－1661，3－36－2050，3－38－2274

盈二 1－2－095

盈二村 1－记－015，1－9－457、461，1－11－613，2－27－1662

盈上 1－2－094

盈丰 1－2－084、086、087、088，1－3－185，1－5－260注，1－8－415、425、442，1－9－447注、506注、508、509、515，1－11－651、682、686，1－12－777、779、783、795、800、819，2－13－880，2－14－987，2－15－1035，2－16－1115，2－17－1204，2－28－1715注，2－32－1872，3－38－2233、2234，3－41－2456，3－43－2543、2594、2595、2595注、2596

盈丰乡 1－记－015，1－2－085、086、088、089、090，1－3－185，1－6－284，1－9－506，1－11－749、753、763，1－12－777注、819，3－34－1968，3－38－2274，3－43－2594、2595

盈丰公社 1－11－686，1－12－784、785、795

盈丰教堂　3-41-2456
盈丰渡　1-9-506
盈中　1-2-094，1-10-580
盈中村　3-35-2017
盈宁　1-9-455注、456、463
盈宁站　1-9-456、459
盈围　3-43-2587
盈建闸　1-8-418
盈泉　1-2-083
盈盛　1-2-083
盈湖　1-2-077、085，3-43-2597
贺城　3-36-2128

〔一丶〕

勇建　1-2-093，1-8-425
勇建村　3-41-2435

〔一一〕

骆兴　1-2-083
骆村　1-2-095，1-5-249，1-8-410，2-21-1441
骆村村　1-11-613
骆家　1-2-082
骆家舍　1-3-111，3-44-2644
骆家舍村　1-3-119
骆家湖　1-8-393

十　画

〔一一〕

珠山　3-37-2194，3-41-2446
珠山道院　3-41-2443、2446
珠海　1-9-452注，1-11-661、663，2-15-1057，
　　2-20-1382、1396，2-22-1460，2-24-1535、1535
　　注
珠海市　1-记-016，2-14-991，2-20-1396
珠墅庙　3-41-2440
蚕花　1-2-095
蚕花村　1-11-613
蚕花庙　3-40-2413
秦山　2-15-1063
秦君　1-2-081
秦君巷　1-2-099

秦国　3-36-2138
秦望山　3-36-2123
泰山　3-44-2629
泰安桥　1-10-540、542
泰国　1-记-021、035、036、040，1-6-286，1-7-
　　381，1-11-736、737、738，2-14-994、997、
　　1003、1004，2-17-1191、1199、1213，2-20-
　　1330，2-26-1636，2-27-1688注，2-28-1719，
　　3-34-1950，3-35-2031，3-38-2283，3-39-
　　2318、2342
泰和　3-34-1990
泰和小区　1-10-557，3-35-2020
泰和花园　1-10-551、554，2-15-1068、1070、1071
泰和县　3-36-2129
泰和园　3-43-2609
泰和桥　1-10-535、537
泰顺　1-11-614
泰顺县　1-11-614，2-33-1904、1923注

〔一丨〕

埃及　1-记-037，1-1-047注，1-11-717，3-44-2648
埃塞俄比亚　1-记-036
桂井　2-32-1877、1879
桂平　3-37-2173注，3-45-2728注
桂阳　3-36-2121
桂林　1-9-452、452注，2-26-1607，3-44-2663注
桂洲镇　2-13-953
桓溪　3-36-2121
栖山　1-3-121
桐乡　1-1-066、066注，1-9-506，2-15-1048、1063，
　　2-20-1380，2-25-1567、1568，3-36-2059、
　　2076，3-40-2382、2413，3-41-2449，3-44-
　　2724，3-45-2734注
桐庐　1-3-137，1-8-430、431，1-9-510，1-11-
　　595、720，1-12-817，2-16-1176，2-22-1504，
　　2-27-1673、1701，3-36-2058、2117，3-43-
　　2538、2547、2551、2576
桐庐县　1-8-429，2-31-1841，3-34-1958
株洲　1-9-455注
桥下达　1-2-092，3-43-2535、2536，3-44-2636
桥下达居民区　2-27-1675
桥东　1-2-099，3-43-2533
桥头　1-2-094，1-5-250
桥头村　3-37-2172、2185
桥头陈　1-2-092，1-10-554
桥头陈东汉窑址　3-37-2150注
桥头陈村　1-9-487，3-43-2615

桥头黄　1-2-093，1-3-111，2-13-937、937注，3-36-2077，3-41-2429

桥西　1-2-099，3-43-2533

桥里　1-2-092

桥南　1-记-017，1-2-092，1-5-261，1-10-554，2-13-935，2-14-979、980、981、983、1027，2-24-1543，2-32-1859注，3-34-1968

桥南区　1-2-100注，1-5-254，1-10-520注、523、525、526、539、539注，1-12-811，2-14-980、981、982、984、985、986、991、992、993、1010、1012

桥南区块　1-记-029，1-5-262，1-10-522，2-14-982、983、985、1012、1021、1028，3-35-2009

桥南村　1-8-408

桥南沈　1-2-095，3-43-2611

桥南沈村　1-10-553，2-32-1876，3-41-2429

桥亭　1-2-093

桥亭村　1-6-294，1-7-358注、364注，2-32-1876

桃北　1-2-083、084、086、087，1-8-393、401、423、425、434、440、441，3-35-2032注

桃北乡　1-2-084，3-43-2582

桃北机埠　1-8-392、401、408

桃北进水闸　1-8-419

桃坞山　1-8-393

桃花山　3-43-2584

桃花岛　3-45-2758

桃里　1-5-250，3-41-2441注

桃岗岭　1-8-409

桃南　1-2-083

桃南乡　3-43-2582

桃湖　1-2-082、083

桃湖金鸡畈　1-8-401

桃源　1-2-077、083、084、085、086、087、088，1-4-223，1-5-246、260注，1-8-392、393、400、401、423、425、432、434、440，1-9-471、472、490，1-11-627注、651、739，2-16-1112，2-20-1328，2-21-1441，2-33-1897，3-35-2032注，3-36-2123、2131、2132、2134、2136，3-38-2273、2273注、2274、2294注，3-43-2582、2583、2584

桃源上横塘　1-8-401

桃源乡　1-2-081、082、084、086、088、089、090，1-6-284，1-9-509注，1-11-752，2-13-919、934，2-32-1849，3-34-1961注、1992注，3-37-2150注，3-41-2443，3-43-2582、2584

桃源进水闸　1-8-419

桃源管理区　1-2-086

桃源灌区　1-8-402

格尔木　2-24-1534

格鲁吉亚　1-记-039，2-14-993

校场　2-32-1877、1879

都泗堰运河　1-9-501注

都亭桥　3-37-2155

真州　3-36-2125

真武　1-2-083

真武殿　3-41-2437注、2443

真济桥　1-10-537，3-37-2155、2205，3-43-2535

袁州　3-36-2135、2137

袁里　1-2-081

袁浦　1-9-475、505，3-43-2547

袁浦大桥　1-9-466、475

袁浦乡　1-9-506、506注

袁浦镇　1-2-078，1-9-466、507，3-43-2546、2548、2602

袁梁　2-32-1877、1879

莆田　3-41-2450注

莆田市　3-44-2693

莆阳　3-45-2728

莽山　3-40-2415，3-41-2448

莱比锡　3-36-2065注

莱茵达小区　1-10-568

莲东　1-2-077、085

莲西　1-2-077、085

莲华寺　3-37-2195，3-41-2425

莲花古寺　3-43-2547

莲花庵　3-37-2194、2198，3-41-2434、2434注，3-43-2547注

莫凌　1-2-083

莫浦　1-2-081

莫家　1-2-077、085

莫家岭　1-3-121

莫家桥　3-37-2156

莫家港　1-8-418，1-10-553

莫家港东风畈横河　1-8-395

莫家港闸　1-8-411、418

莫桑比克　3-34-1950

莫斯科　3-44-2650

荷山　3-37-2194

荷叶尖　1-3-119

荷兰　1-记-035、036、039，1-6-286，1-11-711、712、736、737，2-13-880、969，2-14-991、1002、1006，2-15-1053，2-17-1191、1199、1213，2-20-1330，2-24-1555，2-28-1719，3-37-2210，3-43-2558，3-44-2675

荷花池头　2-15-1050

荻径　3-37-2169、2169注

菖珊　1-总-005，1-2-075

盐禾村　2-32-1859注

盐场　1-2-094

盐场村　2-32-1849，3-43-2580

盐官　1-3-133、134

盐官镇　3-43-2581

盐城　1-11-764

盐溪乡　1-11-615

恭先桥　1-9-467、480，1-10-537

晋江　1-9-452注，3-36-2133

晋察冀边区　3-44-2674

贾家堰　1-8-421

贾湖遗址　1-1-058、059

起埠庙　3-37-2193

哥伦比亚　3-37-2212注

〔一丿〕

顾家埭村　3-36-2109

顾家湾　1-2-094

顾家塘东　1-2-079

顾家溪　2-32-1880，3-36-2077、2132

顾家溪村　3-36-2109

砾山　1-2-082、083，3-36-2117

破塘缺村　1-2-091

夏山埭　1-2-094，1-3-185，1-9-472，1-10-553，
　　3-36-2131，3-41-2432

夏山埭村　2-32-1876，3-37-2172，3-41-2431

夏后　1-2-083

夏孝　3-37-2199注，3-44-2626，3-45-2742、2743

夏孝乡　1-2-081、082，3-36-2121、2123

夏坞　1-2-094

夏威夷　1-11-717

夏家支日坝　1-8-422

夏家桥　1-9-455、455注、456、457、458、461、463

夏家桥车站　1-9-458、459

夏家桥站　1-9-456、459、461

夏家浜　1-2-092，2-32-1852

夏家埭　3-41-2432

夏盖山　1-3-133

夏湖畈　1-8-401

夏履　1-2-077、085，1-9-472、482注，2-21-1424，
　　2-24-1550

夏履桥　1-9-510，3-36-2101，3-43-2599

夏履镇　1-2-078、079，1-3-121，1-9-475，3-43-
　　2597

〔一→〕

振东　1-2-093

振华　1-2-093

振华村　2-28-1709

振兴　1-2-093

振兴居民区　1-2-092

振兴桥　1-9-480，3-43-2544

振庭　1-2-085、086，3-43-2602

振庭乡　1-2-085、086，3-43-2602

振庭闸　1-8-419

振庭管理区　3-43-2602

捍沙殿　3-41-2443

捍海塘　1-8-399

〔丨一〕

柴岭　3-37-2200

柴岭下村　3-37-2200

柴岭山　1-记-022，1-3-120，3-37-2194、2202，
　　3-45-2744、2758

柴家　1-2-094，1-8-392、408，1-9-505

柴家村　1-9-505

柴家村渡口　1-9-505

〔丨丶〕

党山　1-记-013、016、020、025，1-2-078、079、
　　086、087、088、089、094，1-3-113、131，1-4-
　　214，1-5-242、249、277，1-6-309，1-8-398、
　　1-9-471、472、473、482注、487、488、510、
　　515，1-10-524、529、544注、559、563，1-11-
　　596、597、614、618、620、620注、621、651、
　　673、743注，1-12-783、785、796、797、802、
　　826、833，2-13-876、878注、935，2-15-1052，
　　2-16-1112注、1152、1157注，2-18-1218、1244，
　　2-20-1366，2-21-1405注、1408，2-22-1482，
　　2-23-1530，2-24-1550，2-32-1851、1852、
　　1873、1876、1878、1879，2-33-1896、1898、
　　1899、1913、1924，3-34-1939、1945、1948、
　　2000，3-35-2021注、2022、2024，3-36-2045、
　　2045注、2046注、2049注、2057、2064、2122，
　　3-37-2150、2182、2186、2213，3-38-2229、
　　2273、2288、2302，3-39-2311，3-40-2352注、
　　2353、2385、2386、2388、2398、2411，3-41-
　　2443、2452、2455、2456，3-42-2487、2530，
　　3-43-2567、2568、2568注、2569、2570、2599、
　　2600，3-44-2692

党山人民公社　1-2-086，3-43-2567

党山乡　1-2-088，3-34-1961，3-43-2567

党山分离立交　1-9-477

党山公社　2-13-951，3-43-2600

党山北桥　1-9-478，3-43-2569

党山村　1-9-465、470，2-13-919注

党山汽车站　1-9-488

党山直湾　1-8-397

党山相公殿　3-41-2443

党山盐区　3-43-2569

党山桥　1-9-478

党山站　1-9-488

党山湾　3-41-2452，3-43-2567、2589、2590

党山湾底　3-43-2589

党山雷公殿　3-40-2411

党山镇　1-记-021，1-2-079、089、090、091、092、
　　094，1-3-109、124、130，1-4-206注、207注、
　　211，1-5-242、243、255，1-6-283、285、287、
　　289、294、295、296、298、302、335，1-7-349，
　　1-8-418，1-9-465、466、502，1-10-578，1-11-
　　613、614、618、619、620、623、624、640、653、
　　682、700、760、770，1-12-776注、783、785，
　　2-13-861、909、919、919注、920，2-18-1256，
　　2-21-1433，2-22-1475，2-25-1584、1599，
　　2-28-1721，2-30-1770，2-31-1786、1803，
　　2-32-1849，2-33-1907，3-35-2017、2038，
　　3-36-2050、2054、2057、2064、2075、2079、
　　2096、2096注、2100、2121，3-37-2152、2159、
　　2186、2190、2215，3-38-2296，3-39-2335，
　　3-43-2540、2567、2568、2570、2589、2619，
　　3-44-2716、2717、2718、2721、2724

党湾　1-记-028，1-2-083、084、085、086、087、
　　088、089、095，1-3-131，1-4-214，1-8-399，
　　1-9-470、471、490、509，1-10-524、559、562、
　　580，1-11-596、615、617注、618、651、657、
　　663、673、694、733、771，1-12-776注、785、
　　796、798、802、813、814，2-13-880注，2-15-
　　1032，2-18-1244，2-23-1529，2-26-1633，
　　2-32-1851、1852、1859注、1861、1868、1873、
　　1874、1878、1879，2-33-1899，3-34-1939，
　　3-35-2022，3-36-2045，3-38-2229、2296，
　　3-40-2413，3-41-2443、2444、2452、2455、
　　2456，3-42-2507，3-43-2589、2590、2591、2599

党湾人民公社　3-43-2589

党湾乡　1-记-015、016，1-2-084、088、089，3-38-
　　2229、2299注，3-43-2589、2590

党湾公社　1-12-785，3-38-2268注，3-43-2591

党湾村　1-2-082

党湾汽车站　1-9-488

党湾底　2-32-1859注

党湾站　1-9-488

党湾镇　1-2-090、091、094，1-4-206注、207注、
　　211、214，1-5-243、248、255，1-6-283、284、
　　285、287、289、294、295、296、302、314，1-7-
　　349，1-8-414、415，1-10-525、580，1-11-607、
　　619、664、666，1-12-785、804，2-13-862，
　　2-16-1164，2-20-1343注，2-31-1786，2-32-
　　1870、1876，3-35-2017，3-36-2050、2096、2096
　　注，3-41-2452，3-43-2555、2558、2567、2585、
　　2589、2590、2591、2620，3-44-2657、2679、
　　2680、2715、2722

党湾镇海殿　3-41-2443

〔丨→〕

晓峰岭　3-44-2634

眠犬山　1-8-391，3-37-2147、2184

眠犬山遗址　3-37-2146、2147、2174、2184

鸭水张　3-36-2120

鸭河口　2-15-1045

晏公桥　1-3-129

恩施县　3-36-2130

圆盘庵　3-44-2651

圆盘庵山　3-37-2149

〔丿→〕

特拉华州　1-记-035

钱江　1-2-084、088，1-8-397、404、423、424、425、
　　440、442，1-9-450、473、484、484注、504、
　　505、506注、507、508注、509、510、513、513
　　注、517，1-10-559、562，1-11-611、615、651、
　　763，1-12-776注、791、792、795、797、800、
　　819、825、826、827注、837，2-16-1112，2-32-
　　1852，3-34-1972，3-35-2032注，3-37-2201、
　　2211、2213，3-38-2232注、2260、2286，3-43-
　　2587、2592、2593

钱江一桥　1-9-457注、474

钱江二桥　1-记-015，1-4-234，1-8-442，1-9-455、
　　456、457、458、458注、465、466、467、469、
　　472、473、474，1-10-522、541，1-11-602，
　　2-14-979、986，3-43-2580

钱江八桥　1-10-523

钱江三桥　1-记-020，1-2-073，1-4-234，1-9-467、
　　470、474、482、485、486、487、498、505、506、
　　507，1-10-554，1-11-754，2-14-981、986，
　　3-43-2580

钱江乡　1-2-088、089、090，1-6-285、298，1-12-

钱塘江口 1-2-073
钱塘江汽车轮渡 1-9-505
钱塘江轮渡 1-9-507
钱塘江南岸 3-37-2176
钱塘江站 1-9-459、461
钱塘江第二大桥 1-9-457注、458、486
钱塘江堤塘 1-8-435
钱塘江渡口 3-37-2216注
钱塘江灌区 1-8-396、412、414、423、424、439、440、443
钱塘县 1-2-076、077, 3-36-2117、2127, 3-43-2576
钱群 1-2-094, 1-10-553
钱群村 1-2-079, 1-9-466
铁佛寺 3-41-2424、2425
铁板桥 1-10-536
铁岭关 1-8-398, 3-37-2205
铁塔圩 1-3-188
铁路萧山站 1-9-510
积堰山 1-2-093, 1-8-426
积堰山村 1-11-613
积善桥 3-41-2456、2458、2459
称心寺 3-41-2438
笕桥 1-9-456注, 3-41-2440
笕桥机场 1-9-447注
笔飞坊 3-36-2132
笔架 1-2-085, 3-43-2574
笔峰尖 3-37-2172

〔丿丨〕

倪家浦 3-40-2411
射阳 3-36-2056
皋亭山 3-36-2134

〔丿丿〕

徐州 1-9-452注, 3-36-2135
徐杨村 1-2-078
徐国 3-36-2132
徐家 3-44-2627
徐家山坞 3-44-2628
徐家川 3-43-2610
徐家汇 3-43-2545
徐家坞 1-3-106, 3-37-2173、2197、2217注
徐家坞村 3-37-2199
徐家村 3-36-2109
徐家店 1-2-094, 1-3-110, 1-8-410注, 1-9-471
徐家店村 3-44-2650

徐家店庙 3-41-2443
徐家闸 1-8-411、418
徐家河 1-2-092, 1-10-556, 2-32-1849
徐家河村 1-记-022, 1-6-295, 2-15-1069、1070, 3-37-2202, 3-45-2744、2758
徐潭 1-2-081、099
徐儒直坞 1-2-082
航民 1-2-093, 1-10-545, 1-11-607, 2-21-1439
航民大队 1-11-641, 2-13-952、953
航民村 1-记-028、029、031、032、036、037、038, 1-4-214, 1-5-270, 1-8-429, 1-9-504, 1-10-544, 1-11-607、613、618、623、641、643、648、653、726、757, 1-12-831, 2-13-943、953, 2-22-1455、1473、1474, 2-28-1721, 2-32-1876, 3-36-2047、2060、2089, 3-37-2215, 3-38-2298, 3-39-2339, 3-44-2694
航民闸 1-8-429
航民桥 1-9-481
航坞 1-2-085、093, 3-37-2216
航坞山（杭坞山、王步山） 1-2-076, 1-3-107、110注、118、121, 1-4-230注, 1-5-249, 1-8-398、399、399注, 1-9-449、503, 1-10-544注, 1-11-592、623, 1-12-776注, 2-15-1051、1051注、1087、1089, 2-21-1441, 2-32-1874、1875, 3-34-1952, 3-36-2116、2130, 3-37-2157、2161、2170、2174、2175、2187、2189、2213、2215, 3-39-2316, 3-41-2435、2436、2449、2449注, 3-43-2540、2542、2543、2561, 3-44-2657
航坞公园 3-36-2059
航坞居民区 1-2-092
航坞港 1-9-502

〔丿丶〕

翁梅镇 1-9-466
爱尔兰 1-6-286, 2-17-1191
爱松省 1-记-039
爱莲堂 3-37-2165

〔丿一〕

狼岭 3-36-2126
饿煞湾桥 1-9-477
留德堂 3-37-2160

〔丶一〕

凌山 1-2-093, 1-11-753

凌山大队　1—11—689

凌山村　1—5—249，1—11—749

凌山桥　1—9—480

凌桥　1—2—093，1—3—128，1—8—422，1—11—699

凌桥头　3—43—2566

凌桥坝　1—8—422

凌桥村　1—11—697、698，3—36—2110

凌桥堰　1—8—421

凌家坞　1—2—093，1—11—772，3—43—2549，3—44—2627

凌家坞村　3—41—2434

凌家桥　1—10—530、536、552，2—15—1080，3—37—2205，3—43—2535

凌溪　1—2—082、083、085、086，3—36—2116，3—37—2165，3—41—2440，3—43—2564

凌溪乡　3—38—2278注，3—43—2564

凌溪管理区　3—43—2564

凉亭下　1—8—398注

凉亭埠　1—9—503

郭村　1—记—018，1—2—082、083、095，2—32—1880，3—43—2602

郭村乡　3—43—2602

郭村村　1—11—612

郭春　1—11—614

郭峰院　3—41—2430

郭家埠　1—8—418

郭家埠直河　3—43—2543

郭家埠闸　1—8—418

郭家埭　1—2—092

郭墓峰　3—41—2432，3—43—2537

高屯　1—2—082

高氏宗祠　3—37—2170

高平　3—36—2139

高田　1—2—092，1—10—538，2—32—1849

高田村　1—9—456，3—41—2431

高田陈　1—2—092

高田居民区　1—9—459

高乐　1—2—091、092

高庄里　1—2—094，1—3—114

高庄里村　1—11—613，3—37—2184，3—41—2430

高阳　1—2—091、092，3—36—2122，3—41—2423、2441

高坞　1—2—082

高里庄　1—5—250

高园　1—2—091、092

高春　1—2—091、092

高洪尖　1—3—110、120，1—5—250，3—43—2582

高洪尖山　1—3—114

高都　1—2—093，1—3—105、107，1—8—422，2—13—937注，3—36—2137，3—43—2555

高都村　1—11—613，3—36—2110

高都溪　3—43—2553

高桥　1—2—092，1—9—492，1—10—535、536、552、553、554，2—15—1068、1076，2—21—1400注、1409，2—32—1849，3—36—2128

高桥小区　1—4—224，1—7—388，2—33—1920

高桥村　1—10—555，1—11—613，2—18—1257

高桥住宅小区　1—10—530

高桥住宅区　1—10—533、538、548，2—15—1068、1069、1070

高桥居民区　1—6—294

高桥新村　1—4—198、210、211，3—34—1949

高家坞　1—2—092

高家坞村　1—11—613

高家岭　3—37—2173

高朗乡　3—44—2699

高湖乡　3—36—2117

高湖桥　3—37—2160

高塘村　1—3—128

高潘　3—40—2411

资国看经院　3—41—2439

资教寺　3—37—2218注，3—40—2414，3—41—2423、2429

资福寺　3—41—2423

资福桥　3—37—2205

席家　1—2—095

席家大队　1—9—464注

席家村　1—6—294，3—37—2149、2185，3—38—2295

唐村　1—11—614

〔、丿〕

烟台　1—9—452注

烟墩山　1—2—077，3—43—2543

剡　1—2—074

剡溪　3—37—2205

益民　1—2—094

益民村　3—41—2436，3—44—2721

益民亭　1—8—402

益民桥　1—9—470

益农　1—2—078、079、088、089、092、095，1—3—113、183，1—4—214、223，1—8—399、404、425，1—9—470、473、482注、490，1—10—559、562，1—11—618、651、673、731、743注、744、770、771，1—12—776注、777、791、793、794、795、796、797、798、799、800、801、802、813、814、826、837，2—13—876，2—15—1086，2—16—1112，2—24—1550，2—28—1705、1726，2—32—1851、1859、1868、1873、1879、1899，3—34—1972，3—35—

2022、2032注，3—36—2045、3—37—2182、2186，
　　3—40—2398，3—41—2443，3—42—2507、2530，
　　3—43—2600、2601

益农人民公社　1—2—088，1—12—827注

益农乡　1—2—088、089、090，1—6—285、298，1—11—
　　763、770，1—12—797，2—27—1661，3—43—2600，
　　3—44—2717

益农五围　1—12—785

益农中心直河　3—43—2600

益农公社　1—12—785，3—43—2600

益农四围　1—12—802

益农村　1—2—078，1—6—294

益农围垦　1—12—785、833

益农围垦区　1—8—413，1—12—795

益农闸　1—2—077、078，1—3—130，1—8—398、399、
　　415、438，1—9—502，1—12—776，3—43—2600

益农垦区　3—43—2600

益农桥　1—9—479

益农镇　1—2—078、090、091、092、095，1—3—113注，
　　1—4—206、206注、211，1—5—243、255、260，1—6—
　　283、285、287、289、294、295、296、302，1—7—
　　349，1—8—415、416、417、440，1—9—470，1—11—
　　602、613、619、656、669、749、759、770，1—12—
　　783、785、804、814、826、832、837，2—19—
　　1303，2—21—1400、1400注，2—31—1786，2—32—
　　1849、1876、1878，2—33—1900，3—36—2050、
　　2059、2064、2096注、2121，3—38—2262，3—43—
　　2567、2589、2599、2600、2601、2620，3—44—
　　2645、2698、2714、2715、2721、2723

益秀桥　3—37—2159注、2186

益都　3—36—2130

〔丶、丶〕

涝湖　1—2—081、086、092，3—36—2101、2126、2136，
　　3—37—2158、2205，3—40—2388

涝湖村　1—9—475，1—11—622，2—18—1256，2—32—
　　1875，3—35—2017，3—36—2110，3—37—2153、
　　2156、2158、2166、2184、2190，3—40—2388

涝湖闸桥　3—37—2156

浦一　1—2—082

浦二　1—2—082

浦十　1—2—082

浦七　1—2—082

浦八　1—2—082

浦九　1—2—082

浦三　1—2—082

浦五　1—2—082

浦六　1—2—082

浦东　1—2—082、083，2—23—1512，3—43—2549

浦东开发区　1—10—522

浦东西区　1—2—082

浦四　1—2—082

浦西　1—2—083，3—43—2602

浦江　1—9—489，2—13—881注，2—24—1534，3—36—
　　2123、2130、2132，3—43—2538，3—44—2723

浦江县　1—1—065，1—3—128

浦阳　1—记—013，1—2—078、079、087、088、089，
　　1—3—120、124、128、183、185，1—5—241、242、
　　248、249，1—8—391、392、393、425、431、433，
　　1—9—455、455注、460、461、463、484注、510注，
　　1—10—544注，1—11—596、618、621、651、686、
　　722，2—16—1152，2—21—1433，2—23—1530，2—24—
　　1544、1545，2—27—1652，2—28—1704注、1705，
　　2—30—1769，2—31—1837，2—32—1855、1868，
　　2—33—1896、1898、1900、1907、1908，3—34—
　　1936，3—35—2022、2024，3—36—2045、2071、
　　2122，3—37—2150、2182、2215、2216，3—38—
　　2273、2296，3—40—2351，3—41—2424、2443，
　　3—43—2537、2552、2582、2583

浦阳人民公社　3—43—2582

浦阳及茅山灌区　1—8—401

浦阳乡　1—2—088、089，3—43—2582

浦阳公社　1—4—193注，3—38—2294注

浦阳火车站　2—13—912，3—43—2584

浦阳江　1—总—003、009，1—1—043、044、065，1—2—
　　073、074注、077、078、079，1—3—107、116、
　　120、123、127、128、129、137、140、141，1—4—
　　191、191注、192、193、193注、209、215、222、
　　223，1—5—242、244、246、263、264、274，1—8—
　　390、391、392、393、394、395、396、398、398
　　注、400、401、403、405、408、411、423、425、
　　426、428、429、430、431、432、433、437、438、
　　439、440、441、442，1—9—458、466、469、475、
　　501、501注、502、503、504、505、506、507、
　　508、513注，1—10—525，1—11—620、656、691、
　　706、716、717、717注、722、731、732、766、
　　767，1—12—792、807，2—15—1051、1088，2—19—
　　1271，2—24—1550、1561、1562，2—25—1599，
　　2—26—1609，2—30—1769，2—33—1898、1900，
　　3—35—2032，3—36—2127，3—37—2151、2157注、
　　2192、2204、2209、2213、2215，3—39—2329注，
　　3—40—2381、2396、2413，3—41—2431注、2433、
　　2447、2447注，3—43—2537、2538、2539、2546、
　　2549、2550、2551、2552、2564、2565、2572、
　　2582、2584、2597、2598、2602、2603、2608、

海山桥村　1-记-022，3-37-2202，3-45-2744、2758

海门　1-11-736，3-43-2558注

海丰　1-2-095

海丰村　1-11-613

海宁　1-2-076、082，1-3-134，1-5-269，1-8-398
注，1-9-506、507注，1-11-739，2-13-937注，
2-16-1122，2-20-1380，2-21-1449，3-36-
2129、2133，3-40-2346、2352注、2413，3-41-
2440、2449、2449注，3-42-2462，3-43-2544注、
2576、2578注、2580、2581，3-44-2644、2661

海宁市　1-2-072、073、078、080，1-3-133，1-5-
269，1-9-507，2-20-1395，3-36-2059、2069，
3-39-2324

海宁州　3-43-2576、2592

海宁县　1-2-077，1-9-500注，1-11-687、688注，
1-12-777，3-36-2119，3-41-2437、2437注，
3-42-2462，3-43-2543注、2576、2580

海宁海塘　1-12-776注

海尾村　2-13-953

海参崴　3-36-2135

海城　1-11-739

海南　1-6-286，1-7-381，1-11-663，2-15-1035，
2-20-1382，2-24-1535、1535注，3-36-2120，
3-40-2418

海盐　1-2-074，1-3-127，1-8-398注，1-11-739，
2-15-1063，3-40-2382

海盐县　1-3-115、133

海原　2-33-1924

海鸿　1-2-083，3-43-2592

涂山福主庙　3-40-2414

涂川　1-2-095，1-3-111，1-9-489，3-36-2131，
3-43-2610

涂川乡　3-43-2608

涂川村　1-11-612、686，3-36-2108，3-37-2148、
2168、2185，3-40-2414

浴美施　1-9-501

浴美施庙　3-37-2192

浴美施闸　1-总-004，3-37-2192，3-41-2447，3-45-
2746

浴美施潭　3-43-2540

浮光　3-44-2626

浣纱溪　1-总-004，1-3-129，1-6-320，3-36-2135，
3-37-2192、2193，3-43-2539，3-44-2623注，
3-45-2746

浪网山　3-45-2758

浚县　3-36-2126

家屏山　3-36-2129

〔、→〕

诸坞　1-2-095，1-3-132，1-11-686、770注、771，
2-28-1715注，3-36-2133，3-43-2599

诸坞村　1-3-106，1-11-771，3-36-2109，3-41-2443

诸城　3-36-2133

诸暨　1-总-005，1-记-018，1-2-074、075、075注、
076、077注，1-3-120、121、128、137，1-5-
269，1-8-393、430、431，1-9-455、455注、
456、461注、466、469、489、490、501、508、
509、510，1-10-563，1-11-595、643、721，
2-13-881注、933，2-14-1019、1020，2-15-
1053，2-16-1115、1165，2-20-1342注，2-21-
1406注、1424、1449，2-22-1463、1495，2-23-
1519、1520，2-24-1533、1534，2-26-1627，
2-33-1904，3-35-2025注，3-36-2058、2117、
2121、2123、2127、2129、2130、2131、2132、
2133、2135、2136、2137，3-37-2151、2152，
3-39-2311注、2313，3-40-2413，3-41-2446、
2447注，3-42-2462，3-43-2532、2538、2547、
2548注、2551、2554注、2566、2574、2575、2583、
2584、2598，3-44-2651、2659、2664、2717、
2718、2719、2724，3-45-2745、2746

诸暨大桥　2-21-1400注

诸暨车务段　1-9-463

诸暨市　1-总-003，1-1-066，1-2-073、078、079，
1-3-109、117、121、128，1-8-429，1-9-455、
468、469、501、509，2-17-1204，2-29-1745，
3-36-2132，3-39-2312、2313、2324、2325，
3-43-2553、2574、2582、2597、2608，3-44-2623
注

诸暨县　1-2-076、077、085，1-5-237，3-36-2132，
3-41-2452，3-43-2582、2608，3-44-2664

谈家　3-40-2411

祥大房　1-2-075注、093

祥大房村　1-记-013，1-5-266，3-35-2015、2016，
3-43-2547

祥里王　1-2-094，1-10-553

祥里施　1-2-093

祥里施村　2-20-1341注

祥利　1-2-093

祥利村　3-38-2274，3-44-2722

〔一一〕

剥衣亭　3-37-2195

〔一丨〕

陶朱 1-2-082
陶里乡 1-9-465、470
陶家山 1-8-402
陶家弄 1-3-112
陶家桥 1-8-393，1-9-508

〔一丿〕

娘家庙 3-37-2193
娘娘庙 1-9-472，3-37-2192，3-40-2414，3-43-
　　2539、2606

〔一、〕

桑盆里 3-36-2120
通二 1-2-092
通二村 1-6-294，3-36-2137，3-37-2169、2192，
　　3-43-2539
通天突 1-3-117
通仓桥 1-10-542
通宁立交桥 1-10-542
通圣 1-2-083
通达 1-2-092
通达里 1-2-092
通行桥 1-10-537
通州 3-44-2625
通江县 1-11-614
通运 1-2-081
通运桥 1-10-536
通货桥 1-10-537
通育桥 1-10-537
通济 1-2-082、084、086、087、088、089、091，1-8-
　　392，1-11-651、686，1-12-795，2-15-1051，
　　2-19-1275，2-32-1872，3-34-1999，3-36-
　　2122，3-37-2183，3-38-2274，3-43-2537
通济（东升）桥 3-37-2186
通济二村 3-36-2110
通济人民公社 1-2-087
通济乡 1-2-088、089、090，1-5-276，1-6-284，
　　1-11-640，2-16-1115，2-31-1803，3-36-2046，
　　3-38-2270，3-41-2452
通济公社 3-44-2657
通济桥 1-9-479
通惠 1-2-084、091，3-36-2046
通惠（北塘河）立交桥 2-14-985
通惠公铁立交桥 2-14-986

通惠立交桥 1-10-542
通惠街道办事处 2-27-1663
通惠路分离立交 1-9-476
通阓 1-2-099
通阓坊 1-2-099

〔一一〕

骊城 3-45-2731
绣衣坊 1-2-100
绣衣祠 3-37-2166
绥芬河 2-24-1535

十一画

〔一一〕

球川 1-3-105
琉球 3-41-2439
琉璃阁 1-9-472、502
琅琊 3-36-2122、2133

〔一丨〕

埠头 1-2-083
培新 1-2-083
培新乡 1-2-082
埭上 1-2-083，3-36-2133、2134
埭上乡 3-43-2615
埭上河 3-43-2615
埭上黄河 3-37-2157、2158
埭东 1-2-083
埭西 1-2-083
梅东 1-2-085、086、094，1-10-580，3-43-2589
梅东村 1-6-294
梅东桥 1-9-479
梅仙 1-2-093，2-32-1879，3-43-2543
梅仙村 1-8-396、413、415，1-9-487，3-36-2050
梅西 1-2-085、087、088，1-3-183、185，1-9-472、
　　484注、485、502、515，1-11-651、733，1-12-
　　785，2-15-1032、1034，2-19-1275，2-21-1405
　　注、1432注，2-26-1633，3-34-1931，3-36-
　　2060，3-41-2456，3-43-2585、2589、2591，
　　3-44-2718
梅西人民公社 3-43-2589

梅西乡　1-2-088、089、090，1-6-285，2-31-1841，3-43-2589、2590、2591

梅西公社　3-43-2591

梅西教堂　3-41-2456

梅州　3-36-2125

梅州市　3-39-2327

梅花尖　1-3-121

梅花岛　3-36-2117

梅花楼　1-2-092，1-10-573，2-21-1409，2-28-1720注，2-32-1849

梅花楼村　1-9-488，1-11-613，2-15-1070，2-30-1761，3-41-2458

梅里　1-2-092，1-3-105、108、110注、128，1-8-393、419，1-11-753，3-36-2132，3-41-2424

梅里村　1-3-120，1-11-686，3-37-2218注，3-41-2432

梅里林场　1-11-753

梅里庙　3-41-2432、2432注

梅里河　3-37-2160

梅园窑址　3-37-2185

梅林　1-2-077、085、086、094，2-32-1879，3-34-1996，3-36-2134

梅林大队　2-13-951，3-36-2046注

梅林抢险湾　1-8-397

梅林村　1-6-335，1-11-613、618、619、620、623、624、653，2-22-1475，2-25-1584，3-43-2568、3-44-2692、2716、2717

梅林闸　1-8-415

梅林湾　1-2-094，1-8-439，3-34-1941注，3-41-2456，3-43-2567、2569、2589

梅林湾军垦农场　1-12-797

梅林湾农场　3-43-2599

梅林湾农垦场　3-43-2589

梅林湾村　1-8-415

梅雨亭　3-37-2217

梅城镇　3-35-2030注

梓湖　3-36-2122

梳头庵　3-37-2193

乾姜山　3-37-2199

乾清道院　3-41-2443

菱湖镇　1-11-718注

菲律宾　1-记-035，1-12-836，2-14-994、1003、2-17-1191、1198、1199，3-38-2283

菊山　3-37-2216

菊花　1-2-099

菊花山　1-记-022，2-28-1722，3-37-2194、2202、2216注，3-44-2626，3-45-2742、2744、2758

菊花坊　1-2-099

萧山人民大会堂　2-23-1528

萧山之江陵园　1-5-278

萧山天主堂　3-41-2453

萧山车务段　1-9-463

萧山长途汽车站　1-10-546，3-37-2215

萧山火车站　1-记-021，1-9-455、459、459注、460、463、464、502，1-10-546，2-16-1115注、1120、2-21-1400，2-30-1760注

萧山东货场　1-9-460

萧山东站　3-37-2215

萧山电厂煤码头　1-9-504

萧山市经济技术开发区　3-34-1936

萧山市种畜场　1-11-747

萧山市棉花原种场　1-11-754

萧山西　1-9-455、455注

萧山西站　1-9-456、459、462、463、502、510，3-37-2215

萧山农业对外综合开发区　1-记-040，1-5-262，1-12-809，2-25-1583

萧山县火鸡良种场　1-11-753

萧山县农林场　1-11-753

萧山县良种场　1-11-753

萧山县学重建大成殿记　3-37-2183

萧山县第一农场　1-11-753

萧山汽车东站　1-记-025，1-9-488、489

萧山汽车西站　1-9-488、489

萧山汽车站　1-9-488、488注、489，3-34-1989注

萧山现代农业开发区　1-记-020、030，1-4-207注，1-5-250、262，1-12-776、781、808，2-22-1474，2-25-1584、1599，2-27-1673

萧山林场　1-11-612

萧山货场　1-9-460

萧山闸站　1-8-424、442，1-12-791

萧山沿　1-2-094

萧山经济开发区　3-38-2231

萧山经济技术开发区　1-总-008，1-记-019、029、030、031、034、037、038、039、040，1-2-100注、102，1-4-214、217、224、234，1-5-254、261、262、269，1-6-322，1-10-520注、522、523、525、526、539、539注、547、551、552、553、554、557、563、568，1-11-759，1-12-811，2-14-978、978注、979、980、981、983、989、990、991、994、1019、1020、1021、1022、1024、1026，2-15-1037、1039、1045、1053、1059、1071、1083、1089，2-18-1234，2-19-1301、1304，2-20-1314、1314注、1387，2-21-1448，2-22-1468、1473、1486、1503，2-24-1547、1552，2-25-1578、1583、1588、1599、

2—27—1645，2—28—1716，2—31—1842，2—32—
1860，2—33—1890、1913，3—34—1950，3—35—
2020、2036，3—37—2210，3—45—2752、2757
萧山革命历史纪念馆　2—32—1858
萧山革命烈士纪念碑　2—32—1857
萧山革命烈士陵园　1—记—021，2—32—1857、1858
萧山南　1—9—466
萧山南阳经济开发区　2—26—1611
萧山临时机场　1—9—447注
萧山种鸡场　1—11—753、760
萧山铁路货场　1—9—460
萧山高新技术产业园区　1—5—262，2—14—1012
萧山站　1—9—456、459、461、462、463、464，3—37—
2215
萧山排灌闸站　1—8—440
萧山排灌闸站船闸　1—8—412
萧山第一农垦场　1—4—206注
萧山第二农垦场　1—4—207注，1—9—447注
萧山渔场　1—11—754
萧山棉场　1—5—260注，1—12—807
萧山棉麻试验场　1—11—759
萧山港　1—9—502、504、510、515，3—37—2205
萧山湘湖渔场　1—11—754
萧西站　1—9—501
萧县　3—36—2132
萧围1.9万亩　1—8—417
萧围5.2万亩　1—8—416
萧围二工段　1—8—417
萧围十一工段　1—8—417
萧围十二工段　1—8—416
萧围十二工段外闸　1—8—417
萧围十七工段　1—8—417
萧围十八工段　1—8—417
萧围十三工段　1—8—416
萧围十工段　1—8—417
萧围十五工段　1—8—417
萧围十六工段　1—8—417
萧围十四工段　1—8—417
萧围九工段　1—8—416
萧围五工段　1—8—416
萧围内十工段　1—8—416、417
萧围内八工段　1—8—416、417
萧围内六工段　1—8—417
萧围六工段　1—8—416
萧围北线沿塘河　1—8—397
萧围北线塘　1—8—407
萧围四工段　1—8—417
萧围外十七工段　1—8—417

萧围外十三工段　1—8—417
萧围外十工段　1—8—417
萧围外十四工段　1—8—417
萧围外六工段　1—8—417
萧围西线塘　1—8—407
萧围林场　1—8—416
萧围养殖场　1—8—417
萧围楼塔垦种　1—8—416
萧绍内河　1—9—503、503注、508注
萧绍平原　1—5—264，1—8—395、396、411、424、428、
429、435、437、438、439，2—24—1562，3—37—
2201，3—43—2561
萧绍运河（官河、西兴运河、浙东运河）　1—总—003，
1—2—096，1—3—129，1—4—193，1—5—242、263，
1—8—395、439、443，1—9—501注、502，1—10—
522，1—11—624，2—24—1549，3—37—2146、2152、
2155、2156、2158、2192、2198、2204、2204注、
2205、2206、2207、2215，3—40—2381，3—41—
2448，3—43—2534、2561、2562、2563
萧绍海塘　1—8—438
萧绍虞平原　1—8—435
萧南站　1—9—459
萧然山　1—2—075注、096，3—43—2534
萧然东路桥　1—10—536
萧然桥　1—10—535、536
黄九皋墓　3—37—2196
黄山　1—2—082、083、084、093，1—7—381，1—9—452
注、1—11—772，2—15—1053，3—41—2429、2448、
2450，3—43—2547、2547注、2548
黄山乡　3—43—2546
黄山寺　3—41—2451
黄山西南水利工程纪念堂　3—43—2547注
黄山西南庙　3—40—2413
黄山西南殿　3—40—2415，3—41—2430、2448，3—43—
2547
黄山西殿　3—41—2429、2430、2442、2443、2448
黄山村　1—2—078，1—4—201注，1—5—266，1—6—294，
1—9—470、507，1—11—613、618、625、626、744，
2—27—1683，3—35—2015、2016，3—37—2198，
3—41—2448，3—43—2547、2549
黄山岭　1—2—080
黄山庙　3—41—2437注、2442、2443、2450、2451、2451
注
黄山闸　1—8—411
黄公闸　1—8—393
黄公溇　1—2—093
黄公溇村（大队）　1—12—783、785
黄公溇桥　1—9—477

黄公溇湾 3—43—2540、2567
黄石垒 1—8—409、410，3—35—2032、2032注
黄石垒水库 1—3—184，1—5—265，1—8—409、410，
　1—11—719，3—43—2603注、2605
黄龙浦 3—44—2630
黄竹山 3—37—2198，3—43—2550
黄竹塘 3—37—2201
黄村 1—2—081、099
黄岗 3—43—2555
黄秀河 3—43—2615
黄伯夫墓 3—37—2185
黄虎山 3—43—2572注
黄岩 1—11—686、770，2—20—1380，2—28—1718，
　3—39—2314，3—41—2454，3—44—2633、2696、
　2718、2719
黄岭 1—2—083，1—3—119，3—36—2130，3—43—2532、
　2574、2575
黄岭山 1—3—119
黄岭坞 1—2—082
黄狗吊桥 1—8—393
黄河 3—36—2138，3—44—2629
黄泥桥 3—37—2160
黄阁河 3—36—2120，3—37—2173
黄阁河村 3—36—2108，3—37—2167、2173
黄阁浜兜 3—37—2167
黄家大桥 3—37—2157
黄家坞 3—37—2197注
黄家河 1—2—092，1—10—526、537，3—37—2186，
　3—44—2631
黄家河村 3—44—2632
黄家河桥 1—10—537
黄家湫 3—37—2199注
黄家霪 3—37—2199注
黄通岭 3—43—2553
黄辅山 3—37—2218注
黄鹏桥 3—37—2160
黄湖庙 3—41—2444
黄湾寺 3—43—2572注，3—44—2634
营盘山 1—3—109，3—43—2546、2550、2551
营道 3—36—2127
曹山 3—41—2430
曹山寺 3—41—2424、2425、2430、2430注、2438
曹氏宗祠 3—37—2184
曹坞 1—2—081，1—9—470，3—43—2606
曹坞村 1—3—121
曹坞岭 1—2—077
曹林庵 3—37—2195注
曹家 3—36—2132，3—44—2627

曹家尖山 1—2—077
曹家桥 1—2—092，1—10—554，3—36—2110
曹家埭 1—2—094
曹家埭村 1—11—613，3—36—2110
曹家章 1—2—080
曹家堡村 3—40—2411注
曹家湾 1—2—094，1—8—393
曹家湾村 1—11—613
曹案埠 1—12—776注
曹娥 1—2—073，1—8—412，1—9—455注、510注
曹娥江 1—3—129、187，1—8—395，1—9—501注，3—37—
　2204注、2205
曹董 1—2—082
曹福庆墓 3—37—2196
梦笔驿 3—37—2204
梦（蒙）笔桥 1—2—099，1—10—537、570、571，3—37—
　2155注、2182、2183、2205，3—43—2535
梵蒂冈 2—22—1498，3—41—2453

〔一丿〕

碤石 3—43—2538注，3—44—2644
龚墅 1—2—081、099
袭庆府 3—36—2119
盛 3—36—2135
盛中 1—2—094，2—32—1879
盛中村 1—11—749，3—44—2719
盛中桥 1—9—509
盛东 1—2—094，1—3—185，1—9—469，1—10—580，
　1—12—807，2—32—1879
盛乐 1—2—094
盛乐村 2—14—983
盛村 1—2—081
盛围 1—2—084、086，3—43—2587
盛围管理区 3—43—2587
盛泽镇 1—11—721
盛练心墓 3—37—2188
盛南桥 3—43—2569
盛凌湾桥 1—9—478
盛家 1—2—093
盛家坞 1—2—095，1—8—410，1—11—771，3—43—2599
盛家坞山 3—41—2436
盛家坞水库 3—37—2215
盛家坞村 3—44—2650
盛家港 3—37—2199注
盛陵村 1—2—079
盛陵湾（长林湾） 1—3—130，1—8—397、439、444，
　1—12—792，3—43—2567、2585、2586、2589

盛陵湾分离立交　1-9-477
戚氏宗祠　3-37-2196
戚严　1-2-082
戚家山　3-37-2196、2197
戚家山下　3-36-2134
戚家山下自然村　3-37-2196
戚家山下村　2-15-1050，3-36-2110，3-37-2196
戚家池　1-2-092，1-4-191注，3-41-2456、2458
戚家池头　1-9-508，1-10-554，3-36-2138
戚家池教堂　3-41-2456
戚家湾河　1-10-526

〔一、〕

雪环　1-2-082、083，1-10-580
雪环山　3-36-2142
雪湾　1-2-094，1-3-105、110注
雪湾大山　1-2-077、078，1-3-111、117、118、119
雪湾山　1-3-183
雪湾山脉　1-5-245
雪湾村　1-3-111、113，1-5-250，2-32-1858、1860，
　　3-44-2656
雪湾岗　1-3-119
雪湾溪　1-3-128

〔一→〕

捷克　2-17-1191
排涝闸　1-3-130
接龙寺　3-41-2425、2436
接龙庵　3-41-2424、2436
接度桥　3-37-2155注
探花第　3-43-2535、2535注
辅孤尖　3-36-2128，3-37-2182

〔丨丿〕

雀山岭水库　1-8-410注
雀山岭坝　1-8-422
堂溪　1-2-074注
常州　1-11-758，2-13-840注，2-20-1396，3-43-
　　2538
常州府　3-37-2196
常绿　1-9-482注、486，2-24-1550
常绿镇　1-2-078、079，1-3-119、128，3-43-2574
常德路　3-36-2139
常熟　2-16-1147，2-20-1380，3-36-2124、2131

〔丨→〕

蛇口　3-43-2555
蛇山头　1-8-393
跃进河　1-8-395
跃进街　1-9-509
跃鲤亭　3-37-2198
崇一　1-2-092
崇二　1-2-092
崇三　1-2-092
崇三社区　1-10-533
崇山　1-2-081
崇五　1-2-091、092
崇化　1-2-083、084、098，2-15-1068、1076，2-21-
　　1400注、1401，3-34-1942，3-37-2199注，3-43-
　　2533，3-44-2626，3-45-2742、2743
崇化小区　1-4-234，1-7-363，1-10-528、557，
　　3-38-2263注
崇化乡　1-2-081、082、084、099，3-36-2127，3-43-
　　2615
崇化区　2-21-1443
崇化寺　3-37-2161，3-41-2423
崇化里　3-36-2125
崇化住宅区　2-15-1069、1071
崇化苑　1-10-553
崇六　1-2-091、092
崇四　1-2-091、092
崇头村　2-28-1709
崇礼堂　3-37-2165
崇明县　2-32-1878
崇真院　3-41-2429
崇教寺　3-41-2423、2439
崇福寺　3-41-2428、2433
崇福杨寺　3-37-2194，3-41-2424、2433
崇福院　3-37-2217
崇儒　1-2-099
崇儒坊　1-2-099
曼谷　1-9-452注

〔丿一〕

铜钱湾　1-2-077、078
铜埠　3-36-2123
银川　1-9-452注
银川市　3-34-1976注
银河　1-2-092，2-15-1068
银河小区　1-2-102，1-10-524、541、543、550、553、
　　554、568，2-15-1068、1069、1071，2-21-1400，

3-34-1950

银新 1-2-092

笠帽坞 3-43-2603注

第一区 1-2-082、083

第一农垦场 1-3-186, 1-5-244、255, 1-6-283、284、298, 1-9-509, 1-10-524、559, 1-11-605、627、674、686、711、718、720、721、738、743、744、759、760, 1-12-784、795、796、797、799、804、805、814、815、816、823、826、827注, 2-15-1074, 2-24-1542, 3-36-2059, 3-38-2223, 3-43-2585

第一农垦场渔场 1-11-761

第二区 1-2-082、083

第二农垦场 1-5-244、255, 1-6-283、284、298, 1-10-524、559, 1-11-682、711、738、743、749、758、759、760, 1-12-784、795、796、797、799、800、802、804、805、808、814、815、816、823、826、827注、831, 2-15-1074, 3-36-2059, 3-38-2223, 3-43-2585、2617

第二劳改支队农场 1-12-804

第十专区 1-2-072

第七区 1-2-082、083

第八区 1-2-082

第九区 1-2-082

第三区 1-2-082、083

第五区 1-2-082、083

第五桥 3-43-2535

第六区 1-2-082、083

第四区 1-2-082、083

犁头金 1-2-092, 1-10-554

犁头金村 1-5-266, 1-9-461, 1-11-613, 2-22-1475, 2-27-1682, 3-35-2015、2016, 3-38-2284、2285、2295, 3-44-2717、2720

犁压潭 1-8-433

〔ノ丨〕

兜率禅寺 3-41-2424、2425

〔ノノ〕

盘山 3-43-2578

船山 1-2-095, 1-8-410, 2-21-1441

船山村 1-6-293、294, 3-41-2454, 3-43-2613

船坞山 1-2-077、078、079, 1-3-109、111、117、119, 3-43-2614

船尾巴 1-2-079

船舫徐村 3-36-2109

船道及石拱桥 3-37-2183

〔ノ、〕

斜咢坞 1-2-094, 1-5-250

斜安桥闸 1-8-418

斜桥 1-2-081

龛山（另见坎山） 1-2-081、083、084、086、087、088, 1-3-133, 2-18-1218, 3-34-1941注、1961注、1988注, 3-36-2059注, 3-37-2213、2216注, 3-39-2313注, 3-41-2443, 3-43-2532、2533、2543、2544注、2545、2558注、2576、2578、2581, 3-44-2639、2646

龛山人民公社 1-2-086

龛山乡 1-2-082、085, 2-13-948注, 3-44-2650

龛山区 1-2-085

龛山公社 2-21-1436

龛山市 3-37-2150注

龛山村 1-2-082

龛山闸 1-8-411

龛山镇 1-2-084、085、086、087, 3-34-1944注, 3-36-2051注、2081注, 3-43-2543, 3-44-2659

龛东 1-2-083

龛北 1-2-083

龛西 1-2-083

龛衢 1-2-083

悉尼市 2-14-992

〔ノ→〕

猪笼山 1-8-408

猪鼻冲 3-43-2614

猫头山 1-2-095, 3-43-2602、2603注, 3-44-2653

猫头山机埠 1-8-433

猫头山进水闸 1-8-419

猫头山村 1-8-424

象山 1-2-077、085, 1-9-510注, 2-21-1449, 3-36-2117

象山乡 3-43-2608

象山县 3-38-2236

象山港 1-8-435

象牙浜 1-2-091、092

象鼻山 1-3-120

凰林穴 3-37-2199注

凰桐 1-8-393, 1-9-508、509、509注

凰桐江 1-2-077、078、079, 1-3-128、141, 1-4-

223，1—5—242，1—8—391、392、393、394、400、
423、425、432、438、439、440、442，1—9—469、
501、509，3—43—2582、2584
凰桐江口　1—8—433
凰桐村　1—3—128，1—9—501、509
郓　1—2—074

〔丶一〕

凑沿金　1—2—095，1—8—419
凑沿金村　1—8—414，3—41—2447
旋山下　1—10—580
商周石室土墩墓　3—37—2186
商城东河　1—10—526
商城西村　1—2—092，2—15—1069、1071
商城花园　2—15—1069
商城河　1—10—526、529、533、535、537、577
商贸公寓　2—15—1069
望江山　2—15—1062
望江门　1—9—495
望江亭　1—3—120，3—37—2195
望海楼　3—37—2213
望越桥　1—10—537
望湖亭　3—37—2188注、2189、2217
望湖桥　1—9—473，1—10—534、538
章丘　1—11—735
章苏村　3—36—2135
章村　1—3—109注、110，1—9—471，3—36—2135，3—43—
　　2554注、2566
章村庙　3—41—2443、2444
章村溪　1—8—422
章桥堰　1—8—419
章桥堰闸　1—8—418
章浦　1—2—081
章家里　3—36—2135
章家河　3—43—2615
章家堰　1—8—421
章鸿庙　1—3—112
章潘桥　1—9—508、509，1—10—554
章潘桥村　2—32—1875
麻车倪　1—2—092，1—3—128，1—8—393、426
麻车倪村　1—11—612、712
麻园　1—2—093，1—10—580
麻园村　1—3—121
麻纺厂桥　1—10—536
麻纺厂综合桥　1—10—536
麻溪　3—41—2431注、2447，3—44—2627
麻溪坝　1—3—129，1—8—402、438，3—37—2203，3—43—

2597，3—44—2640，3—45—2743
麻溪坝闸　3—37—2157、2157注
麻溪桥　1—3—129，3—37—2157
庵东盐场　1—11—742注
庵后山　1—2—079
庵前胡直河　1—8—395
庚青　1—2—093，3—41—2429
庚青岭　1—3—112，3—43—2614
廊岭　3—44—2653
康州　3—36—2135
康济　1—2—083

〔丶丿〕

烽火门　3—44—2633

〔丶丶〕

清水　3—37—2204
清风　1—2—099
清风坊　1—2—099
清风桥　3—37—2205
清白寺　2—24—1556注
清州　1—9—452注
清江　3—37—2216、2216注
清净庵　3—41—2437注、2438
清河郡　3—36—2136
清泰门　1—9—507
清涧小区　2—15—1063
清涧新村　2—15—1062
清联　1—2—095
清联村　1—11—613
清德　1—2—081
鸿达桥　1—10—540、542，2—14—985
鸿南桥　1—10—540、542，2—14—985、1028
鸿浦桥　1—9—478
淇县　3—36—2118、2124
涿水　3—36—2117
涿州　3—36—2117、2125
淮北　2—16—1152
淮安　3—36—2132，3—44—2638
淮阳　3—44—2680
淮阴　3—44—2624
淮河　3—36—2132
淮南　3—36—2116、2139
淮滨县　2—20—1340
渔山　3—36—2128、2130
渔山乡　1—2—078、079，1—3—120，3—43—2602

渔川　3-37-2216

渔庄　1-2-083、093，1-9-471，3-37-2159注

渔庄乡　1-2-084，3-43-2561

渔庄村　3-37-2158、2159、2186

渔庄第壹桥　3-37-2159、2186

渔池头　1-2-094

渔池头村　1-11-727

渔临关　1-2-095，1-9-501，3-36-2121、2138，3-43-2606、2607

渔临关东　1-2-079

渔临关村　3-36-2108，3-37-2159

渔临关闸　1-8-418

渔临关桥　3-37-2160

渔浦　1-3-133，1-9-505注，2-16-1112，3-36-2120，3-37-2201、2204、2206、2213、2216、2216注，3-41-2434，3-43-2532、2549、2551、2551注，3-45-2729、2741

渔浦古渡　3-43-2549

渔浦驿　3-37-2204

渔浦街　3-43-2551

渔浦港　1-9-502

渔浦渡　1-9-505

渔浦新桥　3-43-2551

渔浦寨　3-43-2551

渔浦镇　3-37-2150注，3-43-2551

渔浦潭（渔浦湖）　1-9-505注，3-37-2206、2216，3-43-2551、2551注

渔家池　1-11-592，3-43-2542

渔家埭　3-41-2432

渔潭　3-43-2551注

渔寮　3-45-2753

淳安　2-16-1176，2-27-1672、1701，2-33-1924注，3-36-2076、2117、2128，3-43-2551

淳安县　1-11-614，2-20-1339，2-33-1904，3-38-2285

涪陵市　1-11-614

淡水　3-36-2133

淡竹　1-11-614

深圳　1-记-019，1-7-381，1-9-449、452、452注，1-11-661、663，2-13-887，2-14-990、991、993，2-17-1209，2-18-1255，2-20-1396，2-22-1460，2-24-1535、1535注，3-43-2555

深圳市　2-18-1248

惜谷庙　3-41-2424、2443、2446、2446注

惜谷殿　3-41-2446

密歇根（密执安）州　2-17-1208

窑头　1-2-088、089

窑头山　1-8-408

窑里吴　1-10-554，3-37-2197

窑里吴村　3-37-2200

窑前河　3-37-2157

窑湾　2-32-1877、1879

渠县　2-28-1714

梁朱　3-36-2127

〔→一〕

尉司巷　1-2-099

屠家埭　1-2-092，3-37-2169

屠家埭村　3-37-2193，3-41-2447

〔→丨〕

隆西　1-2-083

隆兴寺　3-37-2193、2195、2199，3-41-2423、2424、2425、2440

隆兴和　1-2-093

隆兴店　3-37-2150注

隆兴庵　3-41-2424

隆恩寺　3-41-2440

隆德　2-33-1924

〔→→〕

绩溪　3-36-2124

维尔京群岛（英属）　2-14-994、1003、1011、1024

绿茵园　1-2-092，1-10-551、580，2-15-1069、1071

绿都世贸广场　1-10-551，2-15-1068、1070、1071

十二画

〔一一〕

瑛珠桥　1-2-093

瑛珠桥村　1-12-795

琼州府　3-36-2120

琴山下　1-2-092，1-9-474

琴石岗　3-37-2218注

琴坞　3-36-2135

〔一丨〕

塔山（木尖山、目尖山）　1-3-109、118、120，3-36-2122，3-37-2215，3-41-2428，3-43-2537、

2550、2606、2615

塔山岗　1-2-077、078，1-3-119

塔子尾巴　1-8-413

塔子尾巴闸　1-8-413

塔吉克斯坦　1-记-039，2-14-993

塔河　1-9-501注

堰下口　1-10-536

堰河　1-10-535，2-24-1551

堰兜孙　1-2-075注

椒山　1-总-005

棉东新村　1-10-550、568

棉花山　1-5-249

棉花育种场　1-5-260注

棉花原种场　1-5-244，1-12-804

棉麻试验场　1-11-758，1-12-784、804、806、807、823，2-15-1074，2-24-1555注

联丰　1-2-092，1-8-410、422

联丰坝　1-8-422

联丰村　2-15-1070

联华　1-2-092

联华大队　1-11-760，3-35-2030注

联华村　2-27-1664，2-32-1871，3-37-2175、2176

联华新村　1-10-543，2-15-1069

联合　1-2-093，3-43-2555

联合村　1-11-593、594、756、757

联合桥　1-9-480

联庄　1-2-086，1-10-554

联庄乡　1-2-085

联庄村　1-9-457、486，2-14-989

联村　1-2-093

联村村　1-11-612

联新　1-2-093

联新村　1-11-613

敬天竺　3-41-2424、2437注

敬成堂　3-37-2167

韩国　1-记-037、040，1-1-069，1-6-286，1-11-671、728、729、736、738、768、771，1-12-814、824，2-13-875、876、883，2-14-991、992、994、1002、1003，2-15-1050、1053，2-16-1139，2-17-1191、1193、1195、1197、1199、1213、1214，2-21-1417，2-24-1555，2-28-1719，3-35-2020、2030，3-36-2128，3-37-2212，3-38-2248，3-39-2342，3-43-2561、2599

韩钱　1-2-083

韩家汇自然村　3-37-2173注

韩家汇村　3-36-2110

韩家埭村　3-43-2548

韩戴　1-2-093

韩戴村　2-13-936

朝阳　1-2-092

朝阳村　1-9-458、461，1-11-613

朝阳沙　3-41-2433注

朝阳闸　1-8-416

朝红　1-2-093

朝鲜　1-记-036、037、039，1-11-748，2-14-1006，2-20-1330，2-27-1688注，3-36-2058注、2059注、2082注，3-44-2675

彭泽　1-11-717

彭城　3-36-2135

彭家里　3-36-2135

彭家里村　3-36-2110

彭家桥　1-2-094，1-3-132，1-8-393，1-9-508、509

彭家桥村　1-5-249，1-11-613

彭埠　1-12-783、785

彭埠大桥　1-9-457

彭埠镇　1-9-465、506，1-12-783

葛云飞纪念馆　2-27-1686

葛云飞故里表　1-记-021

葛云飞故居　3-37-2151、2163、2182、2183、2215、2216

葛云飞墓　3-37-2182、2183、2188、2189，3-43-2572、2572注

葛氏宗祠　3-37-2151、2160、2167、2183、2185、2215、2216

葛壮节公故里表　3-37-2182、2183、2187、2188、2188注、2189、2216，3-43-2598、2599

葛村　1-3-120

葛岙山　3-37-2217注，3-41-2441注

葛岭　3-36-2131

董家桥　1-2-095，3-43-2606、2607

董家桥节制闸　1-8-419

董家埭　1-2-092，1-9-458，3-41-2424

董家埭村　1-11-613

葡萄牙　3-44-2628

蒋英武烈士墓　2-32-1857，3-37-2185

蒋桥村　3-36-2139

蒋家自然村　3-37-2157

蒋家里　3-36-2136

惠民桥　2-16-1150注

惠州　3-36-2125

惠济寺　3-37-2155，3-41-2425，3-44-2626

惠济桥　1-10-537，3-37-2155、2184、2205，3-38-2233，3-43-2535

惠悟寺　3-41-2423

越山　1-2-094，1-3-185，1-10-553

越山村　3-37-2210

越王山　1-3-121

越王城　1-总-004，2-15-1049，2-16-1176，2-23-

1515、1523，3—37—2189、2193、2195注、2196、
　　2199、2201、2202，3—40—2409，3—45—2758
越王城山　1—3—112、121、132，3—37—2150、2169、
　　2190、2194、2195、2199、2200、2203、2206、
　　2215，3—41—2426注
越王城城垣遗址　3—37—2150
越王城遗址　1—总—004，3—37—2146、2150、2182、
　　2183、2186、2189、2203，3—43—2537
越王峥　1—2—077、078、079，1—3—121，3—36—2128、
　　3—37—2171，3—43—2571
越州　1—总—005，1—2—072、075、081注，1—11—770
　　注，1—12—786，3—36—2119、2134、2139，3—37—
　　2204、2206，3—41—2438
越国　1—总—004，1—2—072，1—9—502，3—36—2132，
　　3—37—2146、2182、2192、2193，3—40—2414，
　　3—43—2599，3—44—2623，3—45—2745
越国城垣　3—37—2195
越南　2—13—969，2—15—1030、1045，2—17—1207，
　　2—20—1330，2—27—1688注，3—35—2033注，3—36—
　　2056、2119，3—39—2342，3—43—2604、2612
越寨　1—2—092，3—36—2120

〔一丿〕

雄鸡庵　3—37—2158、2162
雄鹅鼻　1—2—077、077注、078、079，1—3—120，1—5—
　　249，3—37—2217注，3—43—2602
雄鹤鼻　3—43—2582
雄鹤鼻山　1—2—077、077注、078、079
厦门　1—7—381，1—9—451、452、452注，2—14—990、
　　993，2—20—1396，2—24—1535、1535注，3—39—
　　2312，3—41—2453
雁荡山　1—7—381

〔一→〕

揭阳市　2—26—1636注
雅阳镇　1—11—614
蜇先亭　3—37—2188注、2189，3—43—2598

〔丨一〕

紫中　1—2—083
紫东　1—2—093，1—8—422，3—43—2554
紫东村　3—37—2165、2168、2185
紫东桥　1—8—394
紫红岭　1—10—557
紫岩　3—36—2135

紫阆　3—36—2132
紫霞　1—2—083、084、085、086、095，1—9—458、
　　1—10—580，2—16—1112注，3—36—2129，3—43—2553
紫霞乡　1—2—082、084、085
紫霞村　1—9—461，2—13—937，3—36—2110
斐济　1—记—035、037

〔丨→〕

晾网山　3—36—2117
蛤蟆山　3—37—2194
蛟山　1—2—082、083，1—8—419、423、426、434、435、
　　440，3—35—2032注，3—43—2602、2603注
蛟山出水闸　1—8—419
蛟山机埠　1—8—401、433
蛟山闸　1—8—419
景宁　3—44—2660
景宁畲族自治县　1—6—314
景县　3—45—2731注
景苑公寓　2—15—1069
景洲　3—45—2731注
景德镇　3—37—2175
黑龙江　1—6—286，1—11—680、682，2—13—937，2—20—
　　1394，2—27—1664，3—44—2684

〔丿一〕

锁秀桥　3—37—2157、2186
等慈寺　3—41—2431
智利　2—17—1191

〔丿丨〕

傅永先烈士纪念碑　1—记—021，2—32—1857
傅许　1—2—083
傅家　1—2—095，1—8—392、395、419、426，3—43—2609
傅家山　3—37—2147、2184
傅家山遗址　3—37—2146、2147、2184
傅家自然村　3—37—2208
傅家村　1—2—082，1—9—505，3—37—2185
傅家村石浦湖印纹陶窑址　3—37—2150注
傅家峙　1—记—017，2—32—1880、1882，2—33—1921
傅家塘　1—8—433
傅家墩　3—38—2269注，3—41—2452
傅家墩大队　3—35—2033注
傅家墩村　2—32—1876
傅楼　1—2—095，1—10—553
傅墩　1—2—095，1—5—250，3—43—2599

傅墩村　1—11—613、686，3—37—2218注，3—43—2599
牌轩　1—2—093，3—40—2413
牌轩下　3—41—2447
牌轩下村　3—37—2169、2185
牌轩下牌坊　3—37—2185
牌轩村　1—11—613，3—41—2447，3—44—2661
奥地利　1—6—286，2—28—1719

〔丿丿〕

街亭　2—29—1745
街道居民区（长河镇）　1—记—017，1—2—092
街塘河　3—41—2434
御史井　3—37—2182、2218注
御前　1—9—456

〔丿、〕

舒兰市　2—16—1165、1167
舒家畈　3—36—2138
舒渔　1—2—082
番禺　3—44—2624、2641
舜江　3—40—2411注
舜湖　1—2—094，1—4—223，1—8—393、402
舜湖大桥　1—9—501
舜湖老桥　1—8—394
舜湖村　3—37—2163
舜湖桥　1—8—393

〔丿一〕

颍川　3—36—2123
鲁公桥　1—2—092，1—10—554
鲁国　3—36—2130
鲁昂　1—记—019，1—12—829
鲁家　1—2—095，3—40—2411
鲁家山　1—3—114
鲁家坞　1—2—092，3—34—1941注
鲁家坞村　1—8—424，2—16—1115
鲁家村　1—11—612，3—37—2157
鲁家闸　1—8—433

〔、一〕

敦仁街道　1—11—614
敦仁街道办事处　1—11—615
敦兵城　3—37—2150注

敦煌郡　3—36—2131
童家山　1—2—094
童家坂村　3—38—2273注
童家塔　1—8—398、399
童家湫　3—37—2199注
童家殿　1—2—092、093
童家殿湾　3—43—2540
童墅　1—2—081

〔、丿〕

翔凤　1—2—081、093，3—44—2641
翔凤村　2—13—935注，3—36—2108、2119
翔凤桥　1—4—193
普兰　3—38—2306
普陀　1—3—105，2—21—1449，3—41—2437注
普陀山　1—7—381，3—41—2435
普陀区　1—9—468
普济　1—2—083
普惠寺　3—37—2218注
尊让堂　3—37—2152
曾家桥　1—2—092，1—9—477，1—10—553，3—38—2269注
曾家桥村　1—9—487
善明寺　3—37—2195
善政　1—2—099
善政坊　1—2—099
善泰　1—2—083，3—43—2592
善溪　3—36—2123
善福　1—2—083
道口　1—9—471
道州　3—36—2124、2127，3—44—2630
道州府　3—36—2124
道县　3—36—2127
道里　3—41—2429
道林山　1—2—077、078，1—3—109、109注、117、118，1—5—250，3—37—2215
道林山脉　1—5—245
道南书院　3—37—2195、2217
道源里　3—36—2139
道源河　1—10—526、537
道源桥　3—36—2108、2118、2121、2131、2132，3—37—2157、2158
道源禅院　3—41—2424、2425、2426
道源路　1—2—092
道墟　1—9—510注
遂安　3—43—2551
遂昌　3—43—2551

〔、、〕

凑堰 1-8-421

湖山 1-2-082、095

湖山村 1-4-230、233，1-8-420，1-10-554，1-11-686、727、748，2-15-1035，3-37-2173、2183、2184、2196、2197，3-43-2616，3-44-2628、2719

湖山闸 1-8-420

湖山第一亭 3-37-2198

湖东 1-2-082、083、095

湖北 1-1-069、070，1-6-286、301、303，1-7-370，1-9-489，1-11-633、635、682、703、727、737，2-13-876，2-14-1025，2-15-1058，2-27-1664，2-31-1831，2-32-1877注，3-34-1972，3-36-2074注、2127、2130，3-43-2591，3-44-2631、2634

湖头陈 1-记-023，1-2-077、077注、080、092，1-3-106，1-6-281、299，1-10-554，2-15-1052、1086，2-32-1849、1851、1880、1882，3-43-2534，3-45-2759

湖头陈村 1-记-017，1-9-455、456、461，1-10-533，1-11-613、723，2-15-1050，3-41-2426

湖头庙 3-37-2194

湖地 3-36-2134

湖州 1-10-563，1-11-718注、758，2-13-884，2-16-1112注、1165、1165注，2-20-1396，2-22-1463、1464，2-23-1520，2-31-1831，2-33-1904，3-35-2013，3-36-2130，3-44-2640

湖州市 1-6-286，3-45-2753

湖里孙 3-36-2122，3-37-2197

湖贯坝闸 1-8-420，3-45-2744

湖南 1-6-286、301、303，1-9-455注、474，1-11-633、635、660、660注、703、717、735、737、770，2-14-1025，2-15-1058，2-16-1139、1153，2-19-1302，2-22-1498，2-26-1631，2-27-1664，2-31-1831，3-36-2121、2124、2126、2127、2131、2139，3-38-2256，3-43-2591、3-44-2626、2632、2717、2722

湖墅 3-37-2151，3-43-2538注

湘云寺 3-34-1955注，3-37-2193、2194、2195、2195注，3-43-2547注

湘东 1-2-082、083，3-43-2605

湘东乡 1-2-082，3-43-2605、2615

湘西 1-2-082

湘南 1-2-082、083，3-34-1989注，3-36-2136，3-43-2549

湘湖 1-总-003注、004，1-1-042、043、043注、044、045、046、061、061注，1-2-082、083、084、086、087、092、096、101，1-3-106、111、112、118、120、121、127、129、131、131注、132、141、146注、160、161注、171注，1-4-193、193注、215、222、223、224，1-5-261、262、263、274，1-8-395、411，1-10-521、524、526、537、553、554、557、558、563、564、572、574、575、1-11-592、687、688、752、754、770注、772、773，1-12-807、825，2-13-843、884、973、2-15-1049、1050，2-16-1176，2-18-1216注，2-22-1470，3-34-1955注，3-35-2028注，3-36-2051注、2078、2100、2122、2128、2136，3-37-2146、2158、2169、2177、2190、2192、2193、2193注、2194、2195、2195注、2196、2196注、2197、2197注、2199、2200、2201、2203、2203注、2204、2206、2210、2215、2216、2216注、2217，3-38-2294注、3-39-2316，3-40-2373、2409、2414、2415，3-41-2425、2428、2433、2434、2440、2441、2448，3-42-2488、2505、2508，3-43-2534、2537、2546、2547、2549、2551、2615、2616，3-44-2626、2627、2628、2631注、2647、2660，3-45-2729、2742、2743、2744、2747、2758

湘湖人民公社 1-2-087

湘湖乡 3-43-2546

湘湖区 1-2-087

湘湖区域 1-1-060

湘湖风景区 1-5-250

湘湖风景旅游区 1-10-522、526

湘湖风景旅游度假区 1-10-523

湘湖农场 1-记-025，1-3-110，1-4-224，1-5-244、255、256，1-7-359，1-9-472，1-11-627、686、711、713、714、719、730、738、739、747、754、758，1-12-804、807、815、816、823、826，2-15-1074，3-34-1953注、1955注、1957注，3-35-2016、2035，3-36-2059，3-37-2177、2195、2210，3-38-2223，3-43-2615，3-45-2743

湘湖村 1-1-043，1-2-091，1-10-557、558，1-11-640、752，2-18-1257，2-22-1470，2-25-1584，3-35-2016、2017，3-37-2150、2158、2183、2184、2196，3-43-2615，3-45-2744

湘湖河 1-10-526

湘湖居民区 1-2-080、091

湘湖旅游度假区 1-总-004，1-记-022，1-4-222、230、230注、234，1-5-262，1-10-525、526、531、538、540、544注、571，2-22-1470，3-37-2202、2203注、2209、2211，3-43-2537，3-45-2758

湘湖渔场 1-11-718、720、760，3-45-2744

湘湖越王城遗址 1-记-017

渤海郡　3-36-2137

渤海湾　3-36-2137

温州　1-6-314，1-7-381、1-9-452、452注、453、510注，1-11-686、735、737、742注、758，2-13-840注、884，2-16-1112注、1136、1173，2-23-1529，2-25-1578，2-27-1701，2-33-1904，3-36-2074、2074注、2119、2135，3-44-2633、3-45-2758

温州市　1-6-286，1-11-672，3-38-2285

温岭　2-28-1718

温哥华市　2-17-1207

渭水桥　1-2-093

渭水桥村　1-6-294，1-11-744，2-29-1751

滑县　3-36-2118

湫上王　3-36-2116，3-37-2202，3-45-2744

湫口穴　3-37-2204

湫口坝　1-4-223，1-10-533、554、572，3-37-2199

湫口闸　3-37-2200

湫口亭　3-37-2198

湾里村　3-36-2137

湾里童　3-36-2137

渡口　2-32-1859注

渡湖　3-36-2128

湄池　1-记-018，1-8-429，1-9-455、469、471、510，2-21-1424，3-43-2547

湄池镇　1-9-455，3-43-2608

割子山　3-43-2572注

富一山庄　3-37-2184

富兴村　1-10-553

富阳　1-2-077注，1-3-118、120、127、157注，1-5-237、269，1-8-430、431，1-9-447、469、471、482注、486、490、506、508注、510，1-11-720、772，1-12-817，2-13-881注，2-15-1053、1057、1063，2-16-1115、1165，2-20-1342注，2-22-1463、1504，2-24-1550，2-26-1610，2-27-1701，3-34-1955，3-36-2058、2059、2122、2128、2130、2131、2134、2135，3-37-2151、2196、2218注，3-39-2311注，3-40-2407、2413、3-41-2446，3-42-2462，3-43-2532、2538、2547、2548注、2551、2554注、2566、2574、2575、2599、2602

富阳市　1-总-003，1-2-073、078、079，1-3-109注、110、110注、111、117、119、120、128，1-8-429，1-9-469，2-15-1063，3-36-2127、2132、3-39-2312、2318，3-43-2553、2574、2602、2612

富阳县　1-2-077，2-13-881，3-35-2012

富岭　1-2-077、085、086，3-43-2597

富春　1-记-016，1-2-073、074、095，2-32-1880、

3-36-2132，3-37-2216，3-43-2552、2603

富春江　1-1-043，1-2-073、077、078、079，1-3-120、127、137、187，1-5-237、274，1-8-391、394、398、398注、432，1-9-475、504、506、1-10-563，1-11-717注、720、766、767，1-12-791、792、807、817，2-15-1051，2-23-1530、2-24-1562，3-37-2204、2205、2209、2213、3-41-2433，3-43-2538、2546、2549、2551、2602、2603，3-45-2743

富春江北塘　1-8-394

富春江堤塘　1-8-401

富春村　1-2-078，1-9-504

富星　1-2-094

富星村　1-11-613，2-14-983

富家祠堂　3-34-1944注

富家塔村　3-44-2668

富家墩村　3-36-2109

富婆岭　1-2-077、078、079

富墩（富家墩）　3-36-2126

〔丶一〕

谢山　1-2-081

谢氏宗祠　3-34-1992注

谢尖　1-2-083

谢尖湖　1-2-082

谢家　1-2-077、085、094，1-8-419、425，3-34-1941注，3-43-2582、2583注

谢家大宅　3-43-2583

谢家宅　2-15-1063

谢家村　3-36-2099注

谢家教堂　3-41-2456

禅机山　3-36-2119，3-37-2154、2217注，3-41-2437，3-43-2576

禅机庵　3-41-2424、2437

禅机庵山　3-41-2438

禅机禅院　3-41-2437、2437注

裕民　1-2-095，2-32-1879

裕农闸　1-8-414

〔一一〕

强农　1-2-093

〔一丶〕

登岭河　1-10-526

婺州　3-36-2120、2121、2136，3-40-2346

婺源 3-36-2119、2129
婺源县 3-36-2119

〔一→一〕

缅甸 1-记-039，3-43-2612

十三画

〔一一〕

瑞士 1-6-286，1-9-449，1-11-738，2-13-952、
　　969、976，2-14-991、994、1006、1010，2-17-
　　1199，2-20-1330，2-28-1719，3-43-2589，
　　3-44-2663注、2714
瑞丰寺 3-41-2425
瑞记埠头 1-9-509
瑞机埠 1-10-554
瑞机埠桥 1-9-478
瑞安 1-11-735、737，3-44-2633
瑞安市 2-27-1701
瑞丽 1-9-465，2-20-1382，2-24-1535、1535注
瑞丽市 2-16-1139
瑞昌县 3-36-2134
瑞典 1-记-036，1-6-286，1-12-830，2-14-1002、
　　1006，2-17-1191、1199，2-27-1688注，3-44-
　　2714、2715
瑞莲桥 3-36-2131
瑞峰庵 3-41-2426

〔一丨〕

塘下 3-36-2131
塘下沈 3-44-2627
塘下金 1-2-095，1-9-467、468、469、485、508、
　　509，1-10-554，3-41-2447
塘下金互通立交 1-9-476
塘下金村 1-2-091，1-11-713，3-36-2109，3-43-
　　2606
塘下高 1-2-093，3-41-2456、2458
塘下高桥 1-9-477
塘下殿 3-40-2413
塘上三利闸 1-8-418
塘上村 1-8-418
塘口 1-2-077、078、093，1-5-250，2-13-937注，

3-43-2555
塘口村 1-3-186，1-11-612，2-33-1897
塘子堰 1-记-017，2-32-1880，3-37-2175、2202
塘子堰村 1-2-080，1-8-420，2-15-1050，3-37-
　　2175、2190
塘子堰村闸 1-8-420
塘方河 3-43-2548
塘北 1-2-077、085
塘北管理区 1-2-086
塘外乡 1-2-085
塘头 1-2-081、092、093、094，1-9-503，1-10-
　　562，3-41-2436注，3-43-2540
塘头村 3-40-2351
塘头钟 1-2-092，3-36-2129
塘西 3-38-2235
塘坞 1-记-018，1-2-095，2-32-1880，3-44-2653
塘坞村 3-36-2109，3-41-2433，3-44-2653
塘村 1-2-082、083、093，1-8-393、410
塘村畈 1-8-433
塘里陈 1-2-095，1-9-473，1-10-553，2-16-1112
　　注，3-36-2078注、2126，3-41-2455、2458
塘里陈村 1-2-091，3-43-2610、2611
塘郎孙 1-2-092，3-43-2538
塘郎孙村 3-37-2173
塘郎姚 1-2-092
塘郎姚村 2-28-1720
塘弯头 3-43-2542
塘栖 1-2-097，3-36-2076
塘桥街 3-43-2611
塘湾 1-2-092，1-9-456，1-10-553，2-14-985，
　　3-36-2121、2133，3-43-2534
塘湾村 1-2-090，1-9-505，1-10-554，1-11-749、
　　753，2-14-983，3-35-2032
塘湾新村 3-43-2587
楼一 1-2-094，1-8-410、422，2-13-940
楼一村 1-6-295，1-11-712，3-37-2165、2172、
　　2183、2185
楼二 1-2-094，1-8-410，2-13-940
楼三 1-2-094，1-8-410，2-13-940
楼下陈 1-2-092
楼下虞村 3-36-2110
楼玉家 2-32-1859注
楼四 1-2-094，1-8-410、422，2-13-940
楼英（下）祠堂 3-37-2185
楼英纪念堂 3-37-2165，3-43-2575
楼英纪念堂和墓 3-37-2188注
楼英墓 3-37-2185
楼家桥 1-1-066，1-3-110

〔一丿〕

2—25—1590，3—35—2032注，3—41—2447，3—43—
2537、2539、2550、2564、2603注，3—45—2743

碛堰山进水闸 1—8—419

碛堰山庙 3—40—2415，3—41—2441

碛堰山凉亭下 1—8—398

碑牌岭 1—3—120，3—37—2196

碑牌岭山 3—37—2194

〔一、〕

雷山 1—2—083、094，2—15—1051注，2—32—1879

雷山乡 1—2—085，3—43—2576

雷山庙 3—41—2437注

雷公殿 3—41—2443

雷东 1—2—093

雷达站桥 1—10—536

雷壤 3—43—2536注

裘江 1—2—083、084、087、089、091，1—3—116，1—9—
484注、488，1—10—547、559，1—11—651、699、
714、721、748、761，1—12—795、833，2—13—885
注，2—15—1053、1086，2—19—1262，2—21—1443，
2—33—1907，3—34—1948，3—36—2046、2078、
2128，3—38—2281注、2292，3—40—2346、2411注、
2414，3—43—2533、2610

裘江人民公社 1—2—088

裘江乡 1—2—088、089、090，1—4—191注，1—6—284，
1—10—556，1—11—694、718、719、744、752、
760，2—16—1120，2—21—1432，2—24—1543，3—36—
2072注，3—38—2272注、2283

裘江公社 3—38—2269注，3—43—2610

裘江办事处 1—11—697、698、713、744，2—16—1120、
2—20—1388，3—36—2097，3—43—2605

裘江寺 3—41—2425、2427

裘江管理区 1—2—086

裘家坞 1—2—095，1—3—105、108、113注，3—36—
2138，3—43—2599

裘家坞村 3—36—2110，3—37—2163

裘家埭 1—10—553

〔丨一〕

虞家塔 1—3—111

〔丨丨〕

鉴湖 1—9—501注，3—36—2117，3—37—2194，3—45—
2729

〔丨→〕

嵊州 1—11—595、772，3—36—2116

嵊州市 3—40—2382，3—44—2674

嵊县 2—13—881注，2—21—1449，2—24—1533，2—29—
1742，3—36—2116，3—40—2382，3—44—2638、2674

嵊泗 2—21—1449

暗弯山 1—3—147注

睦州 3—36—2128，3—40—2346

睢溪县 3—36—2119

蜈蚣河 3—37—2158

跨长庙 3—41—2443

跨湖 1—2—082，2—15—1050

跨湖村 1—记—022，3—37—2202，3—45—2758

跨湖亭 3—37—2198

跨湖桥 1—1—043、067注，1—3—112、120、131，1—4—
223，1—5—236，1—9—473，1—10—532、538、554、
571，1—11—761，2—15—1050，3—37—2158、2194、
2197、2198、2199、2200、2201，3—44—2628

跨湖桥文化遗址 1—总—004，1—1—043、047、051、
053、054、059、061、062、063、064、066、067，
3—37—2146、2147，3—41—2441，3—43—2537

跨湖桥遗址 1—记—017，1—1—042、043、044、045、
046、047、047注、048、049、055、056、056注、
057、057注、058、059、060、061、062、063、
063注、064、065、066、067、067注、069、070，
3—37—2148注、2158、2174、2184、2186、2193、
2199

路下院 1—2—079、094，3—36—2130

路下院生产大队 3—43—2574

路下院村 1—11—613

路平 1—2—095

路平村 1—11—686

路西 1—2—081

嵩山 3—44—2629

蜀山 1—1—067，1—2—083、085、086、087、092，
1—3—106，1—8—392、399，1—11—703，1—12—776
注，2—15—1051注，2—32—1874，3—36—2045注、
2049注，3—37—2147、2176、2177，3—38—2271注、
3—41—2450，3—43—2543注、2592、2593

蜀山区 1—2—087，3—38—2228注、2276注

蜀山水网平原 1—8—442

蜀山平原 1—8—390、395、396、403注、412、439、
440、443

蜀山寺 3—41—2427注

蜀山村 1—2—082，3—36—2123，3—41—2427，3—43—
2592

蜀山庙 3—41—2443、2450，3—43—2593

〔、一〕

靖一 1-2-093

靖一机埠 1-9-471

靖东 1-2-093

靖东村 1-11-640、714

靖西 1-2-083

靖江 1-记-013、016、020、038，1-2-083、084、084注、085、086、087、088、089，1-3-185，1-4-214，1-5-248、255、260、277，1-6-298、338，1-9-449、470、509，1-10-524、525、544注、553、559、563、564、565，1-11-618、651、673、759、771，1-12-785、802、814、833，2-13-876、880，2-15-1032，2-16-1103、1111、1152，2-18-1218，2-19-1275，2-21-1405、1405注，2-22-1469，2-24-1542，2-25-1584，2-31-1825，2-32-1851、1852、1856、1861、1872、1873、1874、1878、1879，2-33-1890、1896、1897、1898、1899、1907、1908，3-34-1928、1939、1940、1945、1969，3-36-2045、2059注，3-37-2150注，3-38-2229、2275、2276、2283、2285、2296、2305注，3-41-2437、2443、2452、2453，3-43-2558、2559、2560、2561、2576、2589，3-44-2690

靖江人民公社 3-43-2558

靖江乡 1-2-084、088，3-43-2558

靖江天主教堂 3-41-2452

靖江天主堂 3-41-2454

靖江公社 3-41-2454

靖江村 1-2-082

靖江县 3-35-2012

靖江庙 3-41-2443

靖江桥 1-9-479

靖江殿 3-34-1941注，3-41-2443、2453，3-43-2558、2559

靖江管理区 1-2-086

靖江镇 1-2-089、090、091、092、093，1-3-107、130，1-4-211、215，1-5-243、255、270、277，1-6-283、284、285、287、289、296、298、302、331，1-7-349，1-9-470，1-10-553，1-11-613、614、619、625、627、640、672、714、721、760，2-13-879、903，2-19-1304，2-24-1558，2-26-1621、1622，2-27-1675，2-28-1716，2-29-1748，2-30-1765，2-31-1786，2-32-1849、1852，2-33-1900、1907，3-34-1951、1996，3-36-2050、2057、2063、2064、2096、2096注，3-38-2284，3-39-2339，3-41-2436、2443、2452、2453，3-43-2540、2555、2558、2559、2560、2567、2619，3-44-2681、2720

靖南 1-2-093，1-9-470，3-43-2560

靖南村 1-11-721，3-41-2453

靖南桥 1-3-130，1-9-479

靖海殿 3-41-2443

靖雷乡 1-2-082，3-43-2558

新万寿桥 1-10-536

新义 1-2-083，3-37-2199注，3-43-2549，3-44-2626，3-45-2742、2743

新义乡 1-2-081、082，3-43-2549

新乡 3-36-2076

新丰 1-2-082

新开河 1-4-224，1-9-501、503，1-10-522、526、534、536、570

新开河桥 1-9-481

新中 1-2-095

新中坝 1-5-260注

新中村 1-9-461，2-14-983

新凤堰桥 1-10-536

新世纪广场 1-10-550

新石头村 3-41-2431

新龙 1-2-094

新龙村 1-8-415

新东 1-2-095，1-9-484注，1-12-796

新北 1-2-095

新田 1-2-081

新生 1-2-086，1-8-425，1-10-554

新生大队 1-12-777注，3-35-2033注，3-38-2274注、2281注，3-45-2739

新生农业社 1-11-729

新生村 1-11-722、757，3-38-2268注

新生高级社 1-12-777注

新民闸 1-8-415

新民闸桥 1-12-794

新民桥 1-9-509

新加坡 1-记-021、035、037，1-6-286，1-7-381，1-11-768，1-12-836，2-13-952，2-14-990、994、997、1001、1003、1006、1009，2-15-1030、1045、1050，2-17-1191、1198、1199、1206、1207，2-26-1636，2-27-1688注，2-28-1719，3-36-2058

新发 1-2-095

新发王 1-2-093，3-37-2205，3-43-2563

新发王村 1-6-293注，1-11-720，2-27-1675，3-44-2648

新发村 1-11-613、749

新西兰 1-6-286，1-11-711，2-17-1191、1213，2-24-1555，3-44-2715

新回澜桥 1-10-536

新朱 1-2-084

新朱乡 3-43-2610

新华 1-2-085、086、095，1-9-509，2-21-1410，
3-41-2445、2456、2458

新华村 1-11-613，2-14-983，3-36-2047、2063

新华教堂 3-41-2456

新会 3-37-2181，3-44-2628

新创 1-2-095

新创村 1-12-837

新庄 1-2-083、084，1-10-554，1-11-753，2-28-
1715注，3-36-2133

新庄大队 3-35-2028注

新庄乡 3-43-2615

新庄闸 1-8-418

新江 1-2-095

新江口 1-8-391、395，1-9-503、505、509、510，
3-43-2608

新江岭 1-2-087、088，1-8-392、423、426、434、
440，1-11-611、651，2-16-1112，2-20-1328，
2-33-1897，3-34-1936，3-35-2032注，3-36-
2054，3-38-2223、2229、2274，3-43-2609

新江岭乡 1-2-088、089、090，1-6-284，2-32-
1849，3-43-2608

新江岭公社 3-43-2608

新江岭荷花塘 1-8-401

新江岭灌区 1-8-401

新江闸 1-8-393

新安 1-2-085、095，3-36-2117，3-41-2437注，
3-43-2576

新安村 1-11-613，2-13-938，2-14-983，3-44-
2717、2720

新安园 1-2-092，2-15-1069

新安寓 1-2-092，1-7-372，1-10-543、553、554，
2-15-1069

新农 1-8-416

新农乡 1-2-085

新农闸 1-8-416

新农镇 3-44-2638

新坝 1-2-082、083、085，1-8-393、395、412，1-9-
501注、505、513、513注，3-35-2032注，3-36-
2132，3-43-2549

新坝闸 1-3-129，1-8-401、439、440、443，3-43-
2550

新围 1-2-088、095，1-4-192、193、193注、209、
223，1-8-412，1-9-473、482注、508、515，
1-11-651、771，1-12-776注、796、797、799、
813、819、826、837，2-13-880，2-19-1275，

2-21-1408，3-34-1972，3-35-2026，3-36-2045
注、2049注，3-38-2223、2049注，3-43-2592、2593

新围5.2万亩围垦 1-3-187、188

新围乡 1-2-088、089、090，1-3-184，1-6-285、
298，1-11-660、691，1-12-793、797、818、
837，3-43-2592、2593

新围公社 1-12-784、799、837

新围村 1-2-078、080，1-6-294，3-36-2050

新围垦种 1-12-788、789、790、827注

新甸 1-2-083，2-24-1550

新陈 1-2-083

新林 1-2-083

新林周 1-2-093，1-3-130，1-8-395、418，1-9-
468、502，1-10-553，2-27-1638注，3-37-2205、
2216，3-40-2412，3-41-2441注

新林周村 1-8-395，1-9-474

新林周直河 1-8-395、439

新林周闸 1-8-418

新林周桥 1-8-395，3-37-2205

新林铺 3-37-2204

新昌 1-11-595，2-21-1449，3-36-2130、2138，
3-37-2205，3-43-2573

新昌县 3-36-2119、2138

新和 1-2-095

新和村 1-11-613

新庙前 1-2-093，2-32-1879

新庙前村 2-32-1858，3-44-2665

新闸头 1-2-095，1-4-223

新郑 3-36-2119

新河 2-24-1543

新河口 1-2-077、094

新河口村 1-2-085，3-36-2109，3-43-2582

新建 1-2-077、085、086、094，1-12-796

新建乡 1-2-086，1-3-119，3-43-2608

新建管理区 3-43-2587、2608

新城乡 2-32-1877

新垫黄 1-2-095

新垫黄村 1-11-612、613，3-36-2110

新南 1-2-094

新狮山村 1-11-612

新前 1-2-094

新前村 2-32-1876

新盈 1-2-083

新盈乡 3-43-2587

新泰 1-2-085，3-43-2592

新桥 1-2-092、093，1-4-191注、193注，1-10-535、
537、553，2-15-1068，2-28-1710，3-34-1950
注，3-37-2155注

新桥下 3-43-2547注

新桥头 1-2-092，1-3-106、114、132，2-32-1849

新桥头村 3-34-1950注

新桥村 1-10-547

新桥园 2-15-1069、1071、1086

新峰 1-2-095

新凌山桥 1-8-402

新凉亭 1-2-092、093，1-9-470、471、472，1-10-559

新凉亭桥 1-9-480，3-43-2544

新益 1-2-093，2-32-1879

新浦河 2-14-985注、1028

新浦河桥 2-14-985注、1028

新梅 1-2-095，1-10-580，2-32-1879

新梅村 3-35-2017

新盛 1-2-094，1-9-467、472

新盛村 1-6-294，1-11-613

新庵 3-34-1944注

新联 1-2-092，3-38-2294

新联大队 3-38-2274注

新联村 3-36-2109

新街 1-记-013、016、020，1-2-087、088、089、094，1-3-120、130、183、185，1-4-192、193、193注、209、223，1-5-242、248、254、255、260，1-9-460、469、470、472、473、492、506、509，1-10-524、554、559、563、580，1-11-596、602、614、618、651、657、663、682、711、712、729、730，1-12-777、805、817，2-13-935，2-15-1032，2-16-1152，2-17-1204，2-18-1244，2-20-1314、1328，2-21-1405，2-28-1704注、1705、1714、1717，2-31-1825，2-32-1851、1852、1854、1856、1860、1861、1872、1873、1874、1878、1879，2-33-1898、1908，3-34-1939，3-35-2016、2022、2024，3-36-2045、2054，3-37-2182、2186，3-38-2297，3-39-2311、2324，3-40-2413，3-41-2424、2442、2443，3-42-2488，3-43-2561、2587、2588、2589

新街人民公社 1-2-087

新街乡 1-2-088

新街公社 3-35-2028注

新街村 1-6-294

新街围垦农场 1-6-282、284、285、307

新街桥 1-4-209，1-9-478

新街镇 1-记-032、039，1-2-089、090、091，1-3-106、111，1-4-206、206注、207注、211、214，1-5-243、255、262，1-6-283、284、285、287、289、294、295、296、302，1-7-349，1-8-413、414、415、418，1-9-447、460、466、467、468、

475、502，1-10-523、580，1-11-602、613、624、664、728、728注、730、748、749，1-12-784、785、806、807、828、830，2-13-941、2-15-1035，2-17-1194，2-20-1342注、1343，2-21-1409，2-27-1662注，2-28-1709、1712、1714，2-29-1750，2-31-1785、1842，2-32-1856、1876，2-33-1903，3-34-1956，3-35-2015、2017，3-36-2050、2089、2118，3-37-2187，3-38-2270，3-40-2349，3-41-2434、2448，3-43-2533、2543、2586、2587、2589、2594、2620，3-44-2668、2714、2722、2723

新湾 1-记-013、016，1-2-083、084、085、086、087、088、089、094，1-3-185、186，1-5-242、1-8-399、404，1-9-470、471、472、473、482、483注、490、509、515，1-10-524、544注、559、562、564，1-11-596、618、651、673、771、1-12-776注、785、791、792、793、795、796、797、798、802、804、808、813、814、826、838，2-13-935，2-15-1032、1035，2-18-1218，2-19-1275，2-21-1405注，2-23-1529、1530，2-25-1585，2-28-1704注、1705，2-32-1851、1852、1854、1873、1874、1878、1879，2-33-1896、1897、1899、1907，3-34-1931、1939、1945、2000，3-36-2046，3-37-2150注、2213，3-38-2285、2296，3-40-2413，3-41-2443、2444、2450、2450注、2452、2455、2456、2459，3-43-2585、2586、2592、2618

新湾丁坝 1-8-399

新湾人民公社 3-43-2585

新湾乡 1-2-084、086、088，3-34-1951注，3-43-2585

新湾公社 1-11-717注

新湾冯家溇基督教堂 3-41-2456

新湾抢险闸 1-8-415

新湾抢险河 1-8-397

新湾村 1-2-082，3-34-1951、1951注，3-43-2585

新湾围垦 1-12-805

新湾围垦农场 1-6-282、284、285、307

新湾底 3-43-2585

新湾闸 1-3-130，1-8-415

新湾桥 1-9-480

新湾部队农场 1-8-415

新湾教堂 3-41-2456

新湾基督教堂 3-41-2456

新湾镇 1-2-089、090、091、094，1-4-206注、207注、211，1-5-243、255、277，1-6-283、284、285、287、289、296、302，1-7-349，1-8-414、415、444，1-9-469，1-11-613、616、619，1-12-

776注、784、785、805，2—19—1296，2—20—1344注，2—21—1400、1400注，2—23—1524，2—27—1645，2—30—1769，2—31—1786，2—32—1855、1856、1878，3—34—1951，3—38—2284，3—41—2450、2458、2459，3—43—2555、2580、2585、2589、2617、2620，3—44—2657、2687

新富　1—2—094

新塘　1—2—078、079、084、086、087、088、089、090、091、094，1—3—185，1—4—191注，1—5—249、254，1—8—426、439，1—9—458、460、466、472、473、482注，1—10—524、559、580，1—11—618、619、651、663、673、682、685、714、748、761，1—12—802，2—13—885注、935、938，2—15—1052、1053、1086，2—24—1550，2—31—1785，2—32—1851、1861，2—33—1897，3—36—2046、2053、2078，3—37—2182、2204、2215，3—38—2223、2275、2276，3—39—2324，3—41—2455，3—43—2533、2534、2602、2610、2611、2612，3—45—2753

新塘人民公社　3—43—2610

新塘乡　1—2—088、089、090、091、095，1—3—106、108、112、114、116、118、121，1—4—200、211，1—5—254，1—6—283、284、285、287、289、302，1—7—349，1—8—395、418、419，1—9—458、461、466，1—11—619、648、721，2—13—935、937、937注、938，2—16—1112注，2—20—1382，2—21—1400注、1410，2—24—1552，2—31—1786，2—32—1876，3—35—2017，3—36—2078注、2080、2109、2110、2127、2131、2136，3—37—2161、2166、2184，3—38—2281，3—41—2429、2443，3—43—2533、2561、2610、2612、2620，3—44—2659、2688

新塘办事处　1—6—315，1—10—553，3—43—2610

新塘头　1—2—094，2—32—1879

新塘头村　1—11—613

新塘机埠　1—8—433

新塘村　1—9—461、505，1—11—722

新塘闸　1—4—209

新塘铁路桥　1—9—457

新塘特大桥　1—9—455、456、456注、458

新塘站　1—9—459

新塘街道　1—10—580，1—11—667，3—36—2119

新塘管理区　3—43—2610

新塘镇　1—6—296

新镇桥　1—9—479

新疆　1—6—286，1—11—737，2—13—964，2—18—1239，2—21—1442，2—27—1673，3—36—2074，3—40—2418，3—43—2560，3—44—2660

雍景湾花园　1—10—549

意大利（意）　1—6—286，1—7—350注，1—11—714，

1—12—824、829、831、832，2—13—886、932、933、948注、952、956、957、969、973，2—14—990、991、992、994、997、1002、1003、1006、1009，2—15—1052、1053，2—17—1182、1183、1187、1191、1193、1195、1197、1198、1199、1213，2—20—1330，2—24—1554、1555，2—27—1688注，3—36—2081、2081注、2126，3—39—2327，3—43—2545、2570、2589、2604，3—44—2648

〔、J〕

慈云寺　3—41—2423

慈姑大山　1—3—121，1—5—250，3—43—2597、2608

慈姑裘　1—2—095，1—3—111

慈姑裘大队　1—11—627注

慈姑裘村　1—6—294，3—36—2138

慈恩寺　3—41—2431、2431注

慈禅寺　3—41—2431

慈溪　1—9—489，1—11—734、735、742注、770，2—20—1380，3—36—2100、2119、2133，3—41—2454，3—43—2558

慈溪市　2—26—1636注

慈溪县　2—13—912，2—20—1395

〔、、〕

涠湖　1—11—703

溧阳　3—36—2118、2125

溪头　1—2—093，1—8—422，3—41—2429，3—43—2555

溪头王　1—4—193注

溪头庄　3—36—2136

溪头坝　1—8—422

溪头村　1—9—473，3—36—2110，3—37—2165

溪头黄　1—2—092，1—3—112，1—9—471、472，1—10—553，1—11—686，3—37—2186、2186注，3—38—2294注

溪头黄土地庙　3—41—2447注

溪头黄村　1—11—770，2—21—1432，3—37—2184，3—43—2615

溪头傅村　3—36—2136，3—44—2670

溪河　1—2—093，1—9—473，3—36—2118

溪河村　3—36—2108、2123，3—37—2160

溪河桥　1—9—477

滨江　1—9—456

滨江区　1—总—003，1—记—017，1—2—073、075、077、078、080、090、096，1—3—105、130、132，1—4—190、201、230，1—8—400、403、412，1—9—447注、457、459、462注、467、468、474、486、488、

501注、502、506、513, 1—10—523, 1—11—767,
1—12—784、785、792, 2—15—1032, 2—16—1154、
1164, 2—20—1329、1361, 2—26—1626, 2—31—
1785, 3—36—2064、2079、2103、2119、2121、
2122、2123、2133、2135、2136、2138, 3—37—
2193、2206、2213、2215, 3—38—2229、2273、
2282、2283、2285, 3—41—2434、2439, 3—42—
2495, 3—43—2533、2546、2594, 3—44—2629、
2630、2651、2654、2661、2675、2689、2695、
2696、2697, 3—45—2735注、2736注、2746

滨江区塘 1—8—407
滨浦 1—2—081
滨浦道院 3—41—2443
塞舌尔 2—14—994
塞拉利昂 2—27—1688注
塞班岛 2—17—1206
塞浦路斯 2—14—1002

〔丶→〕

福山 1—11—615
福井 2—17—1206, 2—22—1473
福庆寺 3—41—2424、2425
福庆庵 3—41—2434
福州 1—9—452、452注、467、510注, 1—11—602,
2—14—1019、1020, 2—16—1147, 2—22—1463、
1464, 2—24—1534, 3—41—2453、2455

福建(闽) 1—1—069, 1—6—286, 1—7—381, 1—11—
635、703、711、735、737、738, 1—12—815,
2—13—883, 2—14—1019、1020、1025, 2—15—1051、
1058, 2—16—1122、1139、1141、1171, 2—17—
1196, 2—18—1239, 2—20—1341注、1380、1396,
2—22—1463、1464, 2—24—1534, 2—25—1602、
2—26—1631, 2—31—1831, 3—36—2076、2116、
2117、2119、2121、2122、2125、2129、2132、
2133、2134、2135、2139, 3—37—2193注、2196,
3—39—2312、2342, 3—41—2450注, 3—43—2536注、
2583、2591, 3—44—2623注、2625、2631、2633、
2634、2640、2649、2693, 3—45—2727注、2729注
福原 3—36—2131
福清县 1—11—711, 1—12—815, 2—20—1341注
福鼎 1—11—687

〔→一〕

群力 1—2—086、094
群马县 3—35—2036, 3—39—2314
群合 1—2—093

群合村 1—11—721
群欢 1—2—095
群围 1—2—095, 1—11—770, 3—43—2601
群围村 3—44—2717
群英 1—2—095, 2—32—1879
群建 1—2—095, 2—32—1879
群建桥 1—9—478
群益 1—2—094
群益村 1—11—613, 2—13—919注, 3—43—2568
群益桥 3—37—2157
群谊 1—2—093
群联 1—2—093
殿下 1—2—093

〔→→〕

缙云 3—44—2723

十四画

〔一一〕

静冈 2—14—991、993、994, 2—17—1206, 3—36—2058
静冈县 1—记—036、037、039、040, 2—14—991、994,
3—39—2342
静江站 1—9—459
静安绥佑公庙 3—41—2441注
静居 1—2—081
静修庵 3—38—2234, 3—41—2440, 3—43—2567
静海门 1—2—097
静海殿 3—40—2415
碧山 3—43—2568
碧山仙洞 3—43—2568

〔一丨〕

墈头颜 3—36—2139
墙头 1—2—093, 1—8—422, 3—36—2123
墙头坝 1—8—422
墙头村 3—37—2185, 3—38—2235, 3—43—2566、2567
榜眼墙门 3—37—2153
楮木堰 1—8—421
嘉会镇 3—36—2121
嘉兴 1—总—003注, 1—1—066注, 1—9—507注, 1—11—
722, 2—13—884、937注、938, 2—15—1061, 2—16—

1165注，2-20-1396，2-33-1904，3-35-2013，
3-36-2074注，3-39-2312，3-43-2538注，3-44-
2635、2645

嘉兴市　1-6-286

嘉应州　3-36-2125

嘉定　2-20-1380

嘉陵区　1-11-615

嘉善　1-11-739，2-15-1048、1063，2-32-1878

嘉善县　2-15-1063，2-32-1878

嘉靖坊　1-2-099

蔡东藩故居　3-37-2185

蔡东藩临江书舍　3-36-2046

蔡东藩墓　3-37-2182、2183、2188注、2189，3-43-
2572、2572注

蔡东藩路　1-2-092

蔡岙　3-36-2138

蔡家弄　1-2-092，3-36-2138

蔡家坞　1-3-121

蔡家坞村　1-3-120

蔡家塘　1-2-079

蔡黄　1-2-083

蔡湾　1-2-081

蔡湾板桥　3-41-2447注

聚龙庙　3-41-2443

聚敬堂　3-37-2165

〔丨一〕

雌雄溪　3-37-2199

裴家　1-2-093

裴家埠　1-10-553

〔丨→〕

墅上王　1-2-095，1-8-426，1-9-472

墅上王村　3-36-2108，3-41-2431

〔丿一〕

毓秀桥　3-37-2156注、2166、2184

舞阳　1-1-058

箬山　3-37-2194

箬帽尖　1-3-119

管大坞　1-8-409

管东　1-2-082

管村　1-2-083、094，1-3-105、109注、119，1-4-
192、193、209，1-8-422，1-9-468、473，2-23-
1530，2-24-1545，2-32-1876，3-36-2106注、

2110、2135，3-37-2172、2185，3-40-2414，
3-41-2441、2445

管村村　1-2-079，3-39-2312

管村庙　3-41-2424、2444

管村桥　1-9-481

管塘　1-2-082

〔丿、〕

鄱阳　3-36-2131

〔丿→〕

馒头山　3-43-2610

〔、一〕

豪岭（壕岭）　3-37-2218注

〔、、〕

潡堰庙　3-40-2415，3-41-2424、2441、2442

漳州　3-36-2129

漳南　3-45-2730

漳浦　3-45-2729注

溆浦　1-3-115、127、133

溆浦镇　1-3-115

寨岭庵　3-37-2194、2201

察哈尔　3-44-2658

蜜蜂　1-2-093

蜜蜂村　1-6-294，2-32-1858，3-41-2459，3-43-
2556注

蜜蜂桥　3-43-2557

〔、→〕

谭家　1-2-082

谭家埠　1-2-092，1-9-487

谭家埠村　1-9-487，2-13-973，2-27-1683，2-32-
1876

肇桥村　3-36-2120

肇家桥　1-2-095，1-11-771

肇家桥村　3-37-2185，3-41-2430

〔→一〕

暨阳　3-36-2130

暨浦　1-2-074注

〔→丿〕

嫩江　2-27-1701，2-33-1904

〔→→〕

缪氏宗祠　3-37-2191，3-43-2607
缪家　1-2-095，1-10-553，3-43-2606
缪家村　3-36-2110，3-37-2191，3-39-2313注，
　　3-43-2607
缪家河　3-43-2606

十五画

〔一一〕

璇山下　1-2-093，1-3-105
璇山下村　1-11-613
慧济寺　3-37-2213
慧照庵　3-37-2194

〔一丨〕

墩里吴　1-2-092，1-9-456，3-43-2534、2587
墩里吴村　1-2-090，2-14-983
墩郎张　1-2-095，3-43-2606
墩郎张河　3-43-2606
墩蜀　1-2-082
增丰　1-记-016，1-2-095，2-32-1880
增丰村　1-11-613，2-27-1661、1662注，2-32-1876、
　　1882
横一　1-2-092
横一村　1-3-105、108，1-11-613，2-32-1876
横力口闸　1-8-392、402、419
横山　1-2-083、085、086，3-36-2136
横山傅　3-36-2077
横山傅村　3-36-2110、2136、2137
横江俞　1-2-094，1-8-394、408
横江俞大队　1-4-193注，3-38-2294注
横江俞上畈塘　1-8-401
横江俞村　1-8-392，1-9-507，1-11-613
横坑　1-3-119
横岔　1-2-083

横岔路　3-43-2593、2594
横岔路直河　3-43-2592
横岔路居民区　1-2-091
横岔路横湾　1-8-397
横岔镇　3-43-2592
横河　3-37-2158、2198
横河周闸　1-8-418
横埂头　1-2-093，2-32-1879
横埂头村　1-6-294，3-35-2017
横凉亭　1-9-469，3-43-2574
横筑塘　1-2-093，3-37-2198、2201，3-41-2447
横筑塘村　3-35-2017，3-37-2160
横塘　1-2-081，3-37-2199注
横塘村闸　1-8-420
横塘倪　1-2-094，1-3-105，1-8-408，3-43-2583注
横塘倪村　2-32-1876，3-43-2584
横塘倪春秋战国印纹硬陶窑址　3-37-2150注
横蓬　1-2-094
横蓬大队　2-13-938注
横蓬村　1-11-608、613，2-13-938
横路头　1-2-095，1-3-106、112，1-5-274，1-9-
　　472、482注，3-36-2129
横路头村　1-3-121，1-11-613
横滨　2-14-992
樟坞　3-40-2413
樟坞庙　3-40-2414，3-41-2424
樟树下　1-2-093，1-3-107、116，1-9-473
樟树下村　1-9-469
樟树乡　3-36-2133
樟树市　2-20-1342
樟亭　3-37-2193、2206、2213
樟亭驿　3-37-2204
赭山（折山）　1-记-013、016，1-2-083、084、085、
　　086、087、088、089、094，1-3-106、107、108、
　　110、110注、111、118、121、124、127、141、
　　185，1-8-398、399、412、415、421、429，1-9-
　　471、473、484、484注、488、505、506、507、
　　510、510注、512，1-10-562，1-11-614、651、
　　688注、740注，1-12-776注、795、796、833，
　　2-15-1089，2-16-1149、1152，2-21-1400注、
　　1441，2-25-1578，2-32-1852、1872、1874、
　　2-33-1896、1897、1907、1907注，3-34-1928，
　　3-35-2032注，3-36-2050、2119、2129，3-37-
　　2150、2150注、2152、2154、2173、2211、2213、
　　2215、2216注、2217注，3-40-2386、2387、2388、
　　3-41-2425、2437、2437注、2438、2441注、2443、
　　2452、2453，3-42-2462、2496，3-43-2543注、
　　2544、2556注、2558注、2576、2577、2577注、

2578、2578注、2579，3−44−2639

赭山人民公社　3−43−2576

赭山乡　1−2−082、084、088，3−43−2576

赭山公社　1−11−627注、648，1−12−784

赭山巡检司寨　3−43−2578

赭山坝　3−43−2579

赭山村　1−2−082

赭山里　3−43−2576

赭山直湾　3−43−2577

赭山亭　3−43−2576

赭山桥　1−9−478

赭山湾　1−3−133、188，1−8−399、442，1−11−717注，
　　1−12−781、791，3−43−2579

赭山湾7号坝闸　1−8−421

赭山湾8号坝闸　1−8−421

赭山湾八号坝　1−8−404

赭山湾闸　1−8−400、407

赭山湾闸桥　1−12−794

赭山湾塘　1−8−407

赭山渡　1−9−506，1−12−795

赭山塘　3−43−2579

赭山镇　1−2−089、090，1−6−284，2−14−979，2−26−
　　1627，2−27−1675，2−32−1859，3−34−1928，
　　3−38−2275，3−41−2452，3−43−2576，3−44−
　　2674、2719

赭东　1−2−085、086、094，2−32−1879，3−43−2576

赭东村　2−13−938，3−44−2719、2720、2723

赭东管理区　3−43−2576

赭盐村　2−32−1859注

蕺山寺　3−41−2431

〔一、〕

震孚　1−2−083

霄汉　1−2−095，1−5−249，1−8−422

霄汉村　1−3−106、108

霄汉里　1−3−106

〔一→〕

撑船湾桥　1−9−477

〔丨→〕

墨尔本市　2−14−992

墨汀徐　3−36−2133

墨西哥　1−11−685、736，2−17−1193、1206、1208，
　　3−36−2081注

〔丿一〕

镇龙殿　1−2−079、095，1−8−399，3−36−2121，3−41−
　　2443，3−43−2600、2600注

镇龙殿村　1−6−295

镇龙殿湾　3−43−2600

镇东军　1−2−072

镇东桥　3−37−2160

镇西桥　3−37−2154

镇江　1−7−381，3−36−2120

镇江市　3−44−2669

镇南　1−2−083

镇桥汪　3−38−2273注

镇海　1−2−093，1−3−133，1−9−501，1−10−563、
　　567，2−21−1449，2−25−1568，3−44−2633

镇海寺　3−41−2424、2425，3−43−2568

镇海村　1−11−710

镇海县　3−36−2125

镇海楼　3−37−2213，3−41−2451

镇海殿　3−34−1951注，3−37−2186，3−40−2415，
　　3−41−2437注、2443、2451

镇靖乡　1−2−082，3−43−2558

黎阳郡　3−36−2126

黎明　1−2−092、093，2−32−1849，3−43−2560

黎明村　1−11−613

〔丿丨〕

儋州　3−36−2120

〔丿丿〕

德平县　3−36−2120

德北　1−2−095

德由桥　3−37−2160

德国（德）　1−记−035、036，1−6−286、322，1−7−351
　　注，1−11−713、748、758、760，1−12−829、832，
　　2−13−880、894、929、952、957、964、973、976，
　　2−14−990、991、992、994、1000、1001、1002、
　　1006、1009、1010、1014，2−15−1053，2−17−
　　1182、1183、1191、1195、1197、1198、1199、
　　1203、1206、1213，2−18−1237，2−20−1330，
　　2−24−1554、1555、1556，2−27−1688注，2−28−
　　1719，3−34−1950，3−35−2030、2036，3−36−
　　2058、2058注、2065注，3−38−2244、2246、2247，
　　3−41−2453，3−43−2555，3−44−2638、2648、
　　2653、2666、2668、2675、2691、2714

德胜　1−2−083

德清 2—15—1063，2—16—1165，2—32—1872，3—36—2139

德惠祠 3—37—2195、2195注，3—40—2415，3—41—2441，3—44—2626、2628

〔丿→〕

滕家河 1—10—537

〔、一〕

颜家塔 3—36—2139
摩洛哥 3—36—2081注，3—44—2685

〔、、〕

潮州 3—36—2116、2125
潮阳市 2—19—1303
潮神庙 3—40—2414
潮瀚 1—2—083
潭头 1—2—075注，1—8—421，1—10—554，3—36—2120，3—41—2441注，3—43—2547注、2548
潭头下闸 1—8—421
潭头上闸 1—8—421
潭头货运码头 1—9—503注
潭头河 3—43—2546、2548
潭州 3—44—2626
澳大利亚 1—记—035、038，1—6—286，1—11—768，2—13—952、964，2—14—990、992、994、1002、1006、1011，2—15—1053，2—17—1191、1197、1199、1213，2—27—1688注、1689，2—28—1719，3—34—1950，3—35—2030，3—43—2617，3—44—2714
澳门 1—记—040，1—6—286，1—7—381，1—9—452注，1—11—768，2—13—921，2—14—983、984、990、994、1003、1006，2—17—1199，2—18—1237，2—22—1467，2—24—1555，2—25—1574，2—27—1686、1688注、1689，3—36—2056、2058、2069，3—44—2695、3—45—2757
潘山 1—2—095，3—43—2603
潘山村 1—11—597、613、625，2—32—1858，3—35—2015，3—37—2173、2185，3—38—2295
潘水 1—2—075注，1—9—501注，2—15—1068，2—21—1401，3—34—1990
潘水4米小桥 1—10—537
潘水8米小桥 1—10—537
潘水小区 1—4—224，1—6—335，1—10—554
潘水小桥 1—10—535

潘水北苑 1—10—548
潘水立交桥 1—10—537
潘水村 1—8—395
潘水苑 1—10—531、572，2—15—1069、1071
潘水南苑 1—4—234，1—10—548、553，2—14—987，2—15—1070
潘水桥 1—10—537、573
潘水第一 1—2—092
潘水第二 1—2—092
潘水第三 1—2—092
潘水第四 1—2—092
潘右 1—2—083，3—43—2605
潘东 1—2—083
潘东乡 3—43—2605
潘西 1—2—083
潘西乡 1—2—082，3—43—2605
潘泉井 1—3—120
潼江 1—2—092，1—8—392

〔→、〕

豫章 3—44—2624

十六画

〔一丨〕

燕山 3—43—2548
燕山村 1—11—614
燕子河 1—2—092，1—4—215，1—10—529、535、556，2—24—1551
燕子窝 1—8—408
燕斗孙 3—36—2122，3—43—2547注
燕斗孙村 3—36—2108
燕窝山 3—36—2127
燕窝王 1—3—121

〔一→〕

擂鼓山 1—5—249

〔丨一〕

冀州 3—36—2118

十七画

戴村外畈闸　1-8-433
戴村出水闸　1-8-419
戴村庄　3-43-2564
戴村河口畈塘　1-8-402
戴村垦种点　1-6-298
戴村镇　1-记-016，1-2-089、090、091、093，1-3-
　　106、108、114、117、118、120、128、141，1-4-
　　206注、210、211，1-5-243、255、274，1-6-
　　283、284、285、287、289、296、301、315，1-7-
　　349，1-8-394、410、419、422、431、432，1-9-
　　470，1-10-524，1-11-593、612、613、619、
　　682、694、697、698、725、727、744、749、765，
　　2-28-1725，2-31-1785，2-32-1876、1880、
　　1881，3-34-1996，3-35-2017，3-36-2047、
　　2050、2108、2109、2110、2116、2117、2118、
　　2123、2125、2127、2129、2130、2131、2132、
　　2133，3-37-2149、2150注、2151、2160、2165、
　　2171、2172、2183、2185、2190，3-38-2228、
　　2229、2235、2274、2283，3-40-2404，3-41-
　　2423、2429、2454，3-43-2553、2564、2565、
　　2567、2602、2612、2619，3-44-2646、2650、
　　2651、2673、2715
戴家山　1-2-093，1-8-419，3-36-2123，3-43-2537
戴家山西晋至南朝窑址　3-37-2150注
戴家山村　1-11-744，3-37-2190
戴家山桥　1-9-477
戴家山排涝闸　1-8-402
戴家山窑址　3-43-2565
戴家河　1-10-537、542
戴家桥　1-2-092、093，1-10-544、545，2-32-1849，
　　3-34-1944注，3-37-2153、2183、2184
戴家桥村　3-34-1944注

〔一、〕

霞关　3-45-2753
霞江　1-2-083、084、086、095，1-9-466，3-43-2611
霞江乡　1-2-085，3-43-2610
霞江村　3-37-2161、2184
霞江桥　1-9-481
霞江管理区　3-43-2610
霞浦　3-36-2133
霞腾阁　3-34-1941注，3-43-2583注

〔一→〕

擢桂　1-2-099
曙光　1-2-086、095，2-32-1879

曙光村　1-2-079
曙光桥　1-9-509，3-43-2590
曙光管理区　3-43-2589
螺山　1-2-083、086、087、088、093，1-3-121，1-5-
　　245，1-8-419，1-10-563，1-11-651、682，
　　2-13-880，2-16-1112，2-32-1856，3-36-2102、
　　2103，3-38-2273，3-41-2441注、2455，3-43-
　　2561、2610，3-44-2627
螺山大桥　1-2-079，3-37-2182、2184，3-41-2448
　　注，3-43-2611
螺山乡　1-2-088、089、090，1-6-284，1-7-351注，
　　1-11-593、720，2-13-935，2-20-1341注，2-27-
　　1675，3-35-2013，3-37-2178，3-38-2270，
　　3-43-2561、2562
螺山公社　1-8-395，2-13-949
螺山寺　3-41-2423、2424、2425，3-43-2611
螺山村　1-9-461，1-10-553，2-32-1876，3-37-
　　2157、2178、2184
螺山闸　1-8-411、419
螺山堰　1-8-421
螺山道院　3-41-2443
螺石山　1-2-079
螺峰　3-36-2130
螺峰山　3-37-2161
螺峰亭　3-37-2161、2184
螺峰桥　3-37-2161
螺峰道院　3-41-2443
螺蛳峰　1-3-119

〔丿一〕

魏家塔　1-2-082
魏家塔村　1-6-294，3-37-2165
魏塔　1-2-093，1-8-422，3-36-2077
魏塔坝　1-8-422
魏塔村　3-36-2110、2139
魏骥墓　3-37-2182、2183、2196，3-43-2616

〔丿→〕

蟊斯岭　1-2-077、078、079，1-3-129，3-43-2597

〔、一〕

襄七房　1-记-017，1-4-191注，2-32-1880、1882
襄七房村　1-11-744，2-15-1034，3-44-2661
襄庄　1-2-082、083
襄阳府　3-36-2127

〔、丿〕

糠金山　3-37-2194，3-45-2742

〔、、〕

濮阳　3-36-2118

十八画

〔一丨〕

藕湖浜　1-2-088、089、092
藩篱　1-2-072

〔丨→〕

黟县　3-36-2124

〔、一〕

癞头山　1-2-080

〔→→〕

邋遢山　3-37-2194

十九画

〔一、〕

霪头　3-37-2204

〔丨→〕

蟾山　3-41-2446注

〔、丿〕

鳌子门　3-43-2558注

二十画

〔一〕

馨星大厦　1-10-551

〔丨〕

巘山　3-36-2127

二十一画

〔→〕

蠢社　1-2-082

二十二画

〔一〕

鹳嘴山　1-3-120

〔丿〕

衢州　1-11-635、678，2-16-1138注，2-31-1831，
　　3-36-2117，3-43-2538、2548、2548注、2584、
　　2594，3-44-2652
衢州天主教堂　3-41-2452
衢州市　1-6-286，1-9-466
衢县　3-43-2551

图照索引

说　明

一、本索引共收录各种图照1324幅。

二、图照名称分册分编排列，编内则以页码先后为序排列。

第一册

总　述

图0-0-1　1978~2000年部分年份萧山人均生产总值与全国人均生产总值比较　006

图0-0-2　1982~2000年部分年份萧山农业总产值　007

图0-0-3　1978~2000年部分年份萧山工业总产值与萧山市属工业总产值比较　008

图0-0-4　1978~2000年部分年份萧山全社会出口商品交货值　008

图0-0-5　1978~2000年部分年份萧山全社会消费品零售总额　008

图0-0-6　1986~2000年部分年份萧山科教文卫事业支出情况　009

图0-0-7　2000年萧山全社会固定资产投资完成情况　009

图0-0-8　1986~2000年部分年份萧山农村居民、城镇居民人均收入与全国情况比较　009

图0-0-9　1990、2000年萧山非农产业比重与人口比重变化情况　010

第一编　跨湖桥文化

图1-1-10　跨湖桥遗址考古远景（蒋乐平主编：《浦阳江流域考古报告之跨湖桥》彩版三，文物出版社，2004年12月版）　044

图1-1-11　下孙遗址发掘现场（2004年1月，崔太金摄）　045

图1-2-12　独木舟发掘现场（2002年12月，李维松摄）　047

图1-2-13　下孙遗址灰坑（2004年1月摄，萧山博物馆提供）　049

图1-2-14　下孙遗址柱坑（2004年1月摄，萧山博物馆提供）　050

图1-3-15　折肩陶釜，2001年7月出土于跨湖桥遗址（萧山博物馆提供）　051

图1-3-16　黑陶釜，2001年7月出土于跨湖桥遗址（萧山博物馆提供）　051

图1-3-17　双耳折腹彩陶罐，2001年7月出土于跨湖桥遗址（萧山博物馆提供）　052

图1-3-18　黑陶双耳罐，2001年7月出土于跨湖桥遗址(萧山博物馆提供)　052

图1-3-19　黑陶钵，2001年7月出土于跨湖桥遗址（萧山博物馆提供）　052

图1-3-20　红衣、黑衣陶豆，2001年7月出土于跨湖桥遗址（萧山博物馆提供）　052

图1-3-21　灰陶甑局部——底部，2001年7月出土于跨湖桥遗址（萧山博物馆提供）　053

图1-3-22　陶支座，2001年7月出土于跨湖桥遗址（萧山博物馆提供）　053

图1-3-23　陶纺轮，2001年7月出土于跨湖桥遗址（萧山博物馆提供）　053

图1-3-24　石斧，2001年7月出土于跨湖桥遗址（萧山博物馆提供）　054

图1-3-25　石镞，2001年7月出土于跨湖桥遗址（萧山博物馆提供）　054

图1-3-26　骨耜，2001年7月出土于跨湖桥遗址（萧山博物馆提供）　056

图1-3-27　骨匕，2001年7月出土于跨湖桥遗址（萧山博物馆提供）　056

图1-3-28　骨锥(一)，2001年7月出土于跨湖桥遗址（萧山博物馆提供）　056

图1-3-29　骨制鱼镖，2001年7月出土于跨湖桥遗址（萧山博物馆提供）　057

图1-3-30　梅花鹿头骨，2001年7月出土于跨湖桥遗址（萧山博物馆提供）　057

图1-3-31　龟甲，2001年7月出土于跨湖桥遗址（萧山博物馆提供）　057

图1-3-32　水牛头骨，2001年7月出土于跨湖桥遗址（萧山博物馆提供）　058

图1-3-33　狗头骨，2001年7月出土于跨湖桥遗址（萧山博物馆提供）　059

图1-3-34　跨湖桥遗址出土的稻谷（2009年6月12日，郑云飞摄）　059

图1-4-35　《跨湖桥》书影（浙江省文物考古研究所、

萧山博物馆编：文物出版社，2004年12月）　060

图1-4-36　"2001年度全国十大考古新发现颁奖暨学术研讨会"在杭州举行，萧山区人民政府副区长周红英在领奖台上(2002年6月5日，施加农摄)　061

图1-4-37　黑陶釜，2001年7月出土于跨湖桥遗址（萧山博物馆提供）　062

图1-4-38　骨制纺织工具，2001年7月出土于跨湖桥遗址（萧山博物馆提供）　062

图1-4-39　骨制复合器，2001年7月出土于跨湖桥遗址（萧山博物馆提供）　062

图1-4-40　陶线轮，2001年7月出土于跨湖桥遗址（萧山博物馆提供）　062

图1-4-41　制陶里手，2001年7月出土于跨湖桥遗址（萧山博物馆提供）　063

图1-4-42　陶豆圈足，2001年7月出土于跨湖桥遗址（萧山博物馆提供）　063

图1-4-43　红衣灰陶盆，2001年7月出土于跨湖桥遗址（萧山博物馆提供）　063

图1-4-44　黑陶豆，2001年7月出土于跨湖桥遗址（萧山博物馆提供）　064

图1-4-45　黑陶钵，2001年7月出土于跨湖桥遗址（萧山博物馆提供）　064

图1-4-46　彩陶片，2001年7月出土于跨湖桥遗址（萧山博物馆提供）　064

图1-4-47　太阳纹彩陶片，1990年12月出土于跨湖桥遗址（萧山博物馆提供）　065

图1-4-48　彩陶片，1990年12月出土于跨湖桥遗址（萧山博物馆提供）　065

图1-4-49　2006年5月23日，国家文物局局长单霁翔在跨湖桥遗址临时陈列馆视察（傅宇飞摄）　069

图1-4-50　跨湖桥遗址博物馆（2009年9月，李萍摄）　070

第二编　政　区

图2-3-51　明代《永乐大典》所载《萧山县图》　076

图2-3-52　江（干）滨（江）萧（山）三交点A桩（2007年6月8日，韩利明摄）　078

图2-3-53　杭(州)绍(兴)线7号界桩（2007年5月30日，柳田兴摄）　079

图2-3-54　萧(山)富(阳)线1号界桩（2007年6月5日，韩利明、柳田兴摄）　079

图2-3-55　滨萧线走向边界图之一。滨萧线走向边界图共有4幅，2000年5～8月，由杭州市勘界办公室委托湖北省第一测绘院测绘。12月，萧山市人民政府代表、市勘界工作领导小组组长俞炳林，滨江区人民政府代表、区勘界工作领导小组组长徐纪林签订《萧山市政府和滨江区政府联合勘定的行政区域界线协议

书》（资料来源：杭州市萧山区民政局编：《萧山民政志》，2006年5月印）　080

图2-5-56　清乾隆《萧山县志》所载《萧山县城图》　096

图2-5-57　设在西河下的萧山县人民委员会（1960年4月摄，萧山区市政园林管理处提供）　098

图2-5-58　坐落在人民路的市委、市政府大院（1989年6月，董光中摄）　100

图2-5-59　萧山市行政中心（1999年6月落成启用，韩利明摄于2006年9月17日）　102

第三编　自然环境

图3-1-60　戴村镇郁家山下含石灰岩瘤的奥陶纪白云质钙质泥岩（2009年8月，朱佩璋摄）　108

图3-2-61　钱塘江河口滩涂（2001年3月，柳田兴摄）　115

图3-2-62　中部水网平原河池港汊密布（2008年9月，朱佩璋摄于萧山新塘）　116

图3-2-63　南部云石山区峰峦连绵起伏（2005年6月，肖丰摄于萧山云石）　117

图3-2-64　雪湾大山（2007年10月20日，柳田兴摄于云石骆家舍）　118

图3-2-65　远望似卧佛的岩山（2007年11月4日，柳田兴摄于楼塔镇岩上村）　119

图3-2-66　船坞山（2007年10月20日，柳田兴摄）　119

图3-2-67　狮山云雾（2008年2月，柳田兴摄）　119

图3-2-68　形似卧牛的石牛山巅（2007年10月27日，韩利明摄）　120

图3-3-69　东江围垦自动气象监测站，为萧山第一个无人值守气象站（2001年3月，杨志江摄）　123

图3-3-70　气象观测人员正在读取百叶箱内温（湿）度计数据（2001年3月，杨志江摄）　123

图3-4-71　浦阳江与凰桐江汇流处（2005年6月，肖丰摄）　128

图3-4-72　永兴河上段（2007年10月6日，韩利明摄）　128

图3-4-73　西小江衙前螺山段（2003年7月25日，韩利明摄）　129

图3-4-74　南门江城南戚家池段（2006年8月19日，韩利明摄）　129

图3-4-75　北塘河塘湾段钢材码头（2002年5月，柳田兴摄）　130

图3-4-76　盛陵湾党山段（2008年10月8日，韩利明摄）　130

图3-4-77　民国16年（1927）周易藻编《萧山湘湖志》所载《湘湖全图》　131

图3-4-78　白马湖湖头陈村一带水面（2009年8月，徐树

林摄） 132

图3-5-79 钱江涌潮（2005年9月21日，董光中摄于南阳镇九号坝） 133

图3-5-80 潮难警世碑（2001年4月，张祥荣摄） 139

图3-6-81 南门江菱（1990年10月，董光中摄于萧山城南） 143

图3-7-82 拉步甲(2008年5月10日，楼信权摄于萧山进化) 145

图3-7-83 中华虎凤蝶（2008年3月15日，楼信权摄于萧山） 145

图3-7-84 小䴙䴘（2007年12月13日，徐文祥摄于萧山湘湖） 147

图3-7-85 野鸬鹚（2007年2月7日，徐文祥摄于萧山蜀山） 147

图3-7-86 白鹭（2007年9月30日，徐文祥摄于萧山南门江） 148

图3-7-87 绿翅鸭（2007年12月29日，徐文祥摄于萧山湘湖） 148

图3-7-88 斑嘴鸭（2007年12月29日，徐文祥摄于萧山湘湖） 148

图3-7-89 灰鹡鸰（2007年11月28日，徐文祥摄于萧山河上镇） 151

图3-7-90 白鹡鸰（2007年11月24日，徐文祥摄于萧山市心北路） 151

图3-7-91 棕背伯劳（2007年12月13日，徐文祥摄于萧山湘湖） 152

图3-7-92 丝光椋鸟（2007年11月14日，徐文祥摄于萧山市心南路） 152

图3-7-93 北红尾鸲（2007年12月29日，徐文祥摄于萧山湘湖） 153

图3-7-94 虎斑地鸫（2007年11月28日，徐文祥摄于萧山河上镇） 153

图3-7-95 画眉（2007年11月28日，徐文祥摄于萧山河上镇） 153

图3-7-96 大山雀（2007年12月4日，徐文祥摄于萧山北干山） 154

图3-7-97 红头长尾山雀（2007年12月4日，徐文祥摄于萧山北干山） 154

图3-7-98 斑文鸟（2007年11月27日，徐文祥摄于萧山西山） 154

图3-7-99 小鹀（2007年12月26日，徐文祥摄于萧山湘湖） 155

图3-7-100 石龙子（2007年5月8日，楼信权摄于萧山湘湖） 155

图3-7-101 蝾螈（2006年6月15日，楼信权摄于萧山所前） 155

图3-7-102 颈棱蛇（2006年10月4日，楼信权摄于萧山云石） 156

图3-7-103 虎斑游蛇（2007年5月20日，楼信权摄于萧山石牛山） 156

图3-7-104 蝮蛇（2005年6月26日，楼信权摄于萧山北干山） 156

图3-7-105 义乌小鲵（2006年2月24日，楼信权摄于萧山欢潭） 156

图3-7-106 黑斑蛙（2005年8月17日，楼信权摄于萧山湘湖） 157

图3-7-107 大树蛙（2005年7月3日，楼信权摄于萧山大坞头） 157

图3-7-108 沙塘鳢（2006年，杨贤兴摄于南门江） 161

图3-7-109 玉带凤蝶（2007年9月26日，楼信权摄于萧山湘湖） 163

图3-7-110 金凤蝶（2007年10月24日，楼信权摄于萧山楼塔） 163

图3-7-111 铁木剑凤蝶（2008年4月6日，楼信权摄于萧山西山） 163

图3-7-112 斑缘豆粉蝶（2007年9月14日，楼信权摄于萧山湘湖） 163

图3-7-113 橙翅襟粉蝶（2007年3月21日，楼信权摄于萧山百药山） 164

图3-7-114 连纹黛眼蝶（2007年10月1日，楼信权摄于萧山欢潭） 164

图3-7-115 稻眉眼蝶（2006年10月4日，楼信权摄于萧山湘湖） 164

图3-7-116 二尾蛱蝶（2007年7月7日，楼信权摄于萧山岩下） 165

图3-7-117 柳紫闪蛱蝶（2006年9月2日，楼信权摄于萧山临浦） 165

图3-7-118 斐豹蛱蝶（2007年8月30日，楼信权摄于萧山人民广场） 165

图3-7-119 美眼蛱蝶（2007年10月29日，楼信权摄于萧山湘湖） 166

图3-7-120 曲纹蜘蛱蝶（2006年7月26日，楼信权摄于萧山云石） 166

图3-7-121 白点褐蚬蝶（2007年4月7日，楼信权摄于萧山百药山） 166

图3-7-122 红灰蝶（2007年9月13日，楼信权摄于萧山湘湖） 166

图3-7-123 蓝灰蝶（2008年4月7日，楼信权摄于萧山湘湖） 167

图3-7-124 斑星弄蝶（2007年9月29日，楼信权摄于萧山云石） 167

图3-7-125 深山珠弄蝶（2007年3月15日，楼信权摄于萧山西山） 167

图3-7-126 姜弄蝶（2007年10月19日，楼信权摄于萧山云石） 167

图3-7-127 直纹稻弄蝶（2007年8月30日，楼信权摄于人民广场） 167

图3-7-128 戴村镇丁村千年古银杏（2007年10月19日，柳田兴摄） 170

图3-7-129 欢潭乡大岩山千年柳杉（2001年4月，蒋剑飞摄） 170

图3-7-130 楼塔镇长山坞村树龄200年刺柏（1999年11月12日，李维松摄） 170

图3-7-131 南方红豆杉（2007年11月12日，楼信权摄于萧山长山坞） 171

图3-7-132 杜家百年杨梅树王（2008年6月14日，韩利明摄） 171

图3-7-133 进化镇吉山村树龄600年苦槠（2001年5月27日，李维松摄） 171

图3-7-134 酸模（2007年4月15日，楼信权摄于萧山湘湖） 172

图3-7-135 牛繁缕（2008年3月27日，楼信权摄于萧山所前） 172

图3-7-136 繁缕（2008年3月26日，楼信权摄于萧山石岩山） 172

图3-7-137 天葵（2008年3月16日，楼信权摄于萧山湘湖） 172

图3-7-138 河上镇樟树下村900年古樟（2007年10月9日，柳田兴摄） 173

图3-7-139 所前镇三泉王村树龄200年枫香（2001年11月23日，李维松摄） 173

图3-7-140 蛇莓（2008年4月15日，楼信权摄于萧山西山） 173

图3-7-141 许贤乡寺坞岭上檀树（2007年10月13日，柳田兴摄） 174

图3-7-142 进化镇城山王村树龄200年无患子树（2002年8月4日，李维松摄） 175

图3-7-143 河上镇道林山油茶树（2007年10月6日，柳田兴摄） 176

图3-7-144 长萼堇菜（2008年3月15日，楼信权摄于萧山云石） 176

图3-7-145 许贤乡寺坞岭桂花树（2007年10月13日，柳田兴摄） 177

图3-7-146 附地菜（2008年4月4日，楼信权摄） 178

图3-7-147 白毛夏枯草（2008年5月6日，楼信权摄于萧山西山） 178

图3-7-148 直立婆婆纳（2008年4月5日，楼信权摄于萧山湘湖） 179

图3-7-149 车前（2008年4月17日，楼信权摄） 179

图3-7-150 艾（2008年4月10日，楼信权摄于萧山湘湖） 179

图3-8-151 山洪袭击（1993年7月8日，傅宇飞摄于欢潭乡） 183

图3-8-152 抗洪抢险（1997年7月10日，傅宇飞摄于临浦） 184

图3-8-153 遭龙卷风袭击（1998年4月5日，傅宇飞摄于围垦区） 185

图3-8-154 1991年9月17日，许贤乡西山村被泥石流冲毁的民房（照片来源：1992年《萧山年鉴》） 187

图3-8-155 被潮水吞噬的大堤（照片来源：费黑主编、陈志根副主编：《萧山围垦志》，上海人民出版社，1999年） 188

第四编 环境保护

图4-1-156 萧山市出口监测点位（1993年10月，朱权华摄） 191

图4-1-157 萧山第三自来水厂（2000年12月，董光中摄） 193

图4-1-158 1986～2000年萧山市城区酸雨率情况（资料来源：根据萧山区环境保护局档案室资料整理） 197

图4-1-159 1985～2000年萧山市城区道路交通噪声情况（资料来源：根据萧山区环境保护局档案室资料整理） 200

图4-2-160 2000年萧山市重点工业污染企业情况（资料来源：萧山市人民政府：《萧山市"一控双达标"工作资料汇编》，2000年11月） 201

图4-2-161 2000年萧山市工业废水污染行业排放量（资料来源：萧山市人民政府：《萧山市"一控双达标"工作资料汇编》，2000年11月） 202

图4-2-162 2000年萧山市工业废气污染行业排放量（资料来源：萧山市人民政府：《萧山市"一控双达标"工作资料汇编》，2000年11月） 203

图4-3-163 萧山第二自来水厂工作人员进行水质分析（1996年12月，肖亚珍摄） 209

图4-3-164 萧山市环境监测站工作人员监测空气质量（1991年5月，汪迎庆摄） 210

图4-4-165 萧山漂染厂废水处理池（1991年5月，汪迎庆摄） 212

图4-4-166 萧山伞面绸厂废水处理池（1991年5月，汪迎庆摄） 213

图4-4-167 浙江钱江啤酒厂废水处理池一角（1998年5月，董光中摄） 213

图4-4-168 饮用水源保护区（1996年12月，肖亚珍摄） 215

图4-4-169 浙江轻工金属材料改制厂回火炉除尘装置（1991年5月，汪迎庆摄） 217

图4-4-170 萧山农垦水泥厂除尘装置（1994年6月，朱权华摄） 217

图4-4-171 萧山化工厂氟回收装置（1991年5月，汪迎

庆摄）218

图4-4-172　浙江万达集团公司"三废"处理装置（1994年6月，陈益明摄）220

图4-4-173　城区育才小学开展废电池回收活动（2000年2月，丁力摄）221

图4-6-174　学生上街开展环境保护宣传活动（1998年2月，傅展学摄）232

图4-6-175　开展"六·五"世界环境日活动（1997年6月，傅宇飞摄）234

第五编　土　地

图5-1-176　1993年，专业人员在宁围镇进行土地资源详查外业工作（萧山区土地管理局提供）238

图5-1-177　1992年萧山市土地面积详查情况　238

图5-1-178　1997年萧山市耕地分类情况　240

图5-1-179　1994年萧山市土地利用现状图（1994年12月，萧山市农业区划办公室编制）241

图5-2-180　50年代初土地房产所有权证存根（萧山区档案局提供）252

图5-2-181　1994年，萧山经济技术开发区与拆迁户签订的房屋拆迁补偿协议。此协议为原始件，协议中的被拆迁人"周长奎"系当时笔误，实为"周张奎"（萧山经济技术开发区档案室提供）259

图5-3-182　80年代中期，萧山第一农垦场综合开发的果园、渔塘（2008年3月，杨贤兴摄）262

图5-4-183　1995年划定的云石乡基本农田保护区（2007年，杨贤兴摄）263

图8-4-184　1991年改造后的七甲电力排灌站（柳田兴摄）264

图5-4-185　1994年，垦区标准堤塘建设（董光中摄）265

图5-4-186　1996年3月，城市东区植树造林（傅展学摄）265

图5-4-187　1997年，萧山现代农业开发区新建的"三面光"渠道（萧山区农业综合开发办公室提供）266

图5-4-188　1986年，五万二千亩围涂造地（资料来源：费黑主编、陈志根副主编：《萧山围垦志》，上海人民出版社，1999年8月）266

图5-4-189　2000年，外四工段1000亩围垦土地平整（萧山区土地管理局提供）267

图5-4-190　1994年，在浦阳镇强行拆除非法砖瓦窑（萧山区土地管理局提供）267

图5-5-191　民国13~23年（1924~1934）萧山县衙前一带地价（银圆）（资料来源：衙前镇志编纂委员会：《衙前镇志》，方志出版社，2003年，第326页）276

图5-5-192　1996年，新街镇依法强制拆除违章建筑（萧

山区土地管理局提供）277

第六编　人　口

图6-1-193　2000年11月，人口普查工作人员上门进行人口普查登记（寿健摄）281

图6-2-194　1953~2000年萧山5次全国人口普查人口性别构成　288

图6-2-195　1964~2000年萧山4次全国人口普查人口年龄构成　290

图6-2-196　1982~2000年萧山3次全国人口普查人口年龄构成　292

图6-2-197　许贤乡方家村百岁老人金杏花（1999年10月14日，胡志平摄）293

图6-3-198　1999年3月，外来务工人员来萧求职创业（傅展学摄）303

图6-4-199　2000年4月，开展关注流动人口中的儿童宣传活动（丁力摄）304

图6-4-200　萧山市每1万人拥有各种受教育程度人口（根据萧山市2000年第五次全国人口普查资料整理）306

图6-4-201　2000年5月，敬老院工作人员正在精心护理入院老人（丁志伟摄）309

图6-4-202　2003年、2007年萧山公务员道德素质总体形象评价　316

图6-4-203　2003年、2007年萧山公务员全心全意为人民服务评价　316

图6-4-204　2003年、2007年萧山公务员诚实守信评价　317

图6-4-205　2007年萧山公务员公共场合文明形象评价　317

图6-4-206　2007年萧山公务员公共场合文明形象评价　317

图6-4-207　2003年、2007年萧山公务员自身艰苦创业精神认识　318

图6-4-208　2007年萧山公务员艰苦创业精神评价　319

图6-4-209　您认为＿＿敬业奉献精神最强　319

图6-4-210　2007年萧山公务员廉洁自律评价　319

图6-4-211　2007年萧山公务员公益活动表现评价　320

第七编　居民生活

图7-1-212　1985~2000年部分年份萧山农民人均工资性收入情况　344

图7-1-213　《人民日报》刊登《这里，人均收入1256美元》一文，报道红山农场提前实现了"小康社会"的目标（资料来源：《人民日报》，1984年9月4日，第3版）349

图7-1-214　1986～2000年部分年份萧山城乡居民收入比　350

图7-2-215　在萧山商业城举行时装表演（1998年1月，邵红春摄）　364

图7-2-216　70年代，自行车凭票供应，是年轻人梦寐以求的交通工具（1976年，董光中摄）　373

图7-2-217　八九十年代，摩托车成了青年男女代步的主角（1991年，董光中摄）　373

图7-2-218　进入21世纪，越来越多的普通市民圆了"汽车梦"。图为汽车市场（2006年初，董光中摄）　374

图7-2-219　手机走进寻常百姓家，农村老太都用上了手机（1998年9月，赵新高摄）　374

图7-2-220　美容渐趋时尚（资料来源：《萧山日报》，1993年4月22日，第4版）　383

第八编　水　利

图8-1-221　1985年浦阳江纪家汇段兴修水利现场（董光中摄）　391

图8-1-222　2000年，义南横河砌石护岸工程竣工（2009年，杨贤兴摄）　396

图8-2-223　1999年，萧山市获浙江省水利"大禹杯"金奖(2009年，杨贤兴摄）　403

图8-2-224　1998年，钱塘江东线标准堤塘建设（傅宇飞摄）　404

图8-2-225　1999年，浦阳江新石桥上游标准堤塘（萧山区农机水利局提供）　405

图8-3-226　杨静坞水库原名东坞水库，1958年初建，1978年竣工，2002年扩建，库容39.5万立方米（2009年，杨贤兴摄）　409

图8-3-227　1995年全面改造后的临浦峙山闸（2009年，杨贤兴摄）　412

图8-3-228　1996年11月建成的萧山闸站（船闸）（萧山区农机水利局提供）　412

图8-3-229　60年代建造的云石乡沈家堰坝（2007年，杨贤兴摄）　421

图8-4-230　茅山电力排灌站（1966年，董光中摄）　427

图8-5-231　1997年7月9日，解放军在南沙大堤临江段抢险护堤（纪传义摄）　431

图8-6-232　1998年改造后的萧山市江边排灌站（2009年，杨贤兴摄）　441

第九编　交　通

图9-1-233　2001年3月，杭州萧山机场候机楼（杭州萧山国际机场提供）　450

图9-1-234　试航成功后，担任试航的机组人员合影留念（2000年12月2日，傅宇飞摄）　451

图9-2-235　萧山铁路示意图　456

图9-2-236　浙赣铁路通济段（2002年12月，李维松摄）　456

图9-2-237　1992年4月竣工通车的钱江二桥（董光中摄）　458

图9-2-238　萧萧联络线上的高田隧道（1996年6月摄，萧山区交通局提供）　459

图9-3-239　机场路坎山段（2003年12月，李维松摄）　467

图9-3-240　104国道优胜立交桥施工现场（2000年4月21日，李维松摄）　468

图9-3-241　横樟线楼塔段（1998年10月18日，李维松摄）　469

图9-3-242　藏山岭公路隧道通车典礼（1999年12月8日，李维松摄）　475

图9-3-243　1987年9月，永富公路建成通车（萧山区交通局提供）　482

图9-3-244　80年代公路段沥青混合料拌和方式，图为1986年5月施工现场（萧山区交通局提供）　484

图9-3-245　瓜党线施工工地（1999年9月8日，李维松摄）　485

图9-3-246　建于1996年7月的03省道萧山收费站（萧山区交通局提供）　487

图9-3-247　50年代，萧山第一辆客运汽车开到楼塔（1957年7月，董光中摄）　489

图9-3-248　1992年组建的萧山市国际集装箱联运公司（萧山区交通局提供）　493

图9-3-249　萧山市联托运中心（1998年9月11日，李维松摄）　496

图9-4-250　80年代浦阳江上的航运船队（萧山区交通局提供）　500

图9-4-251　1996年7月18日竣工通渡的之江汽车轮渡（董光中摄）　507

图9-4-252　义桥浮桥的拥挤状况（1986年1月摄，萧山区交通局提供）　508

图9-4-253　80年代末，浦阳江临浦至诸暨凰桐的桐江号客船（萧山区交通局提供）　509

图9-4-254　1994年，萧山航运公司运煤船队航行在浦阳江上（萧山区交通局提供）　512

第十编　城市建设

图10-2-255　1997年的东门老街（纪传义摄）　530

图10-2-256　21世纪初东门新貌（2008年，杨贤兴摄）　530

图10-2-257　1959年10月的市心桥（董光中摄）　531

图10-2-258　1991年扩建后的市心桥（2009年，杨贤兴

摄） 531

图10-2-259　1997年改造前人民路东伸段旧貌（杨荣鑫摄） 532

图10-2-260　1999年人民路东伸段新貌（杨荣鑫摄） 532

图10-2-261　80年代初的萧绍路（董光中摄） 533

图10-2-262　90年代初的萧绍路（董光中摄） 533

图10-2-263　90年代中期，改造前的城河旧貌（王建欢摄） 534

图10-2-264　1997年对城河进行截污并网，实施综合整治，至2000年，整治完毕。图为整治后的城河新貌（2006年，杨贤兴摄） 534

图10-2-265　1995年建造的新回澜桥，长8米，宽21米（2009年，杨贤兴摄） 535

图10-2-266　1999年10月建成的西山隧道（柳田兴摄） 538

图10-2-267　1999年建成的北山通览（2009年，杨贤兴摄） 538

图10-3-268　2000年市心北路北塘河至机场路口（柳田兴摄） 539

图10-3-269　2000年建成的金城路西端（蒋剑飞摄） 539

图10-3-270　始建于2000年的风情大道，2002年4月由湘湖路西伸至闻戴公路，2003年由金城路北伸至机场路（萧山区建设局提供） 540

图10-3-271　1999年8月开建的世纪名家家居广场（2009年，杨贤兴摄） 543

图10-5-272　1992年5月竣工的萧山电力大楼（2009年，杨贤兴摄） 546

图10-5-273　2000年6月竣工的宝盛宾馆（2009年，杨贤兴摄） 546

图10-5-274　1994年11月竣工的崇化苑（董光中摄） 548

图10-5-275　2001年2月竣工的萧山老年颐乐园（2009年，杨贤兴摄） 548

图10-5-276　1999年12月开建、2001年10月竣工的泰和花园（2009年，杨贤兴摄） 549

图10-5-277　2001年建成的时代广场高层住宅（董光中摄） 549

图10-6-278　1992年通车的城区1路公交车（杨荣鑫摄） 552

图10-6-279　80年代初恢复的城区客运人力三轮车（2006年，杨贤兴摄） 555

图10-6-280　1984年的萧山第一代出租车——"夏利"轿车（蒋剑飞摄） 555

图10-6-281　1997年的萧山第二代出租车——"桑塔纳"轿车（萧山红垦农场提供） 555

图10-6-282　1992年北干山液化气灌储中心（蒋剑飞摄） 567

图10-6-283　1992年，在灌储中心灌装的液化气瓶（董光中摄） 567

图10-7-284　90年代改建后的西河公园（董光中摄） 570

图10-7-285　1984年10月建成的梦笔园（2009年，杨贤兴摄） 570

图10-7-286　1988年建成开放的儿童公园（1989年，童文毓摄） 571

图10-7-287　1998年竣工的城河公园（2008年，杨贤兴摄） 571

图10-7-288　1969年10月落成位于杭州第二棉纺织厂大门前广场的毛泽东塑像（2009年，杨贤兴摄） 572

图10-7-289　1984年6月，在西河公园落成的雕塑《萧山—永宁友好》（寿健摄） 572

图10-8-290　2000年，城区垃圾清扫车（韩利明摄） 575

图10-8-291　1997年建造的北干一苑生态厕所（柳田兴摄） 576

图10-8-292　1992年，城区洒水车（董光中摄） 576

图10-8-293　萧山居民生活用水状况调查 581

图10-8-294　萧山市居民自来水满意度调查 581

图10-8-295　萧山居民用电情况调查 581

图10-8-296　萧山城市居民受噪音污染情况 582

图10-8-297　萧山城市居民受烟尘粉尘污染情况 582

图10-8-298　萧山城市居民受污水污染情况 582

图10-8-299　萧山城市居民受垃圾污染情况 583

图10-8-300　萧山城市居民受废气污染情况 583

图10-8-301　萧山城市居民对居住社区交通状况满意度情况 583

图10-8-302　萧山城市居民对居住社区通信状况满意度情况 584

图10-8-303　萧山城市居民对居住社区治安状况满意度情况 584

图10-8-304　萧山城市居民对居住社区卫生状况满意度情况 584

图10-8-305　萧山城市居民对居住社区绿化状况满意度情况 585

图10-8-306　萧山农村居民对居住地交通状况满意度情况 585

图10-8-307　萧山农村居民对居住地通信状况满意度情况 585

图10-8-308　萧山农村居民对居住地治安状况满意度情况 586

图10-8-309　萧山农村居民对居住地风土人情满意度情况 586

图10-8-310　萧山农村居民对居住地水利建设满意度情况 586

图10-8-311　萧山农村居民对居住地村选举状况满意度情况 587

图10-8-312　萧山农村居民对居住地村治理状况满意度

山党山酱萃食品有限公司马国荣供图） 769

图11-16-414　2000年，杭州紫香食品实业有限公司生产的萧山霉干菜（萧山区农办提供） 770

图11-16-415　所前镇杜家杨梅。1999年，所前镇举办首届杨梅节（杨贤兴摄） 771

图11-16-416　进化镇青梅。1956年销往香港地区（萧山区农办提供） 771

图11-16-417　萧山东海养殖有限公司养殖的萧山鸡（2005年，徐红摄） 773

图11-16-418　90年代末始，萧山第一农垦场大面积种植"五月拔"大豆（2006年，杨贤兴摄） 774

第十二编　垦区开发

图12-1-419　1986年，五万二千亩围涂（董光中摄） 778

图12-1-420　70年代中期，钱塘江东线大堤抢险堵口（董光中摄） 778

图12-1-421　1987年，萧围东线抛石筑堤（董光中摄） 778

图12-1-422　1987年1月9日，86丘五万二千亩围垦工程祝捷大会（萧山区农机水利局提供） 779

图12-1-423　1993年，以泥浆泵吹填泥土为主的机械化围涂（楼培新摄） 780

图12-1-424　萧围东线大堤堵口修复（1997年冬，楼培新摄） 781

图12-1-425　2000年，九上顺坝围涂筑堤（楼培新摄） 781

图12-1-426　1994年，钱塘江东线坍江（楼培新摄） 782

图12-1-427　1998年，萧围西线标准塘建设（楼培新摄） 782

图12-2-428　1973年竣工的一工段排涝闸（萧山区农机水利局提供） 791

图12-2-429　1991年竣工的十八工段节制闸（萧山区农机水利局提供） 792

图12-2-430　2000年建成的钱塘江标准塘（楼培新摄） 792

图12-2-431　80年代建造的垦区公路桥（2007年，杨贤兴摄） 794

图12-2-432　70年代，船队运载围涂抢险块石（资料来源：费黑主编、陈志根副主编：《萧山围垦志》，上海人民出版社，1999年8月） 795

图12-2-433　1971年建成、1991年移地重建的新湾变电所（2004年，杨贤兴摄） 797

图12-2-434　2000年，湘湖农场标准农田建设开发项目标志牌（2006年，杨贤兴摄） 803

图12-4-435　省农业高科技示范园区组培育苗（2006年，王禹摄） 811

图12-4-436　90年代，垦区农垦场用收割机收获水稻（萧山区农场管理局提供） 811

图12-4-437　90年代垦区农场种植的油菜（1999年，李复旦摄） 812

图12-4-438　80年代，垦区收剥红麻（董光中摄） 812

图12-4-439　2000年，杭州晓阳农业有限公司收获萝卜（杨贤兴摄） 813

图12-4-440　80年代末90年代初，垦区辣椒种植面积扩大，辣椒干成为农民的主要收入（2007年，杨贤兴摄） 813

图12-4-441　90年代，垦区菜农采摘胡瓜（董光中摄） 814

图12-4-442　1989年，萧山第一农垦场收获杂交西瓜（吕耀明摄） 814

图12-4-443　1989年，萧山第一农垦场果园采摘岗山早生桃（萧山第一农垦场提供） 815

图12-4-444　90年代萧山第一农垦场栽种的黄花梨（1999年，李复旦摄） 815

图12-4-445　1989年创办的杭州龙翔养殖有限公司生猪养殖场。图为笼养母猪（2006年，杨贤兴摄） 816

图12-4-446　1957年创办的萧山湘湖农场奶牛养殖场。图为饲养员在给奶牛喂料（2006年，杨贤兴摄） 816

图12-4-447　1997年，萧山第一农垦场獭兔养殖场创办。图为饲养员在检查獭兔生长情况（1999年，李复旦摄） 816

图12-4-448　1999年11月，围垦渔场捕鱼（丁力摄） 816

图12-4-449　1994年始，杭州吉天农业有限公司养殖河蟹。图为起捕的河蟹（2004年，杨贤兴摄） 817

图12-4-450　1998年，杭州海天水产养殖有限公司在养鳖池捕鳖（张祥荣摄） 817

图12-4-451　90年代末始建湘湖农场苗圃。图为海桐苗生产基地（2006年，杨贤兴摄） 817

图12-4-452　90年代初，农民在垦区三万六千亩区块桑园采摘桑叶（董光中摄） 818

图12-4-453　1998年，萧山第一农垦场种植的笋竹林（李复旦摄） 819

图12-4-454　2000年垦区农场田间防护林（董光中摄） 819

图12-4-455　1988年创建、1999年更名为杭州金达水产养殖有限公司的中华鳖（日本品系）养殖场（2007年，杨贤兴摄） 821

图12-5-456　90年代，南阳经济开发区一角（南阳镇政府提供） 822

图12-6-457　90年代垦区供销社收购的精（熟）麻（董光中摄） 836

第二册

第十三编 工 业

图13-1-458 1990年3月，城北区举行镇乡政府与企业签订"三个机制"和承包经营合同签字仪式。市委常委、宣传部部长赵纪来出席签字仪式并讲话（吕耀明摄） 846

图13-1-459 1987年9月21日，萧山县国营工业总公司召开首批企业承包经营合同签订大会。县委书记王良仟、县长马友梓出席会议。总经理施念曾主持会议，副总经理俞德煌宣读首批承包经营企业名单（萧山区档案馆提供） 847

图13-1-460 1999年5月7日，中国银行萧山支行委托萧山市拍卖行，对浙江安亿纺织实业公司抵押贷款的设备进行公开拍卖。图为拍卖会现场（吴春峰摄） 850

图13-2-461 1990年，杭州万向节厂被国务院企业管理指导委员会、国务院生产委员会命名为国家一级企业，为萧山首家。图为该厂于1990年获得的国家一级企业证书（万向集团公司提供） 852

图13-2-462 1992年6月，市税务局局长蔡妙友与杭州万向节总厂厂长鲁冠球签订为期三年的投入产出目标责任书，市委常委、常务副市长朱寅代表市政府为目标责任书鉴证（杭州市萧山地方税务局提供） 854

图13-2-463 1998年12月28日，在城厢镇萧绍路516号开设的萧山市劳动力市场（萧山区私营（民营）企业协会提供） 855

图13-2-464 1985～2000年萧山轻重工业总产值（90不变价）比重 865

图13-2-465 1992年9月23日，浙江钱江啤酒集团公司从德国引进的无菌纯生啤酒灌装线正在灌装啤酒（吕耀明摄） 867

图13-2-466 1997年3月，萧山富丽达纺织有限公司从日本引进的尼桑505喷水织机（富丽达集团控股有限公司提供） 871

图13-2-467 1997年5月，万向钱潮股份有限公司利用政府给予的技术改造贴息资金引进日本的冷机压设备。图为该公司工人在操作冷机压设备（周惠新摄） 871

图13-3-468 1997年，浙江恒逸集团有限公司投资8000万元，引进意大利剑杆织机120台，在市内纺织业中率先淘汰有梭织机。图为该公司的纺织车间（吕耀明提供） 876

图13-3-469 1991年，萧山印染三厂通过技术改造、设备更新，成为萧山首家开发碱减量新产品和纺真丝染整产品的企业。图为该厂印染车间在生产纺真丝的染整产品（1991年12月，董光中摄） 877

图13-3-470 1994年12月，浙江中泽摩托车有限公司生产的摩托车。图为该公司为首批生产的摩托车披红挂彩（寿健摄） 879

图13-3-471 1991年4月，浙江万达集团公司生产的各种出口花色钳有13个品种48个规格，产品销往五大洲的80余个国家和地区。图为该公司生产的部分出口花色钳产品（浙江万达集团公司提供） 880

图13-3-472 2001年1月，杭州大地网架制造有限公司承接制作安装的宁波机场航站楼钢结构。该工程于6月6日竣工（杭州大地网架制造有限公司提供） 881

图13-3-473 1998年6月，杭州百合化工有限公司技术中心技术人员在开发供人民币印刷的专用颜料（浙江百合化工控股集团有限公司提供） 882

图13-3-474 1981年，位于城厢镇北干山南路的萧山化肥厂生产合成氨7906吨、碳酸氢铵26067吨，获化工部授予的"全国小氮肥战线红旗单位"称号。图为该厂职工在堆放化肥（萧山区档案馆提供） 883

图13-3-475 1993年1月19日，在浙江省萧山羽绒总厂的产品陈列室内，中共中央政治局常委、全国人大常务委员会委员长乔石在杭州市市长王永明、中共萧山市委书记杨仲彦陪同下，察看该厂生产的羽绒制品（吕耀明摄） 886

图13-3-476 中国羽绒工业园园徽 中国羽绒工业园于1999年11月由浙江省计划与经济委员会批准建立。后园徽经国家工商行政管理总局商标局注册，核定服务项目为第42类：技术研究、技术项目研究、科研项目研究、工程、研究与开发（替他人）、质量控制、质量检测（杭州市工商行政管理局萧山分局提供） 886

图13-3-477 戴村镇尖山下村姜金云槽户手工纸制造工序（2007年6月6日，韩利明摄） 890

图13-3-478 1997年9月4日，萧山大桥造纸厂生产的牛皮纸正在入库（董光中摄） 891

图13-3-479 1999年3月，浙江胜达集团有限公司从美国引进美国PS-300水性印刷开槽磨切机。图为该公司工人正在用美国引进的设备生产纸板箱（胜达集团有限公司提供） 891

图13-3-480 1999年，浙江萧山金龟机械有限公司生产的金龟牌冷冲模架（浙江萧山金龟机械有限公司提供） 892

图13-4-481 1987年4月，萧山县国营工业总公司所属的杭州柴油机总厂检验人员正在总装检验车间抽检柴油机产品质量（董光中摄） 896

图13-4-482 1995年10月，二轻集体工业企业浙江华源水泥有限公司的国内最先进的五级旋风窑外分解新型干法回转窑水泥生产线投产（董光中摄） 899

图13-4-483 1993年9月，萧山第一塑料厂进行股份合作制试点。图为该厂的配件车间（浙江远翅控股集团有限公司提供） 901

图13-4-484　2001年1月,杭州翔盛纺织有限公司引进的德国纺丝设备正在生产(浙江翔盛集团有限公司提供)　911

图13-4-485　2000年12月,萧山市密封件厂工人在新建的编织盘根车间生产(浙江国泰密封材料股份有限公司提供)　912

图13-4-486　2000年3月,浙江传化化学集团有限公司由德国设计的传化涂料生产线投产。图为该涂料产品的实验室(传化集团有限公司提供)　915

图13-4-487　1998年5月,萧山市华艺实业有限公司购入的首条全自动纸板生产流水线正在生产纸板(杭州华艺实业有限公司提供)　918

图13-4-488　杭丰纺织有限公司是与港商的合资企业,总投资220万美元,其中萧山布厂的厂房及公用设施作价94.60万美元出资,浙江省国际信托投资公司和杭州市纺织工业公司分别以22万美元现金出资,港方以12台气流机和前纺设备及附属设备等作价81.40万美元出资(萧山县志编纂委员会:《萧山县志》,浙江人民出版社,1987年,第336页)。图为杭丰纺织有限公司1985年的气流纺纱车间(照片来源:《萧山年鉴·1986》)　920

图13-4-489　1994年7月,萧山市副市长赵福庆、乡镇工业管理局局长倪荣富为浙江万达方向机股份有限公司授牌,市委书记杨仲彦、政协副主席董学毛出席授牌仪式(傅宇飞摄)　922

图13-4-490　1994年12月,萧山市工商行政管理局举行萧山市首批颁发公司法人营业执照仪式。市委书记杨仲彦出席颁发仪式(单策摄)　923

图13-5-491　2000年,位于萧山经济技术开发区内的万向集团公司二号生产基地,主要生产汽车制动器、传动轴、减震器等汽车零部件(万向集团公司提供)　929

图13-5-492　1989年杭州江南电热蚊香厂从日本引进的全自动电热蚊香片生产流水线。图为该车间工人在生产灭蚊药片(邵伟成提供)　932

图13-5-493　1985年5月,杭州市萧山电视机厂生产的三江牌14英寸双喇叭双天线黑白电视机。图为该厂职工在调试电视机(董光中摄)　934

图13-5-494　1998年起,浙江恒逸集团有限公司开始从意大利进口全自动喷气织机。至2000年,共进口喷气织机24台。图为1998年6月该公司喷织车间的喷气织机正在织宽幅涤棉混合呢面料(何邦阳摄)　936

图13-5-495　2000年8月,河上镇的萧山凤凰造纸厂工人正在装运机制纸出厂(吕耀明摄)　937

图13-5-496　1988年4月,浙江省萧山羽绒总厂的分毛车间工人正在操作电器控制台(董光中摄)　938

图13-5-497　1998年4月,新塘乡政府在塘里陈村建立新塘羽绒羽毛交易市场(占地面积3500平方米)。图为

该交易市场门口收毛个体户在卸货等待出售的情景(萧山区新塘街道办事处提供)　938

图13-5-498　2000年8月28日,楼塔镇个体户在加工生产窗帘边穗(傅展学摄)　940

图13-5-499　1984年3月,杭州万向节厂厂长鲁冠球在万向节生产车间检测产品质量(杭州市萧山区私营〈民营〉企业协会提供)　943

图13-5-500　1992年杭州传化化学制品有限公司注册的第一代企业标志(传化集团有限公司提供)　944

图13-5-501　1997年浙江传化化学集团有限公司注册的第二代企业标志(传化集团有限公司提供)　944

图13-5-502　1998年,杭州德意电气实业有限公司注册的企业标志(德意控股集团有限公司提供)　944

图13-5-503　2000年9月11日,浙江传化化学集团有限公司创始人徐传化在为公司青年员工讲述创业初期的艰苦奋斗精神(陈贤根摄)　945

图13-5-504　1999年10月,万向集团公司举行高级经济顾问聘任仪式。图为鲁冠球在万向集团公司向普雷斯科特·布什先生(美国前总统布什之兄)颁发高级经济顾问聘书(万向集团公司提供)　946

图13-6-505　1996年7月,浙江东南网架集团有限公司从意大利引进的梅泰克诺公司聚氨酯/岩棉复合夹芯板生产线(董光中摄)　950

图13-6-506　1969年7月,宁围人民公社农机修理厂厂房(吕耀明提供)　950

图13-6-507　1999年,万向集团公司下属企业万向系统公司的金工车间,主要生产汽车制动器前卡铂支架等产品(万向集团公司提供)　951

图13-6-508　1996年,浙江爱迪尔包装集团公司从德国引进的"罗兰"全自动四色印刷机(浙江爱迪尔包装集团有限公司提供)　952

图13-6-509　1997年8月,位于瓜沥镇航民村的浙江航民实业集团有限公司的工业区(浙江航民实业集团有限公司提供)　953

图13-6-510　2000年10月,浙江胜达包装集团有限公司生产工人正在对从德国引进的BHS2800瓦楞纸生产流水线进行安全生产检测(胜达集团有限公司提供)　954

图13-6-511　1997年6月,浙江永翔电缆集团有限公司生产工人在各自岗位上通过手感等方式查看全自动电缆生产流水线的电缆质量(傅展学、俞永良摄)　955

图13-6-512　1986年10月,浙江传化化学集团有限公司创业初期生产液化皂的家庭作坊(吕耀明提供)　956

图13-6-513　1999年1月,杭州传化日用化工有限公司从意大利引进的两条液体皂灌装生产线投入生产。图为工人正在检查其中一条生产线生产(董光中摄)　956

图13-6-514　1999年6月10～12日，国际羽绒羽毛局第46届年会在萧山举行。6月11日，国际羽绒羽毛局主席高利斯·来多调研萧山柳桥羽绒有限公司，公司总经理傅妙奎陪同。图为高利斯·来多接受萧山电视台等媒体采访的情景（柳桥集团有限公司提供）　957

图13-6-515　1979年，萧山花边厂生产的萧山花边获中华人民共和国经济委员会颁发的国家质量奖金质奖。图为该厂获得国家质量奖金质奖的证书、奖杯（杭州萧山美艺花边有限公司提供）　960

图13-6-516　1987年，杭州万向节厂生产的钱潮牌万向节十字轴总成（万向集团公司提供）　964

图13-6-517　2000年，浙江新亚太机电集团有限公司生产的湘湖牌汽车制动元器件部分产品（2006年11月28日，韩利明摄）　964

图13-6-518　浙江金首水泥有限公司生产的425#普通硅酸盐水泥。包装日期：2009年12月3日（韩利明摄）　964

图13-6-519　2000年，浙江钱江啤酒集团股份有限公司生产的钱江牌中华啤酒，原麦汁浓度12°P，净含量335ml（华润雪花啤酒〈浙江〉股份有限公司提供）　964

图13-6-520　1997年12月，浙江东南网架集团有限公司生产的浙江黄龙体育中心主场馆螺栓球节点网架（浙江东南网架集团有限公司提供）　965

图13-6-521　1997年10月，浙江传化化学集团有限公司生产的传化牌洗衣粉、洗洁净系列产品（董光中摄）　965

图13-6-522　1999年，杭州雅妮娜卫生用品有限公司生产的雅妮娜牌卫生巾（杭州雅妮娜卫生用品有限公司提供）　965

图13-6-523　2006年11月28日，杭州百合化工有限公司生产的永固红等系列颜料产品（韩利明摄）　965

图13-6-524　1992年10月，杭州钱江变压器厂生产的部分变压器产品（萧山日报社提供）　965

图13-6-525　2000年7月，浙江东南网架集团有限公司生产的聚氨酯／岩棉复合夹芯板（浙江东南网架集团有限公司提供）　966

图13-6-526　2000年，浙江富可达皮业集团股份有限公司生产的皮革服装系列产品（浙江富可达皮业集团股份有限公司提供）　966

图13-6-527　1980年，萧山花边厂生产的萧山花边玫瑰牌商标（杭州萧山美艺花边有限公司提供）　966

图13-6-528　1997年10月变更注册的浙江传化化学集团有限公司"传化"商标（传化集团有限公司提供）　968

图13-6-529　1994年9月核准注册的浙江万向集团公司"钱潮"商标（万向集团公司提供）　968

图13-6-530　1992年5月续展的浙江钱江啤酒集团公司"钱江"商标（华润雪花啤酒〈浙江〉股份有限公司提供）　968

图13-6-531　1993年5月续展的杭州齿轮箱厂"前进"商标（杭州前进齿轮箱集团有限公司提供）　969

图13-6-532　1996年8月变更注册的浙江北天鹅集团公司"北天鹅"商标（中服浙江北天鹅服饰股份有限公司提供）　969

图13-6-533　1997年3月续展的浙江金首水泥有限公司"金首"商标（浙江金首水泥有限公司提供）　969

图13-6-534　1998年6月续展的萧山市钱江蔬菜食品总厂"钱江"商标（杭州萧山钱江蔬菜食品有限公司提供）　970

图13-6-535　1991年5月10日核准注册的杭州江南电热蚊香厂"浪潮"商标（戴村镇尖山下村村民委员会提供）　970

图13-6-536　1992年3月30日核准注册的杭州东南网架厂"东南"商标（浙江东南网架集团有限公司提供）　970

图13-6-537　1995年核准注册的浙江万达集团公司"萬達"商标（浙江万达集团公司提供）　970

图13-6-538　1995年5月7日核准注册的萧山市甘露减速机厂"杰"商标（杰牌控股集团有限公司提供）　971

图13-6-539　1994年10月核准注册的浙江钱江啤酒集团公司"钱江中华"商标（华润雪花啤酒〈浙江〉股份有限公司提供）　971

图13-6-540　1994年核准注册的萧山潘山实业有限公司"雅妮娜"商标（杭州潘山集团有限公司提供）　971

图13-6-541　1997年1月21日核准注册的杭州山水实业有限公司"山水"商标（杭州山水实业有限公司提供）　971

图13-6-542　2000年8月21日核准注册的杭州德意电气实业有限公司"德意"商标（德意控股集团有限公司提供）　971

图13-7-543　1987年11月，浙江包装材料厂工人在操作从台湾引进的夹链自封袋设备，生产塑料包装薄膜袋（董光中摄）　972

图13-7-544　1999年5月，萧山发电厂技术人员在电气集中控制室监控生产过程（萧山发电厂提供）　973

图13-7-545　1994年2月，杭州发电设备厂工人在修检加工生产的5万千瓦水轮发电机产品（董光中摄）　974

图13-7-546　1986年5月，杭州第二棉纺织厂南纺车间工人正在开展质量QC小组活动（董光中摄）　975

图13-7-547　2000年5月，杭州前进齿轮箱集团有限公司的加工中心工人在加工生产产品（杭州前进齿轮箱集团股份有限公司提供）　976

第十四编　萧山经济技术开发区

图14-1-548　1991年6月30日，投资区市北区一期工程举行奠基仪式（萧山经济技术开发区管委会提供）　980

图14-1-549　1993年6月23日，萧山市委、市政府和开发区管委会在杭州香格里拉饭店举行设立国家级经济技术开发区新闻发布会（萧山经济技术开发区管委会提供）　980

图14-1-550　1996年开通的位于建设二路的8路车候车站（2006年，杨贤兴摄）　987

图14-1-551　波浪形区标。它象征着开发区发展一浪高过一浪，显示开发区蓬勃的生命力和进取的开拓精神。图形是萧山开头字母"X"、"S"的有机结合，增加了标志的识别力。区标以蓝色烘托了开发区稳重、团结、进取的精神。标志整体由"一"字演变而来的，寓意着开发区力争第一（萧山经济技术开发区管委会提供）　989

图14-1-552　峰形区标（萧山经济技术开发区管委会提供）　989

图14-3-553　2000年萧山太阳机械有限公司生产车间（萧山经济技术开发区管委会提供）　1000

图14-3-554　2000年科利化工有限公司生产车间（萧山经济技术开发区管委会提供）　1001

图14-3-555　2000年杭州娃哈哈永盛饮料有限公司饮料生产车间（萧山经济技术开发区管委会提供）　1002

图14-3-556　2000年杭州华谊服装有限公司生产车间（萧山经济技术开发区管委会提供）　1002

图14-3-557　2000年浙江新胜达包装有限公司瓦楞纸板生产线（萧山经济技术开发区管委会提供）　1003

图14-5-558　1994年5月创办的浙江金马热电股份有限公司，2000年更名为萧山经济技术开发区热电有限公司（杨贤兴摄）　1028

第十五编　建筑业　房地产业

图15-1-559　1997年5月，萧山市再次被浙江省人民政府命名为"建筑之乡"（萧山区建设局提供）　1031

图15-3-560　1993年开发区市北区块建筑工程基础施工（萧山经济技术开发区提供）　1042

图15-3-561　萧山传统手工砌筑墙体（2004年，杨贤兴摄）　1043

图15-3-562　2005年7月15日，萧山被中国建筑金属结构协会命名为"中国钢结构产业基地"　1045

图15-3-563　1994年3月竣工、高为15层的萧山二建大厦（后更名为国泰大厦），首次采用玻璃幕墙装饰（2009年，杨贤兴摄）　1045

图15-3-564　90年代萧山建筑工程队普遍使用的混凝土搅拌机（2010年，杨贤兴摄）　1046

图15-3-565　90年代末萧山建筑工程队使用的灌浆机（2010年，杨贤兴摄）　1047

图15-3-566　90年代末萧山建筑工程队使用的挖土机（2009年，杨贤兴摄）　1047

图15-4-567　1984年6月湘湖砖瓦厂砖瓦生产场地（董光中摄）　1049

图15-4-568　1993年建成的浙江金首水泥有限公司干法回转窑高标号水泥生产线（浙江金首水泥有限公司提供）　1051

图15-4-569　2000年闻堰十里江塘砂场（萧山区建设局提供）　1051

图15-4-570　1997年，萧山琉璃瓦有限公司生产的新型覆盖材料（萧山区建设局提供）　1054

图15-9-571　1984年6月，裘江五星大队挖出的蚁巢（陈永儿摄）　1087

第十六编　国内贸易

图16-1-572　1990年10月，萧山市商业局组织10余家商业公司和商办工厂在萧山体育场（今新世纪广场）举行广场商品展销会，展销经营商品和生产的产品。图为展销会一角（王忠孝摄）　1102

图16-2-573　1984年，位于钱塘江南岸江边码头的棚屋市场萧山钱江苗禽市场，市场专用场地600平方米，经营方式为中转批发。图为该市场一角（董光中摄）　1109

图16-2-574　1984年6月1日，时为萧山县最大的棚屋市场瓜沥镇农副产品市场建成开业，市场专用场地4674平方米，经营方式为批零兼营。图为该市场一角（杭州市工商行政管理局萧山分局提供）　1109

图16-2-575　2000年，城厢镇西河路的五金机电经营户有数十家，基本形成了五金机电商品一条街。图为该街的街景（萧山日报社提供）　1111

图16-3-576　1984年，城厢镇西河路的棚屋市场萧山西门农副产品市场专用场地4479平方米，经营方式为零售。图为该市场管理员利用公平秤为顾客服务（杭州市工商行政管理局萧山分局提供）　1113

图16-3-577　1992年12月，全国文明集贸市场萧山市西门农副产品综合市场一楼蔬菜交易区场景（丁力摄）　1117

图16-3-578　1997年2月7日，全国文明集贸市场萧山市西门农副产品综合市场吸引了外国人（吕耀明摄）　1117

图16-3-579　1997年5月，一星级文明规范市场的萧山市宁围农副产品综合市场管理人员在接受萧山电视台的采访（萧山区物价局提供）　1118

图16-3-580 萧山商业城城徽。1996年4月14日，经国家工商行政管理局商标局核准，为萧山商业城服务商标，服务项目为第35类：商业询价、商业信息、张贴广告、组织商业或广告展览、商业行情代理、商业信息代理等（萧山商业城管理委员会提供） 1120

图16-3-581 1992年10月12日，萧山市第七届商品交易会暨萧山商业城一期开业典礼。图中"萧山商业城"五个大字由国务院副总理田纪云题写（傅宇飞摄） 1121

图16-3-582 萧山商业城按照1991年11月21日萧山商业城筹建领导小组通过的总体设计方案建设。图为2000年萧山商业城的市场分布情况（萧山商业城管理委员会提供） 1123

图16-4-583 1993年，萧山宾馆获"三星级旅游饭店"，将用于庆祝的10万元经费捐献给浙江省希望工程。图为"三星级旅游饭店"挂牌时的场景（开元旅业集团有限公司提供） 1132

图16-5-584 民国12年（1923），两浙盐运使司发给萧山县河上徐同泰酱园的用盐许可证（萧山区工商业联合会提供） 1134

图16-5-585 1987年，萧山县食品公司在城厢镇小南门设立城关分公司生猪收购点。图为1989年春节前夕，养猪户在萧山市食品公司城关分公司生猪收购点马路边排队，等候生猪收购的情景（王忠孝摄） 1136

图16-5-586 80年代初，位于城东人民公社的萧山食品公司养鸡场一角（王忠孝摄） 1137

图16-5-587 1998年1月，萧山市水产公司组织的各类鲜鱼在城厢镇西河路供应市民（丁志伟摄） 1138

图16-5-588 1985年12月，位于城厢镇西河路的萧山县副食品公司糖酒批发商场一角（王忠孝摄） 1141

图16-5-589 1995年4月，位于城厢镇萧绍公路城东立交桥旁的萧山市生产资料市场大门前场景（杭州市工商行政管理局萧山分局提供） 1144

图16-5-590 1989年，党山供销社为农民备足冬种用的化肥（吕耀明摄） 1145

图16-5-591 1997年8月，萧山市质量技术监督局专项检查农药经营户。图为25日检查人员在检查城厢镇"五七"路口的农药专营店（郑岚摄） 1146

图16-5-592 1997年7月，萧山市河滨路综合市场内的棉布百货商品市场一角（杭州市工商行政管理局萧山分局提供） 1147

图16-5-593 1996年7月，位于城厢镇市心桥旁的萧山市新华书店中心店一楼营业场一角（萧山区新华书店有限公司提供） 1148

图16-5-594 80年代初，浙江省百货公司批发部有计划内彩色电视机分配给萧山百货公司。图为萧山百货公司所属的萧山百货商店电器专柜在凭票供应彩色电视机（王忠孝摄） 1149

图16-5-595 2000年9月，位于城厢镇市心桥旁的萧山市医药有限责任公司西门药店中药柜的药剂人员在为患者撮中药（杭州萧山西门药店有限公司提供） 1150

图16-5-596 1993年3月18日，市烟草专卖局专卖管理科人员为城厢卷烟零售经营户提供识别真假卷烟的技术服务（萧山日报社提供） 1153

图16-5-597 1995年9月15日，萧山市烟草专卖局在城厢镇大操场（今新世纪广场）公开销毁假冒卷烟的情景（郑海龙、吴乐飞摄） 1154

图16-5-598 1993年4月，市工商局、市烟草专卖局、市公安局联合查获长河镇江边卷烟市场的走私烟、假冒烟现场（杭州市工商行政管理局萧山分局提供） 1154

图16-6-599 1993年10月，萧山市粮食局所属的浙江省东南粮食市场建成营业，市场建筑面积14500平方米（萧山区粮食局提供） 1156

图16-6-600 2000年8月，种粮农户在向市粮食局南门粮库投售粮食（丁力摄） 1158

图16-6-601 1993~2000年萧山市国有粮食部门食用油料议价收购量（资料来源：萧山区粮食局） 1161

图16-6-602 1998年11月15日，萧山市粮食收储有限公司职工在公司内袋装烘干晚稻谷（丁志伟摄） 1167

图16-7-603 1998年1月，萧山商业大厦餐饮部年轻厨师在欣赏自己为庆祝元旦献艺而创作的作品（吉光辉摄） 1169

图16-7-604 1996年8月17日，面积达2000平方米的金马饭店大堂，气势恢弘、风格独特，为华东之最。翌年，被国家旅游局评为"金奖大堂"。图为金马饭店大堂一角（浙江金马饭店有限公司提供） 1170

图16-7-605 1995年8月，萧山国际酒店建设工程封顶前的顶层旋转观光餐厅（纪传义摄） 1171

图16-8-606 1996年8月，位于城厢镇市心广场的萧山琴美美发美容城职工在为顾客美发美容（杭州萧山琴美美发美容有限公司提供） 1173

图16-8-607 1996年8月，萧山琴美美发美容城职工在为顾客湿洗头发（杭州萧山琴美美发美容有限公司提供） 1173

图16-8-608 2000年8月，位于城厢镇小南门的萧山之江清洗有限公司的清洗车间，采用的清洗设备从境外进口（杭州之江清洗有限公司提供） 1174

图16-8-609 1999年3月8日，著名相声演员马季作为萧山赈济长江、松花江5000万福利彩票专项活动的嘉宾，在"雨丝"拍摄形象照后，与工作人员的合影（杭州萧山城厢雨丝摄影室提供） 1175

图16-8-610 1994年3月15日，萧山市个体劳动者协会组织各类个体户在城厢镇开展为民服务（萧山区个体劳动者协会提供） 1180

第十七编 对外和对港澳台经济贸易

图17-1-611 1987年5月，萧山羽绒总厂（浙江北天鹅集团公司前身）发展对外贸易。图为该厂出口产品羽毛绒的分毛车间（董光中摄） 1184

图17-1-612 1994年10月10日，美国通用汽车公司副总裁艾伦·道瓦斯在浙江亚太机电集团公司与总经理黄来兴洽谈合作生产汽车制动器项目。图为翻译在向艾伦·道瓦斯介绍浙江亚太机电集团公司情况（亚太机电集团有限公司提供） 1184

图17-1-613 2000年8月，出口企业杭州民生陶瓷有限公司（前身杭州瓷厂）技术人员在检验仿南宋官窑出口瓷器质量（丁力摄） 1187

图17-1-614 1986年5月，萧山花边总厂两位职工在挑万缕丝花边。万缕丝花边通过上海抽纱品进出口公司等进出口公司收购出口（董光中摄） 1188

图17-1-615 1989年5月，杭州弹簧垫圈厂自营出口的部分弹簧垫圈产品（杭州弹簧垫圈有限公司提供） 1189

图17-1-616 1992年9月27日，杭州弹簧垫圈厂厂长项维清与美国律师马修·马格莱斯和罗纳德·奥林尼克在厂区的合影（杭州弹簧垫圈有限公司提供） 1192

图17-1-617 1990年9月，萧山花边总厂从日本引进的24台电脑绣花机全部投入生产。图为该厂工人在操作电脑绣花机制作衣片绣（董光中摄） 1195

图17-1-618 1993年，杭州钱江变压器厂工人在利用进口的德国交叉叠装设备组装变压器（董光中摄） 1195

图17-1-619 1996年5月，浙江恒逸集团有限公司从日本进口的村田33H-1200自动落筒高速加弹机（董光中摄） 1195

图17-2-620 1985年，萧山速冻厂以补偿贸易方式出口日本的部分速冻产品（浙江银河食品有限公司提供） 1202

图17-2-621 1990年，萧山天然大理石厂以补偿贸易方式从意大利引进的花岗岩石切割机和液压切断机（浙江萧山天然大理石有限公司提供） 1202

图17-2-622 1987年12月，萧山仪器标准件厂利用引进设备生产的美制螺丝（萧山区经济发展局提供） 1203

图17-2-623 1987年5月建于垦区的万向鳗鱼养殖基地（1997年10月摄，万向集团公司提供） 1203

图17-2-624 1990年7月，萧山农村改水项目管道延伸。图为施工安装管道现场（萧山区建设局提供） 1204

图17-2-625 1997年，萧山市排水管理处负责实施利用挪威政府贷款建造的污水处理生化系统HCR反应塔。该反应塔建成后，由萧山市城市污水处理有限公司管理使用。图为该反应塔全景（萧山区排水管理处提供） 1204

图17-2-626 2001年3月，位于城厢镇通惠中路的萧山国际货运有限公司由世界银行贷款提供的集装箱运输车车辆（杭州萧山国际货运有限公司提供） 1205

图17-3-627 马里议会大厦建成后的全景。该大厦议会大厅的网架钢结构由杭州东南网架厂制作与安装（1993年1月摄，浙江东南网架集团有限公司提供） 1207

图17-3-628 1998年10月8日，万向集团公司总裁鲁冠球在上海第二届中英国际研讨会上受到英国首相布莱尔的接见（万向集团公司提供） 1207

图17-3-629 1994年，浙江万向（机电）集团公司设在美国芝加哥的万向美国公司外景（万向集团公司提供） 1208

图17-3-630 1997年7月，万向美国公司收购美国AS舍勒公司60%股份。图为双方代表在万向美国公司内举行股份转让签字仪式后的合影（吕耀明提供） 1208

图17-4-631 2000年8月，杭州海关萧山办事处关员在监管转关运输车辆（杭州海关驻萧山办事处提供） 1209

图17-4-632 1999年11月，杭州海关萧山办事处关员在杭州乐荣电线电器有限公司内了解出口产品关税情况（杭州海关驻萧山办事处提供） 1210

图17-4-633 1999年3月，浙江胜达包装集团有限公司技术改造引进的减免税项目德国产HH-C200-18D5层瓦楞纸版生产线（胜达集团有限公司提供） 1210

图17-5-634 1997年11月，萧山商检局（筹）检验员在检验出口鹅绒（萧山出入境检验检疫局提供） 1212

图17-5-635 2000年8月9日，萧山出入境检验检疫局人员在现场监装集装箱货物（萧山出入境检验检疫局提供） 1213

第十八编 金 融

图18-1-636 2000年12月12日，国务院总理朱镕基视察宁围信用社，陪同朱镕基视察的有中共浙江省委书记张德江、萧山市市长林振国等。图为朱总理向宁围信用社主任戴德高询问工作情况（吕耀明摄） 1217

图18-1-637 1954年6月25日开业的萧山解放后全县第一家农村信用社义蓬区永新乡信用合作社旧址（浙江萧山农村合作银行提供） 1217

图18-1-638 1988年8月1日，位于城厢镇市心路101号的中国银行萧山支行开业。图为该行开业典礼（董光中摄） 1222

图18-2-639 1956年5月25日，信用社社员赵祖根在长河区东湖乡信用社办理的活期存折（萧山日报社提供） 1227

图18-2-640　1987年10月，中国工商银行萧山县支行举行体育路、市北、南门储蓄所承包合同签字仪式（中国工商银行股份有限公司杭州萧山支行提供）　1228

图18-2-641　1993年5月16日，中国农业银行萧山市支行商业城营业部员工利用星期日上街开展储蓄优良服务宣传月活动（汤水林摄）　1228

图18-2-642　1954年6月19日，欢潭乡农民田耕三向欢潭乡供销合作社信用部贷款10万元（旧币）的申请书（浙江萧山农村合作银行提供）　1230

图18-2-643　2000年3月21日，上海浦东发展银行杭州分行萧山支行信贷员在为客户办理个人消费贷款（王益昌摄）　1230

图18-2-644　浙江航民实业集团有限公司利用信用联社中长期技改贷款资金建成的纺丝车间（1998年9月26日，傅展学摄）　1231

图18-2-645　1994年6月28日，中国银行萧山市支行在城厢镇东方宾馆举行自办发行信用卡的新闻发布会，与会部门领导和企业代表共100余人参加新闻发布会。图为新闻发布会现场（吴宇峰摄）　1236

图18-2-646　1997年5月，中国工商银行萧山市支行设在城厢镇体育路储蓄所内的自动柜员机和信息查询机等，被市民称为"自助银行"。图为市民在信息查询机前查信息（中国工商银行股份有限公司杭州萧山支行提供）　1236

图18-4-647　1950年萧山发行的财政部第一期人民胜利折实公债（萧山区财政局提供）　1251

图18-4-648　1956年萧山发行的财政部10年国家经济建设公债（萧山区财政局提供）　1251

图18-4-649　1983年萧山发行的财政部5～9年期国库券（萧山区财政局提供）　1251

图18-4-650　1989年萧山发行的财政部3年期保值公债（萧山区财政局提供）　1251

图18-4-651　1993年，交通银行杭州分行萧山办事处代理发行萧山市日用工业品公司债券。图为该公司1000元面额的企业债券（萧山区供销合作社联合社提供）　1253

图18-4-652　1994年1月10日，位于城厢镇人民路156号的农业银行萧山证券营业部交易大厅人山人海。图为股民们通过萧山第一块股票电子显示屏，了解上海证券交易所股票行情（傅展学摄）　1255

图18-4-653　1999年5月，位于城厢镇的国信证券萧山营业部二楼开设股民大户室。图为股民们在利用电脑炒股（中信金通证券有限责任公司杭州市心南路证券营业部提供）　1255

图18-5-654　1999年12月2日，杭州萧山钱江典当行为张某开出的当票（杭州萧山钱江典当有限公司提供）　1258

第十九编　财政　税务

图19-1-655　1997年7月，萧山市国家税务局城厢分局、地方税务局城厢分局实行了集中办税的一条龙服务。图为位于城区金家桥路7号的城厢办税大厅（董光中摄）　1267

图19-2-656　1993年7月，杭州万向节总厂厂长鲁冠球向市财政税务局局长蔡妙友介绍企业挖潜革新改造后的生产情况（萧山区财政局提供）　1271

图19-3-657　1990年12月20日，萧山市财政局召开萧山市会计证发证会议，发放首批会计证。图为市农业局、农场局、卫生局、国营工业总公司等部门代表领取会计证后的合影（陈兴法摄）　1279

图19-3-658　2000年1月，设在市财政局内的行政事业单位会计结算中心（王和吉摄）　1281

图19-3-659　1996年10月，市地税局城厢分局税务人员在萧山花边总厂进行税收财务大检查（杭州市萧山地方税务局提供）　1283

图19-4-660　1995年6月28日，萧山市国税局、地税局为浙江钱江啤酒厂等30家纳税大户授"依法纳税"、"为国聚财"锦旗。图为萧山市常务副市长赵申行、地税局局长蔡妙友在为纳税大户授锦旗（王炉生摄）　1291

图19-4-661　1997年4月28日，萧山市国税城厢分局、地税城厢分局在城区体育路向群众宣传《中华人民共和国个人所得税法》（董光中摄）　1295

图19-4-662　1995年12月，萧山市国税局、地税局税务人员在西河路小商品市场向个体工商户发放《浙江省个体工商户和私营企业税收管理若干意见的通知》并宣传《通知》精神（杭州市萧山地方税务局提供）　1299

图19-4-663　1998年11月25日，萧山市国家税务局稽查局会同公安局驻国税联络室联合开展税务稽查。图为向欠税户发放《追缴欠税通知书》（田俊超摄）　1301

图19-4-664　2001年4月9日，世界银行官员西蒙先生（Simon）在杭州市萧山区国家税务局征管分局向工作人员详细了解CTAIS系统的应用情况（田俊超摄）　1302

第二十编　经济管理

图20-1-665　1987年，为完成省计划经济委员会下达的烧碱生产计划任务，萧山树脂厂用金属阳极更换石墨阳极，使烧碱年产量由8000吨增加到12000吨。图为该厂烧碱车间的电解工段（杭州联发电化有限公司提供）　1316

图20-1-666　1986年，除计划配给萧山的煤炭外，萧山

县燃料公司还采用计划外采购煤炭，供应全县生产、生活用煤。1993年12月，取消煤炭计划，萧山市的煤炭经营面向市场。图为1989年，萧山市燃料公司设在城厢镇西山北端的萧山煤场（1998年8月，因创建国家卫生城市，该煤场搬迁至城东办事处郎家浜村）。该煤场占地面积25974平方米，设有专用铁路线1条，全年吞吐量达5万吨（杨荣鑫摄）　1317

图20-2-667　戴村区复兴乡王家石桥十八号朱宝康于1947年4月创设染坊。图为1951年7月，申请注册朱家宝染坊，由县人民政府颁发营业许可证（义桥镇政府提供）　1322

图20-2-668　1996年8月，市工商行政管理局在二楼内设立的服务大厅，办理企业注册、变更、注销登记等事项（杭州市工商行政管理局萧山分局提供）　1323

图20-2-669　1988年6月16日，萧山市微型轴厂登记的私营营业执照（萧工商私字1-0001号），为萧山首家登记的私营工业企业（杭州市工商行政管理局萧山分局提供）　1324

图20-2-670　2000年3月14日，市工商行政管理局局长陶永新向投资人许兴铨颁发自《中华人民共和国个人独资企业法》公布后，萧山首家个人独资企业营业执照（杭州市工商行政管理局萧山分局提供）　1324

图20-2-671　1985～2000年萧山个体工商户登记在册数　1328

图20-2-672　1997年7月2日，萧山商业城工商分局专项检查副食品商标（傅展学、沈银昌摄）　1331

图20-2-673　1997年12月，为解决转制企业的商标权属，萧山市工商局开展督促转制企业依法进行商标评估、转让、变更和使用许可备案工作。图为该局工作人员正在审查企业商标权属的有关问题（杭州市工商行政管理局萧山分局提供）　1333

图20-2-674　1999年1月31日，为确保春节期间农副产品综合市场规范经营，瓜沥工商所管理人员巡查瓜沥农副产品综合市场（丁志伟摄）　1334

图20-2-675　1995年5月，位于萧山商业城的汽车市场（董光中摄）　1334

图20-2-676　2001年3月，瓜沥工商所为瓜沥粮管所与种粮大户签订的粮食购销合同进行鉴证（陈肖海摄）　1338

图20-2-677　1999年6月，萧山商业城工商所现场查获的李某利用签订纱手套加工承揽合同欺诈案件现场（沈银昌摄）　1339

图20-2-678　1999年2月，位于城区的萧山市崇化副食品综合市场内，工商行政管理部门设置行政调解受理点咨询台和公平秤（丁志伟摄）　1340

图20-2-679　1991年11月，市工商行政管理局经济检查队在头蓬查获的江西省樟树市走私劣质食盐（杭州市工商行政管理局萧山分局提供）　1341

图20-2-680　1992年5月，市工商行政管理局经济检查队和瓜沥工商所在围垦六工段查获的非法印刷假冒卷烟包装盒加工场（杭州市工商行政管理局萧山分局提供）　1342

图20-2-681　1998年11月，义蓬工商所在市垃圾场公开销毁假冒伪劣商品现场（杭州市工商行政管理局萧山分局提供）　1342

图20-3-682　1997年5月，市物价检查所在城区萧山市西门农副产品综合市场检查商品价格（萧山区物价局提供）　1349

图20-4-683　1987年7月，县工商行政管理局、县标准计量管理所工作人员在瓜沥家禽市场检查计量衡器具（董光中摄）　1356

图20-4-684　1993年6月，杭州齿轮箱厂计量室的计量检测中心（杭州前进齿轮箱集团股份有限公司提供）　1357

图20-4-685　1999年3月，市技术监督局执法人员在萧山商业城检查计量器具（杭州市质量技术监督局萧山分局提供）　1358

图20-4-686　1990年5月，新街镇木杆秤制造、修理个体经营户正在木杆秤上钉秤星（董光中摄）　1359

图20-4-687　1997年，位于城厢镇的萧山精密压力机厂采用国际标准生产金龟牌台式压力机。图为生产金龟牌台式压力机车间一角（孙汉良摄）　1361

图20-4-688　2000年3月，萧山市技术监督局执法人员在检查城区的"三江超市"卫生用品等商品标签（蒋剑飞摄）　1362

图20-4-689　1999年12月10日，浙江亚太机电集团公司轻型、微型汽车/轿车制动元器件获GB/TI9002：1994和ISO9002：1994质量体系认证证书（亚太机电集团有限公司提供）　1364

图20-4-690　2000年3月30日，萧山市技术监督局工作人员在检查萧山第四化工厂仓库内的化肥（丁力摄）　1367

图20-5-691　1999年3月，萧山市公安局人口户籍管理等信息全面实行了计算机管理。图为该局办证中心（董光中摄）　1370

图20-5-692　萧山五次全国人口普查人口情况　1371

图20-5-693　1985～2000年萧山抽样调查居民年人均收入　1377

图20-5-694　1985～2000年萧山抽样调查居民年人均消费支出　1377

图20-6-695　1999～2001年，浙江传化化学集团有限公司审计监察部被国家审计署评为全国内部审计先进单位（传化集团有限公司提供）　1390

图20-7-696　1993年10月8日，萧山市第八届商品交易会开幕暨萧山商业城第二期开业典礼（董光中摄）　1394

图20-7-697　1996年9月28日，在位于城厢镇的金马大厦

举行萧山市第九届工业产品展销会。图为开幕盛况（傅展学摄） 1394

图20-7-698 1998年5月23日，萧山市与荷兰阿尔默市在萧山城区的金马饭店举行经济合作意向书签字仪式。阿尔默市代市长梅尔贝、萧山市市长林振国参加了签字仪式（傅宇飞摄） 1395

第二十一编 信息传媒

图21-1-699 1949年，萧山邮局乡村邮政投揽员服务证（萧山区邮政局提供） 1399

图21-1-700 1997年10月31日，位于城区站前路新火车站南侧的萧山邮政枢纽大楼启用。图为萧山邮政枢纽大楼外景（萧山区邮政局提供） 1399

图21-1-701 1993年4月，浦阳镇邮电所投递员出发到各村投递信报（傅展学摄） 1401

图21-1-702 1997年9月13日，杭州市劳动模范萧山市义盛邮电中心支局邮递员王永锦将报纸直接投递到户（王和吉摄） 1401

图21-1-703 2000年4月，萧山邮政枢纽大楼函件分拣中心。图为邮政投递员在分拣函件（萧山区邮政局提供） 1402

图21-2-704 萧山市邮电局机务员在纵横制机房检测（1991年9月摄，中国电信股份有限公司杭州萧山分公司提供） 1404

图21-2-705 1994年6月，萧山市邮电局设在城厢镇梅花楼通信大楼的万门程控交换机开通使用。图为该局机务员在机房检测（2004年5月摄，中国电信股份有限公司杭州萧山区分公司提供） 1404

图21-2-706 1993年5月，邮电线路工人在楼塔镇境内架设农村电话自动网电缆（傅宇飞摄） 1406

图21-2-707 1997年7月31日，市民在使用设在城区市心路上的公用电话（丁力摄） 1407

图21-2-708 1992年5月，位于城厢镇体育路的邮电无线寻呼台机房。图为机房值班人员在工作（董光中摄） 1408

图21-2-709 1992~2000年，萧山开通的部分移动电话手机。8900X摩托罗拉模拟手机（左一）为首批使用的手机（中国移动通信集团浙江有限公司萧山分公司提供） 1409

图21-2-710 1999年，萧山市电信局投放市场的各类小灵通（中国电信股份有限公司杭州萧山区分公司提供） 1410

图21-3-711 1999年5月，浙江电信实业集团萧山有限公司技术人员正为萧山市行政中心政务网进行通信光缆工程施工（中国电信股份有限公司杭州萧山区分公司提供） 1411

图21-3-712 1996年6月，全市税务系统实现了计算机信息管理。图为位于城厢镇金家桥路7号的城厢地税分局办税大厅（杭州市萧山地方税务局提供） 1413

图21-3-713 1999年4月，萧山市公安局110指挥中心投入运行。图为该中心警务人员正通过屏幕进行路面监控（董光中摄） 1414

图21-3-714 2000年11月，市统计局实现全市统计信息处理网络的连接。图为市统计局工作人员在计算机机房操作计算机，进行统计信息处理（萧山区统计局提供） 1414

图21-3-715 2000年，萧山中学教师在校内多媒体教室为高一年级学生讲课（萧山区教育局提供） 1414

图21-3-716 1994年6月，位于城厢镇人民路53号的中国人民银行萧山市支行卫星站微机控制室（中国人民银行萧山支行提供） 1415

图21-3-717 部分年份萧山辖内银行网络建设投资情况 1415

图21-3-718 1997年，杭州减速机厂被联合国开发计划署TIPS列为支持网成员单位。图为联合国开发计划署TIPS颁发的证书（杭州减速机厂提供） 1416

图21-4-719 1954年12月11日，《萧山报》创刊号（萧山日报社提供） 1419

图21-4-720 1958年6月1日，《萧山报》更名《萧山日报》（萧山日报社提供） 1420

图21-4-721 2000年8月，萧山日报记者采编们在编写稿件（萧山日报社提供） 1420

图21-4-722 1983年6月1日，《萧山农科报》创刊号（萧山日报社提供） 1421

图21-4-723 1988年7月1日，《萧山经济报》创刊号（萧山日报社提供） 1421

图21-4-724 1991年9月29日，《萧山报》复刊号（萧山日报社提供） 1422

图21-4-725 1995年1月1日，《萧山日报》复刊号（萧山日报社提供） 1422

图21-4-726 1999年9月29日，《萧山日报》电子版（萧山日报社提供） 1423

图21-4-727 2000年3月，萧山日报印刷厂职工在检查激光照排彩色制版印刷的报纸质量（萧山日报社提供） 1424

图21-4-728 1995年4月22日，头蓬邮电支局职工在分拣、分拆当日《萧山日报》（孙伊田、丁志伟摄） 1426

图21-4-729 1985~2000年萧山邮政报刊期发行量 1427

图21-5-730 1958年，靖江街道幼儿园老师带领小朋友在境内听"土广播"（董光中摄） 1428

图21-5-731 1997年6月，萧山人民广播电台技术员在操作从美国进口的BCS-50型多功能自动播出系统（周少伟摄） 1428

图21-5-732　60年代初，南片山区老年社员在收听萧山广播站播放的《广播剧场》节目（董光中摄）　1429

图21-5-733　1975年1月13日，城厢镇市民在大操场（今新世纪广场）收听萧山人民广播站转播的全国四届人大的新闻公报（董光中摄）　1429

图21-5-734　1998年12月，播音员在录制新闻节目（周少伟摄）　1429

图21-5-735　70年代初，萧山人民广播站录播室在录制文艺节目（董光中摄）　1430

图21-5-736　1998年3月，萧山广播电视台记者在舒兰农场田间采访种养大户、全国劳动模范尚舒兰（周少伟摄）　1431

图21-5-737　1971年10月，楼塔镇广播站线务员在巡查广播线路（董光中摄）　1432

图21-5-738　1997年6月30日，萧山人民广播电台技术人员在调音台调试音量（周少伟摄）　1434

图21-5-739　1995年10月17日，临浦镇广播电视站播音员在播放自办节目（傅展学摄）　1436

图21-5-740　1998年2月28日，瓜沥镇广播电视站主持人在播放自办节目（周少伟摄）　1436

图21-6-741　1988年1月1日，建在城厢镇西山顶上的电视发射塔，发射铁塔高64米（董光中摄）　1437

图21-6-742　1997年8月，萧山电视台的播出机房（周少伟摄）　1437

图21-6-743　1997年9月，开办首期《欢乐今宵》节目，庆祝萧山电视台建台10周年（周少伟摄）　1438

图21-6-744　1997年11月7日，萧山电视台记者在东片地区跟随公安人员拍摄追捕犯罪嫌疑人现场（周少伟摄）　1439

图21-6-745　1983年4月，建在城厢镇人民路的县广播电视大楼顶上的电视转播台（董光中摄）　1441

图21-6-746　1994年12月25日，萧山有线电视台建台暨电视剧《命运不是梦》首映式。该剧由萧山市文化广播电视局、萧山电视台与杭州电视台联合摄制（萧山广播电视台提供）　1441

图21-6-747　2001年1月14日，义桥广播电视站职工在测试有线电视信号（傅展学、来公才摄）　1442

图21-6-748　1992年，林立在城厢镇的共用天线电视系统（萧山广播电视台提供）　1443

图21-7-749　1990年3月，杭州白云广告装潢公司发布在城厢镇西河路与体育路交叉口的电话亭广告（吕仲华摄）　1444

图21-7-750　80年代初，城厢镇城河街包家弄一带巷子里的户外广告（吕耀明提供）　1445

图21-7-751　1996年7月1日，杭州蓝天广告公司制作发布在城厢镇市心桥西门药店对面的公益路牌广告（吕仲华提供）　1445

图21-7-752　1996年9月，杭州蓝天广告公司制作并发布

图21-7-753　1992年元旦，位于城厢镇人民路99号的萧山市广播电视局，为庆祝"萧山人民广播电台"正式开播，开展宣传活动。图为设在该局屋顶上的"努力办好广播，促进两个文明建设"的气球条幅广告（董光中摄）　1446

图21-7-754　2000年，萧山经济技术开发区内设立的立柱广告（杨贤兴摄）　1446

图21-7-755　1989年8月，杭州白云广告经营部设在城厢镇萧绍路老汽车站（龙发大厦）对面的交通围栏广告（吕仲华提供）　1447

图21-7-756　1990年1月，杭州白云广告经营部发布在萧山公交车上的车体广告（吕仲华提供）　1448

图21-7-757　1993年6月，杭州蓝天广告公司发布在萧山经济技术开发区（桥南区块鸿达路口）的首个反光膜龙门架广告（吕仲华提供）　1448

图21-7-758　《萧山市心广场系列广告》获1999年浙江省报纸广告优秀作品三等奖。图为萧山市心广场系列广告之一（《萧山日报·湘湖周末》，1999年4月30日，第4版）　1449

第二十二编　中国共产党

图22-1-759　1998年1月10日，在萧山剧院召开中国共产党萧山市第十一次代表大会（傅宇飞摄）　1454

图22-4-760　1999年4月1～9日是全国第四个交通安全宣传周。4月1日，市公安局交警大队在城东中心学校组织该校师生"向不文明交通行为告别"签名仪式，师生积极响应（高宾琪摄）　1466

图22-4-761　1999年，萧山市政府将第二轮土地承包权证发放到承包户手中（萧山区农业和农村工作办公室提供）　1469

图22-4-762　1999年，萧山市社会保险管理局工作人员接待自由职业人员办理社会养老保险手续（柳田兴摄）　1470

图22-5-763　中共党员、政协委员、个体劳动者俞文雅15年如一日，免费为过往行人和消费者供应茶水，深得广大群众的传颂（1997年9月18日，章勇诚摄）　1472

图22-5-764　2000年4月6日，衙前镇凤凰村农民王水林在自家门楣上钉上"十星级文明家庭"牌子。该镇2000年有6000多户家庭参与了星级家庭评选活动。通过自评、互评和审评，全镇共有205户家庭被评为"十星级文明家庭"（傅宇飞摄）　1474

图22-5-765　2000年，萧山市信用联社组织员工参加无偿献血活动（萧山市信用联社提供）　1475

图22-6-766　1998年9月18日，浙江省私营企业中第一家

党委——中共传化集团委员会成立（1998年9月18日摄，传化集团公司提供） 1482

图22-6-767 1993年12月1日，市委书记杨仲彦等市委领导在益农镇长丰村水利工地挖河挑泥（傅宇飞摄） 1485

图22-6-768 1999年5月11日，市委组织部在金马饭店举行市外经局、旅游局、市志办副局级岗位竞岗演讲（孙汉良摄） 1486

图22-10-769 1999年9月23日下午，市委、市政府举行向离休干部颁发庆祝中华人民共和国成立50周年纪念章仪式。全市332名离休干部获此殊荣。市委、市政府向离休干部代表颁发和佩戴纪念章（傅宇飞摄） 1502

第二十三编 人民代表大会

图23-1-775 1997年12月5日，萧山市第十二届人民代表大会蔡家弄选区（第28选区）的选民们在观看选民名单（傅宇飞摄） 1507

第二十四编 人民政府

图24-3-770 1998年4月6日，城厢街道回澜南园居民委员会向萧山南片贫困山区献爱心，送去棉被、衣服等物品（丁志伟摄） 1542

图24-3-771 1996年7月，市长林振国率团赴韩国考察招商，其间拜会高合物产株式会社社长朴永根。图为林振国（中）考察该社唐津工场（萧山经济技术开发区提供） 1543

图24-3-772 1992年10月20日，萧山市市长杨仲彦与日本山梨市市长高田清一在萧签署缔结友好交流关系协议书（傅宇飞摄） 1556

图24-4-773 2000年，萧山市水政监察大队对河道进行巡查（萧山水政监察大队提供） 1559

图24-4-774 1998年6月，衙前镇政府设立政务公开栏，将政府的财政收支、干部任免、固定资产、建设投资等情况一一公布于众，提高了政府工作的透明度（傅宇飞摄） 1560

第二十五编 人民政协

图25-4-776 1999年内部刊物《委员反映》（2010年11月，莫艳梅摄） 1586

图25-5-777 2001年3月萧山市政协十届四次会议提案反馈表（2010年7月，莫艳梅摄） 1594

图25-6-778 1985～2000年萧山政协文史征编书籍（2010年7月，莫艳梅摄） 1602

第二十六编 民主党派 工商联

图26-3-779 萧山农工党党员（医师）上街为民免费医疗咨询服务（2000年4月30日，柳田兴摄） 1623

图26-5-780 1986～2000年部分年份萧山工商联会员发展情况 1629

图26-5-781 1983～1996年萧山市工商联企业公司营业额、税利情况 1636

第二十七编 社会团体

图27-1-782 萧山劳动模范表彰大会（1998年4月30日，傅宇飞摄） 1643

图27-5-783 2000年《湘湖》杂志（2010年10月，丁春平摄） 1672

图27-6-784 李一峰、李一强兄弟家庭文化室（2000年，傅展学摄） 1676

图27-8-785 2000年，萧山组织离休干部向学生巡回宣讲革命传统（萧山区关工委提供） 1686

第二十八编 公安 司法行政

图28-1-786 1998年始，萧山市公安局在城区设立经济案件举报箱（董光中摄） 1708

图28-1-787 1999年9月21日，江寺街道市北居委会为抓好国庆期间辖区的安全防范工作，对住宅小区安全防范措施进行检查（金肖明摄） 1710

图28-1-788 1999年，萧山公安干警在围垦地区铲除非法种植的罂粟（萧山市公安局提供） 1713

图28-1-789 1999年8月2日，河上镇党委、政府为进一步创造文明、安全的治安环境，确保一方平安，建立了河上镇专职夜间巡逻队（顾利江摄） 1715

图28-1-790 1999年1月28日晚至29日凌晨，城厢镇城东办事处全体机关干部与城东派出所民警一起对辖区内的出租房、饭店、美容院等进行巡查（丁志伟摄） 1716

图28-1-791 1999年7月，萧绍路与市心路交叉口，交通警察在指挥车辆行驶（董光中摄） 1717

图28-1-792 1998年11月12日，消防大队官兵到北干二苑居民家中传授消防安全知识（丁志伟摄） 1720

图28-2-793 1998年12月23日，杭发集团公司团委组织"三五"普法知识竞赛（金肖明 陈杰摄） 1726

图28-2-794 1999年6月18日，设在司法局内的萧山市"96148"法律服务专线电话正式开通（张国雄摄） 1729

图28-2-795 1988年，市司法局在城区设立法制宣传图板。图为过往群众正在观看（萧山市司法局提供） 1732

第二十九编　检察　审判

图29-1-796　1995年5月，市人民检察院检察干部韩明灿为通济初级中学初三年级学生讲授法制教育课（傅良才摄）　1736

图29-1-797　1998年7月21日，市人民检察院举报中心在成立10周年之际，开展为期1个月的法律讲座、咨询、下乡受理举报等活动。图为市人民检察院检察干部在萧山电影院门口开展咨询活动（丁志伟摄）　1738

图29-2-798　1993年4月27日，市人民法院和市公安局在戴村镇召开宣判处理大会。对15名罪犯和违法分子，进行了公开宣判和处理，近4000名群众参加了大会（傅宇飞摄）　1744

第三十编　军　事

图30-1-799　57高炮营正在进行防空防卫作战演习（2000年5月，林鲁伊摄）　1760

图30-2-800　驻萧武警部队官兵正在义务献血（1999年6月，董光中摄）　1761

图30-3-801　1999年11月23日，萧山市举行赴藏新兵欢送大会（傅展学摄）　1763

图30-4-802　民兵机动分队整装待发（1998年，董光中摄）　1764

图30-4-803　专业技术分队民兵正在学习专业技术知识（1999年11月17日，傅展学摄）　1765

图30-4-804　中共杭州市委副书记、萧山市委书记吴键，中共萧山市委副书记、市长林振国正在对参加军事训练的民兵进行政治思想教育（1998年6月，董光中摄）　1766

图30-4-805　1998年8月23日，民兵正在进行射击科目训练（傅展学摄）　1766

图30-5-806　民兵们战斗在钱塘江大堤抗洪抢险第一线（1997年7月，傅展学摄）　1769

图30-5-807　驻萧57367部队官兵在城区开展学雷锋为民服务修理家电活动（1989年3月，董光中摄）　1769

图30-5-808　新街镇人武部组织民兵上街开展为民服务修家电活动（1998年9月，傅展学摄）　1770

图30-6-809　利用防空洞存放水果，实现以洞养洞（1998年7月，董光中摄）　1772

第三十一编　人事　劳动

图31-7-810　1985～1999年萧山全民、城镇集体企业就业安置情况　1823

图31-7-811　劳动力市场外景（2003年2月8日，柳田兴摄）　1829

图31-7-812　劳动力市场招聘现场（2002年5月28日，柳田兴摄）　1830

图31-9-813　市劳动监察大队对非法使用童工进行监察（2003年8月，柳田兴摄）　1845

第三十二编　民　政

图32-2-814　位于所前镇的抗日阵亡将士之墓（1999年，傅宇飞摄）　1857

图32-2-815　学生在瞻仰钟阿马烈士墓（1964年3月，董光中摄）　1857

图32-8-816　萧山区举办三峡移民"绿色证书"培训班（2001年10月摄，萧山区民政局提供）　1879

第三十三编　社会保障

图33-1-817　萧山城市信用社代发企业离退休人员养老金（2000年9月27日，柳田兴摄）　1886

图33-1-818　1999年5月28日，参保人员在萧山市社会保险管理局大厅内通过触摸屏查询养老保险信息（柳田兴摄）　1887

图33-1-819　1999年6月22日，萧山市社会保险管理局为企业办理社会保险登记手续（柳田兴摄）　1888

图33-1-820　2000年10月9日，中共萧山市委副书记、常务副市长俞炳林向浙江爱迪尔包装集团职工发放社会养老保险手册（柳田兴摄）　1888

图33-1-821　1999年9月25日，萧山市社会保险管理局在萧山电影院前举行社会保险业务知识咨询活动（柳田兴摄）　1889

图33-1-822　2000年9月26日，萧山市第一人民医院的医生正在为参加医疗保险住院病人进行临床检查（柳田兴摄）　1892

图33-1-823　2000年9月22日，萧山市社会保险管理局组织企业离退休人员赴淳安县千岛湖疗养（柳田兴摄）　1896

图33-2-824　1998年8月31日，萧山市举行抗洪赈灾捐款活动（傅宇飞摄）　1899

图33-3-825　萧山市人民医院传关协作医院正在开展向五保老人送温暖活动（1995年4月4日，许国员摄）　1906

图33-3-826　杭州雅妮娜卫生用品有限公司负责人在许贤乡敬老院慰问孤寡老人（1999年夏，傅宇飞摄）　1907

图33-3-827　万向集团所属的福利生产车间残疾职工正在工作中（1995年5月，傅展学摄）　1909

图33-5-828　1995年11月25日，萧山市城乡建设综合开发总公司为兴建宁夏南部希望小学捐赠20万元（傅嘉宾摄）　1924

图33-5-829　为希望工程捐款（1997年，傅展学摄）
　　1924

第三册
第三十四编　教　育

图34-1-830　萧山中小学部分乡土教材（1990年9月摄，
　　萧山区教育局提供）　1928

图34-1-831　双月刊《萧山教育》（2000年7月摄，萧山
　　区教育局提供）　1928

图34-1-832　用华文格书写的钢笔字（1998年9月摄，萧
　　山区教育局提供）　1929

图34-1-833　体育路小学教师华钢在四川省成都市上观
　　摩课（2000年9月摄，萧山区教育局提供）　1930

图34-1-834　省委、省政府授予萧山市"浙江省教
　　育强市"称号（2000年2月摄，萧山区教育局提
　　供）　1939

图34-2-835　萧山新世纪幼儿园小朋友在做音乐游戏
　　《你在哪里》（2000年4月摄，新世纪幼儿园提
　　供）　1940

图34-2-836　萧山九中学生走进沙地学做萝卜干（2003
　　年11月摄，萧山区教育局提供）　1948

图34-2-837　90年代红山农场幼儿园（萧山区教育局提
　　供）　1949

图34-2-838　笑笑幼儿园音乐特色班（萧山区教育局提
　　供）　1949

图34-2-839　昭东小学学生剪纸作品（2003年12月，萧
　　山区教育局提供）　1950

图34-3-840　浙江省湘湖师范学校一角（1999年5月，董
　　光中摄）　1955

图34-3-841　萧山卫生进修学校学生在教学实习（1992
　　年4月摄，区教育局提供）　1956

图34-4-842　浙江电大萧山学院（2000年9月，浙江电大
　　萧山学院提供）　1958

图34-6-843　市聋哑学校学生在学习烹饪技术（1994年6
　　月摄，区聋哑学校提供）　1970

图34-6-844　聋哑学校学生在校办厂实习（1994年4月
　　摄，区教育局提供）　1971

图34-7-845　教师进修学校培训音乐教师（1998年6月
　　摄，萧山教师进修学校提供）　1974

图34-7-846　萧山市援川教师，自左至右为陈国良、金
　　凌芳、张浩峰、倪李松（2000年9月摄，萧山区教育
　　局提供）　1976

图34-8-847　安徽省霍邱县赴萧山外来工子弟学校
　　（2000年4月，董光中摄）　1980

图34-8-848　劲松小学学生做课间广播操（1999年12月

摄，劲松小学提供）　1984

图34-8-849　劲松小学美术节学生书法展示（1996年3月
　　摄，劲松小学提供）　1987

图34-8-850　城东中心小学少年警校学员在训练中
　　（2000年4月摄，区教育局提供）　1987

图34-8-851　前进初中武术节团体表演（2007年5月，萧
　　山区教育局提供）　1988

图34-8-852　市第二中等职业学校舞蹈《钱江潮鼓》
　　获省民间舞蹈金奖（2000年9月摄，区教育局提
　　供）　1989

图34-9-853　萧山市第一中等职业学校（2001年3月摄，
　　区第一中等职业学校提供）　1996

图34-8-854　临浦镇中学生在语音室上课（1996年5月
　　摄，萧山区地方志办公室提供）　1999

图34-8-855　萧山二中图书馆（1999年8月摄，萧山区教
　　育局提供）　1999

图34-9-856　学生在小农场劳动（1998年4月摄，萧山区
　　教育局提供）　2001

第三十五编　科学技术

图35-1-857　产学研合作洽谈签约仪式（2000年9月摄，
　　萧山区科技局提供）　2006

图35-2-858　杭州粉末冶金研究所高级工程师沈乐
　　棣在进行科研工作（1986年8月摄，杭齿集团提
　　供）　2012

图35-2-859　萧山市第二届农业开发横向合作洽谈会
　　（2000年5月，来坚摄）　2012

图35-2-860　市科技部门技术人员在楼塔节能灯厂
　　研究新产品开发（1998年2月摄，萧山区科协提
　　供）　2014

图35-3-861　党湾镇大棚蔬菜生产基地（1995年5月摄，
　　萧山区地方志办公室提供）　2016

图35-4-862　宁围镇家庭科普知识竞赛（1999年8月摄，
　　萧山区科协提供）　2021

图35-4-863　萧山中学学生在校天文馆进行科研活动
　　（1996年10月，寿健摄）　2023

图35-4-864　市科技部门在浦沿镇开展科普宣传（1991
　　年6月摄，萧山区科协提供）　2024

图35-4-865　市科技部门人员在科技展览会期间向农
　　民提供科技资料（1998年3月摄，萧山区科协提
　　供）　2027

图35-5-866　萧山棉麻研究所（省农科院花卉研究开发
　　中心）温室花圃（2006年4月，傅华生摄）　2029

图35-5-867　新塘乡农民技师胡官生在田间分析水稻长
　　势（1994年6月摄，萧山区科协提供）　2031

图35-6-868　市首届"科技英才"赵春光在观察鳖蛋孵
　　化情况（1995年7月摄，萧山区科协提供）　2034

图35-7-869 第十三届国际激光光谱会议在萧山召开（1997年6月，来坚摄） 2041

第三十六编 文 化

图36-1-870 航民村文化中心阅览室（1996年12月摄，萧山区文广新局提供） 2047

图36-1-871 萧山电影院（90年代，来坚摄） 2047

图36-1-872 建于60年代的萧山人民剧院（萧山区文广新局提供） 2048

图36-1-873 萧山市青少年宫（1999年摄，萧山区文广新局提供） 2048

图36-1-874 建成于1996年的瓜沥镇航民文化中心（1998年5月，陈国龙摄） 2049

图36-1-875 云石农民文化宫（1999年摄，萧山区文广新局提供） 2049

图36-1-876 萧山绍剧团演出的现代绍剧《家教多重奏》获1999年度杭州市精神文明建设"五个一工程"奖（1999年6月，傅宇飞摄） 2050

图36-1-877 观潮节上演出萧山自编、自导、自演的大型文艺节目《古越浩歌》（2000年10月，蒋剑飞摄） 2056

图36-1-878 日本山梨市民友好访问团访问萧山（1999年11月，陈燕郫摄） 2058

图36-1-879 省职工创作歌曲会演在萧山举办（90年代，来坚摄） 2058

图36-1-880 红山农场文化娱乐中心（1992年2月摄，萧山区文广新局提供） 2063

图36-1-881 衙前镇文化中心（1996年10月摄，萧山区文广新局提供） 2064

图36-2-882 萧山籍作者部分文学作品（2001年1月摄，萧山区文广新局提供） 2067

图36-2-883 胡国荣《故园的歌》入选全国第二届花鸟画展（1998年作，萧山区文广新局提供） 2069

图36-2-884 来海鸿草书获全国第一届行草书法大展妙品奖（萧山区文广新局提供） 2069

图36-2-885 1949年1月31日12时30分，我东北野战军第四纵队十师在北平入城接防，北平宣告和平解放（高帆摄，资料来源于中国摄影家协会网） 2070

图36-2-886 金秋合唱团迎"五一"文艺演出（1996年4月摄，傅华生提供） 2072

图36-2-887 裘江龙舟（2004年2月，李维松摄于南门江） 2078

图36-2-888 楼塔"细十番"演奏场面（1999年11月30日，丁力摄） 2079

图36-2-889 编灯笼（2000年10月，李维松摄于西兴） 2079

图36-2-890 微雕艺人冯耀忠在创作（1994年4月，董光中摄） 2080

图36-2-891 仿南宋官窑瓷产品（2000年6月，董光中摄） 2081

图36-3-892 部分萧山县志及其他志书（2000年1月摄，萧山区档案馆提供） 2090

图36-4-893 萧山新华书店开设的萧山籍作家著作专架（2000年8月，丁力摄） 2095

图36-4-894 李一峰家庭文化室，图中为李一强（汇宇小学"李一峰李一强文化传承馆"提供） 2097

图36-4-895 萧山图书馆送书到楼塔镇（2001年1月15日，赵荣伟摄） 2098

图36-5-896 萧山市档案馆馆藏清代和民国时期部分档案（2000年1月摄，萧山区档案馆提供） 2102

图36-5-897 萧山市档案馆馆藏的《萧山来氏家谱》（2000年1月摄，萧山区档案馆提供） 2106

第三十七编 文物 胜迹 旅游

图37-1-898 茅湾里春秋战国时期印纹陶与原始瓷窑址（2003年6月朱倩摄，图中椭圆形图片为萧山博物馆提供） 2147

图37-1-899 印纹硬陶残片标本（2006年10月，崔太金摄） 2148

图37-1-900 原始瓷残片标本（2006年10月，崔太金摄） 2148

图37-1-901 春秋原始瓷三足鼎（2008年11月，张学惠摄） 2149

图37-1-902 春秋曲折纹硬陶（2008年11月，张学惠摄） 2149

图37-1-903 上董越窑窑址（2003年5月，李维松摄） 2149

图37-1-904 临浦西市街（1999年9月，李维松摄） 2151

图37-1-905 河上老街（2002年8月，李维松摄） 2151

图37-1-906 衙前老街（2002年5月，李维松摄） 2152

图37-1-907 许家南大房（1999年6月，施加农摄） 2152

图37-1-908 朱凤标故居（2001年2月，李维松摄） 2153

图37-1-909 蔡东藩故居（1999年9月，李维松摄） 2153

图37-1-910 王国桢故居（2003年6月，李维松摄） 2153

图37-1-911 汤寿潜故居（出生地）（1999年6月，李维松摄） 2154

图37-1-912 真济桥（2003年5月，李维松摄） 2155

图37-1-913 东旸桥（2003年4月，李维松摄） 2156

图37-1-914 毓秀桥（2002年10月，李维松摄） 2156

图37-1-915　螺山大桥（1998年11月，李维松摄）
　　2157

图37-1-916　通济桥（2002年1月，李维松摄）　2157

图37-1-917　罗波桥（1998年11月，李维松摄）　2157

图37-1-918　跨湖桥（2003年4月，李维松摄）　2158

图37-1-919　乐善桥（2000年6月，李维松摄）　2158

图37-1-920　星拱桥（2001年10月，高柏林摄）　2159

图37-1-921　洲口桥（1999年9月，李维松摄）　2159

图37-1-922　白龙寺（2002年11月，李维松摄）　2161

图37-1-923　玉泉堂（2000年5月，李维松摄）　2163

图37-1-924　孝义堂（2003年5月，李维松摄）　2163

图37-1-925　奉思堂廊檐（2002年6月，李维松摄）
　　2164

图37-1-926　继序堂（2005年6月，李维松摄）　2164

图37-1-927　务本堂（1999年11月，李维松摄）　2165

图37-1-928　门神（2003年5月，李维松摄于所前镇池头
沈沈氏宗祠）　2166

图37-1-929　涝湖永思堂（2000年3月，李维松摄）
　　2166

图37-1-930　余庆堂（2008年10月，李维松摄）　2166

图37-1-931　敬诚堂（2008年10月，李维松摄）　2167

图37-1-932　平阳戏台（1999年6月，李维松摄）　2167

图37-1-933　华家垫戏台（2000年3月，李维松摄）
　　2167

图37-1-934　吉山戏台（2002年6月，李维松摄）　2168

图37-1-935　白鹿塘戏台（2003年3月，李维松摄）
　　2168

图37-1-936　葛壮节公故里表（2003年7月，李维松摄）
　　2170

图37-1-937　葛云飞墓（1996年6月，方晨光摄）　2171

图37-1-938　钟阿马烈士墓（1999年8月，李维松摄）
　　2171

图37-1-939　郑振庭烈士墓（2001年11月，李维松摄）
　　2172

图37-1-940　抗日阵亡将士之墓（2001年11月，李维松
摄）　2172

图37-1-941　丹砂井（2002年5月，李维松摄）　2173

图37-1-942　大汤坞御史井（2002年5月，李维松摄）
　　2173

图37-1-943　欢潭（1996年6月，施加农摄）　2174

图37-1-944　春秋原始瓷鉴（2006年8月，施加农摄）
　　2174

图37-1-945　战国印纹硬陶粮仓（2006年8月，施加农
摄）　2174

图37-1-946　战国原始瓷錞于（2007年4月20日，萧山博
物馆提供）　2174

图37-1-947　新莽时期，大泉五十叠铸铜母范（2006年8
月，施加农摄）　2177

图37-1-948　祇园寺舍利铜塔（1997年8月，施加农摄）
　　2178

图37-1-949　清·朱凤标行书七言联（1997年12月，施
加农摄）　2180

图37-1-950　长山商周土墩石室墓遗址（2002年12月，
李维松摄）　2187

图37-1-951　城厢镇荣星村发现汉代木椁墓葬（1996年
10月，傅宇飞摄）　2188

图37-1-952　考古人员在纱帽山窑址（2008年11月，于
芳摄）　2188

图37-1-953　宫保第（2005年3月，李维松摄）　2188

图37-1-954　越王城遗址（2000年6月，傅华生摄）
　　2189

图37-1-955　节孝承恩石牌楼（1999年10月，李维松摄）
　　2189

图37-2-956　苎萝亭（1998年12月，李维松摄）　2192

图37-2-957　范蠡庵（2003年5月，李维松摄）　2193

图37-2-958　浴美施闸桥（2003年5月，李维松摄）
　　2193

图37-2-959　李成虎烈士墓（1999年11月，李维松摄）
　　2196

图37-2-960　郑文甫墓（1999年12月，李维松摄）
　　2196

图37-2-961　魏骥墓道（1998年12月，李维松摄）
　　2197

图37-2-962　湘湖沈王家窑址（2002年11月，李维松摄）
　　2197

图37-2-963　一览亭遗址（1999年11月，李维松摄）
　　2198

图37-2-964　甲科济美石牌楼（1999年12月，李维松摄）
　　2198

图37-2-965　浙东运河之头（2003年1月，李维松摄）
　　2204

图37-2-966　位于萧绍运河畔的衙前农民协会旧址——
东岳庙（1996年6月，方晨光摄）　2204

图37-2-967　北海塘长山段镇海兽（2000年6月，王建欢
摄）　2205

图37-2-968　北海塘衙前镇新发王村段（2000年11月，
李维松摄）　2205

图37-2-969　运河纤道和平桥段（1999年1月，李维松
摄）　2205

图37-3-970　东方文化园彩绘文化艺术长廊（2002年11
月，李维松摄）　2209

图37-3-971　观潮节（1994年9月，来坚摄）　2211

图37-3-972　杨梅节采杨梅（2003年6月，周少伟摄）
　　2211

图37-3-973　中华啤酒节（2000年，来坚摄）　2211

图37-3-974　湘湖全景图（2005年6月，王锦荣摄）

2217

图37-3-975　渔浦晚归（2003年12月，李维松摄）
　　2218

第三十八编　卫　生

图38-1-976　市中医院与各科室签订承包合同（1988年1月摄，市中医院提供）　2222

图38-1-977　市一医院施行门奇静脉断流术（2000年3月，方圆摄）　2223

图38-1-978　裘江公社合作医疗管理委员会挂牌（1976年5月摄，区卫生局提供）　2224

图38-1-979　农村保健员在围垦工地为民工治疗（80年代摄，区卫生局提供）　2224

图38-2-980　60年代的萧山县人民医院（萧山区卫生局提供）　2225

图38-2-981　80年代的萧山中医院（萧山区卫生局提供）　2227

图38-2-982　萧山市中医骨伤科医院（2002年摄，《戴村镇志》编辑部提供）　2228

图38-2-983　活跃在乡村的"赤脚医生"（1978年10月，董光中摄）　2229

图38-2-984　登峰医院门诊楼（2000年11月，傅华生摄）　2231

图38-3-985　竹林寺妇科第109代传人陈拯民（2006年6月摄，区中医院提供）　2234

图38-3-986　华氏内科第8代传人华凤炎（2009年12月，李维松摄于长山卫生院）　2234

图38-3-987　潘氏儿科第2代传人潘永森（70年代摄，潘建初提供）　2235

图38-3-988　韩氏儿科第12代传人韩寅三（2006年6月摄，区中医院提供）　2235

图38-3-989　血透机（2006年6月摄，区中医院提供）　2238

图38-3-990　市一医院进行同种异体肾移植手术（1997年6月，董光中摄）　2238

图38-3-991　杭州市名中医、市中医院儿科专家洪佳璇在看病（2006年6月摄，区中医院提供）　2242

图38-3-992　市一医院护理新生儿（1997年6月，董光中摄）　2242

图38-3-993　"西门子"1000毫安遥控X线机落户市第一人民医院（1996年1月，方园摄）　2246

图38-3-994　市一医院进行脑CT片会诊（1996年6月，董光中摄）　2247

图38-3-995　北美最佳2B多功能麻醉机落户市一医院（1997年12月，楼颖摄）　2250

图38-4-996　市一医院医生进行胸外科手术（蒋剑飞摄）　2253

图38-4-997　1985～2000年萧山平均每千人口卫生技术人员情况　2254

图38-4-998　市一医院医生在作病例分析（2000年11月，方园摄）　2255

图38-4-999　县人民医院成功救治心脏骤停76分钟的病人李亚香（1981年5月，董光中摄）　2256

图38-4-1000　1985～2000年萧山平均每千人床位情况　2257

图38-4-1001　退休干部汪炳辉获国家级无偿献血银质奖状（1999年8月，傅宇飞摄）　2259

图38-5-1002　防疫站工作人员检测狂犬病疫苗（1986年6月，王锦荣摄）　2266

图38-5-1003　县妇幼保健院医生为婴儿打防疫针（1986年6月，王锦荣摄）　2266

图38-5-1004　医生给儿童喂服脊髓灰质炎免疫糖丸（1992年12月，傅宇飞摄）　2269

图38-6-1005　市妇幼保健院医生下乡检查妇女病（1999年12月摄，区卫生局提供）　2279

图38-6-1006　市老干部医疗站为老干部体检（2005年11月，傅华生摄）　2282

图38-7-1007　市卫生防疫站工作人员检查食品卫生（1999年11月摄，区卫生局提供）　2287

图38-8-1008　国家卫生城市奖牌（1996年摄，区卫生局提供）　2295

第三十九编　体　育

图39-1-1009　市民在"大操场"晨练（1988年6月，陈菊仙提供）　2309

图39-1-1010　市民在新建的萧山体育场练习太极拳（1998年4月，李晓军摄）　2309

图39-1-1011　劲松小学教师做早操（1999年10月摄，劲松小学提供）　2310

图39-1-1012　楼塔镇农民篮球赛（90年代摄，萧山区文广新局、区体育局提供）　2312

图39-1-1013　萧山化工总厂职工拔河比赛（1990年11月，傅华生提供）　2312

图39-1-1014　市财税系统老年队与文卫系统老年队举行门球比赛（2000年，金仲侯摄）　2315

图39-1-1015　国家体委主任伍绍祖接见残疾人运动员瞿红飞（1999年1月摄，瞿红飞提供）　2318

图39-2-1016　萧山体育馆举办"长鼻王杯"幼儿艺术体操表演赛（1999年6月摄，萧山区教育局提供）　2326

图39-3-1017　萧山代表队获杭州市第十届运动会成年组田径赛团体冠军（80年代摄，吴志达、陈莹提供）　2328

图39-3-1018　萧山县人民体育运动大会入场仪式（1986

年5月，来坚摄） 2329

图39-3-1019 1999年，"永翔杯"浙江绿城队与日本静冈队足球比赛在萧山举行（萧山区文广新局、区体育局提供） 2334

图39-3-1020 市体委举办的"虫草王胎杯"巨型象棋棋王争霸赛于1998年1月20日在体育馆举行。棋盘长26米、宽23米，棋子圆桌面大，需4个小伙子合抬（1998年1月，姚志涤摄） 2335

图39-4-1021 位于市心中路的原萧山体育场（1994年3月，董光中摄） 2336

图39-4-1022 萧山体育馆举办全国女排甲级联赛（1998年11月，来坚摄） 2336

图39-4-1023 萧山中学体育场举办1997年全国中学生田径运动会（1997年8月摄，萧山中学提供） 2338

图39-4-1024 北干小学学生练习踢足球（2009年5月，王吾尧摄于北干小学） 2338

图39-4-1025 建成于1996年的航民村文化中心游泳馆（1998年7月，陈国龙摄） 2339

图39-4-1026 萧山市中小学田径运动会（1993年摄，陈莹提供） 2340

图39-4-1027 萧山少体校篮球教练到基地学校指导训练（2009年5月，贾常清摄） 2340

图39-5-1028 华钢保龄球馆（2002年，吴仲良摄） 2344

图39-5-1029 萧山市第一次体育彩票发行现场（1999年2月摄，萧山区体育中心提供） 2344

第四十编 民 俗

图40-1-1030 贴年画（2000年2月，蔡志龙摄） 2347

图40-1-1031 元宵舞龙（2000年2月，章涤心摄） 2348

图40-1-1032 钱江观潮节（2000年9月，周少伟摄） 2352

图40-1-1033 春年糕（2005年1月，李维松摄于南阳镇东风村） 2354

图40-1-1034 撒渔网（2004年1月，李维松摄于围垦五万二千亩） 2354

图40-1-1035 裹粽子（2000年2月，蔡志龙摄） 2355

图40-1-1036 腌腊货（2007年2月，李维松摄于河上镇金坞村） 2355

图40-1-1037 请年菩萨（2004年1月，李维松摄于浦阳镇木朹山村） 2356

图40-2-1038 迎亲（2004年1月，李维松摄于新塘东河村） 2358

图40-2-1039 拜堂（2004年1月，李维松摄于新塘东河村） 2358

图40-2-1040 民国时期男家请庚帖式（2009年5月，李维松摄于戴村镇佛山村） 2359

图40-2-1041 民国时期女家回庚帖式（老泉山房藏，2010年11月李维松摄） 2359

图40-2-1042 民国时期女家收礼后回帖帖式（2009年5月，李维松摄于戴村镇佛山村） 2360

图40-2-1043 民国时期男家送礼帖式（老泉山房藏，2010年11月李维松摄） 2360

图40-2-1044 女家回帖帖式 2360

图40-2-1045 男家迎亲帖式 2360

图40-2-1046 村头祭（2004年10月，李维松摄于浦阳镇木朹山村） 2362

图40-2-1047 请上梁菩萨（2004年1月，李维松摄于浦阳镇木朹山村） 2366

图40-2-1048 寿诞请帖男女通用式 2367

图40-2-1049 母寿帖式 2367

图40-3-1050 耥秧田（2005年6月，李维松摄于进化镇安山陈村） 2374

图40-3-1051 插秧（2000年5月，李维松摄于浦阳镇上曹坞村） 2374

图40-3-1052 耘田（2006年7月，李维松摄于蜀山街道章潘桥村） 2374

图40-3-1053 鸬鹚捕鱼（2004年10月，李维松摄于瓜沥镇群合村） 2377

图40-3-1054 捞鳗苗（2004年2月，李维松摄于南阳镇赭山段钱塘江） 2379

图40-3-1055 独轮车（2006年2月，李维松摄于进化镇华家垫村） 2380

图40-3-1056 牛拖船（2005年6月，王锦荣摄） 2381

图40-3-1057 蚕宝宝（2005年10月，李维松摄于楼塔镇佳山坞村） 2382

图40-3-1058 木雕《看蚕图》（2006年3月，李维松摄于义桥镇北坞村） 2382

图40-3-1059 扎扫帚（2006年3月，李维松摄于义桥镇南坞村） 2384

图40-3-1060 茶店（2004年12月，李维松摄于靖江镇甘露庵村） 2387

图40-3-1061 女篾匠（2000年11月，盛仁昌摄） 2389

图40-3-1062 箍桶（2003年6月，李维松摄于所前老街） 2389

图40-3-1063 铁匠（2002年8月，李维松摄于所前老街） 2390

图40-3-1064 补碗（2003年11月，李维松摄于城厢街道戚家池） 2390

图40-4-1065 草鞋（2008年11月，王建欢摄） 2392

图40-4-1066 大脚布垫肩（2004年4月，李维松摄于浦阳镇木朹山村） 2393

图40-4-1067 老灶头（2006年4月，李维松摄于义桥镇云峰村俞家自然村） 2394

图40-4-1068 冬至麻团（2004年12月，李维松摄于浦阳镇木枸山村） 2395

图40-4-1069 四合院（2008年10月，李维松摄于戴村镇顶山村水坑殿墙门） 2400

图40-4-1070 三合院（2006年4月，李维松摄于义桥镇云峰村邵家自然村） 2400

图40-4-1071 石雕 石窗花（1999年10月，王建欢摄） 2401

图40-4-1072 砖雕 顺昌当门楼百寿图（局部）（2002年10月，李维松摄于新塘街道涝湖村） 2401

图40-4-1073 木雕 收割图（2006年3月，李维松摄于义桥镇北坞村） 2401

图40-4-1074 民国温酒炉（张学惠、王兴海、蔡敏芳摄，萧山博物馆提供） 2402

图40-4-1075 民国朱漆果子桶（张学惠、王兴海、蔡敏芳摄，萧山博物馆提供） 2402

图40-4-1076 民国锡酒壶（张学惠、王兴海、蔡敏芳摄，萧山博物馆提供） 2402

图40-4-1077 八脚眠床（2003年11月，李维松摄于戴村镇） 2403

图40-4-1078 夜壶（2006年7月，李维松摄于河上镇金坞村） 2403

图40-5-1079 祀神（2003年8月，李维松摄于进化镇沈家渡村放焰口现场） 2408

图40-5-1080 祭祖（2008年4月，李维松摄于义桥镇韩家汇村） 2408

图40-5-1081 首届党山庙会开幕式（2004年10月，李维松摄于党山镇） 2410

图40-5-1082 孝女庙会（2004年7月，李维松摄于新塘街道金家浜） 2410

图40-5-1083 张神庙会（2009年4月，李维松摄于衙前镇新林周村） 2412

图40-5-1084 越王句践塑像（2002年4月，李维松摄于湘湖城山句践祠） 2414

图40-5-1085 钱镠塑像（2008年7月，李维松摄于闻堰镇黄山西殿） 2414

第四十一编 宗 教

图41-1-1086 曹洞宗第二十九世进化曹山寺开山师净生起祖墓碑（2001年5月，李维松摄） 2423

图41-1-1087 萧山市开放、保留、暂保留寺庙负责人学习班（1997年5月摄，萧山区民族宗教事务局提供） 2424

图41-1-1088 云门寺（2001年5月，李维松摄） 2425

图41-1-1089 道源禅院大雄宝殿（2002年6月，李维松摄） 2426

图41-1-1090 至湖岭庙远景（2002年8月，李维松摄） 2426

图41-1-1091 裘江寺（2008年2月，李维松摄） 2427

图41-1-1092 先昭寺圆通殿（2007年8月，李维松摄） 2427

图41-1-1093 先昭寺金刚塔（2000年5月，蒋剑飞摄） 2428

图41-1-1094 螺山寺（2007年8月，李维松摄） 2429

图41-1-1095 峙山寺民国时期老殿（2002年2月，李维松摄） 2432

图41-1-1096 杨岐寺（2003年7月，李维松摄） 2433

图41-1-1097 圣果寺（2006年8月，李维松摄） 2433

图41-1-1098 莲华寺千佛塔（2007年7月，李维松摄） 2434

图41-1-1099 天瑞庵外景（2006年9月，李维松摄） 2435

图41-1-1100 灵岩寺开山祖师木质寺牌（2006年10月，李维松摄） 2438

图41-1-1101 兜率寺松野林禅师塔柱碑（2007年2月，李维松摄） 2438

图41-1-1102 禅机禅院普同塔（2006年7月，李维松摄） 2438

图41-1-1103 龙泉寺供奉的性鉴祖师肉身（2007年7月，李维松摄） 2439

图41-1-1104 临济宗三十七世浦阳宝寿寺住持墓碑（2000年2月，李维松摄） 2440

图41-2-1105 西施殿忾会（2000年9月，王锦荣摄） 2443

图41-2-1106 重建于清光绪年间的老岳庙前殿遗存（侧面）（2006年10月，李维松摄） 2444

图41-2-1107 清道光年间建造的小城隍庙前殿（2002年8月，李维松摄） 2444

图41-2-1108 三清殿（2000年3月，武正立摄） 2446

图41-2-1109 修葺前的东岳庙大殿（1999年8月，李维松摄） 2448

图41-2-1110 三官殿（2006年10月，李维松摄） 2450

图41-2-1111 黄山庙（2006年10月，李维松摄） 2451

图41-2-1112 镇海殿（2002年11月，李维松摄） 2451

图41-3-1113 2004年易址重建的萧山天主堂（章涤心摄） 2453

图41-3-1114 靖江天主堂（2003年5月，冯如江摄） 2454

图41-3-1115 建于清末的临浦天主教堂（2007年2月，李维松摄） 2454

图41-4-1116 城厢基督教堂（2003年5月，冯如江摄） 2458

第四十二编　方　言

图42-5-1117　萧山教师进修学校对学生进行普通话培训（2001年1月摄，萧山区教师进修学校提供）　2529

第四十三编　镇　乡

图43-1-1118　城河上的梦笔桥。此桥南朝齐建元中建，清代重修（图片来源：《萧山文物》，西泠印社出版社，2000年1月）　2535

图43-1-1119　市心广场"名品街"（图片来源：《萧山年鉴·2000》）　2536

图43-1-1120　临浦外江货运码头（2003年7月，华月桥摄）　2538

图43-1-1121　坐落于航坞公园的任伯年纪念碑（2010年4月，徐树林摄）　2541

图43-1-1122　挑花边（2008年7月，全光泉摄）　2545

图43-1-1123　1994年末建成的钱江货运码头（董光中摄）　2548

图43-1-1124　1991年4月，萧山五金工具厂生产的花色钳获第二届国际博览会金奖（韩建琪摄）　2549

图43-1-1125　义桥镇东方路（图片来源：《义桥镇志》，方志出版社，2005年12月）　2550

图43-1-1126　浦阳江义桥段（图片来源：《萧山年鉴·1996》）　2552

图43-1-1127　1988年建于永兴河畔的河上镇碑亭。亭柱上有联："河巅醇秀女，纤手巧裁千家服；新亭筑溪畔，碑文长留万人心。"（2009年8月，徐树林摄）　2554

图43-1-1128　浙江胜达包装集团公司设在河上镇的第一生产基地外景（图片来源：《萧山年鉴·1997》）　2555

图43-1-1129　义盛老街。左边小屋原为姚义盛水作店住家，其对面原有3间平屋，为"姚义盛"店面，今已改建为楼房（2009年8月，徐树林摄）　2556

图43-1-1130　义盛农民城（2000年5月，俞建龙摄）　2557

图43-1-1131　国家级农业综合开发科技示范园区机械化收割场景（中共义盛镇委员会、义盛镇人民政府办公室：《义盛镇》图册，1999年9月）　2558

图43-1-1132　空港新城一角（2008年5月，沈锦煜摄）　2560

图43-1-1133　1995年创办的杭州其门堂蔬菜食品有限公司外景（2008年9月，杨贤兴摄）　2561

图43-1-1134　1994年建于104国道两侧的明华轻纺原料市场（图片来源：萧山区人民政府地方志办公室《照片档案》2001年第28卷）　2562

图43-1-1135　十八里经济长廊开氏实业有限公司段（图片来源：萧山区人民政府地方志办公室《照片档案》，2001年第28卷）　2563

图43-1-1136　凤凰山南麓的衙前农民运动纪念馆及李成虎墓（图片来源：《萧山文物》，西泠印社出版社，2000年1月）　2563

图43-1-1137　戴村镇东依永兴河（2009年3月，张上和摄）　2565

图43-1-1138　骨伤科医院（2009年5月，高华摄）　2566

图43-1-1139　党山镇海寺。清嘉庆九年（1804）始建，2004年5月易址重建，2006年10月大雄宝殿落成（图片来源：《党山镇志》，2008年5月）　2568

图43-1-1140　杭州建杰纺织有限公司纺织车间（图片来源：《党山镇志》，2008年5月）　2570

图43-1-1141　1999年首届萧山杜家杨梅节（裘荣校摄于所前镇杜家村）　2572

图43-1-1142　杭州生态园内的东坞水库景色（2001年5月，裘荣校摄于杨静坞）　2573

图43-1-1143　1995年建于洲口桥头的楼塔镇牌楼。牌楼上有联："四围山色九曲溪，半是仙源半是城。"（楼塔镇人民政府提供）　2575

图43-1-1144　纱艺花边（2008年2月，丁力摄）　2575

图43-1-1145　1992年10月建立的南阳经济开发区（图片来源：《萧山年鉴·2002》）　2579

图43-1-1146　钱江观潮度假村一景（图片来源：《萧山年鉴·1997》）　2579

图43-1-1147　设在头蓬镇上的萧山市围垦指挥部及人工围涂的景象（图片来源：费黑主编《萧山围垦志》，上海人民出版社，1999年8月；《党山镇志》，2008年5月）　2582

图43-1-1148　清光绪年间建的谢家大宅一角（2009年8月，徐树林摄）　2583

图43-1-1149　尖山浮桥（2000年10月，王栋良摄）　2584

图43-1-1150　优质稻米生产基地（2000年10月，王栋良摄）　2584

图43-1-1151　新湾工业品市场外景（图片来源：《萧山年鉴·1997》）　2586

图43-1-1152　花木之乡新街镇（图片来源：《萧山年鉴·2002》）　2588

图43-1-1153　王富春项目部承建的上海福海公寓，获1996年上海市"白玉兰"奖（图片来源：《党湾镇建筑业志》，中国文史出版社，2008年9月）　2591

图43-1-1154　新围之地的屏障——一至三工段标准塘（图片来源：《萧山年鉴·2000》）　2593

图43-1-1155　1997年12月，传化集团日化公司7万吨洗衣粉项目建成投产（图片来源：《萧山年鉴·1998》）　2595

图43-1-1156　宁围集镇新貌（图片来源：《萧山年

鉴·1998》） 2596

图43-1-1157 农民喜摘青梅（图片来源：《萧山年鉴·2000》） 2599

图43-1-1158 葛壮节公故里表（图片来源：《萧山文物》，西泠印社出版社，2000年1月） 2599

图43-1-1159 2000年新建的益农路（2009年6月，徐国民摄） 2600

图43-1-1160 芥菜种植基地（2004年12月，杨贤兴摄于益农镇） 2601

图43-1-1161 萧山市荣盛纺织有限公司外景（图片来源：《萧山年鉴·2000》） 2601

图43-2-1162 永兴河朱村桥段（图片来源：《许贤乡志》，中华书局，2009年3月） 2602

图43-2-1163 杭州宏达装饰布织造有限公司外景（图片来源：《许贤乡志》，中华书局，2009年3月） 2604

图43-2-1164 杭州萧山古籍印务有限公司厂房及其产品陈列室（图片来源：《许贤乡志》，中华书局，2009年3月） 2605

图43-2-1165 里士湖风光（2000年9月，朱淼水摄） 2606

图43-2-1166 来苏大道（2002年1月，李杰摄） 2607

图43-2-1167 萧山青年运动纪念馆外景（2005年4月，李杰摄） 2608

图43-2-1168 岳驻村——宋岳家军曾在此驻军（图片来源：欢潭乡人民政府：《欢潭》，2000年） 2608

图43-2-1169 高山云雾茶（图片来源：欢潭乡人民政府：《欢潭》图册，2000年） 2610

图43-2-1170 放鸭（图片来源：《新塘羽绒志》，方志出版社，2003年8月） 2612

图43-2-1171 1999年，国际羽毛羽绒局第46届年会与会代表参观新塘羽绒企业（图片来源：《新塘羽绒志》，方志出版社，2003年8月） 2612

图43-2-1172 云石马灯盛会（2000年春节，顾宏根摄于尖山下村） 2614

图43-2-1173 云石生态山村（1998年5月，武正立摄于云石乡狮山村） 2614

图43-2-1174 湖山村园艺场（图片来源：魏桥主编《浙江省名村志》，浙江人民出版社，1993年） 2616

图43-2-1175 国内汽车制动器重要产地——浙江亚太机电集团公司外景（图片来源：《萧山年鉴·1997》） 2617

图43-2-1176 前进乡集镇新貌（图片来源：《萧山年鉴·1997》） 2618

图43-2-1177 钱塘江捕捞鳗苗（图片来源：费黑主编《萧山围垦志》，上海人民出版社，1999年8月） 2619

第四十四编 人 物

图44-1-1178 贺知章（659~744）。像载《三才图会》，明万历刻本（图片来源：华人德主编：《中国历代人物图像集》，上海古籍出版社，2004年，第450页） 2624

图44-1-1179 贺知章草书《孝经》局部。该作品纵26.0厘米，横265.1厘米（日本宫内厅三之丸尚藏馆） 2625

图44-1-1180 杨时（1053~1135）。像载《杨龟山先生集》，杨氏清康熙四十六年（1707）刻本（图片来源：华人德主编：《中国历代人物图像集》，上海古籍出版社，2004年，第781页） 2626

图44-1-1181 楼英（1332~1401）。石刻像（图片来源：楼岳中：《楼塔往事》，浙江人民出版社，2008年，第106页） 2627

图44-1-1182 魏骥（1373~1471）。像载《三才图会》，明万历刻本（图片来源：华人德主编：《中国历代人物图像集》，上海古籍出版社，2004年，第1098页） 2627

图44-1-1183 来斯行（1567~1633）。像载《越中三不朽图赞》，绍兴印刷局民国7年（1918）铅印本（图片来源：华人德主编：《中国历代人物图像集》，上海古籍出版社，2004年，第1537页） 2629

图44-1-1184 毛奇龄（1623~1716）。像载《西河合集》，门人清罗弘像绘，萧山陆凝瑞堂嘉庆元年（1796）刻本（图片来源：华人德主编：《中国历代人物图像集》，上海古籍出版社，2004年，第1959页） 2631

图44-1-1185 朱筠（1729~1781）。像载《清代学者像》第一集，清叶衍兰辑摹，黄小泉绘（图片来源：华人德主编：《中国历代人物图像集》，上海古籍出版社，2004年，第2251页） 2631

图44-1-1186 朱珪（1731~1806）。像载《清代学者像传》第一集，清叶衍兰辑摹，黄小泉绘（图片来源：华人德主编：《中国历代人物图像集》，上海古籍出版社，2004年，第2264页） 2632

图44-1-1187 汪辉祖（1731~1807）。系龙庄遗书摹刻本（图片来源：瞿兑之著：《汪辉祖传述》，商务印书馆） 2632

图44-1-1188 葛云飞（1789~1841）（图片来源：政协萧山市委员会文史工作委员会、萧山市文物管理委员会、萧山市文化局主编：《葛云飞史料选辑——萧山文史资料选辑（六）》，1993年） 2633

图44-1-1189 葛云飞手迹（图片来源：萧山区人民政府地方志办公室档案） 2634

图44-1-1190 汤金钊（1772~1856）（图片来源：萧山区人民政府地方志办公室档案） 2634

图44-1-1191　汤金钊楷书六言联（图片来源：萧山区人民政府地方志办公室档案）　2634

图44-1-1192　任熊(1823~1857)。自画像，藏故宫博物院（图片来源：华人德主编：《中国历代人物图像集》，上海古籍出版社，2004年，第2565页）　2635

图44-1-1193　任薰(1835~1893)。清任伯年绘，藏中国美术馆（图片来源：华人德主编：《中国历代人物图像集》，上海古籍出版社，2004年，第2655页）　2635

图44-1-1194　郁崑(约1839~1880)（申屠勇剑提供）　2636

图44-1-1195　丁文蔚(1827~1890)。清任熊绘"蓝叔参军三十岁小像"，藏于浙江省博物馆（图片来源：华人德主编：《中国历代人物图像集》，上海古籍出版社，2004年，第2601页）　2637

图44-1-1196　任伯年(1840~1895)。油画像，徐悲鸿绘，载《任伯年画集》，人民美术出版社，1960年（图片来源：华人德主编：《中国历代人物图像集》，上海古籍出版社，2004年，第2686页）　2637

图44-1-1197　胡燏棻（1841~1906)（图片来源：华人德主编：《中国历代人物图像集》，上海古籍出版社，2004年，第2692页）　2638

图44-1-1198　汤寿潜(1856~1917)。民国25年（1936）丰子恺所画汤寿潜纪念碑半身像拓片（图片来源：政协萧山市委员会文史工作委员会编：《汤寿潜研究》，团结出版社，1995年）　2640

图44-1-1199　朱执信（1885~1920)（图片来源：林家有、张金超著：《文武兼备的革命家：朱执信》，广东人民出版社，2008年）　2641

图44-1-1200　民国6年（1917）春，孙中山（前排左五）在上海环龙路寓所同朱执信（前排左二）、陈炯明（前排左四）、胡汉民（前排左六）等商讨革命大计时合影（图片来源：林家有、张金超著：《文武兼备的革命家：朱执信》，广东人民出版社，2008年）　2641

图44-1-1201　李成虎（1854~1922)（图片来源：《衙前镇志》编纂委员会：《衙前镇志》，方志出版社，2003年）　2641

图44-1-1202　沈定一书"李成虎君墓"（图片来源：萧山区人民政府地方志办公室档案）　2642

图44-1-1203　民国10年（1921）《新青年》第九卷第四号上刊登的《衙前农民协会宣言》《衙前农民协会章程》《衙前农村小学校宣言》（图片来源：萧山区人民政府地方志办公室档案）　2642

图44-1-1204　沈定一（1883~1928)（图片来源：陶水木编：《沈定一集》，国家图书馆出版社，2010年）　2642

图44-1-1205　钟阿马（1894~1930)（图片来源：中共

杭州市萧山区委党史研究室：《中共萧山党史（第一卷）》，中共党史出版社，2002年）　2645

图44-1-1206　曹素民（1901~1930)（图片来源：萧山区档案馆）　2645

图44-1-1207　曹顺标（1915~1932)（图片来源：萧山区人民政府地方志办公室档案）　2646

图44-1-1208　宋梦岐（1903~1934)（图片来源：中共杭州市萧山区委党史研究室：《中共萧山党史（第一卷）》，中共党史出版社，2002年）　2646

图44-1-1209　周易藻（1864~1934)（图片来源：萧山《马谷周氏宗谱》）　2646

图44-1-1210　周易藻《萧山湘湖志》收录的《韩强士经营湘湖计划书》局部　2647

图44-1-1211　张弧(1875~1937)（图片来源：萧山区档案馆）　2647

图44-1-1212　朱文钧(1882~1937)（图片来源：萧山博物馆）　2647

图44-1-1213　王纪昌(1821~1939)像（图片来源：萧山区人民政府地方志办公室档案）　2648

图44-1-1214　清宣统皇帝钦赐的"盛朝奇叟"匾（图片来源：萧山区人民政府地方志办公室档案）　2648

图44-1-1215　单士厘(1858~1945)（图片来源：钱单士厘：《癸卯旅行记·归潜记》，湖南人民出版社，1981年）　2648

图44-1-1216　蔡东藩(1877~1945)（图片来源：《萧山文化志》，中国卓越出版公司，1990年）　2649

图44-1-1217　蔡东藩的部分著作（图片来源：《萧山文化志》，中国卓越出版公司，1990年）　2649

图44-1-1218　盛练心(1886~1948)（图片来源：萧山区人民政府地方志办公室档案）　2650

图44-1-1219　楼曼文(1908~1949)（图片来源：萧山区人民政府地方志办公室档案）　2650

图44-1-1220　朱恬生（1880~1953)（图片来源：萧山区人民政府地方志办公室档案）　2651

图44-1-1221　许廑父(1891~1953)（图片来源：萧山区人民政府地方志办公室档案）　2652

图44-1-1222　金润泉(1878~1954)（图片来源：萧山区人民政府地方志办公室档案）　2652

图44-1-1223　沈佩兰（1903~1954)（图片来源：萧山区人民政府地方志办公室档案）　2653

图44-1-1224　陈朵如（1888~1961)（图片来源：萧山区人民政府地方志办公室档案）　2654

图44-1-1225　来裕恂(1873~1962)(图片来源：来裕恂：《萧山县志稿》，天津古籍出版社，1991年）　2654

图44-1-1226　瞿缦云（1883~1962)（图片来源：中共杭州市萧山区委党史研究室：《中共萧山党史（第一卷）》，中共党史出版社，2002年）　2655

图44-1-1227　沈志远(1902~1965)（图片来源：萧山区

人民政府地方志办公室档案） 2656

图44-1-1228 沈志远与周恩来等人合影。左起沈志远、邓拓、周恩来、沈钧儒、翦伯赞、楚图南（1949年摄，资料来源于萧山区人民政府地方志办公室档案） 2656

图44-1-1229 邱关兴（1908～1967）（图片来源：《萧山市科协志》编纂委员会编：《萧山市科协志（1955～1990）》，1991年） 2657

图44-1-1230 施今墨(1881～1969)（图片来源：萧山区人民政府地方志办公室档案） 2658

图44-1-1231 朱家济(1902～1969)（图片来源：萧山博物馆） 2659

图44-1-1232 盛澄华(1912～1970)（图片来源：萧山区人民政府地方志办公室档案） 2659

图44-1-1233 金海观(1897～1971)（图片来源：政协萧山市委员会文史工作委员会：《金海观史料选集——萧山文史资料选辑（九）》，1998年） 2660

图44-1-1234 杨之华(1900～1973)（图片来源：中共杭州市萧山区委党史研究室：《中共萧山党史（第一卷）》，中共党史出版社，2002年） 2660

图44-1-1235 来楚生（1903～1975）（图片来源：萧山区人民政府地方志办公室档案） 2661

图44-1-1236 来楚生篆刻"然犀" 2661

图44-1-1237 来楚生肖形印 2661

图44-1-1238 韩登安（1905～1976）（图片来源：《西泠印社》编辑委员会：《西泠印社》，2005年第3期） 2662

图44-1-1239 韩登安篆刻毛泽东词《清平乐·六盘山》（图片来源：《西泠印社》编辑委员会：《西泠印社》，2005年第3期） 2662

图44-1-1240 田曾垲(1897～1977)（图片来源：萧山区人民政府地方志办公室档案） 2662

图44-1-1241 傅彬然(1899～1978)（图片来源：萧山区人民政府地方志办公室档案） 2663

图44-1-1242 沈霁春（1904～1978）（图片来源：吴襄撰：《忆沈霁春教授》，山东大学医学院网，http://www.physiology.sdu.edu.cn/shenjichun.htm） 2664

图44-1-1243 陈佩永(1892～1981)（陈佩永之女陈璇玑提供） 2664

图44-1-1244 傅永先烈士在对越自卫反击战中获一等功（图片来源：《萧山年鉴·1986》） 2665

图44-1-1245 陆士嘉(1911～1986)（图片来源：张克群：《流体力学家陆士嘉》，现代出版社，2006年） 2665

图44-1-1246 朱新予(1902～1987)（图片来源：萧山区人民政府地方志办公室档案） 2666

图44-1-1247 许鉴（1904～1995）（图片来源：《萧山市志》编辑部社会征集照片） 2667

图44-1-1248 任大霖(1929～1995)（图片来源：萧山中学） 2668

图44-1-1249 徐行之(1893～1997)（图片来源：萧山区人民政府地方志办公室档案） 2668

图44-1-1250 汪洋(1916～1998)（汪洋之女汪林立提供） 2669

图44-1-1251 1962年11月，汪洋为周恩来总理、陈毅副总理讲解北京电影制片厂扩建模型（汪洋之女汪林立提供） 2669

图44-1-1252 高小霞（1919～1998）。民国26年（1937）摄，时高小霞在上海工部局女中读高三（图片来源：邵元华、庄乾坤、徐光宪主编：《高小霞院士诞辰九十周年纪念文集》，2009年7月） 2669

图44-1-1253 季羡林为高小霞、徐光宪夫妇从教55周年写的贺词（图片来源：邵元华、庄乾坤、徐光宪主编：《高小霞院士诞辰九十周年纪念文集》，2009年7月） 2670

图44-1-1254 傅周海（1938～1998）（图片来源：萧山区人民政府地方志办公室档案） 2670

图44-2-1255 魏风江（1912～2004）（图片来源：陈志根提供） 2671

图44-2-1256 金宝祥（1914～2004)(金宝祥之子提供） 2671

图44-2-1257 朱家溍（1914～2003)(朱家溍之女提供） 2672

图44-2-1258 陈铭珊（1916～2003)(陈铭珊之女提供） 2672

图44-2-1259 张素诚（1916～2006)(张素诚之子提供） 2673

图44-2-1260 郭汉城（2009年摄，郭汉城提供） 2674

图44-2-1261 高帆（1922～2004）（高帆之女提供） 2674

图44-2-1262 张桂凤（张桂凤提供） 2675

图44-2-1263 来新夏（来新夏提供） 2675

图44-2-1264 王家宠（2008年9月摄，王家宠提供） 2676

图44-2-1265 任大星（任大星提供） 2676

图44-2-1266 徐英含（2007年4月摄，徐英含提供） 2677

图44-2-1267 汤匡时（2005年摄，汤匡时提供） 2677

图44-2-1268 来汉宣（1998年摄，来汉宣提供） 2677

图44-2-1269 韩济生（2000年5月摄，韩济生提供） 2678

图44-2-1270 吴克明（2010年姚波摄） 2678

图44-2-1271 王凤贤（2010年2月摄，王凤贤提供） 2679

图44-2-1272 韩祯祥（韩祯祥提供） 2679

图44-2-1273　邵燕祥（2009年11月，童铭摄）　2680

图44-2-1274　陈之骅（2007年8月摄，陈之骅提供）　2680

图44-2-1275　王荫长（2009年6月摄，王荫长提供）　2681

图44-2-1276　楼仲南（1996年摄，楼仲南提供）　2681

图44-2-1277　陈之骝（陈之骝提供）　2681

图44-2-1278　汪忠镐（汪忠镐提供）　2682

图44-2-1279　金吾伦（金吾伦提供）　2682

图44-2-1280　蒋宝娣（1975年摄，蒋宝娣提供）　2682

图44-2-1281　张钧澄（2006年10月摄，张钧澄提供）　2683

图44-2-1282　蒋展鹏（2008年摄，蒋展鹏提供）　2683

图44-2-1283　邵焱（1939～2009）（邵焱家属提供）　2683

图44-2-1284　龚心瀚（陈志根提供）　2684

图44-2-1285　沈忙作（2004年摄，沈忙作提供）　2684

图44-2-1286　张柏根（90年代中期摄，张柏根提供）　2685

图44-2-1287　朱妙章（2005年摄，朱妙章提供）　2685

图44-2-1288　朱康杰（2001年9月摄，朱康杰提供）　2686

图44-2-1289　韩泉欣（2008年摄，韩泉欣提供）　2686

图44-2-1290　章柏青（2007年摄，章柏青提供）　2686

图44-2-1291　汤秀庭（2013年5月，杨贤兴摄）　2687

图44-2-1292　卓鹤君（卓鹤君提供）　2687

图44-2-1293　周汉荣（1999年8月摄，周汉荣提供）　2687

图44-2-1294　陈妙法（2005年5月摄，陈妙法提供）　2688

图44-2-1295　傅竹西（2008年摄，傅竹西提供）　2688

图44-2-1296　魏超然（2000年摄，魏超然提供）　2688

图44-2-1297　任宝凯（2000年4月摄，任宝凯提供）　2688

图44-2-1298　虞荣仁（虞荣仁提供）　2689

图44-2-1299　安志云（2007年摄，安志云提供）　2689

图44-2-1300　鲁冠球（2009年5月摄，鲁冠球提供）　2689

图44-2-1301　余海（2010年摄，余海提供）　2690

图44-2-1302　沈有根（2007年摄，沈有根提供）　2690

图44-2-1303　陈欢林（2003年10月摄，陈欢林提供）　2691

图44-2-1304　胡永洲（2010年1月摄，胡永洲提供）　2691

图44-2-1305　王鑫炎（王鑫炎提供）　2692

图44-2-1306　朱人敏（2001年5月摄，朱人敏提供）　2692

图44-2-1307　叶国珍（2001年5月摄，叶国珍提供）　2693

图44-2-1308　章力建（照片来源：中国网，http：www.china.com.cninternationalzhuantiblytz2011-0905content_23356774.htm）　2693

图44-2-1309　朱重庆（2006年摄，朱重庆提供）　2693

图44-2-1310　盛继芳（2005年12月摄，盛继芳提供）　2694

图44-2-1311　汤林美（2003年摄，汤林美提供）　2695

图44-2-1312　丁有根（图片来源：《萧山农垦志》）　2695

图44-2-1313　章梓茂（章梓茂提供）　2695

图44-2-1314　姚志文（2005年12月摄，姚志文提供）　2696

图44-2-1315　励建书（傅展学摄）　2696

图44-2-1316　来茂德（照片来源：http//baike.baidu.compicview265258926525890d31b0ef41bd5ad6ee0cec86a81cb39dbb6fd3c7e.html#albumindex=0&picindex=1）　2696

图44-2-1317　夏强（夏强提供）　2697

图44-2-1318　徐冠巨（2010年4月徐建飞摄）　2697

图44-2-1319　韩丹夫（韩丹夫提供）　2697

图44-2-1320　俞国良（2007年摄，俞国良提供）　2698

图44-2-1321　祝介平（祝介平提供）　2698

图44-2-1322　许正平（2007年12月摄，许正平提供）　2699

图44-2-1323　尚舒兰（1999年摄，尚舒兰提供）　2699

图44-2-1324　吕薇（照片来源：http//www.wowmusic.cn/zzrw/yuygs/3415.html）　2699

表格索引

说　明

一、本索引共收录各种表格698张。

二、表格名称分册分编排列，编内则以页码先后为序排列。

第一册

总　述

表0-0-1　1949～1980年部分年份萧山工农业总产值情况　006

表0-0-2　1978～2000年萧山国民经济主要指标情况　007

第二编　政　区

表2-4-3　民国18年(1929)萧山县所辖村、里　082

表2-4-4　民国21年（1932）萧山县区划　083

表2-4-5　民国28年（1939）萧山县区划　083

表2-4-6　民国37年（1948）萧山县区划　084

表2-4-7　1956年末萧山县区划　085

表2-4-8　1959年末萧山县区划　086

表2-4-9　1961年7月萧山县区划　087

表2-4-10　1982年末萧山县区划　088

表2-4-11　1984年末萧山县区划　088

表2-4-12　1987年末萧山县区划　089

表2-4-13　1992年萧山市撤区扩镇并乡后的行政区划　090

表2-4-14　2000年末萧山市区划　091

第三编　自然环境

表3-3-15　1971～2000年萧山各月气温情况　122

表3-3-16　萧山年极端最低气温出现频数频率　123

表3-3-17　1971～2000年萧山各月水分盈亏情况　124

表3-3-18　1971～2000年萧山各月日照情况　125

表3-3-19　1971～2000年萧山各月降雪和积雪天数　125

表3-3-20　1971～2000年萧山各月风速　126

表3-3-21　1971～2000年萧山各月最多风向及频率　126

表3-5-22　宋代吕昌明重定四时潮候　135

表3-5-23　2000年农历三月至九月仓前水文站低潮时间　136

表3-5-24　1985年10月2日、2000年9月15日钱江潮萧山段传播速度　137

表3-5-25　1985～2000年仓前、闻家堰水文站历年最高潮位与最低潮位　137～138

表3-5-26　1985年10月2日、2000年9月15日钱塘江萧山段涨落潮历时与潮差　138

表3-5-27　1985～2000年仓前、闻堰水文站历年最大潮差　139

第四编　环境保护

表4-1-28　1996～2000年萧山市江河水质情况　192

表4-1-29　1996～2000年萧山市城区内河水质情况　192

表4-1-30　1996～2000年萧山市饮用水源水质情况　194

表4-1-31　1985～2000年萧山市城区空气质量情况　195

表4-1-32　1996～2000年萧山市城区空气污染物分季度情况　196

表4-1-33　1991～2000年萧山市城区酸雨情况　197

表4-1-34　1999年萧山市城区区域环境噪声情况　198

表4-1-35　1996～2000年萧山市城区功能区噪声情况　199

表4-1-36　1998年萧山市土壤重金属分级情况　200

表4-2-37　1996～2000年萧山市工业废水主要污染物评价情况　202

表4-2-38　1996～2000年萧山市工业废水主要污染行业评价情况　203

表4-2-39　1996～2000年萧山市工业废气主要污染物评价情况　204

表4-2-40　1996～2000年萧山市工业废气主要污染行业评价情况　204

表4-2-41　1996～2000年萧山市工业固体废弃物产生情况　205

表4-2-42　2000年萧山市畜禽养殖污染物排放情况　207

表4-3-43　2000年萧山市工业污染源情况　211

表4-4-44　1996年、2000年萧山市重点污染源污染物排放情况　216

表4-4-45　1986～2000年萧山市烟尘、粉尘治理项目与资金情况　217

表4-4-46　1996～2000年萧山市工业固体废物综合利用情况　220

表4-5-47 1991年萧山市地表水环境保护功能区划 223
表4-5-48 1997年萧山市环境空气质量功能区划 224
表4-5-49 1999年萧山市城市区域环境噪声适用区划 224
表4-5-50 1990~2000年萧山市环境影响评价审批情况 225
表4-5-51 1991~2000年萧山市环境信访调处情况 227
表4-5-52 2000年萧山市环境保护产业结构情况 229
表4-5-53 2000年萧山市环境保护产业企业情况 229
表4-6-54 1998年萧山市生态功能分区社会经济情况 230

第五编 土 地

表5-1-55 1982~2000年部分年份萧山土地资源调查情况 238
表5-1-56 1949~2000年萧山耕地面积 239
表5-1-57 1997年萧山市土地变更调查情况 243~244
表5-1-58 1988年萧山市待开发土地资源面积情况 245
表5-1-59 1992年萧山市"四低"、"四荒"土地资源情况 246
表5-1-60 1992年萧山市"四低"、"四荒"土地资源地域分布情况 246
表5-1-61 1990年萧山市坡地资源面积情况 247
表5-1-62 1990年萧山市坡地资源类型情况 248
表5-2-63 1950~1951年萧山县各阶层土改前后土地占有统计 251
表5-2-64 1991~2000年萧山市国有土地使用权出让情况 252
表5-2-65 2000年萧山市城市规划区土地级差地租标准 254
表5-2-66 2000年萧山市各镇乡场辖区土地级差地租标准 255
表5-5-67 1988~2000年萧山市国家城镇建设用地情况 271
表5-5-68 1985~2000年萧山非农建设用地审批情况 273
表5-5-69 宣统元年至二年(1909~1910)民间土地买卖契约登记(部分) 276

第六编 人 口

表6-1-70 1985~2000年萧山市户籍人口数量 282
表6-1-71 2000年萧山市各镇乡非农业户口人数及所占比率 283
表6-1-72 1990年萧山市各镇乡总户数、总人口 284~285
表6-1-73 2000年萧山市各镇乡总户数、总人口 285
表6-1-74 2000年萧山市各镇乡人口密度 287

表6-2-75 1982~2000年萧山3次全国人口普查年龄组性别比 288
表6-2-76 2000年萧山市各地人口性别比 289
表6-2-77 1982~2000年萧山3次全国人口普查年龄结构类型 290
表6-2-78 1982~2000年萧山3次全国人口普查年龄分组情况 291
表6-2-79 1982~2000年萧山3次全国人口普查人口再生产类型 292
表6-2-80 1982~2000年萧山市3次全国人口普查特殊年龄段人口情况 292
表6-2-81 1982~2000年萧山市3次全国人口普查老年人口情况 293
表6-2-82 百岁老人名录 294~295
表6-2-83 2000年萧山市少数民族人口分布情况 296
表6-2-84 1982~2000年萧山3次全国人口普查各职业人口情况 297
表6-3-85 1995~2000年萧山市外出人口情况 300
表6-3-86 2000年萧山市外出从事各种行业人口年龄情况 300
表6-3-87 2000年萧山市外出从事各种行业人口文化程度情况 301
表6-3-88 2000年萧山市外来常住人口情况 301~302
表6-3-89 2000年萧山市外来暂住人口各年龄段情况 303
表6-4-90 90年代中期萧山市居民心理健康测量指标得分平均值 305
表6-4-91 1990年萧山市各地人口文化程度情况 307
表6-4-92 1990年、2000年萧山市人口文化程度情况 307
表6-4-93 2000年萧山市各职业人口受教育程度状况 308
表6-4-94 2003年、2007年萧山公务员依法行政评价 318
表6-4-95 2003年、2007年萧山公务员求真务实评价 318
表6-5-96 1982年萧山县15~64岁妇女活产子女数 328
表6-5-97 2000年萧山市15~50岁妇女平均活产子女、存活子女数 328
表6-5-98 1990年、2000年萧山市家庭户规模情况 329
表6-5-99 2000年萧山市不同规模家庭户类别 330
表6-6-100 1985~2000年萧山计划生育情况 340

第七编 居民生活

表7-1-101 1985~2000年萧山农村居民人均纯收入情况 345
表7-1-102 1986~2000年萧山城镇居民人均可支配收入

情况　346

表7-1-103　1985～2000年部分年份萧山城镇各行业职工平均工资比较情况　347

表7-1-104　2000年萧山市各镇乡人均净收入情况　349

表7-2-105　1985～2000年萧山农村居民人均消费支出情况　351～352

表7-2-106　1986～2000年萧山城镇居民人均消费支出情况　353

表7-2-107　1985～2000年萧山城乡恩格尔系数和全国比较情况　353

表7-2-108　1985～2000年部分年份萧山农村居民人均饮食支出构成情况　358

表7-2-109　1986～2000年部分年份萧山城镇居民人均饮食支出构成情况　358

表7-2-110　1985～2000年萧山农村居民主要食物人均消费量情况　359

表7-2-111　1986～2000年萧山城镇居民主要食物人均消费量情况　361

表7-2-112　1956～1986年部分年份萧山浴室收费标准情况　368

表7-2-113　2000年萧山居民耐用消费品拥有量与杭州和全国部分省（市、自治区）比较情况　370

表7-2-114　1985～2000年萧山城乡住户部分耐用消费品每百户拥有量　382

表7-2-115　1993～2000年萧山城乡住户部分耐用消费品每百户拥有量　382

表7-2-116　民国37年（1948）8月19日金圆券发行后，萧山县府核定的理发价格　383

表7-2-117　1984年8月16日萧山县物价委员会核定新新美发厅收费标准　384

表7-2-118　1950～1986年部分年份萧山县理发收费标准　385

表7-2-119　1997年萧山市理发业各等级普通大众理发服务项目最高限价价目　385

第八编　水　利

表8-2-120　1997年萧山市浦阳江右岸（欢潭小山头至茅山闸）堤塘情况　401

表8-2-121　1997年萧山市浦阳江左岸（土石头至富春老鼠尾巴闸）堤塘情况　401

表8-2-122　1997年萧山市永兴河堤塘情况　402

表8-2-123　1997年萧山市凰桐江堤塘情况　402

表8-2-124　1997年萧山市南河堤塘情况　402

表8-2-125　1997年萧山市进化溪堤塘情况　402

表8-2-126　1997年萧山市径游江堤塘情况　402

表8-2-127　1985～2000年萧山市(县)主要堤塘建设完成情况　403

表8-2-128　2000年萧山市钱塘江标准堤塘建设情况　407

表8-2-129　2000年萧山市浦阳江流域标准堤塘建设情况　408

表8-3-130　2000年萧山10万立方米以上水库情况　410

表8-3-131　萧山历史上较早建成的涵闸　411

表8-3-132　2000年萧山南沙大堤节制闸情况　415

表8-3-133　2000年萧山围垦大堤节制闸情况　416～417

表8-3-134　2000年萧山北海塘节制闸情况　418

表8-3-135　2000年萧山西小江节制闸情况　418～419

表8-3-136　2000年萧山浦阳江流域主要排灌闸情况　419

表8-3-137　2000年萧山湘湖及小砾山输水河节制闸情况　420

表8-3-138　2000年萧山旱闸情况　420～421

表8-3-139　2000年萧山市灌溉百亩以上堰坝情况　422

表8-4-140　2000年萧山市重点排灌(涝)站情况　425～426

表8-4-141　1985～2000年萧山机电排灌(涝)和旱涝保收面积情况　427

表8-5-142　1951～2000年萧山有关水文特征值情况　430

表8-5-143　2000年萧山市防汛专用仓库情况　432

表8-5-144　1999年萧山市各排灌站起排水位情况　434

第九编　交　通

表9-2-145　2000年萧山境内铁路有人看守道口情况　460

表9-2-146　2000年萧山境内铁路无人看守道口情况　461

表9-2-147　1985～2000年萧山铁路各站旅客发送量　461

表9-2-148　1985～2000年铁路萧山西站、临浦站货物运输量　462

表9-3-149　2001年3月萧山市部分县道情况　471～472

表9-3-150　2001年3月萧山市乡道情况　473～474

表9-3-151　2000年萧山市其他公路特大桥情况　476

表9-3-152　2000年萧山市公路大桥情况　476

表9-3-153　2000年萧山市公路中桥情况　477～481

表9-3-154　1985～2000年萧山公路客运量及旅客周转量　490

表9-3-155　1985～2000年萧山公路货运量及货物周转量　491

表9-4-156　1991～2000年萧山市港区货物吞吐量　503

表9-4-157　1985～2000年萧山水路客货运量及周转量　511

表9-4-158　1985～2000年萧山水上交通事故情况　514

表9-4-159 1985~2000年萧山运输船舶情况 516

第十编 城市建设

表10-1-160 1992~2000年萧山查处拆除违法建筑情况 528

表10-2-161 2000年萧山市老城区主要街路情况 532~533

表10-2-162 2000年萧山市老城区定名弄巷情况 533~534

表10-2-163 2000年萧山市老城区桥梁情况 536~537

表10-3-164 2000年萧山市城市新区主要街路情况 541

表10-3-165 2000年萧山城市新区桥梁情况 542

表10-5-166 2001年3月萧山城区已建在建12层以上建筑情况 550~551

表10-6-167 2001年3月25日萧山市城市公交线路情况 552~554

表10-6-168 1987~2000年杭州市区至萧山公共交通客运量 555

表10-6-169 2000年萧山市城区雨污泵站情况 556~557

表10-6-170 1988~2000年萧山市城市节约用水情况 560

表10-6-171 1985~2000年萧山电网低压线路情况 561

表10-6-172 1985~2000年萧山10千伏配电网络情况 562

表10-6-173 2000年萧山市电网35千伏公用变电所情况 562

表10-6-174 2000年萧山市电网35千伏临时(简易)变电所情况 563

表10-6-175 2000年萧山市电网110千伏变电所情况 563

表10-6-176 2000年萧山市电网220千伏变电所情况 564

表10-6-177 1986~2000年萧山全社会用电量及分类情况 566

表10-7-178 2000年萧山城区古树名木情况 573

表10-8-179 萧山居民居住环境状况调查样本情况 580

第十一编 农村 农民 农业

表11-1-180 1992~1994年萧山市国家商品粮收购情况 594

表11-1-181 1996年萧山农村50亩以上土地承包户情况 596

表11-1-182 1996年萧山农村内地50亩以上土地承包户情况 596

表11-3-183 1985~2000年萧山农村社会总产值按产业分类情况（现行价） 603~604

表11-3-184 1985~2000年萧山农业总产值按产业分类情况 604~605

表11-3-185 1984~2000年萧山种植业总产值分类情况 606

表11-4-186 1995~2000年萧山农村劳动积累投工情况 610

表11-4-187 1998~2000年萧山市级扶持经济薄弱村结对挂钩名单 613

表11-5-188 2000年萧山市村人口规模 618

表11-6-189 1990~2000年萧山外来农民工流向情况 634

表11-6-190 1990~2000年萧山外来农民工居住情况 634

表11-6-191 1984~2000年萧山农村劳动力分布情况 638

表11-6-192 1982~2000年部分年份萧山农林牧渔业劳动者文化程度 639

表11-6-193 2000年萧山农民技术人员专业职称情况 640

表11-6-194 1986~2000年萧山市（县）获得省级以上优秀企业家名录 642~644

表11-6-195 1990~2000年萧山农村居民人均购买生产资料情况 650

表11-6-196 1990~2000年部分年份萧山农村居民人均购买建筑材料情况 650

表11-6-197 1982年萧山薪柴资源拥有量分布情况 651

表11-6-198 1982~2000年部分年份萧山薪柴资源情况 652

表11-6-199 1990~2000年萧山农民经济负担情况 656

表11-6-200 萧山农村居民生活质量调查样本情况 663

表11-8-201 1949~2000年部分年份萧山粮食分类生产情况 677

表11-8-202 1986~2005年萧山农村居民人均粮食收支情况 680

表11-8-203 1984~2000年萧山棉花、络麻生产情况 682~683

表11-8-204 1984~2000年萧山水（干）果生产情况 687

表11-8-205 1984~2000年萧山蚕桑生产情况 689

表11-8-206 1987~1988年萧山农田主要杂草种类情况 693

表11-8-207 1989年萧山夏季桑园杂草种类情况 693~694

表11-8-208 1987年萧山粮食作物主要害虫天敌情况 694~695

表11-8-209 1987年萧山棉麻作物主要害虫天敌情况

695~696

表11-8-210 1987~1996年萧山瓜沥点2月室外鼠种调查情况 697

表11-8-211 1997~2003年萧山瓜沥点室外鼠种调查情况 698

表11-8-212 1990~1997年部分年份萧山中南片稻区2月室外鼠种调查情况 698

表11-8-213 1987~1996年萧山瓜沥点室内2月鼠种调查情况 698

表11-8-214 1997~2003年萧山瓜沥点室内鼠密度调查情况 699

表11-8-215 1993~1997年部分年份萧山中南片地区室内2月份鼠种测定情况 699

表11-8-216 1987~1996年萧山瓜沥点室外鼠密度明细情况 701

表11-8-217 1997~2003年萧山瓜沥点室外鼠密度调查情况 701

表11-8-218 1987~1996年萧山瓜沥点室内鼠密度明细情况 701

表11-8-219 1997~2003年萧山瓜沥点室内鼠密度调查情况 702

表11-8-220 1998~2003年萧山戴村点2月室内、室外鼠密度测定表 702

表11-8-221 1988年萧山主要农作物杂草种类数及主要优势种情况 706

表11-8-222 1988年萧山南部沿山丘陵地区杂草种类分布情况 706

表11-8-223 1988年萧山中部平原稻区杂草种类分布情况 707

表11-8-224 1988年钱塘江沿江地区杂草种类分布情况 707

表11-8-225 1988年萧山老沙地区杂草种类分布情况 708

表11-8-226 1988年萧山新垦种区杂草种类分布情况 708

表11-9-227 1985~2000年部分年份萧山养猪户情况 709

表11-9-228 1984~2000年萧山畜牧业生产情况 715

表11-10-229 1984~2000年萧山渔业生产情况 723

表11-11-230 1986~1999年部分年份萧山林业用地面积调查情况 724

表11-11-231 1996年萧山古树名木分布情况 725

表11-11-232 1985~2000年萧山绿化造林封山育林情况 726

表11-13-233 1985~2001年萧山主要蔬菜、瓜类新品种引进情况 736~738

表11-13-234 1985~2000年萧山化肥施用情况 741

表11-13-235 1985~2000年萧山绿肥与秸秆还田面积情

况 742

表11-14-236 1985~2000年萧山主要农业机械拥有量 762

表11-15-237 1985~2000年萧山木竹采伐量 766

第十二编　垦区开发

表12-1-238 1949~2000年萧山围涂工程情况 784~785

表12-2-239 1970~2000年萧山垦区公路情况 793~794

表12-2-240 2000年萧山垦区邮路情况 796

表12-2-241 2000年萧山垦区投递路线情况 796

表12-2-242 2000年萧山垦区中继电路情况 797

表12-2-243 2000年萧山垦区光缆建设情况 797

表12-2-244 1991年萧山垦区10千伏配电线路情况 798

表12-2-245 2000年萧山垦区35千伏线路情况 798

表12-2-246 1985~2000年萧山垦区学校（幼儿园）占地和建筑面积情况 799

表12-2-247 1985~2000年部分年份萧山垦区学校固定资产情况 800

表12-4-248 1995~2000年萧山现代农业开发区经济作物种植情况 810

表12-4-249 1995~2000年萧山现代农业开发区水产养殖情况 810

表12-4-250 1970~2000年萧山垦区棉花络麻种植情况 813

表12-4-251 1985~2000年萧山垦区西瓜种植情况 814

表12-4-252 1985~2000年萧山垦区蚕桑生产情况 818

表12-4-253 1985~2000年萧山垦区防护林工程生产情况 819

表12-5-254 1985~2000年萧山农垦工业行业工业总产值 823

表12-6-255 1985~1992年萧山垦区农户留粮数量情况 834

表12-6-256 1985~1992年萧山垦区各粮站购销情况 835

表12-6-257 1985~1992年萧山垦区与内地粮油互调情况 835

表12-6-258 2000年萧山垦区集贸市场情况 838

第二册

第十三编　工　业

表13-2-259 1985~2000年萧山工业企业主要指标 853

表13-2-260 2000年萧山市工业规模以上企业主要指

标 853

表13-2-261 1985～2000年萧山工业企业从业人员职称情况 856

表13-2-262 1985～2000年萧山工业企业从业人员情况 857

表13-2-263 1985～2000年萧山工业企业从业人员调查情况 857～858

表13-2-264 1985～2000年萧山个体工业户从业人员情况 858

表13-2-265 1985～1992年萧山国营、城镇集体工业企业职工工资 860

表13-2-266 1993～2000年萧山国有、城镇集体工业企业职工工资 860

表13-2-267 1985～2000年萧山乡镇集体工业企业职工工资 861

表13-2-268 1993～2000年萧山市私营工业企业职工工资 862

表13-2-269 1985～2000年萧山密封件厂职工工资 863

表13-2-270 1985～2000年萧山轻重工业总产值情况 865

表13-2-271 2000年萧山轻重工业规模以上企业主要指标 866

表13-2-272 1995年萧山市乡及乡以上独立核算工业企业主要设备拥有量 868

表13-2-273 1995年萧山市独立核算工业企业主要生产设备拥有量 868～870

表13-2-274 1985～2000年萧山工业企业计划技术改造情况 871

表13-2-275 1985～1991年萧山村及村以上独立核算工业企业经济效益主要指标 873

表13-2-276 1992～2000年萧山市村及村以上独立核算工业企业经济效益主要指标 873

表13-3-277 1985～2000年萧山8大行业实现工业总产值情况 894

表13-3-278 2000年萧山市8大支柱行业规模以上工业企业主要指标 895

表13-4-279 1996～2000年萧山市私有工业企业主要指标 904

表13-4-280 2000年萧山市私营工业规模以上企业主要指标 904

表13-4-281 2000年萧山市私有工业企业与全市工业企业主要指标比较 905

表13-4-282 部分年份萧山市私有企业单位违法违章情况 905

表13-4-283 1985～2000年萧山批准"三资"工业企业情况 921

表13-4-284 1988～2000年萧山市累计批准的"三资"工业企业分类 922

表13-4-285 2000年萧山市工业规模以上股份制企业主要指标 924

表13-4-286 1985～2000年萧山工业各经济成分企业主要指标 924～925

表13-4-287 2000年萧山市各经济成分规模以上工业企业主要指标 925

表13-5-288 1998～2000年衙前镇轻纺私有工业主要设备 936

表13-5-289 1990～2000年萧山市乡镇集体企业上缴利润及资金使用情况 942

表13-5-290 1985～2000年萧山乡镇工业企业主要经济指标 947

表13-6-291 2000年萧山市强工业企业考核指标 958

表13-6-292 2000年度萧山市75强工业企业主要经济指标 958～959

表13-6-293 1985年萧山县工业企业优质产品情况 961

表13-6-294 2000年萧山市名牌产品生产企业及经济效益情况 961～963

表13-6-295 2000年萧山市工业企业产品著名商标 967

第十四编　萧山经济技术开发区

表14-1-296 1992～1999年萧山经济技术开发区征用村、场土地情况 983

表14-1-297 1991～2000年萧山经济技术开发区出让土地（项目建设用地）情况 984

表14-1-298 1993～2000年萧山经济技术开发区砌石护岸工程情况 985

表14-1-299 2000年萧山经济技术开发区民居点规划实施情况 989

表14-2-300 1991～2000年萧山经济技术开发区招商引资情况 995

表14-2-301 1991～2000年萧山经济技术开发区批准进区项目按性质分类 996

表14-2-302 2000年萧山经济技术开发区外商投资千万美元以上企业 997

表14-3-303 1994～2000年萧山经济技术开发区工业规模企业情况 999

表14-3-304 1994～2000年萧山经济技术开发区各行业产值、利润、职工人数情况 1004

表14-3-305 1993～2000年萧山经济技术开发区工业主要经济指标情况 1005

表14-3-306 1993～2000年萧山经济技术开发区出口贸易情况 1006

表14-4-307 1996年1月至2001年3月萧山经济技术开发区省级以上高新技术企业情况 1013

表14-4-308 1998～2000年萧山经济技术开发区国家火炬计划项目 1015

表14-4-309　1996～2000年萧山经济技术开发区开发国家级新产品　1015

表14-4-310　1994～2000年萧山经济技术开发区开发省级新产品（高新技术产品）　1015～1016

表14-4-311　1998年1月至2001年3月萧山经济技术开发区获专利技术情况　1016

表14-4-312　1993～2000年萧山经济技术开发区获省级科技成果　1017

表14-4-313　1993～2000年萧山经济技术开发区获杭州市级科技成果　1017

表14-4-314　1996～2000年萧山经济技术开发区企业增资情况　1018

表14-4-315　2000年萧山经济技术开发区列入国家级科技型中小企业创新基金项目　1018

表14-4-316　2000年萧山经济技术开发区列入浙江省新材料技术创新项目　1018

表14-5-317　萧山经济技术开发区党工委历任书记、副书记情况　1019

表14-5-318　1990～2000年萧山经济技术开发区管委会主任、副主任情况　1020

表14-5-319　1992～2000年萧山经济技术开发区财政基本情况　1021

表14-5-320　1998～2005年浙江华越家具工业有限公司招用外地员工情况　1024

表14-5-321　1998～2005年浙江华越家具工业有限公司招用外地员工年龄结构情况　1025

表14-5-322　1998～2005年浙江华越家具工业有限公司招用外地员工文化程度情况　1025

表14-5-323　1998～2005年浙江华越家具工业有限公司招用外地员工情况　1025

表14-5-324　1998～2005年浙江华越家具工业有限公司外地员工收入和社会保障情况　1026

第十五编　建筑业　房地产业

表15-1-325　2000年萧山市工民建设计单位情况　1031

表15-1-326　1985～2000年萧山四级资质以上建筑施工企业情况　1032

表15-1-327　2000年萧山市四级资质以上土木建筑施工企业情况　1033

表15-1-328　2000年萧山市三级资质以上钢结构施工企业情况　1033

表15-1-329　2000年萧山市四级资质以上建筑装饰施工企业情况　1034

表15-1-330　2000年萧山市四级资质以上市政施工企业　1035

表15-1-331　2000年萧山市四级资质以上园林绿化施工企业情况　1035

表15-1-332　2000年萧山市三级资质以上专业机桩施工

表15-1-333　2000年萧山市四级资质以上设备安装施工企业情况　1036

表15-4-334　1985～1991年萧山市（县）境内砖瓦生产情况　1049

表15-4-335　1992～2000年萧山市境内砖瓦生产情况　1049

表15-4-336　1985～2000年萧山水泥生产销售情况　1051

表15-4-337　1992～2000年萧山市石质板材生产情况　1052

表15-4-338　1996～2000年萧山市新型墙材生产情况　1054

表15-5-339　1999年普通住宅套型面积标准　1058

表15-5-340　1994～2000年萧山市建筑施工企业获浙江省"钱江杯"优质工程　1061

表15-5-341　1990年1月至2001年3月萧山市建筑施工企业获杭州市"西湖杯"优质工程　1061～1062

表15-5-342　1992年1月至2001年3月萧山市建筑施工企业获外省、市优质工程　1062～1063

表15-6-343　2001年3月萧山市四级资质以上房地产开发企业　1064～1065

表15-6-344　2000年萧山市建筑面积2万平方米以上住宅小区情况　1069～1070

表15-7-345　1985～2000年萧山市（县）房产交易情况　1073

表15-7-346　1993～2000年萧山市房地产抵押贷款情况　1075

表15-7-347　1993～2000年萧山市房地产价格评估情况　1075

表15-8-348　1955年城厢、临浦、瓜沥镇直管公房来源情况　1077

表15-8-349　1953年临浦镇公房租金标准情况　1079

表15-8-350　1999年萧山市城镇商业繁华地段直管非住宅房屋租金标准情况　1080

表15-8-351　1984～2000年萧山商品房销售情况　1083

表15-8-352　1993～2000年萧山市发放商品房预售许可证情况　1084

表15-9-353　1986～2000年萧山旧城改造拆迁情况统计　1090

表15-10-354　1993～2000年萧山市房改优惠出售公房情况　1094

表15-10-355　萧山市公有住房租金标准情况　1096

第十六编　国内贸易

表16-2-356　1985～1992年萧山商业、饮食业、服务业网点　1110

表16-2-357　1985～1992年萧山商业、饮食业、服务业

网点人员 1110

表16-2-358 1993～1997年萧山贸易业、餐饮业网点情况 1110

表16-3-359 2000年萧山综合市场情况 1113～1114

表16-3-360 2000年萧山专业市场情况 1116

表16-3-361 1985～2000年萧山各类商品市场商品成交额 1119

表16-3-362 1985～2000年萧山市场主要农副产品成交量 1120

表16-4-363 1985～2000年萧山主要国有商业部门国有企业经营情况 1125

表16-4-364 1985～2000年萧山主要商业部门集体商业经营情况 1127

表16-4-365 1985～2000年萧山商业网点（机构）情况 1130

表16-4-366 1985～2000年萧山各经济成分社会消费品零售额情况 1130

表16-4-367 2000年萧山市强流通企业考核标准 1133

表16-4-368 2000年萧山市15强流通企业主要经济指标 1133

表16-5-369 1985～2000年萧山棉麻采购量、销售量 1135

表16-5-370 1985～1992年萧山主要农副产品、副食品经营情况 1142

表16-5-371 1985～2000年萧山国有商业部门主要农副产品、副食品销售量 1142

表16-5-372 1993～2000年萧山批发零售贸易业主要生产资料销售情况 1146

表16-5-373 1985～1992年萧山主要棉百商品零售量 1148

表16-5-374 1985～1992年萧山主要交电商品零售量 1149

表16-5-375 1993～2000年萧山市限额以上批发、零售贸易业企业主要交电商品零售量 1150

表16-5-376 1985～1992年萧山主要生活资料销售额 1151

表16-5-377 1993～2000年萧山市批发、零售贸易业主要生活资料销售额 1151

表16-5-378 1993～2000年萧山市卷烟批发零售量 1153

表16-5-379 1990～2000年萧山市卷烟经营监督管理情况 1155

表16-5-380 1993～2000年萧山市批发、零售贸易业商品经营情况 1155

表16-6-381 1985～1992年萧山境内粮食收购及奖售情况 1160

表16-6-382 1993～2000年萧山国有粮食部门市内粮食收购量 1160

表16-6-383 1985～1992年萧山油脂收购量 1161

表16-6-384 1985～1992年萧山粮食销售情况 1161

表16-6-385 1993～2000年萧山市限额以上企业粮食销售情况 1161

表16-6-386 1985～1992年萧山油脂销售量 1162

表16-6-387 1993～2000年萧山市粮油经营企业食用植物油销售量 1162

表16-7-388 1985～1992年萧山旅店业情况 1168

表16-7-389 1985～1992年萧山餐饮业情况 1169

表16-7-390 1993～1997年萧山餐饮业情况 1170

表16-8-391 1984～1992年萧山服务业情况 1180

第十七编　对外和对港澳台经济贸易

表17-1-392 1988～2000年萧山市实现出口商品交货值情况 1186

表17-1-393 1988～2000年萧山市企业出口情况 1188

表17-1-394 1985～1992年萧山出口商品采购情况 1189

表17-1-395 1989～2000年萧山市自营出口情况 1189

表17-1-396 1988～2000年萧山市各类商品出口情况 1190

表17-1-397 2000年萧山市商品自营出口主体市场 1191

表17-2-398 1988～2000年萧山市"三资"企业外商投资者分布情况 1199

表17-2-399 1988～2000年萧山市当年批准"三资"企业情况 1200

表17-2-400 1988～2000年萧山市各行业当年批准"三资"企业情况 1200

表17-2-401 1988～2000年萧山市累计批准"三资"企业情况 1201

表17-2-402 1987～2000年萧山市批准的"三资"企业按经营形式分情况 1201

表17-4-403 1995～2000年杭州海关萧山办事处办理业务情况 1211

表17-5-404 1995～2000年萧山市出入境集装箱货物报检情况 1213

表17-5-405 1995～2000年萧山市检验出口商品情况 1213

第十八编　金　融

表18-1-406 2000年末萧山辖内银行业金融机构基本情况 1220

表18-2-407 1985～2000年萧山辖内银行业金融机构年末存款余额 1229

表18-2-408 1985～1993年萧山辖内银行业金融机构年

末贷款余额 1232

表18-2-409 1994～2000年萧山辖内银行业金融机构年末贷款余额 1232

表18-2-410 1986～1998年萧山辖内票据交换情况 1234

表18-2-411 1986～1990年萧山辖内银行业金融机构结算业务情况 1235

表18-2-412 1991～2000年萧山辖内银行业金融机构结算业务情况 1235

表18-2-413 1988～2000年辖内外汇业务情况 1238

表18-2-414 1991～2000年萧山市国库业务情况 1240

表18-2-415 1985～2000年萧山辖内现金收支情况 1242

表18-3-416 1986～1995年萧山保险公司经营险种 1247

表18-3-417 2000年萧山市辖内各保险机构经营险种 1247

表18-3-418 1985～1991年萧山国内保险业务承保数 1249

表18-3-419 1992～2000年萧山国内保险业务承保数 1249

表18-3-420 1985～2000年萧山国内保险业务情况 1249

表18-4-421 1985～2000年萧山国债发行与兑付情况 1252

第十九编 财政 税务

表19-2-422 1985～1993年萧山预算内收入 1270

表19-2-423 1994～2000年萧山预算内收入 1270

表19-2-424 1985～2000年萧山预算内支出情况 1272

表19-2-425 1994～2000年萧山市纳入财政专户的预算外资金收支情况 1274

表19-2-426 1985～2000年萧山市（县）级财政收支情况 1275

表19-2-427 1986～2000年萧山镇乡级财政收支情况 1276

表19-3-428 1992～2000年萧山市取得会计专业技术任职资格人数 1278

表19-3-429 1990～2000年萧山市财会人员从业资格情况 1279

表19-3-430 1985～1997年萧山财政信用贷款情况 1284

表19-3-431 1991～2000年萧山市设备租赁贷款情况 1285

表19-3-432 1993～2000年萧山市国有资产评估情况 1287

表19-3-433 1996～1996年萧山市国有资产授权经营情

况 1288

表19-3-434 1996～2000年萧山市国有资产情况 1290

表19-4-435 1985～1993年萧山工商税收入 1292

表19-4-436 1994～2000年萧山市地方税收入 1292

表19-4-437 1994～2000年萧山市各种经济成分地方税收入 1293

表19-4-438 1994～2000年萧山市各种经济成分地方税纳税人税务登记情况 1296

表19-4-439 1994～2000年萧山市国家税收入 1298

表19-4-440 1996～2000年萧山市各种经济成分国家税收入 1298

表19-4-441 1996～2000年萧山市各种经济成分国家税纳税人税务登记情况 1299

表19-4-442 1996～2000年萧山市国家税收出口货物退税情况 1301

表19-4-443 1985～2000年萧山财政四税征收入库情况 1306

第二十编 经济管理

表20-1-444 1985～1990年萧山国民经济和社会发展年度计划主要指标完成情况 1312

表20-1-445 1991～1995年萧山国民经济和社会发展年度计划主要指标完成情况 1313

表20-1-446 1996～2000年萧山国民经济和社会发展年度计划主要指标完成情况 1313

表20-1-447 2000年《萧山市综合发展规划（1986～2000年）》主要指标完成情况 1314

表20-1-448 1985～1994年萧山国有、集体固定资产投资完成情况 1319

表20-1-449 1995～2000年萧山市全社会固定资产投资完成情况 1319

表20-1-450 1985～1994年萧山国有、城镇集体单位新增固定资产 1320

表20-1-451 1995～2000年萧山市全社会新增固定资产 1320

表20-2-452 1985～2000年萧山企业登记在册数 1325

表20-2-453 1985～2000年萧山查处的各种违法违章案件情况 1344

表20-3-454 1985～2000年萧山商品零售价格指数 1347

表20-3-455 1985～2000年萧山居民消费价格指数 1348

表20-3-456 1975～1993年萧山集市贸易商品价格指数 1349

表20-3-457 1985～2000年萧山集市主要农副产品价格 1350

表20-3-458 1994～2000年萧山自来水公司自来水价

第二十一编 信息传媒

第二十二编 中国共产党

第二十三编 人民代表大会

员名录　1520

第二十四编　人民政府

表24-1-496　1984~2000年萧山市（县）人民政府正、副市（县）长一览　1533~1534
表24-1-497　1984~1998年萧山市（县）人民政府组成部门　1536
表24-2-498　1984~2000年萧山市（县）人民政府全体会议情况　1537~1538
表24-3-499　1985年至2001年3月萧山市（县）政府办理议案(建议)、提案情况　1545
表24-3-500　1985~2000年萧山信访受理情况　1548
表24-3-501　1985~2000年萧山信访内容分类情况　1548
表24-3-502　1986~2000年萧山要信要访查办情况　1549
表24-3-503　1991~1999年萧山市政府为民办实事情况　1523~1551
表24-3-504　1986~2000年萧山市（县）领导主要外事活动　1555
表24-3-505　1993~2000年萧山市公民因公出访情况　1555
表24-3-506　1995~2000年萧山市外事接待情况　1556

第二十五编　人民政协

表25-1-517　1952~2001年浙江省政协在萧山的委员名录　1566
表25-1-518　1982~2001年杭州市政协在萧山的委员名录　1567
表25-1-519　1984~2001年萧山市（县）政协主席、副主席、秘书长名录　1567~1568
表25-5-520　1984年11月至2001年3月萧山市（县）政协委员提案分类和办理情况　1591~1592
表25-5-521　1993年3月至2001年3月萧山市政协优秀提案情况　1593
表25-5-522　1996~2000年萧山市政协专题调查报告情况　1594~1595

第二十七编　社会团体

表27-1-523　1985~2000年萧山基层工会情况　1640
表27-2-524　1985~2000年萧山共青团及少先队员情况　1651
表27-4-525　1992~2000年农函大萧山分校培训情况　1670
表27-5-526　1990~2001年萧山市优秀文艺成果奖情

况　1673
表27-7-527　1987~2000年萧山老年人口情况　1681
表27-10-528　1985~2000年萧山接待台胞和赴台人数　1691
表27-10-529　1988~2000年台商在萧山投资情况　1691

第二十八编　公安　司法行政

表28-1-530　1985~2000年萧山刑事案件侦破情况　1706
表28-1-531　1987~2000年萧山经济案件侦破情况　1707
表28-1-532　1987~2000年萧山出入境情况　1719
表28-2-533　1985~2000年萧山民间调解组织和民间纠纷调解情况　1728
表28-2-534　1985~2000年萧山法律服务所业务情况　1729
表28-2-535　1985~2000年萧山律师事务所承办业务　1730
表28-2-536　1985~2000年萧山公证业务受理情况　1731

第二十九编　检察　审判

表29-1-537　萧山人民检察院历任检察长　1735
表29-1-538　1985~2000年萧山人民检察院审查批捕案件情况　1736
表29-1-539　1985~2000年萧山人民检察院审查起诉案件情况　1737
表29-1-540　1985~2000年萧山人民检察院立案侦查经济犯罪案件　1739
表29-2-541　萧山人民法院历任院长　1742
表29-2-542　1985~2000年萧山人民法院刑事审判情况　1744~1745
表29-2-543　1985~2000年萧山人民法院民事审判情况　1746
表29-2-544　1985~2000年萧山人民法院经济审判情况　1749
表29-2-545　1989~2000年萧山人民法院行政审判情况　1751
表29-2-546　1991~2000年萧山人民法院执行案件情况　1753
表29-2-547　1984~2000年萧山人民法院申诉和审判监督工作情况　1754

第三十编　军　事

表30-3-548　1985~2000年萧山转业、退伍军人　1763

表30-5-549　1988~1995年萧山市以劳养武企业综合情况　1770

第三十一编　人事　劳动

表31-2-550　1985~2000年萧山市（县）级行政机构编制与人员　1782

表31-2-551　2000年萧山市市级机关行政机构编制与人员　1782~1784

表31-2-552　1985~2000年萧山市镇乡机构编制与人员　1785

表31-2-553　2000年10月31日止萧山市镇乡机构编制及人员　1785~1786

表31-2-554　2000年10月31日萧山市市属全民事业单位机构编制与人员　1789~1790

表31-3-555　1985~2000年萧山干部结构类型　1791

表31-3-556　1985~2000年萧山干部队伍结构　1792

表31-3-557　1985~2000年萧山接收安置军队转业干部　1794

表31-3-558　1985~2000年萧山干部调配和专业技术人员引进情况　1795

表31-3-559　1993~2000年萧山市机关事业单位工作人员考核情况　1796

表31-3-560　1985~2000年萧山干部退休情况　1799

表31-4-561　1991~2000年萧山市引进外地在职专业技术人才　1801

表31-4-562　1987~2000年萧山专业技术职务任职资格情况　1803

表31-5-563　1987~2000年萧山职业技能鉴定考核发证情况　1810

表31-6-564　1985~2000年萧山职工平均工资与省、杭州市比较　1816

表31-6-565　2000年萧山市部分职业（工种）劳动力市场工资指导价位　1820

表31-7-566　1985~2000年萧山全民、市（县）级集体企业招用城镇待业人员情况　1822

表31-7-567　1985~2000年萧山劳动服务企业基本情况　1823

表31-7-568　1985~1995年萧山城镇失（待）业人员就业安置情况　1824

表31-7-569　1996~2000年萧山城镇待（失）业人员就业安置情况　1825

表31-7-570　1985~2000年萧山征地劳动力安置　1826

表31-8-571　1985~2000年萧山特种作业人员培训　1834

表31-8-572　1985~2000年萧山安全生产综合检查情况　1835

表31-8-573　1985~2000年萧山特种设备检验情况　1840

表31-8-574　1985~2000年萧山工矿企业、建筑施工伤亡事故情况　1841

表31-9-575　1987~2000年萧山企业职工劳动合同鉴证情况　1843

表31-9-576　1987~2000年萧山劳动争议案件处理情况　1843

表31-9-577　1994~2000年萧山市劳动保障监察情况　1846

第三十二编　民　政

表32-1-578　1990~2000萧山市村委会换届情况　1850

表32-2-579　1985~2000年萧山籍烈士名录　1858

表32-4-580　2000年萧山市社会团体情况　1864~1867

表32-5-581　1985~2000年萧山婚姻登记情况　1869

表32-7-582　1985~2000年萧山殡仪馆遗体火化情况　1873

表32-7-583　1986~2000年萧山公墓基本情况　1876

表32-8-584　萧山市三峡库区移民安置情况　1879

第三十三编　社会保障

表33-1-585　1987~2000年萧山企业职工社会养老保险情况　1888

表33-1-586　1994~2000年萧山市机关事业单位社会养老保险情况　1889

表33-1-587　1986~2000年萧山失业保险情况　1891

表33-1-588　1995~2000年萧山市企业职工大病医疗保险情况　1893

表33-1-589　1996~2000年萧山市病伤残鉴定情况　1894

表33-1-590　1992~2000年萧山市企业工伤保险情况　1895

表33-1-591　1991~2000年萧山市女职工生育保险情况　1895

表33-2-592　1985~2000年萧山社会救济情况　1903

表33-3-593　1985~2000年萧山农村五保老人供养情况　1906

表33-3-594　1991~2000年萧山市社会福利院收养情况　1908

表33-3-595　1985~2000年萧山福利企业　1911

表33-3-596　1988~2000年萧山市福利奖券（彩票）销售及福利基金募集　1913

表33-4-597　1988~2000年部分年份萧山市抚恤对象定期补助标准　1914

表33-4-598　1985~2000年萧山牺牲、病故抚恤金发放　1915

表33-4-599 部分年份萧山革命伤残人员抚恤（保健）金标准 1916

表33-4-600 1985～2000年萧山革命伤残人员抚恤（保健）金发放 1916～1917

表33-4-601 1985～2000年萧山在乡复员退伍义务兵定期定量补助 1917

表33-4-602 1985～2000年萧山烈军属、病故军人家属优待情况 1918

表33-4-603 1985～2000年萧山退伍义务兵接收安置情况 1920

表33-5-604 1988～2000年萧山市农村灾害参保情况 1922～1923

表33-5-605 1988～2000年萧山市农村灾害保险理赔情况 1923

第三册

第三十四编　教　育

表34-2-606 1985～2000年萧山幼儿教育基本情况 1941

表34-2-607 1985～2000年萧山小学教育发展情况 1942

表34-2-608 1985～2000年萧山初级中学发展情况 1945

表34-2-609 1985～2000年萧山普通高级中学教育发展情况 1949

表34-5-610 1988～2000年萧山市职工岗位培训情况 1964

表34-5-611 1993～2000年萧山市技工培训考核发证情况 1964

表34-5-612 1984～2000年萧山高等教育自学考试情况 1967

表34-7-613 1986～1998年萧山市获全国优秀教师（教育工作者）名录 1973

表34-7-614 1994～2000年萧山市获浙江省特级教师名录 1973

表34-7-615 1988～2000年萧山市中小学、幼儿园教师职称评定情况 1974

表34-8-616 2000年体育路小学作息时间表 1982

表34-8-617 2000年靖江初中作息时间表 1982

表34-8-618 2000年萧山中学作息时间表 1983

表34-8-619 1985～2000年萧山学生健康体检情况 1985

表34-8-620 1995～2000年萧山市初中毕业生升学情况 1991

表34-8-621 1985～2000年萧山高中毕业生升学情况 1991

表34-9-622 1985～2000年萧山中小学收费标准变动情况 1994～1995

表34-9-623 1985～2000年萧山教育经费来源 1995

表34-9-624 1985～2000年萧山教育部门办学校校舍建设基本情况 1997

表34-9-625 2000年萧山市部分学校教育现代化设施情况 1998

表34-9-626 1985～2000年萧山勤工俭学基本情况 2002

表34-9-627 1985～2000年萧山勤工俭学收益情况 2002

第三十五编　科学技术

表35-1-628 1987～2000年萧山财政资金投入科技情况 2007

表35-2-629 2000年萧山市高新技术企业情况 2010

表35-2-630 1986～2000年萧山专利授权状况 2012

表35-2-631 1987～2000年萧山技术贸易成交情况 2013

表35-3-632 1998～2000年萧山市市级农业科技示范先进户名单 2017

表35-4-633 1987～2000年萧山科普宣传周活动情况 2022

表35-4-634 1985～2000年萧山优秀学术论文评选情况 2025

表35-4-635 1993～2000年萧山市"金桥"工程立项情况 2026

表35-5-636 1985～1998年萧山厂办、民办科研机构情况 2030

表35-6-637 1985～2000年萧山科学技术培训情况 2034

表35-6-638 1991～2000年萧山市科协系统学术活动情况 2036

表35-6-639 1995～2000年萧山市获国家级和省级表彰的科技工作先进集体 2036

表35-6-640 1985～1998年萧山获国家级表彰的科协先进集体 2037

表35-6-641 1987～1999年萧山获浙江省级表彰的科协先进集体 2037

表35-6-642 1990～1996年萧山市获国家级表彰的科协先进个人 2038

表35-6-643 1989～1999年萧山市获浙江省级表彰的科协先进个人 2038

表35-7-644 1985年、1990年萧山获国家级科技奖项目 2039

表35-7-645 1987～2000年萧山获省级科技进步奖项

目　2039～2040

第三十六编　文　化

表36-1-646　2000年萧山市镇乡影剧院情况　2050

表36-1-647　1985～2000年萧山电影发行放映情况　2060

表36-1-648　1988～2000年萧山市文化市场经营单位　2062

表36-3-649　1987～2001年公开出版的萧山党史书目　2090

表36-3-650　1987～1999年萧山公开出版的志书　2093

表36-3-651　1986～2000年萧山年鉴编纂情况　2094

表36-3-652　1990～2001年萧山旧志整理情况　2094

表36-4-653　1999年12月萧山市"首届十佳藏书家庭"　2100

表36-5-654　1985～2000年萧山档案馆编研情况　2104～2105

表36-5-655　1988～1998年萧山市档案馆开放档案情况　2105

表36-5-656　1984～2000年萧山档案馆查阅利用情况　2106

表36-5-657　萧山有关单位收藏的萧山各姓宗谱　2107

表36-5-658　民间收藏的萧山各姓宗谱　2108～2111

表36-5-659　国内外有关单位收藏的萧山各姓宗谱　2111～2115

表36-6-660　1985～2001年萧山籍部分作者出版物情况　2140～2144

第三十七编　文物　胜迹　旅游

表37-1-661　2000年萧山市省、市文物保护单位　2183

表37-1-662　1999年萧山市乡镇文物保护点　2184～2186

表37-3-663　2000年萧山市主要旅行社（营业部）情况　2214

第三十八编　卫　生

表38-1-664　2000年萧山市第一人民医院岗位技能工资分配情况　2222

表38-4-665　1985～2000年萧山卫生技术人员队伍分布情况　2253

表38-4-666　部分年份萧山市第一人民医院住院病人疾病构成（ICD—9分类）　2258

表38-5-667　1985～2000年萧山免疫接种情况　2264

表38-5-668　1985～2000年萧山儿童计划免疫接种率调查情况　2265

表38-5-669　1991～2000年萧山市新登记肺结核病人痰检情况　2272

表38-5-670　1987～2000年萧山碘盐监测情况　2275

表38-5-671　1988～2000年萧山市城乡居民主要死因死亡率　2277

表38-6-672　1985～2000年萧山孕妇围产期保健情况　2280

表38-6-673　1992～2000年萧山市儿童健康管理情况　2282

表38-6-674　1992年萧山市实现"2000年人人享有卫生保健"达标考核评价情况　2284～2285

表38-7-675　1985～2000年萧山食品从业人员体检情况　2287

表38-7-676　1985～2000年萧山食品卫生与餐具消毒检测情况　2288

表38-7-677　1985～2000年萧山职业健康体检情况　2289

表38-7-678　1985～2000年萧山职业病危害监测情况　2290

表38-7-679　1987～2000年萧山公共场所卫生监督监测及从业人员体检情况　2291

表38-10-680　1985～2000年萧山财政投入卫生事业经费情况　2305

第三十九编　体　育

表39-1-681　1993～2000年萧山市部分镇乡全民运动会情况　2311

表39-1-682　1988～2000年萧山市老年运动会情况　2317

表39-2-683　1985年4月28日萧山县中小学生田径运动会破县纪录情况　2322

表39-2-684　2000年4月6～9日萧山市中小学生田径运动会破市纪录情况　2323

表39-2-685　1991～2000年萧山市小学学生田径赛最高纪录　2323～2324

表39-2-686　1987～2000年萧山初中学生田径赛最高纪录　2324～2325

表39-2-687　1987～2000年萧山高中学生田径赛最高纪录　2325

表39-3-688　1951～1984年萧山县运动会简况　2330

表39-3-689　1985～2000年萧山各类篮球赛情况　2331～2332

表39-3-690　1985～2000年萧山中小学乒乓球比赛情况　2333～2334

表39-4-691　2000年萧山等级裁判情况　2341

第四十三编　镇　乡

第四十四编　人　物

第四十五编　丛　录

附、附录索引

说　明

一、本索引共收录各种附、附录125个。

二、附、附录名称分册分编排列，编内则以页码先后为序排列。

三、收入时，副标题略去。

四、第276页附录中之图表分入图照索引、表格索引，本索引不收入。

第一册

第一编　跨湖桥文化

从猪骨推测跨湖桥文化时期已有家养猪　058
跨湖桥文化时期已有家犬的推测　058
跨湖桥文化与其他考古学文化的关系　065

第三编　自然环境

萧山市主要山岭　118
潮难　139

第五编　土　地

萧山市国有土地有偿出让有关操作办法（试行）　253

第六编　人　口

典型事例选录　313
公众心目中公务员道德素质现状调查　315

第七编　居民生活

萧山市城镇居民消费新特点　354
萧山市城镇居民新的消费形态逐步形成　354
萧山市居民消费结构的新变化　355
萧山市城镇居民兴起"享受型"消费　356
南阳镇工资、工价、农民年人均收入和物价　356
坎山镇村民膳食起变化　361
旧时的早餐　362
羞羞答答话早点　363
萧山城厢镇某居民家庭的日常消费　375
萧山理发收费　383

第九编　交　通

萧山交通工程企业　485
萧山公路收费站　486
萧山机动车维修和检测企业　499
萧山水运企业、船舶修造企业　512

第十编　城市建设

萧山居民居住环境状况调查　579

第十一编　农村　农民　农业

萧山市扶持贫困村名录　612
红旗村、标兵村选介　623
北干街道兴议村外来务工人员情况调查　635
楼塔镇儒坞村燃能结构变化调查　652
萧山农村居民生活质量调查　663
工商企业已成为萧山农业投入的重要力量　672
萧山粮食安全调查　678
黄、红麻脱胶技术　683
1987～2003年萧山农田害鼠种群动态调查　697
革命草突然大面积消失寻秘　702
萧山农田杂草种类分布情况调查　704
"龙柏烧狗肉"现象　730
萧山萝卜干制作工艺　769

第十二编　垦区开发

围涂治江　造福子孙　785
关于"新围垦种"移民情况调查和今后意见的报告　787
垦区自发劳动力市场　838

第二册

第十三编　工　业

手工纸制造工序　889
萧山私营工业企业抽样调查　906
萧山私营工业企业经营者访谈录　908
萧山私营工业企业管理模式　919
萧山乡镇集体工业企业经营者谈企业生存与发展　928
油布雨伞制作工序　939
万向集团公司：追求卓越文化　946
萧山市2000年度强工业企业主要经济指标　958

第十四编　萧山经济技术开发区

浙江华越家具工业有限公司招用外地员工调查　1024

第十五编　建筑业　房地产业

湘湖砖瓦简史　1049
萧山白蚁分布与危害现状　1088

第十六编　国内贸易

萧山市供销合作社联合社社员退股风波始末　1128
2000年度萧山市强流通企业主要经济指标　1133
萧山"菜篮子"工程　1140
1953～1992年萧山使用的粮油票证　1162

第十七编　对外和对港澳台经济贸易

中国首例以乡镇企业胜诉的反倾销案件　1191
萧山市在利用外资中存在的问题（摘要）　1205
万向集团美国公司　1208

第十九编　财政　税务

萧山境内利用增值税专用发票偷骗逃国家税收案例　1302

第二十一编　信息传媒

集邮　1403
萧山市解决计算机2000年问题　1418
萧山境内电视转播台　1441
萧山境内共用天线和区域性有线电视系统　1443

第二十二编　中国共产党

浙江传化集团在全省率先建立党组织　1484

第二十三编　人民代表大会

重点议案办理　1528

第二十四编　人民政府

市长的一天　1561

第二十五编　人民政协

中学生心理健康问题应引起社会各界重视　1587
新时期政协工作必须拓展和延伸　1600

第二十六编　民主党派　工商联

我的截然不同的前后20年　1606
进一步治理环境，还萧山碧水蓝天　1608
我在民进45年　1613
加快萧山市乡镇企业社会养老保险建设步伐时不我待　1616
采取切实措施，大力发展农村合作医疗　1621
关于城市建设的几点意见和建议　1625
萧山私营企业情况调查　1631

第二十七编　社会团体

萧山工会史的"第一"　1641

第二十八编　公安　司法行政

刑侦案例　1709
魏某某等人强迫妇女卖淫嫖娼犯罪团伙案　1714
事故案例　1718
火灾案例　1722

第二十九编　检察　审判

刑事审判案例　1745
民事审判案例　1747
经济审判案例　1750
行政审判案例　1751

第三十一编 人事 劳动

事故案例 1841

第三十二编 民 政

萧山市人民政府关于加强殡葬管理的通告 1873
革命老区 1880

第三十三编 社会保障

"10·3"观潮事故专记 1899
"7·9"洪涝灾害专记 1900

第三册
第三十四编 教 育

萧山九中沙地文化特色教育 1930
学校心理健康教育的发展 1933
2000年萧山市31个镇乡（农场）小学校名录 1942
2000年萧山市镇乡初级中学情况 1945
萧山普及九年制义务教育 1947
萧山中小学生生长发育和营养状况调查 1985
班干部心理素质调查 1987

第三十五编 科学技术

1989年市科委十大优秀科研项目 2014

第三十六编 文 化

萧山民间剧团敢与"正规军"试比高 2054
创建"东海文化明珠工程" 2063
萧山市优秀文艺成果 2082
古代藏书楼 2100
萧山各姓宗谱收藏简表 2106
萧山部分姓氏探源 2116

第三十七编 文物 胜迹 旅游

湘湖研究资料 2203
萧山是"浙东唐诗之路"的起点 2205
衙前农民运动资料 2208
萧山古代观潮点 2213

"萧山八景"与镇村"八景" 2216

第三十八编 卫 生

萧山市抗癌协会 2257
"红包"现象 2261
药品"折扣"现象 2261
典型案例 2262
航民村开展健康教育情况 2298

第三十九编 体 育

篮球之乡 2312
篮球之家 2314
萧山中老年篮球队 2317

第四十编 民 俗

抢潮头鱼 2378
捕鳗苗 2379
牛拖船 2381
吃评茶 2387
十碗头 2397
萧山霉干菜 2398
沙地霉味 2399
湘湖孙氏祀后土祝文 2409
湘南韩氏春秋祭家庙文 2409

第四十一编 宗 教

萧山基督教地方教会、公会和安息日会的特征 2457

图书在版编目(CIP)数据

萧山市志:全5册/杭州市萧山区人民政府地方志
办公室编著.—杭州:浙江人民出版社,2013.12
　ISBN 978 - 7 - 213 - 05873 - 8

　Ⅰ.①萧… Ⅱ.①杭… Ⅲ.①区(城市)—地方志—
杭州市—1985~2001 Ⅳ.①K295.51

　中国版本图书馆CIP数据核字(2013)第 277299 号